Die Kirchen und das Dritte Reich

Das Buch

Das Dritte Reich stellte alle Institutionen und gesellschaftlichen Kräfte auf eine radikale Probe – die Konservativen so gut wie die Gewerkschaften, die Unternehmer, die Justiz und die Intellektuellen. Aufgrund der besonderen moralischen und intellektuellen Kompetenz, die die Kirchen ihrem Wesen und ihrer Rolle nach gewonnen haben, mußte diese Probe für sie von entscheidender Bedeutung für ihr Ansehen und ihren Bestand sein. In dem vorliegenden Buch untersucht der bekannte Tübinger Theologe und Historiker Klaus Scholder zum ersten Mal das Verhalten der beiden Hauptkirchen angesichts dieser größten Herausforderung der neueren Geschichte. Dabei wird die tatsächliche Breite der modernen Kirchengeschichte ins Auge gefaßt – die Institutionen der Kirche, aber auch die Theologie; die Frömmigkeit des Kirchenvolks; Diplomatie und Politik der Kirchenleitung; die Haltung der Pfarrer und ihrer Gemeinden ebenso wie die Rolle der Theologie, Soziologie und Weltanschauungen. Diese Faktoren werden in einer ständigen Wechselwirkung gesehen und in Beziehung zu der politischen, geistigen und wirtschaftlichen Entwicklung der Epoche gesetzt. Gleichzeitig gibt Scholders Buch die erste schlüssige Darstellung der Hitlerschen Kirchenpolitik, die sich der bewährten Mischung von Druck und Versprechen bediente und der die Kirchen ebensowenig gewachsen waren wie die Institutionen des Staates. Die Haltung der Kirchen im entscheidenden Jahr 1933 hat auf exemplarische Weise die Chancen, aber auch die Grenzen von Volkskirchen überhaupt herausgearbeitet.

Der Autor

Klaus Scholder (1930–1985), Theologe und Historiker, war Professor für kirchliche Zeitgeschichte und Kirchenordnung an der Universität Tübingen. Scholder wirkte in zahlreichen Gremien seiner Kirche mit, darunter in der EKD-Synode und anderen Institutionen. Große Anerkennung fand er mit der Herausgabe der Gesprächsprotokolle der Berliner Wissenschaftlerrunde *Die Mittwochs-Gesellschaft. Protokolle aus dem geistigen Deutschland 1932–1944*. Als sein bedeutendstes Werk gilt *Die Kirchen und das Dritte Reich*, dessen 2. Band ebenfalls bei Propyläen im Econ Ullstein List Verlag erscheint.

KLAUS SCHOLDER

DIE KIRCHEN UND DAS DRITTE REICH

Band 1

Vorgeschichte und Zeit der Illusion 1918–1934

Mit 94 Abbildungen und einer Karte

Propyläen Taschenbuch

Propyläen Taschenbuch 2000
erscheint in der
Econ Ullstein List Verlag GmbH & Co. KG, München

Umschlagkonzept u. -gestaltung: Theodor Bayer-Eynck
Titelabbildung: Süddeutscher Verlag – Bildarchiv
Druck und Bindearbeiten: Ebner Ulm
Printed in Germany
ISBN 3-612-26730-2

INHALT

1. TEIL

DIE KIRCHEN IN DER WEIMARER ZEIT

2. TEIL

DIE KIRCHEN IM JAHR DER MACHTERGREIFUNG

Anhang

VORWORT

Die Vorarbeiten für dieses Buch reichen fast zehn Jahre zurück. In dieser Zeit half die Deutsche Forschungsgemeinschaft, den ganzen Fragenkomplex auf ein breites archivalisches Quellenfundament zu stellen. Dieser vorbildlichen Organisation zur Förderung der Wissenschaft gilt daher auch zuerst mein besonderer Dank.

Die Arbeit in den Archiven hat das Buch entscheidend geprägt. Ich denke dabei weniger an die großen und kleinen Funde, die die bisherige Sicht der Dinge verändern, obwohl auch sie, wie der Kenner bemerken wird, nicht fehlen. Fast noch wichtiger erscheint mir bei der Archivarbeit das Eindringen in die Welt der täglichen Entscheidungen, wie sie sich in den Akten finden. Zwar schlägt sich nur ein Bruchteil davon unmittelbar im Buch nieder. Aber der Geist des Ganzen wird davon bestimmt. Denn dieses Eindringen ermöglicht es, das Selbstverständliche wie das Besondere einer Zeit mit ihren eigenen Augen zu sehen.

In diesen Jahren waren meine Interessen und Überlegungen – wie auch das Verzeichnis der Archive zeigt – noch vorwiegend auf die Geschichte der evangelischen Kirche gerichtet. Bis auf den heutigen Tag ist ja nahezu die gesamte Forschung auf diesem Gebiet konfessionell orientiert. Die katholische kirchliche Zeitgeschichte und die evangelische kirchliche Zeitgeschichte haben fast keine Berührung miteinander.

Beim Durcharbeiten einer Territorialgeschichte – »Baden im Kirchenkampf des Dritten Reiches« (1970) – wurde mir jedoch klar, daß die Geschichte der beiden großen Kirchen sehr viel enger zusammengehört, als wir bisher angenommen haben. Deutschland ist ein konfessionell gespaltenes Land. Diese Tatsache gehört zum Grundbestand des Bewußtseins in beiden Kirchen, von dem keine Kirche absehen kann. Sie gehört im übrigen auch zum Grundbestand der deutschen Geschichte. Es ist sicherlich trotzdem noch immer notwendig und wird es bleiben, konfessionsbezogene Einzelforschung zu treiben. Aber wer größere Vorgänge oder Zusammenhänge darstellen will, der muß – dies ist meine feste Überzeugung – in Zukunft die Geschichte der beiden Kirchen in Deutschland mehr als bisher in ihrem Miteinander und Gegeneinander in den Blick zu bekommen versuchen.

Es war ein kritischer Augenblick, als mir diese Notwendigkeit allmählich deutlich wurde, weil ein zusätzliches Quellenstudium in den katholischen Archiven eine zeitlich kaum absehbare weitere Belastung bedeutet hätte. Hier kam nun die Tatsache zu Hilfe, daß die Kommission für Zeitgeschichte bei der Katholischen Akademie in Bayern seit der Mitte der 60er Jahre eine Reihe von Quellenpublikationen veröffentlicht hat, die nach Umfang, Reichtum und editorischer Qualität kaum einen Vergleich in der Zeitgeschichte haben dürften. Es gibt also im wesentlichen die Quellenlage wieder, wenn die evangelische Entwicklung über weite Strecken aufgrund ungedruckten Materials dargestellt wird, während auf katholischer Seite gedruckte Quellen vorherrschen. Hier galt es noch Material zu sammeln, während dort eine Sammlung bereits vorlag.

Natürlich kann und soll bei einer solchen integralen Darstellung die eigene Konfession des Autors nicht verborgen bleiben. Niemand, dem es um die Kirche geht, kann ernsthaft meinen, er stünde über den Konfessionen. Die Tatsache allerdings, daß die evangelische Entwicklung in diesem Buch verhältnismäßig mehr Raum einnimmt als die katholische, ist nicht auf die Konfession des Autors zurückzuführen. Der Grund liegt vielmehr darin, daß sich die Geschichte der einen katholischen Kirche in Deutschland geschlossener und damit kürzer darstellen läßt als die Geschichte der 28 evangelischen Landeskirchen und daß insgesamt auf evangelischer Seite ungleich mehr an Chaos, Verwirrung und deshalb auch Neubesinnung vorgefallen ist als auf katholischer Seite, so daß die Darstellung hier notwendig umfangreicher ausfallen mußte. Das sachliche Gewicht, mit dem ich beide Kirchen behandelt habe, ist, so hoffe ich, einigermaßen das gleiche.

Ein augenfälliges Ergebnis dieses neuen Ansatzes ist das Verständnis von Hitlers Kirchenpolitik. Seine Konzeption, nach der evangelische und katholische Historiker auf getrennten Wegen bisher vergeblich gesucht haben, ergibt sich gleisam von selbst, sobald man beide Kirchen ins Auge faßt. Dann wird deutlich, wie katholisch Hitler in seinem Kirchenverständnis war und wie selbstverständlich er dieses Verständnis auf die evangelische Kirche übertrug –

ein Grund, vielleicht der entscheidende, warum seine evangelische Kirchenpolitik scheiterte und mit ihr die evangelische Kirche selbst zerfiel.

Im übrigen erlaubt die gemeinsame Darstellung, was bisher nur schwer möglich war: einen Vergleich des Verhaltens der beiden großen Volkskirchen in Deutschland in einer extremen Situation. Warnen möchte ich dabei vor schnellen Verallgemeinerungen und Aktualisierungen. Es mag naheliegen, etwa auf evangelischer Seite in der Sammlung um das Bekenntnis einen Vorgang zu sehen, der heute zu wiederholen sei. Diese Parallelisierung übersieht, daß der Gegner damals nicht der »Pluralismus« war, sondern im Gegenteil eine geschlossene, mit dem Willen zur radikalen Vereinheitlichung der Kirche auftretende Gruppe. Wenn die Geschichte dieser Zeit für die evangelische Kirche eine Warnung enthält, dann liegt sie allenfalls im politischen Enthusiasmus, der allerdings damals wie heute in der evangelischen Theologie und Kirche seine begeisterten Anhänger findet.

Das Buch ist keine durchweg erbauliche Lektüre, weder für evangelische noch für katholische Christen. Ich habe in keinem Falle etwas beschönigt, sondern Blindheit und Lüge, Arroganz, Dummheit und Opportunismus beim Namen genannt, auch wenn sie in einem geistlichen Gewand steckten und die Sprache der Kirche sprachen. Ich hoffe aber, daß ich mit keiner Zeile des Buches den Eindruck erwecke, als wollte ich mich damit von der Kirche distanzieren. Die Wahrheit mag für die Kirche schmerzlich sein, schmerzlicher noch ist die Unwahrheit. Und ich sehe keinen Grund, im Rückblick nicht das gleiche zu sagen, was Karl Barth auf dem Höhepunkt der Verwirrung im Sommer 1933 seinen Amtsbrüdern zurief: »daß wir jetzt Mann für Mann in der Kirche, wie sie uns geboren hat durch das Wort Gottes und in dem unvergleichlichen Raum unserer Berufung *bleiben* oder in die Kirche und in diesen Raum unserer Berufung *zurückkehren* müssen . . .«

Noch ein Wort zum Umfang. Mancher Leser wird fragen, wie umfangreich wohl der zweite Band werden muß, wenn schon Vorgeschichte und ein Jahr so viele Seiten beanspruchen. Aber dieses eine Jahr 1933 ist ein so außerordentliches Jahr, daß man es nur begreift, wenn man ihm tatsächlich Monat für Monat, ja gelegentlich sogar Woche für Woche und Tag für Tag auf der Spur bleibt. Am Ende dieses Jahres sind, jedenfalls was die Kirchen betrifft, fast alle grundsätzlichen Entscheidungen gefallen. Was sich dann weiter entwickelt, ist durchweg hier bereits angelegt.

Man kann an einem solchen Buch und über eine so lange Zeit nicht arbeiten, ohne vielen Menschen Dank schuldig zu sein. Bibliothekare und Archivare, Mitarbeiter und Freunde, Kollegen und Studenten haben durch Rat, Hilfe, Unterstützung, Diskussion und Kritik viel zum Entstehen des Buches beigetragen. Ihnen allen sei hiermit aufrichtig gedankt.

Tübingen, den 10. Juli 1977 Klaus Scholder

Für die Taschenbuchausgabe des ersten Bandes von Klaus Scholders *Die Kirchen und das Dritte Reich* wurden gegenüber der zweiten Auflage weitere Korrekturen vorgenommen, die vornehmlich den technischen Bereich (Druckfehlerberichtigungen, Überprüfung von Zitaten etc.) betreffen.

Klaus Scholder hatte die Absicht, den Band völlig neu zu bearbeiten. Dabei wollte er vor allem die Vorgeschichte früher einsetzen lassen. In einem Vermerk aus dem Jahr 1983 heißt es:

»Bei einer Neubearbeitung sollte der 1. Band mit dem Ausbruch des Ersten Weltkrieges beginnen. Nicht erst sein Ende, sondern sein Beginn und Verlauf sind bestimmend für die folgenden Jahre bis 1945. Es ist dabei vor allem auf Idologie und Mythos des Krieges abzuheben ... Der verlorene Krieg hat – so eine Grundthese – ein ungeheures Legitimationsbedürfnis geschaffen, dem Hitler und das Dritte Reich zu entsprechen scheinen. Die Bedeutung des Gefallenen-Mythos für Hitler selber und für die sog. Bewegung ist ganz außerordentlich groß.« Scholders Tod am 10. April 1985 hat diese Pläne zunichte gemacht.

Loccum, im Frühjahr 1986 Gerhard Besier

1. TEIL

DIE KIRCHEN
IN DER
WEIMARER ZEIT

1. KAPITEL

ZWISCHEN GESTERN UND MORGEN (1918–1919)

Der Zusammenbruch des Kaiserreiches stürzte auch die beiden großen Kirchen in Deutschland in eine tiefe Krise. Beide waren national, monarchisch und kaisertreu gewesen. Die Flucht des Kaisers, der Sturz der alten Fürstenhäuser und die Ausrufung der Republik traf sie beide gleichermaßen wie ein Schock. Trotzdem war nicht zu übersehen, daß der 9. November 1918 für den Protestantismus und den Katholizismus verschiedene Bedeutung besaß.

Was zunächst den *Protestantismus* betraf, so bedeutete die Revolution nicht nur das Ende seiner traditionellen rechtlichen Ordnung, sie nahm ihm auch seinen politischen Rückhalt, gefährdete seine wirtschaftlichen Grundlagen und war geistig nicht weniger als eine Katastrophe.

Vor aller Augen lag die rechtliche Problematik; denn der Sturz der Monarchie beraubte den deutschen Protestantismus der tragenden Säulen seiner kirchlichen Verfassung. Seit den Tagen der Reformation waren die Landesherrn in den evangelischen Territorien des Reiches durch nahezu vier Jahrhunderte zugleich Inhaber des Kirchenregiments gewesen. So viele Wandlungen dieses sogenannte landesherrliche Kirchenregiment im Lauf seiner langen Geschichte auch erlebt hatte, und so formal es zum Schluß vielfach geworden war, so gab es doch bis zum November 1918 in den evangelischen Landeskirchen Deutschlands keine irgend bedeutsamen Entscheidungen in personeller oder organisatorischer Hinsicht, die nicht im Namen des jeweiligen Landesherrn getroffen worden wären. Zwar war die Problematik dieser Verbindung seit langem bekannt. Auch herrschte in der Kirche prinzipiell Einigkeit darüber, was mit dem nun gleichsam heimatlos gewordenen Kirchenregiment zu geschehen habe, nämlich seine Rückkehr in die Hände der Kirche. Jedoch wie das geschehen sollte, das heißt, welche Organe der Kirche denn nun konkret die Kirchengewalt ausüben und auf welche Weise diese Organe gebildet werden sollten, darüber bestanden bei den verschiedenen Richtungen des deutschen Protestantismus sehr verschiedene Ansichten. Allein die Rechtsproblematik barg also, wie die alsbald überall einsetzenden Verhandlungen über die neuen Kirchenverfassungen zeigten, ganz erhebliche Schwierigkeiten.

Nicht weniger bedeutsam war der mit dieser ganzen Frage verbundene Gesinnungskonflikt. Die Jahrhunderte gemeinsamer Geschichte hatten zwischen vielen Herrscherhäusern und ihren Landeskirchen eine besondere, über das Rechtliche hinausreichende Verbindung entstehen lassen, zumal dort, wo – wie etwa in Preußen – das regierende Haus sich traditionell zur Kirche bekannte. Das allsonntägliche Kirchengebet für die Landesherrn, das die Agenden vorschrieben, war auch ein Ausdruck dieses besonderen Verhältnisses. So hieß es etwa in der badischen Agende: »Walte mit deiner Gnade über unserm Großherzog und seinem ganzen Hause. Segne unsern Kaiser und alle seine Angehörigen, und sei des deutschen Reiches und Volkes starker Schutz und Schirm.«[1] Ähnlich betete man in Hessen: »Erfülle mit deinem Geiste den deutschen Kaiser, nimm in deine Obhut den Großherzog und sein Haus.«[2] Gerade an diesen Gebeten aber wurde nun der Konflikt deutlich, in den der Sturz der Monarchie viele Pfarrer und Gemeindeglieder brachte. Denn wie sollte man sich jetzt verhalten? Auf der einen Seite forderten Notwendigkeit, Einsicht und Gehorsam die Anerkennung der neuen Gewalten, auf der anderen Seite erschien der stillschweigende Wegfall des Gebets als Treulosigkeit und Undankbarkeit gegenüber den Gestürzten, die der Fürbitte ja nun erst recht zu bedürfen schienen. Offenbar hat nur die württembergische Landeskirche offiziell die Anregung gegeben, auch weiterhin des Landesherrn im Kirchengebet zu gedenken. Viele Pfarrer, namentlich in den älteren preußischen Provinzen, dürften dies aus persönlicher Entscheidung heraus ebenfalls getan haben[3]; in anderen Landeskirchen unterließ man es, ohne die Anhänglichkeit zu verleugnen.[4]

Das gleiche Problem gab es selbstverständlich auch auf katholischer Seite. Aber die größere Distanz der lateinischen Messe milderte hier etwas die Schärfe des Konflikts. So gab der Münchner Erzbischof Michael v. Faulhaber am 15. November eine Empfehlung an den bayerischen Episkopat weiter, »an Stelle der Königsoration nach dem Sonntagsamt eine andere Oration einheitlich einzulegen, um den Ausfall der alten nicht allzu sehr auffallen zu lassen«, und schlug dazu einen Abschnitt aus der Allerheiligenlitanei vor: »Versiculus ›Salvos fac servos tuos‹. Responsum: ›Deus meus sperantes in te‹. Oratio: ›Deus a quo sancta desideria . . .‹.« Schon zwei Tage später protestierte freilich der Regensburger Bischof Henle dagegen und erklärte, in seiner Diözese sei das Königsgebet noch nicht abgeschafft und er hielte dies auch nicht für opportun, »weil wir immerhin nicht wissen, wie das Rad der Zeit weiterläuft«.[5]

In beiden Kirchen finden sich bis Ende 1919 noch vielfach Bekundungen der alten monarchischen Anhänglichkeit.[6] Offensichtlich aber war, daß der Protestantismus noch mehr verloren hatte. In diesem Zusammenhang wird häufig die Eröffnungsrede des Dresdner Kirchentages zitiert, die die Bindung ans Gestern in der Tat eindrucksoll deutlich macht. »Die Herrlichkeit des deutschen Kaiserreichs, der Traum unserer Väter, der Stolz jedes Deutschen ist dahin. Mit ihr der hohe Träger der deutschen Macht, der Herrscher und das Herrscherhaus, das wir als Bannerträger deutscher Größe so innig liebten und verehrten ... Wir können nicht anders, als hier feierlich es bezeugen, welcher reiche Segen von den bisherigen engen Zusammenhängen von Staat und Kirche auf beide – auf den Staat und die Kirche – und durch beide auf Volk und Vaterland ausgegangen ist. Und wir können weiter nicht anders, als in tiefem Schmerz feierlich zu bezeugen, wie die Kirchen unseres Vaterlandes ihren fürstlichen Schirmherren, mit ihren Geschlechtern vielfach durch eine vielhundertjährige Geschichte verwachsen, tiefen Dank schulden, und wie dieser tiefempfundene Dank im evangelischen Volke unvergeßlich fortleben wird.«[7] Aber dies sollte doch, wie auch der Kirchentag selbst zeigte, weniger eine politische Kundgebung sein als vielmehr der Versuch, im »sittlichen Konflikt von Gesinnung und Verantwortung«[8] auch die Treue gegenüber dem Gestern zum Ausdruck zu bringen.

Zur rechtlichen Krise, die der 9. November 1918 für die evangelische Kirche bedeutete, kam die politische. Im Gegensatz zum deutschen Katholizismus, der in der Zentrumspartei eine zuverlässige und parlamentarisch erfahrene politische Vertretung besaß, hatte der Protestantismus keine eigene politische Gruppierung, auf die er sich stützen konnte. Das hatte historsiche, aber noch mehr theologische Gründe. In der historischen Entwicklung hatte der deutsche Protestantismus keine eigene Partei nötig gehabt, solange das landesherrliche Kirchenregiment selbstverständlich auch seine politische Vertretung wahrnahm. Es wäre ihm, soweit er lutherisch geprägt war, aber auch schwergefallen, die Gründung einer evangelischen Partei theologisch zu rechtfertigen, weil die lutherische Lehre von den beiden Reichen diese Möglichkeit im Prinzip ausschloß. So fand sich der deutsche Protestantismus nach dem Sturz der Monarchien ohne politische Vertretung vor, ohne Möglichkeit, seine Wünsche und Forderungen im politischen Feld unmittelbar zu artikulieren – und dies in einer Situation, die politisches Handeln dringlicher machte als je zuvor. Denn mit dem Umsturz waren jene Parteien in den Besitz der Staatsgewalt gekommen, von deren Politik viele Kirchenleute im besten Fall eine loyale Trennung von Kirche und Staat, im schlimmsten Fall eine Kirchenverfolgung nach russischem Muster erwarteten. Und weil so gut wie keine Verbindungen zur Sozialdemokratie bestanden, sah die Kirche sich scheinbar hilflos den politischen Gewalten ausgeliefert. Da es in den ersten Wochen nach der Revolution um nicht mehr und nicht weniger als den institutionellen Bestand der Kirche zu gehen schien, lag der Versuch nahe, durch die Gründung einer »Evangelischen Volkspartei« zu einer eigenen evangelischen Interessenvertretung zu kommen, oder sich mit dem Zentrum in einer überkonfessionellen »Christlichen Volkspartei« zusammenzufinden. Aber alle Versuche dieser Art, die im November und Dezember 1918 und im Januar 1919 unternommen wurden, scheiterten.[9] Es blieb für den deutschen Protestantismus kein anderer Weg, als sich in den bestehenden politischen Parteien zu engagieren, wobei die sozialistischen Parteien auf Grund jahrzehntelanger wechselseitiger Feindschaft von vornherein nahezu völlig außer Betracht blieben. Zweifellos hat dieses Fehlen einer eigenen politischen Vertretung dem deutschen Protestantismus den Weg in die neue Zeit wesentlich erschwert, wie umgekehrt das Zentrum dem Katholizismus diesen Weg erleichtert hat.

Von der wirtschaftlichen Krise, die man in der Kirche befürchtete, wurde wenig gesprochen. Um so mehr war sie überall mit gegenwärtig. Julius Kaftan, Theologieprofessor in Berlin und Mitglied des preußischen Oberkirchenrats, berichtete Mitte November seinem Bruder: »Im Oberkirchenrat sitzen wir öfter als sonst... Das Nächste, was uns berührt, ist natürlich die Unsicherheit des Finanzzustandes. Die Geistlichen sind natürlich in banger Sorge, was werden soll, und wünschen Zusicherungen zu erhalten, die wir ihnen nicht geben können und überhaupt niemand ihnen geben kann. Denn wenn alles noch so beruhigend lautet, und die geplante Nationalversammlung wieder eine größere Sicherheit bringen wird, so weiß doch niemand, wer sich morgen oder übermorgen der Gewalt bemächtigt hat, und ob besagte Versammlung je entstehen wird. Man wird gut tun, sich auf alles gefaßt zu machen...«[10] Tatsächlich bestand in allen Landeskirchen eine mehr oder weniger große finanzielle Abhängigkeit vom Staat, der erhebliche Zuschüsse namentlich für die Pfarrbesoldung und -versorgung leistete. So betrug 1918 dieser Zuschuß in Preußen rund 28 Millionen Mark; das waren zwar nur 0,22% der Staatsausgaben, aber mehr als die Hälfte des kirchlichen Haushalts.[11] Die Trennung von Kirche und Staat, nach dem Prinzip »Religion ist Privatsache« in vielen deutschen

Staaten unmittelbar nach dem Umsturz proklamiert und häufig mit der Erklärung einer Streichung aller staatlichen Zuschüsse verbunden, mußte die Kirchen so in eine völlige Unsicherheit über ihre finanzielle Zukunft stürzen. Auch wenn die radikalen Beschlüsse nirgends durchgeführt wurden, kam es durch Kürzungen der Zuschüsse in Verbindung mit der fortschreitenden Geldentwertung in einer ganzen Reihe von Landeskirchen zu wirklichen Notständen. In Braunschweig, das hier neben Sachsen besonders gefährdet war, erreichte das Vierteljahresgehalt eines Pfarrers im Herbst 1922 nicht einmal den Wochenlohn eines ungelernten Arbeiters.[12]

Rechtlich, politisch und wirtschaftlich war die Situation also schlimm genug. Aber am schwersten wog die Katastrophe im Geistigen. Während des Krieges hatte die Identifizierung der deutschen Sache mit dem Willen Gottes im deutschen Protestantismus ein Ausmaß erreicht, das den deutschen Sieg geradezu als eine Erfüllung der göttlichen Gerechtigkeit erscheinen ließ. Das Bewußtsein von der Überlegenheit des deutschen Geistes, der deutschen Sittlichkeit und Frömmigkeit über die westeuropäische Zivilisation war so verbreitet, das Gefühl, in einem gerechten Verteidigungskrieg zu stehen, so allgemein, daß die Niederlage über die politisch-militärische Katastrophe hinaus das ganze bisher kaum angefochtene deutsch-protestantische Weltbild aus den Angeln hob.

Ernst v. Dryander, damals 71jähriger Oberhofprediger und Vizepräsident des preußischen Oberkirchenrats, hatte seiner Predigt im Berliner Dom zur Eröffnung der berühmten Reichstagssitzung vom 4. August 1914 den Text Römer 8.31 zugrunde gelegt: »Ist Gott für uns, wer mag wider uns sein?« »Im Aufblick zu dem Staat«, hatte er erklärt, »der uns erzogen, zu dem Vaterland, in dem die Wurzeln unserer Kraft liegen, wissen wir, wir ziehen in den Kampf *für unsere Kultur gegen die Unkultur, für die deutsche Gesittung wider die Barbarei, für die freie deutsche an Gott gebundene Persönlichkeit wider die Instinkte der ungeordneten Masse* ... und Gott wird mit unseren gerechten Waffen sein! Denn mit der deutschen Gesittung hängt auf das engste zusammen deutscher Glaube und deutsche Frömmigkeit.«[13] Die gleichen Überzeugungen gab es auch auf katholischer Seite und bis weit in die deutsche Sozialdemokratie hinein.[14] Aber für den deutschen Protestantismus besaßen sie über das allen Deutschen Gemeinsame hinaus doch noch eine eigene und besondere Bedeutung. Den deutschen Protestanten erschien dieser Krieg mehr noch als allen anderen als ihr Krieg, so wie das etwa Thomas Mann bei Kriegsausbruch formuliert hatte: »Umfassendste Einhelligkeit also, meine ich, bestand vom ersten Augenblick an darüber, daß die geistigen Wurzeln dieses Krieges, welcher mit allem möglichen Recht ›der deutsche Krieg‹ heißt, in dem eingeborenen und historischen ›Protestantentum‹ Deutschlands liegen; daß dieser Krieg im wesentlichen einen neuen Ausbruch, den großartigsten vielleicht, den letzten, wie einige glauben, des uralten deutschen Kampfes gegen den Geist des Westens, sowie des Kampfes der römischen Welt gegen das eigensinnige Deutschland bedeutet.«[15] Der »Geist von 1914«, der damals und später so viel beschworene, war in Wahrheit der Höhepunkt einer Geschichtstheologie, die Gottes Wege mit dem deutschen Volk offenbar machte und deutete.

Mit diesem Bewußtsein war der deutsche Protestantismus in den Krieg eingetreten, mit diesem Bewußtsein hatte er bis in die letzten Tage zum Durchhalten aufgerufen. Noch am 2. Oktober 1918, drei Tage vor dem deutschen Waffenstillstandsangebot an Wilson, hatte der Gesamtvorstand des Evangelischen Bundes in Berlin »eine neue Mobilmachung« des Bundes beschlossen und seine dreitausend Haupt- und Zweigvereine wissen lassen: »Jetzt muß das ganze Volk auf die Schanzen! Die Heimat muß sich zusammenraffen und die Front stärken. Jeder Kanal, der ins Volksleben führt, muß jetzt benützt werden, um unser Vaterland vor dem Vernichtungswillen der Feinde zu erretten.«[16]

Mit dieser Haltung und diesem Bewußtsein aber wurde der Zusammenbruch zu einem geistigen und theologischen Probelm ersten Ranges. Man übertreibt gewiß nicht, wenn man feststellt, daß die ungelöste Frage nach dem geistigen Sinn der Niederlage zum Schicksal der Republik wurde. Nicht zuletzt deshalb, weil die Republik als Antwort auf diese Frage unbefriedigend war und blieb, vermochte sich die radikale Alternative zu ihr schließlich durchzusetzen.

Zwar gelang es noch während des Krieges und unmittelbar danach einer ganzen Reihe sehr frommer oder sehr freier Geister, sich vom Banne dieser Frage zu befreien. Aber für die meisten, die deutsche Protestanten waren und bleiben wollten, blieb der Sinn des Ganzen dunkel und unverständlich. Johannes Schneider, der Herausgeber des *Kirchlichen Jahrbuches*, beschrieb im Sommer 1919, unmittelbar nach der Unterzeichnung des Friedensvertrags, ihre ganze verzweifelte Ratlosigkeit: »›Wo bleibt Gottes Gerechtigkeit?‹ – die Frage quält doch Tausende, auch solche, die den inneren Niedergang unseres Volkes, seinen Mammonismus, seine Genußsucht, längst erkannten und beklagten, und die Spuren der Gottesgerechtigkeit in den Zeichen der Zeit wahrzunehmen vermögen. Sind denn die anderen besser? Ist nicht der Mammonismus amerikanischer Import, und der kaltherzige Egoismus Englands

Morgengabe, und der moralische Niedergang verbunden mit dem unersättlichen Haß der Gemeinheit Frankreichs Eigenart? Sehen wir nicht einen Triumph der Lüge und einen Erfolg der Gemeinheit, wie er selbst in den dunkelsten Zeiten der Geschichte selten war? Ist Schillers Wort wirklich wahr: Die Weltgeschichte sei das Weltgericht? Ja dann richtet nicht die Gerechtigkeit.«[17] Die verzweifelte Grundstimmung, die in der Weimarer Republik immer wieder begegnet, unüberhörbar in den Jahren 1920 bis 1923, dann schwächer werdend und erneut bis zur Hoffnungslosigkeit anwachsend seit 1928, hat eine ihrer Wurzeln auch in diesen für viele quälend offenen Fragen.

Angesichts dieser tiefen, sich vielfältig darstellenden Krise ist man überrascht, den deutschen Protestantismus in den ersten Monaten nach dem Zusammenbruch doch keineswegs ohne Zeichen der Hoffnung und Zuversicht zu finden. Das gilt für das Verhältnis zu den neuen Gewalten im Staat ebenso wie für die innerkirchliche Diskussion.

Die ersten offiziellen Verlautbarungen und Kundgebungen nach dem 9. November zeigten eine Kirche, die zwar vor allem dem Schmerz über verlorene Größe und Herrlichkeit und der Sorge vor der Zukunft Ausdruck gab, zugleich aber durchweg nicht nur die neuen Verhältnisse anerkannte, sondern darüber hinaus zur loyalen Mitarbeit aufrief. So richtete schon am 10. November der preußische Oberkirchenrat einen Aufruf an die Gemeinden, in dem zwar von Kaiser und Reich die Rede war, »wie es in einer Geschichte ohnegleichen uns teuer und wert geworden war«, in dem »Bitterkeit und Demütigung«, »Armut, Elend, Hunger und Verachtung« beschworen wurden, in dem es aber auch hieß: »Deutschland ist nicht verloren, und das Evangelium ist nicht gebunden. Das Reich Jesu Christi trägt die erhaltenden und rettenden Kräfte für das Leben unseres Volkes in sich, und seine Bürger sind verpflichtet und bereit, im irdischen Vaterland zu dienen und jetzt da mitzuarbeiten, wo es gilt, die bestehende Ordnung zu stützen, neuen Aufgaben gerecht zu werden. So will unsere evangelische Kirche als Volkskirche mitten im Leben der Jetztzeit stehen, auch wenn äußere Stützen hinfallen sollten.«[18] Noch eindeutiger formulierte das Evangelisch-Lutherische Landeskonsistorium der sächsischen Landeskirche: »Nach Gottes Wort ist es unsere Christenpflicht, uns auf den Boden der neuen Verhältnisse zu stellen, Besonnenheit und Ruhe zu bewahren, mit jedem voreiligen Urteil zurückzuhalten, aber auch nicht grollend beiseite zu stehen, sondern – soviel ein jeder vermag – zum Wohl unseres irdischen Vaterlandes auch ferner treu und willig mitzuwirken.«[19] Gewiß findet sich in diesen und anderen ähnlichen Äußerungen keine Begeisterung für das Neue, viel eher ein schmerzliches Sich-Fügen ins Unvermeidliche. Auch wird manches mehr aus kirchenpolitischer Sorge als aus innerer Überzeugung so formuliert worden sein. Und schließlich wird man in der Aufrechterhaltung von Ruhe und Ordnung auch nicht das einzige Ziel dieser Novemberwochen sehen mögen – obwohl gerade dieses Problem im Rückblick leicht unterschätzt wird.[20] Trotz dieser Einwände bleibt bemerkenswert, daß die evangelische Kirche die Weimarer Zeit nicht mit einer Politik prinzipieller Obstruktion begann, sondern mit dem Aufruf und Angebot zur Mitarbeit.

Die Frage, ob dieses Angebot nur eine Angelegenheit der Kirchenleitungen war, oder ob diese hier auch zumindest für einen Teil ihrer Pfarrer und Gemeinden sprachen, ist schwer zu beantworten. Daß die Kirchenleitungen jedenfalls nicht ganz allein standen, dafür spricht eine Versammlung, zu der der Pfarrerverein am 18. November 1918 alle Pfarrer Groß-Berlins eingeladen hatte. Es erschienen etwa 200 bis 300 Pfarrer, rund zwei Drittel aller damals amtierenden Berliner Pfarrer überhaupt. Die Versammlung wählte einen »Pfarrerrat« und verabschiedete mit nur drei Gegenstimmen eine Kundgebung, in der die Pfarrer »auch der neuen Regierung« ihre Bereitschaft erklärten, im Geiste des Evangeliums Jesu Christi »bei allen sozialen und humanitären Aufgaben mitzuwirken«.[21] Es erscheint wie eine Antwort auf diese Kundgebung, daß die neue preußische Regierung sich im Dezember 1918 mehrfach an die evangelische Kirche wandte mit der Bitte, ihr bei der Sicherung der Versorgung, der Währung und der Arbeitsplätze zu helfen.[22]

Die theologische Begründung dieser kirchlichen Haltung lag im zentralen Text der deutschen christlichen Staatslehre, im berühmten 13. Kapitel des Römerbriefs: »Jedermann sei untertan der Obrigkeit, die Gewalt über ihn hat. Denn es ist keine Obrigkeit ohne von Gott; wo aber Obrigkeit ist, die ist von Gott verordnet.« Auf diese Sätze wurde in den Aufrufen mittelbar oder unmittelbar vielfach Bezug genommen. Und es war nicht ohne Konsequenz, wenn in einer extrem konservativen kirchlichen Zeitschrift ein Vertreter der »Positiven Union« in Preußen daraus den Schluß zog: »Sind wir früher Gegner der Revolution gewesen, dann sind wir heute Gegner der Gegenrevolution, gleichgültig, von welcher Seite sie auch geplant werden möge.«[23]

Entgegen der weitverbreiteten Meinung, wonach der Protestantismus von Anfang an den neuen Verhältnissen mit unversöhnlicher Feindschaft begegnet sei, traten viele der führenden Köpfe auf evangelischer Seite tatsächlich entschieden für eine Respektierung des Neuen und eine positive Mitarbeit ein. In einem Sammelband: *Revolution und Kirche. Zur Neuordnung des Kirchenwe-*

sens im deutschen Volksstaat, der im März 1919 erschien und mit 18 Beiträgen namhafter evangelischer und katholischer Theologen, Kirchenmänner und Publizisten ein lebendiges Bild der verschiedenen Strömungen gibt, faßte einer der Herausgeber in einem »Schlußwort« die Lage folgendermaßen zusammen: »Es ist freilich von der evangelischen so wenig wie von der katholischen Kirche zu verlangen, daß sie die Revolution schlechthin als befreiende Tat preist. Aber selbst wer sie für das furchtbarste Unglück der deutschen Geschichte hält, kann die durch sie geschaffenen Verhältnisse als die gottgegebene Form der Entfaltung neuen christlichen Volkslebens betrachten. Auch für die evangelische Kirche gilt, was Karl Muth von der katholischen sagt: ›Noch nie hat die Kirche die Revolution, den gewaltsamen Umsturz mit Verletzung bestehender Rechte, als ein Mittel zur Verbesserung gesellschaftlicher Zustände mit ihrem Segen begleitet, aber auch noch nie hat sie es gutgeheißen, wenn gegenüber einem vollzogenen Umsturz ihre Vertreter Machenschaften die Hand geliehen haben, um eine neu errichtete Gewalt zugunsten der beseitigten wieder zu stürzen. Wie jeglicher Revolution, so ist die Kirche auch jeder Gegenrevolution erbitterte Gegnerin‹. Mehr darf der revolutionäre Volksstaat«, so hieß es im Schlußwort weiter, »billigerweise nicht von den Kirchen erwarten, als daß sie die von ihm geschaffene Ordnung anerkennen, ohne ihren Rechtstitel zu prüfen. Soll es zu einem gedeihlichen Zusammenwirken von Staat und Kirche im neuen Deutschland kommen, so dürfen beide für den Anfang nicht mehr voneinander verlangen als Gerechtigkeit.«[24]

Mehr noch als die Entwicklung des Verhältnisses von Kirche und Staat jedoch gab die innerkirchliche Diskussion Anlaß zur Hoffnung. Ähnlich wie im Staat war dem – zahlenmäßig allerdings viel kleineren – liberalen Flügel in der evangelischen Kirche über Nacht die Aufgabe zugefallen, die Grundlinien einer umfassenden Kirchenreform zu entwickeln und zugleich für ihre Verwirklichung zu kämpfen.[25] Den verschiedenen Reformplänen kam ein schon lange schwelendes und weit verbreitetes Unbehagen an der alten Obrigkeits- und Behördenkirche entgegen. Auch wenn der deutsche Protestantismus das landesherrliche Kirchenregiment gewiß kaum aus eigener Kraft abgeschüttelt hätte, nun, da die Fürsten gestürzt waren, sah man allenthalben die große Chance des Neubeginns. Dies galt selbst für viele im übrigen entschieden konservativ Gesonnene. Grundsätzliche Einigkeit herrschte darüber, daß die Kirche in Zukunft »von unten nach oben« aufgebaut werden mußte. Umstritten dagegen war der Weg, der dahin führen sollte. Die Vertreter der liberalen Reform traten dafür ein, durch Urwahlen das Kirchenvolk selbst über die zukünftige Form der Kirche bestimmen zu lassen, also die Prinzipien der Demokratie auch in der Kirche unmittelbar zur Geltung zu bringen. Demgegenüber vertraten die Kirchenleitungen und vor allem die gewählten Synoden die Meinung, sie selbst sollten die Überleitung in die neue Zeit in die Hand nehmen. Man muß sich freilich hüten, die Dinge hier zu einfach zu sehen. Die preußische Kirchenleitung etwa votierte für Urwahlen, die preußischen Provinzialsynoden dagegen lehnten sie entschieden ab.[26] Nicht alle, die gegen Urwahlen waren, hatten dafür politische Gründe. Umgekehrt zeigten sich die liberalen Vertreter einer kirchlichen Demokratisierung einigermaßen erschrocken, als die im Lauf des Sommers 1919 in Baden und Württemberg durchgeführten ersten Urwahlen massive konservative Mehrheiten ergaben.[27] Tatsächlich behielten am Ende auf dem einen wie auf dem anderen Weg die konservativen Kräfte in der Kirche die Oberhand.

Aber zunächst, in den ersten Wochen nach der Revolution, schien die Zukunft noch offen, eine Zukunft, die unter dem Stichwort »Freie evangelische Volkskirche« stand.[28] Einer ihrer lebhaftesten und einflußreichsten Vertreter war der damals schon über 60jährige Martin Rade, Theologieprofessor in Marburg und Herausgeber der *Christlichen Welt*, einem »Evangelischen Gemeindeblatt für Gebildete aller Stände«, das seit seiner Gründung im Jahre 1886 das wichtigste Organ des kirchlich-theologischen Liberalismus in Deutschland darstellte. Hier erschien in der Nummer vom 28. November 1918 unter der Rubrik »Anzeigen« ein Aufruf zur Bildung von »Volkskirchenräten« samt den »Grundlinien«, die für diese Räte gelten sollten. Darin hieß es unter Punkt 3: »Die evangelische Kirche gründet sich auf die religiöse Gleichberechtigung aller ihrer Glieder (allgemeines Priestertum auch der Laien).« Punkt 5 erklärte: »Indem sie von jetzt an ihre Geschicke selbst in die Hand nimmt, schafft sie sich ihre Organe (Presbyterien, Synoden, Behörden, Pfarrer) durch freie Wahl.« Schließlich wurde unter Punkt 7 der Zusammenschluß des deutschen Protestantismus gefordert: »Wir brauchen als dauernde Grundlage unseres Verfassungslebens eine einheitliche Reichssynode, die hervorgeht aus allgemeiner, direkter und geheimer Wahl durch eingeschriebene Gemeindemitglieder (Männer wie Frauen, mit vollendetem 20. Lebensjahr).«[29] Dies war, wie vor allem der 5. Punkt zeigte, der Versuch, die Verfassung und Ordnung der evangelischen Kirche radikal umzustellen: von einer Obrigkeitskirche mit landesherrlichem Kirchenregiment und bürokratischer Kirchenleitung zu einer Volkskirche, in der alle Ämter und Leitungsorgane durch freie Wahl der Glieder verliehen werden sollten. »Jetzt oder nie«, schrieb Rade, »mag die Pastorenkirche der Laienkirche, die Konsistorialkirche der Gemeindekirche weichen.« »Vexilla regis prodeunt! Unsers Königs Fähnlein gehen voran. Mag es draußen in der Welt wunderlich zugehen, unser armes Deutsches Reich in allen Fugen zittern, für uns ist Hoffnungszeit, Bauzeit: greift zu, faule Hände müssen ein böses Jahr haben!«[30] Die *Christliche Welt* konnte in kurzer Zeit nahezu hundert prominente Unterschriften dazu veröffentlichen, darunter viele Namen, die in Theologie und Kirche einen guten Klang hatten.

Während Rades Idee der Volkskirchenräte darauf zielte, die Revolution in der Kirche nachzuholen, ging es bei dem von dem Göttinger Theologieprofessor Arthur Titius am 18. November 1918 gegründeten »Volkskirchenbund« darum, die Stimmen der evangelischen Christen zu mobilisieren und sie gegen die Bedrohung von außen und für echte, volkskirchliche Reformen im Innern einzusetzen. Dies gelang in bemerkenswertem Maße. Die Bewegung der Volkskirchenbünde, die bald an zahlreichen Orten entstanden, wirkte bis in die Sozialdemokratie hinein. Als sich am 29. April 1919 in Berlin die verschiedenen Volkskirchenbünde Deutschlands zusammengeschlossen, betrug die Zahl ihrer Mitglieder bereits weit über eine halbe Million.[31] Freilich war der Höhepunkt dieser ganzen Bewegung zu diesem Zeitpunkt bereits überschritten. Als Otto Dibelius im März dieses Jahres Bilanz zog, konnte er mit Recht feststellen, der »wichtigste Gewinn für das kirchliche Leben in den ersten Monaten nach der Revolution« sei nicht etwa »eine neue Führung der Gemeinden und der Kirchen durch freie volkskirchliche Organisationen gewesen, sondern im Gegenteil eine Neubelebung der organisierten Kirche, unabhängig von der volkskirchlichen Bewegung in ihren mannigfaltigen Formen«.[32] Die Revolution in der Kirche, hieß das im Klartext, hatte nicht stattgefunden.

Es ist natürlich schwer, die wirklichen Kräfteverhältnisse in der evangelischen Kirche um die Jahreswende 1918/19 abzuschätzen. Aber vielleicht wird man, alles in allem genommen, doch sagen können, daß die Kräfte, die der Zukunft offen gegenüberstanden und eine wirkliche Erneuerung der Kirche wollten, denjenigen mindestens gleich waren, deren Ziel darin lag, so weit wie möglich alles beim alten zu belassen. Eine große Zahl Unentschiedener aber wartete ab, wie die Dinge in Staat und Kirche sich entwickeln würden. Für ihre Entscheidung wurden bestimmte politische Ereignisse der ersten Wochen bis zum Jahresende 1918 von nachhaltiger und schließlich ausschlaggebender Bedeutung.

Leichter und schwerer zugleich war der Übergang vom Alten zum Neuen für den deutschen *Katholizismus*. Zwar empfand auch das katholische

Deutschland den verlorenen Krieg und das Ende des Kaiserreiches weithin als eine Katastrophe, die für unzählige treue Katholiken unverwunden blieb. Aber zugleich gab es auf katholischer Seite bedeutende Kräfte, die geeignet waren, den Katholizismus über die Krise des Reiches eher hinwegzutragen. Im Unterschied zu den evangelischen Kirchen blieb die katholische Kirche in ihrer rechtlichen Ordnung vom Umsturz weitgehend unberührt. Die Idee des Papsttums ging in Deutschland gestärkt aus dem Kriege hervor. Anders auch als im Protestantismus hatte sich das katholische Selbstbewußtsein nicht ganz so eng mit dem kaiserlichen Deutschland verbunden, so daß die Niederlage als geistige Katastrophe das eigentümlich Katholische weniger betraf. Und schließlich verfügte der Katholizismus in Deutschland über eine bewährte politische Partei, deren führende Köpfe bereits 1917 eine Neuorientierung eingeleitet hatten. Hier allerdings lagen nun auch die Probleme. Denn die katholische Partei sah sich damit plötzlich unter Umständen und für eine Sache in Pflicht genommen, die der Katholizismus insgesamt keineswegs einhellig bejahen mochte und konnte. Die Spannungen und Schwierigkeiten, die daraus entstanden, dauerten die ganze Zeit der Republik hindurch an und trugen 1933 mit zum Ende des politischen Katholizismus in Deutschland bei.

Als im August 1914 der Krieg ausbrach, waren die tiefen Wunden, die der Kulturkampf im deutschen Katholizismus zurückgelassen hatte, gerade verheilt. Der überaus schwierige und mühsame Prozeß »des endgültigen Hineinwachsens der Katholiken in das nationale Leben und den Staat der Reichsgründung«[33], die »Aussöhnung mit der ›Reichsnation‹«[34], war an einem Punkt angelangt, der die volle und rückhaltlose Unterstützung des Krieges nicht nur ermöglichte, sondern geradezu forderte. 1887 war zum ersten Mal auf einem deutschen Katholikentag neben dem dreifachen Hoch auf den Papst auch das Hoch auf den Kaiser ausgebracht worden, und dies war mehr als ein Zufall.[35] Keine Minderheit vermag sich auf die Dauer dem Zug der Zeit zu widersetzen, wenn dieser Zug so stark ist, wie es das wachsende Selbstbewußtsein des kaiserlichen Deutschlands war. Auch die deutschen Katholiken, zu denen rund ein Drittel der deutschen Bevölkerung gehörte, vermochten das nicht. Und so vollzogen sie schrittweise die Annäherung an die neue Zeit und zugleich damit auch die Anpassung »an Mentalität und Methoden der deutschen Politik im imperialistischen Zeitalter«.[36]

Noch freilich fehlte die letzte vollständige Anerkennung der Katholiken im Reich. Noch waren die alten protestantischen Urteile und Vorurteile zu spüren gegen die »Reichsfeinde« und »Ultramontanisten«, gegen katholische Scheinheiligkeit und unwissenschaftliche Beschränktheit. Und so empfingen auch die deutschen Katholiken den Krieg wie eine Erlösung, weil er endlich dies alles zu überwinden und aufzuheben versprach.[37] Das vielumjubelte Kaiserwort vom 31. Juli 1914: »Ich kenne keine Parteien mehr, ich kenne nur noch Deutsche«, galt, so empfanden sie, besonders auch ihnen.[38] Jetzt war die Zeit der Bewährung gekommen, in der sie zeigen konnten, daß sie sich in der Treue zu Kaiser und Reich von niemandem übertreffen ließen. Der Speyerer Bischof Michael v. Faulhaber, seit 1917 dann als Erzbischof von München und Freising eine der zentralen Gestalten der katholischen Kirche in Deutschland, sprach zweifellos für die überwältigende Mehrheit des deutschen Katholizismus, als er den ausrückenden Truppen im August 1914 zurief: »Die Höhenfeuer der Begeisterung, die heute von den deutschen Bergen leuchten, sind nicht von Haß gegen andere Völker und Fürsten, sie sind von der Liebe zu Kaiser und König, zu Vaterland und Heimat und vom Glauben an unser gutes Recht angefeuert.«[39] So standen sich auch die Kriegspredigten beider Seiten in ihrem Hurra-Patriotismus, ihrem Durchhaltewillen und ihrem Glauben an die »sittliche Berechtigung und Bedeutung des Krieges« kaum nach.[40] Und der Annexionismus, jene verhängnisvolle Überzeugung vom Recht des Eroberers, wurde auf katholischer Seite nicht weniger unterstützt als auf protestantischer.[41] Dabei konnten sich hier mit der Hoffnung auf den Sieg der Mittelmächte andere, aber nicht weniger ausgreifende Zukunftsvisionen verbinden. Die zukünftige politische Gemeinschaft der Siegermächte Deutschland-Österreich vermochte »mit 63 Millionen Katholiken gegen 45 Millionen Protestanten und 6 Millionen Andersgläubigen dem Nachkriegseuropa ein neues, katholisches Gesicht zu geben«.[42]

Wie sehr der deutsche Katholizismus mit und in alledem konservativ und monarchisch orientiert blieb, zeigte ein gemeinsames Hirtenschreiben, in dem alle 27 Erzbischöfe und Bischöfe des Reiches am Feste Allerheiligen 1917 ihre Stimme erhoben. Das Leitwort, das den Diözesanen in »schicksalsschwerer Stunde« Weg und Ziel weisen sollte, war Jesu »majestätischer Befehl«: »›Gebet Gott, was Gottes ist, und dem Kaiser, was des Kaisers ist‹ (Matth. 22.21).« Das Hirtenschreiben ließ keinen Zweifel daran, was dieses Wort im vierten Kriegsjahr besagen sollte: »Mit unerschütterlicher Treue«, so hieß es, »und opferfreudiger Hingebung stehen wir daher zu unsern Herrschern von Gottes Gnaden, dem Kaiser und den Landesfürsten. In ihre Hand hat Gott im Lauf einer Entwicklung von Jahrhunderten den Herrscherstab gelegt ... Der Krieg hat in Deutschland den alten heiligen Bund zwischen Volk und Fürst nicht gelockert, sondern ihn in gemeinsamen Leiden und Streiten noch fester geschmiedet.« Das katholische Volk, so gelobte der Episkopat, werde »alles zurückweisen, was auf einen Angriff gegen unsere Herrscherhäuser und unsere monarchische Staatsverfassung hinausläuft«. Zugleich wiederholte der Hirtenbrief die alten Forderungen des deutschen Katholizismus: »Katholische Schulen für katholische Kinder«; »Freiheit und Unabhängigkeit ... für die katholische Karitas«; »Mehr Freiheit auch für unsere religiösen Orden!« Und schließlich wurde mit allem Nachdruck jene Parole zurückgewiesen, die genau ein Jahr später das Feld überall beherrschen sollte: die Trennung von Kirche und Staat. »Es könnte kaum ein größeres Unglück über uns kommen«, so meinten die deutschen Bischöfe dazu, »als wenn der so heißersehnte Friede verdorben würde durch Streit und Kampf zwischen Staat und Kirche oder durch völlige Entfremdung und Trennung beider.«[43]

Die Bedeutung dieses letzten großen Hirtenschreibens vor der Revolution für die politischen Grundlagen und Ziele der katholischen Kirche in Deutschland ist schwerlich zu überschätzen. Hier wurden Wegemarken gesetzt, an denen sich Episkopat und Klerus auch dann noch orientierten, als der Umsturz die staatlichen Verhältnisse von Grund auf verändert hatte.

Wenn trotz dieser engen Bindung an die Monarchie die Revolution für die katholische Kirche bei weitem nicht jenen Einbruch bedeutete, den sie für den Protestantismus darstellte, so verdankte die Kirche dies unter anderem dem Papsttum, und zwar in doppelter Hinsicht.

Der deutsche Katholizismus war traditionellerweise besonders eng mit Rom verbunden. Nicht von ungefähr hatte Pius X. im August 1914, wenige Tage vor seinem Tode, die deutschen Katholiken »die besten Katholiken der Welt« genannt[44], und auch unter seinem Nachfolger, Benedikt XV., blieb diese besondere Beziehung unverändert erhalten. Die Sammlung für den Peterspfennig, zu der der Zentrumsabgeordnete Matthias Erzberger das katholische Deutschland mitten im Krieg aufgerufen hatte, ergab bis Ende 1916 zwölf Millionen Mark – mehr als alle anderen Länder zusammen für die Bedürfnisse der Kurie aufbrachten.[45] Dazu kam, daß das Ansehen des Heiligen Stuhls im Kriege weltweit gewachsen war.[46] So lag es nahe, daß sich nach der Revolution die deutschen Katholiken noch mehr nach Rom orientierten, wo sie im Umsturz aller Verhältnisse das offenkundig Dauernde und Bleibende sahen. Als der neue Kölner Erzbischof Karl Joseph Schulte im Oktober 1920 den ersten deutschen Pilgerzug nach Rom führte, gab er diesen Empfindungen beredten Ausdruck, als er dem Papst die Deutschen mit den Worten vorstellte,

»daß alle Blicke in Deutschland sich vertrauensoll zum Vatikan richteten, wo das Papsttum im Unterschied zu so vielen verschwundenen Dynastien sich unerschütterlich erhalten und als Fels des Glaubens, Zentrum der Einheit, Wächter der Ordnung, Apostel des Friedens und der Liebe bewährt habe«.[47] Diese Überlegenheit der Kurie, die sich auch im Umbruch der Zeiten unangefochten behauptete, stärkte zweiffellos das Selbstbewußtsein der deutschen Katholiken und zugleich auch das Ansehen und den Einfluß des Heiligen Stuhls in Deutschland. Ein Ausdruck dieser besonderen Beziehungen war es schließlich auch, daß Benedikt XV. im Sommer 1917 den begabtesten jungen Diplomaten nach Deutschland schickte, über den die Kurie damals verfügte, den 41jährigen Eugenio Pacelli. Noch konnte zu dieser Zeit freilich niemand ahnen, welche Bedeutung diese Entscheidung haben sollte. Tatsächlich wurde Pacelli erst als Nuntius in München und Berlin, dann als Kardinalstaatssekretär in Rom und schließlich als Papst Pius XII. mehr und mehr zur Schlüsselfigur der deutschen Kirche.[48]

Aber nicht nur die Tatsache des unerschütterten Papsttums selbst half der deutschen Kirche über die Revolution hinweg; auch bestimmte päpstliche Lehrmeinungen bekamen jetzt eine neue Bedeutung. Im Blick auf die schwierige Lage der katholischen Kirche im republikanischen Frankreich hatte Leo XIII. 1881 in der Enzyklika »Diuturnum illud« zum ersten Mal angedeutet, daß auch die Demokratie »eine kirchlich tolerable Staatsform« darstelle.[49] Vier Jahre später, 1885, wurde in der berühmten Enzyklika »Immortale Dei« die Freiheit der Kirche gegenüber jeder Staatsform grundsätzlich festgestellt. Die Herrschergewalt, so hieß es, sei »mit keiner Staatsform notwendig verbunden« (necessario copulatus); sie könne »die eine oder andere Form annehmen, wenn diese das gemeinsame Wohl und Gedeihen wirksam« fördere.[50] Nun war die gleiche Situation wie in Frankreich auch in Deutschland eingetreten, und die Lehren Leos XIII. erhielten damit für die deutschen Katholiken eine überraschende Aktualität. Denn so schwierig die Auslegung im einzelnen sein mochte, grundsätzlich war damit auch für den deutschen Katholizismus der Weg zur Mitarbeit in der Republik freigegeben. In der Tat übernahm das Zentrum von der ersten Stunde an die politische Mitverantwortung für den neuen Weg, den das Reich nun zu gehen hatte.[51]

Nicht weniger wichtig endlich war das katholische Selbstbewußtsein, das sich seit der Jahrhundertwende entwickelt hatte. Die Gründung der Zeitschrift *Hochland* im Jahre 1903 war Zeichen und Motor dieser Wandlung zugleich. »Wiederbegegnung von Kultur und Kirche in Deutschland« hieß ihr Ziel[52], und schon im ersten Jahrzehnt ihres Bestehens war der Herausgeber, Karl Muth, diesem Ziel ein bemerkenswertes Stück näher gekommen. Der Krieg trieb diese Entwicklung rasch voran. Im Zusammenbruch der geistigen Wertordnungen des alten Europas schien sich wie von selbst die Tür für den Katholizismus neu aufzutun. Wie kein anderer formulierte diese »einzigartige Gelegenheit zur Neuorientierung der lebenden Erdgenerationen und Europäer« der Philosoph Max Scheler, in der Kriegs- und Nachkriegszeit für einige Jahre wohl der bedeutendste Dolmetsch dieser Aufbruchstimmung im katholischen Deutschland überhaupt.[53] In einer 1915 erschienenen Studie, *Soziologische Neuorientierung und die Aufgabe der deutschen Katholiken nach dem Krieg*, faßte er das neue katholische Selbstbewußtsein in einem einzigen, langen, atemlosen Satz zusammen. So hatte in Deutschland seit den Zeiten der Romantik niemand mehr das eigentümlich Katholische beschrieben: »Nicht die Inhalte unseres Glaubens – was wir nicht fordern dürfen –, aber die katholische Lebens- und Kulturform, die besondere Stilform katholischer Menschlichkeit, ihre größere Weitherzigkeit, Milde, Weichheit, Friedfertigkeit – sagen wir ruhig auch ihr so oft auch in unseren eigenen Reihen als ›Inferiorität‹ beklagtes gemildertes Tempo im Arbeits- und Emporkömmlingswillen, ihre tiefere hingegebenere Weltfreudigkeit und ihre heiterere Harmonie, ihr konkreterer Realismus gegenüber den abstrakten Ordnungs- und Einheitsgedanken, ihre volksverwurzeltere Naivität und ihre vertraulichere, unbekümmertere Art, aus lebendigen Traditionen heraus resolut zu leben, und das Gewachsene immer mehr zu lieben als das, wenn auch noch so klug, Gemachte – diese und jene noch weniger in Begriffen faßbaren Züge des katholischen Wesens dürfen nicht wie bisher fast unsichtbar neben dem repräsentativen Deutschtum und seinem Geiste stehen, sondern sie müssen sich ihm wahrhaft einweben, daß sie auch in seinem Gesamtbild, in Institutionen, Werken, Waren, daß sie besonders im Umgang mit dem Ausland und der Verwaltung angrenzender Länder fühlbar werden.«[54] Jeder einzelne Komparativ in diesem Satz bedeutete nicht nur die Wiederherstellung des besonderen Wertes der katholischen Lebens- und Kulturform, sondern enthielt damit zugleich auch eine Kritik am Protestantismus, der den geistigen und politischen Weg Deutschlands seit dem Beginn des 19. Jahrhunderts immer nachhaltiger geprägt hatte.

Daß diese Überzeugungen keineswegs nur auf einen kleinen intellektuellen Kreis beschränkt blieben, sondern unmittelbaren Einfluß auf die Politik gewannen, machte ein Schreiben deutlich, das Matthias Erzberger am Jahresende 1917 an den Münchner Erzbischof Faulhaber richtete. Der damals 42jährige Zentrumsabgeordnete, aus der gleichen Generation wie Scheler, war die dominierende Figur seiner Fraktion und ein Mann von überragendem politischen Einfluß. Offensichtlich im Banne der großen katholischen Aufbruchstimmung war auch Erzberger überzeugt, daß sich an das Ende des schrecklichen Weltkrieges »eine große katholische Renaissance anknüpfen« werde und müsse. Denn allein der Katholizismus könne dem Hunger nach einem neuen rechtlichen Fundament Rechnung tragen, der die Menschheit durchströmen werde. Die Sozialdemokratie sei dazu unfähig; die Konservativen huldigten »der offenkundigsten Brutalität«, der Protestantismus aber sei »als Geistes- und Herzensmacht im Kriege total zusammengebrochen«. »Er ist«, so fuhr Erzberger im Blick auf die vierhundertjährige Wiederkehr des Wittenberger Thesenanschlags 1917 fort, »gestorben in seinem Jubiläumsjahr«. Für diese neue Aufgabe des deutschen Katholizismus schlug Erzberger dem Münchner Erzbischof nichts Geringeres vor als die Schaffung eines Zentrums »für die Kultur- und Geisteswelt, Literatur, Theater usw., eine Zentrale, welche all die einzelnen Organisationen beeinflußt, geistig leitet und führt; die Zentrale der großen katholischen Renaissance«.[55] Ihr Sitz könne seines Erachtens nur München sein. So unrealistisch dieser Vorschlag im Blick auf die Gegensätze im Katholizismus war, so typisch war er doch auch für den neuen katholischen Aufbruch und die Hoffnungen, die sich damit verbanden.

Als Erzberger diesen Brief schrieb, hatte er bereits das Steuer der Zentrumspolitik vom Siegfrieden zum Verständigungsfrieden herumgeworfen. Der Gedanke der »katholischen Renaissance« war damit nicht mehr notwendig mit dem deutschen Sieg verknüpft, sondern konnte gerade auch in der Niederlage seine Bedeutung und seine Kräfte zeigen.

In jenen Novembertagen 1918, in denen in Deutschland eine Welt unterging, hatte der Protestantismus wenig, woran er sich orientieren konnte. Die Revolution machte ihn kirchlich, geistig und politisch heimatlos. Erst später begannen hier kirchliche Erneuerung und theologischer Aufbruch. Der Katholizismus dagegen, so hart auch ihn die Ereignisse trafen, besaß die unerschütterte Kirche mit dem Papsttum an der Spitze; er besaß schließlich eine politische Partei, die ohne Zögern an die Arbeit ging und seine Interessen auch unter den neuen Verhältnissen zu vertreten begann.

In der Tat stellte sich das Zentrum überraschend schnell auf den vielzitierten »Boden der neuen Tatsachen«. Erst jetzt zeigte sich die Bedeutung der Koalition mit den Sozialdemokraten, die Erzberger 1917 im Reichstag durchgesetzt hatte, in ihrem ganzen Umfang. Denn die Entscheidung von 1917 wies nun der Partei den Weg. Er hieß: hinein in die Regierungsverantwortung mit den Sozialdemokraten, um die radikalen Kräfte auszuschalten und das bürgerliche und christlich-katholische Element mit allem Nachdruck zur Geltung zu bringen. Auch wenn dies gewiß mehr aus politischem Zwang als aus Überzeugung geschah[56], so zeigten sich hier doch die Ansätze einer Stabilität, die dann als »Weimarer Koalition« die junge Republik tatsächlich über die ersten Stürme hinwegtragen sollte. So bildeten schon am 10. November in Baden zwei Vertreter des Zentrums zusammen mit den Sozialdemokraten die neue provisorische Landesregierung; kurz darauf folgten ähnliche Schritte in Württemberg und in Hessen.[57]

Die großen Entscheidungen freilich mußten in Berlin fallen. Im Reich wie in Preußen aber lag die Macht seit dem 9. November in den Händen sozialistischer Regierungen, die sich aus radikalen Unabhängigen und gemäßigten Mehrheitssozialisten zusammensetzten. Hier mußte für das Zentrum deshalb alles darauf ankommen, so schnell wie möglich über den Weg allgemeiner Wahlen die sozialistischen Mehrheiten zu brechen und durch Zusammenarbeit mit den Mehrheitssozialisten das christliche, bürgerliche und demokratische Element zum Zuge zu bringen. Am 15. November wurde in Berlin auf Erzbergers Drängen ein Generalsekretariat für das Zentrum eingerichtet, das unter Leitung seines langjährigen Mitarbeiters Maximilian Pfeiffer zum ersten Mal in der Geschichte der Partei die Vorbereitungen für die bevorstehenden Wahlen zentral in die Hand nahm.[58]

Zugleich begann eine umfassende und zum Teil kontroverse Programmdiskussion. Sie betraf vor allem die Frage, ob das Zentrum sich zu einer großen, überkonfessionellen christlichen Volkspartei umbilden und was die Partei etwa als neue politische Ziele auf ihre Fahnen schreiben sollte.[59] Auch hier gab es verschiedene Gruppen: linke Republikaner, einen starken konservativen Flügel und eine große schweigende Mehrheit, die abwartete, was die neue Zeit bringen würde. Und auch hier war in diesen ersten Wochen noch vieles durchaus offen, bevor die sozialistische Kirchenpolitik in Preußen die Kirche auf einen strikten antisozialistischen Kurs festlegen sollte.

Das Doppelgesicht der deutschen Novemberrevolution, ihr von der USPD vertretener Wille zur Rätediktatur und ihr von den Mehrheitssozialisten angestrebter Weg zum sozialen und demokratischen Volksstaat kam wohl an keiner Stelle widerspruchsvoller zum Ausdruck als bei der Besetzung des preußischen Kultusministeriums.[60] Bekanntlich hatte die Rivalität zwischen beiden Parteien im zeitweise höchsten Gremium der revolutionären Bewegung, dem Vollzugsrat der revolutionären Obleute in Berlin, dazu geführt, daß alle preußischen Ministerien doppelt besetzt wurden. Gleichberechtigt und zu gemeinsamem Vorgehen verpflichtet, standen jeweils ein USPD-Mann und ein MSPD-Mann nebeneinander an der Spitze der Ressorts. So übernahmen am 12. November das »Ministerium für geistliche und Unterrichtsangelegenheiten« – seit dem 15. November hieß es »Ministerium für Wissenschaft, Kunst und Volksbildung«[61] – zwei Männer, die nach Herkunft, Charakter und Überzeugung grundverschieden waren. Der Repräsentant der MSPD, Konrad Haenisch, vertrat zwar selbstverständlich auch die kirchenpolitischen Grundprinzipien der SPD – Religion als Privatsache, Trennung von Kirche und Staat und religionsfreie Schule –, hatte sich aber doch im Kriege nicht ohne Verständnis für das Christentum gezeigt und seinen Respekt vor der christlichen Kultur und Ethik im November 1917 im preußischen Abgeordnetenhaus öffentlich geäußert.[62] Der USPD-Vertreter dagegen, Adolf Hoffmann, konnte von den Kirchen nur als die denkbar schärfste Kampfansage verstanden werden. Der damals 60jährige, ein Mann mit ausgeprägtem proletarischem Selbstbewußtsein, voll Berliner Mutterwitz und Schlagfertigkeit, war um die Jahrhundertwende die populärste Gestalt der Berliner Kirchenaustrittsbewegung gewesen, für die er in zahlreichen Massenversammlungen agiert hatte. Ein bis in die zwanziger Jahre immer wieder aufgelegter Vortrag aus dem Jahre 1892, *Die Zehn Gebote und die besitzende Klasse*, in dem mit großem polemischem Geschick die Zehn Gebote als Herrschaftsinstrument der Herrschenden entlarvt werden sollten, hatte ihm den Spitznamen »Zehn-Gebote-Hoffmann« eingetragen. Hoffmanns Kirchenkritik war von der Art, daß die Wahrheiten, die er traf, auch im gutwilligsten christlichen Hörer nur Widerspruch hervorrufen konnten, in den weniger Gutwilligen aber, und das war bei weitem die Mehrzahl, die schlimmsten Vorurteile bestätigt wurden.[63] Dieser Mann also übernahm am 12. November zusammen mit Haenisch die Verantwortung für die Kirchenpolitik in Preußen. Und obwohl er nur sechs Wochen im Amt war – schon Anfang Januar 1919 schied er mit den anderen Unabhängigen aus der Regierung wieder aus –, genügte diese kurze Zeit, um nahezu alles zu zerschlagen, was an Ansätzen für eine Zusammenarbeit zwischen Sozialdemokratie und Kirchen vorhanden war, und zwar nicht nur in der Revolutionsphase selbst, sondern fast mehr noch in den späteren Jahren. Adolf Hoffmann wurde zum Symbol für die radikale Kirchenfeindschaft der Linken, das wesentlich dazu beitrug, die christlichen Wähler der Rechten in die Arme zu treiben.

Unter den kirchenpolitischen Entscheidungen, die Hoffmann in seiner kurzen Amtszeit traf, waren vor allem drei, die weit über die Kirchen hinaus Aufsehen und Anstoß erregten. Hoffmann traf diese Entscheidungen, obwohl der Rat der Volksbeauftragten alle grundsätzlichen Fragen ausdrücklich der zukünftigen verfassunggebenden Nationalversammlung zugewiesen hatte, aus revolutionärem Recht, überzeugt von ihrer Notwendigkeit und gedeckt durch die Macht des Berliner Zentralrats der Arbeiter- und Soldatenräte, den er in diesen Fragen hinter sich wußte.[64]

Die erste Entscheidung datierte vom 16. November. Auf einer Konferenz der geistlichen Abteilung des Ministeriums erklärte Hoffmann, die Trennung von Staat und Kirche solle »im Wege der Verordnung ohne Verzug« durchgeführt werden; die den Kirchen bisher gewährten Staatszuschüsse seien »spätestens zum 1. April 1919« aufzuheben.[65] Obwohl diese Erklärung nicht veröffentlicht wurde, brachte schon am 19. November das Zentrumsblatt *Germania* eine entsprechende Meldung. Ihre Wirkung war verheerend. Selbst Martin Rade sah hier die Absicht »eines so grausamen Vorgehens, das sich nur mit den unerbittlichen Waffenstillstandsbedingungen unserer Feinde vergleichen ließe . . .«[66] Gerade auch wer auf kirchlicher Seite grundsätzlich für eine Trennung von Staat und Kirche eintrat, mußte durch die unbekümmerte Rücksichtslosigkeit dieses Planes alles zerstört sehen, was man durch freie Vereinbarungen zwischen beiden Partnern zu erreichen hoffte.

Auch das »Gesetz, betr. die Erleichterung des Austritts aus der Kirche und den jüdischen Synagogengemeinden«, das am 13. Dezember erlassen wurde und den Kirchenaustritt wesentlich vereinfachte, war begreiflicherweise Anlaß lebhafter kirchlicher Kritik, zumal vorher keinerlei Rücksprachen mit den Kirchen stattgefunden hatten.[67]

Mit Abstand den größten Protest aber löste ein Erlaß vom 19. November aus, der den Religionsunterricht als ordentliches Lehrfach für sämtliche Schulen Preußens aufhob und den christlichen Charakter der Schulen beseitigte. Die Erklärung, »nur böser Wille« könne »einen solchen im Namen der Religions- und Gewissensfreiheit geschehenen Schritt zu einer Beeinträchtigung der Religionsfreiheit umdeuten«,[68] war angesichts der Gestalt Adolf Hoffmanns wenig glaubwürdig, zumal die Äußerungen der sozialistischen Kultusminister in Sachsen, Bayern und Württemberg zeigten, »daß sie im wesentlichen den Hoffmannschen Standpunkt raschen und bedenkenfreien Vorgehens in der Kirchentrennungsfrage teilten«.[69] Von kirchlicher Seite kurzerhand – und der Intention nach wohl kaum zu Unrecht – als Abschaffung des Religionsunterrichts deklariert, begann der Erlaß am Jahresende in kaum vorstellbarer

Weise die christlichen Eltern zu mobilisieren. Beschwichtigende Erklärungen Haenischs blieben wirkungslos; nicht einmal die förmliche Sistierung des Erlasses am 28. Dezember vermochte die Protestwelle aufzuhalten.

Die rigide Trennungspolitik der provisorischen sozialistischen Regierungen weckte zunächst den Widerstand der Kirchenleitungen.[70] Er war um so heftiger, als die rechtliche Grundlage dieser Politik tatsächlich fragwürdig war. Mit fast gleichlautenden Wendungen protestierten in Preußen evangelischer Oberkirchenrat und katholischer Episkopat. »Im Namen der evangelischen Kirche der alten Provinzen Preußens«, so erklärte der Oberkirchenrat, »erheben wir förmlich und feierlich Widerspruch gegen solche Maßnahmen. Wir verwahren uns dagegen, daß auf Gesetzen beruhende Zustände durch andere gesetzliche Anordnungen, insbesondere durch Verfügungen einer vorläufigen Regierung, abgeändert werden.«[71] Im Hirtenschreiben des preußischen Episkopats hieß es: »... so erheben wir laut und feierlich vor aller Welt unsere Stimme und legen in Euer aller Namen, im Namen der gesamten Katholiken Preußens, die schärfste Verwahrung ein gegen den Plan, Kirche und Staat in Preußen voneinander zu trennen.« Während der evangelische Oberkirchenrat immerhin von Verhandlungen sprach, erklärten die katholischen Bischöfe kategorisch: »Wir Katholiken Preußens werden das unter keinen Umständen und um keinen Preis zugeben und billigen.« Überhaupt war der katholische Protest noch entschieden härter und grundsätzlicher. »Ein Unrecht und Frevel gegen Gott den Herrn« und ein »bitteres Unrecht gegen die Kirche und die Gläubigen« nannte das Hirtenschreiben die Trennung und sprach in diesem Zusammenhang vom »Staat ohne Gott, ohne Religion« und von der »Schule ohne Gott und ohne Offenbarung!«[72] Das Wort vom »Staat ohne Gott«, geboren in der Kulturkampfstimmung der ersten Wochen, ist dann für kirchliche Kreise beider Konfessionen zum großen Vorbehalt gegen die junge Republik geworden.

Aber nicht nur die Kirchenleitungen reagierten ähnlich, auch an der Basis kamen sich Katholiken und Protestanten näher. Selbst der Evangelische Bund, zuvor und danach beherrscht von entschlossener, unbelehrbarer Katholikenfeindschaft, vergaß für einige Wochen seine Parolen und erklärte sich bereit, »gerne in den neuen Verhältnissen zur Wahrung der religiösen Lebenswerte ein großes Wegstück mit andersgläubigen, besonders auch mit unseren katholischen Volksgenossen zusammenzugehen«.[73] Ein »Interkonfessioneller Ausschuß« wurde gegründet, dessen Vorsitz der bekannte evangelische Berliner Neutestamentler Adolf Deißmann übernahm. Sein Stellvertreter in diesem Amt, der katholische Zentrumsabgeordnete Martin Faßbender, machte in einem Aufruf für die Wahl seiner Partei die gemeinsame Front deutlich. »Hand aufs Herz:«, so hieß es darin, »Was sind denn alle aus der Reformationszeit überkommenen Kontroversen zwischen den christlichen Religionsgemeinschaften, so wichtig auch die einzelnen Glaubenslehren jedem ihrer Anhänger sind, im Vergleich mit dem Abgrund, der uns trennt von – Adolf Hoffmann?«[74]

Wie tief die Erregung selbst im kirchlich nicht gerade leicht erregbaren Berlin war, zeigte eine Kundgebung, die am Neujahrstag 1919 im Zirkus Busch stattfand und die sich ausschließlich gegen die Kirchen- und Kulturpolitik der Sozialisten richtete. Trotz eisiger Kälte zogen am Schluß der Kundgebung rund 60 000 Menschen in einem Protestmarsch zum preußischen Kultusministerium, und wohl zum ersten Mal erklangen in einer so großen Menge gemeinsam das katholische Tedeum »Großer Gott, wir loben Dich« und das Lutherlied »Ein feste Burg ist unser Gott«.[75]

Tatsächlich spielten die Kirchen- und die Schulfrage im Wahlkampf für die Nationalversammlung eine überraschende Rolle. Auf evangelischer Seite, wo man sich bisher um Wahlen nur wenig gekümmert hatte, sah man sich nun gezwungen, eindeutig gegen die sozialistische Politik der Trennung Stellung zu nehmen und die Wahl nichtsozialistischer – und das hieß eben rechtsstehender – Parteien zu empfehlen.[76] Auf katholischer Seite aber, wo man ohnehin auf das Zentrum verpflichtet war, traten Bischöfe, Klerus und Presse jetzt mit allem nur denkbaren Nachdruck geschlossen gegen die Wahl der Sozialdemokraten und für die katholische Partei ein.[77]

Die Wahlen vom 19. Januar 1919 brachten eine erste Entscheidung. Es war den Kirchen gelungen, die gefürchtete sozialistische Mehrheit zu verhindern. Damit war freilich der Vorrat an Gemeinsamkeit bereits nahezu wieder erschöpft. Denn allzu ungleich erschien nach der Wahl die Ausgangslage für die beiden Konfessionen. Die Stimmen des deutschen Protestantismus waren weithin zersplittert. Trotz aller Warnungen hatten die evangelischen Wähler in großer Zahl die SPD gewählt, die auch später in der ganzen Zeit der Republik in den überwiegend evangelischen Wahlkreisen ihre sichersten Stützen hatte.[78] Der Protestantismus hätte daraus die Konsequenz ziehen können, eine Verständigung mit der Sozialdemokratie zu suchen, so wie es in jener Zeit mehrfach empfohlen wurde.[79] Aber offensichtlich war das wechselseitige Mißtrauen noch unüberwindbar. So taten die Kirchenleitungen weithin das Gegenteil und suchten ihr Heil in der Stärkung der Rechten.[80]

Ganz anders erschien die Lage für den Katholizismus. Das Zentrum hatte trotz der revolutionären Situation seine Wähler halten können und war wieder

– wie schon im alten Reichstag – mit 19,7 Prozent der Stimmen nach der SPD zur zweitstärksten Partei geworden. Die Rolle, die der Partei damit zufiel, war freilich mit den Zeiten des Kaiserreiches nicht zu vergleichen. Durch die Not der Zeit zu einer Koalition mit den Sozialdemokraten gezwungen, hing für die Zukunft alles davon ab, ob es dem Zentrum gelingen würde, sich selbst und die Kirche von der Richtigkeit dieser Entscheidung zu überzeugen. Eben hier aber mußten nun die Probleme entstehen. Denn wie konnte eine christlich-katholische Partei ehrlich mit einer anderen Partei zusammengehen, in der die Kirche den Inbegriff der Gottlosigkeit und Kirchenfeindschaft sah? Dieses Dilemma hat das Zentrum in der ganzen Weimarer Zeit nicht auflösen können, und die Nationalsozialisten wußten sehr wohl, warum sie später genau an diesem Punkt mit ihrer Propaganda ansetzten.

Auch wenn nach der Wahl die kulturpolitischen Themen aus den Schlagzeilen zunächst verschwanden, so ebbte die Erregung doch keineswegs ab. Da nun die Nationalversammlung über die Zunkunft der Schule endgültig zu entscheiden hatte, beschloß der vom preußischen Oberkirchenrat noch im November 1918 geschaffene Vertrauensrat am 29. Januar 1919, »eine Massenpetition an die Nationalversammlung für die Erhaltung des christlichen Charakters der Schule zu veranlassen«. Der Text lautete: »Wir Unterzeichneten über 20 Jahre alten Glieder der evangelischen Kirche fordern, daß unsere Jugend nach wie vor in den öffentlichen Schulen eine Erziehung erhält, die auf der Grundlage des Christentums ruht und der christlichen Bildung und Gesittung nicht zuwiderläuft.«[81] Die Aktion wurde zu einem Erfolg, der Initiatoren und Gegner gleichermaßen überraschte und in der deutschen Parlamentsgeschichte ohne Beispiel ist. Als die Unterschriftensammlung am 14. Juni offiziell abgeschlossen wurde, zählte man nahezu 6,9 Millionen Unterschriften, die in den folgenden Wochen noch auf knapp 7 Millionen anwuchsen.[82] Von den rund 20 Millionen evangelischen Wählern, die am 19. Januar 1919 ihre Stimmen abgegeben hatten, hatten sich also mehr als ein Drittel in dieser Frage eindeutig exponiert.[83] Daß sich darunter auch zahlreiche sozialdemokratische Wähler befanden, konnte sich die Regierung leicht ausrechnen.

Es ist kein Zweifel, daß diese Ereignisse das Verhältnis beider Kirchen zur Sozialdemokratie und damit zur entscheidenden Kraft der jungen Republik schwer belastet haben. Den Schock der Ära Hoffmann haben beide Kirchen bis zum Ende der Republik nicht verwunden.[84] Seinen Auswirkungen begegnet man von da an in kirchlichen Äußerungen auf Schritt und Tritt. Die Folgen waren kaum abzuschätzen.

Im Sommer 1919 hatte der bekannte Erlanger Kirchenrechtler Karl Rieker *Zur Neugestaltung der protestantischen Kirchenverfassung in Deutschland* Stellung genommen und dabei erklärt, »daß die Trennung von Staat und Kirche nicht die Entchristlichung des Staates, seine Abkehr von den Grundsätzen des Christentums bedeuten« müsse. »Die Kirche ist ja nicht der einzige Träger des Christentums und ein Staatswesen, das die Fürsorge für die unteren Klassen des Volkes zu einer seiner Hauptaufgaben gemacht hat, und von dem Gedanken durchdrungen ist, daß, wenn ein Glied leidet, alle Gleider mit leiden, kann deshalb allein, weil es sich von der Kirche scheidet, noch nicht als unchristlich bezeichnet werden.«[85] Diesen Satz griff im Januar 1920 Wilhelm v. Pechmann auf, als Präsident der Bayerischen Landessynode und später des Deutschen Evangelischen Kirchentages einer der bedeutendsten Laien in der evangelischen Kirche.[86] »Deshalb allein freilich nicht,« meinte er, »um so mehr aber aus anderen Gründen, und zwar vor allem deshalb, weil das neue Staatswesen Ursprung, Gepräge und Ziel von einer Partei empfangen hat, über deren atheistische und antiklerikale Richtung Zweifel oder Streit im Ernste nicht möglich ist.«[87]

Zur gleichen Zeit führte das gleiche Problem auch im deutschen Katholizismus zu heftigen Auseinandersetzungen. Der Streit entzündete sich an dem im Artikel 1 formulierten Grundsatz der neuen Reichsverfassung »Die Staatsgewalt geht vom Volke aus«. Während das Zentrum diesen Satz wie die ganze Verfasssung, die die Partei wesentlich mitverantwortet hatte, lebhaft verteidigte, erklärte der Benediktiner Augustin Galen, dieser Satz sei »der katholischen, ja überhaupt der christlichen Lehre diametral entgegengesetzt«. Denn in Wahrheit, so fuhr er fort, »hat die Staatsgewalt ihren Ursprung nicht im Volke, sondern in Gott. Der Artikel 1 ist somit irreführend und unwahr, er raubt Gott die Ehre, die ihm als einzigem wirklichen Machthaber gebührt – solches Tun aber nennt man mit Recht sakrilegisch.«[88] Das *Kirchliche Handbuch für das katholische Deutschland*, wie das *Kirchliche Jahrbuch* auf evangelischer Seite in konservativen Händen, versuchte, die verschiedenen Ansichten abzuwägen und kam dabei zu einem Urteil, das die Distanz zur Republik nicht verleugnen konnte und wollte. »Natürlich wird jeder Katholik«, so schrieb der Paderborner Generalvikar Rosenberg zur Zeitlage, »der einen Tadel über die Haltung des Zentrums bei der Beratung von Artikel 1 und von anderen Artikeln der neuen Verfassung aussprechen zu müssen glaubt, gerechterweise damit nicht zugleich die Gesamtarbeit des Zentrums verurteilen wollen, sondern mit den Bischöfen dankbar anerkennen, daß vieles an dem ursprünglichen Entwurf verbessert und manches hinzugefügt worden ist, was den kirchlichen Grundsätzen gerecht wurde. Ohne die Mitarbeit des Zentrums wäre das nicht geschehen. Aber es bleibt bestehen, daß man in weiten Kreisen der deutschen Katholiken mit v. Lüninck es auf das schmerzlichste bedauert, daß die Mitglieder der Zentrumsfraktion gegenüber der ›mit antichristlichem Geiste durch und durch durchtränkten‹ Verfassung nicht klarer und entschiedener den christlichen Standpunkt betont haben.«[89]

Beide Kirchen wurden in der Republik zu korrekten Partnern der republikanischen Obrigkeiten. Aber in der Tiefe blieb ein unausrottbares Mißtrauen gegen die »Verfassung ohne Gott« und den »Staat ohne Grundsätze«, und es blieb die Furcht, daß die Linke, wenn sie nur die Macht hätte, doch noch einmal vollenden könnte, was Adolf Hoffmann begonnen hatte.

2. KAPITEL

DIE NEUORIENTIERUNG DER EVANGELISCHEN LANDESKIRCHEN (1919–1930)

Die kirchliche Geschichte der Weimarer Zeit verzeichnet auf evangelischer Seite einen eindeutigen Gewinner: die Landeskirchen. Während der deutsche Protestantismus durch den politischen Zusammenbruch und seine Folgen zweifellos tief getroffen war, wirkten sich die Ereignisse für die Landeskirchen in nahezu jeder Hinsicht zum Vorteil aus.

Dieser scheinbare Widerspruch erklärt sich aus der eigentümlichen rechtlichen und institutionellen Gliederung des deutschen Protestantismus. Zwar war es im 19. Jahrhundert in Deutschland üblich geworden, von einer evangelischen Kirche zu reden oder auch, wenn man mehr die gemeinsame geistige und politische Geschichte im Auge hatte, vom evangelischen Deutschland oder eben vom deutschen Protestantismus. Rechtlich und institutionell entsprach diesen Begriffen jedoch nur eine Summe von unabhängigen Einzelkirchen, den sogenannten Landeskirchen, die nach Herkunft, Größe und Verfassung außerordentlich verschieden waren. Die Spannung zwischen den landeskirchlichen Einzelinteressen und den evangelischen Gesamtinteressen gehört zu den Grundtatsachen der neueren deutschen Kirchengeschichte, ohne deren Kenntnis die Entwicklungen auch des 20. Jahrhunderts weithin unverständlich bleiben müssen.

Der Ursprung der Landeskirchen reicht bis in die Anfangsjahre der Reformation zurück, als die zerfallenden Ordnungen der alten Kirche gebieterisch nach einer neuen kirchlichen Autorität verlangten, und diese Autorität von den Landesherren übernommen und durchgesetzt wurde. Schon früh wurde daraus ein Rechtstitel, das Jus reformandi, das den Landesherren die uneingeschränkte Bestimmung und Ordnung der Religionsverhältnisse ihres Landes gestattete. Da im Gegensatz zum kanonischen Recht auf katholischer Seite ein gemeinevangelisches Kirchenrecht nicht existierte, konnte jedes einzelne evangelische Territorium seine eigene kirchliche Ordnung entwickeln. So entstanden eine Fülle von einzelnen »Landeskirchen«, Kirchen also, deren Grenzen mit den Grenzen der jeweiligen Landesherrschaft zusammenfielen. Rund zweieinhalb Jahrhunderte blieb diese Übereinstimmung von Landesherrschaft und Landeskirche in den Territorien des Reiches trotz bedeutender Ausnahmen im Prinzip unangetastet. Den großen Umbau brachte erst die rigorose Neugestaltung der deutschen Landkarte zu Beginn des 19. Jahrhunderts. Im Zuge dieser Veränderungen entstanden die Landeskirchen wesentlich in der Form, in der sie uns dann zu Beginn des 20. Jahrhunderts begegnen.

Die politische Neugestaltung Deutschlands in der napoleonischen Zeit veränderte das jahrhundertealte System vor allem in dreifacher Hinsicht: territorial, rechtlich und konfessionell.

In den 38 souveränen deutschen Staaten, die der Wiener Kongreß schließlich übrig ließ, waren eine Fülle ehemals selbständiger Territorien samt ihren Kirchen aufgegangen. Es war ein Gebot der Staatsräson namentlich für die größeren unter ihnen, die neu hinzugewonnenen Territorien möglichst schnell politisch zu integrieren. Dazu gehörte es auch, die verschiedenen Territorialkirchen in neuen, einheitlichen Landeskirchen zusammenzufassen. Dies gelang, wenn auch zum Teil mit großer Verzögerung und unter erheblichen Schwierigkeiten. So leisteten beispielsweise die Gemeinden und Kirchentümer in den Provinzen Rheinland und Westfalen, die Preußen aus den Erwerbungen des Wiener Kongresses neu gebildet hatte, so lebhaften Widerstand gegen die Übernahme der territorial-obrigkeitlichen Kirchenordnung ihres neuen Landesherrn, daß ihnen nach langen Verhandlungen eine eigene, stärker synodal orientierte Ordnung zugestanden wurde, die später viel kopierte Rheinisch-Westfälische Kirchenordnung von 1835.

Seit dieser Zeit gab es in Preußen zwar eine Landeskirche mit einer gemeinsamen Spitze, aber verschiedene Ordnungen für die östlichen und westlichen Provinzen. Immerhin gelang die territoriale Integration in diesen Jahrzehnten so gut und erwies sich als so beständig, daß die in dieser Zeit gebildeten Landeskirchen zum Großteil alle Stürme des 19. und 20. Jahrhunderts überstanden: Die Karte der landeskirchlichen Gliederung Deutschlands spiegelte bis in die Mitte unseres Jahrhunderts im wesentlichen noch immer die territoriale Ordnung des Wiener Kongresses wider!

Die rechtliche Umgestaltung des alten Systems wurde durch die Tatsache erzwungen, daß eine seiner Voraussetzungen, nämlich die Übereinstimmung von Landesherrschaft und Landeskirche, für eine ganze Reihe der neuen deutschen Staaten nicht mehr zutraf. So waren dem vormals rein katholischen Bayern mit den fränkischen Territorien rund ein Drittel lutherischer Untertanen zugefallen; umgekehrt hatte das lutherische Württemberg in Oberschwaben rund ein Drittel katholischer Bürger gewonnen. Dies nötigte die Staaten, wenn sie einen permanenten Religionsstreit vermeiden wollten, zur konfessionellen Neutralität und Parität; ein Weg, den die Staatslehre der Aufklärung bereits vorgezeichnet hatte. Konfessionelle Neutralität und Parität aber war nur dadurch möglich, daß man das enge Band von Kirche und Staat lockerte und den Kirchen rechtlich und verwaltungsmäßig eine gewisse Selbständigkeit gegenüber dem Staat zugestand.

Tatsächlich war dies, die Lockerung des Verhältnisses von Kirche und Staat und die Verselbständigung der Landeskirchen, die Tendenz des 19. Jahrhunderts; eine Tendenz, die in den verschiedenen deutschen Ländern sehr verschieden ausgeprägt war, die aber doch in den meisten mehr oder minder stark zum Zuge kam.

Politisch fand diese Tendenz ihren wichtigsten Ausdruck im Verfassungsentwurf der Paulskirche vom 27. Dezember 1848, der zum ersten Mal in Deutschland die grundsätzliche Trennung von Staat und Kirche forderte. Einige der hier formulierten Grundprinzipien sind später zum Teil wörtlich in die Weimarer Reichsverfassung eingegangen.[1]

Obwohl die Revolution von 1848 scheiterte, blieb sie nicht ohne Wirkungen auf die neuen Verfassungen. So garantierte die revidierte preußische Verfassungsurkunde vom 31. Januar 1850 exemplarisch nicht nur »die Freiheit des religiösen Bekenntnisses« und die Unabhängigkeit der bürgerlichen und staatsbürgerlichen Rechte vom Bekenntnis, sondern bestimmte auch in dem alsbald viel zitierten und viel bemühten Artikel 15: »Die evangelische und römisch-katholische Kirche sowie jede andere Religionsgesellschaft ordnet und verwaltet ihre Angelegenheiten selbständig ...«[2] Das bedeutete nicht die Trennung von Staat und Kirche aber ihre deutliche rechtliche und sachliche Unterscheidung. Es gab zwar keine Staatskirchen mehr, aber der Staat blieb christlich und bekundete dies durch eine besondere Fürsorge- und Aufsichtspflicht gegenüber allen christlichen Kirchen seines Territoriums.[3]

Die Lockerung des Verhältnisses von Kirche und Staat und die allmähliche Verselbständigung der Landeskirchen forderte selbstverständlich auch eine Veränderung der kirchlichen Verfassungen. Sie erfolgte in zweierlei Hinsicht. Zum einen wurden eigene kirchenleitende Behörden geschaffen, die im Namen des Landesherrn das Kirchenregiment ausübten. Sie hießen »Oberkirchenrat«, wie seit 1850 in Preußen, anderswo »Landeskonsistorium«, »Oberkonsistorium« oder ähnlich. Diese Behörden entwickelten sehr bald einen eigenen, den staatlichen Behörden nachgebildeten Verwaltungsstil, eine Kirchenbürokratie von unbestreitbarer Wirksamkeit, die in zunehmendem Maße den Charakter der Landeskrichen bestimmte. Diese Behörden waren es auch, die in der kritischen Situation der Jahre 1918/19 das Heft in der Hand behielten und die Position der Landeskirchen entscheidend zu festigen verstanden.

Demgegenüber besaß die zweite entscheidende Verfassungsänderung zwar eine unverhältnismäßig viel größere kirchliche und politische Publizität, aber nur eine ganz geringe faktische Effektivität, nämlich die Einrichtung von Synoden. In der Forderung nach einer synodalen Beteiligung des Kirchenvolkes an der Kirchenleitung kreuzten sich theologische und politische Motive. Theologisch ging es um die Verwirklichung einer reformatorischen Grunderkenntnis, wonach eine Kirche sich auf den Gemeinden aufbaut, also von unten nach oben, und nicht – wie in den rein episkopalen oder konsistorialen Kirchen – nur von oben nach unten. Politisch dagegen ging es um die Durchsetzung des konstitutionellen Prinzips auch in der Kirche. Die Synode stand danach dem Kirchenregiment des Landesherrn und seiner Behörde gegenüber wie das Parlament einer monarchischen Regierung. Es ist bei der Einrichtung der Synoden im 19. Jahrhundert nie ganz klar geworden, nach welchem Prinzip – dem theologischen oder dem politischen – denn nun tatsächlich verfahren wurde.[4]

Nachdem die Pfalz 1818 und Baden 1821 mit der Einrichtung synodaler Gremien vorangegangen waren, wurde vor allem die Regelung, die die Rheinisch-Westfälische Kirchenordnung von 1835 für die westlichen Provinzen Preußens traf, für die weitere Entwicklung auch in den anderen deutschen Landeskirchen von Bedeutung.[5] Danach traten die synodalen Organe überall neben die konsistorialen Organe, also die Kirchenbehörden, eine Konstruktion, die begreiflicherweise wenig synodales Selbstbewußtsein aufkommen ließ. Als der berühmte Kirchenhistoriker Albert Hauck 1907 Bilanz zog, sah sie wenig erfreulich aus: »Man wird das, was die Synoden den Landeskirchen während der Jahre ihres Bestandes gleistet haben, nicht gering schätzen dürfen. Dennoch ist das Urteil schwerlich irrig, daß sie die hohen Erwartungen, die man an ihre Einführung knüpfte, nur zum Teil erfüllt haben. Man mag zugestehen, daß der Grund mit darin liegt, daß man von der neuen Verfassung zuviel erwartete; keine Verfassungsform kann Leben schaffen. Aber alles ist damit nicht erklärt. Es scheint mir unleugbar, daß unsere Synoden Korporationen bilden, die recht wenig handelnsfähig sind; ihre engbegrenzte Kompetenz, ihre seltenen Tagungen (vier-, fünf-, selbst sechsjährig), das Übermaß von Mitgliedern, die schwerfälligen, den Parlamenten nachgebildeten Formen, in denen man sich bewegt, und die überflüssige Feierlichkeit, mit denen man die Tagungen umgibt, das alles hemmt sie. Will man leistungsfähigere Synoden, so muß man ihnen größere Freiheit der Bewegung gewähren, so muß man sie aus Kontrolleapparaten zu Organen der kirchlichen Selbstverwaltung umbilden.«[6] Manches an diesem Bild ist nach 1918 geändert worden; anderes ist bis heute gültig.

Schließlich sind noch die konfessionellen Veränderungen zu erwähnen, die im Zuge der politischen Neugestaltung Deutschlands im alten landeskirchlichen System eintraten und die das dritte wesentliche Merkmal der neuen Zeit darstellten. Bekanntlich hatte die Reformationszeit zwei sehr verschiedene kirchlich-theologische Richtungen hervorgebracht: die Lutheraner und die Reformierten. Beide Richtungen hatten, wenn auch mit sehr unterschiedlichem Umfang, in Deutschland Kirchen gebildet, die Reformierten vor allem im Westen und Nordwesten des Reiches, die Lutheraner in Mitteldeutschland, im Norden und im Osten. Nachdem durch mehr als zwei Jahrhunderte keinerlei kirchliche Gemeinschaft zwischen beiden Richtungen bestanden hatte, lokkerte das 18. Jahrhundert die starren Gegensätze auf. Pietismus und Aufklärung ließen die dogmatischen Unterschiede zurücktreten und die Möglichkeit einer Vereinigung beider Richtungen in einer Kirche sichtbar werden. Aber erst die politischen Veränderungen brachten die Dinge in Bewegung. Angesichts der Notwendigkeit, größere oder kleinere reformierte Gebiete zu integrieren, wurden seit 1817 vor allem in Preußen, aber auch in Nassau, Baden, der Pfalz und Hessen jeweils auf verschiedene Weise Zusammenschlüsse beider Richtungen zu einer Kirche herbeigeführt. Die neuen Kirchen, die so entstanden, nannte man unierte Kirchen oder Unionskirchen. Allerdings gelang es aus vielerlei Gründen nicht, den Unionsgedanken in ganz Deutschland durchzusetzten. Die Bewegung blieb gleichsam auf halbem Wege stecken und hatte zur Folge, daß die kirchlichen Verhältnisse noch wesentlich komplizierter statt, wie geplant, einfacher wurden. Denn das Ergebnis der Unionsbewegung war schließlich ein neuer Kirchentyp, der unierte, der neben die lutherischen und reformierten Kirchen trat. Dies war um so problematischer, als das Bekenntnisprinzip im Lauf des 19. Jahrhunderts – entgegen allen Erwartungen – durch die neulutherische Bewegung wieder kräftig an Boden gewann, und lutherische Kirchen sich infolgedessen immer weniger bereit zeigten, zusammen mit unierten Kirchen in eine engere kirchliche Gemeinschaft zu treten.

Das Zusammenwirken dieser drei Entwicklungslinien, der territorialen, der staats- und kirchenrechtlichen und der konfessionellen Entwicklung, führte im Lauf des 19. Jahrhunderts zu einer kräftigen Stärkung der landeskirchlichen Autonomie und des landeskirchlichen Selbstbewußtseins. Einen eindrucksvollen Beweis für diese Tendenz lieferte die Neuordnung des preußischen Kirchenwesens, die durch die Annexionen von 1866 notwendig geworden war. Während die annektierten Staaten Schleswig-Holstein, Hannover, Kurhessen, Nassau und Frankfurt a. Main politisch unverzüglich in die preußische Provinzialverwaltung eingegliedert wurden, protestierten die Landeskirchen dieser Territorien nachhaltig und mit Erfolg gegen eine entsprechende Eingliederung in die preußische Landeskirche.[7] Das galt namentlich für die Hannoversche Landeskirche, die alle Merkmale der neuen Zeit aufwies. Sie war in den Grenzen des neuen Königreichs seit 1814 aus einer Reihe unabhängiger Kirchentümer mühsam zusammengewachsen, hatte dabei ein entschieden lutherisches Bekenntnisbewußtsein gewonnen und buchstäblich in letzter Stunde eine eigene synodal-konsistoriale Kirchenverfassung erhalten.[8] Nicht zuletzt unter Hinweis auf die in der preußischen Verfassungsurkunde garantierte kirchliche Selbständigkeit, die in der neuen Verfassung ihren rechtlichen Ausdruck gefunden hatte, widersetzte sich die lutherische Landeskirche Hannovers mit aller Entschiedenheit einer Verschmelzung mit der unierten Landeskirche Preußens. Der preußischen Regierung, die angesichts der allgemeinen Erregung gerade auf diesem heiklen Gebiet Gewalt unbedingt vermeiden wollte, blieb kein anderer Weg, als Hannover und mit ihm auch Kurhessen, Nassau, Frankfurt a. M. und Schleswig-Holstein im Rahmen der preußischen Verfassung die kirchliche Selbständigkeit zuzugestehen. Das hieß, daß diese Landeskirchen nicht als preußische Kirchenprovinzen dem Evangelischen Oberkirchenrat in Berlin unterstellt, sondern als selbständige Provinzialkirchen mit eigenen Konsistorien unmittelbar dem Kultusministerium zugeordnet wurden. Tatsächlich hielt diese Kirchen nur das landesherrliche Kirchenregiment und das preußische Staatskirchenrecht zusammen; im übrigen blieben sie nach Bestand und Bewußtsein selbständige Landeskirchen.

Die Kenntnis dieser ganzen Vorgeschichte ist unerläßlich, um die Reaktionen zu begreifen, die der November 1918 auslöste. Denn kaum war das landesherrliche Kirchenregiment erloschen und deutlich geworden, daß die neuen Regierungen eine Trennung von Kirche und Staat durchführen würden, da setzte sich überall ein auf Autonomie und Abgrenzung gerichtetes landeskirchliches Selbstbewußtsein durch. Die entscheidende Rolle dabei spielten die kirchlichen Behörden. Wo eine Landeskirche über eine gemeinsame Behörde verfügte, da blieb sie zusammen, auch wenn sie – wie in Preußen mit den westlichen und den östlichen Provinzen – erhebliche Spannungen zu bewältigen hatte. Hier sorgte der Evangelische Oberkirchenrat in Berlin dafür, daß die Verselbständigungstendenzen einzelner Kirchenprovinzen nicht zum Zuge kamen. Wo immer dagegen eine eigene kirchliche Oberbehörde bestand, da wurde sie zum Kern eines landeskirchlichen Willensbildungsprozesses, der auf eine eigene Kirche drängte.

So konstituierten sich in Preußen sieben Landeskirchen: die große Kirche der altpreußischen Union, eine lutherische und eine reformierte Kirche in Hannover (in der Regel kurz Hannover lutherisch und Hannover reformiert genannt), und die Landeskirchen in Schleswig-Holstein, Hessen-Kassel, Nassau und Frankfurt a. M. In Bayern machte sich die Pfalz, die seit 1848 ein eigenes Konsistorium besaß, selbständig; in Oldenburg beanspruchten neben Oldenburg die ehemaligen Fürstentümer Oldenburg-Lübeck und Oldenburg-Birkenfeld landeskirchliche Unabhängigkeit.

Das einzige bedeutende Gegenbeispiel bot Thüringen. Hier folgten sieben Landeskirchen dem Zusammenschluß ihrer Territorien zum »Volksstaat Thüringen« und verbanden sich 1921 zur Thüringer evangelischen Kirche. Insgesamt zeichnete sich schon um die Jahrhundertwende 1918/19 eine Zahl von etwa dreißig Landeskirchen ab (es wurden dann 28), die sich zu dieser Zeit in ganz verschiedenen Phasen der Konsolidierung befanden. Aus der Sicht der landeskirchlichen Behörden, die überall die treibenden Kräfte waren, galt es dabei vor allem, mit drei Schwierigkeiten fertigzuwerden. Die erste Schwierigkeit betraf die Beziehungen zwischen Kirche und Staat. Noch war überhaupt nicht abzusehen, wie diese Beziehungen sich in Zukunft gestalten würden, und gewisse Erfahrungen etwa in Preußen, Sachsen und Braunschweig ließen Schlimmes befürchten. Die beiden anderen Schwierigkeiten ware innerkirchlicher Natur. Würde die volkskirchliche Bewegung doch noch die Revolution in die Kirche tragen und ihre traditionelle Ordnung von Grund auf umkehren? Und würden die Einigungsbestrebungen im deutschen Protestantismus sich am Ende doch als so stark erweisen, daß sie die landeskirchliche Unabhängigkeit bedrohen würden?

Schon ein Jahr später waren alle drei Schwierigkeiten im Prinzip überwunden. Der Konsolidierung der Landeskirchen stand seit Ende 1919 nichts mehr im Wege. Zu Recht durfte Johannes Schneider im *Kirchlichen Jahrbuch* 1920 notieren: »Der Sturm, der über unser Vaterland hinfegte, der das deutsche Reich zusammenbrach und seine starke Macht zur vollen Ohnmacht verwandelte, hat dem Bestande der Kirche nicht sonderlich viel tun dürfen.«[9] Die beiden wichtigsten Etappen auf dem Weg der Konsolidierung waren die Weimarer Nationalversammlung im Sommer und der Dresdner Kirchentag im Herbst 1919.

Natürlich kam vor allem der staatlichen Entscheidung für die zukünftige Stellung der Kirchen eine ausschlaggebende Bedeutung zu. Mit entsprechendem Interesse verfolgten daher beide Kirchen die Verhandlungen in der Nationalversammlung über die rechtliche Neuordnung des Verhältnisses von Staat und Kirche. Die große Überraschung dabei war die kompromißbereite Haltung der Sozialdemokraten, die nicht nur zahlenmäßig, sondern auch faktisch zur wichtigsten politischen Kraft geworden waren. In einer grundsätzlichen Erklärung am 1. April 1919 ließ der SPD-Abgeordnete Meerfeld zwar keinen Zweifel daran, daß die SPD an ihren programmatischen Forderungen festhalte, nämlich: »die Erklärung der Religion zur Privatsache, ferner, daß für die Kirche keine öffentlichen Mittel aufgewandt werden und daß die Kirchen private Gesellschaften sind, die ihre Angelegenheiten selbständig ordnen.« Aber er fügte hinzu, daß die SPD »keinen Kulturkampf« wolle und »die Bedeutung und die Macht der Religion auch für die Gegenwart« anerkenne: »Wir wollen daher keine gewaltsame Trennung, sondern eine schiedlich-friedliche Einigung. Meine Partei ist dabei zu einem weitgehenden Entgegenkommen bereit . . .«[10]

Dank dieser Kompromißbereitschaft, die gewiß auch eine Reaktion auf die breite Protestwelle darstellte, die gegen die ersten radikalen Erklärungen in Gang gekommen war, und dank einer ungewöhnlich günstigen politischen Konstellation, in der dem Zentrum eine Schlüsselstellung zufiel, gelang es tatsächlich, eine Lösung des Probelms zu finden, in der alle wesentlichen Interessen sich befriedigt fanden.[11] Diese Lösung erwies sich als so tragfähig, daß die entscheidenden Bestimmungen der Weimarer Verfassung in dieser Frage als einzige 1949 wörtlich in das Grundgesetz übernommen wurden.

Versucht man, die wesentlichen Bestimmungen der Weimarer Reichsverfassung, die sich mit den »Religionsgesellschaften« befassen, herauszuarbeiten, so wird man vor allem fünf Punkte nennen müssen.[12]

An der Spitze steht die Tatsache einer reichsrechtlichen Regelung dieser Frage überhaupt. Sie war keineswegs unumstritten, weil hier zweifellos ein

Eingriff in die Kulturhoheit der Länder vorlag. Aber die Furcht vor radikalen Entscheidungen einzelner Länderregierungen in der Kirchenfrage brachte auch das Zentrum dazu, in diesem Punkt seine föderalistischen Prinzipien aufzugeben und zusammen mit den bürgerlichen Rechtsparteien und – dies freilich aus anderen Gründen – der SPD eine grundsätzliche Regelung des Verhältnisses von Staat und Kirche durch das Reich zu fordern.[13] Der Schatten Adolf Hoffmanns lag auch über diesen Verhandlungen. Schließlich wurde mit großer Mehrheit der Artikel 10 angenommen, der das Reich ermächtigte, im Wege der Gesetzgebung Grundsätze für die »Rechte und Pflichten der Religionsgesellschaften« aufzustellen.[14]

Der Gebrauch, den das Reich von dieser Ermächtigung machte, läßt sich am besten als ein Ja-Aber charakterisieren.

Der entscheidende Artikel 137 enthielt ein *Ja* zur Trennung von Staat und Kirche und – für die Kirche wesentlich – ein Bekenntnis zu ihrer Unabhängigkeit. Absatz 1 bestimmte: »Es besteht keine Staatskirche.« Und Absatz 3 lautete: »Jede Religionsgesellschaft ordnet und verwaltet ihre Angelegenheiten selbständig innerhalb der Schranken des für alle geltenden Gesetzes. Sie verleiht ihre Ämter ohne Mitwirkung des Staates oder der bürgerlichen Gemeinde.« Damit waren die Kirchen in Deutschland vom Staat grundsätzlich getrennt und definitiv freigegeben.[15]

Das *Aber*, das sich im gleichen Artikel fand, räumte in Absatz 5 den Kirchen auch weiterhin den Status von Körperschaften des öffentlichen Rechts ein. Dieser Begriff war zwar in seiner Anwendung auf die Kirchen rechtlich umstritten und ist es bis heute geblieben.[16] Seine politische Bedeutung dagegen war und ist klar. Sie lag in der Anerkennung, daß die Kirchen auf Grund ihrer Geschichte, ihrer Ordnung und ihres Auftrags vom Staat anders eingestuft wurden als Vereine oder Interessenverbände. Er bedeutete die »Absage an das staatskirchenrechtliche Modell radikaler Trennung von Staat und Kirche«[17] und den Entschluß, in Deutschland zu einer eigenen, den deutschen Verhältnissen entsprechenden Regelung dieser Frage zu kommen, zu einem »System der Trennung eigener Art«.[18] Die wichtigste Folgerung aus der Zuerkennung des Körperschaftsrechts war das in Absatz 6 formulierte Recht, »auf Grund der bürgerlichen Steuerlisten nach Maßgabe der landesrechtlichen Bestimmungen Steuern zu erheben«. Die Bedeutung dieses Rechtes, also die Einführung der Kirchensteuer, kann für die Kirchen als Institution kaum überschätzt werden. Sie erst gab den Kirchen in den folgenden Jahrzehnten zur rechtlichen die materielle Unabhängigkeit, ohne die die neugewonnene

Freiheit kaum so hätte genützt werden können, wie sie dann tatsächlich genutzt wurde.

Um deutlich zu machen, daß dies nun nicht doch wieder auf eine ausschließliche Privilegierung der beiden großen Kirchen hinauslaufen sollte, forderte die SPD, daß auch andere Religionsgesellschaften unter bestimmten Bedingungen die Körperschaftsrechte erhalten konnten, eine Bestimmung, die freilich mehr prinzipielle als praktische Bedeutung besaß. Schließlich setzte die SPD in Konsequenz des Trennungsprinzips eine Erklärung über die Ablösung der Staatsleistungen an die Kirchen durch (Artikel 138 Absatz 1); auch dies ein Punkt, der sich sehr bald als nicht realisierbar erwies.

So hatten die Kirchen, aufs Ganze gesehen, unverhältnismäßig viel mehr gewonnen als verloren. Gewonnen hatten sie die Freiheit vom Staat und die besondere Stellung von Korporationen eigenen Rechts; verloren hatten sie einen staatskirchlichen Status, der weithin nur noch auf dem Papier gestanden hatte und mehr Belastung als Gewinn gewesen war. Aber auch für den Staat sah die Bilanz positiv aus. Er hatte die Trennung durchgeführt und seine Freiheit von der Kirche gesichert, ohne das Risiko eines neuen Kulturkampfes einzugehen.[19]

Genau so sahen es auch die Kirchenpolitiker beider Kirchen. Der Zentrumsveteran Felix Porsch erkannte auf dem 1. Parteitag des Preußischen Zentrums im Dezember 1920 »mit Dank« an, daß es gelungen sei, in die Weimarer Verfassung Bestimmungen über die Freiheit der Kirche aufzunehmen, »wie sie nie in unserem Vaterlande gewaltet haben und wie sie freier kein Land der Welt besitzt«.[20] Und selbst der erzkonservative Johannes Schneider gestand ein, daß die Kirche mit der Weimarer Verfassung »auskommen« könne. »Man darf«, schrieb er im *Kirchlichen Jahrbuch*, »den neuen Gewalthabern um der Gerechtigkeit willen das Zeugnis nicht versagen, daß sie im Verlauf des Jahres 1919 weit abgerückt sind von den kirchenstürmerischen Gedanken, die die Katastrophe vom November 1918 ausgelöst hatte . . .«.[21]

Mit der Unterzeichnung der Weimarer Verfassung am 11. August 1919 waren die entscheidenden rechtlichen Voraussetzungen für den Neuaufbau der Kirche gegeben. Der Staat hatte beschlossen, diesen Neuaufbau ganz den Kirchen selbst zu überlassen. Damit erhob sich für die evangelische Kirche die Frage, wer die Dinge hier in die Hand nehmen würde. Es konnte nach der historischen Entwicklung niemand überraschen, daß dies die landeskirchlichen Behörden waren. Sie bildeten vielfach unmittelbar nach dem Umsturz zusammen mit den Vorständen der jeweiligen Landessynoden, zum Teil unter Beiziehung weiterer Vertrauensleute, eine Art von Notkirchenleitungen, die die Funktionen des verwaisten landesherrlichen Kirchenregiments übernahmen. Diese Führungsgruppen waren weder theologisch noch politisch eindeutig festgelegt. Ihr Ziel war vor allem die Wahrung der landeskirchlichen und kirchenbehördlichen Interessen, ein Ziel, das sie auf dem Weg der Vermittlung möglichst vieler Richtungen und Gruppen zu verwirklichen versuchten. Der vollen und uneingeschränkten Durchsetzung dieser Interessen standen, wie schon erwähnt, hauptsächlich zwei Schwierigkeiten entgegen: eine mögliche Revolution von unten durch die volkskirchlichen Bewegungen und der Zug zur Reichskirche.

Was die Volkskirchenbewegungen betraf, so hatte Otto Dibelius, der Geschäftsführer jener Gruppe, die in Preußen die vorläufige Kirchenleitung übernommen hatte, schon im Frühjahr 1919 bemerkt, daß sie keine Revolutionierung der Kirche gebracht hätten, »sondern im Gegenteil eine Neubelebung der organisierten Kirche«.[22] In der Tat war es überall gelungen, die ersten spontanen Bewegungen in die Landeskirchen zu integrieren und deren Interessen dienstbar zu machen. Auch hier hatte Adolf Hoffmann seine Wirkung nicht verfehlt. Noch war die Sache damit freilich nicht entschieden. Vielmehr setzten die Vertreter des liberalen Flügels jetzt alle Hoffnung auf Urwahlen, von denen sie sich eine Demokratisierung der Kirche und eine gewisse Einschränkung der Macht der Kirchenbehörden erhofften. Eine noch größere Bedrohung der landeskirchlichen Unabhängigkeit aber schien für einen Moment im Ruf nach einer evangelischen deutschen Reichskirche zu liegen. Der Wunsch nach einem Zusammenschluß des deutschen Protestantismus war nicht neu. Er war im 19. Jahrhundert vom kirchlichen Liberalismus ebenso vorgetragen worden wie vom nationalen Flügel; aber es war 1852 nur zu einem gemeinsamen Beratungsgremium der Kirchenleitungen gekommen, der sogenannten Eisenacher Konferenz, die weder Kompetenzen besaß noch ein öffentliches Echo hatte. Da die Kirchenbehörden aus vielerlei Gründen für einen engeren Zusammenschluß wenig Begeisterung zeigten, hatten sich im 19. Jahrhundert die großen evangelischen Verbände der Sache angenommen. Unter ihnen war der wichtigste der 1886 gegründete »Evangelische Bund zur Wahrung der deutsch-protestantischen Interessen«, der mit (1914) über ½ Million Mitgliedern die größte Organisation des evangelischen Deutschlands überhaupt darstellte. Die Ziele des Evangelischen Bundes, der auch in der Weimarer Zeit eine ebenso wichtige wie verhängnisvolle Rolle spielte, formulierte einer der Gründer so: es gelte, »gegenüber der modernen Machtentfaltung des Papsttums ... den deutschen Protestantismus zu sammeln, das evangelische Bewußtsein zu wecken, die landeskirchlichen Trennungen und lähmenden Parteigegensätze zu überwinden und alle, welche unter uns an den christlichen und reformatorischen Grundsätzen festhalten, zu einigen behufs Überwindung der unserer nationalen wie kirchlichen Existenz vom Romanismus bereiteten Gefahren.«[23] »Wir müssen«, hieß es auf der konstituierenden Sitzung unter großem Beifall, »der Kleinstaaterei in der Kirche ebenso entwachsen wie der Kleinsplitterei in der Theologie ... Die evangelische Kirche muß nachwachsen ihrer deutschen Nation.«[24]

Der antirömische und deutschnationale Ton dieser Äußerungen war zwar eine besondere Eigentümlichkeit des Evangelischen Bundes, er zeigt aber doch, wie stark die Einheitsbestrebungen generell von politischen und kirchenpolitischen Absichten mitbestimmt wurden. Dies machte ihre Popularität aus, bedeutete aber zugleich eine Schwäche: Aus dem Wesen der Kirche heraus wurde hier offensichtlich nicht argumentiert.

Angesichts der zahlreichen steckengebliebenen Bemühungen lag es nahe, nach dem Umsturz der alten Verhältnisse die Pläne für einen Zusammenschluß des deutschen Protestantismus neu zu beleben. Die fortschrittliche Gruppe dachte, wie etwa Martin Rades Aufruf zeigte,[25] an die Schaffung einer einheitlichen Reichssynode, die aus Urwahlen aller eingeschriebenen evangelischen Gemeindeglieder hervorgehen und mit einer Rahmenkompetenz für den ganzen deutschen Protestantismus ausgestattet sein sollte. Es war der Plan einer deutschen evangelischen Reichskirche, wie er dann 1932/33 von den Deutschen Christen mit unvergleichlich viel größerem Widerhall erneut aufgegriffen wurde.

Jetzt, um die Jahreswende 1918/19, war das Echo eher zurückhaltend.[26] Zwar lag die politische Notwendigkeit einer gemeinsamen Vertretung auf der Hand, und daß in dieser Hinsicht etwas geschehen müsse, stand außer Zweifel. Darin stimmten alle landeskirchlichen Behörden völlig überein. Aber sie stimmten ebenso überein, daß diese neu zu schaffende Vertretung die Autonomie der Landeskirchen nicht einmal berühren, geschweige denn im Sinne einer Rahmenkompetenz tatsächlich einschränken dürfe. In der Ablehnung aller dieser Bestrebungen verband sich das landeskirchliche Selbstbewußtsein mit der Bekenntnisfrage. Namentlich die lutherischen Kirchen sahen sich außerstande, in eine kirchliche Gemeinschaft mit unierten und reformierten Kirchen zu treten.

So wurden schon auf einer Vorkonferenz, zu der am 27./28. Februar 1919 in

Kassel die Vertreter der Kirchenleitungen mit Vertretern aller wichtigen evangelischen Vereine und Verbände zur Besprechung dieser Frage zusammentraten, die Weichen entsprechend gestellt. Der Präsident des Schweriner Oberkirchenrats, Giese, der das Hauptreferat übernommen hatte, erklärte zum Neubau der Kirche eindeutig: »Wenn im einzelnen über die Art und den Umfang des Neubaus noch verschiedene Ansichten herrschen, so hoffe ich doch, daß wir zu einer Einigung kommen werden, da wir ... den geplanten Kirchentag zu einer dauernden Einrichtung, zu einer rechtlich geordneten Vertretung aller gemeinsamer Interessen unserer Kirchen zu machen wünschen, gleichwohl unbeschadet der Selbständigkeit der einzelnen Landeskirchen, die wir Vertreter der Kirchenregierungen erhalten wollen.«[27]

Die endgültige Entscheidung in dieser Frage wie in der Frage der Urwahlen fiel dann auf dem Kirchentag, der vom 1. bis 5. September 1919 in Dresden stattfand. Unter den 341 Teilnehmern dieser ersten großen kirchlichen Zusammenkunft nach dem Kriege befanden sich Vertreter der Kirchenleitungen, der Synoden, der Vereine, der theologischen Fakultäten und Religionslehrer und eine Gruppe von 69 vom Kirchenausschuß benannten Personen, darunter 12 Frauen und 10 »Vertreter des Arbeiterstandes«,[28] – insgesamt durchaus ein repräsentativer Querschnitt des deutschen Protestantismus. Auf der Tagesordnung standen als wichtigste Punkte die Frage nach »Aufgaben und Zuständigkeiten des deutschen Evangelischen Kirchentages als einer dauernden Einrichtung« und eine Beratung über »Synodalverfassung und kirchliche Wahlen in den Landeskirchen«. Die Entscheidung über die Form des künftigen Zusammenschlusses fiel einmütig im Sinn der Vorkonferenz für einen Kirchenbund, der Selbständigkeit und Bekenntnisstand der Landeskirchen unangetastet ließ.[29] Über die Frage der Urwahlen fand eine ausführliche, lebhafte und durchaus offene Aussprache statt. Die liberale Gruppe versuchte, durch den Kirchentag die Landeskirchen gewissermaßen in Pflicht zu nehmen mit einer Empfehlung, »daß die in den deutschen Landeskirchen zu bildenden Körperschaften ... in der Mehrheit ihrer Mitglieder aus allgemeinen und unmittelbaren Wahlen hervorgehen«.[30] Dieser Antrag wurde jedoch abgelehnt und statt dessen mit Mehrheit beschlossen: »Der erste Deutsche Evangelische Kirchentag überläßt die Entscheidung über das Wahlsystem ... den hierfür zuständigen kirchlichen Stellen, insbesondere den Landessynoden.«[31] Dies war jedenfalls ein voller Sieg des landeskirchlichen Prinzips. Alle weitergehenden Urteile sind schwierig. Die Frage, ob ein demokratisches Mehrheitswahlrecht für die Kirche einen Fortschritt bedeutet, ist keineswegs eindeutig zu entscheiden. Die Gegenposition, die die Kirche von der Gemeinde her versteht und nur dort Urwahlen für legitim hält, hat gute theologische Gründe für sich. Auch haben die Ereignisse des Jahres 1933 die Furcht der Urwahl-Gegner vor einer Überfremdung der Kirche im Grunde bestätigt. Eine einheitlich organisierte Reichskirche mit Mehrheitswahl nach fortschrittlichem Muster wäre zweifellos in einem Zuge von der NSDAP erobert worden; die innerkirchliche Opposition hätte dabei kaum eine Chance gehabt.

Mit den Entscheidungen von Weimar und Dresden war der Weg für die weitere Entwicklung der evangelischen Kirche vorgezeichnet.

Entsprechend den Dresdner Beschlüssen vollzog sich in den folgenden Jahren der Zusammenschluß des deutschen Protestantismus zum »Deutschen Evangelischen Kirchenbund«. Mit dem der Zeit eigenen Sinn für historische Theatralik wurde dieser Bund am 25. Mai 1922, dem Himmelfahrtstag, mit einer Feier an den Gräbern der Reformatoren in Wittenberg gegründet. Als Bundeszweck bestimmte seine Verfassung in § 1, »zur Wahrung und Vertretung der gemeinsamen Interessen der deutschen evangelischen Landeskirchen einen engen und dauernden Zusammenschluß derselben herbeizuführen, das Gesamtbewußtsein des deutschen Protestantismus zu pflegen und für die religiös-sittliche Weltanschauung der deutschen Reformation die zusammengefaßten Kräfte der deutschen Reformationskirchen einzusetzen – dies alles unter Vorbehalt der vollen Selbständigkeit der verbündeten Kirchen in Bekenntnis, Verfassung und Verwaltung«.[32] Schloß diese ganze Konzeption die Errichtung einer Reichskirche als Bundeszweck praktisch aus, so wehrten sich die Väter der Bundesverfassung auf dem Stuttgarter Kirchentag doch auch gegen die Definition des Bundes als eines bloß staatenbundähnlichen Zweckverbandes: »Es gibt ein *Gesamtbewußtsein des deutschen Protestantismus.* Und dieses Gesamtbewußtsein ist eine reale empirische Größe, die ihre einheitliche Wurzel in der deutschen Reformation hat und von der eine schöpferische Wirkung ausgeht, wie sie sich in der Schaffung eines gemeinen deutschen evangelischen Kirchenrechts und zahlreicher, untereinander übereinstimmender kirchlicher Gebräuche und Sitten gezeigt hat und in gemeinsamen Interessen, aber auch in einer einheitlichen evangelischen deutschen religiös-sittlichen Weltanschauung ihren Ausdruck findet.«[33] Der Bund erhielt drei Organe: den Kirchentag mit 210 Mitgliedern, gewissermaßen das »Parlament«; den Kirchenbundesrat, in dem die 28 Landeskirchen vertreten waren, als »Länderkammer«; und den Kirchenausschuß, dessen 36 Mitglieder je zur Hälfte vom Kirchentag gewählt und vom Kirchenbundesrat entsandt wurden und der das eigentlich leitende und vollziehende Organ darstellte. Der Vorsitz des Kirchenausschusses lag kraft Amtes in den Händen des Präsidenten des Preußischen Evangelischen Oberkirchenrats. Ihm war als Behörde das Kirchenbundesamt zugeordnet. Dieser Kirchenausschuß und sein Präsident - es war seit 1925 Hermann Kapler - stellte damit die höchste Repräsentanz des deutschen Protestantismus dar. Hier befand sich in den entscheidenden Monaten des Jahres 1933 darum auch das Zentrum der politischen und kirchenpolitischen Willensbildung. Finanziert wurde der Kirchenbund nicht durch eigene Mittel, sondern nach dem Umlageprinzip, das heißt, die tatsächlich entstandenen Ausgaben wurden auf die einzelnen Landeskirchen umgelegt (§ 18). Damit war der Kirchenbund auch finanziell ganz auf die Landeskirchen angewiesen. Die Unabhängigkeit der Landeskirchen wurde schließlich auch dadurch garantiert, daß ihnen nach § 21 der Austritt aus dem Bund jederzeit freistand.[34]

Der Deutsche Evangelische Kirchenbund hatte nicht einmal ein Jahrzehnt Bestand. Das Jahr 1933 machte dem komplizierten bürokratischen Gebilde ein Ende. Es hatte in dieser Zeit vor allem mangels echter Kompetenzen wenig Ansehen gewinnen können. Zwar leisteten der Kirchenausschuß und das Kirchenbundesamt eine Menge Arbeit, beispielsweise für die Versorgung der deutschen evangelischen Gemeinden im Ausland, bei der Pflege der ökumenischen Beziehungen oder in der Koordination einzelner kirchlicher Gebiete und Rechtsprobleme - aber das alles war wenig populär und hätte des großen institutionellen Aufwandes auch kaum bedurft.[35] Und wo der Bund öffentlich auftrat - mit dem »Sozialen Kirchentag« in Bethel 1924, dem »Vaterländischen Kirchentag« in Königsberg 1927 und dem Kirchentag zum Gedenken an das 400jährige Jubiläum der Augsburger Konfession in Nürnberg 1930, da blieben die Kundgebungen zu den drängenden Fragen der Zeit so sehr im Allgemeinen, Üblichen und Erwarteten, daß sie weder in der kirchlichen noch in der politischen Öffentlichkeit einen nennenswerten Widerhall fanden. Eine gestaltende und prägende Kraft in der Kirche hat der Kirchenbund nirgends entfaltet. Seine Hauptaufgabe bestand darin, Informationen zu sammeln und weiterzugeben. Im übrigen aber war und blieb er der unverbindliche Zusammenschluß, den seine Mitglieder gewünscht hatten.

Parallel zum Aufbau des Kirchenbundes lief die Verfassungsarbeit in den Landeskirchen. Weimar und Dresden hatten den Weg freigemacht, so daß jede einzelne Landeskirche sich tatsächlich selbständig und unabhängig eine eigene Verfassung geben konnte. Zunächst hatte es noch gewisse politische Schwierigkeiten gegeben, weil einige Länder die Rechte des landesherrlichen

Kirchenregiments weiter beanspruchten, um auf diese Weise auf die kirchliche Verfassungsarbeit einwirken zu können.[36] Aber diese Schwierigkeiten hatten auf die Beratungen allenfalls einen indirekten Einfluß. Grundsätzlich beharrten die Landeskirchen auf ihrem in der Reichsverfassung verbrieften Recht, ihre Angelegenheiten selbständig zu ordnen und zu verwalten, und sie setzten sich mit diesem Recht durch. So entstanden in 28 Landeskirchen 28 verschiedene kirchliche Verfassungen.

Die Grundkonstruktion der verschiedenen Verfassungen war in den meisten Fällen ähnlich. Sie bestanden an der Spitze aus zwei oder drei Organen: der Synode als Vertretung der Kirchenglieder, dem Oberkirchenrat als kirchlicher Verwaltungsbehörde und häufig einem Kirchensenat, einem Kollegialgremium aus Mitgliedern der Synode und des Oberkirchenrates, das die eigentlich kirchenleitenden Funktionen, vor allem die Personalpolitik, wahrnahm. Innerhalb dieser Grundkonstruktion gab es fast unbegrenzte Variationsmöglichkeiten der Erweiterung durch zusätzliche Organe, der Zuordnung, der Zusammensetzung und Kompetenzverteilung. Allein die Tatsache, daß einige Landeskirchen an die Spitze ihre kirchenleitenden Organe einen Landesbischof stellten (z. B. Sachsen, Nassau, Hannover, die beiden Mecklenburg und Braunschweig), andere dort einen Präsidenten hatten (Bayern, Württemberg, Baden, Pfalz, Hessen) und einige sogar von einem Oberpfarrer geleitet wurden (Thüringen, Hessen-Kassel), war dazu angetan, erhebliche Verwirrung zu stiften. Überhaupt war die Fülle verschiedener Bezeichnungen für gleiche oder ähnliche Gremien und Stellen fast unübersehbar. Die Synoden hießen auch Landeskirchentag oder Landeskirchenversammlung, die leitenden Kollegialgremien auch Kirchenregierung, Landeskirchenausschuß, erweiterter Landeskirchenrat oder ähnlich. Die Zwischeninstanzen zwischen den Kirchenleitungen und den Gemeinden nannte man in Preußen Generalsuperintendenten und Superintendenten, in Württemberg Prälaten und Dekane, in Bayern Kreisdekane und Dekane. Selbst das *Kirchliche Jahrbuch*, das sonst die Unabhängigkeit der Landeskirchen immer lebhaft verteidigte, erschrak schließlich über »die überaus große Buntscheckigkeit der Bezeichnungen für kirchliche Ämter und Instanzen«, die die landeskirchlichen Verfassungsberatungen ergeben hatten. Ja es schien ihm »das scherzhafte Wort nicht ganz abwegig«, »man bedürfe zunächst eines Kirchenlexikons, um all die verschiedenen Amts- und Instanzenbezeichnungen zu verstehen«.[37] Der etwas gequälte Scherz verbarg feilich die eigentliche Problematik, die mit diesem Zustand verbunden war. Die Unübersichtlichkeit der evangelischen Kirchenverfassungen im ganzen und ihre Kompliziertheit im einzelnen machte sie zu einer Domäne der Experten. Wie sehr die Verfassungsväter jeweils auch bemüht gewesen waren, in den Verfassungen volkskirchliche Ideale zu verwirklichen und dem Kirchenvolk eine weitgehende, rechtlich gesicherte Mitwirkung in der Kirche zu garantieren, so waren es faktisch in allen Landeskirchen dann doch nur eine Handvoll Juristen und Theologen, die sich in den Verfassungen auskannten und die Dinge entschieden. Gewiß hatte man überall den Synoden eine verfassungsrechtlich beherrschende Stellung eingeräumt, aber sie waren kaum je imstande, davon wirklich Gebrauch zu machen, weil ihnen die Zeit, die Kräfte und die Erfahrungen fehlten, um das komplizierte Instrumentarium der Verfassungen zu durchschauen. Die zunehmende Parlamentarisierung der Synoden, die Bildung von Parteien und die Übernahme von parlamentarisch-politischen Formen brachte keine Abhilfe, sondern vergrößerte nur die Schwierigkeiten. Die rechtlich auf die Mitwirkung aller Kirchenglieder angelegten Verfassungen bedeuteten praktisch ihren weitgehenden Ausschluß. Die Herrschaft der Experten in den landeskirchlichen Behörden war – mit wenigen Ausnahmen in traditionell synodalen Gebieten wie im Rheinland und in Westfalen – nahezu unangefochten. Und da diese Behörden ihre Arbeit gut machten, da sie zuverlässig waren, auf Unparteilichkeit bedacht blieben und alle Anstöße zu vermeiden suchten, war man in der Kirche mehr und mehr mit dieser Entwicklung zufrieden.[38]

Problematisch war der Triumph des landeskirchlichen Prinzips nicht nur in dieser Hinsicht. Auch die realen Verhältnisse, die dadurch geschaffen wurden, waren wenig glücklich. Das betraf vor allem die Größenordnungen. Weit an der Spitze aller 28 Landeskirchen lag die Evangelische Kirche der altpreußischen Union mit beinahe 19 Millionen Mitgliedern. An zweiter Stelle folgte die Sächsische Kirche, die mit 4½ Millionen freilich nicht einmal ein Viertel der preußischen Kirche umfaßte. Es folgten mit rund 2½ Millionen Hannover und mit jeweils rund 1½ Millionen Württemberg (1,7), Bayern (1,6), Schleswig-Holstein (1,4) und Thüringen (1,4). Zu diesen sieben Landeskirchen gehörten rund vier Fünftel aller evangelischen Deutschen; in das restliche Fünftel teilten sich weitere 21 Landeskirchen, darunter einzelne mit weniger als 50 000 Mitgliedern wie Oldenburg-Lübeck, Oldenburg-Birkenfeld und Schaumburg-Lippe.[39]

Zahlenmäßig war also die landeskirchliche Gliederung Deutschlands alles andere als ausgewogen. Die daraus resultierenden Spannungen wurden verschärft durch die bekenntnismäßigen Verschiedenheiten. Zwölf unierten Kirchen mit knapp 24 Millionen Mitgliedern standen fünfzehn lutherische Kirchen mit knapp 16 Millionen und eine reformierte Kirche mit 230 000 Mitgliedern gegenüber. Die wichtigste Unionskirche war natürlich die Kirche der altpreußischen Union; uniert waren aber auch Nassau, Baden, die Pfalz und Anhalt. Ausgeprägt lutherischen Charakter trugen vor allem Hannover, Schleswig-Holstein, Sachsen, Bayern, Hamburg und die beiden Mecklenburg, während Württemberg und Oldenburg eher einem milden Luthertum zuzurechnen waren. Die einzige reformierte Landeskirche, die aber über kein geschlossenes Territorium verfügte, war die evangelisch-reformierte Landeskirche der Provinz Hannover mit dem Sitz in Aurich. Zum reformierten Bekenntnis gehörten allerdings zahlreiche einzelne Gemeinden, vor allem im Westen, die der reformierten Richtung ein erheblich größeres Gewicht gaben, als die reinen Zahlen erkennen lassen. Die Größenverhältnisse brachten es mit sich, daß die kleinen und mittleren Kirchen in ständiger Furcht vor einer Überfremdung durch Preußen schwebten; eine Vorstellung, die angesichts der preußischen Union namentlich den überzeugten Lutheranern in Sachsen, Bayern und Hannover ganz unerträglich war. Dies erklärt, warum im Kirchenbund die Eigenständigkeit der Landeskirchen so viel mehr betont wurde als ihre Gemeinsamkeit. Und noch in den Fronten des Kirchenkampfes spielten diese Befürchtungen eine entscheidende Rolle.

Über eine Kirchenverfassungsfrage, nämlich der Erneuerung des Bischofsamtes in einigen Landeskirchen, kam es – besonders in Preußen – zwischen Reformierten und Lutheranern zu schweren Auseinandersetzungen. Bereits die reformierten »Erlanger Leitsätze« von 1919 hatten für Bayern einen »Landesbischof an der Spitze der Landeskirche als ihr Oberhaupt und Vertreter nach außen hin«[40] entschieden abgelehnt. Zum eigentlichen Kampf in dieser Angelegenheit aber mußte es kommen, als die Bischofsfrage dort akut wurde, wo die Reformierten unmittelbar betroffen waren: in Preußen. Besonders die Rheinisch-Westfälischen Provinzialkirchen, in denen die presbyterial-synodale Tradition auf festem Boden stand und wo der Bischofstitel durch die jahrhundertelange katholische Bedrückung einen schlechten Klang hatte, setzte man sich erbittert zur Wehr. Auf der Generalsynode im Dezember 1925 prallten die beiden Richtungen aufeinander. In erster Lesung war der Bischofstitel für die Generalsuperintendenten schon angenommen, darauf in zweiter Lesung jedoch beschlossen worden, einstweilen den Kirchensenat mit der Ausarbeitung eines Gutachtens über die Frage der künftigen Amtsbezeichnungen zu beauftragen. Der Sprecher der Reformierten in dieser Sache war der Elberfelder Pastor Hermann Albert Hesse, sein Hauptgegenspieler hieß Otto Dibelius. In der *Reformierten Kirchenzeitung*, dem wichtigsten Sprachrohr der Reformierten Deutschlands, vertrat Hesse wiederholt den Standpunkt seiner Konfession und machte ihr Verbleiben in der preußischen Union unmißverständlich von der Bischofsfrage abhängig.[41] Auf der preußischen Generalsynode im Frühjahr 1927 standen sich erneut »Bischofsfreunde« und »Bischofsgegner« in fast gleicher Stärke gegenüber. Nur äußerst knapp, nämlich mit 109 gegen 103 Stimmen bei drei Enthaltungen, wurde in der namentlichen Abstimmung der Bischofstitel schließlich doch abgelehnt. Damit blieb es bei den alten Amtsbezeichnungen; die so heiß umkämpfte Frage war nun fürs erste erledigt. Schon sechs Jahre später sollte die Bischofsfrage freilich erneut an Bedeutung gewinnen, aber dieses Mal nahm ihr wichtigster Gegner, eben Hesse, mittlerweile Mitglied des Dreimännerkollegiums, eine kompromißbereite Haltung ein und willigte schließlich, wenn auch mit Bedenken, in die Schaffung eines Reichsbischofsamtes ein.[42]

Um die Mitte der zwanziger Jahre war die kirchliche Verfassungsarbeit im wesentlichen abgeschlossen. Die Verfassungen waren in Kraft getreten, die neuen Organe hatten sich konstituiert, neue Männer hatten die Zügel in die Hände genommen. In Bethel hatte 1924 der erste ordentliche Kirchentag des neuen Kirchenbundes stattgefunden, und in Stockholm war 1925 auch die Verbindung zur Ökumene wieder hergestellt worden – kurz, der Übergang von der Phase des Aufbaus zur Phase der Konsolidierung war unverkennbar.

Noch war dies freilich alles mehr Anpassung als wirkliche Neuorientierung. Was fehlte, war eine Deutung der Ereignisse, die ihren Sinn aufdeckte und zugleich den Landeskirchen ihre neue Stellung und ihre neuen Aufgaben zuwies, gewissermaßen eine neue landeskirchliche Ideologie.

Diese Aufgabe erfüllte eines der meistgelesenen kirchlichen Bücher dieser Zeit: *Das Jahrhundert der Kirche* von Otto Dibelius. Dibelius war seit 1925 mit 45 Jahren der jüngste Generalsuperintendent der preußischen Kirche und zweifellos ihr fähigster. Er war der geborene Kirchenpolitiker, ein Mann voll Mut und Entschlußkraft, unabhängig in seinem Urteil und mit sicherem Blick für die politische Wirkung. Sein Buch erschien – violett eingebunden – im Dezember 1926. Schon im Frühjahr 1928 wurde eine fünfte Auflage notwendig. Was Dibelius seinen Lesern in einer eindringlichen, fast atemlosen Sprache klar zu machen versuchte, das war der Sinn der Novemberrevolution für die Kirche und ihre daraus folgende neue Aufgabe. Diese Novemberrevolution war »das befreiende Gewitter«, das der Kirche mit einem

Schlage die Unabhängigkeit gab. »Die Selbständigkeit der Kirche ist da. Nicht ohne Einschränkung! Aber aufs ganze gesehen, darf es gelten: sie ist da! Eine Kirche ist geworden. Eine selbständige evangelische Kirche!... Die Arbeit an der Kirche hat jetzt sicheren Grund. Ecclesiam habemus! Wir haben eine Kirche! Wir stehen vor einer Wendung, die niemand hatte voraussehen können. Das Ziel ist erreicht! Gott wollte eine evangelische Kirche.« Und nicht zuletzt im Blick auf Adolf Hoffmann hieß es: »Seinem Willen mußten beide dienen, die da aufbauen und die da zerstören wollten.«[43] Dibelius ließ keinen Zweifel daran, daß die Kirche, von der er redete, die Landeskirche war, seine Landeskirche. »Der Standort ist bei der altpreußischen Kirche gewählt. Ausführliches Eingehen auf die anderen evangelischen Kirchen Deutschlands hätte das Bild verwirrt. Die eine Kirche, die größte in Deutschland, darf für die anderen alle stehen. Denn grundsätzlich ist es in allen Kirchen so gegangen wie in der evangelischen Kirche der altpreußischen Union.«[44] Die Einwände der theologischen Kritik, die »Ekklesiologie« – die Dibelius in distanzierende Anführungszeichen setzte –, waren für den Kirchenpolitiker ohne Belang: »Wir haben nicht eine evangelische Kirche von den Grundprinzipien der Reformation her zu entwickeln oder umzugestalten, sondern wir haben das, was geworden ist, was eben jetzt geworden ist, aus Gottes Händen hinzunehmen – nicht, um Betrachtungen darüber anzustellen, sondern um zu handeln.«[45]

Zweifel am Sinn der Entwicklng gab es bei Dibelius nicht, und er ließ sie auch nicht zu. Denn da war die neue Aufgabe, die der Kirche nun zugefallen war und vor der alle Bedenken zu verstummen hatten. Es war die Aufgabe, in einem Staat ohne Normen die christlichen Normen zu begründen und zu verteidigen. Da der neue, religionslose Staat keine sittlichen Normen mehr kannte, ein Gemeinschaftsleben ohne solche Normen aber nicht denkbar war, fiel der evangelischen Kirche die Aufgabe zu, diese Normen zu sichern: »Wahrhaftig, es ist höchste Zeit, daß jemand mit starker Hand das Steuer ergreift, daß er an die neugewordenen Verhältnisse den Maßstab einer absoluten Sittlichkeit anlegt und den Menschen wieder zum Bewußtsein bringt, was gut und böse ist. Wer soll dies neue sittliche Urteil bilden? Wer kann es tun, wenn es nicht die Kirche tut?«[46] Dies galt für alle Gebiete: den »Kultus des Körpers« und »die Sucht nach jugendlicher Frische«, Geburtenbeschränkung und Ehescheidung, Sinn der Strafe, Glücksspiel, Luxus. »Gibt es eine Grenze für den Gewinn, den der Produzent aus seiner Ware herausholt? Wie verhält sich das Recht des Kapitals zum Recht des Arbeiters? Wie steht es um das Recht des

Staats auf das Leben seiner Bürger?« Dies war konkret zu entscheiden von einer Kirche, die »Führerin zu evangelischer Lebensgestaltung« werden sollte und mußte.[47]

Dibelius' Buch war eine merkwürdige Mischung aus modernen sozialethischen Ansätzen und konservativen Lösungen. Aber es war gerade in dieser Mischung geeignet, den Landeskirchen den Übergang von einer erzwungenen Anpassung zu einer Neuorientierung zu erleichtern. Aus dem Verlust des christlichen Staates hatte Dibelius eine Aufgabe der Kirche gemacht. Sie wußte wieder, was sie in der verwirrend modernen Welt sollte. In dieser Aufgabe fanden die Landeskirchen den Sinn ihrer neuen Selbständigkeit, die in immer stärkerem Maße bewußt übernommen und verteidigt wurde.

So begann sich trotz aller fortdauernden Schwierigkeiten und Probleme in den Kirchenleitungen, gegen Ende der 20er Jahre im Rückblick auf das erste Jahrzehnt der neuen Freiheit ein unverkennbares Gefühl der Befriedigung zu verbreiten. Man war offensichtlich über den Berg. Die Anzeichen für eine bessere Zukunft mehrten sich. Die Verfassungen funktionierten. Die Kirchenaustrittsbewegung war insgesamt weniger groß, als man nach dem Kriege befürchtet hatte.[48] Die kirchliche Presse gedieh; seit 1924 waren über 600 selbständige Blätter neu gegründet worden, ihre Gesamtauflage betrug 1928 rund 17 Millionen.[49] Die Zahl der Theologiestudenten, die 1925 noch bei knapp 1900 gelegen hatte, war im Sommersemester 1930 auf über 5500 gestiegen.[50] Kurz, man hatte Anlaß zum Optimismus. 1928 schrieb der Präses der Rheinischen Provinzialsynode, Walther Wolff, in dem repräsentativen Sammelband *Zehn Jahre Deutsche Geschichte 1918–1928* über die deutschen evangelischen Kirchen: »Wer diese Zeiten mit vollem Bewußtsein miterlebt hat, dem muß es wie ein Wunder erscheinen, daß das deutsche evangelische Kirchentum diese ungeheure Bedrohung seines Daseins binnen zehn Jahren im wesentlichen lebenskräftig überwunden hat. Tatsache aber ist es!«[51] Johannes Schneider griff im *Kirchlichen Jahrbuch* diesen Satz auf und fügte hinzu: »Das heilige ›Dennoch‹ hat sich durchgesetzt. Bewährt hat sich das, was wir empirische Kirche nennen, sowohl in seiner Dauerkraft, als in seiner Elastizität. Die Kirchenführung des letzten Jahrzents war ein Meisterstück . . .«[52] Ob in Priebes *Kirchlichem Handbuch*,[53] ob in Haacks *Evangelischer Kirchenkunde Deutschlands*,[54] oder in dem Prachtband *Die Evangelische Kirche der Neuzeit*,[55] überall war dies der vorherrschende Ton: »Denn wenn man überhaupt heute schon wagen darf, das Ergebnis der zehn Jahre deutscher Geschichte seit 1918 festzustellen, so darf man sagen, daß sich in ihnen eine ungeahnte, solide begründete Festigung des deutschen evangelischen Kirchentums vollzogen hat.«[56]

So sahen die »Männer der Praxis« in den Kirchenleitungen, an der Spitze der Verbände und in der kirchlichen Presse die Dinge. Die Landeskirchen hatten sich durchgesetzt, nach innen wie nach außen.

Man konnte die Dinge nun freilich auch sehr anders sehen. Man konnte sie so sehen, daß dieser Ton der Befriedigung über das Erreichte fast unerträglich schien. Es war eine neue Theologie, die sich hier zu Wort meldete, eine Theologie, die in schroffstem Gegensatz zu jeder Art von landeskirchlicher Befriedigung stand. Ihr wird, als der wichtigsten theologischen Bewegung dieser Zeit, im folgenden nachzugehen sein.

3. KAPITEL

DER AUFBRUCH DER EVANGELISCHEN THEOLOGIE (1919–1930)

Die Frage, was den deutschen Protestantismus zusammenhielt, was er als seine Aufgabe ansah und als sein Zweck verstand, ist für die ersten Jahrzehnte des 20. Jahrhunderts nicht schwer zu beantworten. In der Satzung des Kirchenbundes von 1921 wurde es klar und deutlich ausgesprochen: »Der Deutsche Evangelische Kirchenbund hat den Zweck, ... das Gesamtbewußtsein des deutschen Protestantismus zu pflegen und für die religiös-sittliche Weltanschauung der deutschen Reformation die zusammengefaßten Kräfte der deutschen Reformationskirchen einzusetzen ...«[1]

Der Einsatz für die religiös-sittliche Weltanschauung der deutschen Reformation: Das war die Aufgabe, in der sich nahezu alle Richtungen des deutschen Protestantismus fanden. Das uns heute fremd gewordene Pathos dieses Begriffs sollte doch nicht übersehen lassen, daß er damals einen lebendigen Anspruch darstellte, dessen Wahrheit und Ernsthaftigkeit außer allem Zweifel steht. Den Kern dieser gemeinprotestantischen Weltanschauung bildete der Zusammenhang von Religion und Sittlichkeit. Man war überzeugt, daß der Sinn des einzelnen Menschenlebens wie der Menschheit überhaupt in der Entwicklung einer immer höheren, immer vollkommeneren Sittlichkeit liege und daß die christliche Religion sowohl Zweck wie Mittel dieser Entwicklung sei. Ihrer protestantischen Ausprägung fiel dabei insofern eine besondere Aufgabe zu, als sie nach protestantischer Überzeugung im Gegensatz zum dogmatisch gebundenen und autoritären Katholizismus die Freiheit als sittliches Postulat auf ihre Fahnen geschrieben hatte.

Wilhelm Herrmann, einer der bedeutendsten und einflußreichsten protestantischen Dogmatiker um die Jahrhundertwende, hat diese Zusammenhänge in seiner *Ethik* überzeugend entfaltet. Sittlichkeit, jener für die protestantische Weltanschauung entscheidende Begriff, wurde hier folgendermaßen definiert: »Unter der Sittlichkeit verstehen wir ein Verhalten, worin das menschliche Leben über seine von der Natur gegebene Art hinaus kommen und eine andere Art des Lebens durch seine eigene Tätigkeit gewinnen soll.«[2] Schon in dieser Definition wurde deutlich, was den protestantischen Sittlichkeitsbegriff auszeichnete, nämlich die Härte des Sollens, die durch keinerlei Rücksicht auf die menschlichen Schwächen gemildert wurde. Herrmann ließ hier nicht den geringsten Zweifel zu: »Sittlich gut ist für immer nur das, worin wir bisherige Schranken unseres persönlichen Lebens überwinden. Denn in jedem Moment gebietet uns die Forderung des Unbedingten, daß wir anders sein sollen, als wir im Gefühl und Trieb bereits sind. In dem, was wir bereits als angenehm empfinden und in dem, worauf unser Begehren sich unwillkürlich richtet, sind wir mit den gegenwärtigen Verhältnissen als ihr Bestandteil verbunden. Das sittliche Gesetz dagegen weist uns immer in eine Zukunft, die wir in dem, was sie uns bringen wird, noch nicht verstehen. Also das sittliche Verhalten ist vom Standpunkt des natürlichen Lebens nicht als Selbstbehauptung oder Selbstentfaltung anzusehen, sondern als Selbstverleugnung.«[3]

Waren nach Herrmanns Überzeugung der sittliche Gedanke und die sittliche Forderung grundsätzlich auch unter Absehen von Religion zu denken und zu erfahren, so wurden sie doch erst durch die christliche Religion zu Möglichkeiten des Menschen. Was dem Menschen aus eigener Kraft zu tun unmöglich ist, das vermag Gott durch die Kraft seiner Liebe in ihm zu bewirken. »Sobald wir Gottes als der persönlichen Macht des Guten so gewiß werden, wie die Kraft der Person Jesu es in uns wirkt, und wir erfahren, daß er uns vergibt, vollzieht sich in uns die Umwandlung, in der die Frage, wie wir uns selbst verleugnen können, gelöst wird.... In seinem religiösen Erlebnis erreicht also der Christ die Lösung des sittlichen Problems, das auf der Menschheit liegt.«[4]

Die religiös-sittliche Weltanschauung aber rief vor allem auch zur Tat und Bewährung. Wilhelm Herrmann nannte als die drei wichtigsten Felder christlichen Tätigwerdens die Familie, die Kulturgesellschaft und den Staat.[5] Hier hatte sich zu zeigen, was die religiös gegründete Sittlichkeit an Selbstverleugnung für die Gemeinschaft zu leisten vermochte. So gewiß Herrmann dabei ein Gemeinwesen vor Augen hatte, das durch klare Ordnungen, Autorität, Pflichterfüllung und Fleiß charakterisiert war, so weit war er von jenem Klischee entfernt, das in diesem ganzen Entwurf nur eine Ideologie der Herrschenden zu sehen imstande ist. Es finden sich hier nicht nur bemerkenswerte Hinweise zum sittlichen Recht des Kampfes um bessere Arbeitsbedingungen, sondern auch ein Satz über die sittliche Begrenzung aller Gemeinschaftsformen, von dem man wünschte, er wäre 1933 so geschrieben worden: »In einem

Staat z. B., in dem ein grundsätzlicher Antisemitismus herrschte, fände ein Mensch, der zu Jesus Christus gehören will oder überhaupt zu sittlichem Ernst gekommen ist, kein Vaterland.«[6]

Man wird die beherrschende Stellung des sittlichen Gedankens für den deutschen Protestantismus der Vor- und Nachkriegszeit schwerlich überschätzen können. Obwohl Herrmann zu den liberalen Theologen gehörte und sich in lebhaften Auseinandersetzungen mit den »Positiven« befand, sprach er in diesem Punkte aus, was dem Protestantismus tatsächlich gemeinsam war. Wie sehr man in den klassischen Fragen der Theologie – der Lehre von Gott, dem Verständnis von Person und Werk Jesu Christi, dem Begriff der Kirche – in der evangelischen Theologie auch uneins war, über den sittlichen Auftrag und die sittliche Wirkung des Christentums bestand keinerlei Zweifel.

Die Bedeutung des sittlichen Gedankens für die Rolle des Protestantismus in der Gesellschaft war ambivalent. Er trug zweifellos dazu bei, im Kaiserreich jenes Gefühl von Sicherheit zu vermitteln, das in den Erinnerungen an diese Zeit so denkwürdig weiterlebte. Tatsächlich weist die Kriminalstatistik bis 1914 einen ungewöhnlich niedrigen Stand der Kriminalität auf[7] – äußeres Zeichen einer sozial und rechtlich an der gleichen sittlichen Ordnung orientierten Gesellschaft. Die sittliche Forderung der Selbstverleugnung wurde dann freilich auch zum Kern der Kriegstheologie, die zum Opfertod fürs Vaterland aufrufen konnte. Was im Rückblick auf die Szenerie des Mordens wie eine Blasphemie erscheint, konnte im Vorblick auf die Möglichkeit des selbstverleugnenden Opfers des Lebens für die Gemeinschaft durchaus als christlich-sittliche Entscheidung begriffen werden.[8]

Die Ambivalenz des religiös-sittlichen Gedankens blieb auch im Zusammenbruch und in der Zeit danach erhalten. Für die große Mehrheit des deutschen Protestantismus wurde er zur eigentlich unüberwindlichen Schranke gegen den neuen Staat. Johannes Schneider gab den Ton an, der dann in unzähligen Äußerungen immer und immer wiederholt wurde, als er in der *Kirchlichen Zeitlage* von 1919 schrieb, daß Deutschland »unendlich viel mehr verloren« habe als den Weltkrieg. »Das deutsche Volk hat seine innere Ehre und Würde, ja seine Selbstachtung preisgegeben; völlige Zerrüttung aller sittlichen Begriffe hat uns in grauenhafte Tiefen geworfen.«[9] Ganz ähnlich beurteilte der Heidelberger Kirchenhistoriker Hans v. Schubert die Lage. Mit dem Zusammenbruch habe sich »die neue Rechtsordnung des Krieges« ebenso aufgelöst wie »die alte Rechtsordnung des Friedens«. »Aus dieser Auflösung des Militarismus wie des Bürokratismus grinste uns das Chaos an, und aus alledem erwuchs eine schlechthin unsittliche Atmosphäre des allgemeinen Mißtrauens und der allgemeinen Autoritätslosigkeit.«[10] Daß der neue Staat die Grundprinzipien christlich-sittlicher Gemeinschaft nicht nur faktisch nicht mehr aufrechterhalten konnte, sondern grundsätzlich auch nicht mehr aufrechterhalten wollte, das war der Punkt, an dem sich weite Kreise des deutschen Protestantismus am tiefsten von ihm geschieden wußten. Wenn der Staat dem Chaos zutrieb, wenn Eigensucht, Neid, Lebensgier und Haß in der Gesellschaft überhand nahmen, so sollte die evangelische Kirche erst recht »eine Erziehungsanstalt zu Arbeit, Dienst, Ehrfurcht und Vaterlandsliebe« bleiben[11]. Wer die Dinge so sah, der geriet politisch zwangsläufig nach rechts, und er mußte sich auch die Kirche rechts wünschen, weil allein die Rechte die Wiederherstellung der alten sittlichen Ideale zu versprechen schien.

Unter der Herrschaft des christlich-sittlichen Gedankens kam es aber nicht nur zur frühen und entscheidenden Distanzierung von der neuen Zeit, sondern auch zu bemerkenswerten Ansätzen protestantischer Selbstkritik. Namentlich die Liberalen griffen die autoritären Strukturen der alten Sittlichkeit an und stellten ihr neue sittliche Ideale entgegen. Denn sittlich war ja nicht nur das Bewahren, sittlich war auch der Wille zur Kritik und die Suche nach Wahrheit. Der Göttinger Theologe Arthur Titius, der auf dem Dresdner Kirchentag die volkskirchliche Bewegung vertrat, begründete aus »Luthers reformatorischem Grunderlebnis« heraus Recht und Notwendigkeit der Kritik: »Unter der Last des Gottesgerichtes, vor das er [Luther] sich gestellt weiß, und der Seligkeit der Gottesgnade, die ihm unvermutet im Evangelium entgegenleuchtet, ... wird er stark gemacht zu zerschlagen, was er mit herzlicher Pietät umfaßt hatte und ein Neues aufzubauen.« Das aber galt nun analog auch für die Gegenwart: »Wie könnten wir die ungeheuren Aufgaben der Gegenwart zu lösen unternehmen, ohne strengste Kritik an unsern liebsten Hoffnungen und an unsern teuersten Erinnerungen!«[12] Wie solche Kritik konkret aussah, das erklärte Titius unter lebhafter Unruhe der Versammlung so: »Wir deutschen Christen wollen alle Rachegedanken ertöten; wir wollen, weil Gott es jetzt will, das Ideal der Militärmacht begraben. Wir wollen ehrlich für den Völkerbund eintreten (Widerspruch), indem wir, was Gottes Walten uns durch unsere Geschichte aufgezwungen hat, freiwillig zu unserer höchsten Aufgabe wählen. Wer könnte leugnen, daß auch hier ein größtes Ideal und eine höchste Aufgabe winkt?«[13]

Auch wenn zwischen der konservativen Mehrheit und der liberalen Minderheit des deutschen Protestantismus nahezu unüberbrückbare Gegensätze im Verständnis dessen bestanden, was die religiös-sittliche Aufgabe der Gegenwart konkret darstellte, an der Tatsache der Aufgabe selbst bestand kein Zweifel. Konservative und Liberale betonten einmütig, daß die Krise der Gegenwart die religiös-sittlichen Werte nicht mit ergriffen habe, daß sie vielmehr nun erst recht in ihrer Bedeutung erkennbar seien. Mochte über den Inhalt der sittlich-religiösen Normen zwischen Konservativen, Nationalprotestanten und Liberalen gestritten werden, das Prinzip, die Religion als Mittel und Zweck sittlicher Entwicklung und Erneuerung, blieb unangetastet. Nur wenn man sich dies als die einzige, schlechthin selbstverständliche und unbestrittene Gemeinsamkeit und Grundlage des deutschen Protestantismus vor Augen hält, werden Gewicht und Bedeutung einer Theologie verständlich, die genau dieses Prinzip grundsätzlich und radikal bestritt.

Drei Wochen nach dem großen Dresdner Kirchentag, der die religiös-sittliche Weltanschauung der deutschen Reformation erneut in den Mittelpunkt gerückt hatte, fand Ende September 1919 in dem kleinen thüringischen Städtchen Tambach, einer Sommerfrische unweit Gotha, eine Konferenz statt, die etwa hundert Teilnehmer vereinigte. »Die sich in Tambach trafen«, so schrieb einer der Teilnehmer im Rückblick, »kamen mehr oder minder zufällig zusammen, gehörten keiner der großen, maßgebenden Richtungen an, hatten zu keiner politischen Partei Fühlung, hörten auf keines Führers Wort. Wenn sie an einem Punkte einig waren, dann darin, daß sie ›etwas anderes‹ wollten. Weil sie mehr ahnten als wußten, daß die soziale Frage das Problem der Zeit sei, wandten sie sich den Fragen zu, die von daher bewegt waren, und fragten nach der Stellung des Christen in Kirche, Staat, Gesellschaft. Weil sie von der religiös-sozialen Bewegung in der Schweiz gehört hatten und in diesem Zusammenhang ihnen die Namen von Hermann Kutter und Leonhard Ragaz geläufig waren, luden sie diese Führer ein . . .«[14] Es war so etwas wie eine »kirchenrevolutionäre Schar«, die sich hier traf, und es war gewiß kein Zufall, daß für den Dresdner Kirchentag »niemand auch nur das geringste Interesse« aufbrachte.[15]

Die in die Schweiz gesandten Einladungen stießen allerdings bei den »Vätern des Religiös-Sozialismus«[16] auf wenig Gegenliebe. Weder Kutter noch Ragaz waren bereit, nach Deutschland zu reisen. So sprang schließlich ein junger, in Deutschland ganz unbekannter Schweizer Pfarrer dafür ein: Karl Barth. Der Vortrag, den der 33jährige am 25. September 1919 in Tambach hielt, gehört neben Karl Holls Lutherrede von 1917 und Rudolf Bultmanns Entmythologisierungsvortrag vom 1941 zu den wichtigsten Zeugnissen evangelischer Theologie im 20. Jahrhundert. »In ununterbrochener Tag- und Nachtschicht«[17] entstanden, kam mit diesem Vortrag zum ersten Mal jene Theologie zu Wort, die dann in wachsendem Maße in Deutschland Fuß fassen und gerade in den entscheidenden Jahren vor und während des Dritten Reiches bestimmend werden sollte.

Günther Dehn, den später viel mit Barth verband, meint sicher zu Recht, daß die Teilnehmer in Tambach von Karl Barth etwas ganz Bestimmtes erwarteten, nämlich »eine scharfe Absage an die immer noch herrschende kapitalistische Wirtschafts- und Gesellschaftsordnung ... und eine dringende Aufforderung, an der kommenden sozialistischen Neuordnung tatkräftig mitzuwirken«.[18] Barth wußte das auch, und in einem Brief an seinen engsten Freund und Weggenossen Eduard Thurneysen machte er deutlich, daß er genau das keinesfalls sagen würde: »Was tun, um sich [in] dieser religiös-sozialen Hurrastimmung, in der das ›Mit Gott für Kaiser und Vaterland!‹ doch immer noch etwas nachklingt, überhaupt Gehör zu verschaffen für den Hinweis auf das totaliter aliter des Himmelreichs?«[19]

Der Christ in der Gesellschaft hieß das Thema des Vortrags[20]. Mit einer kühnen, seine ganze Theologie vorwegnehmenden Wendung interpretierte Barth das Thema auf seine Weise. *»Der Christ* – wir sind wohl einig darin, daß damit *nicht die Christen* gemeint sein können: weder die Masse der Getauften, noch etwa das erwählte Häuflein der Religiös-Sozialen, noch auch die feinste Auslese der edelsten frömmsten Christen, an die wir sonst denken mögen. Der Christ ist *der Christus.*«[21]

Die Wendung von den Christen zu Christus: Das war die Wendung der Theologie weg vom Menschen und hin zu Gott, und zwar zu dem in Jesus Christus geoffenbarten Gott und also zum Gott des Kreuzes und der Auferstehung in seiner ganzen, uneingeschränkten und unabgeschwächten Schroffheit und Fremdheit, mit der er der Welt gegenübersteht. Von diesem Ansatz aus aber erwiesen sich alle Versuche, das Christentum für die Gesellschaft zu reklamieren, als gleich verfehlt – mochten sie nun konservativer, liberaler oder religiös-sozialer Herkunft sein. Denn »das Göttliche ist etwas Ganzes, in sich Geschlossenes, etwas der Art nach Neues, Verschiedenes gegenüber der Welt. Es läßt sich nicht auftragen, aufkleben und anpassen. Es läßt sich nicht teilen und austeilen, gerade weil es mehr als Religion ist. Es läßt sich nicht anwenden, es will stürzen und aufrichten. Es ist ganz oder es ist gar nicht ... Ja, Christus zum soundsovielten Male zu *säkularisieren*, heute z. B. der Sozialdemokratie, dem Pazifismus, dem Wandervogel zu Liebe, wie ehemals den

Vaterländern, dem Schweizertum und Deutschtum, dem Liberalismus der Gebildeten zu Liebe, *das* möchte uns allenfalls gelingen. Aber nicht wahr,« fuhr Barth fort, »da graut uns doch davor, wir möchten doch eben Christus nicht ein neues Mal verraten.«[22]

Statt von Religion, von Christentum, von Sittlichkeit, statt von den christlichen Erfahrungen und christlichen Aufgaben in der Welt wollte Barth von Gott sprechen. Von Gott zu sprechen aber hieß für ihn, von einer *Bewegung* zu sprechen. Und in diesem Zusammenhang tauchte dann zum ersten Mal die berühmt gewordene Formulierung des »Senkrecht von oben« auf: Mit Bewegung, sagte Barth, »meine ich nun freilich weder die sozialistische, noch die religiös-soziale Bewegung, noch die allgemeine, etwas fragwürdige Bewegung des sogenannten Christentums, sondern *die* Bewegung, die sozusagen senkrecht von oben her durch alle diese Bewegungen hindurchgeht, . . . *die* Bewegung, die nicht im Raum, in der Zeit, in der Kontingenz der Dinge ihren Ursprung und ihr Ziel hat und die nicht eine Bewegung neben anderen ist: ich meine die Bewegung . . ., deren Kraft und Bedeutung enthüllt ist in der Auferstehung Jesu Christi von den Toten.«[23]

Es ist eine Eigentümlichkeit des Menschen, im eigentlichen und wahren Sinne seine Sünde, daß er sich gegen diese Bewegung »senkrecht von oben« mit allen Mitteln verschließt, und daß er dies gerade mit den Mitteln der Religion, des Christentums und der Sittlichkeit tut. Und so greift denn Gottes Bewegung diese ganze Welt von Werten und Ordnungen an, die den Menschen in die »tödliche Isolierung« gegenüber Gott bringt. Sie greift die »Autorität an sich« an; die »Familie an sich«, »die wahrlich kein Heiligtum, sondern der gefräßige Götze des bisherigen Bürgertums gewesen ist«, die »Kunst an sich« die »Arbeit an sich« und nicht zuletzt die »Religion an sich«.[24]

Die totale Negation alles Bestehenden, das ist Gottes Bewegung. Ist dies alles, was darüber zu sagen ist? Gewiß nicht. Denn über Gott ist niemals nur eines zu sagen, sondern immer zugleich auch ein anderes: Seine Negation ist auch Position; indem er zerstört, baut er auf; indem er Sicherheit nimmt, gibt er neue. Das war die Dialektik, die der dialektischen Theologie den Namen gab, Barths Weise, von Gott zu reden: »Positiv ist die *Negation*, die von Gott ausgeht und Gott meint, während alle *Positionen*, die nicht auf Gott gebaut sind, negativ sind.«[25] Nicht nur die einzelne Argumentationsreihe war derart dialektisch angelegt, sondern auch der ganze Vortrag. Er brachte nach dem radikalen Nein über alles Tätigwerden in der Gesellschaft ein Ja zu eben dieser Tätigkeit; er hob dieses Ja erneut auf in einem großen Nein, um abermals aus dem Nein ein Ja zu entwickeln. Darum konnte Barth die Mitarbeit in der Sozialdemokratie fordern, »in der *unserer* Zeit nun einmal das Problem der Opposition gegen das Bestehende gestellt, das Gleichnis des Gottesreiches gegeben ist«, und konnte zugleich vor dem Irrtum warnen, »als wollten wir durch Kritisieren, Protestieren, Reformieren, Organisieren, Demokratisieren, Sozialisieren und Revolutionieren, und wenn dabei das gründlichste und umfassendste gemeint wäre, etwa dem Sinn des Gottesreiches Genüge leisten«.[26]

Aber trotz Nein *und* Ja trat im Tambacher Vortrag – und dies mußte wohl nach Barths Überzeugung in dieser Zeit so sein – das Nein stärker hervor als das Ja: »Die Tränen sind uns näher als das Lächeln. *Wir* stehen tiefer im Nein als im Ja, tiefer in der Kritik und im Protest als in der Naivität, tiefer in der Sehnsucht nach dem Zukünftigen als in der Gegenwart.«[27] In diesem Ungleichgewicht steckte die besondere politische Problematik des Entwurfs für die Weimarer Zeit. Es war zugleich der Punkt, von dem aus Barth seine Theologie sehr bald weiterentwickeln sollte.

So eindrucksvoll sich der theologische Ansatz des jungen Karl Barth in Tambach schon entfaltete, ein entscheidender Aspekt dieses großartigen Aufbruchs kam, wohl auch durch das Thema bedingt, dort noch zu wenig zur Sprache. Es war die Frage, wie ein solches Sprechen von Gott im 20. Jahrhundert überhaupt möglich wird, wodurch es in Gang kommt und wie es sich legitimiert, wenn es denn alle religiöse Erfahrung als Grund solchen Redens aufs Entschiedenste ablehnt. Karl Barth beantwortete diese Frage ein halbes Jahr nach Tambach in einem Vortrag, den er am 17. April 1920 auf einer Studentenkonferenz im schweizerischen Aarau hielt, und der den – diesmal selbstformulierten – beziehungsreichen Titel trug: »Biblische Fragen, Einsichten und Ausblicke«.[28] Mit aller Deutlichkeit erklärte Barth dort, daß er, was er gelernt habe, an der Bibel gelernt habe, der Bibel, deren historische Relativität ihm so bewußt war wie jedem modernen Theologen, die ihn aber nicht kümmerte, weil er in dieser Relativität eine »merkwürdige *Sache*« entdeckt hatte, das »biblische *Objekt*«, das ihn nicht mehr losließ.[29] Und in einem bezeichnenden Bild schilderte er, *was* ihm dort in der Bibel begegnet war: »Wir kennen wohl alle die Beunruhigung, die über uns kommt, wenn wir vom Fenster aus die Menschen plötzlich Halt machen, die Köpfe zurückwerfen und, die Hände an die Augen gelegt, steil gen Himmel blicken sehen nach einem Etwas, das uns durch das leidige Dach über uns verborgen ist. Die Beunruhigung ist überflüssig: es wird wahrscheinlich ein Flieger sein. Gegenüber dem plötzlichen Stillgestelltsein und steilen Aufwärtsblicken und angespannten

Lauschen, das für die biblischen Menschen so bezeichnend ist, wird uns die Beruhigung nicht so leicht fallen. Mir persönlich ist es zuerst an Paulus aufgegangen: dieser Mensch sieht und hört ja offenbar etwas, was aus allen Vergleichen herausfällt, was sich meinen Beobachtungsmöglichkeiten und Denkmaßstäben zunächst ganz und gar entzieht ... Es erscheint mir da hinter dem Transparent eines solchen Dokuments eine Persönlichkeit, die vom Sehen und Hören dessen, was ich meinetwegen nicht sehe und höre, tatsächlich aus allen üblichen Bahnen und vor allem aus ihrer eigenen Bahn geschleudert, gerade als Persönlichkeit sozusagen aufgehoben ist ...« Es gibt viele solcher Zeugen in der Bibel, aber es ist immer dasselbe Bild: »immer dasselbe Sehen des Unsichtbaren, dasselbe Hören des Unerhörten, dasselbe ebenso unbegreifliche wie unleugbare epidemische Stillgestelltsein und Umgekehrtwerden der Menschen«[30]. In der Tat blieb die Bibel Kern und Stern der Barthschen Theologie, nicht als religionsgeschichtliches Lesebuch, auch nicht als christliches Lehrbuch, sondern als Urkunde und Zeugnis eines Betroffenseins, dessen Ursache jenseits allen menschlichen Denkens, Wollens, Fürchtens und Hoffens liegt: Gottes Wort selbst.

Mit diesem Ansatz war es Karl Barth gelungen, für sich, und wie sich dann zeigen sollte auch für andere, ein Problem zu lösen, das auf dem ganzen neueren Protestantismus seit Lessings Zeiten wie eine Art Lähmung gelastet hatte. Es war die Frage, wie der Anspruch der Bibel, Gottes Offenbarung zu sein, mit der Einsicht in ihre unzweifelhafte historische Entstehung zu vereinbaren sei. Diese Frage hatte den Protestantismus in zwei Lager gespalten: in das Lager der Fundamentalisten, die gleichsam mit geschlossenen Augen die Heiligkeit der Bibel und ihrer Aussagen aller historischen wissenschaftlichen Erkenntnis zum Trotz behaupteten, und der Liberalen, die die Bibel ohne Vorbehalt als rein historische Urkunde verstanden und darüber ihr Verständnis als Offenbarungsquelle verloren. Mit dem Ansatz beim Betroffensein der biblischen Zeugen blieb die Bibel historische Quelle: Dieses Betroffensein war für den gläubigen wie für den nichtgläubigen Historiker gleichermaßen erkennbar. Es ließ die historisch kritische Bearbeitung der Bibel zu, ja es forderte sie geradezu. Und doch wurde das Geheimnis der Offenbarung durch die kritische Wissenschaft nicht angetastet, weil der Grund der Betroffenheit – wie der Flieger über uns durch das leidige Dach – verborgen blieb und nur erschlossen werden konnte oder richtiger: sich selbst erschloß. So wurden der historischen Kritik ihr Recht, aber auch ihre Grenzen zugewiesen: Sie schuf die Voraussetzungen für die Theologie, aber sie trat nicht an ihre Stelle. Schon im Vorwort zur ersten Auflage des *Römerbriefs* vom August 1918 fand sich dies in den folgenden, später berühmt gewordenen und viel zitierten Formulierungen ausgeführt: »Die historisch-kritische Methode der Bibelforschung hat ihr Recht: sie weist hin auf eine Vorbereitung des Verständnisses, die nirgends überflüssig ist. Aber wenn ich wählen müßte zwischen ihr und der alten Inspirationslehre, ich würde entschlossen zu der letzteren greifen: sie hat das größere, tiefere, *wichtigere* Recht, weil sie auf die Arbeit des Verstehens selbst hinweist, ohne die alle Zurüstung wertlos ist. Ich bin froh, nicht wählen zu müssen zwischen beiden. Aber meine ganze Aufmerksamkeit war darauf gerichtet, durch das Historische *hindurch* zu sehen in den Geist der Bibel, der der ewige Geist ist. Was einmal ernst gewesen ist, das ist es auch heute noch, und was heute ernst ist ..., das steht auch in unmittelbarem Zusammenhang mit dem, was einst ernst gewesen ist.«[31]

Im Anschluß an die Feststellung des theologischen Ansatzpunktes wurde dann im Aarauer Vortrag jene Kampflinie eröffnet, die die theologischen und kirchlichen Zeitgenossen besonders empörte, die Kampflinie gegen die Religion. Im Gegensatz zur »biblischen Linie«, die überall radikales Betroffensein enthält, ist Religion ein bloßes Surrogat: »Sie begnügt sich nicht damit, hinzuweisen auf das X, das über Welt *und* Kirche steht. Sie tut, als ob sie im Besitz überweltlicher und überkirchlicher Goldbarren wäre, und sie fängt in der Tat an, klingende Münzen, sog. ›religiöse Werte‹ auszugeben ... Gottvertrauen wird der erstaunten Welt als ein durchaus erreichbares und ganz nützliches Requisit fürs Leben empfohlen ... Das Gebet ... wird ein mehr oder weniger anerkannter Bestandteil bürgerlicher Haus- und Kirchenordnung. Ohne zu erröten, redet man von ›christlichen‹ Sitten, Familien, Vereinen und Anstalten.«[32] Karl Barth wird nicht müde, den Gegensatz zwischen biblischer Frömmigkeit und Religion immer und immer wieder herauszuarbeiten.

Jene weist über sich hinaus, diese meint sich selbst: jene ist Gottes Werk, diese ein menschlicher Götze: Psychologie, Mythos, Mystik, Sitte, Kultur. Jene gilt es zu suchen; diese aber muß gestört und zerstört werden.

Hier wurzelt nun auch das besondere Verhältnis zur Welt, das für die dialektische Theologie so charakteristisch ist. Denn nach Barths Überzeugung richtet sich die Polemik der Bibel eben nicht »wie die der Religionen bis auf diesen Tag gegen die gottlose Welt, sondern gerade gegen die *religiöse* Welt, ob sie nun unter dem Vorzeichen Baal oder Jahwe stehe, gegen die Heiden nur insofern ihre Götter eben jene ins Metaphysische erhobenen Relativitäten, Mächte und Gewalten darstellen, die als solche dem Herrn ein Greuel und in

Christus abgetan sind«[33]. In der Tat fehlt der Barthschen Theologie jeder Ton der Klage oder des Jammerns über die böse Welt. Ihre Kraft, ihre Tiefe und ihre Leidenschaft liegen an ganz anderer Stelle. Sie ist der Verusch, Ernst zu machen mit Gott, und das heißt: das Unausdenkbare zu denken und das Unsagbare zu sagen. Ihr Gegenstand war, wie der 82jährige im Rückblick sagte: »Gott für die Welt, Gott für den Menschen, der Himmel für die Erde«.[34]

In der Entwicklungsgeschichte dieser Theologie stößt man auf eine klare Linie. Begonnen hatte Barth als liberaler Theologe Marburger Prägung. Wilhelm Herrmanns *Ethik* war das erste theologische Buch, das ihn fesselte. »Ich habe«, schrieb er 1927 in einer autobiographischen Skizze über sein Studium in Marburg 1908/09, »Herrmann mit allen Poren in mich aufgenommen. Ich meinte mich durch eingehendes Studium von Kant und Schleiermacher endgültig theologisch zu fundamentieren. Ich bekam durch meine Arbeit an der Christl. Welt interessantesten Kontakt mit der damaligen theologischen und kirchlichen Zeitbewegung.«[35] Es war die deutsche protestantische Theologie der Vorkriegszeit, der Neuprotestantismus in seiner reinen Ausprägung, den der junge Kandidat aufnahm und vertrat. Im Herbst 1909 kam er ins praktische Amt, zunächst nach Genf, 1911 »in die Bauern- und Arbeitergemeinde Safenwill« im Kanton Aargau. Hier wurde er auf die soziale Frage gestoßen. »In dem Klassengegensatz, den ich in meiner Gemeinde konkret vor Augen hatte, bin ich wohl«, heißt es in der Skizze, »zum ersten Mal von der wirklichen Problematik des wirklichen Lebens berührt worden.« Die Folge war eine Annäherung und 1915 der Eintritt in die sozialdemokratische Partei, ein damals für einen jungen Pfarrer aufsehenerregender Schritt, und eine Hinwendung zum religiösen Sozialismus, wie ihn Hermann Kutter und Leonhard Ragaz verkörperten. Den entscheidenden Umschwung brachte dann der Ausbruch des Ersten Weltkriegs. »Er bedeutete für mich«, notierte Karl Barth 1927, »konkret ein doppeltes Irrewerden: einmal an der Lehre meiner sämtlichen theologischen Meister in Deutschland, die mir durch das, was ich als ihr Versagen gegenüber der Kriegsideologie empfand, rettungslos kompromittiert erschien – sodann am Sozialismus, von dem ich gutgläubig genug noch mehr als von der christlichen Kirche erwartet hatte, daß er sich jener Ideologie entziehen werde, und den ich nun zu meinem Entsetzen in allen Ländern das Gegenteil tun sah.«[36]

So gleichsam aller Grundlagen beraubt, begab sich Barth zusammen mit seinem Freund Eduard Thurneysen, der inzwischen ebenfalls im Aargau Pfarrer geworden war, auf die Suche nach einem neuen Anfang. Sie war um so dringlicher, als beide Sonntag für Sonntag unter dem Druck standen, predigen zu müssen. Weg und Richtung wiesen die beiden Blumhardt, Vater und Sohn, die im württembergischen Bad Boll eine ganz eigentümliche, biblisch orientierte Frömmigkeit neu begründet hatten. Und so begann eines Tages jene Entwicklung, deren unmittelbaren Anfang Barth selbst folgendermaßen beschrieb: »Immer noch reichlich naiv wurde eines bestimmten Tages im Jahre 1916 zwischen Thurneysen und mir ausgemacht, daß man sich zwecks weiterer Klärung der Lage der wissenschaftlichen Theologie wieder zuzuwenden habe ... Am folgenden Morgen fand ich mich, umgeben von einem Stoß von Kommentaren etc., vor dem Römerbrief des Apostels Paulus mit der wie mir schien ganz neu aufzuwerfenden Frage nach dem, was denn nun eigentlich dastehe.«[37] Aus dieser Arbeit, also aus der denkbar eindringlichsten Beschäftigung mit der Bibel, entstand das Buch, das ihn dann berühmt machte: *Der Römerbrief*. Als dieses Buch um die Jahreswende 1918/19 schließlich mit einiger Mühe erscheinen konnte, ahnte noch niemand, was damit begonnen hatte. Es folgten der Tambacher und der Aarauer Vortrag und – auch für Barth überraschend – auf den *Römerbrief* hin im Februar 1921 die Berufung auf eine neu errichtete Honorarprofessur für reformierte Theologie an der Universität Göttingen. Während dieser Zeit entstand eine neue Bearbeitung des *Römerbriefs*, bei der, wie Barth im Vorwort zur zweiten Auflage meinte, »von jener ersten sozusagen kein Stein auf dem andern geblieben ist«. Im Oktober 1921 siedelte der Safenwiler Pfarrer nach Göttingen über, Anfang 1922 erschien die neue zweite Auflage des *Römerbriefs*. Damit waren der Theologe Barth und seine Theologie in Deutschland gegenwärtig. Und die vier Auflagen, die der zweite *Römerbrief* dann in rascher Folge bis 1926 erlebte, zeigten, daß diese Gegenwart ihre Wirkung tat.[38]

Der zweite *Römerbrief* verschärfte womöglich noch, was Barth schon in der ersten Auflage, in Tambach und Aarau entwickelt hatte: das Denken in gegensätzlichen Positionen, das Erwägen grundsätzlicher Möglichkeiten als der einzigen Weise, den Willen Gottes zur Sprache zu bringen. Barth hatte jetzt noch entschiedener alle Anknüpfungspunkte und Vermittlungskategorien hinter sich gelassen und sich noch stärker und ausschließlicher auf das biblische Denken konzentriert.

Nach einer neuprotestantischen und einer sozialpolitischen Periode begann damit die Zeit des biblischen Theologen Karl Barth. Und als biblischer Theologe verstand er sich auch dann noch und dann erst recht, als er sich Mitte der zwanziger Jahre immer mehr der Dogmatik der Kirche zuwandte.

Mit der Wendung zur biblischen Theologie trat zugleich das politische Engagement Barths deutlich zurück. Die politische Welt im engeren Sinne, die Welt der politischen Ideen und Entscheidungen, bildete fortan keinen grundlegenden Bestandteil seines theologischen Denkens mehr. Und dabei ist es, entgegen einer weitverbreiteten Meinung über den politischen Theologen Karl Barth,[39] geblieben. Das berührt nicht Karl Barths stets waches persönliches politisches Interesse, es berührt auch nicht die weitreichenden politischen Wirkungen seiner Theologie, von denen im folgenden sehr ausführlich die Rede sein wird. Es geht allein um den biblischen Ansatz, den er keiner Partei, keiner Richtung, keiner Überzeugung mehr aufopfern wollte und konnte. Eine lange Reihe von Äußerungen aus verschiedenen Jahren seines Lebens bezeugen diese prinzipielle Distanz, die von Fall zu Fall ein sehr konkretes politisches Reden und Handeln nicht aus-, sondern einschloß.

Mit dem Tambacher Vortrag im Herbst 1919 begann der theologische Aufbruch. Er führte Barth sehr rasch, noch ehe er ganz nach Deutschland übersiedelte, mit einer Reihe von jungen deutschen Theologen zusammen, die aus ähnlichen Eindrücken zu ähnlichen Ergebnissen gekommen waren. Der bedeutendste unter ihnen war ohne Zweifel Friedrich Gogarten. Den Zeitgenossen des Aufbruchs sind die überraschenden Parallelen zwischen beiden noch stärker ins Auge gefallen als den Späteren, die unter dem Eindruck des Bruches von 1933 standen.[40]

Auch Gogarten, 1887 in Dortmund geboren und also nur ein Jahr jünger als Barth, war Pfarrer, damals in dem kleinen thüringischen Ort Stelzendorf. Auch er kam von der liberalen Theologie her, hatte den Krieg als geistigen Bruch erlebt und war, bewegt durch das Studium Luthers, zu der Überzeugung gekommen, daß diese Zeit das Gericht über alles Vergangene sei. In der *Christlichen Welt* vom 10. Juni 1920 erschien zwischen einem Aufsatz über »Das Grundproblem des Kultus« und einer Abhandlung über »Die religiöse Frage in den Sozialistischen Monatsheften« als ein weithin hallendes Signal die Abrechnung des 33jährigen mit den alten Autoritäten. Sie trug den Titel »Zwischen den Zeiten« und wurde zugleich als die Ortsbestimmung einer ganzen Generation empfunden.[41] »Das ist das Schicksal unserer Generation, daß wir zwischen den Zeiten stehen. Wir gehörten nie zu der Zeit, die heute zu Ende geht. Ob wir je zu der Zeit gehören werden, die kommen wird? Und wenn wir von uns aus zu ihr gehören könnten, ob sie so bald kommen wird? So stehen wir mitten dazwischen. In einem leeren Raum.« Zu den alten Autoritäten gewandt bekannte Gogarten: »Eure Gedanken waren uns fremd, immer fremd. Wenn wir sie dachten und gebrauchten, war es uns, als wenn uns eine Leere von innen her würgte. Wo wir Euch hörten, hörten wir den besten, treuesten Willen, aber es klang unseren Ohren hohl, hohl.«[42] Das war – im expressionistischen Stil der Zeit – gewiß auch eine »leidenschaftliche Absage an die herkömmliche Theologie«.[43] Aber es war ja noch sehr viel mehr. Es war die Absage an die Welt des 19. Jahrhunderts überhaupt und an all ihre Traditionen, es war die Proklamation des Gerichtes über eine tote, leere, sinnlos gewordene Vergangenheit. »Heute sehen wir Eure Welt zu Grunde gehen«, schrieb Gogarten und fuhr fort: »Was diesen Untergang betrifft, so könnten wir über ihn so seelenruhig sein, wie wenn wir etwas vergehen sähen, dem wir durch gar nichts verbunden sind ... Ihr dürft nicht von uns verlangen, daß wir uns gegen diesen Untergang stemmen. Denn Ihr habt uns ihn verstehen gelehrt. Nun sind wir des Unterganges nur froh, denn man lebt nicht gerne unter Leichen.«[44]

Gogartens Kritik an der Vergangenheit war ebenso radikal wie umfassend: »Wir sehen heute rund um die Erde herum keine Forschung des Lebens, die nicht zersetzt wäre« – zersetzt durch den Historismus, den Rationalismus, die Wissenschaft; zersetzt letzten Endes durch das Menschliche, das sich »bis in den feinsten Gottesgedanken hinein« durchgesetzt hat.[45] Diese »feine kluge Kultur« steht nach Gogartens Überzeugung wie eine Wand zwischen Gott und den Menschen seiner Zeit. Erst ihr völliger Zusammenbruch kann die Voraussetzung schaffen für ein neues Fragen nach Gott. Deshalb gibt es im Augenblick keine Lösung, keine Vorschläge, keine spontane Abhilfe, sondern nur dies: zwischen den Zeiten zu verharren und offen zu sein für das Wort und die Tat Gottes. »Diese Stunde ist nicht unsere Stunde. Wir haben jetzt keine Zeit. *Wir* stehen zwischen den Zeiten.«[46]

Es war Gertrud von le Fort gewesen, wie Gogarten einst Hörerin Ernst Troeltschs in Heidelberg, die ihm im Frühjahr 1920 nach Stelzendorf geschrieben hatte: »Ich fühle schmerzvoll, wie ich nicht nur äußerlich, sondern tief innerlich ein Kind zweier Zeiten und Welten bin.« In seiner Antwort hatte Gogarten dies aufgenommen und gemeint: »Wir stehen doch alle zwischen den Zeiten.«[47] Jetzt fand das Wort fast augenblicklich ein Echo im fernen Safenwil. Schon am 16. Juni schrieb Barth an Thurneysen: »Hast Du Gogartens ›Zwischen den Zeiten‹ in der ›Christlichen Welt‹ gelesen? Ich habe ihm sofort eine Begrüßung geschickt und ihn aufgefordert, laut zu rufen. Der kommt gut.«[48] Es war der Anfang einer Kampfgemeinschaft, die dauerte, solange man meinen konnte, zwischen den Zeiten zu stehen, und die endete, als es galt, sich zu entscheiden: im Sommer 1933.[49]

Wenig später hatte auch Gogarten sein »Tambach«. Am 1. Oktober 1920 sprach er auf der Wartburg im Kreis der »Freunde der Christlichen Welt« zu dem Thema: »Die Krisis unserer Kultur«. Nicht ganz so in Gegensätzen denkend wie der junge Barth, aber in dem einen, entscheidenden Gegensatz nicht weniger radikal und eindeutig, erklärte Gogarten der staunenden Versammlung: »entweder wir haben eine Religion, die die Seele dieser Kultur sein will ... Oder wir haben eine Religion, die eine unausgesetzte Krisis dieser und jeder Kultur ist.«[50] Im einen Fall ist die Religion auch in ihrem reinsten und tiefsten Verständnis doch immer nur eine »Kulturreligion«, die mit ihrer Kultur untergehen wird. »Vorher aber bleibt dieser Religion nichts anderes übrig, als mit allen Kräften gegen diesen Untergang anzuarbeiten. Sich selbst anzubieten als das beste Heilmittel für diese kranke und sehr pessimistisch und müde gewordene Kultur. Und zwar muß das Anbieten sehr eifrig betrieben werden, denn diese zu Ende gehende Kultur wird nicht so sehr gewillt sein, auf diese ›aufrüttelnden‹ Stimmen zu hören.«[51]

Was Gogarten hier mit bitterer Ironie attackierte, war selbstverständlich nichts anderes als die Aufgabe, die sich zur gleichen Zeit der Deutsche Evangelische Kirchenbund vornahm: der Einsatz aller Kräfte »für die religiös-sittliche Weltanschauung der deutschen Reformation«. Alle Redner auf dem Dresdner Kirchentag waren sich ja darin einig gewesen, daß gerade in dieser Zeit gerade die Kräfte der Religion und Kirche für Volk und Staat schlechterdings unverzichtbar seien, weil sie Rettung und Heil für eine aus den Fugen geratene Welt bedeuteten. Für Gogarten aber waren diese Gedanken nur »ein untrügliches Zeichen, daß die Religion sich selbst an die Kultur verlor ... Es wird unversehens aus der Kultur der Zweck und aus der Religion ein Mittel zur Kultur ...«[52]

Dieser Kulturreligion setzte Gogarten als ihr Ende Gottes Heiligkeit selbst entgegen. »Denn Gottes Heiligkeit vernichtet. Nicht um zu vernichten, sondern um zum Leben zu erlösen. Wenn Gott uns lebendig machen will, sagt Luther, so tötet er uns. Luther sagt: so tötet er uns; er sagt nicht: so taucht er uns in die schöpferische Unmittelbarkeit.«[53] Deshalb ist Rettung nur dort, wo Gott schließlich ganz allein als der Handelnde schafft: »Es geht nur so, daß wir da, genau da bleiben, wo wir uns nun endlich fanden: in Gottes vernichtender, schaffender Tat. Genau da, wo Jesus Christus spricht, heute wie vor zweitausend Jahren: Tut Buße, denn das Himmelreich ist nahe herbeigekommen.«[54]

Auch wenn Gogarten im Vergleich mit Barth manche Akzente anders setzte, wenn er eher antisemitisch als dialektisch dachte und stärker von der

Kulturkritik bestimmt wurde, so sind die gleichlaufenden Grundzüge beider Ansätze doch unverkennbar.

Auch Barth und Thurneysen empfanden das so. Unmittelbar nach dem Wartburgvortrag war Gogarten in die Schweiz gereist, zunächst zu Thurneysen, der am 11. Oktober seinem Freund über den Besucher schrieb: »Ich bin erstaunt über das Maß an Gemeinsamkeit zwischen ihm und uns. Er kommt von ganz anderer Seite her als wir, hat alle Irr- und Abwege der Mystik und der Romantik durchwandert, aber nun steht er nahe bei uns. Für ihn ist Lutherstudium zur Kehre geworden.«[55] In der Tat hatte Thurneysen hier etwas Entscheidendes gesehen. Gogarten war und blieb sein Leben lang in einem besonderen Sinn ein lutherischer Theologe, ohne daß dies freilich damals schon in seiner Bedeutung sichtbar geworden wäre. Im Gegenteil: Am 27. Oktober konnte Barth von dem »hocherfreulichen« Besuch Gogartens berichten und hinzufügen: »Das ist ein Dreadnought für uns und gegen unsere Widersacher. Wer weiß, wird er eines Tages uns noch belehren! Er hat durchaus die Allüren und auch das Zeug derjenige Mann, welcher ... zu sein.«[56]

So war es nicht erstaunlich, daß Barth, Thurneysen und Gogarten im Herbst 1922 darangingen, dem gemeinsamen theologischen Aufbruch eine literarische Stimme zu geben. Es entstand unter der Schriftleitung des jungen fränkischen Theologen Georg Merz die Zweimonatszeitschrift *Zwischen den Zeiten*, die fortan sammelte und verbreitete, was aus der neuen Richtung kam. Unter den Autoren der ersten beiden Jahrgänge 1923 und 1924 findet man fast alle Namen, die in der Weimarer Zeit mit der dialektischen Theologie literarisch in Verbindung gebracht wurden: neben Barth, Gogarten, Thurneysen und Merz Karl Barths jüngeren Bruder Heinrich, Privatdozent für Philosophie in Basel, Emil Brunner, Zürcher Privatdozent und seit 1924 dort Professor, dessen große Abrechnung mit Schleiermacher sehr bald Furore machen sollte;[57] ferner von den Schweizern Fritz Lieb, seit 1924, und Alfred de Quervain, seit 1930 ebenfalls Privatdozenten in Basel. Von den jungen deutschen Theologen war der Berliner Pfarrer Günther Dehn schon sehr früh dabei; es schlossen sich in den zwanziger Jahren mehr oder weniger eng an die neue Theologie an: der Marburger Neutestamentler Rudolf Bultmann, der dann freilich in den vierziger Jahren neben Barth und gegen Barth zum Vertreter einer anderen theologischen Richtung wurde; und eine Reihe von jungen württembergischen Theologen wie Paul Schempp und Hermann Diem.

Um die Mitte der zwanziger Jahre befand sich die neue Theologie überall auf dem Vormarsch. Und zwar geschah dies nicht nur auf literarischem Wege, sondern ebenso sehr durch den persönlichen Einsatz von Karl Barth, der in diesen Jahren auf zahlreichen Vortragsreisen seine Theologie vor allem im Westen und Osten Deutschlands unermüdlich vortrug. Auch wenn der ironische Ton seiner Berichte von den »Kriegsschauplätzen« nicht zu verkennen ist,[58] so ist doch auch deutlich, daß er wirklich für den Durchbruch seiner Theologie kämpfte. »Der Römerbrief«, so berichtete er beispielsweise von einer Versammlung Emdener Pfarrer im Oktober 1922, »ist dort sehr fleißig gelesen, die Diskussion ging gleich auf das Wesentliche los, ich war aufgekratzt genug, um nach allen Seiten Bescheid tun zu können, und so kam es, daß der Widerspruch zuletzt niedergewalzt wurde und der Generalsuperintendent mir das Vertrauen der ostfriesischen Geistlichkeit solenn aussprechen konnte.« Und Thurneysen antwortete ganz im gleichen Ton: »Dieser Tage kam Dein Frontbericht aus dem hohen Norden ... auch zu uns und wurde mit Teilnahme und Erstaunen ob dieser Durchbruchsschlacht gelesen.«[59] Zwei Jahre später hieß es ähnlich aus Königsberg: »Großkampftag erster Ordnung: 150–200 Pastoren mit Generalsuperintendent, Superintendenten und Studenten im Viereck aufgestellt, auf die ich zwei Stunden Vortrag und dann erst noch eine halbe Stunde Schlußvotum einredete ...«[60] Der Kampf für seine Theologie in Deutschland war schließlich auch einer der Gründe, warum Barth damals trotz verlockender Angebote nicht in die Schweiz zurückkehrte. »Ist es mir«, so fragte er sich damals, »wirklich erlaubt und geboten, das nun einmal in breiter Front begonnene Unternehmen a) in der Theologie überhaupt, b) unter den Studenten, c) in Deutschland ... abzubrechen?«[61] Es war in der Tat fast wie ein geplanter Feldzug; und für seinen Erfolg ist bezeichnend, daß Barth sich 1927 über den Widerstand der Basler gegen Thurneysen geradezu freuen konnte, nämlich darüber, »daß wir offenkundig von der Christenheit *noch* nicht akzeptiert sind, uns *noch* nicht zu Tode gesiegt haben, *noch* Ärgernis zu geben Rasanz genug haben ...«[62]

Trotzdem war Mitte der zwanziger Jahre der Durchbruch in Deutschland zweifellos gelungen. Immerhin konnte Paul Schempp, als er 1928 seine kritisch-ironischen *Randglossen zum Barthianismus* schrieb, den Gegner schon nicht mehr in der traditionellen Theologie, sondern in der Mode des Barthianismus sehen: »Ein paar Abwehrmaßregeln und ein paar Umstellungen im Gedankenapparat und Barth ist kirchen-, fakultäts- und salonfähig geworden.«[63] Und Schempps bissige Analyse dieses Phänomens enthielt gewiß mehr als nur ein Körnchen Wahrheit: »Barth macht Schule, weil seine Theologie der heutigen Geisteslage mehr entspricht als andere Theologien, weil das sacrificium intellectus für solche, die hier wenig zu opfern haben, ein Vergnügen ist, weil die Paradoxie tiefsinnig erscheint, weil die Kritik am Morbiden für Schwächlinge schon eine Kraftleistung ist, weil durch ihn Theologie wieder interessant, problematisch, existenzberechtigt, ein Asyl für Zweifler und Gläubige und die ganze Schar der religiösen Zwischenstufen geworden ist.«[64]

Die dialektische Theologie war Ende der zwanziger Jahre wohl das meistverhandelte theologische Thema der Zeit. Aber man wird diesen Durchbruch nicht mit Vorherrschaft verwechseln dürfen. Dazu war »die religiös-sittliche Weltanschauung der deutschen Reformation« im deutschen Protestantismus viel zu tief verwurzelt. Dazu war aber auch die Gruppe selbst zu wenig geschlossen. Schon in der Mitte der zwanziger Jahre wuchsen die Differenzen zwischen Barth und Gogarten auf der einen, zwischen Barth und Brunner auf der anderen Seite. Was sie zusammenhielt, waren immer mehr die gemeinsamen Gegner und immer weniger die gemeinsame Theologie.[65] Trotz dieser Einschränkungen übte die dialektische Theologie in dieser Zeit vor allem auf die jüngere Generation einen tiefgehenden Einfluß aus. Dabei spielte der Begriff der Krise von Anfang an eine entscheidende Rolle. Vielleicht ist es den Schweizern, die aus der gesicherten Ordnung ihres Lebens kamen, nicht so ganz klar gewesen, wie sehr der Begriff der Krise in Deutschland einer allgemeinen, politisch zweifellos höchst problematischen Mentalität entgegenkam.[66] Tatsache ist, daß die Theologie die Krise einem landauf, landab verbreiteten Gefühl entsprach, das die neue Zeit nur als eine Zeit des Übergangs wertete und von der Gegenwart nichts und der Zukunft alles erwartete. Die Heimatlosigkeit der Deutschen in der Republik, ihr von vielen als transitorisch empfundener Charakter, den die konservativen Revolutionäre immer wieder unterstrichen, hat sicher viel zu Hitlers endlichem Sieg beigetragen. Eine Theologie, die »zwischen den Zeiten« lebte, aber war kaum dazu angetan, dieser Heimatlosigkeit in der Gegenwart entgegenzuwirken. Es spricht manches dafür, daß zumindest für Gogarten in den zwanziger Jahren doch die Krise das Erste und Gottes Wort als Antwort das Zweite war, und daß jedenfalls das Ja im Nein nicht immer so artikuliert wurde, daß es auch gehört und verstanden werden konnte. Das aber konnte verhängnisvolle Folgen haben. Ein bestimmter historischer Augenblick mit seiner besonderen geistigen, politischen und wirtschaftlichen Konstellation wurde – wie es Gogartens Aufsatz »Zwischen den Zeiten« andeutete – zu »Gottes Zeit« erklärt. Abgegrenzt gegen ein gottvergessenes Gestern, bereit für ein neues Morgen schien die Zeit herausgehoben aus dem Strom der Geschichte. Die weltpolitische Krise wurde unmittelbar zum Gericht Gottes über Kulturen und Völker. Und was immer an Vernunft und gutem Willen eingesetzt wurde, um die Krise zu überwinden, wurde damit zum hilflosen oder erbärmlichen Versuch, diesem Gericht zu entgehen.

Und dies war denn überhaupt ein Problem, daß im Umkreis der dialektischen Theologie christliche Weltanschauungen im Sinne neuer, klarer und handhabbarer Orientierungshilfen nicht mehr gediehen. Eben solche Orientierungshilfen zu zerstören, ihren ideologisch-götzendienerischen Charakter aufzudecken, war zweifellos ein Ziel der neuen Theologie. Und in diesem Ziel steckte, wie sich sehr bald zeigen sollte, eine erhebliche politische Kraft. Aber zunächst beraubte diese Theologie doch einfach die Republik wichtiger Stützen.

Adolf v. Harnack, der große liberale Theologe, der die Wendung zum Vernunftrepublikaner mitgemacht hatte, war Barth auf der Aarauer Konferenz begegnet. Harnacks Tochter und Biographin hat festgehalten, wie sehr ihn Barths Vortrag damals traf. »Die Wirkung auf Harnack«, schreibt sie, »war erschütternd. Da war nicht ein Satz, nicht ein Gedanke, den er mitdenken konnte. Er anerkannte den tiefen Ernst, in dem Barth sprach, aber es schauderte ihn geradezu vor dieser Theologie. ›Der Vortrag von Barth‹, so schrieb er später an Eberhard Vischer, ›verliert ... in meiner Erinnerung nichts von seinen schweren Anstößen – im Gegenteil: er erscheint mir immer bedenklicher, ja in mancher Hinsicht empörender. Die Erwägung, daß sich diese Art Religion überhaupt nicht ins wirkliche Leben umsetzen läßt, sondern nur als Meteor, und zwar als ein zerplatzender, über ihm erscheinen kann, mildert den Eindruck wenig, da man sich immer wieder fragen muß, wie kann ein Pfarrer, der doch Seelsorger sein soll, so urteilen?‹«[67]

In der Tat war an einen christlichen Liberalismus wie ihn neben Harnack etwa Troeltsch, Deißmann, Titius, Baumgarten und Rade vertraten, wie ihn aber auch als Schüler Friedrich Naumanns der junge Theodor Heuss repräsentierte, im Umkreis der dialektischen Theologie nicht zu denken. Auch wenn Rade, der unermüdliche Vermittler, die Verbindung zu den »Dialektikern« nicht abreißen ließ, bekannte er für seine Person, daß er »den Anschluß an diese Theologie nicht gefunden« habe.[68] Und aus dem Kreis seiner Freunde wurde wohl zu Recht vom »Eindruck einer großen Gereiztheit gegen die Leute um Barth und Gogarten« berichtet.[69] Gereiztheit gegenüber einer Theologie, die einem christlichen Liberalismus keine Chance ließ, war auch nach Jahrzehnten noch bei Theodor Heuss zu spüren, wenn er die »seltsame Wirkung eines Kreises von Schweizer Theologen« charakterisierte, »die eine solche, auch das Kirchlich-Institutionelle treffende Erschütterung gar nicht selber erlebt hatten«, und die nun die Leistungen einer ganzen theologischen Generation plötzlich in Frage stellten. »Soweit mir ein Urteil möglich ist«, meinte Heuss im Rückblick in einer überaus bezeichnenden Wendung, steht doch das nachwachsende Geschlecht mit seiner Kritik am Kulturprotestantismus »mit geringen Ausnahmen weit hinter dem wissenschaftlichen Leistungsrang jener Generation«.[70]

Das gleiche wie für den christlichen Liberalismus aber galt nun auch für den religiösen Sozialismus. Ragaz hatte auf die Lektüre des ersten *Römerbriefs* womöglich noch heftiger reagiert als Harnack auf den Aarauer Vortrag. »Der Römerbrief«, so schrieb er Thurneysen, »hat auf mich als ein Dolchstoß gewirkt. Mein Herz ist stark, sonst hätte wohl dieses Buch genügen können, um es tödlich zu verletzen.«[71] Zwar bezog sich diese Reaktion im wesentlichen auf Barths Polemik, im Sachlichen glaubte Ragaz noch mit Barth einig zu sein. Aber der Tambacher Vortrag zeigte doch, daß der Barthsche Ansatz, bei aller persönlichen Neigung des Safenwiler Pfarrers zur Sozialdemokratie, auch sachlich die Reich-Gottes-Hoffnungen des religiösen Sozialismus ebenso radikal zerstörte wie den Kulturprotestantismus der christlichen Liberalen. So meldete denn auch Paul Tillich, einer der führenden Köpfe unter den jungen Religiös-Sozialen in Deutschland, schon sehr früh seine Bedenken gegen die dialektische Theologie an. Er fand, es sei »etwas tatlos-Bequemes« in Barths Haltung, sie ende »in Supranaturalismus und Pietismus«.[72] Gogarten aber faßte am Schluß einer längeren literarischen Auseinandersetzung mit Tillich Anfang 1924 den Unterschied zwischen der dialektischen Theologie auf der einen, christlichem Liberalismus und religiösem Sozialismus auf der anderen Seite noch einmal präzise zusammen. Um das – nämlich die Gegensätze – »auf eine kurze Formulierung zu bringen, würde ich sagen, daß ich – und ich glaube hier auch im Namen Barths sprechen zu dürfen – die Wirklichkeit der Welt und des Lebens und ihre Erkenntnis von Jesus Christus her, ja, genauer: in Jesus Christus suche, während Tillich die Erkenntnis Jesu Christi oder wie er bezeichnend sagt: des Christusgeistes in der Erkenntnis der Welt und des Lebens sucht«.[73]

So wie die Partei des christlichen Liberalismus in der Weimarer Zeit wenig jungen Zuzug gewann, so blieben auch die religiösen Sozialisten eine kleine Gruppe, die weder in der Theologie noch in der Kirche nennenswerten Einfluß erreichen konnten. Wer unter den jungen Theologen und Pfarrern sich nicht der Geschichtstheologie eines neuen, nationalen Luthertums anschloß, der folgte dem theologischen Aufbruch der dialektischen Theologie. Eine Mitte konnte sich, ähnlich wie in Staat und Gesellschaft, kaum bilden.

Es ist im 20. Jahrhundert keine radikalere Kritik der Ideologie entwickelt worden als die dialektische Theologie. Sie meinte und sie traf alles, was einen unbedingten ideologischen Anspruch erhob, den bürgerlichen Kapitalismus wie den proletarischen Sozialismus, den Militarismus wie den Pazifismus, den Nationalismus wie den Internationalismus, die ersteren entschieden mehr und deutlicher, aber im Prinzip doch ebenso auch die letzteren. Und sie traf sie in besonderem Maße und mit besonderer Schärfe dann, wenn sich die Ideologien christlich-kirchlicher Verbindungen und Stützen bedienten, so wie der liberale Kulturprotestantismus, der autoritäre Nationalprotestantismus oder der religiöse Sozialismus. Schon im Tambacher Vortrag kritisierte Barth »alle jene Kombinationen, wie ›christlich-sozial‹, ›evangelisch-sozial‹, ›religiös-sozial‹« und fragte, »ob die Bindestriche, die wir da mit rationaler Kühnheit ziehen, nicht gefährliche Kurzschlüsse« seien.[74] Durch alle Wandlungen Barthscher Theologie hat sich diese Kritik eindeutig und einprägsam durchgehalten: Wer sonst nichts von Barth wußte, der wußte doch wenigstens, daß er ein radikaler Gegner des »Bindestrich-Christentums« war. Für die Weimarer Zeit war diese Kritik – was ihre politischen Wirkungen betrifft – zumindest ambivalent. Sie traf die Versuche, aus christlicher Verantwortung die Republik mit zu begründen und zu erhalten ebenso wie die Entwürfe ihrer Gegner. Aber dies war wohl der Preis, der dafür zu bezahlen war, daß im entscheidenden Augenblick eine Theologie im Felde stand, die theologisch und darum für die ganze Kirche vernehmbar begründen konnte, warum die christliche Theologie sich jetzt *nicht* mit dem Nationalsozialismus verbinden und warum die deutsche evangelische Kirche sich deshalb jetzt *nicht* den braunen Bataillonen anzuschließen habe.

4. KAPITEL

KIRCHE, KURIE UND KONKORDATE (1919–1929)

Während auf evangelischer Seite das wachsende Selbstbewußtsein der Landeskirchen und der Aufbruch der Theologie den Weg in die Zukunft bestimmten, empfing die katholische Kirche die entscheidenden Impulse für die kirchenpolitische Neuorientierung aus Rom. Der wichtigste Ausdruck dieser Entwicklung war die vatikanische Konkordatspolitik. Für die Zeitgenossen war dies freilich nicht ohne weiteres erkennbar. Denn das gestaltenreiche und vielfarbige Bild, das der deutsche Katholizismus in der Weimarer Zeit bot, ließ diese Entwicklungslinie zunächst nur als eine unter anderen erscheinen. Die Zentrumspartei etwa, der aufblühende Verbandskatholizismus, die neuen theologischen Ansätze und die geistige Renaissance, die viele erwartet hatten und die wirklich eintrat, schienen für das kirchliche und politische Leben der deutschen Katholiken in den 20er Jahren weit größere Bedeutung zu besitzen als die Konkordatsfrage. Aber die Ereignisse des Jahres 1933 zeigten, daß diese Frage tatsächlich die entscheidende war.

Die zentrale Stellung, die die vatikanische Konkordatspolitik nach dem Krieg erlangte, war der unmittelbare Ausdruck eines Kirchenverständnisses, das sich seit der Dogmatisierung der päpstlichen Unfehlbarkeit auf dem Vatikanischen Konzil konsequent und zielstrebig weiterentwickelt und in der Publizierung des Codex Juris Canonici an Pfingsten 1917 einen neuen und bedeutenden Höhepunkt erreicht hatte. Dieses Ereignis war im Getöse des Krieges wenig bemerkt worden. Gleichwohl stellte es nicht nur ein kirchenrechtsgeschichtliches Epochendatum dar, sondern besaß für die ganze katholische Kirche eine schlechthin überragende Bedeutung. In mehr als zehnjähriger mühsamer Arbeit hatte eine päpstliche Kommission den gesamten riesigen Stoff der kirchlichen Rechtstraditionen gesichtet, geordnet und neu formuliert. Das Ergebnis war ein Gesetzbuch, das nach Art moderner staatlicher Gesetzbücher eine vollständige Kodifizierung des für die ganze Kirche geltenden katholischen Kirchenrechts enthielt.[1] Das wesentliche Merkmal dieses Gesetzbuches lag nicht in neuen gesetzlichen Bestimmungen. Neues Recht enthielt der Kodex kaum.[2] Entscheidend war vielmehr der Wille, der sich in diesem Werk aussprach und der eindeutig auf die weitere Zentralisierung, Vereinheitlichung und Verrechtlichung der Kirche zielte. »Nachdem dem Papsttum«, so schrieb damals der von beiden Konfessionen hochgeachtete evangelische Kirchenrechtler Ulrich Stutz, »auf dem Gebiete des Glaubens und der Sitten die Unfehlbarkeit zugesprochen worden ist, hat es auf dem Gebiete des Rechtes ganze Arbeit gemacht und der Kirche ein zusammenfassendes, die innerkirchlichen Verhältnisse erschöpfend regelndes Gesetzbuch, einen unicus et authenticus fons für Verwaltung, Rechtsprechung und Rechtsunterricht geschenkt, wie sie es in ihrem bald zweitausendjährigen Bestande bisher nicht besaß.«[3]

In der Tat beschreibt der Codex Juris Canonici die katholische Kirche als ein einziges, großes Rechtsgebilde, in dessen kunstvoller Ordnung alle Ämter und Kulthandlungen ihren festen und bestimmten Platz haben und über das eine eigene Gerichtsbarkeit und ein eigenes Strafrecht wachen. An der Spitze dieser Kirche steht der Papst, über dessen allumfassenden Primat es in Canon 218 heißt, er habe »supremam et plenam potestatem iurisdictionis in universam Ecclesiam tum in rebus quae ad fidem et mores, tum in iis quae ad disciplinam et regimen Ecclesiae per totum orbem diffusae pertinent«.[4] Im Rahmen dieser im Primat gipfelnden Rechtsordnung wird das gesamte Leben der Kirche in 2414 Canones geregelt: von der Ernennung der Bischöfe durch den Papst beispielsweise bis zur Verpflichtung des Pfarrers, im Pfarrhaus nahe seiner Kirche zu wohnen; vom ausschließlichen Recht des Priesters, das Meßopfer zu feiern, bis zu einer langen Liste der Ehehindernisse; vom Recht, »ex justa causa« bestimmte Bücher zu verbieten bis zur genauen Ordnung der Zuständigkeiten und Verfahren der geistlichen Gerichtsbarkeit, der Vergehen und der Strafen. Dies alles war, wie gesagt, nicht neu. Gleichwohl erhielt das alte Recht durch die neue Zusammenfassung und Formulierung auch ein neues und größeres Gewicht.[5]

Die innerkirchliche Wirkung des Kodex im Blick auf die Zentralisierung und Vereinheitlichung der Weltkirche war zweifellos beträchtlich und läßt sich heute gerade auch an seiner Kritik ablesen.[6] Nicht weniger wichtig freilich war der Einfluß, den das Gesetzbuch auf das Verhältnis der katholischen Kirche zu den staatlichen Gewalten gewinnen sollte. Zwar beschränkt sich das kanonische Recht ganz auf innerkirchliche Fragen und enthält aus gutem Grund keinerlei Bestimmungen über das Verhältnis von Kirche und Staat. Auch wird, etwa im Eherecht, jeder ausdrückliche Konflikt mit staatlichem Recht vermieden.[7] Gleichwohl war deutlich, daß die katholische Kirche mit dem Kodex nicht nur auf ihre vollständige Selbständigkeit und ihre unbedingte Unabhängigkeit von allen staatlichen Einwirkungen und Einflüssen drängte, sondern darüber hinaus die staatliche Anerkennung und Sicherung des kanonischen Rechts beanspruchen mußte. Dies bedeutete die grundsätzliche Beendigung aller staatskirchenhoheitlichen Regelungen und deren Einsatz durch Konkordate, wo immer sich das ohne Schaden für die Kirche erreichen ließ.

Damit aber war die große kirchenpolitische Linie der Kurie in den kommenden Jahrzehnten festgelegt. Das wichtigste Ziel ihrer Politik, das allen anderen Zielen übergeordnet war, bestand in der Sicherung der Grundsätze des kanonischen Rechtes nach innen und nach außen. Dies hieß nach innen Vereinheitlichung und Zentralisierung, nicht zuletzt durch den Abbau kirchlicher Sonderrechte etwa bei den Bischofswahlen. Es hieß nach außen volle Anerkennung und Gewährleistung der kirchlichen Rechte durch den Staat bei gleichzeitiger voller Unabhängigkeit. Diesem Ziel diente die vatikanische Konkordatspolitik. Mit der vertraglichen Bestätigung und Sicherung durch den Staat sah die Kurie die Rechte und Freiheiten der katholischen Kirche und damit den Bestand der Kirche und des Glaubens selbst, soweit dies überhaupt in irdischer Macht stand, am besten und vollkommensten gewährleistet. Die Grundsätze des kanonischen Rechtes wurden damit selbst zum Kanon der vatikanischen Politik und bestimmten ihre Entscheidungen weit mehr und nachhaltiger, als den meisten katholischen Zeitgenossen bewußt war.

Die überragende Bedeutung des neuen kanonischen Rechts für die vatikanische Politik wurde auch in der Tatsache sichtbar, daß die Leitung dieser Politik seit 1914 für mehr als ein halbes Jahrhundert in den Händen seiner beiden Schöpfer lag. Pietro Gasparri, den Benedikt XV. 1914 zum Kardinalstaatssekretär berief und der dieses Amt auch unter Pius XI. behielt, war der Präsident der päpstlichen Kodifikationskommission und galt als eigentlicher Urheber des Kodex. Sein Nachfolger, Eugenio Pacelli, hatte als Sekretär der päpstlichen Kommission eng mit Gasparri zusammengearbeitet. Seit 1930 als Kardinalstaatssekretär und seit 1939 dann als Papst Pius XII. drückte Pacelli der katholischen Kirche den Stempel seiner starken Persönlichkeit auf. Beide, Gasparri und Pacelli, hatten zusammen mehr als ein Jahrzehnt entscheidend an der Kodifizierung des kanonischen Rechts mitgewirkt. Beide wurden zu

Vertretern einer Politik, deren Ziel die weltweite staatliche Anerkennung und Sicherung der Grundsätze dieses Rechtes war.

Wenn diese vatikanische Politik sich neben Italien in ganz besonderer Weise in Deutschland auswirkte, so hatte das vor allem zwei Gründe: die Ernennung Pacellis zum Apostolischen Nuntius in München und die deutsche Revolution, die durch den Umsturz der alten Ordnung das Feld für die neue Politik freimachte.

Die Ernennung Pacellis zum Nuntius in München im Mai 1917 gehört zu den wichtigsten Daten des deutschen Katholizismus im 20. Jahrhundert. Denn von diesem Augenblick an betrachtete der junge und ehrgeizige Diplomat die deutsche Kirche als seine besondere Aufgabe, die er auch dann nicht aus der Hand gab, als er Ende 1929 nach Rom zurückgerufen wurde, um die Leitung der Weltkirche zu übernehmen. Man muß Pacelli mit seinen beiden Nachfolgern vergleichen, um zu ermessen, was er bedeutete. Weder Vasallo di Torregrossa, der 1925 die Münchner Nuntiatur bezog, noch Cesare Orsenigo, der ihm 1930 in der Berliner Nuntiatur folgte, haben in der deutschen Kirche eine besondere Spur hinterlassen. Um so größer war und blieb der Einfluß Pacellis. Tatsächlich hat wohl niemand in der ersten Hälfte des Jahrhunderts die kirchlichen und politischen Geschicke des deutschen Katholizismus nachhaltiger bestimmt als dieser echte Römer, der im Mai 1917 mit unbegrenztem Selbstbewußtsein und kühler Leidenschaft an die Aufgabe ging, die Interessen Roms in Deutschland zu vertreten.

Pacellis Name war schon 1914 für die Münchner Nuntiatur ins Spiel gebracht worden. Die Charakterisierung, die der bayerische Gesandte beim Heiligen Stuhl, Freiherr v. Ritter, damals von dem noch nicht Vierzigjährigen gab, war noch frei von der später weit verbreiteten Neigung, Pacellis Bild fast ins Überirdische zu entrücken.[8] Ritter traf Pacellis Stärken und Schwächen recht genau, wenn er feststellte, »daß bei allen seinen guten Eigenschaften Pacelli natürlich ein Italiener bliebt, der unsere politischen und religiösen Verhältnisse nie so klar erfassen und deren Berechtigung, Vorzüge und notwendige Berücksichtigung so voll anerkennen wird wie ein Deutscher à la Frühwirth«. Und an Frühwirth, dem Nuntius in München seit 1907, mußte sich Pacelli auch messen lassen, wenn Ritter fortfuhr: »Außerdem bleibt bei einem Beamten wie Msgr. Pacelli, der seine ganze Karriere im Staatssekretariat und dazu noch so schnell gemacht hat und überdies dem Santo Ufficio und der Kodifikationskommission des kanonischen Rechts angehört, trotz der besten und konziliantesten Vorsätze, die er sicher bei einer Verwendung im auswärtigen Dienst fassen würde, doch zu befürchten, daß er hier und da wieder in Doktrinarismus verfallen und damit seiner diplomatischen Mission schaden könnte. Schließlich glaube ich nicht, daß Pacelli von jeglichem Ehrgeiz so frei wäre wie ein Frühwirth.«[9] Die Sorge vor einer allzu starken römischen Prägung Pacellis, die Ritter hier deutlich anklingen ließ und zu der er wohl auch die Leidenschaft des jungen Diplomaten für juristische Fragen und Lösungen zählte[10], sollte sich in der Folgezeit als nicht unbegründet erweisen. In den kritischen Jahren 1930 bis 1934 war es wohl auch diese starke kuriale Prägung, die Pacelli den Blick dafür verstellte, was in Deutschland tatsächlich vor sich ging.

Als Pacelli im Mai 1917 zum Nuntius in München ernannt wurde, hatte sich die Lage gegenüber 1914 vollkommen verändert. Jetzt war zunächst weniger der Kanonist als der Diplomat Pacelli gefordert. Denn Benedikt XV. hatte den Nuntius mit der heikelsten Aufgabe betraut, die der Heilige Stuhl zu vergeben hatte, der Vorbereitung und Vermittlung der geplanten päpstlichen Friedensaktion. Sein wichtigster politischer Gewährsmann in Deutschland war zugleich der einflußreichste katholische Politiker in dieser Zeit: Matthias Erzberger. Schon auf der Reise nach München traf er in der Schweiz mit Erzberger zusammen, und dieser blieb von da an seine ständige Informationsquelle.[11] Nicht zuletzt durch die regelmäßigen Berichte des Zentrumsabgeordneten dürfte Pacelli seinen späteren Ruf als bestinformierter Diplomat in Berlin mitbegründet haben.[12]

So war der Nuntius, der im Juli 1917 Kontakt zu den deutschen Regierungsstellen aufgenommen hatte, zweifellos auf die Julikrise vorbereitet, die im Rücktritt des Reichskanzlers und in der Friedensresolution des Reichstags gipfelte, wie umgekehrt auch Erzberger über die päpstliche Friedensnote schon vorher informiert war.[13] Kern der Verhandlungen in diesen Wochen, in denen sich Deutschlands Schicksal entschied, war eine Garantie der Reichsregierung für die Wiederherstellung Belgiens, die die Entente als Voraussetzung für Friedensverhandlungen gefordert und durch den Vatikan übermittelt hatte.[14] Angesichts der schwierigen Machtverhältnisse in Deutschland jedoch zeigte sich die Reichsregierung zu einer klaren Entscheidung in dieser Frage unfähig. Daher fehlte die geforderte Garantie sowohl in der offiziellen deutschen Antwortnote an den Papst vom 19. September wie in der vertraulichen Unterrichtung Pacellis durch den Reichskanzler kurz darauf. Damit war auch die päpstliche Friedensaktion hinfällig. Der Krieg nahm seinen Lauf bis zum bitteren Ende.[15]

Während Pacellis Friedensmission an der Ungunst der Stunde scheiterte, konnte er auf einem anderen Feld eine Entscheidung vorbereiten, die die unmittelbaren Interessen der Kurie in Deutschland betraf. Es ging um die Errichtung einer diplomatischen Vertretung in Berlin.

Die Berliner Nuntiatur war ein altes Problem und, wie fast alle alten Probleme zwischen Deutschland und dem Heiligen Stuhl, höchst kompliziert und mit einer Fülle von traditionellen Schwierigkeiten und Empfindlichkeiten belastet. Normale Beziehungen im Sinne des Vatikans bestanden nur zwischen dem Heiligen Stuhl und Bayern. Es gab seit 1785 eine Apostolische Nuntiatur in der bayerischen Hauptstadt – eben Pacellis neues Wirkungsfeld – und seit 1803 auch eine Bayerische Gesandtschaft am Heiligen Stuhl. Entsprechend dieser wechselseitigen Anerkennung kam es 1817 zum Abschluß eines Konkordates, das seither die Rechtsgrundlage der Beziehungen zwischen Staat und Kirche in Bayern bildete.[16]

Schwieriger lagen die Dinge in Preußen. Zwar besaß auch Preußen schon seit 1747 eine diplomatische Vertretung bei der Kurie, die mit Wilhelm v. Humboldt, Niebuhr und Bunsen glänzende Namen aufzuweisen hatte. Die entsprechende Vertretung der Kurie in Berlin jedoch wurde seit Friedrich dem Großen aus grundsätzlichen Erwägungen mit Entschiedenheit immer wieder abgelehnt. Wie eindeutig die Ablehnung war, zeigte etwa die Anweisung Friedrich Wilhelms III. für den damaligen preußischen Geschäftsträger in Rom, Wilhelm von Humboldt. Darin hieß es, der römische Hof mache immer wieder Versuche, »einen päpstlichen Legaten oder Nuncium anhero abzuordnen oder irgendein Subject unter irgend einer Benennung« mit dem Auftrag der Vertretung zu betrauen. Da der preußische König dies unter keinen Umständen zugeben wolle, habe der Gesandte seine ganze Aufmerksamkeit auf diese Versuche zu richten, »um erforderlichen Falls gleich von fern die Sache abzuschneiden« und sich so zu verhalten, »dass jener römische Vorsatz zugleich im Keime vernichtet werde«. Der Grund für die rigorose Ablehnung eines päpstlichen Nuntius in Berlin aber lag in der Ablehnung des Konkordatsprinzips überhaupt. Auch in diesem Punkt ließ die Anweisung keinen Zweifel zu. »Ein Concordat eines Souverains mit dem Papst«, so hieß es darin, »setzt voraus, daß jener in irgend etwas nachgebe, dem Papst irgend einen Vortheil bewillige und dafür sich Gegenvortheile ausbedinge. In diesem Fall des Nachgebens oder Vortheil-Bewilligens aber wollen Wir, als protestant. Souverain und nach Unsern Regierungsgrundsätzen, durchaus nicht kommen; vielmehr wollen Wir weder nachgeben noch Vortheile bewilligen.«[17] An dieser Haltung hielt die preußische Regierung fest; Nachklänge waren noch in den 20er Jahren deutlich zu spüren. Da aber auch in Preußen das Verhältnis von Staat und katholischer Kirche geordnet werden mußte, verfiel man auf den Weg einer »verdeckten Vereinbarung«.[18] Die Ergebnisse der Verhandlungen zwischen Preußen und dem Heiligen Stuhl wurden in Form einer päpstlichen Verlautbarung veröffentlicht, der der preußische König seine »Bewilligung und Sanktion« erteilte. Die damit in den Rang eines preußischen Staatsgesetzes erhobene Bulle »De salute animarum« von 1821, die in Verbindung mit dem Breve »Quod de fidelium« für mehr als ein Jahrhundert die Rechtsgrundlage der katholischen Kirche in Preußen bildete, stellte faktisch ein Konkordat dar,[19] auch wenn sie rechtlich die wechselseitige Anerkennung sorgfältig vermied.[20]

Und schließlich gab es, um die Schwierigkeiten voll zu machen, auch noch eine besondere Geschichte der Beziehungen zwischen dem deutschen Reich und der Kurie. In diese Geschichte gehörte ein gescheitertes Reichskonkordat von 1804[21]; die Umwandlung der preußischen Gesandtschaft beim Heiligen Stuhl in eine Reichs-Gesandtschaft 1871; ihre Aufhebung im Zeichen des Kulturkampfes 1872 und die Wiedererrichtung einer preußischen Gesandtschaft – nicht aber der Reichsgesandtschaft – 1882.[22] Im Zusammenhang mit der Aufhebung der Reichsgesandtschaft wiederholte Bismarck in seiner berühmten Canossa-Rede vor dem Reichstag die alten preußischen Vorbehalte gegen Konkordate, die durch das Vatikanische Konzil eher noch verstärkt worden waren. »Ich halte es«, so erklärte Bismarck »nach den neuerdings ausgesprochenen und öffentlich promulgierten Dogmen der katholischen Kirche nicht für möglich für eine weltliche Macht, zu einem Konkordat zu gelangen, ohne daß diese weltliche Macht bis zu einem Grade und in einer Weise effacirt« – also herabgewürdigt – »würde, die das Deutsche Reich wenigstens nicht annehmen kann. Seien Sie außer Sorge, nach Canossa gehen wir nicht, weder körperlich noch geistig.«[23]

Dies also waren die historischen und rechtlichen Bedingungen, die der neue Münchner Nuntius in Deutschland vorfand, erheblich verändert und gemildert freilich durch eine Entwicklung, die seit den 80er Jahren die fortschreitende Integration des Katholizismus in das Kaiserreich gebracht hatte.

Wie sehr der Krieg auch auf diesem Felde die Dinge vorangetrieben und beschleunigt hatte, erfuhr Pacelli ebenfalls schon bei seinen ersten Informationsgesprächen in der Schweiz auf dem Wege nach Deutschland. Zugleich freilich erfuhr er auch, wie kompliziert die Dinge mit der Reichsnuntiatur lagen. Denn bei einem Gespräch mit dem Bayerischen Gesandten Ritter (der wegen Italiens Kriegseintritt mitsamt seinem preußischen Kollegen in Lugano residieren mußte) brachte dieser die bayerischen Sorgen wegen der Berliner Nuntiatur »rückhaltlos« zur Sprache. Bayern nämlich fürchtete in diesem Zusammenhang seit langem um den Rang, ja sogar um die Existenz seiner Nuntiatur. Aber nicht nur die bayerischen Interessen, so versicherte Ritter, vielmehr die allgemeinen »der katholischen Sache im deutschen Reiche« würden durch die Errichtung einer päpstlichen Vertretung in Berlin gefährdet, weil der Vertreter dort einem ganz anderen politischen Druck ausgesetzt sein würde und zudem das Zentrum zum Schaden der katholischen Sache in falschen Verdacht geraten könnte. Wenn Pacelli darauf erwiderte, er begreife diesen Standpunkt vollkommen, und die ganze Frage solle »jedenfalls bis nach dem Kriege ruhen«,[24] so hieß das nicht, daß er sie nicht bei sich bereits im Sinne einer Reichsnuntiatur entschieden hätte.

Denn einen nachhaltigeren Eindruck als der harmlose und ängstliche Ritter dürfte auf den Nuntius der Zentrumsabgeordnete Matthias Erzberger gemacht haben, mit dem er kurz darauf zusammentraf und der mit Entschiedenheit den Plan einer Reichsnuntiatur verfocht. Erzberger, stets bestrebt, deutsche und vatikanische Interessen in Einklang zu bringen, hatte die Dringlichkeit einer vatikanischen Vertretung in Berlin seit 1916 immer wieder betont.[25] Zwar wollte auch er im Krieg einen Streit mit München vermeiden, ließ aber keinen Zweifel daran, daß er danach die Sache mit Nachdruck betreiben werde.[26] Dabei war ihm klar, daß er damit nicht nur deutsche, sondern ebensosehr auch römische Interessen vertrat. Denn auch im Vatikan war das Bedürfnis nach einer Vertretung für das Deutsche Reich gewachsen. Das Ziel der vatikanischen Politik, die Anerkennung und Sicherung der Grundsätze des kanonischen Rechts in ganz Deutschland, setzte eine zentrale Vertretung des Heiligen Stuhls voraus. Mit anderen Worten: Wer ein Reichskonkordat wollte, mußte zunächst die Reichsnuntiatur haben.

Dies etwa war der Stand der Dinge, als die Revolution die Lage von Grund auf veränderte.

Während sich das Reich in Aufruhr befand und die deutschen Katholiken verwirrt und mühsam den Weg in die neue Zeit suchten, zögerte die Kurie keinen Augenblick, sich auf den Boden der neuen Tatsachen zu stellen.

Ein Schreiben Benedikts XV. an Gasparri, veröffentlicht im *Osservatore Romano* vom 10. November 1918, erklärte: »Die Kirche, welche die vollkommene Gesellschaft ist, hat zum einzigen Zwecke die Heiligung der Menschen aller Zeiten und aller Länder; wie sie sich auch den verschiedenen Regierungsformen anpaßt, so nimmt sie auch ohne irgendwelche Schwierigkeiten die gesetzmäßigen territorialen und politischen Veränderungen der Völker hin.«[27] Dies bedeutete, daß die Kurie entschlossen war, auch unter den veränderten Verhältnissen vor allem die Interessen der katholischen Kirche zu vertreten. Und daß man damit nicht nur die Hinnahme der Entwicklung meinte, sondern von Anfang an ihre neuen Möglichkeiten im Auge hatte, zeigte die Reaktion des Papstes auf die Wahl Friedrich Eberts zum Reichspräsidenten am 11. Februar 1919. Die offizielle Anzeige dieser Wahl durch Ebert beantwortete Benedikt XV. am 2. April mit Glückwünschen zu der hohen Würde, und dies um so mehr, wie es hieß, »als Wir sehen, daß Du Sorge dafür tragen wirst, daß die zwischen Unserem Apostolischen Stuhle und dem Deutschen Reiche bestehenden Beziehungen nicht nur unverändert bleiben, sondern noch fester werden sollen. Mit Recht«, so fuhr das Schreiben fort, »nimmst Du an, daß es an Unserer Mitarbeit hierzu nicht mangeln wird.«[28] Der Wunsch nach der Reichsnuntiatur und vielleicht auch schon nach einem Reichskonkordat war nicht zu überhören.

Im übrigen freilich mußte sich die päpstliche Politik in Deutschland bis zum Sommer 1919 weithin auf den Status des Beobachtens beschränken. An konkrete Schritte war erst zu denken, nachdem die neue Reichsverfassung in Kraft war. Erst mußte der rechtliche Rahmen für das neue Verhältnis von Staat und Kirche abgesteckt sein, ehe man an eine Prüfung der damit gegebenen Möglichkeiten gehen konnte. So bezeichnete der 11. August 1919, der Verfassungstag, zugleich den Zeitpunkt, an dem Pacellis Konkordatspolitik in Deutschland begann.

Der juristisch geschulte Nuntius begriff offenbar sehr schnell, daß die Weimarer Verfassung unter den Gesichtspunkten der Kurie ganz außerordentlich günstige Möglichkeiten bot. Dies galt in mehrfacher Hinsicht. Zunächst beseitigte der Artikel 137 grundsätzlich die Staatskirchenhoheit und gab damit der Kirche freiwillig alle jene Rechte, um die sie sonst in langen Verhandlungen hätte kämpfen müssen. Die Frage, ob damit das bayerische Konkordat von 1817 und die für Preußen geltenden Bestimmungen von »De salute animarum« von 1821 automatisch aufgehoben seien, war zwar verfassungsrechtlich noch offen und blieb bis zum Abschluß der neuen Verträge umstritten. Aber auf die Länge, das wußte Pacelli genau, befand sich die Kirche durch die Garantien des Artikels 137 in einer überlegenen Position. Ein Bericht des preußischen Gesandten in München, Graf Zech, von Ende November 1919 ließ erkennen, daß Pacelli diese Position voll auszuspielen gedachte. Der Nuntius, so teilte Zech nach Berlin mit, stehe auf dem Standpunkt, daß der bisherige Rechtszustand durch die Verfassung »möglicherweise« aufgehoben sei. Die Frage bedürfe der Verhandlungen zwischen der preußischen Regierung und der Kurie. Dabei halte Pacelli die Stellung der Kirche im Augenblick für sehr stark, »da ihr, und zwar ganz ohne eigenes Zutun, die wichtigsten Rechte verfassungsmäßig gewährleistet« seien.[29]

In der Tat hatte der Staat gegenüber der Kirche wenig mehr in der Hand. Am Maßstab des Codex Juris Canonici gemessen war im Grunde nur *ein* großes Problem für die Kirche unbefriedigend gelöst geblieben: die in den Artikeln 143–149 der Verfassung geregelte Schulfrage. Hier setzte denn auch gleich die Kritik der Fuldaer Bischofskonferenz an, die in einer Stellungnahme zur Verfassung erklärte, diese Artikel enthielten »verschiedene Bestimmungen . . ., die einerseits nicht mit den Rechten der Kirche (vgl. die einschlägigen Canones des Codex Juris Canonici) und der Erziehungsberechtigten, besonders der Eltern, vereinbar sind und die andererseits dem Staate viel zu weit gehende Befugnisse zusprechen . . .«[30] Auch für Pacelli wurde die Schulfrage zum Kernpunkt aller Verhandlungen, die er in der Folgezeit führen sollte.

Einen nicht minder wichtigen, ungemein wirksamen Hebel für die Durchsetzung ihrer Position gab die Reichsverfassung der Kurie durch eine kleine Änderung des Artikels 78 in die Hand. Dieser Artikel regelte das ausschließliche Vertretungsverhältnis des Reiches nach außen. Gegenüber dem ursprünglichen Entwurf, in dem ganz allgemein von den »Beziehungen zum Ausland« die Rede war, setzten die bayerischen Vertreter einen anderen Wortlaut durch. Der Absatz 1 des Artikels lautete jetzt: »Die Pflege der Beziehungen zu den *auswärtigen Staaten* ist ausschließlich Sache des Reichs.« Da der Heilige Stuhl zwar als auswärtiger Souverän, nicht aber als auswärtiger Staat galt, war damit grundsätzlich die Möglichkeit eröffnet, daß nicht nur das Reich, sondern auch einzelne Länder mit dem Vatikan diplomatische Beziehungen aufrechterhalten und eigene Konkordate abschließen konnten.[31] Die Bedeutung dieser Änderung für die vatikanische Politik in Deutschland war fast unabsehbar. Denn der Nuntius erhielt damit die Möglichkeit, dort anzusetzen, wo die Bedingungen für ein Konkordat am günstigsten lagen, und er konnte zugleich Länder und Reich gegeneinander ausspielen. Tatsächlich machte Pacelli von dieser Möglichkeit nachhaltigen Gebrauch.

Unter diesen Umständen mußte Bayern zum ersten und wichtigsten Verhandlungspartner der Kurie werden. Einzig Bayern verfügte bereits über eine

Konkordatstradition, an die sich unmittelbar anknüpfen ließ. Ferner fühlte sich das Land auch unter der neuen Regierung noch immer als die, wie es der frühere Ministerpräsident Graf Hertling gelegentlich formuliert hatte, »berufene katholische Vormacht im Reiche«,[32] die einen Anspruch auf besondere Beziehungen zum Vatikan erhob. Und schließlich waren diese besonderen Beziehungen für Bayern jetzt geradezu zu einer »Lebensfrage« geworden, weil es damit gegenüber den zentralistischen Tendenzen der Reichsverfassung wenigstens auf diesem Gebiet seine Selbständigkeit unter Beweis zu stellen vermochte.[33] Offenbar begann Pacelli bereits im August 1919 die Möglichkeiten für ein neues bayerisches Konkordat zu sondieren. Jedenfalls hieß es schon Anfang September auf der bayerischen Bischofskonferenz, über das künftige Verhältnis von Staat und Kirche in Bayern sollten »demnächst die Verhandlungen mit der Nuntiatur beginnen«. Zugleich wurde eine strikte Anweisung Gasparris bekanntgegeben, selbst in keinerlei Verhandlungen mit der Regierung einzutreten, »um nicht den allgemeinen Konkordatsverhandlungen vorzugreifen!«[34] Zum Jahresende, am 27. Dezember, lag dann dem bayerischen Ministerpräsidenten das offizielle Verhandlungsangebot der Kurie vor. Darin teilte der Nuntius mit, der Heilige Stuhl sei bereit, »sich mit der bayerischen Regierung in Verbindung zu setzen, um von neuem den ganzen Inhalt der ... Beziehungen zwischen Staat und Kirche zu regeln, und hat mich bevollmächtigt, Verhandlungen für ein neues Abkommen anzubahnen«.[35]

Die bayerische Karte zuerst auszuspielen empfahl sich für Pacelli aber auch deshalb, weil er zur gleichen Zeit mit Preußen Erfahrungen machte, die ihn eher zur Vorsicht nötigten. Diese Erfahrungen hingen mit dem Tode des Kardinal-Erzbischofs von Köln, Felix von Hartmann, zusammen, der am 11. November 1919 starb. Zu den wichtigsten durch »De salute animarum« verbrieften Vorrechten der katholischen Kirche in Preußen gehörte es, daß die Domkapitel die Bischöfe in freier Wahl selbst bestimmten konnten. Dieses Vorrecht widersprach jedoch eindeutig dem neuen gemeinen Recht des Codex Juris Canonici, das in Can. 329 § 2 die Ernennung von Bischöfen allein dem Papst vorbehielt. So lag es für Pacelli nahe, angesichts der ungeklärten Rechtslage den Versuch zu machen, gegenüber dem Kölner Domkapitel kurzerhand das kanonische Recht durchzusetzen. Vier Tage nach dem Tode Hartmanns teilte er daher den Kölnern eine Weisung Gasparris mit: »Das hohe Metropolitankapitel möge bezüglich der Ernennung des Erzbischofs Instruktionen abwarten, welche der Hl. Stuhl ihm zuzusenden nicht ermangeln wird.«[36] Die Kölner jedoch waren keineswegs gesonnen, sich ihre alten Rechte so ohne weiteres nehmen zu lassen. Und in dieser Haltung fanden sie entschiedenen Rückhalt bei der preußischen Regierung. Ein Regierungsexposé kam Ende Dezember auf Grund verschiedener Gutachten zu dem Schluß, »daß die Preußische Regierung und der Vatikan an die bestehenden Verträge solange gebunden sind, bis eine auf übereinstimmendem Willen beider Parteien beruhende Änderung des jetzigen Rechtszustandes herbeigeführt wird«.[37] Daß die preußische Regierung tatsächlich an diesem Standpunkt festzuhalten entschlossen war, bestätigte dem Nuntius Kultusminister Haenisch bei einer Besprechung der ganzen Frage am 29. Dezember in Berlin. Dabei überreichte der Kultusminister dem Nuntius ein Aide-mémoire, in dem die preußische Regierung zum Ausdruck brachte, daß sie »in Übereinstimmung mit der Reichsregierung« davon ausgehe, daß die Verträge einstweilen fortbestünden und daß es notwendig sei, in neue Verhandlungen einzutreten.[38] Die Tatsache, daß Pacelli diese Erklärung zustimmend zur Kenntnis nahm, war ganz ohne Frage ein Erfolg der preußischen Regierung. Denn es war natürlich ein wesentlicher Unterschied, ob man bei den zukünftigen Verhandlungen von einem Fortbestand der Verträge ausging, die es nur anzupassen galt, oder ob man einen vertragslosen Zustand annahm, der ganz neue Verträge notwendig machte. Zugleich war damit ein Kompromiß in der Kölner Angelegenheit möglich geworden. Pacelli, der unmittelbar darauf nach Köln weiterreiste, teilte dem Domkapitel mit, es dürfe nach seinem bisherigen Recht wählen, allerdings unter dem Vorbehalt, daß damit einer endgültigen Regelung nicht vorgegriffen werde.[39] Dieses Zugeständnis fiel dem Nuntius um so leichter, als sich ohnehin alle Beteiligten, die Kurie, der preußische Staat und das Domkapitel bereits auf einen Kandidaten geeinigt hatten, nämlich den Bischof von Paderborn, Karl Joseph Schulte, so daß die Wahl mehr oder weniger zu einer Formsache wurde. Gleichwohl ist die Annahme nicht unberechtigt, daß durch die entschiedene Haltung von Regierung und Domkapitel der teilweise Fortbestand des Kapitelwahlrechts auch im preußischen Konkordat von 1929 vorbereitet wurde.[40]

Möglicherweise wäre Pacelli gegenüber Preußen weniger nachgiebig gewesen, wenn nicht gleichzeitig die ihn weit mehr interessierende Entwicklung der Beziehungen zum Reich für die Kurie einen überaus günstigen Verlauf genommen hätte. So mochte er hoffen, auf dem Umweg über das Reich von Preußen jene Zugeständnisse zu erlangen, die es jetzt noch verweigerte.

In der Tat war die außenpolitische Lage des Reiches nach dem Versailler Vertrag so verzweifelt, daß selbst die sozialdemokratischen Mitglieder der

Reichsregierung nach der Aufnahme voller diplomatischer Beziehungen mit dem Vatikan drängten, um wenigstens an einem Punkt die eiserne Mauer der Ablehnung und des Schweigens zu durchbrechen. Die Entwicklung bedurfte der Nachhilfe Erzbergers kaum noch, obwohl die Hand des inzwischen zum Reichsminister Aufgestiegenen überall spürbar blieb.

Schon im Februar 1919 hatte der Zentrumsabgeordnete Spahn im Reichstag eine Vertretung des Reiches beim Vatikan gefordert mit der für die Nachkriegszeit charakteristischen Begründung, bei der geringen Zahl der dem Deutschen Reich verbliebenen Freunde unter den Neutralen sei diese Vertretung »ein Gebot der Pflicht und der Klugheit«. »Nach Rom«, so erklärte Spahn, »sind mit erhöhter Spannung die Blicke der christlichen Welt gerichtet. Vom Papsttum, das im Wechsel der Zeiten unverändert geblieben ist und bleiben wird, erwarten weite Bevölkerungskreise Rettung, Erlösung, Freiheit und Klarheit in unserer an Irrungen so reichen Zeit...«[41] Nur wenige Wochen später, am 1. April 1919, setzte Erzberger als ersten Schritt im Reichskabinett die Neubesetzung der preußischen Gesandtschaft beim Heiligen Stuhl durch. Es blieb die einzige diplomatische Ernennung während dieses ganzen Jahres.[42] Der neue Gesandte, Diego v. Bergen, galt als Vertrauter Erzbergers im Auswärtigen Amt und war schon im Kriege auch von Pacelli akzeptiert worden.[43] Dabei war vermutlich von Anfang an auch schon die Umwandlung der preußischen Gesandtschaft in eine Reichsbotschaft – wie das 1871 bereits einmal geschehen war – ins Auge gefaßt worden. Denn wiederum nur wenig später, am 27. September, teilte Außenminister Hermann Müller (SPD) dem Auswärtigen Ausschuß des Reichstags mit, es sei die Errichtung einer Deutschen Botschaft beim Vatikan beschlossen worden; Preußen habe das Reich um Übernahme seiner Gesandtschaft gebeten, und der preußische Gesandte habe bereits das Agrément der Kurie.[44] Daß diese Entwicklung direkt und unmittelbar auf ein Reichskonkordat zulaufen sollte, machte wiederum Erzberger deutlich, als er auf dem Festbankett, das Reichspräsident und Reichskanzler zu Ehren des Nuntius am Jahresende in Berlin gaben, erklärte, daß die Verhandlungen über die notwendige Neuregelung des Verhältnisses von Kirche und Staat in Deutschland »einheitlich von allen Ländern unter Leitung des Reiches geführt werden sollten«.[45]

Spätestens hier freilich zeigte sich, daß diese für die Kurie grundsätzlich so erfreuliche Entwicklung einen entscheidenden Haken hatte. Denn alle Beteiligten in Berlin gingen selbstverständlich davon aus, daß die neue Reichsbotschaft beim Vatikan das ganze Reich vertreten und eine eigene bayerische

Gesandtschaft damit überflüssig machen werde. Tatsächlich lag zu Jahresbeginn 1920 nicht nur der Vertrag über die Aufhebung der bayerischen Gesandtschaft fertig vor; auch die Ermächtigung zur Unterschirft war den bayerischen Vertretern in Berlin bereits erteilt.[46] Damit jedoch hätte die Kurie einen entscheidenden Vorteil verloren. Der Gedanke, statt mit dem traditionell katholischen Bayern nun – und zwar allein – mit dem traditionell protestantischen Reich in Konkordatsverhandlungen eintreten zu müssen, konnte für Pacelli wenig Anziehendes haben. Nicht umsonst hatte er unmittelbar vor seiner Abreise nach Berlin der bayerischen Regierung sein offizielles Verhandlungsangebot auf den Tisch gelegt. Und so benutzte er nun die Bitte der bayerischen Regierung um eine Stellungnahme zur Frage der Münchner Nuntiatur zu einem in dieser Form ganz ungewöhnlichen Eingriff in die deutsche Politik. Der Heilige Stuhl, so ließ er die Regierungen in München und Berlin wissen, »gäbe Vorzug einer Reichsbotschaft beim Vatikan mit päpstlicher Nuntiatur in Berlin für Angelegenheiten Deutschlands, Bayern ausgenommen, und einer bayerischen Gesandtschaft beim Vatikan mit päpstlicher Nuntiatur in München für die kirchlichen Angelegenheiten«. Und wohl wissend, wie sehr dem Reich in diesem Augenblick an diplomatischen Beziehungen lag, fügte er kühl hinzu, falls die Reichsregierung darauf nicht einginge, wünsche der »Heilige Stuhl den *Status quo ante* aufrecht zu erhalten, d. h. preußische und bayerische Gesandtschaften beim Vatikan mit päpstlicher Nuntiatur in München«. So oder so jedoch wünsche der Heilige Stuhl »auf jeden Fall die Aufrechterhaltung der Nuntiatur in Müchen«.[47]

Diese Erklärung, so begreiflich sie unter dem Gesichtspunkt kurialer Taktik war, stellte möglicherweise einen entscheidenden Fehler dar. Denn sie verhalf Pacelli zwar zum erhofften Triumph des bayerischen Konkordats. Sie verschloß ihm aber letzten Endes zugleich den Weg zum Reichskonkordat und schuf damit jenen verhängnisvollen Ansatzpunkt, von dem aus Hitler 1933 in wenigen Wochen den deutschen Katholizismus zur Kapitulation zwingen sollte.

Angesichts der allgemeinen Lage blieb dem Reich keine Wahl, als sich den Forderungen der Kurie zu beugen. Preußen, das die Aufhebung der bayerischen Gesandtschaft zur Bedingung der Umwandlung seiner eigenen Vertretung in eine Botschaft des Reiches gemacht hatte, ließ im Februar 1920 diese Bedingung fallen.[48] Zur gleichen Zeit stand Erzberger, der einzige, der die Interessen des Reiches noch hätte vertreten können, am Ende seiner politischen Karriere. Nach dem Urteil des Gerichts in seinem großen Prozeß mit Helfferich blieb ihm im März nur noch der Rücktritt. Anderthalb Jahre später, am 26. August 1921, war der umstrittene Mann tot – ermordet von den Männern, die in ihm den Vertreter des verhaßten Systems, den Demokraten und nicht zuletzt den Katholiken treffen wollten.[49]

So blieb die bayerische Botschaft beim Vatikan neben der neuerrichteten Botschaft des Deutschen Reiches weiter bestehen. Wie sehr dies Pacellis Werk war, zeigte sich, als Kardinalstaatssekretär Gasparri Anfang Mai den deutschen Botschafter von der Absicht des Heiligen Stuhls in Kenntnis setzte, nun auch in Berlin eine Nuntiatur einzurichten und diese dem Nuntius in München, Msgr. Eugenio Pacelli – zunächst in Personalunion mit der Nuntiatur in München – zu übertragen.[50] Damit hatte Pacelli tatsächlich alle Fäden in der Hand. Er konnte gleichzeitig mit Bayern und mit dem Reich verhandeln und besaß in der bekannten Rivalität beider ein Lock- und Druckmittel, das sich gerade im Blick auf die zu erwartenden Schwierigekiten in Bayern gut benutzen lassen mußte.

Obwohl der Nuntius von Anfang an zunächst den bayerischen Plan verfolgte, bemühte er sich daher zu gleicher Ziet um einen guten und eindrucksvollen Ausbau seiner Beziehungen zum Reich. So gestaltete er die Überreichung seines Beglaubigungsschreibens an den Reichspräsidenten Friedrich Ebert am 30. Juni 1920 zu einem feierlichen und hochpolitischen Akt. Er habe, so betonte er in seiner Ansprache, vom Heiligen Stuhl den Auftrag, »mit den zuständigen Autoritäten die Beziehungen zwischen Kirche und Staat in Deutschland von neuem so zu regeln, wie es der neuen Lage und den heutigen Verhältnissen entspricht«. Und mit fast der gleichen Wendung, die dann für die gleiche Sache – nämlich das Reichskonkordat – in Hitlers berühmter Regierungserklärung vom 23. März 1933 wiederkehren sollte,[51] versicherte er, er werde seine ganze Kraft daran setzen, »die Beziehungen zwischen dem Heiligen Stuhl und Deutschland zu pflegen und weiter zu festigen ...« Niemand dachte mehr an Canossa, als Ebert erwiderte, daß ebendies auch die Absicht des Reiches sei und daß der Nuntius »des größten Verständnisses und Entgegenkommens auf deutscher Seite von vornherein versichert sein dürfe«.[52]

Trotz dieser feierlichen Erklärungen und trotz der unmittelbar darauf folgenden ersten Fühlungnahme mit dem Auswärtigen Amt war jedoch deutlich, daß Pacellis Hauptinteresse zunächst auf Bayern gerichtet war. Dies ging nicht nur aus der Tatsache hervor, daß er trotz wiederholten Drängens aus Berlin zunächst in der bayerischen Hauptstadt blieb, sondern auch aus der Schnelligkeit, mit der er hier seine Vorschläge präsentierte. Seit dem 4. Februar 1920 lag in München ein kompaktes Paket römischer Forderungen auf dem Tisch, das an Deutlichkeit nichts zu wünschen übrig ließ. Mit der Pacelli eigenen Nichtachtung der deutschen Verhältnisse und Möglichkeiten hatte er darin für die katholische Kirche vor allem in der Schulfrage eine Stellung vorgesehen, die ihr ein nahezu unbegrenztes Aufsichts- und Eingriffsrecht gesichert hätte. Aber auch auf allen übrigen Gebieten waren die Forderungen derart, daß sämtliche Rechte der Kirche und sämtliche Pflichten dem Staate zugeteilt wurden.[53] So hatte die Kirche selbstverständlich »das freie und volle Besetzungsrecht für alle Kirchenämter«, während der Staat etwa bei den Religionslehrern an den Vorschlag des Bischofs gebunden sein und sie auf dessen Beschwerde sogar unverzüglich ihres Amtes entheben sollte. Daß der Staat natürlich auch in finanzieller Hinsicht sämtlichen Verpflichtungen weiter nachkommen mußte, war ebenso ausgedrückt wie die uneingeschränkte staatliche Gewährleistung des kanonischen Rechts durch die Zusicherung, »die Anordnungen der kirchlichen Behörden im Rahmen ihrer Zuständigkeit anzuerkennen und im Bedarfsfall zur Ausführung seine Unterstützung zu gewähren, wenn dieselbe erbeten« werde.[54]

Das Ganze war, auch wenn man die taktische Bedeutung solcher Vorschläge berücksichtigt, eine Zumutung, und so wurde es in München auch empfunden. Als der Vatikanreferent im Auswärtigen Amt, Professor Richard Delbrück, ein lebhafter Verfechter der Konkordatsidee, im September 1920 im bayerischen Kultusministerium die Konkordatsfrage besprach, erfuhr er dort, daß Pacelli »durch seine Überforderungen verstimmt« habe. »Bei Pacelli war am auffallendsten«, so berichtete er nach Berlin, »daß er nur wenig Gefühl für das zu haben scheint, was in Deutschland möglich ist und verhandelt, als hätte er es mit Italienern zu tun.« Den deutschen Verhältnissen und der Reichsverfassung sei in den Vorschlägen »sehr wenig Rechnung getragen«. Die Kurie scheine »enorm viel zu fordern, um wenigstens etwas zu erreichen«.[55] Dieser Eindruck beschränkte sich nicht nur auf die bayerische Ministerialbürokratie. Selbst der gewiß treu katholische Ritter bemerkte zwei Jahre später noch zu einem bereits wesentlich veränderten Entwurf, er sei nicht, »wenigstens dem Anscheine nach nicht, auf ›do ut des‹ gestimmt. Das ist der erste Eindruck, den man von ihm gewinnt, wenn man auf den ersten 7½ Seiten nur von Verpflichtungen des Staates liest und erst ganz zum Schluß in kaum 19 Zeilen erfährt, zu welchen Gegenleistungen sich die Kirche verpflichtet.«[56]

Was Delbrück darüber hinaus von Pacelli persönlich erfuhr, zeigte, daß der Nuntius entschlossen war, mit allen Mitteln seine Forderungen durchzusetzen.

Es war typisch für Pacellis Geringschätzung des deutschen Verfassungsrechts, wenn er offen erklärte, »die Kurie wolle gewiß nichts, was gegen die Reichsverfassung verstoße, aber hoffe auf Vorteile ›praeter legem‹«, das hieß also, neben der Verfassung oder über die Verfassung hinaus. Daß er sich dabei gegenüber dem ohnmächtigen Reich in einer starken Position befand und diese auch rücksichtslos ausspielte, verriet die unverhüllte Drohung, sonst sei »ein konkordatloser Zustand vorzuziehen; bei diesem würde allerdings die Kurie nicht in der Lage sein, sich gegenüber etwaigen Forderungen der Nachbarn Deutschlands« – und nun wurde der Nuntius noch deutlicher – »z. B. in der Frage des Saarbistums, die jederzeit sehr akut werden könne, auf ihre vertraglichen Bindungen gegenüber Deutschland zu berufen und würde mit tiefstem Bedauern nachgeben müssen«.[57] Auch wenn Pacelli auf Einwände Delbrücks hin seine Äußerungen möglichst abzuschwächen versuchte, war klar, daß dies eine echte Drohung bedeutete, die das Reich an einer seiner schwächsten Stellen – dem Saargebiet – treffen sollte. Tatsächlich gelang es dem Nuntius auch, Anfang 1922 aus Anlaß der Trierer Sedisvakanz Preußen mit diesem Argument zur Kapitulation in der Schulfrage zu zwingen[58] – ein Triumph, dessen er freilich nicht recht froh werden sollte.

Der Nachdruck, mit dem Pacelli in diesen Jahren das bayerische Konkordat verfocht, hatte seinen guten Grund. Seine ganze Politik in Deutschland war darauf gerichtet, die ungewöhnliche Gunst der Stunde zu nützen, die sich aus der neuen Verfassungslage für die Durchsetzung des kanonischen Rechtes ergab. Was der ehrgeizige Nuntius in Bayern anstrebte, war nicht weniger als ein Musterkonkordat, das zeigen sollte, welche Möglichkeiten für die Kirche mit den neuen Verhältnissen gegeben waren. So zögerte er im Sommer 1920 die Verhandlungen mit dem Reich bewußt hinaus, weil es ihm, wie er dem Breslauer Kardinal Bertram schrieb, klüger schien, »zuerst das Konkordat mit Bayern zu Ende zu führen, wo bei der jetzigen Lage eher ein günstiges Konkordat zu erhoffen ist ... Dieses bayerische Konkordat könnte dann als Vorbild auch für die anderen deutschen Länder und als Präzedenzfall dienen.«[59] Und im nächsten Jahr wußte Ritter aus Rom sogar zu berichten, der Vatikan wolle das bayerische Konkordat »als Musterkonkordat« auch dem Auslande präsentieren.[60]

Mit der Rolle, die Pacelli ihm zugedacht hatte, war Bayern grundsätzlich durchaus einverstanden. Delbrück erfuhr in München, daß das Land »fest auf dem selbständigen Konkordat« bestehen und dem Reich auch keinesfalls den Vortritt lassen wolle. Andererseits wußte freilich die bayerische Kultusbürokratie sehr genau, welche Absichten die Kurie mit ihren Bemühungen in München verfolgte, und versprach daher, »doppelt vorsichtig« zu sein.[61]

Unter diesen Umständen bedeutete eine Zusage des Reichsaußenministers, die Pacelli im November 1920 in Berlin erwirkte, für die Position der Kurie einen klaren Sieg. Es war die schiere kirchenpolitische Ahnungslosigkeit, wenn der Außenminister dem Nuntius auf sein Drängen die bindende schriftliche Zusicherung gab, daß die Reichsregierung keine Bedenken gegen ein bayerisches Konkordat habe, und daß Einverständnis darüber herrsche, »daß das mit Bayern abgeschlossene Konkordat durch spätere Reichsgesetze nicht berührt« werde.[62] Damit hatten der Nuntius und die bayerische Regierung für ihre Verhandlungen freie Hand. Das Reich hatte seine Bemühungen selbst blockiert, doch noch die Führung in den Konkordatsverhandlungen zu übernehmen. Und schließlich war damit auch die einheitliche Regelung der Schulfrage im Reich nahezu unmöglich geworden. Auch später gelang es der Reichsregierung nicht mehr, den Kopf aus dieser selbstgeknüpften Schlinge zu ziehen. Es war kein Wunder, daß Pacelli auf dieses Resultat »sehr stolz« war.[63] So konnte der Nuntius nun in einem Interview mit der *Temps* Anfang Dezember 1920 offen von seinen Plänen sprechen, dem bayerischen Konkordat »ein Reichskonkordat für das übrige Deutschland oder ein besonderes Konkordat für Preußen« folgen zu lassen,[64] wobei er sich noch einmal offensichtlich die Wahl der günstigsten Möglichkeit vorbehielt.

Inzwischen nämlich begann auch Preußen in der ganzen Konkordatsfrage eine eigene Rolle zu spielen. Zunächst zweifellos an einer gemeinsamen Regelung durch das Reich interessiert, mußte der Sonderweg Bayerns selbstverständlich auch in Preußen den Wunsch nach einem eigenen Konkordat wecken. Das Reich, an einem Vertrag mit dem Vatikan ohnehin nur aus außenpolitischen Erwägungen interessiert, schien der preußischen Regierung ein allzu schwacher und bequemer Verhandlungspartner für die Kurie.[65] Und die ersten Richtlinien für ein Reichskonkordat, die von Reichsinnenminister Koch-Weser Anfang Januar 1921 vorgelegt wurden, konnten Preußen in diesem Argwohn nur bestärken. Verglichen mit den Forderungen, die Pacelli in Bayern bereits präsentiert hatte und die ähnlich auch für das Reich schon formuliert waren,[66] nahmen sich diese Richtlinien in der Tat bescheiden aus. Um so mehr schien Preußen Wachsamkeit geboten. Der Liberale Carl Heinrich Becker, der im preußischen Kultusministerium als Staatssekretär und Minister die preußische Kulturpolitik entscheidend bestimmte, bezeichnete schon Anfang Februar die Richtlinien der Reichsregierung rundweg »als ganz unmöglich«.[67] Die Ablehnung der Reichsinitiative aber führte im Sommer 1921 fast zwangsläufig zu dem Anspruch Preußens gegenüber dem Reich und der Kurie, »wie Bayern seine Beziehungen zum Heiligen Stuhl selbst zu regeln«.[68] Pacelli wußte freilich, daß er es hier mit einem härteren Verhandlungspartner zu tun haben würde, gegen den er weder das Reich noch Bayern ernsthaft ausspielen konnte. Daß er die preußischen Vorstellungen ein »Minimalkonkordat« nannte,[69] zeigte andererseits, was er sich von Bayern und wohl auch vom Reich erhoffte.

Insofern, nämlich als Ausdruck und Bestätigung seiner verschiedenen Möglichkeiten, war es Pacelli zweifellos hoch erwünscht, daß nun die Reichsregierung im Herbst 1921 von sich aus großangelegte Bemühungen um ein Reichskonkordat einleitete.

Während dieser ganzen Ereignisse begann sich ein Mann in die komplizierte Konkordatsmaterie einzuarbeiten, der dann später für eine kurze Zeit zu einer Schlüsselfigur der deutschen Politik und der deutschen Kirche werden sollte: Ludwig Kaas. Im Januar 1920 hatte Pacelli den Vorsitzenden der Fuldaer Bischofskonferenz, Kardinal Bertram, gebeten, ihm einen fachkundigen Mann zur Verfügung zu stellen, der ihn bei seinen Verhandlungen außerhalb Bayerns, also vor allem mit Preußen und dem Reich, beraten könne. Die Wahl war auf den Trierer Kanonisten Ludwig Kaas gefallen, der nicht nur die fachlichen Voraussetzungen besaß, sondern als Reichstagsabgeordneter des Zentrums auch über wichtige politische Beziehungen verfügte.[70] So wurde Kaas zum engsten deutschen Mitarbeiter des Nuntius in allen Fragen des Reichskonkordats und des Preußenkonkordats und zugleich zu seinem vorbehaltlosen Verehrer und Bewunderer. Damit aber ergab sich zwangsläufig eine Verstärkung des kanonistischen Kurses, den Pacelli in Deutschland steuerte. Denn Kanonist wie der Nuntius, teilte Kaas mit ihm die Überzeugung von der zentralen Bedeutung des kanonischen Rechtes und seiner Absicherung durch Konkordate für die gesamte katholische Kirchenpolitik. Es war tatsächlich schwer zu sagen, wer schließlich auf das Reichskonkordat mehr fixiert war: Pacelli oder sein Mitarbeiter Kaas. Bereits im Mai 1920, als Kaas mit ersten Besprechungen im preußischen Staatsministerium begann, hatte er erklärt, daß die Kurie ein umfassendes Reichskonkordat wünsche, »um gegen kulturkämpferische Bestrebungen der Einzelländer besser gesichert zu sein und möglichst viele Fragen der Diskussion zu entziehen«.[71] Und dies blieb seine Überzeugng, die ihn 1933 zum Bündnis mit jenem Manne führen mußte, der eben diese Sicherung anbot: Hitler. Auch in der merkwürdigen Doppelrolle, die er 1933 in Rom als Berater der Reichsregierung und der Kurie zugleichen spielen sollte, war Kaas schon seit dieser Zeit geübt. Denn als er im November 1921 bei den Vorverhandlungen über ein Reichskonkordat in Berlin zum ersten Mal mit am Verhandlungstisch saß, hielt das Protokoll nach den Vertretern des Innenministeriums und des Auswärtigen Amtes Kaas als »Vertrauensmann der Reichs- und Preußischen Regierung *und* der Kurie« fest.[72]

Die Bemühungen der Reichsregierung um ein Reichskonkordat im Sommer und Herbst 1921 gingen von Joseph Wirth aus, dem zweiten Reichskanzler, den das Zentrum in der Weimarer Republik stellte. Daß gerade er diese Sache in die Hand nahm, hatte verschiedene Gründe. Wirth gehörte zum linken Flügel seiner Partei und stieß gerade auch in seinen eigenen Reihen auf Mißtrauen und Ablehnung. Ein Konkordat mit dem Heiligen Stuhl hätte seine Stellung zweifellos festigen können. Dies wiederum war die Voraussetzung für die dringend notwendige Sicherung der innenpolitischen Stabilität seiner Regierung. Zugleich war im Sommer 1921 das Reich auch außenpolitisch durch die Reparationsfrage und die polnischen Ansprüche auf Oberschlesien in eine so verzweifelte Situation geraten, daß jede, auch die geringste Unterstützung von außen von der Reichsregierung gesucht werden mußte.[73] Da Wirth auch sonst weithin Erzbergers Linie vertrat, lag es nahe, auch Erzbergers Konkordatspläne wieder aufzugreifen und den Versuch zu machen, durch einen Vertrag mit dem Vatikan ein Stück jener Anerkennung zu gewinnen, deren der Kanzler und das Reich so dringend bedurften.

Es ist natürlich schwer zu sagen, ob der Abschluß eines Reichskonkordats die von Wirth erhofften Auswirkungen tatsächlich gehabt hätte. Sicher ist jedoch, daß die Verhandlungen vor allem an Pacellis Entschlossenheit scheiterten, ein günstiges Konkordat mit Bayern ungewissen Verhandlungen mit dem Reich unbedingt vorzuziehen. Darin konnte ihn weder die Lage des Reiches beirren, noch ein umstrittener Zentrumskanzler, dessen linke Tendenzen ihm ohnehin fragwürdig erschienen.

So war die Aktion im Grunde schon erledigt, noch ehe sie begonnen hatte. Wirths Ziel bestand zunächst darin, Bayern in irgendeiner Form für die Mitwirkung bei seinen Plänen zu gewinnen. In einer Besprechung mit dem bayerischen Ministerpräsidenten Graf Lerchenfeld, die am 11. November in Berlin stattfand, beschwor der Kanzler geradezu die bayerische Delegation und versicherte, »die Erreichung eines Reichskonkordats sei eine Frage eminentester Wichtigkeit für das ganze Reich. Er sei mit Bayern zu jedem Arrangement bereit, das dieses Ziel erreichen lasse.« Lerchenfeld jedoch verwies kühl auf die

Zusage des Reiches vom 13. November 1920 und erklärte sich außerstande, die bayerischen Verhandlungen einzustellen; nicht einmal die Gegenstände der Verhandlungen könne und wolle er nennen.[74] Nun entsprach diese Haltung gewiß tiefster bayerischer Überzeugung. Daß diese Überzeugung jedoch erst durch Pacellis Entscheidung ihre politische Wirksamkeit bekam, lag gleichfalls auf der Hand. Einem Wunsch der Kurie, zunächst ein Reichskonkordat abzuschließen, hätte Bayern nichts entgegensetzen können. So handelte Wirth ganz folgerichtig, als er Botschafter Bergen im Vatikan anwies, auf eine Änderung der Haltung des Nuntius hinzuwirken. Dies war freilich so vergeblich wie alle anderen Versuche auch, den Nuntius in diesem Punkte umzustimmen.

Obwohl die Pläne Wirths nach der bayerischen Weigerung kaum noch Chancen hatten, bat der Reichskanzler nach persönlichen Verhandlungen mit Pacelli den Nuntius am 14. November offiziell um die Mitteilung jener Punkte, »auf welche die Kurie bei Abschluß eines Reichskonkordats besonderen Wert« lege.[75] Schon am nächsten Tag präsentierte daraufhin der Nuntius der Reichsregierung einen Konkordatsentwurf, den er längst vorbereitet hatte, und der nach Umfang und Ansprüchen hinter seinen Vorschlägen für das bayerische Konkordat nicht zurückstand.[76] Der entscheidende Punkt dabei war die Forderung, in die Verhandlungen auch die Schulfrage einzubeziehen. Genau dies jedoch war für Preußen, wie es in einer ersten Stellungnahme des Kultusministeriums hieß, »grundsätzlich unannehmbar«.[77] Auch Pacelli wußte das. Er war jedoch entschlossen, den preußischen Widerstand in dieser Fragen unter allen Umständen zu brechen. Bei einem Besuch im Kultusministerium am Jahresende 1921 überraschte er Kultusminister Boelitz und Staatssekretär Becker mit unverhüllten Drohungen. Eine schnelle Wiederbesetzung des Trierer Bischofsstuhls – an der Preußen wegen der Saarfrage dringend gelegen war – käme nur in Frage, wenn die Preußische Regierung »ihre grundsätzliche Zustimmung zur Behandlung der Schulfrage im Reichskonkordat« erkläre. Diese Frage sei für den Heiligen Stuhl »das punctum saliens« eines Konkordats; entfielen die Schulartikel, so habe die Kirche »keinerlei Interesse« an einem Abschluß mehr. »Der Vatikan stünde sich dann bei einem vertraglosen Zustand viel besser. Alle sonstigen Fragen seien ja durch die Verfassung sichergestellt.« Hier mußte sich der Nuntius freilich zu seinem Ärger an jenes Aide-mémoire erinnern lassen, das er fast auf den Tag genau zwei Jahre zuvor zustimmend entgegengenommen hatte, und in dem ausdrücklich die Fortgeltung der preußischen Kirchenverträge festgehalten war. Pacellis Erwiderung, er habe die Erklärung zwar hingenommen, »eine Bestätigung durch den Vatikan sei aber nicht erfolgt«, klang nicht gerade sehr überzeugend. Schließlich wiesen die deutschen Vertreter noch darauf hin, »daß das deutsche Volk in seiner augenblicklichen Notlage einen derartig starken Druck durch ein derartiges Ultimatum, wie es in der Verquickung beider Fragen« – also der Trierer Sedisvakanz und der Schulfrage – »läge, kaum verstehen würde«. Man kann sich kaum wundern, daß die Aufzeichnung am Schluß als Gesamteindruck festhielt, Pacelli vertrete im allgemeinen »eine einseitige bayerische und kirchliche Orientierung. Die großen Probleme der inneren deutschen Politik« seien ihm »ziemlich fremd«.[78]

Alle Einwände Preußens vermochten freilich nichts an der Tatsache zu ändern, daß der Nuntius in diesem Augenblick tatsächlich am längeren Hebelarm saß. Und so nötigte er in intensiven Verhandlungen der preußischen Regierung schließlich am 6. Januar 1922 das Zugeständnis ab, unter der Bedingung einer baldigen Besetzung des Trierer Bischofsstuhls »auf Ersuchen des Reichs mit diesem in Verhandlungen über die Regelung der religiösen Seite der Schulfrage« einzutreten.[79]

Pacelli hielt diese Erklärung für einen großen Erfolg. Seine Verhandlungen und die feste Art seines Vorgehens seien, so ließ er den Breslauer Kardinal wissen, »mit Gottes Hilfe nicht ohne Erfolg geblieben«.[80] Aber sowohl Bertram wie der Kölner Erzbischof Schulte waren da anderer Meinung. Schulte bezeichnete das Junktim, auf das Pacelli so stolz war, sogar als »ganz außerordentliche Gefahr«, weil es letzten Endes »auf eine Unterstützung der eroberungssüchtigen französischen Saarpolitik« hinausliefe und für alle Zeit »als ein schwerer feindlicher Schlag des Vatikans gegen Deutschland« empfunden werden würde. Auch nur das Gerücht von dieser Sache in der Öffentlichkeit würde in Deutschland einen nationalen Sturm gegen Rom und den Katholizismus entfesseln. Auch Bertram warnte zur gleichen Zeit vor allzu großen Hoffnungen. Die staatliche Schulhoheit in Preußen sei unantastbar, und weder das preußische Kultusministerium noch die nichtkatholische Mehrheit des Reichstags werde in diesem Punkt nachgeben.[81] Aber es sollte nicht das einzige Mal bleiben, daß Pacelli sich für klüger hielt als die deutschen Bischöfe.

Man kann fast alle Merkmale, die Pacellis Verhandlungsstil in diesen Jahren kennzeichneten, in den Verhandlungen des Jahres 1933 wiederfinden. Die ausschließliche Konzentration der kirchlichen Politik auf die Rechtsform des Konkordats; die Neigung, eine scheinbar günstige Situation für die Kirche rücksichtslos auszunutzen; das fast völlige Desinteresse an den besonderen deutschen Problemen und Schwierigkeiten und nicht zuletzt das Hinwegsetzen über den deutschen Episkopat: All das machte Pacelli ein Jahrzehnt später für Hitler zu einem beinahe idealen Verhandlungspartner.

In der Weimarer Republik freilich kam der Nuntius trotz allen Drängens bei weitem nicht so schnell voran, wie er sich das zweifellos erhofft hatte. Denn es stellte sich heraus, daß die Bedenken der preußischen Bischöfe ihre volle Berechtigung hatten. So brachte das Jahr 1922 trotz jener erzwungenen Erklärung vom 6. Januar und trotz aller weiteren Bemühungen für die Kurie weder im Reich noch in Preußen greifbare Fortschritte.

Auf der Seite des Reiches schien das Interesse an einem Konkordat zunächst noch nach wie vor lebhaft und beständig. Im März 1922 arbeitete das Innenministerium einen Katalog der zu klärenden Fragen aus, und im April entstand daraufhin in Zusammenarbeit mit dem Auswärtigen Amt der erste vollständige Entwurf eines Reichskonkordats. Besprechungen dieses Entwurfes mit Kaas, dem Kölner Kardinal Schulte und auch schon mit Pacelli selbst ergaben, wie der unermüdliche Vatikanreferent Delbrück notierte, »keinerlei wesentliche Schwierigkeiten«. »Der Nuntius und der Kardinal äußerten sich entschieden befriedigt über den Entwurf und hielten es für zweckmäßig, daß er nunmehr vertraulich und unverbindlich mit der Kurie erörtert würde, was für Anfang Juni in Aussicht genommen ist.« Diese überraschende Übereinstimmung verriet freilich auch schon die Tendenz des Entwurfs. In der Tat kam er – was dem Reich nicht schwerfiel – der Kurie weit entgegen und näherte sich insbesondere durch die breite Einbeziehung der Schulfrage im katholischen Sinn vermutlich beinahe den römischen Idealvorstellungen.[82] Um so weniger freilich konnte dieser Entwurf für Preußen auch nur diskutabel sein. Delbrück wußte das selbstverständlich auch und hatte deshalb zur Überwindung des preußischen Widerstandes bereits eine politische Strategie ausgearbeitet. »Nach der theoretischen Einigung mit der Kurie« nämlich sollten parlamentarische Mehrheiten für das Reichskonkordat geschaffen werden, die Delbrück sich bei den Mehrheitssozialisten durch Einwirkung von Reichspräsident und Reichskanzler auf die sozialistischen Parteiführer erhoffte.[83]

Die Hoffnung, durch ein Zusammenspiel zwischen Reichsregierung und Kurie Preußen gleich in doppelter Weise zum Nachgeben zwingen zu können, nämlich zum Verzicht auf ein eigenes Konkordat *und* zur Übernahme der katholischen Schulvorstellungen, war freilich eine politische Illusion. Delbrück erfuhr das spätestens, als er im Juni 1922 mit dem Konkordatsentwurf nach

Rom kam. Der deutsche Botschafter, den er dort traf, vertrat verabredungsgemäß ja noch immer auch die Interessen Preußens. Und in dieser Eigenschaft erklärte er dem Vatikanreferenten klipp und klar und ohne jede diplomatische Umschweife, es sei »ein unmögliches Verfahren, Preußen zu vergewaltigen und sich hierzu der Kurie bedienen zu wollen«.[84] Entsprechend distanzierte sich die Botschaft auch mit aller Deutlichkeit von Delbrücks Mission. Unter diesen Umständen war an ein gedeihliches Arbeiten nicht zu denken. Die Tatsache, daß Delbrück kurz darauf telegraphisch nach Berlin zurückberufen wurde, war nur der äußere Ausdruck einer politisch unmöglichen Situation, in die nicht zuletzt Pacelli durch sein Beharren auf dem Bayernkonkordat und den Schulbestimmungen im Reich die Reichsregierung hineingedrängt hatte.

Damit aber waren die Konkordatspläne zunächst am Ende. Das Reich, seit dem Spätsommer 1922 von Krise zu Krise stürzend, wurde immer weniger verhandlungsfähig. Reparationsfragen, Ruhrkampf und Inflation verdrängten das Konkordatsthema. Selbst Parcelli begriff das und erklärte im September sein Einverständnis, die weiteren Verhandlungen mit dem Reich auf einen günstigeren Zeitpunkt zu verschieben.[85]

Auch Preußen erklärte sich in diesen Wochen in der Konkordatsfrage für handlungsunfähig. Und es war vielleicht doch nicht nur der »Geist des kulturpolitischen Staatsdirigismus der Bismarckära«, wenn Staatssekretär Becker sich weigerte, in einer politisch aufs äußerste gespannten Situation den katholischen Forderungen nach Wegfall aller staatlichen Vorbehalte kurzerhand nachzukommen, zumal an der tatsächlichen Freiheit der katholischen Kirche in Preußen kein ernsthafter Zweifel bestehen konnte.[86]

Das Scheitern der Pläne im Reich war für die Kurie das Signal, sich mit vermehrten Anstrengungen erneut dem ohnehin immer vorgezogenen bayerischen Konkordat zu widmen. Der Wechsel im Pontifikat, der inzwischen stattgefunden hatte, veränderte daran nicht das mindeste. Pius XI., der am 6. Februar 1922 Benedikt XV. gefolgt war, hatte vielmehr schon durch die ungewöhnliche Wiederberufung Gasparris zum Kardinalstaatssekretär deutlich gemacht, daß er die bisherige kirchenpolitische Linie grundsätzlich fortzusetzen gedachte. Und in der Tat zeigte sich sehr schnell, daß auch der neue Papst an der Konkordatspolitik der Kurie festhielt, ja eher noch stärker auch persönlich an dieser Politik interessiert war. Das nächste Ziel in diesem Zusammenhang aber war das bayerische Konkordat.

Nachdem im August 1922 das Kardinalskollegium Pacellis Entwurf zugestimmt hatte, bat Pius XI. Anfang September den bayerischen Vatikangesandten, seinen - des Papstes - »dringenden Wunsch« nach einem raschen Abschluß des Vertrages dem bayerischen Ministerpräsidenten gegenüber »nachdrücklichst geltend zu machen«. Es lag ganz auf der Linie des Münchner Nuntius, wenn der Papst dazu erklärte: »Das bayerische Konkordat wäre geeignet, einem mit dem Reiche abzuschließenden Konkordat als Muster zu dienen. Es könnte auch über die deutschen Grenzen hinaus von Nutzen sein. Lassen Sie Ihre Regierung«, so trug er Ritter auf, »nicht im Zweifel darüber, daß ich mich persönlich für diese Frage, die ich genau studiert habe, lebhaft interessiere, und daß ich sehr erfreut wäre, wenn mein auf baldigsten Abschluß des Konkordats gerichteter Wunsch von der Bayerischen Regierung berücksichtigt und erfüllt würde.«[87]

Trotz dieses nachhaltigen Drängens aus Rom und trotz aller Bemühungen Pacellis in München dauerte es jedoch noch einmal anderthalb Jahre, bis das bayerische Konkordat im März 1924 endlich unterschriftsreif vorlag. Dies lag nicht am Widerstand der Regierung. Bayern war vielmehr, wie Pacelli richtig vorausgesehen hatte, bereit alle wesentlichen Forderungen der Kurie zu akzeptieren, so weit sie eben noch mit der Reichs- und Landesverfassung in Einklang zu bringen waren. Was die Dinge verzögerte, war eher die schwierige politische Lage und die Notwendigkeit, einen entsprechenden Kirchenvertrag auch mit der evangelischen Landeskirche in Bayern auszuhandeln. Ferner mußte auch die parlamentarische Lage sorgfältig bedacht werden. So verstrich noch fast ein weiteres Jahr, bis die Konkordatsfrage endlich abgeschlossen war. Anfang Januar überprüften Pacelli und Pius XI. ein letztes Mal »Wort für Wort« den deutschen Text.[88] Wenige Tage später wurde der Vertrag im Landtag mit 73 gegen 52 Stimmen angenommen.[89]

In der Kurie war man, wie Ritter vom Kardinalstaatssekretär berichtete, daraufhin »in gehobenster Stimmung«. Nun sei endlich, so habe sich Gasparri geäußert, »dieses wichtige Werk vollendet, an dem fast fünf Jahre gearbeitet worden ist, und es bleibt zu hoffen, daß es Bayern, zumal durch die Regelung der Schulfrage, zum Segen gereichen werde. Auch für die Neuregelung des Verhältnisses von Staat und Kirche im übrigen Deutschen Reich erwartet sich der Kardinal von dem bayerischen Konkordat eine günstige Wirkung.« Vor allem aber habe Gasparri, so berichtete Ritter schließlich noch, in diesem Zusammenhang Pacelli gelobt, der »für einen der besten, wenn nicht den besten Nuntius« gelte.[90]

In der Tat hatte Pacelli mit dem bayerischen Konkordat sein vorgesetztes Ziel vollkommen erreicht. Die 16 Artikel des Vertrages hätten für die Kirche kaum günstiger ausfallen können.[91] Das Konkordat sicherte die Grundsätze des kanonischen Rechtes bei der Benennung der Erzbischöfe und Bischöfe und bei der Besetzung der Kanonikate und Dignitäten. Es verschaffte in seinen umfassenden Schulartikeln der Kirche einen weitreichenden Einfluß auf das ganze Erziehungswesen, namentlich auf die Volksschulen, und es verpflichtete den Staat zu immerwährendem Schutz, Anerkennung und Förderung der katholischen Kirche und aller ihrer Veranstaltungen und Einrichtungen. Das einzige Zugeständnis der Kirche nahm sich demgegenüber mehr als bescheiden aus. Es stand im Artikel 13, wo »im Hinblick auf die Aufwendungen des Bayerischen Staates für die Bezüge der Geistlichen« die Kirche die Zusicherung gab, im wesentlichen nur Geistliche zu verwenden, die »die bayerische oder eine andere deutsche Staatsangehörigkeit haben«. Es war im Blick auf das Ganze wie auf die Einzelheiten durchaus begreiflich, wenn die bayerische Regierung noch Jahre später fürchtete, einzelne Bestimmungen des Konkordats könnten reichsrechtlich angefochten werden.[92]

Noch ehe das bayerische Konkordat ganz unter Dach war, begann der Nuntius bereits, sich erneut dem Reichskonkordat zuzuwenden. Wenn es nach seinen Vorstellungen gegangen wäre, so hätte auf den bayerischen Vertrag nun möglichst rasch ein entsprechender Vertrag mit dem Reich folgen müssen, der den großen bayerischen Erfolg erst vollendet hätte. Die Situation im Herbst 1924 schien dazu weit günstiger als drei Jahre zuvor. Die Lage des Reiches hatte sich stabilisiert, war aber noch immer so, daß der Reichsregierung an außenpolitischer Anerkennung gelegen sein mußte. Und mit Wilhelm Marx stand abermals ein Zentrumskanzler an der Spitze. So trat der Nuntius im Oktober 1924 an die Reichsregierung mit der Bitte heran, die seinerzeit unterbrochenen Beratungen über ein Reichskonkordat wieder aufzunehmen. Nach einer Besprechung der Angelegenheit im Kabinett gab Marx daraufhin dem Innenministerium die Weisung, einen neuen Konkordatsentwurf vorzubereiten. Mitte November lag dieser neue Entwurf vor, freilich nur, um unmittelbar danach wieder in den Akten zu verschwinden.[93] Neun Jahre später jedoch, im Frühjahr 1933, sollte sich dieser Entwurf in den Unterlagen befinden, mit denen Hitlers Unterhändler Papen zu Konkordatsverhandlungen nach Rom aufbrach, um den Anschein zu erwecken, als handle es sich bei diesen Verhandlungen nur um die Fortsetzung einer längst vorbereiteten Politik.

Wenn sich Pacellis Hoffnungen auf ein Reichskonkordat im Hebst 1924 so schnell zerschlugen, so war dies die Folge seiner eigenen Politik. Denn je mehr die Kurie aus dem bayerischen Vertrag herausholte, um so mißtrauischer mußte Preußen gegenüber einem Reichskonkordat werden, das dem größten deutschen Land nach dem erklärten Willen des Nuntius auf dem Umweg über das Reich die gleichen Bedingungen auferlegen sollte. Daher erklärte die preußische Regierung am 27. November 1924 in einer Note an die Reichsregierung kategorisch, daß für Preußen nach dem Abschluß des bayerischen Konkordats nur noch ein eigenes Konkordat in Frage kommen könne. Es sei für Preußen schlechterdings unannehmbar, auf kirchenpolitischem Gebiet als ein »Staat minderen Rechts im Vergleich zu anderen deutschen Ländern in Erscheinung zu treten«.[94] Was wie eine Prestigefrage aussah, war in Wahrheit der politische Entschluß, das Verhältnis von Kirche und Staat in Preußen in Berlin und nicht in Rom zu entscheiden. Mit dieser eindeutigen Absage Preußens aber waren die Pläne des Reiches am Ende. Ohne die Zustimmung der preußischen Regierung gab es kein Reichskonkordat.[95]

Das mußte schließlich auch der Nuntius einsehen. Und so machte er sich widerwillig auf den nun einzig möglichen Weg, nämlich mit der preußischen Regierung in Verhandlungen über ein preußisches Konkordat einzutreten. Dabei hatten beide Seiten ausgeprägte Interessen zu vertreten. Für den Staat ging es darum, das volle Durchschlagen des kanonischen Rechtes auf die katholische Kirche in Preußen möglichst zu verhindern und den Domkapiteln wenigstens einen Teil ihrer traditionellen Besetzungsrechte, sich selbst aber Vorbehalte hinsichtlich der Personen wie der Neuerrichtung, Umschreibung und Organisation der preußischen Diözesen zu sichern. Gerade diese Frage stellte aus finanziellen, konfessionellen und grenzpolitischen Gründen ein Politikum ersten Ranges dar. Umgekehrt lag der Kurie neben dem Abbau der Reste der Kulturkampfgesetzgebung vor allem an zwei Punkten: an der Errichtung eines Bistums Berlin und an einer möglichst weitgehenden Einbeziehung der Schulfrage.[96]

Nachdem der Nuntius 1925 endlich von München nach Berlin übergesiedelt war, wurden zwischen März und Juni 1926 zunächst die wechselseitigen Verhandlungspositionen abgesteckt. Dabei stellte sich sehr schnell heraus, daß der Hinweis auf das bayerische Konkordat in Preußen keinerlei Echo fand. Überhaupt mußte Pacelli erfahren, daß er im preußischen Kultusministerium mit Carl Heinrich Becker an der Spitze zum ersten Mal in Deutschland auf ebenbürtige Verhandlungspartner stieß. Während er in Bayern aufgrund der besonderen Situation des Landes schließlich doch verhältnismäßig leicht zum Ziele gekommen war, und die Reichsregierung auf dem ihr fremden Gebiet mehr oder minder dilettierte, begegneten ihm in Preußen Beamte, die das liberale und protestantische Erbe des Landes zu verteidigen entschlossen waren und in ihren kirchenrechtlichen und politischen Qualitäten dem Nuntius in nichts nachstanden.

Unter diesen Umständen war an einen schnellen Abschluß der Verhandlungen nicht zu denken. Sie wurden zusätzlich erschwert durch die leidenschaftlichen Reaktionen der Öffentlichkeit. Auf der einen Seite forderten die katholischen Stimmen nahezu einmütig die vollen Rechte für die Kirche einschließlich der Bekenntnisschule; auf der anderen Seite sahen gewisse evangelische Kreise aus der Richtung des Evangelischen Bundes – Hand in Hand mit der KPD – mit einer an Hysterie grenzenden Furcht vor den »Schwarzen« die Gegenreformation bereits auf dem Marsch. Trotz dieser gespannten Atmosphäre gelang es bis zum Sommer 1927 – nicht zuletzt durch die vermittelnde und ausgleichende Tätigkeit des ständig beteiligten Kaas – in einer ganzen Reihe von Fragen zu einer vorläufigen Einigung zu kommen. Aber ein Jahr später, im Sommer und Herbst 1928, waren noch immer wesentliche Probleme offen: die Errichtung des Bistums Berlin, die Regelung der Bischofswahl und die Schulfrage.[97] Schließlich stand, nachdem die preußische Regierung in den beiden ersten Punkten der Kurie entgegengekommen war, nur noch die Schulfrage zur Diskussion. Hier freilich konnte und wollte Preußen nicht nachgeben. Der preußische Ministerpräsident Otto Braun persönlich versicherte dem Nuntius, »daß keine irgendwie geartete Bestimmung über die Schule in das Konkordat aufgenommen werden könnte, nicht einmal das Wort Schule dürfte im Text vorkommen. Der Nuntius«, so berichtete Braun später, »erklärte verzweifelt, mit einem Konkordatsentwurf, der nicht der Schule Erwähnung tue, könne er unmöglich zum Heiligen Vater nach Rom gehen, und ich erwiderte, daß ich mit einem Konkordat, das die Schule erwähnt, nicht vor das Parlament gehen könne, ohne mich der sicheren Niederlage auszusetzen.«[98] Noch am Jahresende war keineswegs sicher, ob die gesamten Verhandlungen nicht wegen dieser einen Frage scheitern würden.

Dann aber zeigte sich, daß auch die Kurie nachgeben konnte. Im Frühjahr 1929 gelang es Pacelli, Papst und Kardinalstaatssekretär von der Notwendigkeit der grundsätzlichen Annahme der preußischen Bedingungen zu überzeugen. Am 14. Juni 1929 wurde der Vertrag des Freistaats Preußen mit dem Heiligen Stuhl unterzeichnet, und bereits knapp vier Wochen später, am 9. Juli, passierte er mit 243 gegen 171 Stimmen den preußischen Landtag. Pacellis zweites deutsches Konkordatsprojekt war damit abgeschlossen.

Das Preußenkonkordat bestand aus 14 Artikeln.[99] Sie regelten die neuen

Diözesangrenzen in Preußen, weithin den kirchlichen Wünschen entsprechend, und gestanden in diesem Zusammenhang auch die Errichtung eines selbständigen Bistums Berlin zu. Bei der umstrittenen Besetzung der Bischofsstühle verblieb den Kapiteln das Vorschlagsrecht und das endgültige Wahlrecht unter drei Kandidaten, die der Heilige Stuhl aus den Vorschlägen benannte. Eine politische Klausel sicherte notfalls ein Einspruchsrecht der Preußischen Staatsregierung. Auch in der Besetzung der Dignitäten und Kanonikate wurde ein Kompromiß gefunden. Ein weiterer Artikel bestimmte die deutsche Reichsangehörigkeit und die akademische Vorbildung der Geistlichen und enthielt für bestimmte, exponierte Stellen die vorherige Anzeigepflicht an die Staatsbehörde. Neben großzügigen Dotationsbestimmungen enthielt der Vertrag nicht zuletzt auch eine Garantie für den Bestand der staatlichen katholisch-theologischen Fakultäten in Breslau, Bonn, Münster und Braunsberg. Von der Schule war im übrigen, wie der Staat das zur Bedingung gemacht hatte, nicht die Rede.

Auch im Rückblick wird man diesen Vertrag als eine gute Übereinkunft bezeichnen können. Staat und Kirche hatten sich nichts geschenkt, waren aber schließlich auf eine Linie eingeschwenkt, die die Interessen beider Partner zur Geltung kommen ließ. Für den Frieden zwischen beiden war damit mehr erreicht, als wenn die eine oder die andere Seite Maximalforderungen durchgesetzt hätte.

Für die Kurie freilich, und insbesondere für den ehrgeizigen und erfolgverwöhnten Nuntius, bedeutete das Preußenkonkordat zweifellos eine Enttäuschung. Das galt nicht nur im Blick auf das bayerische Konkordat, das für die Kirche so überaus günstig ausgefallen war, sondern auch im Blick auf die Lateranverträge, die im Frühjahr 1929 gezeigt hatten, zu welch außerordentlichen Zugeständnissen das junge faschistische Italien bereit gewesen war. Demgegenüber stellte das Preußenkonkordat wirklich nur einen Kompromiß dar.[100]

Der Nuntius ließ denn auch keinen Zweifel daran, daß die Kurie diesen Kompromiß nur notgedrungen geschlossen hatte und damit keineswegs auf ihre Forderungen in der Schulfrage verzichten wollte. In einer offiziellen Note vom 5. August erinnerte er den preußischen Ministerpräsidenten an die erzwungene Zusage vom 6. Januar 1922 und an die Kompromißformulierungen, die in den Verhandlungen schon gefunden worden waren. Wenn der Vertrag trotzdem geschlossen worden sei, schrieb der Nuntius, so vermöge der Heilige Stuhl doch »nicht davon abzusehen, förmlich zu erklären, daß diese seine Stellungnahme niemals als ein Verzicht auf die Grundsätze gedeutet werden darf, die ihn zu der Forderung veranlaßt hatten, daß nämlich, wie in den anderen Konkordaten der neuesten Zeit, so auch in der feierlichen Übereinkunft mit Preußen die Schulfrage miteinbegriffen werde.«[101]

Die katholischen Schulforderungen, hieß das, waren nicht aufgegeben, sondern nur auf eine günstigere Stunde vertagt. Die gleichzeitige Veröffentlichung dieser Note und der preußischen Antwort mit dem Vertrag in den offiziellen Acta Apostolicae Sedis bekräftigte diese Meinung und Entschlossenheit.

Trotz des enttäuschenden Ausgangs der preußischen Verhandlungen war Pacelli entschlossen, seine Konkordatspolitik in Deutschland konsequent fortzusetzen. Da unter den herrschenden Bedingungen an erfolgreiche Reichskonkordatsverhandlungen nicht zu denken war, richtete er seine Aufmerksamkeit auf den Südwesten des Reiches, nach Baden. In Baden herrschten staatskirchenrechtlich ähnliche Verhältnisse wie in Preußen. Auch hier war das Verhältnis von Kirche und Staat durch päpstliche Erlasse – die Bullen Provida solersque von 1821 und Ad dominici gregis custodiam von 1827 – geordnet worden[102], die durch großherzogliche Anordnung den Rang von Staatsgesetzen erhalten hatten. So lag es nahe, als nächstes hier in Verhandlungen über die notwendige Revision der alten Verhältnisse einzutreten. Dazu kam, daß die politische Lage in Karlsruhe sich im Spätherbst 1929 zugunsten des Zentrums verbessert hatte. Dank ihrer beachtlichen Stimmengewinne bei den Landtagswahlen im Oktober war die Partei imstande, zusammen mit der SPD eine Regierung zu bilden und dabei die Bereitschaft zu Konkordatsverhandlungen in die Koalitionsbedingungen aufzunehmen.[103]

Noch vor der Bildung der neuen badischen Regierung fand auf Anregung und Vermittlung von Kaas in Konstanz eine Vorbesprechung statt, an der neben Pacelli und Kaas die beiden badischen Zentrumspolitiker Prälat Schofer und Dr. Föhr, der spätere langjährige Generalvikar von Freiburg, teilnahmen.[104] Die Sache war insofern besonders heikel, als der Freiburger Erzbischof Fritz den Konkordatsplänen ausgesprochen distanziert gegenüberstand.

Um so wichtiger war es, daß die Konstanzer Gesprächsrunde zu einer vorläufigen Einigung kam. Da dies der Fall war, konnte sich Pacelli am 29. November offiziell an das badische Staatsministerium wenden mit der Bitte, Verhandlungen über den Abschluß eines Konkordats zwischen dem Heiligen Stuhl und der badischen Regierung einzuleiten.[105]

Noch ehe diese Verhandlungen jedoch beginnen konnten, waren in Rom

Veränderungen eingetreten, die Pacelli vor neue Aufgaben stellten. Nach dem glücklichen Abschluß der Lateranverträge hatte sich der fast 80jährige Gasparri zurückgezogen. Zu seinem Nachfolger bestimmte Pius XI. den Berliner Nuntius, wohl nicht zuletzt in der Absicht, die Kontinuität der päpstlichen Konkordatspolitik zu sichern. Am 10. Dezember 1929 nahm Pacelli Abschied von Berlin;[106] noch vor Weihnachten erhielt er in Rom den Purpur. Am 7. Februar 1930 erfolgte seine Ernennung zum Kardinalstaatssekretär und damit zum neuen Leiter der weltweiten päpstlichen Politik.

Als Ulrich Stutz, aus dessen Schule eine ganze Generation deutscher Kirchenrechtler beider Konfessionen hervorgegangen war, am Jahresende 1930 vor der Preußischen Akademie der Wissenschaften die rechtliche Entwicklung des Katholizismus seit der Publikation des Codex Juris Canonici würdigte, da sprach er von einer »beispiellosen Gunst der Verhältnisse«, »die Niemand, selbst nicht seine Urheber, noch beim Inkrafttreten des Gesetzbuches, geschweige denn bei seinem Erlaß oder gar bei seiner Vorbereitung und Ausarbeitung auch nur im Entferntesten sich hatte träumen lassen«. Die Umgestaltung der Verhältnisse, so meinte er, namentlich die »im Zeichen der Trennung von Kirche und Staat sich vollziehende Neuordnung der Verfassung« habe »auch dem neuen kirchlichen Rechte die Bahn in ungeahnter Weise« freigemacht. Die »Durchsicht der Konkordate und konkordatären Abmachungen des vergangenen Jahrzehnts« ergebe, so schloß Stutz: »Auch in ihnen und durch sie marschiert der Codex.«[107]

So richtig diese Feststellung gerade auch für Deutschland war, so fehlte hier doch noch immer die Krönung: das Reichskonkordat. Wie die politischen Verhältnisse im Reich lagen, war daran in absehbarer Zeit nicht zu denken. Um so aufmerksamer beobachtete die Kurie in den kommenden Jahren die Veränderung dieser Verhältnisse, die mit dem nationalsozialistischen Erdrutsch bei den Septemberwahlen 1930 begann, und die den ganzen deutschen Katholizismus, Episkopat, Zentrum und nicht zuletzt die Kurie vor ganz neue Entscheidungen stellen sollte.

5. KAPITEL

DIE VÖLKISCHE BEWEGUNG, HITLER UND DIE ANFÄNGE DER NSDAP (1919–1923)

Im September 1919, als sich in Dresden das evangelische Deutschland traf, in Tambach der theologische Aufbruch begann und in München schon über ein neues Konkordat geredet wurde, trat in der bayerischen Hauptstadt Adolf Hitler in die Deutsche Arbeiterpartei ein. An dem Weg, den Hitler diese Partei führte, lagen eine Reihe von Entscheidungen, die das Verhältnis zu den christlichen Kirchen betrafen. Sie hingen zusammen mit dem Wesen der völkischen Bewegung. Die Entwicklung der sog. völkischen Bewegung oder völkischen Idee gehört zu den wichtigsten Ereignissen der Kriegs- und Nachkriegszeit in Deutschland. Ohne sie ist die Ausbreitung und Herrschaft der Nationalsozialisten nicht zu denken. Tatsächlich war die NSDAP nichts anderes als die parteigewordene völkische Bewegung im gleichen Sinne, in dem die kommunistischen Parteien parteigewordener Marxismus sind.

Die Parallelisierung zwischen der völkischen Bewegung und dem Marxismus geschieht nicht zufällig. Vielmehr stellte diese Bewegung nach dem Marxismus die zweite große, umfassende, totalitäre Ideologie dar, die das 19. Jahrhundert hervorgebracht hat. Diese Behauptung klingt heute überraschend. Das hängt damit zusammen, daß die völkische Idee – übrigens mit allem nur denkbaren Recht – nach dem Zusammenbruch des Dritten Reiches so vollständig aus unserer Erinnerung getilgt wurde, daß sich das Stichwort inzwischen nicht einmal mehr in vielbändigen Lexika findet.[1] Damit aber ist auch die Erinnerung daran verlorengegangen, daß sich in der Weimarer Zeit nach der Überzeugung vieler Zeitgenossen tatsächlich Marxismus und völkische Bewegung als im Prinzip gleichartige Kräfte gegenüberstanden. »Der Kommunist«, so schrieb ein Beobachter schon 1924, »mag den Faszisten verachten und heftig bekämpfen; trotzdem sind Kommunismus und Faszismus so sehr vom gleichen Stamme, daß – wir erleben es jeden Tag – ihre Anhänger mit erstaunlicher Leichtigkeit die Plätze wechseln.«[2]

Die völkische Bewegung war dem Marxismus an theoretischer Durchbildung des Systems zweifellos weit unterlegen. Überlegen dagegen war sie ihm in jener Zeit ganz offensichtlich an Mobilisierungskraft. Das war einer der Punkte, auf den Hitler setzte und mit dem er gewann.

Eine umfassende historisch-systematische Darstellung der völkischen Bewegung fehlt bis heute.[3] Das liegt zum einen wohl an der Unbestimmtheit ihrer Theorie; dann aber auch an der vergleichsweisen Anonymität ihrer Entstehung, die im Gegensatz zum Marxismus nicht nur einen, sondern viele Väter im 19. Jahrhundert hatte, und nicht zuletzt an der damit verbundenen Vielfalt, die jede Darstellung außerordentlich erschwert.[4] So muß sich auch das Folgende darauf beschränken, auf eine Reihe von philosophischen, theologischen, historischen und politischen Entwicklungslinien hinzuweisen, die für das Verständnis der Zeit und Hitlers Rolle in ihr unentbehrlich sind.

Das Weltbild der völkischen Bewegung wurde von einem ausgeprägten ethischen Dualismus bestimmt. Gut und Böse, Licht und Finsternis, Idealismus und Materialismus, Tapferkeit und Feigheit, Reinheit und Verdorbenheit kämpften darin um die Herrschaft. Das deutsche Volk aber – und dies war der eigentliche Glaube der Völkischen – war dazu berufen und fähig, diesen Kampf für die Welt im Sinne des guten Prinzips zu entscheiden. Dies stellte die der ganzen völkischen Bewegung gemeinsame Grundüberzeugung dar. Sie ging ursprünglich auf Fichte zurück, erlebte im Lauf des 19. Jahrhunderts zahlreiche Veränderungen und wurde nach dem Ersten Weltkrieg zum ideologischen Erklärungsschema der jungen Rechten. Man wird die Macht, die der Nationalsozialismus gewann, nicht verstehen, wenn man sich nicht klarmacht, daß dahinter auch der Anspruch und die Überzeugung standen, auf der Seite des Guten gegen das Böse zu kämpfen.

Die entscheidende Veränderung, die der völkische Dualismus im 19. Jahrhundert erfuhr, geschah durch die Übernahme der Rassenlehre von Gobineau und seinen Nachfolgern. Das gute und das böse Prinzip wurden an Rassen gebunden: an die arische Rasse das gute, an die jüdisch-semitische Rasse das böse Prinzip. Erst dadurch verband sich die völkische Idee mit jenem mörderischen Antisemitismus, der dann mehr und mehr zu ihrem eigentlichen Wesen wurde. Max Robert Gerstenhauer, ein bekannter völkischer Theoretiker, formulierte 1920 das Verhältnis des alten national-völkischen Prinzips zur Rassenlehre ganz zutreffend im Sinne der völkischen Bewegung: »Die Rassenlehre ist somit die wissenschaftliche biologische Grundlage des nationalen Gedankens geworden, und das Ergebnis der neuesten biologischen Forschung bestätigt durchaus die hergebrachten altgewohnten Ansichten der Nationalisten, daß das Volk eine durch Abstammung hergestellte Einheit sei ...«[5]

Diese Berufung auf die neuesten Erkenntnisse der Rassenforschung trug zur Überzeugungskraft der völkischen Idee wesentlich bei. Sie schien dadurch gegenüber vorwissenschaftlichen Weltbildern als objektive Erkenntnis legitimiert.[6]

Wir können hier nicht im einzelnen auf die Entstehung und Entwicklung der völkischen Idee im 19. Jahrhundert eingehen. Sie hätte auch – dies läßt sich fast mit Sicherheit sagen – niemals eine entscheidende Rolle gespielt, wenn nicht Krieg und Niederlage ein tief verstörtes Volk in die Suche nach Ursachen und Auswegen getrieben hätte.[7]

So unbefriedigend häufig die historischen Erklärungen für den Aufstieg bestimmter Ideen zu bestimmten Zeiten bleiben, im Fall des völkischen Antisemitismus ist die entscheidende Rolle von Krieg und Niederlage eindeutig. Denn nahezu alle Darstellungen stimmen darin überein, daß der völkische Antisemitismus im Kaiserreich keine ernstzunehmende politische und gesellschaftliche Bedeutung besaß. P. W. Massing, dem wir eine der ersten Arbeiten über die Vorgeschichte des politischen Antisemitismus verdanken, hat diesen Tatbestand folgendermaßen geschildert: »Weder die christlich-soziale Spielart des Antisemitismus in den achtziger Jahren noch die völkische in den neunzigern vermochte es, die rechtliche Stellung der Juden in irgendeiner Weise zu beeinträchtigen. Keine einzige Vorlage wurde angenommen, die das Emanzipationsgesetz von 1869 eingeschränkt hätte, während es an Unterdrückungen gegen Katholiken, Sozialisten und Polen nicht fehlte. Die völkischen Forderungen nach Ausnahmegesetzen gegen Juden hatten nie die geringste Aussicht, verwirklicht zu werden. Als 1882, auf dem ersten Internationalen Kongreß der Antisemiten in Dresden, Ernst Henrici den Antrag stellte, alle Juden sollten aus Deutschland ausgewiesen werden, war es kein Geringerer als Stoecker selbst, der ihm versicherte, wenn es je zur Abstimmung kommen sollte, wer aus Deutschland auszuweisen sei, Juden oder Antisemiten, so werde das Ergebnis sicher zu Ungunsten der Antisemiten ausfallen.«[8]

So war die völkische Idee im Jahre 1918 tatsächlich noch immer bloß die Sache einer Handvoll von Agitatoren, die erst durch die Niederlage und den Umsturz wachsendes Interesse und Gehör fanden. Unter ihnen waren drei besonders bekannt. Es handelte sich um den damals schon fast siebzigjährigen Theodor Fritsch und sein *Handbuch der Judenfrage*;[9] um Artur Dinter und seinen überaus erfolgreichen »Zeitroman« *Die Sünde wider Das Blut*[10] und um den Münchner Schriftsteller Dietrich Eckart und seine Zeitschrift *Auf gut Deutsch*.[11] Mit diesen drei Namen war die Ideologie der völkischen Bewegung - nicht ihre Organisation - weithin abgedeckt. Sie bildeten eine Art agitatorisches Dreieck, in dem trotz aller Verschiedenheit der Temperamente und Zielsetzungen die Einheitlichkeit bestimmter Grundüberzeugungen und Argumente immer wieder hervortrat.

Das galt zunächst vor allem für den radikal rassendualistischen Charakter des Weltbildes. »Das jüdische Wesen«, so hieß es etwa bei Fritsch immer wieder, »ist die völlige Umkehrung des gesitteten ehrenhaften Menschentums. Der Jude stellt alle Begriffe auf den Kopf; er macht verächtlich, was anderen heilig ist, und verherrlicht das Unsittliche und Verderbliche. Der Grundzug des Judentums ist der Menschenhaß und die Sittenfeindlichkeit.«[12] Ähnlich erklärte Dinter, die jüdische Rasse sei »der deutschen Rasse körperlich und geistig entgegengesetzt«. Dieser Gegensatz sei »unüberbrückbar«. »Deutscher Ideale, deutschen Denkens, Fühlens und Wollens ..., deutscher Freude und Kraft und Größe, ist der Jude nicht fähig, da seiner Rasse die seelischen Organe dazu fehlen. Dafür ist er reich an allen Eigenschaften, die auch die Grundlagen deutscher Laster sind, und die anzustacheln und hervorzurufen der Jude unablässig am Werke ist: Habgier und Selbstsucht, Sinnengier und Gottlosigkeit, Untreue und Unwahrhaftigkeit.«[13] Auch Dietrich Eckart vertrat den radikalen völkischen Dualismus, wonach es auf Erden, »wenigstens unter den Kulturvölkern, nur zwei Arten von Menschen gibt: die Juden und - die übrigen«.[14] Aber für ihn war es eher der jüdisch-materialistische Geist, der die Juden zu Juden macht.[15] Die Formel vom »Kampf dem Judentum in und außer uns«,[16] die sich als Kampf gegen »den jüdisch-materialistischen Geist *in* und *außer* uns« im Artikel 24 des Parteiprogramms wörtlich wiederfand, war zweifellos Eckartsche Überzeugung und macht deutlich, daß Eckart den völkischen Dualismus offenbar mehr als ein geistiges Prinzip verstand.

Die ganze völkische Bewegung verband das dualistische Prinzip mit der Annahme einer jüdischen Weltverschwörung, die seit Beginn der Geschichte für alle Übel der Menschheit verantwortlich sei und sich jetzt in einer letzten, gewaltigen Kraftanstrengung anschicke, die arische Menschheit zu vernichten und dem Bösen endgültig zum Siege zu verhelfen.[17] »Über Millionen von Leichen«, schrieb Fritsch, »von Blutströmen umflossen, schreitet Alljuda dem Weltherrschaftsthron entgegen: es wagte ungeheures Verbrechen, das es mit dem Tode wird sühnen müssen.«[18] Alle Revolutionen und Kriege, alle Umstürze und politischen Zusammenbrüche waren danach ein planmäßig inszeniertes Werk Alljudas, das Anarchie und Untergang brauchte, um seine Herrschaft befestigen zu können. In der Gegenwart stellten vor allem Kapitalismus und Sozialismus die Instrumente dar, deren sich die Juden bedienten, um Unfrieden zu stiften und die gesellschaftliche Ordnung zu zerstören. Auch der Weltkrieg war ihr Werk, ebenso wie die russische Revolution und das amerikanische Kapital.[19]

Angesichts dieser Weltverschwörung und ihrer Ziele konnte es für die völkische Bewegung nur eine Parole geben: *Kampf.*

»Sturm, Sturm, Sturm! Sturm, Sturm Sturm!
Läutet die Glocken von Turm zu Turm,
Läutet, daß Funken zu sprühen beginnen –
Judas erscheint, das Reich zu gewinnen.
Läutet, daß blutig die Seile sich röten,
Rings lauter Brennen und Martern und Töten.
Läutet Sturm, daß die Erde sich bäumt
unter dem Donner der rettenden Rache!
Wehe dem Volke, das heute noch träumt!
Deutschland erwache!«[20]

Diese Verse von Eckart lassen das Pathos des völkischen Kampfes deutlich werden. Nicht zufällig wurde »Deutschland erwache!« dann zum Schlachtruf der nationalsozialistischen Bewegung.[21]

Auch Dinter ließ seinen Romanhelden Dr. Hermann Kämpfer zu dem Entschluß kommen, das von einem jüdischen Kommerzienrat ererbte Vermögen »zum Kampfe gegen das Judentum« zu verwenden. »Er hatte die felsenfeste Zuversicht, daß das deutsche Volk ganz von selbst Mittel und Wege finden werde, sich dieses Feindes zu entledigen, wenn es ihn erst in seiner ganzen Furchtbarkeit und Heimtücke erkannt habe.« So sollten 12 Millionen Mark an eine wissenschaftliche Gesellschaft gehen zu dem Zweck, »eine Anstalt für Rassenhygiene zu gründen«.[22]

Die Aufgabe, die die völkische Bewegung sich selbst gestellt hatte, wird in diesen Stimmen offenkundig: Kampf gegen das Judentum durch publizistische und wissenschaftliche Aufklärung. Es war bezeichnend, daß kaum einer der völkischen Publizisten und Agitatoren den Weg zu Ende dachte. Zwar herrschte selbstverständlich Einmütigkeit darüber, daß »die letzte Lösung der Judenfrage ... nur in einer völligen Ausscheidung aller Juden aus dem arischen Völkerleben gefunden werden« könne.[23] Aber Fritsch ebenso wie Dinter und Eckart verweigerten sich den Konsequenzen dieser Forderung. »Nicht totschlagen wollen wir die Juden und ihnen keinerlei Gewalt antun; wir wollen sie nur ausgeschieden sehen aus unserem Volksleben ... Im freien Wettbewerb der Nationen möge Juda in einem eigenen Vaterlande seine besten Kräfte entfalten ...«[24] »Niemals durch physische Gewalt«, erklärte auch Dinter, sei die Judenfrage zu lösen, sondern nur »durch geistige Kraft«. Um diese Lösung zu erleichtern, forderte er eine Gesetzgebung, die die Deutschen vor den jüdischen Einflüssen schützen solle.[25]

Der Kampf gegen den jüdischen Weltfeind war Deutschlands Mission. Als Ziel des Kampfes winkte nicht weniger als die »Erlösung der Welt«: »Nirgends auf Erden ein anderes Volk, das fähiger, gründlicher wäre, das dritte Reich zu führen, denn unseres! Veni creator spiritus!«[26]

Es ist nicht schwer zu erkennen, was an dieser Weltanschauung in der Nachkriegszeit faszinierte. Sie erklärte auf einfache Weise die Ursachen der deutschen Niederlage und ihre fortwirkenden Folgen; sie nannte den Urheber beim Namen und wies zugleich den Weg in eine bessere Zukunft. Daß dies ein rein ideologischer Entwurf war, der mit den wirklichen Zusammenhängen schlechterdings nichts zu tun hatte, spielte kaum eine Rolle. Um so mehr hatte er doch mit den Empfindungen und Vorstellungen von vielen Deutschen zu tun. Nach ihrer Überzeugung hatten sie in diesem Krieg die bessere Sache vertreten, waren sie tapferer, ernster, größer und wahrer gewesen als ihre Feinde. Trotzdem war der Krieg verlorengegangen. Dies mußte eine fremde, unbekannte, unheimliche Ursache haben. Die völkische Bewegung behauptete, diese Ursache seit langem zu kennen. Und in der unvorstellbaren Verwirrung der Nachkriegszeit erschien dem einen oder anderen plötzlich tatsächlich plausibel, was er in den sicheren Ordnungen des Kaiserreichs noch als Hirngespinste abgetan hatte.[27] Überaus typisch für diese Zusammenhänge sind die Erinnerungen des Justizrats Heinreich Claß, des langjährigen Führers der Alldeutschen, der im Rückblick schrieb: »Mein Gedankengang war so. Der furchtbare Zusammenbruch im November 1918 kann und darf nicht das Ende der deutschen Geschichte bedeuten, zumal er in eigentlich unvereinbarem Widerspruch mit der Haltung unserers Volkes beim Ausbruch des Krieges stand und seinen ungeheuren Leistungen in dessen Verlauf widersprach. Es mußte also etwas der Anlage unseres Volkes Fremdes von außen hineingetragen worden sein. Aus dem ganzen Kampfe, den ich bis dahin mit meinen Freunden geführt hatte, wußte ich und wußten sie, welche fremden – klar gesprochen: international gerichteten Kräfte tätig waren, Bismarcks Werk zu zerstören.«[28]

Auch für die beiden Männer, die am Anfang der zwanziger Jahre als die politischen Führer der völkischen Bewegung galten, war dies das Erklärungsschema für die Kriegs- und Nachkriegszeit.

Der eine war Erich Ludendorff, der militärische Kopf der deutschen Operationen im Krieg und neben Hindenburg Deutschlands populärster Heerführer, ein Mann von ungewöhnlicher Arroganz und Beschränktheit. Selbst nicht wenig schuld an den Verhältnissen schob er immer mehr die Verantwortung für alles Geschehene »überstaatlichen Mächten« zu, die Deutschlands Untergang herbeigeführt hätten. »Ich war mir bewußt geworden«, so hieß es in seinen Lebenserinnerungen, »daß ich bei meinem Ringen für die Lebenserhaltung des Volkes auf Geheimnisvolles und Ungreifbares gestoßen war, und ich tief in die Zusammenhänge einzudringen hätte, die unser furchtbares Unheil hervorgerufen hatten ... Immer sichtbarer traten für mich als Spaltspitze der Geschlossenheit des Volkes, aber auch als seine Beherrscher die geheimen überstaatlichen Mächte hervor, d. h. das jüdische Volk und Rom nebst ihren Werkzeugen, den Freimaurern, den Jesuitenorden, okkulten und satanischen Gebilden.«[29]

Und auch der andere Führer der völkischen Bewegung, Hitler, stilisierte den Zusammenbruch zum Augenblick der Erkenntnis und Entscheidung. Die Szene, in der er beschreibt, wie er als zeitweilig Erblindeter im Lazarett von der Niederlage erfährt, endet: »Je mehr ich mir in dieser Stunde über das ungeheure Ereignis klar zu werden versuchte, um so mehr brannte mir die Scham der Empörung und der Schande in der Stirn. Was war der ganze Schmerz der Augen gegen diesen Jammer? Was folgte, waren entsetzliche Tage und noch bösere Nächte ... In diesen Nächten wuchs mir der Haß, der Haß gegen die Urheber dieser Tat.« Es war eingetreten, was Hitler nach eigener Bekundung »so oft schon befürchtete, nur gefühlsmäßig nie zu glauben vermochte. Kaiser Wilhelm II. hatte als erster deutscher Kaiser den Führern des Marxismus die Hand zur Versöhnung gereicht, ohne zu ahnen, daß Schurken keine Ehre besitzen. Während sie die kaiserliche Hand noch in der ihren hielten, suchte die andere schon nach dem Dolche.« Und dann folgten die beiden entscheidenen Sätze, die bewußt lapidar und monumental formuliert sind: »Mit den Juden gibt es kein Paktieren, sondern nur das harte Entweder – Oder.

Ich aber beschloß, Politiker zu werden.«[30]

Die Funktion des Antisemitismus als Erklärung einer Niederlage, die sonst unerklärlich blieb, ist hier offenkundig. Zwar war der Gedanke einer jüdischen Weltverschwörung gegen Deutschland absurd. Aber es war doch nicht absurder, als vielen Deutschen ein geschlagenes deutsches Heer, eine selbstversenkte Flotte, Straßenkämpfe in Berlin, eine Räteherrschaft in München, eine andauernde Hungerblockade und eine fortschreitende Geldentwertung erschienen. Und wer sich einmal auf diesen Gedanken eingelassen hatte, der fand bald auf Schritt und Tritt auch die Belege dafür. Juden in Frankreich, England und Amerika, Juden in Berlin und München, an der Börse, in der Presse und an den Universitäten - waren das nicht genug Beweise?[31]

Juda war für den völkischen Ideologen so allgegenwärtig am Werke wie der Klassenfeind für den Marxisten, und keine Kenntnisse, keine historische oder politische Bildung hielt ihn davon zurück, die Wahrheit seiner Ideologie - wenn nötig mit Gewalt - in der Wirklichkeit wiederzufinden[32].

Ohne Krieg und Niederlage wäre der völkische Antisemitismus fast mit Sicherheit eine Randerscheinung geblieben. Sie erst schufen die Voraussetzungen für seine Ausbreitung. Das läßt sich gerade auch an der organisatorischen Entwicklung der völkischen Bewegung überzeugend nachweisen. Der »Reichshammerbund« etwa, eine Gründung von Fritsch, zählte im Juni 1913 in Deutschland ganze neunzehn »Hammer-Gemeinden«, für deren klägliche Existenz die Nürnberger Gruppe mit 23 Mitgliedern und einem Jahresetat von 94,64 Mark ein typisches Beispiel darstellte.[33] Wie unpopulär der völkische Antisemitismus tatsächlich war, zeigte auch das Verhalten des Alldeutschen Verbandes. Dessen Leitung, sonst gänzlich ungehemmt in der Propagierung der extremsten nationalistischen Züge, wagte es in der Vorkriegszeit nicht, den Verband offen auf einen antisemitischen Kurs festzulegen.[34] Der Beschluß, die Arbeit des Verbandes auf die Judenfrage auszudehnen, fiel erst in der letzten Kriegssitzung im Oktober 1918.[35] Im Februar 1919 wurde dann in der sogenannten Bamberger Erklärung der völkische Antisemitismus offiziell in das Programm der Alldeutschen aufgenommen[36] und zur gleichen Zeit die Gründung eines neuen Verbandes beschlossen, der sich allein dem antisemitischen Kampf widmen sollte. Von hier aus führte eine direkte Linie zur ersten großen völkisch-antisemitischen Organisation in Deutschland, dem Deutschvölkischen Schutz- und Trutzbund, der seit Oktober 1919 die meisten wichtigeren antisemitischen Gruppen vereinigte. Aufstieg und Ende des Bundes liefen im übrigen nicht zufällig mit der Entwicklung der NSDAP ein Stück weit parallel. Auch nach den Angliederungen und Zusammenschlüssen umfaßte der Bund Anfang Dezember 1919 im ganzen Reich nicht mehr als 25 000 Mitglieder, eine Zahl, die ihn angesichts der Massenbewegungen auf der Linken immer noch – auf das Ganze der Gesellschaft gesehen – als ein Randphänomen erscheinen läßt. Erst das Jahr 1920 brachte eine Art Durchbruch. Bis Ende dieses Jahres war die Mitgliederzahl des Bundes auf weit über 100 000 angestiegen. Von da an freilich verlangsamte sich die stürmische Aufwärtsbewegung wieder; beim Verbot des Bundes im Sommer 1922 lag die Mitgliederzahl zwischen 160 000 und 180 000.[37] Uwe Lohalm macht für die relative Stagnation vor allem zwei Faktoren verantwortlich: »Einmal kannte der Deutschvölkische Schutz- und Trutz-Bund über den Antisemitismus hinaus keinerlei politisches Programm ... Zum anderen gelang es nicht, die Massen organisatorisch so zusammenzufassen, daß aus dem Schutz- und Trutz-Bund eine festgefügte und zu effektiver politischer Arbeit fähige Organisation erwachsen konnte.«[38] Genau dies aber waren die beiden Punkte, an denen Hitler über die völkische Bewegung hinauswuchs.

Die frühesten politischen Äußerungen Hitlers, die wir besitzen[39], zeigen ihn völlig im Bannkreis der völkischen Ideen. In diesen Äußerungen findet sich kein Gedanke, kein Bild, keine Argumentation von einiger Bedeutung, die nicht im völkischen Schrifttum der Zeit vielfach wiederkehrten. Es hat deshalb auch wenig Sinn, nach Hitlers geistigen Ahnen zu suchen. Diese Ahnen sind – mit Ausnahme Richard Wagners, der wohl eine besondere Rolle gespielt hat[40] – identisch mit den geistigen Ahnen der völkischen Bewegung.[41]

Auch bei Hitler bildete der radikale rassisch-ehtische Dualismus die Grundlage seines Weltbildes. Sein erstes uns bekanntes politisches Dokument ist eine Stellungnahme zur Judenfrage. Sie beginnt mit der Unterscheidung zwischen dem Antisemitismus als »einer bloßen Gefühlserscheinung« und dem echten politischen Antisemitismus, der auf einer »klaren Erkenntnis«, der »Erkenntnis von Tatsachen«, beruhe. Unter die Tatsachen rechnete der 30jährige den Rassencharakter der jüdischen Frage – das Judentum sei »unbedingt Rasse und nicht Religionsgenossenschaft« – und die unaufhebbare ethisch-moralische Verschiedenheit der Rassen. »Und damit ergibt sich die Tatsache, daß zwischen uns eine nichtdeutsche, fremde Rasse lebt, nicht gewillt und auch nicht im Stande, ihre Rasseneigenschaften zu opfern, ihr eigenes Fühlen, Denken und Streben zu verleugnen, und die dennoch politisch alle Rechte besitzt wie wir selber. Bewegt sich schon das Gefühl der Juden im rein Materiellen, so noch mehr sein Denken und Streben. Der Tanz ums goldene Kalb wird zum erbarmungslosen Kampf um all jene Güter, die nach unserm inneren Gefühl nicht die höchsten und einzig erstrebenswerten auf dieser Erde sein sollen.« Das Wirken des Juden zerstörte nach Hitlers Überzeugung alle höheren geistigen und sittlichen Werte der Völker. »Und daraus ergibt sich folgendes: Der Antisemitismus aus rein gefühlsmäßigen Gründen wird seinen letzten Ausdruck finden in der Form von Pogromen. Der Antisemitismus der Vernunft jedoch muß führen zur planmäßigen gesetzlichen Bekämpfung und Beseitigung der Vorrechte des Juden ... Sein letztes Ziel aber muß unverrückbar die Entfernung der Juden überhaupt sein.« Dieser Abschnitt schließt mit der politischen Feststellung: »Zu beidem ist nur fähig eine Regierung nationaler Kraft und niemals eine Regierung nationaler Ohnmacht.« Dies wiederum ist keine Frage der Staatsform, sondern der »Wiedergeburt der sittlichen und geistigen Kräfte der Nation«, die »durch rücksichtslosen Einsatz national gesinnter Führerpersönlichkeiten« in die Wege geleitet wird.[42]

Man kann nicht sagen, daß an diesen Ausführungen auch nur das Geringste unklar ist. Im Gegenteil: Was sie von vielen völkischen Dokumenten der Zeit unterscheidet, das war gerade die größere Konsequenz und die stärkere politische Entschlossenheit, die Kompromisse, Zweifel und Einwände von vornherein ausschloß.

Ein knappes Jahr später zeigte die Rede vom 13. August 1920 Hitler auf dem Wege, aus den verschiedenen Elementen der völkischen Bewegung ein kohärentes politisches Programm zu entwickeln. Auch hier lag seine Originalität nicht in einzelnen Gedanken, sondern in der geschickten und schlüssigen Verknüpfung von politischen Grundsatzfragen mit dem dualistischen Prinzip. Es ging in dieser Rede vor allem um die Verbindung von Antisemitismus und Sozialismus. Hitler erreichte diese Verbindung über den Begriff der Arbeit: »Ariertum bedeutet sittliche Auffassung der Arbeit und dadurch das, was wir heute so oft im Munde führen: Sozialismus, Gemeinsinn, Gemeinnutz vor Eigennutz – Judentum bedeutet egoistische Auffassung der Arbeit und dadurch Mammonismus und Materialismus, das konträre Gegenteil des Sozialismus.«[43] In der Ausführung dieser These argumentierte Hitler ähnlich wie auf der anderen Seite der Marxismus: Während dort der Faschismus zu einem Instrument der kapitalistischen Weltverschwörung wird, erschien bei Hitler der Marxismus als Instrument der jüdischen Weltverschwörung. Nationalsozialistischer Rassenkampf und marxistischer Klassenkampf bekamen bis in die Formulierung hinein den gleichen ideologischen und politischen Stellenwert: »Um unsere Wirtschaft aus diesen Klammern zu befreien, ist notwendig der Kampf gegen den Erreger, der politisch organisierte Kampf der Massen gegen ihre Unterdrücker.«[44] Statt der proletarischen Masse gegen ihre kapitalistischen Unterdrücker stand hier die deutsche

Masse gegen ihre jüdischen Unterdrücker. »Stürmischer Beifall« belohnte Hitler für diese Wendung.

Entscheidend jedoch war, daß Hitler schon zu dieser Zeit den grundsätzlichen Zusammenhang zwischen Programmatik und Aktion, zwischen Theorie und Praxis begriffen hatte, der dann zur Grundlage seines Aufstiegs geworden ist.

Wir wissen genau, so erklärte er, »daß die wissenschaftliche Erkenntnis bloß die Vorarbeit sein kann, daß aber hinter dieser Erkenntnis die Organisation kommen muß, die einst zur Tat übergeht und die Tat bleibt uns unverrückbar fest, sie heißt: Entfernung der Juden aus unserem Volke ...«[45]

Hitler war und blieb im Programmatischen zweifellos immer ein überzeugter völkischer Ideologe. Noch in seinem letzten Wort aus den Trümmern des zusammenstürzenden Berlin verpflichtete er deshalb »die Führung der Nation und die Gefolgschaft zur peinlichen Einhaltung der Rassengesetze und zum unbarmherzigen Widerstand gegen den Weltvergifter aller Völker, das internationale Judentum«.[46] Was ihn jedoch von der völkischen Bewegung unterschied, war die Konsequenz, mit der er den völkischen Gedanken zu einer Weltanschauung umformte und die Einsicht, daß Programmatik, Organisation und Tat unauflöslich zusammengehören. Das ließ ihn zum überlegenen Führer werden, der auch im Desaster eines gescheiterten Putsches seine Konkurrenten noch immer weit überragte.[47]

Auf dem Weg vom völkischen Gedanken zur »in sich schlüssigen Synthese« der nationalsozialistischen Weltanschauung[48] vollzog Hitler nicht nur, wie Eberhard Jäckel überzeugend nachgewiesen hat, die Verbindung von radikalem Antisemitismus und Lebensraumimperialismus[49], sondern er schied auch die religiösen Elemente aus, die er mit dem völkischen Gedanken aufgenommen hatte. Man hat diesem Prozeß bisher wenig Aufmerksamkeit geschenkt. Gleichwohl ist er nicht nur für den Zusammenhalt der Bewegung von großer Bedeutung, sondern liefert auch die entscheidenden Grundlagen für Hitlers spätere Kirchenpolitik.

Eines der Hauptprobleme der völkischen Bewegung war der religiöse Anspruch, der mit der völkischen Idee verbunden war. Dieser Anspruch hing zusammen mit dem ethischen Dualismus des Ansatzes und belastete selbstverständlich von Anfang an das Verhältnis zum Christentum. Natürlich konnte ein radikaler Antisemitismus, wie ihn die völkische Bewegung vertrat, nicht auf eine nähere Bestimmung seines Verhältnisses zum Christentum verzichten. Diese Bestimmung erwies sich jedoch als außerordentlich schwierig.

Denn einerseits verstand sich der völkische Dualismus als eine gläubige Weltanschauung, die durchaus etwas von Schöpfung, Heiligung und Erlösung zu wissen vermeinte. Andererseits war das Christentum zweifellos auf jüdischem Boden entstanden und also wohl eine jüdische Religion.

Der wichtigste Mann, der sich in der zweiten Hälfte des 19. Jahrhunderts mit dieser Frage befaßte, war der Theologe und Orientalist Paul de Lagarde. In einer 1873 erschienenen Abhandlung *Über das Verhältnis des deutschen Staates zu Theologie, Kirche und Religion. Ein Versuch Nicht-Theologen zu orientieren* vertrat er die These, »daß das Christentum, also Katholizismus und Protestantismus, eine Entstellung des Evangeliums« sei.[50] Verantwortlich für diese Einstellung aber war der Jude Paulus. »Paulus hat uns das alte Testament in die Kirche gebracht, an dessen Einflusse das Evangelium, so weit dies möglich, zu Grunde gegangen ist: Paulus hat uns mit der pharisäischen Exegese beglückt, die alles aus allem beweist...: Paulus hat uns die jüdische Opfertheorie und alles was daran hängt, in das Haus getragen: die ganze... jüdische Ansicht von der Geschichte ist uns von ihm aufgebunden. Er hat das getan unter dem lebhaften Widerspruch der Urgemeinde, die, so jüdisch sie war, weniger jüdisch dachte als Paulus, die wengistens nicht raffinierten Israelitismus für ein von Gott gesandtes Evangelium hielt.«[51]

Hier war das Schema für eine Lösung des Problems vorgegeben, die in der Folgezeit von einer Flut religiöser Trivialliteratur vielfach wiederholt und variiert wurde. Dabei wurde die christliche Überlieferung grundsätzlich in zwei einander entgegengesetzte Traditionen aufgespalten. Auf der einen Seite standen der edle Jesus und sein unverstandenes Evangelium, auf der anderen Seite der verschlagene Jude Paulus, das Alte Testament, die jüdische Geschichte und die jüdische Theologie. Diese Theorie war nicht neu. Schon in der zweiten Hälfte des 18. Jahrhunderts hatte Hermann Samuel Reimarus in seiner großanlegten Aufklärungsschrift »das ganze Christenthum hauptsächlich Pauli System und Betrieb« genannt[52], und ein Menschenalter später hatte Johann Gottlieb Fichte in seiner berühmten Vorlesung über *Die Grundsätze des gegenwärtigen Zeitalters* Paulus für die »Ausartung des Christenthums« verantwortlich gemacht, die die Wahrheit Jesu in der Gegenwart verdecke.[53] Bei Fichte deutete sich auch schon die Verbindung dieser These mit dem völkischen Gedanken an. Das Christentum, Jesus, die Wahrheit und die Deutschen gehörten nach Fichtes Überzeugung ebenso zusammen wie das Judentum, Paulus und der Irrtum zusammengehörten.[54]

Fichte war zweifellos der wichtigste Anreger für die religiös-völkische

Idee.[55] Aber erst mit Lagarde hatte sie einen auch religionswissenschaftlich ausgewiesenen Kronzeugen, der zugleich zum ersten Mal die politischen Konsequenzen zog. Da das Christentum in allen seinen konfessionellen Ausprägungen in Wahrheit ein jüdischer Paulinismus und damit verfälscht und verdorben sei, eine Nation ohne Religion aber nicht leben könne, forderte Lagarde den Staat auf, einer deutschen Nationalreligion den Weg zu bereiten, die im unmittelbaren Rückgriff auf die reine Botschaft Jesu die dem deutschen Volk gemäße Religiosität darstellen solle. Zu diesem Zweck müsse der Staat, so wollte es Lagarde, die christlichen Kirchen zu Sekten erklären, die theologischen Fakultäten schließen und an ihrer Stelle neue Lehrstühle errichten, durch die realisiert werde, was Theologie sein sollte: »die Pfadfinderin in der deutschen Religion«.[56]

Damit aber war das Stichwort gefallen, mit dem die völkische Bewegung ihr Verhältnis zum Christentum hinfort bestimmen sollte: *deutsche Religion.* Es galt, das Christentum von allen jüdischen Übermalungen und Verfälschungen zu reinigen und zurückzuführen auf seinen ursprünglichen Kern, die reine Heilandsreligion.

Eine breite religiöse Trivialliteratur nahm sich dieser Aufgabe alsbald an. Ein Beispiel war ein umfangreiches Buch, das 1905 erschien, mehrere Auflagen erlebte und den markanten Titel trug: *Vorwärts zu Christus! Fort mit Paulus! Deutsche Religion!* Sein Verfasser, ein gewisser Oskar Michel, machte es sich zur Aufgabe, dem deutschen Volk endlich den wahren Paulus zu zeigen, den »religiösen Quellenvergifter und Irrlehrer«; denn erst wenn »dieser Erzfeind des Jesu, seines Volkes und der Menschheit hinweggeräumt sein wird von dem Eingang zum Reiche Gottes«, würden dessen Tore sich wieder öffnen.[57] Ein großer Abschnitt in diesem Buch war auch dem »paulinischen Gift in der Völkergeschichte« gewidmet, und in diesem Zusammenhang wurde auch die Funktion des Antipaulinismus für den völkischen Dualismus deutlich. »Das gute und das böse Prinzip«, schrieb der Verfasser, »Christentum und Antichristentum, Edelmenschentum und sein ärgster Gegner Paulinismus, das Prinzip der Vervollkommnung und das der Zerstörung gingen auf demselben Boden« – gemeint ist das Urchristentum – auf.[58] Zur religiösen Trivialliteratur zählten auch die Schriften des Lanz v. Liebenfels, der sich als »richtiger Christ« gegenüber dem falschen, verjudeten Christentum« fühlte.[59] Lanz ist zugleich ein Beispiel dafür, zu welch grotesken Konstruktionen dieser Ansatz führen konnte.

Dieser kurze Blick auf die Vorgeschichte macht verständlich, warum die Atmosphäre der völkischen Bewegung im Jahre 1919 mit religiösen Elementen geradezu gesättigt war. Viele der völkischen Schriftsteller und Agitatoren wollten nicht nur politisch wirken, sondern fühlten sich zugleich als religiöse Erneuerer.

Für Theodor Fritsch stand fest, daß »Christi ganzes Leben ... ein Kampf gegen das Judentum und dessen Tücke« war: »›Otterngezücht‹ und ›Teufelskinder‹ nannte er sie, und trieb das Schachervolk mit der Peitsche aus dem Tempel«.[60] Für den überzeugten Rassenantisemiten, der doch das Christentum nicht völlig verwerfen wollte, gab es nur einen Ausweg, Jesus zum Arier zu erklären. Seit Houston Stewart Chamberlains vielgelesenen *Grundlagen des neunzehnten Jahrhunderts* stand auch dafür die Argumentation bereit.[61] Fritsch vergröberte diese Argumentation durch ein philologisches Kunststück, das aus Galiläer Gallier und aus Gallier Germane und so erst verständlich machte, »wie aus germanischem Blute ein religiöser Genius hervorgehen konnte, dessen hochgespannter Idealismus uns ebenso germanisch verwandt anmutet, wie das überlieferte Bild seiner leiblichen Erscheinung.« Jedenfalls, so folgerte Fritsch, schlösse »der abgrundtiefe Gegensatz zwischen der christlichen und der jüdischen Lehre ... jede Rassen-Verwandtschaft aus«. Die »lebensstarke Religion der Zukunft« sollte nach Fritschs Überzeugung ein gereinigtes Christentum sein, das »den heiligen Ernst der materiellen Welt«, nämlich »die neueren Einsichten in die Lebensgesetze der Nationen und Rassen« zur Grundlage der Erkenntnis und des Glaubens macht.[62]

Noch stärker als Fritsch fühlte sich Dietrich Eckart zugleich als Verteidiger und Erneuerer des Christentums. 1917 hatte er in einem Artikel *Christus, Buddha und Nietzsche* das Christentum als »Ursprung der höchsten Kultur« gefeiert und gegen Nietzsche, »diesen wahnwitzigen Verächter unserer religiösen Grundlagen« verteidigt.[63] »Arier sein«, so behauptete er, »und transzendent empfinden ist ein und dasselbe.« Während der Arier ein angeborenes Gefühl für das Jenseitige, für die Unsterblichkeit habe, verkörpere der Jude die reine Diesseitigkeit. Für Eckart war der völkische Dualismus ein Kampf zwischen Himmel und Erde, zwischen Gott und Teufel, und in diesem Kampf hatten die Deutschen als die wahren Christen den entscheidenen Beitrag zu liefern.[64]

Während Fritsch das Thema aufgriff, weil es sich aus der antisemitischen Interpretation der jüdischen Tradition notwendig ergab, und Dietrich Eckart sich als ein Rufer im Streit verstand, fühlte sich Artur Dinter selbst als religiöser Erneuerer. Für ihn – übrigens Katholik wie Eckart – stellte das, was er die christlich-religiöse Erneuerung nannte, die unabdingbare Voraussetzung für eine völkische Wiedergeburt dar. Mit seiner Verworrenheit und Unstetigkeit, seinem überzogenen Sendungsbewußtsein und seinem sektiererischen Fanatismus verkörperte Dinter einen Typ, der für die völkische Bewegung überaus charakteristisch war. Als seine Lehrmeister nannte er Chamberlain und Lagarde. Unter deren Eindruck und im Lichte der von ihm erfundenen Geistlehre formten sich, so schrieb er, »von selbst die Grundlagen zum Neuaufbau eines rein arischen Christentums unter Ausschaltung des jüdischen Alten Testaments und des ganzen jüdisch-paulinischen Dogmenkerns. Aus ihnen erwuchs mein Geistchristentum...«[65] Die Parolen dieses Geistchristentums aber lauteten: *»Fort mit dem alten Testamente! Fort mit Paulus! Zurück zu Christus!«*[66] Dinters Sendungsbewußtsein führte ihn später zur Gründung einer Sekte, der »Geistchristlichen Religionsgemeinschaft«, die Ende der zwanziger Jahre einiges Aufsehen machte. Davon wird später noch zu reden sein.

Nicht nur viele Publizisten der völkischen Bewegung beschäftigten sich mit religiösen Fragen, auch zahlreiche ihr zuzurechnende Organisationen waren nichts anderes als Zusammenschlüsse völkisch-religiöser Sektierer, von der Deutschgläubigen Gemeinschaft über den Germanenorden und den Treubund für aufsteigendes Leben bis zum Ende Mai 1921 in Berlin gegründeten Bund für Deutsche Kirche, einer völkisch-protestantischen Organisation, die innerhalb der evangelischen Kirche die völkische Idee vertrat.[67]

In diesen völkisch-religiösen Gedankenkreis trat 1919 auch Hitler ein, als er sich im September der Deutschen Arbeiterpartei anschloß. Diese Partei, am 5. Januar 1919 von dem Werkzeugschlosser Anton Drexler und dem Journalisten Karl Harrer gegründet[68], gehörte zwar von Anfang an zu den politisch orientierten Gruppen der völkischen Bewegung, stand aber auch den religiösen Ideen noch weit offen.

Ein Beispiel für diese Offenheit gab der Ablauf der Parteiversammlung vom 24. Februar 1920. In Hitlers Rückblick begann seine historische Rolle mit dieser »ersten großen Volksversammlung« der jungen Bewegung.[69] Er schilderte diese Versammlung als eine dramatische Auseinandersetzung, die mit der erstmaligen Verlesung und Erläuterung des Parteiprogramms ihren Höhepunkt erreichte: »Und als ich endlich die fünfundzwanzig Thesen Punkt für Punkt der Masse vorlegte und sie bat, selber das Urteil über sie zu sprechen, da wurden sie nun eine nach der anderen unter immer mehr sich erhebendem Jubel angenommen, einstimmig und immer wieder einstimmig, und als die letzte These so den Weg zum Herzen der Masse gefunden hatte, stand ein

Saal voll Menschen vor mir, zusammengeschlossen von einer Überzeugung, einem neuen Glauben, von einem neuen Willen.«[70]

Es ist seit langem bekannt, daß die Vermählung der Partei mit der Masse, die Hitler hier so eindrucksvoll schilderte, in Wirklichkeit sehr anders verlief. Als Hauptredner dieser Versammlung war nämlich ein in München bekannter völkischer Propagandist, der Arzt Dr. Johannes Dingfelder, gewonnen worden[71], der offenbar ganz zum religiös-völkischen Flügel gehörte. Jedenfalls notierte der Polizeiberichterstatter über diese historische Versammlung: »Vortrag des Herrn Dr. Dingfelder über ›Was uns not tut‹«. Und seinen Eindruck von diesem Vortrag gab er folgendermaßen wieder: »Die Ausführungen des Referenten waren durchaus sachlich und oft von tiefem religiösen Geist getragen. Als Redner sagt, daß nur Gott allein unser bester Bundesgenosse ist, erntete er reichen Beifall.«[72]

In dieser Versammlung und im Anschluß an diesen Vortrag trug Hitler dann tatsächlich das Programm seiner Partei vor, die von nun an Nationalsozialistische Deutsche Arbeiterpartei hieß[73].

Herkunft und Entstehung des später so viel zitierten Parteiprogamms sind nicht mehr genau zu bestimmen. Hitler dürfte kaum entscheidend daran beteiligt gewesen sein[74]. Daß die Gruppe, die sich dieses Programm gab, religiös im Sinne eines christlich-völkischen Glaubens sein wollte, zeigte der Punkt 24.

»Wir fordern die Freiheit aller religiösen Bekenntnisse im Staat, soweit sie nicht dessen Bestand gefährden oder gegen das Sittlichkeits- und Moralgefühl der germanischen Rasse verstoßen.

Die Partei als solche vertritt den Standpunkt eines positiven Christentums, ohne sich konfessionell an ein bestimmtes Bekenntnis zu binden. Sie bekämpft den jüdisch-materialistischen Geist *in* und *außer* uns und ist überzeugt, daß eine dauernde Genesung unseres Volkes nur erfolgen kann von *innen* heraus auf der Grundlage:

Gemeinnutz vor Eigennutz.«[75]

Was immer diesem Punkt später für Auslegungen gegeben wurden: Im Jahre 1920 war er nichts anderes als eine möglichst allgemeine Zusammenfassung der religiösen Überzeugungen der völkischen Bewegung. Die Einschränkung »soweit sie nicht den Bestand des Staates gefährden oder gegen das Sittlichkeits- und Moralgefühl der germanischen Rasse verstoßen«, sollte nicht nur die Gleichstellung der jüdischen Religion verhindern, sondern wies auf ein erneuertes, nämlich von jüdischen Verfälschungen befreites deutsches

Christentum hin. Der Standpunkt eines positiven Christentums, der den Kirchen später so verführerisch erschien, konnte in diesem Zusammenhang nur ein völkisches Christentum meinen, ein Christentum, das sich seiner Aufgabe, gegen den jüdisch-materialistischen Geist in und außer uns zu kämpfen, bewußt geworden war. Als Alfred Rosenberg, selbst ganz überzeugt von der religiösen Sendung der völkischen Bewegung, Ende 1922 die erste authentische Erläuterung des Parteiprogramms verfaßte, ließ er keinen Zweifel daran, daß es nicht um »neue Gedanken« gehe, sondern um ein »neues Denken«, um den Sieg der »völkischen Staatsauffassung und Weltanschauung.«[76] Und im Kommentar zum Punkt 24 wurde dies noch einmal ausdrücklich wiederholt: »Der Gedanke, der allein imstande ist, alle Stände und Konfessionen im deutschen Volk zu einen, ist die neue und doch uralte völkische Weltanschauung... Diese Weltanschauung heißt heute Nationalsozialismus.«[77]

Dem jungen Hitler waren diese religiösen Aspekte keineswegs fremd. Die Frage kann offenbleiben, wann er damit in Berührung kam. Seit 1919 jedenfalls kannte und vertrat er auch die wichtigsten religiösen Thesen der völkischen Bewegung.

Ein bemerkenswertes Zeugnis für Hitlers Übereinstimmung mit den religiös-völkischen Ideen bildet der Entwurf für eine grundlegende Darstellung der völkischen Weltanschauung, den der 30jährige skizzierte.[78] Die Stichwörter zur »Einleitung« lauteten: »1. Bibel. 2. Der Arier. 3. Sein Wirken. 4. Der Jude. 5. Sein Werk.« Offensichtlich sollte das bekannte dualistische Schema an der Bibel entfaltet werden. Denn zur »Bibel« notierte Hitler: »Monumentale Menschheitsgeschichte« und die beiden Gesichtspunkte »Idealismus – Materialismus«. Die folgenden Stichwörter machten die Funktion des Dualismus deutlich. Er erklärte das Rätsel der Welt: »Nichts ohne Ursache – Geschichte machen Menschen – 2 Menschenarten – Schaffende und Drohnen – Erbauer und Zerstörer – Gotteskinder und Menschen.« Es folgten die Wörter »verworren und verwirrt – (Lord Disraeli) Rassengrundgesetz –«. Hier handelte es sich um den Hinweis auf ein Zitat, das offensichtlich für die völkische Bewegung eine zentrale Bedeutung besaß. Es findet sich in Fritschs *Handbuch der Judenfrage* und lautete: »Niemand darf das Rassengesetz, die Rassenfrage gleichgültig behandeln. Sie ist der Schlüssel zur Weltgeschichte; und nur deshalb ist die Geschichte so konfus, weil sie von Leuten geschrieben worden ist, die die Rassenfrage nicht kannten...« Als Quelle gab Fritsch »D'Israeli (Beaconsfield) in seinem Roman ›Endymion‹« an.[79] Das gleiche Zitat verwandte Sebottendorff in einem Artikel »Halte Dein Blut rein«, der im Herbst 1918 im

Münchener Beobachter erschien.[80] Für Hitler bedeutete es fraglos eine entscheidende Erkenntnis, denn sie bildete eine Grundlage von *Mein Kampf* und wurde dort auch wörtlich wiederholt: »Die Rassenfrage gibt nicht nur den Schlüssel zur Weltgeschichte, sondern auch zur menschlichen Kultur überhaupt.«[81]

Die Schlußfolgerungen, die Hitler 1919 aus diesem Ansatz zog, wiederholte er später freilich nicht mehr. Sie lauteten: »1. Folge. Reinigung der Bibel – was ist von ihr unser Geist. 2. Folge. Kritische Überprüfung des Überrestes –«. Diese Stichwörter verraten Hitlers Vertrautheit mit der völkisch-religiösen Tradition und ihrer Lösung des christlichen Problems. Diese Lösung lag eben in der »Reinigung der Bibel« von jüdischen Verfälschungen und in der »kritischen Überprüfung des Überrestes« auf arisch-germanisches Erbe hin.

Eine berühmte Grundsatzrede, die Hitler am 12. April 1922 im Münchner Bürgerbräukeller hielt, und die mit dem Titel »Die ›Hetzer‹ der Wahrheit« zum ersten Mal als Sonderdruck des *Völkischen Beobachters* vertrieben wurde[82], zeigt, wie weit und bis ins einzelne hinein er damals die völkisch-religiösen Gedanken übernommen hatte. Hitler begann den betreffenden Abschnitt mit der Frage, ob man als Christ Antisemit sein könne. Der bayerische Ministerpräsident Graf Lerchenfeld (BVP) hatte in einer Landtagssitzung erklärt, sein Gefühl – so zitierte ihn Hitler – »als Mensch und als Christ« müsse ihn abhalten, Antisemit zu sein. Hitler fuhr an dieser Stelle fort: *»Ich sage: Mein christliches Gefühl weist mich hin auf meinen Herrn und Heiland als Kämpfer* (Stürmischer, langanhaltender Beifall). Er weist mich hin auf den Mann, der einst einsam, nur von wenigen Anhängern umgeben, diese Juden erkannte und zum Kampfe gegen sie aufrief, und der, wahrhaftiger Gott, nicht der Größte war als *Dulder*, sondern der Größte als *Streiter!* In grenzenloser Liebe lese ich als Christ und Mensch die Stelle durch, die uns verkündet, wie der Herr sich endlich aufraffte und zur Peitsche griff, um die Wucherer, das Nattern- und Otterngezücht hinauszutreiben aus dem Tempel! (Stürmischer Beifall).« Den Beweis für diese Behauptung sah er, wie bei der völkischen Interpretation des Neuen Testaments üblich, in der Kreuzigung. »Seinen ungeheuren Kampf aber für diese Welt, gegen das jüdische Gift, den erkenne ich heute, nach zweitausend Jahren, in tiefster Ergriffenheit am gewaltigsten an der Tatsache, daß er dafür am Kreuze verbluten mußte. (Bewegung im Saale).« So wußte sich Hitler im gleichen Kampf, in dem einst Jesus stand, und er scheute sich nicht, diesen Vergleich auch zu formulieren: »Vor 2000 Jahren wurde auch ein Mann denunziert von der gleichen Rasse ... Der Mann wurde vor das Gericht geschleift und danach hieß es auch: ›Er wiegelte das Volk auf.‹ Er hatte also auch ›*gehetzt*‹! Und gegen wen? Gegen ›Gott‹, schrie man. Jawohl, er hetzte gegen den ›Gott‹ der Juden, denn dieser ›Gott‹ ist nur das *Gold.* (Stürmischer Beifall).«[82] Es war dies im übrigen ein Gedanke, an dem Hitler offenbar bis zu seinem Ende festhielt. Denn noch im November 1944 konnte Bormann eine Äußerung Hitlers notieren, daß Jesus »gegen den verderblichen Materalismus seiner Zeit und damit gegen die Juden« gekämpft und erst »Saulus – Paulus in raffinierter Weise die christliche Idee« umgefälscht habe.[83]

Es ist deutlich, daß diese Linie unmittelbar zu jenem berühmten Bekenntnis in *Mein Kampf* führt, in dem Hitler die Übereinstimmung seines Kampfes mit dem »Werk des Herrn« bekundete: »So glaube ich heute im Sinne des allmächtigen Schöpfers zu handeln: *Indem ich mich des Juden erwehre, kämpfe ich für das Werk des Herrn.*«[84]

Diese Überzeugung gehörte zweifellos – um ein Lieblingswort Hitlers zu gebrauchen – zum »granitnen« Fundament seiner Weltanschauung. Anders als daß er sich in Übereinstimmung mit den ewigen Gesetzen der Schöpfung zu wissen meinte, ist sein Sendungsbewußtsein nicht zu erklären. Diese Überzeugung teilte er mit der ganzen völkischen Bewegung, wie er mit ihr das arische Verständnis des Christentums teilte. Was ihn von ihr unterschied, war die Einsicht, daß der Sieg dieser Ideen nicht durch die Entwicklung einer völkischen Religion, sondern allein durch die Organisation einer politischen Partei zu erreichen war.

6. KAPITEL

HITLERS KIRCHENPOLITISCHE GRUNDENTSCHEIDUNG (1924–1928)

Die Einsicht in das besondere Verhältnis von völkischer Religion und politischer Organisation war eine eigene politische Leistung Hitlers. Die volle Klarheit über den Sachverhalt scheint er – ähnlich wie in seiner außenpolitischen Konzeption[1] – erst beim Entwurf seines Buches gewonnen zu haben. Denn obwohl er in *Mein Kampf* jenes Bekenntnis zum »Werk des Herrn« ablegte und im Sinne seiner Rede vom 12. August 1922 auch noch das völkische Verständnis von Wesen und Werk Jesu vortrug[2], enthielt das Buch zugleich eine so heftige Kritik an den »deutschvölkischen Wanderscholaren«[3], den »völkischen Johannessen des zwanzigsten Jahrhunderts«[4], daß hier eine klare Entscheidung Hitlers nicht zu übersehen ist.

Verschiedene Dinge kamen zusammen, um diese Entscheidung herbeizuführen.

Das Schicksal des Deutschvölkischen Schutz- und Trutzbundes, der sich 1922 widerstandslos auflösen ließ[5], der Thule-Gesellschaft, die seit Ende 1919 von Streitigkeiten gelähmt war[6], und vieler anderer völkischer Organisationen und Gruppen, die in dieser Zeit ebenso schnell verschwanden, wie sie gekommen waren, mußte Hitler warnen. Die Ironie, mit der er in *Mein Kampf* von der Lächerlichkeit der »völkischen Komödianten« spricht, von »völkischen Schlafwandlern«, von den »sogenannten religiösen Reformatoren auf altgermanischer Grundlage«, deren Tätigkeit nur dazu führe, daß sich das Volk »in ebenso unsinnigen wie unseligen inneren Religionsstreitigkeiten verzehre[7], verrät deutlich, daß Hitler die Gefahr sah, die jeder politischen Organisation von dieser Seite drohte.

Zugleich war Hitler klar geworden, daß der Schritt von der religiösen Weltanschauung zur völkischen Religion die Partei tief in die konfessionelle Frage verstricken würde. Das betraf hauptsächlich das Verhältnis zur katholischen Kirche. Denn mochte sich, wie noch zu zeigen sein wird, die völkische Idee mit dem Protestantismus ein Stück weit verbinden lassen, mit dem Katholizismus war kein Einverständnis möglich. Tatsächlich richtete sich denn auch der Kampf der deutsch-völkischen Religionsstifter häufig ebenso heftig gegen den »Ultramontanismus« wie gegen die jüdische Gefahr.

Aus seiner Wiener Zeit aber glaubte Hitler zu wissen, daß ein Kampf, der gegen die katholische Kirche geführt wurde, von vornherein zum Scheitern verurteilt sei.[8] Diesen Fehler wollte er unter allen Umständen vermeiden. Auch deshalb versuchte er, zwischen dem religiösen und dem politischen Bereich eine Trennung durchzuführen. Um nicht in eine Auseinandersetzung mit den Kirchen, namentlich mit der in Bayern besonders mächtigen katholischen Kirche zu geraten, opferte er den religiösen Anspruch der völkischen Idee und lehnte für die Bewegung »jede Stellungnahme zu Fragen, die entweder außerhalb des Rahmens ihrer politischen Arbeit liegen oder für sie als nicht von grundsätzlicher Bedeutung belanglos sind, entschieden ab«. In diesen Zusammenhang gehörte auch der später so viel zitierte Satz: Die Aufgabe der Bewegung »ist nicht die einer religiösen Reformation, sondern die einer politischen Reorganisation unseres Volkes«.[9] Wenn man sich klar macht, wie stark die völkische Bewegung gerade auch im Zeichen einer religiösen Reformation, einer Reinigung und Erneuerung des Christentums angetreten war, so ist offenkundig, daß Hitler hier tatsächlich eine entschiedene Abgrenzung vornahm. Und die nächsten Jahre sollten zeigen, daß er entschlossen war, aus dieser Abgrenzung auch die Konsequenzen zu ziehen. Deutlich genug jedenfalls wurde er, als er schrieb: »Ich stehe nicht an, zu erklären, daß ich in den Männern, die heute die völkische Bewegung in die Krise religiöser Streitigkeiten hineinziehen, schlimmere Feinde meines Volkes sehe als im nächstbesten international eingestellten Kommunisten.«[10]

Dies alles aber gehörte in den Rahmen der Grundkonzeption, die er von Anfang an verfolgt hatte, wonach die entscheidende Vermittlung von Theorie und Praxis nur in der Organisation stattfinden könne. Die zentrale Bedeutung der Organisation wurde gerade in *Mein Kampf* immer und immer wieder betont: Die »Umsetzung einer allgemeinen weltanschauungsmäßigen idealen Vorstellung von höchster Wahrhaftigkeit in eine bestimmt begrenzte, straff organisierte, geistig und willensmäßig einheitliche politische Glaubens- und Kampfgemeinschaft ist die bedeutungsvollste Leistung, da von ihrer glücklichen Lösung allein die Möglichkeit eines Sieges der Idee abhängt«.[11] Wenn dieses »allein« zutraf – und nach Hitlers Überzeugung traf es zu – dann mußte der Einheitlichkeit der Organisation alles geopfert werden, was sie störte oder stören konnte. Es war nur allzu offensichtlich, daß die völkisch-religiösen Diskussionen ebenso wie die konfessionelle Frage eine solche innere Störung bedeuteten. Deshalb traf Hitler die Entscheidung, sich von der völkischen Religion und ihren Vertretern zu trennen. So umstritten diese Entscheidung in der völkischen Bewegung begreiflicherweise war, so genau wußte Hitler, warum er unbedingt daran festhielt. Mit der seinem Buch eigenen Offenheit begründete er deshalb die Wahl des Namens Nationalsozialistische Deutsche Arbeiterpartei ausdrücklich mit der Trennung von den völkisch-religiösen Ideen: »Der erste Ausdruck« – gemeint war der Doppelbegriff »Arbeiterpartei« – »brachte uns die Altertumsschwärmer vom Leibe, die Wortmenschen und äußerlichen Sprücheklopfer der sogenannten ›völkischen Idee‹, der zweite aber befreite uns von dem ganzen Troß der Ritter mit dem ›geistigen Schwert‹, all den Jammerlappen, die die ›geistige Waffe‹ als Schutzschild vor ihre tatsächliche Feigheit halten.«[12]

Diese Entscheidung gegen die völkische Bewegung und für die politische Partei war, an seinen Zielen gemessen, wohl die erste, selbständige politische Leistung Hitlers. Er traf sie, obwohl sein weltanschaulich-politischer Entwurf völlig dieser Bewegung entnommen war. Für diesen Weg hatte er keine Vorbilder, im Gegenteil, er mußte ihn gegen die Überzeugungen seiner wichtigsten Lehrmeister und Mitstreiter – gegen Eckart, Dinter und Ludendorff – durchsetzen. Erst der Aufstieg der Partei nach ihrer Neugründung am Ende der zwanziger Jahre zeigte, daß diese Entscheidung richtig gewesen war. Eine religiös-völkische Gruppierung hätte nicht die geringsten Chancen gehabt, Basis einer Massenpartei zu werden. Die NSDAP bekam diese Chance, weil sie sich mit ganzer Entschlossenheit auf die Erreichung politischer Ziele und nicht auf die Weiterentwicklung einer völkischen Religion konzentrierte.

Wie wenig selbstverständlich dies alles noch bis 1925 war, zeigt eine Schrift von Hitlers Freund und Mentor Dietrich Eckart, die 1924, wenige Monate nach Eckarts Tod, in München erschien. Sie trug den Titel: *Der Bolschewismus von Moses bis Lenin. Zwiegespräch zwischen Adolf Hitler und mir.* Ernst Nolte, der sie 1961 der Verschollenheit entriß, meinte damals, »eine frühe Quelle zu Hitlers Antisemitismus« vor sich zu haben, der der höchste Grad der Authentizität zuzuschreiben sei.[13] Inzwischen ist jedoch wahrscheinlich gemacht worden, daß die Schrift allein von Dietrich Eckart stammt und daß der »Er« des Dialogs weder direkt noch indirekt mit Hitler identifiziert werden kann.[14]

Diese Schrift schließt mit einer für unseren Zusammenhang interessanten Schlußbemerkung des Verlages. Der Tod Eckarts, so heißt es da, »verhinderte die Vollendung dieses für die christliche Einstellung der völkischen Bewegung zeugenden, hochbedeutsamen Werkes. Doch dürfen wir hoffen, daß Adolf Hitler nach der Beendigung des gegenwärtig gegen ihn in München anhängigen Hochverratsprozesses die Liebenswürdigkeit haben wird, die Vollstreckung dieses unmittelbar vor seinem Abschluß stehenden Werkes zu übernehmen.«[15] Hitler hat niemals ein Zeichen gegeben, daß er sich als Partner dieses Zwiegesprächs wiedererkannte, geschweige denn, daß er die Hoffnungen des Verlegers zu erfüllen gedachte. Im Gegenteil: anderthalb Jahre später erschien der erste Band von *Mein Kampf*, der die denkbar schärfste Absage an die völkisch-religiösen Ideen enthielt. So erscheint es durchaus denkbar, daß Eckart mit dieser Schrift noch einmal den Versuch machte, Hitler von seiner Entscheidung für eine politische Partei abzubringen und ihn erneut auf die völkisch-religiöse Weltansschauung festzulegen, von der er sich und die NSDAP in steigendem Maße abzusetzen begann.

So jedenfalls wurde Eckarts Schrift von Artur Dinter verstanden, inzwischen Gauleiter Hitlers in Thüringen, der sie 1928 in seiner Zeitschrift *Das Geistchristentum* anzeigte und sie den »Mitgleidern der geistchristlichen Religionsgemeinschaft, die von der Politik herkommen und die Überzeugung gewonnen haben, daß die völkische Bewegung auf nur politischem Wege niemals ihr Ziel erreichen kann«, ausdrücklich empfahl. Insbesondere »den Nationalsozialisten unter ihnen« könne sie »als Überleitung zu der höheren religiösen Ebene, zu der sie emporstreben«, nützlich sein. »Sie werden darin den ersten Versuch finden«, erklärte Dinter, »der nationalsozialistischen und der völkischen Bewegung überhaupt eine sittlich-religiöse weltanschauliche Grundlage zu geben.«[16]

In der Tat liest sich Eckarts Schrift wie eine Art Katechismus der völkischen Religion. Ihr Grundgedanke ist das jüdische Verhängnis in der Weltgeschichte von Moses bis Lenin, das mit den sattsam bekannten Argumenten beschworen wird. In scharfem Gegensatz dazu wird das Bild eines völkisch-arischen Christentums entwickelt, wie es seit Lagarde und Chamberlain in den Grundzügen bekannt war. Da steht Christus, selbstverständlich kein Jude, – »nie anders als aufgerichtet, nie anders als aufrichtig« – »blitzenden Auges zwischen dem kriechenden Judengesindel ... und es fallen wie Peitschenhiebe die Worte: ›Euer Vater ist der Teufel ...‹«[17] (Joh. 8.44). Auch hier ist Paulus der jüdische Verderber des Christentums.[18] Luther hat durch seine Übersetzung des Alten Testaments über die »Satansbibel« einen Glorienschein gebreitet[19], war aber andererseits in seiner Judenschrift viel einsichtiger als die christlichen

Kirchen heute, die »von jüdischen und halbjüdischen Geistlichen« wimmeln.[20] Hätte Luther die wirkliche Gefahr früher erkannt, so hätte er nicht den Katholizismus angegriffen, »sondern den Juden dahinter! ... Nie wäre es zur Kirchenspaltung gekommen, nie zu dem Krieg, der nach Wunsch der Hebräer dreißig Jahre lang arisches Blut in Strömen vergoß.« Die Front gegen die Juden ist die wahre christliche Front. Der Vorwurf, man wolle damit weg von Christus zu Wotan, ist Unsinn. »In Christus«, sagt der Hitler des Dialogs, »dem Inbegriff aller Männlichkeit, finden wir alles, was wir brauchen; und wenn wir gelegentlich einmal von Baldur reden, schwingt immer ein Stück Freude mit, die Genugtuung darüber, daß unsere heidnischen Urahnen bereits so christlich waren, Christus in dieser Idealgestalt vorauszuempfinden.«[21] Unverkennbar ist die Vorliebe beider Gesprächspartner für den Katholizismus. »Wir sind beide Katholiken«, bekennt Hitler und meint: »Unseren Protestanten ist nicht mehr zu helfen.«[22]

Die Schrift Eckarts enthielt fast alles an religiös-völkischen Argumenten und Positionen, was geeignet war, gegen die Partei eine nahezu geschlossene Front der beiden christlichen Konfessionen zu schaffen. Es ist ausgeschlossen, daß dem Verfasser von *Mein Kampf* das nicht klar war. So ist das auffällige Ignorieren der letzten programmatischen Schrift seines einzigen »väterlichen Freundes«[23] durch Hitler ein Zeichen, daß er diesen Weg nicht für den seinen hielt. Wenn Eckart ihn mit seiner Schrift noch einmal zum völkischen Propheten hatte machen wollen, so war Hitler entschlossen, nicht völkischer Prophet, sondern politischer Führer zu sein.

Eckart starb im Dezember 1923. Es ist nicht auszuschließen, daß der Tod seines ältesten Mentors Hitler durchaus gelegen kam. Es gab in seiner näheren Umgebung nun niemand mehr, der mit ähnlicher Entschlossenheit und ähnlicher Autorität die völkische Religion weiterhin vertreten konnte. Trotzdem war das Problem für Hitler damit keinesweg abgeschlossen.

Am 9. November 1923 war der Hitlerputsch in München zusammengebrochen. Am 10. November wurde die NSDAP verboten; seit dem 11. November befand sich Hitler auf der Festung Landsberg, wo er bis zum 20. Dezember 1924 die über ihn verhängte Haftstrafe verbüßte.

Während dieser Zeit wurde Ludendorff der wichtigste Mann der völkischen Bewegung[24]. Der General war im Frühjahr 1920 nach dem gescheiterten Kapp-Putsch – schäumend vor Wut, »daß das Offizierkorps der Reichswehr sich ihm versagt hatte«[25] – von Berlin nach München umgezogen. Hier hatte er sehr schnell Anschluß an die verschiedensten völkischen Kreise und Personen gefunden, sich in seiner Arroganz freilich auch mit den meisten ebenso schnell wieder überworfen, und war schließlich unter dem Einfluß einer religiös-völkischen Prophetin geraten, der Nervenärztin Dr. Mathilde v. Kemnitz. Wenn die Erinnerungen eines Vertrauten Ludendorffs zutreffen, so hatte Frau v. Kemnitz schon seit dem Jahre 1920 versucht, die NSDAP von ihren religiös-völkischen Ideen zu überzeugen, war aber bei Hitler, »dem ihre Gedanken und Lehren als konfuse Wahnvorstellungen erschienen, auf brüske Ablehnung« gestoßen[26]. Um so größeren Erfolg hatte sie bei Ludendorff. Es war typisch für den geistigen Zuschnitt dieses Mannes, daß er sich sehr bald in völliger Abhängigkeit von den Gedanken dieser Frau befand, die in unermüdlichem Kampf gegen das verjudete Christentum beider Konfessionen eine neue deutsche »Gottschau« zu begründen versuchte. Für Ludendorff war die Behauptung geheimer überstaatlicher Mächte zweifellos ein Erklärungsschema für sein eigenes Versagen; während die ehrgeizige und fanatische Mathilde v. Kemnitz in dem berühmten Heerführer ein willkommenes Instrument zur Verwirklichung ihrer Ideen sah.

Die Problematik, die Ludendorffs wachsende Abhängigkeit von diesen Ideen für die Partei aufwarf, wurde zum ersten Mal offenkundig bei seiner Verteidigungsrede, die er am 29. Februar 1924 vor dem Volksgericht in München hielt. Dort führte er den Zusammenbruch und alle seine Folgen nicht nur auf den Marxismus und das Judentum zurück, die das deutsche Volk »physisch, blutmäßig und moralisch« verdürben, sondern ebensosehr auf den Ultramontanismus, den er in langen, verworrenen Ausführungen der bewußten Zerstörung des Bismarck-Reiches beschuldigte[27].

Diese Angriffe lösten in der Öffentlichkeit heftigen Widerspruch aus. Ludendorff war immerhin so prominent, daß es Reichsaußenminister Stresemann für nötig hielt, sie in einer offiziellen Erklärung »aufs allerentschiedenste« zurückzuweisen und dem Heiligen Stuhl sein Bedauern darüber auszusprechen. Auch der preußische Ministerpräsident Braun richtete ein Schreiben an den Nuntius, um »zum Ausdruck zu bringen, wie lebhaft die preußische Regierung die Ausfälle des Generals gegen S. Heiligkeit« bedauere.[28]

Aber auch in den Reihen der Partei stieß Ludendorffs Vorgehen auf Kritik. Zwar bestritt der General später, daß er Hitler versprochen hätte, die religiöse Frage nicht anzuschneiden. Aber daß Hitler diese Art der Agitation schon damals für falsch, ja für verhängnisvoll hielt, ist sicher. So ist es durchaus glaubhaft, daß es gerade über diesen Punkt häufiger zu Auseinandersetzungen zwischen den beiden völkischen Führern kam. »Ludendorff«, so berichtete Wilhelm Breucker, »warf Hitler vor, daß er in seinem Programm die Partei ausdrücklich auf den Boden des positiven Christentums gestellt habe, und suchte ihm mit Bibelzitaten zu beweisen, daß das Christentum der schärfste Gegener jeder völkischen Bewegung sei und es auch seiner Natur nach sein müsse. Hitler antwortete: Ich denke genau so wie Euere Exellenz, aber Euere Exellenz – Hitler sprach mit dem General immer in devot-serviler Form und redete ihn, wie er das als Gefreiter gelernt hatte, stets in der dritten Person an – können es sich leisten, Ihren Gegnern vorher anzukündigen, daß Sie sie totschlagen wollen. Ich aber brauche zum Aufbau einer großen politischen Bewegung die Katholiken Bayerns ebenso wie die Protestanten Preußens. Das andere kommt später!«[29]

Trotz dieser Vorbehalte konnte Hitler nicht verhindern, daß Ludendorff 1924, während er in Landsberg inhaftiert war, zum ersten Mann der völkischen Bewegung wurde. Ungeachtet des heftigen Widerstandes von hitlertreuen Gruppen gelang es dem General, zwischen nord- und süddeutschen völkischen Nationalsozialisten zu vermitteln und mit der Deutschvölkischen Freiheitspartei im Mai 1924 in den Reichstag einzuziehen. Der relative Erfolg dieser Partei war freilich nur von kurzer Dauer. Schon bei den Reichstagswahlen im Dezember 1924 bekam sie die Quittung für ihre hoffnungslose Zerstrittenheit, verlor mehr als die Hälfte ihrer Wähler und fiel auf 3 Prozent und 14 von bisher 32 Sitzen zurück.

Für den Chronisten der Geschichte von Papst und Kurie nach dem Weltkrieg gab es keinen Zweifel, daß damit der »Vorstoß des National-Sozialismus gegen Rom« gescheitert war und daß an diesem Scheitern vor allem die Gegnerschaft der Völkischen gegen die katholische Kirche die Schuld trug.[30]

Daß Ludendorff entschlossen war, die Partei tatsächlich auf die völkisch-religiöse Linie von Mathilde v. Kemnitz festzulegen, zeigte die Tagung der Freiheitspartei im August 1924 in Weimar. Getreu seiner Absicht, »daß auch der religiöse Halt der völkischen Bewegung« behandelt werden sollte, übertrug der General ein Hauptreferat dieses Parteitags Mathilde v. Kemnitz. Sie sprach über »Die Macht der reinen Idee« und beschuldigte darin das Christentum aller möglichen finsteren Machenschaften und Verbrechen[31]. Zum Schluß der Tagung hielt Artur Dinter eine Rede auf Ludendorff und »verpflichtete alle Anwesenden, auch sich selbst, zur Treue bis zum Tode« auf den General[32].

Auch das »Rüstzeug der Nationalsozialisten Freiheitsbewegung Großdeutschlands«, eine Art Programm, das unter Ludendorffs Leitung im Herbst

1924 für die Wahlen im Dezember entstand, legte nach seinem Willen besonderen Wert darauf, »daß die Glaubensfrage an erster Stelle bei der Wiedergabe unserer Ziele genannt würde«. Der Abschnitt »Die Völkische Bewegung des Religiösen« begann dementsprechend mit dem Bekenntnis: »Die Nationalsozialistische Freiheitsbewegung ist wie jede große Erneuerungsbewegung aus religiösem Boden erwachsen«[33] – eine Formulierung, die die Partei unmittelbar in die völkisch-religiöen Auseinandersetzungen verwickeln mußte.

Man muß Ludendorff, Frau v. Kemnitz und die ganze damit verbundene Richtung im Auge haben, um Hitlers Reaktionen nach seiner Entlassung aus der Haft zu begreifen.

Der Landsberger Häftling hatte während des ganzen Jahres 1924 diese Entwicklung beobachtet, ohne auch nur einen Finger für die Konsolidierung der Bewegung zu rühren. Im Gegenteil: Er schien zu wissen, daß der Kampf aller gegen alle seine Unentbehrlichkeit als Führer überzeugend erweisen werde[34]. Zugleich muß ihn das Erlebnis dieses Zerfalls in seiner Überzeugung bestätigt haben, daß jede Art von völkisch-religiöser Grundsatzdiskussion für die Organisation tödlich war.

Die erste öffentliche Äußerung jedenfalls, mit der er nach einjähriger Haft wieder hervortrat, war ganz wesentlich dieser Frage gewidmet. Es handelte sich um den Leitartikel, den Hitler für die erste Ausgabe des *Völkischen Beobachters* nach der Aufhebung des Verbots schrieb. Er erschien am 26. Februar 1925 unter der Überschrift: »Zum Wiedererstehen unserer Bewegung«. Nach einem kurzen historischen Rückblick und der betonten Versicherung, daß »der Kampf der Bewegung« so weitergehen werde, wie er von Anfang an geplant gewesen sei, schrieb Hitler: »Ich muß mich an dieser Stelle besonders gegen den Versuch wenden, religiöse Streitigkeiten in die Bewegung hineinzerren zu wollen, ja, die Bewegung damit gleichzustellen. Ich habe mich immer gegen die Sammelbezeichnung ›Völkisch‹ gewehrt, weil die außerordentlich unbestimmte Auslegung dieses Begriffes selbst schädlichen Versuchen Tor und Tür öffnet. ... Wenn heute von verschiedenen Seiten der Versuch unternommen wird, die völkische Bewegung in religiösen Belangen anzusetzen, so sehe ich darin den Beginn ihres Endes. Religiöse Reformationen können nicht von politischen Kindern gemacht werden. Um etwas anderes aber handelt es sich bei diesen Herrschaften nur selten. Ich bin mir vollständig klar über die Möglichkeit des Beginns eines solchen Kampfes, aber ich bezweifle, ob die darin sich betätigenden Herren sich auch klar über das wahrscheinliche Ende sind.« Im folgenden wiederholte er dann die Behauptung, die zugleich seine Sorge vor einem neuen Kulturkampf deutlich machte, daß der Kampf gegen das Zentrum »nicht aus Erwägungen religiöser Art, sondern ausschließlich aus Gründen politischer Erkenntnisse« geführt werde[35].

Dieser programmatische Artikel zum Neubeginn zeigte, daß Hitler zu dieser Zeit der religiösen Frage für die weitere Entwicklung der Partei eine entscheidende Bedeutung zumaß. Faktisch bedeutete er die Trennung von Ludendorff, der sich nach seiner völlig mißglückten Kandidatur für das Amt des Reichspräsidenten[36] im Frühjahr 1925 immer stärker von Hitler zu distanzieren begann und schließlich – von Hitlers »Romhörigkeit« überzeugt – zu einem seiner erbittertsten Gegner wurde.

Die weitere Geschichte des Hauses Ludendorff hat nur noch entfernt mit unserem Thema zu tun. Der General ließ sich 1926 von seiner Frau scheiden und heiratete Mathilde v. Kemnitz. Beide machten aus dem 1925 gegründeten, ursprünglich rein nationalistischen Tannenbergbund in den späten zwanziger Jahren eine religiös-völkische Sekte[37]. Hitler gab in einem Rundschreiben 1927 bekannt, daß Ludendorff nicht Mitglied der NSDAP sei und auf diese keinerlei Einfluß habe, eine gleichzeitige Mitgliedschaft im Tannenbergbund und in der NSDAP sei für Parteigenossen ausgeschlossen. »Damit darf jedoch ein Kampf gegen Exz. Ludendorff, der nach wie vor als Feldherr zu verehren ist, sowie gegen seine Verbände nicht eröffnet werden.«[38] Diese Linie hielt Hitler auch in der Zeit seiner Herrschaft durch, wo der Tannenbergbund, inzwischen nur noch krude Sektiererei, ein halb verbotenes, halb toleriertes Dasein fristete.[39]

Der Leitartikel vom 26. Februar war nun freilich nicht nur eine Abgrenzung gegen Ludendorff. Er betraf ebensosehr auch andere führende Anhänger Hitlers, die zu seiner nächsten politischen Umgebung gehörten. Das wurde schon am Tag der Wiederbegründung der Partei deutlich.

An diesem Tag, dem 27. Februar 1925, hielt Hitler im Münchner Bürgerbräukeller seine berühmte Rede zur »Wiederaufrichtung« der Partei. »Überwältigt«, so hieß es im offiziellen Versammlungsbericht, »von den Worten Hitlers und dem Jubel der Versammlung betraten die Herren Streicher, Dr. Dinter, Esser, Dr. Buttmann, Feder und Dr. Frick das Rednerpodium und gelobten Herrn Hitler unverbrüchliche Treue, gleichzeitig sich untereinander die Hände haltend.«[40] Von diesen sechs Männern, die unmittelbar nach der Neugründung Hitlers engsten Kreis bildeten, vertraten immerhin zwei – die Katholiken Streicher und Dinter – eine extrem völkisch-religiöse Position, und zumindest Dinter war keinesweg gesonnen, diese Position aufzugeben.

Dr. Artur Dinter, als Sohn eines preußischen Zollbeamten 1876 im Elsaß geboren, zunächst Leiter für naturwissenschaftliche Fächer in Straßburg, dann Schriftsteller, Dramaturg und Regisseur in Rostock und Berlin, prominentes Mitglied des Schutz- und Trutzbundes und seit den frühen zwanziger Jahren in Thüringen zu Hause, gehörte schon vor dem Krieg zu den radikalen völkischen Antisemiten, und hatte durch seine hunderttausendfach aufgelegten Bücher wesentlich zur Popularisierung der völkischen Regierung beigetragen.[41]

Im Frühjahr 1923 hatte er in München Hitler kennengelernt und war nach dem gescheiterten Putsch zur hitlertreuen Großdeutschen Volksgemeinschaft gestoßen, aus deren Führung Esser und Streicher gerade Rosenberg verdrängt hatten.[42] Für diese Nachfolgeorganisation der verbotenen NSDAP hatte er in Thüringen, wo er ein Abgeordnetenmandat besaß, Anhänger gesammelt und bis Ende 1924 »30 Ortsgruppen wieder für die NSDAP gewonnen«.[43] Parteigenosse mit der Mitgliedsnummer 5, war er bei der Neugründung dabei, wurde mit der Führung der Partei in Thüringen betraut und auf der Generalmitgliederversammlung am 23. Mai 1926 in München mit lebhaftem Beifall bedacht.[44] Auch die Organisation des ersten Parteitags nach der Neugründung, der im Juli 1926 im Weimarer Nationaltheater stattfand, war vor allem Dinters Werk. Aber Dinter war nicht nur als Organisator wichtig. Hitler scheint in ihm auch so etwas wie eine geistige Autorität gesehen zu haben. Jedenfalls bezeichnete er den »lieben Herrn Doktor« noch in einem Brief vom 28. Juli 1928 als einen Mann, »den ich persönlich verehre und dessen allgemeine Lebensarbeit unserer großen völkischen Idee so unschätzbare Dienste geleistet hat« – eine Formulierung, die für Hitler zu dieser Zeit schon ganz ungewöhnlich war.[45]

Dinter war zweifellos der entschiedenste und markanteste Vertreter einer völkischen Religion unter den prominenten Führern der NSDAP. Sein Ziel war »die Wiederherstellung der reinen Heilandslehre«, die »Vollendung der Reformation« und die Schaffung einer deutschen Nationalkirche, die die konfessionelle Spaltung überwinden und den Deutschen einen »artgemäßen Glauben« verkündigen sollte.[46] Nach seiner Überzeugung war diese religiöse Erneuerung die Voraussetzung aller Politik: »Bleibt die völkische Bewegung in den Niederungen des nur politischen Kampfes stecken, wird sie gewißlich wieder versanden ... Darum wird die völkische Bewegung ihr Ziel nur erreichen, wenn sie sich zu den reinen, sittlichgeistigen Höhen erhebt, die aus der Lehre des größten Antisemiten und Antimaterialisten aller Zeiten, des Helden von

Nazareth, uns entgegenleuchten. Sie wird und kann nur siegen, wenn sie die Axt an die geistige Wurzel des Judentums legt, d. i. an das Judentum in der christlichen Kirche.«[47] »Die Geschichte aller Völker und Zeiten lehrt«, so befand Dinter, »daß den epochemachenden politischen Umwälzungen die religiösen stets vorausgehen, niemals ist es umgekehrt.«[48] Dies war das genaue Gegenteil der Position, die Hitler für die einzig richtige hielt. Aber es dauerte nahezu drei Jahre und bedurfte umfangreicher Vorkehrungen, bis die Auseinandersetzungen um diese Frage mit dem Ausschluß Dinters aus der Partei im Oktober 1928 abgeschlossen waren.

Zweifellos hatte Dinter die Absicht, der Partei von Thüringen aus seinen religiös-völkischen Kurs aufzuprägen. Dabei hoffte er vor allem auf den späteren fränkischen Gauleiter Julius Streicher, dem er im Juli 1928 bescheinigte, »einer der sehr wenigen in der Partei« zu sein, »die ein ganz natürliches Empfinden für Religion und überhaupt Verständnis für die religiöse Frage haben«[49] – für den Herausgeber des *Stürmer*, des schlimmsten antisemitischen Hetzblattes der Partei, zweifellos eine etwas überraschende Charakterisierung.

Aber Dinter hatte sich in der Festigkeit Hitlers und in seinen Freunden und Thüringer Parteigenossen getäuscht.

Daß Hitler entschlossen war, aus seinen grundsätzlichen Erklärungen zum Verhältnis von Politik und Religion auch Konsequenzen zu ziehen, zeigte ein »Rundschreiben an die offiziellen Parteiorgane der NSDAP« vom 23. Februar 1927, in dem die Reichsleitung in München »den übrigen offiziellen Parteiorganen zur Warnung« mitteilte, daß einem Blatt der Partei die Autorisierung und die Erlaubnis, »das Kennzeichen der NSDAP (Hakenkreuz mit Kranz und Adler) am Kopf zu führen durch Hitler entzogen« worden sei. Als Grund wurde »der Verstoß des Blattes gegen einen der ersten Grundsätze der NSDAP« angegeben, wonach »Angriffe gegen Religionsgemeinschaften und deren Institutionen unbedingt untersagt sind, Auseinandersetzungen über diese nicht in die Reihen der NSDAP getragen werden dürfen«. Herr Hitler werde in diesem Punkt »unnachsichtlich« vorgehen. »Selbst Artikel, bei welchen die Herren Schriftleiter den kleinsten Zweifel hegen, ob obiger Grundsatz verletzt wird oder nicht, dürfen nicht gebracht werden.«[50]

Nachdem es in Thüringen schon lange zu Auseinandersetzungen um die Person Dinters gekommen war, forderte sein mit ihm rivalisierender Organisationsleiter Fritz Sauckel im Juni 1927 offiziell, daß Dinter sein Amt als Gauleiter niederlegen solle, da er »immer und immer wieder die Absicht geäußert hat, seinen religiösen Kampf nunmehr aufzunehmen . . .«[51] Tatsächlich wurde

Dinter am 30. September 1927 »wegen beruflicher Überlastung« als Gauleiter von Thüringen entlassen, wobei Hitler ihm ausdrücklich Dank und Anerkennung »für die der Bewegung in jahrelanger Kampfarbeit geleisteten Dienste« aussprach.[52]

Aber Dinter gab keineswegs auf. Vielmehr gründete er im November 1927 in Nürnberg die überparteiliche »Geistchristliche Religionsgemeinschaft«, die die religiöse Erneuerung der völkischen Bewegung endlich vorantreiben sollte.[53] Das Unternehmen war wenig erfolgreich, brachte aber begreiflicherweise Ärger mit der Partei und erhielt durch die von Dinter nahezu allein bestrittene Zeitschrift *Geistchristentum* immerhin eine gewisse Publizität in völkischen Kreisen. Daher beantragte Martin Bormann, damals noch kleiner Unterführer der Partei in Weimar, in einem Schreiben an die Reichsleitung offiziell den Ausschluß Dinters aus der Partei.[54]

Die weitere Behandlung der Angelegenheit macht deutlich, wie problematisch dieser Ausschluß und damit die endgültige Trennung vom religiösen Flügel der völkischen Bewegung für Hitler damals offenbar noch immer erschien.

Die Sache ging zunächst, wie üblich, an den Untersuchungs- und Schlichtungsausschuß der Reichsleitung, kurz Uschla genannt, dem seit 2. Januar 1928 der Major a. D. Walter Buch vorsaß[55], ein Hitler treu ergebener Mann, seit 1929 Schwiegervater Martin Bormanns, und viele Jahre hindurch zweifellos einer der einflußreichsten Männer im Hintergrund. Der Uschla, der bei höheren Parteirängen nur mit Hitlers Zustimmung handeln konnte[56], entschloß sich im Fall Dinter zu einem Verfahren, das für eine Führerpartei durchaus ungewöhnlich war. Walter Buch richtete am 5. Juni 1928 an sieben Gauleiter das folgende Schreiben: »Pg. Dr. Dinter hat vor einiger Zeit die ›geistchristliche Religionsgemeinschaft‹ gegründet mit dem Ziele ›der Vollendung der Reformation‹. Er wendet sich hierin gegen die ›jüdisch-römische‹ sowie die ›jüdisch-evangelische‹ Kirche und ruft zum Kulturkampf auf, um der ›reinen Heilandslehre‹ zum Sieg zu verhelfen. Es ist fraglich, ob dieser Schritt eines Pg. für die NSDAP förderlich ist oder nicht. Herr Hitler will die Frage nicht ohne das Gutachten einzelner Gauleiter entscheiden. Ich bitte Sie deshalb um Ihre diesbezügliche Äußerung.«[57] Die vollzählig eingegangenen Antworten fielen bis auf eine erwartungsgemäß negativ aus.[58] So beantragte beispielsweise der Hamburger Gauleiter Lohse »unter nochmaliger Betonung, daß ich erstens selbst evangelisch bin, und zweitens, daß hier in den evangelischen Gebieten uns die größten Schwierigkeiten entstehen, in aller Form« den Ausschluß Dinters.[59] Auch der Gauleiter des Gaues Ruhr meinte am 19. Juni, nach seiner »bescheidenen Auffassung« sei Dinters Tätigkeit »auf die Dauer nicht zu ertragen«.[60]

Daraufhin faßte der Uschla am 12. Juli den Beschluß, von Dinter »bei Vermeidung des Ausschlusses« den Abbruch seines religiösen Kampfes zu fordern.[61] Hitler selbst übersandte am 25. Juli Dinter diesen Beschluß mit einem langen Brief, der in Hitlers knapper Korrespondenz ohne Beispiel ist. In einem Ton respektvoller Verehrung versuchte er, Dinter die Entscheidung des Uschla zu erläutern, die ausschließlich durch die unbedingte Priorität des Politischen bedingt sei, die er, Hitler, zu wahren habe. »Das Schicksal unseres Volkes, zumindest als Rassenproblem, wird sich schneller entscheiden als die Durchführung einer religiösen Reformation dauern würde. Entweder unser Volk wird auf dem schnellsten Wege vor dem Verfall, der ihm besonders blutsmäßig droht, zurückgerissen, oder es wird darin verkommen.« Die zwanzig Jahre, die ihm - Hitler - noch zur Verfügung stünden, »wenn das Schicksal an sich nicht anders entscheidet«, würden für den Sieg einer politischen Bewegung ausreichen, für eine religiöse Reformation jedoch viel zu kurz sein. »Sollten Sie«, so schloß das Schreiben, »das Bedürfnis hegen, lieber Herr Doktor, mit mir persönlich zu sprechen, so würde ich das sehr begrüßen und stünde Ihnen jederzeit zur Verfügung.«[62]

Hitlers nächste Stellungnahme erfolgte öffentlich auf der Führertagung und Generalmitgliederversammlung der Partei in Weimar Ende August/Anfang September 1928. Eines der Hauptthemen dieser Tagung war die Dintersche Frage. Dinter selbst war trotz eines telegraphischen Befehls Hitlers nicht erschienen, hatte dafür aber einen Antrag eingebracht, wonach dem Parteivorsitzenden ein beratender Senat zur Seite gestellt werden sollte. Der Antrag wurde einstimmig abgelehnt, und Hitler wiederholte seine Entschlossenheit, die Bewegung »für alle Zukunft« freizuhalten »von den religiösen Diskussionen und Kämpfen«.[63]

Dinter antwortete mit einem Aufsatz »Religion und Nationalsozialismus«, in dem er zum ersten Mal auch Hitler selbst scharf angriff und ihn der völligen Blindheit gegenüber der Tatsache beschuldigte, »daß ein genau so schlimmer Feind eines völkischen Deutschlands, geschweige denn völkischen Großdeutschlands, als der Jude die römische Papstkirche ist«.[64]

Auf diese Angriffe konnte nur der Ausschluß erfolgen. Überraschenderweise aber schien die Parteileitung ihrer Sache noch nicht einmal jetzt ganz sicher zu sein. Denn am 8. Oktober 1928 richtete Gregor Strasser, der Reichorganisationsleiter der Partei, ein Schreiben an eine Reihe führender

Mitglieder, in dem er auf die »Belastungsprobe« hinwies, die die bevorstehende Maßregelung Dinters zweifellos bedeuten werde, und darum bat, durch Unterschrift die Übereinstimmung mit Hitlers Entscheidung zu bekräftigen. In diese Erklärung wurde Dinters Ansicht zurückgewiesen, »als ob in der Stellungnahme zu seinem religiösen Kampf in der Nationalsozialistischen Bewegung zwischen Adolf Hitler und den übrigen Führern ein Zwiespalt der Meinungen bestände und nur Adolf Hitler allein dem Dinterschen Versuch, die Bewegung mit religiösen Diskussionen zu beschäftigen, Widerstand entgegensetzte. Wir unterzeichneten Führer der Nationalsozialistischen Deutschen Arbeiterpartei«, hieß es weiter, »Protestanten und Katholiken, weisen diesen Versuch entschieden zurück.«[65] Die Zahl der zurückgekommenen Erklärungen ist zu gering, um feststellen zu können, ob die Unterschriften von Streicher, Esser und Rosenberg dabei zufällig oder absichtlich fehlten. Ernsthafte Gegenstimmen scheinen sich jedoch nicht gemeldet zu haben.[66]

Am 11. Oktober 1928 unterzeichnete Hitler die Ausschlußverfügung. Sie bezog sich nur auf Dinters Aufsatz »Religion und Nationalsozialismus«, der als »parteischädigend« bezeichnet wurde, und erklärte den Ausschluß ausdrücklich für »endgültig«.[67]

Damit war der Fall Dinter für die Partei erledigt. Ein späterer Antrag Dinters auf Wiederaufnahme vom 29. April 1933 wurde ebenso abgelehnt wie ein Gnadengesuch vom 15. Juni 1937. Seit dieser Zeit waren auch Dinters Schriften verboten; 1939 wurde er aus der Reichschrifttumskammer ausgeschlossen. Laut Auskunft der Personalkartei der Reichsleitung trug die »Reichskarteikarte« des ehemaligen Mitglieds Nr. 5 seit 1937 die Vermerke: *»›Aufnahme ausgeschlossen‹*, ›Nie wieder aufzunehmen‹, und ›Gnadengesuch an den Führer um Wiederaufnahme am 15. 6. 1937 abschlägig bescheiden.‹«[68]

Der Ausschluß Dinters bedeutete einen Sieg Hitlers und seines persönlichen Führungsanspruchs. Aber er bedeutete ebensosehr eine Grundsatzentscheidung über die zukünftige Kirchen- und Religionspolitik der Partei. Sie hatte sich mit Dinter entschlossen vom letzten selbständigen Repräsentanten jener völkischen Tradition getrennt, aus der sie 1919 entstanden war, der sie ihre Weltanschauung, ihre Grundlagen und ihre Ziele verdankte. Sie hatte sich damit keinesweg auch von dieser Weltanschauung getrennt – in dieser Hinsicht waren Dinters Vorwürfe ganz unberechtigt. Aber was Hitler grundsätzlich von allen seinen völkischen Gesinnungsgenossen unterschied, war die Überzeugung, daß der Sieg dieser Weltanschauung keine Frage der Theorie sei, sondern des politischen Kampfes. Aus dieser Überzeugung verfocht er nach innen die unbedingte Geltung des Führerprinzips und die ebenso unbedingte organisatorische Geschlossenheit, nach außen ein größtmögliches Maß an politischer Beweglichkeit.

Wenn Dinter im Herbst 1929 klagte, Hitler sei es heute, »wie es noch zu Lebzeiten Dietrich Eckarts der Fall war, nicht mehr um den Sieg einer reinen völkischen Bewegung als solcher zu tun, sondern einzig und allein darum, möglichst rasch an die politische Macht zu gelangen«[69], so verfiel er damit in den gleichen Fehler, in den so viele Kritiker Hitlers damals verfallen waren und auch später noch verfielen, nämlich Hitlers wachsende politische Beweglichkeit mit bloßem opportunistischen Machtstreben zu verwechseln. Vielmehr gehörte zu den vielen Dingen, die Hitler vom Marxismus gelernt hatte, auch die Einsicht, daß es letztlich die richtige Bestimmung des Verhältnisses von Theorie und Praxis war, die über seinen politischen Erfolg entschied. Deswegen mußte Dinter, der den Primat der reinen völkischen Weltanschauung vertrat, gehen.

Was diese Trennung für Hitler bedeutete, das machte er mit geradezu triumphalen Worten in einer Rede deutlich, die er am 27. Oktober 1928, wenige Wochen nach dem Ausschluß Dinters, in Passau hielt. Dort erklärte er im überfüllten Schmeroldkeller-Saal: »Diese Bewegung hat eine außerordentliche Operationsfreiheit bekommen, die im höchsten Sinne des Wortes gestattet, alles zurückzustellen, was irgendwie trennen könnte im Volke. Wir sind verschieden gläubig im Volke, sind aber eins. Welcher Glaube den andern besiegt, das ist nicht die Frage, vielmehr ob das Christentum steht oder fällt, das ist die Frage! ... In unseren Reihen dulden wir keinen, der die Gedanken des Christentums verletzt, der einem anders Gesinnten Widerstand entgegenträgt, ihn bekämpft oder sich als Erbfeind des Christentums provoziert. Diese unsere Bewegung ist tatsächlich christlich. Wir sind erfüllt von dem Wunsche, daß Katholiken und Protestanten sich einander finden mögen in der tiefen Not unseres eigenen Volkes. Wir werden jeden Versuch unterbinden, den religiösen Gedanken in unserer Bewegung zur Diskussion zu setzen.«[70]

Der Erfolg gab Hitler recht. Der Schritt zur Massenpartei, der 1930 erfolgte, wäre mit Sicherheit niemals gelungen, wenn Hitler der Partei nicht diese »Operationsfreiheit« gesichert hätte. Die Macht war wohl *ohne* das christliche Deutschland zu gewinnen, *gegen* das christliche Deutschland hatte die Partei keine Chance.

Es blieb freilich ein Balanceakt, den Hitler hier ständig zu üben hatte. Denn ein Teil seiner jungen alten Kämpfer wie Heß, Rosenberg, Streicher, und auch später großgewordene wie Himmler, Bormann und Schirach, kamen aus dem völkischen Lager und hielten am Gedanken einer religiösen Sendung der Bewegung fest. Manche von ihnen, vor allem Rosenberg, fühlten sich gewiß nicht weniger als völkische Reformatoren wie einst Dinter. Aber spätestens seit jenem Ausschluß hatte Hitler die Dinge so fest in der Hand, daß keiner von ihnen mehr die Partei selbständig zu bestimmen in der Lage war.

Für die wichtigen Jahre der Eroberung und Konsolidierung der Macht zwischen 1930 und 1934 wurde entscheidend, daß es Hitler gelungen war, die Partei von 1923 aus ihrem dreifachen Ghetto herauszuführen: aus dem politischen Ghetto der bloßen Radau- und Putschpartei; aus dem landsmannschaftlichen Ghetto einer bayerisch-österreichischen Sondergruppierung und aus dem religiösen Ghetto einer völkischen Sekte.

Man wird unter diesen drei Punkten den letzten gewiß nicht gering schätzen dürfen.

7. KAPITEL

DIE ENTSTEHUNG DER POLITISCHEN THEOLOGIE UND DIE JUDENFRAGE IM DEUTSCHEN PROTESTANTISMUS (1917–1930)

Erst die Entscheidung Hitlers, sich vom religiösen Flügel der völkischen Bewegung zu trennen, machte ihn und seine Partei für den deutschen Protestantismus im Prinzip wählbar. Man kann das ablesen an der Geschichte des Verhältnisses von Protestantismus und völkischer Bewegung, noch ehe von Hitler und der NSDAP überhaupt die Rede war. In der Diskussion, die zwischen 1924 und 1930 über dieses Verhältnis im Gange war, wurden diejenigen Kategorien und Begriffe entwickelt, die dann das Feld beherrschten, als es Ernst wurde – nach dem 14. September 1930.

Der deutsche Protestantismus befand sich gegenüber der völkischen Bewegung in einer schwierigen Lage. Einerseits fand er in ihr bestimmte Dinge, die eine große Zahl vor allem jüngerer Theologen lebhaft bejahten, andererseits wurden von der völkischen Seite Forderungen erhoben, die für eine christliche Kirche schlechterdings indiskutabel waren.

Daß die völkische Bewegung für den deutschen Protestantismus überhaupt zu einer Frage werden konnte, lag zunächst einfach an seiner nationalen Bestimmheit. Im Gegensatz zum – wenigstens theologisch immer grundsätzlich festgehaltenen – Universalismus der katholischen Kirche war der lutherische Protestantismus aus Not und Überzeugung national. Er hatte vom Sieg des nationalen Gedankens im 19. Jahrhundert in Deutschland profitiert und hatte nun auch an seiner großen Krise teil. Und insoweit die völkische Bewegung nichts anderes war als der Versuch, diese Krise zu überwinden und den alten nationalen Gedanken in seiner neuen, völkischen Form wieder in seine Rechte einzusetzen, bestand zwischen völkischer Bewegung und Protestantismus offenbar eine natürliche Bundesgenossenschaft.

Andererseits waren rassischer Dualismus, waren arischer Jesus und arische Religion für ernsthafte christliche Theologen nicht einmal ein Thema, geschweige denn eine Möglichkeit. Genau diese Situation spiegelte die Diskussion wider, die seit 1924 um das Für und Wider der völkischen Bewegung geführt wurde.

Die Sache begann mit einer bemerkenswerten Veränderung des ethischen Bezugspunktes der Theologie. Während Wilhelm Herrmann noch als die wichtigsten Felder christlichen Tätigwerdens die Familie, die Kulturgesellschaft und den Staat genannt hatte,[1] entdeckte eine Reihe jüngerer lutherischer Theologen im Verlauf des Krieges und der Nachkriegszeit den Begriff des Volkes. Es war eine Entdeckung, die einen Teil dieser Generation offenbar geradezu überwältigt haben muß. Sie fand darin die Überwindung eines Individualismus, dessen sie längst überdrüssig war, weil er ihr eng, klein und kaltherzig erschien. Was der deutsche Protestantismus an Tugenden gleichsam gespeichert hatte, der Wille zur Gemeinschaft und zur Solidarität, zur Hingabe und zum Opfer, das floß nun ganz in den Begriff des Volkes ein. Die Familie als Feld christlichen Tätigwerdens schien zu begrenzt, die Kulturgesellschaft des 19. Jahrhunderts im Krieg zerbrochen, der Staat fragwürdig geworden. Einzig das Volk hatte offenbar überdauert, trug nun die Zukunft und schien jedes Opfers und jeder Hingabe wert. So wurde das Volk zum neuen ethischen Bezugspunkt der Theologie, wie es vordem der Thron als Inbegriff der staatlichen und gesellschaftlichen Ordnung gewesen war, und an die Stelle der alten Formel von Thron und Altar trat nun die neue Wendung von Gott und Volk. Es war natürlich ein Stück romantischer Tradition, das damit neu belegt wurde, Herder, Arndt und vor allem Fichte hatten bei diesem Volksbegriff Pate gestanden und in mancher Hinsicht erinnerte dies alles an die Zeit der Befreiungskriege, in denen sich schon einmal Pietismus und Patriotismus im Begriff des Volkes getroffen hatten.[2] Aber es war nun doch ein entscheidender Unterschied, ob man von Volk sprach in einer Zeit, in der das völkische Denken sehr schnell an die politischen Grenzen der deutschen Territorialstaaten stieß, oder ob man mit diesem Begriff unter Umständen hantierte, die dem Anfachen eines offenen Feuers in einer Pulverkammer glichen. Unter den Theologen, die den Bezug von Gott und Volk in dieser neuen, besonderen Weise herstellten und vertraten, zählten einige zu den bedeutendsten theologischen Lehrern ihrer Zeit. Das galt für Paul Althaus, für Emanuel Hirsch und für Friedrich Gogarten, der zu dieser Gruppe zu rechnen ist, auch wenn er ein Jahrzehnt, von 1919 bis 1929, im anderen Lager zu stehen schien. An Einfluß ihnen gleich, wenn nicht überlegen, war der Publizist Wilhelm Stapel, der mit seiner 1919 gegründeten Monatsschrift *Deutsches Volkstum* ebenfalls diese Richtung vertrat.[3]

Man kann die Veränderungen, die sich im deutschen Protestantismus mit dem Ausbruch des Ersten Weltkriegs anbahnten, an einem Vortrag beobachten, den der damals 28jährige Privatdozent und Kriegspfarrer Paul Althaus auf einer allgemeinen Pastorenkonferenz des Konsistorialbezirks Warschau hielt, die am 8. und 9. April 1916 in Łodz stattfand. Er trug den Titel »Die Stellung der Kirche im Volksleben«. In dem geteilten, in nationalen Fragen überaus empfindlichen Lande hatte die kleine evangelische Kirche Augsburger Konfession mit ihren vielen deutschen Gemeinden naturgemäß einen schwierigen Stand. Noch im Oktober 1905 hatte daher eine allgemeine Pastorensynode der evangelischen Geistlichkeit Polens eine Entschließung angenommen, die ausdrücklich den »Standpunkt der Neutralität gegenüber der völkischen Frage« festlegte. »Der Pastor«, hieß es darin, »hat sich über die Nationalitäten zu stellen: er ist nicht Politiker, sondern Seelsorger. Seine Aufgabe ist weder Germanisierung noch Polonisierung, sondern treue Verkündigung des Evangeliums, wobei er, soweit als irgend möglich, jeder Nationalität gerecht werden muß.«[4]

Althaus, der diesen Beschluß zitierte, berief sich in seinem Vortrag dagegen auf die wachsende deutsch-völkische Bewegung, die diesen Beschluß heute überholt habe. Schon habe »die völkische Gleichgültigkeit der Kirche in einer Zeit wertvollster Selbstbesinnung des hiesigen Deutschtums die Innigkeit des Verhältnisses zwischen Pastoren und deutschen Gemeinden vielerorts geschädigt«. Deshalb stellte Althaus dem Beschluß der Synode von 1905 die These entgegen: »Die Neutralität der Kirche gegenüber der völkischen Frage widerstrebt dem rechtverstandenen Beruf der Kirche.«[5] Es geht beim Festhalten am Deutschtum um eine Frage des Charakters; es geht um Treue, um Beständigkeit, um die »sittliche Pflicht«, die gebietet, »die eigene gottgeschenkte Eigenart zu wahren«. Im Bekenntnis zum deutschen Volkstum auch und gerade unter schwierigen Umständen sah Althaus vor allem eine sittliche Leistung: die Bereitschaft zur Solidarität, zur Hingabe und zum Opfer. »Völkische Selbstbestimmung«, so behauptete er deshalb, »ist schon ein Aufwachen aus einer Stumpfheit rein materiell-bestimmten Dahinlebens, ist schon ein Hineinwachsen in eine Welt sittlicher, unsichtbarer Verpflichtungen und kann damit sicherlich der Vorhof zum Heiligtum der Religion werden.«[6]

Die Vorstellung, die diesem völkischen Appell an die deutsche evangelische Kirche in Polen zugrunde lag, sah im Volk eine Gemeinschaft, die vor dem einzelnen existierte, der der einzelne sein irdisches Leben verdankte und der er darum auch sein Leben schuldete. Und da dem Anspruch der Gemeinschaft auf den einzelnen grundsätzlich ein höherer sittlicher Wert beigemessen wurde als dem Anspruch des einzelnen auf sich selbst, bedeutete dies tatsächlich das Ende des liberalen Individualismus.

Drei Jahre später, 1919, veröffentliche Althaus eine Schrift, in der er, vom Erlebnis der Volksgemeinschaft aus, den grundsätzlich gemeinschaftlichen Charakter auch der Kirche darzulegen versuchte. Diese Schrift ist deshalb besonders interessant, weil sie zeigt, wie selbstverständlich und überzeugt Althaus damals schon den völkischen Ansatz vortrug. Zugleich macht sie aber auch deutlich, daß er völkische und kirchliche Gemeinschaft durchaus zu unterscheiden wußte.

»Wer würde es unternehmen, etwa die Volksgemeinschaft vom Einzelnen aus zu erklären und zu rechtfertigen?« so fragte Althaus hier. »Das Volk ist vor dem Einzelnen da, zeitlich und wesentlich. Es gibt im Grunde keinen Einzelnen... Was ich bin und habe, habe und bin ich aus den Quellen meines Volkes...«[7] Dies war die Einsicht, die sich nach seiner Überzeugung durch das Erlebnis des Weltkriegs allgemein aufgedrängt hatte. Nur – das ist der Ausgangspunkt der Schrift – in der Kirche huldige man noch einem religiösen Individualismus und wolle nicht sehen, daß das Verhältnis der Christen zur Kirche in dieser Hinsicht den gleichen Gesetzen unterliege wie das Verhältnis des Volksgenossen zur Volksgemeinschaft. Entscheidend für das richtige Verhältnis der Kirche sei auch hier, daß wir sie nicht – wie Schleiermacher – vom religiösen Bedürfnis des einzelnen aus bestimmten, sondern daß wir begriffen, daß sie vor uns da sei, nämlich als »das eine große Gnadenmittel Gottes, durch das er den Einzelnen für sich erfaßt, bereitet, heiligt«. Sie dient als dieses große Gnadenmittel Gottes keinem fremden Zweck, sondern ist selbst der Zweck, nämlich die Stiftung von Gemeinschaft. »Wir begreifen die Gemeinde nicht nur als das Mittel, sondern auch als das eigentliche Ziel der Gnade, ja als Gottes Weltziel.« Und an diesem Punkt sah Althaus nun eine eigentümliche Verschränkung der Berufung zur Gemeinschaft der Kirche mit der Berufung zur Gemeinschaft des Volkes. Erst die Gemeinschaft der Kirche, die Gott stiftet, macht uns danach auch in der Welt gemeinschaftsfähig: »Der Gott aller Liebe und alles Opfers, dessen persönlichstes Wesen ja der Wille zur Gemeinschaft ist, schenkt uns in der Selbsterkenntnis, in der neuen Dienstwilligkeit, in der neuen Kraft zu Geduld und Opfer die Fähigkeit zur Gemeinschaft.«[8] Aber so gewiß ist sie mehr und höher als diese, nämlich »das eine Volk Gottes in allen Völkern und Kirchen, die eine, überall durch Generationen, Nationen und Konfessionen verstreute Gemeinde derer, denen Gott durch seine Offenbarung in Jesus Christus das Herz abgewonnen hat«.[9]

Es ist deutlich, daß hier die völkische Gemeinschaft eine eigentümliche Dignität bekommt; sie ist tatsächlich ein Stück göttlicher Ordnung. Aber es ist doch ebenso deutlich, daß Althaus keinen Augenblick daran denkt, diese völkische Gemeinschaft etwa an die Stelle der kirchlichen Gemeinschaft oder gar darüber zu setzen. Der Unterschied zwischen dem völkischen und dem christlichen Theologen ist nicht verwischt. Trotzdem bleibt, wie noch zu zeigen sein wird, eine gewisse Unsicherheit bestehen, die bis zum Jahr 1933 erheblich zunehmen wird.

Härter, schärfer und in mancher Hinsicht konsequenter als der immer milde und vermittelnde Althaus formulierte sein gleichaltriger Freund Emanuel Hirsch das Problem. Hirsch, seit 1915 Privatdozent für Kirchengeschichte in Bonn, seit 1921 Professor in Göttingen und damit unmittelbarer Kollege von Karl Barth, gehört zweifellos zu den am schwersten zu deutenden Figuren der neueren Theologiegeschichte. Universal gebildet, von großartigem Fleiß und stupender Gelehrsamkeit, hat er bis in die fünfziger Jahre hinein eine lange Reihe bedeutender, zum Teil bis heute nicht überholter Arbeiten vorgelegt. Er gehörte zu den Wiederentdeckern Kierkegaards, den er vollständig ins Deutsche übertrug, und hat die einzige umfassende Theologiegeschichte der Neuzeit geschrieben, die wir besitzen, die 1949 abgeschlossene fünfbändige *Geschichte der neuern evangelischen Theologie im Zusammenhang mit den allgemeinen Bewegungen des europäischen Denkens.* Zugleich aber war er ein leidenschaftlicher politischer Theologe, in allen Fragen, die Deutschlands Sendung und Schicksal betrafen von einer unbeirrbaren und hartnäckigen Beschränktheit, ein Parteigänger der völkischen Bewegung von Anfang an und glücklicher Verehrer Hitlers, dabei nie Parteimitglied und gewiß kein Opportunist – weder 1933 noch 1945. In mancher Hinsicht ist Hirsch, dessen persönlichem Schicksal ein Hauch von Tragik anhaftet, fast ein Symbol für den politischen Protestantismus in Deutschland, in dem sich Leidenschaft und Ahnungslosigkeit, hoher sittlicher Anspruch und krasses Versagen, geistige Weite und politische Enge so seltsam gemischt haben.

Hirsch bezog Position in einem Buch, das aus einer Vorlesung im Sommer 1920 entstanden war und den bezeichnenden Titel trug: *Deutschlands Schicksal. Staat, Volk und Menschheit im Lichte einer ethischen Geschichtsansicht.*[10] Es ging darin um nichts Geringeres als um den Versuch einer Deutung von Krieg und Niederlage. Hirschs Ausgangspunkt war der gleiche wie der der ganzen völkischen Bewegung nach 1918, nämlich die rätselhafte Widersinnigkeit des deutschen Zusammenbruchs.[11] »Wir waren ein Weltvolk, ein adeliges Volk, vielleicht das blühendste und beste von allen«, schrieb Hirsch, und dies und vieles andere erinnerte nicht zufällig an Fichtes *Reden an die deutsche Nation* von 1806 mit ihrem unverständlichen aber eindrucksvollen Begriff vom deutschen »Urvolk«. »Wir stehen in Gefahr«, fuhr Hirsch fort, »erniedrigt, als Volk vernichtet zu werden, so daß nur eine formlose Masse von Arbeitern im Dienst fremder Interessen übrig bleibt. Dies Schicksal ist so furchtbar, widerspricht so sehr dem, was wir im Menschheitsganzen leisten können und kein anderer als wir, daß aus ihm immer wieder Zweifel an dem Sinn und der Gerechtigkeit der Geschichte hervorbrechen.«[12] Zwei Fragen waren angesichts dieses Problems zu beantworten, nämlich die Frage nach dem Grund und die Frage nach dem Ausweg. Die Frage nach dem Grund beantwortete Hirsch mit der ganzen völkischen Bewegung durchgehend, daß Internationalismus und Pazifismus den Willen zum Sieg zerstört und damit die Niederlage herbeigerufen hätten. Allerdings – und dies war nun ein entscheidender Unterschied zu den radikalen Völkischen – gab Hirsch die Schuld an dieser Entwicklung hier noch nicht den Juden, im Gegenteil: »Wir sind uns selbst zum Schicksal geworden.«[13]

Volk ist nicht ohne Staat, Staat ist nicht ohne Macht und den Willen zur Macht: Das war – auf eine kurze Formel gebracht – Hirschs politische Überzeugung. Damit aber war auch schon der Ausweg gewiesen. Das Volk, als das ursprünglichste Element der Geschichte, muß sich auf sich selbst besinnen, sich zu einem starken Staate bekennen und durch ihn seine sittliche Aufgabe in der Welt verwirklichen. Daher forderte Hirsch, alle geistigen Kräfte auf die Erziehung zum Volke zu verwenden: »Nur ein Volk, das sehr stolz auf die ihm von Gott gegebene Art ist, das sich für unentbehrlich hält im Menschheitsganzen, wird so viel an seine Zukunft und seinen Staat setzen wollen. Gerade jetzt also, wo die ganze Welt uns verachtet, müssen wir lernen den Stolz darauf, Deutsche zu sein.«[14] Dies alles war für Hirsch weniger eine Frage der Politik als der Sittlichkeit und der Frömmigkeit. Es sind »letztlich sittliche Bedingungen, die über unser Schicksal entscheiden«. Sittlichkeit aber ist ohne Gottesglaube nicht denkbar. Die Wendung des deutschen Schicksals, der Weg des Volkes zu seiner vorgezeichneten Aufgabe hängt daran, daß die Deutschen »ein frommes Volk werden, ein Volk, in dem das Evangelium Macht hat über die Gewissen«.[15]

Es gehörte zu den niemals auch nur vom Schatten eines Zweifels angerührten Grundüberzeugungen von Hirsch, daß die großen Völker unmittelbar aus dem Schöpfungswillen Gottes hervorgegangen seien mit dem Auftrag, in der Welt jeweils eine bestimmte, nur ihnen eigentümliche Sendung zu erfüllen. Diese Überzeugung, die Hirsch mit vielen seiner Zeitgenossen teilte, führte dazu, daß er sich im entscheidenden Augenblick gerade als Theologe mit der völkischen Bewegung enger verbunden wußte als mit einer Kirche, die diese Überzeugung nicht oder doch nicht so vertrat. Es ist das gleiche Phänomen, das den von der Wahrheit des Marxismus überzeugten Christen dazu bringt, im Zweifel die christliche Verkündigung in einer kommunistischen Partei besser aufgehoben zu sehen als in einer Kirche, die sich dem Marxismus verschließt. Als Hirsch in einem langen Brief die Grundzüge von *Deutschlands Schicksal* seinem dänischen Freund und Kollegen, dem Kopenhagener Theologieprofessor Eduard Geismar, noch einmal zu erklären versuchte – der Däne hatte gegenüber diesem geschichtstheologischen Imperialismus begreiflicherweise erhebliche Vorbehalte –, da betonte er ausdrücklich, daß es vor allem um die richtige Methode ginge. Diese Methode aber war ganz und gar von jener Grundüberzeugung bestimmt. »Um die Handlungen eines Volkes und Staats zu beurteilen«, so schrieb Hirsch, »muß man sich hineinversetzen in das betr. Volk selbst und seine Handlungen messen an der eigenen Idee dieses Volkes. Und da ergeben sich drei Maßstäbe: 1) Ist dies Volk treu der Idee, die Gott ihm anvertraut hat? 2) Hat dies Volk nicht sich eine phantastische Idee gewählt, die seiner eigenen Kraft und Bedeutung nicht entspricht? 3) Hat dies Volk bei seiner Entscheidung sich die Ideen (die notwendig. Interessen) der and. Völker klargemacht und glaubt es, daß es für die Schädigungen, die es ihnen vielleicht notwendig zufügen muß . . . es ihnen etwas Größeres schenken kann?«[16]

Es war die Aufgabe des Theologen, dem Volk seine geistig-politische Sendung im Namen Gottes zu deuten. Damit aber war der Ansatz der liberalen Theologie entscheidend verändert. Wilhelm Herrmanns ethischer Bezugspunkt war das individuelle Tätigwerden des Christen in Familie, Kulturgesellschaft und Staat gewesen. Jetzt trat das einzelne Schicksal zurück, »Deutschlands Schicksal« rückte in den Vordergrund. Und entsprechend veränderte sich der ethische Bezugspunkt der Theologie. Für Althaus und Hirsch und ihre Freunde wurde die Verantwortung für die Gemeinschaft des Volkes zur entscheidenden theologischen Aufgabe, der sich Theologie und Kirche unter keinen Umständen entziehen durften. Hier entstand ein neuer, moderner Typus von Theologie: die politische Theologie.

Gewiß ist jede Theologie politisch. In der modernen politischen Theologie aber wird die politische Ethik zur Schlüsselfrage theologischen Verstehens und kirchlichen Handelns. Das ist ihr allgemeines Merkmal und Kennzeichen.

Althaus selbst hat das für die politische Theologie seiner Zeit 1933 zutreffend beschrieben. »Jeder Zeit«, so erklärte er in einem Aufsatz über *Drittes Reich und Reich Gottes,* »ist das eine ewige Evangelium zu verkündigen. Aber jeder Zeit ist es wieder anders zu verkündigen, als Antwort auf ihre besondere Frage ... Die Heilsfrage der Reformationszeit ist die Frage nach der Befreiung von der Schuld, nach dem Frieden mit Gott ... Wir sind heute durch und durch ein politisches Geschlecht. Auch unsere Frage nach dem ›Heil‹ wird in der Dimension des Politischen wach. Nicht um den Frieden mit Gott geht es den Menschen unserer Tage, sondern um Überwindung der politischen Not im weitesten Sinne, der Lebensnot eines Volkes, der Zersetzung der Volksgemeinschaft, um Freiheit des Volkes zu seinem eigenen Leben, zur Erfüllung seiner besonderen Sendung. Ist das die beherrschende Frage unserer Zeit, so muß ihr gegenüber das Evangelium gerade im Zeichen seines ›politischen‹ Begriffes, des Reiches Gottes, verkündet werden.«[17] Politische Theologie bedeutet hier also konkret ein Zweifaches: das Wachwerden der Frage nach dem Heil »in der Dimension des Politischen«, und ihre inhaltliche Bestimmung als »Überwindung der politischen Not im weitesten Sinne, der Lebensnot eines Volkes«. Was die Theologie als politische Theologie dazu zu sagen hatte – durchaus auch kritisch zu sagen hatte – das mußte im Horizont dieser Frage geschehen, die als solche selbst nicht aufzuheben war.

Die Entwicklung der politischen Theologie des völkischen Nationalsozialismus in den zwanziger Jahren vollzog sich in enger Verbindung mit den geistigen und politischen Strömungen der Zeit. Kurt Sontheimer rechnet in seiner noch immer grundlegenden Monographie *Antidemokratisches Denken in der Weimarer Republik* den Volksbegriff sicher zu Recht zu einem »der wesentlichsten und politisch trächtigsten« unter den Grundbegriffen dieses Denkens[18]. Unter den Namen, die er in diesem Zusammenhang besonders nennt, ist zumindest einer, der die Verbindung zwischen den geistigen und politischen Ideen der jungkonservativen Kreise und der politischen Theologie des deutschen Protestantismus unmittelbar selbst repräsentierte: Wilhelm Stapel[19]. Stapel, nur wenig älter als Althaus und Hirsch, vertrat in seiner Monatsschrift *Deutsches Volkstum* seit 1919 eine bewußt völkisch-nationale und christlich-lutherische Position. Nach seiner eigenen Aussage waren es Fichte und Luther, die ihm in der Erschütterung des Krieges und der Niederlage zur

Klarheit verholfen hatten.[20] So zeigte denn, ähnlich wie bei Hirsch, auch Stapels Volksbegriff starke Anklänge an Fichte. Auch für ihn war das Volk ursprüngliches, gottgeschaffenes Wesen, das eigentliche Subjekt der Geschichte, vor und über dem einzelnen da.

»›Das deutsche Volk‹«, so schrieb er 1922 in einem programmatischen Aufsatz, »ist nicht eine Idee von Menschen, sondern eine Idee Gottes.« Das war, in einem Satz, die neue Erkenntnis und der inhaltliche Ausgangspunkt der politischen Theologie. Weil das Volk eine lebendige Realität war und als solche einem bestimmten Entwicklungsgesetz folgte, so hatte es – hier verwendeten Stapel und Hirsch den gleichen Begriff – sein »Schicksal«. Abstrahierte Ideen wie »Gotik«, »Reformation«, »Weltbürgertum« hatten kein Schicksal. »Das deutsche Volk, das französische Volk« jedoch, so meinte Stapel, »hat Schicksal, denn es ist als lebendiges Wesen Idee eines Göttlichen und legt sein Schicksal in ›Gotik‹, ›Reformation‹, ›Rationalismus‹ dar.«[21] Darum waren nach Stapels Überzeugung nur Völker Träger des geschichtlichen Lebens. Das Recht des einzelnen wurde durch seine Stellung im Volke bestimmt; den Willen des Volkes repräsentierte nicht die Mehrheit, sondern der »vorbestimmte« Führer. Es gab in diesem Zusammenhnag einen Volksinstinkt, einen »völkischen Lebensprozeß«, Fragen der Assimilation und das Problem von Volk und Rasse. Und schließlich war Sittlichkeit immer auch Verantwortung vor dem Volk: »Ich lebe nicht nur mir allein, sondern in der Kette der Geschlechter und im Ringe des Volkes. Ich bin sittlich gebunden durch die Treue gegen unsere Vorfahren und durch die Sorge für unsere Nachkommen. Diese Sittlichkeit gilt für alle politischen und wirtschaftlichen Handlungen.«[22]

Stapel stand in der Mitte der zwanziger Jahre sachlich und persönlich wohl am nächsten bei den radikalen Völkischen, obwohl er ihnen zweifellos nicht direkt zuzurechnen ist. Aber deutlich waren bei ihm schon 1919 antisemitische Töne zu hören, wobei er allerdings die staatsbürgerlichen Rechte der Juden nicht angetastet sehen wollte.[23] Und immerhin ließ er sich dazu überreden, bei den Reichstagswahlen im Mai 1924 in Hamburg für den Völkisch-Sozialen Block zu kandidieren, einem Zusammenschluß von Deutschvölkischer Freiheitspartei und NSDAP.[24] Dabei war er politisch noch ahnungsloser als Hirsch oder Althaus. Nach dem Hitler-Prozeß etwa erklärte er Anfang 1924 im *Deutschen Volkstum* ausgerechnet Ludendorff zu *der* »Schicksalspersönlichkeit des deutschen Volkes«; 1926 beklagte er gegenüber Harnack, »Liebknecht-Spartacus, nicht Ebert hätte erster Präsident werden müssen«, damit das deutsche Volk ein »Gründungsfieber« erlebt hätte[25], und im gleichen

Jahr erwog er allen Ernstes den Anschluß Deutschlands an den Weltbolschewismus, um mit Rußland gegen England Front machen zu können.[26] Solche Meinungen waren freilich nicht nur bei Stapel zu finden. Es war geradezu ein Kennzeichen für die Vertreter der politischen Theologie, daß sie hinsichtlich der tatsächlichen Bedingungen und Möglichkeiten der deutschen Politik eine überwältigende Ahnungslosigkeit an den Tag legten. Die politische Theologie verstand sich als unmittelbare Mitverantwortung der Theologie für die Politik. Aber das krasse Mißverhältnis von Anspruch und Fähigkeiten ließ sie faktisch zur Verantwortungslosigkeit werden. Es ist schwer abzuschätzen, welches Gewicht Stapels Meinungen bis 1930 tatsächlich besaßen. Zwischen 1930 und 1933 gehörte er dann freilich zu denjenigen, die durch ihre falschen Urteile maßgeblich am Abbau der Schranken zwischen Protestantismus und NSDAP mitgewirkt haben.

Es liegt auf der Hand, daß diese politische Theologie mit ihrem Anspruch, Mitverantwortung für Deutschlands Schicksal zu übernehmen, sehr gut mit den Vorstellungen des Deutschen Evangelischen Kirchenbundes zusammenstimmte. Sie schien ja nur eine neue Form der Verwirklichung der »religiös-sittlichen Weltanschauung der deutschen Reformation«, von der in der Bundessatzung die Rede war. Daß die Dinge so einfach nicht lagen, sondern daß hier ein anderer Geist am Werke war als der, den die Bundesurkunde von 1922 beschwor, merkten die Landeskirchen erst, als diese politische Theologie die Kanzeln zu erobern begann, und ihre Vertreter unter Berufung auf ein höheres Recht gegen die Kirchenleitungen Front machten.

So eindeutig sich die politische Theologie bis 1930 mit dem Kirchenbund in Übereinstimmung wissen durfte, so eindeutig war von Anfang an der unüberbrückbare Gegensatz zur dialektischen Theologie. Emanuel Hirsch fügte 1922 der Neuauflage von *Deutschlands Schicksal* ein »Nachwort« an, das diesen Gegensatz festhielt. Der Kernpunkt war das Verhältnis zu Sittlichkeit und Gewissen. Für Barth gehörten auch die Sittlichkeit, auch das Gewissen auf die Seite des Menschen, waren ein Teil seiner Religion und seiner Kultur und wie diese nicht Brücken zu Gott, sondern Mauern gegen ihn. Damit war jede politische Theologie schon im Ansatz gestört. Denn die politische Theologie steht und fällt mit der Überzeugung, daß es möglich ist, durch politische Parteinahme unmittelbar Gottes Willen gehorsam zu sein oder, wie Hirsch es formulierte, »die dialektische Trennung von Ewigkeit und Zeitlichkeit in einer ethischen Zusammenbindung« zu überwinden.[27] Mit Wilhelm Herrmann, Karl Holl und der ganzen deutsch-protestantischen Tradition vertrat Hirsch gegen Barth die Überzeugung, daß Luthers Religion »Gewissensreligion« sei »im ausgeprägtesten Sinne des Wortes«[28], daß die Gottesfrage »in der Anklage und der Forderung des Gewissens« gehört sein wolle. Darum war für Hirsch »der heilige Ernst, der ... auf dem Verhältnis zum Volke und Staate liegt, ... ein Ernst des Gehorsams«.[29] Der zweite Unterschied zu Barth lag im Gottesverständnis. Wo Barth Gott immer nur im Widerspiel am Werke sah, im Ja und Nein, im Zerstören und Aufbauen, da meinte Hirsch, »aus den gestaltenden und schaffenden Mächten der Geschichte seine eigentliche Absicht mit der Schöpfung ablesen« zu können. Hirsch bekannte sich zu Gottes Ja in der Geschichte – »anders als das rein zerstörende Nein, in dem die Revolutionsphilosophie Gottes Spur zu finden meint«.[30] »Es gibt keinen andern Weg«, so faßte Hirsch am Schluß seine Position noch einmal zusammen, »die Hingabe an Staat und Nation hineinzuschreiben in die Herzen unsers Volkes als den, den Glauben zu wecken, an den in den Gewissen sich lebendig bezeugenden Herrn der Geschichte.«[31] Der entscheidende und verhängnisvolle Irrtum dieses Satzes lag in der Verwechslung von Gottes Offenbarung und nationaler Geschichte. Mochten die nationalen Forderungen nach 1918 noch so berechtigt sein, so waren sie doch nicht Gottes Forderungen und die Hingabe an Staat und Nation darum auch nicht die Erfüllung des Gehorsams gegen Gott. Wo die politische Entscheidung zum Kriterium der Theologie wird – und das geschieht in jeder politischen Theologie – werden Politik *und* Theologie blind, hilflos und verdorben. Das ist eine Erkenntnis, die sich aus der Geschichte der politischen Theologie im 20. Jahrhundert aufdrängt.

Die politische Theologie war die Antwort des deutschen Protestantismus auf die völkische Bewegung. Es war nicht seine einzige Antwort, aber es war seine erste und für einige Zeit seine wichtigste. Damit waren 1924, als die Diskussion um die Stellung der Kirche zur völkischen Bewegung begann, einige wesentliche Entscheidungen bereits gefallen. Die Entdeckung des Volkes als des neuen ethischen Bezugspunktes der Theologie war weithin akzeptiert. Damit war zugleich eine unmittelbare Verantwortung der Kirche für Volk und Volkstum anerkannt. Diese beiden Entscheidungen waren insofern von grundsätzlicher Bedeutung, als sie das Verhältnis der Kirche zur völkischen Bewegung von Anfang an unter einen positiven Aspekt rückten. Die völkische Bewegung erschien danach grundsätzlich als eine gute, eine wichtige, eine bejahenswerte Erscheinung: Dies war die Grundstimmung der meisten Beiträge zum Thema völkische Bewegung und Kirche seit 1924.

Man muß sich nun freilich hüten, daraus schon auf ein allgemeines Engagement für die völkische Bewegung im deutschen Protestantismus zu schließen. Es waren in Wirklichkeit nur kleine Gruppen, die sich für das Thema überhaupt interessierten, der Evangelische Bund aus nationalen, einzelne Pfarrer und Lehrer aus praktisch-beruflichen Gründen, weil vor allem die Jugend den völkischen Ideen anhing. Für die überwiegende Mehrheit im deutschen Protestantismus dürfte die völkische Frage bis zu den Septemberwahlen 1930 überhaupt noch kein Problem dargestellt haben und schon gar kein für die Kirche entscheidendes: Die konservativ-nationalen Pfarrer distanzierten sich in der Regel von der völkischen Bewegung[32], und im Kreis der dialektischen Theologen nahm man von der ganzen Angelegenheit nicht einmal ernsthaft Kenntnis. Andererseits ist ein Vordringen der politischen Theologie in den zwanziger Jahren deutlich zu beobachten. Spätestens seit Althaus' Vortrag über »Kirche und Volkstum« auf dem Königsberger Kirchentag von 1927 war deutlich, daß das Thema Gott und Volk als völkisches Thema schon ohne Widerspruch in der Mitte des deutschen Protestantismus vorgetragen werden konnte.[33]

Es ist nicht ganz ersichtlich, warum die kirchliche Diskussion über die ganze Frage gerade 1924 begann. Wahrscheinlich war es eine Folge des gescheiterten Hitler-Putsches vom 9. November 1923, der zum ersten Mal die gesammelte öffentliche Aufmerksamkeit auf die völkische Bewegung und ihre Führer richtete.[34] Dafür spricht auch der relative Wahlerfolg der Völkischen bei den Reichstagswahlen im Mai 1924.

Zumindest für den Evangelischen Bund sind diese Zusammenhänge deutlich. Die 28. Generalversammlung des Bundes fand am 31. August und 1. September 1924 in München statt.[35] Während sich die Hauptversammlung mit Vorträgen des früheren Hof- und Dompredigers und neuen ersten Vorsitzenden Bruno Doehring und des Kirchenhistorikers Karl Holl im Rahmen des traditionellen nationalen und antirömischen Programms hielt[36], wurde auf einer geschlossenen Sondersitzung des bayerischen Zweiges des Bundes das Thema »Protestantismus und Völkische Bewegung« verhandelt. Referent war Konrad Hoefler, ein Studienprofessor, der die Nürnberger Sektion des Evangelischen Bundes leitete.[37] In den 14 Thesen seines Vortrags finden sich nahezu lückenlos alle Argumente, mit denen später eine Entscheidung für Hitler im deutschen Prostestantismus begründet wurde. »Die völkische Bewegung«, so lautete Hoeflers erste These, »ist eine deutsche Volksbewegung großen Stils, die das deutsche Volk nicht nur an seiner Oberfläche berührt, sondern in seinen Tiefen ergreift und als Ganzes bewegt und zwingt, zu ihr mit Ja oder Nein

Stellung zu nehmen. Sie ist herausgewachsen aus der deutschen Not, von außen geweckt durch den Vernichtungswillen und die Zerstörungsarbeit unserer Feinde, von innen geleitet gefühlsmäßig durch den Selbsterhaltungstrieb, erkenntnismäßig durch das Bewußtsein vom Lebensrecht und von der Lebenspflicht des deutschen Volkstums.«[38] Nur aufgrund der theologischen Vorarbeiten von Althaus, Hirsch und Stapel, in denen das Volk zum neuen ethischen Bezugspunkt der Theologie wurde, war es möglich, daß ein christlicher Theologe so unbefangen vom Lebensrecht und der Lebenspflicht des deutschen Volkstums sprechen konnte. Denn dies war zweifellos der Angelpunkt, *das* Recht und *die* Pflicht, denen gegenüber alle anderen Rechte und Pflichten zurückzutreten hatten. Man begreift nicht, wie Christen die Flut des Hasses und der Gemeinheit in Kauf zu nehmen bereit waren, die der völkische Antisemitismus auswarf, wenn man sich nicht klar macht, daß durch die Anfänge der politischen Theologie das Recht des Volkes zum Inbegriff des göttlichen Schöpfungswillens geworden war. Für Hoefler ist denn auch der Schritt in die völkische Bewegung hinein unmittelbar ein Schritt in eine religiöse Bedeutung. »Dieser teils instinktiv gefühlte, teils deutlich empfundene, von vielen als göttliches Lebensgebot erlebte deutsche Lebenswille«, fuhr Hoefler daher fort, »gibt der völkischen Bewegung einerseits ihren gewaltigen Schwung, wie er andererseits auch die in der völkischen Bewegung lebendige religiös-sittliche Kraft erklärt und uns als Christen verpflichtet, den religiösen Grund und Kern der Bewegung zu erkennen und zu würdigen.« Warnend wies Hoefler – ein Argument, das später eine große Bedeutung bekommen sollte – auf die schon einmal verpaßte Begegnung mit einer großen Volksbewegung hin, als der deutsche Protestantismus es versäumt habe, den Sozialismus »im Sinne der evangelischen Weltanschauung und Lebensauffassung zu befruchten«; und nachdrücklich betonte er, daß die christliche Nächstenliebe nicht »die allgemeine humane Menschenliebe« sei, sondern die »Hingabe von Gut und Blut fürs Vaterland«. Vom Standpunkt der Erhaltung des deutschen Volkstums aus sei auch der Antisemitismus »sittlich berechtigt und entspricht dem Gehorsam gegen die gottgegebenen Naturgesetze«.

Allerdings, und hier machte nun Hoefler die für alle Auslassungen dieser Art charakteristischen Vorbehalte, müsse der Protestantismus jeden »Radikalismus« ablehnen und die »Lösungsversuche der Judenfrage« prüfen, ob sie »der Aufrichtung und Ausgestaltung des völkischen Staates entsprechen und dienen oder über das Ziel hinausschießen«. »Ablehnen wird er auch alle Auswüchse und Grenzüberschreitungen, alle unwissenschaftliche Behandlung wissenschaftlicher in der Hauptsache biblisch-theologischer Fragen... Abwehren inbesondere den theologischen Dilettantismus vieler antisemitischer Flugschriften. Ablehnen, abwehren und bekämpfen den vielfach übertriebenen, verkehrten und unwissenschaftlichen Kampf einzelner völkischer Schriftsteller gegen das Alte Testament und Teile des Neuen Testaments und jeden schwärmerischen Versuch, das Christentum durch eine erneuerte altgermanische Religion oder durch eine neue ›deutsche Religion‹ zu ersetzen...«[39]

Hoefler schloß seine Ausführungen mit dem Lieblingsthema des Evangelischen Bundes, dem Kampf gegen den Ultramontanismus, in dem völkische Bewegung und Protestantismus eng zusammenzuwirken berufen seien.

Ungefähr zu gleichen Zeit, als Hoefler diesen Vortrag hielt, im Herbst 1924, dürfte Hitler in Landsberg jene Abschnitte am Ende des ersten Bandes von *Mein Kampf* diktiert haben, die die Abrechnung mit den »völkischen Wanderscholaren«, den »völkischen Johannessen des 20. Jahrhunderts« enthielten und die definitive Abgrenzung der Partei gegen den religiösen Flügel der völkischen Bewegung einleiteten.[40] Obwohl Hoefler zu dieser Zeit sicher nur eine kleine Gruppe im deutschen Protestantismus repräsentierte, und Hitler erst 1928 mit der Trennung von Dinter sichtbare Konsequenzen aus seinen Worten zog, ist deutlich, daß sich hier zwei ergänzende Entwicklungen vollzogen. Tatsächlich lassen sich schon in diesem frühen Stadium die Bedingungen erkennen, unter denen später ein Zusammengehen zwischen dem deutschen Protestantismus und der NSDAP möglich wurde: Der Protestantismus bejahte die völkische Idee der Bewegung und ihren politischen Kurs, forderte aber die Abkehr der Partei von der völkischen Religion. Die Partei vollzog diese Abkehr und nahm damit zugleich den Protestantismus in Pflicht.

Die Münchner Generalversammlung endete mit einer »Kundgebung an das deutsche Volk«. Sie prägte eine von da an häufig wiederholte Formel, die den neuen theologischen Rang des Volkes bestätigte: »Der Evangelische Bund, der in dem Evangelium das höchste *ewige* Gut und als deutscher Bund in dem deutschen Volkstum das höchste *zeitliche* Gut sieht...«[41]

Die vehemente Parteinahme des Evangelischen Bundes für die völkische Bewegung löste eine Reihe von nicht weniger entschiedenen Erwiderungen aus. Am 4. September widmete der katholische *Bayerische Kurier* unter der Überschrift »›Evangelischer Bund‹, Ludendorff und ›Völkische‹« seine ganze erste Seite dieser Frage. Sie enthielt einen ausführlichen Bericht über die geschlossene Versammlung mit den Hauptpunkten Hoeflers, dem Bemerken, daß diesen Ausführungen »begeistert zugestimmt« worden sei und die anschließende Diskussion »ruhig auch in einer Hitler-Versammlung« hätte stattfinden können. Ferner sei mitgeteilt worden, daß ein »Völkischer Bund evangelischer Pfarrer in Bayern« gegründet worden sei, der bereits 80 Mitglieder zähle. Daraus schloß der *Bayerische Kurier* nicht zu Unrecht, daß der Evangelische Bund »seinen religiös-politischen Kampf gegen Rom mit Hilfe der parteivölkischen Bewegung führen« wolle, »weil er von der inneren Gleichartigkeit der eigenen Weltanschauung und der Weltanschauung der ›parteivölkischen‹ Bewegung felsenfest überzeugt ist«. Beides träfe sich tatsächlich vollkommen im Namen Ludendorff.[42] Lebhaften Widerspruch gab es auch auf evangelischer Seite. So protestierten Otto Baumgarten in der *Frankfurter Zeitung*, der Berliner Pfarrer Dietrich Graue im *Berliner Tagblatt* und Georg Merz in der *Christlichen Welt*.

Die Reaktion des Evangelischen Bundes verriet, wie berechtigt die Proteste waren und wie weit man sich hier auf die völkische Sache und Diktion tatsächlich schon eingelassen hatte. Im – vertraulichen – Vorstandsblatt erklärte der erste Vorsitzende Doehring dazu, man werde den Weg unbeirrt weiter gehen, den man in München betreten habe. »Weder das Geschrei der ultramontanen Presse soll uns hindern, noch auch das jähe Aufbegehren ihrer jüdischen Bundesgenossen.« Und dann sprach Doehring noch einmal betont von der Aufgabe des Bundes, »die deutsche Volksseele«, die unter der »jüdisch-ultramontanen Zwangsvormundschaft« mißhandelt werde, durch die Geltendmachung »der reformatorischen Lebensauffassung« zu befreien.[43]

In dieser Kontroverse wurde zugleich die *konfessionelle Problematik* deutlich, die manchen Kreisen des deutschen Protestantismus die Einsicht in den Charakter der völkischen Bewegung erschwerte. Hier war der Kulturkampf unvergessen; das antikatholische Ressentiment überwog alle Einwände; und Ultramontanismus und Weltjudentum erschienen in einer Front. Genau das war nun freilich ein weiterer Grund für Hitler, der den Kampf mit der katholischen Kirche unter allen Umständen vermeiden wollte, sich von den Religiös-Völkischen zu trennen.

Der Evangelische Bund war die erste protestantische Organisation, die sich zu Hitler schlug. Er blieb damit lange allein. Noch im Dezember 1931 konnte der liberale Breslauer Pfarrer Ernst Moering in einem Leitartikel in der *Vossischen Zeitung* dem Bund die Münchner Tagung zum Vorwurf machen. Mit »deutsch-evangelischem Gruß« hatte darauf der Bundesvorsitzende Fahrenhorst nichts anderes zu erwidern, als daß Moering das bedauerliche Opfer »einer alten, ultramontanen Presselüge« geworden sei ...[44]

Daß man die völkische Bewegung grundsätzlich begrüßen, dabei aber sehr viel kritischer bleiben konnte als Hoefler, zeigte ein Vortrag von Wilhelm Stählin, damals Pfarrer an St. Lorenz in Nürnberg, später Theologieprofessor in Münster und nach 1945 Bischof der oldenburgischen Landeskirche.[45] Stählin gehörte zu den jungen Theologen, die eng mit der Jugendbewegung verbunden waren. Dort hatte er nach dem Krieg auch den Einbruch der völkischen Idee in die Jugend unmittelbar erlebt. Im Mai 1924 sprach der 41jährige auf der regelmäßig stattfindenen »Hohenecker Konferenz für Kirche und Jugendbewegung« über *Die völkische Bewegung und unsere Verantwortung*. Der Vortrag erschien noch im gleichen Jahr als Broschüre.[46]

Auch Stählin war beeindruckt von der Mächtigkeit und Tiefe der völkischen Bewegung und warb um Verständnis für den elementaren Charakter ihres Wesens. Seine Frage war die gleiche, die sich dann wiederum Anfang der dreißiger Jahre der Kirche drängend stellte: Was war zu tun, wenn eine ganze junge Generation in ihren besten Vertretern völkisch dachte? Was konnte, was sollte die Kirche dazu sagen?

Stählin ging hier den Weg, der fast als einziger möglich und denkbar erscheint, so unbefriedigt er auch heute noch läßt und vermutlich schon damals ließ. Er versuchte das, was nach seiner Überzeugung an der völkischen Bewegung berechtigt war, so positiv wie möglich herauszuarbeiten, um dann in einem zweiten Gang die Probleme und Grenzen der völkischen Idee um so glaubwürdiger darstellen zu können.

Als Merkmale der völkischen Bewegung erkannte Stählin vor allem drei: »das Erlebnis des Volkes«, »das Bewußtsein der Solidarität der Volksgenossen« und den »Willen zur Tat«.[47]

Als nahezu uneingeschränkt positiv wertete er das Erlebnis des Volkes, weil es »unseren wurzellosen und selbstherrlichen, in Persönlichkeitskultur oder in Klassenkämpfen befangenen Zeitgenossen« deutlich mache, daß sie »an einen bestimmten Ort der Welt und ihr Leben an eine bestimmte geschichtliche Stunde« gebunden seien,[48] und weil es tatsächlich ein neues Verhältnis zum Nächsten, nämlich Solidarität, begründe. Auch den Willen zur Tat begrüßte Stählin, weil das leidenschaftliche Handeln um eines hohen Zieles willen seinen eigenen Wert habe, auch dann, wenn ihm »die nüchterne Vernunft und klare Zweckhaftigkeit« mangelten.[49] Diesen bewegt und überzeugend vorgetragenen Werten der völkischen Bewegung stellte Stählin nun freilich ebenso unumwunden die Gefahren gegenüber: die Gefahr des Verlustes der Innerlichkeit angesichts einer zum Selbstzweck gewordenen nationalen Betriebsamkeit; die Versuchung, die eigene Schuld zu vergessen und nach schnellen und bequemen Lösungen zu greifen; und schließlich die Flucht in den Antisemitismus, den Stählin »eine Riesendummheit« nannte und »ein beschämendes Zeichen für den Mangel an Einsicht und Anständigkeit auch bei einer Masse, die sich völkisch nennt«. »Wir müssen«, so erklärte Stählin mit aller Deutlichkeit, »unbeirrt durch den Vorwurf, wir seien nicht völkisch, sondern heimliche Judenfreunde, gegen diese Verhetzung der Jugend, gegen diesen unbußfertigen Dünkel, gegen dieses schwerste Hemmnis einer wirklichen Bewegung und einer wirklichen Wandlung kämpfen.«[50]

Stählin traf den Kern der politischen Theologie, wenn er in der faktischen Überordnung der völkischen Idee über die christliche Gemeinschaft die »unüberbrückbare Verschiedenheit« zwischen Christentum und völkischer Bewegung sah. Nicht mehr die Christlichkeit sei dann »die höhere Instanz, der letzte Maßstab, an dem das Leben eines Einzelnen und die geschichtliche Leistung eines Volkes gemessen wird, sondern das Christentum wird selbst zu einer der geschichtlichen Mächte, die in den Dienst der völkischen Aufgabe zu treten haben ...«[51]

Stählins Vortrag war ein Versuch, politische Verantwortung wahrzunehmen, ohne einer politischen Theologie zu verfallen. Denn so überzeugt Stählin zu dieser Zeit zweifellos vom Wert und von der Bedeutung der völkischen Bewegung war,[52] so sah er doch keinen Grund, dem Begriff des Volkes eine neue theologische Qualität zu geben, die neben einer allgemeinen Verantwortung des Christen für das politische Leben eine besondere Verantwortung für Volk und Volkstum begründet hätte. Genau das war ja die entscheidende Konsequenz des Ansatzes der politischen Theologie, daß hier eine besondere Verantwortung der christlichen Kirche für eine bestimmte Erscheinungsform des politischen Lebens notwendig erschien. Für das Volkstum als »höchstes zeitliches Gut«, wie der Evangelische Bund formulierte, mußten andere Gesetze gelten als für andere »zeitliche Güter«, die ihm an Rang und Wichtigkeit nachstanden. Im Gegensatz zu Hoefler, der den Typ dieser politischen Theologie vertrat, gab Stählin, obwohl von der Frage nicht weniger bedrängt, in diesem Punkt nicht nach. Dies verlieh seinem Vortrag trotz der prinzipiellen nationalen Grundstimmung sein kritisches Gewicht.

Um die Mitte der zwanziger Jahre war das Verhältnis des deutschen Protestantismus zur völkischen Bewegung noch weithin ungeklärt. So sehr man einerseits ihr nationales Wollen begrüßte, ihr Bekenntnis zu Recht, Zucht und Ordnung guthieß und den Kampf gegen Marxismus und Mammonismus mitzukämpfen bereit war, so sehr wurde man auf der anderen Seite von ihrem »Radauantisemitismus« abgestoßen, verurteilte die Praxis ihres politischen Kampfes und bestritt nachdrücklich ihre religiösen Ansprüche und Ideen. Entsprechend schwankten die Meinungen und Stellungnahmen zwischen Zustimmung und Ablehnung. Wenn Stählin über diese Frage sprach, wie im Herbst 1924 in einem Kreis von Pfarrern und Lehrern in Thüringen, überwog der kritische Aspekt. Hier kam man zu der Überzeugung, daß es gut sei, wenn Pfarrer in der völkischen Bewegung stünden, ebenso wie wenn andere Pfarrer sich der sozialistischen Bewegung anschlössen, solange »eine vom Christentum bestimmte Kritik« an allen Bewegungen nicht verloren gehe.[53] Wo ein Mann wie der nationalliberale Jenenser Theologe Heinrich Weinel auftrat, wie im Herbst 1925 auf einer Tagung des Bundes für Gegenwarts-Christentum in Coburg, bekam man ein typisches Einerseits-Andererseits zu hören. Einerseits seien die »Auswüchse« zu bekämpfen, nämlich die ungerechten Angriffe auf das Alte Testament, auf Paulus und Luther, die Ablehnung des jüdischen Heilands, der haßerfüllte Antisemitismus und die Vergötterung der Rasse; andererseits müsse man es doch für etwas Wertvolles halten und dürfe sich durch die Auswüchse den Blick dafür nicht trüben lassen, wenn der Sinn für völkische Würde und Heimatliebe, wenn Verantwortung gegenüber der eigenen Rasse, Gemeinsinn, Heldenmut und selbstlose Güte gestärkt würden.[54] Und wenn ein stark von der Volksmission bestimmter Pfarrer wie Karl Themel, später Mitglied in der Reichsleitung der Deutschen Christen, dazu Stellung nahm, so sahen sich bei allen Vorbehalten doch völkische Bewegung und Christentum unmittelbar aneinander verwiesen: »Nicht nur um des Christentums willen, sondern um des Deutschtums und seiner Zukunft willen, bedürfen völkische Bewegung und völkischer Gedanke ihrer Christen-Erlösung zu ihrem wahren Selbst.«[55]

Angesichts dieser schwankenden, theologisch oft wenig reflektierten und zum Teil ganz subjektiven Äußerungen und Stellungnahmen zur völkischen Bewegung bedeutete der Vortrag, den Paul Althaus im Sommer 1927 auf dem Königsberger Kirchentag hielt, und die »Vaterländische Kundgebung«, die in diesem Zusammenhang verabschiedet wurde, eine deutliche Zäsur. Allein die Tatsache, daß die Gesamtvertretung des deutschen Protestantismus sich entschlossen hatte, einen Vortrag mit dem Thema »Kirche und Volkstum« anzuhören, wies darauf hin, daß die völkische Frage inzwischen vom Rand der Kirche in die Mitte gerückt war. Und wenn man den noch nicht vierzigjährigen Althaus dazu rief, so erwartete man auf diese Frage offensichtlich eine neue theologische Antwort.

Der Königsberger Kirchentag stand offiziell ganz im Zeichen des »Vaterländischen Gedankens«. Er wurde sehr bald als »Vaterländischer Kirchentag« bezeichnet, seine wichtigste Kundgebung nannte sich »Vaterländische Kundgebung«, und vielen älteren Teilnehmern dürfte das Ganze kaum anders denn als eine Art moderner Sedansfeier erschienen sein.

Aber was Althaus vortrug, war keineswegs bloß die alte vaterländische Tradition in neuem Gewande. Vielmehr entfaltete er in sorgfältig abgesicherten Formulierungen die Grundzüge einer neuen politischen Theologie. Daß die Versammlung weithin dem Irrtum unterlag, als werde hier nur die alte, nationale und konservative Theologie neu vorgetragen, lag an Althaus' überaus vorsichtiger Art, die Dinge zu sagen, einer Art übrigens, die nicht Taktik war, sondern die seinem Wesen entsprach. Es ist überaus bezeichnend, daß auch Karl Barth bei der Lektüre dieses Vortrags in Zweifel geriet und Althaus schrieb, er habe darin alles gefunden, »was mir bei Ihnen imponiert und zugleich unheimlich ist: die Fähigkeit, nach allen Seiten offen zu sein und bewegt mitzugehen, die, von mir aus gesehen, dann doch auch die Fähigkeit dazu, allzu Vieles zu schlucken und gutzuheißen, als daß ich den *ganz* deutlichen Ton ihrer eigenen Trompete immer hören würde«.[56]

Zum anderen lag ein Grund für die Verwechslung gewiß auch im Begriffshorizont der Versammlung, für die die Begriffe Volk und Vaterland noch zusammengehörten, obwohl sie längst auseinandergetreten waren.

Althaus freilich wußte seit jenen frühen Arbeiten[57], daß es sich beim Begriff des Volkstums um etwas Neues und anderes handelte, und er formulierte das zu Beginn seines Vortrags auch deutlich genug. »Volkstum«, so lautete seine Definition, »nennen wir das besondere, von anderem unterschiedene Seelentum, das in aller einzelnen Volksgenossen Fühlen, Werten, Wollen, Denken als das Gemeinsame erscheint; den Mutterschoß arteigenen geistig-seelischen Wesens; eine übergreifende Wirklichkeit, ursprünglich für uns alle mit unserem Leben gegeben, vor unserem Entscheiden und Wollen.«[58] Unverkennbar war hier das schon in den frühen Arbeiten betonte Vorgegebensein des Volkes vor aller individuellen Existenz. Verstand Althaus diese Vorgegebenheit rassisch-biologisch oder geistig-kulturell? Der politische Theologe Althaus hatte von der völkischen Ideologie offensichtlich den rassischen Gedanken übernommen, aber der christliche Theologe Althaus wußte, daß dies kein theologisch qualifizierbarer Gemeinschaftsbegriff war. Und so kam es denn zu jenen und für diesen Vortrag und für Hunderte von ähnlichen Vorträgen, Büchern, Schriften und Predigten typischen Ja-und-Nein-Wendungen:

»Niemals«, sagte Althaus, »wird ein Volkstum ohne die Voraussetzung z. B. der Blutseinheit.« Ist es aber einmal als Volkstum da, »gezeugt«, wie Althaus meinte, so ist das Herrschende »der Geist und nicht das Blut«.[59]

Im folgenden gliederte Althaus seinen Vortrag in zwei Fragenkomplexe, nämlich: »Führt ein Weg vom völkischen Wollen zur Kirche?« und umgekehrt: Wie steht es mit dem Weg der Kirche zum Volkstum?[60]

Die Antwort auf die erste Frage war, trotz einer traditionellen Würdigung der völkischen Werte, eher kritisch gehalten. Althaus verurteilte nachdrücklich alle Ansätze einer »›völkischen Religion‹ als Lösung der Gottesfrage des Volkstums«. Sie bedeuteten »einen Kurzschluß und eine Unmöglichkeit«.[61] Das Volkstum »findet« sich nicht in einer eigenen völkischen Religion, sondern im christlichen Evangelium der Kirche.

Um so wichtiger war daher die richtige Beantwortung der zweiten Frage. Und hier vollzog Althaus tatsächlich den Schritt zur politischen Theologie. Den Weg zum Volkstum zu gehen heiße für die Kirche, darum zu ringen, »wahrhaft Volkskirche zu werden oder zu bleiben«. Volkskirche aber meine ein Dreifaches: »dem Volke als Volke, als *Gesamtleben* dienend; sodann: ihm in seiner *Art* dienend, worin wieder zweierlei beschlossen ist: wahrhaft deutsche Verkündigung des Evangeliums und das Eingehen der Kirche in die organischen Lebensformen und die lebendige Sitte des Volkstums.«[62]

Die zentrale theologische Aussage, die diese Forderungen an die Kirche tragen sollte – und zugleich das proton pseudos, der Grundirrtum dieser Form der politischen Theologie – lautete: » . . . Gott will nicht nur die Einzelnen heiligen, sondern um die Familien und Völker als Ganzheiten ringen. Die Völker als ganze haben ihren Beruf in der Gottesgeschichte. Völker sündigen, Völker richtet Gott. So ist den deutschen Kirchen das ganze Volk anvertraut, und zwar nicht nur als Inbegriff einzelner Seelen, sondern als Volkstum . . .«[63] Es ging also, wie bei Hirsch und Stapel, um Deutschlands »Schicksal«. Damit hatte Althaus die Grundlage der völkischen Bewegung theologisch legitimiert. Das Volk war eine eigene, von Gott besonders herausgehobene und ausgezeichnete Ordnung. Darum war die Kirche ihm auch vor allem anderen verpflichtet, ihm und der Bewegung, die das völkische Wollen in die politische Tat umsetzte. Es half nun nichts mehr, daß Althaus im folgenden diese Aussage nach allen Seiten gegen Mißverständnisse zu sichern versuchte, daß er ihre Grenzen aufzeigte und betonte, daß dies nicht heißen könne, »das Reich Gottes an einen völkischen Willen zu verraten« sondern umgekehrt bedeute, »den völkischen Willen wirklich zu heiligen auf Gottes Reich hin«[64] – der erste falsche

Schritt war getan und ihm folgten notwendig weitere. Nun mußte die Kirche »ein Auge und ein Wort haben für die jüdische Bedrohung unseres Volkstums«;[65] nun mußte die Geltung des Alten Testaments mühsam verteidigt werden, »ein mit sich kämpfendes Buch: semitisch und doch zugleich ... das antisemitischste Buch der Welt«.[66]

Mit der aus der politischen Forderung der Stunde abgeleiteten theologischen Qualifikation des Volkes war das Prinzip der völkischen Bewegung christlich legitimiert. Damit aber war – und dies hatte schon sehr bald verhängnisvolle Folgen – zugleich der Zugang zur Erkenntnis Hitlers und seiner Bewegung verschlossen. Von Althaus' Vortrag aus mußte der Siegeszug der NSDAP wie die Erfüllung des Willens Gottes wirken. Durch die politische Theologie wurden Essenz und Akzidens der Bewegung geradezu vertauscht. Ihr Wesen, die mörderische Verachtung des einzelnen, erschien nur als unglückliches Akzidens, als der Auswuchs einer an sich guten Sache, während das, was in Wahrheit nur Akzidenzien waren, Ordnung, Gemeinschaftsgeist, Opfersinn, Solidarität, als ihr Wesen erschien. Diesen Grundirrtum vermochten viele erst nach dem Zusammenbruch des Dritten Reiches zu korrigieren. Tatsächlich war dies die schlimmste Folge der politischen Theologie, daß sie mit ihrem Anspruch, die Zeichen der Zeit zu deuten, gegenüber den wahren Zeichen der Zeit gerade blind machte. Dazu wird gleich im folgenden noch einiges zu sagen sein.

Der Kirchentag schloß mit einer »Vaterländischen Kundgebung«, die er für so wichtig hielt, daß er ihre unverzügliche Verbreitung beschloß. Gleichwohl lag ihre Bedeutung weniger in irgendeiner Art von öffentlicher Wirkung – Kundgebungen dieser Art pflegen in der Regel nur wenige Leute zu interessieren. Wichtig dagegen war die Kundgebung als gemeinschaftliche Äußerung des deutschen Protestantismus, der eine gewisse innere Verbindlichkeit zukam. Als gemeinsam beschlossener Orientierungspunkt ist sie auch in den folgenden Jahren begriffen und häufig in kirchlichen Kreisen zitiert worden.[67]

Die Kundgebung, die am letzten Tag scheinbar einmütig begrüßt wurde, war im übrigen erst nach langen und heftigen Auseinandersetzungen zustande gekommen. Eine Gruppe konservativer Mitglieder des Kirchentages unter Führung des Freiherrn v. Pechmann hatte sich hartnäckig geweigert, den im vorbereiteten Entwurf vorgesehenen Sätzen über »den Gehorsam gegen den Willen Gottes, wie wir ihn auch heute wieder aus Römer 13 erkennen«, zuzustimmen. Auch zur endgültigen Fassung, in der es hieß, die Kirche fordere, »daß jedermann um des Wortes Gottes willen der staatlichen Ordnung untertan« sei, gaben 14 vorwiegend konservative Mitglieder eine Erklärung zu Protokoll, die freilich nicht veröffentlicht werden sollte und tatsächlich nie veröffentlicht worden ist. Die vierzehn erklärten darin, der Kundgebung nicht zustimmen zu können, weil sie dann »unter Umständen auch die Anordnungen einer kirchen- und christtumsfeindlichen Regierung anerkennen« müßten, »die sich unmittelbar gegen Kirche und evangelisches Christentum richten«.[68] Diese Erklärung war natürlich gegen die Weimarer Republik und eine noch immer befürchtete Linksdiktatur gerichtet. Aber einige der Unterzeichner, allen voran Pechmann selbst, zögerten nicht, die Konsequenzen aus dieser Haltung auch gegen die Rechtsdikatur des Dritten Reiches zu ziehen. So trat Pechmann im April 1934 aus der evangelischen Kirche aus, weil sie sich weigerte, gegen den Antisemitismus Stellung zu nehmen und damit aufgehört habe, Kirche zu sein.[69]

Die Kundgebung selbst war ein Dokument von geradezu klassischem Kompromißcharakter. Sie verband christliche Wahrheiten und politische Theologie, ohne im geringsten erkennen zu lassen, wofür der Protestantismus sich im Zweifelsfall zu entscheiden gedachte. Aber gerade in diesem Kompromißcharakter, der alle Entscheidungen offen ließ, war die Kundgebung zweifellos ein getreues Spielgebild der offiziellen Kirche. Die Verbindung zwischen christlicher Wahrheit und politischer Theologie wurde jeweils durch ein »Aber« hergestellt. »Gott ist der Gott aller Völker, Jesus Christus der Heiland der ganzen Welt. Man soll die Sache Gottes nicht gleichsetzen mit der Sache irgendeines Volkes.« Mit diesen Sätzen und einem Bekenntnis zu ihren Konsequenzen – der »Gemeinschaft des Glaubens und der Liebe, die über Völkergrenzen und Rassenunterschiede hinweg alle verbindet, die sich zu Christus bekennen« – begann der sachliche Teil der Kundgebung, um dann sofort ein »Aber« entgegenzusetzen: »Aber auch die Verschiedenheit der Völker ist von Gott geordnet.« Auch diese Aussage wurde im folgenden konsequent ausgeführt: Ablehnung des Weltbürgertums, Verteidigung der engen Verbindung zwischen Christentum und Deutschtum, »Arbeit an der Seele unseres Volkes« wurden daher mit Nachdruck vertreten.

Noch einmal wurde das Ja und Aber wiederholt. »Die Kirche verkündigt, daß es über der irdischen Heimat eine ewige gibt. Aber das verleitet sie nicht, Heimat und Vaterland gering zu schätzen.«

Es folgte dann eine prinzipielle Aussage, die in den folgenden Jahren ständig wiederholt wurde: »Die Kirche steht über den Parteien«; daran schlossen sich Forderungen der Kirche an den Staat und an ihre Glieder an, die zur Mitverantwortung und zum Einsatz für Volk und Staat aufgerufen wurden. »Solcher Vaterlandsdienst«, so erklärte die Kundgebung schließlich zum Schluß, »ist auch Gottesdienst.«

Blickt man auf die kommenden Jahre, so wird die entscheidende Schwäche dieser Kundgebung deutlich, die zugleich weithin die Schwäche des offiziellen deutschen Protestantismus war. Sie bestand in der Unsicherheit darüber, wie sich das Evangelium vom »Heiland der ganzen Welt« zur gottgeordneten Verschiedenheit der Völker verhielt. So wie die Kundgebung formuliert war, konnte sich eine herkömmliche konfessionelle oder liberale Theologie ebensogut darin finden wie eine politische Theologie. Mit dieser Unsicherheit hätte die Kirche in normalen Zeiten niemandem genützt, aber auch niemandem geschadet. Sie mußte jedoch verhängnisvoll werden in einem Augenblick, in dem die Kirche genau an diesem Punkt zur Entscheidung gezwungen wurde.

Die »Vaterländische Kundgebung« war kein Dokument der politischen Theologie. Aber sie ließ die politische Theologie als Möglichkeit zu. Das war ihr Problem. Und es war kein Zufall, daß ein Breslauer Pfarrer, der im Sommer 1930 im *Deutschen Pfarrerblatt* einen dreiteiligen Aufsatz zum Thema: »Wir Pfarrer und die völkische Frage« schrieb, von der »Vaterländischen Kundgebung« ausging und sie als Beweis dafür wertete, daß die Kirche die Bedeutung der völkischen Bewegung voll anerkannt habe.[70]

Die politische Theologie war die Antwort des deutschen Protestantismus auf die völkische Bewegung. Diese Theologie hat, auch wenn sie dann erst zwischen 1930 und 1934 ihre kurze Blütezeit erlebte, dem deutschen Protestantismus schon in der Weimarer Zeit bestimmte Entscheidungen ermöglicht, die er sonst kaum oder doch mit weniger Zuversicht hätte treffen können.

Die wichtigste dieser Entscheidungen betraf den Antisemitismus.

Es besteht kein Zweifel, daß der Antisemitismus im Verlauf der Weimarer Jahre auch im deutschen Protestantismus zunahm. Das war eine Folge der ununterbrochenen Propaganda der völkischen Bewegung, die auch eingetreten wäre, wenn die politische Theologie den Antisemitismus nicht theologisch diskussionswürdig gemacht hätte. Daß sie ihn durch ihre Behauptung vom göttlichen Rang des Volkstums tatsächlich diskussionswürdig gemacht hat, bewirkte, daß die Kirche ihre Ansprechbarkeit verlor für die einfache Wahrheit des christlichen Liebesgebotes. Die Kirche hätte durchaus auf Schäden und Mißstände hinweisen können, die in einzelnen Fällen etwa durch massenhafte jüdische Zuwanderung zweifellos entstanden waren. Aber sie hätte sich unter keinen Umständen auf das Prinzip des Antisemitismus einlassen dürfen. Die politische Theologie verführte sie genau zur entgegengesetzten Haltung: zur Zustimmung zum Prinzip und zur Abwehr gegen einzelne ungerechte Fälle und Maßnahmen.

Der Eindruck des allmählichen Verlustes der Ansprechbarkeit der Kirche für die Wahrheit drängt sich auf, wenn man die Diskussion in der Weimarer Zeit verfolgt. Denn es war ja nicht so, daß ihr das in dieser Zeit niemand gesagt hätte. Der schon fast 70jährige Otto Baumgarten etwa schrieb 1926 eine Broschüre mit dem Titel *Kreuz und Hakenkreuz*, die an alle evangelischen Pfarrer in Deutschland versandt wurde. Es war wahrscheinlich die erste Schrift mit diesem später so beliebten Titel, wobei hier das Hakenkreuz bezeichnenderweise noch nicht exklusiv für Hitler und die NSDAP, sondern als Symbol für die deutsch-völkische Bewegung insgesamt stand. Baumgarten argumentierte im wesentlichen in zweifacher Richtung. Zunächst setzte er sich, nach einer Würdigung der »idealen Ziele und Motive« des Hakenkreuzes, mit dessen Widersprüchen »zu wissenschaftlicher Forschung und zu sich selbst« auseinander, also mit den antisemitischen Theorien der völkischen Bewegung.[71] Dabei zog er die ganze Fülle grotesker und banaler Widersprüche ans Licht und erklärte: »Die Mittel, mit denen in den letzten Jahrzehnten die Fritsch und Dinter die breitesten Massen gegen das odium generis humani in glühende Empörung versetzt haben, spottet alles gelehrten und bürgerlichen Anstandes.«[72] Eine Erklärung für diese Dinge und »die einzige Entschuldigung unter anständigen Leuten« sah er im »deutsch-völkischen Fanatismus« und vor allem in der »Kriegspsychose«. Baumgarten entlarvte die historischen Konstruktionen der Antisemiten, setzte die humane Ethik des Alten Testaments gegen die germanische Götterlehre und bestritt die Möglichkeit einer wissenschaftlichen Rassenlehre überhaupt, da keine Unterscheidung der Menschenarten »so fragwürdig und verworren« sei wie die der Rassen. Noch wichtiger freilich war der letzte Abschnitt, der den »ausschließenden Gegensatz von Kreuz und Hakenkreuz« behandelte.[73] Hier ging es um die Lehre von der Erbsünde oder – nach Kant – um das radikale Böse unserer Natur, das allen Menschen und Rassen gleichartig sei; um die Frage von Selbstverleugnung und Stolz und schließlich am Ende um die einfache christliche Wahrheit selbst: »Was uns Jünger zwingt, zwingen sollte, ist das christliche Gebot der Liebe . . .« Die Lieblosigkeit des Hakenkreuzes war es, so zeigte Baumgarten am Schluß an 1. Kor. 13, die die Verbindung von Kreuz und Hakenkreuz ausschloß: »Für die, die unter dem Kreuze Christi leben, der für alle ohne Unterschied starb und darum für alle ohne Unterschied lebt, gibt es kein die Juden ausschließendes Hakenkreuz.«[74]

Daß diese Stimme der einfachen bürgerlichen und christlichen Wahrheit in der Kirche so wenig gehört wurde, so wenig wie die anderen ähnlichen Stimmen in dieser Zeit, hatte viele Gründe. Die fortwirkende Kriegspsychose war einer und gewiß nicht der geringste. Daß jedoch auch die politische Theologie dabei eine wesentliche Rolle spielte, das zeigte die Tatsache, daß sie sich von Baumgarten kaum getroffen zu fühlen brauchte. Scheinbar waren nur die Fritsch und Dinter und der ganze »Radauantisemitismus« gemeint, nicht aber die politische Theologie, der es ja nicht um den Antisemitismus ging, sondern um die Erhaltung einer gottgegebenen Ordnung, um das deutsche Volkstum. Damit aber sah sich die Kirche, soweit sie diesem Ansatz folgte, dem Antisemitismus gegenüber plötzlich in eine ganz neue Lage versetzt. Sie hatte ihn nun nicht mehr zu bekämpfen, sondern sie hatte eine Mitverantwortung für ihn zu tragen. Sie hatte dafür zu sorgen, daß er sich nicht in emotionalem Haß entlud, sondern in geordneten rechtlichen Bahnen vollzog. Sie hatte eine sittliche Aufgabe *in* der antisemitischen Bewegung und nicht mehr *gegen* sie.

Diese Argumentation kam, wie die politische Theologie selbst, erst 1933 voll zum Zuge. Aber ihre Folgen waren doch in der Mitte der zwanziger Jahre schon vielfach spürbar. Der deutsche Protestantismus wurde tatsächlich für die einfache bürgerliche und christliche Wahrheit immer weniger ansprechbar.

Dies traf auch für die wohl bekannteste und eindruckvollste kirchliche Veröffentlichung gegen den Antisemitismus in dieser Zeit zu, für Eduard Lamparters Schrift *Evangelische Kirche und Judentum*.[75] Sie war hervorgegangen aus Artikeln, die der Verfasser im Winter 1927/28 in der Monatsschrift *Abwehr-Blätter* des »Vereins zur Abwehr des Antisemitismus« veröffentlicht hatte. Auch Lamparter, ein Stuttgarter Stadtpfarrer, schrieb wie Baumgarten vom Standpunkt eines humanen und liberalen Christentums aus. Seine Schrift enthielt in den ersten drei Kapiteln eine bei aller Kürze vorzügliche Auseinandersetzung mit dem Antisemitismus in der Geschichte des Protestantismus von Luther bis Stoecker. Das vierte Kapitel behandelte dann »Die Stellung der evangelischen Kirche zum Judentum in der Gegenwart«. Es widerlegte vor allem die religionsgeschichtlichen Thesen der Religiös-Völkischen, griff dabei nicht zuletzt auch den »nationalsozialistischen Führer Dr. A. Dinter« scharf an[76] und legte zum Schluß den unaufhebbaren Widerspruch zwischen der antisemitischen Rassentheorie und der christlichen Ethik vor.

Die Schrift schloß, wie übrigens auch schon Baumgarten, mit einem Hinweis auf die entschiedene Haltung der katholischen Kirche, namentlich von Papst Pius XI.[77], in dieser Frage. »Sollte die evangelische Kirche nicht auch sich verpflichtet fühlen, nicht auch den Mut zu finden, gegen die schweren antisemitischen Verletzungen von Recht, Wahrheit und Liebe Zeugnis abzulegen? Es gilt, altes Unrecht gutzumachen und mitzuhelfen, daß kein neues Unrecht mehr geschieht!«[78]

Zwölf bekannte Theologen gaben Lamparters Schrift zum Geleit eine Empfehlung mit. »Ohne die idealen Motive zu verkennen«, so hieß es darin, »die der antisemitischen Bewegung da und dort zu Grunde liegen, halten wir dafür, daß die evangelischen Geistlichen auf der Kanzel wie in ihrer Gemeindearbeit keine Zweifel darüber aufkommen lassen sollen, daß sie die Ächtung einer ›Rasse‹ oder eines religiösen Bekenntnisses für eine Versündigung an Christus halten . . .«[79]

Unter den Unterzeichnern befanden sich Vertreter ganz verschiedener Richtungen: Liberale wie Otto Baumgarten, Martin Rade und der Pfarrer und preußische Landtagsabgeordnete der DDP Dietrich Graue; die von der Berneuchener Erneuerungsbewegung bestimmten Pfarrer Christian Geyer und Hermann Schafft; der konservative Kirchenrechtler und Reichstagsabgeordnete der DVP Wilhelm Kahl; Karl Barth; als ein Vertreter des religiösen Sozialismus Paul Tillich und Friedrich Siegmund-Schultze, der unbeirrte Vorkämpfer für die ökumenische Bewegung.

Auch diese Empfehlung vermochte allerdings die wachsende Schwierigkeiten, die christliche Wahrheit zu hören, nicht zu beseitigen.

Die Lage des deutschen Protestantismus, soweit er sich unter dem näheren oder weiteren Einfluß der politischen Theologie befand, ist nun freilich damit noch nicht zureichend beschrieben. Denn er setzte sich nicht nur auf der einen Seite von den bürgerlich-liberalen Einwänden gegen den völkischen Antisemitismus ab, sondern er stritt auch auf der anderen Seite gegen eine Gruppe radikal völkischer Pfarrer und Theologen, die zu einer Synthese von Volk und Glauben drängten. Diese kleine radikale Gruppe, die niemals eine ernsthafte Gefahr für die Kirche bedeutete, verschob immerhin das Meinungsspektrum so weit nach rechts, daß sich die politische Theologie tatsächlich als eine theologische Mittelposition verstehen konnte.[80]

Einer der Väter dieser Gruppe war der Flensburger Hauptpastor Friedrich Andersen. 1860 geboren war er als 30jähriger nach Flensburg gekommen, wo er bis zu seiner Pensionierung im Jahre 1928 38 Jahre lang eine Pfarrstelle an der Johanniskirche innehatte. Andersen begann als traditioneller Lutheraner, machte aber unter dem Eindruck der Lektüre von Chamberlain um 1905 eine nachhaltige Wandlung durch.[81]

Das Ergebnis seiner neuen Einsichten erschien 1907 unter dem Titel *Anticlericus*.[82] Unter Berufung auf Schleiermacher und Harnacks »Marcion« forderte Andersen hier vor allem eine neue Wertung des Alten Testaments: Es habe keine heilsgeschichtliche Bedeutung, sondern sei nur eine Art dunkler Hintergrund, von dem sich das Evangelium um so heller abhebe. Dies trug ihm einen Verweis des Königlichen Konsistoriums in Kiel ein, dem 1913 eine »Warnung« folgte. Wohl nur der Kriegsausbruch verhinderte die Einleitung eines Disziplinarverfahrens, das nach Lage der Dinge möglicherweise mit einer Amtsenthebung geendigt hätte.[83] Andersen jedoch blieb unbeeindruckt und veröffentlichte zusammen mit dem völkischen Literarhistoriker Adolf Bartels aus Weimar, dem Dresdner Kirchenrat Ernst Katzer und dem Bayreuther Schriftsteller Hans Paul v. Wolzogen eine Schrift *Deutschchristentum auf reinevangelischer Grundlage* mit dem Untertitel »95 Leitsätze zum Reformationsfest 1917«.[84] Es waren im wesentlichen völkische Variationen zum Thema Deutschtum und Christentum, die hier vorgetragen wurden; im Stil noch gemäßigt, in der Sache bereits überaus entschieden. So war in These 6 schon von den »verderblichen Wirkungen der Blutsmischung« die Rede; die Abschaffung des Alten Testaments galt durchgängig als Voraussetzung für eine den Deutschen wirklich entsprechende Religion.

Die Zäsur bildete auch hier Krieg und Niederlage. Was vor dem Krieg die kaum ernstgenommene Meinung einzelner gewesen war, gewann nach der Niederlage durch Gruppenbildungen und Vereinsgründungen rasch an Bedeutung. So gründete 1921 im Sinne der Andersenschen Thesen der Berliner Studienrat Dr. Niedlich den »Bund für Deutsche Kirche«, zu dem seit 1922 auch eine Halbmonatsschrift *Die Deutschkirche. Sonntagsblatt für das deutsche Volk* gehörte. Andersen wurde »Bundeswart« auf Lebzeiten, schloß sich im übrigen Ende der zwanziger Jahre der NSDAP an, wurde Schulungsleiter der Partei und verteidigte noch 1936 in sechs Vorträgen Rosenbergs *Mythus*.[85]

Aus den zahlreichen Verbindungen der völkisch-religiösen Gruppen untereinander entstand 1926 als Dachorganisation die »Deutsch-christliche Arbeitsgemeinschaft Großdeutschlands«, die die völkische-religiöse Sache gemeinsam vorantreiben sollte.

Als Anstoß für die Kirche erschien freilich immer nur die Deutschkirche. Diese wollte ausdrücklich innerhalb der Kirche bleiben und behauptete, im

Grunde nur die Konsequenzen aus den neuesten Ergebnissen der historischen Theologie und aus dem Anspruch der völkischen Bewegung zu ziehen. Die Forderungen des Bundes: Abschaffung des Alten Testaments, Ausscheiden aller jüdischen Elemente aus dem Christentum, Wiederherstellung des reinen Heilandbildes, Aufnahme der deutschen Märchen und Sagen als deutsche Form der Offenbarung[86], wurden im deutschen Protestantismus zwar weithin abgelehnt, blieben aber gleichsam eine alleräußerste Möglichkeit im Übergang zu den kirchenfeindlichen Völkischen.

Mit dem Anwachsen der völkischen Bewegung veränderte sich die Einstellung zur Deutschkirche im Protestantismus auf fast bestürzende Weise. Während das *Kirchliche Jahrbuch* 1924 noch über die Deutschkirche als »ein Produkt des phantastischen Übernationalismus« spottete[87], hielt es der Kirchenbundesrat 1931 für notwendig und angemessen, einen ganzen Tag über die »Stellung zur Deutschkirche« zu diskutieren. Am Ende weigerte sich die Versammlung mit 76:12 Stimmen, eine These anzunehmen, die zum Ausdruck bringen sollte, daß deutschkirchliche Pfarrer ihr Amt nicht im Widerspruch zum Bekenntnis und den Ordnungen der Kirche ausüben dürften. Und dies geschah nicht etwa aus mangelnder theologischer Einsicht in den häretischen Charakter der Deutschkirche – darüber waren sich Vorträge und Diskussionsbeiträge durchaus klar – sondern aus Furcht, in der Öffentlichkeit könnte der Verdacht entstehen, »die Kirche versage sich dem deutschen Gedanken, ja sie bekämpfe ihn«.[88]

Der Bund für Deutschkirche war nichts anderes als der unmittelbare Einbruch der völkischen Bewegung in die Kirche. Die Schwierigkeit für die Kirche ergab sich – wie gerade die Entscheidung des Kirchenbundesrates zeigte – daraus, daß sie die völkische Bewegung begrüßen und zugleich ein gutes theologisches Gewissen behalten wollte.

Genau hier lag die Funktion der politischen Theologie. Weil sie den Grundbegriffen der völkischen Bewegung einen neuen entscheidenden Rang in Theologie und Kirche anwies, konnte sie alle Synthesen und Synkretismen, wie sie von der Deutschkirche vertreten wurden, um so nachdrücklicher abweisen. Der Korreferent auf jener Sitzung des Kirchenbundesrates, der Kieler Bischof Mordhorst, machte diese Funktion ganz deutlich, als er in seiner 1. These ausdrücklich von Althaus' Königsberger Vortrag ausging und erklärte, dort seien die entscheidenden Aussagen über Kirche und Volkstum gemacht worden, die das völkische Anliegen der Deutschkirche erfüllten. Mordhorst war im übrigen in mancher Hinsicht theologisch sogar kritischer als Althaus, wie eine von ihm vorgelegte These über Bekenntnis und Ordnung der Kirche im Verhältnis zur Deutschkirche verriet.[89]

Der »von der völkischen Bewegung bisher unternommene Versuch einer Synthese von Germanentum und Christentum« sei »als gescheitert« abzulehnen, so faßte 1928 Karl Witte, der als früherer Leiter der Fichte-Hochschule in Hamburg eine enge Verbindung zu den Völkischen hatte, die allgemeine Überzeugung der Kirche zusammen. Und er traf genau die entscheidende Frage, wenn er weiter formulierte: »Ist es der völkischen Bewegung bisher auch nicht gelungen, Christentum und Volkstum zu einer inneren Einheit zu bringen, so hat sie doch das Problem scharf gestellt. Befriedigen kann auf die Dauer nur eine Lösung, in der beides zu seinem Recht kommt, in der einerseits ›der religiöse Sinn, der Offenbarungswert der völkischen Bestimmtheit unseres Lebens erkannt, andererseits sein Verhältnis zur vollkommenen Offenbarung des Evangeliums geklärt wird‹«.[90] Diese Klärung erwartete Witte weder vom Kulturprotestantismus, noch vom Supranaturalismus, noch vom Pietismus und erst recht nicht von der dialektischen Theologie. Was not tat, war eine neue, »umfassende Kulturtheologie«.[91] Nicht die Synthese von Christentum und Volkstum konnte das Ziel sein, sondern ihre kritische Zuordnung, die es der Kirche ermöglichte und gebot, das Volkstum zu heiligen.

Was Witte hier forderte und beschrieb, war nichts anderes als die politische Theologie. Und seine theologischen Gewährsmänner waren die gleichen wie für alle, die in dieser Richtung dachten: Stapel, Althaus und Hirsch.

Blickt man von hier aus noch einmal auf Hitlers Entschluß zurück, sich vom religiösen Flügel der völkischen Bewegung zu trennen, so wird deutlich, daß hier zwei Entwicklungen so genau ineinandergriffen, als ob sie geplant worden seien, obwohl dies gewiß nicht der Fall war. Die politische Theologie schuf für den deutschen Protestantismus die Möglichkeit, den völkischen Gedanken zu seiner Sache zu machen, solange dieser völkische Gedanke nicht mit eigenen religiösen Ansprüchen auftrat. Sie vertat, verteidigte und legitimierte den völkischen Gedanken gegenüber seinen konservativen, liberalen und sozialistischen Kritikern ebenso wie gegenüber seinen schwärmerischen deutschkirchlichen Anhängern. Diesem theologischen Ansatz kam Hitler mit seiner Entscheidung unmittelbar entgegen. Indem er den politischen Charakter der Bewegung betonte, sich von Schwärmern wie Dinter trennte und die Partei auf eine allgemeine Religiosität verpflichtete, erfüllte er alle wesentlichen Bedingungen, die die politische Theologie an den zukünftigen Führer Deutschlands und seine Partei zu stellen hatte.

Man muß sich nun freilich hüten, die politische Theologie als eine Art Hitler-Partei in der Kirche anzusehen. Das wollte sie nicht sein, und das war sie auch nicht. Vielmehr lag ja gerade in der Herstellung einer *kritischen* Solidarität mit der völkischen Bewegung die eigentliche Pointe dieser Theologie. So war es ganz konsequent, daß etwa Hirsch noch lange deutschnational wählte[92], Stapel sich 1933 weigerte, Parteimitglied zu werden, weil er seine Unabhängigkeit nicht aufgeben wollte[93], und Althaus schon im Herbst 1933 mit dem Regime in Konflikt geriet, als er bestimmte Maßnahmen kritisierte.[94] Auch wird man bei einem Urteil über die politische Theologie bedenken müssen, was selbstverständlich ist, und doch kaum je ernsthaft bedacht wird: daß die politische Theologie der zwanziger Jahre Hitler noch vor sich hatte, während wir ihn hinter uns haben. Gleichwohl wird man der politischen Theologie die Mitverantwortung dafür zusprechen müssen, daß es 1933 beinahe gelang, den deutschen Protestantismus mit dem Dritten Reich gleichzuschalten.

8. KAPITEL

DER STREIT UM DIE KIRCHE (1929–1931)

Die Sympathien für die völkische Bewegung waren im deutschen Protestantismus in den zwanziger Jahren zweifellos im Wachsen. Aber ebenso zweifellos stellte die völkische Bewegung – trotz politischer Theologie und Königsberger Kirchentag – auch 1928 noch immer keine ernsthafte Gefahr dar. Dies machte eine Umfrage überraschend deutlich, die das Kirchenbundesamt Anfang 1928 an alle Landeskirchen richtete.

Veranlaßt durch zwei Eingaben von deutschkirchlicher Seite wies der Präsident des Kirchenausschusses, Hermann Kapler, in einem langen Schreiben auf die zunehmenden weltanschaulichen Ansprüche der völkischen und vaterländischen Verbände auf der einen und der sozialdemokratischen Partei auf der anderen Seite hin. Gerade auch im Blick auf die im Mai 1928 bevorstehenden Reichstagswahlen wollte er wissen, wie man bei den Landeskirchen diese Entwicklung beurteile und ob man besondere Maßnahmen für notwendig halte.[1] Die Antworten zeigten, daß außer dem Berliner Oberkirchenrat, dessen Präsident ebenfalls Kapler war, keine Landeskirche der völkischen Bewegung größere Bedeutung zumaß. Beunruhigt war man zum Teil über den aggressiven weltanschaulichen Atheismus der Sozialdemokratie. Von der völkischen Bewegung dagegen hieß es beispielsweise aus Hannover, daß sie »nach unserer Beobachtung bisher für das krichliche Leben in unserem Gebiet keine besondere Bedeutung« hat. »Die Gefahr einer starken Kirchenaustrittsbewegung völkisch gerichteter Menschen halten wir zur Zeit nicht für vorliegend.«

Darmstadt teilte mit: »Wir haben in Hessen wenig mit einer besonderen völkischen Bewegung und ›teutonischen‹ Religion zu tun.« Braunschweig berichtete: »Die in dem beregten Schreiben aufgeworfenen . . . Fragen haben für die braunschweigische evangelisch-lutherische Landeskirche noch nicht die Bedeutung die sie für andere, größere Landeskirchen haben mögen.« Und

Stuttgart legte Ende Februar sogar eine »Übersicht über die in Württemberg vertretenen Organisationen« vor, die hinsichtlich der NSDAP zu dem Schluß kam: »Die Partei leidet wie die ganze völkische Bewegung (abgesehen von der politischen Unerfahrenheit) an ihrer weltanschaulichen Unklarheit und dürfte bei den nächsten Wahlen eher ab- als zunehmen.«

Die Reichstagswahl vom 28. Mai 1928 zeigte, daß diese Prognose richtig war. Die NSDAP verlor gegenüber dem schlechten Ergebnis vom Dezember 1924 noch einmal 0,4 Prozent der Stimmen und blieb mit 2,6 Prozent und 12 Sitzen eine Splitterpartei ohne Bedeutung. Wer sich in der Kirche nicht ausdrücklich mit der völkischen Bewegung befaßte, der brauchte sie in diesen Jahren noch nicht zur Kenntnis zu nehmen. Das Problem drängte sich nicht auf, im Gegenteil, es verbarg sich, und wer es kennenlernen wollte, mußte es eher suchen.

Eine andere Frage dagegen stand weithin sichtbar im Vordergrund. Sie war entstanden aus der Kirchenpolitik der Nachkriegszeit, die den Status der Kirche so erfolgreich verteidigt und gesichert hatte, und einer Theologie, die an diese Entwicklung zu Recht die Frage nach der theologischen Legitimation stellte.

Man kann diese Problematik an einer ganzen Reihe von Punkten beobachten.

1929 erschien, zunächst anonym, das *Tagebuch eines Großstadtpfarrers*, eine ebenso kluge und kritische wie engagierte Darstellung des kirchlichen Lebens der zwanziger Jahre in Briefen an einen Freund. Es war nicht nur eines der besten, sondern auch eines der meistgelesenen kirchlich-theologischen Bücher in dieser Zeit.[2] Der Verfasser war der damals 38jährige Magdeburger Pfarrer Gerhard Jacobi, wenige Jahre später einer der entschiedensten Vertreter der Bekennenden Kirche in Berlin und nach dem Kriege als Nachfolger Stählins Bischof von Oldenburg. Jacobi war theologisch von Karl Barth beeinflußt – zumindest was sein kritisches Verhältnis zu allem Bindestrich-Christentum betraf. So findet man in seinen Aufzeichnungen immer wieder lebhaften Widerspruch gegen die »Stahlhelm-Pastoren« und die »gottferne Kriegstheologie«.[3] Aber vergeblich sucht man auch bei diesem aufmerksamen Beobachter nach Hinweisen, daß etwa die Kirche als ganze von einer politischen, völkisch-nationalen Theologie bedroht sei. Obwohl Jacobis politische Sympathien zweifellos der Linken gehörten, kritisierte er die »S.P.D.-Pastoren« nicht weniger als die Stahlhelm-Leute.[4]

Was dagegen diesen Großstadtpfarrer wirklich bewegte, beschäftigte und erschütterte, waren ganz andere Probleme. Es war die Fülle der Sorgen, Nöte, Freuden, Hoffnungen und Hoffnungslosigkeiten, mit denen er täglich bis zur Erschöpfung zu tun hatte; und es war die Unfähigkeit der Kirche und seiner selbst, dazu das richtige Wort, das Wort Gottes zu finden. An diesem Buch beeindruckte nicht nur die Realität, die es beschrieb, sondern auch die Ehrlichkeit, mit der sich dieser Pfarrer zu seiner Ohnmacht und zu seinem Glauben bekannte. »Was ist es doch für ein Ding um die Predigt:« schrieb Jacobi, »man muß reden von Dingen, von denen man genau weiß: die Gemeinde versteht, erfaßt sie nicht; sie liegen ihr ganz fern; die Gemeinde wird aus der Kirche gehen und denken: damit kann ich nichts anfangen. Das weiß man als Prediger und muß doch so sprechen. Wir haben uns ja nicht nach dem zu richten, was die Gemeinde versteht und was sie hören will. Wir haben Gottes Kommen hineinzurufen.«[5] Hier lag die Frage, die Jacobi am meisten bedrückte, nämlich, ob diese Kirche in ihrer bürgerlichen Selbstzufriedenheit überhaupt noch imstande sei, von Gottes Kommen zu zeugen. »Weißt du«, so schrieb er deshalb einem Freund, »man hat in dem bürgerlichen Kirchenchristentum doch so manches einzureißen. Das ist ja heute die Lage. Der Kampf für Gott geht den Weg der Kritik, Kritik an der kirchlichen Frömmigkeit und an der Kirche, an der bürgerlichen Gerechtigkeit und an der Wirtschaft . . .«[6]

So also konnte man die kirchliche Lage am Ende der zwanziger Jahre auch sehen: daß die Front nicht verlief zwischen moderner politischer Theologie auf der einen und traditioneller kirchlicher oder liberaler Theologie auf der anderen Seite, sondern daß sie verlief zwischen konservativem Landeskirchentum und der Theologie des Wortes Gottes, zwischen volkskirchlichem Betrieb und dem Glauben an die Freiheit des Evangeliums, zwischen der Zufriedenheit über das Erreichte und der Verzweiflung über eben diese Zufriedenheit. Unter den jungen Pfarrern und auch in den Gemeinden gab es nicht wenige, die die Dinge so sahen. Der Erfolg des *Tagebuches* war ein Beweis dafür.[7]

Es war die Frage nach Auftrag und Dienst der Kirche, die Jacobi stellte. Wie sehr sie plötzlich in den Vordergrund des Interesses gerückt war, zeigten auch zwei etwa gleichzeitig erschienene theologische Veröffentlichungen. Die eine, mit dem Titel *Credo Ecclesiam*, war ein Versuch lutherischer Theologen, den Ort der Kirche vom Bekenntnis her neu zu bestimmen.[8] Die andere, ebenfalls ein Sammelband, unternahm die gleiche Aufgabe vom Standpunkt der Gemeinschaftsbewegung aus.[9] Beiden Arbeiten gemeinsam war die Überzeugung, daß die Kirchenfrage *die* Frage der Zeit sei.

Freilich hätten diese und andere Beiträge die Dinge nicht so in Bewegung gebracht, wenn nun nicht Karl Barth mit einem ungewöhnlich kritischen Artikel den Angriff eröffnet hätte. Denn keiner besaß so wie er die Schärfe, keiner auch die Konsequenz, das ganze Problem ohne alle Rücksichten aufzudecken.

Der Schweizer Theologe hatte sich, seit er 1921 nach Deutschland gekommen war, um politische und kirchenpolitische Fragen wenig gekümmert und seine ganze Arbeitskraft und Leidenschaft in die Entwicklung seiner Theologie gesteckt.[10] Es ist überaus bezeichnend, daß sich in seinem lebhaften Briefwechsel mit Eduard Thurneysen, der den Freund in der Schweiz ständig über alle wichtigen Dinge auf dem laufenden hielt, zwischen 1921 und 1930 der Name Hitler nur ein einziges Mal findet – bei der Beschreibung einer Unterkunft in Königsberg im November 1924, wo Barth, wie er ironisch notierte, »im Bett eines feurig-nationalen Gymnasiasten« schlief, »rings um mich herum hingen: Friedrich d. Gr., Schlageter, Bismarck, Ludendorff, Hitler . . .«[11] Einmal berichtete er, und auch das war charakteristisch für die Art, wie er in dieser Zeit die politischen Dinge sah, über »ein ethisches Conversatorium«, das er »bei stärkster Beteiligung« über die politischen Autobiographien der letzten Jahre veranstalte: »Tirpitz und Liebknecht wurden schon behandelt, es folgen Michaelis, der Kaiser, Scheidemann, der Kronprinz, Ludendorff, Bethmann Hollweg, Erzberger, Dryander usf. Bis jetzt ging es sehr gut: Ausscheidung des Politischen *an sich*, Frage nach den Motiven des Handelns und ihrem Verhältnis untereinander.«[12]

Die »Ausscheidung des Politischen an sich« aus der theologischen Ethik stellte die strikte Gegenposition zur politischen Theologie dar. Sie war geradezu ein Kennzeichen der Barthschen Arbeit in dem Jahrzehnt zwischen 1920 und 1930. Was die politische Theologie als unabweisbare Nötigung empfand, die Forderungen der völkischen Bewegung, das wurde von der dialektischen Theologie bis 1930 als theologisches Problem nicht einmal zur Kenntnis genommen. Und so war es denn keineswegs erstaunlich, daß Karl Barth die Auseinandersetzungen der verhängnisvollen dreißiger Jahre an einer Front eröffnete, die weitab von den die Kirche alsbald bedrängenden Fragen zu liegen schien.

Es war der kleine Aufsatz *Quousque tandem . . .?*, mit dem diese Auseinandersetzungen begannen. Er erschien Anfang 1930 in *Zwischen den Zeiten*, von Thurneysen freudig als »endlich wieder ein Wort zur Lage« begrüßt[13], und gehört zum Schärfsten, was Barth je an polemischer Kritik formuliert hat.[14]

Erbittert über den Geist landeskirchlicher Selbstzufriedenheit, wie er sich

Ende der zwanziger Jahre auszubreiten begann[15], erklärte Barth »unter Außerachtlassung aller professoralen Umständlichkeit, Rücksicht und Vorsicht«: »Es ist ein zum Himmel schreiender Skandal, daß die deutsche evangelische Kirche andauernd diese Sprache redet.« Was Barth dem Reden vom Überwinden der Krise, von der Bewährung der empirischen Kirche und vom »Meisterstück« der Kirchenführung des letzten Jahrzehnts vorwarf, war dies, daß die Kirche, die so redete, »so unzweideutig wie nur möglich sich selber will, sich selber baut, sich selber rühmt und eben darin von den um andere Fahnen und Fähnlein Gescharten nur dadurch sich unterscheidet, daß sie das – gebläht durch den Anspruch, die Sache Gottes zu vertreten – viel ungebrochener, viel pausbackiger, viel hemmungsloser tut als alle anderen. Wenn es ihr um die Sache Gottes ginge, dürfte sie dann mit der Gemächlichkeit, mit der man auf eine überstandene Grippe zurückblickt, reden von der glücklich vergangenen Zeit, da ihr ›buchstäblich die Zerschlagung drohte‹? Und mit diesem selbstzufriedenen Spott (als ob der große Abfall etwa nur die Schuld der anderen wäre!) von jenen Atheisten, Intellektuellen und Schwätzern, die sich damals so gründlich geirrt haben sollen? Und mit diesem breiten Behagen (als ob das nicht eine elende Phrase wäre) von dem tief in der deutschen Volksseele verwurzelten ›religiösen Gedanken‹?« Es ging nach Barths Überzeugung bei all dem entscheidend um die Glaubwürdigkeit der Verkündigung. Wenn *diese* Kirche »›Jesus Christus‹ sagt, muß und wird man, und wenn sie es tausendmal sagte, ihre eigene Sattheit und Sicherheit hören und sie soll sich nicht wundern, wenn sie mit allem ihrem ›Jesus Christus‹ in den Wind, an der wirklichen Not der wirklichen Menschen vorbeiredet ...«[16]

Die rücksichtslose Schärfe dieses Aufsatzes war selbst im streitgewohnten deutschen Protestantismus ungewöhnlich. Mit ihm begann eine Auseinandersetzung, die im Ansatz der dialektischen Theologie angelegt war und bis in die sechziger Jahre unseres Jahrhunderts andauerte. Es war in neuer Form der alte Streit zwischen der Freiheit des Glaubens und den Gesetzen der Institution, zwischen christlicher Hoffnung und christlicher Tradition.

Das Kirchenverständnis, gegen das Barth hier stritt, war vielleicht am deutlichsten zum Ausdruck gekommen in den Arbeiten von Dibelius. Nicht zufällig hatte Barth deshalb in *Quousque tandem ...?* – im Blick auf den Einband von Dibelius' bekanntem Buch – ironisch vom »violetten ›Jahrhundert der Kirche‹« gesprochen.[17] Und Dibelius war es denn auch, der unverzüglich antwortete. Im Rechenschaftsbericht, den er namens des Kirchensenats und des Evangelischen Oberkirchenrats am 24. Februar 1930 der preußischen Generalsynode erstattete, wies er Barths Angriff auf »unsere ganze Art zu arbeiten« entschieden zurück. Er blieb dabei ganz in seinem Schema, wenn er meinte, früher, im »grundsätzlich christlichen Staate« sei es nicht weiter gefährlich gewesen, wenn man die Kirche nach Kräften kritisiert habe. »Die Zeiten, sage ich noch einmal«, so fuhr Dibelius dann fort, »sind ganz anders geworden. (Sehr richtig). Wenn ein religionsloser Staat nicht führen soll zu einer Volksgemeinschaft ohne Religion, dann muß er als Korrelat die Kirche von Fleisch und Blut haben, die in ihrer Arbeit die Verkündigung des Evangeliums zur Wirksamkeit bringt. Weil das so ist, darum fordern wir, daß man der Kirche die Freudigkeit zu ihrer Arbeit stärkt. Wir fordern Dankbarkeit dafür, daß Gott uns das Instrument unserer Kirche gegeben hat.«[18]

Es standen sich hier zwei Auffassungen von Kirche gegenüber, die schlechterdings zu keiner Verständigung kommen konnten. Zwar sagten beide Seiten das gleiche, nämlich »Verkündigung des Evangeliums«, aber sie meinten damit ganz Verschiedenes. Für Dibelius, für die Mehrheit der preußischen Generalsynode und zweifellos auch für die Mehrheit in den Landeskirchenleitungen bedeutete die Verkündigung des Evangeliums durch die Kirche vor allem eine sittliche Aufgabe. Ganz im Sinne Wilhelm Herrmanns ging es tatsächlich darum, »die Verkündigung des Evangeliums zur Wirksamkeit« zu bringen und das hieß, für die Familie, für das öffentliche Leben, für Volk und Vaterland Maßstäbe zu setzen, an denen jedermann sich orientieren konnte. Landeskirchen und Kirchenbund wurden beherrscht von dem Gedanken, daß die Kirche durch das Evangelium sittlich wirken müsse und wirken könne und sie scheuten keine Mühe, diesen Anspruch der Kirche mit allen Mitteln in die Öffentlichkeit zu tragen.

Demgegenüber hatte Barth im ersten Entwurf seiner Dogmatik die kirchliche Verkündigung definiert als »das Wagnis, daraufhin gewagt, daß die Wahrheit, für die hier der Mensch die Verantwortung übernimmt, die er hier als gültig für alle behauptet, für sich selbst rede, daß sie ihn decken, daß sie die Macht haben und beweisen werde, sich Erkenntnis und Anerkennung bei allen, wie es der Wahrheit zukommt, zu verschaffen«.[19] Keine Rede war hier also davon, daß die Kirche selbst etwa »die Verkündigung des Evangeliums zur Wirksamkeit« bringen könne: Was Gott nicht tat, konnte alles Tun der Kirche nicht ersetzen. Und die Verkündigung zielte denn auch in keiner Hinsicht auf die Öffentlichkeit (so gewiß sie öffentliche Verkündigung zu sein hatte) und schon gar nicht auf die öffentliche Sittlichkeit, sondern sie zielte ganz allein und ausschließlich auf den einzelnen Menschen als Glied der Kirche. »Wer nicht auf eine deutsche Theologie, eine Proletarier-Theologie, eine Jugend-Theologie usw., wer mit einem Wort nicht auf einen Polytheismus hinauswill, der wird an dieser Stelle ganz hartherzig sein müssen. Nicht der Mensch als Publikum hört von Gott, sondern das von Volkstum, Geschlecht, Alter, Klasse, Kultur usf. schlechterdings unabhängige Arkanum in den Menschen, der Mensch in den Menschen, der Mensch als Einzelner, nicht als Glied einer der Vielheiten ...«[20] Damit waren Möglichkeit und Aufgaben der kirchlichen Verkündigung abgegrenzt gegen alle noch so gut gemeinten landeskirchlichen Anstrengungen, dieser Verkündigung zur Wirksamkeit zu verhelfen; abgegrenzt aber auch schon gegen den Ansatz der politischen Theologie, die die kirchliche Verkündigung entscheidend als volksgebundene Verkündigung verstand.

Der Streit um die Kirche, lange vorher angelegt und mit *Quousque tandem ...?* heftig aufgeflammt, dauerte das ganze Jahr 1930 an. Im Januar 1931 präzisierte Karl Barth seinen Standpunkt noch einmal in einem Vortrag, den er in Berlin, Bremen und Hamburg hielt. Es ging darin um die doppelte Not der Kirche, die echte, die in ihrem Wesen liege, nämlich keine beruhigende Synthese anbieten zu können; und die falsche, die in der Flucht *vor* der Sichtbarkeit und der Flucht *in* die Sichtbarkeit bestehe.[21] Und wieder standen zur Debatte Wesen und Auftrag der Kirche: »Weiß sie überhaupt noch, daß das zweierlei ist: ›All Sünd hast du getragen‹ und: die Aufmunterung zum Kampf um religiöse Erneuerung, sittliche Reinheit, persönliche Freiheit, völkische oder soziale Gemeinschaft?« Und zur Empörung vieler erklärte er: »Nach meiner Kenntnis und Einsicht ist das, was in der durchschnittlichen Predigt unserer Kirche als Evangelium unserer Kirche verkündigt wird, trotz aller Anrufungen der Bibel und trotz alles Lutherpathos eine mit etwas Moral versetzte Mystik oder eine mit etwas Mystik versetzte Moral und nicht das Wort vom Kreuz, wie es die Reformatoren verstanden haben.«[22]

Gerade der Berliner Vortrag zeigte aber auch, wie sehr das Thema inzwischen die Gemüter beschäftigte. »1400 Menschen waren«, so berichtete Barth darüber im Februar seinen Freunden, »... in der neuen Aula zusammengeströmt unter lebensgefährlichem Gedränge und nun hatte ich 2 Stunden lang das Wort von einem Känzlein herunter, in dessen Hintergrund ein Fresko-Gemälde den eindringlich zur deutschen Nation redenden Fichte, umgeben von General Scharnhorst, Pfarrer Schleiermacher und dem ganzen übrigen Personal der Befreiungskriege, zeigte.« Natürlich entging Karl Barth die Ironie der Situation nicht, und er kommentierte sie charakteristisch genug: »Gewiß eine würdige, aber auch eine irgendwie komische Situation, weil der Kerl dahinten eben fortwährend auch redete und zwar ohne Zweifel etwas ganz Anderes als ich.« Wie umstritten die ganze Sache war, zeigten die Reaktionen der Zuhörer. »Die Aufnahme des Vortrags durch das Publikum war sehr lebhaft, es ging oft fast versammlungsmäßig zu, mit Unterbrechungen durch Beifall und Widerspruch, es kam aber schließlich alles zum glücklichen Ende, ohne daß es zu Ereignissen gekommen wäre, wie sie im heutigen Deutschland leider möglich sind.«[23]

Wiederum antwortete Dibelius unverzüglich, diesmal mit einem Vortrag nur acht Tage später von der gleichen Stelle aus: *Die Verantwortung der Kirche. Eine Antwort an Karl Barth.* Er warf Barth vor, als Vertreter der Theorie die Praxis in der Kirche, nämlich die Tätigkeit der praktischen Liebe, nicht begriffen zu haben. Theologische Kritik habe ihr Recht, aber nicht jetzt und nicht hier: »Wir sind in einen Kampf gezwungen, wie er so folgenschwer nicht geführt worden ist, seit das Kreuz Christi auf deutschen Boden getragen worden war. In diesem Kampf werden Entschuldigungszettel wegen theologischer Hemmungen nicht geschrieben.«[24]

Barth nahm diese Herausforderung an und erklärte nun seinerseits zu den Äußerungen von Dibelius, »es möchte sich doch jeder Leser darüber klar werden, daß er sich zwischen O. Dibelius und mich nicht in eine noch so kluge, noch so vornehme, noch so christliche Mitte stellen kann. Hier versteht schlechterdings nur, wer ohne Wenn und Aber so oder so *Partei* nimmt und den *Streit* aufnimmt.«[25]

Und der Streit wurde tatsächlich vielfach aufgenommen. Im *Deutschen Pfarrerblatt*, dem Verbandsblatt der deutschen evangelischen Pfarrervereine[26], erschienen ungewöhnlich zahlreiche und engagierte Stellungnahmen.[27] Die Auseinandersetzungen erreichten hier einen Umfang und eine Heftigkeit wie nur noch die Kontroverse um den Nationalsozialismus, die im Herbst 1930 im gleichen Blatt begann. Auf die Seite von Dibelius traten hier wie im *Kirchlichen Jahrbuch*, der in *Quousque tandem ...?* unmittelbar angegriffene Johannes Schneider[28] und mit einer eigenen Schrift Dibelius' Kollege Martin Schian, Generalsuperintendent von Schlesien.[29] Auch die Botschaft, die der Nürnberger Kirchentag aus Anlaß der 400-Jahr-Feier des Augsburger Bekenntnisses im Sommer 1930 erließ, sprach von »höchster Verpflichtung und heiliger Verantwortung«, die der Kirche »im Zusammenbruch unserer Zeit« erwachse und von der Aufgabe, »einem zerrissenen und zerspaltenen Volk in der Kraft des Glaubens und der Liebe eine spürbare und lebensvolle Gemeinschaft zu bieten ...«[30] Das war genau jener protestantische Kundgebungsstil, den Barth mit seiner Kritik gemeint hatte.

Auf der anderen Seite zeigte der Generationswechsel, der sich in diesen Jahren vollzog, wieviel Terrain die Kritik bereits gewonnen hatte. Am auffälligsten geschah das im *Kirchlichen Jahrbuch.* Johannes Schneider war, nachdem er seit 1894 37 Bände betreut hatte, im Sommer 1930 als Dreiundsiebzigjähriger gestorben. Seine Nachfolge übernahm der 35jährige Berliner Pfarrer Hermann Sasse. Der neue Herausgeber war ein entschiedener Lutheraner und als solcher keineswegs ein unbedingter Anhänger Karl Barths. Trotzdem trat er in seinem ersten Bericht über die kirchliche Zeitlage in dieser Frage mit aller Entschiedenheit auf dessen Seite. »Man täusche sich nicht«, so schrieb er zu der Kontroverse, »über den Ernst dieser Angriffe. Hinter ihnen steht eine breite Front von Theologen, auch von solchen, die die dialektische Theologie ablehnen und die nicht mit allem einverstanden sind, was in diesen Kampfschriften steht.« Hier gehe es nicht, wie Dibelius meine, um eine Auseinandersetzung zwischen Theorie und Praxis, sondern es gehe darum, angesichts einer Flut kirchlicher Äußerungen in der Öffentlichkeit – »›Spare evangelisch‹, so heißt es in dem in unzähligen Exemplaren vertriebenen Aufruf einer unserer größten kirchlichen Verbände zum Beitritt zu einer Sterbeversicherung« – die Grundlagen der Kirche neu zu überprüfen.

Es war eine vollkommen zutreffende Beobachtung, wenn Sasse in diesem Zusammenhang darauf hinwies, daß sich »zwischen der Theologie und der praktischen Arbeit der Kirche eine verhängnisvolle Kluft« aufgetan habe. »Die mächtige kirchliche Aufbauarbeit und die tiefgehende theologische Arbeit des letzten Jahrzehnts stehen fast beziehungslos nebeneinander.«[31] Tatsächlich hatten sich die Neuordnung der Landeskirchen und der theologische Aufbruch bis zu diesen Auseinandersetzungen in nahezu getrennten Bereichen vollzogen. Das war nun zu Ende. Kirche und Theologie hatten sich, wenn auch unter entschieden kritischen Vorzeichen, wieder in den Blick bekommen.

Ein Zeichen dieser veränderten Situation war die Tatsache, daß Karl Barths zweiter dogmatischer Anlauf – 1927 war die *Christliche Dogmatik im Entwurf* erschienen – im Jahre 1932 den Titel trug: *Die Kirchliche Dogmatik.* Die Begründung dieser Veränderung und ihre Konsequenzen, zunächst im Lärm des Streites kaum wahrgenommen, gingen Kirche und Theologie im Herbst 1933 auf: »Dogmatik ist keine ›freie‹, sondern eine an den Raum der Kirche gebundene, da und nur da mögliche und sinnvolle Wissenschaft.«[32]

Der Streit um Wesen und Auftrag der evangelischen Kirche erschien zunächst als eine rein theologische Angelegenheit, die nur am Rande auch eine gewisse politische Bedeutung besaß. Aber es sollte sich schon bald herausstellen, daß genau dieses Problem ins Zentrum des politischen Kampfes führte, der dem deutschen Protestantismus bevorstand. Denn das neue Thema der Kirche wurde jetzt durch die Politik bestimmt.

9. KAPITEL

KATHOLIZISMUS, PROTESTANTISMUS UND NATIONALSOZIALISMUS NACH DEN SEPTEMBERWAHLEN 1930

Die dramatische Veränderung der politischen Lage, die sich im Herbst 1930 in Deutschland abzeichnete, stellt auch für die Geschichte der Kirchen in der Weimarer Zeit einen entscheidenden Einschnitt dar. Im Rückblick will es scheinen, als ob nach den Septemberwahlen nichts mehr so war wie zuvor: Alle Äußerungen, alle Diskussionen, Überlegungen, Beschlüsse und Geschäftigkeiten trugen von da an einen fiebrigen politischen Glanz, der alles andere immer stärker zu überdecken begann.

Daß die guten Jahre der Republik zu Ende gingen, wurde spätestens im Herbst 1929 spürbar. Es war die Zeit des Volksbegehrens gegen den sogenannten Youngplan, der Hitler zum ersten Mal mit den Deutschnationalen zusammenbrachte.[1] Hirsch schrieb später an Althaus: »Eine junge nationale Bewegung von Leidenschaft und Tiefe haben wir in Deutschland erst seit der Aufrüttelung durch das Youngbegehren. Und alle Erfolge der Rechten, gerade auch ihres stärksten Teils, der Nazi, sind erst möglich geworden seitdem.«[2] Es war zugleich die Zeit der Weltwirtschaftskrise, die mit den spektakulären Zusammenbrüchen an der New Yorker Börse Ende Oktober 1929 in ihre akute Phase eintrat. Der Zustand der deutschen Innenpolitik, schon vorher schwierig, begann trostlos zu werden. Die Zahl der Arbeitslosen stieg von 2,8 Millionen im Jahr 1929 auf 3,2 Millionen im Januar 1930 und nahm das ganze Jahr hindurch nicht mehr wesentlich ab.

Die Anzeichen, daß diese Situation vor allem den Nationalsozialisten zugute kommen würde, mehrten sich seit jenem ersten gemeinsamen Auftreten Hitlers mit den Deutschnationalen beim Volksbegehren. Zwar kam dieses Volksbegehren mit 10,02 Prozent der Wahlberechtigten nur ganz knapp in den Reichstag, wo es im November kläglich scheiterte. Auch der Volksentscheid fand nur ein bescheidenes Echo.[3] Aber als im Dezember 1929 der Thüringer

Landtag neu gewählt wurde, gelang Hitlers Partei zum ersten Mal der Sprung über die Zehn-Prozent-Grenze. Mit sechs statt bisher zwei Abgeordneten verdreifachte die NSDAP die Zahl ihrer Mandate. Die Stimmenverteilung machte eine Fortsetzung der bürgerlichen Regierung nur mit Hilfe der NSDAP möglich und Hitler nutzte die Gelegenheit, um zum ersten Mal einen Nationalsozialisten in eine politische Schlüsselstellung zu bringen. Er forderte und erhielt das Innen- und das Volksbildungsministerium, die mit Dr. Wilhelm Frick, dem späteren Reichsinnenminister, besetzt wurden.[4] Die Landtagswahlen in Sachsen im Juni 1930 bestätigten den Trend. Hier kam die NSDAP sogar schon auf 14,4 Prozent der Stimmen.[5]

Ein Alarmzeichen waren auch die Wahlen zu den Allgemeinen Studentenausschüssen der Universitäten und Hochschulen im Wintersemester 1929/30. Die deutschen Studenten, politisch labil und leicht erregbar, verhalfen dem Nationalsozialistischen Studentenbund zu teilweise aufsehenerregenden Erfolgen. An zwei Universitäten, Erlangen und Greifswald, verfügten die NS-Studenten bereits über die absolute Mehrheit.[6]

Auch wenn man angesichts dieser Tendenzen eine merkliche Zunahme der NSDAP überall erwartet hatte, so stellte das Ergebnis der Reichstagswahlen vom 14. September 1930 doch eine geradezu sensationelle Überraschung dar. Durch einen »in der parlamentarischen Geschichte Deutschlands noch nie erlebten ›Erdrutsch‹«[7] wurde aus Hitlers rechtsradikaler Splittergruppe mit einem Schlage die zweitstärkste Partei des Reiches. In einem Zeitraum von etwas mehr als zwei Jahren hatte die NSDAP ihren Stimmenanteil von 2,6 Prozent auf 18,3 Prozent und die Zahl ihrer Abgeordnetenmandate von 12 auf 107 gesteigert. Der zweite Wahlgewinner war auf der Linken die KPD, deren Fraktion mit 13,1 Prozent der Stimmen von 54 auf 77 Abgeordnete anwuchs. Von den anderen Parteien hatte sich nur das Zentrum einigermaßen halten können; die SPD verzeichnete einen Stimmverlust von rund 5 Prozent, während DNVP und DVP nahezu halbiert wurden.[8]

Das Wahlergebnis vom 14. September bedeutete eine völlige Veränderung der deutschen Parteienlandschaft. Niemand konnte das übersehen, schon gar nicht der deutsche Protestantismus, der am Zustandekommen dieses Ergebnisses in besonderem Maße beteiligt war.

Es gehört zu den bekannten, wenn auch bisher kaum gründlich analysierten Tatsachen, daß die NSDAP zwischen 1930 und 1933 ihre überdurchschnittlichen Ergebnisse vor allem in evangelischen Wahlkreisen erzielte, während ihre Ergebnisse in mehrheitlich katholischen Wahlkreisen in der Regel weit unter dem Reichsdurchschnitt lagen.[9] Zur Erklärung dieses so offensichtlich verschiedenen Wahlverhaltens der beiden großen Konfessionen muß man sich die Wahlergebnisse im einzelnen etwas näher ansehen.

Von den 35 Reichstagswahlkreisen wiesen dank der damals noch geringeren konfessionellen Mischung in Deutschland 25 konfessionelle Mehrheiten von jeweils über 70 Prozent auf. Davon waren 19 mehrheitlich evangelisch und 6 mehrheitlich katholisch.[10] Geht man nun die Wahlergebnisse von 1930 im einzelnen durch, so springt in die Augen, daß die NSDAP ihre überdurchschnittlichen Ergebnisse in der Tat in den mehrheitlich evangelischen Wahlkreisen zu verzeichnen hatte. Schleswig-Holstein, Pommern, Südhannover-Braunschweig, Chemnitz-Zwickau, Frankfurt/O. und Liegnitz waren beispielsweise solche evangelischen Wahlkreise, in denen die Bewegung zum Teil erheblich über 20 Prozent errang. Umgekehrt blieb sie in typisch katholischen Wahlkreisen wie Oppeln, Köln-Aachen, Koblenz-Trier oder Niederbayern durchweg unter 15 Prozent.[11] Rechnet man die Ergebnisse aller 19 überwiegend evangelischen Wahlkreise zusammen, so ergibt sich für die NSDAP ein Schnitt von 20,2 Prozent, während sie in den 6 überwiegend katholischen Wahlkreisen nur auf 14,0 Prozent kam. Das Erstaunliche ist nun – und hier liegt ein Ansatz zum Verständnis zu dieser Erscheinung – daß diese Ergebnisse genau denen der SPD entsprechen. Auch die SPD erreichte in den evangelischen Wahlkreisen einen relativ sehr viel höheren Stimmenanteil als in den katholischen. In Zahlen ausgedrückt: Bei einem Reichsdurchschnitt von 24,5 Prozent erhielt sie in den 19 evangelischen Wahlkreisen 29,4 Prozent; in den katholischen dagegen nur 12,8 Prozent. Dabei spielen strukturelle Unterschiede keine Rolle; denn in beiden Wahlkreisgruppen sind agrarische und industrielle Gebiete etwa gleichmäßig vertreten. Die Erklärung für diese Parallelen liegt natürlich in der Zentrumspartei. In der Tat vereinigte das Zentrum bei einem Reichsdurchschnitt von 14,8 Prozent in den sechs katholischen Wahlkreisen mehr als 37 Prozent der Stimmen auf sich. Das aber hieß: Das Zentrum band als katholische Weltanschauungspartei einen bestimmten, nahezu festen Anteil der katholischen Wählerstimmen. Für die evangelischen Wählerstimmen dagegen war eine vergleichbare Situation nicht gegeben. Daher teilten sie sich. Ein erheblicher Teil kam der linken Weltanschauungspartei SPD zugute. Nur so erklärt sich der auch schon von Hermann Mulert beobachtete relativ sehr viel höhere evangelische Stimmenanteil der SPD.[12] Der andere Teil der evangelischen Wählerstimmen ging zu den bürgerlichen Rechtsparteien der Deutschnationalen und zu den Liberalen. Diese beiden

Parteien waren jedoch eher politische Interessengemeinschaften als ausgeprägte und festgefügte Weltanschauungsparteien. Als daher die NSDAP mit dem Anspruch einer neuen, nationalen, überkonfessionellen aber positiv christlichen Weltanschauungspartei auftrat, gewann sie ohne Schwierigkeiten jenen Teil der protestantischen Wählerstimmen, der nur darauf gewartet hatte, sich einer rechten Weltanschauungspartei anschließen zu können. Die verzweifelte wirtschaftliche Lage, die nach radikalen Lösungen zu schreien schien, beschleunigte diesen Vorgang. Der größere Erfolg der NSDAP in evangelischen Gebieten erklärt sich also daraus, daß ihr evangelische Wählerstimmen zuflossen, die sich weltanschaulich binden wollten, dies aber aus nationalen oder konfessionellen Gründen in den bestehenden Weltanschauungsparteien KPD, SPD und Zentrum nicht tun konnten.

Das überraschende Entsprechungsverhältnis, in dem sich SPD und NSDAP hier im Blick auf die protestantischen Wählerstimmen finden, wird durch zeitgenössische Wahlanalysen bestätigt. So schrieb Adolf Grabowsky, der Herausgeber der *Zeitschrift für Politik*, der als bürgerlicher Demokrat radikaler Neigungen gewiß unverdächtig war, den Sieg Hitlers vor allem der Tatsache zu, daß die SPD die Notwendigkeit einer nationalen Politik überhaupt nicht begriffen habe. »Die falsche psychologische Einstellung der seit dem Kriege herrschenden Parteien und Richtungen hat es bewirkt, daß in Deutschland ein nationales Vakuum entstand, das ausgefüllt zu werden verlangte. Das Volk fühlte sich in dreifacher Weise national verödet. Einmal durch die ... Nichtberücksichtigung, ja geradezu Schmähung seiner nationalen Traditionen ..., zweitens durch die Art, wie man Reparationspolitik betrieb, drittens aber durch die ungenügende Sorge für die verlorenen Gebiete ...« Das waren drei Punkte, die für den deutschen Protestantismus von erheblicher Bedeutung waren. Und so traf Grabowskys Schlußfolgerung – ohne daß er es aussprach – besonders für protestantische Wähler zu: »In das nationale Vakuum, das so entstanden war, haben sich einfach die Nationalsozialisten hineingesetzt. Das ist der sehr primitive Sinn des Wahlausgangs. Bald 6½ Millionen Wahlberechtigte haben für die Nationalsozialisten nicht deshalb gestimmt, weil sie ihrem Programm beitreten wollten – die Nationalsozialisten haben weder ein politisches noch gar ein wirtschaftliches Programm, das ernst zu nehmen wäre –, sondern nur weil der von maßgebenden anderen Parteien leergelassene Raum von niemandem so entschieden besetzt wurde wie von den Hitlerleuten.«[13]

Zum gleichen Ergebnis kam eine neomarxistische Analyse des Wahlausgangs durch Theodor Geiger. Geiger unterschied in dieser Analyse zwischen dem »Urproletariat der abhängigen Industriearbeiterschaft« und dem »Neuproletariat der Angestellten«, das seit dem 19. Jahrhundert von 7 Prozent auf 17 Prozent aller Erwerbstätigen angestiegen sei. Er warf der SPD vor, dieser »Umschichtung der Bevölkerung« nicht Rechnung getragen zu haben; sie sei »*Arbeiter*partei geblieben, als ihre Sache – der Sozialismus – nicht mehr bloß Angelegenheit der Arbeiterschaft war, weil die Gleichung Arbeiterschaft gleich Proletariat längst nicht mehr galt«.[14] Der entscheidende Punkt aber liege – und hier deckten sich Grabowskys und Geigers Analyse – in der Vernachlässigung des nationalen Gedankens. »Das Neuproletariat, nicht zum Verzicht auf seine nationalen Empfindungen bereit, wurde dem Nationalsozialismus in die Arme getrieben.«[15]

Auch aus dieser Analyse lassen sich die größeren Erfolge der SPD wie der NSDAP in protestantischen Gebieten leicht erschließen. Durch keine konfessionelle Partei gebunden, hatten die linken protestantischen Wählerstimmen seit langem eine politische Heimat: die SPD. Die rechten Stimmen dagegen, soziologisch zweifellos vor allem dem »Neuproletariat« zugehörig, waren politisch heimatlos und fielen Hitler zu, als dieser mit dem Anspruch eines sozialen und nationalen Retters auftrat.

Die protestantischen Wählerstimmen waren selbstverständlich nicht identisch mit der evangelischen Kirche. Viele hatten mit ihr gerade noch so viel zu tun, daß sie wußten, daß sie nicht katholisch waren. Aber das genügte, um ihr Wahlverhalten im Vergleich zu den katholischen Stimmen (für die vice versa natürlich das gleiche galt) charakteristisch zu verändern und der NSDAP in den protestantischen Gebieten einen deutlichen Vorsprung zu verschaffen.

Die konfessionelle Wahlstatistik der frühen dreißiger Jahre hat gelegentlich zu der Frage geführt, »ob der Nationalsozialismus in einem katholischen Deutschland überhaupt an die Macht gekommen wäre«.[16] Aber diese Frage ist wenig sinnvoll. Denn sie übersieht, daß eine entscheidende Bedingung für das politische Verhalten der beiden großen Konfessionen gerade der konfessionelle Gegensatz war. Mit dem gleichen Recht könnte man im Blick auf die faschistischen Systeme in Italien und Spanien einerseits und die demokratischen Regierungen in England oder Skandinavien andererseits fragen, ob Hitler wohl in einem rein protestantischen Deutschland eine Chance gehabt hätte. Es war die konfessionelle Spaltung, die zwischen den Konfessionen ein Klima der Konkurrenz, der Furcht und der Vorurteile schuf, die die gesamte deutsche Innen- und Außenpolitik mit einem weltanschaulichen Element von schwer bestimmbarem Gewicht und Ausmaß belastete. Dieses Klima stellte ein kaum überwindbares Hindernis bei der Bildung einer breiten demokratischen Mitte dar. Und es begünstigte den Aufstieg Hitlers, weil schließlich beide Kirchen um seine Gunst warben aus Furcht, die jeweils andere könnte mit Hitler die Reformation oder die Gegenreformation vollenden. Die Frage nach dem politischen Verhalten der einen oder anderen Konfession jeweils für sich zu stellen heißt, eine entscheidende historische Bedingung ihres Handels und Reagierens zu vergessen. Damit aber wird sie im Grunde gegenstandslos.

Der deutsche Protestantismus hatte also vielerlei Gründe, sich nach dem 14. September intensiv mit dem Nationalsozialismus zu befassen. Es war ja seine, nämlich die nationale Sache, um die es da ging; es waren seine Kerngebiete, in denen die Bewegung vor allem Fuß faßte; es war seine soziologische Basis, die ihm zufiel und es war offenbar auch seine Jugend, die ihn trug.

Auch dies war ein psychologisch überaus wichtiger Punkt.

Der Eindruck, daß man es bei der NSDAP mit einer jungen Partei zu tun hatte, daß die Jugend sie mit Leidenschaft und Begeisterung vorantrug, war für das kirchliche Urteil von erheblicher Bedeutung. Dieser Eindruck war nahezu einheitlich und weithin offenbar fast überwältigend. So berichtete Martin Rade schon im Dezember 1930 in der *Christlichen Welt* von einem stud. theol. und SA-Mann, nach dessen Aussage »an seiner Universität fast alle Studenten der Theologie Nationalsozialisten seien«. Vor allem von den norddeutschen Universitäten teilte Rade mit, daß dort »etwa 90 Prozent der evangelischen Theologen mit dem Parteiabzeichen der Nationalsozialisten im Kolleg erscheinen«. Und nicht viel anders stünde es in den Predigerseminaren. Rades Artikel trug die bewegende Überschrift: »Unsere Söhne«. Man spürt ihm an, wie verzweifelt der sonst so zuversichtliche Mann über diese Wendung war. Durfte denn ein Theologiestudent überhaupt Mitglied der NSDAP sein? Rade, der Liberale, war geneigt, das nach seinen »allgemeinen Grundsätzen« zu bejahen. »Aber«, so fuhr er fort, »daß er das nicht mitmachen und billigen darf, was wir jetzt in Berlin erleben, das ist mir keine Frage. Daß er nicht mitbrüllen darf ›Juda verrecke!‹, daß er die gemeinen Lieder nicht mitsingt . . ., daß er sich an den ›idealen Kern‹ der Bewegung hält und die Extravaganzen seiner Truppe verabscheut, das setze ich dabei voraus. (Kann er das, wenn er beim Sturmtrupp ist?)«. »Unsere Söhne« – das bedeutete das Verständnisbemühen des Älteren und resignierende Verständnislosigkeit zugleich. »Früher entsetzte sich manche Mutter, wenn ihr Sohn heimkam mit den ersten frischen Schmissen im Gesicht. Viel mehr müssen doch heute die

Eltern erschrecken, wenn die Söhne heimkommen mit dem Heldenruhm solchen Rowdytums.«[17]

Nicht nur an den Universitäten, auch an den Schulen begeisterte sich die evangelische Jugend für die Bewegung. Udo Smidt, der als Reichswart der deutschen Schülerbibelkreise einen guten Überblick besaß, schrieb 1931 von der »Sache, die im Augenblick aufs stärkste mit dem Namen des Nationalsozialismus sich verbindet und der sicherlich – mäßig geurteilt – 70 Prozent unserer Jungen mit glühender, oft von Sachkenntnis ungetrübter Sympathie gegenüberstehen . . .«[18]

Diese Begeisterung konnte nicht ohne Einfluß auf das Urteil derjenigen bleiben, die mit dieser Jugend ständig zu tun hatten. In der Tat läßt sich dieser Einfluß bis in die Konsistorialberichte hinein verfolgen. So teilte am 19. Januar 1931 der geschäftsführende Pfarrer von Heilig-Geist in Berlin NW 21 auf eine Anfrage der Kirchenbehörde mit, der Einfluß der Nationalsozialisten auf die evangelische Jugend sei »äußerst stark« und – »vom religiösen Standpunkt aus« – zu begrüßen. »Meine besten früheren und jetzigen Konfirmanden sind alle Nazis.« Dies gelte auch für die Mitglieder des Bundes für christliche Scholaren. Der Schluß des Berichtes zeigte, wie nachhaltig der Pfarrer von ihrer Haltung beeindruckt war: »Die Selbstdisziplin der jugendlichen Nazis ist geradezu vorbildlich und hebt sie ganz von selbst über die anderen hinaus, gibt ihnen die unwillkürlich führende Stellung. Vom kirchlichen Standpunkte aus begrüße ich daher diese Bewegung. Die evangelische Kirche hat Vorsorge zu treffen«, so schloß er und wiederholte damit eine Sorge, die für den deutschen Protestantismus in dieser Zeit typisch war, »daß sie sich den gleichen überragenden Einfluß in der Bewegung sichert, wie ihn die katholischen Mitglieder ausüben« – gemeint waren Hitler, Goebbels und die ganze bayerische Führerschaft.[19]

Wir wissen inzwischen, daß dies nicht nur zufällige Eindrücke waren, sondern daß die NSDAP tatsächlich die bei weitem jüngste unter den großen Parteien des Reiches war. Man schätzt das Durchschnittsalter der Parteimitglieder zwischen 1930 und 1933 auf 25–26 Jahre.[20] Dagegen waren bei der SPD im Jahre 1930 nicht einmal 8 Prozent der Mitglieder jünger als 25.[21] Was dieses Echo des Nationalsozialismus bei der Jugend überall dort bedeutete, wo man um die Jugend warb, bei Vereinen, Gruppen, Bünden und nicht zuletzt bei den Kirchen, läßt sich kaum abschätzen. Aber es liegt auf der Hand, daß sich hier Anpassungsprozesse vollzogen, gegen die Widerstand nur schwer möglich war, wenn man nicht die Existenz seiner Gruppe aufs Spiel setzen wollte.

Vor dem 14. September 1930 war die Frage nach Hitler und der NSDAP auch in den beiden Kirchen die Frage einiger weniger, die sich, aus welchen Gründen immer, besonders dafür interessierten. Danach war sie ein beherrschendes Thema der innerkirchlichen Diskussion. Dabei reagierten beide Kirchen höchst unterschiedlich. Während die katholische Kirche unverzüglich und deutlich die Unvereinbarkeit von kirchlicher Lehre und Nationalsozialismus autoritativ feststellte, begann in der evangelischen Kirche eine offene Diskussion, die an Breite und Lebhaftigkeit bald alle anderen Themen in der Kirche überragte.

Die *katholische Kirche* bot, aufs Ganze gesehen, bis zum Ende der Republik in dieser Frage ein Bild eindrucksvoller Geschlossenheit. Als Walter Dirks, ein junger kritischer katholischer Publizist und überzeugter Demokrat, im März 1931 in der Zeitschrift des Deutschen Gewerkschaftsbundes *Die Arbeit* das Verhältnis von Katholizismus und Nationalsozialismus analysierte, da konnte er zu Beginn mit vollem Recht feststellen: »Zum Lehrsystem der Kirche steht die gegenwärtig verkündigte Ideologie der Nationalsozialisten in der Tat in einem offenen, ausdrücklichen, leicht aufzeigbaren Gegensatz, und die Front der offiziellen katholischen Organe ist denn auch eindeutig: der Katholizismus steht im offenen und erklärten Abwehrkrieg gegen den Nationalsozialismus.« Im Anschluß an die warnenden Erklärungen der deutschen Bischöfe, von denen gleich noch die Rede sein wird, fuhr er fort: »Die gesamte katholische Presse hat ohne Ausnahme diese Kampfparolen aufgegriffen, und im katholischen Organisationsapparat wird in demselben Sinne gearbeitet. Auch in der Predigt spielt die Gegenwirkung gegen die Propaganda der Nationalsozialisten neuerdings eine große Rolle. Die einzige nachweisbare schwache Stelle in dieser Front sind die Studentenschaften einiger Universitäten . . .« Und besonders an die Adresse seiner gewerkschaftlichen Leser gerichtet meinte er, daß »jeder Blick in irgendeine Nummer einer katholischen Zeitung« genüge, »um denen, die etwa noch an die klerikal-faschistische Aktionsfront glauben, zu zeigen, daß diese Front zumindest nicht den politischen Vordergrund beherrscht. Dort herrscht vielmehr zur Zeit das Gegenteil: der offene Krieg.«[22]

In der Tat war der Eindruck einer geschlossenen Front und einer unabdingbaren Gegnerschaft des Katholizismus gegen den Nationalsozialismus bei Freund und Feind allgemein und vorherrschend. Gewiß gab es auch hier schwache Stellen. Aber es wäre ungerecht, darüber den Ernst und die Nachdrücklichkeit zu verschweigen, mit denen der deutsche Katholizismus in den letzten Jahren der Republik den Kampf gegen den Nationalsozialismus führte. Ernst Deuerlein hat recht, wenn er feststellt, daß »keine gleichrangigen Amtspersonen im öffentlichen Leben Deutschlands ... mit dieser Entschiedenheit der steigenden Flut« entgegentraten.[23] Warum sie nicht mehr erreichten und schließlich kapitulierten wie andere auch, ist eine Frage, die dadurch noch an Dringlichkeit gewinnt.

Den Anstoß zu einer Klärung der Fronten gab ein vielbeachteter Briefwechsel, der Ende September 1930 zwischen der Gauleitung der NSDAP in Hessen und dem bischöflichen Ordinariat in Mainz geführt wurde. Mit gespielter oder wirklicher Ahnungslosigkeit hatte sich die Pressestelle der Gauleitung am 27. September 1930 an das Ordinariat gewandt und um Auskunft gebeten, ob die folgenden Punkte, die der Pfarrer von Kirschhausen in einer Predigt geäußert habe, tatsächlich die Meinung des Ordinariats wiedergäben: »1. Jedem Katholiken ist es verboten, eingeschriebenes Mitglied der Hitlerpartei zu sein. 2. Jedem Mitglied der Hitlerpartei sei nicht gestattet, in kooperativer Zusammensetzung an Beerdigungen oder sonstigen Veranstaltungen teilzunehmen. 3. Solange ein Katholik eingeschriebenes Mitglied der Hitlerpartei sei, könne er nicht zu den Sakramenten zugelassen werden.«[24] Das Ordinariat bestätigte umgehend, daß es diese Anweisungen gegeben habe. Dabei bezog sich der Mainzer Generalvikar Dr. Mayer, der das Schreiben unterzeichnet hatte, zur Begründung vor allem auf Artikel 24 des Parteiprogramms. Es sei danach nicht auszuschließen, daß der Nationalsozialismus auch die katholische Religion zu den staatsgefährdenden Bekenntnissen rechne; »das Sittlichkeits- und Moralgefühl der germanischen Rasse« könne für die Kirche keinesfalls Maßstab sein, vielmehr sei Rassenhaß grundsätzlich »unchristlich und unkatholisch«; schließlich strebe die Partei mit dem »positiven Christentum« offenbar eine deutsche Nationalkirche an. »Wohl hat Hitler«, so schrieb der Generalvikar, »in seinem Buch ›Mein Kampf‹ einige anerkennende Worte über die christliche Religion und die katholischen Einrichtungen geschrieben, aber das täuscht uns nicht darüber hinweg, daß die Kulturpolitik des Nationalsozialismus mit dem katholischen Christentum in Widerspruch steht.«[25]

Die Kompromißlosigkeit dieser Entscheidung, die Mainz ohne Absprache mit den anderen deutschen Bischöfen getroffen hatte, war freilich nicht unproblematisch. Zwar entsprach sie der Haltung, die die katholische Kirche schon 1921 gegenüber linken Gruppierungen vertreten hatte[26], aber sie warf gegenüber der Hitlerpartei nun doch erhebliche Schwierigkeiten auf. Denn hier hatte man es nicht mit Gruppen zu tun, die von der Kirche ohnehin wenig wissen wollten, und bei denen ein erklärter und offener Atheismus die Verweigerung der Sakramente ohne weiteres einsichtig machte, sondern hier handelte es sich um eine Bewegung, die um die Kirche warb, und die »positives Christentum« in ihr Programm und »Kampf gegen den gottfeindlichen Marxismus« auf ihre Fahnen geschrieben hatte.[27] So konnte auch bei grundsätzlichem Einverständnis manchem Bischof zweifelhaft erscheinen, ob die Mainzer Entscheidung in dieser Form praktikabel, und ob sie weise war.

In der Tat war nun das Mainzer Vorgehen unter den deutschen Bischöfen keineswegs unumstritten. Zu weitgehend, »unhaltbar und noch mehr ... ganz inopportun«, »taktisch unklug und praktisch undurchführbar«, so lauteten einige intern geäußerte Urteile aus Bayern.[28] Sie machen verständlich, warum der Versuch des Vorsitzenden der deutschen Bischofskonferenzen, Kardinal Bertram von Breslau, scheiterte, im Anschluß an den Mainzer Vorstoß eine gemeinsame Erklärung aller deutschen Bischöfe zum Nationalsozialismus zustande zu bringen. Da Bertram andererseits klar war, daß »das allseitige Schweigen nach den Mainzer Vorgängen zu unliebsamen Deutungen Anlaß« gab[29], entschloß er sich am Jahresende 1931 zu einem »offenen Wort in ernster Stunde«.[30] Es enthielt eindrückliche Warnungen vor politischer Radikalisierung, Rassenwahn und Nationalkirche. Wie sehr bei all dem auch die konfessionelle Empfindlichkeit des deutschen Katholizismus im Spiele war, zeigte der Hinweis des Kardinals auf die Reformation. Gleich zweimal verglich er den Kampf, der gegenwärtig gegen Bischöfe, Papst und Klerus geführt werde, mit dem 16. Jahrhundert, wo »die gleiche Verhetzung der Massen durch Schlagworte« geherrscht habe.

Die Erklärung Bertrams erschien den bayerischen Bischöfen zu wenig differenziert und konkret. Andererseits forderten die Umstände auch hier dringend eine Stellungnahme. So erschien im Februar 1931 unter dem Titel »Nationalsozialismus und Seelsorge. Pastorale Anweisungen für den Klerus bestimmt«[31] eine Verlautbarung, die zweifellos ein beachtliches Beispiel kirchlicher Klugheit darstellte. Sie vermied die Kompromißlosigkeit der Mainzer ebenso wie die Allgemeinheit Bertrams, indem sie die Zulassung zu den Sakramenten einer Prüfung »von Fall zu Fall« überließ[32] und die Verwerfung des Nationalsozialismus zeitlich und sachlich einschränkte. »Die Bischöfe«, so lautete der entscheidende Satz, »müssen also als Wächter der wirklichen Glaubens- und Sittenlehre vor dem Nationalsozialismus warnen, solange und soweit er kulturpolitische Auffassungen kundgibt, die mit der katholischen Lehre nicht vereinbar sind.« Dieser Satz war im Blick auf die schwierige und bedrängte Lage der Kirche gewiß klug. Aber er war doch zugleich überaus problematisch, weil er eine Kompromißmöglichkeit und eine Kompromißbereitschaft verriet, die Hitler sich zwei Jahre später, im März 1933, ohne Zögern zunutze zu machen wußte.

Im März 1931 war davon freilich noch keine Rede. Vielmehr folgten in diesem Monat drei weitere offizielle Erklärungen, nämlich von seiten der Kölner, der Paderborner und der Oberrheinischen Kirchenprovinz, in denen jeweils mit Entschiedenheit die Unvereinbarkeit von katholischer Lehre und Nationalsozialismus festgestellt und der entscheidende Satz der bayerischen Pastoral wiederholt wurde.[33] Damit hatte der gesamte deutsche Episkopat Stellung gegen den Nationalsozialismus bezogen.

Entgegen der Vermutung von Ludwig Volk, daß die Aufsplitterung der Episkopatserklärungen nicht gerade »eine Demonstration hierarchischer Geschlossenheit« gewesen sei[34], wirkten die in kurzen Abständen folgenden Verlautbarungen möglicherweise noch nachhaltiger, als es eine einmalige gemeinsame Erklärung vermocht hätte. Der Eindruck der allgemeinen und konsequenten Ablehnung des Nationalsozialismus durch die katholische Kirche wurde noch dadurch verstärkt, daß sich die meisten katholischen Organisationen ausdrücklich der Entscheidung der Bischöfe anschlossen.[35] Und schließlich wurden die Erklärungen begleitet und unterstützt von einer Fülle von Publikationen, die zum Teil mit unerhörter Schärfe den Nationalsozialismus auch politisch angriffen.

So erschien – um einige Beispiele aufzuführen – im Frühjahr 1931 eine Schrift des Reichstagsabgeordneten Karl Troßmann mit dem Titel *Hitler und Rom*. Der Verfasser, mittelfränkischer Geschäftsführer der Bayerischen Volkspartei, faßte das Ergebnis seiner ausführlichen Analyse der Hitlerbewegung am Schluß in folgenden Sätzen zusammen: »Was bliebe uns vom Nationalsozialismus und all seinen Versprechungen, gemessen an den deutschen Verhältnissen? Eine brutale Parteiherrschaft, die mit allen Volksrechten aufräumen würde. Die Aussicht auf einen neuen Krieg, der bei den gegebenen Verhältnissen noch verhängnisvoller enden müßte als der letzte Krieg. Der Ruin Deutschlands und ein nachfolgendes vergrößertes Elend.«[36] Nicht weniger entschieden stellte Alfons Wild zur gleichen Zeit die völkischen Grundlagen von Hitlers Weltanschauung und ihren unaufhebbaren Widerspruch zur katholischen Lehre dar. Diese Schrift war im übrigen ein Zeichen dafür, wie intensiv die NSDAP auch in katholischen Kreisen mit dem Ausschluß Dinters warb. Denn Wild hielt es für notwendig, sich ausdrücklich mit dieser Frage, die von nationalsozialistischen Agitationsrednern immer wieder aufgegriffen werde, auseinanderzusetzen. Dabei kam er zu dem Schluß, daß Hitler grundsätzlich ähnlich wie Dinter denke, und daß dessen Ausschluß daher nur als taktisches Manöver zu werten sei. »Hitlers Weltanschauung ist kein Christentum, sondern die Botschaft von der Rasse, eine Botschaft, die nicht Frieden und Recht verkündet, sondern Gewalt und Haß.«[37] Im Spätsommer des gleichen Jahres erschienen zwei mit den wichtigsten Texten belegte Darstellungen, die ebenfalls die Unvereinbarkeit von Nationalsozialismus und Katholizismus eindeutig dokumentierten.[38]

Zu den entschiedensten und kompromißlosesten Gegnern Hitlers überhaupt zählten zwei katholische Publizisten, der Journalist Dr. Gerlich und der Kapuzinerpater Ingbert Naab, die seit 1930 in der in München erscheinenden Zeitschrift *Der Gerade Weg* gegen den Nationalsozialismus kämpften. Für sie war Hitler eine Verkörperung des Bösen schlechthin. So erklärte Gerlich im *Geraden Weg* vom 21. Juli 1932 zur Reichstagswahl unter der Überschrift »Der Nationalsozialismus ist eine Pest!«: »Nationalsozialismus ... bedeutet: Feindschaft mit den benachbarten Nationen, Gewaltherrschaft im Innern, Bürgerkrieg, Völkerkrieg. Nationalsozialismus heißt: Lüge, Haß, Brudermord und grenzenlose Not. Adolf Hitler verkündet das Recht der Lüge ... Ihr, die ihr diesem Betruge eines um die Gewaltherrschaft Besessenen verfallen seid, erwacht! ... Wir, die hier zu Euch sprechen, wollen nicht an die Macht, wir dienen keiner Partei, wir sind niemandes Sprachrohr als unseres Gewissens ... Und wir sagen Euch: Es ist eine Gewissenspflicht jedes Katholiken, jene Parteien zu wählen, die die unverlöschlichen Rechte seiner Kirche zu verteidigen entschlossen sind: Zentrum oder Bayerische Volkspartei.«[39]

Gewiß wurde nicht überall im katholischen Lager so kompromißlos gedacht und formuliert. Zwischen der Haltung von Gerlich und Naab, den vorsichtigeren Formulierungen der deutschen Bischöfe und der Bereitschaft des Zentrums, aus verfassungsrechtlichen Gründen ein Stück mit Hitler zusammenzugehen[40], bestanden ersichtlich ganz erhebliche Unterschiede. Trotzdem stellte der deutsche Katholizismus vor 1933 im grundsätzlichen eine nahezu geschlossene Front gegen Hitler dar. Katholische Geistliche, die offen ein nationalsozialistisches Christentum vertraten, wie der von den Nationalsozialisten vielbemühte Benediktinerabt Alban Schachleiter[41], der Augsburger Pfarrer Dr. Haeuser, der sich als »Wegweiser für ein deutsches christliches Erstarken fühlte[42], oder der badische Pfarrer Wilhelm Maria Senn, der in Adolf

Hitler »das Werkzeug der Vorsehung in unseren Tagen« sah[43], blieben Ausnahmen ohne Bedeutung.

Der Unterschied zum deutschen Protestantismus war nicht zu übersehen. Als der linksliberale Journalist Hans Eberhard Friedrich im Sommer 1931 für die *Christliche Welt* eine ausführliche Analyse des Nationalsozialismus schrieb, registrierte er auch den Unterschied in der Haltung der Konfessionen. »Soviel steht fest«, bemerkte er dazu, »der Katholizismus hat sich in ungleich energischerer, klarerer Weise mit dem Nationalsozialismus auseinandergesetzt als der Protestantismus und seine Kirche. Für jenen, den autokratisch aufgebauten Organismus, war es allerdings auch ungleich leichter, dies in schlüssiger, sozusagen einmaliger und endgültiger Form zu tun. Die protestantische Pfarrerschaft geht zwar nicht am Nationalsozialismus vorüber, aber sie kommt zu einem einheitlichen Ergebnis. Die Einen gehen freudig mit der neuen Bewegung mit und glauben an Deutschlands Seelenrettung durch den Nationalsozialismus. Die Anderen (z. B. die Religiösen Sozialisten) lehnen ihn ab, wieder andere erkennen Wertvolles an, stoßen sich aber an den Formen des Kampfes. Im Ganzen ergibt sich eher eine Hin- als Abgeneigtheit.«[44]

In der Tat fehlte dem deutschen Protestantismus alles, was die Einheitlichkeit der katholischen Front bestimmte: die naturrechtliche Basis, die politische Partei und die autoritative Hierarchie. Statt dessen war hier alles offen; statt einer klaren Front gab es eine kaum übersehbare Fülle verschiedener Meinungen und Stimmen und daraus folgend die Nötigung, daß jeder einzelne, jede theologische Richtung, jede kirchliche Gruppe und auch die Landeskirchen zunächst für sich allein nach einer Orientierung suchen und eine Entscheidung treffen mußten. Dies erklärt, warum seit den Herbstwahlen 1930 das Problem »Kirche und Nationalsozialismus« auf kirchlichen Tagungen und Konferenzen und in kirchlichen Zeitschriften zu einem der meistverhandelten und meistumstrittenen Themen wurde.

Die Offenheit der Situation wurde daran deutlich, daß man sich immer wieder bemühte, verschiedene Standpunkte zum Nationalsozialismus zu Wort kommen zu lassen, um so zu einer echten Orientierung und Urteilsfindung beizutragen.

Einige Ausschnitte aus dieser Diskussion, in der gleichen zufälligen zeitlichen Reihenfolge, in der sie sich im ersten Halbjahr 1931 zu entfalten begann, sollen ihre große Breite und ihre tiefe Widersprüchlichkeit deutlich machen.

Schon Anfang November 1930 veröffentlichte das *Deutsche Pfarrerblatt*[45] einen Beitrag von Dr. Friedrich Wieneke über »Die Stellung des Nationalsozialismus zum Christentum«. Wieneke war Dompfarrer in Soldin, einem Landstädtchen in der Neumark, und glühender Verfechter des Nationalsozialismus. Sein Artikel gipfelte in der Behauptung: »Hakenkreuz und Christuskreuz sind keine Gegensätze ... Beides in einer Harmonie zu vereinigen wäre der Sinn wahrhafter deutscher Politik.«[46] Ihm antwortete im Dezember 1930 Georg Sinn, ein Schriftsteller aus Stolzenau/Weser, der die »Spannung zwischen Kirche und Nationalsozialismus« als ein »scharfes Entweder – Oder« bezeichnete und die Forderung erhob, »dem Nationalsozialismus klipp und klar die Frage zu stellen, ... wie er das Gebot christlicher Nächstenliebe vereinbaren will mit Judenhaß und Rassenhader, mit dem ›Juda verrecke!‹, mit dem die Mehrheit der nationalsozialistischen Kundgebungen eingeleitet wird ...«[47] Diese beiden Beiträge eröffneten eine Diskussion, die sich bis in den Sommer 1931 hinzog und in ungemein typischer Weise die verschiedenen Positionen in der Pfarrerschaft deutlich machte. Obwohl Wieneke behauptete, er habe auf seinen Aufsatz hin »eine Fülle von Zuschriften« aus ganz Deutschland erhalten, »die fast durchweg eine lebendige, ja begeisterte Zustimmung zum Ausdruck brachten«[48], und obwohl die Schriftleitung des Pfarrerblattes offen zu erkennen gab, daß sie mit der Bewegung sympathisierte[49], überwogen in dieser Diskussion eindeutig die kritischen Stellungnahmen. Bemerkenswert ist, daß es in dieser Auseinandersetzung vor allem um die weltanschaulichen Grundlagen der Partei – also um die völkische Ideologie – ging. Offensichtlich lagen zu dieser Zeit die völkischen Ursprünge Hitlers noch wesentlich deutlicher vor Augen als nach der Machtergreifung, wo sie unter dem Eindruck seiner politischen Erfolge zunehmend zurücktraten. So spielte die Frage, ob Dinters Ausschluß eine taktische Entscheidung sei oder eine grundsätzliche Wendung bedeute, eine große Rolle. Entscheidend für das Urteil freilich war, solange die Weltanschauung noch im Vordergrund stand, die jeweilige theologische Position. Bei den Vertretern einer engen Verbindung von Kirche und Nationalsozialismus lassen sich fast durchweg Elemente der politischen Theologie nachweisen. Wieneke selbst bietet dafür ein eindrucksvolles Beispiel. Für ihn lag der Kern der Gemeinsamkeit in der für ihn politisch und theologisch zentralen Aussage, daß »das Volk ... keine Theorie menschlicher Begriffsbildung ist, sondern eine von Gott geschaffene, vom Urbeginn begründete Tatsächlichkeit«.[50] Die politische Theologie von Althaus, Hirsch und Stapel – vereinfacht zwar, aber doch unverkennbar – lieferte das entscheidende theologische Argument für alle, die auf den Einsatz der Kirche für die deutsche Freiheitsbewegung drängten oder zumindest wohlwollende Neutralität forderten.

Die erste größere kirchlich-theologische Tagung im Jahr 1931 war die »Steinacher Konferenz«, eine freie Vereinigung evangelischer Pfarrer, zu der am 8. Januar 1931 140 Pfarrer im fränkischen Steinach zusammenkamen. Auch für sie stand die Diskussion über den Nationalsozialismus auf der Tagesordnung. Referent war Pfarrvikar Eduard Putz aus München; damals 24 Jahre alt, Mitglied der NSDAP und bayerischer Lutheraner. Für Putz, der leidenschaftlich für den Nationalsozialismus warb, bedeutete die Bewegung das Gericht über den Individualismus und Liberalismus des 19. Jahrhunderts und zugleich »eine gehorsame Rückkehr zu schöpfungsmäßigen Gegebenheiten (Volk usw.)«. »Gehorsam und Bindung« waren die Stichworte, auf die insbesondere die lutherische Theologie reagierte. Im Unterschied zu Wieneke freilich sah Putz auch die Gefahren, wenn es nicht gelänge, den Nationalsozialismus »christlich zu beeinflussen«.[51] Putz zählte zu jenem nicht ganz seltenen Typ von Pfarrern, die gute Nationalsozialisten und gute lutherische Theologen sein wollten. Als die kirchliche Entwicklung des Jahres 1933 diese Illusion zerbrach, stellte er sich auf die Seite der bayerischen Kirchenleitung gegen die Deutschen Christen und gehörte seit der Barmer Synode zu den Vertretern der bayerischen Lutheraner in der Bekennenden Kirche.

Am 30. Januar zeigte auch die »Apologetische Centrale« in Berlin, eine Einrichtung der Inneren Mission zur ständigen Beobachtung und Auseinandersetzung mit den geistigen und politischen Strömungen der Zeit, daß die Frage des Nationalsozialismus dringend geworden war. Sie bestimmte zum Thema ihres ersten apologetischen Kurses im neuen Jahr »Die Weltanschauung des Nationalsozialismus und das Christentum« und lud als Referenten Wilhelm Stapel ein. Die Kurse im Spandauer Johannesstift hatten thematisch regelmäßig eine gewisse Leitfunktion. Dieser erste Kurs bekam noch insofern eine besondere Bedeutung, als Stapel seinen Vortrag ausarbeitete und im Frühjahr unter dem Titel *Sechs Kapitel über Christentum und Nationalsozialismus* erscheinen ließ. Die kleine Broschüre erlebte im Lauf des Jahres fünf Auflagen und blieb zweifellos nicht ohne Wirkung. Stapel war noch mehr als früher fasziniert vom »Elementaren« und »Primitiven« der Bewegung. Er verkannte oder entschuldigte die antikirchlichen und antichristlichen Ausfälle der Partei und hielt demnach »die gefühlsmäßigen und gedanklichen Widerstände, die sich dem Christentum im Nationalsozialismus bieten«, nicht für »grundsätzlicher, sondern subjektiver und individueller Art«.[52] Ähnlich wie Putz konstruierte sich Stapel ein Verhältnis von Nationalsozialismus und Christentum, in dem der Kirche die Aufgabe zufiel, die nationale Bewegung vor Gott zu stellen, damit die Nation ihre geschichtliche Aufgabe rein verwirklichen könne: »Die Nation ... bedarf dieses Christentums und dieser Kirche. Denn wäre die Nation das Letzte und Höchste, so könnte sie die Ungerechtigkeit der Welt nur in Haß und Rache ertragen, nicht im Glauben. Sie würde übermütig im Glück und vergiftet im Unglück. Ihr Sieg wäre nichts als Ausbeuten und ihre Niederlage nichts als Ausgebeutetwerden ...«[53] Es war im Ansatz beim »Nomos« des Volkes, der »gottverordneten natürlichen Konstitution einer Gemeinschaft«[54], deren Erhaltung und Entfaltung Ziel der Politik sein müsse, eine politische Theologie, die Stapel hier vortrug, und zwar eine politische Theologie lutherischer Prägung, die sich durch die Betonung des Unterschiedes zwischen dem Reich Gottes und dem Reich der Welt bewußt abgrenzen wollte gegen die schwärmerische Vermischung beider, wie sie etwa bei der »Deutschkirche« üblich war.

Im März nahm Pfarrer Wilhelm Laible, der Herausgeber der *Allgemeinen Evangelisch-Lutherischen Kirchenzeitung*, die als größtes führendes kirchliches Organ des gesamten evangelischen Deutschland galt[55], in einem programmatischen Artikel Stellung. Seine »Drei Bitten an die Nationalsozialisten« zeugten von einer bemerkenswerten Oberflächlichkeit. Für den 73jährigen war der Nationalsozialismus eine neue deutsche Erhebung, wie sie einst in der Zeit der Befreiungskriege stattgefunden hatte, »die Erhebung deutschen Jungvolkes, das die Schmach des Vaterlandes tief empfindet, die Vergiftung deutschen Denkens durch Fremde haßt und verabscheut, das die alten Tugenden, Wahrhaftigkeit, Ehre und Treue auf seine Fahnen geschrieben hat«. So »wagt« er es, »nicht als Kritiker, sondern als Freund« drei Bitten an die Bewegung auszusprechen, nämlich die evangelische Bekenntnisschule zu gewährleisten, das Christentum nicht völkisch zu verfälschen und die Bibel nicht anzutasten.[56] Was das inhaltlich bedeuten sollte, blieb offen; eine Bemühung um sachgemäße Erfassung der Phänomene war hier nicht einmal ansatzweise zu finden. Das ganze war ein Dokument der Hilflosigkeit eher als der Borniertheit oder gar der Böswilligkeit: Andere als die nationalprotestantischen Kategorien des 19. Jahrhunderts standen hier offensichtlich nicht zur Verfügung. Der Artikel machte es der Partei leicht, ihre erheblichen Schwierigkeiten in dieser Frage zu überspielen. Als sich Ende April in einer Sitzung des bayerischen Landtags der nationalsozialistische Abgeordnete Dr. Buttmann – einer der Mitgründer der Partei 1925 – mit der Haltung der katholischen Bischöfe auseinandersetzte, da verwies er ausdrücklich und »mit Genugtuung« auf die *Allgemeine Evangelisch-Lutherische Kirchenzeitung*, wo in einem Artikel der

Standpunkt eingenommen werde, »den ich«, so Buttmann, »am liebsten auch von den bayerischen Bischöfen, von der Führung der katholischen Kirche eingenommen sehen möchte«.[57]

Die Woche nach Ostern, die traditionelle Zeit für kirchliche Tagungen, brachte zwei bemerkenswerte Ereignisse. In Riederau am Ammersee sprach Paul Althaus zu bayerischen Pfarrern »über die grundsätzlichen Gedanken des Christentums zu Volkstum, Rasse und Judentum, über den Nationalsozialismus als gegenwärtig deutlich sichtbaren Ausdruck der völkischen Bewegung und über das Verhältnis der Kirche zum Nationalsozialismus«. Die lebhafte Aussprache, an der sich Vertreter der verschiedensten Richtungen beteiligten, ergab nach einem Bericht der *Allgemeinen Evangelisch-Lutherischen Kirchenzeitung* Übereinstimmung in der Bejahung der völkischen Arbeit, verbunden mit einer nachdrücklichen Warnung vor dem Rassenantisemitismus.[58]

Zur gleichen Zeit fand in Caub am Rhein ein theologischer Kurs der Religiösen Sozialisten statt, der zur Klärung ihrer Position dienen sollte. Die verschiedenen Gruppen dieser Richtung hatten, wenn auch mit unterschiedlichem Nachdruck, seit dem Sommer 1930 vor der faschistischen Gefahr gewarnt. Auf dem fünften Kongreß des »Bundes der religiösen Sozialisten Deutschlands«, der im August 1930 in Stuttgart stattfand, hatte der Thüringer Pfarrer Aurel v. Jüchen zum ersten Mal eine theoretische Auseinandersetzung mit dem Faschismus versucht, und der Bund hatte eine Erklärung gegen den Faschismus verabschiedet.[59] Das Grundproblem der Religiösen Sozialisten bestand darin, daß sie Nicht-Sozialisten schlechterdings nicht klar zu machen vermochten, warum die Rettung für Kirche und Gesellschaft ausgerechnet aus einer Richtung kommen sollte, die sich – wie durch die Ereignisse in Rußland offensichtlich bewiesen wurde – die Vernichtung der Kirche und die Unterdrückung der christlichen Verkündigung zum Ziel gesetzt hatte. Auch die schönste politökonomische Analyse der Verhältnisse vermochte diesen handgreiflichen Widerspruch nicht aufzulösen. Wer sich in Deutschland einer politischen Theologie verschrieb, der schloß sich, so wie die Dinge damals lagen, eher der nationalen als der marxistischen Richtung an, und wer eine theologische Theologie suchte, der fand sie bei den Dialektikern. So spiegelten die Themen, die in Caub verhandelt wurden, die ganze Problematik der Religiösen Sozialisten wider. Zunächst referierte einer der Schweizer »Väter«, Leonhard Ragaz, über »Die theologiegeschichtliche Entwicklung von den Schweizer Religiös-Sozialen über die dialektische Theologie zu den Religiösen

Sozialisten«. So wie hier eine kritische Abgrenzung gegen die dialektische Theologie vorgenommen wurde, so versuchte im zweiten Vortrag der Marburger Professor Georg Wünsch eine kritische Verhältnisbestimmung vom Reich Gottes und Marxismus. Schließlich sprach als dritter der Karlsruher Pfarrer Kappes über »Nationalsozialisten und Religiöse Sozialisten im praktischen Kampf« – eine ebenso klare wie mutige Kampfansage, die freilich den Grundwiderspruch des ganzen Ansatzes auch nicht aufzuheben vermochte.[60] Wie tief dieser Grundwiderspruch in den Kreis der Religiösen Sozialisten selbst hineinreichte, zeigten die entgegengesetzten Reaktionen zweier ihrer führenden Vertreter. Während der Mannheimer Pfarrer Erwin Eckert nach heftigen Auseinandersetzungen mit der Badischen Kirchenleitung im Oktober 1931 in die KPD eintrat, die Kirche verließ und aus dem Bund ausgeschlossen wurde[61], sah Georg Wünsch, der Herausgeber der *Zeitschrift für Religion und Sozialismus*, seit 1933 in der nationalsozialistischen Revolution die Verwirklichung der Ziele des Bundes.[62]

Auch die mehr theoretisch als praktisch-politisch orientierte Gruppe der Religiösen Sozialisten, die sich um den Hamburger Nationalökonomen Eduard Heimann und den Frankfurter Theologen und Religionsphilosophen Paul Tillich gesammelt hatte, widmete die Aprilnummer ihrer Zeitschrift *Neue Blätter für den Sozialismus* ganz dem Problem der Hitler-Bewegung. Hier bestimmte Walter Hunzinger das innere Verhältnis von Protestantismus und Nationalsozialismus als »Schicksalsfrage an die protestantische Kirche« theologisch, nämlich »ob sie – die Kirche – das Nein gegen eine Vergöttlichung des Menschen ebenso leidenschaftlich wie gegen den Kommunismus auch gegen den Nationalsozialismus sagt«. Es klang wie eine Vorwegnahme der Barmer Erklärung von 1934, wenn Hunzinger am Ende seines Artikels feststellte: »Ihre Existenz als protestantische Kirche wenigstens wird davon abhängen, ob sie hier wie dort in kompromißloser Entschiedenheit – und wenn sie darum einsame Kirche werden müßte – das Wort sagt, das ihr aufgetragen ist, das Wort von dem Gott, dem allein Ehre gebührt.«[63] Es ist gewiß kein Zufall, daß aus diesem Kreis, soweit er nicht 1933 emigrierte, mit Carlo Mierendorff, Adolf Reichwein und anderen eine verhältnismäßig große Zahl späterer Teilnehmer am aktiven Widerstand gegen Hitler stammte.

Zu den entschiedenen Gegnern des Nationalsozialismus im deutschen Protestantismus gehörten seit Anfang 1931 auch die Vertreter des Christlich-sozialen Volksdienstes, einer kleinen protestantischen Partei, die 1930 zum ersten Mal an einer Reichstagswahl teilgenommen und 2,5 Prozent der Stimmen und 14 Mandate gewonnen hatte. Seinen Rückhalt hatte der Volksdienst bei Teilen der pietistischen Gemeinschaftsbewegung und den Freikirchen.[64] Die Stellung dieser Gruppe zum Nationalsozialismus formulierte der Erlanger Theologieprofessor Hermann Strathmann.[65] Seine Schrift *Nationalsozialistische Weltanschauung?*, abgeschlossen am 14. April 1931 und kurz darauf erschienen, gehört zu den besten und treffendsten Analysen der nationalsozialistischen Ideologie im protestantischen Lager.[66] Wie üblich würdigte Strathmann zunächst einige positive Momente der Bewegung, um dann sogleich zum Kern der Sache vorzustoßen, dem »schlechthin beherrschenden« Prinzip des »Rassegedankens«.[67] Etwas umständlich, aber unbeirrt durch alle Einwände entfaltete er die Konsequenzen dieses Ansatzes. Strathmann war einer der ersten, der begriff, daß sich aus der nationalsozialistischen Ideologie »mit Notwendigkeit eine völlig neue Ethik« ergeben müsse, »und zwar sowohl des privaten wie des öffentlichen Lebens«[68], und daß diese neue Ethik mit der christlichen Ethik in keiner Hinsicht und unter keinen Umständen vereinbar sei. Zugleich wies er nach, daß die Gesamterscheinung der Partei in diesen Fragen »von einer verblüffenden Einheitlichkeit« sei.[69] Das Bild, das Strathmann zeichnete, kam der Wirklichkeit des Dritten Reiches beklemmend nahe. Wenn der Volksdienst trotzdem die Einbeziehung der Nationalsozialisten in die Regierungsverantwortung befürwortete, so deshalb, weil er sich mit vielen anderen vor allem in Hitlers Entschlossenheit und Fähigkeit täuschte, diese Ziele tatsächlich zu realisieren.[70]

Waren dies die Stimmen einzelner oder einzelner Gruppen, so gab der Vortrag, den Walter Künneth am 21. April in Dresden hielt, wohl die Meinung einer großen Mehrheit im deutschen Protestantismus wieder, die ihr Ja und Nein zur Bewegung abzuwägen sich bemühte. Der 30jährige Künneth, Privatdozent an der Berliner Universität und Leiter der apologetischen Zentrale, sprach auf einer der für diese Zeit so charakteristischen kirchlichen Veranstaltungen, auf denen vor einem großen Publikum verschiedene Redner – allerdings nur selten entschiedene Gegner – zum Nationalsozialismus Stellung nahmen. In diesem Fall waren Anlaß die alljährlich stattfindenden »Vereinstage für Innere Mission«; das Thema lautete: »Was haben wir als evangelische Christen zum Rufe des Nationalsozialismus zu sagen?«; neben Künneth sprachen der deutschnationale Pfarrer Wilm aus Potsdam und als erster Diskussionsredner der Reichstagsabgeordnete Hans Schemm, ein junger bayerischer Lehrer, der als kulturpolitischer Sprecher der Partei galt. Während Wilm und Schemm hemmungslos für den Nationalsozialismus warben und damit beim größten Teil der Zuhörer »Begeisterungsstürme«, »bei einem kleinen Teil entschiedenen Widerspruch« auslösten[71], versuchte Künneth, das Für und Wider vorzutragen. Dabei meinte er in drei Punkten vom Evangelium her zum Nationalsozialismus Ja sagen zu können, nämlich zur völkischen Idee, zur sozialen Neugestaltung und zum Willen zum Christentum. In drei anderen Punkten dagegen hielt er ein entschiedenes Nein für geboten, nämlich zum Rassismus, zur nationalsozialistischen Kulturpolitik und zur politischen Praxis der Bewegung.[72] Wie sehr am Ende doch gerade diese abwägende Betrachtung der Mehrheit entsprach, zeigte der Versammlungsbericht in der *Allgemeinen Evangelisch-Lutherischen Kirchenzeitung*, der mit der Bemerkung schloß, der Vortrag von Künneth habe »restlose Anerkennung« gefunden.[73]

Schließlich erschien im April auch die erste offizielle Stellungnahme eines leitenden Geistlichen, des mecklenburgischen Landesbischofes Heinrich Rendtorff, der sichtlich unter dem Eindruck der politischen Theologie im Sinne Stapels erklärte: »So muß die evangelische Kirche um ihres Berufes willen aus der nationalsozialistischen Bewegung das große Wollen heraushören und dankbar begrüßen, muß aber zugleich über dieses Wollen als ein menschliches, d. h. Unvollkommenes und Gebrochenes, den heiligen Willen Gottes verkünden.«[74]

In die gleiche Richtung, aber noch entschiedener im Eintreten für die nationalen Ziele der deutschen Freiheitsbewegung und kritisch lediglich hinsichtlich Hitlers angeblicher Blindheit vor der römisch-katholischen Gefahr, wies die Stellungnahme des Evangelischen Bundes. Ein Veteran des Bundes, der rheinische Pfarrer Hermann Kremers, sprach am 5. Juni auf der Generalversammlung in Magdeburg über »Nationalsozialismus und Protestantismus«. In einer schwer erträglichen Mischung aus Sentimentalität, Ressentiment und Pathos erklärte er es zu »unserer deutsch-protestantischen Aufgabe gegenüber dieser Bewegung . . ., sie zu behüten und zu bewahren, daß sie weder naturalistisch verschlamme . . ., noch, vom altbösen Feind des deutschen Wesens aufgefangen, unter der fremden Sonne Roms in den Wurzeln verdorre«.[75]

Vierzehn Tage später, am 17. Juni, setzte der preußische Oberkirchenrat das Thema »Nationalsozialismus und Kirche« auf die Tagesordnung einer Sitzung. Referent war der Leiter des Spandauer Johannesstifts, Lic. Dr. Helmuth Schreiner, der noch im gleichen Jahr einen Lehrstuhl für praktische Theologie in Rostock übernahm. Schreiner, der sich seit der Mitte der zwanziger Jahre mit der völkischen Frage befaßt hatte, hatte schon zu Beginn des Jahres dem Oberkirchenrat ein Gutachten über die Grundlagen des Nationalsozialismus erstellt.[76] Nun trug er dessen Grundzüge in der Berliner Jebensstraße vor und fand damit soviel Anklang, daß das Kollegium »in Aussicht« nahm, »diesen Vortrag der evangelischen Geistlichkeit auf gesamtkirchliche Kosten zu versenden . . .«[77] Tatsächlich erschien der Vortrag später unter dem Titel *Der Nationalsozialismus vor der Gottesfrage. Illusion oder Evangelium?* und erreichte eine erhebliche Verbreitung. Schreiners Beitrag war durchweg eine Bestätigung der Richtigkeit von Hitlers kirchenpolitischer Grundentscheidung. Denn der entscheidende Einwand, den der Verfasser der Bewegung entgegenhielt, war deren Neigung zu einer »völkischen Ersatzreligion«.[78] Schreiner ließ keinen Zweifel daran, daß er mit den Nationalsozialisten mitgehen würde, solange und soweit sie nicht eine Religion des Blutes verkündigten. »Für die Zukunft des nationalsozialistischen Lebenswillens wird es entscheidend sein«, so meinte er, »ob er seine Hinwendung zu der Blutreligion Rosenbergs aufgibt oder nicht.«[79] Es spricht für Hitlers taktisches Geschick, wenn der Verfasser in diesem Punkt »eine unüberbrückbare Kluft« zwischen Hitler und Rosenberg klaffen sah.[80] Während er Hitler »Gehorsam gegenüber dem Willen Gottes« zusprach, bedeutete Rosenbergs Glaube »den dämonischen Versuch, mit Hilfe einer Illusion den Menschen an die Stelle Gottes zu setzen«.[81] Schreiners schreckliches Mißverständnis war freilich nicht nur ein Erfolg von Hitlers Taktik. Es war auch die Konsequenz aus einem Ansatz, der – von Emanuel Hirsch beeinflußt – die Solidarität mit der nationalen Freiheitsbewegung grundsätzlich für ein christliches Gebot hielt.

Dies vor allem unterschied die Schreinersche Position von einem Vortrag, den der junge lutherische Pfarrer Richard Karwehl vor der Jungevangelischen Konferenz in Hannover am 10. Juli hielt und der eine theologische Analyse des Nationalsozialismus bot, die an Hellsichtigkeit und Schärfe die meisten anderen Stimmen deutlich überragte. Diese Konferenz war ein Zusammenschluß jüngerer Hannoverscher Pfarrer, die etwa auf der Linie von *Quousque tandem . . .?* um der Kirche willen kritisch zur Kirche standen.[82] Karwehl selbst war ein Schüler Barths.[83] Sein Vortrag, der noch im gleichen Jahr in *Zwischen den Zeiten* erschien, fand als erste Stellungnahme aus dem Kreis der dialektischen Theologie große Beachtung. Karwehl begriff den Rassegedanken als eine besondere Form der Verherrlichung des Menschen und den Nationalsozialismus als eine Weltanschauung, in der der Mensch sich selbst in Gestalt der arischen Rasse zum Gott machte. Dem stellte er die Kirche gegenüber, die in ihrer Verkündigung nicht vom Menschen ausgehe, »sondern von der kontingenten Offenbarung in Jesus Christus«. Deshalb schlössen sich Nationalsozialismus und christliche Kirche aus, nicht aus sittlichen oder moralischen Gründen, sondern weil Gott hier nicht mehr der Herr sei. »Die Kirche kann zu dem Wollen des Nationalsozialismus, ›das Chaos zu entwirren, die aus den Fugen geratene Welt wieder in Ordnung zu bringen und als Wächter dieser Ordnung zu walten‹ (Feder) nur auf das Allerbestimmteste sagen: Der Sturz der Titanen ist unausbleiblich.«[84] Dies könne freilich nicht das letzte Wort der Kirche sein. Vielmehr gelte es, den Nationalsozialismus – wie übrigens auch den Marxismus – besser zu verstehen, als er sich selber verstehe, und »in der Solidarität der Sünder, für die Christus starb«, um ihn zu ringen.[85] Dies entfaltete Karwehl konkret an den drei Grundbegriffen christlicher Theologie, an Schöpfung, Versöhnung und Erlösung. Gewiß seien Rasse und Volkstum Begriffe, die zur Schöpfung gehörten. Aber wir begriffen sie doch erst recht, wenn wir zugleich die »Solidarität alles Geschöpflichen« begriffen, von der die christliche Predigt zu reden habe. Vollends aber riß nach Karwehls Überzeugung der ganze Gegensatz auf, wo von Versöhnung die Rede ist. Das nordische Heldenideal, sein Selbstbewußtsein und sein Selbstvertrauen, sind mit der Realität des Gekreuzigten unvereinbar. Unvereinbar schließlich sind auch die säkularisierte Eschatologie der völkischen Bewegung und die legitime Eschatologie der kirchlichen Verkündigung – obwohl selbst protestantische Pfarrer heute beides verwechselten. Hier schlug die Deutung des Nationalsozialismus um in eine Kritik der Kirche. Denn der Nationalsozialismus ist nichts anderes als ein »faktisches Messiastum«. Die Kirche aber hat die Führung an ihn abgetreten: »Dort ist jetzt Kraft, Leidenschaft und Gläubigkeit. Dort sind Märtyrer, wenn auch Märtyrer des Säkulums. Der Nationalsozialismus ist hemmungslos eschatologisch . . . Die Kirche dagegen pflegt ein individualistisches Seligkeitschristentum in Verbindung mit kleinbürgerlicher Ideologie und kirchlicher Selbstzufriedenheit.« Zwar gibt es darüber hinaus starke kirchliche Aktivitäten. Aber – und das war für Karwehl das Entscheidende – »der säkularisierten Theologie ist kein religiös sittlicher Aktivismus gewachsen, sondern nur die legitime Prophetie kirchlicher Verkündigung, die in dem Chaos der Zeit als klärende und führende Stimme hörbar wird«.[86]

Eine ähnlich scharfe, theologisch begründete Absage an die nationalsozialistische Weltanschauung legte neben Karwehl auch der neue Herausgeber des *Kirchlichen Jahrbuchs*, Hermann Sasse, vor. Nachdem er 1931 den Mißbrauch der Kirche als politisches Mittel kritisiert hatte – »als Mittel zum Zweck der Erneuerung des Volkstums, der Rettung der Nation, der Herstellung der klassenlosen Gesellschaft, der Vollendung der Menschheit, und zwar als sehr inferiores

Mittel, das man denn auch verwirft, wenn es sich nicht so gebrauchen läßt, wie man es wünscht«[87] – stellte er 1932 kategorisch fest, der Artikel 24 des Parteiprogramms mache »jede Diskussion mit einer Kirche unmöglich«. Und auch hier war es nicht eine – zweifelhafte oder doch zumindest bestreitbare – politische Analyse, die Sasse zu diesem Urteil führte, sondern der genaue Blick auf die Aussagen des lutherischen Bekenntnisses. Die Lehre der evangelischen Kirche ist danach »eine vorsätzliche und permanente Beleidigung des ›Sittlichkeits- und Moralgefühls der germanischen Rasse‹«, weil das Lehrstück von der Erbsünde schlechterdings keine Möglichkeit offenläßt, »daß die germanische oder nordische oder auch irgendeine andere Rasse von Natur imstande ist, Gott zu lieben, und seinen Willen zu tun, daß vielmehr das neugeborene Kind edelster germanischer Abstammung ... der ewigen Verdammnis ebenso verfallen ist wie der erblich schwer belastete Mischling aus zwei dekadenten Rassen. Wir haben ferner zu bekennen«, so fuhr Sasse fort, »daß die Lehre von der Rechtfertigung des Sünders sola gratia, sola fide das Ende der germanischen Moral ist, wie das Ende aller menschlichen Moral; und wir erlauben uns die Behauptung, ... daß die Juden Jesus Christus um dieser alle Moral umstürzenden Lehre willen zugleich im Namen des deutschen Volkes und der nordischen Rasse ans Kreuz geschlagen haben.« Zugleich wandte sich Sasse gegen die nationalsozialistische Staatslehre, die »das Recht des omnipotenten Staates auch über die Seelen seiner Bürger« fordere. Wer dazu die Hand reiche, dem galt nach Sasses Überzeugung ein prophetisches Wort des strengen Lutheraners Vilmar aus dem Jahre 1861: »Über die Schulter dieser Blinden aber schaut das scharfe funkelnde Auge des Mörders und Brenners der Zukunft.«[88]

Die Diskussion um den Nationalsozialismus dauerte das ganze Jahr 1931 und auch im Jahr 1932 unvermindert fort. Sie verlief auch weiterhin so widersprüchlich und ungeordnet, wie sie nach den Septemberwahlen 1930 begonnen hatte. Ein zweibändiges Sammelwerk, *Die Kirche und das dritte Reich. Fragen und Forderungen deutscher Theologen*, im Frühjahr und Sommer 1932 von Leopold Klotz herausgegeben, konnte dies nur bestätigen. Eine neuere Analyse hat unter den 43 Stellungnahmen, die hier gesammelt vorgelegt wurden, 12 Befürworter, 12 Unentschiedene und 19 Gegner festgestellt – ein Stimmenverhältnis, das die realen Verhältnisse zutreffend widerspiegeln dürfte.[89]

Der Versuch, diese ganze Diskussion im Rückblick zu ordnen, wird unter den Befürwortern wie unter den Gegnern eine Reihe ganz verschiedener Positionen unterscheiden müssen.

Unter den Befürwortern sind wenigstens drei Positionen deutlich zu erkennen. Da war einmal die Gruppe der alten Nationalprotestanten, die ihren konservativen Patriotismus auf den revolutionären Nationalsozialismus übertrug, ohne zu ahnen, wen sie damit unterstützte.[90] Typisch dafür war Wilhelm Laible und die *Allgemeine Evangelisch-Lutherische Kirchenzeitung*. Da war zum zweiten die Gruppe der modernen politischen Theologen, die im Nationalsozialismus Gottes Willen zur Volkwerdung des Volkes sich erfüllen sahen. Für sie war die Bewegung ein Stück göttlicher Offenbarung in der Geschichte und die Solidarität mit ihr darum Gehorsam gegen Gott. Vertreter dieser Richtung waren Althaus, Hirsch und Stapel; aus ihren Anhängern rekrutierte sich später der theologische Kern der »Deutschen Christen«. Schließlich gehörten zu den Befürwortern die Vertreter der deutschkirchlichen Richtungen und der völkischen Religion, eine Gruppe, die über die Grenze der Kirche hinausreichte.

Auch unter den Gegnern lassen sich im Blick auf die Argumentation drei große Gruppen unterscheiden. Der linke Flügel des kirchlichen Liberalismus, also der Kreis um Martin Rade und die *Christliche Welt*, lehnte den Nationalsozialismus vor allem aus sittlichen Gründen ab. Was Hitler propagierte und tat, verstieß nach ihrer Meinung so fundamental gegen die christliche Sittlichkeit, daß ein Kompromiß unter keinen Umständen möglich und erlaubt war. Die Religiösen Sozialisten (und in gewissem Sinne auch die Volksdienstler) argumentierten dagegen vor allem politisch-ideologisch. Diese Argumentation litt unter ihrer offensichtlichen Parteilichkeit wie unter ihrem Mangel an Alternativen. Sie gewann kaum Anhänger, weil sie der politisch-ideologischen Argumentation der einen Seite die gleiche Argumentation von der anderen Seite entgegenstellte, ohne deren kirchlich-theologische Bedeutung wirklich aufhellen zu können. Genau dies gelang der dritten Gruppe der Gegner, die den Nationalsozialismus theologisch kritisierten. Nur sie, die Gruppe jener Theologen, die im weitesten Sinne von Karl Barth beeinflußt war, vermochte es, aus dem großen Lager der Unentschiedenen in zunehmenden Maße Anhänger für ihre Position zu gewinnen, weil sie einsichtig zu machen wußte, daß es hier um eine fundamentale, schlechterdings entscheidende kirchlich-theologische Frage ging.

Wie auf der Seite der Befürworter im Lauf des Kampfes die Gruppe der politischen Theologen die anderen Richtungen in sich aufnahm, so sammelten sich die verschiedenen Richtungen der Gegner unter der Fahne der dialektischen Theologie. Die Problematik dieser Sammlung wurde freilich hüben wie drüben sehr bald spürbar und blieb es lange Zeit.

Während diese Diskussion fortging, die Fronten sich verhärteten und die

Gräben sich vertieften, wurde die Lage der Kirchenleitungen immer schwieriger. Selbst in der einen oder anderen Richtung Stellung zu beziehen war ihnen angesichts der gegensätzlichen Positionen in ihren Kirchen unmöglich; es hätte den Streit bis zur Spaltung verschärft. Weiter zu schweigen aber war ebenfalls unmöglich, wenn sie ihre Aufgabe erfüllen wollten, dem deutschen Volk Wegweisung und Hilfe zu geben. So blieb ihnen kein anderer Weg als der Versuch, eine Stellung über den Parteien einzunehmen und auch die Pfarrer zu ermahnen, ihr Amt in diesem Sinne zu verstehen und auszuüben.

Unmittelbarer Anlaß für offizielle Verlautbarungen der Kirchenleitungen, zu denen sich im Lauf des Jahres 1931 die meisten Landeskirchen entschlossen, war die zunehmende Einbeziehung von Kirchen und Gottesdiensten in die politische Agitation und Propaganda. Seit dem Herbst 1930 häuften sich im ganzen Reich die Fälle von Gottesdienstbesuchen nationaler Verbände in voller Uniform. Trauungen wurden durch Fahnen, Wimpel und Uniformen zu politischen Demonstrationen gemacht ebenso wie Beerdigungen, auf denen das »Amen« des Pfarrers vom »Sieg Heil« der braunen Formationen übertönt wurde. Ganz schlimm wurde es, wenn es auch noch gelang, einen entsprechenden Pfarrer zu finden. So berichtete die nationalsozialistische *Preußische Zeitung* von einer »Braunhemdenhochzeit«, die Anfang Juli 1931 in der Königsberger Schloßkirche stattfand: »Wohl zum ersten Male hat eine Königsberger Kirche eine Braunhemdenhochzeit erlebt, als unser Kamerad Gaukommissar Hermann Schoepe ... den kirchlichen Segen für seinen Ehebund mit unserer Pg. Elfriede Siebert empfing. Am Portal der Schloßkirche begrüßten Parteigenossen und Freunde das junge Paar mit kräftigem Hitlergruß. Vor dem Altar nahmen die Teilnehmer der Feier, durchweg Kämpfer für Hitlers Idee, die Männer im Schmuck des Ehrenkleides, Platz. ... Pfarrer Trepte legte der Feier das Bibelwort zugrunde: ›Sei getreu bis in den Tod, so will ich dir die Krone des Lebens geben‹ ... So konnte er von der Treue zu Hitlers Idee ausgehen, die Pg. Schoepe in langen Jahren zähen und mutigen Kampfes bewiesen hatte ... Nach Empfangnahme des kirchlichen Segens verließ das junge Paar mit den Teilnehmern unter den Klängen des Horst-Wessel-Liedes, das die Orgel intonierte, die Schloßkirche.«[91]

Die eminente politische Wirkung solcher Feiern liegt auf der Hand. Während die nationalsozialistischen Teilnehmer sich des Segens der Kirche an ihrem Kampf versichert glaubten und Schwankende im Sinne der Partei beeinflußt wurden, mußten sich die Gegner der Bewegung von der Kirche verlassen und verraten vorkommen.

Die Einsicht in diese Zusammenhänge hatte die katholische Kirche zu einem strikten Verbot der korporativen Teilnahme politischer Verbände an kirchlichen Veranstaltungen veranlaßt.[92] Für die evangelischen Kirchenleitungen war eine ähnlich autoritative Stellungnahme nicht möglich. Ihr widersprach nicht nur das evangelische Verständnis des Gottesdienstes, für dessen Ordnung zunächst Pfarrer und Gemeinde, nicht aber die Kirchenleitung, die Verantwortung tragen. Es widersprach ihr aber auch der Stand der Dinge in der evangelischen Kirche, der eine eindeutige Festlegung nicht mehr zuließ. So beschränkten sich die Kirchenleitungen – wie etwa die württembergische am 31. Januar 1931 – auf den Erlaß von allgemeinen Richtlinien, in denen den Pfarrern die parteipolitische Neutralität der Kirche eingeschärft wurde: »Bei den derzeit herrschenden politischen Verhältnissen muß alles vermieden werden, was dazu dienen könnte, die politischen Kämpfe in die Kirche hereinzutragen. Die Kirche muß bleiben, was sie sein soll, die Trägerin der Verkündigung des Evangeliums an alle Menschen. Sie ist daher parteipolitisch neutral, so sehr es ihr Bestreben sein muß, dem Volk in allen seinen Ständen in seinen mannigfachen äußeren und inneren Nöten durch Bezeugung des Evangeliums und Betätigung christlicher Bruderliebe zu helfen.« Daraus folgte für die spezielle Frage der Teilnahme von politischen Verbänden, daß dagegen nichts einzuwenden sei, solange »der Gottesdienst den Charakter als Gemeindegottesdienst behält und nicht als politische Kundgebung gewertet werden kann«.[93]

Ähnliche Richtlinien erließen im März 1931 die Pfalz, im April Nassau und Oldenburg, im Juni Baden, im Juli Hessen, im November Schleswig-Holstein und die große Kirche der Altpreußischen Union.[94]

Der Erfolg dieser Richtlinien war bescheiden. Sie verhinderten an keiner Stelle die zunehmende Politisierung der Kirche. Aber solange die evangelische Kirche an dem Anspruch festhielt, Volkskirche zu sein, Kirche des ganzen evangelischen Volkes also, blieb den Kirchenleitungen kein anderer Weg als die Erklärung, grundsätzlich über den Parteien zu stehen. Eine Wendung in diesem Punkt brachte erst die Wiederentdeckung des Bekenntnisses in seiner Funktion als die wahrhaft einigende und scheidende Grundlage der Kirche.

10. KAPITEL

KONKORDATSPOLITIK UND LATERANVERTRÄGE (1930–1933)

Die nahezu geschlossene *weltanschauliche* Front, die die katholische Kirche gegen den Nationalsozialismus bildete, stand bis zum Frühjahr 1933 fest. Die Gegnerschaft der kirchentreuen Katholiken gegen Hitler galt zwischen 1930 und 1933 – nicht zuletzt für Hitler selbst – als einer der beständigsten Faktoren der deutschen Innenpolitik. Gleichwohl war damit die politische Lage des deutschen Katholizismus nicht vollständig beschrieben. Denn in Rom sah man die Dinge erheblich anders. Und auch das Zentrum war seit den Septemberwahlen immer stärker zu Überlegungen genötigt, ob und wie man mit der zweitstärksten und dann bald stärksten Partei zusammenarbeiten sollte und konnte.

Selbstverständlich teilte man auch in der Kurie die tiefe Abneigung des Katholizismus gegen den Nationalsozialismus und die Rassenideologie der NSDAP. Aber für die Gesamtbeurteilung der politischen Entwicklung in Deutschland waren hier zwei andere Fragen mindestens ebenso wichtig. Die weltweite politische Sorge des Vatikans galt dem Vordringen des Kommunismus; dagegen einen Damm aufzurichten erschien deshalb als entscheidend wichtige Aufgabe. Gleichrangig daneben stand im Hinblick auf Deutschland die vertragliche Sicherung des neuen kirchlichen Rechts für das ganze Reich, also das Reichskonkordat. Jede deutsche Regierung wurde von Rom aus vor allem an diesen beiden Fragen gemessen: wie entschlossen sie gegen den atheistischen Kommunismus kämpfte und wie weit sie zum Abschluß eines Reichskonkordates bereit war. Auch für die Beurteilung Hitlers wurden diese beiden Gesichtspunkte schließlich entscheidend.

Diese Sicht der Dinge unterschied sich deutlich von der Einschätzung der Lage durch viele führende Katholiken in Deutschland selbst. Hier hielt man Hitler im Augenblick zu Recht für bedrohlicher als eine Linksdiktatur, so sorgenvoll das Anwachsen des Kommunismus auch betrachtet wurde. Und der

Wunsch nach einem Reichskonkordat entsprang ohnehin mehr römischem als deutschem Interesse, wo man bei aller Würdigung der rechtlichen Sicherung auch seine Vorbehalte gegen eine weitere Stärkung des kurialen Zentralismus hatte. Wenn die vatikanischen Gesichtspunkte gleichwohl eine wichtige Rolle für die deutsche Politik spielten, so war dies nicht zuletzt die Folge einer besonderen persönlichen Konstellation.

Im Oktober 1928 war der Vorsitzende der Zentrumspartei, der allseits geachtete ehemalige Reichskanzler Wilhelm Marx, erschöpft und resigniert von seinem Amt zurückgetreten. Der Parteitag in Köln, der im Dezember einen Nachfolger zu wählen hatte, entschied sich überraschenderweise für Ludwig Kaas. Kaas hatte sich um das Amt nicht beworben. Aber nachdem es weder dem gewerkschaftlich orientierten Adam Stegerwald noch seinem Gegenkandidaten Josef Joos gelungen war, eine Mehrheit zu gewinnen, entfielen die meisten Stimmen schließlich auf den politisch zweifellos erfahrenen und rednerisch begabten Prälaten, dem man es noch am ehesten zutraute, die zerstrittene Partei wieder zu einigen.[1]

Die Wahl von Kaas war ein Ereignis von außerordentlicher politischer Bedeutung. Denn mit ihm übernahm die Führung der Partei und damit eine Schlüsselstellung in der deutschen Politik zum ersten Mal ein Geistlicher und zugleich ein Mann, der wie kein zweiter seit 1920 mit allen Gedanken, Überlegungen und Plänen Pacellis vertraut war und dies auch nach dessen Übersiedlung nach Rom blieb. Dies hatte wechselseitige Folgen. Die Kurie orientierte ihre Entscheidungen an den Informationen des Prälaten, der sich immer wieder wochenlang in Rom aufhielt und von dem der Kölner Kardinal gelegentlich versicherte, er habe dort »mehr Einfluß als drei Kardinäle zusammen«.[2] Umgekehrt – und dies war nicht weniger wichtig – mußten durch den Prälaten bei seiner kanonistischen Leidenschaft und dem engen Verhältnis, das zwischen ihm und dem neuernannten Kardinalstaatssekretär bestand, römische Gesichtspunkte stärker in die grundsätzlichen Entscheidungen der deutschen Politik einfließen, als dies bei anderen Zentrumspolitikern der Fall war. Dies machte sich naturgemäß um so stärker bemerkbar, je schwächer die Republik wurde und je weniger ihre parlamentarischen Kontrollen funktionierten. Die Interessen der Kurie aber waren, wie gesagt, vor allem auf den Kampf gegen den Kommunismus und den Abschluß eines Reichskonkordates gerichtet.

Am bedingungslosen Antikommunismus Pius XI. kann nicht der geringste Zweifel bestehen. Die gnadenlose Ausrottung der orthodoxen Kirche in Rußland vor Augen und konfrontiert mit unmißverständlichen Drohungen, daß allen christlichen Kirchen das gleiche Schicksal bestimmt sei[3], war diese Haltung nur zu begreiflich. Mochte man in den europäischen Regierungskabinetten den Archipel GULAG für eine innerrussische Angelegenheit halten; das Papsttum konnte die Christenverfolgung des 20. Jahrhunderts unmöglich gleichgültig lassen. Problematisch dagegen war das mangelnde Unterscheidungsvermögen der Kurie, das alles zum totalitären Kommunismus rechnete oder zumindest für seine Vorläufer und Wegbereiter hielt, was sich überhaupt links von der politischen Mitte befand. Aus dieser Überzeugung heraus hatte der Papst 1924 in Italien eine Annäherung der katholischen Volkspartei, dem Partito Popolare Italiano, an die Sozialisten verhindert. Und aus der gleichen Überzeugung heraus begegnete er auch den Koalitionen zwischen Zentrum und Sozialdemokratie in Deutschland mit tiefem Mißtrauen. Der bayerische Gesandte Ritter hatte immer wieder Gelegenheit, entsprechende Äußerungen des Papstes vertraulich nach München weiterzugeben. So berichtete er etwa im Juni 1928, der Papst stehe »nach wie vor auf dem Standpunkt, daß bei der grundsätzlichen Stellungnahme der Sozialdemokratie zur Kirche es ihm für eine katholische Partei nicht möglich zu sein scheine, sich mit ihr über ein Regierungsprogramm zu einigen, weil besten Falles die Sozialdemokratie die Gelegenheit doch nur dazu benützen würde, die katholische Partei zu untergraben und ihr, wenn sie ausgehöhlt sei, den Todesstoß zu geben«.[4] Diese Überzeugung, die zweifellos in der ganzen Kurie geteilt wurde, war für Deutschland insofern besonders problematisch, als die Koalition zwischen Zentrum und SPD wenigstens in Preußen eines der wenigen Elemente politischer Stabilität darstellte, über das die Republik verfügte. Die deutschen Zentrumsführer freilich ließen sich in diese politischen Entscheidungen nicht hineinreden. Sowohl Reichsinnenminister Wirth wie Reichskanzler Brüning wiesen noch 1931 entsprechende Einwände des Papstes ausdrücklich zurück.[5] Aber bei Kaas mochte das – zumindest atmosphärisch – anders sein. Und dies konnte dann nicht ohne Auswirkungen auf den politischen Kurs bleiben, den der Zentrumsvorsitzende steuerte.

Während diese allgemeine politische Richtung vor allem vom Papst vertreten wurde, lag die Verfolgung der Konkordatsfrage hauptsächlich in den Händen des Kardinalstaatssekretärs.

Pacelli hatte trotz der mühsamen Verhandlungen um das Preußenkonkordat sein großes Ziel, das Reichskonkordat, keinen Moment aus den Augen verloren. Das Problem, von dem aus er nach dem Abschluß der preußischen

Verhandlungen die Dinge erneut in Bewegung zu bringen gedachte, war die Organisation der katholischen Militärseelsorge in der Reichswehr. Im Rückblick gewiß eher eine Randfrage, besaß die Angelegenheit damals ein erhebliches Gewicht. Es ging, kurz gesagt, darum, ob die katholische Militärseelsorge unter einem eigenen Militärbischof stehen und damit kirchenrechtlich unabhängig – exemt – sein oder ob sie von den jeweils zuständigen Ortsbischöfen wahrgenommen werden sollte. Die eine Lösung vertrat aus grundsätzlichen wie aus praktischen Erwägungen die Reichswehr; die andere – seit 1920 vorläufig praktizierte – Lösung wurde begreiflicherweise vom deutschen Episkopat verteidigt. Für die Kurie war dies keine Frage des Prinzips, sondern lediglich des politischen Geschäfts. Hier lag ein dringender Wunsch des Reiches vor, der einzige, der noch übriggeblieben war, und Pacelli hoffte, über diesen Wunsch zum Ziel, dem umfassenden Vertrag, zu kommen. Wie entschieden der Nuntius auf diese Karte setzte, zeigte eine Bemerkung des vom Episkopat mit den Verhandlungen über diese Frage beauftragten Paderborner Bischofs Caspar Klein, der im Oktober 1928 dem Nuntius schrieb, mit der Aussparung der Exemtion behalte er »bei den kommenden Reichskonkordatsverhandlungen der Reichsregierung gegenüber einen wichtigen Trumpf in Händen«.[6] Mit dem gleichen Argument lehnte Pacelli im Herbst 1929 einen Kompromißvorschlag des Breslauer Kardinals entschieden ab.[7] Und er war kaum in Rom und noch nicht einmal zum Kardinalstaatssekretär ernannt, als er beim deutschen Vatikansbotschafter bereits neue Verhandlungen anregte.

Das Gespräch, das Pacelli am 31. Dezember 1929 in dieser Angelegenheit mit Bergen führte, war in vieler Hinsicht außerordentlich charakteristisch und aufschlußreich. Der zukünftige Leiter der vatikanischen Politik gab dabei nämlich nicht nur sein Interesse an der ganzen Frage deutlich zu erkennen, sondern schlug zugleich dem Auswärtigen Amt vor, Ludwig Kaas zum Sonderbeauftragten zu ernennen, mit dem er möglichst bald den ganzen Komplex besprechen wolle. Angesichts der politischen Schlüsselstellung des Zentrumsvorsitzenden blieb dem Auswärtigen Amt offenbar keine Wahl, als diesen – vorsichtig ausgedrückt etwas ungewöhnlichen – Wunsch zu erfüllen. So hielt sich Kaas, der Pacelli bereits im Dezember 1929 als eine Art Sekretär nach Rom begleitet hatte, von Anfang März bis Mitte Juni 1930 erneut dreieinhalb Monate in der Heiligen Stadt auf[8] – und wieder in jener Doppelrolle als Vertrauensmann des Reichs und der Kurie, die er schon 1921 bei den ersten Reichskonkordatsverhandlungen eingenommen hatte und die er dann im Sommer 1933 noch einmal spielen sollte.

Die lange Zeit in Rom diente für Kaas und Pacelli weniger dem Thema Militärseelsorge, das sich zweifellos in wenigen Tagen hätte erledigen lassen. Vielmehr ging es offensichtlich um eine umfassende Besprechung und Weiterführung der deutschen Konkordatspläne.

Schon am 9. März berichtete der wie immer gut informierte bayerische Vatikangesandte alarmiert nach München, Kaas sei in Rom, Kardinal Pacelli wolle mit ihm die Frage des Armeebischofs besprechen und »aus diesem Anlaß eventuell in ein Konkordatsverhältnis mit dem Reich« treten, »um dann als Gegengabe des Reichs auch noch einige Wünsche des Heiligen Stuhls erfüllt zu erhalten«. Auch über den Inhalt eines Konkordats zeigte sich Ritter orientiert sowie über die Absicht, »daß ein Reichskonkordat für die Interessen der Kirche eine Art Rückversicherung bilden könnte, falls einmal der selbständige Fortbestand der Länderkonkordate durch eine einheitsstaatliche Entwicklung des Reiches in Frage gestellt werden sollte«. Es erschien dem bayerischen Gesandten zu Recht nicht verwunderlich, wenn Pacelli zur Verwirklichung dieser Pläne »in erster Linie an die Hilfe des Prälaten Kaas appellierte«, der ihm »schon so viele erfolgreiche Dienste« geleistet habe.[9]

Das Reich jedoch, im Vatikan durch den deutschen Botschafter vertreten, war keineswegs bereit, sich auf diese Verhandlungsebene einzulassen. »Kardinalstaatssekretär«, telegraphierte Bergen um diese Zeit lapidar nach Berlin, »erwähnt Möglichkeit, Frage Militärseelsorge im Rahmen Reichskonkordat zu lösen. Verschiebung der Angelegenheit auf diese Plattform zurückgewiesen.«[10]

Der umfangreiche Abschlußbericht Bergens vom 2. Juni – möglicherweise aus der Feder von Kaas – ließ die Mühe erkennen, die sich der Prälat angesichts dieser schwierigen Lage mit Kompromißformulierungen gab. So betonte der Bericht die »von früher her bekannte Bereitwilligkeit« Pacellis, im Falle eines Entgegenkommens der Reichsregierung »ohne weiteres die Exemtion in dem Konkordat zu verankern«. Andererseits jedoch habe Kaas darauf hingewiesen, »daß die Aussichten einer Vereinbarung zwischen Heiligem Stuhl und Reich angesichts der zeitlichen Priorität der Länderkonkordate wie auch im Hinblick auf die parlamentarischen Mehrheitsverhältnisse nicht als günstig betrachtet werden könnten«. Um die Reichsregierung über die wesentlichen Forderungen der Kurie nicht im unklaren zu lassen, enthielt der Bericht eine ausführliche Darstellung der Eherechtsproblematik – ein Punkt, der zwar »sachlich in keinem Zusammenhang« mit der Militärseelsorge stehe, dessen Erörterung Prälat Kaas jedoch nicht habe ablehnen können, da er schon bei den allerersten Konkordatsverhandlungen »den Gegenstand von Erörterungen« gebildet habe. Auch wenn eine Regelung dieser Frage im Rahmen eines Reichskonkordats im Augenblick wenig Chancen habe, hielte es der Prälat – immer noch nach Bergens Bericht – für wünschenswert, wenn »möglichst bald« ein Meinungsaustausch mit dem Reichsministerium des Innern »und eine etwaige Anregung im Kabinett« erfolge.[11] Offensichtlich also versuchte Kaas, dem Drängen Pacellis nach dem umfassenden Reichskonkordat, das er für aussichtslos hielt, mit Kompromißformulierungen in einzelnen Sachfragen entgegenzukommen.

Ebenso nachdrücklich wie diesen Plänen widmeten sich Pacelli und Kaas in dieser Zeit auch den badischen Konkordatsverhandlungen. Am 8. März schrieb Kaas dem badischen Zentrumsprälaten Föhr, die badische Regierung solle möglichst bald zwei Unterhändler nach Rom schicken, da der Kardinalstaatssekretär im Moment unmöglich verreisen könne und der Weg über den neuen Berliner Nuntius Orsenigo allzu zeitraubend sei. Schon wenige Tage später wurde klar, daß Pacelli seinen Nachfolger überhaupt nicht an irgendwelchen Konkordatsverhandlungen in Deutschland beteiligt sehen wollte. Dies war allein seine Angelegenheit und sollte es auch bleiben. Kaas jedenfalls schärfte am 13. März seinem Parteifreund Föhr ein, der »Weg über die Nuntiatur in Berlin möge nicht weiterverfolgt werden«. Und es warf doch ein sehr bezeichnendes Licht auch auf die innerkirchlichen Probleme und Absichten der römischen Konkordatspolitik, wenn Kaas im gleichen Zusammenhang die Badener davor warnte, »die römische Inaussichtstellung der Anwendung des jus commune lediglich als einen ›Schreckschuß‹ anzusehen«. Wenn der Freiburger Erzbischof das glauben sollte »und in dieser Auffassung den etwaigen Nichtabschluß des Konkordats als gleichgültig ansehen sollte«, dann täusche er sich gewaltig. »Am Münsterplatz«, so meinte Kaas deutlich genug, »würde man in sehr kurzer Zeit den konkordatslosen Zustand viel mehr zu bedauern haben als in Rom.«[12] Aber auch in Baden waren die Schwierigkeiten weit größer, als man in Rom erwartet hatte, zumal Pacelli auch hier auf Schulbestimmungen bestand, die in dem traditionell liberalen Land auf heftigen Widerstand stießen.[13]

Zur gleichen Zeit, als Pacelli und Kaas in Rom diese Konkordatspläne vorantrieben, begann sich in Deutschland die innenpolitische Lage tiefgreifend zu verändern. Am 27. März 1930 war die große Koalition am Ende. Mit dem Kabinett Müller trat die letzte parlamentarische Regierung der Republik zurück. Letzter Anlaß war die Uneinigkeit über die Sanierung der Arbeitslosenversicherung gewesen, die durch den Ausbruch der Weltwirtschaftskrise im Oktober 1929 unter starken Druck geraten war. Die Ursache freilich lag tiefer. Sie lag in einem weitverbreiteten und tiefverwurzelten Mißtrauen hinsichtlich der Möglichkeiten und Aussichten der parlamentarischen Demokratie in Deutschland überhaupt, das auch in den sogenannten guten Jahren der Republik nie ganz verschwunden war, das sich aber nun, im Zeichen der wirtschaftlichen Katastrophe, voll auszuwirken begann. Insofern entsprach die Lösung der Krise durch ein Präsidialkabinett, also eine Regierung, die nicht mehr von einer parlamentarischen Mehrheit, sondern vom Vertrauen des Reichspräsidenten getragen wurde, in ihrem autoritären Zuschnitt durchaus der allgemeinen Stimmung. Daß mit Heinrich Brüning wieder ein Zentrumskanzler an die Spitze der neuen Regierung trat, war nach Lage der Dinge kaum überraschend. Denn dank ihrer Mittelstellung war die katholische Partei als einzige nach wie vor imstande, auch zwischen den verschiedenen politischen Richtungen zu vermitteln.[14]

Die Entwicklung der nächsten Monate verlief für Heinrich Brüning nicht günstig. Auf die vom Parlament erzwungene Auflösung des Reichstags im Juli 1930 folgten die »Katastrophenwahlen«[15] vom 14. September mit ihrem Erdrutsch zugunsten der NSDAP, durch die die politischen Möglichkeiten in Deutschland drastisch eingeschränkt wurden. So wie nach den Wahlen in den Kirchen schlagartig die Diskussion um Hitler und den Nationalsozialismus begann, so mußten nun auch die Politiker prüfen, ob und wie man mit dem Führer der jetzt zweitgrößten Partei zusammenarbeiten konnte. Diese Frage stellte sich selbstverständlich auch für das Zentrum. Dabei geriet die katholische Partei in wachsendem Maße in einen Widerspruch zwischen den deutschen Katholizismus und Rom. Denn während der deutsche Katholizismus den Nationalsozialismus offen bekämpfte und jede Zusammenarbeit mit Hitler ablehnte, beurteilte man in Rom die Dinge anders.

Schon im November dieses verhängnisvollen Jahres wußte der bayerische Gesandte vertraulich zu berichten, daß man im Vatikan die Entscheidung des Mainzer Ordinariats, nämlich die Exkommunikation für Mitglieder der NSDAP, nicht billige.[16] In der Tat ließ der *Osservatore Romano* einer ersten kompromißlosen Stellungnahme zu den Mainzer Vorgängen nur wenige Wochen später eine Korrektur folgen. Während das Blatt im Oktober noch geschrieben hatte, die Zugehörigkeit der NSDAP sei »unvereinbar mit dem katholischen Gewissen, wie es ganz allgemein unvereinbar ist mit der Zugehörigkeit zum Sozialismus aller Schattierungen«[17], verlautete im Januar 1931, das Wort von Mainz habe sich nicht aus politischen Gründen gegen die Anhänger Hitlers gerichtet, »sondern wegen jener in ihrem Programm enthaltenen Grundsätze, die mit der katholischen Lehre unvereinbar sind«.[18] Dies entsprach der vorsichtigeren Linie der bayerischen Pastoral, und wirklich konnte Ritter im März 1931 erfreut mitteilen, daß die Haltung der bayerischen Bischöfe die volle Billigung des Kardinalstaatssekretärs gefunden habe.[19]

Von einer plötzlichen Neigung der Kurie zu Hitler konnte also keine Rede sein. Und auch von allem, was öffentlich wie eine Billigung des Nationalsozialismus erscheinen konnte, hielt man sich in Rom sorgfältig fern. So scheiterte ein Versuch Görings, Anfang Mai 1931 persönlich beim Kardinalstaatssekretär eine Änderung der offiziellen katholischen Ablehnung zu erreichen. Auf Weisung des Papstes gelangte er nur ins Vorzimmer; lediglich Unterstaatssekretär Pizzardo durfte die Beschwerden entgegennehmen.[20] Wenn die Kurie gleichwohl Hitler nicht völlig ablehnen mochte, so ging es allein um die Frage, ob unter bestimmten Bedingungen und für bestimmte Ziele eine begrenzte politische Zusammenarbeit mit den Nationalsozialisten wünschbar und möglich sei. Dabei dachte der Papst in diesem Zusammenhang in erster Linie an die Bekämpfung der drohenden kommunistischen Gefahr, während für Pacelli die Konkordatspläne im Vordergrund standen.

Für den Kardinalstaatssekretär stellte Brüning als vierter Zentrumskanzler an der Spitze des Reiches offensichtlich vor allem eine neue Möglichkeit dar, in der Konkordatsfrage wieder einen Vorstoß zu versuchen. Unbeeindruckt von der Verschlechterung der wirtschaftlichen und politischen Lage in Deutschland übergab Pacelli daher im März 1931 dem deutschen Vatikanbotschafter ein Memorandum, das die Pläne der Kurie umriß. Der Vatikan forderte darin für die Gewährung des exemten Militärbischofs von der Reichsregierung drei Dinge: die Aufhebung der – noch aus dem Kulturkampf stammenden – Strafbestimmungen des Personenstandsgesetzes für Geistliche, die die kirchliche Trauung vor der Ziviltrauung vornahmen; die vorhergehende Verständigung mit dem Heiligen Stuhl bei der Ablösung der finanziellen Leistungen des Staates an die Kirche nach Artikel 138 der Reichsverfassung und schließlich die Gewährleistung der Rechte der Katholiken »in Bezug auf die konfessionelle Schule und den Religionsunterricht«.[21]

Schon das erste Echo des Zentrums auf diese Vorschläge fiel freilich für Pacelli außerordentlich enttäuschend aus. Namhafte Zentrumspolitiker, die sich an Ostern 1931 in Rom aufhielten, unter ihnen Reichsinnenminister Wirth und der kulturpolitische Experte der Fraktion, Prälat Schreiber, versicherten dem Kardinalstaatssekretär »sehr energisch«, daß, wie Bergen nach Berlin kabelte, »Erfüllung dort bekannter drei Wünsche Kurie nach Lage der Dinge aussichtslos erscheine«.[22] Pacelli jedoch ließ sich von seinen Plänen nicht abbringen.

Nicht weniger enttäuschend verlief dieser Besuch auch für Pius XI. Denn allen Wünschen des Papstes, die Koalition mit der SPD in Preußen zu lösen, versagte sich Wirth offenbar mit Entschiedenheit und verließ schließlich »sehr erregt« die Audienz.[23]

Mit um so größeren Erwartungen mußte man im Vatikan dem Besuch des Reichskanzlers selbst entgegensehen, der im Zusammenhang mit einem Staatsbesuch bei Mussolini für den 8. August 1931 vorgesehen war.

Die Umstände, unter denen Brüning diese Reise unternahm, waren allerdings denkbar ungünstig. Nachdem im Mai 1931 die Österreichische Credit-Anstalt in Wien ihre Schalter hatte schließen müssen, war mit dem Zusammenbruch der renommierten Darmstädter- und Nationalbank am 13. Juli die große Bankenkrise auch auf Deutschland übergesprungen. Die Deflationspolitik des Reichskanzlers geriet damit in eine dramatische Phase. Eine gewaltige Abhebungswelle bei den deutschen Banken und Sparkassen führte zu einer Notverordnung des Reichskabinetts, die den 14. und 15. Juli zu Bankfeiertagen erklärte. Erst am 5. August, kurz vor Brünings Abreise aus Berlin, konnte der normale Zahlungsverkehr wieder aufgenommen werden – freilich mit einem Diskontsatz von 15% und einem Lombardsatz von nicht weniger als 20%. Das bedeutete reale Kreditzinsen von 15 bis 20% und mehr.[24] Zu viereinhalb Millionen Arbeitslosen und einem drastischen Rückgang der industriellen Produktion war damit eine finanzpolitische Krise getreten, die neue Investitionen für lange Zeit nahezu ausschließen und die verzweifelte Situation des Reiches noch weiter verschärfen mußte. Um so wichtiger erschien Brüning in diesem Augenblick der Kontakt mit Mussolini, von dem er sich Unterstützung im Kampf gegen die unsinnige Reparationspolitik erhoffen konnte, die an dem ganzen Desaster eine entscheidende Mitschuld trug.

Bei diesem Stand der Dinge war es begreiflich, daß der deutsche Reichskanzler den Abschluß eines Reichskonkordats im Moment kaum als vordringliches Problem ansehen konnte, vielmehr alles zu vermeiden suchte, was die innenpolitische Situation in Deutschland auch nur im geringsten zusätzlich belasten würde. Pacelli freilich konnte oder wollte das nicht sehen. Es war seine alte Schwäche, die ihn auch in diesem Augenblick nur sein kirchenpolitisches Ziel, nicht aber die Probleme und Schwierigkeiten seines Gesprächspartners wahrnehmen ließ.

Das Gespräch zwischen Pacelli und Brüning fand am Vormittag des 8. August 1931 in den Privatgemächern des Kardinals statt. Nach Brünings Erinnerungen begannen die Schwierigkeiten schon bei der Frage des Militärbischofs.[25] Der Reichskanzler hatte sich seit langem auf die Exemtion festgelegt[26] und erwartete dabei von Pacelli Zustimmung und Unterstützung. Rätselhaft war, warum Kaas, der es besser wußte, Brüning auf diesen Punkt nicht vorbereitet hatte. Jedenfalls war der Reichskanzler offensichtlich überrascht, als Pacelli daraufhin »den umgekehrten Standpunkt« vertrat und zugleich die Frage des Reichskonkordats anschnitt. Dies entsprach genau der bekannten politischen Linie des Kardinals. Brüning jedoch wollte von dieser Verknüpfung nichts wissen. »Ich sagte ihm«, so berichtete er über den Fortgang des Gesprächs, »es sei unmöglich für mich als katholischem Kanzler, angesichts der Spannung in Deutschland, an diese Frage überhaupt heranzugehen. Fast alle deutschen Länder von Bedeutung hätten bereits Konkordate, und mit den übrigen sei man in aussichtsreichen Verhandlungen. Würde ich jetzt die Frage eines Reichskonkordats aufgreifen, so würde ich auf der einen Seite den furor protestanticus aufpeitschen und auf der anderen Seite auf völlige Verständnislosigkeit bei der Linken stoßen.« Das war zweifellos ein zutreffendes Bild der Lage. Pacelli jedoch waren diese innerdeutschen Schwierigkeiten offensichtlich gleichgültig. Denn er meinte daraufhin, Brüning »müsse eben mit Rücksicht auf ein Reichskonkordat eine Regierung der Rechten bilden und dabei zur Bedingung machen, daß sofort ein Konkordat abzuschließen sei«.

So überraschend dieser Vorschlag schien, so nahtlos fügte er sich doch in die Politik des Kardinals ein, mit allen Mitteln und unter allen Umständen das kanonische Recht in Deutschland durch ein Konkordat abzusichern. Mehr als ein Jahrzehnt hatte er mit allen Kräften auf dieses Ziel hingearbeitet. Jetzt war eine neue politische Situation entstanden, und Pacelli war entschlossen, sie auszunutzen, wie er immer politische Situationen auszunutzen versucht hatte.

Mit Brüning freilich war das nicht zu machen. Der Reichskanzler entgegnete vielmehr dem Kardinal entschieden, »daß er die politische Situation in Deutschland und vor allem den wirklichen Charakter der Nazis verkenne«.

Noch gereizter wurde das Gespräch, als die Rede auf die protestantischen Kirchenverträge kam.[27] Pacelli hielt es für unmöglich, so notierte sich Brüning, »daß ein katholischer Kanzler einen protestantischen Kirchenvertrag abschließe. Ich antwortete scharf, daß ich, schon dem Geist der Verfassung entsprechend, die ich beschworen habe, die Interessen des gläubigen Protestantismus auf der Grundlage völliger Gleichberechtigung wahrnehmen müsse. Der Kardinalstaatssekretär verurteilte nun meine ganze Politik und erklärte, die Stellung von Kaas, der eine solche Politik billige, sei im Vatikan völlig erschüttert. Er müsse Kaas bitten, sein Amt als Vorsitzender der Zentrumspartei niederzulegen und die freie Stelle eines Rektors am Campo santo anzunehmen. Ich entgegnete ihm, ich könne ihm insoweit nicht widersprechen, als Kaas Priester sei, aber jedem Versuch, auf meine politischen Entschlüsse und auf die Haltung der Zentrumspartei vom Vatikan aus Einfluß zu nehmen, müsse ich widerstehen.«

Der Bruch zwischen Brüning und Pacelli war nicht mehr zu heilen. Noch am gleichen Abend erklärte der Kanzler dem Kardinalstaatssekretär kurz, angesichts des Mißtrauens, das ihm entgegengebracht worden sei, habe er sich entschlossen, »die Frage des Armeebischofs und des Konkordats überhaupt ruhen zu lassen« und die Lösung seinem Nachfolger zu überlassen. Er hoffe, so fügte er ironisch hinzu, »daß der Vatikan mit Hitler und Hugenberg einen größeren Erfolg haben werde als mit dem Katholiken Brüning«.[28]

Damit waren die Konkordatspläne Pacellis erneut gescheitert. Für Brüning bedeutete das offensichtlich wenig. Aber in eine ungemein schwierige Lage geriet nun der Zentrumsvorsitzende Kaas. Seine politische Existenz beruhte auf der Möglichkeit, die Interessen der Kurie und die Interessen des Reiches zu verbinden. Bestand diese Möglichkeit nicht mehr, so mußte er in einen fast unlösbaren Loyalitätskonflikt zwischen seiner Eigenschaft als Priester und Mitarbeiter Pacellis und als Zentrumsvorsitzender und Mitarbeiter Brünings kommen.[29]

Vielleicht war dies einer der Gründe, warum der Prälat seit dem Spätherbst 1931 mit wachsendem Nachdruck den Gedanken einer politischen Sammlungsbewegung vertrat, in der sich, wie er am 8. November erklärte, zu einem »auf Zeit begrenzten Zweckhandeln« auch solche Gruppen rechts und links zusammenfinden sollten, »die bisher eine Zusammenarbeit noch nicht gekannt haben«.[30] Anfang Dezember 1931 jedenfalls war Kaas wieder in Rom; und es war gewiß kein Zufall, daß der bayerische Gesandte kurz darauf aus dem Munde des Papstes eben jene Überlegungen vernahm, die Kaas in Deutschland vorgetragen hatte. Die Nationalsozialisten, so berichtete Ritter am 20. Dezember nach München, hätten nach der Meinung des Papstes den groben Fehler begangen, »sich nicht mit den Bischöfen in Deutschland zu verständigen, als diese sich gezwungen sahen, wegen der weitverbreiteten kirchenfeindlichen Grundsätze der Partei die Gläubigen vor ihr zu warnen«. Das erschwere natürlich jede Annäherung. Gleichwohl denke der Papst daran, daß sich eine Zusammenarbeit »vielleicht nur vorübergehend für bestimmte Zwecke« ermöglichen ließe, »um dadurch ein noch größeres Übel zu verhindern«.[31] Die Worte des Papstes, so fügte der Gesandte treffend hinzu, »verrieten doch eher eine opportunistische Beurteilung der in Deutschland zur Zeit so viel erörterten Frage, wie sich das Zentrum eventuell einmal zur nationalsozialistischen Partei würde stellen können, wenn diese noch mehr anwachsen und dann zur Bildung einer Regierung herangezogen werden sollte«.[32]

Zur gleichen Zeit wurde über einen möglichen Loyalitätskonflikt des Vorsitzenden offenbar auch im Fraktionsvorstand der Zentrumspartei gesprochen. Kaas selbst war es, der die Frage zur Sprache brachte. Er berichtete, so hielt das freilich sehr wortkarge Protokoll vom 15. Dezember fest, von Äußerungen aus dem Lande, die »wegen seiner zeitweiligen Anwesenheit in Rom« an ihn gelangt seien. Er wolle sich in dieser Frage jedoch »Entschlußfreiheit auch für die Zukunft« vorbehalten. »Wenn aber der Vorstand Bedenken habe, so sei er bereit, die Konsequenzen zu ziehen.« Daß es tatsächlich um die Frage der politischen Unabhängigkeit ging, zeigte die Bemerkung zur Aussprache, Brüning habe sich dabei »über die damit zusammenhängenden politischen Fragen« geäußert. Gleichwohl beschloß der Vorstand einhellig, das Rücktrittsangebot des Prälaten nicht anzunehmen, sondern »an der bisherigen Praxis« festzuhalten.[33] In der Tat gibt es bis zum Jahresende 1931 keinerlei Anzeichen dafür, daß der Zentrumsvorsitzende etwa die Loyalität gegenüber seiner Partei und dem von ihr gestellten Kanzler gebrochen hätte. Solange Brüning im Amt war, stand Kaas offen an seiner Seite. Das änderte sich erst, als nichts mehr zu retten schien.

Inzwischen wiederholte sich in der Konkordatsfrage zum dritten Mal der gleiche Vorgang. Immer wenn die Verhandlungen mit dem Reich ins Stocken geraten waren, hatte Pacelli seine ganze Kraft dem nächsterreichbaren Länderkonkordat gewidmet. So war es mit Bayern und mit Preußen gewesen, und so geschah es nun mit Baden.

Ein Zufall kam ihm dabei zu Hilfe. Carl Fritz, der Freiburger Erzbischof, starb am 7. Dezember 1931. Wie manche aus der älteren Generation der deutschen Bischöfe hatte er dem Konkordatsdrängen der Kurie eher kühl gegenübergestanden, und Kaas' Vermutung war wohl nicht unberechtigt, daß in dieser Frage zu Lebzeiten von Fritz vom Freiburger Münsterplatz wenig Unterstützung zu erwarten war.[34] Der Tod des Erzbischofs erleichterte aber nicht nur in dieser Hinsicht die Lage, sondern gab darüber hinaus Pacelli ein wichtiges Druckmittel gegen die badische Regierung in die Hand. Denn natürlich gehörte die Besetzungsfrage des Freiburger Bischofsstuhls zu den wesentlichen Materien, die das neue Konkordat regeln sollte.

Wieder ging es dabei um das Problem, ob die alten Verträge aus dem 19. Jahrhundert noch gültig seien oder nicht. Die badische Landesregierung bestand selbstverständlich auf der Gültigkeit, zumals sie ihrerseits alle Verpflichtungen erfüllt hatte, und teilte dies Ende Dezember auch dem Kardinalstaatssekretär mit. Prälat Föhr, inzwischen Vorsitzender der Zentrumsfraktion im badischen Landtag und damit die parlamentarische Schlüsselfigur für die Konkordatsverhandlungen, erläuterte Pacelli persönlich die politischen Schwierigkeiten der badischen Regierungskoalition und bat dringend darum, die Rechtsgültigkeit der vertraglichen Vereinbarungen anzuerkennen. Auch in diesem Fall jedoch war der Kardinalstaatssekretär nicht bereit, die deutschen Schwierigkeiten auch nur zur Kenntnis zu nehmen. In einem Brief, von dem man vermuten könnte, er atme noch den ganzen Ärger über Brünings Unzulänglichkeit, kanzelte er Föhr und die badische Regierung regelrecht ab. »Leider kann ich nicht umhin«, so ließ er den badischen Zentrumsvorsitzenden am 29. Dezember wissen, »meinem Befremden über die Auffassung und die Absichten der Regierung Ausdruck zu geben.« Bei diesem Standpunkt der Regierung sei »ein glückliches Ergebnis nicht zu erwarten«. Wolle man zu einer befriedigenden Regelung der Beziehungen zwischen Staat und Kirche kommen, »so möge man die theoretische Frage der Rechtsgültigkeit der alten Abmachungen beiseite lassen und stattdessen (nach über zwölf Jahren!) so schnell wie möglich zu einem neuen Konkordat übergehen ...« Würde man sich dazu verstehen, so behauptete Pacelli in bemerkenswerter Unkenntnis der badischen Lage, »Bevollmächtigte nach Rom zu entsenden, so könnte das Konkordat in kürzester Zeit zur Unterzeichnung kommen«.[35] Und noch deutlicher wurde er in der offiziellen Antwort an Kultusminister Baumgartner[36], in der es hieß: »Falls ... die Regierung nicht bereit sein sollte, auf den Vorschlag eines möglichst baldigen Konkordatsabschlusses einzugehen, bliebe dem Heiligen Stuhl kein anderer Weg, als zur Ernennung des neuen Oberhirten der Diözese Freiburg entsprechend Can. 329 § 2 des neuen kirchlichen Gesetzbuches zu schreiten.«[37]

Da sich die Verhandlungen jedoch weiter verzögerten, beschloß Pacelli – ungeachtet der dringenden Vorstellungen Baumgartners, seine Lage im Kabinett nicht noch weiter zu erschweren[38] –, die Besetzung Freiburgs nach kanonischem Recht vorzunehmen. Mitte April erfuhr Föhr in Berlin im Reichstagsgebäude von Kaas, daß der Meißener Bischof Dr. Conrad Gröber Nachfolger von Carl Fritz werden sollte. Am 7. Mai unterrichtete Pacelli auch offiziell die badische Regierung; schon am 21. Mai erfolgte die Ernennung.

Die Wahl Gröbers war zweifellos klug und geschickt. Denn der neue Freiburger Erzbischof kam aus Konstanz, und sein Name hatte im badischen Katholizismus einen guten Klang. Zugleich genoß er das Vertrauen Pacellis und war ein unbedingter Vertreter der vatikanischen Konkordatspolitik. Schon im Juli griff Gröber im Sinne des Heiligen Stuhls in die Konkordatsverhandlungen ein und saß im August 1932 mit am Verhandlungstisch, als in Rom das badische Konkordat ausgehandelt wurde.[39] Fast genau ein Jahr später, im Sommer 1933, sollte Gröber dann Pacellis Vertrauensmann im deutschen Episkopat für die Frage des Reichskonkordats werden und an dessen Abschluß wesentlichen Anteil haben.

Trotz der lebhaften Bemühungen von Föhr, Baumgartner und Gröber hatte das am 12. August in Rom paraphierte Konkordat in Baden noch schwere Tage zu bestehen. Die Auseinandersetzungen um die Verträge – der evangelische Kirchenvertrag war kaum weniger umstritten – führte am Jahresende 1932 zu heftigen Kämpfen und schließlich sogar zum Bruch der Regierungskoalition mit den Sozialdemokraten, die seit 14 Jahren, seit dem November 1918, dem Land »politische Beständigkeit, Ruhe und Ordnung« gewährleistet hatte. Bei Stimmengleichheit im Landtag gelang es der neuen Koalition aus Zentrum, Deutscher Volkspartei und Wirtschaftspartei nur mit der Stimme des Landtagspräsidenten, die Verträge zu verabschieden.[40]

Die ganzen Vorgänge waren ein überzeugender Beweis für die Richtigkeit von Brünings Entschluß, dem Reich wenigstens diese Kämpfe zu ersparen. Und sie waren zugleich für Pacelli ein kaum übersehbarer Hinweis, daß auf parlamentarischem Wege ein Reichskonkordat in Deutschland in absehbarer Zeit keinerlei Chancen besaß. Denn was in einem Land wie Baden mit einer relativ starken Zentrumspartei nur so mühsam gelungen war, das mußte im Reichstag mit seinen anderen Mehrheitsverhältnissen von vornherein zum Scheitern verurteilt sein.

Das badische Konkordat vom 12. Oktober 1932 war das letzte deutsche Länderkonkordat, das Pacelli durchsetzte. Es trat am 11. März 1933 in Kraft – am gleichen Tag, an dem die Nationalsozialisten in Karlsruhe die Regierungsgewalt übernahmen. Materiell etwa zwischen dem bayerischen und dem preußischen Konkordat liegend[41], steht es noch heute »in ruhiger Geltung«[42] – ein Zeichen weniger der politischen Weitsicht seiner Schöpfer als vielmehr eines veränderten Verhältnisses von Kirche und Staat, das nach dem Kriege den heißumstrittenen Positionen der dreißiger Jahre ihre entscheidende Schärfe nahm.

Während dieser Verhandlungen war in dem chaotischen Jahr 1932 an der Spitze des Reiches abermals eine Veränderung eingetreten, die Pacelli zwischen Jahresmitte und Jahresende erneut dazu veranlaßte, sie auf ihre Konkordatsträchtigkeit hin zu prüfen.

Am 30. Mai 1932 trat Brüning zurück; gestürzt am Ende von jenen rechtskonservativen Kräften, für die er sich vor allem eingesetzt hatte.[43] An seiner Stelle berief der Reichspräsident einen bis dahin in der Öffentlichkeit kaum bekannten ehemaligen Landtagsabgeordneten der preußischen Zentrumspartei, Franz v. Papen. Diese vor allem von der Reichswehrführung betriebene Lösung bedeutete für Brüning, Kaas und das ganze Zentrum einen fast beispiellosen Affront. Noch am Tag zuvor hatte der neue Kanzler dem Zentrumsvorsitzenden versichert, er werde den Auftrag zur Kabinettsbildung keinesfalls übernehmen. Durch seinen Umfall desavouierte er nun nicht nur Brüning, sondern er schaltete auch das Zentrum von der Macht aus und bereitete damit den Weg für jenen Mann, der nur auf den Zugriff zur ganzen Macht wartete: Hitler.

Es war kein Wunder, wenn Kaas im Blick auf Papen von der »Rolle des Ephialtes« sprach[44], jenem legendären Verräter, der die Perser bei den Thermopylen in den Rücken der Spartaner geführt hatte. Halbkrank vor Zorn und Empörung zog sich der Zentrumsvorsitzende daraufhin Anfang Juni in sein Refugium in Südtirol zurück, aus dem er erst im September wieder nach Deutschland zurückkehrte. Möglicherweise war dies die Zeit, in der Kaas die parlamentarische Demokratie in Deutschland endgültig verloren gab. Er stand damit gewiß nicht allein. Aber er war der einzige, der neben den Sozialdemokraten noch über eine stabile Partei mit zuverlässiger demokratischer Substanz verfügte. Sein Urteil über die Weimarer Republik kleidete der Prälat charakteristischerweise in das Gewand einer kanonistischen Arbeit. Im Spätherbst 1932 schloß er ein sorgfältig ausgearbeitetes Manuskript über die Bedeutung der Lateranverträge ab, das zugleich einen Hymnus auf die Leistungsfähigkeit und Weitsicht des italienischen Faschismus und seines Führers Mussolini darstellte.[45]

Inzwischen konnte die Entwicklung in Deutschland unter dem Kabinett Papen jeden Pessimismus dieser Art nur bekräftigen. Kaum im Amt löste Papen den Reichstag auf und gab damit den extremen Parteien erneut die Möglichkeit, die Stimmung für sich auszunutzen. Zugleich schaltete er durch einen Staatsstreich die preußische Regierung aus, die sich bislang am nachhaltigsten allen Drohungen von rechts widersetzt hatte. Die Quittung bei der Wahl am 31. Juli 1932 blieb nicht aus. In ihrer Verzweiflung über inzwischen fünfeinhalb Millionen Arbeitslose und ein zur Lösung dieser Frage offensichtlich unfähiges System wählten die Deutschen mehr als je zuvor die radikalen Extreme: Die NSDAP konnte sich seit den Septemberwahlen 1930 noch einmal mehr als verdoppeln – sie besaß nun statt 110 Mandate deren 230 – und auch die KPD verzeichnete einen beträchtlichen Zuwachs von bisher 78 Sitzen auf 89. Beide Parteien verfügten damit im Reichstag über eine Art negativer Sperrmajorität, die jeden konstruktiven Ansatz ersticken mußte. Von den demokratischen Parteien blieben nur noch SPD und Zentrum stabil – dieses sogar mit einem Zuwachs von sechs Sitzen. An eine Koalition freilich war nun nicht mehr zu denken. Ihr fehlte im Reich die Mehrheit ebenso wie in Preußen.

Damit aber geriet der deutsche Katholizismus noch stärker in Orientierungsschwierigkeiten als bisher schon. Und dies galt nicht nur im Blick auf die katholischen Wähler, die sich nun ebenfalls in Massen für Hitler entschieden, sondern gerade auch für die Meinungsbildung innerhalb der katholischen Führungsgruppen selbst.

Der deutsche Episkopat hielt auch nach den Juliwahlen 1932 an seiner grundsätzlichen Verurteilung der NSDAP fest. Auf der Fuldaer Bischofskonferenz im August wurde diese Entscheidung ausdrücklich wiederholt und bekräftigt. »Sämtliche Ordinariate«, so hieß es im Protokoll, »haben die Zugehörigkeit zu dieser Partei für unerlaubt erklärt, weil 1. Teile des offiziellen Programms derselben, so wie sie lauten und wie sie ohne Umdeutung verstanden werden müssen, Irrlehren enthalten, 2. weil die Kundgebungen zahlreicher führender Vertreter und Publizisten der Partei glaubensfeindlichen Charakter, namentlich feindliche Stellung zu grundsätzlichen Lehren und Forderungen der katholischen Kirche enthalten ... 3. Es ist das Gesamturteil des katholischen Klerus und der treu katholischen Vorkämpfer der kirchlichen Interessen im öffentlichen Leben«, so faßte das Protokoll zusammen, »daß, wenn die Partei die heiß erstrebte Alleinherrschaft in Deutschland erlangt, für die kirchlichen Interessen der Katholiken die dunkelsten Aussichten sich eröffnen.«[46] Vorsichtiger formulierten die bayerischen Bischöfe, die Anfang September zusammenkamen. Hier äußerte der bayerische Bischof Buchberger in einem Referat die Meinung, daß der Nationalsozialismus trotz allem noch eher als der Kommunismus »ein Zusammengehen als möglich erscheinen« lasse.[47] Aber in einem Hirtenwort an den Klerus wurde doch sehr deutlich betont, daß Klassenhaß und Rassenhaß gleich »unchristlich und unheilvoll« seien und daß »eine wirkliche ›Freiheitsbewegung‹« mit dem Klassenkampf gegen die katholische Kirche und ihr Oberhaupt nichts gemein habe.[48]

Bemerkenswert verschieden von diesen Äußerungen dagegen war die Einschätzung der Lage in Rom. Unmittelbar nach den Juliwahlen 1932 machte Pacelli dazu gegenüber Ritter einige überraschende Bemerkungen. Am bedenklichsten nämlich erschien dem Kardinal das Anwachsen des Kommunismus. »Es sei daher zu hoffen und zu wünschen«, so gab der bayerische Gesandte Pacellis Meinung wieder, »daß wie das Zentrum und die bayerische Volkspartei so auch die anderen auf christlicher Grundlage stehenden Parteien, zu denen sich gleichfalls die nunmehr stärkste Partei des Reichstags, die Nationalsozialistische Partei zähle, alles daran setzen werden, den hinter der Kommunistischen Partei marschierenden Kulturbolschewismus von Deutschland fernzuhalten.« Daß die NSDAP eine christliche Partei sei, hatte sie selbst zwar schon immer behauptet, und manche evangelischen Kreise waren ihr darin gefolgt. Daß aber nun auch der Kardinalstaatssekretär bereit war, sie zumindest unter dem Gesichtspunkt der kommunistischen Bedrohung dazuzurechnen, war eine Veränderung, die ein Zusammenwirken in der Zukunft nicht nur möglich, sondern sogar geboten erscheinen lassen konnte. In der Tat meinte Pacelli, daß sich zur Sammlung der Abwehrkräfte »eine neue Koalition unter den politischen Parteien im Reichstag bilden« müsse und stellte die Frage, ob unter diesen Umständen »Zentrum und bayerische Volkspartei nicht gut daran täten, sich jetzt mehr nach rechts zu orientieren und dort eine für ihre Grundsätze tragbare Koalition zu suchen«.[49]

Wenn das Zentrum sich in den Wochen nach der Wahl genau auf diesen Weg begab, so freilich kaum aus Pacellis ideologischen Erwägungen, sondern weil der Wahlausgang keine andere Möglichkeit offen ließ. Die ganze Situation war an Absurdität schwerlich zu überbieten und verriet auch damit, daß die parlamentarische Demokratie in Deutschland am Ende war.

Papen hatte alle Hoffnungen für sein Kabinett auf die Mitarbeit Hitlers gesetzt, die er, der Rechtskonservative, eher zu erreichen hoffte als Brüning. Hitler jedoch lehnte dieses Angebot kategorisch ab. In einem Gespräch mit dem Reichspräsidenten am 13. August 1932 verlangte er, was er immer verlangt hatte, nämlich »die Staatsführung in vollem Umfang für sich und seine Partei«. Genau dies jedoch wollte Hindenburg unter keinen Umständen zulassen. Er könne es, so erwiderte er, »vor Gott, seinem Gewissen und dem Vaterlande nicht verantworten, *einer* Partei die gesamte Regierungsgewalt zu übertragen, noch dazu einer Partei, die einseitig gegen Andersdenkende eingestellt wäre«.[50] Damit aber gab es jetzt praktisch nur noch eine verfassungsmäßige Mehrheit aus NSDAP und Zentrum, die sich zusammen mit der Bayerischen Volkspartei im Reichstag auf 327 von 608 Stimmen hätte stützen können. Die andere Möglichkeit war eine Regierung gegen das Parlament, und das hieß, der offene Verfassungsbruch. Wenn also das Zentrum, das sich immer als Verfassungspartei verstanden hatte, auch jetzt verfassungsgemäß handeln wollte, so mußte es den Versuch machen, eine Regierung mit Hitler zu bilden.[51] Zugleich war dies offensichtlich der einzige Weg, um die katholische Partei wieder an die Macht zu bringen, die sie durch Papen verloren hatte.

Dies war der entscheidende Grund für die Koalitionsverhandlungen mit Hitler, in die das Zentrum zum Entsetzen vieler treukatholischer Wähler im August und September 1932 eintrat. Eine Erklärung der Reichstagsfraktion vom 29. August legte daher auch allen Nachdruck auf die Grundsätze »einer verfassungsmäßigen Politik«. Die Suche nach einer klaren parlamentarischen Mehrheit und damit auch nach einer klaren Verantwortung sei »kein ›taktisches Spiel‹, kein ›Kulissenspiel in der Not des deutschen Volkes‹, *sondern das pflichtgemäße Handeln einer Partei, für die die Wahrung verfassungsmäßiger Zustände Volkswohl bedeutet und politischer Lebensinhalt ist*«.[52]

Es gibt kaum einen Zweifel, daß es dem Zentrum mit diesen Verhandlungen ernst war, auch wenn man im Rückblick tatsächlich, wie der *Gerade Weg* damals schrieb, an »Märchen von Wölfen und Schafen« erinnert wird.[53] Kaum ernst dagegen dürfte es Hitler gewesen sein[54], dem allerdings der Offenbarungseid erspart blieb. Denn nicht zuletzt aus Furcht vor einer möglichen Einigung zwischen den ungleichen Partnern griff Papen am 12. September erneut zum Mittel der Auflösung des Reichstages und beendete damit zunächst alle weiteren Gespräche. Ergebnisse also zeitigten diese Verhandlungen nicht, aber allein ihre Tatsache mußte die Fronten weiter verwischen und Hitler in seinem Bemühen helfen, als vertrauenswürdiger Verhandlungspartner anerkannt zu werden.

Unabhängig von diesen ganzen Entwicklungen unternahm die Kurie in diesen Monaten einen neuen, letzten Versuch, in der Konkordatsfrage weiterzukommen. Papen war zwar schwach, aber gerade diese Schwäche konnte, wie sich in der Vergangenheit gezeigt hatte, durchaus ein Vorteil sein. Daß der neue Reichskanzler außerordentlichen Wert auf gute Beziehungen zur Kurie legte, zeigte die ungewöhnliche Tatsache, daß er wenige Tage nach seinem Regierungsantritt den Kardinalstaatssekretär durch den Botschafter in einem ausführlichen vertraulichen Schreiben über die neue Lage und die Ziele seiner Partei informierte. Es warf auch auf Papens Verhalten nach dem 30. Januar 1933 ein bezeichnendes Licht, wenn er darin die Auffassung vertrat, die rein religiös gemeinten Warnungen des deutschen Episkopats vor der NSDAP dürften nicht dazu führen, »die *politische* Partei des deutschen Zentrums von der Pflicht zu entbinden, auch die wertvollen Kräfte dieser Bewegung an den Staat heranzubringen«. Die größte Gefahr jedoch sah der neue Reichskanzler in einem drohenden Kulturkampf. »Wenn sich der politische Katholizismus Deutschlands«, so schrieb Papen, »gegründet auf die religiös gemeinten Weisungen eines Episkopats, in einer völlig negativen Weise *gegen* die nationale Freiheitsbewegung der Rechten einstellt, dann müssen naturnotwendig die antirömischen Affekte dieser Bewegung wachsen. Nichts aber würde den Untergang Deutschlands mehr beschleunigen, als ein erneutes Aufrollen kulturkämpferischer Ideen, und es scheint mit vom staatspolitischen Gesichtspunkt aus eine der größten Sorgen sein zu müssen, alles zu tun, um dem Lande einen solchen seelischen Kampf zu ersparen.«[55] Mit dieser Überzeugung wurde Papen nur wenige Monate später zum idealen Vermittler für Hitlers Konkordatspläne.

Zunächst freilich war Papen noch selbst an der Regierung. Und auch wenn Pacelli durch den Zentrumsvorsitzenden zweifellos über die ganze Problematik des Kabinetts Papen informiert wurde, so blieb diese Mitteilung doch ein wichtiger Hinweis, daß Papen für Verhandlungen mit dem Heiligen Stuhl grundsätzlich weit zugänglicher sein würde als es etwa Brüning gewesen war.

Den Ansatzpunkt für den neuen Vorstoß Pacellis lieferte ein Brief des Reichswehrministers an den Paderborner Erzbischof Klein, in dem Schleicher einen Entwurf der Bischöfe zur Regelung der Militärseelsorge entschieden zurückwies und endlich die volle Gewährung der Exemtion forderte. An der Verzögerung der ganzen Angelegenheit seien, behauptete Schleicher, ausschließlich die Bedenken des deutschen Episkopats schuld.[56] Derart massiv attackiert, beschloß die Fuldaer Bischofskonferenz, die kurz darauf zusammentrat, sich aus dem ganzen Streit herauszuziehen und »jede zwischen der höchsten kirchlichen und höchsten weltlichen Autorität vereinbarte Neuordnung rückhaltlos« zu akzeptieren.[57] Damit waren die deutschen Bischöfe, die

Pacellis Pläne ohnehin nur stören konnten, aus dem Spiel, und der Kardinalstaatssekretär hielt wieder einmal alle wichtige Fäden selber in der Hand.

Da die Reichsregierung durch Schleichers Brief ihren dringenden Wunsch nach der Exemtion des Militärbischofs so nachdrücklich bekräftigt hatte, lag es nahe, wieder an diesen Wunsch anzuknüpfen und dabei zugleich nach Pacellis alten Plänen die Gegenforderungen der Kurie zu präsentieren. Tatsächlich sah sich die Reichsregierung Ende Oktober 1932 durch ein Promemoria des Heiligen Stuhls erneut mit den bekannten Punkten konfrontiert. Wie 1931 ging es um die Straffreiheit für Geistliche, die eine Ehe vor der Ziviltrauung einsegneten; um das vorherige Einvernehmen mit dem Heiligen Stuhl bei einer eventuellen Ablösung der finaziellen Leistungen und um die Gewährung von Schulgarantien. Ein vierter Punkt kam neu hinzu. Unter ausdrücklichem Hinweis auf die Erklärung des Reichsaußenministers vom 13. November 1920 – Pacelli zitierte sie samt Aktenzeichen – wurden »bindende Zusagen« verlangt, »daß etwaige Äußerungen der Verfassung oder der Gesetzgebung des Reichs den in feierlichen Konkordaten anerkannten Rechten der Kirche keinen Abbruch tun«. Dies alles stelle, so schloß das Promemoria ganz im Stile Pacellis, lediglich »ein Mindestmaß berechtigter kirchlicher Ansprüche dar«.[58]

Noch während diese Denkschrift nach Berlin unterwegs war, erfuhr der Kardinalstaatssekretär, daß sein Nachfolger in der Nuntiatur, Orsenigo, weisungsgemäß einen Besuch beim Reichskanzler gemacht und dabei festgestellt hatte, daß dieser in den Fragen der Straffreiheit und der Schulgarantien zu weitgehenden Entgegenkommen bereit schien. Dies veranlaßte Pacelli, unverzüglich an Papen direkt eine Abschrift des Promemoria zu schicken, wobei er der »festen Zuversicht« Ausdruck verlieh, daß der Reichskanzler »den darin zur Sprache gebrachten begründeten Wünschen des Heiligen Stuhls volles Verständnis erzeigen und Rechnung tragen« werde.[59] Papen antwortete umgehend, er habe »von dem Inhalt eingehend und mit größtem Interesse Kenntnis genommen und werde baldigst seine Beratung innerhalb der Reichsregierung herbeiführen«.[60]

Eine ähnlich wohlwollende Antwort auf die Wünsche des Vatikans hatte Pacelli seit den Zeiten von Wirth und Marx nicht mehr in den Händen gehalten. Sie litt allerdings an zwei entscheidenden Mängeln. Die Reichsregierung, von der in der Antwort die Rede war, war bereits zurückgetreten, noch ehe der Brief seinen Empfänger in Rom erreicht hatte. Und die weitere Behandlung des vatikanischen Promemoria in den Ressorts zeigte, daß der sachliche Widerstand gegen jede Art von Zugeständnissen gegenüber der Kurie um nichts geringer geworden war. Der Entwurf einer Antwort, den das Reichsinnenministerium Ende Februar 1933 – also bereits nach der Machtergreifung – vorlegte, ließ an diesem Widerstand nicht den geringsten Zweifel. An den Strafbestimmungen des Personenstandgesetzes werde keine Reichsregierung rütteln können, »da keine Aussicht besteht, daß im Reichsrat oder im Reichstag, wie immer diese Körperschaften weltanschaulich oder politisch eingestellt sein mögen, die für eine grundsätzliche Änderung dieser Vorschriften erforderlichen Mehrheiten sich finden würden«. Die Frage der finanziellen Ablösung sei keineswegs akut; die Schulgarantien aber seien durch die Reichsverfassung gewährleistet. Eine umfassende Bestandsgarantie für die Konkordate schließlich sei vollends unmöglich. Eine solche Zusage vermöge »die derzeitige (mit Bleistift darübergeschrieben: ›Keine!‹) Reichsregierung nicht zu geben. Eine solche Zusage würde die Grenzen der Wirkungsmöglichkeit einer (mit Blei darübergeschrieben: ›jeder!‹) Reichsregierung überschreiten«.[61]

Dieser – nicht mehr abgesandte – Entwurf war gewissermaßen das letzte Wort der Weimarer Republik zur Konkordatsfrage. Am 2. Mai 1933 beschloß ein Vermerk des Vatikanreferenten im Auswärtigen Amt den ganzen Vorgang. »Die Sachlage«, so notierte Legationsrat Fritz Menshausen an diesem Tag auf einem weiteren Antwortentwurf, »hat sich einerseits durch das Ermächtigungsgesetz vom 24. März d. J., das die Erfüllung der vatikanischen Forderungen ohne parlamentarische Mitwirkung ermöglicht, und andererseits im Hinblick auf II Vat. 129 (geheim) völlig geändert. Von einer Beantwortung der Note des Kadinalstaatssekretärs vom 25. 10. 32 wird daher vorläufig Abstand genommen.«[62]

Das Scheitern dieses letzten Versuches, mit dem Staat von Weimar zu einem Konkordat zu kommen, bestätigte im Grunde nur, was längst bekannt war: Solange in Deutschland diese demokratische Republik bestand, war an ein Reichskonkordat nicht zu denken. Aber die Zukunft dieser Republik war seit 1930 ungewiß und wurde immer ungewisser. Und so hatten alle wichtigen Beteiligten ihre Aufmerksamkeit bereits auf eine völlig andere Konkordatslösung gerichtet, einen neuen Konkordatstyp von scheinbar hochmodernem Zuschnitt: das Konkordat mit dem faschistischen Italien. Tatsächlich spielen die ganzen Konkordatsverhandlungen der Weimarer Zeit für die Vorgeschichte des Reichskonkordats nur eine negative Rolle. Hitlers und Pacellis Vorbild war das Laterankonkordat.

Das Laterankonkordat gehörte zusammen mit einem Staatsvertrag und einem Finanzvertrag zu einem Bündel von drei Abkommen, den sogenannten Lateranverträgen, die am 11. Februar 1929 im päpstlichen Palast in Rom unterzeichnet wurden. Diese Verträge stellten eine Wende in dem jahrtausendealten, bewegten und wechselvollen Verhältnis zwischen Italien und dem Heiligen Stuhl dar, das seit der Mitte des 19. Jahrhunderts in einem offenen Konflikt übergegangen war. 1860 hatte Cavour zum ersten Mal vor dem Parlament das Stichwort von der Roma capitale ausgegeben, von Rom als der Hauptstadt des neuen, national geeinten Italien. Damit stand das uralte Recht des Papstes am Kirchenstaat gegen das junge, revolutionäre Recht des italienischen Nationalstaates. Zehn Jahre später, im Herbst 1870, besetzten italienische Truppen die Heilige Stadt. Seither gehörte die sogenannte römische Frage zu den ungelösten und offenbar unlösbaren Problemen Italiens und nicht nur Italiens allein: Jahr für Jahr verabschiedeten beispielsweise auch die deutschen Katholikentage Kundgebungen, die das Recht des Papstes am Kirchenstaat bekräftigten. Der Bruch zwischen Vatikan und Quirinal wurde verschärft durch den radikalen Laizismus und Antiklerikalismus, der die italienische Kirchenpolitik beherrschte und der jede Annäherung der feindlichen Parteien scheitern ließ. Die Unwilligkeit und Unfähigkeit des liberalen Staates zur Lösung der römischen Frage war und blieb offenkundig. Um so tieferen Eindruck mußte es auf die Kurie machen, wie anders Mussolini an das ganze Problem heranging.

Obwohl – seiner marxistischen Herkunft gemäß[63] – persönlich ohne alle Beziehungen zur Kirche, ließ der Führer der Faschisten von Anfang an keinen Zweifel daran, daß dem Katholizismus in seiner Konzeption eines neuen Italien eine bedeutende Rolle zugedacht war. Im Unterschied zu Hitler brauchte Mussolini nach dem legendären Marsch auf Rom im Herbst 1922 noch nahezu fünf Jahre, bis die faschistische Herrschaft in Italien gesichert war.[64] Und entsprechend langwierig war auch der Prozeß der Annäherung und Versöhnung zwischen dem Papsttum und dem neuen Staat. Immerhin waren die Grundlinien um die Mitte der zwanziger Jahre bereits klar erkennbar.

Nach einer Reihe von grundsätzlichen Erklärungen Mussolinis zur Bedeutung der Kirche und einer Fülle kirchenfreundlicher Maßnahmen begann 1925 eine Regierungskommission mit der Revision der kirchenpolitischen Gesetzgebung aus der liberalen Ära. Sie betraf die wichtigsten staatskirchenrechtlichen Probleme: Freiheit der Kirche in der Besetzung ihrer Ämter; Wiederherstellung der Rechtsfähigkeit der Orden; Neuregelung des kirchlichen Vermögensrechtes und Altersversorgung des Klerus.[65] In all diesen

Punkten kam der *Staat* der Kirche weitgehend entgegen, ohne jedoch zunächst seine Staatskirchenhoheit aufzugeben, die als Verhandlungspreis weiterhin mit im Spiel blieb.

Umgekehrt räumte die katholische *Kirche* – und diese Entwicklung war nicht weniger wichtig – allmählich ihre parteipolitische Position, indem sie sich von der Partito Popolare distanzierte und die Partei schließlich ganz fallen ließ. Dies bedeutete nichts anderes als die grundsätzliche Anerkennung der faschistischen Einparteienherrschaft. Statt dessen propagierte der Papst mit wachsendem Überdruck die Sammlung aller katholischen Kräfte in einer großen, überparteilichen und rein religiösen Bewegung, der »Katholischen Aktion«.[66]

Die politischen Zusammenhänge dieser außerordentlich weitreichenden Entscheidungen waren schon in den zwanziger Jahren deutlich. Angesichts der Macht des Faschismus und der Ohnmacht der katholischen Partei wie des Parlamentarismus überhaupt, schrieb der junge Kanonist Karl Neundörfer, ein Freund Romano Guardinis, 1926 im *Hochland*, bleibe der kirchlichen Autorität in Italien kaum ein anderer Weg als der, den sie durch die Förderung einer überparteilichen Aktion tatsächlich gehe: »Sie löst die Auswirkung des katholischen Glaubens im öffentlichen Leben von der Verbindung mit einer politischen Partei und schützt sie andererseits gegenüber der Gefährdung durch eine absolutistische Regierung.« Und zugleich hatte Neundörfer bereits begriffen, daß hier keineswegs eine italienische Besonderheit vorlag, sondern daß es sich um ein europäisches Grundmuster handelte. »In ähnlicher Lage«, hieß es weiter, »wie in Italien ist aber die katholische Kirche heute in fast allen europäischen Ländern. Es sei nur auf Frankreich und Deutschland hingewiesen, wo die Kirche auch Parteien gegenübersteht, von denen sie sowohl zu hoffen als zu fürchten hat. Auf jeden Fall sind auch hier die kirchentreuen Katholiken in einer Weise politisch gespalten, daß die *katholische* Aktion sich notwendig von der *politischen* Aktion lösen muß, wenn sie nicht auf die Unterstützung vieler kirchentreuen Katholiken verzichten will.«[67] Tatsächlich jedoch blieb dieses neue kirchenpolitische Grundmuster in Deutschland zunächst mehr Möglichkeit als Wirklichkeit. Denn solange hier die parlamentarische Demokratie feststand, stand auch die traditionsbewußte katholische Partei fest und mit ihr die Fülle der eigenen, lebenskräftigen Organisationen, die der deutsche Katholizismus seit der Mitte des 19. Jahrhunderts entwickelt hatte. So rief Pacelli erst spät, auf dem Magdeburger Katholikentag im September 1928, und mit eher bescheidenem Echo auch in Deutschland zur Bildung der Katholischen Aktion auf.[68]

Um so wichtiger jedoch wurde das neue Grundmuster für die Entwicklung der Verhältnisse in Italien. Nachdem beide Partner ihre Ausgangspositionen verändert hatten, wurde endlich der Weg frei für unmittelbare Verhandlungen zwischen der Kurie und dem faschistischen Staat. Dabei hatten beide ihre eigenen, klar umrissenen Ziele vor Augen. Für Mussolini ging es um die Conciliazione, die Aussöhnung zwischen Kirche und Staat, die für die innenpolitische Stabilisierung wie für das außenpolitische Ansehen des neuen faschistischen Italien eine außerordentliche Bedeutung besaß. Der Kurie dagegen lag entscheidend an der Sicherung der Grundsätze des kanonischen Rechtes in einem feierlichen Konkordat, das diese Rechte endlich auch im Heimatland des Papsttums möglichst weitgehend gewährleisten sollte. Beides wurde in den Lateranverträgen erreicht.

Im ersten der drei Abkommen, dem Trattato fra la Santa Sede e l'Italia, wurde die Souveränität des Heiligen Stuhls anerkannt und als Garantie und Ausdruck dieser Souveränität die selbständige und unabhängige Vatikanstadt geschaffen. Diese Regelung ermöglichte es dem Heiligen Stuhl, »seinerseits«, wie die Präambel formulierte, »die im Jahre 1870 durch die Einverleibung Roms in das Königreich Italien ... entstandene ›Römische Frage‹ als endgültig und unwiderruflich beigelegt anzuerkennen«.[69] Diese Lösung, ein historischer Kompromiß von klassischem Zuschnitt, hat sich inzwischen als so überzeugend erwiesen, daß kaum noch bewußt scheint, wie jung die Città del Vaticano tatsächlich ist. Zugleich enthielt schon der Trattato im Artikel 1 das entscheidende Zugeständnis des Staates, nämlich die Anerkennung und Bestätigung des Grundsatzes, »wonach die katholische, apostolische und römische Religion die einzige Staatsreligion ist«.[70]

An diesen Artikel 1 des Trattato knüpfte wiederum in kunstvoller Systematik der Artikel 1 des dritten Abkommens der Lateranverträge an, der eigentliche Concordato fra la Santa Sede e l'Italia. Im Grunde stellte dieses Konkordat nichts anderes dar als die Entfaltung und Sicherung des Katholizismus als der einzigen Staatsreligion Italiens. Dabei war das neue Grundmuster der vatikanischen Politik deutlich zu erkennen. Außerordentlich weitreichenden Zugeständnissen des Staates an die Grundsätze des kanonischen Rechtes entsprach auf kirchlicher Seite der wiederholte ausdrückliche Verzicht auf jeden unmittelbaren politischen Anspruch und jede politische Einmischung. In der Tat lag das wichtigste Merkmal des italienischen Konkordats – das im übrigen noch immer in Geltung ist – in seiner strengen Ausrichtung am kanonischen Recht, dem hier ein »anderwärts kaum vorhandener Spielraum« gewährt wurde.[71]

Am auffälligsten trat dieser Spielraum im Artikel 34 in Erscheinung, wonach der Staat der kirchlich geschlossenen Ehe bürgerliche Wirkungen zuerkannte. Diese Anerkennung des kirchlichen Eherechts bedeutete die Annullierung der Auseinandersetzungen eines ganzen Jahrhunderts, und es war schon verständlich, wenn Pius XI. bekannte, »für diesen einen Artikel 34 sei er bereit gewesen, sein Leben hinzugeben«.[72] Auch die Schulbestimmungen des Konkordats waren, wenn nicht voll befriedigend, so für die Kirche doch zweifellos als Verbesserung gegenüber den bisherigen Regelungen zu werten. Schließlich war für das römische Kirchenverständnis auch die Tatsache entscheidend, daß mit dem Konkordat sämtliche kirchlichen Partikularrechte verschwanden und das Laterankonkordat »als fast hundertprozentiger Ausdruck des jus commune in all denjenigen innerkirchlichen Zuständen« erschien, »wo bis dahin in anderen Staaten und in Italien selbst noch Abweichungen bestanden hatten«.[73]

Die politische Grundkonstruktion des ganzen Vertragswerkes aber enthielt – ähnlich wie später im deutschen Konkordat – einen Artikel, der ganz am Ende stand. Dieser berühmte Artikel 43 sicherte im ersten Absatz die staatliche Anerkennung der Katholischen Aktion, soweit sie »ihre Tätigkeit außerhalb jeder politischen Partei und in unmittelbarer Abhängigkeit von der kirchlichen Hierarchie zur Verbreitung und Verwirklichung der katholischen Grundsätze« entfaltete. Der Heilige Stuhl, so hieß es im zweiten Absatz, »benützt die Gelegenheit des Abschlusses dieses Konkordates, um für alle Geistlichen und Ordensleuten in Italien das Verbot zu erneuern, sich bei irgend einer politischen Partei einzuschreiben und zu betätigen«.

Für Italien, wo 1926 die letzten Abgeordneten der katholischen Volkspartei ihr Mandat verloren hatten, bedeutete diese Bestimmung nur die Bestätigung eines bestehenden Zustandes. Auf Deutschland angewandt, mußte die gleiche Bestimmung für das Zentrum zur Katastrophe führen.

Zunächst freilich war in den kirchlichen und kirchenrechtlichen Würdigungen der Lateranverträge diesseits der Alpen von möglichen politischen Auswirkungen auf Deutschland nirgends die Rede. Allenfalls Pacelli selbst, zu dieser Zeit mitten in den unbefriedigenden Verhandlungen mit Preußen, ließ derlei anklingen, als er im Geleitwort zur ersten deutschen Ausgabe der Verträge der Hoffnung Ausdruck gab, »es möge sich der Gedanke ehrlichen und rückhaltlosen Friedens zwischen Kirche und Staat auch in anderen Ländern und bei andern Völkern zu greifbaren Erfolgen durchringen«.[74] Im übrigen jedoch sahen die meisten Kommentatoren die Bedeutung der Lateranverträge weit mehr in der Lösung der römischen Frage als in den grundlegenden politischen Abgrenzungen des Artikels 43. So war etwa für Pacellis Mitarbeiter Robert Leiber dieser Artikel nur einer beiläufigen Erwähnung wert, obwohl sein Betrag die außerordentliche Bedeutung der Verträge für Mussolinis Ziele ausführlich darstellte.[75] Und auch in der Würdigung des Vertragswerkes durch den evangelischen Kirchenrechtler Hans Liermann, der die Verträge »als Muster einer reifen, klugen Politik sowohl des Staates als der Kirche« wertete, lag der Akzent neben dem »weltgeschichtlichen Inhalt« vor allem auf der besonderen italienischen Eigenart der einzelnen Bestimmungen.[76]

Gleichwohl konnte das politische Grundmuster des Vertragswerkes auch für Deutschland von unabsehbarer Bedeutung werden. Und wenigstens einer begriff das schon im Februar 1929: Hitler.

Hitler hatte zu dieser Zeit mit dem Ausschluß Dinters den Prozeß der kirchenpolitischen Neuorientierung der Partei gerade abgeschlossen. Damit aber waren zunächst nur die wichtigsten Reibungsflächen beseitigt. Noch fehlte seiner Kirchenpolitik ein positiver Anknüpfungspunkt, der eine konstruktive Politik im Blick auf den kirchlichen wie den politischen Katholizismus ermöglichte. Und genau diesen Anknüpfungspunkt lieferten nun die Lateranverträge. Wenn häufig behauptet wird, Hitler habe keinerlei eigene kirchenpolitische Konzeption besessen[77], so ist das unrichtig. Er wußte seit 1929, daß er einen Vertrag mit der katholischen Kirche wollte, wie Mussolini ihn abgeschlossen hatte.

Am 22. Februar 1929, nur elf Tage nach der Unterzeichnung der Lateranverträge, erschien der *Völkische Beobachter* mit der Schlagzeile: »Eine Rede Hitlers über die Lösung der römischen Frage«. Tags zuvor hatte Hitler beim Zentralsprechabend der Partei im Münchner Matthäser-Bräu ausführlich zu den Verträgen Stellung genommen. Dabei ging es ihm bezeichnenderweise jedoch keineswegs um die »Römische Frage«, sondern vielmehr um den »Friedensschluß zwischen dem Faschismus und dem Vatikan« und seine Bedeutung für die deutsche Politik. Diese Bedeutung sah er sowohl außenpolitisch wie innenpolitisch. Außenpolitisch registrierte er im Rahmen seiner angestrebten Bündnispolitik mit Befriedigung den »Kraftzuschuß für das italienische Volk«, den »die Beseitigung des inneritalienischen Konflikts zwischen der Regierung und dem Vatikan« bedeute. »Alles, was Italien heute stärkt«, so behauptete Hitler, »kommt uns zugute. Darum begrüßen wir die jetzige Regelung in Italien auf das herzlichste.«[78] Noch wichtiger freilich waren die grundsätzlichen Aspekte des Vertragswerkes, denen er sich im folgenden zuwandte. »Es ist bewundernswert«, so erklärte er, »wie der italienische Staatsmann zielbewußt alle Kräfte seines Volkes zusammenfaßt und alle Gegensätze abbaut. Wenn aber die Kurie heute mit dem Faschismus Frieden schließt, so beweist das, daß der Vatikan diesem politischen System Vertrauen entgegenbringt. Jedenfalls mehr als dem liberaldemokratischen Staat von einst, mit dem er keinen Frieden zu schließen vermochte.« Das war der Anknüpfungspunkt, nach dem Hitler gesucht hatte. Und er zögerte nicht, ihn auch gleich auf die deutsche Situation anzuwenden. »Wenn nun heute Zentrums-Organe oder in München z. B. der Bayerische Kurier zu erklären versuchen, daß die Demokratie für die Katholiken nach wie vor vorzuziehen sei, so setzen sie sich damit in offenem Widerspruch mit dem Geiste jenes Vertrages, den der römische Stuhl heute mit dem faschistischen Staate abgeschlossen hat.« Und kühn folgerte Hitler weiter: »Denn wenn die Kirche heute mit dem faschistischen Italien zu einer Verständigung kommt, die mit dem liberaldemokratischen undenkbar gewesen wäre, dann ist damit unzweifelhaft bewiesen, daß die faschistische Gedankenwelt mit dem Christentum näher verwandt ist, als die jüdisch-liberale, oder gar atheistisch-marxistische, mit der sich die sog. katholische Partei des Zentrums heute zum Schaden jeglichen Christentums und unseres deutschen Volkes so sehr verbunden fühlt.«

Diese Behauptungen waren, wie die katholische Abwehrfront gegen den Nationalsozialismus zeigte, in dieser Form zweifellos falsch. Und doch hatte Hitler hier eine politische Möglichkeit begriffen, die er vier Jahre später mit überraschender Schnelligkeit und Entschlossenheit verwirklichen sollte.

So klang es wie eine Vorwegnahme der nationalsozialistischen Kommentare zum Reichskonkordat, wenn Hitler an diesem Abend schloß: »Eines steht fest, und darin sehe ich die große Bedeutung des zwischen dem Papst und Mussolini abgeschlossenen Vertrags: es ist nunmehr durch ein historisches Ereignis nachgewiesen, daß der Nationalsozialismus nicht, wie das deutsche Zentrum und seine Organe lügenhafterweise behaupten, an sich antichristlich und antikirchlich ist. Die nationalistische Weltanschauung – gleichgültig, ob in Italien faschistisch oder in Deutschland nationalsozialistisch – ist eine positiv christliche, und jeder gute Katholik kann ebenso wie jeder überzeugte Protestant ein Gegner des Parlaments und ein Anhänger der Diktatur der nationalen Idee sein.«[79]

Daß Hitler auf dieser Linie konsequent weiterdachte, zeigt eine parteiamtliche Schrift von Johannes Stark mit dem Titel: *Nationalsozialismus und Katholische Kirche*, die im Dezember 1930 entstand und die in den nächsten

Jahren in Zehntausenden von Exemplaren vertrieben wurde. Ihr Verfasser war Nobelpreisträger für Physik, ein Mann, der keinerlei eigene Ambitionen und Kenntnisse in dieser Frage besaß, so daß seine Ausführungen als authentische Wiedergabe der Überzeugungen Hitlers gelten dürfen.

Jetzt hatte sich der grundsätzliche Ansatzpunkt vom Februar 1929 zum Gedanken eines eigenen Vertrages konkretisiert, und zugleich war Hitler in diesem Zusammenhang offensichtlich die Bedeutung des Artikels 43 des Laterankonkordats aufgegangen.

Obwohl sich die kleine preußische Landtagsfraktion der NSDAP im Juli 1929 noch gegen den Abschluß des Preußenkonkordats ausgesprochen hatte, wünsche doch, so erklärte Stark jetzt, der nationalsozialistische Staat »grundsätzlich eine Zusammenarbeit mit den von ihm anerkannten christlichen Kirchen«; er sei darum »grundsätzlich zu Verträgen mit ihnen bereit«. Die politischen Ziele, die Hitler in diesem Zusammenhang verfolgte, ließen sich nicht klarer formulieren, als Stark dies in den folgenden Sätzen seiner Schrift tat. Zugleich verrieten diese Sätze eine hervorragende Kenntnis der Schwierigkeiten, denen sich das Zentrum in Rom gegenübersah, und der politischen Möglichkeiten, die sich daraus für Hitler ergaben. »Eine offizielle Kundgebung des Vatikans gegenüber dem Bündnis des Zentrums mit der Sozialdemokratie«, so stellte Stark zunächst fest, »ist nicht bekannt. Die politischen Verhältnisse liegen heute in Deutschland so, daß der Vatikan vielleicht vorderhand noch nicht auf die Möglichkeit verzichten will, die Verteidigung der Kirche durch das Zentrum in Anspruch zu nehmen. Die Stellung des Vatikans zum Zentrum wird sich aber ändern«, so glaubte Stark voraussagen zu können, »sowie er mit einer grundlegenden Änderung der politischen Verhältnisse in Deutschland rechnen kann oder sobald sich diese Änderung vollzogen hat. Sobald der erklärte Feind der Kirche, der Marxismus, in Deutschland aus Macht und Einfluß gedrängt und niedergeworfen ist, und sein Überwinder gemäß seinem Programm Schutz und Freiheit auf dem religiösen Gebiet der katholischen Kirche gewährt und deren Verknüpfung mit dem deutschen Volke als einen wertvollen Teil des deutschen Volkstums erklärt, kann die Leitung der katholischen Kirche mit der neuen kirchenfreundlichen Macht in Deutschland Verträge schließen und auf die politische Hilfe des Zentrums verzichten. Dann kann der Vatikan genau wie in dem Konkordat mit dem faschistischen Staat Italiens, so in einem Vertrag mit dem nationalsozialistischen Staat Deutschland erklären, daß er allen Geistlichen und Ordensleuten in Deutschland verbieten werde, sich bei irgendeiner politischen Partei einzuschreiben oder zu betätigen. Dann ist das Ende der Zentrumspartei gekommen.«[80] Der Fortgang der Geschichte zeigte, daß Hitler zwischen dem 30. Januar und dem 20. Juli 1933 diese kirchenpolitische Konzeption Punkt für Punkt und Satz für Satz verwirklichte.

1932 jedenfalls war dies in der Partei offensichtlich bereits allgemeine Überzeugung. Denn in einem Kommentar zu den »Konkordatswahlen in Baden« schrieb Walter Köhler, der Führer der badischen Landtagsfraktion der Partei, »entsprechend dem Standpunkt des Führers und der Gesamtbewegung« sei man selbstverständlich auch in Baden bereit, »die Beziehungen zwischen Staat und Kirche vertraglich zu regeln«. Und weiter erklärte Köhler wörtlich: »Daß ein Vertrag, der unter führender Mitwirkung der nationalsozialistischen Bewegung zustande kommen würde, ein anderes Gesicht hätte, wie das von der schwarz-roten Koalition zusammengebraute Vertragswerk, ist eine Selbstverständlichkeit. Uns schwebt nicht das preußische oder das bayerische Konkordat als Vorbild eines solchen Vertrages vor, sondern wir sehen im *Lateran-Vertrag* und dem darin enthaltenen Konkordat ... das Vorbild einer solchen Regelung zwischen Staat und Kirche. Wenn auch nicht alles das, was für Italien gilt, für Deutschland ohne weiteres übernommen werden kann, so ist doch die *Grundtendenz* dieses Vertragswerkes so, daß es als *vorbildlich* bezeichnet werden muß.«[81]

Der Grund, daß es Hitler so schnell und glatt gelang, seine kirchenpolitischen Pläne zu verwirklichen, lag in der Tatsache, daß sich eine Schlüsselfigur des politischen Katholizismus in Deutschland, der Zentrumsvorsitzende Ludwig Kaas, im Laufe des chaotischen Jahres 1932 ebenfalls der faschistischen Lösung der Kirchenfrage zugewandt hatte. Mitte November 1932 jedenfalls schloß er eine Arbeit über die Lateranverträge ab, die im Frühjahr 1933 erschien und die keinen anderen Schluß zuließ, als daß der Prälat in diesem neuen Konkordatstyp auch für Deutschland eine neue und beispielshafte Möglichkeit sah. »Ein Paradigma von säkularer Bedeutung«, so nannte Kaas den Abschluß der Verträge, und das Laterankonkordat selber erschien ihm »in einem ganz einzigartigen Maße als unmittelbarster Ausdruck der kirchenpolitischen Gegenwartseinstellung des Hl. Stuhls.«[82]

So geschah es denn gewiß nicht ohne einen Blick auf die deutschen Probleme, wenn der Prälat und Zentrumsvorsitzende neben der durchgängigen Orientierung der Konkordatsbestimmungen am kanonischen Recht vor allem die »zentrale Bedeutung« des Artikels 43 hervorhob. Es ließe sich nicht verkennen, schrieb Kaas, »daß dieser Artikel, wenn nicht beabsichtigt, so doch faktisch aus dem rein kirchlichen Bereich in den staatlichen insoweit hineinwirkt, als er die Bildung politischer Parteien innerhalb des Katholizismus praktisch geradezu unmöglich macht und infolgedessen dem den Staat beherrschenden Faschismus eine Sicherung gegen parteipolitische Gegenströmungen schafft, die über das normale Maß erheblich hinausgeht«. Der politische Kern des Konkordats aber wurde deutlich, wenn Kaas hinzufügte, für diese »indirekte Stärkung und Konsolidierung des Regimes« habe der Faschismus »auf anderen Gebieten den kirchlichen Einfluß im rein religiösen Bereich unbedenklich stützen und erweitern« können.[83]

In einer überaus positiven Gesamtwürdigung beschrieb Kaas am Ende seines Aufsatzes das Laterankonkordat noch einmal als einen beispielhaften Friedensschluß zwischen dem modernen, totalitären Staat und der modernen, vom Zentralismus des Codex Juris Canonici geprägten Kirche, der beiden, dem Staat wie der Kirche, neue und ungeahnte Möglichkeiten eröffne. Dies sei der tiefste Sinn dieses Vertrages. »Aus dem inneren Gesetz seines eigenen Seins heraus«, schrieb Kaas, »in welchem straffste hierarchische Zusammenfassung und Einordnung des ganzen unter den grundsätzlich ungebundenen und diskretionären Willen des Duce das Lebensgesetz des faschistischen Staates ist, würde Mussolini sich selbst widersprochen haben, wenn er auf kirchlich-rechtlichem Gebiet sich zum Verteidiger partikularrechtlicher Besonderheiten gemacht hätte. Niemandem mochte der Geltungsanspruch des kirchlichen Allgemeinrechts im Rahmen des der Kirche belassenen Aktivitätsrahmens so verständlich erscheinen wie dem Diktator, der in seinem Bereich einen radikal-einfachen, lücken- und konkurrenzlosen Stufenbau faschistischer Hierarchie errichtet hätte.« Was dem liberalen Staat in Italien und – so wird man hinzufügen dürfen – in Deutschland unmöglich war, verwirklichte der moderne Führerstaat. »Der ›autoritäre Staat‹«, so meinte Kaas, »mußte die autoritäre Kirche besser in ihren Postulaten begreifen als andere.«[84]

Der Zeitpunkt, zu dem Kaas diese Überlegungen niederschrieb – mehr als drei Jahre nach dem Abschluß der Lateranverträge und mitten in der Agonie der Republik –, legt die Vermutung nahe, daß ihn dabei mehr als nur kanonistische Interessen leiteten. In der Tat erklärt der Aufsatz vollkommen das politische Handeln von Kaas, seit Hitler im Besitz der Macht war. Dieses Handeln war seit den Märzwahlen nur noch auf ein Ziel ausgerichtet: den historischen Friedensschluß zwischen der Kirche und dem Dritten Reich durch ein Reichskonkordat.

Die Frage, ob der Aufsatz von Kaas auch bereits mit Wissen und Willen von

Pacelli entstand, muß offenbleiben. Sie ist auch nicht entscheidend. Denn die persönliche und sachliche Verbindung zwischen dem Kardinalstaatssekretär und dem Prälaten war so eng, daß Kaas auf ihrer beider ureigenstem Gebiet zweifellos nichts erscheinen ließ, was in seinen Grundzügen den Überzeugungen Pacellis widersprochen hätte. Darüber hinaus aber verrieten Geist und Tendenz dieses Aufsatzes fast Seite für Seite, wie tief Kaas tatsächlich von der Persönlichkeit Pacellis geprägt war.

So schlug dieser Beitrag, nach mehr als zehnjährigen vergeblichen Bemühungen um ein Reichskonkordat, eine ganz neue Brücke zwischen Rom und Berlin. Und nur wenige Wochen später sollte der Prälat bereits prüfen, ob sie tatsächlich tragfähig war.

11. KAPITEL

DIE FORMIERUNG DER FRONTEN IN DER EVANGELISCHEN THEOLOGIE UND KIRCHE (1931–1933)

Während auf katholischer Seite die Konkordatspolitik des Heiligen Stuhls die zukünftigen Entscheidungen vorbereitete, begannen sich im deutschen Protestantismus die Fronten des Jahres 1933 in einer Reihe heftiger kirchlich-theologischer Auseinandersetzungen abzuzeichnen.

Die Diskussion über den Nationalsozialismus, die seit den Septemberwahlen in der evangelischen Kirche im Gange war, wurde von vielen als eine politische Diskussion verstanden, wie sie der Protestantismus in den zurückliegenden Jahrzehnten ähnlich auch über andere Fragen geführt hatte. Indessen deutete sich in den Jahren 1931 und 1932 in einer Reihe von Ereignissen an, daß man es bei einem Sieg des Nationalsozialismus mit Problemen ganz neuer Art zu tun bekommen würde. Diese Probleme sind heute längst bekannt. Sie waren damals so neuartig und überraschend, daß Theologie und Kirche sie nur langsam und mühsam begriffen.

Die politische Theologie hatte in den zwanziger Jahren die These aufgestellt, daß das Einlassen auf die politische Situation die Bedingung für das rechte Verständnis des Wortes Gottes in der Gegenwart sei. Nur in einer letzten Solidarität mit dem Schicksal des deutschen Volkes sei evangelische Predigt möglich, weil der, den sie betreffe, Genosse dieses Volkes und seines Schicksals sei. Das war ein theologisches Problem, genauer: ein Problem der theologischen Hermeneutik, über das man diskutieren konnte, wie man ja auch über den Liberalismus und den Marxismus in ähnlicher Weise diskutierte. Solange die völkische Bewegung eine unter anderen politischen Bewegungen blieb, blieb auch die politische Theologie der zwanziger Jahre eine unter anderen theologischen Strömungen. Das begann sich auf eine erschrekkende und fast unheimliche Weise zu ändern, als der Nationalsozialismus zur politischen Macht wurde. Denn für die Anhänger der politischen Theologie war dies kein politischer, sondern ein theologischer Vorgang: Gottes Wille selbst setzte sich hier vor aller Augen in der Geschichte durch, und wer der völkischen Bewegung die Solidarität verweigerte, verweigerte sie Gott selbst. Hier wurde deutlich, wie in der politischen Theologie vom Ansatz her das Bekenntnis der Kirche in einem politischen Begriff aufgehoben war: Zwischen dem entschiedenen politischen Theologen und seinem Gegner gab es keine kirchliche Gemeinschaft mehr.

Ein Ereignis im Sommer 1931 machte das für einen Augenblick blitzartig deutlich. Am 2. Juni kam in Hamburg die deutsche Gruppe des »Weltbundes für Internationale Freundschaftsarbeit der Kirchen« zusammen. Dieser – am 1. August 1914 gegründete – Weltbund war ein Zweig der ökumenischen Bewegung. Auf der Grundlage eines christlichen Humanismus hatte er sich zum Ziel gesetzt, »durch die Kirchen einen Geist der Freundschaft zwischen den Völkern zu pflegen, um so den zu Haß und Krieg führenden Bestrebungen entgegenzuwirken«. Eine ganze Anzahl führender deutscher Kirchenmänner und Theologen arbeitete daran mit.[1] Wichtigster Gegenstand der Hamburger Tagung war die Abrüstungsfrage. Die einstimmig angenommene Entscheidung dazu erklärte: »Die Völker der Welt stehen vor der Entscheidung, ob sie ihre Sicherheit auf äußere Gewalt oder auf die Gerechtigkeit ihrer Verträge und gegenseitiges Vertrauen gründen wollen. Die Deutsche Weltbund-Vereinigung erwartet von den Kirchen eine unmißverständliche Entscheidung für die Politik der Gerechtigkeit und des Vertrauens.«[2]

Die deutschen Mitglieder des Weltbundes waren keineswegs eine Versammlung von internationalen Schwärmern. Sie hatten vielmehr, wie die Deutschen in der ökumenischen Bewegung überhaupt, die nationalen Probleme Deutschlands und insbesondere die Problematik des Versailler Vertrages bei allen Tagungen immer wieder nachdrücklich und nicht ohne Erfolg zur Geltung gebracht.[3] Aber dies war der politischen Theologie nicht genug. Für sie war jede ökumenische Gemeinschaft mit den Feinden Deutschlands schon ein Verrat an den nationalen Interessen des deutschen Volkes.

Am gleichen Tag, an dem die Hamburger Sitzung eröffnet wurde, gaben daher die Professoren Hirsch und Althaus eine gemeinsame Erklärung an die Presse, in der sie unter ausdrücklicher Berufung auf den »kirchlichen Dienst des Lehrers der Theologie« eine radikale Kritik an allen ökumenischen Bestrebungen der Kirche vortrugen. Sie forderten angesichts des gegen Deutschland fortdauernden »neuen furchtbaren Krieges mitten im Frieden« den Abbruch aller kirchlichen Beziehungen: »Es gibt in unserer Lage vorerst keine andere aufrichtige Pflege der Gemeinschaft, als daß man ihren trügerischen Schein zerstört . . .« Ein »rein privates persönliches Verhältnis mit einzelnen aus jenen Nationen« mochte unter diesem Vorbehalt allenfalls noch möglich sein; offizielle Kontakte von »Vertretern deutscher Theologie oder deutschen Kirchentums« mit entsprechenden Vertretern der anderen Seite dagegen sollten nach dem Urteil von Hirsch und Althaus ausgeschlossen sein.[4]

Diese Erklärung, die vor allem von der Rechtspresse mit lebhafter Zustimmung abgedruckt wurde, stieß innerhalb der Kirche auf erhebliche, wenn auch nicht einhellige Kritik.[5] Tatsächlich war es das erste Mal, daß zwei bedeutende Theologen die Konsequenzen der politischen Theologie offen aussprachen: Das Verhältnis zum deutschen Volk war das Kriterium der christlichen Gemeinschaft.

In getrennten Erwiderungen auf die Kritik bestätigten sowohl Hirsch wie Althaus ausdrücklich ihren Standpunkt – dieser entschiedener, jener, wie gewöhnlich, vorsichtiger. Hirsch begründete im Juli die Notwendigkeit der Erklärung mit dem »Gewissenszwiespalt«, der sich aus dem Reden evangelisch-kirchlicher Führer von Völkerverständigung und Weltfriede und dem »Leiden und Sorgen zahlreicher treuer deutscher evangelischer Christen um das Schicksal ihres Volkes« zu entwickeln drohe. Die Kritik habe gezeigt, daß der Riß schon tiefer sei, als sie gefürchtet hätten; tatsächlich sei bereits »eine weitgehende Entfremdung nationalen Gewissensernstes vom evangelischen Christentum« eingetreten. Nur der unbedingte Wille zur Wahrheit – und das hieß in diesem Falle: zur Wahrheit über Deutschlands Schicksal – könne »den vollständigen Bankrott der ökumenischen Bewegung im geknechteten Deutschland von heute« verhindern.[6]

Althaus äußerte sich ein halbes Jahr später auf einen Artikel des *Schweizerischen Evangelischen Pressedienstes* hin, der den beiden Theologieprofessoren vorgeworfen hatte, sie seien vom »nationalsozialistischen Bazillus« befallen. Althaus' Antwort war dabei insofern besonders interessant, als sie das Verhältnis einer keineswegs kopflosen, vielmehr kritisch unterscheidenden politischen Theologie zum Nationalsozialismus deutlich machte. Der Erlanger Theologe erklärte zunächst, daß weder Hirsch noch er Mitglieder der NSDAP seien, was ihn betreffe einerseits wegen realpolitischer Bedenken, andererseits und hauptsächlich wegen der »naturalistischen Rassenideologie in der ›Weltanschauung‹ dieser Partei«. In der Tat ist Althaus niemals Nationalsozialist gewesen. Wenn er gleichwohl bekannte, sich »jedem Dritten gegenüber . . . ohne weiteres zu der nationalsozialistischen Bewegung« zu stellen, so deshalb, weil diese Bewegung »weder in ihrer Gestalt als Partei noch in ihrer Ideologie« aufgehe. »Der Nationalsozialismus besteht seinem innersten Kerne nach in dem entschlossenen Freiheitswillen der nationalen Jugend«; in ihm »ist der verletzte Stolz unseres großen Volkes, aber auch die brutale Existenznot der Deutschen zum stärksten und leidenschaftlichsten Ausdruck gekommen.«[7] Eine politische Theologie, die die Solidarität mit dem deutschen Schicksal zur Voraussetzung verantwortlichen theologischen Redens erhob, mußte zu dieser Unterscheidung zwischen »Bewegung« und »Ideologie« kommen; sie mußte die Solidarisierung mit der Bewegung fordern, gerade auch um daraus Kriterien für eine Kritik der Ideologie zu gewinnen. Daß dahinter eine respektable, theologisch immerhin erwägenswerte Entscheidung stand, sollte unbestritten sein, und dies um so mehr, als das Wesen totalitärer Ideologien zu dieser Zeit noch nicht deutlich geworden war. Gleichwohl hätte die Problematik dieses Ansatzes auch Althaus schon bewußt werden können, weil die Konsequenzen der politischen Theologie dazu zwangen, die Möglichkeit christlicher Gemeinschaft an Bedingungen zu knüpfen, die christliche Theologie zu keiner Zeit als solche anerkannt hat. Die »Kirche aus Juden und Heiden« kennt als Bedingung christlicher Gemeinschaft immer nur Glaube und Bekenntnis, nichts sonst. Darum zerstört die politische Theologie, die andere Bedingungen aufstellt, die Kirche selbst.

Hirsch war es, der dies geradezu aussprach, als er im Blick auf »die Herren Niebergall und Rade« – beide hatten sich in der *Christlichen Welt* gegen die Erklärung gewandt[8] – rundweg versicherte: »Ich lege keinerlei Wert darauf, mit ihnen in irgendeiner nationalen oder kirchlichen Frage Gemeinschaft zu haben . . .«[9]

Die Tatsache, daß es sich bei den Auseinandersetzungen um den Nationalsozialismus, wo sie grundsätzlich geführt wurden, nicht mehr nur um einen politischen Meinungsstreit, sondern um ein Problem politischer Theologie handelte, begann 1931 in der Kirche immer deutlicher zu werden. Einen erheblichen Anteil daran hatte die Entwicklung des Falles Eckert.

Der Mannheimer Pfarrer Erwin Eckert hatte seit langem als führendes Mitglied des »Bundes religiöser Sozialisten« und lebhafter Agitator für den linken Flügel der SPD Anstoß erregt. Als ihm die badische Kirchenleitung Anfang Januar 1931 größere politische Zurückhaltung auferlegen wollte, protestierte er dagegen in einem offenen Brief, der den Oberkirchenrat »der offensichtlichen Parteilichkeit und des willkürlichen Mißbrauchs seiner Dienstgewalt« beschuldigte, weil er sozialdemokratische Pfarrer disziplinieere, nationalsozialistische dagegen ungehindert agitieren lasse. Auf dieses überaus heftige – was die Parteilichkeit betraf nicht unberechtigte – »J'accuse« erfolgte am 4. Februar 1931 die vorläufige Dienstenthebung Eckerts, die dieser mit einer Klage beim kirchlichen Verwaltungsgericht in Karlsruhe beantwortete.[10]

Bei diesem Stand der Dinge warf der Kasseler Pfarrer Hermann Schafft in der Zeitschrift *Neuwerk* die Frage auf, ob man sich eigentlich »gewaltig ... entrüsten« dürfe »über Mitarbeit von Pfarrern in der nationalsozialistischen Bewegung mit dem Hinweis auf die Unchristlichkeit dieser Bewegung, während man für die eigene Person eine Mitarbeit in der sozialistischen Bewegung für möglich hält, obwohl doch auch hier erhebliche gegnerische Elemente aufweisbar sind«. Schafft bestritt nicht das Recht, sich für Linksparteien zu engagieren, solange dies für Rechtsparteien in der Kirche ohne weiteres zugestanden werde. Seine Frage ging vielmehr dahin, ob ein Pfarrer um seines Amtes willen nicht auf den »leidenschaftlichen Einsatz im politischen Kampf« überhaupt verzichten müsse.[11] Diese kritische Anfrage war insofern von besonderer Bedeutung, als Schafft und der Neuwerk-Kreis eine politische und kirchenpolitisch entschieden reformerische Richtung vertraten, die eindeutig dem Linksprotestantismus zuzurechnen war.[12] Selbstverständlich wiesen die religiösen Sozialisten die Überlegungen Schaffts unverzüglich zurück. Georg Wünsch erklärte, man könne unmöglich das religiös-sozialistische und das nationalsozialistische Christentum unter das gleiche Verdikt einer Politisierung des Christentums stellen. Es handle sich dabei inhaltlich um völlig verschiedene Dinge. »Die Gruppe der nationalsozialistischen Pfarrer ... hat sich nicht zusammengeschlossen, um kritisch in ihrer Bewegung das Heidentum der Gewaltmoral, des Militärfimmels und des Antisemitismus zu bekämpfen, sondern um zu dem allen begeistert ja zu sagen und ihrer Bewegung, so wie sie ist, den Glorienschein des Christlichen zu verleihen.« Demgegenüber kämpften die religiösen Sozialisten für die Freiheit des christlichen Bekenntnisses in der Partei und für die Freiheit des politisch-sozialistischen Bekenntnisses in der Kirche.[13]

Damit schienen die verschiedenen Möglichkeiten kirchlich-theologischer Stellungnahmen erschöpft. Entweder man engagierte sich politisch und begründete dies auf der Rechten wie auf der Linken mit einer politischen Theologie, dann gibt man die kirchliche Gemeinschaft um politischer Ziele willen preis. Oder man trat für die politische Neutralität aller kirchlich Verantwortlichen ein, dann setzte man sich dem Vorwurf taktischer Opportunität oder pietistischer Weltflüchtigkeit aus.

Entscheidend wurde in dieser für die Kirche einigermaßen ausweglos erscheinenden Lage, daß sich nun die neue Theologie zu Wort meldete. Schon Hermann Schafft, der ja nie verschwiegen hatte, daß er politisch links stand, hatte seine Anfrage weder opportunistisch noch quietistisch gemeint. Jetzt, im Sommer 1931, erläuterte zum ersten Mal ein Vertreter der dialektischen Theologie die grundsätzliche Problematik des Verhältnisses von Kirche und Politik.

Günther Dehn, früher selbst religiöser Sozialist, Teilnehmer in Tambach und seit dieser Zeit immer stärker von Karl Barth beeinflußt, stellte sich in der Kontroverse zwischen Schafft und Wünsch entschieden auf die Seite Schaffts. Seine entscheidende Argumentation gegen die politische Theologie lautete: »Die Kirche hat es... mit dem Menschen zu tun in seiner, wenn man so sagen darf, vorpolitischen und vornationalen Situation. Bevor man Proletarier und bevor man Deutscher ist, steht man in seinem Menschsein vor Gott.« Nach Dehns Überzeugung war keine Situation denkbar, in der die soziale Not so groß wäre, daß ihr alles andere unterzuordnen sei, daß man nur noch »Sozialismus treiben« dürfe und nichts weiter, daß alles, auch die Kirche, auch die Religion, eingebaut werden müßten »in den Gedanken der sozialistischen Befreiung«. Und das gleiche gelte für die »völkische Not«, die niemals so groß sein könne, daß »dem nationalen Gedanken alles geopfert werden« müsse. Selbstverständlich habe es die evangelische Botschaft mit dem konkreten Menschen zu tun, »der immer zugleich auch Proletarier oder auch Bürger oder Deutscher ist«. Aber Gott rufe ihn durch sein Wort eben nicht zuerst als Prolatarier oder als Deutschen, sondern als Menschen in seinem Menschsein und »so, und nur so, auf diesem Wege über das Menschsein des Menschen, kommen wirkliches Leben und evangelische Botschaft miteinander in Berührung«. Spreche die Kirche nicht mehr zum Menschen, sondern, wie die politsche Theologie wolle, »nur noch zum Bürger oder Proletarier oder Deutschen, dessen Bürger- oder Proletarier- oder Deutschtum nunmehr sozusagen als zu seiner ursprünglichen Existenz gehörig anerkannt« werde, dann sei die Verkündigung machtlos, dann ist »das Salz der Kirche dumm geworden«. Denn dann könne das Evangelium »die bürgerliche oder proletarische oder nationale Haltung gar nicht mehr erschüttern oder in eine neue Richtung weisen, sondern im Grunde nur bestätigen und verhärten«. Deshalb warnte Dehn die Kirche mit Nachdruck vor jeder *»unmittelbaren* Verbindung mit politischen und sozialen Elementen« und kam zur denkbar schärfsten Verurteilung aller politischen Theologie: »Die politischen Pfarrer und natürlich auch die politischen Kirchenchristen sind die eigentlichen Verderber der Kirche. Sie vergiften sie an der Quelle, bringen sie um ihre tiefste Stoßkraft.«[14]

Während also die politische Theologie das Einlassen auf eine bestimmte politische Situation zur Bedingung für das rechte Verständnis des Wortes Gottes erhob, erklärte umgekehrt die dialektische Theologie das Einlassen auf Gottes Wort zur Bedingung für das rechte Verständnis der politischen Situation.

Daß diese grundsätzliche Einsicht in das Verhältnis von Kirche und Politik das politische Urteil für den einzelnen Pfarrer und Kirchenchristen nicht aussondern einschloß, daß sie weder zu einem taktischen Opportunismus noch zu einem pietistischen Quietismus führte und auch keineswegs den Frieden in der Kirche über alles stellte, dafür stand gerade in der Zeit, als der Artikel erschien, Günther Dehn selbst mit seiner eigenen Existenz.

Der sogenannte Fall Dehn, der in den Jahren 1931 und 1932 Kirche, Universität und Öffentlichkeit auf das lebhafteste erregte, hatte im November 1928 begonnen.[15] Damals hatte Dehn auf Einladung seines Freundes Gerhard Jacobi, des »Tagebuchpfarrers«, einen Vortrag in Magdeburg gehalten über das Thema »Kirche und Völkerversöhnung«. Im Anschluß an Gedanken Karl Barths versuchte Dehn hier, einer nüchternen Betrachtung des Krieges den Weg zu bahnen. Er verurteilte jede Verherrlichung des Krieges als, wie man damals sagte, »Stahlbad der Verjüngung für eine Nation«; hielt jedoch auch einen »naiven Pazifismus« angesichts der »unheilvollen Wirklichkeit unseres Lebens« für unmöglich und forderte dazu auf, den Krieg realistisch als einen letzten Akt der Verteidigung aus Notwehr zu sehen. Die Kirche müsse für den Frieden und die Völkerversöhnung eintreten und alles vermeiden, was dem Krieg ein romantisches oder gar christliches Gesicht geben könne. In diesem Zusammenhang fielen dann die später so umstrittenen Sätze, die sich gegen die in der Kirche übliche Gleichsetzung des Todes fürs Vaterland mit einem reinen Opfertod wandten: »Es wird bei dieser Darstellung aber außer acht gelassen, daß der, der getötet wurde, eben auch selbst hat töten wollen. Damit wird die Parallelisierung mit dem christlichen Opfertod zu einer Unmöglichkeit.« Im Anschluß daran gab Dehn noch zu erwägen, ob es richtig sei, in der Kirche Gefallenendenkmäler zu errichten, und ob man nicht – um der wirklich freien Verkündigung des Evangeliums willen – das Institut der Militärgeistlichkeit abschaffen solle.[16]

Die Radikalität *dieses* Vortrags lag an einem ganz anderen Punkt als die Radikalität der Erklärung von Althaus und Hirsch. Während diese die Durchsetzung des nationalen Rechtes unbedingt bejahten, ließ Dehn diese politische

Frage grundsätzlich offen und forderte statt dessen die Kirche auf, sich in jeder Situation – und also auch in dieser – zuerst am Wort und Willen Gottes zu orientieren. Die Kirche hatte nicht zu wählen zwischen Nationalismus oder Internationalismus, Kapitalismus oder Sozialismus, bedingungslosem Angriff oder bedingloser Kapitulation, sondern sie hatte all diesen politischen Erscheinungen gegenüber Gottes Wort und Willen zu verkündigen und geltend zu machen. Sie floh damit, wie Dehn bewies, nicht in die Unverbindlichkeit, sondern sie bezog durchaus Stellung – aber eben als Kirche und nicht als Partei.

Dieser Vortrag hatte ein bemerkenswertes Nachspiel. Einzelne Teilnehmer, aber etwa auch der »Völkische Ausschuß der Deutschnationalen Volkspartei Magdeburg-Anhalt« wandten sich an die Öffentlichkeit und an Dehns vorgesetzte Behörde, das Berliner Konsistorium, mit der Beschuldigung, Dehn habe »unsere gefallenen Helden« öffentlich beschimpft, sie mit »Mördern« verglichen und nach Schluß der Veranstaltung die Kriegsschuldlüge als »dumme Phrase« bezeichnet. Obwohl Dehn die Dinge sogleich richtigstellte, wagte das Konsistorium nicht, ihn zu decken. Vielmehr eröffnete es Dehn Ende Juli 1929, ohne auf die Sachfrage auch nur im geringsten einzugehen, ganz im Stile einer hohen Kirchenbehörde, er habe durch seine Schärfe bedauerlicherweise »in weiten urteilsfähigen Kreisen große Erregung hervorgerufen und den allgemeinen kirchlichen Interessen geschadet«; und gab zugleich »der bestimmten Erwartung« Ausdruck, daß er sich in Zukunft mäßigen werde. Noch problematischer war der Bescheid an die Magdeburger Beschwerdeführer.[17]

Damit war die Angelegenheit zunächst erledigt. Zwei Jahre später jedoch wurde daraus ein »Fall«. Daß sich das politische Klima in Deutschland verändert hatte, wurde in dieser Zeit gerade auch an den deutschen Universitäten sichtbar. Vielerorts begann der Nationalsozialistische Studentenbund eine lebhafte Agitation gegen mißliebige Professoren, die immer häufiger zu mehr oder weniger schweren Zwischenfällen führte.[18] So wurde etwa der damals schon emeritierte Kieler Theologe Otto Baumgarten, der beim Deutschen Bachfest Anfang Oktober 1930 die Festpredigt hielt, in einem Flugblatt der nationalsozialistischen Studenten als Landesverräter, Philosemit, Pazifist und Verräter am Nationalsozialismus beschimpft. Diese Aktion endete freilich noch mit einer Niederlage der Studenten. Der Verantwortliche, ein Zahnmediziner namens Pennig, wurde am 22. Oktober vom Senat der Universität kurzerhand relegiert.[19]

Ganz anders dagegen entwickelte sich der »Fall Dehn«. Im Dezember 1930 erhielt der Berliner Pfarrer einen Ruf auf den Lehrstuhl für praktische Theologie an der Universität Heidelberg. Nachdem er dort verhandelt, sich mit den Mitgliedern der Fakultät »in gutem Einvernehmen« gefunden und den Ruf angenommen hatte[20], erschien Anfang 1931 in den *Eisernen Blättern* ein kurzer Artikel des Herausgebers, Gottfried Traub, der die Magdeburger Angelegenheit vom Standpunkt der »Nationalen Kreise« aus erneut in Erinnerung rief. Dieser Artikel war eine bewußte Denunziation und sollte das auch sein.[21] Die Wirkung blieb nicht aus. Die Heidelberger Fakultät, durch die Krawalle rechtsgerichteter Studenten gegen einen jüdischen Professor verängstigt[22], verweigerte Dehn um »des ruhigen und sicheren Fortgangs des wissenschaftlichen Betriebes« willen mit 6:1 Stimmen die erbetene Vertrauenserklärung. Nur der Ordinarius für Neues Testament, Martin Dibelius, stellte in einem Sondergutachten fest, vor den Angriffen von Studentengruppen unter keinen Umständen zurückweichen zu können und zu wollen: »Ich müßte meine Theologie, meine wissenschaftliche Ehre und mein ganzes bisheriges Leben verleugnen, wenn ich an diesem Punkt verzichten wollte.«[23] Unmittelbar darauf erklärte Dehn telegraphisch seinen Verzicht auf die Heidelberger Professur.

Dieser Verzicht fiel ihm um so leichter, als zur gleichen Zeit der preußische Kultusminister Adolf Grimme, ein Mann, der den religiösen Sozialisten nahestand, die Berufung Dehns an die Universität Halle betrieb. Kaum jedoch hatte Dehn den Heidelbergern ab- und Halle zugesagt, da ergriff hier der nationalsozialistische Studentenbund die Initiative. Schon am 4. Februar 1931 wurden in der Universität Flugblätter gegen Dehn verteilt, in denen es hieß: »Herr Pfarrer Dehn will die deutschen Kinder zum krassesten und feigen Pazifismus erziehen. Sollen wir zusehen, wie ein solcher Mensch ein Ordinariat an unserer Universität erhält?«[24] Der Kampf brach offen aus, als Dehn im WS 1931/32 mit seiner Lehrtätigkeit begann. Die Szene, die sich bei seiner ersten Vorlesung am 3. November 1931 im überfüllten Hörsaal abspielte, verdient festgehalten zu werden. »Der Rektor Aubin«, so erinnerte sich Dehn später, »ein ganz vortrefflicher Mann, der immer auf meiner Seite gestanden hat, versuchte vergeblich, Ruhe zu schaffen. Gegenrufe: ›Hört doch endlich auf mit dem Lärm, wir wollen Professor Dehn hören‹, gingen unter. Das ganze Treppenhaus der Universität war gedrängt voll von Studenten, wie auch der ganze Platz vor dem Gebäude von ihnen besetzt war ... In Sprechchören wurde gerufen: ›Dehn raus!‹, oder: ›Schmeißt ihn raus!‹, bisweilen sogar: ›Dehn, verrecke!‹. Kleine Gruppen riefen dazwischen: ›Dehn hoch!‹, was wenig nützte. Ich las weiter, versuchte es auch mit dem Anschreiben meiner Thesen an die Tafel, aber damit kam ich nicht weit.«[25]

Es war die besondere Form des anonymen politischen Massenterrors gegen einzelne, die in dieser Zeit an den deutschen Universitäten entwickelt wurde.[26]

Die Einzelheiten der Auseinandersetzungen in Halle brauchen hier nicht zu interessieren. Sie endeten, nachdem Rektor, Senat und Fakultät zunächst kräftigen Widerstand geleistet hatten, Mitte November vorläufig mit einer halben Kapitulation der Dozenten und einem fragwürdigen »Burgfrieden« der Studenten. Dehns Mut jedoch war ungebrochen. Im Nachwort zu einer Dokumentation seines »Falles«, die er im Dezember 1931 erscheinen ließ, erklärte er unzweideutig, worum es sich bei diesen Vorfällen nach seiner Überzeugung handelte, nämlich um einen »Kampf modernen, dämonisierten politischen Denkens nicht nur gegen die Freiheit der Wissenschaft, sondern, was mir viel wesentlicher zu sein scheint, gegen die Freiheit der Kirche, der man das Recht bestreiten will, auch in der Kriegsfrage das zu sagen, was sie in der Furcht Gottes zu sagen gehalten ist.«[27]

Im Grunde bekam der »Fall Dehn« erst durch dieses Nachwort seine besondere Bedeutung, die ihn aus vielen ähnlichen Fällen heraushob und zu einem Vorspiel des Kommenden werden ließ. Günther Dehn selbst war weit entfernt davon, sich und seine Person zu überschätzen. Gerade das ermöglichte es ihm, das Exemplarische an seinem »Fall« mit fast prophetischem Scharfblick zu sehen. »Vielleicht ist das«, so schrieb er im Nachwort, »was sich in Heidelberg und Halle ereignet hat, nur ein Vorspiel kommender Ereignisse, wo ein rein machtpolitisch orientierter Staat, der von seiner Verantwortung Gott gegenüber nichts mehr weiß, von der Kirche entweder völligen Gehorsam verlangen oder sie für staatsgefährlich erklären wird. Es kann sein, daß die Kirche der Gegenwart an der Schwelle schwerster Kämpfe mit dem modernen Nationalsozialismus steht, in denen sie in ihrer Existenz gefordert sein wird. Sollte ich diesen kommenden Auseinandersetzungen dadurch ein trübes Vorzeichen geben, daß ich feige nachgebe und im Interesse meiner persönlichen Ruhe dem Angriff ausweiche?« Und zum ersten Mal war hier nun auch mit einer besonderen Betonung von Widerstand die Rede, wenn Dehn fortfuhr: »Hier muß Widerstand geleistet werden.« Stärker noch als dieses prophetische Bekenntnis aber wirkten jene Sätze, in denen Dehn die Legende vom »jugendlichen Idealismus« der Studenten zerstörte. »Man pflegt der Jugend«, so erklärte er, »in ihren gegenwärtigen Kämpfen ja meist einen, wenn auch irregeführten Idealismus lobend zuzugestehen. Ich möchte dagegen doch ernste Bedenken äußern. Verzerrter Idealismus ist Dämonie. Es ist ja einfach nicht wahr, daß diese fanatische, meinetwegen religiös gefärbte, tatsächlich aber von Gott gelöste Vaterlandsliebe dem Vaterland wirklich hilft. Im Gegenteil, sie wird das Vaterland ins Verderben führen...«[28]

Dieses Nachwort wurde für die Studenten willkommener Anlaß, Dehn einen Bruch des »Burgfriedens« vorzuwerfen und erneut den Kampf gegen ihn aufzunehmen. Zugleich begannen sich nun auch seine Kollegen mehr und mehr von ihm zu distanzieren. Den Magdeburger Vortrag mochte man im Zeichen der Lehrfreiheit noch decken; die Bemerkungen über die irregeführte Jugend dagegen erschienen vielen – Theologen wie Nicht-Theologen – unerträglich.[29]

Die grundsätzliche theologische Bedeutung der Auseinandersetzungen aber wurde endlich ganz deutlich, als wiederum Emanuel Hirsch, diesmal zusammen mit seinem Göttinger Kollegen Hermann Dörries, öffentlich Stellung bezog. Nachdem schon eine ganze Reihe von Erklärungen für und wider Dehn erschienen waren, veröffentlichten Hirsch und Dörries am 31. Januar 1932 in der deutschnationalen *Deutschen Allgemeinen Zeitung* eine eigene Stellungnahme. Sie forderten darin, unbeschadet der Freiheit, alle Probleme unbefangen durchdenken zu dürfen, zweierlei von einem »zu dieser Frage redenden deutschen Theologen«: »zunächst die Erkenntnis, daß die Nation und ihre Freiheit bei aller Fragwürdigkeit des kreatürlichen Lebens auch für den Christen von Gott geheiligte Güter sind, die eine ganze Hingabe des Herzens und des Lebens fordern, und aus dieser Erkenntnis folgend dann das Bekenntnis zu dem leidenschaftlichen Freiheitswillen unseres Volkes, das von macht- und habgierigen Feinden geknechtet und geschändet wird.«[30]

Die politische Theologie, die sich hier zu Wort meldete, forderte also, daß ein Theologe sich politisch zu solidarisieren habe, wenn er in dieser Zeit als Theologe lehren und reden wolle. Genau das bestritt Dehn und mit ihm die ganze dialektische Theologie. Und so war es nur konsequent, daß nun auch Karl Barth in den Kampf eingriff.

Karl Barths Reaktionen im Fall Dehn waren für ihn und seine Sache ungemein charakteristisch. Die politische Theologie stellte für ihn wesentlich einen theologischen, nicht einen politischen Irrtum dar.

Schon im Frühjahr 1931 hatte er in einer Auseinandersetzung mit dem Berliner Missionsdirektor Knak über die Bedeutung des völkischen Nationalismus die entscheidenden Punkte seiner Kritik an der politischen Theologie prägnant zusammengefaßt. »Es geht mir«, so schrieb er damals an Knak, »1. um die Vermeidung der Versuchung und des Ärgernisses in bezug auf den

Glauben an den einen Gott, der immer gefährdet und oft mehr als gefährdet ist, wo man innerhalb der Schöpfungswirklichkeit zu solchen Erhöhungen schreitet, 2. um das Offenbleiben für den Reichtum des Gebotes Gottes, das schon als Schöpfungsgebot verstanden universaler ist, als jene Erhöhung es zuläßt und das überdies gar nicht vollständig von der Schöpfung her verständlich zu machen ist, 3. um das Offenbleiben für das Evangelium, das als solches überall bedroht bzw. faktisch in den Hintergrund gedrängt ist, wo man das Gebot Gottes eigenmächtig-einseitig meint interpretieren zu können (diese Einsicht hat mich von den Religiös-Sozialen weggeführt! eben sie verbietet mir ›religiös-national‹ zu werden), 4. um die Freiheit all der Gewissen, denen Gott auch in der Politik zur Stunde ein anderes Gebot als für sie dringlich und verbindlich ins Herz geschrieben hat als ausgerechnet die Macht ihres Volkes und denen ein anderes Joch auferlegt wird als das Christi, wenn die Kirche jene Erhöhung des Volkstums zu proklamieren nicht bleiben läßt.«[31]

Von dieser Position aus aber konnte Barth auch im Fall Dehn nicht einfach eine politische Gegenposition beziehen und damit seinerseits ein Gesetz aufrichten, das sowenig das Gesetz Christi war wie der Nomos von Volk und Volkstum. Deshalb mußte er deutlich zu machen versuchen, daß es wesentlich um eine theologische Frage ging. Noch im Oktober 1931 riet er Dehn daher ausdrücklich von der Veröffentlichung einer Dokumentation seines Falles ab. »Wollen Sie nicht viel lieber«, so schrieb er ihm mit einer bezeichnenden Wendung, »einen schönen Aufsatz über irgendein Thema der praktischen Theologie für die Theol. Blätter oder für Zwischen den Zeiten schreiben, in welchem Sie sich *de facto* als ›wertvolles‹ Mitglied der theologischen Arbeitsgemeinschaft in Erinnerung rufen würden, während eine solche Aktenpublikation mit all dem alten Käse ... doch im besten Fall Eintagseindrücke veranlassen könnte.«[32] Zu Recht und glücklicherweise ließ sich Dehn, der die prinzipielle Bedeutung seines »Falles« sehr viel klarer sah als Barth, durch diesen Einspruch von seiner Dokumentation nicht abbringen. Dies machte Barth die Sache nicht leichter. Und so schrieb er, als Martin Rade und Leopold Cordier ihn drängten, sich jetzt endlich öffentlich zu äußern, zunächst zwei grobe Briefe zurück, um sich dann freilich noch am gleichen Tag – am 9. Februar 1932 – an den Schreibtisch zu setzen und einen langen Artikel für die *Frankfurter Zeitung* zu verfassen.[33]

Dieser Artikel, der am 15. Februar erschien, war ganz auf die theologische Problematik ausgerichtet, die Barth unter Theologen für die allein entscheidende hielt. »Sollten Sie«, so schreib er im Blick auf Hirsch und Dörries, »ihren

Streit ... nicht auf viel breiterer Front führen, d. h. aus dem tumultuarischen und in seinen Einzelheiten nachgerade immer unwürdigeren Streit gegen den einen Dehn einen Streit gegen die ›irgendwie‹ hinter ihm stehende sogenannte ›dialektische‹ Theologie werden lassen?« »Es geht«, so erklärte er weiter, »und es muß gehen um die von Dehn vertretene Theologie, ... um den Versuch, Kirche und Evangelium im Gegensatz zu den beiden bisher maßgebenden Richtungen evangelischer Theologie vor ihrem in der heiligen Schrift dokumentierten Grund und Gegenstand statt von der christlichen oder sonstigen Frömmigkeit der jeweiligen Gegenwart her zu verstehen.« Angesichts der politischen Schlagworte, mit denen hier allein gekämpft werde, sah er einen »Rauhreif von Barbarei über diesem ganzen Schlachtfeld« und appellierte an die Hallenser Studenten und ihre professoralen Verteidiger, »sei es denn leidenschaftlich, aber wissenschaftlich zu verfahren«. Und genau im Sinn und Stil seiner später so berühmt gewordenen Schrift *Theologische Existenz heute* vom Juni 1933 argumentierte er schon hier: »Dürfte es nicht möglich sein, daß man auch zur Fortführung des Falles Dehn nun allseitig an die theologische Arbeit ginge, und daß dabei aus der Fortführung eine Erledigung werden könnte?« Und, an den »in dieser Sache offenbar besonders grimmigen Kollegen Hirsch« gewandt, schloß er: »Ich fürchte, daß er und ich uns weder theologisch noch politisch je verständigen werden. Ich hoffe aber, daß sein und mein primäres Interesse der Theologie und nicht der Politik gehört.«[34]

Der Artikel legt die Vermutung nahe, daß Barth zu dieser Zeit die tatsächliche Bedeutung der politischen Theologie und ihres radikalen Anspruchs noch nicht überblickte. Um so wichtiger wurde die daran sich anschließende Kontroverse, in der die Gegensätze noch einmal präzisiert wurden. So wiederholte Hirsch in seiner Antwort vom 27. Februar – an Barth gewandt – die Grundvoraussetzung der politischen Theologie: »Wollen Sie leugnen, daß die Eingliederung in Volk und Staat und in die geschichtliche Stunde und geschichtliche Aufgabe von Volk und Staat mit meiner Existenz als Mensch so verwoben ist, daß ich sie nur in Ungehorsam gegen den, der mich in sie gesetzt hat, verleugnen könnte und nur durch Abgleiten in nicht existentielles, also theologisch belangloses Gerede nicht zum Grundpunkte desjenigen Verständnisses von Volk, Staat und Krieg machen könnte, welches mir als Theologe aufgegeben ist?«[35]

Jetzt hatte auch Karl Barth begriffen, daß die politische Theologie von ihrem Ansatz her »einen Punkt oberhalb oder jenseits der ... politischen Erregung« weder erkennen noch anerkennen konnte, und in einem bitteren

Schreiben an Hirsch warf er sich die Selbsttäuschung seines Artikels vom 15. Februar vor. »Mußte ich Sie erst nötigen, noch einmal und noch einmal zu erklären, daß als ›der Grundpunkt‹ Ihres theologischen Verstehens von Volk, Staat und Krieg die in ihrer ›Verwobenheit‹ von Schöpfung und Sünde als göttliche Satzung direkt einzusehende menschliche Existenz und beileibe nicht eine der menschlichen Existenz und allen ihren Bestimmungen eindeutig und unumkehrbar gegenüberstehende Instanz anzusehen sei? ... Wie konnte ich Sie an ein Oberhalb und Jenseits der politischen Erregung erinnern wollen? ... Vielleicht einen ›Gott‹, vielleicht ein ›Evangelium‹, vielleicht eine ›Kirche‹, die eine schlechterdings selbständige und überlegene Leidenschaft für sich in Anspruch nehmen könnten? ... Vielleicht eine Theologie, die auch im Angesicht der Politik gerade nicht Politik würde, sondern Theologie bliebe?«[36]

Es ist in der ganzen *theologischen* Diskussion des Jahres 1933 über diese grundsätzlichen Stellungnahmen hinaus nichts Wesentliches hinzugekommen; nur daß in diesem Jahr die Forderungen der »geschichtlichen Stunde« fast übermächtig und der Hinweis auf das »Oberhalb und Jenseits der politischen Erregung« fast nur noch wie Ahnungslosigkeit oder Verweigerung erschienen.

Im Sommer 1932 legte der junge Helmut Traub, ein Sohn des Heidelberger Denunzianten, in der Zeitschrift *Zwischen den Zeiten* unter dem Titel »Demologie und Theologie zum sogenannten Fall Dehn« eine sorgfältige Analyse der verhandelten theologischen Positionen vor, die noch einmal die wichtigsten Unterschiede herausarbeitete. Dann begann es um den »Fall Dehn« stiller zu werden.

Dehn selbst resignierte angesichts fortdauernder Konflikte und wachsender Feindseligkeit im Herbst 1932. Er beantragte einen einjährigen Studienurlaub, der auch gewährt wurde. Im November 1933 wurde er als einer der ersten aufgrund des »Gesetzes zur Wiederherstellung des Berufsbeamtentums« entlassen. Sein Weg führte ihn folgerichtig ins Lehramt der Bekennenden Kirche.

Die theologische Fakultät der Universität Halle aber begrüßte zu Beginn des Sommersemesters 1933 die Studenten mit einer Erklärung, in der es hieß: »Die Fakultät spricht es heute mit voller Offenheit aus, daß sie die von ihr niemals gewünschte Berufung des Pfarrers D. Dehn unter dem System Grimme als ein Unglück für Fakultät und Universität ansieht. Sie ist längst zu der Erkenntnis gekommen, daß sie sich überdies in der Person des D. Dehn getäuscht hat. Der Fall Dehn ist erledigt. Ein Stein des Anstoßes ist aus dem Weg geräumt. Ein Herd der Mißverständnisse ist beseitigt. Kommilitonen, ein neues Deutschland ruft uns zu neuer Arbeit.«[37]

Der »Fall Dehn« war eine akademische Angelegenheit. Die Klärung der Fronten, die er einleitete, blieb zunächst auf einen kleinen Kreis von Theologen beschränkt. Die Berliner Kirchenleitung, deren fragwürdiges Verhalten den Streit mit ausgelöst hatte, tat unbeteiligt und war offensichtlich froh, mit der ganzen Sache offiziell nicht befaßt zu sein. Und die Gemeinden kümmerte das Schicksal eines einzelnen Theologieprofessors in dieser aufgeregten Zeit ohnehin nicht.

Dafür gab es hier andere Probleme, die eine Antwort forderten. Schon vor den Septemberwahlen 1930 hatte sich die Form der politischen Auseinandersetzungen in Deutschland ständig verschärft. Die Hauptschuld daran trugen die Nationalsozialisten, die die SA in zunehmenden Maße zur Eroberung der Straße einsetzten und damit die erbitterte Gegenwehr vor allem der Kommunisten provozierten. Hitler wußte, daß der Straßenterror eine besondere Art von propagandistischer Wirkung besaß, und er bediente sich seiner rücksichtslos, um auf die Partei aufmerksam zu machen, die Öffentlichkeit zu beeindrucken und zugleich ein allgemeines Klima der Unsicherheit und Furcht zu verbreiten. So kam es immer häufiger zu Schlägereien und mehr oder weniger blutigen Zwischenfällen, die in den letzten Jahren der Republik auf beiden Seiten Hunderte von Todesopfern forderten. Namentlich vor den großen Wahlentscheidungen herrschte mancherorts eine bürgerkriegsähnliche Situation, gegen die der Staat zunehmend machtlos erschien.[38]

Hier waren die Kirchenleitungen zweifellos gefordert, wenn sie ihre selbstgewählte Aufgabe ernst nehmen wollten, die Grundprinzipien der Sittlichkeit auch im öffentlichen Leben zur Geltung zu bringen. So erschienen im Laufe des Jahres 1931 eine Reihe von Erklärungen, die sich »gegen die Verwilderung der Sitten im öffentlichen Leben« richteten, »zu gegenseitiger Duldung und brüderlichem Verstehen« aufriefen und die Gemeinden ermahnten, »an der Überwindung solcher beklagenswerten öffentlichen Mißstände mitzuarbeiten«.[39]

Am 5. Dezember 1931 wandte sich sogar der Reichsinnenminister, General Groener, in einem Schreiben unmittelbar an den Deutschen Evangelischen Kirchenausschuß mit der Bitte, »dem Staate wirksamen Beistand in der Verhütung von Gewalttätigkeiten zu leihen«. Ohne Vorschläge im einzelnen zu machen, bat der Minister, den Kirchenausschuß mit seinen Gedanken zu befassen »und Erwägungen über kirchliche Schritte und Maßnahmen herbeizuführen«.[40] Kapler gab diese Anregung umgehend an die Landeskirchen weiter und bat zugleich um Mitteilung, was etwa von den einzelnen Kirchenleitungen schon veranlaßt sei. Am 19. März 1932 konnte er dem Innenminister neun Stellungnahmen verschiedener Landeskirchen zuleiten und dazu bemerken, dieser möge daraus entnehmen, »daß die verantwortlichen Stellen der evangelischen Kirche mit allem wünschenswerten Nachdruck klärend, ermahnend, fordernd das Problem Kirche und Politik aufgreifen und damit unberührt von der Tagesmeinung grundsätzlich und tatsächlich die Wahrheit des Evangeliums in den Dienst wahrer Volksgemeinschaft stellen«.[41]

Diese Anwort war nach Stil und Inhalt überaus charakteristisch. Sie verriet, wie sehr sich die Kirchenleitungen als Behörden verstanden, die ihr leitendes Amt öffentlich vor allem durch Kundgebungen, Stellungnahmen und Erklärungen ausübten. Vermutlich war man sich in den Konsistorien darüber im klaren, daß angesichts der aufgewühlten politischen Leidenschaften diese Verlautbarungen, die ja nichts anderes waren als Mahnungen zur Vernunft, kaum eine Chance hatten, gehört zu werden. Aber sie waren nach ihrem Selbstverständnis wie nach ihrer Zusammensetzung nicht imstande, etwas anderes zu sagen oder zu tun.

Die erste ganz andere Reaktion der Kirche auf die Ereignisse kam denn auch nicht von einer Kirchenleitung, sondern von einer Gruppe von Gemeindepfarrern. Am 17. Juli 1932, einem Sonntag vierzehn Tage vor den Reichstagswahlen, die die NSDAP zur stärksten Partei machten, hatte die SA des südlichen Holsteins einen Propagandamarsch durch Altona angesetzt. Als sich der Zug von annähernd 10 000 SA-Leuten am Nachmittag der Altonaer Altstadt näherte, einer bekannten Hochburg der Kommunisten, kam es zu einem kommunistischen Feuerüberfall, der bald in eine offene Straßenschlacht überging. Die Kämpfe spielten sich zum Teil unmittelbar unter den Mauern der Altonaer Hauptkirche ab, in der zur gleichen Zeit der Nachmittagsgottesdienst stattfand.[42] Erst am Abend gelang es der Polizei, die Ruhe wiederherzustellen. Siebzehn Tote und mehr als hundert zum Teil schwer Verletzte waren die traurige Bilanz dieses »Altonaer Blutsonntags«.[43]

Es hätte dem kirchlichen Stil der Zeit entsprochen, wenn die Kirchenleitung in Kiel zu diesen Ereignissen ein Wort der Betroffenheit und der Mahnung zum Frieden an jedermann veröffentlicht hätte. Statt dessen geschah etwas ganz und gar Ungewöhnliches. Die Pastoren der Propstei Altona riefen für den Abend des 21. Juli in allen Gemeinden zu einem »Notgottesdienst« auf, der nach einer gemeinsamen Liturgie abgehalten wurde. Im Rahmen dieses Gottesdienstes wurde eine »Botschaft der evang.-lutherischen Kirche in Altona an ihre Bekenner und alle, die es hören wollen« verlesen. Diese »Botschaft« war keine behördliche Erklärung oder Ermahnung, sondern sie war ein feierliches Bekenntnis im Namen des dreieinigen Gottes. Und sie war darum auch nicht an jedermann gerichtet, sondern ausdrücklich an die bekennenden Christen: »Wir Pastoren der evangelisch-lutherischen Kirche in Altona wissen uns als Diener Gottes gesandt, ihren Gemeinden und allen, die es hören wollen, in den großen Wirren und der Not unserer Tage als Gottes Willen dieses zu verkündigen: Es ist in allen sittlichen, wirtschaftlichen und politischen Nöten nur ein Name gegeben, in dem uns geholfen werden kann, nämlich Jesus Christus. Denn unsere tiefste Not ist, daß wir alle wie Schafe in der Irre gehen, und daß ein Jeglicher auf seinen Weg sieht, aber nicht nach Gott fragt und darum auch nicht darauf sieht, was des Anderen ist.«

Es konnte hier offensichtlich nicht mehr darum gehen, sich *über* die Parteien zu stellen und mit wohlabgewogenen Worten die Streitenden zum Frieden und zur Vernunft zu mahnen. Vielmehr forderte die Not das Bekenntnis und das Bekenntnis die Solidarität der Schuld: »Wir, die wir das Blutbad am Sonntag miterlebt haben, fragen nicht nur: Wie konnte es dahin kommen? Wer hat die Schuld? Sondern wir bekennen vor dem heiligen Gott: Es kommt daher, daß wir vor Gott keine Sünder mehr sein wollen samt den Brüdern und Schwestern unseres Volkes allen, ohne Unterschied des Standes und der Partei. Jeder will seine Gerechtigkeit aus sich selber haben ... Wir bezeugen aber unseren Gemeinden, daß aus dieser Selbstgerechtigkeit alles Böse wächst.«[44]

Mit diesem Bekenntnis sprach die Kirche nicht mehr als Behörde und nicht mehr als Partei, sondern tatsächlich als Kirche. Die Altonaer Pastoren und ihre Gemeinden hatten die landeskirchliche Ideologie ebenso hinter sich gelassen wie die politische Theologie. Es war ein Schritt in neues Land, dessen Bedeutung erst die kommenden Jahre ganz erweisen sollten. Dieser Schritt wurde von den Altonaern bewußt vollzogen.[45] Deshalb beriefen sie unmittelbar nach jenem Gottesdienst einen Arbeitsausschuß aus fünf Mitgliedern, der über die weiteren Schritte nachdenken sollte. Das Ergebnis war das »Wort und Bekenntnis Altonaer Pastoren« vom 11. Januar 1933. Von ihm wird unten noch die Rede sein.

Nur wenige Wochen nach dem »Altonaer Blutsonntag« führte ein anderes Ereignis erneut zu lebhaften Auseinandersetzungen in der Kirche, in denen sich zukünftige Fronten abzuzeichnen begannen.

In der Nacht vom 9. zum 10. August drangen fünf uniformierte SA-Leute in dem kleinen oberschlesischen Dorf Potempa in die Wohnung eines kommunistischen Arbeiters ein, holten ihn aus dem Bett und traten ihn vor den Augen seiner Mutter zu Tode. Am gleichen 9. August hatte die Regierung Papen im Blick auf die sich häufenden politischen Morde eine Notverordnung erlassen, die den politischen Mord unter Todesstrafe stellte. Die erste Anwendung dieses Gesetzes traf die Mörder von Potempa. Ein Sondergericht in Beuthen verurteilte alle fünf schon am 22. August zum Tode.[46] Bis dahin war dies ein extremer, aber für die Öffentlichkeit doch nicht ungewöhnlicher Fall. Seine grundsätzliche Bedeutung bekam er erst dadurch, daß Hitler am 23. August den Verurteilten in einem Telegramm versicherte: »Angesichts dieses ungeheuerlichsten Bluturteils fühle ich mich mit Euch in unbegrenzter Treue verbunden. Eure Freiheit ist von diesem Augenblick an eine Frage unserer Ehre. Der Kampf gegen eine Regierung, unter der dies möglich war, ist unsere Pflicht!«[47]

Der *Völkische Beobachter* wußte zu berichten, daß einer der Verurteilten Hitlers Telegramm in seiner Zelle aufgehängt habe mit dem Bemerken: »Dieses Telegramm und sein Bild, es wird der kleine Altar sein, vor dem ich täglich beten werde.«[48]

Während die Altonaer Ereignisse jedermann in der Kirche betrafen, stellte Hitlers Solidarisierung mit den Mördern von Potempa zweifellos vor allem für diejenige kirchliche Gruppe ein Problem dar, die sich mehr oder weniger offen zum Nationalsozialismus bekannte. In der Tat wurden hier zum ersten Mal Distanzierungen erkennbar; freilich auch Solidarisierungen, die für die Zukunft das Schlimmste befürchten ließen. Der Fall Potempa wurde zwar nirgends Gegenstand offizieller kirchlicher Erklärungen; um so lebhafter jedoch waren die internen Diskussionen, die sich daran anschlossen. So schrieb der württembergische Kirchenpräsident Wurm drei Tage nach Hitlers Telegramm an den Tübinger Studentenpfarrer Wilhelm Pressel, von dem er wußte, daß er Mitglied der NSDAP war, auch er, Wurm, hoffe auf den Sieg der deutschen Freiheitsbewegung und habe alles Verständnis für Hitlers Situation, »aber irgend ein Wort der Verurteilung für solche Überfalle von seiten der Nationalsozialisten durfte nicht unterbleiben! ... Ich habe den Eindruck, daß für die Kollegen, die sich dem Nationalsozialismus angeschlossen haben, nun eine ganz ernste Stunde gekommen ist, in der sie sowohl der Kirche als der nationalen Bewegung einen großen Dienst leisten können.« Deshalb regte er an, die nationalsozialistische Pfarrerschaft solle eine entsprechende Erklärung abgeben, »die vielleicht im Augenblick als politisch inopportun empfunden wird und ihren

Unterzeichnern eine politische Maßregelung von seiten des Braunen Hauses einträgt, die aber sicherlich Gutes wirken wird«.[49] Tatsächlich ging Pressels Kritik noch sehr viel weiter. So schrieb er einem führenden Mann in der kleinen nationalsozialistischen Pfarrergruppe, dem Simmersfelder Pfarrer Wilhelm Rehm: »Eine unerträgliche Glorifizierung der trotz allem rohen Tat, eine Verherrlichung des politischen Mordes, eine völlige Verschiebung des Tatbestandes! Keine Spur von Verurteilung der Tat als solcher, Verzicht auf jedes sittliche Gewissensurteil, Solidaritätserklärung mit den Tätern, stellenweise geradezu Identifizierung mit der Tat! Lieber Rehm! Das ist schauerlich.« Zugleich veranlaßte Pressel, daß die nationalsozialistischen Teilnehmer eines kirchlichen Ferienkurses eine deutliche Erklärung in dieser Frage an die Gauleitung in Stuttgart sandten.[50] Die Reaktion erfolgte prompt. Pressel wurde im Oktober 1932 zu einer Aussprache nach Stuttgart bestellt, im Anschluß vom Gauleiter wegen »Meuterei« aus der Partei verstoßen; auf dringende Vorstellungen des NS-Studentenführers im März 1933 jedoch belassen, aber schließlich – nicht zuletzt aufgrund dieses Vorfalls – Ende 1934 durch das Gaugericht und Mitte 1935 durch das Oberste Parteigericht endgültig ausgeschlossen.[51]

War hier die distanzierende Wirkung dieses Vorfalls offenkundig, so offenbarte er auf der anderen Seite, wie weit die Solidaritätsforderung der politischen Theologie die ethischen Maßstäbe bereits relativiert hatte. In einer Sonntagsbetrachtung im Stuttgarter *NS-Kurier* mit der Überschrift »Säet euch Gerechtigkeit und erntet Liebe (Hosea 10,12)« verteidigte Pfarrer Rehm die Potempa-Mörder, die nur ein einziges Verbrechen begangen hätten, »ihr Volk und Vaterland über alles zu lieben . . .«[52]; während ein anderes Mitglied dieser Gruppe, Stadtpfarrer Immanuel Schairer aus Stuttgart-Hedelfingen, in einem Brief an Pressel Hitlers Reaktion als einen »elementaren Aufschrei des Blutes für's Blut« deutete, »unartikuliert, undeutlich, primitiv, unstaatsmännisch, undiplomatisch; aber – echt!« »Der scharfe Satz Hitlers: in Deutschland hat ein Landesverräter überhaupt kein ›Recht‹ – ist furchtbar schneidend, zweifellos. Eine Umstürzung sämtlicher ›Moral‹. Aber mich, als Christ, ihm einfach zu versagen und ein ›absolutes‹ Nein dazu zu sprechen, bringe ich nicht fertig.« Der Brief schloß: »Trotz allem und erst recht in tiefem Ernst: Heil Hitler!«[53]

Hier wurde erkennbar, wie die politische Theologie der Zeit selbst den politischen Mord zu rechtfertigen wußte: das höhere Recht der »Volks- und Vaterlandsliebe« oder des »Blutes« ließ das positive Recht als objektives Unrecht erscheinen. Auch der Kommentar der *Allgemeinen Evangelisch-Lutherischen Kirchenzeitung* wies in diese Richtung, wenn er auf das Beuthener Urteil den

Satz »summum jus, summa injuria – das Recht auf die Spitze getrieben bedeutet höchstes Unrecht« anwandte und die unverzügliche Aufhebung der Todesurteile »als ein Gebot der Gerechtigkeit, aber auch der Staatsnotwendigkeit« bezeichnete.[54] Die *Christliche Welt* dagegen sah klarer und erklärte, »denjenigen rechts, die Christen zu sein meinen, indessen blind die Gewalt verherrlichen, denen der Zweck immer bedenklichere Mittel rechtfertigt, denen muß gesagt werden: vom Christentum entfernt sich eure Denkart mehr und mehr«.[55]

Wiederum kaum vier Wochen später wurde ein Zwischenfall aus Oldenburg bekannt, der zum ersten Mal eine unmittelbare Konfrontation zwischen Partei und Kirche brachte. Wäre die Zeit nicht so aus den Fugen gewesen, so daß außerhalb der unmittelbar Betroffenen niemand mehr so ganz genau zur Kenntnis nahm, was sich tatsächlich ereignete, so hätte diese Angelegenheit zweifellos noch weit mehr Aufsehen erregt. Immerhin zeigte sich, wie empfindlich eine Landeskirche noch am Vorabend der Machtergreifung auf einen staatlichen Eingriff in ihre Rechte reagieren konnte, und wie deutlich gewisse Entwicklungen sich bereits abzeichneten, ohne daß noch irgend jemand die Möglichkeit besessen hätte, sie abzuwenden.

Bei den Landtagswahlen am 29. Mai 1932 hatte die NSDAP in Oldenburg mit 48,8 Prozent der Stimmen zum ersten Mal die absolute Mehrheit in einem deutschen Länderparlament erringen können.[56] Als Ministerpräsident trat an die Spitze der neuen nationalsozialistischen Landesregierung am 16. Juni der Gauleiter von Weser-Ems, Carl Röver, ein auch für nationalsozialistische Verhältnisse ungewöhnlich rüder Vertreter eines radikal-völkischen Kurses. Unter seiner Führung begann in Oldenburg alsbald eine dezidiert kirchenfeindliche Politik.

Anlaß des offenen Zusammenstoßes wurde eine von der Norddeutschen Missions-Gesellschaft in Bremen veranstaltete Vortragsreise des schwarzen Präses der Ewekirche in Togo, Pastor Robert Kwami. Im Zuge dieser Reise sollte Kwami am 20. September in zwei Veranstaltungen auch in der Oldenburger Lambertikirche sprechen, der alten Hauptkirche der Stadt. Kaum war dies bekannt geworden, ließ die Gauleitung durch die oldenburgische Presse wissen, sie habe das Kultusministerium ersucht, »eine derartige Kulturschande und Herausforderung des nationalsozialistischen oldenburgischen Ministeriums sofort zu unterbinden«.[57] Gleichzeitig wurde dem Kreispfarrer von Oldenburg, Kirchenrat Hermann Buck, vom Polizeidezernenten telefonisch »im Namen des Ministerpräsidenten auf Grund einer ›Kabinettsitzung‹ (!) eröffnet, die Veranstaltung fände nicht statt!« Ein Aktenvermerk des zuständigen Oberkirchenrates vom gleichen Tage hielt das nun folgende Hin und Her fest. »KRat Buck hat erwidert, der Minister sei sich über seine Kompetenzen nicht im klaren. Erneuter Anruf . . ., der Ministerpräsident lasse KRat Buck zu sich bitten, um ihm das Erforderliche mündlich zu eröffnen. Anruf KRat Buck bei mir, was zu tun sei. Ich rate vom Besuch ab. KRat Buck teilt dem Ministerium mit, wenn der Ministerpräsident glaube, zu der rein kirchlichen Sache etwas sagen zu sollen, müsse er fordern, schriftlichen Bescheid zu erhalten. Darauf ist bislang weiteres nicht erfolgt.«[58] Tatsächlich erklärte sich das Kultusministerium für unzuständig und übergab die Sache dem Oberkirchenrat, der am 15. September den Protest der NSDAP »nachdrücklich« zurückwies. Damit schien die Angelegenheit abgeschlossen.[59] Die Veranstaltungen mit Kwami fanden wie geplant und mit außerordentlichem, durchaus als Demonstration zu wertendem Zulauf statt. »Seit der großartigen und feierlichen Beerdigung unseres letzten Großherzogs im vergangenen Jahre«, so berichteten die bürgerlichen *Oldenburger Nachrichten*, »wird die Lambertikirche nicht mehr einen solchen Besuch aufzuweisen gehabt haben wie am gestrigen Abend beim Vortrag des schwarzen Pastors aus dem früheren Deutsch-Togo.«[60]

Aber Röver war nicht der Mann, diese Niederlage hinzunehmen. In einer weiteren Erklärung der Gauleitung hieß es: »Für uns steht als Nationalsozialisten zum Ersten, als Deutsche zum Zweiten der Grundsatz fest, bestärkt durch einen gesunden Rasseninstinkt, daß ein Neger als Prediger in der Kirche in Deutschland nicht aufzutreten hat. – Wenn man Kindern Neger zeigen will, sind dazu Zirkusse oft genug mit sogenannter Völkerschau anwesend.«[61] Zum offenen Skandal wurde die Angelegenheit jedoch erst, als Röver selbst auf eine Wahlkundgebung das Thema aufgriff und erklärte: »Er müsse das Vorgehen des Oberkirchenrats entweder als Dummheit oder als Trivialität bezeichnen, die eigentlich mit Zuchthaus bestraft werden müßte. Es werde eine Zeit kommen, wo die Nationalsozialisten mit diesen Herren einfach Fraktur reden würden, die so die weiße Rasse schändeten. Dann würden diese so grausam sein, daß das Leben für diese Leute nichts bedeute . . .«[62] Es blieb umstritten, ob der letzte Satz tatsächlich so gefallen war. Unbestritten aber war die Fortsetzung: »Es werde die Zeit kommen, wo man in Deutschland von dieser Stunde, als der Negerpastor sprach, als einer Stunde tiefster Schmach sprechen werde. Das Gotteshaus, das hehrste Heiligtum, werde durch einen Menschen niedrigster Rasse geschändet. Zwar seien alle Rassen Schöpfungen des Himmels, aber man dürfe nicht daraus schließen, daß Mensch gleich Mensch sei.«[63]

Es wird wenig öffentliche Äußerungen von nationalsozialistischen Regierungsmitgliedern vor 1933 geben, in denen die nationalsozialistische Rassenlehre mit allen Konsequenzen so offen dargelegt wurde.

Ein Ausweichen für die Kirche war angesichts dieser Äußerungen unmöglich. Sie reagierte ohne Zögern und mit bemerkenswerter Entschiedenheit.

Der zuständige Pfarrer an der Lambertikirche forderte Röver öffentlich auf, seine Worte, »die eine Bedrohung von Sicherheit und Leben eines pflichtgemäß handelnden oldenburgischen Staatsbürgers enthalten, mit dem klaren Ausdruck des Bedauerns zurückzunehmen« oder eine Berichtigung zu veranlassen.[64] Da trotz lebhafter Bemühungen weder das eine noch das andere erfolgte, stellte der Oberkirchenrat am 7. Oktober Strafantrag gegen den Ministerpräsidenten wegen »schwerer öffentlicher Beleidigung«.[65] Auch wenn diese Klage erfolglos blieb, war sie doch ein richtiger und – nach der Lage der Dinge – auch mutiger Schritt.

Inzwischen trat die Oldenburgische Kirche auch in die sachliche Auseinandersetzung ein. Am 21. September warnte der Generalpredigerverein in einer einstimmig angenommenen Erklärung »bei aller Bejahung einer gesunden nationalen Bewegung« »vor einem Rassenhaß, der sich mit ›positivem‹ Christentum nicht verträgt«.[66] Wichtiger war, daß man in Oldenburg die grundsätzliche Bedeutung dieser Frage für die Kirche erkannt hatte. Deshalb wurde der theologische Ausschuß des Generalpredigervereins beauftragt, eine verbindliche Stellungnahme zur Rassenfrage zu erarbeiten. Als die Redaktion des *Evangelischen Deutschland* das Ergebnis im Dezember veröffentlichte, führte sie die Thesen »als ein kirchliches Schlußwort« zum Oldenburger Streit ein. Tatsächlich jedoch waren sie die ersten in einer langen Reihe von Thesen, Stellungnahmen, Gutachten und Erklärungen, in denen sich der deutsche Protestantismus um Klarheit in dieser Frage bemühte.

Auch in dieser Thesenreihe wurde, ähnlich wie bei den Altonaern, ein neuer Ton angeschlagen. »Unter dem Gebot Gottes, des Schöpfers, stehend, glaubt und bekennt der Christ, daß Gott ihm sein Leben gegeben hat als einem Zugehörigen eines bestimmten Volkes.« Stark beeindruckt von den Ergebnissen der zeitgenössischen Rassenforschung betonten die Thesen zwar nachdrücklich die »unaufhebbare Verschiedenheit der Rassen«; jedoch könnten Glaube und Bekenntnis daraus keine andere Folgerung ziehen, als daß »die einzelnen Rassen zum Dienst aneinander berufen sind«. So problematisch die Unterscheidung zwischen starken und schwachen Rassen in den Thesen scheint, im Blick auf Rövers Äußerungen war es deutlich, daß Glaube und Bekenntnis der

Kirche jeden Rassismus ausschlossen.[67] Die oldenburgischen Thesen waren ein Zeichen dafür, wie schwierig es für die Kirche war, sich in dieser Frage zurechtzufinden. Sie waren aber auch ein Zeichen, daß es schon vor 1933 an Ansätzen dazu nicht gefehlt hat.

Die letzte Reaktion auf den Fall Kwami, und nun tatsächlich ein abschließendes Wort, war ein langer Artikel des oldenburgischen Oberkirchenratspräsidenten Heinrich Tilemann im *Evangelischen Deutschland*. Dieser Artikel besaß insofern besondere Bedeutung, als er zeigte, wie eine kleine Landeskirche unmittelbar am Vorabend der Machtergreifung – der Artikel erschien am 8. Januar 1933 – die grundsätzliche Bedeutung der nationalsozialistischen Herrschaft richtig zu sehen vermochte. Tilemann verband in seiner Darstellung den Fall Kwami mit anderen Maßnahmen der Regierung, dem Versuch der Politisierung der Schule und der Entlassung hoher Beamter, und sah darin eine grundsätzliche »Mißachtung der persönlichen Freiheit und der gesetzlichen Normen«. »Die evangelische Kirche ist es gewesen, die zuerst sich berufen sah, auf die ernsten Gefahren aufmerksam zu machen und die Staatsregierung zur Besinnung zu rufen.« Der Präsident des Oberkirchenrats »hat ausgesprochen, was im ganzen Lande einen starken Widerhall finden mußte, ... daß zur Zeit im Oldenburger Land das Recht des freien Wortes in großer Gefahr stehe und es Sache der Kirche sei, denen Verständnis und Hilfe entgegenzubringen, die unter Terror zu leiden hätten.« Den Gewissensdruck abzuwehren, die persönliche Freiheit zu schützen, der Mißachtung der Rechtsnormen entgegenzutreten und den Staat in seine Schranken zu weisen: das sei der Dienst, den die Kirche dem Staat schulde und »den so wie die Kirche niemand dem Staate leisten kann«.[68] So treffend und mutig dies war, es zeigte sich sehr bald in Oldenburg, daß die Machtergreifung Kräfte freisetzte, die auch den besten Willen wirkungslos machten.

Die Ereignisse in Oldenburg waren in vieler Hinsicht aufschlußreich. Sie zeigten unter anderem, daß die Landeskirchen entschlossen waren, Eingriffe in ihre Rechte abzuwehren, und daß sie dabei auch in stark nationalsozialistischen Gegenden mit beachtlichem Rückhalt bei der Bevölkerung rechnen konnten. Sie zeigten aber auch, und dies war ein weiterer typischer Aspekt, daß die beiden Kirchen weit entfernt waren, dies als ihre gemeinsame Sache anzusehen, sondern daß das konfessionelle Mißtrauen weit stärker war als die christliche Solidarität.

Grundsätzlich betrafen Rövers Ausführungen ja auch die katholische Kirche, zu der in Oldenburg – hauptsächlich im Amt Vechta – rund 25 Prozent der

Bevölkerung gehörten. Aber der katholische Protest blieb aus. Vielmehr erinnerte man sich hier an einen Brief, mit dem der Oberkirchenrat im Juni gegen die Berufung eines katholischen Kultusministers in die neue Regierung Stellung genommen hatte, und nahm dies als Beweis, daß die Katholiken ganz auf sich allein gestellt seien. »Das katholische Volk weiß«, so schrieb die katholische *Oldenburger Volkszeitung*, »daß es vom Nationalsozialismus nichts zu erwarten hat; von den Kreisen jedoch, die hinter den Verfassern des vorgenannten Briefes stehen, nach einer jahrzehntelangen Erfahrung ebensowenig. Eine ernste Warnung mehr, daß das katholische Volk auch in den nächsten Monaten einig und geschlossen zusammensteht und sich eine Position schafft, von der aus es seine Rechte und seine Freiheit gegenüber *allen* seinen Gegnern mit Erfolg wahren kann.«[69]

Wer die Geschichte des deutschen Protestantismus in den Jahren 1931 und 1932 verfolgt, die große ungeordnete Diskussion, in der sich doch allmählich Positionen zu klären und Fronten abzuzeichnen begannen, der wird nicht sagen können, daß die evangelische Kirche ahnungslos und unvorbereitet vom Dritten Reich überrascht wurde. Gewiß wußte niemand, wie ein Sieg Hitlers aussehen und was er tatsächlich bedeuten würde. Aber es ist doch nicht zu übersehen, daß an vielen Stellen in der Kirche Vorarbeiten für künftige Entscheidungen geleistet wurden, an die sich anknüpfen ließ, als es ernst wurde.

Die letzte und wichtigste dieser Vorarbeiten war »Das Wort und Bekenntnis Altonaer Pastoren in der Not und Verwirrung des öffentlichen Lebens« vom 11. Januar 1933.

Unmittelbar nach jenem Notgottesdienst vom 21. Juni 1932 waren verschiedene Gemeindeglieder an den Altonaer Propsten Georg Heinrich Sieveking herangetreten mit der Bitte, in der eingeschlagenen Richtung weiterzugehen.[70] Zur gleichen Zeit waren sich auch die Altonaer Pastoren darüber klar geworden, daß ihre »Botschaft« nur einen ersten Anfang bedeutete, und daß es jetzt darum gehen mußte, von hier aus zu konkreten Aussagen über die Kirche in der gegebenen politischen Situation zu kommen. Ein Ausschuß von fünf Pastoren wurde beauftragt, diese Arbeit in Angriff zu nehmen. Treibende Kraft war der damals 34jährige Pastor Hans Asmussen, ein ungewöhnlich begabter und energischer, aber auch schwieriger Mann, der sehr bald einer der wichtigsten Theologen des beginnenden Kirchenkampfes werden sollte. In seiner Person verband sich das Altonaer Wort mit der berühmten Barmer Erklärung von 1934, die er ebenfalls mitformulieren und auf der Barmer Synode verbindlich auslegen sollte. Asmussen und sein gleichaltriger Kollege Hasselmann brachten auch die Erfahrungen eines theologischen Arbeitskreises mit, der seit 1931 unter ihrer Leitung regelmäßig in Neumünster getagt hatte, und zu dem der Kieler Kirchenhistoriker Kurt Dietrich Schmidt und der Rendsburger Landrat Theodor Steltzer gehörten, der eine, Schmidt, später der wichtigste Geschichtsschreiber der Bekennenden Kirche, der andere führendes Mitglied im Widerstand des Kreisauer Kreises.[71]

Noch im Juli ging der Ausschuß an die Arbeit. Er stellte eine Reihe von 65 Thesen auf, die zunächst als Grundlage für ein Gespräch mit den politischen Parteien gedacht waren und aus denen sich dann in einer ungemein fruchtbaren Zusammenarbeit aller Altonaer Pastoren das endgültige »Wort und Bekenntnis« entwickelte. Am 19. Dezember 1932 wurde es mit den Unterschriften von 21 Pastoren offiziell dem Bischof für Holstein, Mordhorst, überreicht.

Daß die Altonaer wußten, was sie taten, geht aus den Erinnerungen Asmussens hervor. Danach hatte einer der fünf, der Älteste, es zu Beginn der Arbeit offen ausgesprochen: »In den Krieg von 1914 sei die Kirche hineingeschliddert. Jetzt ständen wir wieder vor einem Umbruch wie damals. Es sei unsere Verantwortung, gerüstet dem entgegenzutreten, was Gott über uns verhängt habe.«[72]

Die zentrale Aussage des Altonaer Bekenntnisses fand sich im ersten Satz des Artikels 1: »Wir glauben, lehren und bekennen, daß die Kirche die durch Gottes jetzt geschehendes Wort aufgerufene Schar ist, in welcher Christus wahrhaftig gegenwärtig ist.«[73] Kirche war also weder Behörde noch Verein, sondern creatura verbi divini, Geschöpf des göttlichen Wortes und Willens, je und je aufgerufene Schar des Christus praesens. Der lange Weg vom Tambacher Vortrag im September 1919 über unzählige theologische Auseinandersetzungen, der Weg vom Streit in der Kirche und um die Kirche zum Bekenntnis der Kirche, der Weg der Theologie Karl Barths also, mündete hier ein in eine neue Erkenntnis der Kirche über sich selbst. Wo die fünf Artikel der Altonaer bemerkenswerte und aufsehenerregende Aussagen machten, da waren diese allesamt abgeleitet von dieser einen, neuen, grundlegenden Einsicht. Das galt vor allem für das Verhältnis von Kirche und Politik. Die Kirche stand auch hier über den Parteien, aber nicht mehr im Sinne kirchenregimentlicher Weisheit, der es um die Vermeidung von Konflikten ging, sondern um ihrer Bindung an Gottes Wort willen. Die Kirche, so hieß es in Artikel 1, »muß das Wort frei reden. Sie ist niemand untertan und gerade darin jedermanns Knecht. *So* muß das Wort von uns gefordert werden.« Daraus aber folgte konkret: »Wer von der

Verkündigung des Pastors erwartet, daß er eine bestimmte Wirtschaftsform, den Krieg oder den Frieden, den Waffendienst oder die Kriegsdienstverweigerung rechtfertigen oder bestätigen soll – wer vom Pastor verlangt, daß er die höchste Leistung, deren ein Mensch fähig ist, den Heldentod fürs Vaterland, unbedingt als seligen Tod ansprechen soll, der verleitet ihn zur Verleugnung des Herrn Christus und seines Erlösungswerkes.«

Die grundsätzlich ideologiekritische Funktion dieses neuen Ansatzes – kritisch ebenso gegenüber bürgerlichen wie linken und rechten Ideologien – kommt im Artikel 2 auf noch immer ungemindert aktuelle Weise zum Ausdruck: »Wir verwerfen darum entschieden den Traum von dem kommenden irdischen Weltreiche der Gerechtigkeit, des Friedens, und der allgemeinen Wohlfahrt in allen seinen Abarten ... Mag man nun an ein kommendes irdisches Reich des Friedens und der Sicherheit aller Völker, oder eine klassenlose Gesellschaft ohne Hunger, Mühsal und Leid, oder an einen nationalen Zukunftsstaat völliger Gerechtigkeit und Artgemäßheit glauben – auf jeden Fall verleugnet man damit die von Gott gesetzte Grenze, verfälscht das politische Handeln und lehrt die Erlösung durch Christus gering achten. Jede Partei, die solche Ziele in Aussicht stellt, wird zur Religion ...«

Die Artikel 3, 4 und 5, die vom Staat, seinen Aufgaben und von den Geboten Gottes handeln, machten nun freilich auch die Zeitbedingtheit des Bekenntnisses deutlich. Diesen Artikeln lag offenkundig ein autoritäres Staatsverständnis zu Grunde, das sich fast ausschließlich an den Kategorien von Recht, Pflicht und Ordnung orientierte. Immerhin entdeckte das Bekenntnis doch auch wieder, was im Luthertum seit langem vollkommen verlorengegangen schien: das Recht auf politischen Widerstand. »Wir sind zum Gehorsam gegen die Obrigkeit berufen. Wenn aber der Fall eintritt, daß die Obrigkeit wider ›der Stadt Bestes‹ handelt, dann muß jeder entscheiden, wann der Augenblick gekommen ist, wo man Gott mehr gehorchen muß als den Menschen.« (Artikel 3).

Es wäre allerdings falsch, die Theologie des Altonaer Bekenntnisses einfach mit der Theologie Karl Barths gleichzusetzen. Von Barth kam der entscheidende neue Ansatz, das Verständnis der Kirche als creatura verbi, die in der Welt nur eine Aufgabe hat: die Verkündigung des Wortes vom Kreuz. Damit war das kulturprotestantische Verständnis der Kirche ebenso aufgehoben wie das deutsch-christliche und das religiös-soziale. Aber dies war eben nur ein Ansatz. Seine Entfaltung sah in der reformierten Welt des Westens ganz anders aus als im norddeutschen Luthertum. Hier verband er sich mit der lutherischen Lehre von der Unterscheidung der beiden Reiche oder Schwerter und mit einem Ordnungsdenken, das den Reformierten fern lag.

Wie selbständig das Luthertum die Barthsche Theologie in dieser Zeit bereits aufgenommen und verarbeitet hatte, bewies ein Buch von Hans Asmussen, das parallel zur Arbeit am Altonaer Bekenntnis im Sommer und Herbst 1932 entstand und im Februar 1933 unter dem Titel *Politik und Christentum* erschien. Es war nicht nur ein Zeichen für die selbständige theologische Arbeit von Asmussen, sondern auch eine Interpretation des Altonaer Bekenntnisses, das seine Grundlinien klar hervortreten ließ.

Nach Asmussens Überzeugung bestand der entscheidende Irrtum der Gegenwart und zugleich der Grund ihres Unglücks darin, daß der Staat nicht mehr Staat und die Kirche nicht mehr Kirche war, weil der Staat Heil und Erlösung in Anspruch nahm, und die Kirche staatliche Freiheit und göttliche Gerechtigkeit verwechselte. Weil die Kirche den politischen Parteien die Wahrheit schuldig geblieben sei, »daß *keine* Parteiparole das geringste mit der Gerechtigkeit Gottes zu tun« habe, darum sei das politische Leben so vergiftet. Denn jeder Parteimann meine sich im Besitz eines Teiles der Gerechtigkeit, die er dem anderen abspreche. Niemand komme hier mehr in die Verlegenheit, »darüber in Staunen zu geraten, daß Gott ihn selbst bei aller der offenbaren eigenen Ungerechtigkeit noch am Leben läßt«, sondern habe vielmehr den Wunsch, »ein kleiner Heiland zu werden, der jedenfalls an seinem Teil mit dazu beiträgt, daß die Ungerechtigkeit auf der Erde abnimmt«.[74] Die Ungerechtigkeit nehme aber nicht *ab* durch schwärmerische Utopien, sondern sie nehme *zu* bis zu jenem Maß an Verwirrung, Ratlosigkeit und Unheil, wie es gegenwärtig vor jedermanns Augen stehe.

Die Folgerung war klar, aber nicht unproblematisch: »Ein ersprießliches Verhältnis von Staat und Kirche ist also nur dann möglich, wenn darüber Klarheit herrscht, daß die gesunden Berührungspunkte zwischen beiden auf dem Gebiete der Gebote und des Gesetzes liegen. Wenn hingegen eine positive Berührung gesucht wird innerhalb der Sphäre der Erlösung, dann ist es nicht vermeidlich, daß der Staat aufhört, Staat zu sein, und die Kirche nicht mehr Kirche ist.«[75] Darum müsse die kirchliche Verkündigung das Staatliche wirklich staatlich behandeln; »sie wird nirgends irgendein Erlöstsein in Aussicht stellen für diesen Äon. Vielmehr wird sie die Menschen von den Geboten her in ihre Pflichten weisen, weil sie ein Interesse daran hat, daß der Mensch sich illusionslos sieht.«[76] Sollte eine zukünftige Regierung – auch eine mögliche Hitlerregierung – in diesem Sinne christlich sein wollen, so wäre sie zu begrüßen. Benütze sie aber das Christentum als »rechtfertigende Ideologie«, als »Zugabe« oder »Kraftquelle«, so sei sie mit aller Entschiedenheit abzulehnen.[77]

In der Interpretation von Asmussen wurde deutlich, was der Barthsche Ansatz in seinem lutherischen Verständnis, so wie er im Altonaer Bekenntnis vorlag, im Jahre 1933 leisten und was er nicht leisten konnte. Was er leisten konnte, war eine fundamentale Kritik der nationalsozialistischen Ideologie und ihres Totalitätsanspruches. Hier war gleichsam der archimedische Punkt gezeigt, der außerhalb der »deutschen Stunde« wie außerhalb jeder geschichtlichen Stunde überhaupt lag und nicht mitbewegt und mitverändert wurde, auch wenn alles andere in fieberhafte Bewegung und Veränderung geriet. Was dieser Ansatz nicht leisten konnte, das war eine unmittelbare politische Kritik der neuen Ordnung. Denn er bezog seine Überzeugungskraft gerade daraus, daß die Kirche kirchlich und eben nicht politisch zu reden habe. Gleichwohl war das Altonaer Bekenntnis von Anfang an ein Politikum. Seine Bedeutung läßt sich an dem Echo ablesen, das es überall fand, und das größer war, als irgendeine offizielle kirchliche Erklärung in der Weimarer Zeit sie je erlebt hatte.

Propst Sieveking verlas das Bekenntnis am 11. Januar 1933 in einem Nachmittagsgottesdienst in der überfüllten Altonaer Hauptkirche. Zum ersten Mal war auch die seit langem unbenützte Loge der Altonaer Bürgermeister wieder besetzt. Dort saß der Oberbürgermeister von Altona, Max Brauer, wenige Monate darauf bereits in »Schutzhaft«, später Emigrant und nach dem Kriege viele Jahre Erster Bürgermeister von Hamburg.[78] Seine Anwesenheit war ein Zeichen, daß dieses Wort politisch gehört wurde, obwohl und gerade weil es kirchlich gesprochen war.

Tatsächlich nahm nahezu die gesamte große deutsche Tagespresse zu dem Altonaer Bekenntnis Stellung.[79] Typisch war dabei die durchgängige Ablehnung der nationalsozialistischen Blätter. Hier hieß es wie im *Hamburger Tageblatt*: »Wer nicht für uns ist, der ist wider uns, – oder er ist für uns tot.« »21 Altonaer Pastoren haben unsere Zeit noch nicht verstanden.« Einhellig war auch die Kritik der Kommunisten, die sich vor allem gegen den Artikel über die Grenzen der Menschen wandten. Nach den Schlagzeilen der *Hamburger Volkszeitung* bedeutete das: »Für die Verewigung des Massenelends, der Unterdrückung und des Krieges. – ... Ein mehr als plumper Täuschungsversuch der Kirche. – Nun erst recht: Massenaustritt!« Überraschend klar und einverständig dagegen waren viele Kommentare von liberaler aber auch katholischer Seite. Am prägnantesten faßte vielleicht Hans Beyer in der *Täglichen*

Rundschau die Bedeutung des Altonaer Wortes zusammen: »Wir sehen sie zunächst darin, daß der deutsche Mensch wieder anfangen wird, auf die Kirche zu ›hören‹, weil sie wirklich zu ihm spricht und nicht über ihn psalmodiert. Wir sehen sie dann in einer Schärfung des politischen Verantwortungsbewußtseins der Glieder der Gemeinde und in einem Aufrufen des echten politischen Sinns. Wir sehen sie aber vor allem darin, daß um dies Bekenntnis wieder echte Gemeinde entstehen kann.«[80]

Auch das kirchliche Echo war lebhaft, vielfach zustimmend, und geriet vor allem in Norddeutschland zum Teil zu einem eigenen Bekenntnis.[81] So legten es am 28. Januar die Kirchenleitung und 213 Pastoren der mecklenburgischen Kirche ihren Gemeinden vor mit der Bitte: »Hört das Wort, setzt euch mit ihm auseinander, bekennt euch zu ihm in Wort und Tat.«[82] Am 14. Februar folgte – wenn auch zurückhaltender – die Lübecksche Kirche.[83] Im März erklärte sich der Ausschuß der Hannoverschen Jungevangelischen Konferenz »mit dem Wort der Altonaer solidarisch«.[84] Andere einzelne Erklärungen bezogen sich ebenfalls noch darauf.[85] Dann freilich brach unter dem Eindruck des beginnenden kirchenpolitischen Streites die Diskussion ab.

Das Altonaer Bekenntnis stand immer im Schatten des berühmten Barmer Bekenntnisses. Dabei ist übersehen worden, was dieses jenem verdankt. Es war keineswegs nur ein »unklares Vorspiel«[86], sondern der erste *kirchliche* Schritt zur Klärung der Fronten. Der junge Berliner Privatdozent Dietrich Bonhoeffer hatte recht, als er am Schluß seines Kollegs im Wintersemester 1932/33 »mit beinahe vorbehaltloser Freude auf das Altonaer Bekenntnis zu sprechen« kam.[87] In der Tat: Wohin wäre die evangelische Kirche geraten, wenn dies an der Schwelle des Dritten Reiches nicht auch und nicht so gesagt und gehört worden wäre.

12. KAPITEL

DIE DEUTSCHEN CHRISTEN (1931–1933)

Seit dem Abschluß der Lateranverträge besaß Hitler für die katholische Kirche ein klares kirchenpolitisches Konzept. Er war Katholik genug, um die Struktur des Katholizismus zu begreifen und die Chancen zu sehen, die die vatikanische Konkordatspolitik ihm bot.[1] Viel schwieriger dagegen lagen die Dinge auf evangelischer Seite. Hier gab es kein einheitliches kirchenpolitisches Grundmuster, auf das man sich einstellen und keine Spitze, mit der man verhandeln konnte. Überhaupt war der ganze Protestantismus Hitler fremd. Ein eigenes kirchenpolitisches Konzept für die evangelische Kirche entwarf er daher auch erst im Frühjahr 1933, und dies war dann bezeichnenderweise dem katholischen Konzept einfach nachgebildet.

So lag die evangelische Kirchenpolitik der NSDAP bis 1933 weithin in den Händen von einzelnen Parteiführern. Dies erklärt das verwirrende Bild, das die Partei für jeden bot, der sich über ihre kirchenpolitischen Grundsätze ein Bild verschaffen wollte. Tatsächlich gab es zwischen 1930 und 1933 Dutzende von prominenten Äußerungen und Stellungnahmen, die zu ganz verschiedenen Einschätzungen der kirchenpolitischen Absichten der Bewegung führen konnten.

Die Kulturpolitik der Nationalsozialisten in Thüringen beispielsweise – Dr. Frick hatte dort Anfang Januar 1930 auf ausdrücklichen Wunsch Hitlers neben dem Innen- auch das Volksbildungsministerium übernommen[2] – schien darauf hinzuweisen, daß die Partei stark deutschkirchlich beeinflußt war und eine überkonfessionelle deutsche Nationalkirche anstrebte. Jedenfalls erklärte Max Robert Gerstenhauer[3], der Vorsitzende der »Deutsch-christlichen Arbeitsgemeinschaft Großdeutschlands«[4], auf der Jahrestagung der Arbeitsgemeinschaft Anfang März 1930 in Weimar, man hoffe, »in den kommenden sechs Wochen vielleicht so viel erreichen zu können wie sonst in sechs Jahren«.[5] Diese Hoffnung gründete sich offensichtlich auf feste Zusagen Fricks und wurde durch die Anwesenheit des Volksbildungsministers und eines der wichtigsten Männer der Münchener Parteileitung, des obersten Parteirichters Walter Buch, unterstrichen. Konkret ging es um eine Änderung der Religionslehrpläne im deutschkirchlichen Sinn und um Empfehlungen für entsprechende neue Schulgebete. Tatsächlich trat Frick im April in Verhandlungen mit der Thüringischen Kirchenleitung und der Lehrerschaft ein; sein Erlaß stieß jedoch, mit Ausnahme der kleinen deutschkirchlichen Gruppe, auf den einheiligen Widerstand der Thüringer Kirche. Schließlich führte eine Klage des Reichsinnenministers gegen die Schulgebete beim Staatsgerichtshof zu einem Teilerfolg: drei der fünf vorgeschlagenen Gebete wurden für verfassungswidrig erklärt. Daraufhin zog die Thüringische Regierung im Juli 1930 den Erlaß zurück.[6]

Noch mehr als die Fricksche Schulpolitik war eine Veröffentlichung im Februar 1930 dazu angetan, die Partei trotz Dinters Ausschluß doch auf einem radikalen religiös-völkischen Kurs zu vermuten. Es handelte sich um das nach Hitlers *Mein Kampf* am weitesten verbreitete und am heftigsten umstrittene programmatische Werk des Nationalsozialismus, Alfred Rosenbergs Buch *Der Mythus des 20. Jahrhunderts*.[7] Der *Mythus* war nichts anderes als eine Zusammenfassung der religiös-völkischen Weltanschauung, wie sie sich in den 20er Jahren entwickelt hatte, eine Mischung aus Fichte, Gobineau, Lagarde, Chamberlain, Fritsch, Eckart und Dinter. Es war ein dezidiert antichristliches Buch und wurde trotz seiner zweifelhaften Bezüge auf die deutsche Mystik des Meister Eckehart von beiden Kirchen auch so verstanden. Was Rosenberg vertrat, war in keiner Hinsicht mehr mit christlichen Traditionen zu vereinbaren. Es war »die Religion des Blutes«; »ein neuer Glaube; der Mythus des Blutes, der Glaube, mit dem Blut auch das göttliche Wesen des Menschen überhaupt zu verteidigen. Der mit hellstem Wissen verkörperte Glaube, daß das nordische Blut jenes Mysterium darstellt, welche die alten Sakramente ersetzt und überwunden hat.«[8] War die Tendenz des Buches klar und nicht zu übersehen, so erwies es sich für die Zeitgenossen jedoch als schwer, seine tatsächliche Bedeutung für die Partei festzustellen. Zwar war Rosenberg Hauptschriftleiter des zentralen Organs der NSDAP, des *Völkischen Beobachters*, und galt von daher als eine ideologisch führende Figur. Andererseits betonte er im Vorwort ausdrücklich, seine Gedanken seien »durchaus persönliche Bekenntnisse, nicht Programmpunkte der politischen Bewegung, welcher er angehöre«. Und ganz im Sinne von Hitlers Grundentscheidung fuhr er fort: Diese – nämlich die Bewegung – »hat ihre große Sonderaufgabe und muß sich als *Organisa-*

tion fernhalten von Auseinandersetzungen religiöser kirchenpolitischer Art ebenso wie von der Verpflichtung auf eine bestimmte Kunstphilosophie oder einen bestimmten Baukunststil«. Und es war möglicherweise nicht nur taktisch gemeint, sondern entsprach tatsächlich Rosenbergs fester Überzeugung vom Sieg seiner Ideen, wenn er den Kirchen versicherte, das Werk richte sich »nicht an Menschen, die glücklich und festgefügt innerhalb ihrer Glaubensgemeinschaften leben und wirken, wohl aber an alle, die sich innerlich von diesen gelöst, zu neuen weltanschaulichen Bindungen aber noch nicht durchgekämpft haben«.[9]

Man konnte diese Sätze als durchsichtige Taktik werten. Man konnte sie aber auch als Herausforderung nehmen, mit Rosenberg in eine Auseinandersetzung um die zukünftigen geistigen Grundlagen der Bewegung einzutreten. So wurden sie fast durchweg von denjenigen Gruppen in der evangelischen Kirche begriffen, die Anhänger des Nationalsozialismus, aber Gegner Rosenbergs waren. Auf diese Weise wirkte der *Mythus* nicht als Abschreckung, sondern geradezu als Aufforderung, in der NSDAP für eine deutschchristliche und gegen eine völkisch-neuheidnische Orientierung zu kämpfen.

Eine bemerkenswerte Korrektur im Sinne der prinzipiellen Neutralität der Partei brachte auch die Neuauflage von Gottfried Feders offizieller Parteischrift *Das Programm der NSDAP und seine weltanschaulichen Grundlagen*. Hatte es in der 5. Auflage im Februar 1929 zu Punkt 24 geheißen: »Gewiß wird dereinst auch das deutsche Volk eine Form finden für seine Gotterkenntnis, sein Gotterleben, wie es sein nordischer Blutsteil verlangt . . .«, so las man in den folgenden Auflagen: »Alle Fragen, Hoffnungen und Wünsche, ob das deutsche Volk dereinst einmal eine neue Form finden wird für seine Gotterkenntnis und sein Gotterleben gehören nicht hierher . . .«[10] Und in der neuen Einleitung, die verschiedene Mißverständnisse ausräumen sollte, fand sich die gestelzte Versicherung, daß der NSDAP nichts ferner läge, »als die christliche Religion und ihre würdigen Diener anzugreifen«.[11]

Angesichts dieser verwirrenden Bilder war es begreiflich, daß sich der Deutsche Evangelische Kirchenausschuß um unmittelbare Informationen über die Absichten der Partei bemühte. So fand am 4. März 1931 im Reichstag ein Gespräch zwischen dem Oberkonsistorialrat Scholz vom Kirchenbundesamt und dem nationalsozialistischen Reichstagsabgeordneten Franz Stöhr statt, einem alten völkischen Parteigänger, der 1927 zur NSDAP gestoßen war. Es war der erste offizielle Kontakt zwischen der Vertretung des deutschen Protestantismus und der Partei. Stöhr wies zunächst darauf hin, daß der »Charakter einer christlichen Partei ... grundsätzlich abgelehnt« werde; Bewegung und Partei seien »politisch-weltliche Institutionen«. Sie würden jedoch »von christlichen Personen getragen und geführt, welche des ernsten Willens sind, die ethischen Grundsätze des Christentums in der Gesetzgebung durchzusetzen und sie im Volksleben zur Geltung zu bringen«. Von den 107 Mitgliedern der Reichstagsfraktion der NSDAP seien etwa zwei Drittel Protestanten und ein Drittel Katholiken. Um ihres Zieles willen, »ein einheitliches deutsches Volkstum zu schaffen«, stelle die Partei die konfessionellen Unterschiede zurück, sei aber in ihrer Führung eindeutig »protestantisch bestimmt«, auch wenn die katholischen Führer »aus bestimmten Gründen« nicht aus ihrer Kirche ausgetreten seien. Stöhr schätzte das tiefsitzende wechselseitige Mißtrauen der Konfessionen zweifellos richtig ein, wenn er versicherte, es bestehe »keine Gefahr, daß die Bewegung in katholisches Fahrwasser kommt oder von der katholischen Kirche aufgefangen wird«; die Partei bekämpfe im Gegenteil die Ansprüche der katholischen Hierarchie. Ein Kampf gegen die Kirche selbst liege der Partei jedoch fern, wie der Ausschluß Dinters beweise. Weiter erklärte Stöhr, die Partei werde für die Bekenntnisschule eintreten; »gegen den Individualmenschen des Liberalismus, gegen den Collektivmenschen des Marxismus und den hierarchisch beherrschten Menschen des Katholizismus« kämpfe sie für den selbständigen Menschen, der aus der Gemeinschaft komme und zum Dienst an ihr berufen sei. Stöhr erklärte zum Schluß, »daß seine Ausführungen als offizielle Äußerungen der Partei angesehen werden könnten ...«

Das alles klang damals in protestantischen Ohren zweifellos nicht schlecht. Gleichwohl blieb das Kirchenbundesamt mißtrauisch und Scholz notierte: »Bei der augenblicklichen Bedeutung der Nat. Soc. Partei und den mannigfaltigen Unklarheiten der Bewegung ist aufmerksam zu verfolgen, ob die Maßnahmen der Partei im Ganzen oder in einzelnen Gauen den hier niedergelegten Grundsätzen entsprechen.«[12]

Diese Beobachtung brachte freilich kaum größere Klarheit. Denn einheitlich vertrat die Partei eben nur *einen* Punkt, nämlich die prinzipielle Ablehnung aller unmittelbaren Verbindungen zu den Kirchen. Alles andere blieb der persönlichen Überzeugung oder auch nur der Geschicklichkeit oder Ungeschicklichkeit jedes einzelnen Unterführers überlassen.

Wie breit das Spektrum dieser Überzeugungen in der Partei war, das zeigte die vielbeachtete und vielzitierte Rede des bayerischen Landtagsabgeordneten Dr. Buttmann, eines Mannes der ersten Stunde[13], der am 29. April 1931 im

Landtag ausführlich die »Stellung des Nationalsozialismus zu Religion und Kirche« darlegte. Diese Rede wurde am 1. Mai unter der Überschrift: »Das ›positive Christentum‹ der N.S.D.A.P.« im *Völkischen Beobachter* abgedruckt und bekam dadurch eine Art offiziösen Charakters für das ganze Reich.[14] Buttmanns Absicht war die Verteidigung der Partei gegen die Erklärungen der katholischen Bischöfe, insbesondere gegen die bayerische Pastoral.[15] Dabei hob er zwei Punkte hervor. Es sei unmöglich, so erklärte er zunächst, daß das Kulturprogramm der NSDAP Irrlehren enthalte, »weil wir uns mit den inneren Angelegenheiten der katholischen Kirche so wenig beschäftigen, wie mit den inneren Angelegenheit, den Dogmen und der Sittenlehre des Protestantismus«. Hitler habe im Zusammenhang mit dem Fall Dinter unzweideutig klar gemacht, daß dies ein Grundprinzip der Partei sei: »Wir hüten uns«, so wiederholte Buttmann gegen Ende seiner Rede noch einmal, »nach den Darlegungen unseres Parteiführers vor nichts mehr als vor der Vermischung des kirchlichen und politischen Gebietes.« Dies war der eine Punkt. Der andere aber war die Versicherung, daß die Partei tatsächlich auf dem Standpunkt eines positiven Christentums stehe und daß dieses positive Christentum des Artikels 24 »selbstverständlich« das Christentum meine, »wie es heute vorhanden ist«. Die Einschränkungen des Artikels 24 seien nur für neue Glaubensgemeinschaften gedacht, die der nationalsozialistische Staat – anders als der Art. 137 der Reichsverfassung bestimme – nicht ohne Überprüfung zulassen wollte. Keinesfalls solle etwa »die offizielle katholische Kirche« nachgeprüft werden: »Für uns als Partei, das hat der Führer oft genug ausgesprochen und das ist die Richtschnur unseres Handelns, gibt es also kein weiteres Forschen nach einer neuen weltanschaulichen Lehre, nach einer neuen Religion, sondern für uns als Partei ist das positive Christentum die Grundlage.« Zu dieser Aussage vermerkte das Protokoll: »Sehr richtig! bei den Nationalsozialisten«. Der *Völkische Beobachter* aber hob durch Fettdruck ausdrücklich ihre zentrale Bedeutung hervor.

Diese Äußerungen waren für Buttmann mit Sicherheit keine Taktik, sondern entsprangen seiner festen Überzeugung. Den Beweis lieferte sein Verhalten nach der Machtergreifung. Seit Mai 1933 Ministerialdirektor im Reichsinnenministerium mit der Zuständigkeit für Kultur- und Kirchenfragen, verteidigte er in dieser Stellung im Rahmen der vorgegebenen Politik – am Ende freilich vergeblich – die Rechte der Kirchen auf Selbständigkeit und wurde 1933 und 1934 zur wichtigsten Adresse der evangelischen und katholischen Bischöfe in der Administration des Reiches. Buttmann respräsentierte im

Spektrum der Überzeugungen der führenden Nationalsozialisten sicher den kirchenfreundlichsten Standpunkt. Daß er damit in der NSDAP keineswegs allein stand, wird noch zu zeigen sein. Aber wo immer der einzelne stand und was immer er dachte und hoffte: dies war der Partei nun doch in Fleisch und Blut übergegangen, daß sie sich gegenüber den Kirchen politisch grundsätzlich neutral zu verhalten hatte.

Dieser theoretische Grundsatz warf gegenüber der katholischen Kirche kaum Probleme auf. Anders dagegen lag das auf evangelischer Seite. Im gleichen Maße nämlich, in dem die Partei wuchs, begannen evangelische Pfarrer und Gemeindegruppen zu überlegen, wie sie als kirchliche Gruppen in der Partei mitarbeiten könnten. Und umgekehrt begann man sich gleichzeitig auch in der Partei Gedanken zu machen, wie die evangelische Kirche organisatorisch zu erfassen sei. Beide Bewegungen führten an verschiedenen Stellen und auf verschiedene Weise zu Kontakten und zu einer ersten Zusammenarbeit zwischen Partei und Kirche.

Der Gedanke, auch die Pfarrer in der Bewegung zu organisieren, kam von Hans Schemm. Schemm, ein Bayreuther Volksschullehrer und seit 1928 Gauleiter von Oberfranken, verkörperte den Typ des religiös-gläubigen Nationalsozialisten. Tief überzeugt, daß Nationalsozialismus und christliche Religion zusammengehörten, gab er in unzähligen Vorträgen, Weihereden und Festansprachen seinen Zuhörern das Gefühl, nicht nur an einer politischen Bewegung, sondern auch an einer religiösen Erweckung teilzuhaben. »Unser Bekenntnis zu Gott«, so erklärte er etwa, »ist ein Bekenntnis zur Ganzheitslehre. Wer zur Ganzheit strebt, strebt immer zum Religiösen, weil die letzte Ganzheit sich immer dort befindet, wo der letzte höchste Gedanke ist. So ist unsere Lehre im Grunde eine Ganzheitslehre. Zu den Ganzheiten Rasse, Wehr und Persönlichkeit tritt als letzte Sinngebung die größte Ganzheitsparole unseres Volkes ›Religion und Gott‹ hinzu. Gott ist das größte Ganze und überdacht alles andere … Mit verantwortlichem Führerwillen, stolzem Rassebekenntnis, Wehrwillen und Religiosität lebt und wächst ein Volk.«[16] Es war gerade die Trivialität solcher Phrasen, die überzeugend wirkte, weil sie auf Geheimnisse hinzuweisen schienen, die den einzelnen über sich hinaushoben. Schemms religiöse Reden fanden nicht nur in der Partei begeisterten Anklang, sondern hatten auch in kirchlichen Kreisen ein lebhaftes Echo.[17] So entsprach es durchaus seinen Vorstellungen vom Wesen des Nationalsozialismus, wenn er in den 1927 von ihm gegründeten, 1929 offiziell bestätigten Nationalsozialistischen Lehrerbund auch Geistliche eingliedern wollte. Unter Punkt 7 der

Ziele dieses Lehrerbundes hieß es deshalb: »Sammlung aller deutschgesinnten Geistlichen beider Konfessionen in einer Arbeitsgemeinschaft innerhalb des NS-Lehrerbundes unter der großen Überschrift: Erziehung unseres Volkes auf religiös-christlicher Grundlage ...«[18]

Im Gegensatz zu dem ungemein erfolgreichen Lehrerbund gedieh die »Arbeitsgemeinschaft nationalsozialistischer Geistlicher« nur kümmerlich. Das lag zum einen an der geringen Zahl der Parteimitglieder unter den Pfarrern – von den rund 18000 evangelischen Pfarrern dürften noch 1931 nicht mehr als 100 Mitglied der Partei gewesen sein[19] –, zum anderen aber am Neutralitätsprinzip der Partei, das einen Pfarrerbund als selbständige Parteiorganisation im Grunde verbot. Denn jede Parteiorganisation hatte selbstverständlich die uneingeschränkte Führung Hitlers anzuerkennen, so daß ein selbständiger NS-Pfarrerbund tatsächlich einen Eingriff in die Kirchen bedeutet hätte. Es blieb daher nur die Sammlung der Pfarrer in einer losen Arbeitsgemeinschaft, die wenig Anziehungskraft ausübte. Und gegen alle Verselbständigungstendenzen bekräftigte der mächtigste Mann in der Parteiorganisation, der Reichsorganisationsleiter Gregor Strasser, auf einer Führerbesprechung im April 1931 noch einmal ausdrücklich, »daß *kein* N.S.-Pfarrerbund gegründet werden *dürfe*«.[20]

So kam es nur zu Ansätzen einer Organisation: in Bayern um den Pfarrer Friedrich Klein in der oberfränkischen Gemeinde Grafengehaig, in Hannover um den Pfarrer Heinrich Meyer in Aurich, in Sachsen um den Pfarrer Wilibald Hase in Mochau bei Döbeln. Wie harmlos diese Unternehmen geplant waren, zeigte schon die Art der Sammlung per Anzeige. »Alle Amtsbrüder Sachsens«, so ließ etwa Wilibald Hase ins *Neue Sächsische Kirchenblatt* einrücken, »die gewillt sind, einer Arbeitsgemeinschaft nationalsozialistischer Pfarrer beizutreten, werden aufgefordert, sich bis zum 1. April 1931 zu melden ...«[21] Am 4. September 1931 teilte das preußische Kultusministerium dem Evangelischen Oberkirchenrat mit, die Reichsleitung der NSDAP habe »die Bildung einer sog. ›Arbeitsgemeinschaft nationalsozialistischer Pfarrer für die Gaue Pommern und Brandenburg‹« in die Wege geleitet, nannte die Namen von drei damit angeblich beauftragten Pfarrern und bat um eine »Unterrichtung über den Sachverhalt«. Der Hinweis erwies sich jedoch als unzutreffend, und der Oberkirchenrat erwiderte, daß »ein Anlaß zu einem dienstlichlichen Einschreiten gegen Pfarrer ... wegen Annahme eines solchen Auftrags an sich nicht gegeben sein würde«.[22] Diese Antwort zeigte, daß die Kirchenleitung die ganze Sache für bedeutungslos hielt und nicht zu Unrecht: Die »Arbeitsgemeinschaft nationalsozialistischer Geistlicher« hat nie irgendeinen nachweisbaren Einfluß ausgeübt. Eine gewisse Bedeutung besaß sie für Hans Schemm, der durch Vermittlung seiner Freunde von der Arbeitsgemeinschaft zu zahlreichen kirchlichen Veranstaltungen gerufen wurde, um über Christentum und Nationalsozialismus zu sprechen.[23] Und schließlich bot sie dem einen oder anderen Pfarrer die Möglichkeit, sich schon früh für die NSDAP zu betätigen und damit eine spätere Karriere vorzubereiten.

Die Geschichte der Arbeitsgemeinschaft zeigte die Schwierigkeiten, die einer organisatorischen Verbindung von Partei und Kirche von der *Parteiseite* aus entgegenstanden. Und auf andere Weise zeigten dies auch die verschiedenen Bemühungen, die von der *Kirche* aus auf eine solche Verbindung drängten.

Die wichtigste dieser frühen Gruppen entstand in Thüringen durch die Initiative von zwei jungen, damals gerade 28jährigen Pfarrern, Siegfried Leffler und Julius Leutheuser. Beide, die übrigens zwei Schwestern geheiratet hatten, waren 1927 von der Bayerischen in die Thüringer Kirche übergewechselt, wo sie sich zu Recht mehr Freiheit für ihre Überzeugungen erhofften. Sie erhielten 1928 zwei benachbarte Pfarrstellen im Wieratal unweit Altenburgs und begannen dort mit großem Erfolg, eine völkisch-christliche Bewegung ins Leben zu rufen. Im Stil der Jugendbewegung, aus der sie kamen, trieben sie »völkisches Schrifttumsstudium«, wurden Laienspielkreise eingerichtet und durch Jugendabende, »Männersprechabende« und »Deutsche Volksabende« geworben.[24] Was hier im Pfarrer- und Lehrerkreis des Wieratales entstand und in wachsendem Maße die Gemeinden gewann, das war gleichsam die idealtypische Form einer völkisch-christlichen Bewegung, wie sie von vielen ihrer besten jungen Köpfe erträumt wurde. Hier bestand kein Unterschied mehr zwischen der kirchlichen, kulturellen und politischen Arbeit, weil alles aus einem Geist geschah und dem gleichen Ziel diente, der christlich-völkischen Erneuerung der deutschen Nation. So war es nur konsequent, daß die beiden Pfarrer im Februar 1930 die erste Ortsgruppe der NSDAP im Wieratal gründeten und ihr Kreis den Aufbau der Parteiorganisation im Altenburger Land wesentlich mittrug und mitbestimmte. Umgekehrt half ihnen die Parteiorganisation bei der Werbearbeit für ihre völkisch-christlichen Ideen, die bald weit über das Wieratal hinaus wirkten. Als im November 1931 in Altenburg Kirchengemeindevertreterwahlen stattfanden, trat der Kreis um die beiden Pfarrer zum ersten Mal als kirchenpolitische Gruppe unter dem später so berühmt gewordenen Namen »Deutsche Christen« auf. Auf ihre Liste entfielen fünf der

16 gewählten Vertreter, acht stellte eine kirchliche Einheitsliste, drei gehörten zu den Religiösen Sozialisten. Dies zeigte sich ein Jahr später im Januar 1933, als die Deutschen Christen bei den Wahlen zum Landeskirchentag – der Thüringer Landessynode – mit knapp 31 Prozent immerhin 16 der 51 Sitze erhielten.[25]

Aus dem Kreis um Leffler und Leutheuser entstand die »Thüringer Richtung« innerhalb der deutschchristlichen Bewegung. Diese Richtung behielt ihre Eigenständigkeit auch in der Zeit der Berliner Führung 1933/34 und erwies sich nach dem Zusammenbruch der deutschchristlichen Hoffnungen als die einzige, die über genügend Substanz verfügte, um selbständig weiterzubestehen, ja sogar weiter wachsen zu können.

Man wird diese Entwicklung nur verstehen, wenn man den religiösen Enthusiasmus der Thüringer ernst nimmt. Unter allen deutschchristlichen Richtungen machten sie die wenigsten Kompromisse, erschienen sie persönlich am wenigsten opportunistisch, vertraten sie am entschiedensten die politische Theologie der Zeit. Was die akademischen Vertreter der politischen Theologie im Blick auf die theologische Tradition immer nur eingeschränkt vortrugen; und was ihre kirchenpolitischen Vertreter aus Rücksicht auf die kirchliche Lage nur zögernd aussprachen, das artikulierten die Thüringer offen und direkt: »Tatsache ist es, daß in der stockdunklen Nacht christlich-kirchlicher Geschichte Hitler für unsere Zeit gleichsam das wunderbare Transparent, das Fenster wurde, durch das Licht auf die Geschichte des Christentums fiel. Durch ihn hindurch vermochten wir den Heiland in der Geschichte der Deutschen zu sehen.«[26] In diesen Sätzen Lefflers aus dem Jahre 1935 wird die politische Theologie der Thüringer besonders deutlich. Was sie von den anderen deutschchristlichen Richtungen unterschied, war vor allem die Konsequenz, mit der sie diesen Ansatz zum einzig richtigen und wesentlichen Erkenntnisprinzip des christlichen Glaubens erhoben. Leffler selbst nannte das politische Geschehen der Zeit ausdrücklich den »Ausgangspunkt« des deutschen Christentums: »Es ist wesentlich für den Ausgangspunkt des deutschen Christen, daß ihm Gott fordernd im praktischen Glauben an Deutschland, im täglichen Sichhingeben für sein Volk im nationalsozialistischen Kampf nach dem Jahre 1918 begegnet ist und nie mehr losgelassen hat ... Wer an diesem Erlebnis achtlos und ehrfurchtslos vorübergehen, vorüberdenken kann, wer behauptet, es hätte ebenso gut anders sein können, der wird nie ein Verstehen für das deutsche Christentum aufbringen, nie einen Weg dazu finden.« Die Vorstellung, man könnte »von einer angelernten Gotteskunde her alles begreifen«, ist für Leffler ein »Wahn«: »Die tiefsten Gründe des Daseins, das Hintergründige alles Geschehens ist oft wider den Verstand, für ihn unausdenkbar. Hier kommt man nur weiter mit einem Herzen voller Ehrfurcht und Glauben.«[27]

Was die Zeitgenossen an diesem Ansatz faszinierte, das war die scheinbar wiedergewonnene Einheit von Denken und Tun, von Glauben und Handeln, von Kirche und Politik. Das deutsche Christentum lebte nicht mehr abseits vom Volk und seiner Geschichte, die deutsche Kirche war nicht mehr nur »Sekte«, und der »Zug der Welt-, Natur- und Lebensabgewandtheit«[28] verschwand, weil christliche Gemeinde und politische Bewegung das gleiche Ziel hatten: den Glauben an Deutschlands Sendung. Leffler scheute sich nicht, Deutschland das »Gegenvolk der Juden« zu nennen, dazu auserlesen, »den Schleier der Nacht vom Kreuz zu nehmen, und der Welt den wirklich erlösenden Dienst zu erweisen, zu dem sich bis heute kein Volk der Erde fand«.[29] Es wird über die Thüringer Gruppe, ihre Theologie und ihre kirchenpolitische Bedeutung später noch ausführlicher zu reden sein. Sie war die erste jener spontanen, kirchlichen Bewegungen, die eine unmittelbare Verbindung zwischen Kirche und Partei herstellten, und die ihre Entstehung dem religiösen Enthusiasmus von Pfarrern und Gemeinden, nicht dem politischen Kalkül der Partei verdankten.

In dieser Richtung tätig zu werden, nationalsozialistische Pfarrer und Gemeindeglieder zusammenzuschließen, um die Kirche für die Idee des Dritten Reiches zu gewinnen, lag seit 1930 offensichtlich in der Luft. Es hing freilich noch ganz von der zufälligen Initiative einzelner ab, ob und was daraus wurde. In Nassau etwa war es ein schon über 60jähriger Dekan und Pfarrer, Gustav Lehr aus Gladenbach im Kreis Biedenkopf, der angesichts der bevorstehenden Kirchenwahlen im März 1931 die Dinge in Bewegung brachte. In kurzer Zeit organisierte er eine neue Kirchenpartei, die in allen vier Wahlkreisen in Konkurrenz zur kirchlichen Einheitsliste der anderen Gruppen unter dem Namen »Christlich-nationaler Bekennerbund« auftrat. Diese neue Liste, vor der Wahl überall als nationalsozialistische Liste bezeichnet, erhielt von den 60 Sitzen der Synode 14 und hatte damit einen beachtlichen Erfolg zu verzeichnen. Freilich war nun diese, im Vergleich zu Thüringen von Anfang an kirchenpolitisch orientierte Aktivität zugleich Anlaß für eine deutliche Distanzierung aus München. Der Kreisleiter der NSDAP in Wiesbaden hatte nämlich in der Parteizeitung die Parole ausgegeben, jedes Mitglied der Partei müsse die Liste Lehr wählen. Dies wäre genau der von Hitler so gefürchtete Schritt der Partei hinein in die innerkirchlichen Auseinandersetzungen gewesen. Die daraufhin von den Gegnern Lehrs angerufene Reichsleitung der Partei gab denn auch prompt »in aller Deutlichkeit der nassauischen Gauleitung zu erkennen …, daß sie ein Eingreifen der Partei auf das kirchenpolitische Gebiet nicht wünscht«. Daraufhin zog sich die Partei, nachdem ihre örtlichen Organisationen zunächst den Bekennerbund lebhaft unterstützt hatten, tatsächlich weitgehend aus dem Wahlkampf zurück, was von der kirchlichen Presse allgemein mit Befriedigung zur Kenntnis genommen wurde.[30]

Es war sicher kein Zufall, daß die ersten nationalsozialistischen Kirchenparteien in Landeskirchen entstanden, die als Hochburgen der Religiösen Sozialisten galten. Das traf jedenfalls für Thüringen und auch für Baden zu. Hier war der Prozeß der Politisierung der Kirche bereits eingeleitet, den die evangelischen Nationalsozialisten nur fortzusetzen brauchten. In der Tat verfuhr die Rechte jetzt genau so, wie es Erwin Eckert schon 1927 für die Linke propagiert hatte. »Um ihre Aufgaben zu erfüllen«, so hatte Eckert damals geschrieben, »müssen die religiösen Sozialisten die Macht in den christlichen Kirchen erringen. Die evangelisch-protestantische Kirche werden sie durch das allgemeine direkte und geheime Wahlrecht aller wahlberechtigten Kirchenglieder erobern.«[31] Es war nicht ohne bittere Ironie, daß die Nationalsozialisten ausgerechnet in Eckerts Landeskirche zum ersten Mal dem Ziel nahe kamen, an dem der Mannheimer Pfarrer und seine Freunde gescheitert waren: die Eroberung einer Kirche über die Wahlen.

Der Zusammenschluß der badischen evangelischen Nationalsozialisten erfolgte – möglicherweise nicht ohne Mithilfe des badischen Gauleiters Robert Wagner – Anfang 1932. Bei den Wahlen zur Landessynode am 10. Juli 1932 traten sie unter dem Namen »Kirchliche Vereinigung für positives Christentum und deutsches Volkstum« an – ein geschickter Bezug auf das »positive Christentum« der NSDAP, das in dieser Verbindung weit »positiver« klang, als es dort je gemeint war. Die Wahl brachte den Nationalsozialisten 14 Sitze, den Religiösen Sozialisten 9, den Liberalen 12 und der Kirchlich-Positiven Vereinigung, der eigentlichen landeskirchlichen Sammelpartei, 29.[32] Durch eine geschickte Politik gelang es den Nationalsozialisten, auf der ersten Sitzung der neuen Synode im Oktober 1932 eine Koalition mit der Kirchlich-Positiven Vereinigung zu bilden und mit der gerade eben erreichten Zweidrittelmehrheit von 42 Stimmen Liberale und Religiöse Sozialisten aus der Kirchenregierung auszuschalten.[33] Der ganze Vorgang, der bei den Betroffenen begreiflicherweise lebhafte Empörung auslöste, warf ein bezeichnendes Licht auf die kirchlichen Zustände am Ende der Weimarer Zeit. Dabei war das Bündnis zwischen der landeskirchlichen Mehrheit und den Nationalsozialisten ebenso bemerkenswert wie die Tatsache, daß in den politisierten Kirchen die Mehrheit ihre Macht jetzt rücksichtslos ausspielte. Bisher war es selbstverständlich gewesen, daß alle kirchlichen Gruppen an der Kirchenregierung beteiligt wurden. Jetzt regierte nur noch, wer die Mehrheit hatte. Die wenig rühmliche Rolle der badischen Kirchenleitung in den kommenden Jahren war hier schon deutlich vorgezeichnet.

Das alles waren nun freilich noch keineswegs Ereignisse, die den deutschen Protestantismus insgesamt bewegt und erschüttert hätten. Der nationalsozialistische Pfarrerbund mit seiner verschwindend geringen Mitgliederzahl von unter einem Prozent der aktiven Pfarrerschaft war tatsächlich kaum ein Grund zur Beunruhigung; und die Vorgänge in Thüringen, Nassau und Baden konnte man mit einem gewissen Recht den besonderen Verhältnissen in diesen Landeskirchen zuschreiben, die durch die Religiösen Sozialisten seit langem politisch stark polarisiert waren – abgesehen davon, daß man den Problemen der kleineren Landeskirchen ohnedies nicht allzuviel Aufmerksamkeit widmete.

Die Entscheidungen des deutschen Protestantismus fielen – wie die Entscheidungen des Reiches auch – in Preußen. Und hier brachten die Jahre 1931 und 1932 grundlegende und, wie sich bald herausstellen sollte, für das ganze evangelische Deutschland bedeutsame Veränderungen. Initiator und Mittelpunkt dieser Veränderungen war der märkische Gauleiter und Vorsitzende der nationalsozialistischen Fraktion im preußischen Landtag, Wilhelm Kube.

Kube, 1887 in Glogau geboren, kam aus der völkischen Bewegung. Er hatte neben Geschichte und Staatswissenschaften auch etwas Theologie studiert, war Mitglied des christlich-völkischen »Vereins Deutscher Studenten« (VDSt) und wurde 1920 Generalsekretär des Landesverbandes Berlin der neuen Deutschnationalen Volkspartei. 1923 schloß er sich der »Nationalsozialistischen Freiheitsbewegung« an und gelangte nach mancherlei Umwegen 1928 an die Spitze sowohl der NS-Fraktion im Preußischen Landtag als auch des neugeschaffenen Gaues »Ostmark« der NSDAP, der damals ganze 66 Parteigenossen zählte. Die Eroberung dieses Gaues in den folgenden fünf Jahren trug Kube die bleibende Dankbarkeit Hitlers ein.[34] Während dieser Zeit – vermutlich am Anfang der zwanziger Jahre – arbeitete Kube auch in der Kirche mit. Er war Mitglied des Gemeindekirchenrates der Gethsemane-Gemeinde in Berlin N 58 und der Stadtsynode der Diözese Berlin-Stadt III.[35] Im Gegensatz zu den meisten anderen nationalsozialistischen Führern besaß er also eine unmittelbare Kenntnis der evangelischen Kirche und ihrer Verfassungsorgane und konnte die damit gegebenen Möglichkeiten abschätzen. So lag es nahe, daß er nicht nur die kirchenpolitischen Fragen innerhalb der Fraktion bearbeitete, sondern auch allgemein für die Partei in Preußen die kirchliche Entwicklung beobachtete.

Der kirchenpolitische Kurs, den Kube vertrat, wurde deutlich, als er am 1. Juli 1929 im preußischen Landtag für seine Fraktion zum preußischen Konkordat Stellung nahm. Ausgehend von der völkischen Überzeugung der Einheit von Christentum und Volkstum lehnte er das Konkordat mit der Begründung ab, »daß die Frage der christlichen Erziehung oder der Gestaltung des kirchlichen Lebens letzten Endes eine Frage der Gesetzgebung durch den Staat ist, und daß wir nach dieser Richtung unter gar keinen Umständen eine Gleichstellung der beiden Kontrahenten, Staat und Kirche, anzunehmen vermögen«. Kein Staat, so erklärte er, dürfe es dulden, »daß irgendwelche Kräfte in religiösen oder in weltanschaulichen freien Gemeinschaften wirksam werden könnten, die der Staatsautorität zu nahe treten«. Dies sei kein Widerspruch zum »positiven Christentum« der Partei, im Gegenteil: »Gerade weil wir es bejahen, weil wir davon überzeugt sind, daß Christentum und Deutschtum in den letzten 1½ Jahrtausenden in so unendlich vielen Dingen eins geworden sind, daß man sie nicht trennen kann, ... haben wir zu diesem deutschen Staat das Zutrauen, daß seine Politik den christlichen Belangen und den Empfindungen des Christen nicht entgegengesetzt ist, sondern diese Belange unter allen Umständen wahrt.«[36] Als zwei Jahre später, am 13. Juni 1931, der Vertrag mit den evangelischen Kirchen zur Debatte stand, bekräftigte er ausdrücklich noch einmal diese Entscheidung. Das Verhältnis zwischen Staat und Kirche sei kein Vertragsverhältnis, es werde »in dem ja in absehbarer Zeit siegreichen nationalsozialistischen Staat durch Gesetzgebung geregelt werden«. Es sei »Sache des Staates, und zwar des nationalsozialistischen Staates«, dieses Verhältnis »nach den Grundsätzen des Deutschtums und des Christentums zu ordnen«.[37] Erst später nahm Kube zur Kenntnis, daß Hitler diese Überzeugung seit den Lateranverträgen zugunsten des Konkordatsprinzips revidiert hatte.

Kube war zweifellos fest davon überzeugt, mit dieser Haltung die wahren Interessen des deutschen Protestantismus zu vertreten. Das war insofern nicht ganz aus der Luft gegriffen, als ein Teil der preußischen Synodalen noch Ende 1925 tatsächlich jeden Konkordatsbeschluß kategorisch abgelehnt hatte,

»›weil er mit dem Gedanken der staatlichen Souveränität unvereinbar‹ sei«, und statt dessen erwartete, »daß der Staat weiterhin durch Gesetze das Verhältnis von Staat und Kirche regele«.[38] Insbesondere der im Evangelischen Bund organisierte nationalprotestantische Flügel verfocht diese These mit aller Entscheidenheit.[39] Allerdings hatte die preußische Kirchenleitung im Verlauf der Konkordatsverhandlungen ihre Haltung revidiert und war zu der Überzeugung gekommen, nun auch für den Abschluß eines entsprechenden Vertrages zwischen Preußen und den evangelischen Landeskirchen einzutreten. Das war natürlich zunächst einfach eine Frage der paritätischen Behandlung; zunehmend aber wuchs doch auch die Einsicht in die Zweckmäßigkeit vertraglicher Regelungen zwischen Kirche und Staat.[40] Als der endgültige Vertrag schließlich 1931 dem Kirchensenat vorlag, wurde er »als ein großer Fortschritt für die Selbständigkeit der Kirche und auch für das Verhältnis von Kirche und Staat bezeichnet«.[41] Dies war insgesamt eine Folge der Veränderungen, die im Bewußtsein der Landeskirchen zwischen 1920 und 1930 stattgefunden hatten.[42]

Für Kube freilich mußte die Zustimmung der preußischen Kirchenleitung zu diesem Vertrag wie blanker Verrat erscheinen. Er sah die führenden Vertreter des preußischen Protestantismus mit den verhaßten Weimarer Parteien – namentlich mit den Volkskonservativen und den Christlich-Sozialen – gemeinsame Sache machen, während nach seiner Überzeugung »die Haltung, die Würde und Selbstachtung der evangelischen Kirchen es verbieten« sollte, »sich unter den Einfluß marxistisch durchsetzter Regierungen zu stellen«.[43] Und so faßte er Anfang 1931 den Entschluß, die evangelische Kirche in Preußen politisch in die Hand zu bekommen. Die Gelegenheit dazu boten die preußischen Kirchenwahlen, die im Herbst 1932 bevorstanden. Dieser Entschluß war die eigentliche Geburtsstunde der Deutschen Christen, die dann in kurzer Zeit die evangelische Kirche vor eine ganz neue Situation stellen sollten.

Der Weg zur Eroberung der Kirche erwies sich freilich zunächst als schwierig und umständlich. Denn allen Versuchen, eine nationalsozialistische Kirchenpartei zu gründen, stand Hitlers Grundentscheidung entgegen, wonach die Partei unter keinen Umständen unmittelbar in kirchliche Fragen hineingezogen werden durfte. Man mußte also nach einer Hilfskonstruktion suchen, und tatsächlich stand das ganze Jahr 1931 im Zeichen verschiedener Anläufe, die Kirche zu erobern, ohne die Partei allzusehr zu belasten. Schließlich erwies sich dann doch die Gründung einer eigenen Gruppe als der einzig erfolgversprechende Weg.

Im Januar 1931 machte Kube dem Reichsorganisationsleiter der Partei, Gregor Strasser, zum ersten Mal den Vorschlag, bei den bevorstehenden Kirchenwahlen in Preußen »eigene nationalsozialistische Listen aufzustellen, um die Kirche in unsere Hände zu bekommen«.[44] Ob Kube diesen Plan daraufhin, wie Strasser anregte, mit Hitler besprach, läßt sich nicht mit Sicherheit sagen. Aber offensichtlich ließen die bekannten Schwierigkeiten die Parteiführung zögern, die Zustimmung zu einem direkten Eingreifen der Partei in die Kirchenwahlen zu geben. Daher versuchte Kube zunächst, seine Pläne mit Hilfe einer neuen kirchenpolitischen Gruppierung zu verwirklichen, die sich 1930 in Berlin gebildet hatte, der »Christlich-deutschen Bewegung«.

Die »Christlich-deutsche Bewegung« war 1930 von dem märkischen Provinzialjugendpfarrer Werner Wilm »in Verbindung mit den Kreisen der vaterländischen Verbände, des Stahlhelms und der Deutschnationalen« gegründet worden.[45] Es ging um eine Sammlung der Rechten in der evangelischen Kirche mit dem Ziel, für die bekannten kulturellen, kirchlichen und politischen Forderungen des nationalen Protestantismus einzutreten. Nationalsozialisten waren zunächst nicht beteiligt. Unter den prominenten Mitgliedern der Bewegung fanden sich der ehemalige Hofprediger, dann Pfarrer am Berliner Dom und Professor für praktische Theologie Bruno Doehring, ein nationalistischer Wirrkopf, aber kaum ein Anhänger Hitlers; und der Gutsbesitzer und pommersche Synodale Ewald v. Kleist-Schmenzin, ein Deutschnationaler, der jedenfalls seit 1932 ein kompromißloser Gegner der Nationalsozialisten war.[46] Irgendwann stießen auch eine Reihe von deutschnationalen Professoren dazu, darunter Paul Althaus, Emanuel Hirsch und Heinrich Bornkamm. Wie der Kreis 1930 im übrigen aussah, und ob und was er tat, ist kaum genau festzustellen. Sicher dagegen ist, daß die Septemberwahlen 1930 auch diese Bewegung in Unruhe versetzten. Denn jetzt stellte sich die Frage nach dem Verhältnis zum Nationalsozialismus. Wilm nämlich war entschlossen, die Partei und die Christlich-deutsche Bewegung zusammenzubringen. Der Mann, über den er dies zu bewerkstelligen versuchte, war Friedrich Wieneke, Dompfarrer in dem kleinen märkischen Landstädtchen Soldin, dort seit 1929 Fraktionsführer der Nationalsozialisten im Stadtrat und einer der ersten Geistlichen in Preußen, der der Partei beigetreten war. Wieneke war ein echter Nationalsozialist, der die Rassenlehre mit Überzeugung vertrat. Wenn er gleichwohl im Kreise seiner späteren, überaus robusten deutschchristlichen Freunde immer noch vergleichweise harmlos wirkte, so sprach dies vor allem für seine völlige politische und theologische Ahnungslosigkeit.

Wilm also lud Wieneke Ende 1930 ein, im Rahmen der Christlich-deutschen Bewegung über das Thema »Christentum und Nationalsozialismus« zu sprechen, wozu der Soldiner Pfarrer in Kubes Parteizeitung, dem *Märkischen Adler,* und dann im Pfarrerblatt bereits mehrfach Stellung genommen hatte.[47] Dies geschah, und es war für die Christlich-Deutschen charakteristisch, daß zwei Preußenprinzen, August Wilhelm und Eitel Friedrich, an der Veranstaltung teilnahmen. Später fand auch noch ein Gespräch beim Kronprinzen statt.[48] Die Kontakte waren so zufriedenstellend, daß Wieneke im Dezember 1930 im Deutschen Pfarrerblatt im Zusammenhang mit dem »lebendigen Wunsch nach Zusammenschluß von Pfarrern nationalsozialistischer Richtung« eine »rein kirchenpolitische Gruppe« empfehlen konnte, »die unsere Interessen wahrnimmt: Christlich-deutsche Bewegung (mit Pfarrergruppe) Berlin-Wilmersdorf, Duisburger Straße 2a«.[49] Auch Wienekes Schrift *Christentum und Nationalsozialismus* erschien in der Schriftenreihe dieser Bewegung.

Wie sich das Verhältnis von Deutschnationalen und Nationalsozialisten in der Christlich-deutschen Bewegung im Lauf des Jahres 1931 entwickelte, ist unklar. Jedoch scheint die Bildung der »Harzburger Front« am 11. Oktober, jener großen scheinbar vereinigten Front aller Rechten[50], Kube in seinen Plänen zunächst bestärkt zu haben. Jedenfalls verhandelte er Ende September 1931 mit Vertretern der Christlich-deutschen Bewegung und sagte zu, daß die NSDAP bei den nächsten Kirchenwahlen allein diese Gruppe unterstützen werde.[51] Kurz darauf berichtete er Strasser über seine Pläne. »Die evangelische Kirche«, so erklärte er, »befindet sich gegenwärtig in der Hand unserer Feinde. Die Konsistorien bestehen aus charakterlosen Geldverdienern, die dem gegenwärtigen System gegenüber einen krummen Buckel machen. Nun bietet die Leitung der evangelischen Kirche die Möglichkeit, durch Teilnahme an den Kirchenwahlen dieses außerordentlich wichtige Instrument in unsere Hand zu bringen.« Es entsprach ganz der allgemeinen Linie, wenn Kube fortfuhr, daß die Partei »natürlich nicht nationalsozialistische Listen für die Kirchenwahlen aufstellen« könne. Daher habe eine vorbereitende Besprechung evangelischer Stahlhelmkreise, Nationalsozialisten und Deutschnationaler stattgefunden, die gemeinsam bei den Wahlen als »Christlich-deutsche Bewegung« auftreten wollten. »Sie als Organisationsleiter«, so bat Kube schließlich, »sollten nun eine Entscheidung darüber treffen, in welcher Form die Partei – nicht amtlich, sondern diskret im Hintergrund – diese außerordentlich wichtige Arbeit fördern kann.«[52]

Es gelang Kube jedoch nicht, diesen Plan in die Tat umzusetzen. Denn von zwei Seiten erhob sich nun Widerspruch. Zum einen beschwerte sich der »Bund für Deutsche Kirche« bei der Reichsleitung in München über die einseitige »kirchenpolitische Festlegung der evangelischen Mitglieder der N.S.D.A.P auf eine«, wie es in dem Schreiben hieß, »ganz bewußt auch auf alttestamentlichem, d. h. jüdisch-völkischem Boden stehende Kirchenpartei«.[53] Wichtiger freilich waren die politischen Bedenken. Denn so wenig Hitler im politischen Raum an einer Verbindung zu den Deutschnationalen gelegen war, so wenig wollte die Partei auch in der Kirche auf ihren alleinigen und vollständigen Machtanspruch verzichten. Als daher in Berlin die Vertreter »aller maßgebenden vaterländischen Verbände« zur endgültigen Beschlußfassung über ein kirchlich-politisches Programm zusammenkamen, scheiterte der Versuch am Widerspruch des Berliner Gauleiters. In diesem Programm habe man sich, so berichtete Wieneke über die Zusammenkunft, »zu einer deutschen Volkskirche« bekennen wollen, »die auch den Anforderungen völkischer Art entsprechen sollte«. Ein Vertreter nach dem anderen habe seine Zustimmung zum Ausdruck gebracht. »Mit Spannung wartete man auf die Erklärung von Dr. Goebbels. Bei aller Geschicklichkeit in der Formulierung bereitete sie den Versammelten eine empfindliche Enttäuschung.« Tatsächlich lehnte der Berliner Gauleiter ein Zusammengehen der NSDAP mit den vaterländischen Verbänden in der evangelischen Kirche vorsichtig aber entschieden ab. Die »Harzburger Front« des deutschen Protestantismus war damit gescheitert, noch ehe sie recht begründet worden war.[54]

Diese Entscheidung war vom Standpunkt der Partei aus zweifellos richtig, wie die weitere Entwicklung der Christlich-deutschen Bewegung bewies. Denn etwa um die gleiche Zeit trat der mecklenburgische Landesbischof Heinrich Rendtorff an ihre Spitze, und wohl schon unter seiner Mitwirkung entstanden acht Leitsätze, die kaum im Sinne der Nationalsozialisten sein konnten.[55] Diese Sätze enthielten zwar glühende Bekenntnisse zur deutschen Freiheitsbewegung, aber doch auch die Aussage, »daß das Kreuz Christi die tiefste, ja die einzige Deutung unseres Schicksals ist«. Entsprechend der Überzeugung Rendtorffs banden sie die Zukunft der deutschen Freiheitsbewegung an ihren Gehorsam gegen Gott und erklärten: »Weigert das deutsche Volk diesen Gehorsam, dann steht es unter dem Gericht Gottes und wird verworfen werden.« Dies dem deutschen Volk zu verkündigen sei der Auftrag der Kirche, und deshalb solle sie »frei von parteipolitischer und wirtschaftlicher Bindung nur ›Kirche‹ sein, die Wirklichkeit und den Willen ihres Herrn bezeugend mit Wort und Tat – aber sie soll es sein mit dem deutschen Volke und für das deutsche Volk.«[56]

Während die Distanz zwischen Christlich-deutscher Bewegung und NSDAP im Lauf des Jahres 1932 im Norden und Osten deutlich zunahm, machte ihr süddeutscher Zweig die entgegengesetzte Entwicklung durch. Er war im September 1931 von Volksmissionar Otto Lohss in Stuttgart gegründet worden, hatte zunächst auch die Wahl zwischen den großen Freiheitsparteien »Deutschnationale Volkspartei, Nationalsozialistische Deutsche Arbeiterpartei [und] der mitverbundenen Deutschen Bauernschaft« ausdrücklich freigestellt[57], schwenkte aber dann im Herbst 1932 immer entschiedener auf die nationalsozialistische Linie ein. Da es nach Lohss' Überzeugung nur noch um ein Ringen zwischen Nationalsozialismus und Bolschewismus zu gehen schien, war eine Parteinahme für die Deutschnationalen nicht mehr möglich. Die Alternative forderte gebieterisch die unbedingte Solidarität mit Hitler.[58] Folgerichtig ging der süddeutsche Zweig der Christlich-deutschen Bewegung im Frühjahr 1933 in den »Deutschen Christen« auf.

Ganz anders dagegen verlief nun die weitere Entwicklung in Preußen. Kube begriff jetzt, daß er selbständig handeln mußte, und sein Haß auf die preußische Kirchenleitung bestärkte ihn, einen großen Schlag zu wagen. Ende Oktober 1932 wies er daher in einem weiteren Schreiben an Strasser die Vorwürfe der Deutschkirche zurück und erklärte, dies sei »eine reine innere Angelegenheit der evangelischen Kirche«, für die sich die Partei unter keinen Umständen einsetzen könne. Die Interessen Kubes gingen in eine ganz andere Richtung. »Wir wollen die evangelische Kirche in unsere Hand bekommen«, so erklärte er mit bemerkenswerter Offenheit, »weil die gegenwärtige Leitung der Kirche mit dem marxistischen Preußischen Staat einen unerhörten Kirchenvertrag abgeschlossen hat, und weil die Konsistorien und Generalsuperintendenten bereits beginnen, nationalsozialistische Pastoren zu verfolgen. Dabei kann uns nur eine große, parteipolitisch nicht gebundene Bewegung aus der Kirche heraus selbst dienen.«[59]

Inzwischen stachelte ein Erlaß des preußischen Oberkirchenrats Kubes Haß noch weiter an. In diesem Erlaß schloß die Kirchenleitung den umstrittenen Kirchgang geschlossener, uniformierter politischer Verbände mit ihren Fahnen zwar nicht direkt aus, warnte aber vor der damit verbundenen Gefahr und riet Pfarrern und Gemeindekirchenräten in diesem Punkt zu äußerster Vorsicht und Zurückhaltung.[60] Kube empfand diese Stellungnahme als unmittelbaren Angriff auf die Partei. Er eröffnete eine heftige Polemik und erwiderte auf eine Bitte des Evangelischen Pressedienstes, den Erlaß wenigstens korrekt zu zitieren, in dem für ihn typischen anmaßenden Ton: »Sie hätten nicht nötig gehabt, an meine Loyalität zu appellieren, denn ich pflege nur über Dinge zu schreiben, die ich durchgearbeitet habe und brauche auf diesem Gebiet keine Belehrung, am allerwenigsten von den christlichsozialen und volkskonservativen Kreisen der evangelischen Kirche, die mit Marxisten und Zentrum in Preußen den Kirchenvertrag geschlossen haben.« Der Brief schloß mit einem Hinweis darauf, daß er die Möglichkeiten der evangelischen Kirche kenne und nützen werde.[61]

Am 9. Dezember wandte sich der märkische Gauleiter in der ganzen Angelegenheit ein letztes Mal nach München. Jetzt hatten seine Pläne konkrete Gestalt angenommen. Er bat den Reichsorganisationsleiter, nach dem Thüringer Beispiel auch für Preußen die Aufstellung eigener nationalsozialistischer Listen für die Kirchenwahlen zu genehmigen, die als »Evangelische Nationalsozialisten« firmieren sollten.[62] Am 17. Dezember kam aus München die endgültige Bestätigung. Strasser schrieb: »Ich bestätige den Erhalt Ihres Briefes vom 9. d. M. und bin mit Ihnen der Meinung, daß wir auf jeden Fall versuchen müssen, in die evangelischen Kirchenwahlen gemäß der Größe und Stärke der Partei einzugreifen.« Jetzt war auch die Organisationsfrage im wesentlichen bereits erklärt. »Ich habe gegen die Bezeichnung der Wahlvorschläge mit dem Kennwort ›Evangelische Nationalsozialisten‹ keine Bedenken. Um auf der einen Seite die anderen Gaue von dieser Sachlage zu verständigen, auf der anderen Seite die parteiamtliche Tätigkeit dabei möglichst in den Hintergrund zu stellen, würde ich vorschlagen, daß Sie als Führer der Preußenfraktion den anderen Gauleitern mitteilen, daß Sie nach Rücksprache mit mir das oben besprochene Vorgehen anempfehlen.« Schließlich riet Strasser noch, »mit dieser Mitteilung an die Leute gleichzeitig eine von Ihrem kirchlichen Fachberater ausgearbeitete Anweisung« beizulegen und die Gaue anzuweisen, »weiteren Schriftwechsel mit ihrem kirchlichen Fachberater in dieser Sache zu pflegen. So erreichen wir m. E. was wir wollen, ohne daß im großen der Parteiapparat in Szene gesetzt wird. Außerdem können wir immer darauf hinweisen, daß die Wahlarbeit an sich wie die Aufstellung der Listen, wie das Kennwort von unten herauf aus den Kreisen der Mitglieder spontan gekommen ist und die Reichsleitung lediglich dieser spontanen Willensäußerung gegenüber sich passiv verhalten hat.«[63]

Damit war der Weg klar, und Kube begann zu handeln. Zunächst mobilisierte er die Öffentlichkeit. Anfang Januar 1932 erschien im *Völkischen Beobachter* ein aufsehenerregender Artikel des Gauleiters, der die Nationalsozialisten zur Eroberung der Kirche aufrief. Als Begründung führte Kube alle seine

Lieblingsthemen an: »Die provokatorischen Äußerungen des bekannten brandenburgischen Generalsuperintendenten Dr. Vits gegen Adolf Hitler... der preußische Kirchenvertrag... der unerhörte Erlaß des Evangelischen Oberkirchenrats gegen den gemeinsamen Kirchenbesuch nationaler Verbände...:« all das zeige »mit erschreckender Deutlichkeit«, wie wenig die Lage unseres Volkes von den höchstbesoldeten Beamten der evangelischen Landeskirchen erkannt und gewürdigt wird«. Mit den – hier fiel das Stichwort – »evangelischen Nationalsozialisten« müsse man zu der Einsicht kommen, daß es so nicht weitergehen könne. Und nachdem dies noch einmal ausführlich begründet worden war, kamen die entscheidenden Abschnitte. »Es ist Zeit«, so schrieb Kube, »daß das evangelische Volk in Deutschland seiner Kirche mehr Aufmerksamkeit widmet. Die Kirche darf nicht eine Sinekure der christlichsozialen und volkskonservativen Generalsuperintendenten bleiben. Wir brauchen eine evangelische Reichskirche für ganz Deutschland, die mit der Zersplitterung in anderthalb Dutzend Landeskirchen endlich Schluß macht.« Auch der kirchenpolitische Plan wurde nun offen dargelegt. »Die Unierte Kirche der Altpreußischen Provinzen besitzt im gewissen Sinne eine Art Selbstverwaltung. Und hier muß der Hebel angesetzt werden. Im Jahre 1932 finden die Wahlen zu den Gemeindekörperschaften statt, aus denen dann später die Synoden usw. gewählt werden, und die die Wahlen der Pfarrer in der Hand haben. Wahlberechtigt ist jeder evangelische Christ... Er muß sich nur rechtzeitig in die Wählerliste seiner Kirchengemeinde eintragen lassen.« Der Artikel schloß mit einem flammenden Appell: »Nationalsozialisten! Duldet es nicht, daß man euch die Türen eurer Kirchen vor der Nase zuschlägt... Erobert euch eure Kirche und erfüllt sie mit dem lebendigen christlichen Geiste der erwachten deutschen Nation! Laßt euch schon jetzt in Stadt und Land zu Hunderttausenden und Millionen in die Wählerlisten eintragen...«[64]

Das Bemerkenswerte an diesem Artikel war, daß er nicht nur offen zur politischen Eroberung der preußischen Kirche aufrief, sondern zugleich erkennen ließ, daß es dabei um mehr ging als um die altpreußischen Provinzen, nämlich um das ganze Reich. Zum ersten Mal wurde hier das einzig plausible kirchliche Wahlziel propagiert, über das die Deutschen Christen später verfügen sollten: die Beendigung der sogenannten kirchlichen Zersplitterung und die Gründung einer Reichskirche. Was die kubesche Initiative grundsätzlich von den Vorgängen in Thüringen, Nassau und Baden unterschied, das war sein politischer Ansatz und der Entschluß, die Dinge jetzt im großen anzupacken und von Preußen aus über das Lokale und Regionale hinaus eine Kirchenorganisation der evangelischen Nationalsozialisten für das ganze Reich zu schaffen.

Nach der Mobilisierung der Öffentlichkeit galt Kubes nächster Schritt der Unterrichtung der preußischen Gauleiter. Dabei folgte er genau den Vorschlägen, die Strasser ihm in seinem Brief vom 17. Dezember gemacht hatte. Zusammen mit Pfarrer Karl Eckert, den er schon 1931 zu seinem kirchlichen Fachberater ernannt hatte[65], und der bei den preußischen Landtagswahlen im April 1932 für die Nationalsozialisten in den Landtag einzog, entwarf er ein Aktionsprogramm, das alle mit Strasser besprochenen Punkte und zugleich die Grundzüge der späteren Richtlinien enthielt. Dieses Aktionsprogramm wurde bekannt, nachdem es in Schlesien im Februar 1932 als »Kirchenpolitisches Sonder-Rundschreiben Nr. 1« »an alle Untergliederungen der NSDAP im Gau Schlesien« weitergegeben worden war. Durch verschiedene Kanäle gelangten diese internen Anweisungen an den Evangelischen Oberkirchenrat und auch in den Besitz der in Berlin erscheinenden *Täglichen Rundschau*, die sie am 25. Februar im Wortlaut veröffentlichte.[66]

»Im Jahr 1932«, so begann das Rundschreiben, »finden die Kirchenwahlen für die evangelische Landeskirche der altpreußischen Union statt. Sie sind für das kommende dritte Reich von größter Bedeutung. Die Reichsleitung hat Aufstellung von Wahlvorschlägen mit dem Kennwort ›Evangelische Nationalsozialisten‹ zugelassen. Die Wahlbewegung soll so vor sich gehen, daß sie von den besonderen Fachberatern für Kirchenfragen Hand in Hand mit den örtlichen Parteileitungen durchgeführt wird.« Nach einem kurzen Abschnitt über Organisationsfragen folgte in sieben Punkten eine Aufzählung der wichtigsten Grundsätze der neuen Kirchenpartei. Sie verstanden sich als Auslegung des »positiven Christentums« und lauteten im einzelnen: »1) Ablehnung des liberalen Geistes der jüdisch-marxistischen Aufklärung. 2) Überwindung der aus jüdisch-marxistischem Geist geborenen Humanität... 3) Betonung eines kämpferischen Glaubens... 4) Reinigung und Erhaltung der Rasse... 5) Kampf gegen religions- und volksfeindlichen Marxismus und seine christlich-sozialen Schleppenträger aller Schattierungen... 6) Neuer Geist für unsere amtlichen und privaten Stellen der Kirchenleitung...« – hier folgten die bekannten Kubeschen Angriffspunkte – »7) Bereinigung der kleinen evangelischen Landeskirchen zu einer starken evangelischen Reichskirche...« Der Abschnitt schloß mit dem Hinweis: »Vorwürfe, wir wollen die Kirche politisieren, sind abzulehnen. Wir handeln nicht als Partei, sondern folgen nur als evangelische Christen einem Glaubensruf Gottes, den wir in unserer Volksbewegung hören.« Und in wörtlicher Aufnahme einer Wendung aus dem Schreiben Strassers hieß es, die evangelischen Nationalsozialisten hätten einen berechtigten Anspruch darauf, in der Kirche »der Größe und inneren Stärke des Nationalsozialismus entsprechend« berücksichtigt zu werden. Schließlich wurden im letzten Abschnitt des Rundschreibens noch Anweisungen zur »Durchführung« gegeben, die den Ortsgruppenleitern die Verantwortung für die Eintragung in die kirchlichen Wahllisten übertrugen und die Teilnahme an den Kirchenwahlen jedem Parteigenossen zur Pflicht machten. »Es heißt hier unauffällig, selbständig und schnell arbeiten.«

Nach der Mobilisierung der Öffentlichkeit und der Unterrichtung der Parteiorganisation galt Kubes dritter Schritt der Sammlung und dem Einsatz nationalsozialistischer Pfarrer, die in der Kirche selbst die neue Kirchenpartei aufbauen sollten. Denn so, wie das Unternehmen angelegt war, stand und fiel es mit der Bereitschaft von Pfarrern, den Auftrag der Partei zu übernehmen. Der Kreis, auf den Kube sich zu stützen beschloß, hatte sich gerade erst in Berlin um einen jungen, 32jährigen Pfarrer gebildet, der dann für ziemlich genau anderthalb Jahre zu einer der wichtigsten Figuren des deutschen Protestantismus werden sollte: Joachim Hossenfelder.

Der spätere Reichsleiter der Deutschen Christen war nach Herkunft und Schicksal ein typischer Vertreter seiner Generation. Geboren in Cottbus als Sohn eines Handelslehrers, aufgewachsen in Hanau, Frankfurt a. M. und Lübeck, meldete er sich 1917 als Kriegsfreiwilliger und kam noch im gleichen Jahr an die Front. Der Lebenslauf, den der 23jährige 1922 bei der Meldung zum theologischen Examen dem Konsistorium einreichte, verriet, was dies für ihn bedeutete: »Die Erlebnisse an der Front waren für mich die stärksten, die ich je erlebt. Die gewaltigen Schlachten an der Somme und bei Verdun zeigten mir, daß nicht in erster Linie Deutschland, England und Frankreich kämpften, sondern daß Gott mit der Menschheit geschichtlich handelte, indem er zum Kampf für Heimat und Gewissen rief. Streiter für Gott und Vaterland zu werden, war die Aufgabe, die uns der Krieg beschieden hatte. Aus dem Felde zurückgekehrt, immatrikulierte ich mich im November 18 an der Kieler Universität ... Da meine Familie seit dem 17. Jahrhundert in Niederschlesien als Bauerngutsbesitzer gelebt hatte, zog ich im 5. Semester nach Breslau ... Meine Studienzeit unterbrach ich zweimal, im Sommer 1919 ging ich zum Grenzschutz Ost, im Sommer 1921 zum Grenzschutz Oberschlesien. Aktiv bin ich im Verein Deutscher Studenten, dessen Ziel, auf christlichem und nationalem Boden zu einer Volksgemeinschaft zu werden, mir als vornehmste Aufgabe erschien.«[67]

Es ist erstaunlich, wie klar und selbstverständlich der 23jährige hier bereits die entscheidenden Einflüsse und Ideen nannte, die genau ein Jahrzehnt später die Bewegung der Deutschen Christen mit bestimmen sollten: das Fronterlebnis, der Glaube an Gottes Geschichtshandeln, Gott und Vaterland und die christliche und nationale Volksgemeinschaft. Auch die äußeren Entscheidungen fügen sich ins Bild: Zweimal Grenzschutz, Werkarbeit als Kohlentrimmer in der Kieler Gasanstalt[68], die Mitgliedschaft im völkischen Verein Deutscher Studenten, der gleichen Verbindung, zu der auch Kube und der spätere Reichsbischof Müller gehörten, und die erste Gemeinde in Oberschlesien, hart an der polnischen Grenze. Hossenfelder war kein bedeutender Mann. Aber er verfügte über eine Reihe von Eigenschaften, die seiner neuen Aufgabe entgegenkamen. Er besaß ein gutes Organisationstalent, eine beträchtliche Portion Rücksichtslosigkeit, und er verfügte in der entscheidenden Zeit vor allem über eines, nämlich die unerschütterliche Überzeugung, daß die Deutschen Christen mit Hitler siegen würden.

Der junge Pfarrer Hossenfelder erhielt nach zwei schlesischen Landgemeinden, Anfang 1931 die erste Pfarrstelle an der Christuskirche in Berlin SW. Seit 1. April 1929 Parteimitglied, suchte er alsbald auch in der Reichshauptstadt politischen Anschluß. Durch einen Zufall kam er mit Wieneke in Verbindung, hielt in Soldin seinen ersten Vortrag über »Völkische Erneuerung«, und begann Ende des Jahres in seiner Berliner Wohnung »eine Tischrunde Gleichgesinnter« zu sammeln.[69] Diese Runde beschloß, nachdem der Versuch mit der Christlich-deutschen Bewegung offensichtlich gescheitert war, eine selbständige Aktionsgruppe ins Lebens zu rufen und setzte zu diesem Zweck eine Anzeige ins *Deutsche Pfarrerblatt*. Sie erschien am 5. Januar 1932 und zeigte, daß die Pläne der Gruppe noch ganz unbestimmt waren: »Nationalsozialistische Pfarrer oder solche, die mit dem Nationalsozialismus sympathisieren, aus Groß-Berlin, Provinz Brandenburg und Provinz Sachsen, die gewillt sind, in eine Arbeitsgemeinschaft zu treten oder gegebenenfalls einen nationalsozialistischen Pfarrerbund gründen wollen, werden gebeten, ihre Anschrift zu geben an:« – es folgten die Adressen von Hossenfelder, Wieneke und einem Pfarrer Gensichen, der gerade aus dem Soldiner Kirchenkreis nach Halle/S. gekommen war. Die Anzeige hatte, nach Wienekes Bericht, ein beträchtliches Echo. Unter den Namen, die er in diesem Zusammenhang nennt, spielten fast alle später eine mehr oder weniger bedeutende Rolle bei den Deutschen Christen.[70] Dieser Kreis, über den Kube durch Wieneke und Eckert informiert war, bot sich für den Gauleiter als kirchliche Kerntruppe seiner neuen Kirchenpartei an. So berief er für den 10. und 11. Februar 1932 eine Tagung nationalsozialistischer Pfarrer nach Berlin ins Bettermannsche Lokal in der Potsdamer Straße ein, die sogenannte Bettermann-Versammlung, auf der die organisatorischen und inhaltlichen Fragen der Beteiligung an den Kirchenwahlen besprochen werden sollten.[71]

Kube erschien in der Versammlung nicht allein. Vielmehr brachte er neben seinem kirchlichen Fachberater Pfarrer Eckert einen Mann mit, der zur Parteileitung in München gehörte, aber in Berlin wohnte: den Ministerialrat Hanno Konopath. Wie sich herausstellte, sollte Konopath – da Kube nicht zuletzt wegen der bevorstehenden Landtagswahlen überlastet war – in Zukunft die Leitung der neuen Organisation übernehmen. Das aber erwies sich als schwerer Mißgriff.

Konopath war seit Dezember 1930 in der Reichsleitung Leiter der Abteilung Rasse und Kultur.[72] In dieser Eigenschaft galt er nach der späteren Meinung des Parteigerichts »in der Allgemeinheit als der Verkörperer der christlich-deutschen Anschauung der N.S.D.A.P. und ihrer sittlichen Auffassung«.[73] Es lag deshalb nahe, ihn mit der Aufgabe zu betrauen, die Kube für ihn vorgesehen hatte. Zum Schrecken der bei Bettermann versammelten Pfarrer stellte sich jedoch heraus, daß Konopath keineswegs eine deutschschristliche Linie vertrat, sondern zu den Völkisch-Deutschgläubigen gehörte, einer Richtung, die auch die Radikalsten der Gruppe Kube nicht mehr als christlich ansehen mochten. Tatsächlich war Konopath bis zum Herbst 1931 sogar Leiter des »Nordischen Ringes« gewesen, der sich als Kampforganisation gegen das Christentum verstand.

Die Verlegenheit, in die Konopath die Versammlung stürzte, wurde auf Hossenfelders Vorschlag dadurch gelöst, daß man dem Münchner Amtsleiter einen »geistlichen Adjutanten« beigab. Hossenfelder selbst war es, der dieses Amt übernahm. Eine weitere Überraschung stellte die Mitteilung an die Versammelten dar, daß der Name »Evangelische Nationalsozialisten« geändert werden müsse, da »Adolf Hitler ... keinen Ansatz zur konfessionellen Aufteilung innerhalb der Partei« wünsche.[74] Der neue und endgültige Name lautete nun »Deutsche Christen«.[75] Im übrigen entsprach das Ergebnis dieser Gründungsversammlung der »Deutschen Christen« haargenau den Grundsätzen, die Kube und Eckert für die Partei aufgestellt hatten.

Ein vertraulicher Bericht, der dem Evangelischen Konsistorium der Mark

Brandenburg zuging, macht Atmosphäre und Ablauf dieser »Bettermann-Versammlung« deutlich. Danach wurden zunächst die bekannten Vorwürfe gegen das Kirchenregiment wiederholt und daraus die Forderung abgeleitet, die NSDAP müsse sich an den Kirchenwahlen beteiligen, »um dort dem deutschen Wesen zu seinem Recht zu verhelfen«. Wörtlich heißt es dann: »Während die nationalsozialistischen Pfarrer sich über die Form und den Umfang der Beteiligung uneins waren, wurde am Donnerstag der *Befehl* ausgegeben, daß eigene Listen der Nationalsozialisten unter dem Kennwort ›Deutsche Christen‹ aufzustellen seien unter Ablehnung jeglicher Koalition mit irgendwelchen Parteien und Gruppen.«[76]

Trotz dieses eindeutigen Verlaufs scheint keineswegs allen Beteiligten klar gewesen zu sein, daß es sich bei all dem um ein längst abgekartetes politisches Spiel handelte. Wieneke jedenfalls konnte noch nach dem Krieg von der Gefahr sprechen, die darin bestanden habe, »daß man unser innerliches Anliegen als politisches Zweckunternehmen diskreditieren könnte« – weshalb er später die Bezeichnung »Glaubensbewegung« hinzugefügt habe![77]

Nach dem Abschluß dieser Tagung machten sich Konopath und Hossenfelder an die Arbeit. Es ging vor allem um den Aufbau einer Organisation, um die Ausarbeitung von »Richtlinien« auf der Grundlage der Kube-Eckertschen Grundsätze und um das Anknüpfen von Verbindungen zu ähnlichen Gruppen in anderen Landeskirchen, insbesondere auch zur Deutschkirche.

Das Verhältnis Konopath-Hossenfelder scheint freilich begreiflicherweise von Anfang an gespannt gewesen zu sein. Vermutlich hatte auch Kube, der die evangelische Kirche immerhin kannte, begriffen, daß mit einem solchen Mann nichts zu gewinnen war. Endlich dürfte ihm auch sein nach dem Wahlsieg in Preußen im April erheblich verstärktes Gewicht bei der Reichsparteileitung zugute gekommen sein. Jedenfalls teilte er Konopath am 21. Mai 1932 im Auftrag Strassers mit, »daß die weitere kirchliche Arbeit für die evangelischen Kirchenwahlen in Preußen von Pfarrer Hossenfelder ... unter direkter Verantwortung Gregor Strasser gegenüber geleistet werden soll«.[78] Und zwei Tage später unterrichtete auch Hossenfelder im Rundschreiben Nr. 4 »die Herren Kirchenfachberater« davon, daß ihm mit dem gleichen Tage die Durchführung der Wahlen allein übertragen worden sei.[79] Unter dem Datum des 27. Mai erschien die Meldung im offiziellen Verordnungsblatt der Reichsleitung.[80] Damit war die endgültige Organisationsform der Deutschen Christen gefunden.

Diese Organisationsform war, wie vieles, was die Partei in dieser Zeit unternahm, improvisiert, aber zweckmäßig. Entscheidend war dabei, daß die

Deutschen Christen nicht als Untergliederung der Partei in den Parteiapparat eingebaut wurden. Damit war die Neutralitätsdevise Hitlers erfüllt und die Möglichkeit jederzeitiger Distanzierung der Partei von ihren kirchlichen Parteigängern gegeben. Zugleich aber – und dies war nicht weniger wichtig – wurde damit der Eigeninitiative Hossenfelders und seiner Mitarbeiter ein breiter Raum eröffnet. Tatsächlich verdankten es die Deutschen Christen fast ausschließlich dem Schwung und den Ideen dieser ersten Gruppe, die die Gunst der Stunde zu nutzen wußte, wenn sie binnen eines Jahres zur herrschenden Kirchenpartei in der evangelischen Kirche aufstiegen. Andererseits brachte die unmittelbare Zuordnung Hossenfelders zu Strasser nicht nur die notwendige Anbindung, sondern verlieh ihm auch in seiner eigenen Organisation wie gegenüber der Partei und den Kirchenbehörden ein Stück Führerautorität, ohne die es ihm wohl kaum gelungen wäre, sich so schnell und unwidersprochen durchzusetzen. Das kunstvoll ausbalancierte Verhältnis von Verbindung und Distanz zur Partei kam deutlich auch in Hossenfelders dienstlichem Briefpapier zum Ausdruck. Er benutzte den offiziellen Briefkopf der Reichsleitung mit dem Aufdruck »Reichsorganisationsleiter« und den Unterzeilen »betrifft: Kirchliche Angelegenheiten: Pfarrer Hossenfelder«. Damit verfügte er einerseits über das imponierende Gewicht der Reichsleitung, andererseits war klar, daß er darin nur die Rolle eines Beraters in Kirchenfragen spielte. Die ganze Konstruktion entsprach ziemlich genau den Überlegungen, die Strasser und Kube schon im Herbst 1931 angestellt und die sich dann im Rundschreiben vom Februar niedergeschlagen hatten. Und obwohl es niemals gelang, diese Konstruktion tatsächlich auf allen Organisationsebenen der Partei durchzuführen, wird man ihr eine beträchtliche kirchliche und politische Wirksamkeit nicht absprechen können.

Mit der Beauftragung Hossenfelders war Konopaths Rolle bei den Deutschen Christen ausgespielt. Wenig später ging der dubiose Ministerialrat auch seiner Parteiämter verlustig. Am 30. Juni wurde ihm durch Beschluß des Parteigerichts wegen sittlicher Verfehlungen »die Fähigkeit zur Ausübung eines Parteiamtes ... auf die Dauer von zwei Jahren aberkannt«.[81] Über sein weiteres Schicksal war nichts in Erfahrung zu bringen.

Am 6. Juni 1932 traten die Deutschen Christen zum ersten Mal an die Öffentlichkeit. Konopath und Hossenfelder hatten für diesen Tag noch gemeinsam eine Versammlung aller Mitarbeiter nach Berlin eingerufen. Nun gab diese Versammlung dem jungen und ehrgeizigen Berliner Pfarrer die Möglichkeit, allein als erster Führer der neuen Bewegung aufzutreten. Und Hossenfelder nutzte die Chance. Er hatte unmittelbar nach Konopaths Ausscheiden Richtlinien »festgesetzt« und sie ausdrücklich von Strasser genehmigen lassen.[82] So konnte er die Versammelten jetzt nicht nur über die organisatorischen Veränderungen informieren, sondern ihnen auch die neuen »Richtlinien der Liste ›Deutsche Christen‹« bekanntgeben, die in Zukunft für die ganze Bewegung maßgebend sein sollten.

Diese später so berühmt gewordenen »Richtlinien« bestanden im Grunde nur aus einer Anzahl von Parolen, die Hossenfelder aufgegriffen und aneinandergereiht hatte. Seine wichtigste Vorlage waren die Grundsätze, die Kube und Eckert festgelegt hatten; dazu kam Gedankengut aus der Berliner Mission[83] und eine Reihe gängiger Schlagworte der kirchlichen und politischen Rechten. Einige Sätze waren offenbar aus dem Programm der badischen Nationalsozialisten abgeschrieben.

Schon der 1. Punkt zeigte, daß die Richtlinien mehr Appell als Programm waren. Er lautete: »Diese Richtlinien wollen allen gläubigen deutschen Menschen Wege und Ziele zeigen, wie sie zu einer Neuordnung der Kirche kommen. Diese Richtlinien wollen weder ein Glaubensbekenntnis sein oder ersetzen, noch an den Bekenntnisgrundlagen der evgl. Kirche rütteln. Sie sind ein Lebensbekenntnis.«[84] Offensichtlich hegte Hossenfelder die Hoffnung, mit dieser Formulierung allen theologischen Auseinandersetzungen entkommen zu können. Ausdrücklich erklärte deshalb auch ein späteres »Merkblatt für die Sektionen«, Diskussionen »über dogmatische Fragen« seien unbedingt zu vermeiden.[85]

Tatsächlich war die Gegenüberstellung von »Glaubensbekenntnis« und »Lebensbekenntnis« ein theologischer Offenbarungseid. So konnte nur formulieren, wer das Glaubensbekenntnis nie begriffen hatte. Andererseits konnte die These doch alle die anlocken, denen Begriffe wie »gläubige deutsche Menschen«, »Neuordnung« und »Leben« als solche schon verheißungsvoll klangen. In den deutschchristlichen Kommentaren der Richtlinien wurde das »Lebensbekenntnis« regelmäßig als Bekenntnis zum deutschen Volkstum gedeutet.[86] Sie verrieten damit den Einfluß der politischen Theologie, die durch das politische »Lebensbekenntnis« den Glauben begreifen wollte. Gewiß hätte keiner der großen politischen Theologen der Zeit die Dinge so primitiv formuliert. Aber es war doch Geist von ihrem Geist, wenn Wieneke zum 1. Punkt schrieb: Die Ordnung der Kirche »hat sich den von Gott in seiner Schöpfung angelegten und auch heute noch ... erkennbaren Naturbedingungen anzupassen, die wir in Volkstum und Rasse vorfinden. Aus dieser Erkenntnis heraus rufen wir zum Kampf für eine wahrhaft deutsche Kirche. In ihre Gemeinschaft hinein gehören aber nur wahrhaft deutsche Christen. Dazu zählt jeder blutsdeutsche Volksgenosse ... Nicht aber gehört dazu der getaufte Jude ...«[87]

Der 2. Punkt der Richtlinien stellte nicht ungeschickt den Zusammenschluß der 29 Landeskirchen zu einer evangelischen Reichskirche an die Spitze der folgenden Forderungen. Denn dies erschien vielen, und nicht nur Deutschen Christen, durchaus plausibel und sinnvoll. Tatsächlich war die »Reichskirche« die einzig wirklich zugkräftige Parole, mit der die deutschen Christen auch außerhalb ihrer unmittelbaren Anhängerschaft Zulauf gewannen.

Während der 3. Punkt das kirchenpolitische Parteiwesen ablehnte und eine »lebendige Volkskirche« forderte, bedeutete der 4. Punkt ein klares Zugeständnis an die deutschkirchlichen Richtungen in der Partei. »Wir stehen«, so lautete er, »auf dem Boden des positiven Christentums. Wir bekennen uns zu einem bejahenden artgemäßen Christusglauben, wie er deutschem Luthergeist und heldischer Frömmigkeit entspricht.« Dies war eine eindeutig völkische Auslegung des »positiven Christentums« des Parteiprogramms, die die deutschchristliche Bewegung weit nach rechts hin öffnete und die schließlich auch ihr Schicksal besiegeln sollte.

Die beiden folgenden Punkte wiederholten bis in den Wortlaut hinein Kubes Lieblingsthemen. »Wir wollen das wiedererwachte deutsche Lebensgefühl in unserer Kirche zur Geltung bringen und unsere Kirche lebenskräftig machen. In dem Schicksalskampf um die deutsche Freiheit und Zukunft hat die Kirche in ihrer Leitung sich als zu schwach erwiesen. Die Kirche hat bisher nicht zum entscheidenden Kampf gegen den gottfeindlichen Marxismus und das geistfremde Zentrum aufgerufen, sondern mit den politischen Parteien dieser Mächte einen Kirchenvertrag geschlossen. Wir wollen, daß unsere Kirche in dem Entscheidungskampf um Sein oder Nichtsein unseres Volkes an der Spitze kämpft. Sie darf nicht abseits stehen oder gar von den Befreiungskämpfen abrücken.« (Punkt 5)[88] »Wir verlangen eine Abänderung des Kirchenvertrages (politische Klausel) und Kampf gegen den religions- und volksfeindlichen Marxismus und seine christlich-sozialen Schleppenträger aller Schattierungen ...« (Punkt 6).

Im 7. Punkt wurde mit den Erfahrungen der Äußeren Mission die Forderung der Reinhaltung der Rasse begründet; während der 8. Punkt zur Inneren Mission zwar »von der christlichen Pflicht und Liebe den Hilflosen gegenüber« etwas zu wissen vorgab, den »Schutz des Volkes vor Untüchtigen und Minderwertigen« aber deutlich für wichtiger hielt. Entscheidend, weil sehr bald zu konkreten Schritten führend, war der Punkt 9. Er lehnte die Judenmission in Deutschland ab, »solange die Juden das Staatsbürgerrecht besitzen und damit die Gefahr der Rassenverschleierung und -bastardierung besteht«. »Insbesondere«, und damit nahmen die Deutschen Christen praktisch die »Nürnberger Gesetze« vorweg, »ist die Eheschließung zwischen Deutschen und Juden zu verbieten«. Im letzten Punkt schließlich wurde der »Geist eines christlichen Weltbürgertums« verurteilt und die Überwindung der »aus diesem Geist entspringenden verderblichen Erscheinungen wie Pazifismus, Internationale, Freimaurertum usw. durch den Glauben an unsere von Gott befohlene völkische Sendung« proklamiert.

Die »Richtlinien« waren zweifellos mehr ein völkischer Appell als ein kirchenpolitisch oder gar theologisch durchdachtes Programm. Gleichwohl sind sie ohne die politische Theologie der Zeit nicht zu verstehen. In seinem großen Vortrag auf dem Königsberger Kirchentag hatte Althaus erklärt: »Die Kirchen müssen darum ringen, wahrhaft Volkskirche zu werden oder zu bleiben.« Und er hatte diesen vieldeutigen Begriff folgendermaßen interpretiert: »Volkskirche – das heißt zunächst: dem Volke als Volk, als Gesamtleben dienend; sodann: ihm in seiner Art dienend, worin wieder zweierlei beschlossen ist: wahrhaft deutsche Verkündigung des Evangeliums und das Eingehen der Kirche in die organischen Lebensformen und die lebendige Sitte des Volkstums.«[89] Auch wenn Althaus mit diesen programmatischen Formulierungen etwas anderes im Sinn gehabt hatte, als die Richtlinien jetzt anstrebten, so ist doch deutlich, daß man sie durchaus als die konkrete Ausfüllung dieser Forderungen verstehen konnte. Die Deutschen Christen der ersten Stunde waren, so wenig sie theologisch nachdachten und nachdenken wollten, so weit nicht ab von bestimmten theologischen Ansätzen, die in jener Zeit im deutschen Protestantismus durchaus kirchlich approbiert waren. Wie dürftig und parolenhaft deshalb die »Richtlinien« auch erschienen: wer wollte, konnte sich damals leicht eine Theologie hinzudenken, die sie begründete und trug. Nur so ist es zu erklären, daß der preußische Oberkirchenrat sachlich gegen diese »Richtlinien« keine Einwände erhob und sie als kirchliches Wahlprogramm zuließ.

Hossenfelder, der nach jähem Aufstieg und Fall inzwischen längst wieder Gemeindepfarrer in Potsdam geworden war, legte dreizehn Jahre später, im Sommer 1945, gegenüber der Kirchenbehörde zu Recht Wert auf diese Feststellung. »Die Glaubensbewegung Deutsche Christen«, so erklärte er in einer an Dibelius gerichteten Denkschrift aus dieser Zeit, »wurde im Sommer 1932 als eine kirchenpolitische Partei gegründet. Sie wurde in das Vereinsregister eingetragen ... Zum Vorsitzenden gewählt, reichte ich die Richtlinien ... dem damaligen geistlichen Vizepräsidenten D. Burghart ein. Beanstandet wurden sie nicht, sie wurden angenommen.«[90] Die Frage, warum die preußische Kirchenleitung vor 1933 nicht gegen die »Richtlinien« protestierte, ist niemals beantwortet worden. Die Antwort wurde seit 1945 ersetzt durch eine allgemeine und scheinbar selbstverständliche Entrüstung über die kirchenzerstörende Tätigkeit der Deutschen Christen, in der die Frage nach ihrer theologischen Herkunft, ihrer Argumentation und ihren Zielen weithin unterging.

In der Tat wurde der Schaden der Kirche in dieser Zeit wohl an keinem anderen Punkt so deutlich wie an den Verhandlungen, die im Frühjahr und Sommer 1932 in den leitenden kirchlichen Gremien Preußens über die Deutschen Christen, ihre Grundsätze und ihre Ziele geführt wurden.

Selbstverständlich hatte schon das »Sonderrundschreiben«, als es Ende Februar im Oberkirchenrat bekannt wurde, lebhafte Reaktionen ausgelöst. Eine Umfrage bei allen Konsistorien ergab, daß zwar in keinem anderen Bezirk ein gleiches Schreiben bekannt war, daß aber doch fast alle von ähnlichen Absichten der Partei gehört hatten.[91] Eine Besprechung aller Generalsuperintendenten am 10. März 1932 in Berlin zeigte, wie sehr dieses Gremium vor allem kirchenpolitisch dachte und reagierte. Kapler, der die Aussprache am Schluß zusammenfaßte, glaubte, eine gewisse einheitliche Linie feststellen zu können: »Neben anzuerkennenden und zu pflegenden wertvollen Momenten biete die Bewegung [gemeint war die NSDAP] starke Bedenken gerade auch vom Standpunkt der Kirche. Unsere Aufgabe ist nicht Bekämpfung der Bewegung als solcher, sondern einmal Läuterung der noch gärenden Bewegung im Geiste des Evangeliums und ferner Abwehr des etwaigen Willens der Nationalsozialisten, die Herrschaft über unsere Kirche zu gewinnen. Grundlage und Richtschnur der Kirche dürfe lediglich das Evangelium sein ...«[92]

Die nächsten Monate machten offenkundig, daß sich niemand aus den kirchenleitenden Gremien auf eine theologische Auseinandersetzung mit den Deutschen Christen einlassen wollte oder konnte, vielmehr alle Kräfte der Kirchenleitungen auf die Sicherung des Bestandes der Kirche vor dem Zugriff der Nationalsozialisten gerichtet waren. Deshalb forderte der erste Geistliche Preußens, der schon erwähnte Vizepräsident Burghart, auch nur in einem Punkt die Deutschen Christen zu einer Korrektur auf. Die »Richtlinien« vom 6. Juni waren nämlich zusammen mit einer Erklärung verbreitet worden, die mit dem Einverständnis der Kandidatur zugleich die Verpflichtung der Kandidaten verband, »bei Abstimmung und Wahlgängen der Anordnung der Wahlleitung der ›Deutschen Christen‹ zu folgen...«[93] In einem Schreiben an Hossenfelder vom 6. August drückte Burghart dieser Formulierung gegenüber zu Recht »die schwersten Bedenken« aus. Daraufhin gaben Hossenfelder und Lörzer in einer Besprechung bei Burghart am 18. August zu erkennen, daß sie diese Verpflichtungserklärung ändern würden. Viel wichtiger freilich, weil charakteristisch für die ganze Lage, war der letzte Abschnitt der Aktennotiz, in der Burghart dieses Gespräch festhielt: »Zum Schluß wandte sich die Debatte noch einmal einen Augenblick den ›Zehn Richtlinien der Glaubensbewegung‹ zu. Ich hob noch einmal ganz allgemein hervor, daß ich weitgehende Bedenken hätte. Da aber die Erklärung abgegeben wurde, daß an diesen Richtlinien nichts mehr zu ändern sei, betonte ich meinerseits, daß dann eine weitere Debatte darüber keinen Wert hätte.«[94]

Selbst mit der Änderung der Verpflichtungserklärung ließ Hossenfelder sich Zeit. Erst bei einer erneuten Besprechung am 9. September erklärte er vor Burghart und einem weiteren Mitglied des Oberkirchenrats, daß die beanstandete Verpflichtung »endgültig« zurückgezogen sei, und die bisher geleisteten Unterschriften für die Wahlleitung »keinerlei Wert« hätten.[95] Im Rundschreiben 10 übermittelte er seinen Mitarbeitern eine neue Formulierung, die den Anstoß – freilich nur formal – beseitigte. Sie lautete: »Ich erkläre meine Zugehörigkeit zur Glaubensbewegung ›Deutsche Christen‹, deren Programm ich kenne und deren Leitung ich mich unterstelle. Im Falle meiner Kandidatur werde ich mein Amt gemäß Art. 19, Absatz 2 der Verfassungsurkunde für die Evangelische Kirche der altpreußischen Union ausüben.«[96]

Damit hatte Hossenfelder die Auflage erfüllt. Und so lebhaft das Unbehagen über die Deutschen Christen und ihren Wahlkampf in der Kirche weithin auch war und blieb; offiziell blieb der Oberkirchenrat bei seiner kirchenpolitischen Neutralität, die er allen kirchlichen Parteien und nun also auch den Deutschen Christen gegenüber einnahm.

Nachdem die neue kirchliche Bewegung am 6. Juni ihren kirchlichen Wahlkampf eröffnet hatte, begann Hossenfelder mit der organisatorischen Arbeit. Dabei hatte er zwei Aufgaben zu lösen. Er mußte in wenigen Monaten eine Wahlorganisation für die altpreußische Kirche schaffen und gleichzeitig eine Reichsbewegung in Gang bringen, die in allen Landeskirchen vertreten sein sollte. Beides gelang zunächst nur unvollkommen.

Was die Organisation in Preußen betraf, so ging es um neun Kirchenprovinzen – Ostpreußen, Berlin, Brandenburg, Grenzmark, Pommern, Schlesien,

Sachsen, Westfalen und Rheinland – mit nahezu 20 Millionen Evangelischen. Erst am 21. Juni konnte Hossenfelder seinen Gaufachberatern im »Rundschreiben 7« den genauen Wahltermin – den 12., 13. und 14. November – mitteilen. Von diesem Tag an bis zum Ende der Einschreibungsfrist in die kirchlichen Wählerlisten am 18. September – diese Eintragung bildete die Voraussetzung für die Ausübung des Wahlrechts – hatten die Deutschen Christen knapp drei Monate Zeit. Wenn sie in dieser kurzen Frist überhaupt etwas erreichen wollten, blieb nur der Weg über die rücksichtslose Inanspruchnahme des Parteiapparates. In der Tat erklärte Hossenfelder im gleichen Rundschreiben, jeder »Sektionsfachberater« – also der zuständige Parteibeauftragte für Kirchenfragen auf der Ebene der Ortsgruppe – habe »sich mit einer genügenden Anzahl von Formularen für die schriftliche Eintragung in die Wählerliste zu versehen und jedem Parteigenossen, gleich welchen Alters, 20 Formulare auszuhändigen mit der bestimmten Anweisung, diese 20 Formulare ausgefüllt ... wieder zurückzugeben«.[97] Dieses Verfahren brachte jedoch offenbar nur mäßigen Erfolg. Denn am 31. Juli beschwor er die Gaufachberater in einem weiteren Rundschreiben, dieses Jahr auf ihren Urlaub zu verzichten, sich der Mitarbeit der Gauleitung zu versichern und die Werbung für die Eintragung in die Wählerlisten bis in die »kleinste Landgemeinde« zu tragen. »Es ist durch diese Werbung schlechterdings Alles zu erfassen, was zu erfassen ist«, befahl Hossenfelder wörtlich. Die zweite Aufgabe, die im August erledigt werden müsse, sei die Aufstellung von Kandidaten. »Wo es ortsüblich ist, Frauen aufzustellen, wollen wir uns dieser Sitte nicht verschließen, aber höchstens im Verhältnis 1:10.« Im übrigen brauchten nicht alle Kandidaten Parteigenossen zu sein; vor allem in ländlichen Gemeinden solle man versuchen, »die prominenten Glieder der Kirche« für die Liste der Deutschen Christen zu gewinnen.[98] Noch Anfang September jedoch konnte von einer festen Organisation kaum die Rede sein; Hossenfelder bat dringend um die Anschriften der Bezirksfachberater und die Überweisung des »Kampfbeitrags« nach Berlin, den jeder Kandidat zahlen sollte.[99]

Eine erhebliche Schwierigkeit für Hossenfelder bestand auch darin, daß die Gauleiter der einzelnen Gaue eine ganz verschiedene Haltung zu Kubes Plänen einnahmen. Während einige dem ganzen Unternehmen eher ablehnend gegenüberstanden, entfalteten andere eigene Initiativen, die die Pläne der Berliner erheblich störten. Das galt insbesondere für Ostpreußen, wo Gauleiter Erich Koch, ein früheres Mitglied des CVJM, die Dinge selbst in die Hand nahm.[100] Am 23. Mai 1932 erschien in der *Preußischen Zeitung*, dem »unbestechlichen Kampfblatt für Arbeit und Brot« der ostpreußischen Nationalsozialisten, ein Artikel von Koch »Erobert die Kirche«, der im Ziel mit Kubes Aktion übereinstimmte, in der Argumentation aber erheblich weniger polemisch war. Nach Kochs Überzeugung ging es darum, daß der liberale Protestantismus der Vergangenheit ersetzt werden müsse »durch den völkisch betonten Protestantismus einer nahen Zukunft«. Unter Kochs Einfluß erarbeiteten die Deutschen Christen in Ostpreußen eigene Richtlinien, die nur entfernt an die Hossenfelderschen erinnerten und sich vor allem durch eine sehr viel stärkere Kirchlichkeit unterschieden. »Wir verpflichten uns«, so hieß es hier zum Schluß, »und verlangen diese Verpflichtung nicht nur von den gewählten Vertretern der Kirche, sondern darüber hinaus von allen evangelischen Männern und Frauen: zum Dienst in unseren Gemeinden! Dienen wollen wir: durch unermüdliche Werbung für unsere Gottesdienste, durch ritterliches Eintreten für die Armen und Hilfsbedürftigen, durch Verteidigung unseres Glaubens, ... durch treues evangelisches Bekenntnis in aller Öffentlichkeit.«[101]

Wie weit der spätere Reichsbischof Müller, der damals Wehrkreispfarrer in Königsberg war und in enger Verbindung zu Koch stand, an der Formulierung dieser ostpreußischen Richtlinien mitwirkte, ist nicht genau festzustellen. Sicher ist, daß sie ihm später mit zugeschrieben wurden und dazu beitrugen, Vertrauen für ihn in der Kirche zu begründen.[102]

Zunächst jedenfalls gingen die ostpreußischen Deutschen Christen ihren eigenen Weg und waren nur ganz locker mit den Berlinern verbunden.

In Berlin begann sich nach dem Ablauf der Einschreibungsfrist am 18. September der Schwerpunkt der organisatorischen Arbeit zu verlagern. Waren bisher alle Kräfte darauf gerichtet gewesen, möglichst viele evangelische Nationalsozialisten zur Einschreibung in die kirchlichen Wahllisten zu bringen, so ging es nun stärker um Mitgliederwerbung und Propaganda. Die neue Verpflichtungsformulierung vom 9. September[103] sei, so erklärte das Rundschreiben Nr. 11 vom 23. September, »erstlich eine Zugehörigskeitserklärung zur Glaubensbewegung ›Deutsche Christen‹ und erst in zweiter Linie ein sog. Revers für die Kandidaten«. Man müsse dafür sorgen, »daß möglichst viele diese Erklärung unterschrieben und damit unserer Glaubensbewegung beitreten«. Außerdem lägen jetzt in allen Kirchengemeinden die Wählerlisten aus und müßten »restlos abgeschrieben werden, daß wir nachher jeden Wähler mit Flugblättern bearbeiten können«. Die Terminologie zeigte ebenso wie das Vorgehen, daß Hossenfelder sich jetzt ganz an seinem großen Vorbild, der politischen Bewegung, orientierte. Eben das brachte dann allerdings auch die

Probleme. Denn Konkurrenz, und war sie noch so bescheiden, konnte und wollte die Partei unter keinen Umständen dulden.

Zugleich teilte das Rundschreiben eine für die Reichsbewegung wichtige organisatorische Entscheidung mit: den Ausbau der Reichsleitung. Schon Ende Juli war der 39jährige Berliner Pfarrer Fritz Lörzer von Gregor Strasser zum Stellvertreter Hossenfelders ernannt worden.[105] Lörzer war mit seinem Bruder Bruno und Hermann Göring zusammen im Krieg in der gleichen Jagdstaffel geflogen, wurde dann nach seinem Examen Pfarrer in der Neumark und amtierte seit 1928 an der Adventsgemeinde in Berlin NO, einer ausgesprochenen Arbeitergemeinde, in der er vor allem sozial tätig wurde. Der »Mann der Tat« spürte, so hieß es in einer Kurzbiographie, »daß man diesen Haßerfüllten und Enterbten auch im Diesseits den Willen zur Gerechtigkeit, zur Menschlichkeit zeigen muß.... So kommt Fritz Lörzer ganz persönlich ... zu Hitler. Er sieht im Nationalsozialismus praktisches Christentum.«[106]

Dieser unmittelbare soziale Impuls war für eine ganze Reihe deutsch-christlicher Führer der Anfangszeit charakteristisch. Für sie war der Begriff der Volksgemeinschaft vor allem ein sozialer Begriff, ein Stück Verwirklichung sozialer Gerechtigkeit, und es war gewiß kein Zufall, daß sich gerade Pfarrer aus Arbeitergemeinden den Deutschen Christen anschlossen. In diesem Zusammenhang gehörte auch das später so heftig umstrittene Wort von den Deutschen Christen als der »SA Jesu Christi«, das aus der *Sozialen Botschaft* stammte und hier einen anderen Klang besaß: »Die Deutschen Christen sind die SA Jesu Christi im Kampf zur Vernichtung der leiblichen, sozialen und geistlichen Not.«[107]

Lörzer also war im Juli stellvertretender Reichsleiter geworden. Jetzt, im September, gab Hossenfelder den Aufbau einer vollständigen Reichsleitung bekannt, die sich in zwölf Referate gliederte. Fast alle Referenten dieser ersten Reichsleitung nahmen später führende Ämter ein. Das Referat »Theologie und Hochschule« betreute Pfarrer Wieneke – Soldin; »Religionsunterricht und Schule« ein Berliner Volksschulrektor, Kurt Freitag; »Propaganda und Schulung« hatte Friedrich Kessel übernommen, der nach drei Jahren Bergmannsarbeit, Studium, Frontdienst und Auslandspfarramt seit 1928 Pfarrer an der Nikolaikirche in Spandau war; das Pressereferat leitete Lörzer selbst; die Sozialfragen bearbeitete der Berliner Sozialpfarrer Karl Themel[108]; für die Jugendfragen hatte Hossenfelder den Bundespfarrer des Ostbundes des Jungmännerwerkes, Friedrich Peter, gewonnen, ebenfalls Frontsoldat, gerade 40jährig und Mitglied der NSDAP wie die anderen auch.[109] Das Referat Kirchenrecht betreute Rechtsanwalt Friedrich Werner, der einzige aus dieser Anfangszeit, der bis zum Kriegsende 1945 eine zentrale Funktion in der Deutschen Evangelischen Kirche innehatte; die Missionsfragen Missionsinspektor Weichert; »Agende-Gesangbuch« Superintendent Johannes Grell aus der Neumark; Personalfragen Pfarrer Siegfried Nobiling; »Kultur« ein gewisser Alfred Bierschwale und als Nummer 12 die »Nationalen Fragen« Wehrkreispfarrer Müller aus Königsberg, der spätere Reichsbischof.

Was diesen Kreis vorwiegend ganz junger Pfarrer zusammenhielt, war nicht eine gemeinsame Theologie, sondern viel eher ein gemeinsames und auf gleiche Weise begriffenes Schicksal und zugleich der entschlossene Wille zur Tat. Friedrich Peter formulierte das schon damals im Blick auf sein erstes Gespräch mit Hossenfelder ganz zutreffend: »Das Einzigartige jener Stunde, überhaupt der ganzen Stunden, die wir zusammen arbeiteten, ist immer wieder das gewesen, daß das Objektive jedes Subjektive überwunden hat. Wir haben uns niemals Gedanken darüber gemacht, ob wir theologisch übereinstimmten ... Das eine, was uns untrennbar verband, war das Ziel, auf das wir hinstrebten. Es gab uns eine machtvolle Verbindung zur Tat.«[110] In jener unvorstellbar aufgeregten Zeit fühlte sich diese ganze Gruppe tatsächlich, wie Hossenfelder sie im Rückblick mit allem Pathos der dreißiger Jahre beschrieb, als »ein verwegener Haufen, vielleicht auch ein verlorener ... Sie kamen durchweg aus dem deutschen Wandervogel, waren fast alle Frontsoldaten gewesen, Wanderer zwischen beiden Welten, in ihrem Tornister war das griechische Neue Testament, war Faust, war vielleicht auch Horaz.«[111]

Man wird schwerlich die Erfolge dieser Gruppe begreifen, wenn man sich nicht auch auf die Mentalität ihrer Generation einläßt, jene Verwegene-Haufen-Mentalität, die auch Hitler immer wieder zu beschwören verstand, und in der sich die Ideologie vom Kampf als »Vater des Lebens«[112] mit der Verachtung bürgerlicher und christlicher Konventionen verband.

Der nächste Schritt Hossenfelders zum Aufbau der Reichsbewegung war wiederum von großer Bedeutung. Es war die Gründung eines eigenen Sonntagsblattes der Deutschen Christen, das unter dem Titel *Evangelium im Dritten Reich* am 16. Oktober 1932 zum ersten Mal erschien. Der erste Beitrag war charakteristisch für die ganze Richtung des Blattes. Es war eine Andacht Hossenfelders über Joh. 10,12–14, die Perikope vom guten Hirten. Sie trug die Überschrift »Der Heiland und der Führergedanke« und versuchte, die Sendung des Führers durch die Gestalt Jesu zu deuten. Der gute Hirte – das war der Grundgedanke – »weiß sich durch den Willen Gottes seiner Herde verpflichtet. Dem Mietling ist das unverständlich.« Das deutsche Volk aber »ersehnt einen Führer, der Hirte ist und nicht Mietling. Der Mietling wird stets einem Stand oder einer Partei vermietet sein. Der Hirte aber ist aufs innigste verbunden mit seinem Volke. Führer und Volk vertrauen einander, weil sie wissen, daß Gottes Ruf sie verbunden hat.« Das *Evangelium im Dritten Reich*, das durch kräftige Werbung bald eine relativ hohe Auflage erreichte, wurde zum wichtigsten Propagandainstrument der »Deutschen Christen« und bildete vielfach ihre einzige gemeinsame Informationsgrundlage.

Es gibt eine Art von enthusiastischer Entschlossenheit zur Tat, die für Kritik unerreichbar ist. Dies galt in den entscheidenden Jahren für weite Kreise der nationalsozialistischen Parteiführung; es galt 1932 und 1933 aber auch für die Deutschen Christen. Der kirchliche Wahlkampf, den die neue Reichsleitung führte, stieß in der Öffentlichkeit zum Teil auf lebhaften Widerspruch. Aber die Führungsgruppe blieb von diesem Widerspruch vollkommen unberührt, im Gegenteil, sie nahm den Kampf als Bestätigung für die Richtigkeit des Weges, den sie eingeschlagen hatte.

Einer der ersten, der sich kritisch gegen die »Richtlinien« wandte, war Hermann Sasse im *Kirchlichen Jahrbuch*. Er schloß an ihre Veröffentlichung eine Fülle von Fragen an, Fragen nach dem Bekenntnis, nach der Kirchenordnung, nach dem Verhältnis zu den politischen Parteien – alles Fragen, die die Richtlinien unbeantwortet ließen. Am Ende aber äußerte er die Befürchtung, die Verfasser der Richtlinien würden nicht darauf antworten. »Über alle diese Dinge haben sie nicht nachgedacht, weil sie es offenbar nicht gewohnt sind, grundsätzlich zu denken. Sie nehmen jenen Artikel 24 nicht ernst, wie sie ja auch die Bekenntnisse nicht ernst nehmen. ›Gefühl ist alles‹, Begriffe sind Schall und Rauch.« Sasse aber mochte nicht nur die deutschchristlichen Pfarrer dieser theologischen Blindheit anklagen. »Was für ein Gericht«, meinte er, »über die deutsche Theologie, über die theologische Wissenschaft wie die theologische Erziehung, bedeutet doch die Tatsache, daß die großen politischen Lehren solche Gewalt über die Seelen auch der Theologen gewonnen haben! Welche Versäumnisse werden hier offenbar«![113] Der Ansatz der späteren Bekennenden Kirche als einer kirchlich-theologischen Erneuerung ist hier schon deutlich vorgezeichnet.

Viel zu spät erst begriffen auch die politischen Gegner der Nationalsozialisten, was von den Deutschen Christen vorbereitet wurde. Anfang September, 14 Tage vor der Schließung der Wählerlisten, versuchten die Sozialdemokraten, eine ähnliche Bewegung in Gang zu bringen. Die SPD sei zwar neutral, schrieb Bernhard Göring im *Vorwärts*, aber die Partei werde »allerdings mit den religiösen Sozialisten der Auffassung sein, daß alle Sozialisten und Republikaner, die der evangelischen Kirche Preußens angehören, die unbedingte Pflicht haben, von ihrem Wahlrecht Gebrauch zu machen ... Jeder Evangelische, Mann oder Frau, der über 24 Jahre alt ist, muß sein Wahlrecht ausüben und sich bis zum 17. September in die kirchliche Wählerliste eintragen.«[114] Und ein Flugblatt des Bundes Religiöser Sozialisten verkündete: »Genossen, diesmal gehen wir zur Kirchenwahl und durchkreuzen dadurch die Pläne der Faschisten!«[115]

Auch die konservative Rechte in der Kirche versuchte jetzt, gegen die Deutschen Christen eine »Positive Kampfliste für die Kirche der Reformation, Volk und Vaterlandsliebe« unter dem Kennwort »Evangelium und Volkstum« aufzustellen. Ein Aufruf, der am 15. September im Berliner *Tag* erschien, war von nicht weniger als acht Generalsuperintendenten unterzeichnet.

Doch alle diese Versuche blieben ein bloßes Nachklappen, das keinen Erfolg haben konnte.

Ein eindrucksvolles Bild vom Wahlkampf der Deutschen Christen zeichnete Agnes v. Zahn-Harnack, die Tochter Adolf von Harnacks, Ende Oktober in der *Vossischen Zeitung*. Sie berichtete hier von einer Wahlveranstaltung mit Pfarrer Kessel in ihrer Gemeinde in einem westlichen Vorort Berlins. Was hörten die »ziemlich zahlreich« erschienenen Teilnehmer? »Um es gleich vorweg zu nehmen: das Ergebnis war erschreckend. Erschreckend in seinem Inhalt, fast noch erschreckender durch die demagogische Form, in der die Gedanken vorgetragen wurden.« Drei Dinge fielen der klugen und kritischen Beobachterin vor allem auf. Das war zunächst das undurchsichtige Verhältnis zur NSDAP; dann die ungeklärte Frage der Wertordnung zwischen Reich Gottes und dem Vaterland; und als drittes schließlich erschütterte sie »der geradezu fessellose Antisemitismus des Redners«. Es gehörte zum Stil dieser Versammlungen, daß eine Diskussion nicht zugelassen wurde und daß damit keine Möglichkeit bestand, »in der Versammlung selbst Widerspruch zu Gehör zu bringen«.[116]

Man darf davon ausgehen, daß im September und Oktober 1932 in der altpreußischen Kirche Hunderte solcher Wahlveranstaltungen stattfanden. Manche Besucher mochten von dem neuen Stil, der da praktiziert wurde, abgestoßen worden sein. Aber viele waren gewiß auch beeindruckt.

Das Ergebnis dieser ganzen Anstrengungen, die Kirchenwahlen vom 13. November 1932, ist schwer zu beurteilen. Das hat verschiedene Gründe. Zunächst wurde in vielen Gemeinden überhaupt nicht gewählt, weil man sich vor der Wahl auf eine Gemeinschaftsliste geeinigt hatte. Dann fehlen die Vergleichsmöglichkeiten, weil die vorangegangenen Wahlen 1928 unter ganz anderen Bedingungen stattgefunden hatten. Und schließlich fehlt eine zusammenfassende Wahlstatistik, an die niemand gedacht hatte und die auch auf erhebliche Schwierigkeiten gestoßen wäre.[117]

So ist die Zahl von einem runden Drittel aller Sitze, die die Deutschen Christen gewannen, eine bloße Schätzung, die aber allgemein übernommen und anerkannt wurde. Die wichtige Frage, ob den Deutschen Christen mit diesem Drittel ein Einbruch in die traditionellen kirchlichen Wählerschichten gelang, oder ob sie ihre Sitze vor allem der Mobilisierung von bisherigen Nichtwählern verdankten, ist nicht eindeutig zu beantworten. Jedoch lassen zahlreiche Hinweise, die von einer Verdoppelung, ja Vervielfachung der Wahlanmeldungen zu berichten wußten, darauf schließen, daß ein großer Teil der deutschchristlichen Wähler tatsächlich zum ersten Mal an einer kirchlichen Wahl teilnahm und mehr politisch als kirchlich dazu bestimmt wurde.[118]

Im übrigen machte eine Wahlanalyse von Dibelius schon eine Woche nach den Wahlen auf die großen Unterschiede in den einzelnen Provinzen aufmerksam. In der Tat erreichten die Deutschen Christen in Gebieten mit alter synodaler Tradition, im Rheinland und in Westfalen, nur etwa ein Fünftel der Sitze; im Osten dagegen, in der Grenzmark, in Ostpreußen und in Pommern, kamen sie zum Teil an fünfzig Prozent heran. In Brandenburg, Sachsen und Schlesien waren die Erfolge durchweg geringer. In Berlin-Stadt lag der Schnitt unter einem Drittel, in Berlin-Land beträchtlich darüber. Nur eine genaue Analyse einzelner Gemeinden könnte Aufschluß darüber geben, welche Motive bei der Wahlentscheidung von Fall zu Fall wirksam waren.[119]

Wie war nun dieser Trend zu werten? Gemessen am Ziel, das Kube im Januar propagiert hatte, stellte die Wahl eine eindeutige Niederlage dar. Trotz aller Anstrengungen waren die Deutschen Christen weit davon entfernt, die evangelische Kirche »erobert« zu haben. Nicht einmal alle evangelischen Nationalsozialisten hatten die Deutschen Christen gewählt, denn ihre Stimmen lagen weit unter den Zahlen, die die Ergebnisse der politischen Wahlen hätten erwarten lassen.[120] Die Enttäuschung bei den Deutschen Christen war denn auch unverkennbar. Im ersten offiziellen Kommentar verglich Karl Themel die Wahlen mit dem Vorstoß einer Aufklärungsabteilung. »Zum Hauptangriff wird angetreten«, so versuchte er die Anhänger zu ermuntern, »wenn der erste Vorstoß Klarheit über die Stärke und Verhältnisse an der Front gebracht hat. Diese und nur diese Bedeutung hat die Kirchenwahl von 1932 gehabt. Sie war

Vorstoß und nicht Hauptstoß. Der wird erst 1936 zu führen sein, wenn er dann noch notwendig ist.« Unter diesen Umständen war die Behauptung: »Die befohlene Linie ist erreicht« kaum mehr als eine Propagandaphrase.[121] Die *Deutschen Nachrichten*, ein Blatt der nationalen Opposition, erklärten denn auch triumphierend: »Wir sehen in dem ›gewaltigen Sieg der Deutschen Christen‹ (lt.›Angriff‹) eine geradezu katastrophale Niederlage der Nazis.«[122]

Dies war freilich nur *ein* Aspekt. Denn gemessen an dem, was die Wahlen für die Kirche bedeuteten, sahen die Ergebnisse ganz anders aus. Zu Recht stellte das Kirchenstatistische Amt in einem internen Bericht fest, daß »noch nie eine kirchliche Gruppe so kurze Zeit nach ihrem programmatischen und organisatorischen Aufbau bereits so hohe Stimmenzahlen erreicht hat«.[123] In der Tat zeigte die Wahl eine Politisierung der Kirche an, deren Folgen noch kaum absehbar waren.

Und dies galt nun um so mehr, als die Deutschen Christen sich durch den Wahlausgang keineswegs entmutigen ließen. Am 8. Dezember teilte Hossenfelder im Rundschreiben Nr. 41 mit, daß die Wahlen in Alt-Preußen »einen vollen Erfolg« gebracht hätten. Zugleich rief er zu vermehrter Arbeit in allen Kirchenprovinzen auf und kündigte für den Februar 1933 in Berlin die »1. Reichstagung der Glaubensbewegung ›Deutsche Christen‹« an. Als diese 1. Reichstagung dann tatsächlich stattfand, nämlich vom 3. bis 5. April 1933, da hatte sich die Lage freilich schon völlig geändert. Und die Deutschen Christen lösten mit ihr eine Lawine aus, die erst die evangelische Kirche zerstörte und dann sie selber unter sich begrub.

2. TEIL

DIE KIRCHEN IM JAHR DER MACHTERGREIFUNG

1. KAPITEL

DIE MACHTERGREIFUNG UND DER PROTESTANTISMUS (FEBRUAR-MÄRZ)

»Als Hermann Göring beim Verlassen der Reichskanzlei als erster den in der Wilhelmstraße wartenden Volksgenossen sagen konnte: ›Adolf Hitler ist Reichskanzler geworden!‹, als der spontan ausbrechende Jubel sich hier ausbreitete und im gesamten Reich zündete, fühlte ein ganzes Volk, daß an diesem Tage die Geschichte eines neuen, wirklich deutschen Staates begann.«[1]

Was so als »Tag der Machtergreifung« von der nationalsozialistischen Propaganda gefeiert wurde und in die Geschichtsbücher einging, war in Wahrheit ein Prozeß, dessen erster Abschnitt sich über acht Wochen hinzog und erst mit der Zustimmung zum Ermächtigungsgesetz seinen Abschluß fand. In diesen Wochen zeigte sich zum ersten Mal in aller Deutlichkeit, daß Hitler nicht nur ein »Trommler« war, den eine politische Woge zufällig nach oben getragen hatte, sondern ein Politiker, der über eine klare Konzeption verfügte, über eine hervorragende Anpassungsfähigkeit, über einen Blick für das Wesentliche, der sich durch nichts ablenken ließ, und über die Fähigkeit, Situationen zu schaffen, in denen seinen Gegnern nichts anderes blieb als die Kapitulation. Tatsächlich gelang es ihm im Lauf dieser acht Wochen nicht nur, seine Macht politisch zu sichern, sondern auch ein zögerndes Volk allmählich mitzureißen. Ein Zeichen des Erfolges war es, daß am Ende dieser Zeit auch die beiden großen Kirchen ihre Zurückhaltung aufgaben: vorsichtig die katholischen Bischöfe, die in einer Kundgebung vom 28. März das Vertrauen ausdrückten, »daß die ... allgemeinen Verbote und Warnungen nicht mehr als notwendig betrachtet zu werden brauchen«[2]; jubelnd der preußische Oberkirchenrat, der in einer Osterbotschaft vom 16. April sich mit allen evangelischen Glaubensgenossen eins zu wissen meinte »in der Freude über den Aufbruch der tiefsten Kräfte unserer Nation zu vaterländischem Bewußtsein, echter Volksgemeinschaft und religiöser Erneuerung«.[3]

Der Verlauf dieser entscheidenden ersten acht Wochen, Hitlers Strategie und die Reaktionen in beiden Kirchen, werden im folgenden darzustellen sein.

Die Erwartungen, die sich in Deutschland am 30. Januar und unmittelbar danach mit Hitlers Kanzlerschaft verbanden, waren ganz außerordentlich verschieden. Gemeinsam war ihnen nur, daß sie fast ausnahmslos mehr mit Erfahrungen, Hoffnungen, Wünschen und Befürchtungen zu tun hatten als mit der Wirklichkeit. Das galt für die Anhänger Hitlers ebenso wie für seine Gegner. Es läßt sich auch im Rückblick kein Kriterium finden, das die Einsicht in die wahre Bedeutung dieser Kanzlerschaft zuverlässig vermittelt hätte: innerhalb der gleichen Konfession, der gleichen Partei, der gleichen Ideologie; innerhalb des gleichen Standes, der gleichen Bildung, der gleichen Beschäftigung; innerhalb der gleichen Landschaft und der gleichen Familie waren im Februar 1933 die verschiedensten Meinungen zur Bedeutung Hitlers möglich und erst recht zu der Frage, was angesichts seiner Kanzlerschaft zu tun oder nicht zu tun sei.

Eine der eindrucksvollsten Schilderungen von dem Freudenrausch, in den der 30. Januar Hitlers Anhänger versetzte, stammt aus einem Hamburger Tagebuch. Da hieß es unter dem 6. 2. 1933:

»Fackelzug der Nationalsozialisten und Stahlhelmer! Ein wunderbar erhebendes Erlebnis für uns alle. Göring sagt, der Tag der Ernennung Hitlers und des nationalen Kabinetts sei gewesen wie 1914, und etwas, wie 1914 war auch dies ... Wir waren wie berauscht vor Begeisterung, geblendet vom Licht der Fackeln gerade vor unseren Gesichtern und immer in ihrem Dunst, wie in einer süßen Wolke von Weihrauch. Und vor uns Männer, Männer, Männer, braun, bunt, grau, braun, eine Flut von einer Stunde und zwanzig Minuten. Im zuckenden Licht der Fackeln meinte man nur einige Typen zu sehen, die immer wiederkehrten, aber es waren an 22–25000 verschiedene Gesichter!!

Neben uns hob ein kleiner Junge von 3 Jahren immer wieder die winzige Hand ›Heil Hitler, Heil Hitlermann!‹«[4]

Ganz ähnlich berichtete Franz Tügel, der spätere deutschchristliche Bischof von Hamburg, vom 30. Januar, an dem er »bis weit über Mitternacht hinaus am Rundfunk gesessen und dem Klang des neuen Geschehens gelauscht« habe. »Mit klopfendem Herzen erlebte ich den Einzug der Männerbataillone durch das Brandenburger Tor und den Vorbeimarsch an dem greisen Reichspräsidenten und seinem jungen Kanzler unter dem endlosen Jubel der Menschenmassen ... Ein unbeschreibliches Hochgefühl, verbunden mit dem tiefsten Dank gegen den allmächtigen Herrn der Geschichte erfüllte mein Herz, wie es wohl bei jedem nationalen deutschen Menschen gewesen ist.«[5]

Was diese beiden und unzählige andere, ähnlich Begeisterte vor sich sahen, das war keineswegs eine nationalsozialistische Diktatur, sondern das war die endliche Einigung der Rechten und damit die Möglichkeit einer neuen, konsequent nationalen Politik; nicht Hitler allein, sondern Hitler und Hindenburg und ein Kabinett, »wie wir es im Juli nicht zu erträumten wagten. Hitler, Hugenberg, Seldte, Papen«!!![6]

Auch der württembergische Kirchenpräsident Wurm sah die Dinge so, als er am 2. Februar an den mecklenburgischen Landesbischof Rendtorff die Frage richtete, ob eine politische Kundgebung des Kirchenausschusses – sie war im November 1932 beschlossen worden – »nach der neuesten Wendung der Dinge« noch nötig sei. »Die Einigung zwischen Hindenburg, Hitler und Hugenberg hat eine andere Lage geschaffen. Solange die durch diesen Namen und Persönlichkeiten repräsentierten Gruppen gegeneinander standen, war die innere Not der evangelischen Wählerkreise besonders groß; ihre Einigung gibt mindestens 80 % der bewußten Protestanten eine klare Losung.«[7] Es war eine Unterschätzung Hitlers, ein schreckliches Mißverständnis seiner Ziele wie der politischen Kräfteverteilung in der neuen Regierung, wenn man ihn vor allem als Chef eines nationalen Kabinetts begrüßte. Aber diese Unterschätzung und dieses Mißverständnis waren weit verbreitet. Und Hitler tat in jenen ersten acht Wochen alles, um diesen Anschein aufrecht zu erhalten. Als im Lauf des Sommers die Wahrheit offenbar wurde, war es aus vielerlei Gründen zu spät, um an Widerstand noch zu denken.

Dem Irrtum dieses Kabinetts erlagen bezeichnenderweise nicht nur die Anhänger Hitlers, sondern auch viele seiner Gegner. Für Konrad Adenauer etwa, der am 7. Februar in Köln vor den Delegierten der Rheinischen Zentrumspartei sprach, waren die Deutschnationalen die »eigentlich treibenden Kräfte« bei dieser Regierungsbildung, und ein am folgenden Tag erschienener Aufruf des katholischen Reichsarbeiterrates, der zur Wahl des Zentrums aufforderte, brachte den großen Irrtum dieser Tage auf die knappe Formel: »Hitler ist das Schild – Hugenberg-Papen ist die Firma.«[8] Auch weiter links, bei der SPD, gab die Parteileitung sich »der Welle von Illusionen hin, die nach dem 30. Januar das ganze Land überschwemmte. Man hoffte auf die Spannungen innerhalb des Kabinetts, auf die Unüberwindlichkeit der ökonomischen Schwierigkeiten und Interessengegensätze zwischen den ungleichen Partnern, auf die Rivalität von SA und Stahlhelm, auf die Selbstzersetzung und den Auseinanderfall der

NSDAP, auf die Reichswehr, Herrn von Papen, den Reichspräsidenten und die süddeutschen Länder.«[9] Zu notieren bleibt schließlich der groteske Irrtum der Kommunisten, die getreu ihrer These vom Sozialfaschismus der SPD[10] Hitler nur die Bedeutung einer Übergangsfigur beimaßen[11] und bis 1934 unerschütterlich daran festhielten, daß die SPD »die ›soziale Hauptstütze‹ des deutschen Kapitalismus, das ›größte Übel‹ und der Hauptfeind der KPD in der eigenen Klasse«[12] sei.

Die verhängnisvolle Unterschätzung Hitlers, die sich bei seinen Koalitionspartnern auf der Rechten wie bei seinen Gegnern auf der Linken fand, kam auch in der Meinung zum Ausdruck, es werde sich mit dem 30. Januar nicht allzuviel ändern. Typisch dafür war Karl Barth, der am 1. Februar seiner Mutter in der Schweiz einen beruhigenden Brief schrieb, in dem er zunächst von einer glücklich überstandenen allgemeinen häuslichen Grippe berichtete, und dann fortfuhr: »Und während sich dies bei uns vollzog, ist also im deutschen Reich Hitler ans Ruder gekommen. Ich glaube nicht, daß dies in irgendeiner Richtung den Anbruch großer Neuigkeiten bedeuten wird. Deutschland ist nach innen und außen ein viel zu schwer beweglicher Körper, als daß sich durch solche Bewegungen in der Fassade etwas ändern könnte. Dazu sind sicher vor Allem auch die beteiligen Personen zu wenig hervorragend. Und ist im deutschen Volk zu wenig von dem Lebensmut vorhanden, den es sowohl zur Durchführung eines Mussolini-Regimentes wie zu der einer Gegenrevolution brauchen würde.«[13] Und dies war nicht nur zur mütterlichen Beruhigung geschrieben. Vielmehr läßt sich gerade an Karl Barth zeigen, wie unübersichtlich die Situation in diesen ersten acht Wochen noch war, und wie wenig sich auch kritische Beobachter eine Diktatur in Deutschland vorzustellen vermochten. So hielt der Bonner Ordinarius sechs Wochen später gegenüber einem schottischen Theologen »die politischen Dinge, die wir erleben müssen«, inzwischen zwar immerhin für »ziemlich beunruhigend«, meinte auch, es sei nicht ausgeschlossen, daß den Universitätsprofessoren die Zugehörigkeit zur SPD verboten würde, und er sich dann im Ausland nach einem neuen Lehrstuhl umsehen müsse, bat aber dringend, vorläufig gar nicht darüber zu reden, »denn ich kann mir noch immer nicht vorstellen, daß die Ereignisse auch diese Folgen haben werden«.[14]

Mißverständnisse, Irrtümer, Illusionen bei den Anhängern und Gegnern, und am Ende ganz einfach die Unvorstellbarkeit dessen, was dann kam, machen verständlich, warum am 30. Januar und in den Wochen danach trotz aller Warnzeichen keine gesellschaftliche Gruppe in Deutschland die Stunde des bedingungslosen Widerstandes für gekommen hielt.[15] Und solange der Blick in die Zukunft den Menschen verschlossen ist, wird man Anhängern wie Gegnern schwerlich einen Vorwurf daraus machen können, wenn sie ihre Entscheidungen an den bisherigen Erfahrungen und Maßstäben orientierten, und nicht an der Figur eines Mannes, der auf seine Weise zweifellos eine Jahrhundertgestalt war.

Die Unklarheit über Gewicht und Bedeutung seiner Person war zu Beginn Hitlers wichtigster Bundesgenosse. Sie ermöglichte es ihm, in einem trickreichen Spiel die rechtlichen und politischen Voraussetzungen seiner Alleinherrschaft zu schaffen und zugleich in einem beispiellosen Vertrauensfeldzug den Glauben an sich und seine Sache auszubreiten. In diesem Vertrauensfeldzug spielten Christentum und Kirchen eine wichtige Rolle. Niemals wieder während seiner Laufbahn hat Hitler so häufig und so inbrünstig Gott beschworen wie in diesen ersten acht Wochen; niemals wieder hat er sich so in christlichen Wendungen bewegt und sich christlicher Stätten und Attribute versichert wie in dieser Zeit.

Das begann schon mit dem »Aufruf der Reichsregierung an das deutsche Volk«, den Hitler am Abend des 1. Februar über den Rundfunk verlas. Da war gleich in den ersten Sätzen die Rede von dem Segen, den der Allmächtige unserem Volk seit den Tagen des Verrates entzogen habe, und von dem Gelöbnis, das »wir als nationale Führer Gott, unserem Gewissen und unserem Volke« ablegen. Unter den wichtigsten Aufgaben stand das Christentum an vorderster Stelle. »So wird es die nationale Regierung«, verkündete Hitler, »als ihre oberste und erste Aufgabe ansehen, die geistige und willensmäßige Einheit unseres Volkes wieder herzustellen. Sie wird die Fundamente wahren und verteidigen, auf denen die Kraft unserer Nation beruht. Sie wird das Christentum als Basis unserer gesamten Moral, die Familie als Keimzelle unseres Volks- und Staatskörpers in ihren festen Schutz nehmen.« Am Ende bat Hitler das deutsche Volk um vier Jahre Zeit und schloß mit einer feierlichen Segensformel, wie sie kein Bischof klangvoller hätte formulieren können: »Möge der allmächtige Gott unsere Arbeit in seine Gnade nehmen, unseren Willen recht gestalten, unsere Einsicht segnen und uns mit dem Vertrauen unseres Volkes beglücken. Denn wir wollen nicht kämpfen für uns, sondern für Deutschland!«[16]

Dieser Stil war für die folgenden Wochen charakteristisch, und zwar nicht nur für Hitler selbst, sondern auch für das Reden und Verhalten vieler führender Parteimitglieder. So erschien der Bericht über die Amtseinführung des – zunächst noch kommissarischen – neuen preußischen Kultusministers, des

Studienrats und Hannoverschen Gauleiters Bernhard Rust, am 9. Februar im *Völkischen Beobachter* unter der Schlagzeile »Unser Bekenntnis zum Christentum«. Auch Rust hatte in seiner ersten programmatischen Rede auf den frommen Schluß nicht verzichtet: »Im Vertrauen auf Gott«, so rief er den Mitarbeitern des preußischen Kultusministeriums zu, »und im Glauben an unser Volk gehen wir an unsere Aufgaben! Kann es etwas Schöneres geben?«[17]

Aber man beließ es nicht nur bei solchen Formeln. Die Partei drängte mit Macht in die Kirchengebäude selbst, und auch hier gab Hitler persönlich das Zeichen. Im Anschluß an den großen Fackelzug am Abend des 30. Januar waren in Berlin bei politischen Zusammenstößen zwei Männer erschossen worden, ein SA-Sturmführer und ein – übrigens katholischer – Schupowachtmeister. Nachdem die Luisenstädtische Gemeinde eine geplante große Trauerdemonstration nur mit bestimmten Auflagen zulassen wollte, beantragte die neue Regierung beim Domkirchenkollegium die Aufbahrung der Erschossenen im Berliner Dom, um dem Volk die Möglichkeit eines Defilees zu geben. Dies – ein Reservat des ehemaligen preußischen Königshauses – wurde von der Domkirche zwar abgelehnt, eine Trauerfeier jedoch zugelassen. Es war charakteristisch für die Haltung der preußischen Kirche in den ersten Wochen, daß diese Erlaubnis später im preußischen Kirchensenat lebhaft kritisiert wurde.[18] Nicht minder charakteristisch war, was die Partei daraus machte, nämlich eine riesenhafte Trauerfeier im Dom, mit Hitler, Göring und dem Kronprinzen an der Spitze, mit e-Moll-Präludium und Trauermusik aus der Eroica, mit einer Predigt von Hossenfelder über Joh. 15,13 – »Niemand hat größere Liebe denn die, daß er sein Leben läßt für seine Freunde« – und mit einem Trauerkondukt zum Invalidenfriedhof, den, wie der *Völkische Beobachter* stolz berichtete, »trotz des elenden Wetters« Hunderttausende grüßten.[19]

Hitlers Zeichen wurde verstanden. Auch andernorts zogen nun die SA-Stürme in die Gotteshäuser, und der *Völkische Beobachter* wie die kleineren Parteizeitungen in der Provinz wurden nicht müde, darüber zu berichten.[20]

In der gleichen Woche, am 10. Februar, eröffnete Hitler den Wahlkampf für die Reichstagswahlen mit einer Rede im Berliner Sportpalast, die er in einen beispiellosen Gebetston steigerte und mit einem »Amen« schloß. Ganz Deutschland konnte am Rundfunk Hitlers Bekenntnis hören, »daß eben doch einmal die Stunde kommt, in der die Millionen, die uns heute hassen, hinter uns stehen und mit uns dann begrüßen werden das gemeinsam geschaffene, mühsam erkämpfte, bitter erworbene neue deutsche Reich der Größe und der Ehre und der Kraft und der Herrlichkeit und der Gerechtigkeit. Amen.«[21]

Wenige Tage später nahm Hitler eine kritische Äußerung des württembergischen Staatspräsidenten Dr. Eugen Bolz, eines prominenten Zentrumspolitikers, zum Anlaß, seine Politik gegenüber der des Zentrums in einer Art Generalabrechnung mit der verhaßten katholischen Partei als die wirklich christliche zu erklären. Im Blick auf die langjährigen Koalitionen des Zentrums mit der SPD versicherte er, heute stünden an der Spitze Deutschlands »Christen und keine internationalen Atheisten«. »Ich rede nicht nur vom Christentum«, fuhr Hitler fort, »nein, ich bekenne auch, daß ich mich niemals mit den Parteien verbinden werde, die das Christentum zerstören. Wenn manche heute das bedrohte Christentum in Schutz nehmen wollen, wo war für sie das Christentum in diesen 14 Jahren, da sie mit dem Atheismus Arm in Arm gingen?«[22] Der Stuttgarter *NS-Kurier* berichtete von dieser Kundgebung unter der Schlagzeile: »Hitlers Bekenntnis zum christlichen Staat«[23]; und vier Wochen später, am 16. März, bekräftigte der *Völkische Beobachter* diese Devise in einem Leitartikel mit der Überschrift: »Adolf Hitlers Regierungsgrundlage: Das Christentum« noch einmal nachdrücklich.[24]

Aber das alles genügte Hitler noch nicht. Während sich die Gottesdienstbesuche der SA häuften, auch die Partei als Ganze hier und da – so am 12. Februar in Kassel[25] – um besondere Gottesdienste bat, teilte Rudolf Heß als »Adjutant des Führers der N.S.D.A.P.« am 18. Februar der Reichskanzlei mit, der Reichskanzler wolle »gegebenenfalls der Regierung in Vorschlag bringen, einen ›Bittgottesdienst für Volk und Vaterland‹ ansetzen zu lassen«. Der Gedanke wurde dann allerdings aus zeitlichen Gründen, und weil man im Innenministerium wohl zu Recht Zweifel hegte, »ob die Verhandlungen mit den beiden Kirchen ohne weiteres glatt gehen würden«[26], zunächst fallengelassen. Aber die Richtung auf die Regie der Königsberger Rede und den Tag von Potsdam war doch deutlich vorgezeichnet.

Inzwischen erschreckte die Nachricht vom Brand des Reichstages die deutsche Öffentlichkeit. Unter dem Eindruck dieses Ereignisses, das auch auf die deutschnationalen Mitglieder des Kabinetts seine Wirkung nicht verfehlte[27], gelang es Hitler, am 28. Februar Hindenburgs Unterschrift unter das wichtigste Ausnahmegesetz des Dritten Reiches zu bekommen, die »Verordnung des Reichspräsidenten zum Schutze von Volk und Staat«. Zusammen mit der Verordnung »gegen Verrat am Deutschen Volke und hochverräterische Umtriebe« vom gleichen Tage schufen diese »Reichstagsbrandverordnungen« den »großen Rahmen für Gleichschaltung und Dauerterror«.[28]

Nicht weniger wichtig war die Wirkung des Reichstagsbrandes auf die öffentliche Meinung. Als Fanal eines angeblichen kommunistischen Putschversuches schien das Ereignis zu beweisen, was Hitler schon immer behauptet hatte, daß es nur noch die Alternative zwischen ihm und einer kommunistischen Diktatur gäbe. In diesem Punkt aber waren die Kirchen besonders hellhörig. Die Ausrottung der orthodoxen Kirche in Rußland vor Augen und im eigenen Land seit Jahren mit einer entsprechenden kommunistischen Propaganda konfrontiert, konnte diese Alternative sie nicht gleichgültig lassen.[29] So spielte das Motiv der Rettung vor dem Kommunismus in den kirchlichen Überlegungen der kommenden Wochen für beide Konfessionen eine große, zum Teil entscheidende Rolle.

Am Ende dieser Woche sprach Hitler in Königsberg. Diese Rede am Abend des 4. März bildete den Höhepunkt und Abschluß des Wahlkampfes. Ihre Rundfunkübertragung wurde durch Goebbels' Regie für das nationale Deutschland zu einem tiefen Erlebnis. »Von der blutenden Ostgrenze aus wird das Evangelium des erwachenden Deutschlands verkündet, und das ganze deutsche Volk wird Ohrenzeuge dieses einzigartigen, in der gesamten Geschichte noch nie dagewesenen Massenereignisses sein«[30], verhieß er im *Völkischen Beobachter.* Und in der Tat erwies es sich als noch weit wirkungsvoller als alle kirchlichen Bittgottesdienste, die Kundgebung selbst am Ende in eine Art Gottesdienst übergehen zu lassen. Wieder bekannte Hitler sich in seiner Rede zum »Allmächtigen«; wieder bat er: »Herrgott, laß uns niemals wankend werden und feige sein, laß uns niemals die Pflicht vergessen, die wir übernommen haben!«; und endete: »Wir alle sind stolz, daß wir durch Gottes gnädige Hilfe wieder zu wahrhaften Deutschen geworden sind.« Unmittelbar darauf erklang im Radio der Choral: »Wir treten zum Beten«, das sogenannte Niederländische Dankgebet, das allen Deutschen noch aus der kaiserlichen Zeit vertraut war.

»Wir treten zum Beten vor Gott den Gerechten,
Er waltet und haltet ein strenges Gericht.
Er läßt von den Schlechten die Guten nicht knechten;
Sein Name sei gelobt, er vergißt unser nicht.

Im Streite zur Seite ist Gott uns gestanden;
Er wollte es sollte das Recht siegreich sein.
Da ward, kaum begonnen, die Schlacht schon gewonnen.
Du Gott warst ja mit uns; der Sieg er war dein.«[31]

Dann setzten dröhnend die Glocken des Königsberger Domes ein: »und Millionen deutscher Christen« – so bekannte jedenfalls der Herausgeber der *Allgemeinen Evangelisch-Lutherischen Kirchenzeitung* – »hörten mit und sangen das Lied ›Wir treten zum Beten‹ mit, und als die Königsberger Glocken läuteten, stiegen in gleicher Stunde weithin Gebete zum Himmel auf, wie wohl nie in der Geschichte Deutschlands geschah.«[32]

Selbstverständlich ahnte in diesem Augenblick niemand, daß das Konsistorium das Geläut verboten hatte, und daß Choral und Glocken nur von einer Schallplatte eingespielt waren; und wenn später das in Königsberg herausgegebene *Evangelische Gemeindeblatt* den Ersatz des Domgeläutes durch eine Schallplatte »eine Eigenmächtigkeit des Rundfunks« und die Ansage »eine Unwahrheit und eine Brüskierung der Kirche« nannte, so änderte dies nichts mehr an dem Eindruck, daß die evangelische Kirche am Vorabend der Wahl Hitlers Vorhaben gleichsam eingesegnet hatte.[33]

Wenn Hitler gehofft haben sollte, mit diesem gewaltigen Aufwand die absolute Mehrheit für seine Partei zu erreichen, so wurde er enttäuscht. Die NSDAP erreichte knapp 44 Prozent der Stimmen. Trotzdem konnte Hitler das Ergebnis mit Recht als Erfolg feiern. Denn zusammen mit den 8 Prozent der »Kampffront Schwarz-Weiß-Rot«, zu der sich seine Koalitionspartner Hugenberg, Papen und Seldte zusammengeschlossen hatten, hatte sich eine eindeutige Mehrheit der Wähler hinter die neue Regierung gestellt.

Es war typisch für Hitlers Dynamik in diesen ersten acht Wochen, daß er das Wahlergebnis keineswegs als vorläufigen Endpunkt betrachtete, sondern nur als einen Anstoß, das Tempo der totalen Machtergreifung weiter zu steigern.

Dabei ging es vor allem um zwei Ziele: die Gleichschaltung der Länder und die endgültige Entmächtigung des Reichstags. Beides war Ende März erreicht.

Hand in Hand damit lief Hitlers Vertrauensfeldzug weiter, nun auch offiziell gesteuert von einem der geschicktesten Propagandisten seiner Zeit, Dr. Josef Goebbels, der am 13. März Reichsminister für Volksaufklärung und Propaganda geworden war. Im Vordergrund stand noch immer und mehr denn je die im Namen Gottes beschworene Verbindung zwischen dem ruhmreichen Alten und dem revolutionären Neuen, zwischen Hindenburg und Hitler, eine Verbindung, die es jedem national Gesinnten erlauben sollte, »unbeschadet der Parteirichtung« dem neuen Staat zuzustimmen.[34]

Seine letzte Steigerung erreichte dieser Vertrauensfeldzug am 21. März mit der feierlichen Eröffnung des neugewählten Reichstags in der Garnisonkirche zu Potsdam. Diesem Ereignis, zweifellos einem Meisterstück der Propagandaregie, waren eine Reihe bezeichnender interner Verhandlungen in und mit der Kirchenleitung vorausgegangen. Nach der Zerstörung des Reichstagsgebäudes hatte die Regierung schon am 2. März, also noch vor den Wahlen, den Beschluß gefaßt, die Verhandlungen des neuen Reichstags in die Garnisonkirche zu verlegen – ein Zeichen übrigens, daß Hitler von Anfang an der Wahl und ihrem Ergebnis vor allem propagandistischen Wert beimaß. Dieser Plan stieß jedoch auf lebhaften Widerspruch von den verschiedensten Seiten.[35] Bei einer Besprechung dieser Frage im Kirchenbundesamt am 3. März, an der die Spitzen der preußischen Kirchenleitung teilnahmen, hielt man es einmütig für »die glücklichste Lösung der bestehenden Schwierigkeiten«, wenn die Garnisonkirche als aus technischen Gründen für die Reichstagsverhandlungen ungeeignet bezeichnet werden könnte und sie lediglich für den Eröffnungsgottesdienst zur Verfügung gestellt würde.« Auf Drängen von Dibelius, der als Generalsuperintendent der Kurmark für Potsdam zuständig war, wurde der Potsdamer Superintendent Görnandt mit entsprechenden Instruktionen versehen und beauftragt, an den Verhandlungen im Gemeindekirchenrat der Garnisonkirche teilzunehmen.[36]

Der Kompromiß stand schon am 7. März fest: Die Eröffnungsgottesdienste fanden in der Nikolaikirche und in der katholischen Pfarrkirche statt, die Eröffnung des Reichstags mit einem »Staatsakt« in der Garnisonkirche, die konstituierende Sitzung am Nachmittag in Berlin in der kurzfristig zum Parlament umgebauten Kroll-Oper.[37] Damit hatte Hitler, was er brauchte: einen Rahmen, wie er für das ganze bürgerliche Deutschland gefühlsträchtiger und vertrauenerweckender kaum denkbar war. Selbst das Problem des Geläutes war nun gelöst: Eine Viertelstunde lang läuteten die Glocken aller Potsdamer Kirchen zur Eröffnung des Staatsaktes. Superintendent Görnandt erklärte dazu – und das warf ein Schlaglicht auf die Veränderung des Bewußtseins, die sich in diesen Wochen vollzog – »daß er die von nationalsozialistischer Seite gestellten Anträge, betr. Geläut vor der Reichstagswahl am 5. 3. d. J. abgelehnt habe, daß er aber bei diesem zu einer Volksangelegenheit gewordenen Akt der Reichstagseröffnung gegen das Geläut der Potsdamer Kirchen keine Bedenken gehabt habe. Dieser Auffassung stimmte auch Generalsuperintendent Dibelius zu.«[38]

Der »Staatsakt« selbst, wiederum von allen deutschen Sendern übertragen, glich mit Orgelmusik und gemeinsam gesungenen Chorälen vollends fast einem Gottesdienst. Die Bilder vom »Tag von Potsdam«, die Deutschland in den kommenden Wochen in zahlreichen Sonderausgaben sah, zeigten den Reichspräsidenten und die evangelischen Mitglieder des Kabinetts beim Festgottesdienst in der Nikolaikirche; den Reichskanzler, wie er von einem Lesepult vor dem Altar der Garnisonkirche seine programmatische Erklärung abgab; uniformierte Spaliere, Menschenmassen und Paraden, und immer wieder Gottesdienste: Festgottesdienst der Berliner Garnison im Schlüterhof des Schlosses, Feldgottesdienst der Schutzpolizei, Feldgottesdienste der SA.[39]

Gleichsam den Schlußpunkt in diesem – im Rückblick erstaunlich geschlossenen und zielbewußten – christlichen Vertrauensfeldzug Hitlers bildete die Regierungserklärung vom 23. März. Mochte man in den Kirchenleitungen gegenüber Hitlers allgemeinen Bekenntnissen gegenüber Glocken, Chorälen und Kirchgängen noch mehr oder minder mißtrauisch geblieben sein: Hier sprach der Reichskanzler und sicherte beiden Kirchen in eindeutigen Formulierungen ihre rechtliche Unantastbarkeit und den Schutz und die Förderung des Staates zu.

»Die nationale Regierung«, so erklärte Hitler im innenpolitischen Teil seiner Ausführungen, »sieht in den beiden christlichen Konfessionen wichtigste Faktoren der Erhaltung unseres Volkstums. Sie wird die zwischen ihnen und den Ländern abgeschlossenen Verträge respektieren; ihre Rechte sollen nicht angetastet werden. Sie erwartet aber und hofft, daß die Arbeit an der nationalen und sittlichen Erhebung unseres Volkes, die sich die Regierung zur Aufgabe gestellt hat, umgekehrt die gleiche Würdigung erfährt ... Die nationale Regierung wird in Schule und Erziehung den christlichen Konfessionen den ihnen zukommenden Einfluß einräumen und sicherstellen. Ihre Sorge gilt dem aufrichtigen Zusammenleben zwischen Kirche und Staat.« Im außenpolitischen Teil der Rede kam Hitler auf das Verhältnis zum Vatikan zu sprechen. »Ebenso legt die Reichsregierung, die im Christentum die unerschütterlichen Fundamente des sittlichen und moralischen Lebens unseres Volkes sieht, den größten Wert darauf, die freundschaftlichen Beziehungen zum Heiligen Stuhl weiter zu pflegen und auszugestalten.«

Schließlich wiederholte er im letzten Teil, in dem er die Notwendigkeit des Ermächtigungsgesetzes begründete, noch einmal ausdrücklich die Garantie für die Kirchen: »Der Bestand der Länder wird nicht beseitigt. Die Rechte der Kirchen werden nicht geschmälert, ihre Stellung zum Staate nicht geändert.«[40]

Noch am gleichen Tag stimmte das Parlament, mit Ausnahme der Sozialdemokraten, dem Ermächtigungsgesetz zu. Hitler hatte freie Bahn.

Die Frage nach der Bedeutung dieser Vorgänge rührt an den Kern von Hitlers Persönlichkeit. Man macht es sich zu leicht, wenn man in allem nur eine nationalsozialistische Propagandavorstellung sieht, in der zynische Akteure fromme Requisiten nach Belieben auf der Bühne verteilten. Vielmehr war in Hitler zweifellos auch ein religiöses Element lebendig, ein religiös-völkisches Sendungsbewußtsein, das sich von der »Vorsehung« oder vom »Allmächtigen« – Begriffe, die Hitler bezeichnenderweise sehr viel mehr liebte als den Begriff »Gott« – zu einem großen Werk berufen glaubte. Etwas von diesem religiösen Element brach in diesen Wochen, in denen er so schnell und sicher von Sieg zu Sieg schritt, stärker hervor als je zuvor oder danach. Die Vorsehung selbst schien ihr Werkzeug zu führen. Der ekstatische Schluß der Berliner Rede vom 10. 2. ist das greifbarste Zeichen dieses religiösen Sendungsbewußtseins.

Davon zu unterscheiden sind die politischen und kirchenpolitischen Ziele, die Hitler in diesen Wochen verfolgte. Zunächst konnte er jetzt die Früchte seiner kirchenpolitischen Grundentscheidung aus den Jahren 1924 und danach ernten. Die grundsätzliche Absage an die völkische Religiosität für sich wie für seine Partei als politische Organisation war die Voraussetzung, daß er so reden konnte, wie er jetzt redete, und daß er dabei wachsendes Vertrauen fand. Vertrauen aber war für ihn in diesen Wochen das wichtigste: Vertrauen nicht nur in seine staatsmännischen Qualitäten, sondern mindestens ebensosehr Vertrauen in seine Zuverlässigkeit, daß er die gewährten Vollmachten nicht mißbrauchen und es wirklich gut mit dem deutschen Volk meinen werde. Wie aber war dieses Vertrauen für ihn leichter zu erreichen als so, daß er sich in eine möglichst sichtbare Verbindung mit den christlichen Traditionen brachte und gleichsam auf deren trotz allem riesigen Vertrauenskonto Wechsel für eine gerechte und friedliche Zukunft zog? Mit der ihm eigenen Anpassungsfähigkeit bewegte er sich in diesem für ihn – zumindest was den deutschen Protestantismus betraf – fremden Milieu mit staunenswerter Sicherheit.

War die Frage des Vertrauens die wichtigste Erklärung für die betonte Christlichkeit der ersten Wochen, so war sie doch nicht die einzige. Zumindest ein konkreter politischer Adressat kam hinzu. Hitlers Spiel konnte nur gelingen, wenn der Reichspräsident bei der Stange blieb. Hindenburg aber war ein Mann, für den Frömmigkeit und Redlichkeit zusammengehörten. Ungeübt im Unterscheiden der Töne mochte dem 85jährigen Reichspräsidenten Hitlers Bekenntnis zur Führung Gottes tatsächlich wichtiger und zuverlässiger erscheinen als die Sicherungen einer Verfassung, die die chaotischen Zustände der letzten Jahre der Republik nicht zu verhindern vermocht hatten.

Und schließlich hatte Hitler auch die beiden Kirchen im Blick, mit deren großem, wenn auch schwer bestimmbarem Einfluß er zu allen Zeiten während seiner politischen Laufbahn rechnete.

Konkrete Pläne besaß er in diesen ersten Wochen allerdings nur für die katholische Kirche. Er mußte den politischen Katholizismus ausschalten, und er kannte den Weg, auf dem dies zu erreichen war, nämlich durch einen Vertrag mit dem Vatikan, wie ihn sein großes Vorbild Mussolini geschlossen hatte. Auch für die Verwirklichung dieses Planes war der christliche Vertrauensfeldzug unerläßlich, weil er das Klima schuf, das den Schutz der Kirche durch das Zentrum entbehrlich erscheinen ließ.[41]

Der – nicht nur im Rückblick – ungemein kompakt wirkende Einsatz Hitlers für das Christentum in den ersten Wochen seiner Amtszeit bedeutete für beide Kirchen eine ungeheure Herausforderung. Man muß bei allem, was in den kommenden Wochen und Monaten auf kirchenpolitischem Felde geschah, immer die Eindrücke dieser ersten Zeit mit im Auge behalten. Sie haben unglaublich tief und lange – bei manchen kirchlichen Persönlichkeiten und Gruppen bis zum Zusammenbruch – nachgewirkt. Ihre Bedeutung wird an den Veränderungen sichtbar, die sich in der Haltung beider Kirchen zwischen Januar und April 1933 vollzogen.

Dabei standen der deutsche Protestantismus und der deutsche Katholizismus vor ganz verschiedenen Situationen.

Vom *Protestantismus* verlangte die Kanzlerschaft Hitlers zunächst keinerlei prinzipielle Entscheidungen. Angesichts der bekannten protestantischen Sympathien für eine Rechtsregierung wurde ihr endliches Zustandekommen hier vielfach freudig begrüßt. Andererseits sahen die Kirchenleitungen keine Veranlassung, von ihrem grundsätzlichen Standpunkt »über den Parteien« abzugehen, im Gegenteil: je drängender die politischen Forderungen wurden, um so betonter wurde zunächst die politische Unabhängigkeit der Kirche in den Mittelpunkt gerückt. Dabei wirkte sich die Theologie des Altonaer Bekenntnisses, das am 11. Januar 1933 veröffentlicht worden war, bereits spürbar aus.[42]

Als die NSDAP in Kassel in der ersten Februarwoche um einen Sondergottesdienst bat, verabschiedete die Versammlung aller Kasseler Pfarrer eine für die Situation der allerersten Wochen beispielhafte Erklärung, die unmittelbar an den 1. Artikel des Altonaer Bekenntnisses anknüpfte und die strikte Bindung der Kirche an ihren Auftrag in allen Situationen forderte: »Die Kirche ist für alle da und ihr Wort soll sich an alle Schichten und Parteien richten ... Wird die Kirche ... gerufen, dann hat sie ohne Rücksicht auf die Absichten des

Rufes oder der Einladung nichts Anderes als das Evangelium, unverkürzt und nicht verfälscht durch parteipolitische oder andere Rücksichten, zu verkünden.«[43] Eine ähnliche Stellungnahme, die ebenfalls das Altonaer Bekenntnis aufnahm, beschloß die Pfarrerschaft Frankfurts am 26. Februar. Darin hieß es: Die Kirche »ist berufen, dem ganzen Volke zu dienen, unabhängig von Parteien und Weltanschauungen. Wohl hat jeder Christ die Aufgabe, am Leben des Volkes und Staates mitzuarbeiten und gegebenenfalls auch Partei zu nehmen. Die Kirche aber ist unabhängig. Die Richtschnur ihres Handelns ist allein das Wort Gottes . . .«[44]

Daß dies nicht nur die Meinung einzelner Gruppen war, sondern daß eine Mehrheit in der evangelischen Kirche diese Haltung unterstützte, zeigte sich, als das wichtigste Gremium des Kirchenbundes, der Kirchenausschuß, am 2. und 3. März 1933 turnusmäßig in Berlin zusammentrat. Unter dem Vorsitz des Präsidenten Hermann Kapler berieten die Vertreter der Landeskirchen und die Abgeordneten des Kirchentages im Blick auf die unmittelbar bevorstehenden Reichstagswahlen unter Punkt drei der Tagesordnung die »Frage einer kirchlichen Stellungnahme zu den gegenwärtigen politischen Verhältnissen und Bestrebungen«. Der Versammlung lag der Entwurf einer Entschließung vor, der von einer Sonderkommission tags zuvor beraten worden war, und den der württembergische Kirchenpräsident Wurm begründete. Wurms Ausführungen waren für die Haltung der evangelischen Kirchenleitungen in den ersten Wochen der Herrschaft Hitlers ungemein charakteristisch. Der Kirchenpräsident würdigte zunächst die Bewegung, die »mit großen Opfern einen Terror gebrochen«, einander fremd gewordene Volksschichten »zusammengeschweißt« und »den Kampf gegen die zersetzenden Einflüsse in unserem Kulturleben« aufgenommen habe. Gerade aus dieser Würdigung der Bewegung aber leitete der württembergische Kirchenpräsident nun auch das Recht ab, bestimmte Forderungen der Kirche deutlich auszusprechen: »1. Zugang zum ganzen Volk, 2. Verkündigung des ganzen Gotteswortes, 3. Forderung ganzer Treue von seiten der Diener der Kirche.« Damit war eine dreifache Abwehr ausgesprochen: Abwehr der wachsenden Diskriminierung des nichtnationalsozialistischen Volksteils; Abwehr der deutschschristlichen und deutschkirchlichen Verkürzung der Schrift, namentlich ihrer alttestamentlichen und paulinischen Teile; und schließlich Abwehr des politischen Zugriffs der Bewegung auf die Amtsträger der Kirche. Wie sehr die Entwicklung in der Weimarer Zeit die Landeskirchen verändert, ihren Unabhängigkeitswillen geweckt und ihr Selbstbewußtsein gestärkt hatte[45], zeigte Wurms Schlußbemerkung.

»Die furchtbarste Gefahr des Augenblicks«, so erklärte er nämlich, »ist die, daß uns das, was wir uns erkämpft haben, eine gewisse Bewegungsfreiheit gegenüber Reich und Staat, verlorengeht. Wir müssen darauf bedacht sein, daß wir diese Freiheit nicht wieder verlieren.«[46]

In diesen Äußerungen Wurms wurden Stärke und Schwäche der landeskirchlichen Politik, wie sie sich auch in den kommenden Jahren immer wieder zeigen sollte, bereits überraschend deutlich. Die Stärke dieser Politik lag in ihrer Hellsichtigkeit und Hellhörigkeit gegenüber allen Gleichschaltungsversuchen, die Wurm hier dokumentierte, noch ehe konkrete Pläne in dieser Richtung überhaupt erkennbar waren. Ihre Schwäche lag darin, daß sie, vor allem mit sich selbst beschäftigt, bestimmte Probleme nicht wahrnahm, von denen wir heute wissen, daß die Kirche sie hätte wahrnehmen müssen.

Immerhin lagen diese Probleme auch hier schon auf dem Tisch. Wurm berichtete »von einer Eingabe von einer Reihe von Damen« – namentlich nannte er Agnes v. Zahn-Harnack, die Tochter Adolf v. Harnacks –, in der darauf hingewiesen wurde, »daß in steigendem Maße im Wahlkampf der Name Gottes sowie Formeln der christlichen Religion und des christlichen Lebens verwendet oder Wahlreden mit dem Wort Amen beschlossen werden. Dazu komme eine geistig und seelisch tief verwirrende Gleichsetzung von religiösen und politischen Begriffen. Schließlich gehe Hand in Hand damit ein Kampf gegen unsere jüdischen Volksgenossen, der nicht nur unsere Volksgemeinschaft zerstöre, sondern den man nur als eine fortgesetzte Übertretung des obersten Gebotes des Christentums ansehen könne.« Die Eingabe bat darum, daß der Kirchenausschuß »in aller Öffentlichkeit« seine Stimme gegen diese Mißbräuche erheben solle.[47] Wenn diese Eingabe aus zeitlichen Gründen in der Kommission nicht mehr behandelt werden konnte, so verdeckte dies nur die Tatsache, daß eine Entscheidung im Kirchenbund in dieser Richtung kaum herzustellen gewesen wäre. Das wurde an der folgenden Aussprache deutlich.

Es bedurfte einer vierstündigen Diskussion, um für den Entwurf der Kommission eine klare Mehrheit zu erreichen. Denn schon war dieser Entwurf einigen – so etwa Professor Titius – zu »matt«, weil er das Positive gegenüber der Bewegung vermissen lasse. Der weltliche Vizepräsident des preußischen Oberkirchenrats, Hundt, der einzige übrigens, der sich in der Diskussion offen als Nationalsozialist zu erkennen gab, forderte den Ausdruck von Dank, Freude und Vertrauen gegenüber dem »Gottesgeschenk« des Umbruchs und sah in dem Entwurf sogar eine »Ex Cathedra-Verurteilung der Deutschen Christen«, die er nicht billigen könne. Auf der anderen Seite warnte etwa der frühere Reichsaußenminister und Reichsgerichtspräsident Simons vor einem zu weit gehenden Angebot der Mitarbeit: Es seien Probleme denkbar, bei denen die Kirche »von dem Wollen der Staatsgewalt abweiche«. Am entschiedensten äußerte sich auf dieser Seite Freiherr von Pechmann, der grundkonservative Präsident des Kirchentages – wohl überhaupt der erste unter den führenden deutschen Protestanten, der die Dinge richtig sah. Er sprach von »dem Meer von Haß und Lüge unserer Tage«, zu dem die Kirche unter allen Umständen etwas sagen müsse.[48]

Schließlich wurde dann doch mit der eindeutigen Mehrheit von 19:10 Stimmen der nur unwesentlich veränderte Kommissionsentwurf als interne Empfehlung für die Landeskirchen angenommen. Sein Grundtenor war eindeutig auf die Erhaltung der Selbständigkeit und Bewegungsfreiheit der Kirche gerichtet. In drei Punkten wurde dies präzisiert. Der erste Punkt forderte in Anlehnung an die Entschließung der Kasseler Pfarrer von allen Geistlichen »die volle Ausrichtung der reformatorischen Botschaft bei allen Anlässen«; der zweite mahnte die Pfarrer zur Wahrung des Vertrauensverhältnisses und stellte fest, daß die Verpflichtung gegenüber einem politischen Verband niemals dem Treueverhältnis zur Kirche übergeordnet werden dürfe; der dritte Punkt endlich begrüßte die Reinigung und Erneuerung des Volkslebens und versprach die Mithilfe der Kirche, verlangte aber, daß die Kirchen vor allem bei kulturpolitischen Maßnahmen rechtzeitig gehört und ihren berechtigten Wünschen Raum gegeben werde.[49]

Überraschenderweise stimmte die Versammlung zugleich auch einer öffentlichen Kundgebung zu, deren Text im wesentlichen auf Pechmann zurückging, und in der im Blick auf den Wahlkampf an alle Kirchenglieder »ohne Unterschied der Partei« drei Ermahnungen gerichtet wurden: »1. Je mehr des Hasses, desto mehr Liebe! Röm. 12, 21! 2. Je mehr der Lüge, desto strengere Wahrhaftigkeit! Nehmet es ernst mit dem achten Gebote! 3. Je mehr des selbstischen Wesens, desto mehr selbstlose Hingebung an das, was des Nächsten ist, und an das, was über allen steht: an das ganze Volk, an das ganze Vaterland!«[50]

Diese Kundgebung wurde sofort veröffentlicht. Sie erschien am Samstag in der Presse, am gleichen Tag, an dem Hitler abends in Königsberg mit Glokkenschall und Choralgesang seinen Wahlkampf beendete. Man darf mit Sicherheit davon ausgehen, daß diese seelsorgerlich-kritischen Ermahnungen nicht das waren, was die Partei am Vorabend der entscheidenden Wahl von der evangelischen Kirche erwartete. Es war denn auch das letzte Mal, daß sich die ganze Kirche so zurückhaltend und distanziert zu den politischen Vorgängen in Deutschland äußerte.

Entschieden dagegen hielten die Kirchenleitungen zunächst noch an der Betonung der Unabhängigkeit und Überparteilichkeit der Kirche fest. Diese Stichworte standen in den meisten kirchlichen Kundgebungen und Erklärungen dieser Wochen eindeutig im Mittelpunkt. Es war durchaus typisch, daß das Hannoversche Landeskirchenamt am Wahlsonntag zusätzlich zur Kundgebung des Kirchenbundes von den Kanzeln abkündigen ließ, »daß nur eine von den Parteien und Gruppen unabhängige Kirche jetzt unserem Volk den einzigartigen Dienst erweisen kann, allen das Wort Gottes zu sagen«.[51]

Bis Ende März gab es nur zwei Gruppen innerhalb des deutschen Protestantismus, die das Prinzip der Unabhängigkeit grundsätzlich ablehnten. Das war zum einen der Evangelische Bund, der seinen bekannten völkisch-nationalen Torheiten eine weitere hinzufügte und am 22. Februar mit einem Wahlaufruf für die neue Regierung an die Öffentlichkeit trat. »Evangelische Christen . . .«, so hieß es darin, »laßt deshalb alle Bedenken fahren und kämpft durch eure Stimmen mit dafür, daß die nationale gegenrevolutionäre Bewegung auf gesetzlichem Wege zum Siege kommt.«[52] Dieser Wahlaufruf wurde jedoch im deutschen Protestantismus noch als so anstößig empfunden, daß daraufhin eine ganze Reihe prominenter Mitglieder aus dem Bund austraten, unter ihnen Freiherr v. Pechmann[53] und der Herausgeber der *Christlichen Welt*, Hermann Mulert.[54]

Die andere Gruppe, die sich vor der Wahl lebhaft für Hitler einsetzte, waren natürlich die Deutschen Christen. Zum Teil bediente sich ihrer die Partei, etwa indem sie im ganzen Reich das einfallsreiche Plakat verbreiten ließ: »Alle guten Christen, ob evangelisch oder katholisch, wählen dieses Mal Nationalsozialisten. Liste 1! Für die Evangelischen: Glaubensbewegung ›Deutsche Christen‹. gez. Pfarrer Hossenfelder. Für die Katholiken: Katholische Vereinigung für nationale Politik. gez. Amtsrat Lossau.«[55]

Zum Teil ergriffen die Deutschen Christen – freilich nur dort, wo schon geschlossene Gruppen bestanden und keineswegs einheitlich – auch selbst die Initiative, indem sie mit bombastischen Wahlaufrufen in den Parteizeitungen an die Öffentlichkeit traten oder die Pfarrer in besonderen Schreiben für Hitler zu gewinnen versuchten. Im Stuttgarter *NS-Kurier* etwa las man am 24. Februar: »Ein Entscheidungskampf von unerhörtem Ausmaß wird in Deutschland gekämpft. Die Fronten sind klarer wie nie zuvor. Ein von Gott gelöstes Freidenkertum und der gegen alles Heilige mit haßerfülltem Vernichtungswillen anstürmende moskowitische Bolschewismus steht auf der einen Seite. Das mit satanischem Feuer von der roten Weltrevolution erstrebte Ziel ist nach ihren eigenen Worten: ›Keine Ehe, keine Familie, keine Kirche, kein Glauben als nur der Glaube an den Bolschewismus!...‹ Ihr Christen, wollt ihr solches geschehen lassen? Wenn ihr es nicht wollt, dann endlich her zu der einen großen deutschen christlichen Verteidigungsfront!...« Unterzeichnet war dieser Aufruf von der »Glaubensbewegung deutscher Christen, Gau Württemberg«.[56] In einem Schreiben an die württembergischen Pfarrer aber wurde unmittelbar die Wirkung von Hitlers christlichem Vertrauensfeldzug sichtbar: »Jeder evangelische Pfarrer«, so schrieb der NS-Pfarrerbund, »sollte von Herzen dankkbar sein, daß endlich an der Spitze des deutschen Volkes keine Atheisten, sondern Christenmenschen stehen.« Und am Ende verstieg sich das Schreiben zu der Behauptung: »14 Jahre kämpft Hitler für Christentum und Kirche, verkannt und bekämpft von vielen Christen. Die Kirche und Christenheit verdankt ihre Existenz gegenüber den Angriffen des Bolschewismus nächst Gott dem nationalsozialistischen Führer Adolf Hitler.«[57] Von solchen Überzeugungen aus war die Forderung bedingungsloser Solidarität der Kirche mit der Bewegung selbstverständlich. Hier erschien schon die Betonung der kirchlichen Neutralität als Verrat und die Erklärung des Kirchenbundes als eine unverständliche Distanzierung der Kirche, bei der es keinesfalls bleiben dürfe. »Die Stellungnahme«, so kritisierte deshalb Mitte März der *NS-Kurier*, »welche der offizielle deutsche Protestantismus in den letzten vierzehn Tagen zu dem gewaltigen Aufbruch der Nation eingenommen hat, ist nicht gerade erfreulich. Man kann sich des Eindrucks nicht erwehren, als ob die berufenen Vertreter des deutschen Protestantismus in diesen großen Tagen nichts anderes zu tun haben, als ängstlich und bekümmert darüber zu wachen, daß die Selbständigkeit der Kirche nicht ... angetastet würde. Von einer positiven Einstellung zu der großen Zeitwende in Deutschland und von einem freudigen Mitkämpfen an der Befreiung der Nation hat man wenig oder nichts gemerkt.«[58]

Mit der Betonung der kirchenlichen Unabhängigkeit durch die große Mehrheit und mit der wachsenden Ablehnung dieser Haltung durch eine aggressive Minderheit ist die Situation der evangelischen Kirche in den ersten Wochen des Dritten Reiches im wesentlichen charakterisiert. Es ging damals und noch für lange Zeit in der Kirche kaum um eine ernsthafte Kritik an den neuen Verhältnissen, geschweige denn um irgendeine Art von politischem Widerstand, sondern es ging allein um die Frage, ob die Kirche unabhängig bleiben solle, oder ob sie sich mit dem »Aufbruch der Nation« solidarisieren müsse.

Das war, im Rückblick gesehen, gewiß eine unbefriedigende Alternative. Aber sie war nun doch nicht ganz so unbefriedigend wie sie heute erscheint. Zumindest dort, wo die Unabhängigkeit der Kirche ernstgenommen wurde, zeigte sich sehr schnell, daß diesem Versuch eine erhebliche politische Sprengkraft innewohnte.

Das wichtigste Zeugnis für diesen Sachverhalt und eines der wichtigsten kirchlichen Zeugnisse aus diesen ersten Wochen überhaupt war ein Rundschreiben, das Dibelius, der kurmärkische Generalsuperintendent, am 8. März 1933 an alle Pfarrer seines Sprengels richtete. Auf der Linie von Wurm, aber wesentlich konkreter und schärfer als der württembergische Kirchenpräsident, zog Dibelius hier als erster den Trennungsstrich zwischen der Kirche und dem neuen Staat, jenen Trennungsstrich, um den dann unmittelbar danach das Ringen begann.

In dem vier Druckseiten umfassenden und als vertraulich gekennzeichneten Schreiben ging der Generalsuperintendent zunächst auf die Situation nach der Wahl ein. Ganz im Banne des nationalen Mißverständnisses Hitlers sah er im Wahlsieg der Rechtskoalition die endliche Wiederherstellung klarer verfassungsrechtlicher Verhältnisse und begrüßte »zum erstenmal seit der Revolution eine parlamentarische Mehrheit von bewußt nationaler Haltung«. Allgemeine Zustimmung zu diesem Umschwung glaubte er auch bei seinen Pfarrern voraussetzen zu können. »Es werden unter uns«, so meinte er, »nur wenige sein, die sich dieser Wendung nicht von ganzem Herzen freuen.«

Die Folgerung, die Dibelius daraus für die Kirche zog, war freilich ausgesprochen überraschend. Jetzt nämlich sei sie auf die Probe gestellt, ob sie es auch in dieser neuen, verlockenden Situation mit ihrer Unabhängigkeit ernst meine: »Jetzt muß es sich zeigen, ob jene Losung von der Überparteilichkeit und Unabhängigkeit der Kirche wirklich aus innersten Gründen entsprungen ist! Jetzt muß es sich zeigen, ob unsere Kirche in der bitteren Schule von fast anderthalb Jahrzehnten gelernt hat, Kirche zu sein!«

In vier Punkten, die sich eng an die Beratungen und Beschlüsse des Kirchenausschusses anlehnten, sah Dibelius die Bewährungsprobe gegeben. »Es gilt die Reinheit der evangelischen Verkündigung!«, lautete der erste Punkt. Und die Erklärung ließ keinen Zweifel daran, wer und was damit gemeint war: »Wir mögen, liebe Brüder, mancherlei verschiedene theologische Überzeugungen haben. Aber darin müssen und werden wir einig sein, daß das Evangelium nicht den eigenmächtigen Menschen, sondern den gerechtfertigten Sünder kennt, daß es nicht den Haß, sondern die Liebe predigt, daß nicht das Volkstum, sondern das Gottesreich Gegenstand evangelischer Verkündigung ist. Wir werden darin einig sein, daß das Evangelium im Gegensatz zu jeder menschlichen Ideologie steht, sie mag nationalsozialistisch oder sozialistisch, liberal oder konservativ sein, daß das Evangelium den Menschen in seinen selbstischen Wünschen nicht bestätigt, sondern richtet ... Dies Evangelium sollen wir predigen! Dies und kein anderes!«

Widersprach die Entgegensetzung von Evangelium und menschlicher Ideologie vor allem der politischen Theologie der Deutschen Christen, so enthielt der zweite Punkt eine klare Absage an Hitlers Inanspruchnahme des Christentums. »Es gilt die Verantwortung der Kirche für die Gesamtheit unseres Volkes!« Was das konkret bedeutete, erklärte Dibelius seinen Pfarrern so: »Mag die Politik Gräben ziehen, mögen Staatsmänner von Vernichten, Ausrotten und Niederschlagen reden, mögen Haßbotschaften bei Massenaufmärschen einen Beifall finden, ›der nicht enden will‹ – wir haben einen anderen Geist empfangen! ... Ich ... werde von dem Standort niemals abweichen, den uns das Evangelium anweist, und ich hoffe, Sie werden dasselbe tun. Wo Haß gepredigt wird, und nun gar der Haß gegen Glieder des eigenen Volkes, da ist der Geist Jesu Christi nicht.« Dies war, wie die folgenden Sätze zeigten, vor allem im Blick auf die verfemten Sozialdemokraten gesagt.

Die Kirche müsse, so lautete der dritte Punkt, gerade jetzt »das Gewissen des Staates« bleiben und »im großen und im kleinen tapfer und offen« sagen, »was nach Gottes Wort recht und was unrecht ist«.

Das führte zur letzten Ermahnung, nämlich dem Festhalten an der kirchlichen Disziplin. »Es darf nicht sein, daß Pfarrer, auf eine politische Bewegung gestützt, sich über die Vorschriften und Regeln ihrer Kirche hinwegsetzen. Es darf nicht sein, daß Pfarrer mit politischen Abzeichen durch ihre Gemeinde gehen und ihren Gemeindemitgliedern mit Parteigruß begegnen. Es darf nicht sein, daß wir dem Druck irgendwelcher politischen Mächte nachgeben und uns zu Maßnahmen drängen lassen, die der Kirche nicht würdig sind und die sich eines Tages bitter rächen müssen.« Dies bezog sich vor allem auf die »Zumutungen«, die von der Partei in wachsender Zahl an die Kirche gestellt würden, mit Kirchenräumen, Glocken und Pfarrern der Politik zur Verfügung zu stehen. Ehe Dibelius schloß, klärte er die Pfarrer in diesem Zusammenhang noch über die Königsberger Vorgänge am Abend des 4. März auf. Es sei nicht das Geläut des Königsberger Doms gewesen, schrieb er, »wie Herr Dr. Goebbels im Rundfunk behauptete«. »Man hat im Rundfunk eine Schallplatte mit Glockengeläut laufen lassen und den Hörern eingeredet, das wäre der Königsberger Dom! Die kirchliche Disziplin ist in Ostpreußen gewahrt worden! Sie muß auch bei uns gewahrt werden!«[59]

Die Bedeutung dieses Rundschreibens für die Einsicht in die Möglichkeiten und Grenzen der evangelischen Kirche in den ersten Jahren des Dritten Reiches läßt sich schwerlich überschätzen. Zunächst macht es noch einmal die durchgängige, katastrophale Fehleinschätzung der Kanzlerschaft Hitlers deutlich. Zugleich aber zeigt es ebenso überraschend wie überzeugend, daß dort, wo die Sache der Kirche mit Ernst und Konsequenz festgehalten wurde, gewissermaßen gegen das politische Fehlurteil doch ein Teil der Wahrheit ans Licht kam. Dibelius forderte lediglich, daß die Kirche auch im »Aufbruch der Nation« Kirche bleiben müsse, so wie es der Verfasser des *Jahrhunderts der Kirche* seit der Mitte der zwanziger Jahre immer wieder gefordert hatte. Aber indem er diese Forderung jetzt konkretisierte, geriet er ungewollt in einen Gegensatz zum Dritten Reich, der gerade darum politisch wurde, weil Dibelius die politische Kirche ablehnte.

Dies aber hatte eine weitere erstaunliche Folge. Wo evangelische Christen mit dieser Entschiedenheit an der Sache der Kirche festhielten, da begann diese Gemeinsamkeit in wachsendem Maße die theologischen wie die politischen Differenzen zu überwiegen. Exemplarisch für diese hier beginnende Entwicklung war ein Briefwechsel zwischen Otto Dibelius und Karl Barth, der sich an das Rundschreiben anschloß. Die beiden Männer, die noch vor Jahresfrist im »Streit um die Kirche« in Berlin offen gegeneinander angetreten waren, entdeckten nun, daß sie im Blick auf den neuen Gegner für die gleiche Sache gestritten hatten. Landeskirchliches Selbstbewußtsein und dialektische Theologie fanden sich darin überein, daß die Kirche schlechterdings durch nichts und niemand käuflich sei.

Am 13. März hatte Dibelius den Rundbrief Karl Barth zugeschickt mit dem Bemerken, vielleicht interessiere es ihn, »einen praktischen Beleg für einiges von dem, was ich damals« – nämlich bei einem Gespräch in Berlin im Frühjahr 1932 – »ausführte, zu Gesicht bekommen«. Barth antwortete postwendend. »Ich bin Ihnen *sehr* dankbar«, so schrieb er zurück, »für die Zusendung Ihres Rundschreibens an die kurmärkischen Pfarrer, über dessen entscheidenden Inhalt ich aufrichtig froh bin.« Und nachdem er einige wenige Bedenken zu bestimmten politischen und kirchenpolitischen Formulierungen des Briefes vorgebracht hatte, erklärte er, ihn bei seiner bevorstehenden Reise in die Schweiz mitnehmen zu wollen. »Ich weiß aus guter Quelle, daß das Befremden des Auslandes über manche Stimmen aus dem kirchlichen Deutschland wieder sehr groß ist und ich kann mir denken, daß ich . . . froh sein werde, ein Akten-Stück wie Ihr Schreiben zum Zeugen dafür anrufen zu können, daß energische Widerstände zugunsten des Eigen-Sinns der Kirche gerade an den verantwortlichen kirchlichen Stellen jedenfalls *auch* auf dem Plan sind.«[60]

In einem anderen Punkt freilich – und das zeigte, wie groß die Differenzen zwischen dem preußischen Generalsuperintendenten und dem Schweizer und Theologieprofessor trotzdem noch blieben – erfüllte Dibelius Barths Erwartung nicht. Es handelte sich um die Eröffnungspredigt für den neuen Reichstag am 21. März in Potsdam. In seinem Brief erinnerte Barth Dibelius daran, daß er »dieses Wort in einer Situation ausgesprochen haben werde«, »die für viele Millionen von Deutschen – die, wenn in Potsdam die Glocken läuten und die Fahnen wehen, schweigend und abgewandt abseits stehen werden – eindeutig unter dem Aspekt von Gewaltherrschaft und Unterdrückung steht. Ich weiß«, so fuhr Barth fort, »daß es auch andere Aspekte gibt und ich setze voraus, daß der Ihrige ein ganz anderer ist. Aber ich traue Ihnen zu, daß Ihnen bei jener Predigt das Bild all derer, die bei dem, was jetzt geschehen ist und noch geschehen wird, von Herzen ergrimmt und bekümmert sind, auch vor Augen stehen wird.«[61]

Sieht man sich Dibelius' Predigt daraufhin an, so wird man schwerlich an dem Urteil vorbeikommen, daß auch er dem illusionären Glanz des Tages von Potsdam wenigstens teilweise erlegen ist. Zwar waren die kritischen Untertöne in dieser Predigt nicht zu überhören. Aber sie blieben Untertöne, die überlagert wurden vom pathetischen Oberton preußisch-protestantischer Hoffnungen, der schon in der unglückseligen Wahl des Textes zum Ausdruck kam: »Ist Gott für uns, wer mag wider uns sein?« (Rö. 8,31). Es war der gleiche Text, über den der Oberhofprediger Dryander vor der entscheidenden Reichstagssitzung am 4. August 1914 gepredigt hatte. Mit seiner Wahl bestätigte Dibelius, daß auch er an die Potsdamer Täuschung glaubte; und zugleich übernahm er mit seiner Predigt ungewollt eine wichtige Rolle dabei.[62]

Wichtiger jedoch als diese Predigt, die eine Episode blieb, waren die Reaktionen der Partei auf den Rundbrief. Das Schreiben, das natürlicherweise nicht vertraulich bleiben konnte, kam sehr schnell auch in nationalsozialistische Hände. Der nationalsozialistische Pressedienst erklärte es offen als »Hochverrat an der Kirche«.[63] Zu dieser Zeit freilich war die kurmärkische Pfarrerschaft noch so geschlossen, daß die am 7. April in Berlin versammelten Superintendenten der Kurmark diese Vorwürfe entschieden zurückweisen konnten.[64] Zum Eklat kam es dann, als der *Märkische Adler*, Kubes Parteiblatt, das ja von

Anfang an alle deutschchristlichen Aktionen begleitet hatte, am 2. April Dibelius' vertrauliches Schreiben im Wortlaut abdruckte.[65] Dieser Abdruck am Vorabend der ersten großen Reichstagung der Deutschen Christen in Berlin machte schlagartig deutlich, daß Kubes kirchenpolitische Aktivitäten noch immer in die gleiche Richtung zielten. Es ging um die Ablösung der verhaßten Generalsuperintendenten und um die Eroberung der Kirche für das neue System. Die Zusammenhänge sind so offenkundig, daß kein Zweifel daran besteht, daß das Rundschreiben genau jene Äußerung war, die Kube suchte, um endlich die ganze Kraft der Partei gegen das alte System in der Kirche mobilisieren zu können. Auch insofern ist es ein Dokument von historischem Rang.

Im Lauf des März erschienen noch einige weitere Erklärungen zur kirchlichen Unabhängigkeit. So schrieb am 9. März der nassauische Landesbischof Kortheuer, es sei keinesfalls Aufgabe der Kirche, »sich für staatspolitische und wirtschaftliche Gedanken einzusetzen, und wenn sie noch so richtig wären«, vielmehr habe sie allein »mit der Treue, allem Ernst, aller Hingabe Gottes Wort zu verkünden, es sei zur Zeit oder zur Unzeit«. Vier Wochen später mußte er sich daraufhin von einem Pfarrer im *Nassauischen Volksblatt* belehren lassen, wie tief bedauerlich es sei, daß man in seinem Aufruf »ein freudiges ›Ja‹ zu der Wendung des deutschen Schicksals schmerzlich vermissen« müsse.[66] Am 15. März ermahnte auch der bayerische Kirchenpräsident Veit seine Pfarrer noch einmal, »für das gesamte Kirchenvolk bereit zu sein und nicht zu vergessen, daß der Dienst des Geistlichen der Kirche und dem Amt zu gelten habe und nicht einer Partei«.[67]

Aber während diese Stimmen noch laut wurden, wuchs in der evangelischen Kirche von Tag zu Tag die Bereitschaft, die bisher geübte Zurückhaltung aufzugeben und nun endlich auch in der nationalen Begeisterung mit aufzugehen. Und wo etwa noch Hemmungen und Vorbehalte bestanden, da wurden sie von der Potsdamer Feier und der Regierungserklärung endgültig hinweggeschwemmt.

Zum Sonntag Lätare, dem 26. März 1933, erschienen zum ersten Mal offizielle kirchliche Erklärungen, die sich rückhaltlos zum neuen Reich bekannten. Sie galten einer geschichtlichen Wende, in der man Gott sichtbar am Werke sah, und einer Regierung, die man für eine christliche Obrigkeit hielt.

In Mecklenburg-Schwerin, der Landeskirche Heinrich Rendtorffs, hieß es: »In dieser Stunde sollen die evangelischen Gemeinden Mecklenburgs wissen, daß ihre Landeskirche von ihrem Glauben her ein freudiges starkes Ja sagt: zum deutschen Volkstum, ... zur deutschen Nation, ... zum Deutschen Reiche ...« Die Bischöfe für Holstein und Schleswig ließen abkündigen: »Aus deutscher Not ist in nationaler Besinnung eine deutsche Freiheitsbewegung erwachsen ... Die führenden Männer haben offen bekannt, daß nur auf christlicher Grundlage ein gesundes Staatswesen sich entwickeln kann. Das ist eine Wendung, für die wir Gott von Herzen danken ...«[68] In Sachsen gab der lutherische Landesbischof Ihmels seiner Freude Ausdruck, »daß jene Bewegung selbst schon den Zusammenhang mit Gott sucht und bewußt pflegt«.[69] Und auch in Baden sah die Kirchenleitung Grund zur Dankbarkeit, »daß er unser Volk nicht versinken ließ, sondern es in letzter Stunde vor dem Untergang bewahrte«.[70]

Zwar war in all diesen Erklärungen noch immer auch von der Unabhängigkeit der Kirche die Rede, und von der Freiheit, die sie für ihre Verkündigung brauche, aber dies war nun offenkundig nicht mehr das erste und wichtigste. Das erste und wichtigste vielmehr war das Ja, die Solidarität, das Mittun und die Begeisterung für das Neue. Einen gewissen Höhe- und Endpunkt in dieser Entwicklung stellte dann die Botschaft dar, die der preußische Oberkirchenrat zum Osterfest am 16. April erließ.

Wie sehr gerade auch in der preußischen Kirche nach zehn Wochen des neuen Regiments die Stimmung umgeschlagen war und sich von wohlwollender Distanzierung in begeistertes Einverständnis verwandelt hatte, das wurde auf einer außerordentlichen Ephorenkonferenz deutlich, zu der am 11. April in Berlin 21 Generalsuperintendenten und Konsistorialpräsidenten mit dem preußischen Oberkirchenrat zusammentraten. Fast alle Generalsuperintendenten, die in der langen Aussprache über die Haltung der Kirche zum neuen Staat das Wort ergriffen, setzten sich nun – wie der Breslauer Generalsuperintendent Zänker – dafür ein, »daß die Leitung der Kirche öffentlich eine positive Stellung zum neuen Staat bekunden möge«. Man begegne diesem Verlangen, so fügte Zänker hinzu, immer wieder, »insbesondere zu der jüngeren Generation der Pfarrer«. Während Dibelius als einziger vor diesem Schritt warnte, teilte Vizepräsident Burghart mit, der preußische Oberkirchenrat beabsichtige, »in einer Osterbotschaft ein ausdrückliches Bekenntnis zu dem neuen Staat abzulegen«. Burgharts Annahme, »die beabsichtigte Form einer Osterbotschaft hebe die Erklärung aus politischen Zusammenhängen heraus«, war freilich ein offenkundiges theologisches Fehlurteil. Vielmehr machte gerade dieser Zusammenhang die Kundgebung zu einem Zeugnis für jene politische Theologie, die nun immer stärker in Köpfe und Herzen einzudringen begann.

Das Protokoll der Sitzung verzeichnet zu diesem Plan einer Osterbotschaft ebenso allgemeine Zustimmung wie zu dem Vorschlag, am 2. Feiertag Hitlers Geburtstages zu gedenken.[71] So gingen unter dem Datum des 11. April in 10 000 Exemplaren Osterbotschaft und Fürbitte an alle preußischen Superintendenten mit dem Ersuchen: »I. zu veranlassen, daß die nachstehende Ansprache am 1. Osterfeiertage von den Kanzeln bekanntgegeben wird, II. dahin zu wirken, daß am 2. Osterfeiertage des bevorstehenden Geburtstags des Herrn Reichskanzlers im Gottesdienst fürbittend gedacht wird . . .«[72]

Die Botschaft der preußischen Kirchenleitung, die Millionen evangelischer Christen an Ostern 1933 hörten, lautete:

»Die Osterbotschaft von dem auferstandenen Christus ergeht in Deutschland in diesem Jahr an ein Volk, zu dem Gott durch eine große Wende gesprochen hat.

Mit allen evangelischen Glaubensgenossen wissen wir uns eins in der Freude über den Aufbruch der tiefsten Kräfte unserer Nation zu vaterländischem Bewußtsein, echter Volksgemeinschaft und religiöser Erneuerung.« Nach einem Hinweis auf die Vaterländische Kundgebung des Königsberger Kirchentages von 1927 hieß es dann weiter: »In der Überzeugung, daß die Erneuerung von Volk und Reich nur von diesen Kräften getragen und gesichert werden kann, weiß die Kirche sich mit der Führung des neuen Deutschland dankbar verbunden. Sie ist freudig bereit zur Mitarbeit an der nationalen und sittlichen Erneuerung unseres Volkes.

Zur Ausrichtung dieses Dienstes bedarf die Kirche voller Freiheit für die Entfaltung ihres Lebens und ihrer Arbeit. Sie vertraut der Regierung, die uns die feierliche Zusicherung dieser Freiheit gegeben hat.«[73]

Verfolgt man den Weg von den ersten kirchlichen Äußerungen im Februar über die noch immer deutlich distanzierten Erklärungen Anfang und Mitte März bis zu dieser Osterbotschaft im April, so wird deutlich, wie sehr auch die evangelische Kirche der Dynamik einer Entwicklung erlag, in der die Erhaltung eines kritischen Abstandes immer schwieriger wurde. Die Machtergreifung als geistiger Vorgang, bei dem es weniger um die Eroberung der politischen Machtpositionen als vielmehr um die innere Gewinnung der Mehrheit und die Aufhebung der kritischen Distanz des einzelnen ging, war für die evangelische Kirche Ende März im wesentlichen abgeschlossen. Diese Veränderung im kirchlichen Bewußtsein war die Voraussetzung für den Aufstieg der Deutschen Christen, der Anfang April begann.

2. KAPITEL

DIE KAPITULATION DES KATHOLIZISMUS (FEBRUAR–MÄRZ)

Während die Gewinnung des Protestantismus für Hitler keine besonderen Probleme bot, lagen die Dinge auf katholischer Seite weit schwieriger. Hier stand seinem Willen zur Alleinherrschaft nicht nur das Zentrum entgegen, das seine zuverlässige Beständigkeit in allen Wahlen der vergangenen Zeit bewiesen hatte, sondern auch die Verurteilung des Nationalsozialismus durch die deutschen Bischöfe, ohne deren Aufhebung an eine Eingliederung der Katholiken in das Dritte Reich nicht zu denken war. Die Überwindung dieser geschlossenen katholischen Abwehrfront gehörte zu den wichtigsten Aufgaben, denen sich Hitler in den ersten Wochen seiner Herrschaft gegenübersah. Im Unterschied zur politischen Linken, die er frontal angehen konnte, war hier mit Gewalt wenig auszurichten. Jeder solche Versuch hätte einen Kulturkampf heraufbeschworen, den er aus guten Gründen außerordentlich fürchtete. So mußte er eine Konzeption entwickeln, die den politischen Katholizismus mattsetzte und zugleich die katholischen Bischöfe in eine Lage brachte, in der sie keine andere Wahl mehr hatten, als ihre ablehnende Haltung zu revidieren. Hitler besaß eine solche Konzeption, und es gelang ihm, sie in wenigen Monaten auch zu verwirklichen.

Eine wesentliche Schwierigkeit für den deutschen Katholizismus bestand darin, daß in dieser Zeit auf drei Ebenen Entscheidungen getroffen wurden, die aufs engste zusammenhingen, ohne daß eine wirkliche Koordination dieser Entscheidungen stattfand. Im Gegenteil: jede dieser drei Ebenen hatte so sehr ihre eigenen Interessen im Blick, daß die Frage der Rückwirkung auf die anderen Ebenen kaum ernsthaft mitbedacht wurde. Die erste Entscheidungsebene, der deutsche Episkopat, stand vor dem schwierigen Problem, was aus der offiziellen Verurteilung der nationalsozialistischen Ideologie werden sollte, die sich nach wie vor in Kraft befand und von der Fuldaer Bischofskonferenz noch im August 1932 ausdrücklich bestätigt worden war. Meinte man zunächst, es habe mit dieser Frage keine Eile, so stellte sich bald heraus, daß sie immer drängender wurde, je mehr Hitler sich in Deutschland durchzusetzen begann. Die zweite Ebene, die Zentrumspartei, stand vor nicht minder großen Problemen. Seit den Märzwahlen ihrer traditionellen Schlüsselfunktion beraubt, war sie beim Ermächtigungsgesetz noch einmal zu einer Entscheidung aufgerufen, die ebenso unausweichlich wie in ihrer Tragweite für Kirche und Staat unabsehbar war. Und schließlich mußte auch die dritte Ebene, der Vatikan, eine Entscheidung treffen, wie er sich künftig zur neuen deutschen Regierung verhalten sollte. Dabei waren in römischer Sicht nicht nur die deutschen Verhältnisse zu berücksichtigen, sondern ebenso die vermeintlichen oder wirklichen Interessen der Gesamtkirche.

War es bisher eine Stärke des Katholizismus gewesen, daß auf diesen drei Ebenen im großen Rahmen der durch das Naturrecht und das Kirchenrecht vorgezeichneten katholischen Weltanschauung und Kirchenpolitik in den Einzelfragen unabhängig gehandelt wurde, so stellte sich dies nun als eine verhängnisvolle Schwäche heraus. Sie führte dazu, daß sich die wesentlichen Entscheidungen mehr und mehr in die Kurie verlagerten und schließlich über Stellung und Zukunft des Katholizismus im Dritten Reich tatsächlich fast allein in Rom entschieden wurde.

Hitlers vordringlichstes Problem in den ersten Wochen war natürlich das Zentrum. In einem geschickten und trickreichen Spiel war es ihm gelungen, die katholische Partei bei der Regierungsbildung am 30. Januar so auszuspielen, daß sie sich mehr von den deutschnationalen Mitgliedern des Kabinetts als von Hitler selbst getäuscht sah.[1] Erst nach der Auflösung des Reichstags und in dem unmittelbar danach einsetzenden letzten Wahlkampf begannen die Fronten wieder deutlicher zu werden. Auch wenn der Zentrumsvorsitzende Kaas nach wie vor an dem Sammlungsgedanken festhielt[2], den er seit dem Herbst 1932 so nachdrücklich vertreten hatte, zeigte sich mehr und mehr, daß es in Wahrheit um Recht gegen Unrecht und um Freiheit gegen Diktatur ging.

Die katholische Partei, die katholischen Verbände und ein großer Teil der katholischen Presse führten diesen letzten Wahlkampf mit bewunderungswürdigem Mut. Obwohl sich seit Mitte Februar »eine konzentrische Welle des NS-Terrors über die Zentrumspartei« ergoß, Versammlungs-, Rede- und Zeitungsverbote sich häuften und allerorts Zentrumsbeamte entlassen wurden[3], erschien am 17. Februar ein Wahlaufruf katholischer Organisationen, dessen Sprache an Deutlichkeit nichts zu wünschen übrig ließ. In dem von den Vorständen der jeweiligen Organisationen namentlich unterzeichneten Aufruf hieß es im Blick auf die Rechtsbrüche der neuen Regierung: »Was werden die Früchte einer solchen Herrschaft sein, wenn sie sich einmal im Besitze dauernder Macht weiß? Eine Staatsordnung, in der an Stelle des Rechts Willkür und Parteilichkeit, an Stelle des Gemeinwohls Gruppeninteressen entscheiden; eine Wirtschaftsordnung, in der ein gerechtes Abwägen der Lebensbedürfnisse aller Stände verdrängt wird durch einseitige Bevorzugung bestimmter Schichten ...« Nach einer Kritik an den christlichen Phrasen, die überall zu hören seien, warf der Aufruf Hitler nicht weniger vor als eine andere Art von Bolschewismus: »Wir erfahren es: Bolschewismus kann auch werden unter nationalen Vorzeichen.« Am Ende stand das Bekenntnis zum Rechtsstaat und zu einer »starken, eigenwüchsigen und schöpferischen Mitte«.[4] Der Aufruf löste ein Verbot zahlreicher Zeitungen aus, die ihn nachgedruckt hatten. Erst eine Intervention bei Göring führte zur Aufhebung dieser Verbote. Auch ein Leitartikel wie der, den die *Junge Front* am 19. Februar veröffentlichte, zeigte, daß jedenfalls ein Kern des katholischen Volkes zum Kampf entschlossen war. »Wir werden nicht ruhen«, so schloß dieser Artikel, »bis wir den guten Kampf gekämpft haben. Man kann uns verbieten, man kann uns knebeln, man kann uns den Mund verbieten, aber die Wahrheit wird um so lauter schreien, denn sie ist nicht zu verbieten ...«[5] Trotz wachsenden Terrors hielten auch die führenden Zentrumspolitiker den Wahlkampf durch. Namentlich Brüning, der die Reichswahlliste der Partei anführte, prangerte in überfüllten Versammlungen die Rechtsbrüche der Regierung in aller Schärfe an. Der ehemalige Kanzler schloß seinen Wahlkampf am Abend des 3. März im Berliner Sportpalast. Nach seiner eigenen Erinnerung beherrschte die Teilnehmer an dieser letzten freien Wahlkundgebung in Berlin eine ungeheuere Begeisterung. »Ich war in der Stimmung eines Menschen, der nichts mehr zu verlieren hat, fast heiter. Meine Worte über den Rechtsstaat und der Appell an den Reichspräsidenten hatten eine gewaltige Wirkung.« Nicht weniger charakteristisch für die Zustände war es freilich, daß Brüning sich nach Schluß der Versammlung von einem Nebenausgang des Sportpalastes aus im Auto »in großem Bogen um Berlin« in sein »erstes Versteck im Osten Berlins« bringen lassen mußte.[6]

Auch der deutsche Episkopat reihte sich in diese Front ein; weniger freilich durch neue Formulierungen als einfach dadurch, daß er seine bisherige Politik fortsetzte. So verzichtete der Münchner Kardinal Faulhaber, der seinen Hirtenbrief zur Fastenzeit schon vor dem 30. Januar fertiggestellt hatte, bewußt auf eine Überarbeitung und datierte ihn auf den 10. Februar, »um zu zeigen, daß die Grundsätze der christlichen Staatslehre nicht wechseln, wenn die Regierungen wechseln«.[7] Das Hirtenwort selbst wiederholte die Grundzüge der katholischen Staatsauffassung, indem es die »Grundsätze der christlichen Staatslehre«, die »Aufgaben des christlichen Staates« und die »Pflichten des christlichen Staatsbürgers« entfaltete.[8]

Noch deutlicher verurteilte der Fastenbrief des neuen Freiburger Erzbischofs Gröber, der ebenfalls das Datum des 10. Februar trug, die Radikalisierung des politischen Kampfes und forderte die Diözesanen auf, »nach Kräften dafür zu sorgen, daß die Lüge und die Verleumdung, die Verhetzung und der Haß, die Gewaltakte und der Mord nicht weiter den deutschen Namen schmachvoll beflecken«.[9]

Wie wenig der Episkopat bereit war, sich von seiner bisherigen, scheinbar so bewährten Linie abbringen zu lassen, zeigte aber vor allem die Tatsache, daß das Hirtenwort der Fuldaer Bischofskonferenz zur Wahl am 5. März fast unverändert einen Aufruf wiederholte, den das gleiche Gremium bereits zur Reichstagswahl vom 31. Juli 1932 erlassen hatte. In der Tat war die Ermahnung zur Wahl von Abgeordneten, »deren Charakter und erprobte Haltung Zeugnis gibt von ihrem Eintreten für Frieden und soziale Wohlfahrt des Volkes, für den Schutz der konfessionellen Schulen, der christlichen Religion und der katholischen Kirche« noch immer hinreichend eindeutig, auch wenn man sich in der revolutionären Situation vor den Märzwahlen eine kräftigere Unterstützung des Zentrums hätte denken können.[10]

Tatsächlich waren sich Episkopat und Klerus in der Treue zum Zentrum wie in der Verurteilung des Nationalsozialismus einig. Ausnahmen waren selten und stießen auf entschiedene Ablehnung. Als etwa Clemens August Graf Galen, damals Pfarrer von St. Lamberti in Münster – der Jahre später zu einem Haupt des katholischen Widerstandes werden sollte – im Februar 1933 auf einer Versammlung des katholischen Akademikerverbandes für die neue politische Bewegung nur »eine gerechte und sachliche Beurteilung« forderte, da geschah dies, wie sich Joseph Pieper erinnerte, »vor einer großen, ihn klar mißbilligenden, eisig schweigenden Hörerschaft«.[11] Und diese Reaktion war zweifellos typisch.

Überblickt man diese ersten Wochen bis zum 5. März, so zeigt sich eindeutig, daß der deutsche Katholizismus insgesamt die geschlossene Front gegen den Nationalsozialismus fortsetzte, die er nach den Septemberwahlen 1930 gebildet hatte. Mochte es Abstufungen geben, Zweifel an der Richtigkeit dieser Position, Irrtümer in der Beurteilung Hitlers und seiner Politik, auch erhebliche Einbrüche in die traditionellen Wählerschichten – aufs Ganze gesehen stellte der Katholizismus nach wie vor einen weltanschaulichen Block von imponierender Geschlossenheit dar.

Die Wahlergebnisse vom 5. März bestätigten diesen Eindruck. Der vielzitierte Zentrumsturm blieb im wesentlichen unerschüttert. Mit 11,2 Prozent der Stimmen hatte die Partei nur 0,7 Prozent ihrer Wähler eingebüßt und an manchen Stellen – zum Beispiel in Berlin – sogar relativ zugenommen. Wirklich erhebliche Verluste hatte nur die verschwisterte Bayerische Volkspartei erlitten; aber auch ihr Gefüge war durchaus erhalten geblieben.

Auf die Frage, was dieses Wahlergebnis politisch bedeutete, gab es merkwürdigerweise zwei völlig verschiedene Antworten.

Nach den tradtionellen demokratischen Spielregeln hatte die Partei trotz ihrer bemerkenswerten Stabilität eine schwere Niederlage erlitten. Dank der Mehrheit der Rechtskoalition hatte sie ihre bisherige Schlüsselstellung im Reichstag verloren und war zugleich auch in Bayern aus ihrer führenden Position verdrängt worden. »Durch das Wahlergebnis«, so faßt Rudolf Morsey diese Sicht der Dinge zusammen, »sah sich der politische Katholizismus ausgeschaltet, da sich keinerlei Möglichkeiten direkter Einflußnahme auf das Geschehen mehr zeigten ... In der Zentrumspartei griff eine ungewohnte Lähmung Platz.«[12]

Ganz anders dagegen mußte das Ergebnis in Hitlers Augen aussehen. Im Blick auf die Eroberung der ganzen Macht, die durch das Ermächtigungsgesetz vollendet werden sollte, machte das Wahlergebnis die Zentrumspartei für kurze Zeit zu einem entscheidenden Faktor seiner Politk. Denn wenn er den Schein der Legalität wahren wollte, den er bisher so erfolgreich aufrechterhalten hatte, so bedurfte er zur erforderlichen Zweidrittel-Mehrheit für das letzte Gesetz des Parlaments der Stimmen dieser Partei. Und außerdem wäre Hitler nicht der völkische Führer gewesen, der er war, wenn er nicht in dem Block von nahezu 5½ Millionen katholisch gebundener Wählerstimmen ein auf die Dauer unerträgliches Hindernis auf dem Weg zur inneren Gleichschaltung des deutschen Volkes gesehen hätte.

So gehörte die Frage des politischen Katholizismus zu den wichtigsten Problemen, die er nach dem 5. März zu lösen hatte.

Tatsächlich wurde die erste Kabinettsitzung nach den Wahlen, die am Nachmittag des 7. März stattfand, wesentlich von diesem ganzen Fragenkomplex mitbestimmt. Hitler begann mit einer Analyse der Wahl, die nach seiner Ansicht zum Teil durch die Mobilisierung der Nichtwähler entschieden worden sei. Während er auf der Linken insgesamt eine Bewegung nach rechts sah, so daß bisherige Kommunisten der SPD und bisherige Sozialdemokraten die NSDAP gewählt hätten, machte er über die offenkundige Stabilität des Zentrums eine überraschende Bemerkung. »Was die Wähler des Zentrums und der Bayerischen Volkspartei anlange«, so erklärte er, »so würden sie erst dann für die nationalen Parteien zu erobern sein, wenn die Kurie die beiden Parteien fallen lasse.« Nachdem er dann kurz auf das Reich-Länder-Problem eingegangen war, kam er auf die Notwendigkeit eines Ermächtigungsgesetzes mit einer Zweidrittel-Mehrheit zu sprechen und gab dabei seiner festen Überzeugung Ausdruck, »daß der Reichstag ein solches Gesetz beschließen werde«. Nach Erklärungen von Frick und Hugenberg sprach Vizekanzler v. Papen. Er teilte »zur außenpolitischen Situation« mit, daß gestern der Vorsitzende der Zentrumspartei, Prälat Kaas bei ihm gewesen sei. »Er habe erklärt«, so berichtete Papen, »daß er ohne zuvorige Fühlungnahme mit seiner Partei komme und nunmehr bereit sei, einen Strich unter die Vergangenheit zu setzen. Im übrigen habe er die Mitarbeit des Zentrums angeboten.« Auch in Görings Votum spielte im Zusammenhang mit der Frage der Zweidrittel-Mehrheit das Zentrum eine wichtige Rolle. Entsprechend seiner plumpen Natur verfiel er auf die Idee, man müsse der Partei die Entlassung ihrer sämtlichen Beamten androhen, wenn sie dem Ermächtigungsgesetz nicht zustimme. »Im Übrigen werde die dem Zentrum gegenüber anzuwendende Taktik darin zu bestehen haben, es höflich zu ignorieren.« Ein letztes Mal kam die Problematik des Katholizismus in dieser Kabinettsitzung zur Sprache, als der Post- und Verkehrsminister, Freiherr v. Eltz-Rübenach, ein nationalkonservativer Katholik, die Anregung gab, für die nicht zentrumsgebundenen Katholiken, die Hemmungen gegenüber dem Punkt 24 des Parteiprogramms hätten, eine befriedigende Interpretation dieses Punktes zu veröffentlichen. Hitler, der auf diese Anregung sofort einging, erklärte, »daß den Bischöfen die authentische Interpretation aller die Kirche betreffenden Fragen zustehe. Die Kirche werde die nationalsozialistische Partei dann akzeptieren, wenn sie durch die Verhältnisse gezwungen sei, die Partei zu akzeptieren. Im übrigen« – so fuhr Hitler fort, und diese Assoziation war bemerkenswert – »seien die Verhältnisse an der deutschen Botschaft am Vatikan sehr mißlich. Der seit einigen Jahren dort tätige geistliche Berater, Prälat Steinmann, intrigiere häufig gegen den Botschafter. Hier werde auch eine Änderung notwendig werden. Ein Mann wie der Abt Schachleiter gehöre nach seiner Auffassung an die Stelle Steinmanns.« Damit war der Außenminister angesprochen, der denn auch sofort darauf hinwies, daß die Stelle eines geistlichen Beraters bei der Vatikanbotschaft erst nach dem Kriege eingerichtet worden sei und eine Notwendigkeit dafür nicht bestehe. Dann wandte sich die Diskussion anderen Themen zu, vor allem dem Reichstagsbrand und der Bestrafung der Täter, die der Innenminister »sofort zu hängen« vorschlug, »und zwar auf dem Königsplatz«.[13]

Man befindet sich also auf gesichertem Boden, wenn man davon ausgeht, daß Hitler bereits am 7. März den Gedanken erwog, daß die Kurie die katholischen Parteien fallenlassen könnte; daß er dem Episkopat eine authentische Interpretation aller die Kirchen betreffenden Fragen zugestand; daß er über die Verhältnisse an der Vatikanbotschaft unterrichtet war und daß er Informationen seines Vizekanzlers über ein Friedensangebot von Kaas besaß. Nimmt man dies alles zusammen mit jenen Überlegungen, die Hitler schon 1929 im Anschluß an die Lateranverträge vortrug, so war es nur noch ein Schritt bis zur konkreten Formulierung jenes Planes, der dann bis zum Sommer die Kirchenpolitik des Dritten Reiches gegenüber dem Katholizismus bestimmten sollte: das Angebot eines Konkordates zwischen dem Deutschen Reich und dem Heiligen Stuhl nach dem Vorbild des Laterankonkordats. Denn nur mit Hilfe eines solchen Konkordats war der verhaßte und gefürchtete politische Katholizismus gefahrlos auszuhalten, waren Episkopat und Kurie zur Zustimmung zum Dritten Reich zu bewegen, und war damit zugleich der Weg frei, um die katholischen Wähler für den Nationalsozialismus zu gewinnen.

Es läßt sich nicht mit Sicherheit sagen, ob Hitlers Gedanken schon am 7. März bis zu dieser Konsequenz vorgestoßen waren. Aber ausgeschlossen scheint es, daß – wie fast die gesamte neuere Forschung annimmt[14] – dieser Plan bei den großen Entscheidungen im März noch keinerlei Rolle gespielt haben und erst Anfang April wie ein Deus ex machina aufgetaucht sein soll.

Gewiß ist es richtig, daß sich bis heute weder in den staatlichen noch in den kirchlichen Akten ein unumstößlicher Beweis für Konkordatspläne im März gefunden hat.[15] Aber der kleine Kreis der Beteiligten hatte so gute Gründe, diese Pläne mit äußerster Diskretion zu behandeln, daß es umgekehrt erstaunlich wäre, wenn man vor dem 23. März irgend etwas schriftlich festgelegt hätte.

Das galt vor allem für den Zentrumsvorsitzenden Ludwig Kaas, der in der ganzen Frage wohl die entscheidende Vermittlerrolle spielte.

Für Kaas hatte sich mit dem Wahlausgang am 5. März die Lage vollkommen verändert. Bis zu diesem Zeitpunkt hatte er noch für die unmittelbare politische Mitwirkung des Zentrums gekämpft. Dieser Kampf war durch die

Mehrheit, die Hitler mit seinen Koalitionspartnern erreicht hatte, für das Zentrum verloren. Damit war die autoritäre Regierung endgültig etabliert und es galt, sich auf die neuen Verhältnisse einzustellen. Kaas' Besuch bei Papen am 6. März und sein Angebot zur Mitarbeit war das erste Zeichen seiner Neuorientierung.

Wenn Kaas in diesen Tagen die Lage im Blick auf die neue Regierung und das zu erwartende Ermächtigungsgesetz prüfte, so mußten ihm zwei Aspekte ins Auge fallen. Für den Vorsitzenden der Verfassungspartei enthielt das Ermächtigungsgesetz Gefahren, gegen die es sich nach Möglichkeit zu sichern galt. Für den Prälaten und Kanonisten aber enthielt das gleiche Gesetz eine einzigartige Chance. Ein Kommentar zu den Lateranverträgen hatte schon 1929 die Erkenntnis festgehalten, daß »der Parlamentarismus bei der Behandlung und Lösung wirklich großer Fragen nicht zu brauchen ist«.[16] Die gleiche Überzeugung hatte Kaas durchgängig in seinem großen Aufsatz über den neuen Konkordatstyp vertreten, den er nur wenige Wochen zuvor abgeschlossen hatte. Es war Pacellis Schule, in der der Prälat gelernt hatte, die Gunst weltgeschichtlicher Stunden zu sehen und zu nutzen. Kaas mußte also nach dem 5. März zwischen den Gefahren eines Ermächtigungsgesetzes für die innenpolitische Entwicklung und seinen Chancen für den Abschluß eines Reichskonkordats abwägen. Tatsächlich dürfte der Prälat seine persönliche Entscheidung für das Ermächtigungsgesetz von Hitlers Zusicherung abhängig gemacht haben, mit Hilfe dieses Gesetzes das Reichskonkordat abzuschließen, das am Parlament der Republik immer wieder gescheitert war.

Voraussetzung für diese Politik war die Bereitschaft Roms, überhaupt mit Hitler zu verhandeln. Diese Bereitschaft war keineswegs selbstverständlich. Aber hier wirkten nun Hitlers Vertrauensfeldzug und die Sorge des Papstes vor dem Kommunismus zusammen, um die bestehenden Hindernisse abzubauen.

Schon am 8. Februar berichtete der deutsche Botschafter beim Heiligen Stuhl, Diego v. Bergen, im Zusammenhang mit den ersten römischen Reaktionen auf die Machtübernahme, daß er »Grund zu der Annahme« habe, daß das feierliche Bekenntnis zum Christentum im Aufruf der Regierung vom 1. Februar seinen Eindruck nicht verfehlen werde. Wörtlich fuhr der Bericht dann fort: »Begrüßt wird die entschiedene Kampfansage an den Bolschewismus, dessen Überwindung eine der größten Sorgen des Heiligen Stuhls ist.«[17] Vier Wochen später, am 4. März, ließ Pius XI. seinen Kardinalstaatssekretär wissen, Hitler sei der erste und einzige Staatsmann, der öffentlich gegen den Bolschewismus rede.[18] Kurz darauf wiederholte er diese Ansicht fast wörtlich gegenüber dem Münchener Erzbischof Kardinal Faulhaber, der sich zu einem Besuch in Rom aufhielt. »Hitler«, so notierte sich Faulhaber die Meinung des Papstes zum neuen Reichskanzler: »Mir hat gefallen, er ist der erste Staatsmann, der gegen den Bolschewismus gesprochen hat.« Zugleich war die Aufzeichnung Faulhabers ein Zeichen, daß Hitlers Vertrauensfeldzug auch im Katholizismus nicht ohne Widerhall blieb: »Ich: Er spricht sehr fromm, in Königsberg von der Vorsehung und wie er bete. Er [der Papst] hatte das alles gehört oder gelesen.«[19] Auch gegenüber verschiedenen Diplomaten äußerte sich Pius XI. in ähnlichem Sinne.[20]

So lag es ganz auf der Linie seiner Überzeugung, wenn der Papst in einer Ansprache vor dem Konsistorium am 13. März zwar indirekt, aber für jeden Eingeweihten deutlich genug, die neue Regierung in Deutschland mit Lob bedachte. Wie überraschend dieses Lob für viele kam und wie eindrücklich die Erinnerung daran blieb, zeigt wiederum eine Aufzeichnung Faulhabers, die er für einen Lagebericht vor den Bayerischen Bischöfen am 20. April 1933 anfertigte. »Meine Romreise«, so hieß es da, »hat mir bestätigt, was man schon länger ahnen konnte. In Rom beurteilt man den Nationalsozialismus wie den Faschismus als die einzige Rettung vor dem Kommunismus und Bolschewismus. Der Hl. Vater sieht das aus weiter Ferne, sieht nicht die Begleiterscheinung, sondern nur das große Ziel.« Und zum Beweis schilderte Faulhaber dann die Szene vom 13. März. »Im Geheimen Konsistorium [am] 13. März 1933 sind die Köpfe aufgefahren, als der Hl. Vater mit besonderer Betonung den Satz sprach: ›Bis in die letzten Zeiten blieb die Stimme des römischen Papstes die einzige, die auf die schweren Gefahren [hinwies], die der christlichen, fast bei allen Völkern eingeführten Kultur drohen.‹ Also öffentliches Lob für Hitler.«[21]

Das Aufsehen im Konsistorium war nicht erstaunlich, wenn man sich vor Augen hält, daß zur gleichen Zeit der deutsche Katholizismus nach außen noch immer eine geschlossene Front gegen den Nationalsozialismus bildete und gerade den härtesten Wahlkampf seiner Geschichte hinter sich hatte.

Ihre besondere politische Bedeutung freilich bekam die Äußerung des Papstes erst durch einen Hinweis, der dem deutschen Vatikanbotschafter am gleichen Tag aus dem päpstlichen Staatssekretariat zuging. Noch vor Beginn des Konsistoriums kabelte Bergen den Inhalt des entscheidenden Satzes aus der päpstlichen Ansprache nach Berlin und fügte hinzu: »Im Staatssekretariat wurde mir nahegelegt, darauf hinzuweisen, daß dieses Wort als indirekte Anerkennung des entschiedenen Vorgehens des Reichskanzlers sowie der Regierung gegen den Kommunismus zu deuten wäre.«[22]

Damit aber ergab sich für den Katholizismus eine hochkomplizierte Lage. Denn während so aus dem Vatikan vorsichtige Zeichen eines Verständigungswillens kamen, zeigten die deutschen Bischöfe auch nach dem 5. März noch keine Bereitschaft zum Einlenken. Ein Memorandum über die kirchliche Beurteilung Hitlers, das Kardinal Faulhaber am 17. März im Vatikan übergab, machte deutlich, daß der Vorsitzende der Freisinger Bischofskonferenz auch intern keinen Anlaß zu einer offiziellen Revision des bisherigen Kurses sah. Zwar lobte er darin Hitlers Mut, »den Namen Gottes zu bekennen«, während in der Verfassung des Deutschen Reiches der Name Gottes nicht vorkomme; auch fand er es lobenswert, daß Hitler gegen den Marxismus und den Kommunismus kämpfe. Ferner registrierte der Kardinal positiv Hitlers Willen, den Kapitalismus zu stürzen sowie die Tatsache, daß er sich als Kanzler in seinen Reden zurückhalte. Die Liste des nicht zu Lobenden aber fiel ungleich länger und gewichtiger aus. Die Predigt von Haß und Gewalt, der Kult der Rasse, der Anspruch des Nationalsozialismus, eine neue Religion zu sein, und nicht zuletzt die Furcht, die »in Haufen« zum Nationalsozialismus abgeschwenkten protestantischen Kreise könnten mit ihm gegen den römischen Katholizismus ziehen, all das bewog den Kardinal zu einem überwiegend kritischen Urteil. Wenn allerdings die Regierung durch die Tat beweise, daß diese Befürchtungen unbegründet seien, würden die Bischöfe »das Mißtrauen gegen die Partei gerne aufgeben«.[23]

Sicher waren die Urteile unter den Bischöfen nicht einheitlich. Die Ereignisse überstürzten sich, die Unruhe an der Basis wuchs, schon zogen auch rein katholische Gemeinden »mit fliegenden Fahnen« zur Partei[24], und die bischöflichen Warnungen begannen sich – nach einer Formulierung von Ludwig Volk – von einer »richtungsweisenden Abgrenzung« in eine »Ghettomauer« zu verwandeln, »die es progressiven deutschen Katholiken verwehrte, beim ›Aufbruch der Nation‹ dabeizusein«.[25]

Auch begann sich jetzt im katholischen Kirchenvolk die These von der sozialen Nachbarschaft« vom Katholizismus und Nationalsozialismus zu bestätigen, die Walter Dirks 1931 aufgestellt hatte. Beide, so hatte Dirks geschrieben, würden »vorwiegend gerade von kleinbürgerlichen Schichten« getragen, so daß bei einer Lockerung der katholischen Sperre die soziale Unruhe dieser Schichten »mit einiger Sicherheit in die nationalsozialistische Bewegung einmünden« würde. »Hier steckt die schwache Stelle des Katholizismus«, meinte Dirks damals, »seine Demokratie ist zuverlässig gegen monarchistische Restauration, gegen abenteuerliche Putsche, gegen die Diktatur des Proletariats, gegen das ›alte System‹, gegen den Nationalsozialismus Rosenbergs und der Straße – aber ob sein beunruhigtes Kleinbürgertum, seine Bauern, seine arbeitslosen Angestellten und Intellektuellen in entscheidender Stunde sich gegen den Reiz eines ideologisch gemäßigten ›Dritten Reiches‹ wehren könnten, ... – das ist eine ernste Frage.«[26] In der Tat begann sich jetzt auch im katholischen Kirchenvolk vieles zu bewegen; und das konnte den Bischöfen nicht gleichgültig sein.

Trotzdem erhielt Papen, als er am 18. März beim Vorsitzenden der Fuldaer Bischofskonferenz, Kardinal Bertram, vorfühlte, was es mit den sich häufenden Nachrichten von einer baldigen Kursänderung auf sich habe, noch den klaren Bescheid, wer revidieren müsse, sei »der Führer der Nationalsozialisten selbst«, nicht aber die Kirche, die 1932 ihre Haltung eindeutig begründet habe. In dem Schreiben an die Mitglieder der Konferenz, das diese Nachrichten enthielt, teilte Bertram den Bischöfen zugleich seine Überzeugung mit, daß die Situation für eine allgemeine Kundgebung an das katholische Volk ihm »noch nicht genügend geklärt« erscheine und der Wegfall der bekannten Hinderungsgründe »noch nicht überzeugend eingetreten« sei.[27] Bis zum 19. März stand also der Katholizismus, soweit er durch die Bischöfe repräsentiert wurde, noch fest in der Meinung, daß zu einem grundsätzlichen Umschwenken keine Veranlassung gegeben sei.

Diese entschiedene Haltung des deutschen Episkopats konnte Hitler nur in seinem Willen bestärken, möglichst bald seinen Frieden mit Rom zu machen. Und in diesem Willen mußte er sich mit Kaas treffen, für den dieser Friede das höchste erreichbare Ziel überhaupt darstellte. Der Preis für diesen Frieden mit einem autoritären Staat aber war dem Verfasser des Aufsatzes über das italienische Konkordat wohlbekannt. Es war die Zentrumspartei.

Unter diesen Umständen sah der Prälat nach dem 5. März offensichtlich keine Möglichkeit mehr, als Zentrumsvorsitzender deutsche Politik zu machen. Obwohl Kaas seit Anfang März wußte, daß seine Partei angesichts des geplanten Ermächtigungsgesetzes eine Entscheidung von unabsehbarer Tragweite zu treffen hatte, verhielt er sich merkwürdig still. Statt in Gesprächen innerhalb und außerhalb der Partei die Lage zu sondieren, die bestehenden Chancen und Gefahren abzuwägen und eine Meinungsbildung in der Fraktion vorzubereiten, tat Kaas nichts dergleichen. Während Brüning noch versuchte, mit Hilfe der Deutschnationalen auf Hindenburg einzuwirken[28], ist von irgendeiner politisch bedeutsamen Aktivität der verantwortlichen Zentrumsführers in dieser Zeit nichts bekannt. Einen Protestbrief an Hitler wegen einer vergleichsweise belanglosen Angelegenheit vom 15. März[29] und einen dem Prälaten zugeschriebenen Leitartikel in der *Kölnischen Volkszeitung* vom 17. März[30] wird man kaum dafür gelten lassen wollen.

Statt dessen prüfte Kaas in diesen Wochen vermutlich die Möglichkeiten, die sich aus einem mit der Hilfe der Zentrumspartei verabschiedeten Ermächtigungsgesetz für die Kirchenpolitik der Kurie ergaben.

Die These vom Zusammenhang zwischen Reichskonkordat und Ermächtigungsgesetz ist zum ersten Mal von Karl Dietrich Bracher in einem Gutachten zum Konkordatsprozeß aus den politischen Zusammenhängen heraus ausführlich vorgetragen und begründet worden.[32] Sie hat seit der Veröffentlichung seiner Memoiren in dem ehemaligen Zentrumskanzler Brüning ihren Kronzeugen bekommen. Für Brüning, der zweifellos über hervorragende Informationsquellen verfügte, standen die Zusammenhänge im Rückblick eindeutig fest.

»Kaas' Widerstand«, so lautet der entscheidende Abschnitt in seinen Erinnerungen, »wurde schwächer, als Hitler von einem Konkordat sprach und Papen versicherte, daß ein solches so gut wie garantiert sei. Das war die Frage, die Kaas naturgemäß und verständlicherweise am meisten interessierte, aus seiner ganzen Anschauungswelt heraus. Seit 1920 hatte er immer gehofft, ein Reichskonkordat mitzuschaffen. Für ihn als Prälaten war die Sicherung der Beziehungen zwischen dem Vatikan und dem Deutschen Reich eine entscheidende Frage, der die übrigen höchstens koordiniert, wenn nicht untergeordnet werden mußten. Hitler und Papen werden gemerkt haben, wie die wachsenden Aussichten auf ein Konkordat Kaas immer mehr fesselten. Er verlangte allerdings, daß Hitler in irgendeiner Form sich auf den Abschluß eines Konkordats festlegte.«[33]

Hält man sich die ganze Situation vor Augen, so spricht alles für die Glaubwürdigkeit dieser Darstellung, auch wenn sie im einzelnen nicht beweisbar ist. Hitlers grundsätzlicher Entschluß stand seit 1929 fest; ebenso sein Wunsch, möglichst bald die katholischen Wählerstimmen zu gewinnen und den politischen Katholizismus auszuschalten. Wenn er für ein Konkordatsangebot jetzt dazuhin noch die Zustimmung des Zentrums zum Ermächtigungsgesetz bekam, so war nicht einzusehen, warum er zögern sollte, es auszusprechen. Papens teils persönliche, teils politische Interessen an einem Konkordat lagen auf der Hand. Kaas hatte seit mehr als einem Jahrzehnt an den Verhandlungen über einen solchen Vertrag mitgewirkt. Er wußte, daß der Kardinalstaatssekretär ihn für das wichtigste Ziel der kurialen Politik gegenüber dem Reich hielt, und er kannte auch die neuen Möglichkeiten, die das italienische Konkordat für eine Verständigung bot. Pius XI. endlich hatte angedeutet, daß er in Hitler einen möglichen Bundesgenossen sah, und damit Zweifel an dessen Vertragsfähigkeit erheblich gemildert. Ludwig Kaas wäre ein Tor gewesen, wenn er unter diesen Umständen Hitlers Bereitschaft für einen Konkordatsabschluß nicht geprüft hätte.

Diese Annahme wird durch eine Reihe von verschiedenen Aussagen und Hinweisen unterstützt. Hitler selbst ebenso wie Papen haben auf das bestimmteste erklärt, daß die Konkordatsfrage von Anfang an mit im Spiele war. So zeigte sich der Reichskanzler in der entscheidenden Kabinettsitzung vom 14. Juli freudig überrascht darüber, daß das von ihm »stets erstrebte Ziel einer Vereinbarung mit der Kurie so viel schneller erreicht wurde, als er noch am 30. Januar 1933 gedacht hätte . . .«[34] Und auch Papen behauptete immer wieder, daß er die Konkordatsfrage schon sehr früh, »bereits unmittelbar nach dem 30. Januar 1933«, dem Kanzler vorgetragen habe.[35] Daß die Dinge schon im März abgesprochen waren, beweist auch ein Brief, in dem ein Freund Papens, Graf Praschma, unmittelbar nach der Zustimmung des Zentrums seine Befriedigung über den Verlauf der Dinge zum Ausdruck brachte. »Es scheint mir aber«, so schrieb Praschma am 25. März an Papen, »daß man über Art und Form wie das Zentrum Anschluß gefunden hat, zufrieden sein kann und betrachte es als großen Erfolg und nicht leicht weg mit der Phrase abzutun, daß es ja gar nicht anders gekonnt hätte. Hoffentlich bewahrt uns die weitere Entwicklung der Dinge vor Situationen, die das Verhältnis wieder trüben. Ich hoffe auch, daß Deine Romreise gut verläuft.« Offenbar hatte Papen also gegenüber Praschma – möglicherweise schon bei seinem Aufenthalt auf dessen Schloß Falkenstein zwischen dem 8. und 12. März – bestimmte Pläne über das Zentrum und den Vatikan entwickelt, die nun durch die Ereignisse bestätigt wurden.[36] Damit stimmt überein, daß ein eifriger nationalsozialistischer Emissär aus Wien, der Papen davon zu überzeugen versuchte, daß die Zeit für eine Verständigung zwischen Berlin und Rom reif sei, den Vizekanzler am 27. März »bereits dazu entschlossen und beauftragt« fand.[37]

Überhaupt war die Zuversicht auf nationalsozialistischer Seite, daß das Zentrum zustimmen werde, von Anfang an überraschend groß. In der Kabinettsitzung vom 15. März, in der die ganze Frage verhandelt wurde, erklärte Hitler, »die Durchbringung des Ermächtigungsgesetzes im Reichstag mit Zweidrittel-mehrheit werde nach seiner Auffassung keinerlei Schwierigkeiten begegnen«; während Frick dies dahingehend präzisierte, er habe die Fraktionen des Reichstags »darauf hingewiesen, daß der Reichstag ein Ermächtigungsgesetz mit verfassungsändernder Mehrheit binnen drei Tagen verabschieden müsse. Das Zentrum habe sich keinesfalls ablehnend geäußert.« Der Abgeordnete Esser habe jedoch um eine Unterredung mit Hitler gebeten.[38] In der Debatte kam Papen ausdrücklich auf den politischen Katholizismus zu sprechen und betonte, die Frage seiner Eingliederung in den neuen Staat sei »von besonderer Bedeutung«.[39] Und Goebbels trug am 20. März – am gleichen Tag, an dem die offiziellen Verhandlungen mit dem Zentrum begannen – in sein Tagebuch ein: »Wir haben Nachricht, daß auch das Zentrum es« – gemeint war das Ermächtigungsgesetz – »akzeptieren wird.«[40] Vier Jahre später sollte Goebbels' Organ *Der Angriff* dann in einem Gedenkartikel zum Abschluß des Konkordats offen behaupten, Kaas habe 1933 das Ja der Zentrumspartei zum Ermächtigungsgesetz abhängig gemacht »von der Bereitschaft der Reichsregierung über ein Reichskonkordat mit dem Hl. Stuhl zu verhandeln und die Rechte der Kirche zu achten«.[41] Dies deckt sich mit der Erinnerung von Fritz Günther v. Tschirschky, einem jungen Mitarbeiter Papens in der Vizekanzlei, der von entsprechenden Verhandlungen zwischen Hitler und Kaas unmittelbar vor der entscheidenden Reichstagssitzung am 23. März berichtet.[42]

Aber auch auf der Zentrumsseite gab es schon früh den Verdacht einer Absprache. Er findet sich ausgesprochen in einer Aufzeichnung aus Kreisen des Kölner Zentrums über eine Auseinandersetzung, die in den Tagen vor dem 20. März zwischen Brüning und Kaas in Köln stattfand. Während Brüning dabei seine kategorische Ablehnung des Ermächtigungsgesetzes mit dem Hinweis begründete, das Zentrum als »Verfassungspartei« könne diesen »materiellen Rechtsbruch« unter keinen Umständen mitmachen, werden von Kaas keinerlei Argumente überliefert. Vielmehr habe dieser schließlich auf den Tisch geschlagen mit den Worten: »Bin denn nun ich der Führer der Partei, oder wer sonst?« Diese nicht eben überzeugende Haltung des Zentrumsführers veranlaßte den Verfasser der Aufzeichnung zu der Frage: »Hatte Kaas bei seinen Verhandlungen mit Hitler diesem vielleicht Zusagen gemacht, so daß er festhalten *mußte*?«[43]

Noch wichtiger als diese Hinweise und Erinnerungen, die bestätigen, daß die Dinge gewissermaßen in der Luft lagen, ist eine Reaktion auf evangelischer Seite. Sie liefert den indirekten Beweis, daß tatsächlich schon im März über ein Reichskonkordat gesprochen wurde.

Kapler, der Präsident des Kirchenbundes, befand sich am 23. März, dem Tag des Ermächtigungsgesetzes, zu einem kurzen Erholungsaufenthalt in Eisenach. Am Vormittag erreichte ihn dort ein Anruf aus Berlin, der ihn veranlaßte, sich noch am gleichen Tag in einem persönlichen Schreiben an den Reichspräsidenten zu wenden. Unter Hinweis auf die Nachricht, die er soeben aus Berlin erhalten hatte, schrieb er: »Dem Vernehmen nach sollen im Zusammenhang mit den Verhandlungen über die Annahme des Ermächtigungsgesetzes Erörterungen mit – politischen oder kirchlichen – Vertretern katholisch-kirchlicher Interessen schweben über die Gewährleistung der aus der Reichsverfassung sich ergebenden Rechtsstellung der kath. Kirche in Deutschland, insbesondere auch über die Frage eines diese Rechtsstellung sichernden Reichskonkordats.« Die Absicht des Schreibens war die Bitte an den Reichspräsidenten, »als obersten Hüter des Rechtes und des konfessionellen Friedens«, sich »für die paritätische Wahrung der ev.-kirchl. Interessen« einzusetzen.[44] Es ist undenkbar, daß der überaus korrekte und vorsichtige Kapler sich auf ein bloßes unkontrollierbares Gerücht hin zu einem so gewichtigen Schritt entschloß. Die Nachricht, die der Unbekannte ihm durchgab, mußte schon Hand und Fuß haben. Und tatsächlich ist sie auch weiterhin als Faktum behandelt worden und hat, wie noch zu zeigen sein wird, den ersten Mann der evangelischen Kirche zu außerordentlich weitreichenden Entscheidungen veranlaßt.[45] Das Schreiben selbst wurde zwei Tage später von Hindenburgs Staatssekretär Meißner mit dem Hinweis beantwortet, daß der Reichspräsident mit Interesse Kenntnis genommen und es »dem Herrn Reichsminister des Innern als Material zugeleitet« habe.[46] Am 1. April informierte Kapler in einem vertraulichen Lagebericht die obersten Behörden der evangelischen Landeskirchen ganz offiziell von diesem Sachverhalt. Ihm sei »kurz vor den Verhandlungen des Reichstags über das Ermächtigungsgesetz unter der Hand« bekannt geworden, so hieß es in diesem Bericht, »daß Sonderverhandlungen mit dem Zentrum bzw. mit der katholischen Kirche stattfänden und weitere solche Verhandlungen zu erwarten seien«. Daher habe er sich in einem persönlichen Schreiben an den Reichspräsidenten gewandt und ihn um Wahrung der Parität gebeten.[47] Den definitiven Beweis aber, daß es sich bei all dem nicht um Gerüchte handelte, sondern daß solche Verhandlungen wirklich stattgefunden hatten, liefert die Tatsache, daß Kapler am gleichen 1. April überraschend zu einer Unterredung mit Frick zusammentraf und dem Reichsinnenminister dabei unwidersprochen die Sorgen der evangelischen Kirche wegen eines Reichskonkordats vortrug. Über diese Unterredung berichtete

Kapler am 11. April dem preußischen Generalsuperintendenten[48] und am 25. April dem Kirchenausschuß.[49]

Wenn der Präsident also nicht völlig falsch unterrichtet war – und alle seine Aktionen, Unterredungen und Berichte sprechen im Gegenteil dafür, daß seine erste Information voll bestätigt wurde –, so ist spätestens im Lauf des 23. März der Zusammenhang zwischen Ermächtigungsgesetz und Reichskonkordat eindeutig hergestellt worden.

Schließlich hat auch der wichtigste Zeuge, Kaas selbst, in einem Schreiben vom 19. November 1935 an den deutschen Vatikanbotschafter v. Bergen seine Rolle bei der Annahme des Ermächtigungsgesetzes in einer Weise dargestellt, die einen vernünftigen Zweifel an diesen Zusammenhängen kaum zuläßt. »Unmittelbar nach der Verabschiedung des Ermächtigungsgesetzes«, so schrieb Kaas, »an dessen Annahme ich auf Grund bestimmter, mir durch den Herrn Reichskanzler gegebener Zusicherungen (sowohl allgemeinpolitischer als kulturpolitischer Art) positiven Anteil genommen hatte, fuhr ich am 24. März nach Rom. Abgesehen von Erholungszwecken wollte ich – in Fortführung der von mir am 23. März im Reichstag vertretenen Haltung – die durch die Reichskanzlererklärung geschaffene Lage darlegen und die Möglichkeiten einer umfassenden Verständigung von Kirche und Staat prüfen.«[50] Man kann zwar unter den hier erwähnten Zusagen notfalls die offiziellen Verhandlungsergebnisse vom 20. und 22. März verstehen und auch die Meinung vertreten, die »umfassende Verständigung von Kirche und Staat« müsse »nicht notwendig Reichskonkordat« heißen[51], aber sehr überzeugend und sinnvoll sind derartige Deutungen kaum.[52]

Angesichts dieser Sachlage verlieren die Stimmen, die einen Zusammenhang zwischen der Annahme des Ermächtigungsgesetzes und dem Abschluß des Reichskonkordats bestreiten, entschieden an Gewicht. Josef Joos etwa, ein Anhänger der Brüningschen Richtung und Mitglied des Fraktionsvorstandes der Partei, erklärte 1958 im Rückblick, von einem solchen Zusammenhang könne »tatsächlich keine Rede« sein.[53] Das traf für die offiziellen Verhandlungen in der Partei und die dort vollzogene Meinungsbildung wohl zu; es traf für Kaas mit größter Wahrscheinlichkeit nicht zu. Ebenso kann die dezidierte Feststellung von Pater Robert Leiber, einem der engsten Mitarbeiter Pacellis, dem er 1929 nach Rom gefolgt war, im wörtlichen Sinne durchaus richtig sein. Danach habe sich die Machtergreifung Hitlers, die Zustimmung des Zentrums zum Ermächtigungsgesetz und die Revision der bischöflichen Warnungen »ohne die geringste Einflußnahme des Heiligen Stuhls und des Kardinalstaatssekretärs Pacelli zugetragen.«[54] Gleichwohl wird nicht zu leugnen sein, daß die bekannten Interessen und Wünsche Roms durch Kaas bei allen Entscheidungen des Katholizismus in jenen Tagen präsent waren und eine wichtige Rolle spielten.

So sehr also Kaas seine Gründe hatte, auf eine Zustimmung seiner Partei am 23. März hinzuarbeiten, weil er mit diesem Gesetz die Hoffnung auf ein Reichskonkordat verband, so wenig deckten sich diese Gründe mit denen der Mehrheit der Fraktion. Wenn diese Mehrheit schon »mit dem Willen nach Berlin gekommen war, ja zu sagen«[55], so mischten sich hier alle jene Hoffnungen, Wünsche und Befürchtungen, die für den Zustand des deutschen Bürgertums in diesen stürmischen Wochen insgesamt charakteristisch waren. Am nachhaltigsten dürfte in der Fraktion das Argument gewirkt haben, daß Hitler entschlossen sei, die Pläne der Reichsregierung durchzusetzen, auch wenn die Zweidrittel-Mehrheit nicht zustande käme. Daran bestand in der Tat kein Zweifel. Und was aus der katholischen Partei werden würde, wenn ein neuer Kulturkampf unter weit härteren Bedingungen ausbräche, das konnte und mochte niemand voraussagen.[56] So hätte die Verweigerung der Zustimmung in der Sicht der Abgeordneten schlechthin unabsehbare Folgen ausgelöst, während mit einem Ja sich doch wenigstens die Aussicht verband, Hitler an seine Zusagen erinnern und einen Teil des alten Einflusses bewahren zu können. Genau dies war der Duktus der Rede, mit der Kaas am 23. März – wenige Stunden vor Beginn der entscheidenden Reichstagssitzung in der Kroll-Oper – die Beratungen der Fraktion eröffnete. Darin trug er zunächst den Katalog der Forderungen vor, von deren Zusage in der Regierungserklärung die Verhandlungsdelegation die Zustimmung der Partei abhängig gemacht hatte. Danach wies er auf die Hoffnungslosigkeit der Lage hin, in der keinerlei Alternativen sichtbar seien. Diese Rede wie die ganze Situation überhaupt spiegelte die taktische Meisterleistung Hitlers wider. Mit dem Rücken an der Wand, ohne zusätzliche Informationsmöglichkeiten, im Angesicht des physischen Terrors und bedrängt von der Zeit schien der Griff nach Hitlers Versprechungen, so ungewiß sie sein mochte, für den politischen Katholizismus der einzige rettende Ausweg überhaupt zu sein. Daran konnte auch Brünings tapfere Gegenrede nichts ändern, die nur noch warnen, aber eben keine Alternative mehr aufzeigen konnte.[57]

Man muß sich diese Situation vor Augen halten, um den Eindruck zu begreifen, den Hitlers Regierungserklärung am Mittag dieses Tages auf die Zentrumsabgeordneten wie auf den ganzen Katholizismus in Deutschland machte. Der Reichskanzler bestätigte – teilweise nahezu wörtlich – Punkt für Punkt alle Forderungen, die das Zentrum als Bedingung seiner Zustimmung zum Ermächtigungsgesetz genannt hatte. Darüber hinaus gab sich Hitler in der ganzen Rede so staatsmännisch, versöhnlich, national und christlich[58], daß eine Verweigerung kaum noch zu begründen war.

Und so fiel denn in der Fraktionssitzung am Nachmittag – trotz noch immer lebhaften, ja leidenschaftlichen Widerspruchs der Minderheit – die Entscheidung der Mehrheit im Sinne Hitlers. Kaas, der es am Vormittag noch abgelehnt hatte, in dieser schwierigen Situation eine Entscheidung vorzuschlagen, setzte sich in der Nachmittagssitzung an die Spitze derjenigen, die für eine Zustimmung der Partei eintraten. Um die Einheitlichkeit der Partei nicht zu gefährden, schloß sich schließlich die Minderheit der Mehrheit an.

Es wäre gewiß falsch, die vielen und offenkundigen Gründe zu verkennen, die aus der Situation heraus die Mehrheit der Abgeordneten zur Zustimmung bewogen. Es wäre jedoch ebenso falsch, zu übersehen, daß Kaas bei dieser Entscheidung von Anfang an eine Schlüsselrolle zukam. Er war der einzige, der über alle Informationen verfügte; er hatte persönlich mit Hitler und Papen verhandelt und jedermann wußte, daß er unter keinen Umständen in eine Entscheidung einwilligen würde, die gegen die Interessen Roms verstieß. So wurde er für die Mehrheit der Fraktion, die in dieser beispiellosen Lage nach einer Orientierung suchte, zum Mann ihres Vertrauens. Die in der Loyalität der Minderheit ein letztes Mal bewiesene Disziplin der Partei trug ein übriges dazu bei, der Stimme des Vorsitzenden ein besonderes Gewicht zu verleihen.

In diesem Zusammenhang sind zwei Ereignisse zu sehen, die als die eigentlichen Überraschungen dieser Tage zu gelten haben.

Vergleicht man die Forderungen des Zentrums mit den Zusagen in Hitlers Regierungserklärung, so läßt sich leicht feststellen, daß Hitler tatsächlich Punkt für Punkt aufgenommen hat.[59] Nur *ein* entscheidender Satz seiner Rede war in der Vorlage des Zentrums ohne Entsprechung. Es handelte sich um die Erklärung, daß die Reichsregierung »den größten Wert« darauf lege, »die freundschaftlichen Beziehungen zum Heiligen Stuhl weiter zu pflegen und auszugestalten«. Ludwig Volk hält diese Erklärung für »eine Leerformel, in der die nachfolgende tatsächliche Entwicklung Platz hatte, aber mitnichten vorabgebildet war«.[60] Nach allem jedoch, was wir von Hitlers Beschäftigung mit der Konkordatsfrage seit 1929 wissen, von der Bedeutung, die der politische Katholizismus in dieser Zeit für ihn besaß und von seiner Entschlossenheit, dieses Problem grundsätzlich zu lösen, wäre es überaus merkwürdig, wenn er sich bei diesem Satz überhaupt nichts oder doch nichts Besonderes gedacht haben sollte. Viel naheliegender ist die Vermutung, daß auch dieser Satz eine Vorgeschichte hatte. Sie wird durch die Tatsache gestützt, daß seine Formulierung bis in den Wortlaut hinein jener Erklärung entsprach, mit der Pacelli 1920 bei der Überreichung seines Beglaubigungsschreibens als neuer Nuntius beim Reich seine Konkordatspläne angekündigt hatte. »Was mich betrifft«, so hatte Pacelli damals gegenüber dem Reichspräsidenten geäußert, »so werde ich meine ganze Kraft daran setzen, die Beziehungen zwischen dem Heiligen Stuhl und Deutschland zu pflegen und weiter zu festigen...«[61] Wenn Hitler diese Wendung jetzt aufgriff, so verriet sich darin die Handschrift von Ludwig Kaas. Sachlich bedeutete sie, daß Hitler damit dem Zentrumsvorsitzenden seine Bereitschaft bestätigte, nach der Zustimmung des Zentrums zum Ermächtigungsgesetz eine Neuregelung der Beziehungen zwischen Berlin und Rom unverzüglich in Angriff zu nehmen.

Für die Zeitgenossen blieben diese ganzen Vorgänge geheimnisvoll und rätselhaft. Im Rückblick freilich lagen die Dinge offensichtlich klar. In einer Denkschrift vom 5. März 1939, die Kardinal Faulhaber an Pacelli – nunmehr Papst Pius XII. – richtete, findet sich der lapidare Satz: »Nun aber hat Adolf Hitler in seiner ersten Rede März 1933 erklärt, er werde die freundlichen Beziehungen zur Kirche aufrecht erhalten und durch Konkordat noch weiter ausbauen.«[62]

Damit aber hängt das zweite überraschende Ereignis eng zusammen. Kaum 24 Stunden nach der Zustimmung des Zentrums brach Kaas am Nachmittag des 24. März eilig nach Rom auf, offenbar ohne irgend jemand darüber zu informieren. Nach seinen eigenen Worten wollte er dort »die durch die Reichskanzlererklärungen geschaffene Lage darlegen und die Möglichkeiten einer umfassenden Verständigung zwischen Kirche und Staat prüfen«.[63] Es läßt sich aber weder in den offiziellen Verhandlungen noch in der Regierungserklärung ein Hinweis finden, auf den sich so weitgehende Absichten gründen konnten, außer jener eine Satz von der Pflege und Ausgestaltung der Beziehungen zum Heiligen Stuhl. Man kann diesen Satz daher doch wohl kaum als »Leerformel« verstehen, sondern muß in ihm die ganz konkrete Ankündigung einer unmittelbar bevorstehenden Initiative der Reichsregierung in Sachen Reichskonkordat sehen, so wie sie dann nur zehn Tage später, am 2. April, zum ersten Mal aktenkundig geworden ist.[64]

Mit der Zustimmung des Zentrums zum Ermächtigungsgesetz hatte Hitler freilich erst einen Teil seiner Aufgabe gelöst, die Widerstände des deutschen Katholizismus gegen das Dritte Reich zu beseitigen. Der zweite und für den Katholizismus insgesamt zweifellos noch wichtigere Teil bestand in der Aufhebung jener Verurteilungen, mit denen die deutschen Bischöfe seit 1930 der nationalsozialistischen Weltanschauung begegnet waren. Noch am 19. März zeichnete sich, wie oben dargelegt, in dieser Frage keineswegs eine schnelle Wende ab. Hitler selbst hatte im Gegensatz zur Zentrumsfrage hier kaum eine Möglichkeit, auf den Gang der Dinge unmittelbar Einfluß zu nehmen. Denn er konnte weder mit dem Episkopat verhandeln noch ernsthaft daran denken, auf katholisches Drängen hin etwa die Grundlagen seiner Weltanschauung öffentlich preiszugeben. Andererseits lag ihm zweifellos sehr viel an einer Revision der bischöflichen Verurteilung. Denn solange die Bischöfe noch zögerten, mußte Hitler mit einem Störfaktor rechnen, dessen potentielles Gewicht schwer kalkulierbar war.

Aber auch in dieser schwierigen Lage kam Hitler sein außerordentliches taktisches Geschick zu Hilfe. Der Tag von Potsdam sollte bekanntlich am Morgen mit Gottesdiensten beider Konfessionen beginnen. Um dem Dilemma zu entgehen, entweder durch Teilnahme am katholischen Gottesdienst die Autorität der Kirche anzuerkennen oder durch Fernbleiben Zweifel an seiner Frömmigkeit zu wecken, war Hitler auf den Gedanken gekommen, den ihm unbedingt ergebenen Abt Schachleiter um einen eigenen Gottesdienst im Reichskanzlerpalais zu bitten. Dieser Plan scheiterte jedoch, weil Schachleiter, dessen nationalsozialistische Agitation in Bayern wachsende kirchliche Verärgerung hervorgerufen hatte, kurz zuvor durch einen Spruch der römischen Religionskongregation der Suspension verfallen war, die ihm jede kirchliche Handlung verbot.[65] Der Ausweg, den Hitler daraufhin fand, sollte sich sehr schnell als außerordentlich wirkungsvolle Waffe gegen den Episkopat erweisen. »Die katholischen Bischöfe von Deutschland«, so ließ er nun am 21. März mitteilen, »haben in der jüngsten Vergangenheit in einer Reihe von Erklärungen, nach denen auch in der Praxis seitens der katholischen Geistlichkeit gehandelt wurde, Führer und Mitglieder der NSDAP als Abtrünnige der Kirche bezeichnet, die nicht in den Genuß der Sakramente kommen dürften. Diese Erklärungen sind bis heute noch nicht widerrufen, und es wird auch seitens der katholischen Geistlichkeit weiterhin danach gehandelt. Infolgedessen sah sich der Kanzler zu seinem Leidwesen nicht in der Lage, am katholischen Gottesdienst in Potsdam teilzunehmen.« Statt dessen habe er in dieser Zeit, so hieß es weiter, zusammen mit Reichsminister Dr. Goebbels, auf den dasselbe zutreffe, »die Gräber seiner ermordeten SA-Kameraden auf dem Luisenstädtischen Friedhof in Berlin besucht« und dort einen Kranz niedergelegt mit der Inschrift: »Meinen toten Kameraden«.[66] Man wird gewiß nicht fehlgehen in der Annahme, daß bei der geschickten Formulierung dieser Notiz Goebbels' Hand am Werk war. Tatsächlich waren die Bischöfe kaum wirkungsvoller in Verlegenheit zu bringen als durch die Halbwahrheit der Beschuldigung in Verbindung mit Hitlers gespieltem Bedauern über die augenblickliche Lage und seiner ans Herz greifenden Treue, die er über das Grab hinaus seinen Kameraden bewahrte. Der rheinische Großindustrielle Fritz Thyssen zeigte, wie dieser Trick wirkte, als er dem Kölner Kardinal Schulte schrieb, daß er und seine Familie »selbstverständlich dem Beispiel unseres Führers folgen und am katholischen Gottesdienst nicht teilnehmen werden, solange die ungerechte Behandlung der Führer und Mitglieder der NSDAP andauert«.[67]

Hitlers Erklärung war ein Teil des Nervenkrieges, den er in diesen Wochen gegen den Katholizismus führte. Sie verschärfte den Druck, unter dem die Bischöfe ohnehin standen. Der Freiburger Erzbischof Gröber empfand sie denn auch ganz zu Recht als eine »Provokation . . ., auf die doch eine Antwort erteilt werden sollte«[68], und auch Kardinal Faulhaber meinte, die Bischöfe seien dadurch »zu einer Äußerung öffentlich aufgefordert«.[69] Gänzlich unentschieden freilich war noch am 22. März, wie diese Äußerung ausfallen sollte. Während ein Teil der Bischöfe aus seelsorgerlichen oder taktischen Gründen zu einem Rückzug riet, strebte Kardinal Schulte, unterstützt von den Ordinarien in Aachen, Limburg, Trier, Münster und Paderborn, offenbar »eine Neuauflage der Erlasse gegen die NS-Bewegung« an.[70]

Derart in eine Situation manövriert, in der sie meinten, eine Stellungnahme kaum mehr aufschieben zu können, ohne doch zu wissen, wie sie aussehen sollte, mußte den Bischöfen die Regierungserklärung vom 23. März wie ein rettender Ausweg erscheinen. Denn wenn der *Parteiführer* Hitler auch nichts von dem zurücknahm, was die Bischöfe kritisiert hatten, so gab doch der *Reichskanzler* Hitler gleichsam mit vollen Händen Zusicherungen, die ein deutscher Episkopat schwerlich einfach ignorieren konnte. Und wenn die Bischöfe noch unsicher waren, wie sie die Regierungserklärung werten sollten, so konnten sie in der ihnen vertrauten katholischen Presse lesen, daß die Rede Hitlers nach allgemeinem Eindruck »Format« hatte, und daß man »innerlich große Strecken mitgehen« konnte.[71] In der katholischen Korrespondenz behauptete der Jesuit Friedrich Muckermann, der schon wenig später als Emigrant einer der kompromißlosesten und aktivsten katholischen Gegner des

Systems überhaupt werden sollte, Hitler habe in seiner Rede »die großen Strukturen von Staat und Kirche in der richtigen Zueinanderordnung« gesehen. Durch diese innerliche Schau bekomme die Rede »zu dem Schwung des Gemüts einen Hauch von klassischer Größe. Das ist für den Katholizismus viel wichtiger«, so meinte Muckermann, »als diese oder jene verbindliche Einzeläußerung«.[72]

So war es ganz verständlich, daß Kardinal Bertram, der verantwortliche Sprecher des deutschen Episkopats, schon am folgenden Tag, am Freitag, den 24. März, den Entwurf einer vermittelnden Kundgebung an die Mitglieder der Fuldaer Bischofskonferenz und Kardinal Faulhaber versandte und zugleich auf schnelle Rückäußerungen der Ordinariate drängte.[73] Was dann geschah, bleibt indes einigermaßen rätselhaft. Denn obwohl diese Kundgebung zweifellos einen Schritt von außerordentlicher Tragweite für den ganzen deutschen Katholizismus darstellte, und obwohl beim Stand der Dinge eine Woche hin oder her keine erkennbare Rolle spielte, legte der Breslauer Kardinal den endgültigen Text schon am gleichen Wochenende fest und schickte ihn mit der Behauptung, die Abstimmung in der Fuldaer Bischofskonferenz habe »eine erfreuliche Übereinstimmung ergeben«[74], am Montag, den 27. März, den Fuldaer Bischöfen zu. Dabei konnte von einer solchen Abstimmung kaum die Rede sein, weil eine ganze Reihe von Voten bis zu diesem Zeitpunkt noch nicht einmal eingetroffen war. Selbst der Münchner Kardinal sah sich am Dienstag plötzlich vor vollendete Tatsachen gestellt, so daß ihm nichts anderes übrig blieb, als noch am gleichen Tag das Einverständnis der Bayern nach Breslau zu telegraphieren.[75]

So viele Erklärungen sich für die große Dringlichkeit dieser Kundgebung finden lassen, so wenig ist die »fast panische Eile« verständlich, mit der Bertram hier vorging. Ludwig Volk, der dieser Frage vor Jahren eine minutiöse Studie widmete, meinte damals, vermutlich sei der Wortführer des deutschen Episkopats »von anderer Seite« zu dieser Eile angehalten worden.[76] Inzwischen hat er diese Meinung aufgrund seiner anderen Sicht der Vorgeschichte des Reichskonkordats geändert. Aber wer seine frühere Argumentation prüft, der findet sie in ihrem Zusammenhang noch immer schlüssig. Danach war es Papen, der an jenem Wochenende mit dem Hinweis auf bevorstehende Konkordatsverhandlungen den Kardinal zu seinem übereilten Schritt bewog. In der Tat ist es schwer vorstellbar, daß der erste Mann des deutschen Protestantismus – Kapler – am 23. März zuverlässige Nachrichten über Konkordatspläne erhielt; der erste Mann des deutschen Katholizismus aber weiterhin ahnungslos gewesen sein soll. Mit der Konkordatsidee, so folgerte damals Volk – und ein neues, gleich gewichtiges Argument ist seither nicht bekannt geworden –, würde auf seiten des Episkopats »ein Beweggrund greifbar, von eben dem Gewicht und Ausmaß, die beträchtliche Lücke in der Motivationskette zu schließen, die den Nachvollzug von Bertrams Entschlüssen während der Beratungsperiode so außerordentlich erschwert«.[77]

Die Kundgebung selbst, die am 29. und 30. März in der Presse erschien, war denkbar vorsichtig formuliert. Nach einer Begründung der bisherigen Haltung und einem ausdrücklichen Hinweis auf die »öffentlich und feierlich« abgegebenen Erklärungen des »höchsten Vertreters der Reichsregierung« lautete der entscheidende Satz: »Ohne die in unseren früheren Maßnahmen liegende Verurteilung bestimmter religiös-sittlicher Irrtümer aufzuheben, glaubt daher der Episkopat das Vertrauen hegen zu können, daß die vorbezeichneten allgemeinen Verbote und Warnungen nicht mehr als notwendig betrachtet zu werden brauchen.« Daraufhin folgte eine Mahnung »zur Treue gegenüber der rechtsmäßigen Obrigkeit und zur gewissenhaften Erfüllung der staatsbürgerlichen Pflichten« und dann mit einem dreifach wiederholten »In Geltung bleibt ...« die nachdrückliche Bestätigung, daß alle wesentlichen katholischen Grundsätze und Ziele nach wie vor Gültigkeit besäßen.[78]

Aber trotz der Vorsichtigkeit der Formulierungen und trotz aller Bemühungen Bertrams, den propagandistischen Mißbrauch der Kundgebung zu verhindern[79], wurde sie landauf landab als volle Zustimmung des Episkopats zum Dritten Reich und seinem Führer verstanden. Die Wirkung auf alle diejenigen innerhalb aber auch außerhalb der katholischen Kirche, die sich bisher noch den wachsenden Zumutungen der Nationalsozialisten widersetzt hatten, war niederschmetternd. Konrad Algermissen, der Leiter der Apologetik im Volksverein für das katholische Deutschland, berichtete Bertram am 31. März, daß die Kundgebung die allgemeine Depression der letzten Wochen nicht behoben, »sondern vielfach den Eindruck eines Zurückweichens der Kirche erweckt« habe.[80] Und der Dominikanerpater Stratmann, Studentenpfarrer in Berlin, schrieb am 10. April an Faulhaber: »Die Seelen der Gutgesinnten sind durch die nationalsozialistische Gewaltherrschaft aufgewühlt, und ich spreche nichts als eine Tatsache aus, wenn ich sage, daß die bischöfliche Autorität durch die Quasi-Approbation der nationalsozialistischen Bewegung bei zahllosen Katholiken und Nichtkatholiken ins Wanken geraten ist.«[81]

Der Umstand, daß sowohl Faulhaber vor den bayerischen Bischöfen am 20. April[82] wie Bertram vor dem ganzen deutschen Episkopat Ende Mai[83] die

Kundgebung ausdrücklich rechtfertigen und verteidigen zu müssen glaubten, spricht nachdrücklich für Ausmaß und Heftigkeit der innerkatholischen Kritik. Dabei hatte Kardinal Faulhaber recht, wenn er sich für den 20. April notierte, daß der Episkopat »durch die Haltung Roms« in diese tragische Lage gekommen sei.[84] Das Drängen Hitlers, die Politik von Kaas und die Wünsche und Illusionen Roms hatten die deutschen Bischöfe in eine Situation gebracht, in der ihnen tatsächlich nichts anderes blieb als die Kapitulation. Der Unwille Pacellis, der ihnen vorwarf, warum sie der Regierung so schnell entgegengekommen seien und sie nicht, wenn schon, wenigstens noch einen Monat hätten warten lassen, traf die Falschen.[85] Mit der Gewißheit, daß Rom hinter ihnen stände, hätten die Bischöfe auch wohl noch mehr als vier Wochen zugewartet.

Die Bitterkeit ihrer Niederlage aber wurde ihnen nicht nur durch die triumphierenden Siegesmeldungen der nationalsozialistischen Presse bestätigt. Auch hämische Kommentare von protestantischer Seite zeigten ihnen, was sie preisgegeben hatten. Die *Allgemeine Evangelisch-Lutherische Kirchenzeitung* etwa meinte, »einen ›ehrenvollen‹ Rückzug« werde man dies nicht nennen können. Aber es sei eben der Preis, den Rom für seine Unbelehrbarkeit – »siehe Luther und Papst Leo X.« – zu zahlen habe. Das Ganze aber war für diese lutherische Zeitung nicht weniger als ein Gottesurteil: »Gegen das Roma locuta est hatte sich das deus locutus est erhoben und zerbrach das Machtwort der Bischöfe.«[86]

Selbstverständlich gab es auch Millionen von Katholiken in Deutschland, die die Kundgebung mit Erleichterung, ja mit Jubel begrüßten, weil sie endlich auch für die katholischen Christen den Weg ins Dritte Reich freigab. Sie übertönten sehr bald die Bedenken und auch die Kritik, die sich bis zu jenem 28. März an der Haltung der Bischöfe orientiert hatte.

Am Sonntag Lätare, dem 26. März, wurden zum ersten Mal von evangelischen Kanzeln offizielle kirchliche Bekenntnisse zum Neuen Reich und seiner Führung verlesen. Am gleichen Tag entschied Kardinal Bertram über den Text der Kundgebung und ihre unverzügliche Veröffentlichung. Diese Übereinstimmung war mehr als ein Zufall. Sie zeigte, daß Ende März beide Kirchen etwa gleichzeitig den ersten Abschnitt ihrer Geschichte im Dritten Reich und mit ihm hinter sich hatten.

Beide, Katholizismus und Protestantismus, standen nun vor neuen Entscheidungen.

3. KAPITEL

DIE JUDENFRAGE
(MÄRZ – APRIL)

Im März 1933 fanden die inneren und äußeren Veränderungen statt, an deren Ende für den Protestantismus das offene Ja zur nationalen Erhebung, für den Katholizismus die kaum verhüllte Kapitulation stand. Anfang April begannen neue Entwicklungen, die die Aufmerksamkeit der Kirchen voll beanspruchten. Auf evangelischer Seite setzten die deutschen Christen mit ihrer ersten Reichstagung zum Sturm auf die Kirche an; auf katholischer Seite hatte der Episkopat alle Mühe, zwischen umschwenkenden Verbänden und fortgesetzten Unterdrückungsmaßnahmen den neuen Stand der Kirche im Dritten Reich zu bestimmen. Von beiden Entwicklungen wird in den folgenden Kapiteln die Rede sein. In engem Zusammenhang mit diesen Ereignissen, aber doch als ein Vorgang eigener Art, fiel zur gleichen Zeit – im Laufe des März und April – in beiden Kirchen die Entscheidung, daß sie zum Terror des neuen Systems und insbesondere zur beginnenden Verfolgung der Juden in Deutschland schweigen würden. Diese Entscheidung war nicht unumstritten. Sie fiel auch nicht an einem Tag. Vielmehr war sie das Ergebnis einer Entwicklung, in der politische und kirchenpolitische Argumente die Überhand gewannen über die einfache christliche Verantwortung.

Das Dritte Reich war vom ersten Tag seines Bestehens an ein terroristisches System. Hitler hatte in der Kampfzeit so offenkundig auf die Macht der Gewalt gesetzt, und er hatte dabei seinen Gegnern, vor allem den Juden und den Marxisten, so unmißverständlich die Vernichtung angedroht, daß diese Vorgeschichte allein genügte, um nach dem 30. Januar unter vielen Betroffenen ein Klima der Furcht und des Schreckens zu verbreiten. Im Februar war es freilich noch verhältnismäßig ruhig geblieben, auch wenn landauf landab die politischen Gegner bereits nachhaltig bedroht und eingeschüchtert wurden, und erste Zwischenfälle eine Ahnung des Kommenden geben konnten. Nach dem Wahlsieg vom 5. März aber begann sich eine Welle des Terrors über Deutschland zu ergießen, die den ganzen Sommer hindurch anhielt und schon bald Zehntausende von Deutschen erfaßte.[1] Träger dieser Terrorwelle war Hitlers gefürchtete junge Revolutionsarmee, die SA; ihre Opfer waren Kommunisten, Juden und andere wirkliche oder vermeintliche Gegner des Regimes.

Eine wesentliche Voraussetzung für die ersten großen Aktionen hatte der neue preußische Innenminister und spätere Ministerpräsident Hermann Göring geschaffen, als er schon Mitte Februar zahlreiche SA- und SS-Führer zu Polizeipräsidenten ernannte und kurz darauf die Bildung einer Hilfspolizei aus SA, SS und Stahlhelm anordnete.[2] Durch den Reichstagsbrand und den angeblichen Putschversuch ihrer kommunistischen Todfeinde aufs höchste erregt, trunken im Gefühl ihres Sieges und ihrer neuen Stellung machte sich die SA daraufhin nach den Märzwahlen im großen Stil auf die Jagd nach ihren alten Gegnern. Zunächst wurden die Gefangenen noch in die Polizeigefängnisse eingeliefert, aber schon bald führte deren Überfüllung[3] und die Weigerung der Polizei, sich mit den Eingelieferten zu befassen[4], zur Einrichtung eigener SA-Verhör- und Haftstätten. In den Räumen der SA-Quartiere, in die die unglücklichen Opfer nun verschleppt und in denen sie ohne jeden Kontakt mit der Außenwelt tage- ja wochenlang festgehalten wurden, kam es zu sadistischen Quälereien und Exzessen, die jeder Beschreibung spotten.[5] Das gleiche galt für die ersten Konzentrationslager, die in diesem Zusammenhang in der zweiten Märzhälfte von der SA und SS eingerichtet wurden, so etwa in Oranienburg, Königs Wusterhausen und Bornim bei Berlin und in Dachau bei München.[6]

Während diese Dinge weithin im Verborgenen geschahen und nur einzeln und gerüchtweise bekannt wurden, begann gleichzeitig in aller Öffentlichkeit die systematische Verfolgung der Juden. Schon in seiner ersten »Judendenkschrift« vom September 1919 hatte Hitler unterschieden zwischen einem »Antisemitismus aus rein gefühlsmäßigen Gründen«, der seinen letzten Ausdruck in Pogromen finden werde, und einem »Antisemitismus der Vernunft«, der zur »planmäßigen gesetzlichen Bekämpfung und Beseitigung der Vorrechte des Juden«, zu einer »Fremdengesetzgebung«, führen müsse. »Sein letztes Ziel aber«, so schrieb der junge Hitler damals, »muß unverrückbar die Entfernung des Juden überhaupt sein.«[7] Nun, vierzehn Jahre später, begann er dieses Konzept zu verwirklichen.

Ein eindrucksvolles Beispiel für die Zustände waren die Breslauer Vorgänge.

Am 12. März brachte die *Frankfurter Zeitung* folgenden Bericht aus Breslau: »In Breslau ist heute mittag ein starker Trupp SA-Leute in das Amts- und Landgerichtsgebäude eingedrungen. Unter den Rufen ›Juden raus!‹ wurden sämtliche Dienst- und Sitzungszimmer geöffnet und die jüdischen Rechtsanwälte, Richter und Staatsanwälte wurden gezwungen, sofort das Gebäude zu verlassen. In den Gängen und Sälen spielten sich sehr erregte Szenen ab. Das Anwaltszimmer war innerhalb weniger Minuten geräumt... Nach etwa einer halben Stunde erschien die Schutzpolizei im Gebäude und forderte die SA zum Abmarsch auf. Die Aufforderung wurde Folge geleistet.«[8] Am Nachmittag dieses Tages beschlossen daraufhin über hundert Richter der Breslauer Gerichte, ein dreitägiges sogenanntes Justitium, das heißt einen völligen Stillstand der gesamten Rechtspflege, eintreten zu lassen.[9] Auch darüber berichteten die großen Zeitungen am 14. März ebenso wie am 17. März über den ausgehandelten Kompromiß zwischen dem nationalsozialistischen Polizeipräsidenten und der Justizverwaltung. Danach wollte die Polizei in Zukunft für Ruhe im Gericht sorgen; die Justizverwaltung aber sollte sich »dem Wunsche nicht verschließen, für ein Eindämmen des Einflusses jüdischer Rechtspflegeorgane Sorge zu tragen«.[10] Aus den jüdischen Anwälten wurden daraufhin 17 ausgewählt, die mit einem Sonderausweis weiterhin das Gericht betreten durften. Zwei Tage später, am 19. März, griff der *Völkische Beobachter* die Breslauer Ereignisse auf und forderte auch für Berlin ein ähnliches Vorgehen. »Während in Breslau«, so hieß es in dem Artikel, »immerhin ein ganz bescheidener Anfang einer Säuberungsaktion gemacht werden konnte, hat sich an den Berliner Gerichten noch nichts geändert. Wer das Anwaltszimmer im Amtsgericht Mitte betritt, wird entsetzt aus dem Riesenraum flüchten. Mehr Juden können im Kraukauer Ghetto auch nicht herumwimmeln!«[11] Der neue Reichskommissar für das preußische Justizministerium Hanns Kerrl – später der erste und einzige Kirchenminister des Dritten Reiches – und sein Staatssekretär Roland Freisler – später der berüchtigte Vorsitzende des Volksgerichtshofes –, zögerten nicht, diesen unzweideutigen Hinweis aufzunehmen. Umbesetzungen und Hausverbote für jüdische Richter und Anwälte ließen schon am 21. März den *Völkischen Beobachter* befriedigt von dem »eisernen Besen« sprechen, der nun auch unter der Berliner Anwaltschaft zu kehren beginne.[12] Ähnliche Meldungen aus Frankfurt, Stuttgart, Hamburg und München zeigten, daß hier eine einheitliche Strategie für das ganze Reich vorlag.[13] Aber nicht nur jüdische Juristen mußten um ihre Zukunft fürchten. Auch Professoren und Künstler, Journalisten und Ärzte sahen sich fast über Nacht in einen Zustand der Rechtslosigkeit versetzt, der sie zum wehrlosen Opfer ungezählter Beleidigungen, Drohungen, Kränkungen und Verfolgungen werden ließ.

Die faktischen Maßnahmen dieser ersten Wochen verraten nur wenig über die menschlichen Tragödien, die sich dabei abspielten. Schlimmer als berufliche Einschränkungen war die offen propagierte Ausstoßung der Juden aus der Rechts- und Sittengemeinschaft des deutschen Volkes, waren Entehrung, Haß, Furcht und Niedertracht, die sie von nun an von den Nicht-Juden in Deutschland trennten.

Der junge Schriftsteller Jochen Klepper, Redakteur bei der Berliner Funkstunde, evangelischer Christ und seit kurzem mit einer Jüdin verheiratet, fing in seinem Tagebuch die Stimmung dieser ersten Zeit ein. Am 8. März 1933 notierte er: »Was uns schon jetzt an Antisemitismus zugemutet wird, ist furchtbar. Selbst Schnabels Beethovenabende mußten ganz plötzlich abgesetzt werden. Und das gerade in den Tagen, in denen ihm die Universität Oxford den Ehrenbürger für die ›einzigartige Interpretation deutscher Kunst‹ verleiht. Wir im Funk können unsere Situation gegenseitig verstehen, aber die Achtung vor einander ist hin. Müde, dreißigjährige, vierzigjährige Kompromißler, durch primitive Existenzkämpfe verängstigt. Wie wir es drehen und wenden – das sind wir.« Am 11. März hieß es: »Es ist eine furchtbare Unruhe, ein furchtbarer Druck, eine furchtbare Isolierung – eine furchtbare Schwächlichkeit, eine furchtbare Angst um die Existenz.« Am 14. März: »Hanni und die Kinder werden zur Evangelischen Kirche übertreten. Über die Gründe sind wir uns im klaren ...« Schließlich am 29. März: »Zu der ganzen jüdischen Boykottangelegenheit habe ich nur eins zu sagen: Ich trauere um die evangelische Kirche.«[14]

In der Tat war dies das Bild der neuen Zeit, wie es sich damals den Betroffenen aufdrängte und wie es sich heute auch in der Rückschau darstellt: daß ein terroristisches System die Macht in Deutschland ergriffen hatte und diese Macht ohne Rücksicht auf Leben, Recht, Freiheit und menschliche Würde offen und erbarmungslos durchsetzte. Leonhard Ragaz, der Schweizer Religiös-Soziale[15], faßte diese Sicht der Dinge in einem schneidend scharfen Kommentar zum 21. März, dem Tag von Potsdam, zusammen. Eine Lüge sei dies alles gewesen, »dieses Fest mit einem gemachten Glanz, Rausch, Jubel auf dem Hintergrund von Not, Knechtschaft und jedem nüchternen Auge schon sichtbarer Katastrophe«. Eine Lüge sei das Wiederauftauchen vergangener Mächte, eine Lüge die Apotheose dieser hohlen und mehr als bedenklichen Scheingrößen. »Eine Lüge endlich, der Gipfel der Lüge, *die* Lüge, die *religiöse Aufmachung* dieses ganzen dämonischen Schwindels, dies Glockengeläute und Orgelspiel, diese Choräle, diese Gebete, die Predigten – alles auf den Ton gestimmt: Gott ist mit uns! –, dies zuletzt eine schwere *Lästerung*. Denn abgesehen von all der Lüge – in dieses Glockenläuten, Orgelspielen, Singen, Beten, Predigen tönen die Schreie der in den Kasernen dieser Befreier und Erneuerer Deutschlands gemarterten Söhne und Töchter Deutschlands. Das ist diese Eröffnungsfeier in der Potsdamer Garnisonkirche ... und in der Kroll-Oper, der Stätte des Scheins: ein Gebäude aus Schein und Trug – gekrönt durch diesen religiösen Trug –, das furchtbar zusammenstürzen wird, als Symbol des Sturzes all der Mächte, die sich darin zusammenfanden.«[16]

So oder ähnlich sahen es viele der Betroffenen, die Inhaftierten, die Verprügelten und Bedrohten und die ersten Emigranten. So sah es ein Teil des westlichen Auslandes, und so sah es doch auch ein Teil der Deutschen selbst. Merkwürdigerweise jedoch sah ein anderer, größerer und immerfort wachsender Teil der Deutschen die Dinge vollkommen anders. Ihnen erschien der Terror nicht als Terror, die Hetze nicht als Hetze, die Verfolgung nicht als Verfolgung. Vielmehr erkannten sie in all dem nur die vollauf berechtigten Maßnahmen einer Regierung, die Deutschland in letzter Stunde vor dem Abgrund zurückgerissen hatte. Bei aller Verurteilung einzelner Ausschreitungen gestanden sie dem Staat in einer verzweifelten Situation auch verzweifelte Mittel zu, nicht zuletzt im festen Vertrauen darauf, daß die Deutschen, sobald es die Umstände irgend erlaubten, zu Recht und Ordnung zurückkehren würden.

Diese Haltung hing zunächst sicher mit der Frage der Informationen zusammen. Wenn auch jedermann über die Existenz von KZ-Lagern[17] und die ersten Aktionen gegen die Juden unterrichtet sein konnte, und zweifellos viele irgendwelche Gerüchte über Ausschreitungen gehört hatten, so blieb doch, was in den SA-Lagern und -Kellern wirklich geschah, durchweg unbekannt und unvorstellbar. Wer von konkreten Einzelfällen wußte, schwieg: die Opfer und möglichen Opfer aus ebenso begreiflichen Gründen wie die Täter und Verantwortlichen. Vermutlich waren nur ganz wenige so informiert wie Rudolf Diels, der erste Chef der Gestapo, der Hitler Anfang 1934 die ganze und ungeschminkte Wahrheit über den Terror des ersten Jahres vorlegte.[18]

Aber die unbezweifelbare Schwierigkeit und Gefährlichkeit der Informationsbeschaffung war doch nur die eine Seite der Sache. Die andere Seite war die, daß etwa die zentrale Behörde der evangelischen Kirche, das Kirchenbundesamt in Berlin, gar keine Informationen haben wollte.

Es gab in jener Zeit eine ganze Reihe von Versuchen, zuverlässige Nachrichten über die Vorgänge in Deutschland zu sammeln. Im Reichsjustizministerium hatte der Oberregierungsrat Hans v. Dohnanyi, ein Schwager Dietrich Bonhoeffers, die heikle Aufgabe übernommen, Material für eine Art Anklageschrift gegen Hitler zusammenzustellen[19]; und in Papens Vizekanzlei bauten seine jungen Mitarbeiter ein eigenes Nachrichtennetz auf, das offenbar recht gut funktionierte.[20] Auch in der evangelischen Kirche gab es zumindest eine Gruppe, die sich mit der Informationsfrage beschäftigte. Schon am 13. März schrieb eine gewisse Elisabeth Rotten aus Dresden in diesem Sinne an den Berliner Theologen Friedrich Siegmund-Schultze. Tief beunruhigt über die Stummheit und Passivität der »denkenden und nüchtern gebliebenen Minderheit in Deutschland« regte sie an, »ob nicht in allen größeren Städten ruhig und objektiv gesinnte Menschen« Material über die Brutalitäten der SA sammeln könnten, um es durch persönliche Beziehungen an Leute heranzubringen, »die Abhilfe schaffen oder vermitteln können«.[21] In der Tat teilte Siegmund-Schultze am 6. April dem zuständigen Referenten im Kirchenbundesamt, Oberkirchenrat Schreiber, mit, daß er daran denke, das Juliheft seiner Zeitschrift *Die Eiche* »so einzurichten, daß wir unseren ausländischen Freunden auch gewisse Auskünfte über die deutsche Lage geben«. Dabei sollte ausdrücklich »auch auf die Ausschreitungen Bezug« genommen werden. Aber das Kirchenbundesamt wollte von dieser Sache nichts wissen. Vielmehr berichtete Schreiber am 8. April seinem Präsidenten Kapler, daß ihm »Professor Siegmund-Schultze mit seinen Erhebungen und Berichten« »nicht geringe Sorge« mache. Diese Sorge war freilich unbegründet. Siegmund-Schultze wurde am 21. Juni 1933 verhaftet und »wegen Hilfe an Juden in 93 Fällen« aus Deutschland ausgewiesen.[22]

So wichtig also die Informationsfrage war, entscheidend für das Verhalten der Mehrheit zum Terror war sie nicht. Entscheidend war vielmehr die Überzeugung, daß Hitler tatsächlich in letzter Stunde den Staat vor einem kommunistischen Umsturzversuch gerettet habe. Nur unter dem Eindruck eines drohenden kommunistischen Terrors war es möglich, den nationalsozialistischen Terror nicht als Terror sondern als notwendige und berechtigte Gegenmaßnahme zu verstehen.

Die Frage, ob die Gefahr eines kommunistischen Umsturzes damals real bestand, kann hier außer Betracht bleiben und wird auch schwerlich zu beantworten sein. Es genügt, wenn man von der unbestrittenen Tatsache ausgeht, daß unzählige Zeitgenossen die Gefahr für real hielten und daß sie daher – nach dem bekannten Theorem von Thomas – in ihren Konsequenzen tatsächlich real war.[23] Damit verschiebt sich die Frage nach der Realität der Gefahr auf die Frage nach den Gründen, die zu dieser realen Einschätzung der kommunistischen Gefahr geführt haben. Auf die entscheidende Bedeutung des Antikommunismus für den Aufstieg und die Machtergreifung des Nationalsozialismus in Deutschland ist häufig hingewiesen worden. Vermutlich waren die Zusammenhänge jedoch noch weit enger, als diese Hinweise erkennen lassen. Denn schwerlich wäre in Deutschland die Gefahr einer kommunistischen Gewaltherrschaft für derart real gehalten worden, wenn nicht die sehr reale kommunistische Gewaltherrschaft in Rußland vor aller Augen gestanden hätte. Dadurch, daß hier eine Gewaltherrschaft mit eindeutig terroristischen Zügen und einem expansionistischen Programm bestand, löste sie nicht nur unmittelbar die nationalsozialistische Gegengewalt aus, sondern sie verführte auch Anhänger, Mitläufer und Unbeteiligte dazu, diese terroristische Gegengewalt nicht als Terror, sondern als berechtigte Abwehrmaßnahme zu verstehen. Dies galt vor allem für die Phase der Konsolidierung des Regimes, also gerade für die ersten Wochen und Monate des Dritten Reiches, die ganz im Zeichen des Reichstagsbrandes und seiner von der Propaganda behaupteten Bedeutung als Putschsignal standen.

In dieser Bürgerkriegsatmosphäre ging auch der wesentliche Unterschied verloren, der von Anfang an bei den Verfolgungen bestand. Zwar kamen Kommunisten und Juden in die gleichen Lager und waren den gleichen Mißhandlungen ausgesetzt, aber es war eben doch zweierlei, ob man als politischer Todfeind oder um seiner Rasse willen litt. Dieser Unterschied zeigte sich dort am eindrücklichsten, wo deutlich wurde, daß nach nationalsozialistischer Überzeugung aus einem Kommunisten ohne weiteres über Nacht ein guter SA-Mann werden konnte – ein Vorgang, der sich tatsächlich tausendfach abspielte –, während die Juden im wahrsten Sinne des Wortes auf keine Weise aus ihrer Haut konnten. Die Kommunisten waren irregeleitet und im Prinzip umerziehbar; die Juden waren und blieben von Natur böse. Da diese völkische Grundideologie[24] jedoch nur von einer kleinen Minderheit in Deutschland akzeptiert wurde, war es propagandistisch gesehen durchaus sinnvoll, Juden und Kommunisten stets zusammen als die Urheber einer Verschwörung gegen Deutschland zu nennen. So gelang es, das langfristige Programm einer planmäßigen Ausscheidung der Juden aus der Gemeinschaft der deutschen Staatsbürger[25] als aktuelle Maßnahmen zum Schutze des Staates und Volkes in einer Situation der letzten Entscheidungen darzustellen.

Erleichtert wurde diese Täuschung durch den völkischen Antisemitismus, der in abgeschwächter Form auch in die Kirchen eingedrungen war und dort jene Unempfindlichkeit gegen die einfache christliche Wahrheit des Liebesgebotes bewirkt hatte, die schon in den zwanziger Jahren zu beobachten war.[26]

Leider fehlen bis heute Untersuchungen über die inneren Zusammenhänge zwischen dem kommunistischen und dem nationalsozialistischen Terror. Dabei wäre im einzelnen zu klären, wie weit Hitler von Anfang seiner politischen Karriere an von der Wirkung des kommunistischen Terrors auf bürgerliche Einstellungen fasziniert war und wann er sich entschloß, die Kommunisten mit ihren eigenen Waffen zu schlagen.[27] Und weiter wäre zu klären, wie weit erst der Terror in Rußland und die Furcht, er könne nach Deutschland überspringen, viele Deutsche dazu gebracht hat, den Terror im eigenen Lande nicht als Terror zu erkennen, ja ihn geradezu zu übersehen. Hier liegt ein entscheidender Punkt, der das Verhalten der breiten bürgerlichen Mitte in Deutschland im Jahre 1933 überhaupt erst verständlich macht. Ohne diese Voraussetzungen bleibt es trotz aller Theorien am Ende unbegreiflich, warum sich die Deutschen fast ohne Widerspruch unter das Joch der Gewalt beugen ließen.

Wo der Terrorismus des Systems als ein rettendes Durchgreifen des Staates in der Stunde der Entscheidung begriffen wurde als ein zwar nicht durchweg legales aber doch legitimes Handeln, da war dann auch der Weg frei, die positiven Seiten der Revolution nahezu ohne Einschränkung zu würdigen. Denn es war ja keineswegs nur eine Propagandabehauptung, daß sich das Klima in Deutschland nach dem 30. Januar grundlegend geändert hatte. Niemand hätte die Begeisterung der Massen zu organisieren vermocht, wenn eben nicht wirkliche eine bis dahin ungekannte neue Hoffnung landauf landab wach geworden wäre. Es war ein großes Ziel, auf das sich diese Hoffnung richtete, dem alle wirkliche Hingabe und Opferbereitschaft galt: die Zusammenfassung aller Kräfte der Nation, um in einer einzigen, großen Anstrengung die wirtschaftliche Misere und die politische Hoffnungslosigkeit der Weimarer Zeit zu überwinden. Wer fragte schon nach dem Preis, als dieses Ziel Schritt für Schritt näher zu rücken schien? Die *Tägliche Rundschau*, die einzige große protestantische Tageszeitung, hatte schon am 14. März in einem Leitartikel diese Richtung angegeben. Der Wahn vom Volksstaat, so hieß es darin, sei falsch gewesen, »weil er das notwendige Dasein einer Obrigkeit am liebsten verleugnet hätte ...« Geboren aus dem Mißtrauen gegen politische Herrschaft überhaupt, nicht aus dem Opfer und Gehorsam gegenüber der in jeder Staatsordnung verborgenen Majestät des Schöpfers sei er zu Recht der nationalen Revolution erlegen. Diese habe neue, verantwortliche Obrigkeit geschaffen, die Schranken der bundesstaatlichen Ordnung durchbrochen und »durch eine für die deutsche Geschichte unerhörte Einheit der politischen Willensbildung das Reich so fundamental erneuert und befestigt, daß der Ruhm dieser Tat allein fast schon hinreichen würde, um Hitler die Vollmacht zur Schaffung neuen Rechtes zu verleihen«.[28]

In diesem Artikel wurde die neue Hoffnung deutlich, die sich mit Hitler verband, und zugleich die in diesem Augenblick wiedererwachte lutherische Staatslehre, die in jedem entschiedenen staatlichen Handeln als solchem schon Gottes ordnende Hand am Werke sah.

Alle diese Erwartungen und Hoffnungen aber wurden verstärkt durch die ungeheuer geschickte propagandistische Selbstdarstellung des Regimes, die die kritischen Punkte vorweg entschärfte oder einfach überspielte. Es war durchaus charakteristisch für die Überraschung, die die ersten Monate des Dritten Reiches gerade auch für potentielle Kritiker bereithielt, wenn Kardinal Faulhaber sich für seinen Lagebericht vor den bayerischen Bischöfen am 20. April notierte: »Was Hitler nicht gesagt oder nicht mehr gesagt hat: Nichts gegen die Juden, nichts gegen Kapital, nicht einmal in Königsberg gegen Polen, ein wirklicher Staatsmann.«[29]

So war das Bild, das Deutschland im Frühjahr und Sommer 1933 bot, durch eine tiefe Gespaltenheit gekennzeichnet. Niemals wieder haben in Deutschland so extrem verschiedene Urteile so dicht beieinander gewohnt. Denn wer – aus welchen Gründen immer – den terroristischen Charakter des Regimes durchschaut hatte, der mußte mit der größten Sorge in die Zukunft blicken. Umgekehrt konnte, wer den Terror nicht als Terror begriff, mit Hitler und der nationalen Revolution die kühnsten Hoffnungen und die herrlichsten Erwartungen verbinden. Diese Gespaltenheit führte gerade auch bei ausländischen Beobachtern zu Fehlurteilen, die je nach der Wahl der Gewährsmänner Deutschland entweder als eine einzige blutbesudelte Folterkammer oder aber als ein Land von exemplarischer Ordnung, entschlossener Kraft und neuer Lebensfreude darstellten.

Als der neue Generalsekretär des Weltbundes für internationale Freundschaftsarbeit der Kirchen[30], der französische Pastor Henri-Louis Henriod, Mitte April 1933 nach Berlin fuhr, um sich persönlich ein Bild von der widersprüchlichen Situation zu verschaffen, da blieb ihm am Ende nichts anderes übrig, als etwas ratlos die fundamentalen Gegensätze in der Beurteilung der deutschen Situation bei den Deutschen selbst zu registrieren. Nach zahlreichen Gesprächen mit führenden Kirchenmännern, mit Pfarrern und Laien verschiedener Richtungen sowie mit in Berlin lebenden Ausländern stellte Henriod in einem vertraulichen Informationsrundschreiben die verschiedenen Positionen einander gegenüber. »Nach Meinung der einen«, so faßte der französische Pfarrer seine Eindrücke zusammen, »hat sich diese Revolution bisher in Ordnung und ohne Blutvergießen vollzogen. (Nichtdestoweniger erkennen sie jedoch den Tatbestand von Ausschreitungen und Grausamkeiten gegenüber zahlreichen Einzelpersonen an.) ... Die Situation bessere sich von Tag zu Tag. Die Ära des Dritten Reiches kündige sich als der Beginn eines herrlichen nationalen Aufbruchs, einer glücklichen und notwendigen Reaktion an. Die nationale Revolution sei das Instrument der Rettung Deutschlands gewesen, das von einer schrecklichen, unmittelbar bevorstehenden kommunistischen Revolution bedroht war, deren Ausbruch im letzten Moment verhindert worden sei ... Nach Meinung anderer«, so schilderte Henriod dann die Gegenseite, »war die kommunistische Bedrohung nicht so ernst und unmittelbar ... Für mehrere unserer Gesprächspartner hat die Revolution ihren Höhepunkt noch nicht erreicht. Den gegen die Kommunisten ergriffenen radikalen Maßnahmen würden noch andere Maßnahmen folgen, die alle diejenigen treffen würden, die sich den Anordnungen der machthabenden Partei nicht eindeutig fügen. Es gibt keine Pressefreiheit mehr, Kritik ist verboten, die machthabende Partei hat den Rundfunk in der Hand, Telefongespräche werden überwacht, das Briefgeheimnis ist nicht mehr garantiert. Alle in der Reichsverfassung enthaltenen Rechte auf Freiheit der deutschen Staatsbürger sind suspendiert. Wo mehr als zwei Personen zusammen sind, lastet auf dem Meinungsaustausch ein Druck ...«[31]

Genau dies, zwei schlechthin entgegengesetzte Ansichten über die politische Situation, war für die Lage in Deutschland im Frühjahr und Sommer 1933 charakteristisch. Es traf – mit Unterschieden – auch für die deutschen Kirchen zu. Die Einsicht in diese Lage bildet die Voraussetzung für das Verständnis jener Entwicklung, die in beiden Kirchen Ende April zum Schweigen in der Judenfrage führte.

Von der ersten großen Terrorwelle, die nach den Wahlen vom 5. März begann, sah und hörte man in Deutschland selbst im allgemeinen nur wenig. Überdies war man in der politischen Einschätzung der Vorgänge ganz verschiedener Meinung. Um so überraschter reagierten viele, als die ausländische Presse Terror und Antisemitismus des neuen Regimes mehr und mehr in den Mittelpunkt ihrer Berichterstattung über Deutschland stellte. Die Stimmung in der westlichen Welt schlug sichtbar um. Die deutschen Diplomaten in den europäischen Hauptstädten und in New York berichteten von Protestkundgebungen und Protestmärschen. In den deutschen Vertretungen im Ausland und in Deutschland selbst häuften sich zahlreiche Petitionen und Protestschreiben der verschiedensten Gruppen und Persönlichkeiten, die sich nachdrücklich gegen die Verletzung der Menschenrechte in Deutschland und vor allem gegen die beginnende Verfolgung der Juden wandten. Auf dem Höhepunkt dieser Protestwelle drohten englische und amerikanische Firmen sogar damit, die Wirtschaftsbeziehungen zu Deutschland abzubrechen und die Einfuhr deutscher Waren zu boykottieren.[32]

Diese Protestwelle löste in Deutschland eine überaus lebhafte Gegenreaktion aus. Die meisten Deutschen, und unter ihnen viele, die persönlich durch ihre Vorbehalte gegen das Dritte Reich hatten, waren keineswegs bereit, die zum Teil sensationell aufgemachten Meldungen des Auslandes einfach hinzunehmen. Dabei trat der bekannte Solidarisierungseffekt ein, den Angriffe von außen auch in zerstrittenen Gruppen auszulösen pflegen. Außerdem wirkte jetzt die jahrzehntelange antideutsche Stimmung des Auslandes nach, die seit dem Weltkrieg in Deutschland ein tiefsitzendes Mißtrauen gegen die ganze westliche Welt geschaffen hatte. So erklärten nicht nur die neuen politischen Führer, Hitler selbst, Goebbels, Göring und andere, die ausländischen Meldungen für erlogen, auch zahlreiche Gruppen und Personen wiesen die ausländischen Proteste entschieden zurück. Wirtschaftsverbände und Politiker überschütteten ihre ausländischen Partner mit einer Flut von Richtigstellungen; und selbst der deutsche PEN-Club – damals noch keineswegs gleichgeschaltet – richtete an die wichtigsten PEN-Clubs im Ausland ein Telegramm, in dem es hieß: »Pen-Club deutsche Gruppe erklärt überall im Ausland verbreitete Greuelnachrichten für völlig erlogen und bittet dringend, im Interesse der Wahrheit und der Völkerversöhnung um aufklärende Arbeit gegen diese maßlose Hetze.«[33]

Selbstverständlich waren auch die deutschen Kirchen in diese Vorgänge verwickelt. Dabei befand sich der Protestantismus in einer besonders schwierigen Lage. Einerseits war er nationaler und hatte sich zu dieser Zeit schon weiter auf das Dritte Reich eingelassen als der Katholizismus. Anderseits kamen die nachhaltigen Proteste eindeutig aus den Zentren des Weltprotestantismus, nähmlich aus England, Amerika und Skandinavien, mit denen die deutschen Protestanten durch zahlreiche ökumenische Beziehungen verbunden waren. In den Stellungsnahmen der führenden evangelischen Vertreter wird deutlich, wie sehr gerade auch außenpolitische Erwägungen auf die kirchlichen Entscheidungen eingewirkt haben. Tatsächlich spielt die Außenpolitik in der Geschichte der Kirchen im Dritten Reich eine große, gelegentlich – so im Sommer und Herbst 1934 – sogar eine entscheidende Rolle.

Die ersten Nachrichten, daß sich die Ökumene unmittelbar für die deutschen Vorgänge zu interessieren begann, erreichten das Kirchenbundesamt Mitte März. Am 15. März hatte ein führender Mann in der amerikanischen ökumenischen Bewegung, Pfarrer Henry Smith Leiper, in einem Schreiben an das Kirchenbundesamt in Berlin die tiefe Besorgnis der amerikanischen Christen über die Entwicklung der letzten Zeit zum Ausdruck gebracht und zugleich davon gesprochen, daß »die willkürlichen Übergriffe der Nazis gegenüber amerikanischen Juden auf amerikanisches Empfinden allgemein einen sehr schlechten Eindruck gemacht« hätten. Er wisse aber natürlich, wie sehr diese Dinge von den christlichen Freunden in Deutschland bedauert würden.[34] Bevor dieser Brief noch beantwortet werden konnte, entschloß sich der Federal Council of the Churches in America zu einem aufsehenerregenden Schritt. Am 24. März verabschiedete das Exekutivkomitee dieses bedeutenden, von sozialem Engagement getragenen amerikanischen Kirchenbundes eine Stellungnahme gegen die Judenverfolgung in Deutschland, die am 25. März in der *New York Times* erschien und am gleichen Tag auch in Deutschland bekannt wurde. Hinweise auf diesen bevorstehenden Schritt hatte die deutsche Presse schon in den Tagen zuvor gebracht.[35]

Am Ende jener Woche also, die mit dem Tag von Potsdam, der Regierungserklärung Hitlers und der Zustimmung der Reichstagsmehrheit zum Ermächtigungsgesetz in den Augen vieler Deutscher einen ersten Höhepunkt auf dem Weg zur nationalen Wiedergeburt darstellte, sahen sich die evangelischen Kirchenleitungen plötzlich mit einer ebenso kritischen wie unüberhörbaren Anfrage aus Amerika konfrontiert. In der Erklärung des Federal Council war die Rede von der Überzeugung, daß die schweren Judenverfolgungen in Deutschland alle Christen angingen; von der Hoffnung, »daß unsere Brüder in den Kirchen jenes großen Landes den gegenwärtigen Antisemitismus innerhalb ihrer Grenzen zurückweisen und bekämpfen werden«; und von dem Protest, der gegen alle Formen rassischer und religiöser Intoleranz geboten sei.[36]

Die Reaktionen auf diese Erklärung in Deutschland waren in ihrer Schnelligkeit wie in ihrer Entschiedenheit für die sonst langsam und vorsichtig arbeitenden kirchlichen Behörden ohne Beispiel. Es ist gelegentlich behauptet worden, die ganze Aktion sei von außen gesteuert oder doch zumindest angeregt worden.[37] Ein Beweis dafür fehlt. Die Tatsache, daß etwa der badische Kirchenpräsident Wurth schon am 24. März angesichts der ersten Zeitungsmeldungen telegraphisch vom Kirchenbund »umgehendes Eingreifen ... und Unterrichtung der außerdeutschen Kirchen über Deutschlands wahre Lage« erbat[38], spricht eher dafür, daß im Zuge der allgemeinen Aktion die Kirchenbehörden durchaus selbständig zu eigenen Schritten kamen. Jedenfalls beschloß als erste die deutsche Gruppe des Protestantischen Weltverbandes, die praktisch mit dem Evangelischen Bund identisch war, ein Protesttelegramm an den Federal Council zu richten, in dem die deutsche Gruppe »auf Ehre und Gewissen« versicherte, daß keinerlei Judenpogrome stattgefunden hätten, und dringend bat, »bei Kundgebungen eine Irreführung der öffentlichen Meinung durch irrtümliche Greuelpropaganda« zu verhindern.[39]

Am 25. März begann dann im Kirchenbundesamt die Planung einer offiziellen Gegenaktion. Der zuständige Referent, Oberkirchenrat Schreiber, mobilisierte alle Leute, die über ökumenische Beziehungen verfügten, um ihr Einverständnis für Telegramme an den Federal Council, die amerikanische Gruppe des Weltbundes für internationale Freundschaftsarbeit der Kirchen und den National Lutheran Council zu gewinnen. Der siebzigjährige Professor Julius Richter, der Nestor der evangelischen Missionswissenschaft und keineswegs ein Anhänger Hitlers, hatte einen Text vorgeschlagen, der zwar abgelehnt wurde, der aber dennoch ungemein charakteristisch war für jene politische Sicht der Dinge, die im Terror nicht Terror sondern eine berechtigte Abwehr sah. »Die Juden der ganzen Welt«, so lautete Richters Textvorschlag, »setzen eine Greuelpropaganda in Bewegung, weil sie sich durch Hitlers bekannten Antisemitismus bedroht fühlen. Die Sozialdemokratie macht die Arbeiterschaft der ganzen Welt gegen Deutschland mobil, weil die deutsche nationale Bewegung den Kampf gegen den Marxismus auf ihre Fahnen geschrieben hat. Warne dringend übertriebenen und erdichteten Berichten über Terror in Deutschland Glauben zu schenken.« Nur der letzte Satz dieses Textes ging dann mit der Unterschrift Burgharts, der als Vizepräsident des preußischen Oberkirchenrats zugleich Vorsitzender der deutschen Gruppe des Weltbundes war, noch spät in der Nacht vom 25. zum 26. März an die drei genannten amerikanischen Adressen.[40]

Am 26. März warf Otto Dibelius in seiner regelmäßigen Sonntagskolumne im Berliner *Tag* die grundsätzliche Problematik der ganzen Frage auf. Wie komme ein anglikanischer Bischof in Amerika eigentlich dazu, so fragte Dibelius, »sich zum Schützer des Judentums in Deutschland aufzuwerfen?« Woher wüßten die Amerikaner, was sich in Deutschland abspiele und worauf gründeten sie ihr Urteil? Alle ökumenische Arbeit würde hoffnungslos diskreditiert, wenn sich die Kirchen nicht gegenseitig zutrauten, daß sie ihre Pflicht als Gewissen ihrer Völker erfüllten. Nur dann könne und dürfe sich eine Kirche in die Verhältnisse eines anderen Landes mischen, »wenn die dortige Kirche gewaltsam verhindert werde, ein offenes Wort zu sagen, oder wenn eine Kirche die andere ausdrücklich um Hilfe bitte«.[41] Die Argumentation machte deutlich, daß die nationale Empfindlichkeit von Dibelius in diesem Punkt deutlich größer war als seine christliche. Und das war zu diesem Zeitpunkt offenbar das Problem der meisten Kirchenleitungen.

Am Montag, den 27. März, bat Kapler telegraphisch namens des Deutschen Evangelischen Kirchenbundes einen der einflußreichsten amerikanischen Geistlichen, Reverend Parkes Cadman, sich gegen die falsche Berichterstattung zu wenden. Die Reichsregierung gewährleiste Ordnung und Sicherheit. »Unparteiische Augenscheinnahme hiesiger Verhältnisse jederzeit möglich und erwünscht.«[42] Im gleichen Sinne protestierte auch der stellvertretende Vorsitzende des Lutherischen Weltbundes, der sächsische Landesbischof Ihmels, bei seinem New Yorker Kollegen, dem amerikanischen Lutheraner Professor John Alfred Morehead.[43] Zur gleichen Zeit übergab der Reichswart des evangelischen Jungmännervereins, Erich Stange, bei einer Vorstandssitzung des YMCA in Genf eine Protesterklärung, und kurz darauf, am 30. März, wandten sich auch die deutschen Methodisten, vertreten durch ihren Bischof, den Amerikaner John L. Nuelsen, »gegen die öffentlichen Veranstaltungen und die Verlautbarungen der Presse in Amerika und England über angebliche Judenverfolgungen und Greueltaten durch die nationale Bewegung in Deutschland«. Dies alles sei ein Versuch, »die entsetzliche Greuelpropaganda des Weltkriegs« wieder aufleben zu lassen, den die Methodisten in aller Welt bekämpfen müßten.[44]

Daß sich zumindest das Kirchenbundesamt darüber klar war, daß es sich bei all dem um eine politische Aktion handelte, zeigte die Tatsache, daß schon am 28. März die verschiedenen Stellungsnahmen dem Auswärtigen Amt, dem Reichsinnenministerium und dem Reichspropagandaministerium offiziell mitgeteilt wurden.[45]

Der massierte krichliche Widerspruch blieb im Ausland nicht ohne Wirkung. In Genf, Paris, London und New York wurden die Vertreter der ökumenischen Gruppen unsicher. Der Federal Council ließ den deutschen Kirchenbund telegraphisch wissen, daß man »volles Verständnis für die Anzeichen der neuen Einheit und der neugeborenen Hoffnung im deutschen Volk« habe.[46] Auch wurden von Genf aus die amerikanischen Kirchen davor gewarnt, ohne genaue Kenntnis der Dinge in Deutschland irgendwelche Erklärungen abzugeben.[47] Eine vorsichtigere Beurteilung der Ereignisse war auch sonst festzustellen. Seit Wochenfrist seien, so meldete die *Vossische Zeitung* am 28. März aus New York, »die Berichte über Gewaltakte gegen Juden verstummt«. Eine riesige Protestversammlung gegen die Ereignisse in Deutschland im Madison Square Garden sei überraschend gemäßigt verlaufen.[48] In der Tat konnte die deutsche Regierung damit rechnen, daß – nicht zuletzt dank der breiten Unterstützung aus Deutschland selbst – der schlimmste Sturm gegen den Antisemitismus des Regimes zunächst überstanden war.

Statt jedoch die weitere Beruhigung des Auslandes abzuwarten, was angesichts der ja noch immer labilen Lage seiner Regierung nahegelegen hätte, entschied sich Hitler im Gegenteil völlig überraschend für eine große, gezielte öffentliche Provokation. Am 28. März befahl er der Partei einen allgemeinen Boykott aller Juden und jüdischen Betriebe zum 1. April. Es war eine Reaktion, deren Sinn sich erst im Rückblick ganz erschließt. Sie lag auf der Linie seiner frühen Unterscheidung zwischen einem Antisemitismus des Gefühls und einem Antisemitismus der Vernunft. Gedeckt durch das Mißverständnis, es handle sich bei diesem Boykott nur um die Abwehr der ausländischen »Greuelpropaganda«, tat er hier in Wahrheit den ersten Schritt zum planmäßigen Ausschluß der Juden aus der Gesellschaft. Nicht zufällig verging nach dem Boykott keine Woche bis zur Veröffentlichung des Gesetzes »zur Wiederherstellung des Berufsbeamtentums«, mit dem die rechtlichen Maßnahmen einer umfassenden »Fremdengesetzgebung« für die Juden in Deutschland eingeleitet wurden.

Die Vorgeschichte des Boykotts zeigt, daß diese prinzipielle Absicht nicht einmal Hitlers engsten Mitarbeitern klar war. Am 23. März hatte der Staatssekretär in der Reichskanzlei, Lammers, in einem Vermerk über den ausländischen Pressefeldzug die Wirkungslosigkeit staatlicher Gegenmaßnahmen betont und dem Reichspropagandaministerium die Aufgabe zugewiesen, »von Deutschland aus die öffentliche Meinung des Auslandes durch geeignete Mittel zu beeinflussen«. Im übrigen lehre die Erfahrung, daß eine solche Welle bald wieder abebben werde.[49] Am folgenden Tag notierte Goebbels in sein Tagebuch: »Die Greuelpropaganda im Ausland macht uns viel zu schaffen.« Deutschland sei wehrlos den Attacken der Gegner preisgegeben; alle Gegenpropaganda sei nur »ein Tropfen auf einen heißen Stein«. Zwei Tage später, am

26. März, teilte ihm Hitler in Berchtesgaden mit, daß er sich »zu einem großangelegten Boykott aller jüdischen Geschäfte in Deutschland« entschlossen habe.[50]

Zwischen dieser Entscheidung Hitlers, die – offenbar auch für Goebbels überraschend – am Sonntag, dem 26. März fiel, und der Durchführung des Boykotts am darauffolgenden Samstag, dem 1. April, lag knapp eine Woche. In dieser Woche, der gleichen also, in der die evangelische Kirche allenthalben an der Beschwichtigung des Auslandes arbeitete, erreichte die öffentliche antisemitische Hetze in Deutschland ihren ersten Höhepunkt.

Schon am Montag erschienen die ersten Meldungen über die bevorstehende Aktion in der Presse, und bereits am Dienstagabend wurde der große Boykottaufruf »an alle Parteiorganisationen der NSDAP« veröffentlicht. Dieser Aufruf, der deutlich Hitlers Handschrift verrät, wird im Rückblick zu einem der wichtigsten Dokumente der Judenpolitik des Dritten Reiches überhaupt. Denn es war die erste große öffentliche Bestätigung nach Hitlers Regierungsantritt, daß er auch als Reichskanzler jenen völkischen Antisemitismus vertrat, den er als Parteiführer von Anfang an propagiert hatte. Die vielfach geäußerte Hoffnung, der Kanzler Hitler werde die antisemitische Radikalität des Parteiführers Hitler nicht übernehmen, erwies sich als Illusion. Vielmehr wurden die alten Parolen der Partei nun zu politischen Parolen für Volk und Staat. So erklärte der Aufruf im Zusammenhang mit dem »wahnwitzigen Verbrechen« der jüdischen »Greuelhetze«: »Die nationalsozialistische Partei wird daher nunmehr den Abwehrkampf gegen dieses Generalverbrechen mit den Mitteln aufnehmen, die geeignet sind, die Schuldigen zu treffen. Denn die Schuldigen sind bei uns, sie leben unter uns und mißbrauchen Tag für Tag das Gastrecht, das ihnen das deutsche Volk gewährt hat ... Die Boykott- und Greuelhetze darf nicht und wird nicht das deutsche Volk treffen, sondern in tausendfacher Schwere die Juden selbst.« Darauf folgten in elf Punkten die Anordnungen für die Durchführung des Boykotts. Sie forderten zur Bildung von örtlichen Aktionskomitees auf, die die Verantwortung für die Aktion und ihren »disziplinierten« Verlauf übernehmen sollten. Das hieß im einzelnen: Schutz der Ausländer; Propaganda und Aufklärung der Bevölkerung; Zeitungsüberwachung; schlagartiger Beginn; Massenforderung des Numerus clausus für den jüdischen Zugang zu Mittel- und Hochschulen und zu den Berufen des Arztes und Rechtsanwalts; Auslandsaufklärung »in Briefen, Telegrammen und Telephonaten«; endlich »Ruhe, Disziplin und keine Gewalttätigkeiten«. Am Ende wurde noch einmal ausdrücklich die Identität von Staat, Volk und Partei in dieser Frage betont: »Die Regierung der nationalen Revolution hängt nicht im luftleeren Raum. Sie ist die Repräsentanz des schaffenden deutschen Volkes. Wer sie angreift, greift Deutschland an! Wer sie verleumdet, verleumdet die Nation! Wer sie bekämpft, hat 65 Millionen den Kampf angesagt! ... Nationalsozialisten! Samstag, Schlag 10 Uhr, wird das Judentum wissen, wem es den Kampf angesagt hat.«[51]

Zum Vorsitzenden des Zentralkomitees, das die ganze Aktion zusammenfassen sollte, wurde der Nürnberger Gauleiter Julius Streicher bestimmt, ein alter völkischer Antisemit aus den Anfangstagen der Partei, der Dinter nahegestanden hatte und dessen Richtung in ihrer widerwärtigsten Form repräsentierte.[52] Auch dieses Komitee erließ einen Boykottaufruf, der am Freitag und Samstag in der ganzen deutschen Presse abgedruckt wurde.[53] Die regionalen Boykottkomitees folgten mit eigenen Erklärungen, deren primitiver und bösartiger Stil für Pamphlete ähnlicher Art bis in die Gegenwart hinein charakteristisch geblieben ist. So hieß es etwa im *Führer*, dem »Hauptorgan der NSDAP Gau Baden«: »Deutsche Volksgenossen und Volksgenossinnen! Meidet die mit dem Boykottzeichen gekennzeichneten Häuser! Zur Abwehr der jüdischen Greuel- und Boykotthetze! Boykottiert alle jüdischen Geschäfte! Kauft nicht in jüdischen Warenhäusern! Geht nicht zu jüdischen Rechtsanwälten! Meidet jüdische Ärzte! Die Juden sind unser Unglück! Kommt zu den Massenversammlungen!«[54] Der propagandistische Leiter der Aktion, Goebbels, sprach am Vorabend des Boykotts in Berlin und erklärte, der Sinn der nationalen Revolution liege in der Überwindung des liberalen Individualismus und seiner Ersetzung durch einen umfassenden völkischen Gemeinschaftssinn. »Damit wird das Jahr 1789 aus der Geschichte gestrichen.« Die »Massen des Marxismus« könnten nur wiedergewonnen werden, wenn »die Macht des internationalen Judentums« gebrochen werde. Dies sei das Ziel des Boykotts, der sich »in Ruhe und Ordnung und in Disziplin« vollziehen werde. Zugleich machte Goebbels das strategische Konzept des Boykotts bekannt, das – freilich aus anderen Gründen als die Parteiführung vermutete – im Ausland tatsächlich alsbald zu größter Zurückhaltung in der öffentlichen Kritik der deutschen Zustände führte. Von Sonnabend abend bis Mittwoch 10 Uhr werde, so ließ Goebbels wissen, eine Boykottpause eintreten. Wenn in diesen Tagen die Greuelhetze völlig verstumme, werde man in Deutschland zu normalen Verhältnissen zurückkehren, »wenn aber nein, dann wird der Boykott so aufgenommen, daß er das deutsche Judentum vernichtet!« Die Rede schloß mit einer Hymne auf diese »wunderbaren Wochen«, die »stolze Mission« der Bewegung und am Ende mit dem Schillerzitat: »Wir wollen trauen auf den höchsten Gott und uns nicht fürchten vor der Macht des Menschen.«[55]

Angesichts dieser umfassenden und systematischen antisemitischen Propaganda verlief der Boykott selbst am 1. April tatsächlich relativ ruhig. Überall wurden jüdische Läden und Praxen gekennzeichnet; SA-Posten mit Plakaten forderten zum Boykott auf; Passanten und Schaulustige wurden durch Handzettel und Flugblätter informiert. Dabei kam es zwar vielfach zu Beleidigungen, Tätlichkeiten und kleineren Ausschreitungen gegen Juden und gegen Deutsche, die den Boykott durchbrachen, aber größere Zusammenstöße und Mißhandlungen wurden durch die strikten Befehle der Parteileitung weitgehend vermieden.[56]

So waren auch die materiellen Verluste, die die Juden durch diese Aktion erlitten, gering im Vergleich zu ihren psychischen und moralischen Auswirkungen. Schon das »Schwarzbuch« von 1934 sprach zu Recht von einem »unermeßlich großen« Schaden, »der durch die Zusammenballung des Judenhasses an einem Tag, durch seine Legitimierung in Befehlen und Reden der Staatsführer, sowie durch eine Propaganda bewirkt wurde, die auch die unpolitischen, der Öffentlichkeit abgewandten und stumpfen Menschen nicht übersehen konnten«. »Streicht die Juden aus der Gemeinschaft des deutschen Volkes!«, so zitierte das »Schwarzbuch« einen Aufruf an die nationalsozialistische Frauenschaft und fuhr fort: »Darauf kam es den Urhebern des Boykotts an, und das ist, so viel scheint gewiß, in hohem Maße erreicht worden.«[57]

Die Frage, wie die deutsche Öffentlichkeit auf diese Aktion reagierte, ist schwer zu beantworten. Trotz der triumphalen Berichte in der nationalsozialistischen Presse wird man davon ausgehen können, daß die Sache im ganzen kaum populär war und von der Bevölkerung eher zurückhaltend aufgenommen wurde.[58] In vielen Fällen bewahrte das Bürgertum trotz aller offiziellen Propaganda jüdischen Geschäften, Kollegen und Freunden auch weiterhin die Treue.[59] Aber das geschah im allgemeinen heimlich. Nur wenige wagten einen demostrativen Akt der Solidarität, wie die Großmutter Dietrich Bonhoeffers, die als Einundneunzigjährige am 1. April die Postenkette der SA vor dem jüdischen Kaufhaus des Westens in der Berliner Tauentzienstraße durchschritt.[60] Und nirgends kam es zu einem organisierten öffentlichen Protest.

Um so dringender stellt sich die Frage nach dem Verhalten der beiden Kirchen. Denn beide waren von der antisemitischen Propaganda wie vom Boykott in doppelter Weise betroffen. Dies ging sie an als die erklärten Wächter über Recht und Gerechtigkeit, als die Hüter des menschlichen Gewissens, die gerade gegenüber Staat und Gesellschaft auf die unbedingte Geltung der Gebote Gottes zu drängen hatten. Und es ging sie an als die Vertreter ihrer getauften jüdischen Glieder, die gleichsam über Nacht einem Ausnahmerecht unterstellt wurden. Denn das Streichersche Zentralkomitee hatte ausdrücklich erklärt, daß die Religion beim Boykott »keine Rolle« spiele. »Katholisch oder protestantisch getaufte Geschäftsleute oder Dissidenten jüdischer Rasse«, hieß es unter Ziffer 3 der Richtlinien, »sind im Sinne dieser Anordnung ebenfalls Juden.«[61]

In der Tat erhoben sich nun im Zusammenhang mit diesen Ereignissen in beiden Kirchen viele Stimmen der Empörung und des Protestes. Sie versuchten, die Kirchenleitungen zum Widerstand, zur Kritik oder doch wenigstens zu einem Wort der Solidarität mit den Betroffenen zu bewegen. Gewiß waren es nur einzelne, die dies aussprachen. Aber sie beriefen sich dabei so häufig auf Gleichgesinnte, daß der Widerwille gegen die antisemitische Hetze offenbar weit ins Kirchenvolk hineinreichte.

Eine der bedeutendsten und zugleich entschiedensten dieser Stimmen im deutschen Protestantismus gehörte dem langjährigen Präsidenten des Deutschen Evangelischen Kirchentages, Wilhelm Freiherr v. Pechmann. Der damals schon fast fünfundsiebzigjährige Münchner Bankier, politisch ein deutschnationaler Monarchist, theologisch ein grundkonservativer Lutheraner, schien von seiner Biographie her keineswegs für diese Aufgabe bestimmt.[62] Gleichwohl begriff er als einer der ersten, was hier auf dem Spiele stand. So rief er am Donnerstag jener verhängnisvollen Woche vor dem Boykott mittags beim Kirchenbundesamt in Berlin an und teilte dessen Direktor Hosemann mit, »er sei von einer maßgebenden Seite aus Berlin dringend gebeten worden, sich dafür einzusetzen, daß die evangelische Kirche zusammen oder parallel mit der katholischen Kirche ein ernstes und entscheidendes Wort gegen die jetzt inszenierte Boykottierung der Juden in Deutschland spreche«. Hosemann erwiderte, die Sache sei »sehr ernst und politisch sehr schwierig«, zumal der Reichskanzler am Vortag die Boykottierung ausdrücklich »als notwendig und gerechtfertigt« bezeichnet habe. Gleichwohl versprach er, die Anregung sofort dem Präsidenten Kapler vorzulegen. Am Nachmittag wiederholte Pechmann telegraphisch »eindringlich und mit allem, was mir an innerster Überzeugung zu Gebote steht«, seine Erklärung, daß er es für verhängnisvoll halten würde, »wenn unsere Kirche in solcher Stunde schweigen wollte«.[63] Dies waren die ersten in einer fast ununterbrochenen Reihe von Äußerungen, Erklärungen und Versuchen, mit denen Pechmann die Kirchen zum Reden bringen wollte, und zwar nicht nur seine eigene, sondern auch die katholische, wie ein Brief vom 5. April an den Regensburger Bischof Michael Buchberger bezeugte.[64] Am 14. April schrieb Pechmann abermals an Kapler, daß ihn die Bewegung gegen die Juden »seit vierzehn Tagen überhaupt nicht mehr zur Ruhe kommen« ließe. Er hielt dem Präsidenten vor, daß diese Bewegung »über ungezählte Familien, die sich mit vollem Recht christlich nennen, namenloses Leid gebracht« habe, und daß diese Kirchenmitglieder von einem Tag auf den anderen angstvoll auf ein Wort ihrer Kirche warteten, »welche ihnen, wie sie mit vollem Recht annehmen, schuldig ist, sie zu schützen«. »Aber darüber hinaus kann und darf die Kirche auch zu dem nicht schweigen, was unter Verletzung christlicher Gerechtigkeit und Liebe gegen jüdische Volksgenossen geschehen ist und geschieht. Auch hier hat die Kirche eine Mission, der sie sich nicht entziehen kann, ohne sich selbst untreu zu werden.«[65]

Auch der württembergische Kirchenpräsident Wurm hielt einen Schritt der Kirche für unumgänglich. Am 30. März hatte er einem Schreiben an den Kirchenausschuß den Nachsatz zugefügt, daß der angekündigte Boykottfeldzug die evangelische Kirche vor eine schwere Frage stelle, da diese Methode der Abwehr »auch im evangelischen Kirchenvolk« auf scharfe Kritik stoße. Schon am folgenden Tag rief er in Berlin an und stellte Hosemann die Frage, »ob nicht zu dem Judenboykott etwas zu sagen sei. Das Württemberger Kirchenvolk«, so wiederholte er, »sei mit der Boykottbewegung in keiner Weise einverstanden«. Wurms Vorschlag ging dahin, sofort eine Sondersitzung des Kirchenausschusses einzuberufen, um in dieser Frage gemeinsam handeln zu können. Hosemanns Antwort ließ erkennen, wie stark sich die Berliner Kirchenbehörde bei ihrer Entscheidung von politischen Gesichtspunkten leiten ließ. Solle denn wirklich, so gab Hosemann dem Stuttgarter Kirchenpräsidenten zu bedenken, »gerade dieser Protest das erste Zusammentreffen zwischen Kirchenausschuß und Reichsregierung darstellen?« Wurm hatte dafür Verständnis und gab seinerseits zu, »daß man mit dem Tempo der Entwicklung einfach nicht mehr mitkommen könnte« – ein Eingeständnis, das Kapler durch ein eigenhändiges »sehr richtig« am Rande des Vermerks bestätigte.[66] Die nächste dringende Bitte erreichte das Kirchenbundesamt aus Frankfurt. Kirchenrat Johannes Kübel, ebenfalls Mitglied des Kirchenausschusses, schrieb am 4. April, daß »wohl alle Landeskirchen« furchtbar unter der Judenfrage litten. Ununterbrochen höre man in Frankfurt die Frage: »Was tut die Kirche? Und zwar wird die Frage in einem anderen Sinn gestellt als so oft in den letzten Jahren, in der Gewißheit nämlich, daß die Ehre des christlichen Namens und fundamentale Begriffe der christlichen Ethik verletzt werden, auch da, wo reine Juden diffamiert werden, daß es aber vollends unerträglich ist, wenn Familien bis ins dritte Glied zurück zur evangelischen Kirche gehören und gleichwohl plötzlich mit dem Makel des Judentums belastet werden.« Die Kirche mache sich mitschuldig, wenn sie nicht im Namen des Christentums dagegen Einspruch erhebe; sie verleugne die Pflicht des barmherzigen Samariters, wenn sie nicht wenigstens ihre Glieder »gegen die Ressentiments unchristlicher Fanatiker« schütze. »Selbst unbeteiligte, nicht tief christlich empfindende Menschen sagen es uns, wie sie sich zur Zeit vor den Juden ihres Deutschtums und ihres Christentums schämen!«[67] Im gleichen Sinne wandten sich im Laufe des April noch andere bekannte und unbekannte Christen an das Kirchenbundesamt, so der schon über siebzigjährige liberale Gießener Kirchenhistoriker Gustav Krüger, der im Blick auf katholische Kundgebungen, von denen gleich noch die Rede sein wird, meinte, daß es mit ihm »ungezählte evangelische Christen« bedauert hätten, daß sich die evangelische Kirche »zu einer ähnlichen Kundgebung nicht bereit gefunden« habe.[68]

Aber nicht nur zur höchsten protestantischen Kirchenbehörde drangen in dieser Zeit die Proteste und Klagen. Vielmehr vollzogen sich überall in den evangelischen Landeskirchen die Auseinandersetzungen, ob und was angesichts der antisemitischen Kampagnen zu geschehen habe. Der rheinische Sozialpfarrer Wilhelm Menn etwa, der den Religiösen Sozialisten nahestand, trug in einem charakteristischen Briefwechsel mit dem Koblenzer Generalsuperintendenten Stoltenhoff diesem offen seine ganze Bedrängnis vor. Hellsichtig wie wenige hatte Menn begriffen, daß »mit der sogenannten Boykottbewegung die seit Jahrhunderten erste Judenverfolgung« begonnen hatte. Es zeigte sich, schrieb er, »daß man nicht jahrelang Massen schreien lassen kann: ›Juda verrecke!‹, ohne daß man einmal diesem brutalen Verfolgungswillen Raum gibt. Und unser ›christliches Volk‹ jubelt.« Wenn schon in dieser Zeit niemand mehr seine Meinung sagen dürfe, so könne und müsse doch wenigstens die Kirche reden.[69] Auch dieser ebenso klare wie kritische Mann bestätigte im übrigen, was sich in den Zeugnissen aus jener Zeit überall zeigt, daß zwar »ein überwältigend großer Teil« des protestantischen Kirchenvolkes die nationale Revolution bejahte, daß aber »ein wiederum sehr großer Teil ... dieses Erlebnis nicht, zum mindesten noch nicht zu teilen vermag«.[70] Und so erwog man auch gewiß nicht nur im Kirchenkreis Köln Hilfsmaßnahmen für jüdische oder mit Juden verheiratete Gemeindeglieder.[71]

Aber so sehr all diese Stimmen auch drängten: Die Kirche als ganze blieb stumm. Kein Bischof, keine Kirchenleitung, keine Synode wandte sich in den entscheidenden Tagen um den 1. April öffentlich gegen die Verfolgung der Juden in Deutschland.

Die Suche nach den Gründen für dieses Schweigen stößt auf ein ganzes Bündel von Motiven. Dabei lassen sich zwei Hauptaspekte deutlich unterscheiden: der Komplex der politischen Begründungen und Urteile und das Problem der kirchenpolitischen Möglichkeiten und Zweckmäßigkeiten.

Fast alles, was in dieser Frage an politischem Irrtum, Mißverständnis und Blindheit im Spiel war, enthielt eine Rede, die Dibelius am 4. April über Kurzwelle nach Amerika richtete. Sie ist deshalb von besonderer Bedeutung, weil die Persönlichkeit des kurmärkischen Generalsuperintendenten zwei Dinge ausschloß, die in jenen Tagen so viele Äußerungen bestimmten: Opportunismus und Furcht. Man kann davon ausgehen, daß Dibelius die Dinge wirklich so sah, wie er sie hier beschrieb.

Die Grundlagen für die politische Beurteilung der Lage durch Dibelius waren die Legalität der Machtergreifung und die Rettung Deutschlands vor der bolschewistischen Revolution. Angesichts dieser Situation hielt er die Inhaftierung der kommunistischen Führer für gerechtfertigt. Bemerkenswert war in diesem Zusammenhang die Mitteilung, daß er sich, zusammen mit dem amerikanischen Methodistenbischof Dr. Nuelsen, im Gefängnis persönlich von der korrekten Behandlung der Gefangenen überzeugt habe. Der bekannteste unter diesen Kommunisten, so berichtete Dibelius, »der bisherige Führer der Partei, Thälmann, ein starker, breitschultriger Arbeiter, klagte ein wenig darüber, daß das Essen für ihn nicht ganz ausreichend sei . . . Die anderen aber waren auch mit der Nahrung alle zufrieden.« Dibelius schloß daraus, daß »an den Schauernachrichten über grausame und blutige Behandlung der Kommunisten in Deutschland« kein wahres Wort sei. Wie trügerisch solche Besuche sein konnten, ahnte Dibelius damals offensichtlich nicht. Rudolf Diels wußte darüber wesentlich besser Bescheid. Als er etwa zur gleichen Zeit zusammen mit Göring Thälmann besuchte, um dem preußischen Ministerpräsidenten die Tatsache von Mißhandlungen zu beweisen, zog er dem Gefangenen gegen dessen Willen Rock und Hemd vom Leib. Göring, so berichtete Diels, »starrte auf einen blutigen, mit Striemen übersäten Rücken«.[72]

Dibelius und Nuelsen, die beiden Bischöfe, sahen davon nichts. Und so konnte Dibelius mit der Überzeugung dessen, der die Dinge an Ort und Stelle überprüft hatte, die ausländischen Meldungen über den Terror in Deutschland zurückweisen. Damit aber gewann auch die nationalsozialistische These von der antideutschen Agitation der Juden an Glaubwürdigkeit, und der Boykott erhielt den Schein eines Aktes von berechtigter Notwehr, zumal alles, wie Dibelius auch für seine Diözese bezeugte, »in Ruhe und Ordnung« verlaufen sei. Die Aktionen gegen jüdische Beamte dienten nur der Wiederherstellung gerechter Verhältnisse, weil die Juden nach dem Kriege gewisse Stellen weit überproportional besetzt hätten. Die Kirche, so erklärte Dibelius dazu, »kann und darf den Staat nicht daran hindern, mit harten Maßregeln Ordnung zu schaffen. Aber sie hat den dringenden Wunsch, daß bald die Stunde schlagen möchte, in der die Gewalt nicht mehr nötig ist, sondern eine neue, gefestigte Ordnung im Staatsleben Raum läßt für Liebe und Gerechtigkeit. Das wird davon abhängen, ob draußen in der Welt die Agitation gegen Deutschland aufhört oder nicht.« So bat Dibelius am Schluß, den Sensationsmeldungen nicht zu glauben, sondern Vertrauen zu haben: »Sie werden es erleben, daß das, was jetzt in Deutschland vor sich geht, zu einem Ziele führen wird, für das jeder dankbar sein kann, der deutsches Wesen liebt und ehrt!«[73]

Neben dieses weitverbreitete Fehlurteil, das Dibelius hier in allen typischen Zügen vortrug, und das den Zugang zum wahren Verständnis der Judenfrage schlechterdings verschloß, traten nicht minder gewichtig erscheinende kirchenpolitische Erwägungen. Ein vertrauliches Rundschreiben Kaplers vom 1. April, in dem die obersten Kirchenbehörden über die Situation informiert wurden, zeigte, wie sehr alle Bemühungen in Berlin darauf gerichtet waren, »dem nationalen Aufbruch gegenüber die richtige Stellung einzunehmen und die Selbständigkeit der Kirche in ihrem eigengesetzlichen Handeln nicht zu gefährden«.[74] Freiwilliger Arbeitsdienst, Jugenderziehung und Schule, Finanzfragen, die verfassungsmäßigen Rechte und Garantien der Kirche, Reichsreform, Reichskonkordat und die Entwicklung des Katholizismus: das waren die Probleme, die dieses Rundschreiben neben dem Bericht über die telegraphische Aktivität des Präsidenten gegen die ausländische Propaganda beherrschten. Und vollends seit die Deutschen Christen auf ihrer ersten Reichstagung in Berlin Anfang April mit massiver staatlicher Unterstützung zum Generalangriff auf die alte Kirche riefen, stand die Abwehr dieses Angriffs an der Spitze aller Gedanken, Überlegungen und Entscheidungen der preußischen Kirchenleitung. Jetzt war an ein Wort gegen die Judenverfolgung um so weniger zu denken, als ein Zusammenstoß mit dem Staat auf kirchlichem Gebiet vorauszusehen schien und man sich unter keinen Umständen an zwei Punkten gleichzeitig exponieren wollte.

Als am 11. April in Berlin die Generalsuperintendenten mit dem preußischen Oberkirchenrat zu einer Besprechung zusammenkamen, da zeichnete sich diese Richtung schon deutlich ab. Kapler berichtete in seinem Einführungsreferat von Tendenzen, »die Einordnung der staatlichen Verhältnisse auch auf die Kirchen zu übertragen. Ausgehend von dem Streben nach einem totalen Staat werde der Gedanke erörtert, auch die Kirche zu erfassen, um sie als Staatsdepartement dem totalen, d. h. dem nationalsozialistischen Staate einzugliedern.«[75] Hier mußte sich der Protestantismus unmittelbar bedroht und gefordert fühlen; und in der Tat stürzte ja auch diese Entwicklung die evangelische Kirche binnen weniger Wochen in einen Strudel von Ereignissen, der eine Stellungnahme zur Judenfrage kaum noch zuließ.

Aber dies beides, das politische Fehlurteil und die kirchenpolitische Lage, hätten allein trotz allem wohl noch nicht ausgereicht, das Schweigen der Kirche zu begründen, wenn sie sich nicht in den zwanziger Jahren dem völkischen Antisemitismus geöffnet hätte. Die antisemitische Grundstimmung, die von der völkischen Ideologie in Deutschland verbreitet wurde, war auch vom deutschen Protestantismus aufgesogen und mitgetragen worden. Aus diesem antisemitischen Klima erwuchsen Boykott und Verfolgungen; unter seinem Eindruck sahen und hörten auch die Kirchen nicht, was doch unter ihren Augen, vor ihren Türen, ja in ihren Mauern geschah. Der Evangelische Bund, Emanuel Hirschs Theologie des deutschen Schicksals, Paul Althaus' zwiespältiger Vortrag auf dem »Vaterländischen Kirchentag« von 1927, und die evangelischen Christen in Deutschland, die das doch auch für richtig, für denkbar, für theologisch bedeutsam hielten, hatten jenes Schweigen vorbereitet und möglich gemacht, das im Rückblick als die große Schuld der Kirche in dieser Zeit erscheint.

Das Bild auf katholischer Seite gleicht dem der evangelischen Kirche bis in die Einzelheiten. Zwar fanden sich hier etwas weniger deutschnationale Illusionen, dafür aber gab es noch stärkere politische und kirchenpolitische Bedenken. Das Ergebnis war hier wie dort das gleiche, nämlich Schweigen.

Am 31. März, dem Tag vor der Boykottaktion, suchte auf Empfehlung des Berliner Domkapitulars Lichtenberg der Direktor der Deutschen Bank in Berlin, Oskar Wassermann, der zugleich Präsident der Arbeitsgemeinschaft der Konfessionen für den Frieden war, Kardinal Bertram in Breslau auf, um den Episkopat zu einer Intervention beim Reichspräsidenten und der Reichsregierung zu veranlassen. Da der Vorsitzende der Fuldaer Bischofskonferenz in dieser Sache nicht ohne Auftrag handeln mochte, auch persönlich weder über die Begründung noch über die Aussichten des Boykotts urteilen zu können meinte, versprach er dem Bittsteller, wenigstens die fünf deutschen Erzbischöfe über die »Opportunität eines solchen Schrittes« zu befragen. In einem Schreiben vom gleichen Tag ließ er freilich keine Zweifel daran, daß für ihn selbst diese Frage negativ entschieden war. »Meine Bedenken«, so ließ er die Metropoliten wissen, »beziehen sich 1. darauf, daß es sich um einen wirtschaftlichen Kampf in einem uns in kirchlicher Hinsicht nicht nahestehenden Interessentenkreise handelt; 2. daß der Schritt als Einmischung in eine Angelegenheit erscheint, die das Aufgabengebiet des Episkopates weniger berührt, der Episkopat aber triftigen Grund hat, sich auf sein eigenes Arbeitsgebiet zu beschränken; 3. daß der Schritt keinen Erfolg haben dürfte, weil die Gründe pro und contra den maßgebenden Stellen auch ohne unsere Vorstellung genügend bekannt sind; dazu kann 4. die taktische Erwägung kommen, daß dieser Schritt, der nicht vertraulich im engeren Kreis bleiben kann, sicher die übelste Interpretation in den weitesten Kreisen von ganz Deutschland finden würde, was bei der überaus diffizilen und dunklen Gesamtlage keineswegs gleichgültig sein kann.« Nur nebenbei berühren wollte der Breslauer Metropolit schließlich die Tatsache, »daß die überwiegend in jüdischen Händen befindliche Presse gegenüber den Katholikenverfolgungen in verschiedenen Ländern durchweg Schweigen beobachtet« habe.[76]

Während dieses Schreiben ganz die Sicht des leitenden Kirchenpolitikers verriet und fast ebenso auch vom Präsidenten des Deutschen Evangelischen Kirchenausschusses hätte abgefaßt werden können, war die Meinung unter den Erzbischöfen nicht ganz einheitlich. Während Kardinal Faulhaber zurücktelegraphierte: »Erfüllung Wunsches aussichtslos. Würde verschlimmern. Übrigens schon Rückgang«, erklärte der Freiburger Erzbischof Gröber: »Erfüllung Wunsches geschehe mit Rücksicht auf Schuldlose und Convertierte.«[77] Aber Gröber blieb offensichtlich in der Minderheit. Jedenfalls war für Bertram und damit auch für den deutschen Episkopat als ganzen mit dieser Aktion die Frage einer offiziellen Intervention entschieden: Ein gemeinsamer Schritt zugunsten der verfolgten deutschen Juden fand nicht statt, und er sollte auch in Zukunft nicht stattfinden.

Ähnlich wie in der evangelischen Kirche empfanden auch viele einzelne katholische Christen diese Entscheidung als unerträglich. So häuften sich im April bei den katholischen Bischöfen die drängenden Bitten, sich für die Juden, oder doch wenigstens für die jüdischen Glieder der eigenen Kirche einzusetzen. Am 5. April wandte sich beispielsweise der Herausgeber der Monatsschrift *Seele*, der bayerische Pfarrer Alois Wurm, an den Münchner Kardinal und beklagte,

»daß in dieser Zeit einer äußersten Haßschürung gegen die doch sicher zu mehr als 99 % unschuldigen jüdischen Staatsbürger kein einziges katholisches Blatt, soviel ich sehe, den Mut hatte, die katholische Katechismuslehre zu verkünden, daß man keinen Menschen hassen und verfolgen darf – am wenigsten wegen seiner Rasse. Das erscheint sehr vielen als katholisches Versagen.« Er selbst habe einen solchen Artikel geschrieben, der aber von einer größeren katholischen Zeitung zurückgekommen sei.[78] Die Antwort des Kardinals sollte sarkastisch sein – im Rückblick geriet sie doch nur zu einer einzigen Verlegenheit. Der Artikel wäre wohl gedruckt worden, erklärte Faulhaber gereizt, wenn ihn der Verfasser mit seinem vollen Namen gezeichnet hätte. Er, der Kardinal, nähme an, daß in der nächsten Nummer der *Seele* »ein flammender Protest« unter Wurms Namen erscheinen werde, »und noch mehr würde der Presse der Mut wachsen, wenn es einen einzigen gäbe, der den Mut besäße, einen solchen Protest als Flugblatt mit seinem Namen drucken zu lassen und auf den Straßen zu verteilen«. Überhaupt müsse gegen die Judenverfolgung jeder Christ auftreten; für »die kirchlichen Oberbehörden« dagegen bestünden »weit wichtigere Gegenwartsfragen; denn Schule, der Weiterbestand der katholischen Vereine, Sterilisierung sind für das Christentum in unserer Heimat noch wichtiger ...« Schließlich wisse man auch, daß die Juden sich selber helfen könnten, so daß keine Veranlassung bestehe, »der Regierung einen Grund zu geben, um die Judenhetze in eine Jesuitenhetze umzubiegen«.[79]

Tatsächlich war die – nicht unberechtigte – Furcht, daß aus dem »Kampf gegen die Juden zugleich ein Kampf gegen die Katholiken« werden könnte, für den Münchner Kardinal in dieser Zeit ein wesentliches Motiv, sich in der Judenfrage zurückzuhalten.[80] Andererseits reihten sich in diesen Tagen – ähnlich wie auf evangelischer Seite – bekannte und unbekannte Katholiken in die »Prozession der Bittsteller« ein, die die kirchlichen Oberbehörden gegen alle politischen und kirchenpolitischen Bedenken davon zu überzeugen versuchten, daß nur durch das mutige Zeugnis der Wahrheit »Menschlichkeit und Christentum« gerettet werden könnten.[81] Unter ihnen formulierte der Berliner Studentenpfarrer, der Dominikaner Franziskus Stratmann, vielleicht am entschiedensten die Erwartungen, die diese Gruppe an die Kirche richtete. »Am Opportunismus«, so schrieb Stratmann an Faulhaber, »geht das echte Christentum zugrunde. Nur das Entschiedene, Unbeirrte gewinnt heute Achtung, Gefolgschaft und Begeisterung, wofür gerade der Nationalsozialismus das beste Beispiel ist. Nur durch Bekennertum und Märtyrertum kann die darniederliegende Christenheit wieder hochkommen.«[82]

Dieser Satz, wie die Prozession der Bittsteller in beiden Kirchen, gewinnt im Rückblick das erdrückende Gewicht einer zwingenden christlichen Wahrheit. Gerade der Rückblick verführt aber auch zu dem Irrtum, diese Wahrheit hätte schon damals jedermann in der Christenheit in Deutschland einsichtig sein müssen. Wahrheiten dieser Art sind, so schwer spätere Generationen dies auch begreifen, niemals jedermann in der Christenheit einsichtig. Diese Tatsache sollte den heute Urteilenden vor allen Verurteilungen bewahren.

Während dieses ganze Problem noch in beiden Kirchen verhandelt wurde, hatte Hitler bereits neue Tatsachen geschaffen. Am 7. April wurde das »Gesetz zur Wiederherstellung des Berufsbeamtentums« verkündet, das den Beginn der nationalsozialistischen Ausnahmegesetzgebung für die Juden darstellte. Dieses Gesetz schrieb »zur Wiederherstellung eines nationalen Berufsbeamtentums und zur Vereinfachung der Verwaltung« für drei Kategorien von Beamten eine besondere Behandlung vor. Nach § 2 waren »Beamte, die seit dem 9. November 1918 in das Beamtenverhältnis eingetreten sind, ohne die für ihre Laufbahn vorgeschriebene oder übliche Vorbildung oder sonstige Eignung zu besitzen«, aus dem Dienst zu entlassen. Nach § 3, dem sogenannten Arierparagraphen, waren »Beamte, die nicht arischer Abstammung sind«, in den Ruhestand zu versetzen. Ausgenommen von dieser Bestimmung waren Beamte, »die bereits seit dem 1. August 1914 Beamte gewesen sind oder die im Weltkrieg an der Front für das Deutsche Reich . . . gekämpft haben oder deren Väter oder Söhne im Weltkrieg gefallen sind«. Schließlich enthielt der § 4 eine allgemeine Drohung, mit deren Hilfe der ganze Beamtenapparat manipulierbar wurde: »Beamte, die nach ihrer bisherigen politischen Betätigung nicht die Gewähr dafür bieten, daß sie jederzeit rückhaltlos für den nationalen Staat eintreten, können aus dem Dienst entlassen werden.«[83]

Auch dieses Gesetz war ein propagandistisches Meisterstück. Denn die scheinbar berechtigte Loyalitätsforderung des Staates an die Beamtenschaft, die hier kodifiziert schien, verdeckte weithin die Tatsache, daß es sich beim Arierparagraphen um eine Ausnahmegesetzgebung ganz neuer Art handelte. Im federführenden Reichsinnenministerium freilich bestand daran kein Zweifel. Denn im Vorwort zur ersten kommentierten Ausgabe Ende April 1933 erklärte Ministerialrat Hanns Seel, die Bedeutung des Gesetzes liege im besonderen darin, »daß es vielfach vor allem in seinem grundlegenden § 3, dem sogenannten ›Arier-Paragraphen‹, ein vollkommen neues Recht schafft, das in bewußtem Gegensatz steht zu dem bisherigen Recht«. Und mit Befriedigung konnte der Mitverfasser des Gesetzes feststellen, daß gerade der Arierparagraph »bereits zum Vorbild für eine Reihe von anderen Gesetzen« geworden sei, »wie die Gesetze über die Zulassung zur Rechtsanwaltschaft und Patentanwaltschaft, die Verordnung über die Zulassung zur Kassenpraxis und das Gesetz gegen die Überfüllung deutscher Hochschulen und Schulen«.[84]

Die Bedeutung dieses Gesetzes für die Politik des Dritten Reiches und besonders für die Judenpolitik kann kaum hoch genug eingeschätzt werden. Es stellte den ersten entscheidenden Schritt zu einer Ausnahmegesetzgebung dar, an deren Ende die Vernichtung der Juden in Deutschland und Europa stand. Zugleich war es ein deutlich sichtbarer Hinweis, daß Hitler entschlossen war, die völkische Ideologie auch rechtlich zur Grundlage des neuen Staates zu machen.

Die Reaktionen, die das Gesetz in beiden Kirchen auslöste, waren sehr verschieden. Während die katholische Kirche mit einer Reihe von kritischen Erklärungen antwortete, reichten die Wirkungen des Gesetzes in der evangelischen Kirche sehr viel tiefer. Hier wurde der Versuch einer Übertragung auf die Kirche Anlaß zu einer grundsätzlichen Klärung und schließlich zu einer der wesentlichen Fragen, an denen sich im Sommer und Herbst 1933 die Geister schieden. Die Verpflichtungserklärung des Pfarrernotbundes enthielt als einziges konkretes Beispiel die feierliche Erklärung, »daß eine Verletzung des Bekenntnisstandes mit der Anwendung des Arierparagraphen im Raum der Kirche Christi geschaffen ist«.[85]

Für die katholische Kirche lagen die Dinge insofern unübersichtlicher und komplizierter, als für sie die Judenfrage von den Maßnahmen des Regimes gegen Zentrumsbeamte überlagert wurde. Die Aktionen gegen die katholische Beamtenschaft hatten schon im März heftig eingesetzt[86], so daß sich Kardinal Bertram am 6. April veranlaßt sah, in einem ausführlichen Schreiben an den Reichspräsidenten wegen der zu unrecht Bedrohten und Entlassenen zu intervenieren.[87]

Erst mit der Veröffentlichung des Berufsbeamtengesetzes aber entschlossen sich die Bischöfe auch zu einer öffentlichen Kritik. Schon am folgenden Tag, am 8. April, kamen in der Rheinmetropole die Erzbischöfe von Köln und Paderborn, Schulte und Klein, und der Bischof von Osnabrück, Berning, zusammen und verabschiedeten eine Kundgebung, in der sie erklärten, daß sie »mit tiefster Kümmernis und Sorge« sähen, »wie die Tage nationaler Erhebung zugleich für viele treue Staatsbürger und darunter auch gewissenhafte Beamte unverdientermaßen Tage des schwersten und bittersten Leidens geworden sind«.[88]

Am 12. April folgte Kardinal Bertram für die ostdeutsche, am 15. April Erzbischof Gröber für die oberrheinische Kirchenprovinz diesem Schritt.[89] In Bayern bereitete zur gleichen Zeit Bischof Buchberger von Regensburg den Entwurf einer Kundgebung vor, der sehr viel ausführlicher und grundsätzlicher an das »christliche Prinzip der Gerechtigkeit und Liebe« als Grundlage des staatlichen Lebens erinnerte. Zwar würden, so hieß es in diesem Entwurf, »die Erfordernisse des Gemeinwohls« durchaus anerkannt, aber dabei dürfe die Regierung doch niemals »über wohlbegründete Rechte überhaupt und grundsätzlich hinweggehen, auch nicht gegenüber Anhängern einer anderen politischen Gesinnung und Angehörigen eines anderen Volkes«. In der endgültigen Fassung, die am 5. Mai als »Hirtenwort der bayerischen Bischöfe« veröffentlicht wurde, war dieser Abschnitt etwas verändert worden. Nun ließ er die Hoffnung offen, daß die Reichsregierung diese Bestrebungen nicht teile, und betonte zugleich, daß jede Art von »Ausnahme-Gesetzen«, »jede Rechtsverletzung und Rechtsungleichheit« grundsätzlich abzulehnen sei.[90]

Die Beurteilung dieser bischöflichen Erklärungen ist nicht ganz leicht. Wer wollte, konnte darin zweifellos ein Eintreten der katholischen Kirche auch für die verfolgten Juden finden. So verstanden es nicht nur Kölner Zentrumskreise[91], sondern auch von der Frage bedrängte Protestanten wie Wilhelm v. Pechmann, der mit diesen Kundgebungen »die hohe Dringlichkeit« einer entsprechenden evangelischen Erklärung unterstrich[92], oder der Gießener Theologieprofessor Gustav Krüger, der meinte, daß die katholischen Bischöfe auch ohne ausdrückliche Erklärung die jüdischen Staatsbürger »in ihre Mahnung eingeschlossen wissen wollen«.[93] Andererseits waren die Dinge doch nur so allgemein formuliert und mit so viel freudiger Zustimmung zum neuen Staat verbunden, daß schlafende Gewissen dadurch kaum geweckt werden konnten. So wurde nicht zufällig etwa im bayerischen Epsikopat Unbehagen darüber laut, daß man nicht »in kategorischer Form« für die getauften Juden eintreten könne.[94]

Während die katholische Kirche so zwischen christlichem Bekennen, schwankendem Urteil und taktischer Anpassung ihren Weg ging, begann im deutschen Protestantismus die Suche nach einer grundsätzlichen Klärung der ganzen Frage. Wohl unter dem Eindruck der in- und ausländischen Anfragen, die sich nach dem Boykott häuften[95], und ausgelöst durch das Berufsbeamtengesetz hatte Kapler unmittelbar nach dessen Bekanntwerden die Apologetische Zentrale in Spandau um eine gutachtliche Stellungnahme zum Judenproblem gebeten. Jedenfalls wurde schon an die Teilnehmer der großen

Konferenz, zu der am 11. April in Berlin alle Generalsuperintendenten und Konsistorialpräsidenten der altpreußischen Kirche zusammenkamen, eine Aufzeichnung verteilt, die Kapler zwar nur »eine von sachkundiger Seite zu rein persönlicher Information verfaßte Darstellung« nannte[96], die aber tatsächlich weitgehend den Standpunkt der obersten Berliner Kirchenbehörden wiedergab. Sie trug den Titel »Die Kirche und die Judenfrage in Deutschland«; der ungenannte Verfasser war der Leiter der Apologetischen Zentrale und junge Berliner Privatdozent Walter Künneth.[97]

Der Grundgedanke dieser Aufzeichnung lag in der strikten Unterscheidung zwischen dem staatlichen und dem kirchlichen Aspekt der Judenfrage. Dieser Grundgedanke war lutherisches Erbe und wurde aufgrund der lutherischen Tradition im deutschen Protestantismus fast durchweg akzeptiert. Entscheidend war dabei für die Beurteilung des *staatlichen* Aspektes, daß die Ausnahmegesetzgebung grundsätzlich als ein Akt harter aber notwendiger Gerechtigkeit verstanden wurde. Das wichtigste Argument in diesem Zusammenhang war das vielzitierte »prozentuale Mißverhältnis zwischen der Besetzung öffentlicher Ämter durch Juden und ihrem Anteil an der Bevölkerungszahl«. Dieses Mißverhältnis stelle, so erklärte Künneth, »eine Ungerechtigkeit für die deutschen Beamten, Ärzte usw. dar«, so daß die Neuregelung darum »prinzipiell den Charakter einer Schutzmaßnahme zur Sicherung des deutschen Volkes« trage. Man kann davon ausgehen, daß dies im deutschen Protestantismus tatsächlich allgemeine Überzeugung war. Sie verbot nicht nur den Widerspruch gegen die Ausnahmegesetzgebung, sondern ließ diese geradezu als staatliche Notwendigkeit erscheinen. Dabei übersah man fast durchweg, daß man sich mit dieser Argumentation weitgehend auf den Grundansatz der völkischen Ideologie einließ, nämlich die Definition des Judenproblems als Rassenproblem. Künneths Aufzeichnung übernahm hier ohne Zögern die offizielle Lesart: »Der Begriff ›nichtarischer Abstammung‹ (§ 3 des neuen Beamtengesetzes) besagt die erbliche Bestimmung durch die jüdische Rasse im Gegensatz zu den mitteleuropäischen kleinen Rassen (nordisch, ostisch, westisch, dinarisch), aus denen sich das deutsche Volk aufbaut.« Was hier geschah, und was die Stellung der evangelischen Kirche zur Judenfrage noch lange Zeit entscheidend bestimmen sollte, war eine durch die politische Theologie begründete und durch den herrschenden Antisemitismus unterstützte verhängisvolle Verwechslung von staatlichem Handeln und völkischer Ideologie, die die Möglichkeit zur Erkenntnis des wahren Sachverhalts für den Protestantismus nahezu völlig verschloß.

Um so wichtiger war unter diesen Umständen die Antwort auf die Frage, wie die Kirche sich zu diesem Problem zu verhalten habe. Künneth war auch in diesem Punkt eindeutig. Die Stellung der Kirche zur Judenfrage sei »nicht durch politische Gesichtspunkte, sondern durch das Anliegen der christlichen Gemeinde bestimmt«. Für die Zugehörigkeit zur Gemeinde aber sei nicht »die rassische Abstammung, sondern das Teilhaben an den Sakramenten der Kirche maßgebend«. »Hieraus ergibt sich die Verpflichtung der Kirche, allen Gemeindegliedern gegenüber in gleicher Weise zu dienen ... Eine Abweichung bedeutet Preisgabe des Evangeliums.« Von diesen beiden Ausgangspositionen aus ging Künneth an die praktische Lösung des Problems. Sie bestand im wesentlichen in der von diesem Ansatz aus konsequenten Forderung an den Staat, in der Gesetzgebung zwischen Juden und Judenchristen zu unterscheiden, da sonst die Bedeutung der Kirche und der kirchlichen Gemeinschaft für den Staat aufgehoben werde. Daraus folgte, daß der Übertritt von Juden zur christlichen Kirche von nun an besonders gewissenhafter Prüfung und Vorbereitung bedürfe. Für die Kirche ganz allgemein ergab sich aus der »äußeren und inneren Not der jüdischen Rasse in Deutschland« die Verpflichtung, »die unbedingte, nicht von der nationalpolitischen Lage abhängige christliche Liebe« vor allem den notleidenden Judenchristen zuzuwenden. Als Beispiel nannte die Aufzeichnung die Möglichkeit einer judenchristlichen Kollekte. Außerdem habe die Kirche sich dafür einzusetzen, »daß die Ausschaltung der Juden als Fremdkörper im Volksleben sich nicht in einer dem christlichen Ethos widersprechenden Weise« und also namentlich nicht mit Gewaltakten vollziehe.

Mag diese Aufzeichnung im Rückblick unverständlich, ungenügend, ja empörend wirken – unter der Voraussetzung normalen staatlichen Handelns war sie so falsch nicht. Denn Ausnahmegesetze für rassische wie für ethnische Minderheiten gab es in der zivilisierten Welt gerade in den zwanziger Jahren die Fülle, ohne daß die politische oder die kirchliche Öffentlichkeit in den betreffenden Ländern dies schon als grundsätzliche Aufhebung der Rechtsstaatlichkeit empfunden hätte. Nicht zufällig hatte Dibelius sich in seinem *Sonntagsspiegel* vom 26. März gegen die Interventionen amerikanischer Kirchen mit dem Argument gewandt, die deutschen Kirchen intervenierten ja auch nicht in der Negerfrage.[98] Auch für die deutschen Minderheiten etwa in Polen oder in der Tschechoslowakei gab es Ausnahmegesetze, so daß man im Frühjahr 1933 das Berufsbeamtengesetz in diesem Zusammenhang grundsätzlich durchaus noch als einen Akt legitimen staatlichen Handelns »zur Sicherung des Deutschen Volkes« verstehen konnte.

Wie sehr dies auch für entschiedene Kritiker des neuen Regimes galt, wieweit man aber doch auch schon darüber hinauskommen konnte, das zeigte ein anderer Berliner Privatdozent, der sich zur gleichen Zeit mit den gleichen Fragen beschäftigte: Dietrich Bonhoeffer. Sein kleiner Aufsatz mit dem Titel »Die Kirche vor der Judenfrage«, abgeschlossen am 15. April und erst im Juni an entlegener Stelle veröffentlich, gehört zum aufschlußreichsten und politisch wie theologisch bedeutendsten, was diese Jahre überhaupt hervorgebracht haben. Hier wurde mit unvergleichlicher Präzision die theologische Problematik staatlichen Handelns auf einen Begriff gebracht, der auch unter den veränderten Bedingungen der Gegenwart noch immer Gültigkeit besitzt.[99]

Wie Künneth ging auch Bonhoeffer davon aus, daß die Judenfrage zwei Aspekte besitzt, einen staatlich-politischen und einen kirchlich-theologischen, und daß diese Aspekte zunächst getrennt zu behandeln seien. »Zweifellos«, so begann er seinen Abschnitt über den ersten Aspekt, »ist die reformatorische Kirche nicht dazu angehalten, dem Staat in sein spezifisch politisches Handeln direkt hineinzureden. Sie hat staatliche Gesetze weder zu loben noch zu tadeln, sie hat vielmehr den Staat als Erhaltungsordnung Gottes in der gottlosen Welt zu bejahen, sie hat sein – vom humanitären Gesichtspunkt aus gesehen: gutes oder schlechtes – Ordnungsschaffen anzuerkennen und zu verstehen als begründet in dem erhaltenden Willen Gottes mitten in der chaotischen Gottlosigkeit der Welt.« Gegenüber allen politischen Propheten und Pseudopropheten hielt Bonhoeffer eindeutig fest: »Das staatliche Handeln bleibt frei vom kirchlichen Eingriff. Es gibt hier keine schulmeisterliche oder gekränkte Einrede der Kirche. Die Geschichte wird nicht von der Kirche gemacht, sondern vom Staat ...« Dies galt nach Bonhoeffers Überzeugung auch für die Judenfrage, die ohne Zweifel ein Problem darstellte und in der der Staat ebenfalls ohne Zweifel »neue Wege zu gehen« berechtigt sei. So notwendig moralische und humanitäre Einwände dagegen als Korrekturen seien; Sache der Kirche seien solche Einwände nicht. Denn die Kirche »weiß um die wesenhafte Notwendigkeit der Gewaltanwendung in dieser Welt und um das mit der Gewalt notwendig verbundene ›moralische‹ Unrecht bestimmter konkreter Akte des Staates. Die Kirche kann primär nicht unmittelbar politisch handeln; denn die Kirche maßt sich keine Kenntnis des notwendigen Geschichtsverlaufs an. Sie kann also auch in der Judenfrage heute nicht dem Staat unmittelbar ins Wort fallen, und von ihm ein bestimmtes andersartiges Handeln fordern.«

Diese Sätze – unmittelbar unter dem Eindruck des Berufsbeamtengesetzes geschrieben – machen deutlich, daß Bonhoeffer im Frühjahr 1933 dem Staat noch ohne allen Zweifel das Recht zuerkannte, die Judenfrage durch eine Ausnahmegesetzgebung zu lösen. Insoweit teilte er also den Standpunkt Künneths und weiter Teile der Kirche. Man muß das deutlich sagen, um die allgemeinen historischen Bedingungen wirklich zu begreifen, unter denen in dieser Zeit die Entscheidungen getroffen wurden. Was Bonhoeffer von diesem allgemeinen Standpunkt unterschied, war die Tatsache, daß er es dabei nicht bewenden ließ, sondern daß er das Problem auf seine weiteren Entwicklungen hin überprüfte. Dabei stieß er in eine Dimension vor, von der die evangelische Christenheit in Deutschland als ganze zu jener Zeit noch nicht einmal den Schatten einer Ahnung besaß.

Zunächst stellte Bonhoeffer fest, daß das Recht des Staates auf eigenständiges politisches Handeln selbstverständlich nicht bedeuten könne, daß die Kirche »teilnahmslos das politische Handeln an sich vorüberziehen läßt«. Vielmehr könne und solle sie, »gerade weil sie nicht im einzelnen Fall moralisiert, den Staat immer wieder danach fragen, ob sein Handeln von ihm als legitim staatliches Handeln verantwortet werden könne, d. h. als Handeln, in dem Recht und Ordnung, nicht Rechtlosigkeit und Unordnung, geschaffen werden«. Der entscheidende weitere Schritt aber lag in der Frage, was zu geschehen habe, wenn der Staat diese ihm von Gott verliehene Aufgabe, von der die Kirche weiß und die er durch die Kirche weiß – nämlich Recht und Ordnung zu schaffen – verletzt oder gar in ihr Gegenteil verkehrt. Dabei hatte Bonhoeffer zwei Möglichkeiten vor Augen. Er sah einerseits ein Zuwenig an Recht und Ordnung, wie es etwa die prinzipielle Rechtlosmachung der Juden bedeuten würde, andererseits ein Zuviel an Recht und Ordnung, wie es in der staatlichen Unterdrückung der freien christlichen Verkündigung der Fall wäre.

Bonhoeffer beschrieb hier – ohne sich dessen bewußt zu sein – nichts anderes als die beiden entscheidenden Merkmale der totalitären ideologischen Staatssysteme des 20. Jahrhunderts. Noch war er freilich unsicher, ob diese Merkmale auf das Dritte Reich zuträfen. Aber er hielt es doch immerhin so weit für möglich, daß er eine Art kirchlichen Aktionsplan für diesen Fall entwarf. Danach gab es eine dreifache Möglichkeit kirchlichen Handelns: »Erstens... die an den Staat gerichtete Frage nach dem legitim staatlichen Charakter seines Handelns, d. h. die Verantwortlichmachung des Staates. Zweitens der Dienst an den Opfern des Staatshandelns. Die Kirche ist den Opfern jeder Gesellschaftsordnung in unbedingter Weise verpflichtet, auch wenn sie nicht der christlichen Gemeinde zugehören.« Diese beiden Möglichkeiten hatte die Kirche beständig und gegenüber dem Staat wahrzunehmen. Die dritte Möglichkeit jedoch, nämlich »nicht nur die Opfer unter dem Rad zu verbinden, sondern dem Rad selbst in die Speichen zu fallen«, das »unmittelbar politische Handeln der Kirche«[100] also, blieb jenem letzten und äußersten Fall vorbehalten, daß der Staat tatsächlich »hemmungslos ein Zuviel oder ein Zuwenig an Ordnung und Recht« verwirklichen würde. Dieser Fall, in dem die Kirche also ihre eigene Aufgabe verlassen und eine fremde Aufgabe übernehmen müßte, war nach Bonhoeffers Überzeugung so einzigartig, daß er nur vor einem »evangelischen Konzil« entschieden werden könnte.

Auch im zweiten, kürzeren Teil des Aufsatzes, der sich mit dem kirchlichen Aspekt beschäftigte, gelang Bonhoeffer eine überraschende Wendung. Er unterschied im Rückgriff auf die urchristliche Zeit zwischen Judenchristen und Heidenchristen, beide jeweils charakterisiert nicht durch die Rasse, sondern durch ihr Verhältnis zum mosaischen Gesetz. Judenchrist war danach, wer die Bindung an das mosaische Gesetz zur Voraussetzung der kirchlichen Gemeinschaft machte; Heidenchrist dagegen, wer davon frei war. Sollte also eine Gruppe innerhalb der evangelischen Kirche die kirchliche Gemeinschaft erneut von der Beobachtung eines göttlichen Gesetzes – nämlich der Rassenzugehörigkeit – abhängig machen, so wäre diese Gruppe theologisch dem Typus der Judenchristen zuzuordnen; die ausschließende Kirchengemeinschaft würde sich damit »als judenchristliche konstituieren«. Im übrigen gehe es nicht um die Frage, ob die Gemeindemitglieder »heute die kirchliche Gemeinschaft mit den Juden noch tragen können. Vielmehr ist es Aufgabe christlicher Verkündigung zu sagen: hier, wo Jude und Deutscher zusammen unter dem Wort Gottes stehen, ist Kirche, hier bewährt es sich, ob Kirche noch Kirche ist oder nicht.«

Die Dimension der ersten Teils dieses Aufsatzes ist dem deutschen Protestantismus nur sehr langsam – zum Teil erst nach 1945 – aufgegangen. Am zweiten Punkt dagegen hielt, wie auch die Aufzeichnung Künneths zeigt, eine entscheidende Gruppe in der evangelischen Kirche von Anfang an fest, ohne daß sie sich der Konsequenzen bewußt gewesen wäre, die diese einfache Wahrheit tatsächlich von der Kirche forderte.

Zunächst triumphierten in der ganzen Frage Ende April Politik und Kirchenpolitik über alle christlichen Einwände und Bedenken.

Auf den 25. und 26. April hatte Kapler den Kirchenausschuß zu einer außerordentlichen Sitzung nach Berlin einberufen. Zur Verhandlung waren die kirchenpolitische Lage und die Judenfrage vorgesehen. Das Gremium stand ganz unter dem Eindruck der stürmischen Bewegung, die die Reichstagung der Deutschen Christen Anfang April ausgelöst hatte. Als zusätzlicher Schock kam der überraschende staatliche Zugriff auf die mecklenburgische Landeskirche hinzu, der kurz zuvor stattgefunden hatte und viele eine unmittelbar bevorstehende politische Gleichschaltung der ganzen evangelischen Kirche befürchten ließ. So war das Interesse der Mitglieder begreiflicherweise vor allem auf die kirchenpolitischen Probleme des Augenblicks und der nächsten Zukunft gerichtet. Unter diesen Umständen mußte eine kirchliche Stellungnahme zur Judenfrage, ohnehin für viele kontrovers und problematisch, noch bedenklicher erscheinen.

Gleichwohl versuchte Wilhelm v. Pechmann am folgenden Tag, mit einer bewegenden Erklärung den Ausschuß umzustimmen. Er schilderte einleitend, »wie ihm Hilferufe von Männern jüdischer Abstammung, die mit Überzeugung Christen geworden seien, nahegebracht worden seien und welche Seelennot ihm dabei begegnet sei. Er sei davon durchdrungen, daß wir diesen Gliedern unserer Gemeinden und unserer Kirchen Schutz schuldig sind. Wir dürfen sie nicht dem Gefühl überlassen, daß sie von der Kirche, der sie seit langem angehören, in der Zeit der fürchterlichsten Not wort- und lautlos im Stich gelassen werden.«[101] Die folgende Diskussion machte dann freilich die ganze Verwirrung, die Blindheit, die Mutlosigkeit und die Schwäche der evangelischen Kirche offenkundig. Immer wieder war die Rede von den Schwierigkeiten, von möglichen Mißverständnissen, von der Gefahr, daß eine Kundgebung »von den Feinden im Ausland gegen Deutschland mißbraucht« werden könnte, vom Recht des Staates, die Judenfrage zu ordnen und von der Notwendigkeit, hinter diesem Staate zu stehen. Angesichts dieser Bedenken folgte die große Mehrheit des Ausschusses offensichtlich der Überzeugung des Präsidenten, der am Vortage in einer Unterredung mit Hitler nur ganz allgemein die kirchliche Hoffnung auf Frieden und Versöhnung zum Ausdruck gebracht hatte. Die Judenfrage als solche, so erklärte Kapler, habe er »nicht namentlich erwähnt«. »Mehr zu sagen hielt ich bei dieser ersten Begegnung nicht für ratsam.«

Auf katholischer Seite war das Bild in den entscheidenden Punkten ganz ähnlich. Hier tagten zufällig ebenfalls am 25. und 26. April in Berlin die Vertreter der Kirchenprovinzen, um über weitere Schritte des Episkopats zu beraten. Und auch hier stand die Kirchenpolitik ganz im Vordergrund. Die fünf Punkte der Tagesordnung kreisten alle um die Sicherung der Freiheit und Selbständigkeit der Kirche. Es ging im einzelnen um die Frage der katholischen Organisationen, um den Aufbau der Katholischen Aktion, um die Einrichtung eines Verbindungsorgans zwischen Kirche und Staat, um Schul- und Erziehungsfragen und um das Problem der »Gleichschaltung« der Kirche.[102] Alle diese Punkte wurden ausführlich und mit spürbarer Sorge behandelt. Generell herrschte Übereinstimmung, alles zu tun, was zur Verteidigung der Kirche notwendig sei, und alles zu vermeiden, was das Verhältnis zum neuen Regime belasten könnte. Unter diesen Umständen rückte auch hier die Judenfrage an den Rand. Eine einzelne Anregung, »für die nach den neustaatlichen Gesetzen als nicht-arisch bezeichneten Geistlichen und überhaupt die pädagogischen konvertierten Juden einzutreten«, blieb offenbar ohne Echo.[103] Unter den zahlreichen Beschlüssen fand sich nur einer, der das Problem aufgriff, nämlich der Vorschlag, die Rassenfrage »durch katholische Theologen in Verbindung mit Rassentheoretikern« sorgfältig prüfen zu lassen.[104]

Nachdem Hitler am 25. April den ersten Repräsentanten des deutschen Protestantismus empfangen und von Kapler den Eindruck erhalten hatte, daß die evangelische Kirche zwar ihre Selbständigkeit verteidigen, nicht aber gegen die Judenpolitik protestieren würde, folgte am 26. April seine erste Unterredung mit einem Vertreter des deutschen Episkopats. Die Aufzeichnung des Osnabrücker Bischofs Berning macht deutlich, daß auch in diesem Gespräch das entscheidende Gewicht auf der Sicherung der kirchlichen Rechte lag. Vier Punkte unterbreitete der Bischof danach dem Reichskanzler als besondere Sorge der Kirche, nämlich Freiheit der Kirche, Freiheit der katholischen Schule, Freiheit und Selbständigkeit der katholischen Vereine und Abbau der katholischen Beamten.[105] Und so blieb unwidersprochen, was der Bischof unter anderen Umständen gewiß nachdrücklich zurückgewiesen hätte, nämlich Hitlers Berufung auf die katholische Kirche, »die die Juden ebenfalls immer als Schädlinge angesehen« und sie daher ins Ghetto verbannt hätte.[106]

Mit den beiden Konferenzen Ende April waren für beide Kirchen die Richtungen zunächst festgelegt. Sie glichen sich darin, daß bei aller Verschiedenheit der Probleme im einzelnen grundsätzlich Einverständnis darüber herrschte, daß die Verteidigung der Freiheit und Selbständigkeit der Kirche gegenüber dem Staat jetzt die erste und wichtigste Aufgabe sei, der gegenüber alle anderen Aufgaben zurückzutreten hatten.

Mustert man im Rückblick die kirchlichen Entscheidungen dieser Wochen, so drängt sich am Ende eine Absicht überraschend auf. Es gab für die Minderheit in beiden Kirchen, die nicht schwieg, sondern redete, kein gemeinsames Kriterium außer einem unruhigen Gewissen. Dieses unruhige Gewissen war offenbar unabhängig von Alter, Konfession, Stand und politischer Überzeugung. Es verband den alten bayerischen Edelmann mit dem jungen rheinischen Sozialpfarrer, den liberalen hessischen Theologieprofessor mit dem Berliner Dominikanerpater, den evangelischen Deutschnationalen mit dem katholischen Zentrumsmann. Dieses unruhige Gewissen blieb und bleibt unableitbar, persönlich wie gesellschaftlich.

Man kann die Kirchenleitungen durchaus verstehen, daß sie sich in einer ungemein schwierigen Situation den ganz vernünftigen und ganz einleuchtenden Gründen fügten, die in diesem Augenblick ein Schweigen der Kirche geraten erscheinen ließen. Von der unruhigen Minderheit aber gilt, was Wilhelm v. Pechmann am 8. September 1934 an Martin Rade schrieb: »Ich weiß mich von jeder Spur der Überhebung frei, wenn ich ausspreche: wie glücklich wird ein späterer Kirchengeschichtsschreiber über jeden einzelnen von denen sein, die auch vor dem Baal dieser Zeit ihre Knie nicht gebeugt haben!«[107]

4. KAPITEL

PROTESTANTISCHE KIRCHENREFORM (APRIL)

Während im Rückblick die Judenfrage für das Verhalten der Kirchen in diesen Wochen eine entscheidende Bedeutung bekommt, hielten die Zeitgenossen von damals fast ausnahmslos ein anderes Problem für unverhältnismäßig viel wichtiger, nämlich die neue Regelung des Verhältnisses von Staat und Kirche und damit verbunden für die evangelische Seite das Problem der Kirchenreform. Das Ziel dieser Reform trug einen ebenso verheißungsvollen wie unbestimmten Namen: evangelische Reichskirche.

Der Gedanke einer evangelischen Reichskirche als Zusammenschluß der evangelischen Konfessionen und Landeskirche war nicht neu. Er stammte, wie so vieles, was in dieser Zeit wieder lebendig wurde, aus den Anfängen des 19. Jahrhunderts und hatte sich seither an allen nationalen Wendepunkten der deutschen Geschichte zu Wort gemeldet.[1] Seine Verwirklichung war jedoch stets an zwei Schwierigkeiten gescheitert. Zum einen hatten sich zunächst die Interessen des landesherrlischen Kirchenregiments, dann das wachsende Schuldbewußtsein der Landeskirchen jedem engeren Zusammenschluß widersetzt. Zum anderen war durch das Neuluthertum die Frage des Bekenntnisstandes wieder so stark in den Vordergrund getreten, daß sich die lutherischen Kirchen auch aus diesem Grund gegen eine Reichskirche wandten und statt dessen eher an einen allgemeinen lutherischen Zusammenschluß dachten. Der Kirchenbund von 1922 mit seiner extrem föderalistischen Verfassung stellte ein weithin sichtbares Zeichen für diese Tendenzen dar.

Anfang der dreißiger Jahre aber kam das Thema plötzlich wieder in die öffentliche Diskussion. Der unbefriedigende Zustand des schwerfälligen und wenig effektiven Kirchenbundes und der mächtige Aufschwung der völkisch-nationalen Bewegung wirkten zusammen, um in weiten Kreisen des deutschen Protestantismus eine gemeinsame kirchliche Vertretung erneut als erstrebenswertes Ziel erscheinen zu lassen. Zum Sprecher dieser Wünsche und

Hoffnungen machte sich bezeichnenderweise vor allem der Evangelische Bund, auf dessen Magdeburger Generalversammlung im Juni 1931 »die Zerrissenheit der evangelischen Kirche in Deutschland« lebhaft beklagt und der Einsatz des Bundes »für eine wirksame Zusammenfassung der Kräfte der Kirchen« gefordert wurde. »Unendlich viele evangelische Christen in allen deutschen Landeskirchen« trügen dies, wie der Präsident des Bundes meinte, »als heiße Sehnsucht auf dem Herzen.«[2]

Sehr viel radikaler griffen dann im folgenden Jahr die Deutschen Christen diesen Gedanken auf und stellten dementsprechend den »Zusammenschluß der im ›Deutschen ev. Kirchenbund‹ zusammengefaßten 29 Kirchen zu einer evangelischen Reichskirche« als zugkräftige Parole an die Spitze ihrer »Richtlinien« vom Juni 1932.[3]

Aber auch der Kirchenbund selbst war genötigt, sich mit dem Problem zu befassen. Den Anlaß gab die Diskussion um die Reform der Reichsverfasung. Angesichts der wachsenden Schwäche des Reiches war diese Diskussion seit 1930 in ein neues Stadium getreten und ließ Ende 1931 einen baldigen Abbau des Föderalismus und eine Stärkung des Unitarismus möglich erscheinen.[4] Dies rief zunächst die niederdeutschen Lutheraner auf den Plan. Vor allem der Hannoversche Landesbischof Marahrens, der zwar gerne einen Zusammenschluß der lutherischen Kirchen Niederdeutschlands gesehen hätte, aber unter allen Umständen eine Verbindung mit reformierten oder unierten Gebieten vermeiden wollte, drängte auf eine Klärung des Problems.[5] Denn eine Reichsreform, die die Ländergrenze im niederdeutschen Raum neu zog, konnte leicht für die Lutheraner höchst unerwünschte Tatsachen schaffen. So beschloß die Föderation der niederdeutschen lutherischen Kirchen im Februar 1932, beim Kirchenausschuß eine gründliche Behandlung der Frage der Reichsreform anzuregen.[6]

Die erste Stellungnahme des Kirchenausschusses fiel zusammen mit dem Jubiläum zum zehnjährigen Bestehen des Kirchenbundes, das im Mai 1932 in Wittenberg feierlich begangen wurde. Gerade angesichts der lebhaften öffentlichen Diskussion um die Zukunft der Kirche, die dieses Jubiläum auslöste[7], hielt es der Kirchenausschuß für geboten, im Gegensatz zu allen reichskirchlichen Einheitsideen auf die föderativen und bekenntnismäßigen Grundlagen des Kirchenbundes hinzuweisen. In einem Beschluß erklärte er sich daher gegen »grundstürzende Neuerungen« im Verhältnis von Reich und Ländern, forderte auf alle Fälle die rechtzeitige Anhörung der Kirche und wies nachdrücklich auf die prinzipielle kirchliche Autonomie in allen Fragen landeskirchlicher Gliederung hin.[8] Eine weitere Stellungnahme im November 1932 bestätigte diese Linie. Nachdem sich im Lauf des Jahres die öffentliche Diskussion wieder stärker der föderalistischen Lösung zugewandt hatte, begrüßte es der Kirchenausschuß jetzt ausdrücklich, »daß die neuerdings bekanntgewordenen Pläne der Reichsregierung für die Reichsreform darauf abzielen, die Selbständigkeit der Länder, einschließlich des Landes Preußen, im Rahmen der Reichsverfassung zu erhalten...« Zugleich wurde eine Empfehlung an den Präsidenten erneuert, »auch weiterhin ... die kirchlichen Interessen gegenüber den Reichsreformbestrebungen nachdrücklich zu wahren...«[9]

Diese Beschlüsse waren in mehrfacher Hinsicht bemerkenswert. Sie unterstrichen nicht nur die unverminderte Abneigung der Landeskirche gegen alle Reichskirchenpläne, sondern machten auch deutlich, wie eng der Kirchenbund selbst seine eigene Verfassung mit der Reichsverfassung verknüpft sah. Darüber hinaus enthielt der Beschluß vom November ein Mandat für den Präsidenten Kapler, in allen Situationen die Interessen der evangelischen Kirche gegenüber dem Reich zu wahren.

Dies war der Stand der Dinge, als Hitler am 30. Januar die Macht übernahm.

Er erklärt, warum der Schritt ins Dritte Reich nicht nur für das kirchliche *Bewußtsein*, sondern – im Unterschied zum Katholizismus – auch für die kirchliche *Ordnung* des deutschen Protestantismus weitreichende Folgen haben mußte.

Denn es wurde sehr bald deutlich, daß die neue Regierung von einem Willen zur Zentralisierung des Reiches beherrscht wurde, der alle unitarischen Pläne der Vergangenheit bei weitem übertraf. Damit aber konnte ein Festhalten des Kirchenbundes an seinem strikt föderalistisch-landeskirchlichen Konzept je länger desto weniger möglich und geraten erscheinen. Dies zu sehen bedurfte es der Deutschen Christen nicht, so sehr sich diese später das Verdienst anrechneten, die ganze Entwicklung erst in Gang gebracht zu haben. Es bestand im protestantischen Bewußtsein der Zeit ein so enger Zusammenhang zwischen Reich und Kirche, daß man sich den Neubau des Reiches nicht ohne einen gleichzeitigen Neubau der Kirche vorstellen konnte. Dies war das entscheidende Motiv für die Kirchenreform im Frühjahr und Sommer 1933.[10]

Es scheint, als ob Kapler diese Konsequenzen sehr früh begriffen hat. Der eigentliche Anstoß jedoch, in dieser Richtung unverzüglich aktiv zu werden, kam für ihn zunächst nicht aus der Sache selbst, sondern von der katholischen Kirchenpolitik.

Die Nachricht vom 23. März, daß Hitler der katholischen Seite den Abschluß eines Reichskonkordats angeboten habe, versetzte die oberste evangelische Kirchenbehörde in die lebhafteste Besorgnis. Man befürchtete, daß das offenkundige Bemühen Hitlers um Rom eine grundsätzliche katholische Orientierung seiner Politik bedeuten könne und daß demgegenüber der deutsche Protestantismus an Einfluß und Gewicht verlieren würde. Der evangelischen Seite schien Gefahr im Verzuge und rasches Handeln das Gebot der Stunde.

Kaplers erste Reaktion entsprach dem Grad seiner Beunruhigung. Noch am selben Tag teilte er in einem persönlichen Schreiben dem Reichspräsidenten die Nachricht mit[11] und fügte hinzu, er halte sich »amtlich berechtigt und verpflichtet, schon jetzt sofort auch die besondere fürsorgliche Aufmerksamkeit des Herrn Reichspräsidenten als obersten Hüter des Rechtes und des konfessionellen Friedens für die paritätische Wahrung der evangelisch-kirchlischen Interessen zu erbitten. Was insbesondere«, so fuhr er fort, »den etwaigen Fall eines Reichskonkordats mit der katholischen Kirche anlangt, so darf ich erwähnen, daß auf evangelischer Seite nach der Verfassung des alle deutschen evangelischen Landeskirchen umfassenden D. E. Kirchenbundes in dem DEKA ein legitimiertes Organ zum Abschluß eines entsprechenden Vertrages zwischen dem Reich und dem D. E. Kirchenbund gegeben sein würde ...«[12] Damit war die höchste Autorität des Reiches unmittelbar mit den Sorgen der evangelischen Kirche befaßt. Und Kapler war damit zweifellos an der richtigen Adresse. Denn das Vertrauen des Reichspräsidenten spielte am Anfang nicht nur eine wichtige Rolle in Hitlers Politik; er war und blieb auch in Fragen seiner angestammten Kirche bis zu seinem Tode ansprechbar und empfindlich. So teilte sein Staatssekretär Meißner denn auch umgehend mit, der Reichspräsident habe mit Interesse von dem Schreiben Kenntnis genommen und es als Material dem Reichsminister des Inneren zugeleitet.[13] Damit war auch Frick bereits in den ganzen Vorgang eingeschaltet.

Das wichtige vertrauliche Rundschreiben vom 1. April, mit dem Kapler die obersten Behörden der deutschen Landeskirchen über den Stand der Dinge informierte, ließ erkennen, wie stark der Präsident von den Konkordatsplänen beeindruckt war, und wie entschieden das Kirchenbundesamt daraufhin die Initiative ergriffen hatte. Er habe, so ließ Kapler die Landeskirchen unter anderem wissen, »erhöhte Beachtung ... auch dem Vorgehen der katholischen Kirche zugewendet. Die Erklärung der Fuldaer Bischofskonferenz«, so hieß es weiter, »verschiedene Anzeichen über vermehrte Tätigkeit zu Erhaltung bzw. Vermehrung des Personalstandes bei Reich und Land und zur Verstärkung des katholischen Einflusses lassen den in der programmatischen Erklärung der Reichsregierung erwähnten Ausbau der Beziehungen zum päpstlichen Stuhl in einem besonderen Licht erscheinen.« Kaplers wichtige Schlußfolgerung aus diesen Beobachtungen aber lautete: »Dem offensichtlichen Bestreben, die katholische Kirche im Reich als einen geschlossenen, einheitlichen Machtfaktor einzusetzen, wird notwendigerweise auf evangelischer Seite im Kirchenbund ein gleichwertiges starkes Gegengewicht gegenübergestellt werden müssen.«[14] Kapler sprach es nicht aus, aber jeder Kundige wußte, was mit diesem »gleichwertigen starken Gegengewicht« gemeint war, nämlich ein Schritt in Richtung auf eine evangelische Reichskirche.

Daß der Präsident schon länger mit diesen Gedanken umging, zeigte die Tatsache, daß er bereits im Herbst 1932 den Marburger Staatsrechtler Gustav Adolf Walz um ein Gutachten über die staatskirchenrechtliche Problematik einer evangelischen Reichskirche gebeten hatte. Walz kam darin zu dem Ergebnis, daß »als ›Reichskirche‹ ... eine als reichsunmittelbare Körperschaft des öffentlichen Rechts anerkannte interterritoriale Kirchen föderativer oder unitarischer Struktur« zu bezeichnen sei, für deren »rechtliche Normierung und Beaufsichtigung« nach Art. 132 II der Reichsverfassung »allein das Reich zuständig« sei.[15] Daher war der wichtigste Schritt für Kapler jetzt eine persönliche Information darüber, wie sich die zuständigen Reichsbehörden, der Reichsminister des Inneren und der Reichskanzler, zu diesen Plänen stellen würden. Unter diesen Umständen bekam es ein besonderes Gewicht, wenn der Präsident am 1. April den Landeskirchen weiter mitteilen konnte, daß er nun die Zeit für eine »persönliche Fühlungnahme mit den führenden Männern der Reichsregierung« für gekommen halte und »ein möglichst baldiger Besuch von mir bei dem Reichsminister des Innern und bei dem Reichskanzler vorgesehen und in die Wege geleitet« sei.[16]

Während Kapler dies alles erwog, kam nun auch von evangelisch-kirchlicher Seite ein unmittelbarer Anstoß. Es war wiederum die Föderation der niederdeutschen Kirchen, die als erste Stellung bezog. Ihre Befürchtungen waren freilich sehr viel weniger auf den Katholizismus als auf eine Gefährdung des reinen lutherischen Bekenntnisstandes gerichtet. Auf Betreiben des Hannoverschen Vizepräsidenten Paul Fleisch – eines Mannes, der wie kaum ein anderer sein Leben lang eine exklusiv lutherische Kirchenpolitik verfocht – verurteilte die Föderation am 29. März alle bisherigen Pläne für eine Reichskirche mit dem Argument, ihr stehe »grundsätzlich und entscheidend ... das konfessionelle Moment« entgegen, »weil das Luthertum nicht nur ganz scharf vom Reformiertentum sich unterscheidet…, sondern vor allem *entscheidendes* Gewicht legt auf die pura doctrina und auf ein über die Reinheit der publica doctrina wachendes Kirchenregiment, während eine evangelische Reichskirche mehrere doctrinae anerkennen muß«.[17] Statt dessen sollte ein bekenntnismäßiger Zusammenschluß den deutschen Protestismus der auch hier ersehnten Einheit näherbringen. Zugleich wurden Marahrens und der schleswig-holsteinische Präsident v. Heintze beauftragt, am nächsten Tag nach Berlin zu fahren und Präsident Kapler vorzutragen, »daß man 1) in Norwestdeutschland sich enger zusammenschließen wolle und 2) der Meinung sei, der Kirchenbund braucht eine stoßkräftigere und beweglichere Spitze, als es der jetzte Deutsche Evangelische Kirchenausschuß sei, etwa ein Direktorium von 3–5 Männern«.[18] Der Besuch der beiden Lutheraner fand am 30. März statt und dürfte Kapler vermutlich die Schwierigkeiten seines eigenen Planes erst recht deutlich gemacht haben.

Von seiner Überzeugung, daß der deutsche Protestantismus sich möglichst schnell und möglichst eng zusammenschließen müsse, konnte den Präsidenten dieser Besuch freilich nicht abbringen, um so weniger, als am 31. März 1933 das »vorläufige Gesetz zur Gleichschaltung der Länder mit dem Reich« erschien[19], dessen Zentralismus naturgemäß die Interessen der evangelischen Kirche unmittelbar berührte.

Am 1. April zeigte sich dann, wie weit die entsprechenden Pläne des Präsidenten zu dieser Zeit bereits gediehen waren. Schon an diesem Tag nämlich fand das in jenem Rundschreiben gleichen Datums angekündigte Gespräch mit dem Reichsinnenminister statt.[20] In seinem Bericht über dieses Gespräch, den Kapler am 11. April gab, teilte er den preußischen Generalsuperintendenten mit, er habe »die Bereitschaft der Kirche zur Mitarbeit, jedoch unter Wahrung ihrer Freiheit, zum Ausdruck gebracht, weiterhin das Problem der Reichskirche unter Hinweis auf die im Kirchenbund geschaffenen Ansätze erörtert, die Frage eines Reichskonkordats besprochen und dabei darauf hingewiesen, daß im Kirchenbund ein Organ für den Abschluß eines eventuellen evangelischen Reichskirchenvertrages vorhanden sei«.[21] Dies bedeutete nichts anderes als die Erklärung, daß die evangelische Kirche nicht nur auf den Abschluß eines dem Konkordat vergleichbaren Kirchenvertrages drängte, sondern daß sie auch bereit war, unter dem Eindruck der nationalen Revolution und ihrer Folgen ihre überlieferte landeskirchlich-föderalistische Struktur zu ändern.

Auch eine Besprechung, zu der Kapler am 7. April die Vertreter der großen Landeskirchen – Preußen, Sachsen, Hannover, Württemberg, Bayern, Thüringen und Schleswig-Holstein - nach Berlin eingeladen hatte, diente diesem Ziel. Kapler eröffnete diese Besprechung mit der Frage, »ob nicht bezüglich des Kirchenbundes in der Tat zu prüfen sei, ob die Verfassung den heutigen Anforderungen noch genüge und ob nicht praktische Änderungen notwendig sein würden«. Der Hannoversche Landesbischof Marahrens trug daraufhin der Versammlung die Pläne der niederdeutschen Föderation vor. Die dringend notwendige Zusammenfassung könne nur auf konfessioneller Basis erfolgen. Dies liefe auf »eine Dreigliederung des deutschen Protestantismus in einen unierten, einen lutherischen und einen reformierten Typ« hinaus. »Die Selbständigkeit der Landeskirchen würde dann freilich beseitigt sein, aber es erhebe sich die Frage, ob nicht die Gegenwart besondere Opfer von den Landeskirchen verlange.« Für den Augenblick jedoch müsse vor allem ein Aktionsausschuß gebildet werden, der imstande sei, schnell und entschieden zu handeln. In der durchgängigen Zustimmung zum Plan eines solchen Ausschusses zeichnete sich bereits das Modell jenes Drei-Männer-Kollegiums ab, das schon bald darauf für einige Zeit tatsächlich die Geschicke des deutschen Protestantismus bestimmen sollte.[22]

Angesichts der ungeheuren Verwirrung, die sich im ganzen evangelischen Lager sehr bald auszubreiten begann, wird dies zunächst als die genuin kirchliche Linie festzuhalten sein. Der deutsche Protestantismus war in seinen wichtigsten gewählten und legitimen obersten Vertretern bereit und entschlossen, die evangelische Kirche nach dem Vorbild des neuen Reiches auf der Basis des Kirchenbundes rechtlich und sachlich zu reformieren mit dem Ziel, durch einen engeren Zusammenschluß der Landeskirchen zu einer selbstständigen Reichskirche zu kommen. Im einzelnen sahen die Pläne dazu sehr verschieden aus, aber die Bereitschaft war vorhanden, schon ehe die Deutschen Christen auftraten. Sie wurde duch dieses Auftreten nicht erst geweckt, sondern lediglich verstärkt und beschleunigt. Zu Recht wies Marahrens am 14. April den Vorwurf ausdrücklich zurück, die Kirchen hätten den Deutschen Christen die Initiative überlassen. »In diesem Jahr«, so schrieb er einem besorgten Kritiker, »haben die lutherischen Kirchen Niedersachsens am 29. 3. über die ›Reichskirche‹ gesprochen. Am 30. 3. habe ich im Auftrag derselben mit Präsident Kapler verhandelt. Am 7. 4. ist von mir in einem kleinen Gremium unter Vorsitz D. Kaplers in Berlin über ›Reichskirche‹ und Umbau des DEK-Bundes vorgetragen worden. Sie werden mir rechtgeben, daß jedenfalls die lutherischen Kirchen sich nicht das Handeln durch die ›Deutschen Christen‹ haben diktieren lassen.«[23]

Die Entwicklung aber wurde nun durch ein Ereignis unterbrochen, das gegenüber Kaplers behutsamem Vorgehen das Recht der kirchlichen Revolution proklamierte. Dieses Ereignis warf sehr bald alle Pläne über den Haufen, verwirrte alle Fäden, rief unzählige Aktionen und Gegenaktionen hervor und stürzte schließlich binnen weniger Monate den deutschen Protestantismus in ein fast vollständiges Chaos. Es handelte sich um die 1. Reichstagung der Glaubensbewegung »Deutsche Christen«, die vom 3.–5. April in Berlin stattfand.

Die Deutschen Christen – von deren Entwicklung nun die Rede sein muß – befanden sich nach dem 30. Januar in einer merkwürdigen Lage. Trotz ihrer relativ hohen Stimmengewinne bei den Kirchenwahlen im November 1932[24] konnte keine Rede davon sein, daß sie ernsthaft in der preußischen Kirche Fuß gefaßt hätten, geschweige denn, daß eine funktionierende Reichsorganisation bestand. Wenn der Reichsleiter Hossenfelder und sein Stellvertreter Lörzer zu dieser Zeit ihre Kräfte musterten, so konnten sie sich nur in Berlin und Brandenburg auf eine einigermaßen zuverlässige Anhängerschar stützen. Schon Ostpreußen ging, wie die dort eingeführten wesentlich milderen Richtlinien zeigten, seine eigenen Wege, während man in den anderen preußischen Kirchenprovinzen nach den Kirchenwahlen weithin wieder zur Tagesordnung übergegangen war. Selbständig blieben zum Teil bis in den Mai hinein auch die deutsch-christlichen Gruppen in Baden, Hessen-Nassau und Thüringen, die allesamt unabhängig von den Berliner Aktivitäten entstanden waren und keinerlei Veranlassung sahen, sich nun plötzlich einer »Reichsleitung« zu unterstellen. Wie mühsam der Aufbau einer Organisation in anderen Landeskirchen war, und wie bescheiden die Erfolge zunächst blieben, geht aus den Unterlagen der Glaubensbewegung in Norddeutschland hervor, die als einziger geschlossener deutschchristlicher Aktenbestand aus dieser frühen Zeit erhalten geblieben sind.[25]

Die Organisation für den gesamten norddeutschen Raum begann nach einigem Hin und Her erst am 24. November 1932 mit einem Schreiben von Hossenfelders Adjutanten Rachner an den 45jährigen Hamburger Kaufmann Hans Aselmann, der den Berlinern – obwohl ihnen persönlich ganz unbekannt – offenbar als Vorsitzender des Nordbundes Evangelischer Männer- und Jungmännervereine für diese Aufgabe geeignet erschien. Ganz im großspurigen Stil der Zeit hieß es darin: »Bitte ziehen Sie doch in Schleswig-Holstein die Glaubensbewegung ›Deutsche Christen‹ auf. Ich sende Ihnen mit gleicher Post per Drucksache ein Exemplar ›Die Richtlinien der Deutschen Christen‹ und ein Exemplar unseres Sonntagsblattes ›Evangelium im Dritten Reich‹. Ferner erhalten Sie per Postpaket 1000 Stück Bestellisten für dieses Sonntagsblatt . . .« Als Vertrauensleute und Fachberater der Partei für Kirchenfragen in Schleswig-Holstein nannte das Schreiben zwei Namen: die Pastoren Ernst Szymanowski aus Kaltenkirchen bei Neumünster und Johann Peperkorn aus Viöl bei Husum. Am Schluß des Schreibens hieß es eher beiläufig: »Nehmen Sie gleich die Hansastädte Hamburg, Bremen und Lübeck unter Ihre Fittiche und setzen Sie dort Wahlleiter ein.«[29] Nicht zuletzt wohl unter dem Eindruck des großartigen parteiamtlichen Briefkopfes sagte Aselmann am 28. November Hossenfelder zu, die Aufgabe zu übernehmen, ließ jedoch vorsorglich wissen, er halte es wegen seines kirchlichen Vereinsamtes »zunächst nicht für opportun«, im Zusammenhang mit seinen Bemühungen für die Deutschen Christen »zu stark an die Öffentlichkeit zu treten«.[27]

Aselmann merkte sehr schnell, daß von einer Begeisterung für die deutschchristliche Idee im Norden nicht die Rede sein konnte. Szymanowskis Adresse erwies sich als unergiebig; Peperkorn hatte lediglich ein paar Adressen von möglichen Beziehern des *Evangelium im Dritten Reich* beizusteuern und war im übrigen der Ansicht, daß es mit der Organisation der Deutschen Christen in Schleswig-Holstein keineswegs eile.[28] Dafür meldete sich im Dezember ein weiterer Mitarbeiter, der Pfarrer der Kieler Stadtmission Gustav Rössing.[29] Anfang Januar gelang es Aselmann, die zögernde Hamburger Gauleitung zu gewinnen und ihr den selbstbewußten und ehrgeizigen Pastor Franz Tügel, Gauredner der Partei seit 1932 und später Hamburgs Landesbischof, als Kirchenberater zu empfehlen.[30] Trotzdem bestand am 30. Januar 1933 die ganze deutschchristliche Bewegung in Norddeutschland noch immer im wesentlichen allein aus Hans Aselmann. Das hinderte Hossenfelder nicht, im Rundschreiben Nr. 15 vom gleichen Tag für alle Landeskirchen und preußischen Kirchenprovinzen die Einrichtung von 14 Fachreferaten zu fordern und zugleich die neue Ordnung der Glaubensbewegung bekanntzugeben, die sich in Zukunft in Reichs-Leitung, Landes-Inspektion, Provinzial-Leitung, Gauleitung, Kreis-Leitung und Gemeindegruppe gliedern sollte.[31]

Auch nach dem 30. Januar machte die Organisation der Deutschen Christen im Norden trotz Hossenfelders großartigen Plänen nur sehr langsame Fortschritte. Ende März bestand der Kern der Bewegung in Schleswig-Holstein bestenfalls aus 30 bis 40 Leuten; darunter befanden sich allerdings bereits zwei Mitglieder der Kirchenleitung, die Konstitorialräte Christiansen und Dr. Kinder. Beide waren als Referenten für die erste Zusammenkunft der Deutschen

Christen vorgesehen, die am 31. März in Neumünster stattfand.[32] Zur gleichen Zeit – Ende März – begann Tügel in Hamburg als »von der Reichsleitung der N.S.D.A.P.« bestimmter »Gau-Obmann für die Vorbereitung der Kirchenwahlen« seine Angriffe auf die nationale Unzuverlässigkeit der Kirchenleitung.[33] In Bremen sollte schon seit Dezember ein Pastor Paul Thyssen für die Glaubensbewegung tätig sein.[34] Zu hören war jedoch von dort nichts. Aus Lübeck berichtete der Bundeswart des CVJM, Albert Meyer, am 25. März in einem charakteristischen Schreiben, daß dort nur *ein* Pfarrer der NSDAP angehöre, der jedoch dem CVJM »leider ablehnend« gegenüberstehe. Wie unbekannt die Glaubensbewegung zu dieser Zeit noch war, zeigte Meyers Mitteilung, daß er mit ihr »leider noch nicht in Berührung gekommen sei«, obwohl, wie er hinzufügte, »ich es so gern möchte«.[35] Unmittelbar vor Beginn ihrer ersten Reichstagung existierte also eine ernstzunehmende Organisation der Deutschen Christen außerhalb von Berlin und Brandenburg entweder überhaupt noch nicht; oder sie bestand aus einzelnen oder kleinen Gruppen, die für die Landeskirchen noch so gut wie keine Rolle spielten. Einige Ausnahmen änderten an diesem Bild grundsätzlich nichts.

Diese Beobachtung deckt sich mit den Ergebnissen einer Anfrage, die das Kirchenbundesamt am 20. März an die Landeskirchen richtete. Es ging um die Einrichtung einer allgemeinen Wahlstatistik für die Kirchenwahlen, die insbesondere auch über die politischen Gruppierungen Auskunft geben sollte. Die meisten Landeskirchen erklärten sich dazu bereit; genauere Angaben waren zu dieser Zeit jedoch nur in Baden, Thüringen und Preußen zu ermitteln. Die übrigen Landeskirchen – auch Bayern, Württemberg und Hannover – antworteten im Sinne des Schaumburg-Lippeschen Landeskirchenamtes, das in schönstem Kanzleistil Berlin am 22. März wissen ließ: »Auf das gefällige Schreiben vom 20. d. Mts ... betr. Gruppenbildung der Abgeordneten erwidern wir ergebenst, daß wir derartige Erscheinungen hierselbst noch nicht beobachtet haben. In Zukunft werden wir darauf achten und das Kirchenstatistische Amt mit Mitteilungen versehen.«[36]

Aber nicht nur im organisatorischen Aufbau war die Glaubensbewegung bis Ende März noch kaum weitergekommen; auch ihr öffentliches Auftreten erschöpfte sich weithin in bloßer, der Partei nachgeahmter Geschäftigkeit. Es zeigte sich, daß ohne ein konkretes politisches Ziel, wie es die Kirchenwahlen dargestellt hatten, die vielbeschworene deutsch-christliche Mobilisierung der Gemeinden weithin auf dem Niveau kleinbürgerlicher Vereinsabende stattfand. Dabei spielte der Reichskulturwart der Bewegung, ein gewisser Alfred

Bierschwale, eine wichtige Rolle. Als eifriger Organisator und Redner wußte sich diese zwielichtige Figur unentbehrlich zu machen, bis sie im Oktober – offenbar wegen krimineller Verfehlungen – von der Bildfläche verschwand.[37] Die Kulturabende, die Bierschwale in Berlin organisierte, waren typisch für den Geist der ganzen Berliner Gruppe, die – im Gegensatz etwa zu den Thüringern – nicht einmal über Ansätze eines eigenen religiösen Bewußtseins verfügte. So gehörten zum ständigen Repertoire dieser Abende neben ein oder zwei Reden über den Kampf der Deutschen Christen, den heldischen Luther und Hitlers Sendung, der Choral »Ein feste Burg . . .«, Märsche, Opernklänge und Operettenlieder.[38] Daneben lief die sogenannten Schulungsarbeit, die freilich etwa in der zweiten Februarwoche nur in kaum zwanzig der weit über 400 Berliner Gemeinden stattfand.[39] Um so freudiger begrüßte man daher nach dem 30. Januar alle Möglichkeiten, die die nationale Revolution bot, um mit Gottesdiensten und Feiern an die Öffentlichkeit zu treten. Ein überfüllter Dankgottesdienst am 3. Februar in der Marienkirche, die Trauerfeier am 5. Februar im Berliner Dom[40] oder der Festgottesdienst zur Eröffnungssitzung des preußischen Landtags am 22. März sahen jeweils Hossenfelder als Prediger. Von diesem Festgottesdienst gab Goebbels' Parteiorgan *Der Angriff* eine anschauliche Schilderung. Nachdem sich die nationalsozialistische Landtagsfraktion im Landtag versammelt hatte, wurde, wie es hieß, »unter Anführung des Fraktionsführers, Pg. Kube, . . . der Abmarsch angetreten. In einer langen braunen Schlange marschierte der Zug . . . hin zur Christus-Kirche.« Von Hossenfelders Predigt über das Wort vom guten Hirten (Joh. 10,12) berichtete das Blatt: »Christentum ist eine Sache des Kampfes . . . Führer der Kirche, die mit dem Marxismus verhandeln oder sich vor ihm ducken, geben die Seele des deutschen Volkes der Gottlosigkeit preis. Solche Führer sind keine Hirten, sondern Mietlinge . . . Jesus . . . ist der Führer der erlösten Menschen zu Gott . . . Nach Zeiten der Knechtschaft, nach Zeiten, in denen Mietlinge regierten, hat er uns noch immer Männer geschenkt, die er zu Führern berief . . . Wir danken Gott, daß er uns wieder einen Führer geschenkt hat.« Nach dem Gottesdient nahm, wie *Der Angriff* abschließend berichtet, Kube »den Vorbeimarsch der Fraktion« ab.[41]

Organisationsbetrieb, Festgottesdienste, Kulturabende und Schulungsvorträge und nicht zuletzt die Werbung für die Partei, das waren die Dinge, die die Reichsleitung im Februar und März in Atem hielten. Daneben betätigte sich der eine oder andere auch als Denunziant, wie Karl Eckert, der Pfarrer, Abgeordnete und Kirchenfachberater Kubes, der am 16. März dem preußischen Innenministerium schrieb, daß die Bürgermeister von Arnswalde und Neuwedell politisch höchst unzuverlässig seien und auch der Landrat »beim Abbau nicht vergessen werden« dürfe.[42]

Angesichts dieser Schwäche, die durch die Betriebsamkeit kaum verdeckt wurde, war es ganz begreiflich, daß die Reichsleitung der Glaubensbewegung, als sie sich am 6. Februar zu ihrem ersten Treffen nach der Machtergreifung versammelte, ihre Zukunft vor allem in einer noch engeren Anlehnung an die Partei sah. Man beschloß, sich noch am gleichen Tag an Dr. Robert Ley, den Nachfolger Strassers als Reichsorganisationsleiter, zu wenden und ihn zu bitten, Hossenfelder ein Reichstagsmandat zu verschaffen. Als nächste Aufgabe Hossenfelders und der Deutschen Christen wurden folgende Punkte genannt: »1. Ausbau der Bewegung, vor allem in Bayern, wie überhaupt in Süddeutschland durch persönliche Vorträge, Amtswaltertagungen, Fühlungnahme mit der NSDAP und deren Gauleitern ... 2. Beseitigung von Hemmungen, wie sie durch Eigenbröteleien ... gerade in evangelischen Kreisen, die ja in sich schon organisatorisch in 27 Kirchen gespalten sind, vorkommen. 3. Festigung der Stellung der Glaubensbewegung Deutscher Christen gegenüber den Kirchenbehörden ... durch seine (Hossenfelders) Legitimierung nach Außen, seitens der NSDAP.« Als Ziel nannte das Schreiben, »die evangelische Kirche durch die Glaubensbewegung ganz und gar dem Nationalsozialismus« zu erobern. Dr. Krummacher, Landrat in Gummersbach, Landesleiter der Glaubensbewegung im Rheinland und Duzfreund Leys, der diesen Brief schrieb, fügte persönlich hinzu, die Sache sei wirklich dringend, Hossenfelder habe »den rechten Luthergeist und Kämpfergeist« und Kube schätze ihn sehr, »während Goebbels anscheinend dafür kein Verständnis« aufbringe.[43]

Schon am 10. Februar fand daraufhin ein Gespräch Hossenfelders mit Dr. Ley statt, wobei dieser den Plan der Deutschen Christen zu unterstützen versprach.[44] Die ganze Sache war nun freilich der Partei doch nicht wichtig genug, um mit einem Reichstagsmandat für Hossenfelder wirklich ernst zu machen. So verlief die ganze Aktion offenbar sehr schnell im Sande. Die Enttäuschung bei den Deutschen Christen über diese Zurücksetzung ihres Reichsleiters war zweifellos beträchtlich. Um so nachdrücklicher betrieb man daher die Vorbereitungen für das erste große öffentliche Auftreten der Glaubensbewegung, das endlich die ersehnte Aufmerksamkeit und Anerkennung von seiten der Partei wie von seiten der Kirche bringen sollte.

Die 1. Reichstagung war ursprünglich für den 19.–22. Februar geplant und sollte vor allem Fragen der Organisation und Propaganda behandeln.[45] Am

8. Februar jedoch teilte Hossenfelder mit, daß die Tagung wegen des bevorstehenden Reichstagswahlkampfes, der alle Kräfte der Glaubensbewegung völlig in Anspruch nehmen werde, auf die erste Aprilwoche verlegt sei. Die Anordnung schloß mit einem Satz, der für Hossenfelders kriegerische Vorstellungen vom Auftrag der Deutschen Christen typisch war und typisch blieb: »Nun mit Gott in den bevorstehenden politischen Wahlkampf, bei dem es heißt: ›Deutsche Christen an die Front!‹«[46]

Das neue und endgültige Programm für den 3. und 4. April erschien am 26. März im *Evangelium im Dritten Reich*. Es verriet deutlich das Bemühen, mit einem scheinbar breiten Rückhalt der Glaubensbewegung bei der Partei zu imponieren und sich zugleich mit kirchlich-theologischen Themen als ernsthafte Bewegung gegenüber der Kirche auszuweisen. So wurde ein sogenannter Ehrenausschuß für die Tagung ins Leben gerufen, dem unter anderen die Reichsminister Frick und Göring, der Berliner SA-Führer Graf Helldorff, der Leiter des Kampfbundes für Deutsche Kultur Hans Hinkel, der preußische Landtagspräsident Hanns Kerrl und natürlich auch der Gauleiter und nationalsozialistische Fraktionsvorsitzende im Landtag, Wilhelm Kube, angehörten. Dieser war, wie sich bald herausstellte, der einzige, der sich für die Veranstaltung wirklich interessierte und auch persönlich erschien. Die kirchliche Resonanz blieb trotz dieses Aufgebots höchst bescheiden. Unter den Teilnehmern zählte die *Tägliche Rundschau* nur 17 Pfarrer aus Berlin und 18 aus dem Reich. »Von insgesamt 16 000 Pfarrern«, stellte das Blatt zu Recht fest, »ist das nicht viel.«[47] So war es tatsächlich nahezu allein Kubes Vorbereitung und Auftreten zu verdanken, wenn die 1. Reichstagung zu jenem Paukenschlag wurde, der die ganze kirchliche Szenerie jäh veränderte.

Der märkische Gauleiter hatte sich nach seinen kräftigen Anstößen im Winter 1931/32, die schließlich im Sommer 1932 zur Gründung der Glaubensbewegung führten, zunächst anderen Fragen zugewandt und den weiteren Ausbau Hossenfelder überlassen.[48] Erst im Januar 1933 meldete er sich in einem Artikel im *Evangelium im Dritten Reich* wieder zu Wort und behauptete, seit er, Kube, die Bewegung nicht mehr leite, werde gegen Pfarrer Hossenfelder »ein ganz unerhörtes Kesseltreiben veranstaltet«. Adresse seiner daran angeschlossenen unmißverständlichen Drohungen waren natürlich vor allem wieder die reaktionären Generalsuperintendenten, besonders einige »Berliner Herren«.[49] Stand hinter diesem Artikel noch im Januar nicht mehr als der bekannte Haß eines – freilich einflußreichen – Parteifunktionärs, so hatte sich die Lage acht Wochen später grundlegend verändert. Inzwischen war Kube

Oberpräsident und damit der höchste Beamte der Provinz Brandenburg geworden. Wenn er nun sprach, mußte sein Wort immer auch als Stimme der preußischen Regierung gelten. Dies gab seinem Auftreten für die Kirche ein völlig anderes Gewicht. Sei es nun, daß Kube von Kaplers Plänen gehört hatte und befürchtete, die Glaubensbewegung würde die Initiative verlieren, sei es, daß er einfach Zeit und Gelegenheit für günstig hielt, es den preußischen Kirchenbehörden jetzt endlich heimzuzahlen: Jedenfalls beschloß er, der Reichstagung jenen politischen Effekt zu geben, den die Deutschen Christen aus eigenen Kräften niemals erreicht hätten. Erwünschte Gelegenheit zum Kampf bot ihm das vertrauliche Rundschreiben, das Dibelius am 8. März an alle Pfarrer der Kurmark versandt hatte.[50] Unter der Überschrift »Das wahre Gesicht des Generalsuperintendenten Dr. Dibelius« bezeichnete Kubes Parteiblatt, der *Märkische Adler*, am 2. April dieses Rundschreiben als eine »unerhörte Schmähschrift gegen die Nationalsozialisten« und druckte es mit entsprechenden Hervorhebungen im vollen Wortlaut ab. »Der offenherzige geistliche Hüter des evangelischen Preußen«, so kommentierte das Blatt, »schreibt darüber: ›Vertraulich! Nr. 1, 1933‹. Wahrscheinlich hat dieser loyale Seelenhüter noch weitere Stilübungen derselben Art vor.«[51]

Trotz dieser Vorbereitung wirkte Kubes kurze Begrüßungsrede auf der großen öffentlichen Kundgebung am Nachmittag des 3. April als eine Sensation. Entscheidend zu dieser Wirkung trug die Tatsache bei, daß die ganze Veranstaltung vom Rundfunk übertragen und damit öffentlich gemacht wurde. Nach dem Bericht der Telegraphen-Union, der einzigen Quelle, die wir darüber besitzen, erklärte Kube zunächst, daß er weniger in seiner Eigenschaft als Oberpräsident, sondern vielmehr in seiner Aufgabe als Führer der stärksten Fraktion im preußischen Landtag hier spreche. Und dann folgten die entscheidenden Sätze: »Sie dürfen«, so versicherte er den versammelten Deutschen Christen, »die Gewißheit entgegennehmen, daß die Preußische Landtagsfraktion der NSDAP rücksichtslos mit allen ihr zu Gebote stehenden Mitteln des Etatrechts und der durch den Kirchenvertrag uns gegebenen Personalpolitik der Umstellung in unserem Volke auf dem Gebiet der Kirchenpolitik Rechnung tragen wird.« Das waren natürlich genau die Töne, die die Deutschen Christen hören wollten, und so registrierte der Bericht hier »Stürmischen Beifall«. »Darum weise ich«, fuhr Kube fort, »an dieser Stelle den unerhörten Angriff des Generalsuperintenden der Kurmark Dr. Dibelius gegen unsere Bewegung zurück. (Starker Beifall) Sie, meine Freunde, werden die 211 Mann der Preußenfraktion als ihren Schutz und als ihre Vorkämpfer sehen bei dem Bestreben, die deutsche Revolution im Sinne Martin Luthers auch im 20. Jahrhundert voranzutragen. (Stürmischer Beifall.)«[52]

Wenn man diese Sätze ernst nahm – und es gab keine Veranlassung, dies nicht zu tun –, konnten sie nichts anders bedeuten, als daß in Preußen die Partei die Sache der Deutschen Christen nun zu der ihren machte, und damit zugleich die deutschchristlichen Ziele zu einer staatlich-politischen Aufgabe erklärt wurden. Und genau so wurde Kube nicht nur in den zahlreichen Presseberichten, sondern vor allem auch in der Kirchenleitung verstanden. Damit aber war die Absicht des Oberkirchenrats, von der Reichstagung möglichst wenig Aufhebens zu machen, gescheitert. Mit freundlich-wohlwollender Neutralität, wie sie Kaplers Absagen auf die offizielle Einladung noch verrieten, war nicht mehr weiterzukommen.[53]

Kubes Rede aber gab nun auch den kirchenpolitischen Referaten des nächsten Tages, die sonst in der preußischen Kirche kaum besonderes Aufsehen erregt hätten, ein außerordentliches Gewicht. Man mußte ja damit rechnen, daß es sich nicht mehr nur um die bekannten Äußerungen einer rechtsextremen Minderheit handelte, sondern daß diese Vorstellungen schon morgen mit staatlicher Hilfe der Kirche aufgenötigt werden würden.

Als wichtigste unter den zwölf Arbeitsgruppen, die sich im übrigen mit Theologie, Kultur, Frauenfragen, Religionsunterricht, Sozialfragen, Agende und Gesangbuch, Mission, Personalfragen und Nationalen Fragen beschäftigten, erwies sich die Gruppe mit dem Thema »Kirchenrecht«. Hier referierte der junge Berliner Rechtsanwalt Dr. Friedrich Werner über »Die Rechtsgrundlagen der kommenden Reichskirche«. Werner, einer der wenigen aus diesen ersten stürmischen Tagen, der es verstand, sich bis zum Zusammenbruch 1945 an der Spitze zu halten, entwarf das Bild einer kommenden Reichskirche, die »erst an den Grenzen des Reiches Halt machen und alle evangelischen Christen umspannen wird, in einem Reich, dessen Grenzen einst von Riga bis Straßburg und von der Nordsee bis an die Ostgrenzen unseres österreichischen Brudervolkes gehen sollten«. Der nationalsozialistische Staat, so Werner, könne und wolle nicht auf die Arbeit der Kirche verzichten. Er verlange die Gleichschaltung von Staat und Kirche, denn erst sie könne die »unerhörte Kraftsteigerung hervorbringen, deren die Nation zur Erreichung ihrer Ziele bedarf«.[54]

Was Werners Referat an konkreten politischen Vorstellungen zur Erreichung dieses Zieles vermissen ließ, das wurde in der Aussprache nachgetragen. Da die bestehende Kirche nicht von sich aus zu einer solchen Reform fähig sei, müsse man durch die Einsetzung von Staatskommissaren nachhelfen. Eine neue verfassunggebende Kirchenversammlung sei notwendig, die man entweder nach Aufhebung des preußischen Staatsgrundgesetzes von 1924 berufen oder auch einfach durch Gleichschaltung mit dem Preußischen Landtag bilden könne. Bis zur Neuordnung solle der Staat sämtliche Zuschüsse an die Kirche sperren.[55] Bedenken, es sei bei all dem zu wenig von Theologie und Dogmatik die Rede, wurden mit dem Hinweis auf die Forderungen einer »revolutionären Zeit« beiseite geschoben. »Man stehe«, so hieß es, »vor einer ganz großen neuen Kirchenbildung. Revolution sei Leben, nicht Theoretisierung des Lebens.«[56]

Es war deutlich, daß die Berliner Gruppe, die diese 1. Reichstagung trug, ihre Impulse und Gedanken inzwischen fast allein von der nationalen Revolution empfing. Berauscht von der Begeisterung dieser Wochen und fasziniert von Hitlers Erfolgen fühlte sich hier jeder einzelne als kleiner Führer, der es dem großen Führer an Kühnheit, Schnelligkeit und Bedenkenlosigkeit gleichzutun versuchte. Charakteristisch für diese Tendenz war auch die Arbeitsgruppe »Personalfragen«, in der der Berliner Pfarrer Siegfried Nobiling über »Kirchliches Führertum« referierte. Die »sinngemäße Eingliederung der empirischen Kirche in den Volksstaat der nationalen Revolution«, die Nobiling forderte, bedeutete nach seiner Überzeugung auch die Einführung des sogenannten Führerprinzips. Kirchlicher Führer aber könne nur sein, »wer den Ruf des Herrn der Kirche aus seinem Volke heraus zum Führertum in sich verspürt«. Die völkische Konsequenz dieser Feststellung aber lag auf der Hand und wurde von Nobiling auch gezogen: »Ein kirchliches Ehrenamt kann nur bekleiden, wer kein artfremdes Blut in sich hat ... Zum Pfarramt ist nur zugelassen, wer rein deutschen Blutes ist.«[57] Damit war – nur wenige Tage nach dem großen Boykott und noch vor dem Erscheinen des Berufsbeamtengesetzes – die Forderung eines Arierparagraphen auch für die Kirche ausgesprochen. Völkische Idee, arisches Blut, Führertum und Reichsgedanke bildeten im Denken dieser Berliner Gruppe eine Einheit. Sie in kirchliche Macht umzusetzen war nun das Ziel.

Auf der Schlußsitzung am Dienstagabend wurde dieses Ziel von Hossenfelder in einer Entschließung folgendermaßen formuliert: »Der Gläubige hat einem Staate gegenüber, der die Mächte der Finsternis fördert, das Recht der Revolution. Dieses Recht hat er auch einer Kirchenbehörde gegenüber, die die nationale Erhebung nicht vorbehaltlos anerkennt. Die Kirche ist für einen

Deutschen Christen die Gemeinschaft von Gläubigen, die zum Kampf für ein christliches Deutschland verpflichtet ist. Das Ziel der Glaubensbewegung ›Deutsche Christen‹ ist eine evangelische deutsche Reichskirche. Der Staat Adolf Hitlers ruft nach der Kirche, die Kirche hat den Ruf zu hören.«[58]

Diese Sätze stellten nichts anderes dar als die Konsequenzen einer radikalisierten politischen Theologie. Nach dem Grundbekenntnis der lutherischen Kirchen, der Augsburger Konfession von 1530, ist die Kirche »die Versammlung aller Gläubigen, bei welchen das Evangelium rein gepredigt und die heiligen Sakramente laut dem Evangelium gereicht werden«.[59] Wenn nun hier die Kirche als »Gemeinschaft von Gläubigen« verstanden wurde, »die zum Kampf für ein christliches Deutschland verpflichtet ist«, so wurde der Grundsatz politischer Theologie unmittelbar greifbar. An die Stelle von Wort und Sakrament trat der politische Auftrag, der im Sinne der Deutschen Christen nicht Wort und Sakrament verdrängen, sondern vielmehr deren zeitgemäßes, aktualisiertes Verständnis darstellen sollte.

Die Reaktion der preußischen Kirchenleitung auf diese unmißverständliche Herausforderung erfolgte schnell und entschieden. Sie knüpfte freilich nicht dort an, wo der eigentliche Schaden lag, nämlich bei der Theologie. Diesen Schaden zu bemerken und auszusprechen brauchte die evangelische Kirche noch mehr als ein Jahr. Erst auf der Barmer Synode im Mai 1934 kam sie in diesem Punkt zur Klarheit. Im April 1933 dagegen konzentrierte sich die ganze Aufmerksamkeit der Kirchenleitungen allein auf die Bewahrung ihrer rechtlichen Selbstständigkeit.

Der offizielle Protest des preußischen Oberkirchenrats vom 5. April beschränkte sich daher ganz auf Kubes Rede. Der Oberpräsident von Berlin und Brandenburg habe »in nachdrücklicher Form eine Einwirkung der Preußischen Landtagsfraktion der NSDAP auf die Kirchenpolitik angekündigt« und den »Eindruck eines beabsichtigten staatlichen Eingriffs in die kirchliche Sphäre« erweckt. Diese Absicht aber, so lautet der Kern des Protests, sei »unvereinbar mit der von dem Herrn Reichskanzler in entscheidungsvoller Stunde vor versammeltem Reichstag abgegebenen Erklärung der Reichsregierung« über die Unantastbarkeit der kirchlichen Rechte. Nur eine von der Staatsgewalt freie und unabhängige Kirche könne den Dienst am Volk leisten, zu dem sie »freudig bereit« sei. Deshalb lege der Oberkirchenrat gegen Kubes Erklärung »nachdrücklichste Verwahrung« ein. Zugleich nannte das Schreiben Kubes Ausfälle gegen Dibelius einen »völlig ungewöhnlichen öffentlichen Angriff eines hohen preußischen Staatsbeamten auf einen hohen Würdenträger unserer Kirche«, den der Inhalt des Rundschreibens vom 8. März »in keiner Hinsicht zu entschuldigen vermöchte«.[60] Dieses Schreiben ging an den preußischen Kultusminister, an Papen als Reichskommissar für Preußen, an die Reichsregierung zu Händen des Reichskanzlers sowie an alle kirchlichen Oberbehörden in Preußen.

Erinnert man sich an Kaplers kirchenpolitische Pläne, so treten mit den Thesen der Reichstagung und diesem kirchlichen Protest die Grundpositionen der kommenden Auseinandersetzungen deutlich heraus. Es ging auf beiden Seiten, bei den Kirchenbehörden wie bei den Deutschen Christen, um Kirchenreform und Reichskirche im Dritten Reich. Hier bestand eine gemeinsame Basis, auf der man sich noch lange Zeit treffen und miteinander verhandeln konnte. Umstritten dagegen war die Frage der Selbständigkeit und Unabhängigkeit. Im Sinne der Kirchenleitungen sollte die künfigte Reichskirche politisch und rechtlich unabhängig sein. Die Deutschen Christen dagegen forderten die enge rechtliche und sachliche Zuordnung von Staat und Kirche. Dies war der Kern des Konflikts, der sich mit wechselnden Fronten bis in den Sommer hinzog.

Die ersten unmittelbaren Folgen der Reichstagung zeigten sich am 8. April. Für diesen Tag war das erste Zusammentreffen zwischen Kapler und Hitler geplant, dem die Kirchenleitung unter diesen Umständen das größte Gewicht beimessen mußte. Als jedoch der Präsident an diesem 8. April die Reichskanzlei betrat, erwartete ihn dort eine unvermutete Enttäuschung. Hitler sagte den Empfang ab und ließ sich durch den Staatssekretär in der Reichskanzlei, Lammers, vertreten. Der Grund für diese Brüskierung Kaplers läßt sich aus Lammers' Aktenvermerken rekonstruieren. Inzwischen nämlich war in der Reichskanzlei Kaplers Protestschreiben gegen Kube vom 5. April eingegangen. Unter dem 7. April trug Lammers auf diesem Schreiben ein: »1) Der Herr Reichskanzler hat Kenntnis. 2) Zum morgigen Empfang von D. Kapler wv. (wiedervorzulegen).« Am 8. 4. aber folgten dann für den zuständigen Referenten neue Anweisungen. »1) Der Empfang des Herrn Präsidenten D. Kapler beim Herrn Reichskanzler mußte ausfallen. Herr Kapler wurde von mir empfangen. 2) Empfang des Herrn Präsidenten D. Kapler beim Herrn Reichskanzler für den 25. April 12 Uhr mittags vormerken. Das Büro des Herrn Kapler verständigen, aber erst Ende der Woche nach Ostern.«[61] Es ist nicht schwer, aus diesen Vermerken zu schließen, daß Hitler, durch den deutschchristlichen Vorstoß und den kirchlichen Protest unsicher geworden, Zeit suchte, um seine eigene Entscheidung in dieser Angelegenheit vorzubereiten. Der Mann, den er dafür zur Beratung heranzog, und mit dem er sich dann am Ostermontag zu einer ausführlichen Besprechung traf, war der Königsberger Wehrkreispfarrer Ludwig Müller.

Mit Hitlers vorläufiger Absage schienen die Dinge auch für Kaper ihre unmittelbare Eilbedürftigkeit zunächst etwas verloren zu haben. Jedenfalls schlug er bald darauf den Teilnehmern der Besprechung vom 7. April vor, die bereits beschlossene sofortige Bildung eines Aktionsausschusses zu vertagen. Nachdem inzwischen eine außerordentliche Sitzung des Kirchenausschusses für den 25. April einberufen sei, glaube er, »die endgültige Wahl eines Aktionsausschusses dieser Vollversammlung vorbehalten zu sollen«.[62]

Die Erwartung einer ruhigeren Entwicklung, von der Kapler hier offensichtlich ausging, erwies sich freilich schon am folgenden Tag als trügerisch. An diesem Tag nämlich – es war der Gründonnerstag, der 13. April – erschien überraschend ein Aufruf, der der Frage eine weitere, ganz neue Dimension gab.

Das Problem, das Kapler sah und auf das er seine ganze Aufmerksamkeit konzentrierte, lag im Verhältnis von Reichskirche und Staat. An der kirchlichen Lösung dieses Problems entschied sich nach seiner Überzeugung die Zukunft der evangelischen Kirche im Dritten Reich. Das Problem dagegen, das jener Aufruf in den Mittelpunkt rückte, sah ganz anders aus. Es war das Problem des Verhältnisses von Reichskirche und Bekenntnis. Und nach Meinung der Träger dieses Aufrufes war es vielmehr dieses Problem, von dessen Klärung die Zukunft der Kirche abhing.[63]

Die Proklamation der Bekenntnisfrage in diesem Augenblick war eine unmittelbare und zwangsläufige Reaktion auf die Reichskirchenpläne der Deutschen Christen. Denn die Bildung einer Reichskirche warf in der Tat – wie sich schon bei der niederdeutschen Föderation gezeigt hatte – nicht nur die Frage nach dem Verhältnis dieser Kirche zum Staat auf, sondern sie mußte auch innerkirchlich das alte Problem der Konfession neu in Bewegung bringen. Die 1. Reichstagung hatte erkennen lassen, daß die Frage lutherisch, reformiert und uniert für die Deutschen Christen kaum eine Rolle spielte, sondern daß nach ihrer Meinung – jedenfalls soweit es die Kube-Hossenfeldersche Richtung betraf – alle Bekenntnisse in der evangelischen Reichskirche aufgehen sollten. Um so kräftiger mußte die Reaktion der Lutheraner ausfallen, für deren Verständnis evangelische Kirche nur als lutherische Kirche mit lutherischen Bekenntnis denkbar war. Dies wiederum mußte Reformierte und Unierte auf den Plan rufen, die ihre eigenen Traditionen und

Überzeugungen gegen die lutherischen Ansprüche verteidigten. Damit aber entstand eine neue Front, die quer durch die Lager der Deutschen Christen und der Kirchenleitungen verlief und die ohnehin große Verwirrung noch beträchtlich vermehrte. Im weiteren Verlauf sollte dieser Vorstoß ganz verschiedene und ungemein weitreichende Folgen haben. Er führte einerseits im Anschluß an die niederdeutschen Aktivitäten zur Bildung eines lutherischen Blocks, der Hitlers Reichsbischof zum Sieg verhalf, brachte andererseits aber auch die ganze Bekenntnisfrage in Bewegung, die dann über eine Reihe von Zwischenstufen unmittelbar zur Barmer Synode und damit zur Bekennenden Kirche führte.

Der Verfasser des »Aufrufs an alle Lutheraner« war der damals schon 73jährige ehemalige westfälische Generalsuperintendent Wilhelm Zoellner. Zoellner, ein in kirchlichen Kreisen hochangesehener Mann, gehörte zu jenen preußischen Lutheranern, die in der Altpreußischen Union mehr eine politisch-administrative Schöpfung des 19. Jahrhunderts als eine Kirche sahen. Nach seinen lutherischen Verständnis konnte sich eine Kirche nur auf ein Bekenntnis gründen. Dies bedeutete für die Union, daß die drei in ihr vertretenen Konfessionen – Lutheraner, Reformierte und Unierte – sich jeweils um ihre eigenen Bekenntnisse zusammenschließen sollten, wobei die Unierten dieses ihr Bekenntnis erst noch zu entwickeln hatten.[64]

Im Aufruf selbst war dieser Grundgedanke freilich nur in Ansätzen zu erkennen. Erschreckt durch die 1. Reichstagung, deren politische Gefährlichkeit ihm erst bei einem Besuch in Berlin am Anfang der Karwoche klargeworden war, hatte Zoellner keinen Moment mehr zögern zu dürfen geglaubt, um den deutschchristlichen Ansprüchen entgegenzutreten.[65] So trug der Aufruf alle Spuren eines hastigen Entwurfs. Im Kern ging es dabei um zwei Forderungen. Die erste betraf die neue Gestaltung der Kirchenverfassung, die »Bischöfe an der Spitze« brauche »und keine Kirchenparlamente«. Damit betrieb Zoellner nicht etwa die Einführung des Führerprinzips im deutschchristlichen Sinne. Es handelte sich vielmehr um die Aktualisierung des lutherischen Amtsbegriffs, der Kirchenleitung nur im verantwortlichen Amt des einzelnen, nicht in Mehrheitsentscheidungen von Synoden sehen konnte. »Ich rede«, so hatte Zoellner schon 1931 erklärt, »einer Zusammenfassung des Amtes zu persönlichen Spitzen das Wort. Ich möchte diese Zusammenfassung durchgeführt sehen über die Sprengel hinaus . . . zu einer Spitze für dies Amt des Wortes in der ganzen Kirche.« Erst dadurch wurde nach Zoellners Überzeugung nicht mehr nur Verwaltung, sondern wirkliche geistliche Leitung der Kirche möglich.[66] Die zweite Forderung betraf die Grundlagen der neuen Kirche. Im Gegensatz zum Begriff der Reichskirche, in dem Zoellner zu Recht eine Gleichgültigkeit gegenüber der Bekenntnisfrage vermutete, forderte er »die Bildung einer evangelischen Kirche deutscher Nation auf klarer Bekenntnisgrundlage«. Dies hieß nichts anderes, als daß die neue Kirche zwar die alten landeskirchlichen Grenzen aufheben dürfe, daß sie statt dessen aber die bekenntnismäßige Gliederung des deutschen Protestantismus neu zur Geltung zu bringen habe.

Der Aufruf beließ es nicht bei einer bloßen Proklamation. Vielmehr bat Zoellner die kirchliche Öffentlichkeit um Mitarbeit und kündigte an, daß er in Kürze »durch Berufung einer Reihe führender Männer« einen Kreis schaffen werde, »der an die sachliche Arbeit geht«.[67]

Die Resonanz auf diesen Aufruf war ganz ungewöhnlich. »Ich habe nun damit einen Stein ins Wasser geworfen, der merkwürdig viel Wellen schlägt«, schrieb Zoellner schon am 15. April an seinen Freund Wilhelm Laible, den Herausgeber der *Allgemeinen Evangelisch-Lutherischen Kirchenzeitung*.[68] Aber gerade in dieser vielfältigen Resonanz zeigte sich nun auch, wie kompliziert die ganze Kirchenfrage lag. Der Aufruf war, das bewiesen Zoellners Äußerungen ebenso wie sein späteres Verhalten, zweifellos als eine Unterstützung der preußischen Kirchenleitung – und insbesondere Kaplers – gegen die Zumutungen der Deutschen Christen gedacht.[69] Zugleich aber brachte er die preußische Kirche in unmittelbare Gefahr. Denn wenn sich tatsächlich das Luthertum quer durch Deutschland zu einer eigenen Bekenntniskirche zusammenschloß, so war damit das Ende der preußischen Unionskirche gekommen. Zwar bestritt Zoellner immer wieder, daß er eine Sprengung der Union beabsichtige. Aber er konnte nicht verhindern, daß gerade viele der jüngeren Pfarrer, die der preußischen Kirchenbürokratie seit langem überdrüssig waren, dies als wünschenswertes Ziel hinstellten. Der junge Dortmunder Pfarrer Günther Koch etwa sprach zweifellos für viele, wenn er Ende April in einer Denkschrift kategorisch feststellte: »1. Die Union befindet sich wegen ihres verworrenen Bekenntnisstandes ... in einer inneren Krise, die schon seit Jahrzehnten zu ihrer Auflösung hintrieb. 2. Fast die gesamte jüngere Theologenschaft weiß daher mit der Union als solcher wenig anzufangen. 3. Gerade die Union ist infolge ihres inneren Leerlaufs der Hort der Reaktion ... Für die Union sind daher vor allem die reaktionären Elemente in der kirchlichen Bürokratie und die alten kirchenpolitischen Parteien.« Koch forderte daher die Auflösung der Union und die Errichtung einer lutherischen Reichskirche: »Unter dem gemeinsamen Angriff der Deutschen Christen, der jüngeren Theologie und älterer geistlicher Führer müßte ... der Sieg der neuen Kirchenbildung zufallen.«[70]

In einer Zeit ungewöhnlicher Bedrängnis mußte sich also die preußische Kirchenleitung durch den Aufruf und seine Folgen unmittelbar in ihrer Existenz angegriffen fühlen. Dies bedeutete – gewiß gegen den Willen Zoellners – grundsätzlich eine Stärkung der deutsch-christlichen Position, die in einer Linie mit den lutherischen Angriffen auf die Union gesehen wurde.

Andererseits enthielt Zoellners Aufruf zweifellos Richtiges, ja Entscheidendes, und die große Resonanz bewies, daß auch dies in der Kirche begriffen wurde. Denn der alte Generalsuperintendent war der erste, der die Kirchenreform öffentlich zu einer Frage des Bekenntnisses machte. Im Gegensatz zur Politik Kaplers und der Landeskirchen, die bis zum Sommer weiterhin kirchliche Kabinettspolitik blieb, bot Zoellner die ersten Ansätze für eine kirchlich-theologische Lösung des Problems. Das bemerkenswerteste daran war, daß Zoellners Bekenntnisbegriff dem späteren Verständnis der Bekennenden Kirche bereits überraschend nahe kam. Das galt sowohl für die Funktion des Bekenntnisses wie für seine aktuelle Gestalt. Zur Funktion erklärte Zoellner in einer Denkschrift vom 23. April, das Bekenntnis sei besonders heute »für Predigt und Unterricht und für die öffentliche Bezeugung in der Antwort der Kirche auf die brennendsten Fragen der Gegenwart unerläßlich. In einem neu anhebenden Synkretismus von Offenbarung und Völkermythus ist das Bekenntnis nicht zu entbehren.«[71] Für die entscheidende Aufgabe aber, zwischen der wahren kirchlichen Lehre und der politischen Irrlehre der Zeit zu unterscheiden, konnte es nach Zoellners Meinung nicht genügen, die Bekenntnisformulierungen des 16. Jahrhunderts bloß zu wiederholen. Im Gegensatz zu einer lutherischen Theologie, die davon ausging, daß die Bekenntnisbildung in der Reformation grundsätzlich abgeschlossen worden sei, vertrat Zoellner die Überzeugung, daß die Zeit für eine neue Formulierung des Bekenntnisses reif sei. »Mit steigernder Energie«, so schrieb er, »ist gerade von denen, die das Bekenntnis ihrer Kirche liebhaben, die Forderung erhoben, daß das Bekenntnis in der Sprache der Gegenwart auf die Not der Gegenwart vom Evangelium her antwortete.« Die »Substanz unserer alten Bekenntnisse zu wahren und einzusetzen als Bekenntnis in der Not von heute«: Das war die schwere Aufgabe, die der Verfasser des Aufrufs vor sich sah.[72]

Dies alles war nun keineswegs bloß ins Ungefähre hinein gesagt. Vielmehr hatte Zoellner ein konkretes Erlebnis vor Augen, in dem Pastoren und Gemeinden tatsächlich ihren Glauben neu bekannt hatten: das Altonaer Bekenntnis vom Januar.[73] Offensichtlich hatte Zoellner mit dem Kreis der Altonaer schon seit Anfang April Fühlung. Denn am 15. April veröffentlichten die Pastoren Hasselmann und Asmussen, die jenes Bekenntnis entscheidend mitgestaltet hatten, einen Artikel, der genau in die Richtung der Zoellnerschen Gedanken wies. Unter der Überschrift »Die Reichskirche« erkannten die beiden Pastoren darin die Bestrebungen einer Zusammenfassung der evangelischen Kirchen zu einer Reichskirche »rückhaltlos« an und scheuten sich auch nicht, für die Kirche ein ähnliches Verfahren wie bei der Gleichschaltung der Länder mit dem Reich vorzuschlagen. Zugleich aber betonten sie, »daß lebendige Kirche nur aus dem Bekenntnis leben«, und daß auch die Reichskirche »nur auf Grund von Bekenntniss« werden könne, was sie sein solle. Dies sei »die brennendste Frage auch der Reichskirche«, ob sie zu einem neuen und lebendigen Bekenntnis finde. »Darum«, so erklärten die beiden Pastoren, »muß nach dieser gemeinsamen Antwort der evangelischen Kirche zu allererst *gesucht* werden. Diese Antwort muß eine Antwort auf die Frage sein: Wie beurteilt die Kirche den staatlichen Umbruch, der jetzt geschehen ist? Wie versteht sich die Kirche selbst in ihrem Verhältnis zu Staat und Volk? Diese Antwort« – und damit trafen die Altonaer den entscheidenden Punkt – »kann nur von dem Worte Gottes gegeben werden. Sie muß mit den früheren Bekenntnissen der Kirche übereinstimmen. Sie darf nicht aus politischen Erkenntnissen und Überzeugungen erwachsen.« Dies galt zunächst für die Verkündigung der Kirche. Es galt aber auch für ihre Verfassung; denn »auch die zu schaffende Verfassung der Reichskirche kann nur auf dem Grund eines formuliert vorliegenden Bekenntnisses gebaut werden«.[74]

In diesen wenigen Sätzen steckte nichts anders als das theologische Programm, das dann seit dem Spätsommer 1933 Schritt für Schritt verwirklicht wurde und zum Barmer Bekenntnis und zur Bekennenden Kirche führte.

Daß schon Zoellner etwas Ähnliches im Blick hatte – obwohl er gewiß noch nicht einmal von ferne die Konflikte voraussah, die dieser Weg mit sich bringen sollte –, zeigte die Tatsache, daß er zugleich mit jenem Aufruf verschiedene Arbeitskreise ins Leben rief, darunter vor allem einen, der sich der Arbeit an einem neuen Bekenntnis der Kirche widmen sollte. Mit der Leitung dieses Arbeitskreises betraute er Hans Asmussen. Dem Altonaer Pastor gelang es in kurzer Zeit, weitere Mitarbeiter zu gewinnen, darunter so verschiedene Leute wie seinen Kollegen Hasselmann, Karl Barths jungen Freund und Mitarbeiter Georg Merz, den damals noch den Deutschen Christen nahestehenden Frankfurter Pfarrer Robert Frick und den Erlanger Theologieprofessor Paul Althaus.[75] Nach Zoellners Vorstellungen sollten sich sofort in allen Landeskirchen Arbeitsgemeinschaften bilden, die die Anregungen der Asmussenschen Gruppe aufgreifen, durcharbeiten und die Ergebnisse zu neuer Sichtung zurückgeben sollten. »So soll das Blut kreisen. So soll es dahin kommen, daß ein neues Wir im Bekenntnis auf dem Grund des alten Gegebenen sich entwikkelt... Solche Wendezeiten wie heute«, so faßte Zoellner das Ziel seiner Aktion zusammen, »sind gottgegebene Notwendigkeiten, in denen die Kirche wieder bekennen muß.«[76] Und so war es kein Zufall, daß sich das entscheidende Stichwort des Kirchenkampfes zum ersten Mal in Zoellners Thesen vom Juni 1933 formuliert fand: »Die Kirche muß bekennende Kirche werden.«[77] Die persönliche Verbindung zu diesen Anfängen aber verkörperte Hans Asmussen. Er war es, der ein Jahr später, im Mai 1934, vor der Barmer Synode die verbindliche Auslegung des Barmer Bekenntnisses vortrug.

Eine weitere unmittelbare Reaktion auf den Zoellnerschen Aufruf kam verständlicherweise von der reformierten Seite. Zwei Vertreter des Reformierten Bundes, der Bonner Professor Wilhelm Goeters und der junge Elberfelder Lizentiat Wilhelm Niesel, hatten sich noch am Tag des Aufrufes mit Zoellner in Verbindung gesetzt und ihm in einem längeren Gespräch »das volle Verständnis und die ganz uneingeschränkte Zustimmung« zu seinen Plänen ausgesprochen.[78] Gleichzeitig hatte der Reformierte Bund eine Einladung an die reformierten Gemeinden zu einem Treffen am Ostermontag in Rheydt gerichtet. Es war ein Zeichen für die Wirkung des Zoellnerschen Aufrufs wie für die gesamte kirchliche Lage, daß sich trotz der kurzen Einladungsfrist nicht nur »einige Hundert« aus der Stadt und Umgebung einfanden, sondern daß mehr als 1200 statt des Gemeindehauses »die weiten Räume der Hauptkirche... bis auf den letzten Platz« füllten.[79] Die Entschließung, die am Abend verabschiedet wurde, lag in der Tat ganz auf Zoellners Linie. »Wir bekennen uns freudig«, so lautete die 1. These, »zum Aufbau der ›einen evangelischen Kirche deutscher Nation‹ und vertrauen auf die feierliche Zusage des Reichskanzlers, die der Kirche für ihre Arbei und ihren Dienst an unserem Volk volle Freiheit gewährt.« Die 2. These nahm dann unmittelbar Zoellners Ansatz auf. »Aufbau und Dienst der Kirche«, so hieß es darin, »können allein geschehen von ihrem Bekenntnis her...« Die vierte These aber wiederholte, was den Reformierten ohnedies selbstverständlich war: »Die Verfassung der Kirche baut sich aus ihrem Bekenntnis auf.«[80]

Das Einverständnis, das die Reformierten hier prinzipiell mit Zoellners Gedanken bekundeten, verbarg freilich die Schwierigkeiten, die sich aus diesem

Einverständnis ergeben mußten. Denn Aufbau der Kirche vom Bekenntnis her bedeutete für die Lutheraner die unbedingte Einführung des bischöflichen Amtes an der Spitze der Kirche; für die Reformierten dagegen die Stärkung und Erneuerung ihrer vom Bekenntnis gebotenen synodalen Gemeindeordnung. Dies war der Punkt, an dem die Gegensätze der beiden Konfessionen am sichtbarsten aufeinandertrafen. Dahinter aber standen tiefgreifende theologische Unterschiede im Verständnis des Glaubens überhaupt, die sich in die verschiedensten Beziehungen hinein auswirkten. Zwar hatten sich die extremen lutherischen und reformierten Positionen in Jahrhunderten gemeinsamen evangelischen Zusammenlebens abgeschliffen, aber wenn man, wie es hier geschah, so entschieden auf die Bekenntnisse des 16. Jahrhunderts zurückgriff, konnte es nicht ausbleiben, daß auch das Bewußtsein dieser Gegensätze neu belebt wurde. Damit aber war die Reichskirche nicht nur mit der politischen Frage von Selbständigkeit oder Gleichschaltung belastet, sondern sie hatte auch mit dem jahrhundertealten Problem des konfessionellen Gegensatzes fertigzuwerden.

Schon am 30. April kündigte ein Artikel in der *Reformierten Kirchenzeitung* an, daß die deutschen Reformierten ihre Rechte mit allem Nachdruck verteidigen würden. Sein Verfasser, Pfarrer Wilhelm Kolfhaus aus Vlotho, durfte als Schriftleiter dieses Blattes zugleich als eine Art Sprecher des Reformierten Bundes gelten. »Die Lutheraner«, so schrieb Kolfhaus, »werden schon ihrem Bekenntnis Geltung zu verschaffen wissen. Wir fordern für uns nichts weiter als Anerkennung unserer Pflicht und unseres Rechtes, unseren Gemeinden ein Leben nach reformierter Überzeugung zu ermöglichen.« Daß man dabei Gemeinden aus der preußischen Union für das reformierte Bekenntnis zurückzugewinnen hoffte, zeigte Kolfhaus' Hinweis, daß zu den reformierten Gemeinden nicht nur solche zählten, »die ihre konfessionelle Bezeichnung behauptet haben, sondern auch die zahlreichen anderen, die zwar den alten Ehrennamen verloren, aber den reformierten Katechismus bewahrt haben«. Eindeutig war die Zurückweisung der ganz untragbaren Zumutung, »unter einem Krummstab« zu leben; und eindeutig war auch die Ablehnung von kirchlichen Neuwahlen »auf Grund des politischen Wahlrechts«. »Auch nicht der leiseste Anschein darf geweckt werden«, so schloß der Artikel, und darin wußte sich Kolfhaus wieder einig mit den Lutheranern, »als empfinge die Kirche, lutherische wie reformierte, ihre Aufträge anderswoher als von ihrem Haupt Christus.«[81]

Für Kapler, den überzeugten Vertreter der Union, war die konfessionelle

Frage bis zu diesem Zeitpunkt ohne grundsätzliche Bedeutung gewesen. Er hatte offenbar nicht einmal daran gedacht, zur Besprechung über die notwendigen ersten Schritte am 7. April nach Berlin auch einen reformierten Vertreter einzuladen. Erst die Reaktionen auf Zoellners Aufruf zeigten ihm, mit welchen Kräften er hier zu rechnen hatte. So war er von nun an bemüht, auch in dieser Hinsicht die Gewichte anzubalancieren.

Die Entwicklung der Diskussion um die Kirchenreform in diesen Wochen war durch eine Kette ständiger Einbrüche und neuer, überraschender Wendungen gekennzeichnet. Dies galt auch für die Zoellnersche Aktion. Sie war genau zehn Tage nach dem Erscheinen des Aufrufs bereits am Ende. Daß ihr Anstoß gleichwohl in verschiedenen Richtungen nachhaltig weitergewirkt hat, wird der Fortgang der Dinge zeigen.

Zunächst aber schoben sich nun für die kirchlichen Zeitgenossen neue, erschreckende Nachrichten in den Vordergrund.

Eine große, selbstbewußte und gut verwaltete Kirche wie die altpreußische Union war nicht so schnell aus dem Gleichgewicht zu bringen. Weder Kaplers Verhandlungen, noch der Paukenschlag der 1. Reichstagung, noch Zoellners Aufruf hatten es vermocht, die höchsten kirchlichen Gremien Preußens wirklich zu erschüttern. Das zeigte sich auf der Sitzung des preußischen Kirchensenats, die am 21. April in Berlin stattfand. Der Kirchensenat – ein Gremium übrigens, von dem der deutschchristliche Frankfurter Pfarrer Probst nicht ohne Witz bemerkte, seine Mitglieder seien zusammen 15000 Jahre alt[82] – war nach der preußischen Kirchenverfassung von 1922 das wichtigste kirchenleitende Organ der Union. Kapler, der den Versammelten einen ausführlichen Bericht über »die allgemeine kirchenpolitische Lage« erstattete, erhoffte sich von diesem Gremium die Zustimmung zu einem Antrag, den die Generalsuperintendenten am 11. April beschlossen hatten. Es handelte sich um eine Art Ermächtigungsgesetz, das die Befugnisse des Kirchensenats »in wichtigen Fällen, die keinen Aufschub leiden«, auf drei Bevollmächtigte übertragen sollte. Gedacht war dabei an den Präsidenten Kapler selbst, ein Mitglied des Kirchensenats und einen Generalsuperintendenten. Die Absicht dieses Antrags lag auf der Hand. Er sollte Kapler den rechtlichen Spielraum für jene Entscheidungen geben, die nach Lage der Dinge bei den zu erwartenden Verhandlungen mit dem Staat unter Umständen sehr schnell zu treffen waren. Selbstverständlich spielte bei dieser Bevollmächtigung das politische Vorbild eine wesentliche Rolle. Überraschenderweise jedoch lehnte die Mehrheit des Kirchensenats diesen Antrag glatt ab. Obwohl Kapler sich lebhaft für diese Lösung einsetzte, entschied sich der Kirchensenat dafür, grundsätzlich an der synodalen Verfassung festzuhalten. Soweit schnelle Entscheidungen notwendig würden, sollte ein fünfköpfiger Ausschuß des Kirchensenats unter dessen Vorsitzenden die Befugnisse des Senats wahrnehmen.[83] Auch ein weiterer Antrag, einen Vertreter der Deutschen Christen in den Ausschuß zu berufen, wurde abgelehnt.

Die vorbereitete Kundgebung, die am Nachmittag verabschiedet wurde, ließ allerdings von diesen Auseinandersetzungen nichts erkennen. Sie war ganz auf den hohen nationalen Ton jener Tage gestimmt, begrüßte »mit tiefer Freude und Dankbarkeit gegen Gott« die »gewaltige Bewegung . . ., die die Seele unseres Volkes ergriffen hat«; betonte die Dringlichkeit des Zusammenschlusses aller evangelischen Landeskirchen und drückte die Bereitschaft des Kirchensenats aus, auch in der altpreußischen Kirche »den Notwendigkeiten des Augenblicks« Rechnung zu tragen. Die heikle Frage der Mitwirkung der Deutschen Christen in der Arbeit des Ausschusses wurde mit der unverbindlichen Formulierung aufgenommen, es sei der Wille des Kirchensenats, »daß in der Führung der Kirche und ihrer Verwaltung neben der Erfahrung der Älteren die Tatkraft und das Vorwärtsstreben der Jüngeren mit zur Auswirkung kommt«.[84]

Als die Mitglieder des Kirchensenats am Abend die Sitzung verließen, konnten sie dies durchaus mit dem Gefühl tun, die kirchlichen Dinge im wesentlichen noch im Griff zu haben. Schon am nächsten Morgen aber sah die Lage ganz anders aus. An diesem Tag – es war Samstag nach Ostern, der 22. April – wurde das evangelische Deutschland durch die Nachricht aufgeschreckt, daß ein Staatskommissar das Kirchenregiment der evangelisch-lutherischen Landeskirche von Mecklenburg-Schwerin übernommen habe. So wie die Dinge lagen, konnte dies in Berlin nur als der Auftakt für den lange befürchteten unmittelbaren Eingriff des Staates in die evangelische Kirche gedeutet werden. In Wahrheit handelte es sich jedoch um eine kleine, lokale Aktion, hinter der die verworrenen völkischen Ideen des Landwirtschaftsexperten der Münchner Reichsleitung, des späteren Reichsbauernführers und Reichsernährungsministers Richard Walther Darré standen. Weder dieser noch seine Helfer hatten eine Ahnung, welche hochpolitischen Verwicklungen sie mit ihrer Aktion auslösten.

Die Vorgeschichte des Mecklenburger Zwischenfalls reichte bis in den Anfang der dreißiger Jahre zurück. Darré, der wichtigste Vertreter der nordischen Blut- und Boden-Ideologie in der Partei, war im Zuge seiner Bemühungen um die Landvolkbewegung in Norddeutschland[85] auf einen gewissen Walter

Bohm aufmerksam geworden, einen früheren baltischen Gutsbesitzer, der nach vielen Soldatenjahren nun in Hamburg Jura studierte und sich in einem Buch über das Bauerntum und das Verhältnis von Staat und Kirche ganz im Darréschen Sinne geäußert hatte.[86] In verschiedenen Gesprächen zwischen Darré und Bohm wurde auch die Frage des landesherrlichen Kirchenregiments, seiner Ablösung und möglichen Erneuerung, erörtert. Vermutlich gehörte dies alles in den Zusammenhang von Darrés Ideen über »Neuadel aus Blut und Boden«, von Herrschaft und Religion.[87] Nach der Machtergreifung erschien Darré das bäuerliche Mecklenburg offenbar als ein ideales Experimentierfeld für diese Ideen, zumal er in dem nationalsozialistischen Ministerpräsidenten Walter Granzow – einem mecklenburgischen Bauern – einen Anhänger besaß und dieser sich bei Darré über Schwierigkeiten mit der evangelischen Kirche beklagte. Wieweit auch Pläne zu einer Erneuerung der Monarchie dabei eine Rolle spielten, ist nicht mehr einwandfrei zu klären.

Jedenfalls besuchten Darré und Granzow vor Ostern 1933 Bohm in Hamburg, um ihn zu fragen, ob er als Staatskommissar das Kirchenregiment in Mecklenburg übernehmen wolle. Die Tatsache, daß am 22. früh alles sorgfältig vorbereitet war, spricht dafür, daß der Verlauf der Aktion bis auf Tag und Stunde tatsächlich bereits bei dieser Besprechung in Hamburg festgelegt wurde.[88] Um die Sache vorzubereiten und wenigstens den Anschein einer revolutionären Bewegung zu erwecken, ließ Bohm am Osterdienstag unter dem schönen Pseudonym Walter zur Ungnad im nationalsozialistischen *Niederdeutschen Beobachter* einen Artikel erscheinen, der die Bauern zur Eroberung der Kirche aufrief. Es bestehe die Gefahr, daß »die Reaktion sich im Kirchenregimente« festsetze; außerdem drohe eine Priesterherrschaft. Der freie evangelische Christ solle – dies bezog sich offenbar auf Zoellners Aufruf – »unter die Herrschaft von Bischöfen gebeugt werden . . ., von Bischöfen, die sich das Recht des Krummstabes den Gemeinden und den Landeskirchen gegenüber anmaßen wollten«. »Bauern«, so schloß der Artikel, »übernehmt selbst das Kirchenregiment und alle kirchenregimentlichen Funktionen bis herab in die Gemeinde.«[89]

Nun war das kirchenrevolutionäre Potential der mecklenburgischen Bauern zweifellos nicht so groß, daß die Kirchenleitung daraufhin einen plötzlichen Sturm zu befürchten hatte. Um so überraschter waren die Mitglieder des mecklenburgischen Oberkirchenrats, als sie vier Tage später morgens um 8 Uhr durch gleichlautende Schreiben des Ministerpräsidenten davon in Kenntnis gesetzt wurden, »daß zum Zwecke der Gleichschaltung des Kirchenregiments mit dem Regiment in Staat und Reich Herr Walther Bohm aus Hamburg von ihm als Staatskommisar für die evangelisch-lutherische Kirche von Mecklenburg-Schwerin eingesetzt sei und seine Geschäfte heute morgen 8 Uhr im Dienstgebäude des Oberkirchenrats übernehme«.[90] Von der ihm damit übertragenen »gesetzgebenden, richterlichen und ausführenden Gewalt in der Landeskirche« machte Bohm gleichzeitig durch eine Verfügung Gebrauch, die alle synodalen Gremien auflöste und statt dessen einen dreiköpfigen Landessynodalausschuß berief. Diese Verfügung war in der für die nordisch-völkischen Kreise typischen Weise auf den »22. Ostermond 1933« datiert. Auf die Frage des verblüfften Präsidenten, der inzwischen samt den Oberkirchenräten im Dienstgebäude eingetroffen war, ob denn der Artikel 137 der Reichsverfassung mit der Garantie der kirchlichen Selbständigkeit aufgehoben sei, erwiderte Bohm, er könne sich »auf rechtliche Erörterungen nicht einlassen« und werde nach seinem Auftrag handeln. Daraufhin begaben sich Präsident und Landesbischof zum Ministerpräsidenten, der sie auch bereitwillig empfing, ihnen erklärte, daß die Pastoren versagt hätten, das Volk eine Gleichschaltung der Kirche »mit der nationalen Erhebung« wünsche und er aus eigener Verantwortung »aus dem Wesen der nationalen Revolution« heraus handle. Daraufhin beschloß der Oberkirchenrat, unverzüglich telegraphisch beim Reichspräsidenten, beim Reichskanzler und beim Reichsinnenminister zu protestieren und außerdem den Kirchenausschuß zu alarmieren. Zugleich unterrichtete Rendtorff telefonisch die Staatssekretäre Meißner und Lammers von dem ganzen Vorgang. Es spricht für die Ahnungslosigkeit der Beteiligten, daß Granzow seinerseits erst auf die Beschwerde des Landesbischofs in Berlin telefonisch das Einverständnis des zuständigen Reichsinnenministers einholte.

Inzwischen aber war die Sache bereits zu einer Staatsaffäre geworden. Denn Lammers hatte, aufgeschreckt durch Rendtorffs Anruf, die Angelegenheit sofort Hitler vorgetragen. »Der Herr Reichskanzler«, so vermerkte Lammers daraufhin bündig, »hat erklärt, daß er die Maßnahme des Mecklenburg-Schwerinschen Ministerpräsidenten nicht billige, und mich beauftragt, diese Auffassung dem Herrn Ministerpräsidenten Granzow zu übermitteln. Ich habe das alsbald getan.«[91] Damit aber war schon am Nachmittag des 22. April die Stellung Granzows und seines Staatskommisars unhaltbar geworden. Tatsächlich endete die ganze Angelegenheit in Mecklenburg fünf Tage später mit dem Rücktritt des im Stich gelassenen Bohm. Auch Granzow überstand die Niederlage nicht und wurde im November vom Reichsstatthalter abgelöst.[92]

Inzwischen freilich hatte die mecklenburgische Aktion in Berlin bei den obersten Reichsbehörden wie bei den obersten Kirchenbehörden Entscheidungen mit weitreichenden Folgen ausgelöst. Ausgangspunkt der Entwicklungen auf der *politischen Seite* war Hitlers eindeutige Ablehnung der Schweriner Kirchenrevolution. Die Gründe für diese Haltung sind nicht schwer zu erraten. Sie lagen zum einen in der möglichen Verärgerung des Reichspräsidenten, die Hitler zweifellos scheute[93], zum anderen und gewichtigeren aber in der Tatsache, daß Hitler sich am Ostermontag in einem Gespräch mit dem Königsberger Wehrkreispfarrer Ludwig Müller gerade über die Grundlinien seiner evangelischen Kirchenpolitik klargeworden und Kapler danach für den 25. April – also nur drei Tage später – zu dem schon einmal verschobenen Empfang eingeladen war. Unter diesen Umständen mußte Hitler alles daran gelegen sein, das Terrain für seine Pläne freizuhalten. Dies aber setzte eine schnelle Bereinigung des Mecklenburger Zwischenfalls voraus. Da Hitler selbst sich jedoch in der ganzen Kirchenfrage noch so weit wie möglich zurückhalten wollte, wurde Frick mit dieser Aufgabe betraut.

Alles lief denn auch ganz nach Wunsch. Granzow hatte bei jenem Anruf aus der Reichskanzlei am Samstag gebeten, am Montag Hitler die Gründe für seine Aktion vortragen zu dürfen. So trafen sich am 24. April um die Mittagszeit in der Wilhelmstraße Granzwo, Bohm, Darré und Frick. Nach einem kurzen Gespräch mit Granzow lud Hitler alle Herren zu Tisch. Zu des noch immer ahnungslosen Bohms großer Enttäuschung jedoch ging Hitler während der ganzen Mahlzeiten mit keinem Wort auf den Kirchenkonflikt ein. Statt dessen erfuhren die Mecklenburger, daß sie sich im Anschluß im Innenministerium mit Rendtorff zusammenzusetzen zu hätten. Frick, der die Sitzung leitete, eröffnete sie nach Rendtorffs Bericht mit der eindeutigen Feststellung, »daß die Maßnahmen der Mecklenburg-Schwerinschen Regierung ungesetzlich seien, daß man allerdings berücksichtigen müsse, daß wir uns in Zeiten einer Revolution befänden. Was die Erledigung der Sache anginge«, so meinte er, »es müßte eine Regelung getroffen werden, die eine Prestigeeinbuße nach beiden Seiten vermeide.«[94] So geschah es dann auch. Man einigte sich auf eine Erklärung, die in einer allseitigen freudigen Zustimmung zu Reformen die Niederlage des Staates einigermaßen verdeckte.[95] Was zunächst wie die schnell improvisierte Lösung eines unerwünschten Konflikts aussah, erwies sich am folgenden Tag als grundsätzliche Entscheidung Hitlers. Es war der Tag, auf den der Empfang Kaplers festgelegt war, und Hitler mußte sich hier in irgendeiner Form auch über seine kirchenpolitischen Absichten äußern.

Der Stand der Dinge auf *kirchlicher Seite* war mittlerweile der folgende.

Auch im Kirchenbundesamt war man in den zurückliegenden vierzehn Tagen selbstverständlich nicht untätig gewesen. Der Plan des Aktionsausschusses, auf den sich die großen Landeskirchen am 7. April geeinigt hatten, war in der vorgesehenen Form sehr bald als unsachgemäß und unpraktisch verworfen worden. In die Zeit schien kein Ausschuß mehr zu passen, sondern nur noch der einzelne, verantwortliche Führer. So hatte Hosemann, der Direktor des Kirchenbundesamtes, für Kapler eine Art Ermächtigungsgesetz ausgearbeitet. Die Zoellnersche Aktion hatte freilich deutlich gemacht, daß diese Ermächtigung ohne Berücksichtigung der konfessionellen Problematik keine Zustimmung in der Kirche finden würde. Daher hatte Hosemann vorgesehen, daß Kapler als Vertreter der Union je einen prominenten Vertreter der lutherischen und der reformierten Konfession »an seine Seite« rufen sollte. Über diesen Plan und seine personelle Ausführung sollte der Kirchenausschuß auf einer Sondersitzung am Dienstag, dem 25. April, entscheiden. Die Zustimmung zu diesem Plan war jedoch noch keineswegs sicher, denn noch am 21. April war der gleiche Plan für Preußen vom Kirchensenat abgelehnt worden.

Soweit waren die Überlegungen gediehen, als am Samstag die Nachrichten vom Mecklenburger Staatseingriff im Kirchenbundesamt eingingen. Im ersten Schrecken glaubte man hier nicht anders, als daß nun die gewaltsame Gleichschaltung der Kirche durch den Staat begonnen habe. Kapler hatte Kubes Drohungen keineswegs vergessen, ebensowenig wie die deutschchristlichen Äußerungen auf der 1. Reichstagung, in denen ja von Staatskommissaren und Gleichschaltung unüberhörbar die Rede gewesen war. Tatsächlich war Kaplers Sorge seit Ende März neben der Beobachtung des Katholizismus auf nichts anders gerichtet gewesen als darauf, staatliche Eingriffe in die Kirche unter allen Umständen abzuwenden. Am 11. April hatte er den preußischen Generalsuperintendenten von Tendenzen in der Partei berichtet, »ausgehend von dem Streben nach einem totalen Staat ... auch die Kirche zu erfassen, um sie als Staatsdepartment dem totalen, d.h. dem nationalsozialistischen Staate einzugliedern«. Derartige Bestrebungen würden, so hatte er hinzugefügt, auch im kirchlichen Lager vertreten, wie die Entschließungen der Reichstagung zeigten.[96] Das Auftreten der Deutschen Christen seither war kaum dazu angetan gewesen, diese Befürchtungen zu zertreuen. Die Nachrichten aus Mecklenburg aber paßten in allen Einzelheiten so genau in dieses Bild, daß niemand an einen Zufall glauben mochte. Erst am Dienstag, als sich herausstellte, daß die Deutschen Christen in Berlin über die Ereignisse ebenso verblüfft waren wie die Kirchenleitungen, weil es in Mecklenburg noch gar keine Glaubensbewegung gab[97], und Rendtorff vor dem Kirchenausschuß erklärte, daß nach seiner Überzeugung »das Reich in gar keiner Weise hinter den Maßregeln«[98] gestanden habe, begriff man in Berlin, daß es sich tatsächlich nur um eine lokale Einzelheit gehandelt hatte.

Am Samstag aber war das noch keineswegs zu übersehen. Vielmehr schwirrte Berlin von Gerüchten, daß für die preußische Landeskirche wie für den Kirchenbund ähnliches wie in Mecklenburg unmittelbar bevorstehe. Daraufhin entschlossen sich Kapler und Hosemann zur Flucht nach vorne. Am Nachmittag fragten sie telefonsich den bisherigen Berichterstatter für die Reichsreform, den lutherischen Bischof August Marahrens, sowie den reformierten Elberfelder Pastor D. Hermann Albert Hesse, ob diese bereit seien, mit Kapler zusammen die Verantwortung für die Kirchenreform zu übernehmen. Beide sagten zu.[99] Daraufhin erließ Kapler am Sonntag den folgenden Aufruf: »Die Stunde gebietet, unverzüglich eine Reform der Verfassung des deutschen Protestantismus einzuleiten. Das Ziel der Reform ist die Bündische Deutsche Evangelische Kirche, errichtet auf der Grundlage und unter voller Wahrung des Bekenntnisses. Aus lebenskräftigen Landeskirchen erwachsen, soll sie alle Vollmachten erhalten, deren sie zur Pflege des gesamtdeutschen evangelisch-kirchlichen Lebens und seiner Beziehung zu Volk und Staat im In- und Ausland bedarf.« Zugleich wurde die Berufung von Marahrens und Hesse bekanntgegeben.[100]

Dies war nichts anderes als der Versuch, einer vermuteten politischen Aktion der Deutschen Christen mit einem betont kirchlichen Konzept für die zukünftige Reichskirche zuvorzukommen. Die Formulierung verriet freilich auch schon die Schwierigkeiten, die sich diesem kirchlichen Konzept entgegenstellten. Denn mit der Zustimmung zur vollen Wahrung des Bekenntnisses und der Betonung der lebenskräftigen Landeskirchen waren jene zwei Faktoren genannt, die bisher jeden engeren kirchlichen Zusammenschluß verhindert hatten und die auch in Zukunft auf ihre Rechte kaum freiwillig verzichten würden.

Gleichwohl wirkte Kaplers Aufruf in der Kirche weithin wie eine Befreiung. Noch am Sonntag, und vermehrt dann in den folgenden Tagen, ging eine Fülle von Zustimmungserklärungen aus dem ganzen evangelischen Deutschland beim Kirchenbund in Berlin ein.

Dies war die Lage, als am Nachmittag des 25. April endlich die erste offizielle Begegnung zwischen dem obersten Repräsentanten des neuen Staates und dem Vertreter der evangelischen Kirche stattfand. Für Kapler lag der Termin nach jenem quasi-revolutionären Schritt und vor der Sitzung des Kirchenausschusses zweifellos außerordentlich ungünstig. Gleichwohl schlug er sich nicht schlecht.

Wir sind über den Inhalt des fast anderthalbstündigen Gesprächs durch Kaplers ausführlichen Bericht vom Nachmittag des 25. 4. unterrichtet. Zwar schweigt das offizielle Protokoll über diesen vertraulichen Punkt; dafür besitzen wir die handschriftlichen Sitzungsnotizen zweier Teilnehmer, des Frankfurter Kirchenrats Johannes Kübel und des ehemaligen Kirchentagspräsidenten Wilhelm v. Pechmann, die sich in allen wichtigen Punkten decken und ziemlich genaue Rekonstruktionen des Gesprächs ermöglichen.[101]

Danach brachte Kapler zunächst den Dank der Kirche und ihre Bereitschaft zur Mitarbeit zum Ausdruck, die jedoch nur in voller Freiheit geschehen könne. Der Staat, so erklärte Kapler weiter, müsse zwar hart sein, die Kirche aber müsse und dürfe um Milde und Versöhnung bitten. Dann ging er auf seine beiden Hauptsorgen ein: die Wahrung der Parität und die Sicherung der Zusagen aus der Regierungserklärung vom 23. März, die immer wieder von untergeordneten Stellen der Partei – hier fiel der Name Kube –, von der Presse und von den Deutschen Christen durchbrochen würden. In diesem Zusammenhang brachte Kapler den Mecklenburger Zwischenfall zur Sprache, der in wenigen Stunden überall größte Empörung ausgelöst habe. Man wage nicht einmal dem geringsten katholischen Kaplan so brutal zu kommen wie jetzt dem Bischof von Mecklenburg. Bei solchen Staatseingriffen höre die Kirche auf, Kirche zu sein. So etwas sei – abgesehen von Adolf Hoffmann – nicht einmal 1918 vorgefallen.

Hier, so halten beide Bericht übereinstimmend fest, unterbrach Hitler den Präsidenten. Wer wolle denn einen Staatseingriff? »Von dem Vorgehen der Mecklenburger Regierung habe er nichts gewußt, auch werde die Sache jetzt abgebogen. Der katholischen Kirche habe man übrigens ganz andere Dinge zugemutet; sie habe sein Wort hören müssen, daß er nicht in die Kirche gehe, und habe sich danach umgestellt.« Diese Bemerkung wirft ein bezeichnendes Licht auf Hitlers Beurteilung der Bischofserklärung vom 28. März, die er offenbar als eine von ihm erzwungene Kapitulation verstand.[102] »In Sachen der evangelischen Kirche«, so fuhr Hitler dann fort, »sei er in einer schwierigen Lage, weil er selbst Glied der katholischen Kirche sei. Wie immer er Stelllung nehme, werde es ihm verdacht werden.« Pechmann ergänzt hier Kübels Bericht um den interessanten Hinweis, er – Hitler – habe überhaupt erst durch

Pfarrer Müller von der Existenz von 28 Landeskirchen erfahren. Im folgenden übte Hitler heftige Kritik an beiden Kirchen. »Beide Kirchen, die evangelische und die katholische, ständen in Gefahr, den Kontakt mit dem Volk zu verlieren, und sprächen eine Sprache, die das Volk nicht verstehe; die Deutschen Christen wollten wieder in Fühlung mit dem Volk kommen.« Im übrigen seien die Kirchen an ihrer Lage selbst schuld. »Hätten sich die Kirchen früher an die Seite des Nationalsozialismus gestellt, dann wäre das Verhältnis viel besser.« Nach diesen allgemeinen Äußerungen, kam Hitler zum politischen Kern der Sache. »An einen Staatskommissar für die Kirchen«, so erklärte er, »denke er nicht von ferne, aber die Zeit könnte kommen, da sich die Kirchen an ihn wenden und um seine Mitwirkung bitten.« Diese Einkleidung massiver Interessen in die Form eines Hilfsangebots stellte eine für Hitler ungemein typische Wendung dar. Tatsächlich war das Folgende als unmittelbare politische Entscheidung zu verstehen: »Sein amtlicher Mittelsmann in den evangelisch-kirchlichen Dingen sei Frick, zu seinem persönlichen Berater in diesen Fragen habe er heute Wehrkreispfarrer Müller ernannt. Als Staatsmann habe er das größte Interesse an einem einheitlichen protestantischen Block, schon als Gegengewicht gegen den Katholizismus.[103] Kapler erwiderte darauf, »wenn er das wolle, so sei die erste Voraussetzung, daß der Staat nicht in die kirchlichen Dinge eingreife. Sonst werde eine Austrittsbewegung mit dem Ziel der Freikirche eintreten, und der Protestantismus nur geschwächt werden.« Im übrigen seien die Landeskirchen bereits im Begriff, sich mit möglichst beschleunigtem Tempo enger und fester zusammenzuschließen.

Damit war das Gespräch beendet. Es enthielt nicht weniger als die Grundprinzipien der evangelischen Kirchenpolitik Hitlers, an denen er bis Ende 1934 festhielt.[104]

Unmittelbar nach dieser Unterredung, am Dienstagnachmittag um 15 Uhr, kam der Kirchenausschuß zusammen. Seine Entscheidung konnte unter diesen Umständen kaum mehr zweifelhaft sein. Nach einem ausführlichen Bericht Rendtorffs über die Mecklenburger Angelegenheit und dem anschließenden Bericht Kaplers über die bisherige Entwicklung stimmten weitaus die meisten Teilnehmer dem Vorgehen des Präsidenten freudig zu. Auf Rückfragen erklärte Hosemann ausdrücklich, »hinsichtlich der Grenzen der Ermächtigung sei das Einzige, was festliege, daß die Bekenntnisse nicht angetastet werden dürften, dagegen solle man nicht sagen, daß Verfassung und Verwaltung unantastbar seien«.[105] Der einzige, der neben einigen bedenklichen Stimmen dieser weitgehenden Ermächtigung ernsthaft widersprach, war Wilhelm v. Pechmann. Einmal mehr zeigte sich, wie klar der alte bayerische Edelmann die Dinge sah. Es sei die Aufgabe des Kirchenausschusses, so erklärte er, zu verhindern, »daß auch die Kirchen unter die Herrschaft politischer Bewegungen gezwungen würden. Den Willen des Reichskanzlers in Ehren; aber wer garantiere die Freiheit der Kirche, wenn mit einem Federstrich tausendjährige Rechte der Länder hinweggefegt werden konnten.« Er komme, so schloß er, über die Gefahr nicht hinweg, »nämlich die, daß der Schein erweckt werden könne, als ob der Kirchenbund unter einem Druck von außen handle«.[106] Es gelang Pechmann jedoch nicht, für seine kritische Sicht der Dinge Bundesgenossen zu finden, zumal Kapler mit aller Entschiedenheit für eine unbeschränkte Ermächtigung kämpfte und sogar erklärte, bei einer Beschränkung werde er von der Vollmacht »keinen Gebrauch« machen können.[107] Tatsächlich erwies sich der von allen empfundene Zwang zum Handeln – sei es aus Begeisterung, aus Sorge oder nur aus der allgemeinen Aufregung heraus – als so übermächtig, daß Pechmann die einzige Gegenstimme gegen die vorbereitete Resolution blieb. Damit hatte der Kirchenausschuß seinen Präsidenten »zu allen durch die Neuordnung des Staatslebens veranlaßten, für das Wohl des deutschen Gesamtprotestantismus erforderlichen Maßnahmen sowie zu den gebotenen Erklärungen bei den Reichs- und Landesbehörden und anderen Stellen des öffentlichen Lebens« bevollmächtigt. Auch die Berufung von Marahrens und Hesse wurde bestätigt. Schließlich wurde an die Landeskirchen die Bitte gerichtet, auch ihrerseits entsprechende Ermächtigungen zu beschließen.[108] Fast alle Landeskirchen folgten in den nächsten Wochen dieser Empfehlung.

Am Tag nach diesen stürmischen Ereignissen stand dann die Behandlung der Judenfrage auf der Tagesordnung des Kirchenausschusses.[109] Erst wenn man sich alle Umstände dieser Tagung vor Augen hält, wird ganz deutlich, warum die evangelische Kirche zu dieser Frage schwieg. Im Konflikt zwischen Kirchenpolitik und Gewissen siegte die Kirchenpolitik.

Den Abschluß dieser entscheidungsreichen Sitzungstage bildeten die Verhandlungen im Kirchenbundesrat, in dem sich die Vertreter der Landeskirchen am Donnerstag trafen. Diese Verhandlungen standen ganz im Zeichen der vorangegangenen Entwicklungen. Hosemann wiederholte auch vor den Vertretern der Landeskirchen, daß Berlin nichts ferner gelegen habe, »als eine Revolution im Kirchenbund zu machen«. Aber man müsse sich auch darüber klar sein, daß, wenn man sich jetzt an Rechtsbedenken stoße, »wahrscheinlich die Ereignisse über unseren Kopf hinweggehen werden. So war es unsere

Überzeugung, daß wir nur durch schnelles Handeln von den Gegnern das Gesetz des Handelns wieder an uns reißen konnten.«[110] Am Ende der langen Diskussion stimmte auch der Kirchenbundesrat erwartungsgemäß einstimmig dem Vorgehen und der Bevollmächtigung Kaplers zu.

Das Ergebnis dieser Entscheidungen in der Sicht der evangelischen Kirche gab ein Aufruf wieder, der unter dem Datum des 25. April mit den Unterschriften von Kapler, Marahrens und Hesse veröffentlicht wurde. Er war in seiner Verbindung von politischem Glauben und kirchlichem Bekenntnis charakteristisch für die Haltung jener Männer, die nun die Verantwortung für die evangelische Kirche trugen, und wohl auch weithin für diese Kirche selbst.

»Eine mächtige nationale Bewegung hat unser deutsches Volk ergriffen und emporgehoben. Eine umfassende Neugestaltung des Reiches in der erwachten deutschen Nation schafft sich Raum. Zu dieser Wende der Geschichte sprechen wir ein dankbares Ja. Gott hat sie uns geschenkt. Ihm sei die Ehre!

In Gottes Wort gebunden, erkennen wir in dem großen Geschehen unserer Tage einen neuen Auftrag unseres Herrn an seine Kirche. Es geht um die Verkündigung von dem lebendigen Gott, der uns geschaffen hat und der uns noch erhält und regiert, von dem Herrn und Heiland Jesus Christus, der für uns gestorben und auferstanden ist, von dem heiligen Geist, der allein wahren Glauben und rechte Erneuerung schenkt. Es geht um eine gegenwärtig-lebendige Bezeugung der reformatorischen Bekenntnisse. Es geht um die Neuordnung der Kirche aus den unvergänglichen Kräften dieser auf Gottes Wort gegründeten Bekenntnisse.«[111]

Dies war bei aller politischer Fragwürdigkeit doch zweifellos ein kirchliches Wort. Und die Kirche durfte hoffen, auf diesem Wege Kirche zu bleiben.

Kaum jemand dachte in diesem Augenblick an Hitlers neu ernannten Bevollmächtigten Ludwig Müller. Doch schon kurze Zeit später stellte sich heraus, daß der Königsberger Wehrkreispfarrer zur Schlüsselfigur der Kirchenfrage werden sollte.

5. KAPITEL

DIE SELBSTBEHAUPTUNG DER EVANGELISCHEN KIRCHE (MAI)

Im Lauf des Monats April 1933 entwickelte Hitler seine Kirchenpolitik zu einer geschlossenen Konzeption. Dabei war sein Hauptaugenmerk zunächst ganz auf den Katholizismus gerichtet. Erst als die Dinge hier entschieden waren, die Vereinbarung mit Kaas feststand und Papen bereits mit genauen Anweisungen nach Rom unterwegs war, wandte Hitler seine Aufmerksamkeit der evangelischen Kirche zu. Die Politik, die er hier einschlug und die er am Ostermontag in einem Gespräch mit Ludwig Müller endgültig klärte, wurde ganz von seinen katholischen Überlegungen und Vorstellungen bestimmt. Denn sein Hauptinteresse bei der Unterstützung der Reichskirchenpläne lag in der Schaffung eines Gegengewichtes gegen die katholische Kirche, das er sich aus einer straffen Zusammenfassung des Protestantismus erhoffte.

In diesem Zusammenhang formulierte Hitler in der letzten Aprilwoche gegenüber maßgebenden Vertretern beider Kirchen zum ersten Mal gewisse Grundprinzipien, an die er sich auch später noch hielt. Es ging dabei vor allem um drei Punkte, nämlich 1. alle Einflüsse der Kirchen auf die Politik zu unterbinden; 2. einen Kulturkampf, das hieß die offene Auseinandersetzung zwischen Kirche und Staat, zu vermeiden; 3. die beiden Konfessionen strikt paritätisch zu behandeln. Diese drei Punkte waren die konsequente Weiterentwicklung der kirchenpolitischen Grundentscheidung, die der Parteiführer Hitler in den zwanziger Jahren getroffen und die zur Trennung von Ludendorff und Dinter geführt hatte. Damals hatte Hitler begriffen, daß die Macht nicht durch eine völkische Religion, sondern allein durch eine politische Organisation zu gewinnen war, und er hatte die Partei nach und nach in eine solche Organisation umgewandelt.[1] Wenn er diese Erfahrungen auf seine jetzige Situation übertrug, so mußte nun für die Führung des Staates grundsätzlich das gleiche gelten, was damals für die Partei gegolten hatte, nämlich die Ausschaltung des religiösen Einflusses auf die Politik und die Vermeidung jeder Art von religiösen Auseinandersetzungen mit den Kirchen und unter ihnen. Hitler hat diese Grundprinzipien im Verlauf seiner Herrschaft immer wieder überprüft: so Ende 1934, als seine protestantische Kirchenpolitik gescheitert war; im Sommer 1937, als im Zusammenhang mit der Enzyklika »Mit brennender Sorge« eine Aufhebung des Reichskonkordats erwogen wurde, oder im Januar 1939, als er im Reichstag mit einem grundsätzlichen Wechsel seiner Kirchenpolitik drohte. Aber jedesmal entschloß er sich, es doch weiter mit diesen Grundsätzen zu versuchen. Tatsächlich blieben sie im Altreich bis zum Kriegsende bestehen und bildeten in dem Durcheinander der verschiedenen Meinungen, Absichten und Interessen eine Art Grundmuster, das sich in den entscheidenden Augenblicken in der staatlichen Kirchenpolitik immer wieder durchsetzte.

Die Gelegenheit, diese Dinge zum ersten Mal anzusprechen, ergab sich aus dem Zufall, daß in Berlin zur gleichen Zeit – am 25. und 26. April – nicht nur der Evangelische Kirchenausschuß, sondern auch eine außerordentliche Konferenz der katholischen Diözesanvertreter tagte. Bedrängt von den gleichen Sorgen um die Freiheit der Kirche wie die deutschen Protestanten bat diese Konferenz ihren Vorsitzenden, Bischof Berning von Osnabrück, sofort persönlich mit der Reichsregierung Fühlung aufzunehmen. Es spricht für die Bedeutung, die Hitler der Kirchenpolitik in jenen Tagen beimaß, daß es gelang, telefonisch noch für den gleichen und den folgenden Tag Termine bei Papen, Rust, Hitler und Göring zu erreichen.[2] So kam es, daß Hitler am Dienstagmittag den evangelischen Präsidenten Kapler und schon am Mittwoch um die gleiche Zeit den katholischen Bischof Berning empfing. Die beiden Gespräche, die auch zeitlich etwa gleich lang waren, verliefen im Prinzipiellen überraschend ähnlich. Beide Herren versicherten Hitler zunächst die dankbare und freudige Bereitschaft zur Mitarbeit im neuen Staat und trugen dann mit Nachdruck ihre Befürchtungen um die Freiheit und Unabhängigkeit der Kirche vor[3], wobei sich offenbar auch Berning auf den Mecklenburger Zwischenfall bezog.[4] Daraufhin erwiderte Hitler beiden Gesprächspartnern, daß dieser Zwischenfall eine Ausnahme sei, und stellte zugleich grundsätzlich fest, daß er nicht daran denke, durch Staatskommissare in die Kirche einzugreifen. Weiter erklärte er, er fühle sich beiden Konfessionen gegenüber zur Parität verpflichtet, wobei er freilich als Katholik gegenüber der evangelischen Kirche in einer schwierigen Lage sei. Er könne sich, so meinte er zu Berning, »in die evangelische Kirche und ihre Struktur nicht hineinfinden«. »Wie immer er Stellung nehme», so äußerte er gegenüber Kapler, werde es ihm als Glied der katholischen Kirche »verdacht werden«.[5]

In der Tat war nun neben den prinzipiellen Übereinstimmungen in den kirchenpolitischen Grundsätzen das verschiedene Verhältnis Hitlers zu den beiden Konfessionen nicht zu verkennen.

Gegenüber der katholischen Kirche trat der Katholik Hitler ganz offensichtlich sehr viel sicherer und selbständiger auf. Diese Sicherheit war nicht gespielt. Denn den Katholizismus kannte er und meinte auch zu wissen, wie man mit ihm umzugehen hatte. Außerdem hatte er hier die kirchenpolitischen Weichen bereits gestellt und wußte von Papen, daß seine Konkordatspläne in Rom die erhoffte günstige Aufnahme gefunden hatten.[6]

So befand er sich im Gespräch mit dem ahnungslosen Osnabrücker Bischof in einer überlegenen Situation und behandelte die katholische Kirche bereits ganz als weltanschauliche Bundesgenossin im Kampf gegen den gottlosen Bolschewismus und das verderbliche Judentum. »Er sprach mit Wärme und Ruhe«, hieß es im Protokoll, »hie und da temperamentvoll. Gegen die Kirche kein Wort, nur Anerkennung gegen die Bischöfe.«[7] Aus dem gleichen scheinbaren Einverständnis heraus gab er ebenso weitreichende wie unbestimmte Garantien hinsichtlich der Freiheit der Kirche, der Schule und der katholischen Vereine und versicherte, daß er beim Abbau der katholischen Beamten keine Unregelmäßigkeiten dulden werde.

Im Gegensatz zu diesem Gespräch, das Hitler ganz als den geschickten und überlegenen Politiker zeigte, der die Dinge fest in der Hand hielt, verriet die Unterredung mit Kapler eine gewisse Zurückhaltung. Es wird zutreffen, was sich Pechmann aus Kaplers Bericht notierte, daß Hitler überhaupt erst durch Ludwig Müller von der komplizierten landeskirchlichen Struktur des deutschen Protestantismus gehört hatte.[8] Und für die besondere lutherische Mentalität der evangelischen Kirche dürfte er ohnehin nicht den geringsten Sinn gehabt haben. So lag es nahe, nach der Festlegung der Grundsätze die unmittelbare Verantwortung für die evangelischen Dinge Männern zu übertragen, die sich in dieser heiklen Materie besser auskannten als er. Genau das war denn auch der entscheidende Inhalt des Gesprächs mit Kapler. Zu Recht vermerkte daher Lammers als »Ergebnis der Besprechung: a) D. Dr. Kapler soll in allen die evangelische Kirche betreffenden Fragen sich an den Herrn Reichsminister des Innern wenden und außerdem an den Wehrkreispfarrer Müller als den Vertrauensmann des Herrn Reichskanzlers«.[9]

Diese bewußt unklar gelassene doppelte Beauftragung stelle ein typisches Merkmal für Hitlers Herrschaftsstil dar, wie ihn Ernst Fraenkel in seinem »Doppelstaat« für die Rechtspolitik analysiert hat.[10]

Ressortmäßig zuständig und von seiner Konfession her dafür geeignet war der evangelische Reichsinnenminister, der tatsächlich bis Ende 1934 in den Grenzen seiner Möglichkeiten die Sache der evangelischen Kirche nicht ohne Wohlwollen vertreten hat.[11] Fricks Beauftragung im Rahmen seines Ressorts garantierte der Kirche, wie sich zeigen sollte, in den heftigen Kämpfen der nächsten Zeit wenigstens eine gewisse Berücksichtigung der geltenden rechtlichen Normen.

Müllers Auftrag dagegen war rein politischer Natur. Durch ihn schuf sich Hitler die Möglichkeit, auf die Entwicklung der evangelisch-kirchlichen Dinge Einfluß zu nehmen, ohne selbst auf diesem Feld antreten zu müssen. Welches Ziel er damit verfolgte, zeigte der Wortlaut der Beauftragung, die am 25. April veröffentlicht wurde. »Nachdem sich durch die Ereignisse der letzten Zeit die Notwendigkeit ergeben hat«, so lautete der Erlaß, »zu einer Reihe von Fragen, die das Verhältnis des Staates zu den evangelischen Kirchen betreffen, Stellung zu nehmen, ernenne ich zu meinem Bevollmächtigten für die Angelegenheit der evangelischen Kirchen, soweit sie diese Fragen berühren, Herrn Wehrkreispfarrer Müller, Königsberg. Er hat noch den besonderen Auftrag, alle Arbeiten zur Schaffung einer deutschen evangelischen Reichskirche zu fördern.«[12] Man muß diese Beauftragung zusammen mit dem Plan eines Reichskonkordats als parallele Schritte Hitlers zur Lösung der Kirchenfrage im Sinne seiner drei Prinzipien sehen. Dabei war die evangelische Reichskirche vor allem aus Paritätsgründen wichtig. Hitler war zweifellos ehrlich, als er Kapler versicherte, daß er als Staatmann »das größte Interesse an einem einheitlichen protestantischen Block« habe, »schon als Gegengewicht gegen den Katholizismus«.[13] Auch als Müller am 4. Mai dem Drei-Männer-Kollegium Hitlers Einstellung zur Reichskirche erläuterte, bestätigte er diese Zusammenhänge noch einmal ausdrücklich. Hitler wolle, so sagte Müller, kein Reichskonkordat *ohne* eine evangelische Reichskirche abschließen. Ein Konkordat aber wolle er nur unterschreiben, wenn er dafür das Zentrum verbieten könne.[14]

Hitlers Wille, die Kirchenfrage für beide Konfessionen parallel zu behandeln und möglichst gleichzeitig zu lösen, erwies sich als so mächtig, daß tatsächlich auf derselben Kabinettsitzung am 14. Juli das Gesetz über die neue Verfassung der Deutschen Evangelischen Kirche und das Reichskonkordat beschlossen wurden. Der Weg zu diesem 14. Juli verlief freilich in beiden Kirchen sehr verschieden. Auf katholischer Seite entwickelten sich die Dinge zielstrebig und wie geplan; auf evangelischer Seite dagegen kam es zu spektakulären Eingriffen und tumultuarischen Zwischenfällen. Entscheidend für beide Entwicklungen blieb der Wille Hitlers, die Kirchenfragen ohne Verzug und auf seine Weise zu Ende zu bringen. Dieser Wille allein erklärte auch, warum Hitler trotz aller Schwierigkeiten bis Ende 1934 an seinem Mann festhielt und immer neue Versuche unternahm oder zuließ, doch noch die evangelische Reichskirche zu retten.

Ludwig Müller, der durch Hitlers Erlaß am 25. April plötzlich aus der Anonymität heraustrat und der dann im Herbst für einige Zeit der erste und einzige Reichsbischof der Deutschen Evangelischen Kirche werden sollte, war ein schwacher Charakter. Der damals 50jährige stammte aus Westfalen, war im Krieg Marinepfarrer geworden und bei dieser Laufbahn geblieben, die ihn 1926 als Wehrkreispfarrer nach Königsberg geführt hatte. Er war in seinem Amt der Typ des frommen Routiniers, der sich allen Situationen anzupassen verstand und die Sprache der pietistischen Kreise Westfalens ebenso beherrschte wie den forschen Ton der Reichswehrkasinos.

Da er nicht ohne Zeichen guten Willens begann und offenbar eine gewisse Vertrauenswürdigkeit auszuströmen verstand, gelang es ihm zunächst, die Kirche weithin über sich zu täuschen. Aber der weitere Gang der Dinge machte seine innere Leere und Haltlosigkeit sehr schnell und auf fast grausame Weise deutlich. Unter dem Einfluß fragwürdiger Berater verfing er sich seit dem Sommer 1933 immer stärker in einem Netz von Lügen und Intrigen, bis er schließlich für Kirche und Staat gleich unerträglich geworden war und nicht einmal mehr Hitler ihn halten mochte und konnte. Nach seiner lautlosen Entmachtung im Frühjahr 1935 führte er dann, fast vergessen, eine merkwürdige Randexistenz, die 1945 in Berlin – möglicherweise durch eigene Hand – endete.[15]

Daß Hitlers Wahl ausgerechnet auf diesen Mann fiel, hatte einen einfachen Grund. Er kannte nur wenige evangelische Pfarrer und keinen anderen, der für diese Aufgabe in Frage gekommen wäre. Von Müller jedoch wußte er schon seit längerem, daß dieser bestimmte kirchenpolitische Vorstellungen besaß und daß er – Hitler – sich auf ihn verlassen konnte. Die Vorgeschichte der Berufung Müllers läßt sich im einzelnen nicht mehr aufklären. Das erste Zusammentreffen fand wahrscheinlich 1926 oder 1927 in Königsberg statt. Wenn Müllers Berichte darüber stimmen, hat er Hitler schon bei diesem Zusammentreffen Gedanken über die Zukunft der evangelischen Kirche vorgetragen.[16] Mindestens ebenso wichtig dürfte für Hitler die Tatsache gewesen sein, daß Müller – inzwischen sein entschiedener Anhänger – unter den Offizieren des Königsberger Wehrkreiskommandos nicht ohne Erfolg für die Partei geworben und 1932 in einer schwierigen Situation den Kontakt zwischen dem Chef des Königsberger Stabes, Oberst v. Reichenau, und Hitler hergestellt hatte.[17] Kirchlich hatte sich Müller im gleichen Jahr den Deutschen Christen in Ostpreußen angeschlossen und wohl mit Erich Vogelsang und Horst Schirmacher deren besondere Richtlinien entworfen, die sich von der Berliner Richtung durch eine größere Kirchlichkeit unterschieden.[18] Wann Müller und Hitler nach der Machtergreifung zum ersten Mal zusammenkamen und von wem dabei die Initiative ausging, wissen wir nicht. Vermutlich hing dies alles mit der 1. Reichstagung Anfang April zusammen. Am 6. April jedenfalls war Müller bereits als »der Berater des Reichskanzlers in evangelisch-kirchlichen Angelegenheiten« bekannt und erläuterte in dieser Funktion Kapler und dem zufällig anwesenden Zoellner Hitlers Wünsche und Absichten. Der Kanzler habe, so ließ der Wehrkreispfarrer die beiden Herren wissen, »ein dringendes Interesse an einer Konsolidierung des Protestantismus . . : Der bestehende Zustand der Zersplitterung in 28 Landeskirchen sei dem Kanzler unverständlich. Er wünsche einen handlungsfähigen Block als Gegengewicht gegen den einheitlich organisierten Katholizismus.« Mit dieser Auffassung, so erklärte Müller weiter, finde der Kanzler »weitgehende Zustimmung in den Reihen der ›Deutschen Christen‹«. Wie die zukünftige Reichskirche ausgestaltet werden solle, sei allerdings noch ungeklärt; »es bestehe der Wunsch nach einer organischen Verbindung der Kirche mit dem Staat«, möglicherweise durch eine Berufung von Kirchenführern in eine neu zu schaffende erste Kammer.[19] Zugleich war in diesem Gespräch, das Zoellner den entscheidenden Anstoß für seine Aktion vom 13. April gegeben haben dürfte, zum ersten Mal auch die Rede von erheblichen Spannungen zwischen Müller und Hossenfelder. In der Tat mußte – wie gleich zu zeigen sein wird – Müllers besonderes Verhältnis zu Hitler von Anfang an für Hossenfelder erhebliche Probleme aufwerfen. Ein Hinweis auf entsprechende Gerüchte und deren empörte Zurückweisung enthielt schon ein Rundschreiben Hossenfelders vom 15. April.[20]

Am Ostermontag fand dann in Berchtesgaden ein offenbar längeres Gespräch zwischen Müller und Hitler statt, bei dem die ganze Problematik erörtert und der Plan einer offiziellen Beauftragung Müllers gefaßt wurde.[21]

Dann traten die bekannten Mecklenburger Ereignisse ein, die Hitler nur darin bestärken konnten, möglichst schnell für die evangelischen Angelegenheiten eine Regelung zu finden. Der Königsberger Wehrkreispfarrer war also, auch wenn sein Name noch weithin unbekannt war, doch keineswegs ohne Informationen und Verbindungen, als er am 25. April mit Hitlers Auftrag an die

Öffentlichkeit trat und bald darauf ein Dienstzimmer im Innenministerium bezog.[22]

Ahnungslos, was dieser Auftrag bedeutete, vielmehr überzeugt, daß nun für das Reich, für die Kirche und vor allem für ihn selbst eine große Zeit anbreche, versicherte Ludwig Müller am 26. April in einer Erklärung: »Das Vertrauen des Reichskanzlers hat mich zu einer großen und schweren Arbeit berufen. Mit Gottvertrauen und im Bewußtsein der Verantwortung vor Gott gehe ich ans Werk. Das Ziel ist die Erfüllung evangelischer deutscher Sehnsucht seit den Zeiten der Reformation.« Die Lage sah er folgendermaßen: »Die ›Deutschen Christen‹ wollen eine evangelische deutsche Reichskirche. Sie haben das Kirchenvolk stark aufgerüttelt. Die Kirchenregierungen wollen ebenfalls eine große ›evangelische Kirche deutscher Nation‹. Diese Kirche muß jetzt gebaut werden.« Daß ihr Baumeister von nun an Ludwig Müller heißen sollte, daran ließ die Erklärung keinen Zweifel. »Es ist der Wunsch und der Wille des Reichskanzlers, daß die evangelische Christenheit das große Werk mit fröhlichem Gottvertrauen beginne und in vertrauensvoller Zusammenarbeit mit dem Reiche vollende.« Und neben die fromme Ermunterung »Der Herr der Kirche schenke uns allen den Geist der Einmütigkeit«, trat auch schon die fromme Drohung, daß der gleiche Herr auch die Kraft geben möge, »alle Störungsversuche unerbittlich niederzuhalten«. »Die evangelischen Gemeinden im ganzen deutschen Vaterland« aber bat der Beauftragte, »unsere Arbeit auf fürbittendem Herzen zu tragen.«[23] Diese Erklärung war typisch für die Sprache, die Müller liebte, und die in seinem Munde ihre routinierte Nichtssagendheit peinlich offenbarte.

Die evangelischen Kirchenangelegenheiten, die sich im Lauf des April so verwirrend entwickelt hatten, schienen mit den Ereignissen und Entscheidungen des 23., 24. und 25. April endlich wieder auf klarem Wege. Die Gefahr eines Staatseingriffs war abgewendet. Der Reichskanzler hatte durch die Bestimmung eines amtlichen und eines persönlichen Beauftragten die Freiheit der Kirche scheinbar respektiert und zugleich sein Interesse an der Kirchenreform deutlich bekundet. Durch die Entsendung Müllers, so jubelte die *Niederdeutsche Kirchenzeitung*, habe Hitler »nun selbst in das Schicksal der evangelischen Kirche eingegriffen, und zwar in einer Weise, die die Freiheit der Kirche sicherstellt. Das soll ihm, dem Katholiken, von uns Evangelischen unvergessen sein. Seine Größe ist über jedes Lob erhaben.«[24] Damit verband sich zugleich die Hoffnung, daß die politisch-revolutionären Kräfte der Deutschen Christen auf den Weg der Zusammenarbeit mit den Kirchenleitungen verwiesen seien. Auch in der Kirche schienen mit der fast einstimmigen Bestätigung des Drei-Männer-Kollegiums die Zuständigkeiten wieder geklärt zu sein. Zoellner, dessen eigenwillige Aktion so viel Unruhe verursacht hatte, versicherte, alles Weitere sei allein Sache der neuen Beauftragten, und die bevollmächtigten Mitglieder des preußischen Kirchensenats, der noch am 21. April Kapler die Ermächtigung verweigert hatte, paßten sich der Entwicklung an und übertrugen ihm am 26. April ihre Vollmacht.[25] Auch über das Ziel herrschte, wie Müller richtig gesehen hatte, wenigstens grundsätzliche Einigkeit. Alle Beteiligten wollten die große Kirchenreform, die aus dem landeskirchlich gegliederten und parlamentarisch-synodal verfaßten evangelischen Kirchenbund eine einheitliche und mächtige Reichskirche machen sollte. Unter diesen Bedingungen ging man Ende April energisch an die Arbeit. Und zunächst behielt das Drei-Männer-Kollegium die Dinge auch tatsächlich weitgehend in der Hand.

Die ersten Überlegungen zur neuen Verfassung entwickelte der juristische Berater des Kirchenbundes, der Bonner Kirchenrechtler Johannes Heckel, in einer Besprechung mit Kapler und Hosemann am 2. Mai. Schon am folgenden Tag, dem 3. Mai, traten Marahrens und Hesse, die von Kapler berufenen Mitbeauftragten, hinzu, und am 4. Mai fand dann das erste offizielle Gespräch zwischen dem Drei-Männer-Kollegium, Heckel und Hosemann auf der einen, Müller und dem ostpreußischen Pfarrer Horst Schirmacher, den der Wehrkreispfarrer inzwischen zu seinem »Adjutanten« ernannt hatte, auf der anderen Seite statt.[26]

Bei diesem ersten offiziellen Treffen trug Heckel den Versammelten die Ergebnisse der bisherigen Überlegungen und Besprechungen vor. Dabei zeigte sich, daß das entscheidende Problem der neuen Kirche nicht in der institutionellen Organisation lag. Im Gegenteil: Über die Notwendigkeit eines starken geistlichen Führers an der Spitze, die Zusammenfassung der Exekutivgewalt und den Abbau des kirchlichen Parlamentarismus auf allen Ebenen bestand – mit Ausnahme der Reformierten – auf allen Seiten Einigkeit. Die Schwierigkeiten entstanden vielmehr an der Bekenntnisfrage. Sie war es, die den Entwurf einer Reichskirchenverfassung zu einer Quadratur des Kreises werden ließ. Denn nach lutherischer Überzeugung gehörte zu jeder Kirche im Vollsinne des Wortes das gemeinsame und gleiche Bekenntnis. Im evangelischen Deutschland aber gab es drei Bekenntnisformen: die lutherische, die reformierte und die verschiedenen Unionen. Entweder schuf man also eine wirklich einheitliche evangelische Reichskirche, dann mußte man die Bekenntnisfrage relativieren, hob aber eben damit für die Lutheraner den Kirchencharakter dieser Kirche auf. Das war der Weg, den die Deutschen Christen gerne gegangen wären, der sich aber bald als ungangbar erwies. Oder man ging von der Unantastbarkeit der Bekenntnisformen aus, dann kam man eben zu keiner einheitlichen Reichskirche, sondern wiederum nur zu einem Bund, freilich keinem Kirchen-, sondern einem Bekenntnisbund. Dieser zweite Weg wurde fast einmütig von allen Kirchenleitungen vertreten und setzte sich schließlich auch durch.[27]

Einen dritten Weg versuchte zunächst interessanterweise Ludwig Müller zu beschreiten. Er wurde deutlich in der gemeinsamen Presseerklärung, die Hosemann am Abend des 4. Mai an die Presse gab. Darin hieß es, daß sich unter den Gesprächsteilnehmern »über Art und Ziel der außerordentlich bedeutsamen Aufgabe ... eine hocherfreuliche Übereinstimmung« ergeben habe. Man wolle etwas grundlegend Neues schaffen, damit die evangelische Botschaft wieder alle Kreise des deutschen Volkes erreichen könne. Der ganze Neubau der Kirche aber – und damit kamen Ludwig Müllers Vorstellungen ins Spiel – werde nur dann Bestand haben, »wenn das Gemeinsame der verschiedenen, historisch gewordenen Bekenntnisse grundlegend herausgestellt wird. Von diesen Gemeinsamkeiten aus soll die reformatorische Botschaft in der neuen Wende der Geschichte dem evangelischen Volk verkündigt werden. Dieses Gemeinsame zu sichern und zu finden, muß das Gebetsanliegen der ganzen deutschen evangelischen Christenheit sein.«[28]

Was Müller unter diesem Suchen des Gemeinsamen verstand, ließ er in der nächsten Woche wissen. Nachdem am 5. Mai eine Unterredung des Drei-Männer-Kollegiums mit den Berliner Deutschen Christen stattgefunden hatte, über die gleich noch zu berichten sein wird, traf das Triumvirat am 10. Mai erneut mit Müller zusammen. Wieder war im Kommuniqué von »völliger Übereinstimmung« die Rede, und wieder wurde die Bekenntnisfrage auf besondere Weise zur Sprache gebracht. Diesmal hieß es ausdrücklich: »Bevor die Einzelheiten des neuen Verfassungswerkes zu abschließender Beratung kommen, muß versucht werden, dem Geschlecht unserer Tage deutlich zu machen, was es heißt, evangelisch zu sein. Die reformatorischen Bekenntnisse, die dafür vor vierhundert Jahren auf Grund des Wortes Gottes den klassischen und unantastbaren Ausdruck gaben, rufen uns heute zu einem Akt des Bekennens auf, wie er in der Sprache unserer Zeit und in den heute an uns herantretenden Fragen nötig ist.«[29] Es war ganz offensichtlich Ludwig Müllers Plan, das Dilemma der Bekenntnisfrage durch ein aktuelles Bekenntnis zu überwinden, das zu den historischen Bekenntnissen hinzutreten und die Reichskirche theologisch ermöglichen sollte. Auch den Inhalt eines solchen Bekenntnisses hatte er bereits vor Augen. In zwei verschiedenen Interviews am 11. und 12. Mai wies er in diesem Zusammenhang nachdrücklich auf die ostpreußischen Richtlinien der Deutschen Christen hin, an deren Entstehung er mitbeteiligt gewesen war. In der Tat fand sich schon in diesen Richtlinien eine entsprechende Aussage, die Müller jetzt nur noch zu zitieren brauchte, nämlich die Forderung einer Weiterbildung des deutschen evangelischen Bekenntnisses bei völliger Wahrung des Bekenntnisstandes der Reformation. Es war für Müller keine Frage, daß diese Bekenntnisbildung im deutschchristlichen Sinne zu geschehen hatte, wie er ihn verstand und wie es die ostpreußischen Richtlinien ausdrückten: »Die Ewigkeitswahrheit Gottes, wie Christus sie gelehrt hat, soll in einer der deutschen Seele verständlichen Sprache und Art verkündigt werden.« Im gleichen Interview unterstrich er, daß das einmütige Bekennen »das Wichtigste und Ausschlaggebende für die Gestalt der deutschen evangelischen Kirche« sei und daß sich, wenn diese Grundlage gelegt sei, auch »der einheitliche äußere Bau errichten« lasse, »wie die jetzige Zeit ihn verlangt«.[30]

Es ist kein Zweifel, daß Müller sich mit dieser überraschenden Betonung des Bekennens in Übereinstimmung befand mit jener großen Bekenntnisbewegung, die die evangelische Kirche seit einiger Zeit ergriffen und die ihren ersten weithin sichtbaren Ausdruck im Altonaer Bekenntnis gefunden hatte. Wie sehr dies alles in der Luft lag, hatten Zoellners Gedanken gezeigt und zeigten Anfang Mai rund 200 ostpreußische Pfarrer, die nach dem Vorbild des Altonaer Bekenntnisses und unter Aufnahme mancher Gedanken der ostpreußischen Richtlinien einmütig ein »Wort zur Stunde« verabschiedet hatten.[31]

Auch Hans Asmussen begrüßte diese Richtung. Im Unterschied zu den anderen jedoch begriff der junge Altonaer Pfarrer, wohin die Bekenntnisfrage die Kirche trieb. Scharf und klar formulierte er im Mai die Konsequenzen, die er für die Kirche an dieser Frage entstehen sah: »Sind die evangelischen Kirchen Deutschlands bereit, es bindend auszusprechen, daß das christliche Heil noch leidenschaftlichere Hingabe verdiene als das politische Heil? Sind sie bereit, zu bezeugen, daß jemand, der sein ganzes Leben auf das politische Heil gesetzt hat, unmöglich die köstliche Perle und den Schatz im Acker gefunden haben kann? Sind sie bereit, sich bindend dazu zu äußern, daß das politische Heil, wenn es erreicht wird, dennoch Unheil ist, gemessen am Heil des Christus? Sind sie also bereit zu bezeugen, daß in diesem Sinne alle irdischen Mächte im Unheilsraume sind? ... Sind die verantwortlichen Stellen bereit, jeden Pastor, der so predigt, gegen den Vorwurf in Schutz zu nehmen, daß solche Predigt den nationalen Belangen nicht gerecht werde?«[32]

Das konnte nun freilich gerade nicht Müllers Überzeugung sein. Und so ließ er denn schon bald die Bekenntnisfrage fallen; zumal sich immer mehr herausstellte, daß sein Problem nicht Kapler hieß, sondern Hossenfelder. Mit dem Drei-Männer-Kollegium verlief die Zusammenarbeit, wie Müller betonte, »über alles Erwarten herzlich und außerordentlich gut«.[33] Das gleiche konnte man von den Berliner Deutschen Christen jedoch keinesfalls sagen.

Hossenfelders Glaubensbewegung hatte seit ihrer spektakulären Reichstagung Anfang April eine Reihe erstaunlicher Veränderungen erlebt. Zunächst hatte Kapler unmittelbar nach der Tagung vier der verantwortlichen Pfarrer – Hossenfelder, Lörzer, Kessel und Freitag – in das Oberkirchenratsgebäude zitiert und ihnen das Mißfallen der Kirchenbehörde deutlich zum Ausdruck gebracht. Hossenfelder hatte sich dabei mit dem Hinweis verteidigt, die Gedanken an einen Staatseingriff seien nicht von den Deutschen Christen, sondern von den Nationalsozialisten ausgegangen.[34] In der nächsten Zeit wuchs angesichts des großen Echos der Reichstagung das Selbstbewußtsein der Berliner mächtig an, zumal sich nun auch außerhalb Berlins der Zulauf zur Glaubensbewegung erheblich verstärkte. Andererseits sah Hossenfelder zwischen der abweisenden Haltung der Kirchenbehörde und Hitlers Plänen mit Ludwig Müller nur wenig Ansätze für eigene erfolgversprechende Aktionen. Mit einem Schreiben an Kapler vom 15. April versuchte er daher, den Präsidenten dazu zu bewegen, zu den Sitzungen der Kirchenbehörden ab sofort auch Vertreter der Glaubensbewegungen hinzuzuziehen, da die anderen kirchenpolitischen Gruppen dort ebenfalls vertreten seien. Aber weder Kapler noch der altpreußische Kirchensenat waren zu solchen Zugeständnissen bereit.[35]

Zur gleichen Zeit ließ ein Rundschreiben Hossenfelders erkennen, daß man in Berlin über eine bevorstehende Beauftragung Müllers orientiert war. Die Kirchen, so schrieb Hossenfelder, lehnten die Glaubensbewegung nach der Reichstagung leider noch heftiger ab als zuvor. »Wie s. Zt. vor der Machtergreifung Hitlers Papen versucht hat, es ›selbst‹ zu machen, so versuchen die Kirchen jetzt, möglichst schnell und überstürzt alles selbst zu machen und uns, die Glaubensbewegung ›Deutsche Christen‹ an die Wand zu drücken. Vor allen Dingen versucht man, Mißtrauen zwischen dem Führer Adolf Hitler und mir zu säen. Gerüchte, die die Kirche verbreitet hat, daß Adolf Hitler die Reichsleitung der Glaubensbewegung ›Deutsche Christen‹ beseitigt und den

Wehrkreispfarrer Müller aus Königsberg mit der weiteren Arbeit betraut hat, sind erlogen und erstunken.« Genau das Gegenteil, so ließ Hossenfelder die deutschchristlichen Führer tröstlich wissen, sei der Fall: »Ich habe, um unsere Stoßkraft zu erhöhen, eine engere Verbindung mit der Partei aufgenommen.«[36] Der Hinweis, daß sich daraus »einige Änderungen« ergäben, nämlich daß die Leiter der Glaubensbewegung in Zukunft den Titel »Gauleiter« nicht mehr führen dürften, zeigte auch, in welche Richtung diese Kontakte gingen: zum Stabsleiter der Politischen Organisation, Robert Ley.[37] In der Tat machte Robert Ley am 24. April den Saarländischen Gauleiter Josef Bürckel ausdrücklich darauf aufmerksam, »daß die Deutschen Christen ihre Arbeit im Rahmen der Parteiorganisation ausführen und daß der Reichsleiter der Deutschen Christen, Pfarrer Hossenfelder, der Obersten Leitung der PO in der Partei unterstellt ist«.[38] Nun war die Unterstützung durch Ley und die Politische Organisation der Partei zweifellos wichtig, namentlich wo es um Werbung und Propaganda ging. Aber der ersehnten Macht in der Kirche brachte sie die Deutschen Christen keinen Schritt näher.

Anders dagegen lagen die Dinge bei einer Entscheidung, die zunächst nur beiläufig bemerkt wurde, obwohl sie die Konstellation für den ersten großen Zusammenstoß zwischen Staat und Kirche im Dritten Reich vorbereitete. Am 20. April wurde Hossenfelder – ob auf Veranlassung von Kube, Göring oder Rust wissen wir nicht – als Hilfsreferent ins preußische Kultusministerium berufen. Sein Einfluß war zwar auch hier zunächst noch gering, weil der Abteilungsleiter der Kirchenabteilung, Ministerialdirektor Dr. Friedrich Trendelenburg, ein untadeliger Beamter der alten Schule, keinerlei selbstherrliche Übergriffe duldete. Aber die Tatsache, daß der ehrgeizige und machthungrige Reichsleiter der Deutschen Christen mit seiner beträchtlichen kirchlichen Personalkenntnis nun im größten und wichtigsten staatlichen Kirchenressort Deutschlands saß, bedeutete doch ein Alarmsignal. Die *Tägliche Rundschau* bemerkte unter der Überschrift »Kirchenkommissar für Preußen?« nicht zu Unrecht, daß man in Hossenfelders Berufung »eine nachträgliche Billigung der Vorgänge auf der Reichstagung« sehen müsse.[39]

Offenkundig war schließlich auch, daß sich der Zulauf zu den Deutschen Christen in der ersten Aprilhälfte deutlich verstärkte. Es häuften sich die Appelle an die Berliner Kirchenleitung, mit den Deutschen Christen zusammenzuarbeiten. »Legen größten Wert auf Heranziehung der Deutschen Christen zur Mitarbeit . . .« telegraphierten Ende April – mit dem Zusatz »nachts« – »die beiden größten reformierten Gemeinden Deutschlands Elberfeld und Barmen« an den Kirchenbund in Berlin. Ähnlich schrieb beispielsweise am 22. April der Superintendent von Flöha/Sachsen, Dr. Krönert, in seinem Kirchenbezirk sei man einmütig der Meinung, die Deutschen Christen »sollten mit Freude und Vertrauen aufgenommen werden in unsere Kirche«.[40]

Charakteristisch für die Aufbruchsstimmung, die nun vor allem die junge Generation in der Kirche erfaßte, war auch ein Brief, den der junge Rüstringer Pfarrer Heinz Kloppenburg am 28. April an den zuständigen Kreisleiter der Partei richtete. Kloppenburg wurde, ebenso wie die Unterzeichner des Telegramms aus Elberfeld und Barmen, später zu einem führenden Mann in der Bekennenden Kirche. Aber in jenen Apriltagen sahen die Dinge noch ganz anders aus. »Das, was Sie als Kreisleiter in der gestrigen Sitzung mit Pastor Meyer sagten«, so schrieb der Oldenburger Pfarrer, »hat mich sehr bewegt. Es trat mir der ganze Ernst und die ganze tiefe Verantwortlichkeit, mit der der Nationalsozialismus um die Seele des deutschen Volkes als eines christlichen Volkes ringt, nachdrücklich, wie nie oder selten zuvor vor Augen. Nehme ich hinzu, daß die Stellungnahme des Reichskanzlers und Führers gegenüber der evangelischen Kirche durch die Ernennung von Pfarrer Müller sich als wahrhaft wegweisend darstellt – so sehe ich wirklich keine Möglichkeit mehr, sich der Notwendigkeit des verantwortlichen Beitritts zur NSDAP zu entziehen.« Er wolle, so fuhr Kloppenburg fort, »mit ganzer Kraft in den Auseinandersetzungen oder besser gesagt in der Neuregelung der Beziehungen zwischen Staat und Kirche« mitarbeiten; und wenn er auch jetzt schon von Pfarrer Hollje – dem Leiter der Deutschen Christen in Oldenburg – zum Vertrauensmann für Rüstringen bestellt sei, so glaube er doch, durch den Beitritt zur Partei der Sache noch besser dienen zu können. Er hoffe, so schloß der Brief, daß die Aufnahme »vor der Mitgliedersperre am 1. Mai« in Ordnung gebracht werden könne.[41] Tatsächlich entfaltete Kloppenburg daraufhin Anfang Mai in den Jadestädten eine lebhafte Werbe- und Vortragstätigkeit für die Deutschen Christen.

Mit der Unterstützung der PO, der Berufung Hossenfelders ins Kultusministerium und dem wachsenden Zulauf im Land waren die Deutschen Christen weit gekommen – aber offenkundig nicht weit genug, um wirklich auf den Gang der Dinge Einfluß nehmen zu können. Denn die Klärung, die die Ereignisse vom 24. bis 26. April in der Kirchenfrage brachten, vollzog sich völlig ohne Zutun der Berliner; und es sah ganz danach aus, als würden die drei Beauftragten zusammen mit Müller vollendete Tatsachen schaffen, noch ehe die Deutschen Christen so recht zum Zuge gekommen waren. In dieser Lage sah

Hossenfelder nur einen Weg, sich doch noch an die Spitze der Kirchenreform zu setzen, und das waren Urwahlen. Bei Wahlen des ganzen evangelischen Kirchenvolkes konnte er seine Stärke, den propagandistischen Rückhalt bei der Partei, voll zur Geltung bringen und angesichts der allgemeinen politischen Stimmung hoffen, eine klare Mehrheit für seinen radikalen Kurs zu gewinnen. So erließ die Berliner Reichsleitung am 30. April einen Aufruf, der die inzwischen getroffenen Entscheidungen einfach ignorierte. »Treibt jetzt die Bewegung«, so hieß es darin, »dem endgültigen Ziel zu. Gott ist mit uns. Unsere Reichstagung war die Mobilmachung. Sie hat im ganzen Land und weit über die Grenzen Deutschlands hinaus wie ein Sturm gewirkt.« Zum ersten Mal tauchte hier auch die politische Denunziation auf, die bald eine große Rolle spielen sollte. »Die Feinde des Dritten Reiches«, so behauptete der Aufruf, »verstecken sich hinter der Kirche. Wir setzen ihnen ein gläubiges Dennoch! entgegen ... Die Stunde ist da, dem herrlichen Reich Adolf Hitlers die Kirche des Evangeliums zu geben, die das deutsche Volk geliebt hat und vom deutschen Volk geliebt wird. Gott segne unseren Kampf!« Zugleich machte die Reichsleitung ihre wichtigste Forderung bekannt: »Uns nützt keine Erneuerung der Form, wenn das Innere des Baues nicht vom wahren Leben erfüllt ist. Wahres Leben kann die Kirche aber nur durch die Masse des ev. Kirchenvolkes bekommen, die noch der amtlichen Kirche fernsteht. Diese Masse steht heute aber bereits hinter unserer Glaubensbewegung und verlangt immer energischer die Gleichschaltung von Staat und Kirche ... Wir fordern daher unverzügliche Neuwahlen auf Grund eines gleichen, geheimen und direkten Wahlrechts.«[42]

Das Drei-Männer-Kollegium war selbstverständlich keineswegs gesonnen, auf diese Forderungen einzugehen. Man hielt es jedoch für richtig, die Deutschen Christen zu bitten, den Bevollmächtigten ihre Vorstellungen vom Neubau der Kirche vorzutragen. Hossenfelder, der hier eine Gelegenheit sah, sich ohne Müller unmittelbar in die Dinge einzuschalten, rief daraufhin am 4. Mai einige Miglieder der Reichsleitung – darunter den unverändert ahnungslosen Friedrich Wieneke – ins preußische Kultusministerium, wo ein Programm »Die evangelische Reichskirche nach den Grundsätzen der ›Deutschen Christen‹« ausgearbeitet wurde. Es bestand aus zehn Punkten und enthielt zum ersten Mal einigermaßen präzise die Vorstellungen der Berliner Gruppe. Die wichtigsten Stichworte lauteten:

»Evangelische Reichskirche lutherischer Prägung unter Eingliederung der reformierten Gemeinden«; keine Staatskirche, sondern eine Kirche, »die die

Hoheit des nationalsozialistischen Staates aus Glauben anerkennt«; »Kirche der deutschen Christen, d. h. der Christen arischer Rasse«; Führung durch einen - lutherischen - Reichsbischof; Gliederung »in nicht mehr als 10 Kirchenländer, an deren Spitze je ein Landesbischof steht«; Sitz des Reichsbischofs in Wittenberg; Entscheidung über Reichskirche und Person des Reichsbischofs - »dieser nach Vorschlag und aus den Reihen der ›Deutschen Christen‹« - durch Urwahl am 31. Oktober, wahlberechtigt nur Christen arischer Rasse; Vorbereitung der Wahl durch einen sechzehnköpfigen Ausschuß unter Leitung Müllers, zusammengesetzt je zur Hälfte aus Deutschen Christen und Vertretern der Landeskirchen.[43]

Schon am folgenden Tag trug eine Delegation der Deutschen Christen dieses Programm dem Drei-Männer-Kollegium vor, wo es offenbar ohne weiteren Kommentar - »sachlich und kühl«, wie Wieneke bemerkte - zur Kenntnis genommen wurde. Wieneke meinte auch noch nach dem Kriege, daß diese zehn Punkte »eine gesunde belebende Glaubensinitiative beszeugten und über alles Politisieren hinaus ein wirklich *kirchliches* Handeln erstrebten«. Davon konnte nun freilich keine Rede sein. Dafür besaßen diese Grundsätze aber doch wenigstens den Vorzug der Klarheit und machten wie kaum ein anderes Dokument aus dieser Zeit deutlich, was Gleichschaltung von Kirche und Staat für die Deutschen Christen tatsächlich bedeutete. Es ging um nicht weniger als um die vollständige organisatorische und ideologische Anpassung der Kirche an den nationalsozialistischen Staat, die damit tatsächlich in jedem denkbaren christlich-theologischen Sinne aufgehört hätte, Kirche zu sein.

Der erste, der über diese Grundsätze in Zorn geriet, war Ludwig Müller. Noch am Abend kam es in seinem Hotel zu einer heftigen Auseinandersetzung mit Hossenfelder. Dabei störte den Wehrkreispfarrer wohl nicht nur der »Einbruch in seine Kreise«[44], so unangenehm es dem selbstbewußten Mann auch sein mochte, daß Hossenfelder hier einfach über ihn verfügt hatte. Offenkundig besaß er auch noch so viel traditionelles Unterscheidungsvermögen, daß ihm die Wirkung dieser Sätze auf seine kirchlichen Gesprächspartner nicht unklar blieb. Auf der Basis dieser Sätze, das sah Müller deutlich, war an eine Einigung zwischen den kirchlichen Beauftragten und den Deutschen Christen nicht zu denken.

Aus dieser Situation erklären sich Müllers nächste Schritte. Zunächst mußte ihm jetzt alles daran liegen, die Deutschen Christen in die Hand zu bekommen, um weitere radikale Eskapaden zu verhindern. Und zugleich mußte er ein eigenes Programm finden, auf das sich die Vertreter des Kirchenbundes und die Deutschen Christen einigen konnten. Beides war ihm bis Mitte Mai im wesentlichen gelungen.

Was zunächst die Deutschen Christen betraf, so gedachte Müller kurzen Prozeß zu machen. Er schickte seinen Adjutanten Schirmacher zu Hossenfelder und ließ diesem erklären, »der Kanzler wünsche persönlich die Führung der Kirche durch Müller, und Müller wünsche deshalb die Leitung der Glaubensbewegung zu übernehmen«.[45] Aber obwohl Ludwig Müller scheinbar alle Trümpfe besaß, wollte der Reichsleiter das Spiel doch noch keineswegs ganz aus der Hand geben. So lenkte er zwar vorläufig ein, ernannte als Verbindungsmann zum kirchlichen Reformwerk den in kirchlichen Kreisen geachteten Missionsinspektor Weichert und erklärte, die Reichsleitung stünde »in vollstem Vertrauen hinter dem Drei-Männer-Kollegium«.[46] Die Führung der Glaubensbewegung gab er jedoch nicht frei. Statt dessen machte er Müller den Vorschlag, die »Oberleitung« der Deutschen Christen als »Schirmherr« zu übernehmen.

Während dieser Entwicklung hatte Müller zugleich mit Nachdruck die Suche nach einem eigenen Programm betrieben, das nach seiner Vorstellung als eine Art neuen Bekenntnisses die gemeinsame Basis aller an der Kirchenreform Beteiligten bilden sollte. Dabei hatte er einen wichtigen Helfer gefunden: die deutsche Universitätstheologie in Gestalt des Tübinger Theologen Karl Fezer.

Der damals 42jährige Schwabe gehörte zu den angesehensten Vertretern der jüngeren Theologengeneration. 1925 hatte er in einem Werk *Das Wort Gottes und die Predigt* Anregungen von Karl Barth für die Predigtlehre verarbeitet, war daraufhin als Professor für Praktische Theologie an die württembergische Landesuniversität berufen worden. Zu Fezers persönlichem Ansehen kam noch das Gewicht seiner Fakultät hinzu, die mit fast 900 Theologiestudenten noch vor Berlin die größte des Reiches war.[47] Fezers Weg in die Kirchenpolitik, in der er bis zum Spätherbst eine ebenso bedeutende wie problematische Rolle spielen sollte, begann mit einem außerordentlichen Fakultätentag, zu dem der Vorsitzende, der Hallenser Alttestamentler Hans Schmidt, unter dem Eindruck der 1. Reichstagung die Dekane aller evangelisch-theologischen Fakultäten nach Berlin eingeladen hatte.[48] Angesichts des Zeitpunktes – es war der 27. April, und die wichtigen Entscheidungen auf seiten Hitlers wie der Kirche waren gerade gefallen – entspann sich unter den fast vollzählig erschienenen Dekanen und Prodekanen eine erregte Debatte über die Aufgaben der Theologie und der theologischen Fakultäten in dieser Zeit.

Dabei zeigte sich, daß auch durch die Universitätstheologie ein tiefer Riß ging. »Sehr viele warten auf ein Wort der Kirche gegen das, was jetzt an Unrecht geschieht«, meinte der 68jährige Berliner Sozialethiker Mahling. »Die Kirche müßte auf Unterstützung durch den Staat verzichten, um die Freiheit des Geistes, der Kultur und Verkündigung zu retten.« Ähnlich kritisch äußerten sich der Kieler Systematiker Hermann Mulert und der Marburger Neutestamentler Hans v. Soden.

Sehr viel größer dagegen war die Gruppe der jüngeren Professoren, die zum Teil leidenschaftlich die unbedingte Solidarität der Kirche mit dem neuen Staat forderten. Zu ihren Wortführern gehörten Emanuel Hirsch, der seinen bevorstehenden Eintritt in die Glaubensbewegung ankündigte, die Kirchenhistoriker Hermann Wolfgang Beyer aus Greifswald und Heinrich Bornkamm aus Gießen, die Alttestamentler Anton Jirku aus Breslau, Johannes Hempel aus Göttingen und Arthur Weiser aus Tübingen und nicht zuletzt auch Karl Fezer. Viele dieser Namen sollte man sehr bald bei den Deutschen Christen wiederfinden. Schließlich einigte sich der Fakultätentag auf eine Lösung, die in der Zeit der autoritären Kommissare und Bevollmächtigten nahe lag. Auf Vorschlag von Beyer und Hirsch wurde Karl Fezer einstimmig zum »Vertrauensmann des Theologischen Fakultätentages in den zu lösenden Kirchenfragen« gewählt. Fezer hatte schon in der Sitzung erkennen lassen, daß er der deutschchristlichen Sache nahestand. »Der von uns Bevollmächtigte«, so hatte er erklärt, »muß ein Theologe sein, der 1) Ehrfurcht hat vor dem Blut, das rings um Deutschland geflossen ist, 2) Ehrfurcht vor dem Blut, das im Dienst der nationalsozialistischen Sache geflossen ist, 3) natürlich vor allem vor der Sache, die er als Theologe vertritt.«[49] Von dieser Auffassung her war es nur konsequent, daß er zuerst die Zusammenarbeit mit Ludwig Müller suchte und erst danach einen Besuch bei Kapler machte.[50] Unter diesen Umständen dürfte es für Ludwig Müller, der mit Fezer zudem den gemeinsamen pietistischen Hintergrund teilte, nicht schwer gewesen sein, den Tübinger Theologen als Gewährsmann und Mitarbeiter zu gewinnen. Damit aber war ein entscheidender Schritt getan. Denn nun traten sehr bald weitere Theologen hinzu und bildeten eine Art persönlichen Arbeitskreis, der Auftrag und Richtung des Wehrkreispfarrers stützte. Zu diesem Arbeitskreis gehörten neben Fezer vor allem Emanuel Hirsch, der seit Mitte Mai mit der ihm eigenen blinden Verbissenheit die Sache Ludwig Müllers verfocht; der lutherische Systematiker Friedrich Karl Schumann aus Halle und für die reformierte Seite der Bonner Theologe Wilhelm Goeters.

Der Gewinn, den dieser Arbeitskreis Ludwig Müller brachte, kann schwerlich überschätzt werden. Das außerordentliche Ansehen, das die deutsche Universitätstheologie im In- und Ausland genoß, übertrug sich auf den bis dahin unbekannten Wehrkreispfarrer und verdeckte seine theologischen und charakterlichen Schwächen; und nicht nur in Württemberg meinte man weithin, einem Mann, dem Karl Fezer vertraue, könne und dürfe man blindlings folgen.

Man kann gewiß bezweifeln, ob der Anschluß Fezers an Müller ganz im Sinne des Fakultätentags war. Aber die Zeit hielt die Haltung des kritischen Beraters in den großen Fragen der deutschen Zukunft für so unangemessen und forderte so entschieden Parteinahme und Parteilichkeit, daß Fezer gerade mit seinem Schritt zu Müller den Sinn seines Auftrags zu erfüllen meinen konnte.

Müllers theologischer Arbeitskreis, der in einer Art Konkurrenz zur Reichsleitung der Deutschen Christen entstand, beschränkte sich nicht nur auf seine persönliche Unterstützung. Vielmehr machte sich Fezer sofort an die Arbeit, um zunächst mit Müller zusammen jenes neue Bekenntnis zu formulieren, auf das der Wehrkreispfarrer Kirchenleitungen und Deutsche Christen festzulegen hoffte. Tatsächlich gelang es in kurzer Zeit, einen Text zustande zu bringen, der allen Erfordernissen zu genügen schien.

Die neuen »Richlinien für die Glaubensbewegung ›Deutsche Christen‹« – im Unterschied zu den Hossenfelderschen nun Fezersche oder Müllersche Richtlinien genannt – bestanden aus zwei Teilen. Der erste Teil unter der Überschrift »Ziel der Bewegung« enthielt die Formulierung des theologischen Ausgangpunktes, der zweite Teil stellte eine erweiterte und überarbeitete Fassung der ostpreußischen Richtlinien dar. Insgesamt vertrat dieses neue Programm eine theologische und kirchliche Linie, die grundsätzlich von all denjenigen unterschrieben werden konnte, die unter dem näheren oder weiteren Einfluß der politischen Theologie der zwanziger Jahre standen; und das war, wie der Königsberger Kirchentag von 1927 gezeigt hatte, der überwiegende Teil der evangelischen Kirche.[51]

Die entscheidenden Sätze im ersten Teil, die deutlich die Theologie von Emanuel Hirsch verrieten, lauteten: »Eine deutsche Kirche *neben* dem deutschen Volke ist nichts als eine leere Institution. Christliche Kirche im deutschen Volke ist sie nur, wenn sie Kirche *für* das deutsche Volk ist, wenn sie dem deutschen Volke in selbstlosem Dienst dazu hilft, daß es den von Gott ihm aufgetragenen Beruf erkennen und erfüllen kann.«[52] Damit war die Grundthese der politischen Theologie ausgesprochen: die Solidarität mit dem Volk als Bedingung aller wahren christlichen Verkündigung. Nur eine Theologie, die das Volk als unmittelbare Schöpfung Gottes begriff und darum auch in seinem Schicksal Gott selbst am Werke sah, konnte danach als christliche Theologie in dieser Zeit das Evangelium deuten. »Den deutschen Kirchen eine Gestalt zu geben«, so lautete daher die Schlußfolgerung, »die sie fähig macht, dem deutschen Volke den Dienst zu tun, der ihnen durch das Evangelium von Jesus Christus gerade für ihr Volk aufgetragen ist, das ist das Ziel der Glaubensbewegung ›Deutsche Christen‹.« Darauf folgte die neue Fassung der ostpreußischen Richtlinien. Sie wirkten gerade im Blick auf die erst vor kurzem vorgelegten zehn Grundsätze der Berliner Deutschen Christen theologisch maßvoll und verantwortlich. Als wichtigste kirchliche Verfassungsziele wurden der Abbau des demokratischen Wahlsystems, die persönlich verantwortliche geistliche Spitze und die Vereinigung der Landeskirchen zu einer Deutschen evanglischen Kirche – »bei pietätvoller Wahrung geschichtlich begründeter Sonderrechte« – genannt. Der Begriff Reichskirche war fallengelassen und durch den Begriff Deutsche Evangelische Kirche ersetzt worden, weil die Reichskirche eine rechtliche und territoriale Identität von Reich und Kirche andeutete, die die Verbindung zu den auslandsdeutschen Gemeinden zu gefährden schien.[53] Bei dieser Entscheidung blieb es auch in Zukunft.

Die sieben inhaltlichen Forderungen klangen weit mehr christlich-national als deutsch-völkisch. An der Spitze stand die Forderung nach Weiterbildung des Bekenntnisses bei »völliger Wahrung des Bekenntnisstandes der Reformation«; als zweiter – neuer – Punkt folgte ein Artikel, der in betontem Gegensatz zu den Hossenfelderschen Richtlinien »das Werk der deutschen evangelischen Heidenmission« als »›die Bekenntnishandlung der Kirche in geschichtlicher Lapidarschrift‹ (Martin Kähler)« verteidigte – freilich »in Anerkennung der Verschiedenheit der Völker und Rassen als einer von Gott gewollten Ordnung für diese Welt«. Auch gegen die ebenfalls neu eingearbeitete Forderung, strebsamen Volksgenossen beizeiten die Gründung eines »deutschchristlichen Haushalts« zu ermöglichen, »in dem die Freude am Aufwachsen einer fröhlichen Kinderschar Glück und Segen« verbürge, war schwerlich etwas einzuwenden.

Gleichwohl waren auch diese Thesen ein Zeichen für die Korruption der politischen Theologie. Denn die Verkündigung der Kirche stand hier ganz im Dienste des Volkes und hatte damit ihre Freiheit verloren, und zwar die Freiheit des christlichen Erkennens wie die Freiheit des christlichen Handelns. Die Judenfrage war dafür nur ein, wenn auch das wichtigste Beispiel.

Am Montag, den 15. Mai, waren die neuen Thesen formuliert und die Vereinbarungen mit den Berliner Deutschen Christen getroffen. Am Vormittag des 16. berichtete Müller Hitler über den Fortgang der Dinge und ließ sich sicherheitshalber ausdrücklich seinen Kurs bestätigen.[54]

Der Bericht, den Fezer Anfang Juni in einer Versammlung in Stuttgart von diesen Ereignissen gab, machte deutlich, wie weit und bereitwillig protestantische Theologie und Frömmigkeit sich zu dieser Zeit bereits hatten täuschen lassen. Müller nämlich, so berichtete Fezer, habe wissen wollen, was der Führer selbst zu den neuen Richtlinien sagen würde. »Es war für uns einfach ergreifend«, so fuhr er dann fort, »als der Wehrkreispfarrer Müller anfragte in der Reichskanzlei, am Montagabend. Da hat dieser vielbeschäftigte Mann den Empfang zugesagt und hat diese Richtlinien mit dem Wehrkreispfarrer Müller durchgesprochen und hat sein Ja dazu gesprochen ... Ich sage, der Herr Reichskanzler hat diese Sätze gelesen, hat sie anerkannt und hat, um eine klare Marschrichtung zu gewinnen, dem Wehrkreispfarrer Müller die Oberleitung über die Glaubensbewegung ›Deutsche Christen‹ übertragen. Das war am Dienstag zwischen 11 und 12 Uhr.«[55]

Damit war Hossenfelder geschlagen. Schon am gleichen Tag schwenkte er völlig auf Müllers Linie ein. Er gab bekannt, daß um der Einheitlichkeit des Vorgehens willen »die Oberleitung der Glaubensbewegung der Bevollmächtigte des Reichskanzlers, Wehrkreispfarrer Müller«, übernehme und der Reichskanzler und Führer »die Vereinbarung bestätigt« habe. Zugleich setzte er zusammen mit Weichert, Fezer und Müller seinen Namen unter die neuen Richtlinien, nach denen in Zukunft die Bewegung marschieren sollte. In seiner nächsten Nummer brachte das *Evangelium im Dritten Reich* beides, Vereinbarung und Richtlinien, wobei freilich die schlechte Aufmachung und Plazierung den Mißmut der Berliner deutlich genug verriet.[56]

Ludwig Müller dagegen schien kurz vor dem Ziel. Im Besitz der »Oberleitung« der Deutschen Christen und mit den unterschriebenen Richtlinien in der Tasche fuhr er noch am gleichen Tag hochgestimmt nach Hannover, um sich zunächst mit seinem theologischen Arbeitskreis zu besprechen und dann in das nahegelegene Kloster Loccum weiterzureisen, wo vom 18.–20. Mai die abschließenden Verhandlungen mit dem Drei-Männer-Kollegium stattfinden sollten.

Schon am Ende der nächsten Woche jedoch stand der Beauftragte des Reichskanzlers vor den Trümmern aller seiner Kompromisse.

Die Hauptverantwortung für diesen Sturz trug eine Gruppe, die zunächst eher zu seiner Unterstützung organisiert schien, sehr bald aber in erbitterte Gegnerschaft zu ihm trat. Wenn es Hitler und seinen kirchlichen Auftragnehmern weder 1933 noch später gelang, die evangelische Kirche gleichzuschalten, so kommt ein entscheidendes Verdienst daran jener Gruppe zu, die nun um die Kirche zu kämpfen begann, als der Kampf bereits entschieden schien – im Mai 1933.

Die Gründung der *Jungreformatorischen Bewegung* war eine unmittelbare Reaktion auf die Kirchenthesen der Deutschen Christen vom 4. Mai und deren Führungsanspruch. In ihr versammelte sich die Generation der Vierzigjährigen, die in irgendeiner Weise von der kirchlichen Bewegung der 20er Jahre ergriffen worden waren. Bis zu diesem Augenblick hatte die ganze Last der Kirchenreform auf dem alten Kirchenregiment gelegen. Das junge und dynamische Element dagegen war allein von den Deutschen Christen vertreten worden. Dies aber entsprach keineswegs den wirklichen Verhältnissen im deutschen Protestantismus. Das Bild der kirchlichen Entwicklung bis 1933 war ja vielmehr wesentlich mitgeprägt worden durch den wachsenden Willen zu einer kirchlichen Erneuerung, wie er im Streit um die Kirche 1930/31 beispielhaft sichtbar wurde.[57] Die Deutschen Christen waren erst spät – 1932 – angetreten; und nur die Gunst der Stunde hatte sie in eine Position gebracht, von der aus sie die Führung beanspruchen zu können meinten. Genau ein Vierteljahr hatte die junge Generation, soweit sie nicht zu den Deutschen Christen ging, geschwiegen; verwirrt, schwankend und hingerissen von der Dynamik der Ereignisse, in die Staat und Kirche so jäh geraten waren. Jetzt, Anfang Mai, angesichts des deutschchristlichen Führungsanspruchs, begann sie zum ersten Mal zu reden. Zu ihren Sprechern wurde eine kleine Gruppe von Berliner Pfarrern; wie überhaupt alle wesentlichen Entscheidungen in diesen Monaten bis zur Bestätigung der Verfassung am 14. Juli so gut wie ausnahmslos in Berlin getroffen wurden.

Schon an jener Sitzung vom 5. Mai, auf der die Deutschen Christen dem Drei-Männer-Kollegium ihre Kirchenthesen vorgetragen hatten, hatten auch drei Vertreter dieser Generation teilgenommen: Otto Riethmüller vom Burckhardthaus in Dahlem; Walter Künneth von der Apologetischen Zentrale in Spandau und Hanns Lilje, seit 1927 Generalsekretär der Deutschen Christlichen Studenten-Vereinigung.[58] Erschrocken über den unverhohlenen Führungsanspruch der Deutschen Christen, dem der Kapler-Ausschuß wenig entgegenzusetzen zu haben schien, begannen diese drei mit der Organisation eines Kreises, der den Deutschen Christen gegenübertreten und zugleich Kapler unterstüzten sollte. Fünf Tage später, am 9. Mai, machten Künneth und Lilje auf einer Pressekonferenz im Hotel Adlon den »Aufruf der Jungreformatorischen Bewegung zum Neubau der Kirche« der Öffentlichkeit bekannt.

Man hat diesen Aufruf, wie die Jungreformatoren überhaupt, später häufig als eine von den Deutschen Christen kaum unterschiedene, überaus problematische kirchenpolitische Gruppierung eingestuft.[59] Dies war vor allem eine Folge der harten Kritik, die Karl Barth wenig später an ihr übte. Richtig ist dieses Urteil jedoch nicht. Gewiß waren die Gemeinsamkeiten zwischen dem kirchlichen Flügel der Deutschen Christen und den Jungreformatoren groß. Beide gingen aus vom Gottesgeschenk der nationalen Revolution; beide teilten die nahezu uneingeschränkte Begeisterung für das Dritte Reich und seinen Führer; beide wußten sich eins in einer jungen Front gegen die alte Kirche (zu Dibelius' Zorn sprach der Aufruf von einer »Vergreisung in Ämtern und Körperschaften«); beide wollten die schnelle und umfassende Kirchenreform. Ein Artikel wie der 11. des jungreformatorischen Aufrufs hätte zweifellos weithin auch von Deutschen Christen unterschrieben werden können: »Wir fordern, daß die evangelische Kirche in freudigem Ja zum neuen deutschen Staat den ihr von Gott gegebenen Auftrag in voller Freiheit von aller politischen Beeinflussung erfüllt und sich zugleich in unlöslichem Dienst an das deutsche Volk bindet.« Auch die Forderung des 8. Artikels nach einem neuen Bekenntnis, das »auf Grund der bestehenden Einzelbekenntnisse … den Menschen von heute die Antwort des Evangeliums auf die Frage nach Rasse, Volk und Staat zu geben« habe, deckte sich weithin zumindest mit den ostpreußischen Richtlinien.[60]

Aber all dies war nicht entscheidend. Entscheidend war vielmehr, daß alle diese Gemeinsamkeiten nicht ausreichten, um den *einen* Unterschied aufzuheben, der Deutsche Christen und Jungreformatoren trennte. Dieser Unterschied war im 1. Artikel formuliert und im 3. und 7. Artikel konkretisiert. Die Grundlage des 1. Artikels lautete: »Wir fordern, daß bei den kommenden Entscheidungen einzig und allein *aus dem Wesen der Kirche heraus* gehandelt wird.« Daraus ergab sich an zwei Stellen eine entschiedene Frontstellung gegen das deutschchristliche Programm. Die Jungreformatoren lehnten (Artikel 2) Urwahlen ab und forderten (Artikel 3) die umgehende Ernennung eines Reichsbischofs durch das Drei-Männer-Kollegium. Nur so meinte man – wie sich im Juli zeigen sollte zu Recht – den Einfluß der nationalsozialistischen Agitation auffangen zu können. Der zweite Punkt aber war der für jetzt und die nächste Zukunft entscheidende. Mit ihm blieb die evangelische Kirche *in diesem Augenblick* christliche Kirche, was immer sie sonst an politischen und kirchenpolitischen Gedanken, Plänen, Wegen und Irrwegen vertreten mochte. Er stand im 7. Aritkel und lautete: »Wir bekennen uns zu dem Glauben an den Heiligen Geist und lehnen deshalb grundsätzlich die Ausschließung von Nichtariern aus der Kirche ab; denn sie beruht auf einer Verwechslung von Staat und Kirche. Der Staat hat zu richten; die Kirche hat zu retten.«[61]

Viele der politischen und kirchenpolitischen Entscheidungen, um die im Frühjahr und Sommer 1933 im deutschen Protestantismus mit so ungeheurem Aufwand gestritten wurde, waren – theologisch gesehen – Ermessensentscheidungen, die ein evangelischer Christ so oder auch anders fällen konnte, ohne sich damit von der Kirche des dritten Artikels, der einen heiligen christlichen Kirche des apostolischen Glaubensbekenntnisses, zu trennen. Der Arierparagraph in der Kirche war keine Ermessensentscheidung. Er war in diesem Augenblick – auch wenn dies weder die lutherische noch die reformierte Theologie begriff – der wahre articulus stantis et cadentis ecclesiae, die Wahrheit, mit der die Kirche stand und fiel. Und mit dieser Wahrheit, mit ihrem Bekenntnis oder mit ihrer Verleugnung, wurde die Judenfrage zum geheimen Thema des Kirchenkampfes.[62] Elly Heuss-Knapp, die kluge und entschiedene Frau des liberalen Abgeordneten und späteren Bundespräsidenten, hatte diesen Punkt vollkommen begriffen, als sie am 18. Mai in einem Brief schrieb: »Unsere Freunde gehören alle zur neureformatorischen Gruppe und haben wenigstens laut und deutlich verkündigt, daß der Arier-Paragraph in der Kirche unmöglich sei. Ich gehe ja noch weiter und erkläre jedem Menschen deutlich, daß ich an dem Tage, wo er durchgeführt wird, aus der Kirche austrete. Daß ich dann in die katholische eintreten werde, sage ich nicht jedem ebenso deutlich, aber ich denke es.«[63]

Der Aufruf der Jungreformatorischen Bewegung am 9. Mai trug neben Künneth, Lilje und Riethmüller noch eine ganze Reihe weiterer Unterschriften.[64] Darunter waren bekannte Universitätstheologen wie die Systematiker Karl Heim aus Tübingen, Friedrich Gogarten aus Breslau und Wilhelm Lütgert aus Berlin, und die praktischen Theologen Wilhelm Stählin aus Münster und Helmuth Schreiner aus Rostock. Andere Namen standen ihrerseits wieder für ganze Gruppen oder Richtungen; so Gerhard Jacobi, der Tagebuchpfarrer, inzwischen an der Kaiser-Wilhelm-Gedächtniskirche in Berlin, für einen Kreis von jungen Berliner Pfarrern, die mit Karl Barth sympathisierten; Georg Schulz aus Wuppertal für die Sydower und Karl Bernhard Ritter aus Marburg für die Michaelsbruderschaft. Damit aber war zugleich die ganze Spannweite der Bewegung angedeutet. Sie war sich weitaus einiger in dem, was sie nicht wollte – nämlich die Herrschaft der NSDAP in der Kirche – als in dem, was sie wollte. Und manche Unterschrift, die in der Hast jener Tage gegeben wurde, hatte schon kurze Zeit später ihre Geltung wieder verloren.

Als Künneth und Lilje am 9. Mai vor die Presse traten, bestand die Bewegung aus wenig mehr als der kleinen Berliner Gruppe, dem Aufruf und etwa einem Dutzend Unterschriften. Wie sehr das evangelische Deutschland jedoch auf ein Programm dieser Art gewartet hatte, zeigte sich in einer wahren Flut von Zustimmungserklärungen. Schon eine Woche später erfuhr Marahrens aus Berlin, daß bereits 3000 Unterschriften eingegangen seien, hinter denen noch weit mehr tatsächliche Anhänger stünden.[65]

Inzwischen war ein weiterer Mann zu den Jungreformatoren gestoßen, der bald zum eigentlichen Kopf des Ganzen werden sollte, der 41jährige Dahlemer Pfarrer Martin Niemöller.[66] Der ehemalige Oberleutnant z. S. war im Krieg ein erfolgreicher U-Boot-Kommandant auf UC 67 gewesen; hatte sich dann – schon Familienvater – sein Theologiestudium buchstäblich abgehungert und war durch Zoellners Vermittlung Vereinsgeistlicher der westfälischen Inneren Mission in Münster geworden. 1931 wurde er auf eine Pfarrstelle der Gemeinde von Berlin-Dahlem gewählt, die damals zu den besten und vermögendsten Gemeinden der altpreußischen Union zählte. Der entschieden deutschnationale Westfale verband ungewöhnliche Entschlußkraft, Mut und Standfestigkeit mit einem sicheren theologischen Gespür, das weniger reflektiert als vielmehr ganz unmittelbar die christliche Wahrheit begriff und festhielt. Mit diesen Eigenschaften war er der geborene Führer in dem Kampf, der sich nun anzukündigen begann. Gerade eine Woche nachdem Niemöller mit den Jungereformatoren in Verbindung gekommen war, saß er bereits zusammen mit Künneth und Lilje in der Leitung der neuen Bewegung.

Inzwischen hatte sich der Schwerpunkt der Ereignisse für einige Tage nach Hannover verlagert. Hier traf sich Müller am 16. mit seinen theologischen Beratern Fezer, Hirsch und Goeters, um die Richtlinien noch einmal durchzusprechen und die Marschroute für die abschließenden Verhandlungen festzulegen. Dabei wurde der Text überarbeitet und namentlich an einem Punkt korrigiert, an dem die Lutheraner vor allem Anstoß genommen hatten. Es war nun nicht mehr die Rede von einer »Weiterbildung des Bekenntnisses«, was nach lutherischem Verständnis ja immer auf die gefürchtete Union hinauslaufen mußte, sondern nur noch von einem »bekenntnismäßigen Wort der Kirche zu den brennenden Fragen der Gegenwart«.[67] Es war wiederum Fezer, der in seinen Bericht über diese Besprechung den Ton jener falschen Frömmigkeit hineinbrachte, der bald auch von Müller bis zur Unerträglichkeit strapaziert wurde. »Am Morgen des Mittwoch sagte der Wehrkreispfarrer Müller – ich erzähle das, daß sie ein Bild von diesem Mann bekommen –: ›Jeder von uns geht jetzt auf sein Zimmer in die Stille, und da soll er horchen, was ihm geschenkt wird.‹ Es mochte noch nicht ein Stunde vergangen sein, da bat der Wehrkreispfarrer mich zu sich. Er legte mir etwas vor und sagte: ›Können Sie das unterschreiben?‹ Ich antwortete: ›Vom ersten bis zum letzten Wort‹.«[68]

Zur gleichen Zeit wie Müller und seine Berater traf sich auch der Kapler-Ausschuß in Hannover, um sich über die wichtigsten Fragen Klarheit zu verschaffen.

Die erste gemeinsame Sitzung jener Klausurtagung, auf der die endgültigen Entscheidungen über die Kirchenreform fallen sollten, fand dann am Nachmittag des 17. Mai in Loccum statt. Sie drehte sich vor allem um die neuen Richtlinien. Müller, der inzwischen begriffen hatte, wir kompliziert die Bekenntnisfrage lag, bestritt lebhaft, daß es sich dabei um ein Bekenntnis handle. Zugleich verriet er die taktischen Absichten des neuen Programms, als er erklärte, ihm liege viel an dieser Festlegung, »damit endlich die Haltung der ›Deutschen Christen‹, die bisher die Kirchenregierungen als ihre Gegner angesehen hätten, und in deren Reihen die Hybris nach der Reichstagung den Blick für das Wirkliche verdorben habe, eine klare Linie« komme. Die kirchlichen Bevollmächtigten hörten das natürlich gerne, und Marahrens versicherte Müller denn auch, die neuen Richtlinien bedeuteten »eine Erleichterung und Entspannung der Lage«. »Allerdings sei«, so fuhr Marahrens fort und traf damit tatsächlich das entscheidende Problem, das nun entstanden war, »nach seiner Meinung insofern eine Schwierigkeit eingetreten, als der vom Reichskanzler Bevollmächtigte zugleich Führer einer kirchenpolitischen Gruppe sei und damit das Verlangen anderer kirchenpolitischer Guppen (Jungreformatorische Bewegung) zur Heranziehung bei den Verhandlungen begründet sei.[69]

Es ist außerordentlich bezeichnend für den Druck, unter dem alle Beteiligten damals bereits standen, daß das Drei-Männer-Kollegium die naheliegende Frage, ob man unter diesen Umständen die abschließenden Verhandlungen nicht ohne Müller führen solle, offenbar nicht einmal erwogen hat. Gewiß wäre der Ausschluß des »Vertrauensmannes des Führers« von den Verhandlungen in weiten Kreisen der Öffentlichkeit auf Unverständnis, ja Entrüstung gestoßen und hätte vor allem bei den Deutschen Christen Reaktionen ausgelöst, denen sich der Kapler-Ausschuß nicht gewachsen glaubte. Andererseits geriet das Kollegium der Bevollmächtigten nun in die Schwierigkeit, im Beisein des Vertreters jener Kräfte verhandeln zu müssen, um deren Ausschaltung man sich gerade bemühte. Nicht zuletzt aus dieser Lage erklärt sich das unbefriedigende Ergebnis der mit so großen Erwartungen verbundenen Loccumer Verhandlungen.

Es ging bei diesen Verhandlungen – an denen nun auch wieder Heckel und Hosemann teilnahmen – vor allem um zwei Probleme, nämlich um die Grundzüge der Neuordnung und um den Modus ihrer Durchführung.

Was die Grundzüge betraf, so wurde man sich schnell einig, zumal man alle konkreten Aussagen vermied. Das sogenannte Loccumer Manifest, das am Ende der Verhandlungen verabschiedet und am 27. Mai veröffentlich wurde, nannte dazu die folgenden Punkte: Rechtskontinuität zwischen Kirchenbund und Deutscher Evangelischer Kirche; Bund gleichberechtigter Bekenntnisse; Bekenntnis als unantastbare Grundlage; Beseitigung der räumlichen Zersplitterung, aber Erhaltung lebenskräftiger Landeskirchen; lutherischer Reichsbischof, geistliches Ministerium, Nationalsynode und beratende Kammern. Tatsächlich war mit diesen Stichworten die Verfassung vom 11. Juli weitgehend bereits vorgezeichnet. Zugleich enthielt das Manifest ein kurzes gemeinsames Bekenntniswort, das überraschenderweise fast völlig frei von politischer Theologie den christlichen Glauben und die christliche Hoffnung trinitarisch formulierte. »Unter den Sorgen und Nöten des irdischen Lebens«, so schloß das Manifest merkwürdig zukunftsoffen in dieser so ganz von der gegenwärtigen Erfüllung bestimmten Zeit, »warten wir in Verantwortung und Vertrauen. Christus kommt wieder und bringt eine ewige Vollendung im Reiche seiner Herrlichkeit!«[70]

Erheblich schwieriger gestaltete sich die Einigung in der zweiten Frage, dem Modus der Durchführung. Denn hier steckten die eigentlichen politischen Probleme des Ganzen. Dabei war der Kern die Nominierung des Reichsbischofs. Sollte der Staat bei dieser Nominierung in irgendeiner Form ein Mitwirkungs- oder Mitspracherecht haben oder nicht? Müller versuchte mehrfach, ein solches Recht in das Verfahren der Nominierung einzubauen. Aber in diesem Punkt blieben die kirchlichen Beauftragten hart. Die Lektion, die die Landeskirchen nach dem Ende des landesherrlichen Kirchenregiments gelernt hatten, tat ihre Wirkung. Nur die Kirche allein konnte und durfte ihren ersten Reichsbischof nominieren, wenn sie nicht wieder in die Abhängigkeit und Unfreiheit der Staatskirche zurückfallen sollte. So beschlossen die drei Beauftragten einen »Modus procedendi«, den schließlich auch Müller anerkannte und unterschrieb. Nach diesem Beschluß sollten zuerst die Personalwünsche der verschiendenen kirchlichen Gruppen gehört, dann sollte im Kreise der landeskirchlichen Bevollmächtigten eine vertrauliche Einigung über die Verfassung und die Person des Reichsbischofs hergestellt und danach erst durch den Dreierausschuß dieses Ergebnis Hitler mitgeteilt werden. Darauf sollte alles an ein und demselben Tage in gottesdienstlichen Feiern im ganzen Reich bestätigt, die Verfassung im Benehmen mit dem Innenminsterium fertiggestellt und der Reichsbischof kirchlich eingesetzt werden.[71] Ausdrücklich abgelehnt waren mit dieser Regelung sowohl die Urwahlen der Deutschen Christen wie Ludwig Müllers Wunsch nach einer staatlichen Mitwirkung. Damit hatte sich, auch wenn das ganze Reformprogramm und seine Durchführung in mehr als einer Hinsicht problematisch war, im entscheidenden Punkt die kirchliche Seite durchgesetzt. Was das konkret bedeutete, sollte sich sehr schnell zeigen.

Man wird bei der Darstellung der nun folgenden turbulenten Ereignisse davon ausgehen müssen, daß der Königsberger Wehrkreispfarrer schon seit seiner Beauftragung das Amt des ersten Reichsbischofs für sich persönlich ins Auge gefaßt hatte. Die Zielstrebigkeit, mit der er sich in die Verhandlungen einschaltete, und die Selbstverständlichkeit, mit der er überall auftrat, sprechen dafür, daß er von Anfang an wußte, was er wollte. Auch lief bis Loccum scheinbar alles so glatt, daß Ludwig Müller, als er seinen Namen unter den Modus procedendi setzte, vermutlich auch nicht entfernt daran dachte, daß die Kirche jemand andern zum Reichsbischof machen könnte als ihn. Genau das aber trat zu seiner Überraschung und zu seinem Ärger nun ein.

Den Anstoß gab die Jungreformatorische Bewegung. Wenn diese Bewegung ihrerseits von Anfang an ein Ziel hatte, so war es dies, einen kirchlich bewährten Mann an die Spitze der Reichskirche zu bringen und jedenfalls Ludwig Müllers Kandidatur unter allen Umständen zu verhindern. Das hatte weniger mit Müllers Person als vielmehr mit der in der Kirche allgemein geteilten Vorstellung zu tun, daß die Nominierung des Beauftragten und Vertrauensmannes Hitlers zum Reichsbischof nun eben doch ein staatskirchliches Präjudiz von erheblichem Gewicht darstellen würde. So machten sich die Jungreformatoren schon bald auf die Suche nach einem eigenen Kandidaten. Ihre erste Wahl fiel dabei auf den Hannoverschen Landsbischof Marahrens. Er war bewährt, hatte auch ökumenisch einen guten Rückhalt und war vor allem ein unbezweifelbarer Lutheraner. Im Namen der Jungreformatorischen Bewegung richtete daher Walter Jeep, der geschäftsführende Direktor des Central-Ausschusses der Inneren Mission, in einem Brief vom 16. Mai die Bitte an Marahrens, sich für dieses Amt zut Verfügung zu stellen. Angesichts des Umstandes, daß der Hannoversche Bischof dieses Angebot sofort und entschlossen ablehnte, kam der Alternativformulierung des Schreibens eine besondere Bedeutung zu. »Sollten trotz dieses eindeutig von uns nochmals vorgeschlagenen Wunsches«, so schrieb Jeep, »der die Überzeugung vieler ist, unüberwindbare Schwierigkeiten der hier erbetenen personalen Lösung entgegenstehen, dann dürfen wir vielleicht auf eine Möglichkeit zur Lösung hinweisen, die mit der Nennung des Namens von Pastor Friedrich von Bodelschwingh in den letzten beiden Tagen hier und dort angedeutet worden ist . . .«[72]

Am nämlichen 16. Mai – es war der gleiche Tag, an dem Müller sich mit den Deutschen Christen arrangiert hatte und kurz vor dem Ziel zu stehen schien – veröffentlichte die *Tägliche Rundschau* einen Artikel unter der Überschrift »Petrus oder Stephanus?«, der aus der Alternative bereits eine Forderung machte. »In den Vordergrund«, so hieß es darin, »gehört daher heute kein Petrus, sondern ein Stephanus. Der erste Diakon der Kirche gehört jetzt an die Spitze . . . Wir nennen seinen Namen nicht, aber die Armen kennen ihn, und die Arbeiter wissen von ihm. Er kommt von daher, wo die Verheißung noch im Schwange ist: ›Die Blinden sehen und die Lahmen gehen, die Aussätzigen werden rein und die Tauben hören, die Toten stehen auf und den Armen wird das Evangelium gepredigt.‹«

Der Mann, der auf diese pathetische Weise beschworen wurde, der 56jährige Friedrich von Bodelschwingh, war der Leiter der berühmten Bodelschwinghschen Anstalten in Bethel bei Bielefeld. Er hatte sie 1910 von seinem Vater übernommen und inzwischen zu einem weitverzweigten und vorbildichen Zentrum christlicher Hilfe an den Ärmsten der Armen ausgebaut. Fast alles von dem, was an Ludwig Müller falsch war, war an Bodelschwingh echt. Seine Frömmigkeit war echt, ebenso wie seine Bescheidenheit und sein Liebe. Von Natur eher scheu, und gewiß nicht zum kichlichen Führer geboren, besaß er doch, wie sich sehr bald zeigen sollte, gerade in kritischen Situationen einen unerschrockenen Mut. Sein Name war also zweifelos eine gute Wahl.[73]

Zunächst freilich reagierte Bodelschwingh auf den Artikel mit unverkennbarem Erschrecken. Noch am gleichen Tag schrieb er seinem Mitarbeiter Pastor Gerhard Stratenwerth, der sich gerade in Berlin aufhielt, einen entsetzten Brief, er möge doch bitte im Gemüt des Artikelschreibers »jede Spur dieser Gedanken« so auslöschen, »daß er nie wieder darauf zurückkommt. Ich hoffe, daß niemand die Andeutung beachtet«.[74]

Diese Bemerkung verriet freilich eine völlige Ahnungslosigkeit über die

Verhältnisse in Berlin. Denn hier hatten sich inzwischen – während Kapler-Ausschuß und Müller in Loccum tagten – Nachrichten und Gerüchte überschlagen. Sie liefen alle darauf hinaus, daß die Deutschen Christen schon seit langem und unter allen Umständen entschlossen seien, Ludwig Müller zum Reichsbischof zu machen. In der Tat mochte nach jenem Artikel in der *Täglichen Rundschau* nun auch die andere Seite nicht länger schweigen. Am 17. Mai veranlaßte der junge Königsberger Privatdozent Erich Vogelsang, Obmann der Deutschen Christen in Ostpreußen, eine Versammlung ostpreußischer Pfarrer zur Absendung eines Telegramms nach Berlin mit der Forderung, Müller müsse, da er das Vertrauen des Führers besitze, Reichsbischof werden.[75] Unterredungen der Jungreformatoren mit Fezer und Vogelsang am 18. bestätigten, »daß auch für die neue Reichsleitung der Deutschen Christen als Reichsbischof kein anderer als Ludwig Müller in Frage kam«.[76] Das alles bedeutete für die Jungreformatoren ein Alarmsignal. So setzten sich noch am gleichen Tag Künneth und Niemöller zusammen und entwarfen 16 Thesen, die am folgenden Tag auf einem Presseempfang bekanntgegeben wurden. Diese Thesen stimmten sachlich weithin nicht nur mit den Loccumer Beschlüssen, sondern ausdrücklich auch mit den neuen Fezerschen Richtlinien überein. An drei Punkten jedoch wurde der Unterschied deutlich. Mit den Fezerschen Richtlinien forderten die Jungreformatoren eine »Absage an alle *modernen* Irrlehren«, wollten diese Absage aber auch auf »die entschlossene Abwehr der *völkischen* Irrlehren« erweitert sehen. Das war der Beginn der Auseinandersetzung mit den völkischen Grundlagen der Partei. Der zweite Punkt betraf die Stellung der Kirche zu den politisch Verfolgten. Im Widerstreit zwischen nationaler Überzeugung und christlichem Gebot stellten die Thesen fest, allgemeine Erklärungen der Kirche für die Armen und Hilfsbedürftigen genügten heute nicht; es gelte vielmehr, »die harte Not derjenigen Menschen mitzutragen, die durch das unvermeidliche politische Kampfschicksal in ihrer seelischen und sozialen Existenz erschüttert sind«. Das war eine klare Bejahung der staatlichen Maßnahmen, aber eine ebenso klare Absage an die ihnen zugrunde liegende menschenvernichtende Ideologie. Am augenfälligsten freilich war der dritte Punkt, auf den sich nun immer mehr alle Aufmerksamkeit zu konzentrieren begann: die Wiederholung der Forderung nach sofortiger Ernennung des Reichsbischofs. Es sollte ein Geistlicher sein, »der das Vertrauen der betenden und arbeitenden Gemeinden besitzt«, ein Mann, so hieß es wörtlich, »wie Friedrich von Bodelschwingh«.[77] Damit war der Stein ins Rollen gebracht und auch der am gleichen Tag in Loccum unterschriebene Modus procedendi vermochte ihn nicht mehr aufzuhalten.

Bodelschwingh freilich hoffte noch immer, den Auftrag abwenden zu können. In einem bewegenden Brief an Marahrens vom 23. Mai machte er seine Gründe noch einmal geltend. »Niemand«, so schrieb er dem Hannoverschen Bischof, »der mich und meine Arbeit genau kennt, wird glauben, daß ich für eine solche Aufgabe in Frage kommen könnte. Ich bin hier Pastor der Epileptischen und Brüder von der Landstraße und habe versucht, das Werk unseres Vaters in der Stille weiterzuführen ... Von Kirchenpolitik verstehe ich nichts. Ich bin, abgesehen von einer kurzen Hilfspredigerzeit, nie im Pfarramt gewesen. Meine theologischen Begriffe reichen für ein kirchliches Amt nicht aus.« Und dann folgte ein Satz, der deutlich macht, was die Nominierung dieses Mannes im Sommer 1933 für die Kirche tatsächlich bedeutete. »Ich gehöre«, schrieb Bodelschwingh, »weder zu den Deutschen Christen, noch zur nationalsozialistischen Partei und würde keine Möglichkeit sehen, nach dieser Seite hin eine äußere oder innere Tätigkeit zu übernehmen.« So schloß er mit der Erklärung: »Zu jedem persönlichen Opfer, das unserer Kirche in diesem ernsten Augenblick dienen kann, bin ich im Stande. Aber ich könnte um des Gewissens willen nicht die Hände zu einem Schritt reichen, durch den ich der Kirche schaden würde.«[78] Bevor jedoch dieser Brief seinen Empfänger erreichen konnte, traten in Berlin Ereignisse ein, die die ganze Szene erneut dramatisch veränderten.

Ludwig Müller hatte sich seit dem 16. Mai offensichtlich in dem Glauben gewiegt, mit Hossenfelders Unterschrift unter die neuen Richtlinien und der formellen Übernahme der »Oberleitung« die Deutschen Christen in der Hand zu haben. Eine Sitzung der deutschchristlichen Führer, die für Dienstag, den 23. Mai, nach Berlin einberufen war, sollte die Abmachungen vom 16. bestätigen und damit Müllers Postion endgültig sichern. Aber aus dem Sieg, den Müller sich erhofft hatte, wurde seine erste eklatante Niederlage. Verschiedene Gründe kamen dabei zusammen. Die Diskrepanz zwischen den deutschchristlichen Forderungen, wie sie auf der Reichstagung laut geworden waren, und der kirchlichen Linie, die Müller vertrat, war so groß, daß der radikale Flügel der Deutschen Christen Müllers Tätigkeit nur als Verrat an den revolutionären Zielen der Glaubensbewegung empfinden konnte. Die Furcht, daß Müller (was er ja auch tat) mit der alten Kirche gemeinsame Sache machen und die Deutschen Christen einmal mehr die Betrogenen sein würden, kam hinzu. Und schließlich hatte die beginnende Diskussion um den Reichsbischof Müllers Position erheblich geschwächt, weil nun jedermann wußte, daß der Wehrkreispfarrer unter diesen Umständen nur noch mit Hilfe der Glaubensbewegung zu dem begehrten Amt gelangen konnte. So kam es auf der Sitzung der deutschchristlichen Führer zu stürmischen Auseinandersetzungen, die von den radikalen Vertretern schließlich offenbar fast mit Brachialgewalt für sich entschieden wurden. Der Frankfurter Pfarrer Probst jedenfalls berichtete glaubhaft, daß Hossenfelder auf seinen – des Frankfurters – Widerspruch hin mit dem Bierglas nach ihm geworfen habe; und auch anderen gemäßigten Vertretern saß in den nächsten Tagen der Schrecken noch in den Gliedern.[79]

Das Ergebnis der Sitzung bedeutete die fast völlige Auslieferung Müllers an die Deutschen Christen. Die Versammlung bestimmte ihn zwar zu ihrem Kandidaten für das Reichsbischofsamt und nahm auch die neuen Richtlinien an; von einer »Oberleitung« über die Glaubensbewegung aber war keine Rede mehr. Die Organisation blieb fest in der Hand Hossenfelders und seiner Leute. Müller wurde zum bloßen »Schirmherrn« gemacht, dem es nicht einmal gelang, ein in Loccum gegebenes Versprechen einzulösen und die Trennung von den beiden schlimmsten Berliner Schreiern, Grevemeyer und Bierschwale, durchzusetzen.

Der Triumph der radikalen Reichsleitung schien vollkommen. Pfarrer Karl Jakubski, Hossenfelders Verbindungsmann zur Gemeinschaftsbewegung, ließ in einem Brief vom folgenden Tag an dieser grundsätzlichen Entscheidung keinen Zweifel. Leider habe er heute nicht, schrieb er einem Freund, Müller und Hossenfelder persönlich sprechen können. »Es geht hier von Sitzung zu Sitzung; heute vormittag sind sie bei Adolf Hitler gewesen, und ich kann Dir als neuestes mitteilen, daß Müller Reichsbischof werden wird. Eine andere Person kommt überhaupt nicht in Frage. Es kommt auch weiter überhaupt nicht in Frage, daß die neue Kirche anders gestaltet wird, als nationalsozialistisch und ›Deutsch-Christen‹-gemäß. Das wurde mir heute vom Adjutanten Hossenfelders, der ja ganz genau im Bilde ist, aufs neue bestätigt.« Wie sicher man sich hier seiner Sache war, und wie wenig man sich um irgendwelche Abmachungen zu kümmern gedachte, zeigte der Fortgang des Briefes. »Alle anderen Versuche«, schrieb Jakubski, »sich einzuschalten und der Kirche ein neues Gesicht zu geben, sind als nichts weiteres anzusehen, als kindliche Versuche, auch ihrerseits zu den großen Fragen der neuen Kirche Stellung zu nehmen, ob das in Loccum geschieht oder im Drei-Männer-Kollegium, Kapler usw., oder von der Jungreformatorischen Bewegung ...«[80]

Mit der Sitzung vom 23. Mai begann die Tragödie Ludwig Müllers und seiner kirchlichen und theologischen Mitarbeiter und Anhänger. Denn da die Wahrheit das augenblickliche Ende aller ihrer ehrgeizigen Pläne bedeutet hätte, mußte nun gelogen werden. Müller log schon am folgenden Tage gegenüber Meiser, er sei der alleinige Führer der Deutschen Christen und werde sich in der Bewegung unbedingt Geltung verschaffen.[81] Fezer log zwei Wochen später in Stuttgart, es gebe keinen Zweifel, daß die neuen Richtlinien der »Marschbefehl« seien, nach dem die Deutschen Christen handeln würden. Während der Tübinger Professor unmittelbar nach jener Sitzung gegenüber Kapler noch seine Trennung von den Deutschen Christen erwogen hatte, betonte er nun, man möge nach seinem Bericht urteilen, »nicht nach irgend welchen einzelnen Pressenotizen«.[82] Auf Fezers Lüge wiederum baute Wurm sein Vertrauen in Müller[83]; und bald war der ganze Müllersche Kreis in einem Netz von Lügen gefangen, das niemand mehr zu zerreißen vermochte. Für den leichtfertigen Wehrkreispfarrer bedeutete das augenscheinlich kein ernsthaftes Problem; jedenfalls hat er nie irgendwelche Skrupel oder Hemmungen erkennen lassen. Ernsthafte Männer wie gerade Fezer sind mit ihrem Verhalten in dieser Zeit bis an ihr Lebensende nicht fertiggeworden.

Die Nominierung Müllers durch die Deutschen Christen wurde Kapler am Vormittag nach jener stürmischen Sitzung durch eine kleine Delegation unter Hossenfelders Führung mitgeteilt. Kapler, der offensichtlich begriffen hatte, daß hier ein Fait accompli geschaffen werden sollte, erwiderte, er nehme die Mitteilung zur Kenntnis; im übrigen seien sich »die Kirchen in der Personalfrage bereits einig«. Tatsächlich jedoch war im Drei-Männer-Kollegium bis zu diesem Augenblick offiziell über Personen überhaupt noch nicht gesprochen worden. Aber nun blieb keine Wahl mehr. Angesichts der von verschiendenen Seiten eingehenden Meldungen, Müller werde bereits zum Reichsbischof ausgerufen, einigten sich die Bevollmächtigten auf den Namen Bodelschwingh. Marahrens wurde beauftragt, sofort mit Bethel zu telefonieren. Bodelschwingh, von dem Anruf völlig überrascht, gab schließlich den immer drängenderen Bitten des Hannoverschen Landesbischofs nach und willigte ein, daß vorläufig sein Name genannt werden dürfe, allerdings unter zwei Bedingungen: daß ihm »die volle Freiheit der Entscheidung bliebe und *vorher* mit Ludwig Müller gesprochen würde«.[84] Das eine erwies sich sehr schnell als Illusion; das andere geschah zwar, aber auf eine so unbestimmte Art, daß Ludwig Müller und seine Berater Fezer und Hirsch sich offensichtlich getäuscht fühlten.

Das Ergebnis einer kurzen Pressenotiz der Bevollmächtigten am Abend, daß Bodelschwingh als »zukünftiger Reichsbischof ausersehen sei«, sowie langer, unerfreulicher Verhandlungen in der Nacht waren am Himmelfahrtsmorgen große Schlagzeilen in der Presse, Bodelschwingh sei »zum Reichsbischof ernannt«. Die Folgen waren Wut und Empörung bei den Müller-Leuten und Unsicherheit und Furcht bei den kirchlichen Beauftragten. Namentlich Hirsch hatte sich in der Nacht so skandalös aufgeführt und so rücksichtslos mit dem Kampf gegen Bodelschwingh gedroht, daß Marahrens und Hesse schon meinten, seine Kandidatur nicht aufrechterhalten zu können. Bodelschwingh, telefonisch von dieser neuen Wendung der Dinge unterrichtet, entwarf erleichtert im D-Zug nach Berlin eine Erklärung, die seinen endgültigen Verzicht auf die Nominierung enthalten sollte. In der Hauptstadt angekommen, fand er jedoch schon wieder eine andere Stimmung vor. Sowohl Hosemann wie vor allem die Vertreter der Jungreformatoren beschworen jetzt den Betheler Pastor, unbedingt an der Kandidatur festzuhalten. Sein Verzicht würde das Ende des Kapler-Ausschusses bedeuten, zu einer Kapitulation der Kirche vor dem Staat führen und den politisch gebundenen Ludwig Müller an die Spitze bringen. Andererseits werde durch ihn eine breite Basis für die neue Kirche gesichert. Ausführliche Gespräche mit dem Königsberger Wehrkreispfarrer überzeugten Bodelschwingh, daß dieser Mann als Reichsbischof wirklich kaum tragbar war. So entschloß er sich, wenn auch schweren Herzens, den Dingen ihren Lauf zu lassen.[85]

Die vorläufige Entscheidung in dieser Frage, die für jedermann erkennbar ebenso sehr eine kirchliche wie eine politische Entscheidung war, lag nun bei den Vertretern der Landeskirchen, die für den gleichen Tag, den 26. Mai, nach Berlin zusammengerufen worden waren. Auf dieser Sitzung sollten ursprünglich, entsprechend den Loccumer Vereinbarungen, nur die Grundzüge der neuen Verfasung bekanntgegeben und ein vertrauliches Einverständnis in der Personenfrage hergestellt werden. Jetzt war daraus die Situation einer offenen Kampfabstimmung geworden. Nachdem in den zurückliegenden Wochen die Kirchenfrage weithin von einer Handvoll Leuten und hinter verschlossenen Türen verhandelt worden war, erweiterte sich die Szene nun wieder, und es mußte sich zeigen, wo die evangelische Kirche wirklich stand.

Tatsächlich machte dieser Tag erneut den alten Riß offenkundig, der süddeutsche und norddeutsche Lutheraner von den preußischen Unierten trennte. Zu diesem Riß und seiner neuerlichen Vertiefung hatte vieles beigetragen: das große Mißtrauen der Lutheraner gegen allen Unionismus, ihre traditionell größere Staatsfreundlichkeit, die Offenheit für eine politische Theologie von rechts, aber auch einfach landeskirchlicher Provinzialismus und alte antipreußische Ressentiments. In den meisten lutherischen Landeskirchen hatte man sich inzwischen zu einer Zusammenarbeit mit den – freilich auch gemäßigter als in Preußen auftretenden – Deutschen Christen entschlossen. In Bayern und Württemberg, Hamburg und Schleswig-Holstein, Thüringen und Mecklenburg hielt man zu dieser Zeit einen Kampf mit der Glaubensbewegung schon aus Gründen der Staatsräson für verhängnisvoll und meinte, nur durch ein enges Zusammenwirken mit ihnen für Staat und Kirche das Beste erreichen zu können. So stellte sich heraus, als am Vormittag die lutherischen Vertreter zu einer Vorbesprechung zusammenkamen, daß hier eine starke Stimmung für Ludwig Müller bestand, der eben jenes Zusammenwirken zu garantieren schien.[86] Freilich war diese Gruppe zahlen- und erst recht stimmenmäßig erheblich in der Minderheit, zumal das lutherische Hannover mit Marahrens fest zu Bodelschwingh stand. Zu einem ausdrücklichen Votum für die Kandidatur Müllers kam es schon aus diesem Grunde im Kreise der Lutheraner nicht. Vielmehr einigte man sich darauf, zunächst auf der Fertigstellung der Verfassung zu bestehen und sich die Entscheidung über die Person des Reichsbischofs bis dahin vorzubehalten.[86]

Die Sitzung selbst begann am Spätnachmittag mit einer Überraschung. Kapler erbat das Einverständnis der Versammlung, daß zunächst der Bevollmächtigte des Reichskanzlers, Ludwig Müller, eine Rede halten dürfe. Dies hatten auf seine Bitte hin Hesse und Marahrens am Abend vorher zugesagt. So erhielt der – den meisten Versammelten bis dahin persönlich unbekannte – Wehrkreispfarrer die Gelegenheit, sich und seine Sache den Landeskirchen vorzustellen. Er tat es in der für ihn typischen Weise mit einer Mischung aus falscher Frömmigkeit und echter Drohung. Müller begann mit der Versicherung, daß er als »ein armer Sünder« vor den Versammelten stehe und daß das Amt für ihn, »ebenso wir für Bruder v. Bodelschwingh, keine schimmernde Krone« bedeute, sondern »ein schweres Kreuz«. Im Gegensatz zu dieser gespielten Demut jedoch machte er im folgenden den Kirchenvertretern unmißverständlich klar, daß an ihm – Müller – kein Weg vorbeiführe. Wie der Nationalsozialismus das Reich, so werde auch die Glaubensbewegung die Kirche erobern. Er habe ihre Oberleitung übernommen und mit den »besten und führenden Köpfen der theologischen Fakultäten« neue Richtlinein erarbeitet. Sein Ziel sei es, »die Massen für das Innerste zu interessieren«. Ein Zurück gebe es für ihn und seine Leute nicht mehr. »Sehen Sie die [Dinge], wie sie sind«, schloß er. »Täuschen Sie sich nicht über die Diktion, die heute beliebt ist.

Wird jedoch der Kampf vermieden, so werden wir als treue Streiter mit ihnen kämpfen.« So schlecht diese Rede war, so verfehlten die Drohungen doch keineswegs ihre Wirkung.

Der Beginn der Diskussion zeigte, daß sich die Versammlung in einer denkbar schwierigen Lage befand. Da sie kein offizielles Gremium des Kirchenbundes darstellte, besaß sie weder Verfahrensvorschriften noch Kompetenzen, und es war und blieb bis zuletzt umstritten, ob sie überhaupt bindende Beschlüssse fassen durfte. Andererseits war eine Entscheidung in der Personenfrage kaum zu vermeiden, wenn man die Dinge nicht aus der Hand geben wollte. Der Versuch der lutherischen Vertreter, nach ihrer Absprache vom Vormittag dem Dilemma durch die Forderung zu entgehen, erst den Kirchenausschuß über die neue Verfassung abstimmen zu lassen und danach zur Personenfrage Stellung zu nehmen, scheiterte daher an der allgemeinen Überzeugung, daß nur eine sofortige Entscheidung der Kirche ihr das Gesetz des Handelns noch erhalten konnte.

Schon die erste Verhandlungsrunde, die bis nach Mitternacht dauerte, machte freilich auch offenbar, daß die Versammlung dazu kaum in der Lage war. Zur grenzenlosen Enttäuschung Kaplers, der mit einem einmütigen kirchlichen Votum für Bodelschwingh gerechnet hatte, vertraten eine Reihe von lutherischen Landeskirchen die Überzeugung, daß das Gebot der Stunde ein bedingungsloses Ja zur nationalsozialistischen Bewegung, zum neuen Reich und damit zu Ludwig Müller sei. Neben dem Hamburger Hauptpastor Schöffel, dem Kieler Bischof Mordhorst, der bereits mit seinem ganzen Landeskirchenamt auf die Parteilinie eingeschwenkt war, und dem von Fezer beeinflußten Württembergischen Kirchenpräsidenten Wurm war es vor allem der mecklenburgische Bischof, der sich zum Sprecher dieser Gruppe machte. »Im Augenblick«, so behauptete Rendtorff enthusiastisch, »ist Bodelschwingh das Symbol für die Umgrenzung und Abgrenzung der Kirche. Müller ist das Symbol für den Schritt zur Bewegung hin, die die Sehnsucht erfüllt, glauben zu dürfen. Müller hat das Vertrauen des Kanzlers. Bei ihm ist das innerliche Mitgehen der jugendfrischen Kräfte. Er ist das gewagte Ja zur Kirche der Stunde.« Ihm widersprach für die preußische Kirche Dibelius, der eine sofortige Entscheidung forderte. »Ich bin für v. Bodelschwingh«, sagte er. »Sein Name bedeutet nicht ein Abrücken, sondern ein Ja zur Innerlichkeit und zum Dienst. Wir nehmen den Kampf auf. Politische Gewalt wird dem Namen Bodelschwingh keine Gewalt antun.« Eine erste Probeabstimmung, die Rendtorff beantragte, endete mit einer knappen Niederlage Müllers. 13 Kirchen mit 55

Stimmen hatten sich gegen ihn, 11 Kirchen mit 31 Stimmen für ihn ausgesprochen. Auch eine weitere Abstimmung ergab keine wesentlich anderen Zahlen.[88]

Bodelschwingh, dem dieses Ergebnis noch in der Nacht mitgeteilt wurde, wußte, daß manche der lutherischen Kirchenvertreter daraufhin seinen Verzicht erwarteten, damit der Weg für eine glatte Lösung frei würde. Eben dies aber bewog den Betheler Pastor, nun sein Zögern aufzugeben und etwas Mutiges zu tun. »Ich kam in der Nacht zu der Überzeugung«, so schrieb er im Rückblick, »daß ich diese kommende junge Kirche in diesem Augenblick nicht im Stich lassen dürfe. Schien das Unternehmen aussichtslos, so kam es in dieser Stunde nicht auf Erfolg oder Nichterfolg an, sondern darauf, daß eine Fahne der Zukunft aufgerichtet würde, unter der sich eine neue Truppe sammeln könnte.« Was immer geschehen mochte, über allem stand ihm »die Gewißheit einer inneren Notwendigkeit, die das Dennoch des Glaubens und Gehorsams einer ängstlichen Erwägung menschlicher Faktoren entgegenstellte und das Weitere getrost Gott überließ.«[89]

Am Mittag des folgenden Tages trat die Versammlung erneut zusammen. Noch einmal wurden in einer langen Diskussion die ganzen rechtlichen, sachlichen, politischen und personellen Schwierigkeiten der Lage erörtert. Ausgerechnet der juristische Berater des Kirchenbundes, Heckel, drängte ebenfalls auf eine sofortige Entscheidung und riet, sich nicht bei Rechtsbedenken aufzuhalten. »Die verfassungsmäßige Umgrenzung des Amtes ist nichts«, meinte er, »der neue Mann macht das Amt ... Wenn alle hinter dem Bischof stehen, dann ist ers.« Wieder beschwor vor allem Dibelius die Versammlung, nicht »vor dem vorgehaltenen Revolver« umzufallen: »Wenn sie die Türe öffnen, sind wir in Altpreußen verloren. Die Bestellung des Reichsbischofs ist nur der 1. Akt. Ihr folgt die Bestellung Hossenfelders zum Landesbischof in Preußen.« Und wieder behauptete Rendtorff in seiner ganzen ahnungslosen Begeisterung, nicht der Revolver werde den Kirchen vorgehalten, »sondern die entgegengestreckte Hand«. Endlich brachte gegen 17 Uhr eine neue Abstimmung die Entscheidung in einer schon fast quälend verworrenen Situation. Auf Antrag Kaplers billigte jetzt eine überraschende Mehrheit die Nominierung Bodelschwinghs und beauftragte ihn zugleich mit der Fortführung der Verfassungsarbeit. Gegen ihn stimmten nur noch drei Kirchen: Württemberg, Mecklenburg-Schwerin und Hamburg. Das Stimmenverhältnis betrug 91:8.

So klar die Entscheidung damit schließlich ausfiel, so problematisch freilich war von Anfang an ihre Verbindlichkeit. Denn ein Antrag Schöffels hatte am

Nachmittag die Grenzen der lutherischen Loyalität deutlich gemacht. Wenn die drei Bevollmächtigten, so lautete dieser Antrag, sich entschlössen, Bodelschwingh zum Reichsbischof zu ernennen, so werden die Unterzeichneten »mit Loyalität diese Wahl vertreten; aber unter dem ausdrücklichen Vorbehalt, daß wir uns dadurch nicht in einen Kampf oder in eine Entscheidung gegen die Deutschen Christen begeben müssen«. Der Antrag trug die Unterschriften von Schöffel, Rendtorff, Reichardt, Tilemann, Mordhorst, Wurm und Bernewitz.[90] Die weitere Entwicklung zeigte sehr schnell, daß diese lutherische Gruppe tatsächlich auf ihrem Vorbehalt bestand. Damit aber war Bodelschwingh praktisch verloren, noch ehe er sein Amt angetreten hatte.

Zunächst freilich überwog im Kreis der Versammelten Freude und Erleichterung. Marahrens war es, der Bodelschwingh die Entscheidung überbrachte. Beide fuhren sofort anschließend ins Kirchenbundesamt, wo Kapler den designierten Reichsbischof im Kreis der Kirchenvertreter feierlich begrüßte.

Damit hatte sich die evangelische Kirche noch einmal gegen den Staat durchgesetzt. Sie hatte einen Mann zu ihrem Bischof berufen, der entschlossen war, keine Konzessionen an die neue Zeit zu machen. Dies wurde eindrucksvoll deutlich in einem Grußwort, das Bodelschwingh noch am Abend des 27. Mai veröffentlichte. Wo alles auf Macht und Größe, Gewalt und Herrschaft, Triumph und Sieg abgestimmt war, begann dieses Wort mit dem Ruf zur Buße und dem Bekenntnis der Schuld. Es war ein Ausgangspunkt ähnlich dem, den zwölf Jahre später das Stuttgarter Schuldbekenntnis wiederholen sollte.

»Die deutsche Kirche bekennt, daß sie viel verschuldet und versäumt hat. Wir Christen haben die Verantwortung, die Gott uns mit dem Evangelium gegeben hat, nicht ernst genug erfaßt. Wir hätten viel wahrhaftiger, demütiger, beweglicher sein müssen. Wir hätten tapferer den Mächten widerstehen sollen, die den Menschen zum Knecht des Geldes machen und die Selbstsucht an die Stelle des Dienstes setzen.

Mit ihrer Not und Schuld kommt die Kirche in das Licht dessen, der uns allein reinigen und lebendig machen kann. Wir setzen unser Vertrauen ganz auf den Gott, der uns durch das Sterben und Auferstehen unseres Herrn Jesu Christus vom Tode erlöst hat, so daß wir ihm von Herzen gehorsam werden dürfen.«

Wenn die Kirche sich in dieser Haltung als »die freie Gehilfin des Staates« verstand, wenn sie Gott für die Regierung dankte und sich zum Dienst am Volk zur Verfügung stellte, so blieb sie darum doch Kirche. Denn es war deutlich, daß Bodelschwingh nicht nur Dienst sagte, sondern auch Dienst meinte –

und nicht die heimliche oder offene politische Mitherrschaft der Kirche mit einer Ideologie.

Wie ernst es Bodelschwingh gerade damit war, zeigte der Schluß seines Grußwortes, wo von seiner eigenen Stellung die Rede war. »Ich habe dieses Bischofsamt für mich nicht begehrt«, hieß es dort, »sondern ich gehe den Weg des Gehorsams. Wenn die verantwortlichen Männer der Kirche mich beauftragt haben, der ich aus einer Arbeit an Armen und Kranken komme, so zeigt das den Weg, den ich auch weiter zu gehen habe. Es ist der Weg der Diakonie. Ginge es nach mir, so würde ich lieber Reichs-Diakon als Bischof genannt werden. Aber es liegt nicht am Namen. Seinen Inhalt soll das Amt bekommen durch einen Willen, der nicht herrschen, sondern dienen möchte in der demütigen Nachfolge dessen, der ›nicht gekommen ist, daß er sich dienen lasse, sondern daß er diene und gebe sein Leben zur Erlösung für viele‹.«[91]

Mit diesem Grußwort begann Bodelschwinghs Tätigkeit. Schon am nächsten Tag – einem Sonntag – nahm der neue Reichsbischof die ersten Verhandlungen auf.

6. KAPITEL

DER STURZ BODELSCHWINGHS (JUNI)

Die Wahl Bodelschwinghs zum Reichsbischof war ein Ereignis von außerordentlicher Bedeutung. Im Rückblick erscheint sie sogar als eine entscheidende Zäsur in der Entwicklung des Verhältnisses von Kirche und Staat im Dritten Reich.

Bis zu diesem Zeitpunkt hatten sich offenkundig alle Dinge Hitlers Willen gefügt. Die Einigung der Nation, das erklärte politische Ziel in diesem Frühjahr 1933, war kräftig in seinem Sinne vorangekommen. Am »Tag von Potsdam« war die Versöhnung mit der Tradition gelungen; der »Feiertag der nationalen Arbeit« am 1. Mai hatte, so schien es jedenfalls, die Zustimmung der deutschen Arbeiterschaft gebracht, und am 17. Mai hatten sich im Reichstag alle Parteien hinter die außenpolitische Regierungserklärung des nationalsozialistischen Kanzlers getellt.[1] Eine einmütige Erklärung des deutschen Protestantismus für Ludwig Müller hätte die Reihe dieser Einheitskundgebungen zweifellos wirkungsvoll fortgesetzt. Statt dessen bekundete die evanglische Kirche mit der Wahl Bodelschwinghs demonstrativ, daß sie sich die Freiheit der Entscheidung, jedenfalls in ihrem eigenen Bereich nicht nehmen lassen wollte. Damit aber war für den Staat wie für die Kiche eine neue Lage entstanden.

Während Hitler bisher die Haltung einer wohlwollenden Neutralität einnehmen konnte, sah er sich nun genötigt zu handeln. Denn wenn er die Entscheidung der Kirche für ihre Unabhängigkeit nicht auf sich beruhen lassen wollte – und dies mußte schon aus Präzedenzgründen problematisch erscheinen –, so blieb ihm kein anderer Weg, als der Kirche Ludwig Müller, den sie freiwillig nicht haben wollte, nun eben mit Gewalt aufzuzwingen. Dies widersprach zwar seiner kirchenpolitischen Grundentscheidung, unmittelbare Eingriffe in kirchliche Fragen zu vermeiden, aber die innere Logik des politischen Prozesses im Frühjahr und Sommer 1933 ließ keine andere Lösung zu. Tatsächlich entschloß sich Hitler – wenn auch nur zögernd und widerwillig – zu diesem Vorgehen und lieh in den nächsten Wochen Ludwig Müller bei seinem Kampf um das Amt des Reichsbischofs offen seine und die Macht der Partei.

Damit geriet die Kirche genau in die Lage, die sie bisher sorgfältig zu vermeiden gesucht hatte. Sie mußte sich entscheiden, ob sie diesem Druck nachgeben oder weiter auf ihrer Unabhängigkeit bestehen sollte. Mit dem Kampf um diese Entscheidung begann der Kirchenkampf. In dieser ersten Phase spaltete er den deutschen Protestantismus in verschiedene Lager, führte zur ersten schweren Krise im Verhältnis von Kirche und Staat und endete in einem Kompromiß, dessen Tragfähigkeit schon im Herbst 1933 nahezu erschöpft war.

Der Kirchenkampf war von Anfang an ein Kampf um die Kirche und blieb dies weiterhin bis in den Krieg hinein. Aber ebenfalls von Anfang an war dieser Kampf ein Politikum ersten Ranges. Dies zeigt sich gerade in den dramatischen Auseinandersetzungen, die der Wahl Bodelschwinghs folgten.

Das Signal gab noch am Abend des Wahltages Ludwig Müller selbst. In einer Erklärung zur Wahl, die vom Berliner Rundfunk übertragen wurde, beschuldigte der Vertrauensmann des Führers die evangelischen Kirchenregierungen, »den Ruf der Stunde« nicht gehört zu haben. »Sie haben nicht die Stimme Gottes vernommen«, so behauptete er, »die durch die Bewegung in unserem Volke uns ruft zu wagender Tat ... Der Reichsbischof sollte ein Mann sein, dessen Name Widerhall weckt in unseren kämpfenden Scharen, ein Mann, dem das ganze aufbrechende Volk von Herzen mit Vertrauen entgegensieht. Er sollte der Führer der Kirche zu neuem Werden und neuer Tatkraft sein.« Es war kein Zweifel, daß Ludwig Müller sich hier selbst beschrieb. Und so war es ganz konsequent, daß er entgegen den Loccumer Vereinbarungen nun plötzlich auch auf Hossenfelders Forderung nach Urwahlen umschwenkte. Es sei eine »Unnatur«, so meinte er, daß Männer den Reichsbischof gewählt hätten, »die in ihrer Mehrheit Vertreter des Bestehenden sind«. Darum »sagen wir Nein zu dieser Lösung und Nein erst recht zu dem Wege, auf dem sie gefunden worden ist. Nur von dem Vertrauensmann des Kirchenvolkes, das sich in eigener Entscheidung zu ihm bekennt, kann der evangelische Reichsbischof auf seinen Platz gehoben werden ... Vorwärts mit Gott für eine neue evangelische Kirche ...«[2]

Damit war der Kampf eröffnet. Und zur gleichen Zeit erreichten die deutschchristliche Organisation die ersten Anweisungen. Darin versuchte der Wehrkreispfarrer, unterstützt von seinen theologischen Beratern, die Deutschen Christen zunächst noch auf eine vergleichsweise kirchliche Linie einzuschwören. »Wichtige, streng vertrauliche Richtlinien«, die das Datum des 26. Mai trugen und die offensichtlich unmittelbar aus der theologischen Umgebung Müllers stammten, ließen dieses Ziel deutlich erkennen. Sie bestimmten in einem grundsätzlichen Teil, daß der Kampf der nächsten Wochen »ausschließlich auf das Ziel zu richten« sei, »daß Wehrkreispfarrer Müller evangelischer Reichsbischof wird«. Dabei sollte die Persönlichkeit Müllers folgendermaßen charakterisiert werden: »Er ist ein deutscher Mann, der in den allerschwersten Kampfesjahren treu zum Führer gestanden hat ... Er ist ein Seelsorger von Gottes Gnaden mit großer Herzensgüte ... Seine Kraft ist das unerschütterliche Gottvertrauen, das Gott dem Glaubenden schenkt ... Er ist dem Evangelium gehorsam ... Diejenigen von uns, die Wehrkreispfarrer Müller kennen, stehen im Gebet für ihn zu Gott und suchen ihn durch diese schwere Kampfeszeit hindurchzutragen.« Die einzelnen Punkte, die sich anschlossen, machten die Bemühung um eine kirchliche Linie noch offenkundiger. So wurde darin unter anderem angeordnet, die Verbindung zu Theologieprofessoren zu suchen und deren Rat einzuholen; die Geltung der Bekenntnisse besonders zu betonen; die kirchlichen Behörden »mit Telegrammen und Zuschriften zu überschütten«; Angriffe auf einzelne Persönlichkeiten zu vermeiden; »die Person des Pastors B ... unbedingt zu schonen« und »die christliche Würde unseres Kampfes« keinesfalls zu verletzen.[3] Ganz in diesem Sinne war auch ein Leitartikel im *Völkischen Beobachter* gehalten, in dem Emanuel Hirsch das Eintreten der Deutschen Christen für Ludwig Müller begründete. Darin war nicht von einer politischen Gleichschaltung die Rede, sondern vielmehr von einem Geben und Nehmen zwischen Staat und Kirche. »Kein einziges Volk der Welt«, so schrieb der Göttinger Theologe auf der ersten Seite des zentralen nationalsozialistischen Parteiblattes, »hat so wie das unsere einen Staatsmann, dem es so ernst um das Christliche ist; als Adolf Hitler am 1. Mai seine große Rede mit einem Gebet schloß, hat die ganze Welt die wunderbare Aufrichtigkeit darin gespürt.« Dies, nämlich »ein inneres positives Verhältnis zu den ethischen und religiösen Grundvoraussetzungen des christlichen Glaubens«, habe die politische Bewegung der Kirche zu bieten; eben darum aber habe sie auch von der Kirche etwas zu fordern. »Es kann nicht so an den Seelen erzogen werden, daß der Staat hierin und die Kirche dorthin zieht. Dabei geht der deutsche Mensch in Stücke.« Die Kirche sollte deshalb jedoch keineswegs einfach gleichgeschaltet werden. »Wir wollen keine Kirche, in der der nationalsozialistische Staat kommandiert ... Nur eine eigenständige Kirche hat in unseren Augen Wert. Aber«, und damit zog Hirsch die entscheidende Schlußfolgerung, »diese eigenständige Kirche soll mit dem deutschen Volke, mit dem ganzen jungen, stürmischen Aufbauwillen der Stunde innerlich verbunden sein ...«[4]

Der Aufruf zum Kampf wurde von den Deutschen Christen begeistert aufgenommen. Hier freilich, auf dem Lande, wo die Partei die Dinge mit in die Hand nahm, war von Anfang an von der kirchlichen Linie kaum etwas zu spüren. Typisch für zahlreiche ähnliche Veranstaltungen, die in dieser Zeit stattfanden, war etwa der Kirchentag, den die Deutschen Christen am 28. Mai in Bad Freienwalde, einem kleinen Kreisstädtchen nördlich von Berlin am Oderbruch, veranstalteten.

Der Tag begann mit einer Predigt des Berliner Pfarrers Freitag in der überfüllten Stadtkirche über das Pauluswort »Aus Gottes Gnade bin ich, was ich bin« (1. Kor. 15,10), das der Prediger ganz auf Hitler und dessen Regierungserklärung (»Möge Gott unsere Arbeit in seine Gnade nehmen«) hin auslegte. In der anschließenden Feierstunde redete nach dem Kreisleiter der Glaubensbewegung, dem Pfarrer Gustav Nahrgang aus Neulewin, der Ortsgruppenleiter der NSDAP. Er sprach, wie es in dem ausführlichen Bericht hieß, »von der besonderen Genugtuung für die Nationalsozialisten, daß heute zum ersten Male von der hiesigen Kanzel ein offenes Bekenntnis für unseren Führer Adolf Hitler abgelegt worden sei.« Es entsprach zweifellos den allgemeinen Vorstellungen von den Deutschen Christen bei den Funktionären der Partei, wenn der Ortsgruppenleiter fortfuhr: »ohne eine Kulturrevolution werde unsere Kirche nicht bestehen können ... Der Kampfgedanke muß wieder zum Lebensinhalt der Kirche werden, nur durch Vernichtung des Feindes können wir neu aufbauen. Alle müssen mit uns kämpfen, damit der Lutherchoral wieder seinen alten Inhalt bekommt.« Anschließend erklärte Pfarrer Freitag in einer »hervorragenden bis ins letzte zündenden und mit viel Beifall aufgenommenen Rede« der Versammlung die kirchenpolitischen Vorgänge der letzten Tage. Es gehe heute um die »seelische Gleichschaltung der Kirche mit dem Staate«, die nur Ludwig Müller leisten könne. Nationalsozialismus und Sozialismus seien die Pfeiler, die die Nation trügen, darum wollen wir einen »deutschen Christen, der dem nationalen Sozialismus innerlich verbunden ist«. In einer einstimmig angenommenen Resolution stimmte die Versammlung dieser Absicht zu. Im Schlußwort brachte ein weiterer deutschchristlicher Pfarrer, Eberhard Wagner aus Wriezen, eingeführt mit dem Titel eines Untergaupropagandaleiters der Glaubensbewegung, die Wahl Bodelschwinghs mit dem »Vergreisungsprozeß der Nation« in Verbindung, den Hitler unerbittlich zerschlagen habe. Einen Reichsbischof wollen wir, so rief Wagner, »der vom Volke gewählt ist, aber nicht von einer Clique, die zu retten sucht, was zu retten ist«. Mit dem gemeinsamen Gesang der ersten Strophe von ›Ein feste Burg ist unser Gott‹«, so schloß der Bericht im Kreisblatt, »hat der Freienwalder Kirchentag sein Ende erreicht, sicherlich nicht, ohne bei sämtlichen Gläubigen einen unauslöschlichen Eindruck hinterlassen zu haben«.[5]

Ähnliche Berichte lassen sich zu dieser Zeit aus vielen Teilen Deutschlands zusammentragen. Sie zeigen insgesamt, wie weit es den Deutschen Christen inzwischen gelungen war, die evangelische Bevölkerung zu mobilisieren. Sie zeigen aber auch, daß die Kraft dieser Bewegung nahezu völlig von der NSDAP geliehen war. Auch dort, wo die Versammlungen nicht unter dem unmittelbaren Einfluß der radikalen Reichsleitung standen, stammten Interesse, Faszination und Austrahlung der jungen Glaubensbewegung fast allein von der Partei. Dies galt personell wie thematisch. Personell wurden regelmäßig zahlreiche Teilnehmer von den Formationen der Partei gestellt; thematisch beherrschten Hitler, das neue Reich und die neue Volksgemeinschaft fast allein das Feld. Angesichts dieses kompakten Willens zur Tat, zur Jugend, zur Veränderung, zur Nation und zum Sozialismus blieb für theologische Erwägungen schlechterdings kaum Raum. Hossenfelders radikale Ablehnung aller Theologie war nicht nur seine persönliche Meinung. Sie entsprach dem Wesen der deutschchristlichen Bewegung.

Noch feilich fehlte den Deutschen Christen die entscheidende politische Legitimierung, nämlich die Unterstützung durch Hitler selbst. Dieser hatte bis dahin aus wohlerwogenen Gründen eine unmittelbare Parteinahme in der Kirchenfrage vermieden und sich auf allgemeine Äußerungen und eine indirekte Einflußnahme durch seinen Vertrauensmann beschränkt. Jetzt aber gebot die Entwicklung sein Eingreifen, zumal es keiner allzugroßen Anstrengung mehr zu bedürfen schien, um den deutschen Protestantismus endgültig seinem Willen unterzuordnen. So traf Hitler in einem längeren Gespräch mit Ludwig Müller am 30. Mai die ungewöhnliche Entscheidung, die Politische Organisation der Partei zur Unterstützung der Deutschen Christen einzusetzen. Zwar meldete die Presse von diesem Gespräch lediglich die übliche »Übereinstimmung im Urteil über alle schwebenden Fragen«.[6] Aber schon am gleichen Tag renommierte ein Mitglied der Berliner Reichsleitung, der Pfarrer und spätere Bischof Friedrich Peter, auf einer Versammlung mit der Mitteilung, der Führer habe Ludwig Müller »für 4 Wochen den gesamten Parteiapparat für seinen Kampf zur Verfügung gestellt.«[7] Und am 2. Juni lag die

Anordnung tatsächlich schwarz auf weiß vor. Ihr Wortlaut verriet, daß Hitler noch immer vermeiden wollte, die Partei öffentlich auf die Deutschen Christen festzulegen, und daß er ihren Einsatz auf vier Wochen befristet hatte. Innerhalb dieser Zeit jedoch war er offensichtlich entschlossen, seinem Mann zum Sieg zu verhelfen. »Wehrkreispfarrer Müller, der Beauftragte des Führers für die evangelische Kirche«, so erfuhren die Amtsleiter und Gauleiter vom Stabsleiter der PO, »teilt mir mit, daß der Führer wünscht, daß die Deutschen Christen die Reaktion aus ihrer letzten Stellung hinausdrängen. Die Deutschen Christen werden einen vierwöchigen Kampf aufnehmen. Die N.S.D.A.P. hat diesen Kampf mit allen Mitteln zu unterstützen, *ohne jedoch selber den Kampf zu führen.* Die Gauleiter werden von sich aus die nötigen Schritte unternehmen.«[8] Mit dieser Anordnung begann das unmittelbare Engagement der Partei für die Deutschen Christen. Es dauerte knapp acht Wochen bis zu den Kirchenwahlen am 23. Juli und erreichte seinen Höhepunkt mit Hitlers Wahlrede am Vorabend dieses Wahltages. Unmittelbar danach kehrte er zu seiner alten Linie, der Neutralität der Partei in allen Fragen der Kirchenpolitik, zurück. Für diese acht Wochen jedoch kann man davon ausgehen, daß die Partei und ihr Führer tatsächlich hinter den Deutschen Christen standen.

Noch bevor die Anordnung der Partei in München erlassen wurde, war Hitlers Zusage in Berlin schon in neue deutschchristliche Kampfanweisungen umgesetzt worden. Es waren innerhalb weniger Tage die zweiten Richtlinien für die Führung des Kampfes, die ins deutschchristliche Land hinausgingen. Stil und Inhalt verrieten, daß sich jetzt endgültig der radikale Flügel um Hossenfelder durchgesetzt hatte. Hier ging es nur noch um die Vorbereitung eines Machtwechsels, planmäßig inszeniert in den bewährten Formen einer propagandistischen Massenagitation. »Es ist mit allen Dienststellen der politischen Bewegung«, so lautete der erste Punkt der neuen Anweisungen, »so schnell als möglich eine Vereinbarung dahingehend zu treffen, daß der *Organisationsapparat der politischen Bewegung unsern Kampf fördert und unterstützt.* 2. Es ist durchzusetzen, daß alle SA-, SS-, NSBO- und sonstigen Formationen der nationalsozialistischen Bewegung, soweit ihre evangelischen Mitglieder in Betracht kommen, *sofort Protesttelegramme absenden.* Je eher die Absendung erfolgt, desto besser ist die Wirkung. Die Gegenseite darf keine Zeit behalten, die Volksabstimmung zu ihren Gunsten zu bearbeiten ... 3. Überall ist *eine Versammlungsstelle stärkster* Art bis ins kleinste Kirchenspiel hinein zu organisieren ...« Dies alles, so wurde den Adressaten eingeschärft, habe in größter Eile zu geschehen, weil für die ganze Aktion »aus Gründen, die hier nicht näher erörtert werden können«, insgesamt nur drei Wochen Zeit zur Verfügung stünden. Meldungen über die Erfolge erwartete Berlin daher »mit aller Bestimmtheit binnen 14 Tagen, also bis Mitte Juni«.[9]

Von nun an betrieb die Berliner Reichsleitung den Kampf gegen Bodelschwingh mit äußerster Entschlossenheit. Wo immer die örtlichen Voraussetzungen gegeben waren, wurden entsprechend den Anweisungen zusammen mit der Partei Massenkundgebungen veranstaltet, Telegramm- und Briefaktionen inszeniert und Aufrufe an die Öffentlichkeit gebracht. Ein Erfolgsbericht aus Lübeck beispielsweise verzeichnete für die kleine Landeskirche der Hansestadt zwischen dem 30. Mai und dem 27. Juni nicht weniger als zwölf Aktionen, darunter einen öffentlichen Aufruf an die evangelische Bevölkerung am 2. Juni; eine Kundgebung auf der Freilichtbühne mit etwa 2000 Teilnehmern am gleichen Tag; eine Protestkundgebung in Verbindung mit der Ortsgruppe Holstentor im Konzerthaus am 15. Juni, Protestkundgebungen im Konzerthaus Flora und im Gemeindehaus Matthäi am 21. Juni u.s.f.[10] So tätig wie in Lübeck waren die Deutschen Christen freilich nicht überall. Es gab andere Landeskirchen, wie etwa die bayerische, in denen von unmittelbaren Aktivitäten kaum etwas zu spüren war.[11] Dennoch dürfte es Ende Juni im evangelischen Deutschland keinen Pfarrer, keinen kirchlich interessierten Christen mehr gegeben haben, den die Frage Müller oder Bodelschwingh unbeteiligt gelassen hätte.

Den allgemeinen Tenor des deutschchristlichen Angriffs gab einheitlich das *Evangelium im Dritten Reich* an. Die Ausgabe vom 12. Juni begann mit der Pfingstpredigt Ludwig Müllers, in der vom Brausen des Pfingstgeistes die Rede war. Der Wehrkreispfarrer war sich sicher, daß es damals der gleiche Geist war, »wie er als ein Geschenk Gottes wieder durch unsere Zeit geht – wieder durch die Lieder der jungen erwachten deutschen Kämpfer geht: Das ist's, was uns zu Männern weiht: ins Ganze sich verweben – Sturmbrücke sein zur neuen Zeit siegfroh bereit, das Letzte hinzugeben!« Danach legten Emanuel Hirsch die kirchlichen und ein Jurist die rechtlichen Gründe des Kampfes gegen Bodelschwingh und für Müller dar. Ein Beitrag über »Die Gleichschaltung der Kirche« behauptete, daß Hitler »in innerster Gottesverantwortung« den neuen Staat aufbaue, und daß daher »Staats- und Kirchenführung in lebendigst positivem Kontakt miteinander stehen« müßten. Unter der Überschrift »Aera Schleicher in der Kirche« bezeichnete ein Pfarrer Knolle aus Nowawes die Nominierung Bodelschwinghs als den »letzten Versuch einer zusammenbrechenden Größe«;

und schließlich griff der Reichspresseleiter der Glaubensbewegung, Pfarrer Albert Freitag, im politisch zentralen Artikel des Blattes auch Bodelschwingh persönlich an. Freitag bezeichnete es als »Tatsachen von Bethel«, daß die dortige Gesinnung »antinational, regierungsgegnerisch, antinationalsozialistisch« sei. »Es ist selbstverständlich«, so behauptete der Artikel, »daß die evangelische Kirche im neuen Deutschland ganz unmöglich von solcher Gesinnung erfüllt sein, ja auch nur entfernt mit ihr etwas zu tun haben kann. Da D. v. Bodelschwingh in seinem eigensten Wirkungskreise sie aber geduldet hat, kann er schlechterdings als Bischof dieser Kirche nicht in Betracht kommen.«[12]

Entscheidend für das Gewicht und die Ausbreitung der Kampagne wurde schließlich die Tatsache, daß auch die bereits weitgehend gleichgeschaltete Tagespresse die deutschchristlichen Ansichten übernahm. Gesteuert vom zentralen Presseamt der Deutschen Christen, das die gesamte deutsche Presse mit Informationen und Aufsätzen aus der Feder führender Deutscher Christen versorgte[13], entstand so in der Öffentlichkeit der Eindruck, als stünde tatsächlich die große Mehrheit des evangelischen Deutschlands hinter der Glaubensbewegung und ihrem Auftreten. Propagandistisch hatten die Deutschen Christen bei Freund und Feind ein wesentliches Ziel erreicht: Sie waren nun allgemein bekannt; alle Aufmerksamkeit war auf sie gerichtet, und der Name Ludwig Müller war in- und außerhalb der Kirche mindestens ebenso geläufig wie der Name Bodelschwingh.[14]

Die Befristung der Kampagne, der Ton der Reden und das siegesgewisse Auftreten der deutschchristlichen Führer machten deutlich, daß die Reichsleitung mit einer schnellen Eroberung der Kirche rechnete. Dies erwies sich jedoch als Irrtum. Vielmehr stießen die Deutschen Christen vor allem unter den Pfarrern auf einen unerwarteten Widerstand, der sich im Lauf des Juni eher noch verhärtete.

Erhebliche Schwierigkeiten gab es für die Glaubensbewegung bereits innerhalb ihrer eigenen schnell zusammengezimmerten Organisation. So wurde es zu einem vielbeachteten Zeichen, als am 31. Mai der Missionsinspektor Ludwig Weichert aus der Glaubensbewegung austrat. Weichert war erst im Mai von Hossenfelder mit der Verbindung zum Kapler-Ausschuß betraut worden, hatte die Fezerschen Richtlinien mit unterschrieben und galt weithin als Gewährsmann für den neuen, kirchlichen Kurs der Glaubensbewegung. In einer Erklärung stellte sich der Missionsinspektor jetzt ausdrücklich hinter Bodelschwingh und dessen Legitimation. Es sei ihm unerfindlich, warum die

Deutschen Christen dagegen protestierten. Deshalb müsse er aus der Glaubensbewegung austreten, »zumal da der angesagte Kampf in seinen Formen und Folgen die innerkirchliche Durchführung des großen Reformwerks zum mindesten in Frage stellt«.[15] Am gleichen Tag ging bei Hossenfelder ein Telegramm aus Oldenburg ein: »Sämtliche 7 Pfarrer Ruestringen Mitglieder der Glaubensbewegung erwarten von der Reichsleitung Anerkennung Bodelschwinghs und protestieren energisch gegen Entfesselung eines Kirchenkampfes um die Person des Reichsbischofs.« Initiator dieses Telegramms war Pfarrer Heinz Kloppenburg, der noch im Mai in den Jadestädten so eifrig und erfolgreich für die Deutschen Christen geworben hatte. Hossenfelder jedoch machte auf seine schneidige Art kurzen Prozeß. »Die Pfarrer«, so teilte er seinem Landesführer Nordwest, Aselmann, mit, »sind sofort auszuschließen und die Öffentlichkeit ist davon in Kenntnis zu setzen.«[16] Tatsächlich verband Kloppenburg dann am 12. Juni auf der Kreissynode in Sillenstede ein glühendes Bekenntnis zum neuen Staat und seinem Führer mit lebhafter Kritik an der Glaubensbewegung. Unter den Stichworten »echter Staat« und »echte Kirche« erklärte er: »Das sind schlechte Freunde des Staates, ich sage das als Nationalsozialist und sage das ganz offen, die heute entgegen der klaren Linie Hitlers mit Hilfe der S.A. und NSBO. mit politischen Machtmitteln bestimmte Wünsche in der Kirche durchdrücken wollen ... Das sind allerdings auch schlechte Freunde der Kirche«, so fuhr Kloppenburg fort und zeigte damit, wie schwierig die Orientierung in dieser Frage war, »die meinen, die Kirche müsse heute dem Staate etwas abtrotzen, die keinen Wert darauf legen, daß ... Adolf Hitler mit Freuden ›Ja‹ sagen kann zu dem, was in der Kirche als Neubau aufgerichtet wird.«[17]

Auch andernorts begannen die Zweifel. Aus Lübeck teilte am 6. Juni Dompastor Schaade, einer der führenden Deutschen Christen der Hansestadt, Aselmann »persönlich und allerstrengst vertraulich« gewisse Bedenken mit. Bisher habe man sich bemüht, den Kampf ordentlich zu führen. Dies sei gelungen bis zum Beginn des Streites um den Reichsbischof. »Von diesem Augenblick an«, so schrieb Schaade und warf damit ein bezeichnendes Licht auf die Situation, »sind die leitenden Männer der politischen Bewegung hier am Ort wie von einer Tarantel gestochen aufgefahren«. Dadurch sei die Glaubensbewegung in Lübeck »zu Mitteln verleitet und genötigt« worden, »die zwar im politischen Kampf üblich sein mögen, in kirchlicher Beziehung aber kaum als das Richtige sich dürften ansprechen lassen«. In seiner Antwort vom 9. Juni gab Aselmann nach einigen beruhigenden Worten der Hoffnung Ausdruck, die

Gegenseite werde »durch die Wucht des nunmehr einsetzenden Feldzuges vorzeitig« kapitulieren. Ein Rückzug komme keinesfalls in Frage, sondern nur »das unbeirrbare Festhalten an dem eingeschlagenen Kurs«.[18] Die Frage, ob man unter diesen Umständen trotzdem weitermachen oder aber austreten sollte, war für jeden deutschchristlichen Pfarrer eine persönliche Entscheidung. Schaade entschloß sich, weiterzumachen, zwei andere Pfarrer, Schulz von St. Gertrud und Jensen aus Travemünde, traten aus. Es ist kein Zufall, daß sich diese beiden Namen dann im Herbst unter der Beitrittserklärung lübekkischer Pfarrer zum Pfarrernotbund fanden. Denn fast alle Entscheidungen dieser Art, die im Juni im Kampf um den Reichsbischof getroffen wurden, hatten grundsätzlichen Charakter und legten die kirchliche Haltung ihrer Träger bis zum Ende des Dritten Reiches fest.

Die größten Schwierigkeiten für die Deutschen Christen entstanden in Bodelschwinghs Heimatkirche Westfalen. Hier gelang es der Reichsleitung nicht, sich mit ihrem radikalen Kurs durchzusetzen. Vielmehr einigte man sich am 1. Juni zusammen mit dem Gauleiter der Partei, Dr. Alfred Meyer, auf die unbestimmte Formel: »Die DC in der Heimat Bodelschwinghs treten kurz. Die Reichsleitung wird gebeten, dafür Verständnis zu haben.«[19] Westfalen blieb freilich eine Ausnmahme. Überall sonst wurde der Kampf mit wachsender politischer Heftigkeit geführt.

Dies stellte schließlich auch den theologischen Beraterkreis Ludwig Müllers vor die Frage, ob er diesen Kurs weiterhin mit decken konnte und sollte. Der Greifswalder Kirchenhistoriker Hermann Wolfgang Beyer warf diese Frage am 22. Juni in einem langen Schreiben an seine Kollegen Fezer, Hirsch und Schumann auf. Beyer meinte zu Recht, daß weite Kreise der Glaubensbewegung »nur durch das Vertrauen, das sie zu Herrn Wehrkreispfarrer Müller und zu uns Professoren haben«, bei der Bewegung gehalten würden. Daraus ergäbe sich eine besondere Verantwortung. »Es ist ein unerträglicher Zustand«, so erklärte Beyer, »daß man vor der Öffentlichkeit für ganz betimmte Methoden des Kampfes eintritt und einem dann fortwährend maßgebliche Äußerungen aus der Reichsleitung entgegengehalten werden, welche diesen Methoden direkt widersprechen und einen selbst geradezu Lügen strafen.« Deshalb forderte Beyer seine Kollegen auf, zusammen mit Ludwig Müller die Reichsleitung – notfalls mit der Drohung des Austritts – auf einen Kurs festzulegen, der eindeutig bezeuge, »daß wir nicht durch den Einsatz organisatorischer Machtmittel Massen vergewaltigen, sondern Herzen für die neu sich formende Kirche und für die sieghafte Gewalt unserer Sache gewinnen wollen«.[20] Der Brief war ein Zeichen für die merkwürdige Mischung aus Zweifel und Enthusiasmus, die für den kirchlichen Flügel der Glaubensbewegung so charakteristisch war und blieb. Konsequenzen hatte er nicht. Sie wären nach Lage der Dinge auch zu spät gekommen.

Wichtiger als diese Schwierigkeiten und Probleme in der Glaubensbewegung selbst jedoch war der große Prozeß der kirchlichen Meinungsbildung und Entscheidung im ganzen, der sich in diesen Wochen in der evangelischen Pfarrerschaft und in vielen Gemeinden Deutschlands vollzog. Die Bedeutung dieses Prozesses für die weitere Entwicklung der kirchlichen Dinge ist kaum abzuschätzen. Bis zur Wahl Bodelschwinghs hatte sich die weit überwiegende Mehrzahl der Pfarrer in den kirchenpolitischen Auseinandersetzungen noch nicht festgelegt. Man hielt sich zurück und überließ Handeln und Entscheiden den Kirchenleitungen, zumal die großen Linien ohnehin in Berlin festgelegt wurden. Das änderte sich nun schlagartig. In vielen Landeskirchen kam es im Lauf des Juni zu Pfarrer- und Gemeindeversammlungen, in denen erregt über die Frage Müller oder Bodelschwingh gestritten wurde. Das aggressive Auftreten der Deutschen Christen sorgte dafür, daß die traditionelle kirchliche Schläfrigkeit verflog und auch dem letzten Landpfarrer der Ernst der Situation klar wurde.

Eine der ersten Zusammenkünfte dieser Art fand in Mecklenburg statt. Hier war die Lage wegen der Haltung des Landesbischofs besonders unübersichtlich. Nach der erfolgreichen Abwehr des Staatseingriffs Ende April hatte Rendtorff, überwältigt von der Einigung des Reiches, am 4. Mai als erster evangelischer Landesbischof seinen Eintritt in die Partei verkündet und war folgerichtig auch bis zum Schluß für die Wahl Ludwig Müllers eingetreten.[21] In einer Versammlung am 29. Mai, zu der nahezu die gesamte mecklenburgische Pastorenschaft gekommen war, rechtfertigt er sich in einer langen Rede und versuchte zugleich, die rund 350 Versammelten auf eine gemäßigt deutschchristliche Erklärung festzulegen. Widersprüche aus der Versammlung gegen allzu weitgehende Formulierungen führten zu einem Gegenentwurf der kleinen Gruppe der radikalen Deutschen Christen, die schließlich nach heftigen Auseinandersetzungen mit »Heil Hitler« die Versammlung verließ.[22] Kurz danach begannen Rostocker Pastoren, unter der Pastorenschaft des Landes Stimmen für Bodelschwingh zu sammeln und bekamen fast sofort 115 Unterschriften. Da sich Rendtorff weiter zu den Deutschen Christen hielt, war auch der nächste Schritt folgerichtig. Am 7. Juni gründeten 21 Pfarrer und 3 Kirchenälteste in Schwerin einen »Bund deutscher Lutheraner«, der sich im Sinne der jungreformatorischen Bewegung als Sammlung aller bekenntnistreuen Kräfte verstand. Am 20. Juni trat der Bund mit einer Erklärung und zehn Leitsätzen zum ersten Mal an die Öffentlichkeit.[23] Am gleichen Tag sprach Ludwig Müller auf einer Großkundgebung der Deutschen Christen in Schwerin, zu der zwei- bis dreitausend Menschen in die Stadthallen strömten. Es konnte kein Zweifel mehr sein: Die evangelische Kirche war in eine ganz und gar ungewöhnliche Bewegung geraten.

Ähnlich verliefen die Dinge in Ludwig Mülles Heimat Ostpreußen. Am 8. Juni kam der Ostpreußische Pfarrverein in Königsberg zusammen. Ein Antrag der Deutschen Christen, der eine rechtliche Überprüfung der Wahl Bodelschwinghs forderte, wurde nach einer lebhaften Diskussion mit 105 gegen 51 Stimmen abgelehnt. Auch hier verließen daraufhin rund 30 Deutsche Christen die Versammlung, die danach fast einstimmig eine Erklärung für Bodelschwingh verabschiedete. Der Kern der Gruppe, die für Bodelschwingh eintrat, veröffentlichte am 11. Juni erneut einen Aufruf, der den Einsatz »aller aufbauwilligen Kräfte der Kirche« für den »rechtmäßig bestimmten Reichsbischof« forderte. Auch hier waren es die gleichen Namen, die später Pfarrernotbund und Bekennende Kirche in Ostpreußen trugen.[24]

In Hannover war es die Pfingstkonferenz, die den Anstoß zur Bildung einer »Landeskirchlichen Sammlung« gab. Ihr erstes Flugblatt vom 17. Juni enthielt die Losung, unter der der Kampf für Bodelschwingh landauf landab stand: »Kirche muß Kirche bleiben, Kirche muß Kirche werden.« In diesem Sinne erklärten die Unterzeichner – auch sie der Kern der späteren hannoverschen Bekenntnisgemeinschaft –: »Wir haben das Vertrauen, daß unser Landesbischof und der zum Reichsbischof bestimmte Pastor D. Friedrich von Bodelschwingh das Werk der Neugestaltung der Kirche auf reformatorischer Grundlage durchführen werden.«[25]

Während es in Hannover darum ging, die Stellung des Landesbischofs zu stärken, begann in Württemberg – ähnlich wie in Mecklenburg – die Sammlung der bekennenden Gruppe gegen den Willen der Kirchenleitung. Der Bericht über eine Tagung der kirchlich-theologischen Arbeitskreise Anfang Juni in Stuttgart machte deutlich, wie vorsichtig sich die württembergischen Pfarrer angesichts des Votums des württembergischen Kirchenpräsidenten Wurm für Müller und seinen gemäßigt deutschchristlichen Kurs bewegten. Um einen Bruch in der Kirche zu vermeiden, weigerte sich die Gruppe, zwei Lager anzuerkennen, »in die sich die Pfarrerschaft Württembergs verteilen dürfte. Wir reklamieren vielmehr«, so fuhr der Bericht fort, »jeden Amtsbruder für seinen in der Ordination übernommenen Dienstauftrag, der ihn eindeutig für die Verkündigung des biblischen Evangeliums verpflichtet.« Im übrigen bestritten die Arbeitskreise nicht, daß sie sich mit den Jungreformierten »in vielem einfach ... solidarisch« fühlten.[26] Diese Haltung, die auch um den Preis der Undeutlichkeit die Polarisierung in der Kirche unter allen Umständen zu vermeiden oder doch wenigstens abzumildern suchte, blieb für die Württemberger auch später noch charakteristisch und trug ihnen sehr bald auch in der eigenen Kirche heftige Kritik ein.

Aber nicht nur Pfarrer und Gemeinden, kirchliche Verbände und Gruppen diskutierten landauf, landab die Frage Müller oder Bodelschwingh, auch die Universitäten wurden in wachsendem Maße in die Auseinandersetzungen einbezogen. Überraschenderweise – wenn man an den radikalen Nationalismus denkt, der sich im Fall Dehn so entschieden äußerte – fanden die Deutschen Christen jedoch auch hier nicht überall die erwartete Unterstützung. Zwar gelang es in Tübingen der durchweg deutschchristlichen theologischen Fakultät, die Studentenschaft zu einer Vertrauenskundgebung für Müller zu gewinnen[27]; aber aus Breslau berichtete die »Junge Kirche« von einem eklatanten Mißerfolg.[28] Und zu einer Niederlage kam es auch in Berlin. Hier hatten die Deutschen Christen für den 19. Juni eine studentische Versammlung einberufen, aber der größte Teil der Anwesenden verließ – nicht ohne kräftige Nachhilfe Bonhoeffers – den Saal, ehe über eine Entschließung für Müller abgestimmt werden konnte.[29] Drei Tage später organisierten Bonhoeffer und der Berliner Studentenpfarrer Bronisch-Holtze eine Diskussionsveranstaltung zwischen Jungreformatoren und Deutschen Christen, deren gewaltiger Zulauf – es waren 2000 Studenten erschienen – das Interesse an der Kirchenfrage eindrucksvoll demonstrierte. Im Gegensatz zu den Propagandaveranstaltungen der Deutschen Christen, in denen es schließlich doch nur um die Mobilisierung der Massen ging, lag bei dieser Versammlung das ganze Gewicht auf der theologischen Argumentation beider Seiten. Bonhoeffer wiederholte dabei zum Teil seine Überlegungen aus der Schrift *Die Kirche vor der Judenfrage.* Die Schwachen im Sinne von Römer 14, so führte er aus, seien gerade diejenigen, die heute so stark aufträten; denn sie richteten ein rassisches Gesetz auf. Die anderen hätten dies im Glauben brüderlich zu tragen. Sollte aber das Gesetz der Schwachen tatsächlich zum Gesetz in der Kirche gemacht werden, so müßte ein evangelisches Konzil entscheiden. »Die letzte Möglichkeit, die der Protestantismus kenne, sei dann die Scheidung.«[30]

Entscheidungen und Scheidungen vollzogen sich in diesen Wochen in der ganzen evangelischen Kirche. Die unzähligen Diskussionen und Erklärungen, Versammlungen und Bekenntnisse, die ganze fieberhafte Geschäftigkeit, die im Rückblick das Bild dieser Zeit bestimmen, dürfen jedoch einen wesentlichen Punkt nicht verdecken. Für jeden einzelnen Pfarrer, der sich im Juni 1933 öffentlich gegen die Deutschen Christen entschied, bedeutete dies einen persönlichen Entschluß, dessen Tragweite nach Lage der Dinge kaum zu übersehen war. »Die Bodelschwingh-Front gegen Hitler«[31]: so lauteten die Schlagzeilen in der Presse. Wer sich in diese Front einreihte, riskierte, morgen ein Staatsfeind zu sein.

Der Dresdner Pfarrer Hugo Hahn, ein Bruder des 1919 von der Roten Armee in Dorpat erschossenen Pfarrers Traugott Hahn und später ein wichtiger Mann der Bekennenden Kirche, hat in seinen Erinnerungen diesen Schritt zur Entscheidung festgehalten. Ursprünglich mit einem naiven lutherischen Nationalismus offen für die Glaubensbewegung, begriff Hahn angesichts des Streites um Bodelschwingh die Notwendigkeit eines öffentlichen Schrittes. »Ich fühlte«, so berichtete er, »daß ich um des Gewissens willen nicht mehr lange schweigen dürfte. Meinem Wesen widerstrebte der kirchliche Kampf. Ich war mir zugleich bewußt, daß ein öffentliches Auftreteten gegen die DC eine persönliche Gefahr für mich bedeutete.« Nachdem seine Frau ihn ermutigt hatte und eine letzte Aussprache mit dem führenden Mann der Glaubensbewegung in Dresden, Pfarrer Friedrich Coch, ergebnislos verlaufen war, bestieg Hahn am zweiten Pfingsttag die Kanzel der Frauenkirche mit dem Entschluß, der Gemeinde die Dinge offen vorzutragen. »Im Verlauf der Predigt«, so schilderte er diesen Augenblick, »verlas ich eine wörtlich aufgeschriebene Erklärung, daß ich als Hirte der mir anvertrauten Gemeinde nicht mehr zu dem schweigen könne, was in der Kirche vorgehe. Bei dem ungeistlichen Kampf der DC gegen den Reichsbischof von Bodelschwingh handle es sich um ein Ärgernis in der Kirche ... Ich lehnte meine Erklärung an die Stelle Matth. 18,1 ff. an, wo unser Herr sehr scharf vom Ärgernis redet. Der Eindruck auf die Gemeinde war stark. Es war das erste Mal in Dresden – und dazu an solch hervorgehobener Stelle wie die Frauenkirchenkanzel –, daß ein so offener und scharfer Angriff gegen die DC erfolgte.«[32]

Das Bild dieser Juniwochen ist von Landeskirche zu Landeskirche, von Ort zu Ort, ja von Gemeinde zu Gemeinde verschieden. Noch lag vieles ineinander, gab es überraschende Gemeinsamkeiten und verfließende Linien, die die Abgrenzungen zwischen der Partei, den Deutschen Christen, den Kirchenleitungen und den Jungreformatoren immer wieder verwischten. Und doch lassen sich als Ergebnis dieser aufregenden Wochen für die ganze evangelische Kirche einige Tatsachen festhalten, die jenseits aller kirchenpolitischen Wendungen die weitere Entwicklung der Kirchenfrage in Deutschland entscheidend betimmten. Zunächst entstand durch die Auseinandersetzungen eine Wachheit in der Kirche, wie sie seit Jahrhunderten hier nicht mehr geherrscht hatte. Diese Wachheit war die Voraussetzung dafür, daß sich in allen Landeskirchen Gruppen zusammenschlossen, die den Entscheidungscharakter der Situation begriffen. Noch wußte zu dieser Zeit niemand so ganz genau, worum es in dieser Entscheidung ging; ob um Bodelschwingh oder Müller, um Landeskirche oder Reichskirche, um Konfessionalität oder Unionismus oder ganz allgemein einfach um das Bekenntnis. Gleichwohl bereitete sich in diesen Gruppen bereits die Bekennende Kirche vor. Sie warteten gewissermaßen nur auf das Stichwort, um sich zu sammeln und gemeinsam auch die inhaltliche Entscheidung und Scheidung zu vollziehen. Die personelle und sachliche Kontinuität zwischen diesen Gruppen und deren späteren Bruderräten ist so groß, daß ein Zweifel hier nicht möglich ist.

Der Ausgang des Kampfes, der seit Anfang Juni allmählich die ganze Kirche ergriffen hatte, erschien zunächst noch offen. Bodelschwingh hatte am Sonntag nach seiner Wahl die beiden Pfarrer Martin Niemöller und Gerhard Stratenwerth gebeten, ihm für einige Wochen »als persönliche Adjutanten zur Seite zu stehen«, und hatte schon am Montag, den 29. Mai, mit wenigen Mitarbeitern in zwei Zimmern des Kirchenbundesamtes seine Arbeit aufgenommen. Von der Entschlossenheit der Glaubensbewegung ahnte er noch nichts, meinte vielmehr, mit Ludwig Müller durch eine offene Aussprache in ein vernünftiges brüderliches Verhältnis kommen zu können.[33] In seiner Zuversicht bestärkte ihn eine Flut von Zustimmungserklärungen, die in ganz unerwartetem Ausmaß aus dem In- und Ausland in den nächsten Tagen in Berlin und Bethel eintrafen. »Aus dem ganzen Reich«, so berichtete die *Vossische Zeitung* schon am 29. Mai, »und aus dem deutschen evangelischen Ausland laufen unaufhörlich Telegramme ein, die die freudige Zustimmung zu dieser Wahl bekunden. Jugend- und Arbeitsverbände, Theologie-Studenten und Professoren, die Pfarrer-Organisationen und die Verbände der freien Liebestätigkeit, sie alle stellen sich hinter den berufenen Führer der Deutschen Evangelischen Kirche.« Es entsprach sicher einer weitverbreiteten Hoffnung, wenn das Blatt im Blick auf die andauernde Opposition der Deutschen Christen davon sprach, »daß es der sammelnden Kraft, die von der Persönlichkeit Bodelschwinghs ausgeht, doch noch gelingt, diesen Konflikt zu lösen«.[34]

Es kann kein Zweifel daran bestehen, daß Bodelschwingh tatsächlich mit einer außerordentlich breiten Vertrauensbasis in der evangelischen Kirche rechnen konnte. Aber schon das Pfingstfest zeigte, daß diese Basis doch nicht so einheitlich war, wie sie schien.

Am Mittwoch vor Pfingsten, noch in der Woche seines Amtsantritts, hatte Bodelschwingh den Kirchenleitungen ein Grußwort zugehen lassen mit der Bitte, es in den Gottesdiensten am 1. Pfingsttag verlesen zu lassen. Es war im biblischen Stil gehalten und sprach für die ganze Kirche die Bitte aus, »daß sie ihr neues Haus auf den festen Grund baut, der in den Stürmen der Zeit allein Bestand hat«.[35] Daß Hossenfelder daraufhin sofort bei Kapler protestierte und sogar »spontane Protestkundgebungen während des Gottesdienstes« ankündigte, war kaum überraschend.[36] Tatsächlich kam es nur an wenigen Stellen zu Zwischenfällen, so in Berlin-Friedenau, wo während der Verlesung in der überfüllten Kirche eine kleine Gruppe aufstand und laut dazwischenschrie: »Im Namen der nationalsozialistischen Partei erheben wir Einspruch!« Mehr war in der entstehenden Unruhe nicht zu hören; danach wurde das Grußwort ohne Störung verlesen.[37]

Viel bedenklicher als solche Zwischenfälle war die Tatsache, daß eine Reihe von lutherischen Kirchenleitungen sich weigerten, das Grußwort an die Gemeindepfarrämter weiterzuleiten. Es waren die gleichen Kirchen, die schon am 26. und 27. Mai gegen Bodelschwingh und für Müller votiert hatten: Bayern, Württemberg, Braunschweig, Hamburg, Mecklenburg und Schleswig-Holstein. Die Begründung war durchweg die gleiche, wie sie der designierte bayerische Landesbischof Meiser gegenüber seinem Hamburger Kollegen Schöffel vertrat: »Wir in Bayern nehmen von dem designierten Reichsbischof so lange keine Weisung entgegen, als seine Rechtsstellung nicht einwandfrei geklärt ist; so haben wir auch die Kundgebung an Pfingsten bei uns nicht verlesen lassen und sind entschlossen, hier eine ganz klare Linie einzuhalten, um die Herren in Berlin dazu zu zwingen, auch ihrerseits restlos Klarheit zu schaffen . . .«[38] Der württembergische Kirchenpräsident vermerkte lakonisch auf Bodelschwinghs Aufruf: »Mit Rücksicht auf die Rechtslage und die Haltung der Bayerischen Landeskirche ist von einer Übermittlung der Pfingstbotschaft an die Pfarrämter abgesehen worden.«[39]

Die Tatsache, daß nicht weniger als sechs Landeskirchen die Weiterleitung des Grußwortes zu Pfingsten verweigerten, zeigte, wie unsicher Bodelschwinghs Lage in Wirklichkeit war. Gewiß war die rechtliche Bedeutng der Wahl vom 27. Mai problematisch. Aber ebenso gewiß war, daß die Forderung nach einer rechtlichen Überprüfung der Wahl nach Lage der Dinge faktisch auf eine Revision der Entscheidung für Bodelschwingh hinauslief. Die immer dringenderen Anfragen nach der Rechtslage, die von den gleichen Landeskirchen im Lauf des Juni in Berlin eingingen, lassen dann auch keinen Zweifel daran, daß die Rechtsproblematik lediglich als Vorwand benützt wurde. Man wollte den unerwünschten Bodelschwingh loswerden, der immer stärker als das entscheidende Hindernis auf dem Weg zur ersehnten Zusammenarbeit zwischen Staat und Kirche empfunden wurde. Es war – obwohl der Lutheraner Marahrens als einziger bis zum Schluß kompromißlos für Bodelschwingh kämpfte – gewiß kein Zufall, daß es sich bei diesen sechs Landeskirchen ausnahmslos um lutherische handelte. Für sie war der Gedanke, die Kirche ohne oder gar gegen den neuen Staat bauen zu müssen, noch schwerer erträglich als für die evangelische Kirche insgesamt.

Den Anfang machte Württemberg mit einem Telegramm vom 30. Mai, das die dringende Bitte aussprach, »daß erst nach Annahme der Verfassung die endgültige Wahl des Reichsbischofs vollzogen wird«.[40] Ganz offensichtlich stand Wurm so sehr unter Fezers Einfluß, daß er hinsichtlich der Wahl Bodelschwinghs völlig die Version der Deutschen Christen übernahm. Schon am 2. Juni traf eine weitere Anfrage aus Schwerin ein. »Erbitte flehentlich«, telegraphierte Rendtorff, »sofortige öffentliche Klärung der Rechtsgrundlage des Reichsbischofs. Verwirrung unerträglich, wächst täglich.«[41] Gerade in Mecklenburg jedoch war die Verwirrung keineswegs durch die Rechtsfrage der Wahl entstanden, sondern allein durch Rendtorffs Eintritt in die Partei, seine Stellungnahme für Müller und seinen Versuch, die mecklenburgische Pfarrerschaft auf einen deutschchristlichen Kurs festzulegen. Nicht weniger durchsichtig war das Schreiben der Schleswig-Holsteinischen Kirchenregierung vom 9. Juni.[42] Denn der einstimmige Beschluß dieser Kirchenregierung, möglichst bald eine Sitzung der leitenden Organe des Kirchenbundes zur Überprüfung der Wahl vom 27. Mai einzuberufen, stammte von einem Gremium, das sich inzwischen geschlossen zur neuen Richtung in Staat und Kirche bekannte. Besonders unglücklich operierte in diesen Tagen Bayern. In einer Kundgebung, die – von der Kirchenleitung inspiriert – am 12. Juni auf einer Tagung des bayerischen Pfarrvereins verabschiedet wurde, fand sich der bemerkenswerte Satz: »Es ist unerläßlich, daß die verantwortlichen Stellen den Streit sofort beseitigen; wenn es sein muß auch um den Preis persönlicher Opfer einzelner.« Und es verriet etwas von den dahinterstehenden Motiven, wenn die Kundgebung fortfuhr: »Es muß der ursprünglich eingeschlagene Weg wieder aufgenommen und *zuerst* Amt und Verfassung geschaffen werden. Als Vertreter einer lutherischen Landeskirche erwarten wir, daß dabei das mit dem deutschen Volkstum innig verbundene Luthertum seine volle Geltung erhalte.« Damit Bodelschwingh diese Kundgebung keinesfalls übersehen konnte, wurde sie ihm von dem bayerischen Dekan Langenfass mit dem deutlichen Hinweis zugeschickt, daß das »persönliche Opfer« auf ihn, Bodelschwingh, gemünzt sei.[43]

Am 13. Juni folgte erneut Schwerin mit einem förmlichen Beschlußantrag an den Kirchenausschuß, wonach die bisherigen Schritte »keine Bindung für die endgültige Bestimmung der Person des künftigen Reichsbischofs« bedeuten sollten. Die Begründung zeigte offen, daß die Rechtsfrage nur vorgeschoben war: »Erfolgt die Benennung des ersten Reichsbischofs ohne Mitwirkung der Repräsentanten der nationalen Erneuerung, so ist dadurch das Reformwerk gefährdet, wenn nicht gar in seiner äußeren Zielsetzung von vornherein illusorisch.«[44] Am 14. Juni ließ der Thüringer Landeskirchenrat wissen, es sei »ein Kennzeichen der nationalen Revolution, daß die Neugestaltung sich durchaus auf gesetzmäßigen Wege vollzogen« habe. »Wir sind der Ansicht, daß beim kirchlichen Neubau ... erst recht nach diesem Grundsatz verfahren werden muß.«[45] Am 17. Juni schließlich beantragten satzungsgemäß sechs Mitglieder telegraphisch die Einberufung des Kirchenausschusses »behufs Nachprüfung der mit den Vorgängen der Bestimmung des Pastors D. v. Bodelschwingh zum Reichsbischof« zusammenhängenden Fragen. Die Unterschriften vereinigten wieder die ganze Gruppe jener Landeskirchen, die je länger je weniger bereit waren, sich wegen Bodelschwingh mit dem Staat in Auseinandersetzungen einzulassen: Meiser/München, Mordhorst/Kiel, Reichardt/Eisenach, Rendtorff/Schwerin, Schöffel/Hamburg, Wurm/Stuttgart.[46]

Angesichts dieser Sachlage wurde der Ausgang der entscheidenden letzten Sitzung des Kirchenausschusses, der am 19. Juni für den 23. und 24. nach Eisenach einberufen wurde, immer fraglicher.

Dies galt um so mehr, als auch in Berlin selbst, wo in diesen Wochen ungezählte Gespräche, Verhandlungen, Sitzungen und Telefonate stattfanden, Bodelschwinghs Lage trotz anhaltender Zustimmung aus der Kirche und kräftigem Einsatz der Jungreformatoren immer schwieriger zu werden begann. Dies hing vor allem mit der politischen Entwicklung zusammen. Als erste offizielle staatliche Stelle hatte sich in der Woche nach Pfingsten der Reichsinnenminister in den Streit eingeschaltet. In einem längeren Gespräch mit Bodelschwingh am 10. Juni gab er seiner Beunruhigung über die entstandenen Schwierigkeiten Ausdruck und machte zugleich einen Kompromißvorschlag. Bodelschwingh »solle zwar das Amt behalten und weiterführen, aber erklären, daß die engdültige Entscheidung der Bischofsfrage durch die Nationalsynode getroffen werden solle«. Dies könne entweder durch eine Wahl oder durch die Vertrauensfrage geschehen.[47] Dieser Kompromißvorschlag war vermutlich durchaus ehrlich gemeint. Frick stand zu dieser Zeit wohl eher auf der Seite Bodelschwinghs, wenn er seinen Einfluß in dieser Richtung nach Lage der Dinge auch nur begrenzt geltend machen wollte und konnte.[48] Dennoch sah Bodelschwingh die Dinge richtig, als er den Vorschlag des Reichsinnenministers ablehnte. Bei einem Offenlassen der Personenfrage, so meinte er, bliebe das Amt bis zum Zusammentreten der Nationalsynode Gegenstand der deutschchristlichen Agitation, und der Sieg der Glaubensbewegung werde um so wahrscheinlicher, »je mehr die staatlichen Organe in der jetzt schon begonnenen Weise einseitig Stellung nehmen«.[49] Eine Folge dieser Ablehnung war freilich, daß das Reichsinnenministerium zunächst aus dem Spiele war. Damit aber hatte Ludwig Müller freie Hand.

Am 12. Juni war der Wehrkreispfarrer wieder bei Hitler. Schon am folgenden Tag erklärte er in einem langen, vertraulichen Gespräch dem Direktor des Kirchenbundesamtes, Hosemann, der Reichskanzler könne »sein Placet zum Reichsbischof erst geben . . ., wenn in irgendeiner Weise das Volk befragt sei und seine Zustimmung gegeben habe«. Bis dahin wolle der Reichskanzler weder den Reichsbischof noch das Drei-Männer-Kollegium empfangen. Auch mit dem Reichspräsidenten habe sich der Kanzler dahin geeinigt, »vorläufig von Empfängen abzusehen, bis die Sachlage geklärt wäre«.[50] Kurz darauf teilte Ludwig Müller diesen Sachverhalt dem Drei-Männer-Kollegium auch offiziell mit. In einem Schreiben vom 15. Juni, das Müller gleichzeitig der Presse übergab, hieß es: »Der Herr Reichskanzler hat mir sein außerordentliches Bedauern darüber ausgedrückt, daß die Arbeiten für den Neubau der Deutschen Evangelischen Kirche eine schwierige und durchaus unliebsame Entwicklung genommen haben. Er hat meine Bitte, die Herren Bevollmächtigten zu empfangen, abgelehnt. Er lehnt auch den Empfang des Herrn Pastors D. v. Bodelschwingh ab. Ein Empfang beim Herrn Reichspräsidenten ist zur Zeit ebenfalls nicht möglich.« Damit waren für den Kapler-Ausschuß wie für Bodelschwingh selbst alle politischen Wege blockiert. Darüber hinaus wurde das Schreiben in der Öffentlichkeit als eindeutige Absage der Reichsregierung an das Vorgehen der Kirche überhaupt verstanden. Um so wirkungsvoller konnte Ludwig Müller im gleichen Schreiben seine eigene Meinung dahingehend äußern, daß ein anerkanntes Reichsbischofsamt noch nicht bestehe, solange nicht die neue Verfassung in Kraft sei. Diese aber bedürfe »der Zustimmung des Kirchenvolkes wie des Reiches«. So solle man, schlug Müller abschließend dem Kapler-Ausschuß vor, neue Verhandlungen aufnehmen mit dem Ziel, »in allen Landeskirchen Neuwahlen vorzubereiten oder einen anderen Ausweg aus den bestehenden Schwierigkeiten zu finden«.[51] Der unscheinbare Schlußsatz bedeutete selbstverständlich nichts anderes als das Angebot, dem deutschchristlichen Sturm auf die Landeskirchen dadurch zu entgehen, daß man Bodelschwingh fallen ließe und ihn, Müller, zum Reichsbischof nominiere.

Trotz der sich rapide verschlechternden Situation gaben Bodelschwingh und seine Freunde noch keineswegs auf. Nach langen gemeinsamen Besprechungen unternahm Marahrens, der Hannoversche Bischof, der als einziger Lutheraner nach wie vor bedingungslos zu Bodelschwingh stand, einen letzten Versuch, doch noch zu Hitler vorzudringen. Er wisse zwar, so erklärte er am 17. Juni in einem langen Schreiben an den Reichskanzler, daß dieser »zur Zeit einen Empfang der Kirchen ablehnen zu sollen« glaube. Er würde jedoch die ihm »gewissensmäßige aufliegende Pflicht« verletzen, wenn er nicht den Versuch mache, »Dinge mit allem Freimut vor dem Herrn Kanzler auszusprechen, die zu erfahren kein anderer in unserem Volk ein so klares Recht hat . . .«

Marahrens schloß mit dem Hinweis, daß sein Haus »seit Jahren mit Hingebung in der Bewegung« stehe »und als evangelisches Pfarrhaus dem vorwärts drängenden Leben der erwachten deutschen Nation geöffnet« sei.[52] Eine Antwort auf diesen Brief blieb aus.

Am selben Tage wandte sich Bodelschwingh mit der gleichen Bitte an den Reichspräsidenten. »Ich sehe«, so schrieb er ihm, »daß es um letzte Entscheidungen geht, auch für die Zukunft unseres Volkes und Vaterlandes.« Aber Ludwig Müller hatte offenbar gut vorgearbeitet. Denn am 21. schrieb Hindenburg zurück, obwohl er Bodelschwinghs Sorgen teile, bäte er ihn, von seinem Ersuchen Abstand zu nehmen. Ein Empfang im gegenwärtigen Zeitpunkt würde »als eine einseitige Stellungnahme« ausgelegt werden und ihn – Hindenburg – »in den Streit der beiden Richtungen« hineinziehen. »Ich halte es für zweckmäßig«, so fuhr der Reichspräsident fort und übernahm damit wohl die für ihm bestimmte Lesart Hitlers, »wenn zunächst – vielleicht unter dem Vorsitz des hierfür zuständigen Reichsministers des Innern – Sie selbst und ein Vetreter der anderen Richtung zu einer persönlichen Aussprache sich zusammenfinden... und der Versuch zu einer Überbrückung der Gegensätze gemacht würde«. Er sei gerne bereit, dem Innenminister eine entsprechende Bitte zu übermitteln.[53]

Schließlich wandte sich Bodelschwingh am 19. Juni in einem dringenden Schreiben an Rudolf Heß, der seit Ende April offiziell Hitlers Stellvertreter »in allen Fragen der Parteileitung« war.[54] Darin bat er um die Beantwortung von drei Fragen: »1) Sind die evangelischen Nationalsozialisten durch eine Anordnung der Reichsleitung der NSDAP verpflichtet, sich zu den Deutschen Christen zu bekennen oder in ihrem Sinne Stellung zu nehmen? 2) Zieht der Nicht-Anschluß an die Deutschen Christen im Sinne der 1. Frage den Ausschluß aus der Partei nach sich? 3) Wenn nein, zieht er ein parteiamtliches Verfahren nach sich?«[55] Dies waren in der Tat die entscheidenden Punkte. Sie zeigten, wie klar Bodelschwingh die Dinge sah. Sie zeigten freilich auch, wie wenig er daran zu ändern vermochte: Auch dieser Brief blieb ohne Antwort. Eine öffentliche Meinung aber, die eine solche Antwort hätte erzwingen können, gab es nicht mehr.

Auch innerkirchlich wurden von Berlin und Hannover aus die letzten Versuche unternommen, die bröckelnde Front zu stützen. Die wichtigste Figur war dabei ohne Frage der bayerische Landesbischof Meiser. Meiser war der Führer der lutherischen Gruppe, und wenn *er* zu Bodelschwingh stand, so würde Württemberg folgen. Ein abweichendes Votum von anderen kleineren Landeskirchen wäre dann zu tragen gewesen. So bat Marahrens Paul Althaus, den Erlanger Theologen, auf Meiser einzuwirken. Althaus hatte sich inzwischen überraschenderweise von seinem Freunde Hirsch getrennt und dies auch Marahrens wissen lassen. Am 19. 6. schrieb der Hannoversche Bischof zurück und bat den zögernden Althaus dringend um eine Stellungnahme. »M. E.«, so lautete der wichtigste Satz, »handelt es sich um nichts anderes als um die entscheidende Frage, ob die Weiche in der Richtung Staat oder in der Richtung Kirche gestellt werden soll. Für mich ist die Lösung ganz eindeutig klar. Alles, aber auch alles zeigt, daß die um Müller gescharten Kreise der falschen Weichenstellung zusteuern.«[56] Schon am gleichen Tag hatte sich Althaus tatsächlich zu einem Brief an Meiser entschlossen. Obwohl es im Ansatz keine andere Theologie war als die, die er selbst mit Hirsch begründet und vertreten hatte, zeigte er sich jetzt über deren Konsequenzen erschrocken. »Nach meiner jetzigen Einsicht«, so beschwor er nun Meiser, »kann ich nur bitten: sorgen Sie auf alle Fälle, daß nicht die Deutschen Christen siegen! Ich sehe dazu keinen anderen Weg als: für Bodelschwingh stehen. Ich selber werde in diesen Tagen öffentlich mich dazu bekennen. Hoffentlich folgen mir die Erlanger Kollegen... Wenn wir die Niederlage durch die Deutschen Christen und andere dann auch erleiden – warum läßt Bayern Hannover vorher im Stich und steht nicht bis zur letzten Möglichkeit zu der ersten Nominierung?«[57]

Die Antwort auf diese Frage war für Bayern leicht zu geben. Meiser selbst trug seine Gründe wenige Tage später vor dem Kirchenausschuß vor. Dem bayerischen Landesbischof, der erst kurz zuvor mit der festlichen Zustimmung von Staat und Partei in sein Amt eingesetzt worden war[58], lag der Frieden in seiner Landeskirche näher als der Kampf für einen fernen, der Union verdächtigen Reichsbischof, der zudem unabsehbare politische Schwierigkeiten heraufbeschwören konnte. Man wird an dem Urteil schwerlich vorbeikommen, daß die Provinzialität der Landeskirchen ein wesentlicher Grund für den Sturz Bodelschwinghs war.

Im übrigen griff auch im engsten Kreis der führenden Männer in diesen Tagen Ratlosigkeit um sich. Am 21. Juni bat Niemöller den Reichsbischof, ihn »aus dem engeren Mitarbeiterstab« zu entlassen, nicht ohne darauf hinzuweisen, daß es nach seiner Meinung bei der bevorstehenden Entscheidung in Eisenach nur noch darum ginge, »ob diejenigen ins Schisma gedrängt werden, die ein fremdes Evangelium predigen wollen, oder aber diejenigen, die auf dem Boden der reformatorischen Bekenntnisse stehen«.[59] Anders reagierte Hermann Hesse, der reformierte Vertreter im Kapler-Ausschuß. »Unmöglich«, so nannte er gegenüber dem »Reichsbischof designatus« dessen Situation. »Wir müssen miteinander auf die Gegnerschaft von mindestens sechs lutherischen Kirchen rechnen. Weiter stehen die Deutschen Christen mit ihrer Inanspruchnahme aller Macht da. Endlich stehen uns nach den Erklärungen der lezten Woche Reichskanzler und Reichspräsident mit starker Zurückhaltung gegenüber.« Hesses Rat war so unglücklich wie seine ganze Rolle im Drei-Männer-Kollegium. Er riet zu einem freiwilligen Rückzug im Sinne jenes Vorschlags, den der Reichsinnenminister vorgebracht hatte.[60]

Trotz all dieser Widerstände, Zweifel und Bedenken blieb Bodelschwingh fest. Während ringsum die allgemeine Anpassung Triumphe feierte, stand er weiterhin unerschüttert zu seinem Auftrag. Darin bestärkte ihn die unverminderte Zustimmung, die ihm aus dem Kirchenvolk entgegenkam. Ebenso wichtig freilich war die Gewißheit, daß er sich außer Hannover auch auf die weitaus größte und wichtigste deutsche Landeskirche nach wie vor verlassen konnte: die altpreußische Union. Deren höchstes Gremium, der altpreußische Kirchensenat, hatte am 8. Juni die Wahl des Betheler Pastors mit nur zwei Ge-

so kann solchen Erwägungen eine letzten Endes entscheidende und ausschlaggebende Bedeutung nicht zugesprochen werden. In solchen Übergangszeiten wird oft die Frage aufgeworfen, was nun eigentlich Rechtens sei; diese Frage kann aber nur dann befriedigend gelöst werden, wenn der Wille vorhanden ist, das gesetzte oder dem Sinne nach vorhandene Recht wirklich als Instrument dafür zu benutzen, um der Rechtsentwicklung in die Zukunft den Weg zu bahnen.« Und auch den Arierparagraphen hatte Jäger bereits im Blick, als er hinzufügte, im übrigen werde »die Frage der Anwendung des Beamtengesetzes auch innerhalb der Kirche, wenigstens seine Anwendung im Sinne gleichzuschaltender Zustände zur Erörterung gelangen müssen.«[70]

In der Tat hat Jäger auch später nie einen Zweifel daran gelassen, daß das einzige Ziel seiner kirchenpolitischen Aktivitäten die radikale politische Gleichschaltung der Kirche sei und daß er auf dem Weg zu diesem Ziel von jedem Mittel Gebrauch machen würde.

Dieses Konzept ebenso wie dieses Vorgehen erwiesen sich freilich auf die Dauer selbst für das Dritte Reich als undurchführbar. So scheiterte Jäger Ende 1934 an seiner eigenen Borniertheit. Nach einem Jahr unfreiwilligen Ruhestandes wurde er daraufhin 1936 zum Senatspräsidenten am Berliner Kammergericht ernannt. Im September 1939 erinnerte man sich im Reichsinnenministerium des ehrgeizigen Karrieristen und machte ihn zum Regierungspräsidenten und zivilen Stellvertreter des Gauleiters im neuen Reichsgau Wartheland. Hier, in Posen, konnte der inzwischen aus der Kirche Ausgetretene seine mittlerweile noch weiter radikalisierten politischen und kirchenpolitischen Ansichten endlich ohne rechtliche Rücksichten durchsetzen. Nach dem Zusammenbruch wurde Jäger am 13. Dezember 1948 wegen Beihilfe »zur Organisierung und Ausführung von Kriegsverbrechen und Verbrechen gegen die Menschlichkeit« in Posen vor ein polnisches Gericht gestellt und am 17. Juni 1949 hingerichtet. Ein Gnadengesuch von Dibelius blieb vergeblich.

Solange Jäger noch Landgerichtsrat in Wiesbaden war, konnten seine kirchenpolitischen Ansichten allenfalls in der kleinen nassauischen Kirche Unruhe stiften. Das änderte sich jedoch im Mai 1933. Vermutlich durch Rusts jungen Staatssekretär Dr. Wilhelm Stuckart, der ihn aus seiner Referendarzeit in Wiesbaden kannte, wurde Jäger zu dieser Zeit als Hilfsreferent für kirchliche Verfassungsfragen ins preußische Kultusministerium berufen. Hier traf er in Hossenfelder einen Gesinnungsgenossen, und diese drei – Stuckart, Jäger und Hossenfelder – entwarfen den Plan, die renitente preußische Kirche gleichsam im Handstreich zu erobern. Von der kommissarischen Besetzung der Präsidentenstelle, die die staatliche Mitwirkung unterlief, möglicherweise wirklich überrascht, bewogen sie den an kirchlichen Dingen selbst kaum interessierten preußischen Kultusminister Bernhard Rust zur Entlassung Trendelenburgs und zur Beauftragung Jägers. Damit aber war die Voraussetzung für eine radikale Änderung der preußischen Kirchenpolitik geschaffen.[71]

Von all dem konnten die Delegierten des Kirchenausschusses selbstverständlich noch nichts ahnen, als sie am 23. Juni morgens zusammenkamen, um zunächst den Präsidenten zu verabschieden. Es war der letzte heile Augenblick des Kirchenbundes. Kapler wußte, daß eine Wende bevorstand, als er dem Kirchenausschuß versicherte, daß er in seinem Abtreten »eine höhere Notwendigkeit« sehe. »Die Umwelt, in der wir arbeiten, ist eine völlig andere geworden. Wir haben ein neues Volk, einen neuen Staat, eine neue Auffassung der Theologie über das Verhältnis von Staat und Kirche.« Der scheidende Präsident ließ deutlich erkennen, daß *er* jedenfalls nicht mehr bereit sei, sich auf diese neuen Verhältnisse umzustellen und daß er deshalb anderen und jüngeren Kräften Platz mache.[72] Sein Stellvertreter, der sächsische Konsistorialpräsident Seetzen, der von nun an die Sitzung leitete, würdigte Kaplers langjährige Arbeit für die Kirche. Dann verabschiedete sich der Präsident von jedem einzelnen und verließ die Sitzung.

Die große Debatte um den Reichsbischof begann gegen 11 Uhr. Einem Beschluß der lutherischen Bischöfe zufolgte sollte zunächst die Rechtsfrage gestellt werden.[73] Nach einer längeren Diskussion zeigte jedoch die Abstimmung, daß die lutherischen Bischöfe in diesem Gremium deutlich in der Minderheit waren. Eine Überweisung an den Rechtsausschuß wurde mit 25:8 Stimmen abgelehnt. Auch im weiteren Verlauf ergab sich eine Stimmung zugunsten Bodelschwinghs. Unter den zahlreichen Voten des Vormittags war der Beitrag des Frankfurter Kirchenrats Johannes Kübel besonders eindrücklich. Wenn die Wahl Bodelschwinghs rückgängig gemacht würde, so erklärte er, dann seien die Landeskirchen, die für ihn gestimmt hätten, erledigt. Die Deutschen Christen seien »nicht eine Bewegung des Glaubens, sondern des Unglaubens«. Deshalb riet Kübel, sich lieber unterjochen zu lassen, »als die Hand darzubieten, daß diese Bewegung in der Kirche die Führung bekommt«.[74] Zu dieser Zeit notierte Niemöller, der Bodelschwingh nach Eisenach begleitet hatte, in seinen Amtskalender: »Lage gut«.[75] Am Nachmittag vertrat neben dem bedenkenlos politisierenden Schöffel vor allem Meiser die Haltung der lutherischen Bischöfe. Die Ziele der lutherischen Opposition wurden selten offener ausgesprochen als hier. »Die Frage ist«, so meinte der bayerische Landesbischof, »tun wir der nationalsozialistischen Bewegung den Dienst, den wir ihr tun sollen. Täuschen wir uns nicht über die Kraft dieser Bewegung! Es ist notwendig, etwas zu unternehmen, um in unseren Gemeinden Ruhe zu schaffen. Wir stehen vor dem Problem Staat und Kirche. Verhindern wir den Ausbruch eines Konflikts nicht, dann gibt es nur einen Weg, den in die Freikirche. Ich lehne die Verpflichtung, dies zu tun, für meine Kirche ab.«[76] Dies war nichts anders als die Erklärung der Kapitulation, noch ehe der Kampf wirklich begonnen hatte. Wie anders dagegen stand Bodelschwingh, der seine Haltung vor dem Kirchenausschluß ebenfalls noch einmal begründete. Unwillkürlich griff der friedliche Betheler Pastor dabei zu einem kriegerischen Bild. Er habe dieses Amt übernommen, und er werde dabei bleiben. »Ich fühle mich für die Fahne verantwortlich, die ich übernommen habe. Sie habe ich zu halten. Dieser Gedanke hat mich die ganzen 4 Wochen schweren Kampfes getragen. ... Nun werde ich aufgefordert, ich solle zurücktreten. Da kommt mir immer der Gedanke an die Fahne. Gehe ich im Angriff nur einen Schritt zurück, dann ist die Schlacht verloren. Diese Verantwortung kann ich nicht übernehmen.« Auch Bodelschwingh forderte, daß »der Riegel fortgerissen« werde, der die Führer unserer Kirche vom Kanzler« absperre. Aber er vertrat – und darin lag der entscheidende Unterschied zu den Lutheranern – dies als Forderung der einigen evangelischen Kirche an den neuen Staat und nicht als Bedingung ihres Lebens und Überlebens in ihm.[77]

Noch ehe jedoch eine Abstimmung am Abend endlich Klarheit schaffen konnte, wurden die Delegierten von zwei Nachrichten überrascht, die heftige Verwirrung und Unruhe auslösten. Zunächst teilte der württembergische Landesbischof Wurm mit, die Professoren Fezer und Schumann seien im Auftrag Ludwig Müllers nach Eisenach gekommen und stünden zu Verhandlungen zur Verfügung. Ein Antrag, sie im Ausschuß zu hören, wurde abgelehnt. Dafür erklärten sich die Bevollmächtigten – Marahrens, Hesse und Seetzen, der jetzt Kaplers Stelle übernommen hatte – bereit, noch am Abend mit den Professoren zusammenzutreffen. Zur gleichen Zeit wurde ein Telegramm bekannt, das der preußische Kultusminister an die preußischen Vertreter in Eisenach gerichtet hatte. Es lautete: »Nachdem die evangelische Landeskirche der altpreußischen Union den Rechtsboden verlassen hat, weise ich ihre Vertreter nachdrücklich darauf hin, daß sie rechtsgültig nicht handeln können.«[78] Während die Mission Fezers verschiedene Deutungen zuließ, war die Absicht des Telegramms eindeutig. Beide Aktionen jedoch zielten letztlich darauf, eine Entscheidung für Bodelschwingh unter allen Umständen zu verhindern.

Es ist nicht völlig auszuschließen, daß es sich bei diesen beiden Aktionen um ein abgekartetes Spiel zwischen Müller und Jäger handelte. Wahrscheinlicher jedoch ist, was auch Müller stets beteuerte, daß Jäger und Hossenfelder den samt seinen theologischen Beratern verzweifelt herumlavierenden Wehrkreispfarrer mit revolutionärer Entschlossenheit zu überholen versuchten. Die Wirkung der beiden Aktionen jedenfalls war durchschlagend. Der Ausschuß brach seine Sitzung ab. Beschlüsse kamen nicht mehr zustande.

Am Abend und in der Nacht verhandelten die drei Bevollmächtigten mit den beiden Professoren. Die Aussprache begann mit einer halben Kapitulation. Man ließ erkennen, daß man Bodelschwingh zu der Erklärung bringen könnte, daß seine Designierung nur vorläufig sei und er sich den Bestimmungen der künftigen Verfassung unterwerfen werde und fragte an, welchen Preis die Gegenseite dafür zahlen würde. Fezer hatte die Stirn zu erwidern, »es werde sofort erklärt werden, in Zukunft solle jeder gewaltsame Eingriff, auch jeder Gewissenszwang mit Machtmitteln ausgeschlossen werden. Zweifellos werde der parteipolitische Apparat zurückgezogen werden.«[79] Gegen drei Uhr nachts trennte man sich mit der Aussicht, einen Kompromiß gefunden zu haben.

Wesentlicher jedoch war die Entscheidung, die in der gleichen Nacht die lutherischen Bischöfe trafen. Meiser hatte gegen 22 Uhr mit dem bayerischen Pfarrer Friedrich Klein telefoniert, über den er Kontakt mit den Berliner Deutschen Christen hielt. Was er dort erfuhr, schien ihm im höchsten Maße alarmierend. Müller, so ließ Klein seinen Landesbischof wissen, sei aufgefordert worden, sich gegenüber dem Kirchenbundesamt auf keinerlei Kompromisse mehr einzulassen. »Es sei die letzte Möglichkeit, daß die führenden Männer der Kirche in Preußen (Kirchenbundesamt und Oberkirchenrat) freiwillig zurücktreten.« Die Wahl Bodelschwinghs werde als »bewußte Brüskierung« des Staates aufgefaßt; um seiner »Selbstachtung und Würde willen« müsse dieser nun »zu den stärksten Mitteln greifen. Die Kirche muß selbst handeln, bevor sie dem Staat Gelegenheit zum Eingreifen gibt (Zurücknahme der Kandidatur Bodelschwinghs). Lage ungeheuer verschärft«, so hörte Meiser weiter, »Schuld liegt nicht am Staate, sondern an den führenden Männern der Kirche.«[80] Dieser Bericht gab zweifellos genau Stimmung, Meinung und Absichten von Jäger und Hossenfelder wieder.

Mit diesen Drohungen aber war die Belastungsgrenze der lutherischen Bischöfe endgültig überschritten. Die Beschlüsse, die sie daraufhin sofort faßten, bedeuteten nicht weniger als die unwiderrufliche Preisgabe Bodelschwinghs, die Aufkündigung der kirchlichen Gemeinschaft im Kirchenbund und damit auch das Ende dieses Bundes selbst. Zugleich bilden sie den wichtigsten Schlüssel zum Verständnis der weiteren Entwicklung auf kirchlicher Seite. Wenn Ludwig Müller drei Monate später im Triumph einstimmig zum ersten Reichsbischof der Deutschen Evangelischen Kirche gewählt wurde, so war dies nicht zuletzt eine unmittelbare Folge der Entscheidungen dieser Nacht.

Denn statt die preußische Kirchenleitung über die bedrohliche Situation zu unterrichten und gemeinsame Schritte zu überlegen, beschlossen die Lutheraner, von nun an eigene Wege zu gehen. Zunächst sei es – so notierte Meiser die Ergebnisse – »nunmehr unbedingt erforderlich ..., Bodelschwingh zu einer entsprechenden Erklärung zu veranlassen. Sollten die lutherischen Bischöfe majorisiert werden wollen, so wurde Verweigerung der Gefolgschaft beschlossen.« Damit war die kirchliche Gemeinschaft tatsächlich am Ende. Noch schlimmer freilich wirkte der letzte Beschluß. Unausgesprochen war man im Kreise der Lutheraner offenbar froh, daß die preußische Union politisch und kirchenpolitisch endlich ausgeschaltet wurde. Jedenfalls beschloß man nicht, für die preußische Kirche einzutreten, sondern entschied sich dafür, an ihrer Statt nun die Führung im deutschen Protestantismus zu übernehmen. »Für den Fall«, hieß es im Protokoll, »daß die preußischen Kirchen als verhandlungsunfähig gelten müssen, sind die lutherischen Kirchen bereit, um des Gesamtprotestantismus willen, die Beziehungen zum Staat erneut aufzunehmen und die Kirchenfrage weiter zu fördern. Als Verhandlungsführer sollen gelten: Meiser, Schöffel, Reichardt.«[81] Noch in der Nacht um ½4 Uhr und dann noch einmal um ½5 Uhr wurde mit Fezer telefonisch Kontakt aufgenommen, so daß dafür gesorgt war, daß diese Beschlüsse auch in Berlin sofort bekannt wurden.

Aber in Berlin wußte man über Meisers Haltung in diesem Augenblick bereits Bescheid. Um zwei Uhr nachts setzte sich Emanuel Hirsch noch zu einem langen Brief an Althaus an seinen Schreibtisch. Darin teilte er dem Freunde mit, daß er von Eisenach sehr viel wisse. »Vermutlich kommt es zu einem von beiden, *entweder* die Schritte der Himmelfahrtswoche werden vorbehaltlos zurückgenommen, *oder* aber Meiser bricht mit einigen anderen aus dem Kirchenbund aus und wird so etwas wie Bundesgenosse.«[82] Und »so etwas wie Bundesgenosse« von Müller, Hirsch und Fezer wurden die Lutheraner nun in der Tat.

Die Versammlung, die am kommenden Morgen – es war der 24. Juni – um ½9 Uhr wieder zusammentrat, ahnte von diesen Vorgängen zunächst noch nichts. Auf Bitten von Marahrens beschloß man, die Verhandlungen über einen Kompromiß in einem erweiterten Gremium fortzusetzen, und vertagte sich bis 11 Uhr. Während sich zur gleichen Zeit die preußischen Vertreter trafen und gegen den Vorwurf des preußischen Kultusministers »feierlich Verwahrung« einlegten[83], einigte sich die erweiterte Verhandlungskommission darauf, den Weg des Kompromisses in der Reichsbischofsfrage weiterzugehen.

Um 11 Uhr wurde die Sitzung wieder aufgenommen. Kirchenausschuß und Kirchenbundesrat ließen sich gemeinsam über den Stand der Kirchenverfassungsfrage unterrichten. Bis zur Mittagszeit referierten Heckel, Hosemann und Karnatz über die Grundzüge der geplanten großen Kirchenreform.[84] Aber die fast hundertköpfige Versammlung vermochte sich kaum noch auf diese Fragen zu konzentrieren. Unruhe, Nervosität und Sorge machten sich breit. Trotzdem traf die Nachricht, die gegen 14 Uhr in Eisenach bekannt wurde, die Versammelten wie ein Schock. Es war eine Verfügung des preußischen Kultusministers, die lautete: »Die Lage von Volk, Staat und Kirche verlangt Beseitigung der vorhandenen Verwirrung. Ich ernenne deshalb den Leiter der Kirchenabteilung im preußischen Kultusministerum, Jäger, für den Bereich sämtlicher evangelischer Landeskirchen Preußens zum Kommissar mit der Vollmacht, die erforderlichen Maßnahmen zu treffen.«[85] Damit war das lange befürchtete Ereignis eingetreten. Der Staat hatte unmittelbar in die Kirche selbst eingegriffen.

Und sofort zeigten sich die ersten verheerenden Folgen des nächtlichen Beschlusses der Lutheraner. Statt eine gemeinsame Front gegen den offenkundig unrechtmäßigen Staatseingriff zu bilden, setzten sie alles daran, vor allem Bodelschwingh nun endlich loszuwerden. Marahrens, der am Nachmittag zusammen mit den Bevollmächtigten noch einmal mit Fezer verhandelt hatte, berichtete dem gegen 17 Uhr erneut zusammengetretenen Kirchenausschuß, die andere Seite lasse sich auf keinen Kompromiß mehr ein und verlange den völligen Rückzug Bodelschwinghs. Daraufhin erklärte Seetzen, alles weitere hänge von der Entscheidung des Reichsbischofs ab. »Ton und Sinn des Satzes«, so erinnerte sich Kübel, »kamen allzudeutlich auf die Frage hinaus: Tritt er nun endlich zurück?«[86] Tatsächlich ging Bodelschwingh jetzt, um sich ein letztes Mal mit den Bevollmächtigten zu besprechen. Gegen 19 Uhr war es dann endlich soweit. Nach Wiederaufnahme der Verhandlungen verlas der Betheler Pfarrer, der für vier umstrittene Wochen ein wirklicher Bischof gewesen war, die folgende Erklärung: »Durch die Einsetzung eines Staatskommissars für den Bereich sämtlicher evangelischer Landeskirchen Preußens ist mir die

Möglichkeit genommen, die mir übertragene Aufgabe durchzuführen. Das nötigt mich, den mir vom Deutschen Evangelischen Kirchenbund erteilten Auftrag zurückzugeben.«[87] Dann verließ er den Kirchenausschuß.

Unmittelbar danach entlud sich die lang angestaute Erregung. Der Sprecher der preußischen Kirche, Präses Winckler, beklagte mit heftigen Worten das ruhmlose Ende des Ausschusses. Die Frage der Schuld war ihm nicht zweifelhaft: Fehlende Einheit und Sonderbildungen seien es gewesen, die zu diesem beschämenden Ende geführt hätten. Die Lutheraner reagierten prompt. Als hätte nicht gerade er genau dieses Ergebnis betrieben, verwahrte sich Schöffel »mit tiefster Entrüstung« gegen diese Behauptung. Noch deutlicher wurde Meiser. »Nach der bitteren Erklärung«, so stellte er fest, »die eine große Anzahl lutherischer Führer schwer getroffen hat, ist es meine Pflicht, als Vorsitzender der lutherischen Säule namens der sämtlichen lutherischen Kirchen die erhobenen Vorwürfe auf das Entschiedenste zurückzuweisen.« Wer über die nächtlichen Beschlüsse der Bischöfe orientiert war, konnte es Meiser freilich kaum abnehmen, als er fortfuhr: »Glauben Sie uns, schwerere Wochen hat wohl niemand durchgemacht als wir. Tag und Nacht haben wir um eine Entscheidung gerungen und unzählige Male Gott angefleht, uns den rechten Weg zu zeigen. Diese Vorwürfe sind aber mit das Bitterste von allem.«[88]

Der Bruch war nicht mehr zu heilen. Nur mit Mühe konnte noch das Mandat für Seetzen, Marahrens und Hesse erneuert werden. Dann ging der Kirchenausschuß auseinander. Winckler, der preußische Präses, sollte recht behalten. Es war die letzte Sitzung dieses Gremiums.

Von nun an standen alle wesentlichen kirchlichen Entscheidungen im evangelischen Deutschland vor der Frage: Widerstand gegen den Staatskommissar oder Mitarbeit mit ihm. Dabei entschied sich die am härtesten getroffene altpreußische Kirche durchweg für den Widerstand; die Mehrzahl der anderen Kirchen dagegen, allen voran die Lutheraner, betrieben eine Politik des Kompromisses mit der Gewalt.

Das zeigte sich noch am Abend in Eisenach. Hier war der Kirchenbundesrat zur Erledigung einiger Regularien zusammengetreten und hatte dabei turnusgemäß den weltlichen Vizepräsidenten des Evangelischen Oberkirchenrats in Berlin, Ernst Hundt, zu seinem stellvertretenden Präsidenten gewählt. Inzwischen war jedoch die Nachricht eingetroffen, daß Hundt am Nachmittag von Jäger beurlaubt worden sei. Daraufhin versuchten Tilemann, Seetzen und Meiser die Wahl rückgängig zu machen. Und wieder war es vor allem Meiser, der seine »ernsten Bedenken« dagegen geltend machte, »einen Mann zu wählen, der vom Staatskommissar beurlaubt ist, in einem Augenblick, in dem alles darauf ankommt, wieder in ein erträgliches Verhältnis zum Staat zu kommen.«[89] Folgenschwer war auch ein Beschluß, der später am Abend von einigen Vertretern der preußischen Landeskirchen gefaßt wurde. Erst allmählich war ja klar geworden, daß sich der Staatseingriff nicht nur auf die altpreußische Kirche erstreckte, sondern alle in Preußen gelegenen Landeskirchen betraf. So entschloß man sich zu einem gemeinsamen Telegramm an Hindenburg und zu einem ebenfalls gemeinsamen Protest bei Rust. Schleswig-Holstein freilich wagte nicht einmal mehr dieses und verweigerte seine Unterschrift.[90] Danach ging es um die Frage der Mitarbeit mit dem Staatskommissar. Gegen den Widerstand Kübels, der forderte, daß alle betroffenen Kirchenleitungen ihre Ämter zur Verfügung stellen sollten[91], beschlossen vor allem die Hannoveraner, mitzuarbeiten, »solange es mit dem Gewissen und dem kirchlichen Gelöbnis vereinbar sei und eine unwürdige Behandlung nicht zugemutet werde«.[92] Tatsächlich blieb Kübel der einzige, der wenige Tage später sein Amt niederlegte.[93] So hatte Jäger in Kiel und Hannover, in Kassel, Nassau und dann auch in Frankfurt mit Widerstand zunächst nicht zu rechnen. Um so schwieriger dagegen sollten sich die Dinge für den Staatskommissar in der altpreußischen Kirche gestalten.

7. KAPITEL

DER KAMPF UM DIE PREUSSISCHE KIRCHE UND DER ABSCHLUSS DER REICHSKIRCHENVERFASSUNG (JULI)

Die knapp dreiwöchige Herrschaft Jägers über die preußischen Kirchen gehört zu den bewegtesten Zeiten der deutschen Kirchengeschichte überhaupt. Nie zuvor oder danach gab es in so kurzer Zeit so viele Ein- und Absetzungen, so viele sich überkreuzende Maßregelungen, Verfügungen und Aktionen. Drei Gruppen mit ganz verschiedenen Zielen, Machtmitteln und Anhängern rangen darum, die weitere Entwicklung der evangelischen Kirche in ihrem Sinne jetzt entscheidend zu beeinflussen.

An der Spitze der einen Gruppe stand Jäger. Zusammen mit Hossenfelder, der Berliner Reichsleitung und dem radikalen Flügel der Glaubensbewegung versuchte er, möglichst schnell vollendete Tatsachen für eine rücksichtslose Gleichschaltung der Kirche zu schaffen. Ihren politischen Rückhalt besaß diese Gruppe beim preußischen Kultusminister Rust, beim preußischen Ministerpräsidenten Göring und weithin auch bei der Partei. Die Front, die sich dagegen zur Wehr setzte, bestand aus dem preußischen Oberkirchenrat, den Generalsuperintendenten und der Jungreformatorischen Bewegung. Sie besaß einen breiten kirchlichen Rückhalt bei den Pfarrern und einen gewissen politischen Rückhalt beim Reichspräsidenten. Zwischen diese beiden Gruppen schob sich sehr schnell eine dritte unter Führung von Ludwig Müller. Zu ihr gehörten der Wehrkreispfarrer selbst, seine theologischen Berater, die lutherischen Bischöfe und alle, die nach einem Kompromiß suchten. Entscheidend für diese Gruppe wurde, daß sie die Unterstützung des Reichsinnenministeriums und Hitlers bekam. So stand sie am Ende als Sieger da.

Als August Jäger am 24. Juni um die Mittagszeit sein Amt als Kirchenkommissar antrat, plante er zunächst, die Geschäfte des preußischen Oberkirchenrats durch den bisherigen weltlichen Vizepräsidenten Ernst Hundt weiterführen zu lassen.

Damit wäre wenigstens nach außen der Schein einer Rechtskontinuität gewahrt geblieben. Aber Hundt – obwohl Parteimitglied und den Deutschen Christen nahestehend – verweigerte die Mitarbeit. Auch dringliches Zureden von Jäger und Stuckart vermochte ihn nicht umzustimmen.[1] Die meisten Referenten im Oberkirchenrat schlossen sich dieser Weigerung an. Durch diesen überraschenden Widerstand, der für alle Beteiligten zum mindesten das Risiko von Beruf und Karriere einschloß, wurde Jäger gezwungen, die Karten offen auf den Tisch zu legen. Er tat es auf seine eigene rigorose Weise. Noch am Abend beurlaubte er »mit sofortiger Wirkung« Hundt und den bei den Deutschen Christen besonders verhaßten schlesischen Generalsuperintendenten Schian. Zugleich löste er – entsprechend den Vorstellungen, die er Anfang Mai gegenüber Kortheuer entwickelt hatte – ebenfalls mit sofortiger Wirkung »sämtliche gewählten kirchlichen Vertretungen in den evangelischen Landeskirchen Preußens auf«.[2] Damit waren diese Kirchen rechtlich handlungsunfähig gemacht. Schon am nächsten Tag, einem Sonntag, wurde durch eine weitere Verfügung der Machtwechsel vollzogen. »Zur freien Entfaltung der evangelischen Kirche nach ihrem ureigenen Wesen«, so teilte Jäger telegraphisch allen Konsistorien und Kirchenleitungen in Preußen mit, sei »ein Neuaufbau erforderlich.« Die altpreußische Kirche erhielt kommissarisch eine komplette neue Spitze, nämlich als Präsidenten den – von der ersten Reichstagung her bekannten – jungen Berliner Rechtsanwalt Dr. Friedrich Werner, als weltlichen Vizepräsidenten einen deutschchristlichen Konsistorialrat aus Schlesien, Dr. Fürle, und als geistlichen Vizepräsidenten niemand anderen als den Pfarrer und Reichsleiter Joachim Hossenfelder. Kurz darauf zog die halbe Reichsleitung der Deutschen Christen im Triumph in den Oberkirchenrat ein.[3] Für die acht altpreußischen Kirchenprovinzen und die sieben preußischen Landeskirchen wurden mit dem gleichen Erlaß Bevollmächtigte ernannt, die zum großen Teil bekannte deutschchristliche Namen trugen, so die Pfarrer Thom für Pommern, Eckert für Brandenburg, Adler für Westfalen und der Landrat Krummacher für die Rheinprovinz. Für Nassau und Frankfurt bestimmte Jäger seinen Schwager, den Pfarrer Walther aus Wiesbaden-Bierstadt; für Schleswig-Holstein, dessen Kirchenleitung ohnehin schon nationalsozialistisch war, den Konsistorialrat Dr. Kinder. Für Reformiert-Hannover war den Berlinern offenbar nur der Name des Bonner Professors Wilhelm Goeters eingefallen, der sich jedoch bald als ein Mißverständnis erwies.[4] Nicht weniger wichtig als die Ausschaltung der Kirchenleitungen war die Übernahme der beiden größten evangelischen Verbände: des Preßverbandes und der Inneren

Mission. Hier lag zwar die rechtliche Situation schwieriger, weil es sich dabei nicht um öffentlich-rechtliche Behörden, sondern um privatrechtliche Vereine handelte. Aber Jäger kannte solche Schwierigkeiten nicht. »Der Staatskommissar«, so betonte er in der ersten Dienstbesprechung mit seinen Bevollmächtigten, »hat alle Rechte des Staatsministeriums; es ist deshalb gleichgültig, ob man sich einem E. V. gegenüber befindet oder nicht.«[5] Immerhin hatte Jäger – da diese Vereine nicht nur Preußen sondern das ganze Reichsgebiet umfaßten – sicherheitshalber für diesen Eingriff auch Müllers Unterschrift als Beauftragten des Reichskanzlers eingeholt. So erschienen am Samstag um 18 Uhr der Jenaer Privatdozent Dr. Michael Müller und der Sachbearbeiter für das Verlagswesen in der Reichsleitung, Max Grevemeyer, in der Geschäftsstelle des Preßverbandes und erklärten, »daß sie beauftragt seien, die Leitung des Evangelischen Presseverbandes für Deutschland zu übernehmen«. Rechtliche Einwände des Leiters, Professor Hinderer, »wurden mit der Erklärung beseitigt, daß ein revolutionärer Akt vorläge«. Später besetzten SA-Mannschaften Dienstgebäude und Dienstwohungen.[6] Damit war der gerade in diesem Augenblick entscheidende Zugang zur Öffentlichkeit für das legale Kirchenregiment blockiert. Der Preßverband, mit dem *Evangelischen Pressedienst* E. P. D. und dem *Evangelischen Deutschland* das einflußreichste Instrument der kirchen Öffentlichkeitsarbeit, berichtete von nun an ausschließlich für die Deutschen Christen.

Der ganze Staatseingriff, den Jäger an diesem Wochenende durchführte, war nichts anderes als eine Kopie der politischen Gleichschaltungen, die in dieser Zeit überall stattfanden. Dies war sein einziger Grund und auch seine einzige Rechtfertigung. Ein halbamtlicher Kommentar vom 24. Juni sprach dies offen aus. Die Nationalsozialistische Revolution, hieß es darin, habe »auch jetzt noch längst nicht ihr Ende erreicht«, sondern werde »ihren Anspruch auf völlige Alleinführung und Alleinherrschaft bis zum letzten Ende durchfechten.« »Der Kampf um den Reichsbischof«, so meinte der Kommentator weiter, »und der Ausgleich mit der katholischen Kirche, der noch ausstehende Kampf um die kirchlichen Jugendverbände, ferner das Vorgehen gegen die Führer der deutschen Gewerkschaften, die nunmehr restlos ausgeschaltet worden sind, sind weitere Phasen auf dem angedeuteten Weg.«[7]

Während Jäger dergestalt die politische Eroberung der preußischen Kirche betrieb, hatten sich die renitenten Mitglieder des Oberkirchenrats und die Generalsuperintendenten noch am Sonntag zu einer ersten Aussprache getroffen. Sie führte dazu, daß Dibelius Niemöller bat, einen Aufruf zu entwerfen, in dem Protest und Widerspruch zum Ausdruck kommen sollten. Nach längeren Beratungen wurde dieser Aufruf am Montagmittag im Namen aller preußischen Generalsuperintendenten veröffentlich. Er enthielt eine eindeutige Kampfansage an die preußische Staatsregierung und das von ihr oktroyierte Kirchenregiment. Die ersten Geistlichen Preußens protestierten gegen den Einsatz politischer Machtmittel in der Kirche und gegen die politische Verfälschung des Evangeliums. Sie erklärten Hossenfelder für untragbar und forderten Gemeinden und Pfarrer auf, sich mit ihnen zusammenzuschließen. »Am kommenden Sonntag wollen wir diese ganze Not unserer Kirche im Gottesdienst vor das Angesicht des lebendigen Gottes bringen. Es soll ein Buß- und Betgottesdienst sein!« Der Aufruf schloß mit jenem Wort aus Römer 8, das in diesem Zusammenhang ein besonderes Gewicht besaß, weil es so oft die Höhepunkte der nationalen Geschichte begleitet hatte: »Ist Gott für uns, wer mag wider uns sein!«[8]

Es war nicht zu übersehen, daß diese Sätze nicht nur ein papierener Protest waren, sondern daß sie Pfarrer und Gemeinden unmittelbar zum Widerstand gegen das neue Kirchenregiment aufriefen. Zwar wagte keine deutsche Tageszeitung mehr, diesen Aufruf abzudrucken; aber Kirchenblätter und Vervielfältigungen sorgten dafür, daß er in kurzer Zeit Pfarrer und Gemeinden erreichte.[9] Jäger und das neue Kirchenregiment reagierten prompt. Der Staatskommissar beurlaubte noch am gleichen Tag Dibelius, den er zu Recht für den Wortführer dieses Widerstandes hielt. Vizepräsident Hossenfelder antwortete mit einem eigenen »Wort an die Gemeinden«, das diese aufrief, »sich freudig und tatbereit dem großen Werk der Neuordnung der Kirche, wie es nunmehr eingeleitet ist, lobend, betend, dankend und handelnd zur Verfügung zu stellen«. Sein Kollege Werner aber, der neue Präsident, ordnete an, daß dieses Wort am Sonntag in den Gottesdiensten zu verlesen sei. Gleichzeitig machte er alle Pfarrer darauf aufmerksam, daß jede Art von kirchenpolitischer Betätigung »wegen der damit unter Umständen verbundenen Kritik staatlicher Maßnahmen die Gefahr strafrechtlicher Verfolgung« mit sich brächte. »Wir empfehlen daher allen Geistlichen«, so lasen die Betroffenen im Amtsblatt, »von solcher kirchenpolitischen Betätigung Abstand zu nehmen. Jeder Angriff auf den Staat oder die vom Staat eingesetzten Organe, jeder Angriff auf die von solchen Organen vorgenommenen oder in Aussicht genommenen Maßnahmen wird disziplinarische Ahndung, nötigenfalls die Entfernung aus dem Amt zur Folge haben.«[10]

Am Nachmittag dieses Montags – es war der 26. Juni – fanden zwei bemerkenswerte Sitzungen statt. Jäger hatte für diese Zeit seine Bevollmächtigten zu einer ersten Fühlungnahme und Instruktion nach Berlin beordert. Dabei machte er ihnen klar, daß ihre Aufgabe vor allem in der Neubildung der durch seine erste Verfügung aufgelösten kirchlichen Vertretungen bestehe. Danach, meinte er, werde sich »alles natürlich entwickeln«.[11] Zu dieser Zeit dachte Jäger noch daran, diese Neubildung durch eine prozentuale Stimmenzuteilung vornehmen zu lassen. Aber möglicherweise brachten ihn die Berichte seiner Kommissare aus den einzelnen Gebieten von diesem Gedanken ab. Zwei Tage später jedenfalls entschied er sich in einer neuen Anordnung für den sichereren Weg, die Mitglieder der neuen kirchlichen Vertretung kurzerhand von seinen Bevollmächtigten ernennen zu lassen.[12] Tatsächlich ergaben die verschiedenen Berichte, daß in einer ganzen Reihe von Kirchenprovinzen mit einer Mehrheit für die Glaubensbewegung keineswegs zu rechnen war. Das galt vor allem für Brandenburg, Sachsen, Westfalen, die Rheinprovinz und Frankfurt. Aus Westfalen berichtete Pfarrer Adler, die gesamte Pfarrerschaft stünde geschlossen gegen die Glaubensbewegung, und in der Rheinprovinz vermutete Krummacher auch immerhin 75 Prozent Gegner. Auf alle besorgten Einwände der Bevollmächtigten aber hatte Jäger immer die gleichen Antworten bereit: »Sie lassen sich überhaupt nicht auf Diskussionen ein, sondern handeln. Sie sind niemand Rechenschaft schuldig als mir und ich niemand als Rust und dieser niemand als Göring.« Noch deutlicher wurde er gegenüber Adler: Es sei Krieg und da müsse man notfalls »draufschlagen«. »Wenn man sich an die Zahlen nicht halten kann, muß eben das revolutionäre Recht mehr in den Vordergrund treten.« Auch die Frage der Finanzen bot danach keine Schwierigkeiten. »Jeder Kommissar hat das Recht«, versicherte der neue Vizepräsident Fürle, »den Bestand der Kasse sich zu verschaffen und darüber zu verfügen.«[13] Der zweite Besprechungspunkt, die Gleichschaltung der Presse, wurde in ähnlichem Stil behandelt. Der Pressebearbeiter der Reichsleitung, Freitag, erklärte den Kommissaren, die kirchliche Presse habe sich »in der Regel so furchtbar gegen uns gestellt, daß nur eine Übernahme durch uns erfolgen kann«. Jäger konnte hier nur zustimmen. Zugleich wurde in diesem Zusammenhang auch Müllers besondere Rolle deutlich. Der Wehrkreispfarrer erklärte nämlich, er werde mit dem Vorstand des Evangelischen Preßverbandes verhandeln »und ihm gut zureden, daß er sich fügt. Fügt er sich nicht, wird der andere Weg begangen werden.« Nach einem Schlußwort Hossenfelders beendete Jäger die Sitzung mit einem dreifachen Sieg Heil: »Unser Führer, unser Volk und unsere wahre Kirche: Heil!«[14]

Zur gleichen Zeit tagte in Niemöllers Wohnung in Dahlem die Reichs-Vertrauensmänner-Versammlung der Jungreformatorischen Bewegung. Hier war die Lage weit weniger eindeutig. Aber trotz einer Reihe von Stimmen, die bei der gespannten Situation eher zur kirchenpolitischen Zurückhaltung rieten, beschloß die Versammlung auf Drängen der Berliner Verteter schließlich, sich einmütig hinter die Generalsuperintendenten zu stellen. »Der Kampf um die innerlich freie Kirche des Evangeliums geht weiter!« lautete die Überschrift über ihre Erklärung. Sie enthielt die Aufforderung, den Aufruf der Generalsuperintendenten auf möglichst vielen Wegen zu verbreiten und den Gottesdienst des kommenden Sonntags überall als Buß- und Betgottesdienst zu gestalten. Erwartet wurde jetzt, so hieß es, »Mut zum Bekennen und wenn nötig, auch zum Leiden«.[15]

Der nächste Tag brachte eine weitere Verschärfung der Situation.

Zunächst erklärte Dibelius in einem Schreiben an Jäger, das sofort in Zehntausenden von Exemplaren verbreitet wurde, der Staat könne ihn zwar von seinen Verwaltungsgeschäften, nicht aber von der geistlichen Leitung seines Sprengels entbinden. »Hier handelt es sich um bischöfliche und priesterliche Funktionen. Bischöfliche und priesterliche Funktionen«, so belehrte Dibelius den Staatskommissar, »können aber nur von der Kirche übertragen und von der Kirche zurückgenommen werden; auch von ihr nicht willkürlich ... Darauf beruht die Unabhängigkeit und die Autorität des geistlichen Amtes. Aus diesen ernsten Pflichten unseres Amtes kann ich mich daher von keinem Staatskommissar beurlauben lassen.« »Es ist unserem Volke nichts nötiger«, so schloß der Brief, »als daß es Männer hat, die nach dem Wort der Heiligen Schrift zu leben wissen: Man muß Gott mehr gehorchen als den Menschen.«[16]

Nicht weniger bemerkenswert war ein Schritt, zu dem sich das beurlaubte Kollegium des preußischen Oberkirchenrats an diesem Vormittag entschloß: die Einreichung einer Klage gegen das Land Preußen beim Staatsgerichtshof in Leipzig. Die kurze aber eindrückliche Klageschrift war am Vormittag beraten und um die Mittagszeit in der Kanzlei des Staatsgerichtshofes übergeben worden. Darin verlangte der Oberkirchenrat die Aufhebung der Anordnungen Jägers und bis zur endgültigen Entscheidung eine einstweilige Verfügung, die dem Land Preußen, seinen Kommissaren und Bevollmächtigten jedes Tätigwerden verbieten sollte.[17] Dieser Schritt des Oberkirchenrats erregte außerordentliches Aufsehen. Er war nicht nur mutig, sondern auch geschickt, weil den Ausgang eines solchen Rechtsstreits tatsächlich niemand voraussehen konnte.

Jäger reagierte heftig. In einem telegraphischen Erlaß an alle Ober-, Regierungs- und Polizeipräsidenten in Preußen mobilisierte er jetzt den Staatsapparat und teilte mit Blick auf den Aufruf der Generalsuperintendenten mit: »Da der Staat im Interesse seiner selbst, des Volkes und der Kirche Widerstände vielmehr als Volks- und Staatsverrat betrachten müßte, so ersuche ich, schärfstes Augenmerk darauf zu richten, daß meine Anordnungen und die meiner öffentlich bekannt gemachten Bevollmächtigten nicht sabotiert werden. Ein solcher Versuch wäre Revolte und Auflehnung gegen die Staatsautorität... Es wird sich empfehlen, mit den Pfarrern vorsorglich verwarnend zu sprechen.«[18] Am Nachmittag stärkte Göring die Stellung seines Kultusministers durch ein Schreiben, in dem er dessen Vollmacht für die Beendigung des Kirchenstreites ausdrücklich bestätigte und ihm seine sämtlichen Rechte als Ministerpräsident und Stellvertreter des Reichsstatthalters übertrug.[19] Am Abend sprach Jäger über den Deutschlandsender und erläuterte die Absichten seines Vorgehens. Er sparte dabei nicht mit Drohungen gegen »Widerstände solch niederer Art«, wie sie die Klageerhebung des Oberkirchenrats nach dem Beispiel Severings darstelle, und kündigte für Donnerstag eine grundsätzliche Rede Rusts an.[20]

Im Schutze dieses vollen staatlichen Einsatzes beschlossen die neuen Herren im Oberkirchenrat, die kirchliche Kraftprobe zu wagen. Im Gegensatz zu den Generalsuperintendenten, die zu einem Bußgottesdienst aufgefordert hatten, verpflichtete ein amtlicher Erlaß vom gleichen Tage alle Pfarrer in der altpreußischen Kirche, am Sonntag, dem 2. Juli 1933, »sämtliche Kirchen, Pfarr- und Gemeindehäuser und die kirchlichen Verwaltungsgebäude ... außer mit der Kirchenfahne mit der schwarz-weiß-roten und der Hakenkreuzfahne zu beflaggen« und den Gottesdienst an diesem Tage »in Dank und Fürbitte festlich auszugestalten«.[21] Damit war der Konflikt in jedes Pfarrhaus und in jede Gemeinde getragen. Niemand konnte einer Entscheidung ausweichen.

Es gehört zu den bitteren Tatsachen dieser Geschichte, daß am gleichen Tag, an dem sich die Dinge in Preußen so zuspitzten, die lutherischen Bischöfe dem Bevollmächtigten Hitlers den Kirchenbund auslieferten. Ludwig Müller, über die Eisenacher Vorgänge genau unterrichtet, hatte am Montag Meiser, Wurm, Schöffel, Rendtorff, Reichardt und den neuen badischen Landesbischof Kühlewein – bezeichnenderweise jedoch nicht Marahrens – telegraphisch für den folgenden Tag zu einer Besprechung nach Berlin eingeladen.[22] Gemäß ihrem Eisenacher Beschluß, bei Verhandlungsunfähigkeit der preußischen Kirche »die Beziehungen zum Staat erneut aufzunehmen und die Kirchenfrage weiter zu fördern«[23], leisteten die Bischöfe dieser Einladung tatsächlich Folge. Die

Sitzung, an der außerdem Müllers Theologenriege, die Professoren Fezer, Schumann und Hirsch teilnahmen, machte deutlich, daß die Lutheraner über den Staatseingriff wirklich bestürzt waren. Zugleich jedoch waren sie offensichtlich der Meinung, daß die preußische Kirche sich diese Lage wegen ihrer Widersetzlichkeit im wesentlichen selbst zuzuschreiben habe. Müller nützte diese Situation geschickt aus, als er seinen Wunsch zum Ausdruck brachte, »daß diese Sache auf Preußen beschränkt bleibt, und daß wir für die deutsche Kirche insgesamt unsere Freiheit wahren«. Unmittelbar danach rückte er mit seinem Plan heraus. »Wäre es nicht das Richtige«, so fragte er, »wenn ich von der Vollmacht des Kanzlers her handle?« Aufgrund dieser Vollmacht wolle er etwa folgendes erklären: »Die deutschen evangelischen Kirchen sind in einen Notstand geraten ... Der Notstand erfordert außerordentliche Maßnahmen. Ich übernehme deshalb die Leitung des evangelischen Kirchenbundes.« Danach würde er sofort einen Ausschuß berufen, der die Kirchenverfassung fertigstelle und dann solle »eine Durchmissionierung des ganzen Volkes erfolgen«. So stelle er sich die Dinge vor; er habe aber die Verfügung nicht eher herausgehen lassen wollen, »als bis ich mit Ihnen die ganze Lage besprochen hatte«. Keiner der Bischöfe widersprach. Sie klagten zwar in der anschließenden Diskussion über einzelne Punkte, so vor allem über Hossenfelders Beauftragung und über den Staatskommissar für die Innere Mission, niemand jedoch nahm grundsätzlich an Müllers Vorschlag Anstoß. Nicht einmal der Hinweis Jägers, der im Lauf der Sitzung dazukam und behauptete, der Staatseingriff in Preußen sei erfolgt, weil die Kirche »ihre Pflicht nicht erfüllt« habe, konnte die Bischöfe hellhörig machen.[24]

Wieviel politische Blindheit bei alldem im Spiel war, wieviel landeskirchlicher Provinzialismus und lutherische Selbstgerechtigkeit, das machte Wurm deutlich, als er wenige Tage später seinem Oberkirchenrat über diese Versammlung berichtete. Wenn man jetzt den Landeskirchen die Schuld an der verfahrenen Lage in die Schuhe schieben wolle, so meinte der württembergische Landesbischof, so komme ihm das vor, »wie wenn man denen, die vor falscher Weichenstellung gewarnt haben, einen Vorwurf daraus macht, daß sie nicht auch in den verunglückten Zug eingestiegen sind«.[25] Deutlicher konnte man es kaum sagen, daß die Preußen ihren Kirchenkampf alleine ausfechten sollten, während man selbst die eigene Kirche weit klüger zu führen entschlossen war.

Schon am nächsten Tag zeigten sich die Folgen dieser Haltung.

Im preußischen Konflikt hatte Jäger an diesem Tag die Generalsuperintendenten nach Berlin beordert, um sie wegen ihres Aufrufs scharf zur Rede zu stellen. Ganz im Sinn eines radikalen Kurses behauptete er, dieser Aufruf sei ein staatsfeindlicher Akt, und der Schluß, »Ist Gott für uns, wer mag wider uns sein!«, sei in diesem Zusammenhang eine glatte Blasphemie. Trotz dieser Drohungen blieben die Generalsuperintendenten fest. Sie ließen sich auf keine Diskussion mit Jäger ein, sondern gaben lediglich durch ihren Sprecher, den Berliner Generalsuperintendenten Karow, die Erklärung ab, daß sie den Vorwurf der Blasphemie zurückwiesen und nach wie vor einmütig hinter dem Aufruf stünden.[26] Noch am gleichen Abend erhielt Karow die Quittung. Ein Erlaß Jägers verfügte »mit sofortiger Wirkung« seine Beurlaubung.

Derselbe Erlaß enthielt noch eine weitere überraschende Mitteilung. Müller hatte den Bischöfen versprochen, dafür zu sorgen, daß Hossenfelder zurückgezogen werde. Offenbar war es ihm gelungen, Jäger tatsächlich davon zu überzeugen, daß dies jetzt taktisch klüger sei. Jedenfalls wurde Hossenfelder bis auf weiteres Urlaub gewährt, mit der Anweisung, »sich dem Bevollmächtigten des Herrn Reichskanzlers zur Durchführung der volkmissionarischen Aufgabe zur Verfügung zu stellen«.[27] Das Ganze war ein reines Scheinmanöver, verfehlte aber seine Wirkung nicht. Die preußische Opposition schöpfte Hoffnung, und die lutherischen Bischöfe sahen sich in ihrem Kurs nachdrücklich bestätigt.

Nach diesen Vorbereitungen und Absicherungen griff Ludwig Müller am späten Abend nach dem evangelischen Kirchenbund. In einer Nacht-und-Nebel-Aktion ließ er das Gebäude des Kirchenbundesamtes von SS-Leuten besetzen. Der amtierende Präsident Seetzen und der Direktor des Amtes, Hosemann, die von dritter Seite benachrichtigt worden und schnell in die Marchstraße geeilt waren, erfuhren von den Uniformierten lediglich, daß diese im Auftrag Müllers handelten. Müller selbst blieb an diesem Abend vorsichtshalber unauffindbar.[28] Statt dessen erließ er am nächsten Tag eine »Verfügung zur Behebung der Notstände in Kirche und Volk«. Sie war ganz im Stil der neuen Zeit gehalten und entsprach fast wörtlich jenem Vorgehen, für das er sich tags zuvor die Rückendeckung der lutherischen Bischöfe geholt hatte. Die Kirche, so hieß es darin, sei in einen Notstand geraten; die Einheit von Volk und Kirche sei in Gefahr; dies erfordere außerordentliche Maßnahmen. Daher übernehme er, Müller, »um der Kirche und um des Evangeliums willen als Bevollmächtigter des Herrn Reichskanzlers die Leitung des evangelischen Kirchenbundes«. Er übernehme insbesondere »den Vorsitz im Kirchenbundesrat, die Befugnisse des Kirchentages, des Kirchenausschusses und seiner Unterausschüsse«. Im Gegensatz zu Jäger schloß Müller mit frommen Beteuerungen: »Mit Gottvertrauen und dem Bewußtsein meiner Verantwortung vor Gott und unserem Volk gehe ich ans Werk, gehorsam der Wahrheit des reinen und lauteren Evangeliums Jesu Christi.« Es störte den Wehrkreispfarrer offensichtlich nicht, daß seine erste Amtshandlung eine weitere Beurlaubung war. Hosemann, der sich so lange und wirkungsvoll für Bodelschwingh eingesetzt hatte, mußte gehen. An seine Stelle trat ein alter Bekannter Müllers, der Admiral a. D. Ernst Meusel.[29]

Noch am gleichen Tag entzog Müller auch den drei Bevollmächtigten, Seetzen, Marahrens und Hesse, den Auftrag des Kirchenbundes und gab die Bestellung eines neuen Verfassungsausschusses bekannt. Die Zusammensetzung dieses Ausschusses spiegelte deutlich Müllers Überlegungen wider. Neben Jäger sollten ihm vier lutherische Bischöfe, vier Deutsche Christen und je ein Vertreter der Jungreformatoren und der Altpreußischen Kirche angehören.[30] Ehe dieser Ausschuß freilich ernsthaft zu arbeiten beginnen konnte, war er durch die Ereignisse bereits wieder überholt.

In der gespannten und unübersichtlichen Situation dieser Tage erschien Müllers Aktion als eine »Überraschung größten Ausmaßes«.[31] Nicht nur die drei Bevollmächtigten, die den Kirchenbund rechtlich vertraten, tappten über die Hintergründe im dunkeln; auch in Preußen war man völlig ahnungslos. Der wahre Sachverhalt, nämlich die Absprache zwischen Müller und den lutherischen Bischöfen, war damals unbekannt und ist es merkwürdigerweise bis heute geblieben. Und doch begannen sich hier bereits jene beiden Linien abzuzeichnen, die dann für den Fortgang der Ereignisse in den folgenden Jahren so außerordentlich charakteristisch werden sollten: die entschiedene Haltung der preußischen Gruppe und die Kompromißbereitschaft der lutherischen Landeskirchen.

Am 29. Juni erfuhr die Lage in Preußen von beiden Seiten eine erneute Verschärfung. An diesem Tag bat Bodelschwingh in einem Schreiben an den neuen Präsidenten des Oberkirchenrats dringend darum, die Verfügungen zum Beflaggen und zur Abhaltung von Dankgottesdiensten zurückzunehmen, da sie »für viele Pfarrer eine schwere Gewissensbelastung« bedeuteten.[32] Gleichzeitig rief ein unbekannter »Kreis von entschlossenen Pfarrern« alle Amtsbrüder zum offenen Widerstand auf. Er bezog sich dabei auf eine von allen Pfarrern geforderte schriftliche Verpflichtung, die Geschäfte nach den Anweisungen des Staatskommissars zu führen.[33] »Es geht jetzt alles darum, daß die Geistlichen unserer evangelischen Kirche den Mut aufbringen, unrechtmäßigem Einbruch der Gewalt in die Kirche zu widerstehen. Die Generalsuperintendenten und die Mitglieder des Oberkirchenrats haben das Vorbild gegeben. Eine beträchtliche Zahl der Superintendenten und Pfarrer haben sich bereits entschlossen, teils in gemeinsamer Erklärung, teils in Einzelvoten die ihnen vorgelegte Formel *nicht* ohne Vorbehalte zu unterschreiben. Sie haben erklärt, daß die Zumutung, die Gemeinden am kommenden Sonntag zu Lob und Dank aufzufordern, die Pfarrhäuser und Kirchen zu beflaggen, ihnen gegen das Gewissen ginge und daß sie der Aufforderung daher nicht Folge leisten würden. *Nur wenn diese Front sich stärkt, werden wir unsere Kirche behalten!*... Wenn nicht von vornherein Widerstand geleistet wird, haben wir in kurzem eine Kirche, der man ihre Predigt nicht mehr glaubt, weil sie nicht mehr predigen darf, was sie nach gewissenhafter Überzeugung predigen muß!«[34]

In der Tat sahen sich viele preußische Pfarrer durch die Verfügungen Jägers und des neuen Kirchenregiments in einen tiefen Gewissenskonflikt gestürzt. Er erhielt seine besondere Schärfe dadurch, daß man sich mit dem Widerspruch gegen diese Verfügungen einem Staat widersetzen mußte, dem man gerne und mit allen Fasern des Herzens gehorcht und gedient hätte. Die Hoffnungen großer Teile des deutschen Protestantismus richteten sich im Frühjahr 1933 auf eine Erfüllung der Königsberger Botschaft von 1927, die die unauflösliche Verbindung von Deutschtum und Christentum, von Gott und Volk verkündet hatte.[35] Jetzt begann man in der preußischen Kirche zu ahnen, daß das Dritte Reich nicht die Erfüllung, sondern das Ende dieser Verbindung bedeuten könnte. Die Leidenschaft, mit der sich gerade die jungen nationalen Pfarrer gegen diese Ahnung zur Wehr setzten, zeigte, daß dieser Konflikt die Wurzel ihrer Existenz als Deutsche und Christen traf. Mitte Juni wurde eine »Arbeitsgemeinschaft der Nationalsozialisten in der Jungreformatorischen Bewegung« gegründet, die alle Parteigenossen aufrief, für das richtige Verhältnis von Staat und Kirche einzutreten. »Wir lassen unseren Nationalsozialismus«, so hieß es in einem weitverbreiteten Aufruf, »nicht in Zweifel ziehen, weil wir aus Gewissensnot nicht in der Front der ›Deutschen Christen‹ stehen können. Wir haben dem Staate und seinem Führer Adolf Hitler gegeben, was des Staates ist, und sind täglich bereit, mit Blut und Leben für diesen Staat und seinen Führer einzutreten. Aber wir wollen dann auch Gott geben dürfen, was Gottes ist. Wir wollen in Dingen des Glaubens die Freiheit genau so zugestanden haben, wie sie den ›Deutschen Christen‹ zugestanden worden ist.«[36] Bezeichnend für die Tiefe des Risses, der sich hier aufzutun begann, war auch ein

Brief, den der damals 35jährige Wilhelm Niemöller, ein jüngerer Bruder des Dahlemer Pfarrers, am 30. Juni aus Bielefeld an Ludwig Müller richtete. Niemöller machte in diesem Brief die Reichsleitung der Deutschen Christen dafür verantwortlich, daß er mit vielen anderen Pfarrern in Westfalen in eine Lage geraten sei, wo ihn sein Ordinationsgelübde – »ich habe es auswendig gelernt, um verwirrten Gewissen dienen zu können« – zum Widerstand gegen die Obrigkeit nötige. Wie überraschend dieser Konflikt kam, wurde deutlich, wenn Niemöller fortfuhr: »Daß ich persönlich zu denen gehöre, die in diese Lage hineinmanövriert sind, daß sie bekennen müssen, auch dem Staate gegenüber bekennen müssen, ist für einen Mann, der seit 10 Jahren der Bewegung Adolf Hitlers angehört, eine ungewohnte und unerwartete Sache.« Noch immer freilich war das persönliche Vertrauen in Hitler ungebrochen. »Ich bitte Sie um eines«, so schloß der Brief: »Wenn Sie Verständnis haben für das Wesen und die Not eines *evangelischen Gewissens* . . ., dann geben Sie diesen Brief meinem Führer Adolf Hitler. Er soll wissen und muß wissen, wie es um uns steht, die wir seine Getreuesten sind und bleiben wollen.«[37]

Gewiß war der Weg zum Widerspruch gegen den Staat nicht durchweg so weit wie für diese Gruppe. Aber leicht, selbstverständlich, unbefangen dürfte ihn in diesen Tagen in Preußen niemand beschritten haben.

Am Abend des 29. Juni schien der Ausbruch des offenen Kampfes nahezu unvermeidlich. Auf einer Massenversammlung der Deutschen Christen in den Berliner Tennishallen hielt der preußische Kultusminister Rust seine von Jäger bereits angekündigte programmatische Rede über »Gott und Volk – Kirche und Staat«. Sie gestaltete sich zu einer beispiellosen Anklage gegen die angeblich unfähige und hinterhältige preußische Kirchenleitung und legte zugleich zum ersten Mal die politischen Motive des Staatseingriffes bloß. Er habe, so erklärte der Kultusminister, den öffentlichen Streit um den Reichsbischof nicht mehr mit ansehen können. »Es war auch nicht zu verantworten, daß sich jetzt von dem Kirchenstreit aus die erste Widerstandszentrale gegen den Gang des deutschen Volkes nach seiner Einheit bildete.« Deshalb habe der Staat an die Stelle Kaplers einen Mann setzen wollen, der »gleichzeitig in tiefster innerer Verbundenheit mit der neuen völkischen Bewegung Adolf Hitlers steht, damit er von innen heraus die beiden Streitenden zur Harmonie bewegt, ohne daß der Staat einen Finger zu rühren braucht.« Diese Notwendigkeit sei von der Kirche unter Bruch des Konkordats »mit einer kleinen Schiebung« durchkreuzt worden. Daraufhin habe er, Rust, getan, »was ich als Vertreter des Staates tun mußte. Ich habe einen Kommissar eingesetzt.« Dieser habe die

Aufgabe, nachzuholen, was die alte Kirchenleitung versäumt habe, nämlich die »Verbindung zwischen Kirche und Volk« zu schaffen. Außerdem solle Ludwig Müller zusammen mit »allen ernsthaften Strömungen innerhalb der evangelischen Kirche« die Verfassungsarbeit für die Reichskirche fertigstellen. Dann würde niemand mehr ein Wort in die kirchlichen Dinge hineinreden: »Die Sorge um die Kirche ist also unnötig.« »Ich will«, so erklärte der Minister ganz im Stile von Hitlers Reden in dieser Zeit, »vor der Geschichte Recht behalten und nicht vor einem sogenannten Staatsgerichtshof, den die Herren angerufen haben.«[38]

Ton und Inhalt dieser Rede, die über alle deutschen Sender übertragen und von der ganzen führenden Presse veröffentlicht wurde, verrieten nicht die geringste Kompromißbereitschaft. Im Gegenteil, alles schien darauf hinzudeuten, daß der Staat entschlossen war, in kürzester Zeit und mit allen Mitteln sich die preußische und die deutsche evangelische Kirche gefügig zu machen. Bevor es jedoch zur entscheidenden Kraftprobe kam, nahmen die Dinge eine neue, überraschende Wendung.

Hitler hatte den Kirchenstreit zweifellos mit wachsendem Unmut beobachtet. Anfang Juni hatte ihm Müller versprochen, die Kirche mit Hilfe der Partei in vier Wochen zu erobern. Auch Rust dürfte ihm versichert haben, daß die alte und morsche preußische Kirche dem energischen Zugriff seines Staatskommissars nichts entgegenzusetzen hätte. Statt dessen begannen sich die Auseinandersetzungen – hauptsächlich durch die Standfestigkeit Bodelschwinghs und den Widerstand des Oberkirchenrats und der Generalsuperintendenten – zu einem offenen Skandal auszuweiten. Trotz streng gelenkter Presse wuchsen Unruhe und Sorge im Inland wie im Ausland. Für die großen Schweizer Blätter etwa erschienen die Vorgänge in der preußischen Kirche als ein »Krisenhöhepunkt des Jahres 1933«[39]; und auch die angelsächsische und skandinavische Öffentlichkeit verfolgte die Dinge mit großer Aufmerksamkeit.

Dies aber war eine Entwicklung, die Hitler gerade zu dieser Zeit besonders ungelegen kommen mußte, wo er auf einen schnellen Abschluß der Revolution drängte. Am 26. Juni hatte er endlich die Gleichschaltung der nationalen Verbände erreicht; die Deutschnationale Partei und die Staatspartei hatten sich am 27. und 28. Juni selbst aufgelöst. Seine großen politischen und kirchenpolitischen Ziele, das Ende des Zentrums und die Unterschrift unter das Reichskonkordat, und damit die endgültige Besiegelung seiner Macht, standen unmittelbar vor der Verwirklichung. Ein offener Kampf gegen die evangelische Kirche mit seinen unvermeidlichen Auswirkungen auf das allgemeine politische Klima hätte diese Entwicklung möglicherweise im letzten Moment stören können. Schon dies mußte Hitler größte Zurückhaltung in dieser Frage angeraten erscheinen lassen.

Dies war die Lage, als der Reichskanzler sich am 28. Juni in einem Gespräch überraschend persönlich mit dem Kirchenstreit konfrontiert sah. Er hatte im Verwaltungsgebäude des Vereins deutscher Zeitungsverleger eine Rede gehalten und befand sich mit seiner Begleitung in der Vorhalle, als der Berliner Pfarrer Erich Backhaus, der zufällig gerade den Hausmeister des Gebäudes besucht hatte, auf ihn zutrat und rief: »Herr Reichskanzler, bewahren Sie die evangelische Kirche vor Zerspaltung und Vergewaltigung.« In seiner Antwort behauptete Hitler, der nach dem Bericht »ernst, aber freundlich«, erwiderte, zunächst und dann offenbar wiederholt, er habe von den Vorgängen keine Kenntnis und sei auch nicht dafür verantwortlich. Erst auf das Drängen von Backhaus, der offen und beharrlich den Standpunkt der kirchlichen Opposition vertrat, gestand er zu, daß die Kirche ihn mit der Wahl Bodelschwinghs vor den Kopf gestoßen habe und daß er durch Rust und die Deutschen Christen über die kirchliche Lage ganz anders unterrichtet sei. Ein zweifellos echter Unmut wurde deutlich, als er wörtlich erklärte, die ganze Kirchenangelegenheit hänge ihm allmählich zum Halse heraus und er wolle nichts mehr damit zu tun haben. Er empfange auch seinen Vertrauensmann Müller nicht mehr. Er habe nur die Einheit der Kirche gewollt, nun solle sie sehen, wie sie alleine fertig werde.[40]

Das Gespräch dürfte Hitlers Einstellung zur Kirchenfrage in diesem Augenblick ziemlich genau wiedergegeben haben. Sie sah sehr anders aus als Rusts tönendes Pathos. Aber natürlich war nach Lage der Dinge an einen mißmutigen Rückzug Hitlers nicht zu denken. Vielmehr machte ihm schon der folgende Tag deutlich, daß er um eine eigene Initiative in der ganzen Frage nicht mehr herumkam. Und daß diese Initiative nur auf einen Kompromiß im Sinne seiner Pläne hinauslaufen konnte, ergab sich aus der Situation und den Umständen.

Die Veranlassung zu dieser Initiative war einmal mehr der Reichspräsident. Hitler traf ihn am 29. Juni in Neudeck, wo er die Zustimmung zum Abschiedsgesuch Hugenbergs und zur Ernennung des neuen Reichswirtschaftsministers Schmitt einholte. Aber während Hindenburg keinerlei Bedenken mehr trug, diesen entscheidenden Schritt zur Gleichschaltung des Reichskabinetts zu bestätigen[41], ersuchte er den Kanzler offenbar mit Nachdruck, in der evangelischen Kirche unverzüglich Recht und Ordnung wiederherzustellen. Hindenburg reagierte damit auf eine Fülle von Beschwerden und Protesten, die ihn wegen des Staatseingriffs seit den ersten Telegrammen aus Eisenach erreicht hatten. Ein außerordentliches Gewicht bekam diese Intervention durch die Tatsache, daß der Reichspräsident in diesem Zusammenhang zum ersten und einzigen Mal während der Kanzlerschaft Hitlers zum Mittel der Veröffentlichung griff. Die gesamte deutsche Morgenpresse vom 1. Juli, bezeichnenderweise mit Ausnahme des *Völkischen Beobachters*, druckte – zum Teil in großer Aufmachung – ein Schreiben des Reichspräsidenten an den Kanzler ab, in dem dieser »als evangelischer Christ wie als Oberhaupt des Reiches« seine ernste Sorge über den Kirchenstreit zum Ausdruck brachte. Die Kritik am Vorgehen der preußischen Regierung war offenkundig, wenn Hindenburg schrieb, zahlreiche Telegramme und Zuschriften hätten ihm bestätigt, »daß die deutschen evangelischen Christen durch diese Auseinandersetzungen und durch die Sorge um die innere Freiheit der Kirche aufs tiefste bewegt sind. Aus einer Fortdauer oder Verschärfung dieses Zustandes muß schwerster Schaden für Volk und Vaterland erwachsen . . .« Zugleich legte der Reichspräsident den Kanzler öffentlich auf bestimmte Zusagen vom Vortag fest. »Aus meiner gestrigen Besprechung dieser Fragen mit Ihnen weiß ich«, hieß es in dem Schreiben, »daß Sie, Herr Reichskanzler, diesen Sorgen vollstes Verständnis entgegenbringen und bereit sind, auch Ihrerseits zur Überbrückung der Gegensätze mitzuhelfen.« Er habe deshalb die Zuversicht, daß es Hitlers staatsmännischer Weitsicht gelingen werde, durch Verhandlungen sowohl mit beiden Richtungen in der evangelischen Kirche wie mit der preußischen Regierung den Frieden wiederherzustellen »und auf dieser Grundlage die angestrebte Einigung der verschiedenen Landeskirchen herbeizuführen«.[42]

Dieser deutliche Brief wurde im Lager der kirchlichen Opposition zunächst begreiflicherweise mit Jubel und Erleichterung begrüßt. Seine Wirkung erwies sich freilich schon sehr bald als zwiespältig. Zwar setzte er tatsächlich den radikalen Plänen Jägers ein Ende; zugleich aber band er auch die kirchliche Opposition, die sich nun vor dem Vorwurf schützen mußte, nur ihre Renitenz verhindere die gütliche Einigung. Für die Kirche bedeutete dieser Brief einen Zwang zum Kompromiß, dem sich niemand zu entziehen vermochte. Denn wer hätte es wagen können, die Ehrlichkeit der Bemühungen des Reichspräsidenten und des Reichskanzlers um eine einige und starke deutsche evangelische Kirche in Zweifel zu ziehen? Und wer hätte dabei seine Hilfe verweigern wollen? Daher war es jetzt möglich, alle Parteien an einen Tisch zu bekommen und binnen zwölf Tagen die neue Reichskirchenverfassung fertigzustellen. Als Kandidat des Kompromisses aber kam selbstverständlich nur einer in Frage: Ludwig Müller. So begann jetzt eine Zeit des großen Scheinfriedens, über den sich bald nahezu die gesamte Kirche – und gewiß nicht ungern! – täuschen ließ.

Hindenburgs Eingreifen nötigte Hitler, die Lösung der Kirchenfrage nun endlich selbst in die Hand zu nehmen. Seine schnelle und geschickte Reaktion war erneut ein Musterbeispiel für seine Fähigkeit, gerade aus verfahrenen Situationen Erfolge zu machen. Unmittelbar nach seiner Rückkehr aus Neudeck, noch bevor der Brief des Reichspräsidenten veröffentlicht war, ließ er am 30. Juni Frick als seinen staatlichen Beauftragten für die evangelische Kirche, ferner Rust und Ludwig Müller zu sich kommen. Dabei entspann sich zunächst offenbar eine lebhafte Auseinandersetzung zwischen Frick, der den Staatseingriff von Anfang an für falsch gehalten, und Rust, der ihn noch am Vorabend in seiner aufsehenerregenden Rede begründet und verteidigt hatte. Schließlich einigte man sich auf folgendes Vorgehen: Frick erhielt den Auftrag, die Verhandlungen für das Reich in die Hand zu nehmen. Mit seiner Unterstützung sollte Müller möglichst schnell die Einigung aller Gruppen auf eine neue Reichskirchenverfassung herbeiführen. Bis zu diesem Zeitpunkt sollten – nicht zuletzt als Druckmittel – in Preußen die Kommissare im Amt bleiben; nach der Einigung jedoch sollten sie sofort zurückgezogen werden. Die politische Pointe des Ganzen aber lag in der Entscheidung, unmittelbar danach mit voller Unterstützung der Partei Kirchenwahlen durchzuführen, um auf diese Weise die Kirche scheinbar unanfechtbar auf den erwünschten Kurs zu bringen.[43]

Dieser Plan bot Hitler zweifellos eine ganze Reihe von Vorteilen. Er konnte damit den Reichspräsidenten zufriedenstellen und bekam zugleich die wegen des bevorstehenden Konkordatsabschlusses dringend benötigte Reichskirchenverfassung. Dazu konnte er an Müller festhalten und brauchte Rust nicht zu desavouieren. Und schließlich war auf eine höchst erwünschte allgemeine Beruhigung der Kirchenfrage zu hoffen. Und so vollzog sich die weitere Entwicklung bis Mitte Juli tatsächlich genau so, wie dies am 30. Juni in der Reichskanzlei festgelegt worden war.

Nicht zuletzt mit Blick auf das Ausland empfing Hitler schon Anfang der nächsten Woche den Dean of Chichester, Duncan-Jones, und ließ ihn wissen, daß er auf einen schnellen Abschluß der Krise hoffe. »He had been compelled to intervene«, berichtete Duncan-Jones in der *Times* über Hitlers Äußerungen,

»because there was a ›Notstand‹, conflicts and controversies. He hoped those would now be overcome and that the new constitution which Church leaders were making would really unify the Church.« Auch über sein Motiv hatte sich Hitler freimütig ausgesprochen. »He pointed out that when he dealt with the Roman Catholic Church he could deal with one united thing. He wanted to be in the same position in regard to the Protestant Church.« Die Schlußbemerkung Hitlers schließlich war nicht weniger offenherzig. »If the Churches would abstain from politics they would have complete freedom in religious matters.«[44]

Auch die deutsche Öffentlichkeit erfuhr sehr schnell, daß sich nun etwas tat. Zugleich mit der Veröffentlichung des Hindenburg-Briefes wurde amtlich die Beauftragung Fricks mitgeteilt, »Verhandlungen im Sinne des vorstehenden Schreibens des Herrn Reichspräsidenten einzuleiten«.[45] Frick seinerseits schrieb an den Wehrkreispfarrer und wünschte ihm »für das unter Ihrer Führung stehende Werk und für die erste Sitzung des Ausschusses für die Schaffung einer neuen Verfassung der Deutsch-Evangelischen Kirche vollen Erfolg und Gottes Segen«.[46]

Müller wiederum wandte sich daraufhin in einem Aufruf an die kirchliche Öffentlichkeit, in dem es hieß: »Die Verfassung der Deutschen evangelischen Kirche soll und muß in kürzester Frist aufgerichtet sein. Dann muß das Kirchenvolk sein Ja sprechen, und ich kann zum Führer gehen und ihm sagen, daß die Deutsche evangelische Kirche bereit ist zum Dienst an Volk und Vaterland in Gehorsam gegen das Evangelium ... Gott helfe uns allen!«[47]

Der Eindruck, Frick lasse sich ganz auf Müllers Richtung ein, trog freilich. Zur gleichen Zeit verlautbarte aus seinem Ministerium, der Minister habe die Prüfung aller Fragen angeordnet, »die die Eingliederung der neu zu gestaltenden evangelischen Kirche in das öffentliche Recht des Reiches zum Gegenstand« hätten, und er habe zu diesem Zweck den kirchenpolitischen Referenten, Oberregierungsrat Dr. Conrad, beauftragt, Verbindung »mit dem Deutschen Evangelischen Kirchenbund und dem Bevollmächtigten des Reichskanzlers, Wehrkreispfarrer Müller, aufzunehmen«.[48] Mit dieser Verlautbarung reagierte das Innenministerium auf eine Mitteilung der drei Bevollmächtigten, man sei mit den Verfassungsarbeiten soweit vorangekommen, daß man nun in Besprechungen mit dem Staat eintreten könne.[49] Offenbar ignorierte man hier Müllers »Machtergreifung« im Kirchenbund und ging vielmehr von dessen weiterhin bestehender rechtlicher Selbständigkeit aus. Genau so verstanden es auch die drei Bevollmächtigten, als sie unmittelbar nach Bekanntwerden dieser Meldung einen Protest an Frick richteten, in dem sie einen Notstand für das Gesamtgebiet des Kirchenbundes bestritten und gegen Müllers Vorgehen nachdrücklich Verwahrung einlegten.[50]

Während die Dinge im Kirchenbund so allmählich in Bewegung gerieten, blieb in Preußen zunächst alles beim alten. Entsprechend den Ergebnissen vom 30. Juni zeigte Frick wenig Eile, in Verhandlungen über die preußische Frage einzutreten. Unterdessen konnten Jäger und seine Bevollmächtigten ungehindert ihr Ziel weiter verfolgen, in der preußischen Kirche vollendete Tatsachen zu schaffen. Ein Rundschreiben vom 30. Juni zeigte, daß der Staatskommissar über die Besprechung vom gleichen Tag bereits unterrichtet war und nun auf möglichste Beschleunigung drängte. In zwei bis drei Wochen, so meinte er, könne seine Aufgabe gelöst sein, wenn die Bevollmächtigten »zuverlässig, schnell und richtig« arbeiteten. Oberster Gesichtspunkt bei der Bildung der neuen Vertretungen sei »die unbedingte Zuverlässigkeit im Hinblick darauf, daß später von den maßgebenden Provinzial-Synoden und Landeskirchentagen die unter Führung von Herrn Wehrkreispfarrer Müller hergestellte Verfassung ohne Streiterei angenommen wird«.[51]

Zur gleichen Zeit unternahm der Staatskommissar einen neuen Versuch, die Generalsuperintendenten zum Einlenken zu bewegen. Bei der Besprechung, ob man seiner Einladung folgen sollte, zeigten sich die ersten problematischen Folgen des Hindenburg-Briefs. Denn während einige der Generalsuperintendenten dies rundweg ablehnten, meinten andere, man müsse das vom Reichspräsidenten eingeleitete Versöhnungswerk unterstützen. Nach lebhaften Auseinandersetzungen einigte man sich schließlich doch auf eine negative Antwort. Ein kurzes Schreiben vom 1. Juli teilte dem Staatskommissar mit, daß die Generalsuperintendenten sich gegenwärtig »nicht für zuständig« hielten, »grundsätzliche Besprechungen zu führen«, und daß außerdem zuerst die Vorwürfe Jägers und Rusts zurückgenommen werden müßten.[52]

Dies bedeutete zugleich, daß die Konfliktlage für Sonntag, den 2. Juli, ungelöst blieb. Jeder Pfarrer hatte nun für sich zu entscheiden, ob er dem Aufruf der Generalsuperintendenten zu einem Bußgottesdienst oder dem Befehl der neuen Kirchenleitung zu einem Dankgottesdienst und zur Beflaggung der Kirche folgen sollte.

Anweisungen beider Seiten, der Deutschen Christen und der kirchlichen Opposition, versuchten, die Dinge in ihrem Sinn zu beeinflussen – mit dem Unterschied freilich, daß der einen Seite die Macht des Staates und die gesamte Öffentlichkeit zur Verfügung stand, während die andere Seite nur mit den eigenen Mitteln arbeiten konnte und sich überdies in einem ungeklärten Zustand der Halblegalität befand.

Der – freilich besonders radikale – deutschchristliche Gauleiter der Ostmark, Pfarrer Karl Eckert, ließ in einem Erlaß keinen Zweifel am politischen Sinn dieses Tages. »Die Gemeindegruppen«, so hieß es darin unter anderem, »ebenso wie die politischen Ortsgruppen der NSDAP sind zu veranlassen, daß bei dem für den kommenden Sonntag, den 2. Juli 1933, angesetzten Dankgottesdienst anläßlich der Neuordnung in unserer Kirche die Mitglieder zahlreich am Kirchgang, möglichst geschlossen, teilnehmen. Dieser Sonntag muß auch kirchlich von allen Nationalsozialisten zu einem wuchtigen Bekenntnis zur neuen Kirche und zum Staate Adolf Hitlers gestaltet werden. Pastoren, die schlapp oder gehässig gepredigt haben, sind mir ... zu melden.«[53]

Ein Rundschreiben der kirchlichen Opposition dagegen forderte dazu auf, in den Gottesdiensten unter Hinweis auf den »Befehl des Staatskommissars« zunächst Hossenfelders Verfügung mitzuteilen und danach den Aufruf der Generalsuperintendenten und den Brief Bodelschwinghs zu verlesen. Wie ernst man die Lage einschätzte, zeigte der Schluß des Rundschreibens. »Der status confessionis ist, wenn je, dann jetzt gegeben.... Kommt es zum Leiden, wir sind nicht die Ersten, auch nicht die Letzten. Noch zu allen Zeiten ist das Blut der Märtyrer der Same der Kirche gewesen.«[54]

Wer an diesem Sonntag etwa in Berlin einen Gottesdienst der einen und der anderen Seite besucht hätte, wäre schwerlich auf den Gedanken gekommen, daß dies noch eine Kirche sei. In der Kaiser-Wilhelm-Gedächtniskirche beispielsweise predigte am Vormittag Hossenfelder über Römer 13: »Jedermann sei untertan der Obrigkeit, die Gewalt über ihn hat.« Die Kirche war überfüllt, beiderseits des Altars hatten Fahnen der SA Aufstellung genommen; die große Gemeinde war durchweg braun uniformiert. Im Abendgottesdienst predigte in derselben Kirche, aber vor einer völlig anderen Gemeinde, der zuständige Pfarrer Gerhard Jacobi über Matthäus 21,12–16, den Abschnitt von der Reinigung des Tempels, dessen 13. Vers nach Lage der Dinge keiner besonderen Auslegung bedurfte: »›Mein Haus soll ein Bethaus heißen‹; ihr aber macht eine Räuberhöhle daraus.« Am Schluß dieses Gottesdienstes teilte Jacobi mit, daß auf einer Versammlung von Berliner Pfarrern beschlossen worden sei, bei eventuellen Verhaftungen die Namen der Betroffenen bekanntzugeben. Dementsprechend unterrichtete er die Gemeinde davon, daß am Sonntagvormittag nach dem Gottesdienst in Steglitz der 66jährige Pfarrer Otto Großmann festgenommen worden sei.[55]

In der Lazarus-Kirche im Berliner Osten veranstalteten die Deutschen Christen an diesem Sonntag die erste ihrer dann bald so beliebten Massentrauungen. Über 40 Paare, die Männer alle im Braunhemd, ließen sich in Gegenwart des gesamten Horst-Wessel-Sturmes nachträglich kirchlich trauen – zurückgewonnen für die Kirche, wie Goebbels am Nachmittag erklärte, durch die Glaubensbewegung der Deutschen Christen.[56]

Zur gleichen Zeit hielten in der Jesus-Christus-Kirche in Dahlem die drei Pfarrer Fritz Müller, Martin Niemöller und Eberhard Röhricht einen Buß- und Betgottesdienst. Dieser Gottesdienst hatte insofern besondere Bedeutung, als hier zum ersten Mal ein Versuch gemacht wurde, der dann für die ganze Bekennende Kirche charakteristisch werden sollte: den Widerstand in der Gestalt der Liturgie zum Ausdruck zu bringen. Jener Dahlemer Gottesdienst vom 2. Juli begann mit der Verlesung der verschiedenen Erklärungen und Aufrufe entsprechend dem Rundschreiben der kirchlichen Opposition. Danach folgten Lutherworte über Obrigkeit, Kirche und Evangelium; Liedverse der Gemeinde; Schriftworte zur Christusherrschaft; das – zum ersten Mal gemeinsam gesprochene – Glaubensbekenntnis; wieder Liedverse der Gemeinde und erst danach drei kurze Ansprachen der Pfarrer. Den Schluß machten das allgemeine Kirchengebet, das gemeinsame Vaterunser, der Segen und – nach dem Segen – Bodelschwinghs Wort zu seinem Rücktritt.

Gerade der Rückblick zeigt, wie bedeutsam diese Entdeckung der liturgischen Möglichkeiten war. Denn während die Bekenntnisse zu Vaterland, Volkstum und Obrigkeit in den drei Predigten heute problematisch erscheinen, wirken die liturgischen Teile unverändert kräftig und frisch. Die Kirche hatte hier eine ihr eigene Form des Widerstandes gefunden, der eindrucksvoller war, als es Aufrufe, Kundgebungen und Reden zu sein vermochten.[57]

Ein Überblick über das Verhalten der altpreußischen Kirche insgesamt an diesem 3. Sonntag nach Trinitatis 1933 läßt sich kaum gewinnen. Zu unterschiedlich war die Lage in den einzelnen Kirchenprovinzen, zu vielfältig waren auch die Möglichkeiten des Reagierens. Aus der Grenzmark, aus Pommern, Schlesien, Brandenburg und der Rheinprovinz berichteten die Generalsuperintendenten Widersprüchliches. Insgesamt dürfte hier die Mehrheit der Pfarrer den Flaggenerlaß befolgt und auch Hossenfelders Aufruf verlesen, aber nur eine kleine Minderheit wirklich Dankgottesdienste gehalten haben. Die Behauptung der Presse, in Berlin seien nur drei Verstöße gegen die Anordnugen der Kirchenbehörde vorgekommen, war mit Sicherheit falsch; denn nur wenige Tage später unterschrieben 106 Pfarrer namentlich einen öffentlichen

Protest.[58] Eindeutig war die Lage in Westfalen. Hier hatte der nahezu einmütige Widerstand der Pfarrer bereits vorher zu einem Nachgeben von Jägers Bevollmächtigten Adler geführt. Statt dessen wurde nun in den meisten westfälischen Gemeinden der Brief Hindenburgs verlesen mit der Erklärung, man stelle sich einmütig »hinter den Friedenswunsch der beiden Führer unseres Volkes«.[59]

War dies also kein Sieg der kirchlichen Opposition, so war es doch erst recht kein Durchbruch der Deutschen Christen. Von einem »wuchtigen Bekenntnis zur neuen Kirche und zum Staate Adolf Hitlers«, wie es sich Reichsleitung und Kirchenbehörde erhofft hatten, konnte keine Rede sein. Viel eher wurde deutlich, wie sehr inzwischen Verwirrung, Unruhe und Sorge Platz ergriffen und eine Lösung der Kirchenfrage auch für den Staat dringlich gemacht hatten.

Ein weiteres, außerordentlich bedeutungsvolles Ereignis unterstrich an diesem Wochenende den Ernst der Lage für die evangelische Kirche. Bis zu diesem Zeitpunkt hatten nur die preußischen Kirchen und unter ihnen vor allem die altpreußische Union unter dem unmittelbaren Zugriff des Staates zu leiden gehabt. Aber das Vorgehen Rusts und Jägers mußte überall dort eine unwiderstehliche Anziehungskraft auf die neuen Regierungen ausüben, wo sich eine ähnliche Lage fand wie in Preußen. Dies traf auf die zweitgrößte unter den deutschen Landeskirchen, die sächsiche, zu. Hier war am 7. Juni Landesbischof Ihmels gestorben. Die Neuwahl lag verfassungsgemäß bei der sächsischen Landessynode. Deren Zusammensetzung jedoch bot den Deutschen Christen keinerlei Chance, ihren Mann an die Spitze zu bringen. Nachdem über die Frage von Neuwahlen ein Streit ausgebrochen war, griff am 30. Juni nach preußischem Vorbild das sächsische Innenministerium ein, erklärte kurzerhand den kirchenlichen Notstand und übertrug auf Grund der Verordnung zum Schutze von Volk und Staat vom 28. Februar dem deutschchristlichen Pfarrer Friedrich Coch die Rechte und Befugnisse aller kirchenleitenden Organe. Coch erschien am Vormittag des 1. Juli mit seinen deutschchristlichen Mitarbeitern im Landeskonsistorium, entließ die alten Beamten und begann mit der Arbeit. Eine seiner ersten Verfügungen bestand in der Zwangsbeurlaubung von 7 Superintendenten und 14 Pfarrern.[60] Auch in den norddeutschen Stadtstaaten gärte es. In Bremen wurde Ende Juni der SS-Oberführer und Senator Otto Heider zum Staatskommissar für die Bremische Kirche ernannt[61]; in Lübeck geriet die Kirchenleitung durch ein Sondergesetz vom 4. 7. in nationalsozialistische Hände.[62]

All dies, die Initiative Hindenburgs, die wachsende Bedrängnis in Preußen und die Gefahr, daß weitere Landeskirchen durch Staatskommissariate gleichgeschaltet würden, wirkte sich dahin aus, daß nun nahezu jedermann in der Kirche auf einen schnellen Abschluß der Verfassungsverhandlungen hoffte in der Annahme, damit endlich einen neuen, gesicherten Rechtszustand zu erreichen. In diesem Punkt war die Lage jetzt der auf katholischer Seite sehr ähnlich: Hier wie dort waren die Fallen so geschickt gestellt, daß die Kirchen sich förmlich hineindrängten.

Ungeklärt war zu Beginn der neuen Woche noch die Frage, wer denn nun für den Abschluß des Verfassungswerkes zuständig sei: Ludwig Müller oder die drei Bevollmächtigten. Zunächst machte der Wehrkreispfarrer den Versuch, diese Frage in seinem Sinne zu entscheiden. Deshalb lud er auf Montag, den 3. Juli, den von ihm neugebildeten Verfassungsausschuß zu einer ersten Sitzung nach Berlin ein. Es stellte sich jedoch heraus, daß weder der Vertreter der altpreußischen Kirche noch die lutherischen Bischöfe bereit waren, diesen Weg mitzugehen. Als Vertreter Altpreußens erklärte der westfälische Generalsuperintendent Weirich vor dem Ausschuß, er sei nur gekommen, um seine grundsätzliche Bereitschaft zur Mitarbeit zu bekunden. An der morgigen Sitzung jedoch werde er nicht mehr teilnehmen, sondern zu seinen Westfalen zurückkehren, wo sich »Hunderte von Pfarrern und Gemeinden in schwerster Verwirrung und Gewissensnot« befänden. Solange westfälische Pfarrer im Namen der preußischen Staatsregierung von der Polizei Befehle erhielten, müsse er sehen, daß er seinen Pfarrern beistehe, die nicht verstehen würden, wenn er »in diesem Gremium jetzt und unter dem in Altpreußen bestehenden Zustande mitarbeiten würde«.[63] Auch die lutherischen Bischöfe meldeten sich nun zu Wort. In einer langen und gewundenen Erklärung verteidigten sie ausdrücklich ihr bisheriges Verhalten; bestätigten, daß die Kirche »den Staatsnotwendigkeiten« Rechnung tragen müsse; baten aber gleichwohl die Reichsregierung »ehrerbietig und dringend«, dem »Notstand in Staat und Kirche durch Wiederherstellung der kirchlichen Handlungsfreiheit und Selbstverantwortlichkeit so bald als möglich ein Ende zu machen«.[64] Unter dem Eindruck dieser Vorgänge und auf kräftigen Druck aus dem Innenministerium hin fand sich Müller schließlich bereit, mit den drei Bevollmächtigten zusammenzuarbeiten. In einer entsprechenden Verlautbarung vom 4. Juli sprach er zugleich die Erwartung aus, »daß diese Herren zur Herstellung der Rechtskontinuität zwischen dem Kirchenbund und der Deutschen Evangelischen Kirche mitwirken würden«. Die Bevollmächtigten stimmten ihrerseits unter Erneuerung ihrer Rechtsverwahrung diesem Angebot zu. Frick bestätigte die Einigung und empfahl, unter Zurückstellung der Rechtsfragen »sich in positiver Arbeit« zu vereinigen.[65]

Mit diesem praktischen Kompromiß war Frick der entscheidende Schritt gelungen. Die Klärung der Rechtslage wäre nahezu hoffnungslos gewesen und hätte Monate in Anspruch genommen. Die Formel von der Einigung in positiver Arbeit entsprach der Ungeduld aller Beteiligten; sie ließ alle Möglichkeiten offen und erlaubte alle Hoffnungen. Schon drei Tage später, am 7. Juli, trat der neu zusammengesetzte, letzte und endgültige Verfassungsausschuß zusammen. Er bestand nun aus Ludwig Müller, dem neuen Direktor im Kirchenbundesamt Admiral Meusel; den drei Bevollmächtigten Marahrens, Hesse und Seetzen; dem bayerischen Landesbischof Meiser, dem bayerischen Oberkirchenrat Meinzolt, dem reformierten Pfarrer Otto Weber und den Professoren Fezer und Heckel.[66]

Während dieser Ereignisse gingen die Auseinandersetzungen in Preußen zunächst mit unverminderter Schärfe weiter. Sie erreichten am 3. Juli einen neuen Höhepunkt durch eine Verordnung Jägers, wonach »sämtliche kirchlichen Körperschaften in der Weise durch Ernennungen« umgebildet werden sollten, »daß die Mitglieder zumindest in der Höhe von 80% aus den Reihen der Bewegung Deutsche Christen entnommen werden«. Gleichzeitig wurden eine Reihe von Superintendenten beurlaubt und durch Kommissare ersetzt. Noch am Abend protestierte die kirchliche Opposition bei Frick nachdrücklich gegen diesen Versuch, »feste Verhältnisse vor dem Abschluß des Verfassungswerkes zu schaffen«.[67] Überaus bemerkenswert war auch eine Aktion, die in diesen Tagen von dem Kreis um Gerhard Jacobi ausging. Es handelte sich um eine öffentliche Erklärung von Pfarrern aus Groß-Berlin, die »nicht aus Paritätsgründen gegenüber der römisch-katholischen Kirche, sondern grundsätzlich ... Freiheit für die evangelische Kirche forderten, »weil nur *die* Kirche wirklich evangelische Kirche ist, die ihre Lehre und ihr Ethos ausschließlich aus der Heiligen Schrift schöpft«. Die Erklärung zählte im folgenden alle Verletzungen dieser Freiheit auf: die Sperrung von Presse und Funk, die Ernennung des Staatskommissars, den Aufruf der neuen Kirchenregierung, die Maßregelung der Generalsuperintendenten und die willkürliche Neubildung von kirchlichen Körperschaften. Binnen einer Woche unterschrieben diese Erklärung nicht weniger als 106 Groß-Berliner Pfarrer – rund ein Viertel aller Geistlichen dieses Gebietes. Sie ging am 12. Juli mit allen Unterschriften an den Reichspräsidenten, den Reichskanzler, den Reichsinnenminister und den preußischen Kultusminister.[68] Angesichts der Drohungen des Staates und der

Propaganda der Glaubensbewegung, mitten im allgemeinen nationalen Enthusiasmus wie in der kirchenlichen Verwirrung und Unsicherheit war dies ein beachtliches Zeichen von Mut und Festigkeit.

Nun freilich zeigten sich auch in Preußen die ersten Folgen jener grundsätzlichen politischen Wendung, die Hitler in dieser Woche vor den Reichsstatthaltern verkündete: die Revolution sei »kein permanenter Zustand«, sie dürfe sich nicht »zu einem Dauerzustand ausbilden«. Man müsse »den freigewordenen Strom der Revolution in das sichere Bett der Evolution hinüberleiten«.[69] Frick nahm diese Devise wenige Tage später in einem ungewöhnlich scharfen und deutlichen Rundschreiben an die Obersten Reichs- und Länderbehörden, an die Partei und die SA auf. Der Reichskanzler habe, so ließ Frick wissen, in seinen letzten Ansprachen »eindeutig festgestellt, daß die *deutsche Revolution abgeschlossen* ist. Soweit neben der Nationalsozialistischen Deutschen Arbeiterpartei noch politische Parteien bestanden, haben sie sich selbst aufgelöst. Ihre Wiederkehr ist für alle Zeiten ausgeschlossen. Die Nationalsozialistische Deutsche Arbeiterpartei ist damit der alleinige Träger des Staates geworden. Alle Macht dieses Staates liegt in den Händen der von dem Herrn Reichskanzler allein geführten Reichsregierung, in der alle entscheidenden Ämter mit zuverlässigen Nationalsozialisten besetzt sind.« In der neuen Phase »normaler gesetzmäßiger Aufbauarbeit« müsse jede Beunruhigung namentlich der Wirtschaft unbedingt vermieden werden. Keinesfalls dürften sich in Zukunft noch irgendwelche Organisationen oder Parteistellen »Regierungsbefugnisse anmaßen«. In diesem Zusammenhang wies Frick die obersten Reichs- und Länderbehörden an, »dafür zu sorgen, daß aus diesen Gründen auch von der bisher geübten Einsetzung von Kommissaren und Beauftragten Abstand genommen wird«, und in eine beschleunigte Prüfung darüber einzutreten, »wie die zur Zeit noch bestehenden Kommissariate usw. auf schnellstem Wege abgebaut oder, soweit unentbehrlich, in den ordentlichen Staatsapparat eingeordnet werden können ...«[70]

Damit waren auch Jägers Tage gezählt. In der Tat sah sich der Staatskommissar jetzt genötigt, seinen Erlaß vom 3. Juli zurückzunehmen[71] und am 6. Juli »das Recht der obersten Kirchenleitung« der altpreußischen Kirche auf Ludwig Müller zu übertragen, um damit den Anstoß einer rein staatlich regierten Kirche abzumildern. Müller ließ sogleich wissen, daß er auch an dieser Stelle dazu beitragen wolle, »das begonnene Einigungswerk der Deutschen Evangelischen Kirche im Sinne der kirchlichen Selbsthilfe so rasch wie möglich zu Ende zu führen«.[72]

Wichtiger noch war die Tatsache, daß Frick am 7. Juli Vertreter des beurlaubten preußischen Oberkirchenrats und den ebenfalls beurlaubten Sprecher der Generalsuperintendenten, Karow, empfing und sich ihre Auffassung von »der tatsächlichen und rechtlichen Lage« der altpreußischen Kirche vortragen ließ.[73] Dies war ein unübersehbares Zeichen, daß der Reichsminister sich über die Maßregelungen der preußischen Regierung hinwegsetzte. Die Wiederherstellung des Rechtes schien in greifbare Nähe gerückt.

Man wird das Drängende dieser Tage, den als übermächtig empfundenen Zwang, unverzüglich zu einer Einigung zu kommen, schwerlich überschätzen können. Diesem Zwang unterlagen alle Beteiligten. Die staatliche Seite band der unbedingte Wille Hitlers, bis zur unmittelbar bevorstehenden Veröffentlichung des Konkordatsabschlusses auf evangelischer Seite ein vergleichbares Ergebnis zu erreichen. Außerdem sollte die revolutionäre Phase, die Phase der Beunruhigung, jetzt abgeschlossen werden. Die kirchliche Seite war nicht weniger gebunden. Sie sah sich vor dem Wunsch des Reichspräsidenten; vor der Notwendigkeit, wieder zu klaren Rechtsverhältnissen zu kommen; vor allem aber vor einer Entwicklung, die in einer sich scheinbar schnell zu einer Einheit formierenden Nation eine sich zersplitternde Kirche als Unmöglichkeit erscheinen ließ. Nur so erklärt sich die überraschende Tatsache, daß sich Jäger, Müller, Meiser und Marahrens am 7. Juli im Reichsinnenministerium an einem Tisch zusammenfanden und der neue Verfassungsausschuß schon nach drei Sitzungen die Beratungen abschloß. Am Abend des letzten Sitzungstages – es war der 10. Juli – übernahm Frick persönlich den Vorsitz. Er wies darauf hin, daß die schleunige Verabschiedung des Entwurfs mit Rücksicht auf das Konkordat unerläßlich sei. Zugleich sagte er alles zu, was von kirchlicher Seite zur Bedingung des Abschlusses gemacht worden war: die Heranziehung der legitimen Kirchenleitungen – »Kirchenführer« war jetzt allgemeiner Sprachgebrauch geworden – zu den Schlußberatungen und den Abbau der Zwangsmaßnahmen in Preußen und in den anderen Kirchen. Schließlich stellte er einen dem Konkordat entsprechenden Staatsvertrag in Aussicht. Darauf wurde das Schlußprotokoll unterzeichnet. Seine Formulierung zeigte, wie sehr Frick am Anschein der rechtlichen und sachlichen Kontinuität gelegen war. »Die Arbeit«, so lautete das Dokument, »die der vom Deutschen Evangelischen Kirchenbund bevollmächtigte Ausschuß zur Schaffung der Verfassung der Deutschen Evangelischen Kirche begonnen hat, ist heute in gemeinschaftlicher Beratung mit den Herren« – hier folgten mit vollen Titeln die Namen von Müller, Fezer, Heckel und Jäger – »beendet worden. Das Verfassungswerk gelangt morgen durch Vorlage an die Vertreter der deutschen Evangelischen Landeskirchen zum Abschluß.« Es folgten die Unterschriften: Frick; Marahrens, Hesse, Seetzen; Meiser; Müller; Fezer; Heckel und Jäger.[74]

Der Verfassungstext, der am Abend des 10. Juli fertiggestellt wurde, hatte eine bewegte Geschichte hinter sich. Sie begann Anfang Mai mit den Verhandlungen des Kapler-Ausschusses, in deren Verlauf die Grundsätze der neuen Verfassung erarbeitet wurden. Diese Grundsätze, die Ende Mai im »Londoner Manifest« niedergelegt wurden, zeigten bereits die ganze Problematik des Verfassungsunternehmens. Sie bestand darin, daß zwar alle Beteiligten eine einige und starke deutsche Reichskirche wünschten, daß aber weder die großen Landeskirchen auf ihre prinzipielle Selbständigkeit, noch die Bekenntnisse auf ihre Exklusivität verzichten wollten.[75] Mit diesen beiden Vorbehalten, deren Gewicht sich im Lauf der Verhandlungen eher noch vergrößerte, war entschieden, daß auch die neue Reichskirche keine von allen anerkannte Kirche, sondern weiterhin nur ein föderalistischer Kirchenbund sein würde. Da dies nach Lage der Dinge nicht zu ändern war, konzentrierte sich alle Aufmerksamkeit auf das Amt des Reichsbischofs. In der Schaffung dieses Amtes lag das eigentlich Neue. Sein Sinn blieb freilich von Anfang an umstritten und unklar. Für die lutherischen Episkopalisten bedeutete dieses Amt ein Stück Vollendung der Reformation; eine breite Mittelgruppe sah darin eher eine politische und kirchenpolitische Notwendigkeit, nämlich im Einheitsstaat die Einheit der Kirche zu repräsentieren und sich damit auch gegenüber dem Katholizismus zu behaupten; für die Deutschen Christen schließlich war der Reichsbischof vor allem der Führer und die Schaffung seines Amtes der erste Schritt zum Führerprinzip in der Kirche.[76] Der Kampf um Bodelschwingh war nicht zuletzt auch ein Kampf um das Verständnis des neuen Amtes; die Lutheraner verweigerten ihm die Unterstützung, weil sie ihn für keinen wirklichen Lutheraner hielten; und die Deutschen Christen wußten, daß ein Ausbau des Amtes im Sinne des Führerprinzips von dem Betheler Pfarrer mit Sicherheit nicht zu erwarten war.

Da der Sinn des neuen Amtes unklar war, blieb auch die Organisation der leitenden Organe insgesamt unklar. Ein »geistliches Ministerium«, so hieß es in den Loccumer Grundsätzen, sollte dem Reichsbischof zur Seite treten und in Gemeinschaft mit ihm die Kirche leiten; eine deutsche Nationalsynode bei der Gesetzgebung und der Bestellung der Kirchenleitung mitwirken. Was jedoch »zur Seite treten« und »mitwirken« rechtlich bedeuten sollte, blieb offen. Auch die weiteren Verhandlungen brachten hier keine Klarheit.

Nach Bodelschwinghs Wahl Ende Mai arbeitete Heckel den ersten konkreten Verfassungstext aus. Er enthielt bereits alle wichtigen Elemente der endgültigen Fassung. Dazu gehörte das Bekenntnis als »unantastbare Grundlage« der Deutschen Evangelischen Kirche (Art. 2); die Gliederung »in lebenskräftige Landeskirchen« und deren Selbständigkeit »in Bekenntnis und Kultus, sowie in der Ordnung der verfassungsrechtlichen Grundlagen des kirchlichen Lebens« (Art. 3). Dazu gehörte ferner eine starke Stellung des Reichsbischofs, die unter anderem im Recht der Ernennung der Mitglieder des Geistlichen Ministeriums zum Ausdruck kam (Art. 7); und eine schwache Nationalsynode, die nach diesem Entwurf lediglich alle zwei Jahre zusammenzutreten brauchte (Art. 8). Das Gesetzgebungsrecht lag beim Geistlichen Ministerium oder in Zusammenwirken mit ihm bei der Nationalsynode (Art. 10). Die Finanzen sollten durch Abgaben von den Kirchengliedern oder durch Umlagen des Landeskirchen aufgebracht werden.[77]

Die Verhandlungen der zweiten Verfassungskommission unter Bodelschwinghs Vorsitz führten über verschiedene Zwischenstufen zu einem weiteren Entwurf, der am 24. Juni den in Eisenach Versammelten vorgetragen wurde. Er war nun erweitert um eine Präambel, die auf eine Vorlage von Martin Niemöller zurückging, und sie verriet, wie sehr auch die kirchliche Opposition unter dem Eindruck der Größe und Zeit stand. »In der Stunde, da Gott unser deutsches Volk eine große geschichtliche Wende erleben läßt«, so lautete die Präambel, die zum Teil wörtlich in die endgültige Fassung eingehen sollte, »verbinden sich die deutschen evangelischen Kirchen in Fortführung und Vollendung der durch den Deutschen Evangelischen Kirchenbund eingeleiteten Einigung zu einer einigen Deutschen Evangelischen Kirche. Sie vereinigt die aus der Reformation erwachsenen gleichberechtigt nebeneinander stehenden Bekenntnisse und gibt dabei Zeugnis von dem Gemeinsamen, das die in ihr vereinigten Kirchen auf Grund der Heiligen Schrift und der reformatorischen Bekenntnis, das freilich schon bald wieder lutherischen Bedenken zum Opfer fiel und durch das Wort von der Einheit und Einigkeit der Gemeinde aus Eph. 4,4–6 ersetzt wurde.[78] Im übrigen war der Entwurf vom 17. Juni stärker unitarisch: Der Berufung der führenden Amtsträger der Landeskirchen etwa sollte eine Fühlungsnahme mit der Reichskirche vorausgehen (Art. 2.6); die Reichskirche sollte sich »um eine einheitliche Haltung in der Kirche« bemühen und der kirchlichen Arbeit »Ziel und Richtung« weisen (Art. 4). Der Reichsbischof erhielt zusätzlich das Recht, »die zur Sicherung der Verfassung erforderlichen Maßnahmen zu treffen« (Art. 6) – eine nach Lage der Dinge außerordentlich problematische Bestimmung, die zum Mißbrauch geradezu einlud. Andererseits war das Gesetzgebungsrecht jetzt an eine Übereinstimmung von Geistlichem Ministerium und Nationalsynode gebunden (Art. 10).

Trotz der offensichtlichen Schwächen dieses Entwurfs und seiner theologischen, kirchenrechtlichen und kirchenpolitischen Problematik erhob sich in Eisenach kein ernsthafter Widerspruch dagegen. Das Protokoll vermerkte vielmehr ausdrücklich, die Aussprache habe »im Wesentlichen Zustimmung« ergeben.[79] Bis zu diesem Augenblick also befand sich das Verfassungswerk noch in kirchlicher Hand, und die Tatsache, daß Kirchenbundesrat und Kirchenausschuß die Grundzüge billigten, zeigte, daß diese Verfassung tatsächlich dem Willen einer großen Mehrheit in der Kirche entsprach.

Nach dem Zusammenbruch des Kirchenbundes machte sich Heckel, der inzwischen auf Müllers Linie eingeschwenkt war[80], erneut an eine Überarbeitung. Der Text wurde gestrafft und vor allem der Artikel 6 über den Reichsbischof noch stärker auf das Führungsprinzip ausgerichtet. Dieser Entwurf war es, der den abschließenden Beratungen des neuen Verfassungsausschusses im Juli zugrunde lag. Erst jetzt kamen den kirchlichen Vertretern Bedenken. Sie betrafen das Verhältnis der Reichskirche zu den Landeskirchen und die Stellung des Reichsbischofs. Zwar waren der Bestand der Landeskirchen und ihre Selbständigkeit in Bekenntnis und Kultus durch Artikel 2 garantiert; in Artikel 3 jedoch hieß es: »Die Deutsche Evangelische Kirche regelt das deutsche gesamtkirchliche Rechtsleben.« Auf Rückfragen von Meiser und Marahrens, wie diese Bestimmungen zu verstehen seien, erklärte Jäger knapp und deutlich: »Die Bestimmung bedeutet: Reichsrecht bricht Landesrecht. Solange Reichsrecht nicht besteht, gilt Landesrecht. Das schafft Klarheit.«[81]

Auch die Bemühungen, den Reichsbischof stärker an das Geistliche Ministerium und die Nationalsynode zu binden, scheiterten, zumal neben Jäger und Müller nun auch Heckel mit Nachdruck das Führerprinzip vertrat. Auf Jägers Erklärung, die Grundgedanken des Verfassungswerks seien »das Bekenntnis und der Führergedanke«, äußerte Meiser zu Recht Zweifel, ob die Kirche denn »überhaupt ›Führer‹ und nicht nur oberste Amtsträger« kenne. Unterstützt von Heckel jedoch widersetzten sich Jäger und Müller mit Erfolg allen Versuchen, die Verfassung in letzter Stunde noch kollegial und synodal umzugestalten. »Der Einbau von Sicherungselementen«, bemerkte Jäger, »entspricht nicht dem Sinn und Wesen des Werkes.«[82] So blieb der Verfassungstext in den wesentlichen Bestimmungen unverändert. Marahrens, Meiser und Fezer erreichten lediglich, daß bestimmte Bedenken zu Protokoll genommen wurden.

Dies war der Stand der Dinge, als am 11. Juli vormittags die bevollmächtigten Vertreter aller deutschen Landeskirchen in Berlin zur Verabschiedung der Verfassung zusammenkamen. Es war eine merkwürdige Versammlung. Frick, der spätere Einsprüche unter allen Umständen ausschließen wollte, hatte angeordnet, daß zur Sicherheit beide Seiten, die alten Kirchenleitungen und die neuen Kommissare, abstimmen und unterschreiben sollten. So waren für Altpreußen neben Müller und Jäger die beurlaubten Mitglieder des Oberkirchenrats Hundt und Karnatz und der kirchlich eingesetzte und staatlich abgesetzte kommissarische Präsident Stoltenhoff erschienen. Die sächsische Kirche war durch ihren alten Präsidenten Seetzen und ihren neuen kommissarischen Bischof Coch vertreten; auch die Bremische Delegation war ähnlich gemischt.

Müller eröffnete die Sitzung. Nicht ungeschickt nahm er eventuelle Einwände gegen den gleichzeitig verteilten Verfassungsentwurf dadurch vorweg, daß er die Protokollnotizen vom Vortag bekanntgab. Sie schienen tatsächlich viele Bedenken auszuräumen: Gegen den Widerspruch der Landeskirchen sollte die Reichskirche keine Gesetze erlassen können; die Vorschrift regelmäßiger Aussprachen zwischen Reichsbischof und Landeskirchenführern sollte rechtlich bindend sein; die Absetzbarkeit des Reichsbischofs sollte gesetzlich geregelt und vor allem auch bei Gegensätzlichkeit zwischen Geistlichem Ministerium und Reichsbischof kein Gesetz erlassen werden. Dann wies der Wehrkreispfarrer auf den Willen des Staates hin, der Kirche so schnell wie möglich »volle Aktionsfreiheit« zu schaffen; bat, »an Kleinigkeiten und Überspitzungen der kirchlichen Erneuerungsbewegung« keinen Anstoß mehr zu nehmen und schloß mit einem Hinweis, der Hitlers Geschick im Ausspielen der Konfessionen gegeneinander noch einmal blitzartig beleuchtete. »Ich bitte noch zu bedenken«, so wandte sich Müller an die Versammelten, »was ich jetzt vertraulich sage: Das Konkordat mit Rom soll schnell zum Abschluß gebracht werden. Zum Führergedanken gehört auch das Gehorchen. Mit dem Konkordat ist der Kampf gegen die katholische Kirche nicht absolut beendet. Wenn katholische Übergriffe gegen uns erfolgen werden, so werden wir keinen besseren und schärferen Hüter unserer Interessen haben als den Führer. Darum legt der Führer auch Wert auf einen Kirchenvertrag mit der Evangelischen Kirche. Auch dazu ist es notwendig, daß wir hier nicht zu einem Abschluß kommen, der uns nur mit Hängen und Würgen die Erreichung des Zieles ermöglicht. Schaffen Sie der katholischen Kirche gegenüber ein Werk, das nach außen als ein freudiges und geschlossenes dasteht und die Arbeit der Katholischen Aktion um 50 oder 100 Jahre zurückwirft!«[83]

Nach Besprechungen in kleineren Arbeitskreisen wurde die ganze Verfassung am Nachmittag in wenigen Stunden durchberaten. Eine kritische Anfrage von reformierter Seite beschwichtigte Heckel mit der Bemerkung, man solle darauf vertrauen, daß der Reichsbischof die Verfassung loyal anwenden werde. Als ausgerechnet Schöffel, der durch seine verwegene Theologie und sein rücksichtsloses Intrigieren wesentlich zu diesem Ergebnis beigetragen hatte, »theologische Bedenken« gegen die Vorlage anmeldete, erwiderte ihm Jäger ähnlich wie Heckel, man möge doch bitte »jeden Rest des Mißtrauens gegen die künftige Führung der … Kirche« aufgeben.[84] Schließlich wurde der Entwurf mit einigen Korrekturen einmütig angenommen. In einer unmittelbar anschließenden Sitzung des Kirchenbundesrates wurde dieser Beschluß bestätigt. Daraufhin begaben sich alle Beteiligten ins Reichsinnenministerium, wo gegen 20 Uhr Marahrens »in großen würdigen Worten« dem Minister über die Annahme der Verfassung berichtete. Frick dankte und versicherte zugleich, die Maßnahmen in Preußen würden nun in kürzester Zeit, »noch im Lauf dieser Woche«, rückgängig gemacht werden.[85]

Spätabends fand dann im Kirchenbundesamt der abschließende Akt der Unterzeichnung statt. Am Ende ergriff der Dienstälteste unter den Anwesenden, Landesoberpfarrer Möller aus Kassel, das Wort. Er erinnerte an die Eisenacher Konferenz von 1906, auf der man schon von der Reichskirche gesprochen habe. Damals habe man freilich nicht einmal an einen Kirchenbund geglaubt. Um so mehr freue er sich, daß dieses Werk nun gelungen sei. »So erleben wir«, schloß er bewegt, »diesen Tag als einen leuchtenden Tag unseres sich neigenden Lebens. Die Kirche lebt.«[86]

Die Verfassung der Deutschen Evangelischen Kirche vom 11. Juli 1933 zwar zweifellos in vieler Hinsicht ein höchst problematischer Kompromiß. Namentlich in ihrer Neigung zum Führerprinzip trug sie nur allzu deutlich die Merkmale ihrer Zeit und ihrer Entstehungsgeschichte an sich. Gleichwohl war sie eine kirchliche Verfassung und nicht bloß ein deutschchristliches Herrschaftsinstrument. Dies kam vor allem in ihrem ersten Artikel zum Ausdruck. Er lautete: »Die unantastbare Grundlage der Deutschen Evangelischen Kirche ist das Evangelium von Jesus Christus, wie es uns in der Heiligen Schrift bezeugt und in den Bekentnissen der Reformation neu ans Licht getreten ist. Hierdurch werden die Vollmachten, deren die Kirche für ihre Sendung bedarf, bestimmt und begrenzt.« Es war bezeichnend, daß weder Jäger noch Müller diesen Artikel bei den Schlußverhandlungen auch nur die geringste Aufmerksamkeit widmeten. Ganz offensichtlich hielten sie ihn für eine Leerformel ohne wirkliche Bedeutung. Tatsächlich jedoch erwies sich dieser Artikel sehr bald als die wichtigste Bestimmung der ganzen Verfassung überhaupt. Denn er wurde zum entscheidenden Kriterium für die Amtsführung des Reichsbischofs und stellte später die Rechtsgrundlage für die ganze Bekennende Kirche dar. Ob, wie ein namhafter Kirchenjurist nach dem Kriege meinte, die Verfassung vom 11. Juli unter anderen Umständen wirklich geeignet gewesen wäre, »das evangelische Bischofsamt in einem günstigen Sinne weiter zu entwickeln«, mag offen bleiben.[87] Ihre Kirchlichkeit im Sinne kirchenrechtlicher Legitimität jedoch ist durch die ausdrückliche Berufung der Bekennenden Kirche auf den kirchlichen Willen dieser Verfasung zweifelsfrei bewiesen.

Mit der Verabschiedung der neuen Kirchenverfassung hatte Hitler sein erstes Ziel erreicht. Befriedigt telegraphierte er am 12. Juli dem Reichspräsidenten: »Nachdem gestern das Verfassungswerk der Deutchen Evangelischen Kirche zum Abschluß gebracht ist, sind heute die Verhandlungen über die Beilegung des preußischen Kirchenkonflikts in einer für Staat und Kirche gleichermaßen befriedigenden Weise zu Ende geführt worden. Die auch mir besonders am Herzen liegende innere Freiheit der Kirche wird durch Zurückziehung der Kommissare und Unterkommissare des Staates außer Zweifel gestellt. Der innere Neubau der Landeskirchen wird nach kirchlichem Recht durch freie Wahl des evangelischen Kirchenvolkes einer baldigen Vollendung entgegengeführt werden.« Auch an Ludwig Müller ging ein kurzes Telegramm, das Hitlers Befriedigung zum Ausdruck brachte.[88]

Inzwischen arbeitete man im Reichsinnenministerium mit größter Beschleunigung an einem Gesetz, das die reichsrechtliche Anerkennung der neuen Verfassung bringen sollte. Der Entwurf ging am 13. Juli an den Staatssekretär in der Reichskanzlei mit der Bitte, ihn »auf die Tagesordnung der Kabinettssitzung am 14. Juli zu setzen«.[89] Eine endgültige Fassung des Gesetzes sowie die Begründung folgten noch am Tag der Sitzung selbst.[90]

Die Kabinettsitzung am 14. Juli, nicht zu Unrecht als ein »Epochendatum« bezeichnet, verriet mit ihrer Fülle von neuen Gesetzen Hitlers Entschlossenheit, die Gleichschaltung zu vollenden und die revolutionäre Phase der Machtergreifung abzuschließen.[91] Zugleich machte die gemeinsame Behandlung von katholischer und evangelischer Kirche auf der gleichen Sitzung noch einmal die inneren Zusammenhänge seiner Kirchenpolitik deutlich. Unter Punkt 17 der Tagesordnung stand das Reichskonkordat, das nach kurzer, aber bemerkenswerter Diskussion verabschiedet wurde.[92] Als letzter Punkt folgte der Entwurf des Gesetzes über die Verfassung der Deutschen Evangelischen Kirche. Das Protokoll vermerkte dazu nur: »Der Reichsminister des Innern trug den Inhalt der Vorlage vor, der das Kabinett zustimmte.«[93]

Damit waren nach Hitlers Überzeugung die wesentlichen kirchenpolitischen Entscheidungen gefallen. Was nun kam, war in seinen Augen wohl eher Routine: die Handhabung der von ihm geschaffenen Instrumente für eine Kirchenpolitik im nationalsozialistischen Sinn.

Am gleichen Tag erklärte Rust verabredungsgemäß Jägers Staatskommissariat für beendet, der seinerseits die Kommissare für die preußischen Kirchenprovinzen zurückzog.[94] Zwar dauerte es noch einige Zeit, bis die alten Behörden überall wieder arbeiten konnten, und namentlich bei der Rückkehr des preußischen Oberkirchenrats kam es zu erheblichen Schwierigkeiten. Aber im Prinzip schien der Reichsminister des Innern seine Zusage tatsächlich voll einzuhalten.[95]

So schien mit dem 14. Juli der Friede wiederhergestellt. Allgemeine Hoffnung erfüllte die Kirche, daß die schlimme Zeit der Rechtsunsicherheit, der Verwirrung, des Streites und der Auseinandersetzungen mit den Entscheidungen dieses Tages endgültig überwunden sei. Eine neue und große Zukunft schien sich aufzutun. Die Landeskirchenführer gaben allenthalben ihrer Freude und Dankbarkeit Ausdruck. So erließ etwa Wurm zum kommenden Sonntag eine Kanzelabkündigung, in der er vom »gnädigen Walten des Herrn der Kirche« sprach, der in dieser Woche ein Einigungswerk habe gelingen lassen, an dem man noch vor kurzer Zeit gezweifelt hätte. »In voller Einmütigkeit haben die Bevollmächtigten sämtlicher deutscher evangelischer Landeskirchen die Gründung einer einigen Deutschen Evangelischen Kirche beschlossen, die auf dem Boden des alten unantastbaren Evangeliums und des reformatorischen Glaubens steht; die mit ganzer Hingabe den Aufgaben sich widmen will, die ihr Gott selbst durch den Gang der Geschichte in unserem Volk gestellt hat ...«[96]

Noch kräftiger sogar klang der Ton der *Jungen Kirche*, die am 17. Juli schrieb: »Wir tragen es in tiefer Freude vor Gott, daß nun durch die Ereignisse der letzten Tage im Dritten Reich der Weg *zur Volkskirche unter dem Evangelium* frei geworden ist. Das Reden vom Schisma, alle Not und Verzweiflung, welche die Jungreformatorische Bewegung *trotz allem* immer wieder als verantwortungslos abgelehnt hat, haben nun im evangelischen Kirchenvolk ein Ende. *Alle Kraft gilt jetzt dem Aufbau!* Der Weg zu einer jungen Reformation ist frei.«[97]

8. KAPITEL

DER ABSCHLUSS DES REICHSKONKORDATS (APRIL–SEPTEMBER)

Hitlers großes politisches Ziel im Frühjahr und Sommer 1933 war die Einigung der Nation. An diesem Ziel orientierte er auch seine Kirchenpolitik. Aber während er vom Protestantismus nichts anderes erwartete als eine nationale Haltung[1], die es nur in der richtigen Weise auszunützen und zu lenken galt, lagen die Dinge auf katholischer Seite offensichtlich schwieriger. Hier stand er – wie schon dargelegt wurde – vor zwei scheinbar widersprüchlichen Aufgaben. Er mußte den politischen Katholizismus vernichten, und er brauchte zugleich für sich und den neuen Staat die Anerkennung Roms. Die Vernichtung des politischen Katholizismus war die Voraussetzung für die Vollendung des Einparteienstaates und damit für die Sicherung der politischen Macht. Ohne die Anerkennung Roms aber blieb die nicht weniger wichtige innere Eingliederung des treukatholischen Volksteils in die Volksgemeinschaft des Dritten Reiches unsicher und problematisch. Beide Ziele hatte er im Juli 1933 durch das Reichskonkordat erreicht.

Planung, Durchführung und Abschluß der Konkordatsverhandlungen mit Rom waren zweifellos ein politisches Meisterstück. Hitlers gelegentliche Äußerung, »Bismarck sei Protestant gewesen und habe deshalb seinen Kulturkampf nicht mit der nötigen Sachkenntnis führen können, er selbst aber verstehe als Katholik die Sache besser«[2], traf die Dinge genau. Es war charakteristisch für seinen Ansatz, daß er sich bei der notwendigen Bereinigung seines Verhältnisses zur katholischen Kirche keinen Augenblick bei jenen diplomatischen Vorschlägen aufhielt, die ihn noch im März Besprechungen »zwischen führenden Vertretern der Partei und dem deutschen Episkopat« empfohlen hatten.[3] Hier wären in der Tat nur unendliche Schwierigkeiten zu erwarten gewesen. Vielmehr war er von Anfang an überzeugt, daß der Schlüssel für dieses Verhältnis in Rom liege und daß ihm nur die große Lösung den erwünschten, schnellen und dauerhaften Erfolg bringen würde. So betrieb er diese große Lösung energisch und souverän, frei von jenen antikatholischen Ressentiments, die die Verhandlungen mit Deutschland für die Kurie stets so schwierig gemacht hatten, und mit einer Witterung für die Schwächen seiner Gegner, die diesen kaum eine Chance ließ.

Zu seinem Glück kam Rom ihm dabei weit entgegen. Denn der Kurie erschien Hitlers Verhalten genau so, wie Ludwig Kaas in seinem Aufsatz über die Lateranverträge das Vorgehen Italiens beschrieben hatte. »Der draufgängerische Sinn«, so hieß es dort, »der im rein politischen Sinn dem Faschismus eignet und zu einem guten Teil der Schlüssel seiner Erfolge ist, hat – nach anfänglichem Warten und Zögern – auch auf dem schwierigen, in Italien besonders schwierigen Gebiet der kirchenpolitischen und staatskirchenrechtlichen Weiterentwicklung sich nicht verleugnet. Was sechs Jahrzehnte vergebens versucht und als hoffnungslos liegen gelassen hatten, hat er im günstigen Moment in frontaler Initiative aufgegriffen und – gemessen an den sachlichen und psychologischen Hemmungen – in verhältnismäßig kurzer Zeit zustande gebracht. Die Lateranverträge sind eine ›Bataglia della Pace‹, deren konsolidierende und sammelnde Wirkung für das neue Italien erst eine spätere Zeit wird würdigen können.«[4] Fast Wort für Wort ließ sich hier auf die deutschen Verhältnisse übertragen. Wie hätte Rom unter diesen Umständen zögern können?

Im Gegensatz zur Meinung nahezu der gesamten neueren Konkordatsliteratur, wonach Anfang April zum ersten Mal überhaupt von solchen Plänen geredet worden sei[5], waren zu diesem Zeitpunkt wesentliche Vorentscheidungen wahrscheinlich bereits gefallen. Der Brief Kaplers an den Reichspräsidenten vom 23. März, in dem die Verbindung zwischen der Annahme des Ermächtigungsgesetzes durch das Zentrum und dem Abschluß eines Reichskonkordats hergestellt wurde[6], markierte vermutlich nicht den Anfang, sondern bereits das Ende der Entwicklung, die unmittelbar nach den Märzwahlen begonnen hatte. Im Verlauf dieser Entwicklung war es zwischen Hitler, Papen und Kaas zu einer grundsätzlichen Übereinstimmung über die Konkordatsabsichten des Reiches gekommen. Angesichts der Schwierigkeiten und Widerstände, die solchen Überlegungen in beiden Lagern – in der Partei wie in der Kirche – begegneten, ist es unwahrscheinlich, daß darüber bereits irgend etwas Schriftliches fixiert wurde. Aber Hitlers Regierungserklärung vom 23. März mit der Zusicherung, »die freundschaftlichen Beziehungen zum Heiligen Stuhl weiter zu pflegen und auszugestalten«, und die folgende einmütige Zustimmung des Zentrums zum Ermächtigungsgesetz waren in diesem Zusammenhang politische Absichtserklärungen, die für die Beteiligten nicht mehr mißzuverstehen waren.

Es gehörte zu den verhängnisvollen Fehlern, die dem ehrgeizigen Prälaten in diesen Wochen unterliefen, daß er schon am folgenden Tag offensichtlich in größter Eile nach Rom aufbrach, um dort, wie er später schrieb, »die durch die Reichskanzlererklärung geschaffene Lage« darzulegen und »die Möglichkeiten einer umfassenden Verständigung zwischen Kirche und Staat« zu prüfen.[7] Eine unmittelbare Folge der neuen Informationen war eine Anweisung Pacellis vom 29. März an die Nuntien in Berlin und München, den deutschen Episkopat »confidenzialmente e oralmente« davon zu unterrichten, daß eine Revision der kirchlichen Haltung gegenüber dem Nationalsozialismus geboten sei.[8] Die Anweisung kam freilich zu spät: wohl auf Papens Drängen hatte Kardinal Bertram bereits entsprechend entschieden und die Kundgebung vom 28. März veröffentlicht.[9]

Bedenklicher war die Eile von Kaas aus einem anderen Grund. Hitler nämlich nötigte den Prälaten, der sich vermutlich auf einen längeren Aufenthalt und gründliche Besprechungen in Rom eingerichtet hatte, durch die plötzliche Einberufung des Arbeitsausschusses auf den 31. März zu einer schnellen Rückkehr nach Berlin.[10] So wie die Dinge lagen, konnte der Kanzler erwägen, daß Kaas dabei eine erste Antwort des Heiligen Stuhls zurückbringen würde. Tatsächlich dürfte Kaas unmittelbar nach seiner Rückkehr Hitler zumindest das grundsätzliche Einverständnis Roms versichert haben, in Verhandlungen über ein Reichskonkordat einzutreten.[11] Damit aber hatte Hitler das Gesetz des Handels an sich gebracht. Nun konnte Berlin bestimmen, wann, wo und wie verhandelt wurde. Und von diesem Augenblick an behielt Hitler die Dinge tatsächlich fest im Griff. Auch im Rückblick ist zwischen dem förmlichen Beginn der Verhandlungen im April und ihrem Abschuß im Juli keine Situation erkennbar, in der sich – vergleichbar etwa der Wahl Bodelschwinghs – auch nur eine Möglichkeit angedeutet hätte, daß die katholische Kirche sich anders entscheiden könnte, als Hitler wollte.

Wie so häufig überraschte Hitler seine Verhandlungspartner durch ein ungewöhnliches Tempo. Schon am 2. April – Kaas war gerade erst aus Rom zurück – teilte der päpstliche Nuntius in Berlin, Orsenigo, dem Kardinalstaatssekretär mit, daß Vizekanzler von Papen noch vor Ostern nach Rom reisen werde und dabei von ihm empfangen zu werden wünsche.[12] Fünf Tage später saß Papen bereits im Zug. Worum es ging, erläuterte er am Tage seiner Abreise dem Vatikanreferenten im Auswärtigen Amt, Legationsrat Fritz Menshausen. Er wolle tatsächlich, so bestätigte er dem Diplomaten, »im Vatikan den Abschluß eines Reichskonkordats« anregen. Auf Menshausens Frage, »ob ihm schon ein bestimmter Entwurf für das neue Reichskonkordat vorliege«, erwiderte der Vizekanzler, daß dies nicht der Fall sei. Streng vertraulich jedoch fügte er hinzu, und dies war und blieb von Anfang an für das Reich der entscheidende Punkt: »Er beabsichtige als eine der Hauptgegenforderungen die Aufnahme einer auch im italienischen Konkordat enthaltenen Bestimmung zu verlangen, wonach den Geistlichen verboten wird, sich bei irgendeiner politischen Partei einzuschreiben oder zu betätigen.«[13]

Die Vermutung, Papen selbst hätte diesen Konkordatsplan in Gang gesetzt, ist wenig wahrscheinlich.[14] Denn bei seinen eigenen Konkordatsüberlegungen wenige Monate zuvor hatte der damalige Reichskanzler nicht mit einer Andeutung erkennen lassen, daß er über die Lateranverträge und ihre Möglichkeiten auch nur informiert war. Dies alles trug vielmehr eindeutig die Handschrift Hitlers. Die blitzschnelle Reaktion, die Ausschaltung der Diplomaten und die Konzentration auf den einen wesentlichen Punkt, nämlich den Rückzug der katholischen Kirche aus der Politik und damit die Vernichtung des politischen Katholizismus: All das war typisch für Hitlers Politik. So willkommen Papen dem Reichskanzler als Unterhändler war: Gedacht, geplant und entschieden wurde die Konkordatsfrage allein durch ihn.

Inzwischen hatte sich die Presse des Themas bemächtigt und unter mancherlei Spekulationen fand sich im Pariser *Journal* vom 6. April eine Meldung, die die Sachlage ziemlich genau wiedergab. Der Berliner Korrespondent des Blattes glaubte berichten zu können, »daß Reichskanzler Hitler dem Vatikan Eröffnungen bezüglich des Abschlusses eines Konkordats … habe machen lassen. Einer der Hauptpunkte wäre, den deutschen katholischen Geistlichen zu verbieten, sich zu Abgeordneten wählen zu lassen.«[15]

Zur gleichen Zeit wurde auch der innere Zusammenhang des Konkordatsthemas mit der Entwicklung im deutschen Protestantismus sichtbar. Die *Tägliche Rundschau* vom 7. April schilderte den Vorzug des Reichskonkordats in der Sicht der Deutschen Christen. Es zwinge nämlich die Landeskirchen, »endlich den ›Deutschen Evangelischen Kirchenbund‹ schleunigst zu einem handlungsfähigen Organ auszubilden, damit hier ein vertragsfähiger Partner für den Abschluß eines analogen Vertrags der evangelischen Kirchen mit dem Reich entsteht«.[16] Die Tatsache, daß Ludwig Müller eben diesen Gedanken am 6. April zum ersten Mal als Hitlers Meinung gegenüber Kapler und Zoellner zum Ausdruck brachte[17], zeigte ebenso wie die weitere Entwicklung bis zum gemeinsamen Abschluß am 14. Juli, daß Hitler tatsächlich ein großes kirchenpolitisches Konzept für beide Konfessionen verwirklichte.

Dies alles wäre ihm nun feilich nicht so schnell und glatt gelungen, wenn er nicht in beiden Lagern bereitwillige Mitarbeiter gefunden hätte. Auf evangelischer Seite waren es die Deutschen Christen, Ludwig Müller und die lutherischen Bischöfe; auf katholicher Seite Papen, Kaas und später ein Teil des Episkopats, vor allem der Freiburger Erzbischof Gröber.

Ob und wieweit Papen und Kaas in dieser Frage schon im März zusammenspielten, ist nicht geklärt. Die Geschichte freilich, die ihr gemeinsames Auftreten und ihre enge Zusammenarbeit in Rom seit dem 9. April erklären soll, ist so unwahrscheinlich, daß es schwerfällt, in diesem Punkt an Kaas' Aufrichtigkeit zu glauben. Danach wären beide, Papen und Kaas, ohne voneinander zu wissen, am Abend des 7. April mit verschiedenen Zügen von Berlin über München nach Rom abgereist. Im Schnellzug München-Rom am Morgen des 8. April hätte Kaas dann »unerwartet im Speisewagen« Papen getroffen und im Verlauf einer von diesem angeregten Besprechung festgestellt, »daß die mehrfach auch in der Öffentlichkeit erörterte Absicht eines etwaigen Konkordatsabschlusses Tatsache war«.[18] Diese Version, die Kaas selbst später von seiner Einschaltung in die Konkordatsverhandlungen gab, ist von der neueren Literatur weitgehend übernommen worden.[19] Sie mutet zu, sich vorzustellen, daß der Zentrumsvorsitzende, der kurz zuvor die historische Bedeutung der Lateranverträge gefeiert hatte, die seit dem 23. März herumschwirrenden Gerüchte über Konkordatsabsichten Hitlers unbeachtet und ungeprüft ließ; daß er am 24. März überstürzt nach Rom fuhr, um dort mit Pacelli über einen schon länger zurückliegenden volkstumspolitischen Streitfall im Gebiet von Eupen und Malmedy zu verhandeln[20]; daß ihm nach seiner Rückkehr die Vorbereitungen im Auswärtigen Amt – zu dem er persönlich hervorragende Verbindungen besaß – ebenso verborgen blieben wie Papens Absichten und dessen Reisetermin und daß er schließlich am 7. April mit Hitler unter vier Augen lediglich über die Sicherung der katholischen Schule und des katholichen Vereinswesens sprach. Nur wenn man dies alles für glaubhaft hält, konnten Papens Anwesenheit im Zug nach Rom und seine Konkordatspläne für den Prälaten eine echte Überraschung sein.

Viel wahrscheinlicher ist demgegenüber die Vermutung, daß der erste deutsche Konkordatsspezialist und Vertraute Pacaellis nicht nur den historischen Kontakt zwischen Berlin und Rom hergestellt haben wollte, sondern daß er auch an den weiteren Verhandlungen brennend interessiert war. Einen amtlichen Status gab es dabei für ihn kaum: wegen seiner Zwischenstellung konnte ihn weder die eine noch die andere Seite offiziell mit den Verhandlungen betrauen. Auch später kam es – trotz Kaas' Bemühngen – bezeichnenderweise nicht zu einer amtlichen Bevollmächtigung.[21] So blieb ihm keine andere Möglichkeit, als sich in die Verhandlungen gewissermaßen selbst einzuschalten, wobei sicherlich beide Seiten – Hitler und Papen wie Pius XI. und Pacelli – den hohen Nutzen dieses Vermittlers zu schätzen wußten. Nur so erklärt sich die Stellung, die Kaas in den folgenden Wochen als Vertrauensmann aller Beteiligten einnahm.

Wenn die Beteiligung an den materiellen Konkordatsverhandlungen Kaas' Ziel war, so erfüllte die gemeinsame Reise mit Papen nach Rom ihren Zweck voll und ganz. Denn in einer Reihe von Gesprächen erläuterte ihm der Vizekanzler die Grundprinzipien des geplanten Vertragswerks, nämlich die Sicherung der kirchlichen Rechte gegen die Entpolitisierung des Klerus und die Preisgabe der Zentrumspartei auszuhandeln. Dies waren für Kaas nun freilich keine Neuigkeiten. Aus seinen Aufzeichnungen geht hervor, daß der Zentrumsvorsitzende seine Partei in diesem Augenblick tatsächlich bereits nur noch als Tauschobjekt betrachtete. »Ich habe diesem Gedankengang«, so notierte er zu Papens Äußerungen, »grundsätzlich nicht widersprochen, sondern vor allem darauf hingewiesen, daß zunächst einmal der Nachweis für die Stellung hinreichender kulturpolitischer Garantien erbracht sein müsse. Wenn letzteres der Fall sei, werde ich wahrhaftig nicht kleinlich sein.« Entscheidend war für Kaas persönlich das Ende der Gespräche, wobei er Papen seine Bereitwilligkeit erklärte, »ihm gegebenenfalls für die Ausarbeitung etwaiger Verlautbarungen zur Verfügung zu stehen«, und dieser das Angebot »mit Dank« annahm.[22] Damit hatte Kaas die erhoffte und erstrebte Vermittlungsposition erlangt, in der er dann bis zum Herbst 1933 tätig blieb.

So bestand die für das Reichskonkordat bestimmende personelle Konstellation bereits, als Papen und Kaas am Morgen des 9. April in Rom entrafen. Und wer in Deutschland die Zeitungen aufmerksam las, konnte ahnen, worauf die Dinge hinauslaufen sollten. Am 11. April berichtete sogar der parteiamtliche *Völkische Beobachter* über Papens Mission. Man nehme hier an, so schrieb das Blatt, »daß bei dem Besuch beim Heiligen Stuhl die Frage der *künftigen Haltung der Zentrumspartei gegenüber der Reichsregierung* eine entscheidende Rolle spielen wird, und glaubt bereits zu wissen, daß der *Papst keineswegs Einwendungen gegen die Regierung Hitler erheben wird, denn ihre Auffassung, daß zunächst in einem Staate Ordnung herrschen müsse, entspreche durchaus der des Christentums. Solange das Reichskabinett den Kommunismus bekämpfe, werde ihm der Vatikan nicht die geringsten Schwierigkeiten bereiten.«* Der Artikel ging dan auf Papens Absicht ein, eine neue, nationale katholische Partei in Deutschland zu gründen und fuhr fort: »Von Papen wird auch der Wunsch zugesprochen, daß ein *Konkordat* zwischen Deutschland und dem Heiligen Stuhl geschlossen wird, das in seinen Grundzügen genau dem Konkordat entsprechen würde, das gegenwärtig zwischen Italien und dem Vatikan besteht.«[23]

Die offiziellen Verhandlungen begannen am Montag der Karwoche, dem 10. April, mit einem Gespräch zwischen Papen und Pacelli. Dabei wurde vermutlich die grundsätzliche Übereinstimmung über das Vertragsprojekt bestätigt und eine schnelle Verhandlungsführung beschlossen. Jedenfalls wurde die nächste Besprechung bereits für den Karsamstag angesetzt und vereinbart, daß Papen sie mit Kaas vorbereiten sollte. Die beiden Deutschen trafen sich am Abend des Karfreitags. Der Vizekanzler hatte den alten Konkordatsentwurf aus dem Jahre 1924 mitgebracht[24], den Kaas in der Nacht umarbeitete und um Hitlers wichtigste Forderung, den Entpolitisierungsartikel, ergänzte. Am Karsamstagvormittag kamen dann Pacelli, Papen und Kaas im Arbeitszimmer des Kardinalstaatssekretärs zusammen. Nach Kaas' Notizen wurden dabei als neue Teile eines Konkordats »Treueid, Gebete für den Staat, Entpolitisierungsartikel, Trauung in Fällen sittlichen Notstands, Minderheitenschutzartikel, Militärseelsorge, Botschafts- und Nuntiaturartikel« besprochen. Daraufhin diktierte Kaas am Nachmittag einen ersten vollständigen Entwurf, den er am Ostersonntag und am Ostermontag mit Pacelli durchsprach. Am Ostermontagabend wurde die verbesserte Fassung dem Papst vorgelegt, der sie am nächsten Vormittag mit Pacelli erörterte und eine Reihe von Änderungswünschen anmeldete.[25] Die Eile ging offenbar auf die Absicht Papens zurück, schon bei seiner Abreise am Dienstagabend einen fertigen Entwurf mitnehmen zu können. Das gelang nicht ganz, weil die Wünsche des Papstes noch berücksichtigt werden mußten. Aber die Verzögerung war nur kurz. Schon zwei Tage später, am 20. April, ging der Entwurf des Vertrages mit Kurier nach Berlin ab.[26] Damit war die erste Verhandlungsrunde beendet.

Der ganze Vorgang hat auch im Rückblick nichts von seiner Ungewöhnlichkeit verloren. War es schon überraschend, daß der deutsche Vizekanzler ohne irgendeine diplomatische Vorbereitung kurzerhand nach Rom fuhr, um der Kurie ein Konkordat mit dem Deutschen Reich zu offerieren, so war es fast unbegreiflich, daß die Spitze der römischen Weltkirche – Papst und Kardinalstaatssekretär – sich darauf einließ, mitten unter den Feiern der Karwoche und des Osterfestes in wenigen Tagen einen Vertragstext zu erarbeiten, über den der Vatikan normalerweise jahrelang verhandelt hätte. Beim Preußenkonkordat beispielsweise dauerte es zwei Jahre - von 1926 bis 1928 - bis überhaupt der erste geschlossene Entwurf vorlag; die Verhandlungen über das österreichische Konkordat nahmen trotz langer Vorklärungen ebenfalls noch zwei volle Jahre - von 1931 bis 1933 - in Anspruch.[27] Das Reichskonkordat ist sicher der einzige Vertrag der römischen Kirche, dessen Entwurf gewissermaßen unter den Klängen der Karfreitagsliturgie konzipiert und unter den Glocken der Osterfeier durchgearbeitet und abgeschlossen wurde.

Die Frage, was Rom zu dieser Hast bewog, beantwortet sich aus der Vorgeschichte. Die vertragliche Sicherung des kanonischen Rechtes, die seit 1917 die Politik der Kurie bestimmte; Pacellis jahrzehntelanges, vergebliches Bemühen um ein Reichskonkordat; das Vorbild der Lateranverträge und nicht zuletzt der Glaube des Kardinalstaatssekretärs und seines engsten deutschen Beraters an die Einmaligkeit der historischen Situation: All das wirkte zusammen, um dieses ungewöhnliche Vorgehen zu ermöglichen.

Weder Kaas noch Pacelli glaubten zu dieser Zeit an ein Überleben des Zentrums. Darum mußte schnell gehandelt werden, solange der Kaufpreis - nämlich der Entpolitisierungsartikel - noch etwas wert war. Durch ihre Fixierung auf konkordatäre Sicherungen und unter dem Eindruck einer sich rasch verändernden Situation übersahen die kirchlichen Verhandlungspartner jedoch, daß die unmittelbare Ausschaltung des politischen Katholizismus nur ein kleiner Teil des Gewinnes war, den Hitler aus dem Vertrag zog. Er hatte diesen Gewinn schon 1929 im Zusammenhang mit dem italienischen Konkordat formuliert, und es besteht keine Veranlassung zu der Annahme, daß er dies nicht auch 1933 für seine eigene Situation noch genauso sah. »Denn wenn die Kirche«, so hatte er damals erklärt, »heute mit dem faschistischen Italien zu einer Verständigung kommt, die mit dem liberaldemokratischen undenkbar gewesen wäre, dann ist damit unzweifelhaft bewiesen, daß die faschistische Gedankenwelt mit dem Christentum näher verwandt ist als die jüdischliberale oder gar atheistisch-marxistische, mit der sich die sog. Katholische Partei des Zentrums heute zum Schaden des Christentums und unseres deutschen Volkes so sehr verbunden fühlt. Wenn der Papst heute mit dem Faschismus zu einer solchen Verständigung kommt, dann ist zumindest er der Ansicht, daß der Faschismus und damit der Nationalismus für die Gläubigen vertretbar und mit dem katholischen Glauben vereinbar ist.«[28]

Die Hast, mit der sich die katholische Seite auf Verhandlungen einließ, machte ihr brennendes Interesse an dem Vertrag deutlich. Damit aber hatte

Hitler einen entscheidenden Trumpf in der Hand. In der Gewißheit, daß Rom weder zurück konnte noch zurück wollte, vermochte er nun die Verhandlungen fast nach Belieben zu steuern. Die Akten belegen, daß er davon ausgiebig Gebrauch machte.

Am 20. April hatte Kaas, »mit Rücksicht auf die Dringlichkeit der Übersendung«, Papen den Entwurf zugehen lassen und ihn »nach vertraulicher Rücksprache mit dem Herrn Reichskanzler« »beschleunigt« um seine Stellungnahme gebeten.[29]

Am gleichen Tag schickte er Hitler zu dessen Geburtstag ein Telegramm, das wie kaum ein anderes Zeichen auf das Einverständnis zwischen dem Reichskanzler und dem Zentrumsvorsitzenden hinwies und nach Lage der Dinge einer ausdrücklichen Bestätigung der Konkordatspläne gleichkam. »Zum heutigen Tage«, so telegraphierte Kaas, »aufrichtige Segenswünsche und die Versicherung unbeirrter Mitarbeit am großen Werke der Schaffung eines innerlich geeinten, sozialbefriedigten und nach außen freien Deutschlands.«[30]

Eine Woche später, am 27. April, ging Papens Antwort nach Rom ab. Unmittelbar nachdem er den Entwurf mit Hitler »in großen Zügen« durchgesprochen hatte, machte er darin unmißverständlich auf die entscheidenden Punkte aufmerksam. Hitler sei bereit, »weitgehende Sicherungen auf dem Gebiet der Schule zuzugestehen«; dafür erscheine ihm jedoch die Fassung des Entpolitisierungsartikels »keinesfalls ausreichend«.[31]

In der Tat ging es in der ganzen Konkordatsfrage zwischen Berlin und Rom – abgesehen vom Konkordatsprinzip – materiell im wesentlichen um diese beiden Probleme. Für die katholische Seite waren die Schulbestimmungen, das hieß v. a. die Sicherung der Konfessionsschule, seit Anfang der zwanziger Jahre bekanntlich der »Kern des Konkordats«, »eine conditio sine qua non«, »das punctum saliens«. Würden sie ausgeschaltet, so erklärte Pacelli schon 1921, »so habe die Kirche keinerlei Interesse am Abschluß eines Konkordats«.[32] Genau die gleichen Formulierungen, »conditio sine qua non«, »der springende Punkt«, verwendete die deutsche Seite für die Forderung der Entpolitisierung.[33] Dies und nichts anderes war der Kern des Vertragsgeschäfts: volle Gewährung der katholischen Schulforderungen gegen volle Erfüllung der Entpolitisierung. Verhandlungstaktisch sicherte Hitler die Gewährung der Schulforderungen von Anfang an zu und zwang damit die Kurie, den Entpolitisierungsartikel Schritt für Schritt seinen Vorstellungen anzupassen.

Kaas hatte sich aus kirchenrechtlichen Gründen in dieser Frage zunächst auf eine Bestimmung des kanonischen Rechts zurückzuziehen versucht, die

die Übernahme von Abgeordnetenmandaten durch Geistliche an eine bischöfliche Genehmigung band. Der Artikel, der Hitler Ende April vorlag, versprach zunächst nicht mehr, als diese Genehmigungspflicht auch auf Ämter in politischen Organisationen auszudehnen, und ließ allenfalls ahnen, daß die Genehmigung in Zukunft möglicherweise restriktiver ausgelegt werden könnte.[34] Ob dies ein »Kabinettstück Kaasscher Kodifizierungskunst«[35] darstellte, mag offenbleiben. Sicher jedoch war es eine erhebliche Unterschätzung Hitlers, wenn Kaas davon ausging, daß man dem Reichskanzler die Schulartikel in vollem Umfang abhandeln, die volle Erfüllung der Entpolitisierungsforderung dagegen durch kanonistische Scheinmanöver umgehen könnte. In der Tat hat Hitler denn auch zu keiner Zeit irgendeine Bereitschaft gezeigt, sich auf die Verhandlungskünste des Prälaten einzulassen. Vielmehr bestand er – und wie sich am Ende zeigte mit Erfolg – in diesem Punkt auf der harten und eindeutigen Formulierung.

Auch ein weiterer Punkt in Papens Schreiben vom 27. April verdiente die katholische Aufmerksamkeit. Diskret aber deutlich wies der Vizekanzler auf die »hier auf evangelischer Seite bestehenden Bemühungen um die Gründung einer Reichskirche« hin, die ihm die vorliegenden Abmachungen für den Heiligen Stuhl »ganz besonders wertvoll erscheinen« ließen. In der Tat hatte Hitler eben zwei Tage zuvor Ludwig Müller zu seinem Bevollmächtigten für die Angelegenheiten der evangelischen Kirche ernannt und ihm den Auftrag zur Förderung einer evangelischen deutschen Reichskirche erteilt. Und wie Hitler seinen katholischen Unterhändler offensichtlich auf die Bedeutung dieses Ereignisses für die katholische Seite hingewiesen hatte, so informierte er entsprechend auch seinen evangelischen Beauftragten. Denn als Ludwig Müller am 4. Mai die drei Bevolllächtigten des Kirchenbundes erstmals vertraulich über Hitlers Absichten unterrichtete, da notierte sich Marahrens: »Müller: kein Reichskonkordat *ohne* evangelische Reichskirche. Hitler: Ein katholisches Konkordat nur, wenn *ich* das Zentrum verbieten kann.«[36]

Genau vierzehn Tage nach dem Brief Papens war man sich in Rom über die deutschen Änderungswünsche schlüssig geworden. Am 11. Mai ging eine neue Textfassung des »Konkordat-Vorentwurfs« nach Berlin, die bereits in vielem dem endgültigen Vertrag entsprach. Im wichtigsten Artikel freilich, der Entpolitisierungsfrage, war die Kurie noch immer weit von einer klaren Aussage im Sinne Hitlers entfernt. Kaas hatte diesem Artikel gegenüber dem ersten Entwurf lediglich einen weiteren Abschnitt angefügt, wonach die Genehmigung zur Ausübung einer politischen Tätigkeit durch Geistliche von den Diözesanoberen nur in seltenen und durch das kirchliche Interesse besonders begründeten Fällen« erteilt werden würde.[37] Damit hatte der Vertrag für den Vatikan offenbar eine optimale Form erreicht. Denn kurz darauf teilte Kaas dem Vizekanzler mit, er glaube annehmen zu können, »daß auf der bis jetzt erreichten Grundlage eine Einigung erreicht werden kann«.[38] Nur wenige Tage später jedoch teilte Papen mit, daß in der Entpolitisierungsfrage der Herr Kanzler »eine klare Entscheidung« wünsche und machte zugleich einen Textvorschlag, der Kaas' Regelung auf den Kopf stellte: Jetzt sollte jede amtliche politische Tätigkeit von Geistlichen kategorisch verboten und nur auf Grund besonderer Vereinbarungen eine Ausnahme möglich sein.[39]

Die Eigentümlichkeit der Verhandlungen, die in diesen Wochen zwischen Berlin und Rom stattfanden, wird erst ganz deutlich, wenn man sich die Lage vergegenwärtigt, in der sich zur gleichen Zeit der Katholizismus in Deutschland befand. Schon in der Karwoche hatte der Münchner Professor Eggersdorfer in einem Brief an den Passauer Generalvikar Riemer von der Konkordatsbereitschaft des Papstes und Pacellis gesprochen und seinen Eindruck von der Entwicklung in die prophetischen Sätze zusammengefaßt: »Zukunft des deutschen Katholizismus scheint ganz in Rom entschieden zu werden. Konsequenz des fortschreitenden Zentralismus.«[40] In der Tat waren bis Mitte Mai, als der Konkordatstext im wesentlichen bereits feststand, weder das Zentrum noch der deutsche Episkopat in irgendeiner Weise offiziell informiert, geschweige denn um Rat gefragt oder beteiligt worden.

Zwar bestand strenggenommen keine Notwendigkeit für diese Beteiligung, da nach katholischem Kirchenrecht der Abschluß eines Konkordats als sogenannte Causa major allein dem Papst vorbehalten ist. In der bisherigen Praxis der Konkordatsverhandlungen jedoch waren vom Heiligen Stuhl selbstverständlich sowohl der politische wie der kirchliche Katholizismus der betreffenden Länder immer mit eingeschaltet worden. So hatte das Zentrum in den zwanziger Jahren insgesamt wie durch einzelne hervorragende Vertreter – etwa die Prälaten Kaas und Föhr – entscheidend zur Gestalt der deutschen Länderkonkordate beigetragen. Und das Österreichische Konkordat von 1933 war sogar durch eine Bischofsinitiative vorbereitet und wesentlich mitbestimmt worden.[41] Eine vollständige Ausschaltung des katholischen Episkopats wie der katholischen Parteien aus den Verhandlungen bis zu den Mitte Mai bereits erreichten Ergebnissen war bis dahin keineswegs üblich gewesen. Auch hierin verriet sich die unglückliche Bereitschaft der Kurie, allzuschnell auf den Stil des neuen Reiches einzugehen.

Angesichts dieser Entwicklung befand sich vor allem die *Zentrumspartei* in einer fast hoffnungslosen Lage. Seit ihr Vorsitzender am 7. April erneut Deutschland in Richtung Rom verlassen hatte, bieb sie von dieser Seite ohne jede Führung oder Weisung. Nicht einmal die Zentrumsspitze wußte, ob und wann Kaas zurückkehren würde. So war der preußische Fraktionsvorsitzende am 17. April der Meinung, der Parteichef werde am nächsten Tag wieder in Berlin sein. Am 28. dagegen schrieb er, er habe »wider Erwarten« Kaas nicht angetroffen, vielmehr habe es den Anschein, als ob die Rückkehr »des Herrn Chefs« von seiner »Auslandsreise« noch längere Zeit »auf sich würde warten lassen«.[42] Auch ein Aufruf: »Zentrumsleute in Stadt und Land!«, den der stellvertrende Parteivorsitzende Joseph Joos am 14. April – »im Auftrag« – erließ, war im Grunde nur ein Ausdruck der allgemeinen Ratlosigkeit. Statt einer klaren Weisung, die es nicht gab, weil der Vorsitzende fehlte und niemand an seiner Stelle handeln und entscheiden konnte, durften die Zentrumswähler raten, was mit den folgenden Sätzen wohl gemeint war: »Wir arbeiten zusammen, weitherzig und weltoffen, mit allen staatskonservativen und national aufbauenden Kräften an der Erneuerung und Stärkung unseres Vaterlandes. Im Geiste einer großen Überlieferung wollen wir die uns eigenen Kräfte gesammelt einsetzen, damit sie um so fruchtbarer werden für das Ganze.«[43]

Volle vier Wochen, den ganzen April hindurch, sahen sich die Zentrumsanhänger einem Schweigen ihrer Führer gegenüber, das um so schlimmere Folgen haben mußte, als zur gleichen Zeit die Gegenseite immer lauter und nachdrücklicher ihren Anspruch vertrat, die *eine* Partei zu sein, die alle guten Deutschen ohne Unterschied der Konfession zum Besten des Vaterlandes vereinigte. In diesen Wochen machte sich in der ohnehin verstörten und ratlosen Partei und unter ihren Anhängern eine Verwirrung breit, die nicht mehr zu heilen war. Mit dieser Verwirrung begann der engültige Zerfall des Zentrumsturms, der sich bis dahin noch relativ gut gehalten hatte, bis er schließlich fast lautlos zusammenstürzte, ohne daß es dazu noch der gewaltsamen Nachhilfe der neuen Machthaber bedurft hätte.

Die Hauptverantwortung für dieses Schweigen trug zweifellos Kaas. Wenn er in diesen Wochen seine Führungspflichten so demonstrativ vernachlässigte, so war dies weniger »fahrlässig«[44] als vielmehr die gewollte oder doch zumindest in Kauf genommene Folge der von ihm selbst mitbetriebenen Politik. Denn er konnte die Partei schwerlich auf einen Kurs der Abgrenzung und der Erneuerung führen in einem Augenblick, in dem er an entscheidender Stelle mit über ihr Ende verhandelte. Andererseits konnte er sie auch nicht einfach aus der Hand geben, weil er sie noch immer als Tauschobjekt für die »hinreichenden kulturpolitischen Garantien« brauchte, die er am 8. April gegenüber Papen als Preis genannt hatte.[45] Dies erklärt, warum Kaas seinen Parteivorsitz im April weder wahrnahm, noch ihn, trotz drängender Bitten seiner Parteifreunde, abgab.

Unter diesen Umständen war der Versuch des Zentrums, Anfang Mai noch einmal neu anzufangen, kaum mehr als ein Akt der Verzweiflung. Für den 5. und 6. Mai waren Parteivorstand, Reichstagsfraktion und Preußenfraktion nach Berlin berufen worden, um endlich »entscheidende Beschlüsse« über die Reorganisation der Partei »in personeller und sachlicher Hinsicht« zu fassen.[46] Kaas, der zunächst offenbar noch davor gewarnt hatte, einen neuen Vorsitzenden zu wählen, weil dies »die Lage in Rom zum Platzen bringen« könne[47], war kurz zuvor telefonisch endlich doch dazu gebracht worden, den Vorsitz niederzulegen. Als Nachfolger wurde am 6. Mai Heinrich Brüning gewählt, der einzige, dessen Erfahrung, Mut und Integrität man es zutraute, die Partei in dieser Lage zusammenzuhalten. Aber trotz begeisterter Zustimmung, die dem neuen Vorsitzenden aus dem Lande vielfach entgegenschlug, und trotz nahezu diktatorischer Vollmachten, die ihm die Partei übertrug, gab es im Grunde keine Hoffnung mehr. Denn auch Brüning konnte nichts daran ändern, daß sich Hitler nicht nur im Besitz der faktischen Macht befand, sondern daß auch der Prozeß der inneren Gewinnung des deutschen Volkes bereits soweit fortgeschritten war, daß eine Politik *gegen* Hitler zu treiben kaum mehr im Bereich des Möglichen lag. So blieb Brüning nichts anderes, als noch einmal den Versuch zu machen, unter strikter Wahrung ihrer Unabhängigkeit und Selbständigkeit die Partei auf einen Weg der nationalen Zusammenarbeit mit Hitler zu führen – ein Versuch, der unter den gegebenen Umständen notwendig zum Scheitern verurteilt sein mußte.

Es ist vielleicht kein Zufall, daß unter den bedeutenden Katholiken aus dieser Zeit Brüning der einzige ist, der in seinen Erinnerungen die Rolle Bodelschwinghs erwähnt und begriffen hat. Nur bei ihm wird die Wahl des ersten Reichsbischofs als ein »Erfolg der Protestanten« gewertet, der Rom und die Bischöfe hätte belehren müssen, »daß auch ihre Stunde des Widerstandes auf einer gemeinsamen Kampfeslinie mit den Protestanten gekommen war«.[48] In der Tat ist beider – Brünings und Bodelschwinghs – Schicksal in diesen Wochen nicht ohne entfernte Parallelen. Beide unternahmen den Versuch, bei begrenzter Zusammenarbeit mit dem neuen Reich Selbständigkeit und Unabhängigkeit zu wahren; beide erlebten den wachsenden Sog der Bewegung, der alle Widerstände niederriß; und beide scheiterten schließlich an der Kirchenpolitik; dieser, Bodelschwingh, an der unbedingten Verständigungsbereitschaft der lutherischen Bischöfe; jener, Brüning, an der nicht minder unbedingten Verständigungsbereitschaft des Vatikans. Denn dies ist trotz aller Einwände[49] unbestreitbar, daß das Desinteresse Roms am Fortbestand der Partei, das sich in der Abwendung ihres Vorsitzenden für jeden Anhänger unübersehbar bekundete, ein entscheidender Faktor bei ihrem schnellen Zerfall gewesen ist.

Zwischen der Entschlossenheit Roms und der Führungslosigkeit des Zentrums stand in diesen Wochen der deutsche *Episkopat.* Ebenso wie das Zentrum, aber mit etwas mehr Grund zur Zuversicht, fanden sich die deutschen Bischöfe seit ihrer Erklärung vom 28. März zunächst aufs Abwarten verwiesen.

Offensichtlich besaß man schon Anfang April jedenfalls in München einigermaßen zuverlässige Nachrichten sowohl über die Forderung Hitlers nach Entpolitisierung des Klerus wie über die grundsätzliche Konkordatsbereitschaft Roms. So berichtete am 10. April der Münchner Kirchenrechtler und Landtagsabgeordnete Anton Scharnagel dem Kardinalstaatssekretär von einer entsprechenden Entscheidung Kardinal Faulhabers, der nach Beratung mit dem Domkapitel ein Ausscheiden der Geistlichen aus den Parlamenten ablehne, weil dies »als ein Zurückweichen gegenüber der nationalsozialistischen Forderung gedeutet werden« würde und außerdem Verwirrung in die eigenen Reihen trüge.[50] Und am 12. April notierte sein Universitätskollege Eggersdorfer für den Passauer Generalvikar lakonisch: »Konkordat: Papst wie Pacelli für Reichskonkordat.«[51] Bei der überragenden Bedeutung dieser Nachrichten für die ganze Kirche blieb ihre Kenntnis gewiß nicht auf München beschränkt. Auch über persönliche Kontakte wurden Anfang April die Konkordatsabsichten bekannt. Dies galt besonders für den Freiburger Erzbischof Conrad Gröber, der – als Konkordatsfreund bekannt – mit Kaas wie mit Pacellis engem Vertrauten Pater Leiber befreundet war und sich schon früh informiert zeigte. In einem Brief vom 15. April jedenfalls deutete die Formulierung: »Wenn nur nicht das Reichskonkordat uns wieder das Gute des badischen Konkordats verdirbt«[52], auf den Abschluß dieses Vertrages als einer beschlossenen Sache hin. Darüber hinaus freilich besaßen die deutschen Bischöfe keinerlei offizielle Informationen. So blieb ihrem Sprecher, dem Breslauer Kardinal Bertram, nur die Möglichkeit, das offensichtliche Unbehagen über die römischen Verhandlungen dem Kardinalstaatssekretär in allgemeinen Wendungen zu übermitteln. Er tat dies am 18. April durch die Mitteilung einer Reihe von Eingaben, die den Schutz der katholischen Vereine und insbesondere der katholischen Jugendorganisationen betrafen, und durch einen Hinweis auf den geringen Einfluß Papens. Auf die Konkordatsverhandlungen nahm er am Ende mit der bezeichnenden Formulierung Bezug: »Bei dem Streben der Reichsregierung nach Fühlungnahme mit dem Heiligen Stuhl bitte ich Eure Eminenz, von diesen Schriftsätzen, die die gemeinsamen Sorgen aller deutschen Bischöfe aussprechen, gütigst Kenntnis zu nehmen.«[53] Pacelli freilich ließ sich in seiner Politik nicht beirren. In seiner Antwort vom 1. Mai, deren hoheitsvoll-belehrender Ton der Lage wenig angemessen war, war nur andeutungsweise von »zwischen dem Hl. Stuhl und dem Reich angebahnten Besprechungen und eventuellen Verhandlungen« die Rede[54], und noch am 22. Mai – als der Vatikan längst sein grundsätzliches Einverständnis zum Kaas'schen Entwurf erteilt hatte! – behauptete er gegenüber dem Münchner Kardinal Faulhaber, man habe zwar mit Papen und Göring über ein Reichskonkordat gesprochen, bis jetzt liege jedoch »etwas Konkretes« noch nicht vor.[55]

Besonders auffällig erscheint im Rückblick der verschiedene Stand der Informationen, als sich die Vertreter der Kirchenprovinzen am 25. und 26. April 1933 in Berlin trafen.[56] Während Papen zu dieser Zeit schon den ersten Entwurf von Kaas in Händen hatte und ihn am 26. mit Hitler besprach, waren die Vertreter der deutschen Kirche noch ganz auf Nachrichten aus zweiter und dritter Hand angewiesen. Als der bestinformierte Mann erwies sich dabei der badische Zentrumsvorsitzende Prälat Föhr, der aufgrund der Verbindung zwischen Erzbischof Gröber und Pater Leiber berichten konnte, man habe in Rom tatsächlich über ein Reichskonkordat gesprochen. Es solle die wesentlichen Bestimmungen der bisherigen Länderkonkordate enthalten, ein Entpolitisierungsartikel nach italienischem Vorbild komme jedoch »nicht in Frage«. Als allgemeine Tendenz teilte er mit, daß Rom die Dinge zuversichtlich sehe und alles vermieden wissen wolle, »was die Stellung zwischen Staat und Kirche erschweren« könne.[57] Mitten während der Verhandlungen meldete sich überraschend die Vorsitzende des katholischen Frauenbundes, Maria Heßberger, die unmittelbar aus Rom kam und dem Vorsitzenden, Bischof Berning, die Besorgnisse von Kaas übermitteln sollte, daß alle katholischen Organisationen zerschlagen würden, ferner, daß Papen unzuverlässig, Verhandlungen mit Hitler dagegen aussichtsreich seien.[58] Was mit diesen Äußerungen beabsichtigt war, blieb Frau Heßbergers Geheimnis. Wichtig war dieses Intermezzo auch nur als ein Zeichen, auf welche zufälligen Informationsquellen Rom die deutsche Kirche zu dieser Zeit noch immer angewiesen sein ließ.

Die strenge Geheimhaltung, mit der man die Konkordatspläne bis Mitte Mai umgab, hatte ihre guten Gründe. Offensichtlich war die Stimmung gegenüber Hitler und den neuen Verhältnissen im Vatikan und im deutschen Episkopat zunächst vollkommen verschieden. Für den Münchner Kardinal, der sich Mitte März zehn Tage in Rom aufhielt, war dies sogar einer seiner entscheidenden Eindrücke. Seine Reise habe ihm bestätigt, so notierte er am 20. April für einen Bericht an die bayerischen Bischöfe, daß man in Rom »den Nationalsozialismus wie den Faschismus als die einzige Rettung vor dem Kommunismus und Bolschewismus« betrachte. Man sähe in Rom alles im Spiegel der italienischen Zeitungen, die natürlich »in faschistischen Farben« berichteten. Es wäre Zeit, so zitierte Faulhaber eine typisch römische Meinung, »daß die deutschen Katholiken eine andere Politik machten (d. h. nicht mehr gegen Hitler)«.[59] Andere Besucher des Vatikans hatten in diesen Wochen ähnliche Eindrücke. So wußte am 25. April auch der Berliner Bischof Schreiber »aus Kreisen des Kardinalstaatssekretariats«, »daß man nicht alle Maßnahmen des deutschen Episkopats billige. Man sei jetzt in Rom sehr guter Hoffnung.«[60]

So gewiß dies also die Grundstimmung im Vatikan wiedergab, so gewiß war Pacelli bekannt, daß der deutsche Episkopat insgesamt diesen Optimismus keineswegs teilte. Die beiden Konferenzvorsitzenden, Bertram und Faulhaber, waren im April unentschieden, aber eher bedenklich. Der dritte deutsche Kardinal, Schulte, galt als entschiedener Gegner des Nationalsozialismus. Wie die Meinungen unter den Bischöfen verteilt waren, war im einzelnen wohl nicht immer klar. Aber wenigstens mit einer Minderheit unversöhnlicher Hitler-Gegner war hier zweifellos zu rechnen. Dazu kam die enge Verbindung mit dem Zentrum, das die Bischöfe, solange noch an eine Rettung zu denken war, kaum aufgegeben hätten. Diese verschiedene Beurteilung der Situation, die sich wiederum entscheidend auf die grundsätzliche Konkordatsbereitschaft auswirken mußte, war nicht auszugleichen. So sah Pacelli offenkundig – und sehr wahrscheinlich zu Recht – bei einer zu frühen Einbeziehung des deutschen Episkopats in die Konkordatsverhandlungen seine Pläne gefährdet, wenn nicht gar zum Scheitern verurteilt. Daher hielt er in dieser ersten Phase alles geheim, was mit dem Konkordat zu tun hatte – offenbar ohne zu bedenken, welchen Triumph es für Hitler bedeuten mußte, wenn die Kurie ihm mehr vertraute als ihren eigenen Bischöfen.

Möglicherweise aber reicht die Bedeutung dieser Geheimpolitik noch weiter. Sie verhinderte nämlich in der katholischen Kirche eine Diskussion, wie sie etwas später dann die evangelische Kirche nahezu zerriß. Das war in den Augen der Kurie zweifellos ein Vorteil. Aber vielleicht hätten sich bei einer offenen Diskussion im Kampf gegen das Reichskonkordat wie gegen die Reichskirche die renitenten Minderheiten beider Kirchen finden können. So liefen die Dinge auf katholischer Seite – jedenfalls für die Öffentlichkeit – mit einer Selbstverständlichkeit und Geräuschlosigkeit ab, die für die evangelische Opposition nicht den geringsten Anknüpfungspunkt bot, sondern im Gegenteil auch hier den schnellen Pakt mit Hitler als das Gebot der Stunde erscheinen lassen mußte. Am 13. Mai versicherte Kaas dem Vizekanzler, nach neuerlicher Prüfung des Entwurfs durch den Vatikan glaube er, daß auf dieser Grundlage eine Einigung möglich sei.[61] Zwei Wochen später bestätigte auch der deutsche Botschafter beim Heiligen Stuhl in einem Schreiben an den Reichsaußenminister die weitgehende Festlegung der beiden Vertragspartner. Verdrossen, weil bisher fast völlig ausgeschaltet, erklärte der Diplomat, eine »Einwirkung auf die Gestaltung des geplanten Konkordats« komme für ihn nicht in Frage. »Die Besprechungen mit Pacelli sind so weit vorangetrieben worden und die eingegangenen Bindungen bereits so stark (der Entwurf hat allem Anschein nach auch dem Papst zur grundsätzlichen, nicht offiziellen Genehmigung vorgelegen), daß eingreifende Änderungsvorschläge nicht mehr ohne eine ernstliche Gefährdung des erstrebten Vertragswerkes vorgebracht werden können.« Weder das Verdienst am Abschluß noch die Verantwortung für die Zugeständnisse dürften daher »auf unser Konto gebucht werden«.[62]

Erst in diesem Stadium der Verhandlungen wurde der deutsche Episkopat offiziell unterrichtet. Die Kurie benützte dazu die visitatio liminum zweier deutscher Bischöfe in der Heiligen Stadt, des Bischofs Berning von Osnabrück und des Freiburger Erzbischofs Gröber.[63] Beide waren für die Vermittlung der Konkordatspläne im Sinne Roms besonders geeignet: Berning, weil er seit seinem Gespräch mit Hitler am 26. April vom guten Willen des Reichskanzlers überzeugt war[64], Gröber, weil er als Freund von Pacelli, Leiber und Kaas von Anfang an mit der vatikanischen Richtung sympathisierte. Pacelli empfing Berning am 18. Mai. Wichtigster Gesprächspunkt war das Konkordat. Es solle, so ließ der Kardinalstaatssekretär jetzt den Osnabrücker Bischof wissen, »nicht ohne die Bischöfe gemacht werden«. Sie sollten ihre Wünsche auf der für den 30. Mai nach Fulda einberufenen Konferenz zusammenstellen und ihm mitteilen. Außerdem sollten sie einen Bischof nominieren, der dann an den weiteren Verhandlungen teilnehmen sollte. Am 20. Mai wurden diese

Mitteilungen auf einem Empfang Bernings durch den Papst ausdrücklich bestätigt.[65]

Den Text des Konkordatsentwurfs freilich sah auch der Osnabrücker Bischof noch nicht. Zu dessen Übermittlung bediente sich Pacelli des Freiburger Erzbischofs, der damit für den weiteren Verlauf der Verhandlungen deutlich eine Schlüsselposition erhielt.[66] Daß Rom mit Gröber einen ausgesprochenen Konkordatsfreund mit der Vermittlung betraut hatte, ging aus einem Schreiben hervor, das der Freiburger Metropolit unmittelbar nach seiner Rückkehr an Kaas richtete. Darin wiederholte er, daß der Konkordatsentwurf »sowohl inhaltlich wie der Fassung nach sehr gut« sei. Angesichts wachsender Radikalität ringsum sehe er immer mehr ein, »daß das Reichskonkordat in tunlichster Bälde« erledigt werden müsse. »Damit wäre endlich«, so fügte er hinzu, »eine Klarheit geschaffen und die Zusammenarbeit zur Erhaltung des Ganzen gewährleistet.«[67] In der Tat gehörte Gröber zu denjenigen in der katholischen Kirche, die unerschütterlich an die Möglichkeit einer Verständigung mit dem Dritten Reich glaubten und die gerade die eigene Seite immer wieder zur Loyalität und Mitarbeit aufrufen zu müssen meinten.[68]

Wie erfolgreich Pacellis Konkordatspolitik bis dahin gelaufen war, das erwies sich auf der großen Plenarkonferenz Ende Mai, die zum ersten Mal seit 1905 wieder alle deutschen Bischöfe in Fulda vereinigte. Mit den Aufträgen an Gröber und Berning hatte diese Konferenz überraschend ein neues, entscheidendes Thema erhalten. Ursprünglich geplant, um sich über die Haltung der Episkopats im neuen Reich zu verständigen, notwendige Maßnahmen zu beraten und ein gemeinsames Hirtenwort zu verabschieden, sahen sich die Bischöfe jetzt mit einer Initiative Roms konfrontiert, die ihre Grundentscheidung bereits weitgehend vorweggenommen hatte. Daß es Ende Mai in Deutschland noch einen gewissen kirchlichen Spielraum gab, zeigte die Entscheidung der evangelischen Kirche für Bodelschwingh, die fast zur gleichen Zeit fiel. Eine kritische Distanzierung auf katholischer Seite aber, wie sie etwa Bischof Preysing anregte, wäre in dieser Situation einer Desavouierung Roms gleichgekommen. Auch unter anderen Umständen hätte sich dafür bei den Bischöfen schwerlich eine Mehrheit gefunden.

Vom Vorsitzenden, Kardinal Bertram, zur strikten Geheimhaltung verpflichtet, verriet das umfangreiche offizielle Protokoll fast nichts vom beherrschenden Thema dieser Tage.[69] Nur die – freilich recht fragmentarischen – Aufzeichnungen des Speyerer Bischofs Ludwig Sebastian lassen erkennen, daß die Frage des Reichskonkordats von Anfang an die Verhandlungen bestimmte.[70] So vertraten Gröber und Berning in der »Aussprache zur Zeitlage« schon am ersten Tag die Wünsche und Vorstellungen des Vatikans, während der Bischof von Berlin, Schreiber, in Papens Auftrag die Meinung der Regierung vortrug. Dabei erfuhren die Bischöfe, daß Hitler die totale Entpolitisierung des Klerus als conditio sine qua non für das Konkordat betrachte, während der Vizekanzler eine gemäßigtere Lösung vertrete. Da Gröber wahrheitsgemäß berichtete, daß das Konkordat schon »weit gediehen«, und Berning ergänzte, daß »Eile geboten« sei, schien es wenig sinnvoll, über die grundsätzliche Problematik noch zu diskutieren.

Um so bemerkenswerter war der Einspruch des Kölner Kardinals, der erklärte, »die Regierung ist eine Revolutionsregierung, Gesetz und Recht existieren zur Zeit nicht. Mit einer solchen Regierung könne man kein Konkordat schließen.«[71] Auf anderem Wege versuchte der Bischof von Eichstätt, Konrad v. Preysing, auf die Dinge Einfluß zu nehmen. In einem kurzen Memorandum an die Konferenz vom 31. Mai äußerte er sich zum Inhalt des geplanten Hirtenwortes. Ebenso hellsichtig wie entschieden bat er darin, kein Bekenntnis »zur ›neuen Ordnung‹, zum ›neuen Staat‹ aufzunehmen« mit der Begründung: »Der neue Staat wird von seinen Schöpfern mit der nationalsozialistischen Partei gleichgesetzt. Er hat somit, wie diese, Grundlagen, die mit unserer Weltanschauung nicht vereinbart sind.« Weiter bat er, die dogmatische und ethische Verwerfung der nationalsozialistischen Irrtümer ausdrücklich zu wiederholen. Die Bischöfe seien es »dem katholischen Volke schuldig, ihm die Augen zu öffnen über die Gefahren für Glauben und Sitte, die sich aus der nationalsozialistischen Weltanschauung« ergäben. Daß Preysing den römischen Optimismus nicht teilte, sondern einen Kampf für nahezu unausweichlich hielt, zeigte seine Bemerkung: »Wir müssen uns bei einem wahrscheinlich kommenden Konflikt auf diesen Hirtenbrief berufen können.« Schließlich wies der Eichstätter Bischof – ähnlich wie kritische Stimmen auf evangelischer Seite – darauf hin, daß die scheinbar fromme Sprache des Dritten Reiches falsch und verdorben sei. »Heute wird«, so schloß die Denkschrift, »den Worten Gott, Christus, Sittlichkeit, Recht ihr Sinn genommen und ihnen ein entleerter, besser gesagt verderbter Sinn gegeben.«[72] Dieses Memorandum enthielt nicht nur eine vernichtende Kritik des Nationalsozialismus, sondern bedeutete unausgesprochen auch eine Verurteilung der römischen Konkordatspläne. Denn wenn Preysing recht hatte, so durfte die Kirche mit diesem Staat keinen Vertrag schließen, der ja immer auch eine Anerkennung des staatlichen Vertragspartners bedeutete.

Es ist nicht bekannt, ob das Memorandum Preysings auf der Konferenz überhaupt diskutiert wurde und ob es unter den Bischöfen etwa zu ähnlichen Auseinandersetzungen kam wie zur gleichen Zeit im evangelischen Kirchenausschuß. Sicher ist nur, daß sich die Mehrheit schließlich eindeutig der Haltung Gröbers anschloß. Und dazu trug wiederum das Konkordat entscheidend bei. Denn der Freiburger Erzbischof war der einzige, der mit dem Text des Entwurfs – der am Mittwochvormittag lediglich verlesen, nicht aber verteilt wurde – wirklich vertraut war. Und er war auch als einziger in der Lage, »ausführlich über den Stand der Sache zu berichten«.[73] Dabei gelang es ihm offensichtlich, die Mehrheit des Episkopats von der Güte wie von der Notwendigkeit des Konkordats wirklich zu überzeugen. Denn wenn der Münchner Kardinal kurz darauf in einem Gespräch mit Papen versicherte, »der Entwurf ist gut, so gut, daß ich kaum glauben kann, daß er durchgeht«, so war dieser Enthusiasmus zweifellos eine Folge der Gröberschen Begeisterung.[74] Bei der Wahl zwischen unabsehbaren Schwierigkeiten auf der einen und dem scheinbar hoffnungsvollen Ausweg in eine bessere Zukunft auf der anderen Seite entschieden sich die Bischöfe für den Ausweg, und dies um so lieber, als die Verantwortung dafür nicht bei ihnen, sondern in Rom lag.

Die grundsätzlichen Entscheidungen dieser Tage wirkten sich in zweierlei Hinsicht aus. Am 3. Juni erschien ein gemeinsames Hirtenwort, dessen Abfassung die Konferenz – auch dies ein Zeichen für seine dominierende Stellung – dem Freiburger Erzbischof übertragen hatte.[75] Schon vor Beginn der Konferenz entworfen, war es seiner Überzeugung entsprechend ganz auf den Ton hoffnungsvoller Zusammenarbeit gestimmt. Wenn der Staat nur gewisse Rechte und Forderungen der Kirche achte – so konnte das katholische Deutschland jetzt als Meinung seiner Bischöfe lesen –, so werde die Kirche dankbar und freudig das Neugewordene unterstützen. Im einzelnen begrüßte das Hirtenwort das »nationale Erwachen«; die »starke Betonung der Autorität«, für die die Kirche immer einen besonderen Sinn gehabt habe; »die Ziele, die die neue Staatsautorität für die Freiheit unseres Volkes« erstrebe; und die feierlichen Bekenntnisse der führenden Männer zum Christentum. Kritische Bedenken, wie etwa der Hinweis auf die Ungerechtigkeiten, zu denen »die ausschließliche Betonung der Rasse und des Blutes« führe, waren so vorsichtig fomuliert, daß sie den zustimmenden Grundtenor kaum störten. Das galt auch für die Abschnitte über die Rechte und Forderungen der Kirche, über die Notwendigkeit ihrer Freiheit und Selbständigkeit, über ihr Recht auf konfessionelle Schulen und den Schutz der Vereine und Verbände. All das war eingeschlossen in das Bekenntnis zum neuen Staat und die Mitarbeit in ihm: »Wenn wir deutschen Bischöfe die aufgezählten Forderungen erheben, so liegt darin nicht etwa ein versteckter Vorbehalt dem neuen Staat gegenüber. Wir wollen dem Staat um keinen Preis die Kräfte der Kirche entziehen, und wir dürfen es nicht, weil nur die Volkskraft und die Gotteskraft, die aus dem kirchlichen Leben unversiegbar strömt, uns erretten und erheben kann. Ein abwartendes Beiseitestehen oder gar eine Feindseligkeit der Kirche dem Staate gegenüber müßte Kirche und Staat verhängnisvoll treffen.«[76]

Bringt man diesen Hirtenbrief in den Zusammenhang mit den Konkordatsplänen, in den er offenkundig gehört, so bedeutete er nichts anderes als die Zustimmung der Bischöfe zur Politik der Kurie und zugleich die Vorbereitung des deutschen Katholizismus auf den kommenden Vertrag. Nicht zufällig legte denn auch Gröber seiner ersten Nachricht an Kaas über den Verlauf der Konferenz ein Exemplar dieser Botschaft bei mit der Bemerkung: »Gottlob ist es mir gelungen, das beiliegende Hirtenschreiben, das ich am letzten Sonntag konzipiert hatte, durchzubringen.«[77]

Nicht weniger erfreulich als dieser Hirtenbrief war für Rom auch das Ergebnis der Konkordatsverhandlungen im einzelnen. Sie hätten in jedem Fall »einen Höhepunkt der Konferenz« gebildet, teilte Gröber seinem Freunde Kaas mit. Und erleichtert stellte er fest, daß die Bischöfe »mit den meisten Paragraphen nicht bloß einverstanden sind, sondern sie dankbar begrüßen«. Wie groß sein eigener Anteil an diesem Ergebnis war, ging aus der Bemerkung hervor, es seien »eine Reihe von Wünschen geäußert worden, die ich aber schon mündlich zurückweisen konnte, weil sie Unmögliches verlangen«.[78] Einige Einzelergebnisse, über die Gröber den Freund in Rom informierte, betrafen eher Beiläufigkeiten. Über den Hauptpunkt dagegen schwieg er sich merkwürdigerweise aus. Dieser Hauptpunkt war selbstverständlich die Entpolitisierungsfrage. Hier hatte die Konferenz entschiedene Vorbehalte gegen den Entwurf angemeldet und in einer eigenen Formulierung eine Fassung vorgeschlagen, die den Bischöfen in dieser Frage weitgehende Rechte belassen sollte. Die Begründung zeigte, daß die deutschen Bischöfe die Absicht und Gefahr dieser Bestimmung weit klarer sahen als die Kurie. Die staatliche Forderung entspreche nämlich »dem Streben der Nationalsozialisten, den Klerus aus aller und jeder Tätigkeit im öffentlichen Leben zu verdrängen. Das ist für Deutschland, wo die Kirche in ganz besonderem Maße Volkskirche ist, d. h. nicht auf die Sakristei beschränkt ist, sehr nachteilig. Denn damit werden auch viele, sehr viele Arbeitsgebiete dem Klerus entzogen, die zum sozialen

Wirkungskreise der katholischen Aktion gehören.«[79] Allerdings machten die Bischöfe trotz dieser Bedenken den Entpolitisierungsartikel in der kirchlichen Fassung nicht ihrerseits zur conditio sine qua non, was mit Sicherheit zu einem Scheitern der Verhandlungen geführt hätte. Vielmehr ließ der Münchner Kardinal jetzt ausgerechnet gegenüber Papen erkennen, daß er persönlich in diesem Punkt zum Nachgeben bereit sei. »Das Concordat im Ganzen so wichtig«, notierte er sich zur Frage des Artikels 31, »etwa Confessionsschulen, daß ich meine, daran dürfe es nicht scheitern.«[80] Mit dieser Äußerung, deren Bedeutung Papen selbstverständlich sofort begriff, war der Verhandlungsspielraum der Kirche fast auf Null geschrumpft.[81]

Gleichwohl schien das Ergebnis der Fuldaer Konferenz für die Kurie ein glänzender Erfolg. Öffentlich wie intern hatten sich nun auch die deutschen Bischöfe auf die Konkordatspolitik des Vatikans festgelegt. Jetzt galt es nur noch, die Dinge zu einem möglichst schnellen und vorteilhaften Abschluß zu bringen.

Bevor es jedoch zu diesem Abschluß kam, trat eine rapide Verschlechterung der kirchlichen Verhandlungsposition ein. Sie war eine unmittelbare Folge der Fortschritte, die der Prozeß der nationalsozialistischen Machtergreifung in dieser Zeit machte. Seit Anfang März war es dem Reichskanzler fast von Woche zu Woche gelungen, nicht nur seine äußere politische Machtposition zu verbessern, sondern auch immer weitere Bevölkerungskreise innerlich für sich zu gewinnen. Wer in seiner Überzeugung nicht ganz feststand, fiel jetzt in wachsendem Maße Hitler zu. Dies wirkte sich für die katholische Position in zweierlei Hinsicht aus. Zum ersten Mal wagte es die Partei jetzt, die Kirche unmittelbar ihre Macht spüren zu lassen. Und zur gleichen Zeit verfiel die Zentrumspartei mit einer Schnelligkeit, die selbst im nationalsozialistischen Lager überraschte.

Den ersten großen und weithin beachteten Zusammenstoß gab es Anfang Juni in München. Für den 8.–11. Juni war der 2. Deutsche Gesellentag in die bayerische Hauptstadt einberufen worden. Mit 20–25 000 auswärtigen Teilnehmern sollte dieses große Kolpingtreffen zugleich die kirchliche und die vaterländische Bindung der katholischen Gesellen unter Beweis stellen. In einer Stadt wie München bedeutete dieses Treffen selbstverständlich auch eine Demonstration katholischen Selbstbewußtseins und katholischer Unabhängigkeit. Eben dies war wohl der eigentliche Grund, warum die Bayerische Politische Polizei am 2. Juni die Veranstaltung plötzlich verbot.[82]

Diese Behörde befand sich seit Anfang April in den Händen von zwei Männern, deren Namen später zum Inbegriff der nationalsozialistischen Schrekkensherrschaft werden sollten: Heinrich Himmler und Reinhard Heydrich. Der 33jährige Münchner Diplom-Landwirt, Reichsführer der – noch kleinen – SS und seit dem 2. Juni frisch ernannter Reichsleiter, hatte Anfang April als politischer Polizeikommandeur in Bayern seine Polizeikarriere begonnen, die ihn dann an die Spitze der deutschen Polizei führen sollte. Auch sein Vertreter, der erst 29jährige Heydrich, ein ehemaliger Marineoffizier, gehörte schon drei Jahre später als Chef des Sicherheitsdienstes zu den mächtigsten Männern des Reiches. Jetzt, beim Münchner Kolpingtreffen im Juni 1933, probten beide offenbar ihre Schritte auf dem Weg zur Macht durch Terror. Der dritte in diesem Bunde war der Münchner Gauleiter und neue bayerische Innenminister Adolf Wagner, der als stärkste politische Figur im bayerischen Kabinett Himmlers Tätigkeit förderte und deckte.[83]

Diese ungewöhnliche bayerische Konstellation gab dem Verbot vom 2. Juni ein besonderes Gewicht. Gleichwohl gelang es den beiden verantwortlichen Männern des Gesellenvereins, dem Generalpräses Theodor Hürth und dem Generalsekretär Nattermann – unterstützt von Einsprüchen Papens und Faulhabers[84] – in einem Gespräch mit Adolf Wagner die Zurücknahme des Verbotes zu erreichen unter der Bedingung, daß »jegliches öffentliche Auftreten, Aufmarschieren in geschlossenen Gruppen vermieden werden und die Fahnen nur eingerollt getragen würden«. Was beabsichtigt war, zeigte kurz darauf ein weiteres Gespräch zwischen Wagner und Kardinal Faulhaber. Dabei erklärte der Innenminister, Hitler habe ihn zu der Versicherung ermächtigt, daß in keiner Weise etwas gegen die Kirche oder die Geistlichen geschehen solle. Zugleich jedoch richtete er heftige Drohungen gegen die Bayerische Volkspartei und forderte zum Rückzug der Vereine von der Straße auf, »wenigstens ein paar Monate lang«.[85] Der Verlauf des Gesellentages zeigte eindrücklich, wie diese Drohungen gemeint waren. Nachdem es bereits in den ersten beiden Tagen zu zahlreichen einzelnen Übergriffen gekommen war, steigerten sich am Samstagabend die Gewalttätigkeiten zu systematischem Terror. Eine Anweisung der Politischen Polizei, die mit sofortiger Wirkung das Tragen der orangefarbenen Kolpinghemden verbot, erreichte den Gesellentag gegen Ende der großen Feier, auf der gerade Papen eine vaterländische Rede gehalten hatte. Das Verbot lieferte die Gesellen der gezielten Willkür der wartenden SA aus, die sie jagte, verprügelte und ihnen die Hemden vom Leibe riß. Da es der Gesellentagsleitung nicht gelang, eine Zusage der Polizei für Leben und Sicherheit der Teilnehmer zu bekommen, wurde das Treffen noch vor der Festmesse am Sonntag abgebrochen. Prügel und Beschimpfungen folgten den abreisenden Gesellen bis auf die Bahnsteige.[86]

Das Ziel dieser gewalttätigen Aktion war der politische Katholizismus im weitesten Sinne; das Ganze stellte eine Art Kommentar zum Entpolitisierungsartikel dar. Und die katholischen Reaktionen zeigten, daß der Schlag gut geführt war. Ein prominentes Mitglied der Bayerischen Volkspartei, der frühere Münchner Oberbürgermeister Karl Scharnagl, riet dem Kardinal schon am nächsten Tag, die katholischen Interessen »unter vollständiger Loslösung von allen politischen Kreisen und unter Ausschaltung aller politisch belasteten Personen« zu verfolgen. »Ausschließlich die kirchlichen Stellen, unsere Bischöfe, sind berufen in diesen Angelegenheiten zu handeln.«[87] Obwohl die Proteste Faulhabers bei Hitler, Wagner, Siebert, Röhm und Himmler an Deutlichkeit nichts zu wünschen übrig ließen[88], zeigte der Kardinal in einem Schreiben an den bayerischen Episkopat zugleich, daß die Vorgänge im Sinne ihrer Urheber ganz die erhoffte Wirkung gezeigt hatten. Faulhaber zitierte in diesem Schreiben die Erklärung des Innenministers, »daß bei der derzeitigen Wut der SA-Truppen gegen die katholischen Vereine alle Kundgebungen der katholischen Vereine in geschlossenen Kolonnen und Uniformen ›wenigstens auf 2 bis 3 Monate‹ unterbleiben« müßten und meinte dazu: »Nach dem, was wir auf dem Gesellentag erlebt haben, wird uns nichts anderes übrig bleiben, wenn wir nicht das Leben unserer Jungmänner auf das Spiel setzen und ein staatliches Verbot der Jugendvereine riskieren wollen.«

Zugleich enthielt das Schreiben einen Hinweis, der für die Lage der Kirche zwischen nationalsozialistischer Revolution und Reichskonkordat ungemein charakteristisch war: »Gegen die Geistlichen, die unklug reden, wird streng vorgegangen werden. Die hochwürdigen Herren bedenken nicht, daß wir mitten in der Revolution leben, ja daß diese Revolution jetzt erst beginnt.«[89] Das hieß nichts anderes, als daß jede Art von öffentlicher Kritik und Widerstand gegen das neue Regime von seiten des Klerus nicht nur vom Staat verfolgt, sondern auch von der kirchlichen Obrigkeit gerügt und geahndet werden würde. Wo dieser Weg hinführte, zeigte die Tatsache, daß dies Ende Juni schon zum Gegenstand offizieller Abmachungen zwischen Kirche und Partei werden konnte. So versprach nach heftigen Zusammenstößen am 26. Juni die pfälzische Gauleitung dem Bischof von Speyer, alle inhaftierten Geistlichen freizulassen, gegen die Zusage des Bischofs, den Klerus anzuweisen, sich in Ausübung des Amtes »jeglicher politischen Betätigung und einer unzulässigen Kritik an den Maßnahmen der nationalen Regierung« zu enthalten.[90] Und auch nach dem Abschluß des Reichskonkordats blieb diese erzwungene Selbstbeschränkung der Kirche die Generallinie des Episkopats. Am Jahresende 1933 etwa beklagte Gröber gegenüber Pacelli, daß es leider nicht immer möglich gewesen sei, »beim Klerus jene kluge Zurückhaltung und zweckdienliche Überlegung zu erreichen, die unter voller Wahrung des Grundsätzlichen die einzelnen Geistlichen vor Ungelegenheiten schützt«.[91]

Angesichts dieser offenen Distanzierung der Kirche vom politischen Katholizismus war es nicht erstaunlich, daß die katholischen Parteien, Zentrum und Bayerische Volkspartei, im Lauf des Juni immer schneller zerfielen. Schon um die Mitte dieses Monats war das Zentrum praktisch am Ende. Die ganze Hoffnungslosigkeit der Situation, das Ende aller Führung und allen Zusammenhalts, spiegelte sich im Bilde des einsamen Abgeordneten Eugen Bolz, der – vor kurzem noch württembergischer Staatspräsident – am 16. Juni aus Berlin an seine Frau schrieb: »Es ist auch niemand da, mit dem ich reden kann ... Zur Stunde bin ich im Reichstag, konnte aber niemand treffen.«[92] Niemand half ihm auch, als er drei Tage später in Stuttgart festgenommen, im Triumph durch die Stadt geschleppt und dann in »Schutzhaft« genommen wurde. Nur wenig später notierte Karl Bachem aus der einstigen Hochburg Köln: »Die Zentrumspartei ist vollständig aktionsunfähig; jede Betätigung ist für sie heute ganz unmöglich.«[93]

Noch immer freilich mißtraute Hitler dem verhaßten und gefürchteten Gegner. Daher sollte eine neue Welle von Hausdurchsuchungen und Verhaftungen, von Drohungen und Demütigungen dazu beitragen, die Auflösung der katholischen Parteien zu beschleunigen und zu vollenden. Namentlich in Bayern kostete die Landesregierung ihre neue Macht voll aus. Auf dem Höhepunkt der Aktionen gegen die Bayerische Volkspartei saßen nahezu 2000 Anhänger und Funktionäre im Gefängnis, darunter auch der Vorsitzende Fritz Schäffer.[94] Unter der Überschrift »Die schwarzen Saboteure in Schutzhaft« berichtete die Presse am 27. Juni, die »Aktion gegen den politischen Katholizismus« habe eindeutig ergeben, daß es »diesen Kreisen« mit ihrem Bekenntnis zum neuen Reich keineswegs ernst sei. »Die Untersuchungen haben vielmehr ergeben, daß der Katholizismus bestrebt ist, in jeder Weise die Anordnungen der Regierung zu sabotieren und ihr entgegenzuarbeiten.«[95]

Diesen Belastungen waren Organisation und Mitglieder der beiden Parteien bei weitem nicht mehr gewachsen. Überall häuften sich jetzt die Austritte; ganze Fraktionen traten geschlossen zur NSDAP über.[96] Die offizielle Selbstauflösung der katholischen Parteien war nur noch eine Frage der Zeit.

Man kann den Zwang, der Ende Juni von der ganzen Situation ausging, schwerlich überschätzen. Die evangelische Kirche in Preußen stand unter einem Staatskommissar und befand sich zwischen Aufruhr und Gleichschaltung auf dem Weg zu einer Reichskirche. Der politische Katholizismus war am Ende; die katholische Kirche aber, zwischen Furcht und Hoffnung schwankend, hielt gebannt den Blick auf Rom gerichtet und wartete auf das Ergebnis der römischen Verhandlungen.

Denn genau in dieser Zeit traten nun in Rom die Konkordatsgespräche in ihre letzte entscheidende Phase. Am 22. Juni hatte Papen Hitler »eingehend Vortrag über den Stand der Verhandlungen« gehalten und war beauftragt worden, zum Abschluß der Verhandlungen unverzüglich an den Tiber zu fahren. Die Ankündigung seiner Reise beim deutschen Vatikanbotschafter enthielt zwei wichtige Informationen. Die eine betraf den Entpolitisierungsartikel und besagte, daß Hitler in diesem Punkt auf einer eindeutigen Formulierung bestehen würde. Die andere verriet die Kenntnis der besonderen Rolle Gröbers, dessen Hinzuziehung Bergen bei der Kurie anregen sollte.[97] In der Tat wurde der Freiburger Erzbischof am 28. Juni telefonisch als Vertreter des deutschen Episkopats nach Rom gerufen und nahm seit dem 1. Juli an den Verhandlungen teil.[98]

Nachdem Papen am 28. Juni in Rom eingetroffen war, ließ er Pacelli noch am gleichen Tag als Verhandlungsgrundlage einen Konkordatsentwurf zugehen, »so wie er in den Vorverhandlungen zwischen uns besprochen wurde und wie er von Seiten der deutschen Reichsregierung vorgeschlagen wird«. Zum ersten Mal konnte die Kurie lesen, wie Hitler sich den Entpolitisierungsartikel vorstellte: »Im Hinblick«, so lautete der Entwurf, »auf die durch die Bestimmungen des vorstehenden Vertrags geschaffenen Sicherungen einer die Rechte und Freiheiten der katholischen Kirche im Reich und seinen Ländern wahrenden Gesetzgebung trifft der Heilige Stuhl Bestimmungen, welche bei allen Geistlichen und Ordensleuten die Teilnahme an parteipolitischer Betätigung ausschließen.«[99]

Damit lag die wichtigste Forderung des Reiches, die »conditio sine qua non«, der »springende Punkt« auf dem Verhandlungstisch. Die entscheidende Frage war, ob der Vatikan diese Formulierung akzeptieren würde.

Selbstverständlich war auch der Kurie die rapide Verschlechterung ihrer Verhandlungsposition im Juni nicht verborgen geblieben. Während man im April und Mai bei der scheinbaren Stützungsbedürftigkeit und Labilität Hitlers wohl noch gehofft hatte, eine Art Jahrhundertkonkordat zu erreichen, zeigte sich jetzt durch die schnell wachsende Macht und Sicherheit der nationalsozialistischen Herrschaft die Szene gründlich verändert. Im Zuge dieser Veränderung aber veränderte sich auch Pacellis Verhältnis zu dem Vertragswerk. Sah es im Frühjahr für den Kardinalstaatssekretär noch so aus, als spiele ihm eine einmalig günstige politische Konstellation die Erfüllung aller seiner langjährigen deutschen Konkordatsbemühungen zu, so begann er jetzt zu begreifen, daß der Vertrag nur noch als Verteidigungslinie zu rechtfertigen war. Das wichtigste Zeugnis für diese veränderte Beurteilung sind die Bemerkungen seines engsten Vertrauten, des Paters Robert Leiber, zu dem von Papen vorgelegten Entwurf. Diese Bemerkungen markieren die Wende in den Verhandlungen und begründen, warum die Kurie trotz allem schließlich unterschrieb. Entscheidend war dabei wiederum die Frage des Entpolitisierungsartikels. Leiber sah, daß der deutsche Regierungsvorschlag noch restriktiver war als die Fassung des italienischen Konkordats. Aber er sah auch, wie sehr die Kurie bereits in eine Verteidigungsstellung gedrängt war. So schlug er eine neue Kompromißfassung vor, wenn denn der Heilige Stuhl »ad maiora mala vitanda« – das hieß, um Schlimmeres zu verhüten – einen »Ausweg suchen« müsse. »Nach Auflösung der Deutschnationalen«, so fügte er hinzu, »ist in kürzester Frist mit formell-ähnlichen Folgerungen beim Zentrum zu rechnen. Wenn das geschähe, wäre Art[ikel] 31, wegen dessen die Regierung allein das Konkordat macht, keine kirchliche Konzession mehr. Diese Verantwortung möchte ich nicht tragen. Jeder Zeitverlust schließt ein großes periculum in mora in sich.« Ein abschließender Satz aber ließ die demütigende Zustimmung zur staatlich verordneten Entpolitisierung der Kirche in Leibers Fassung sogar als Vorteil erscheinen: »Nach Auflösung der Zentrumspartei ist die vorgeschlagene Formulierung ein Schutz der Kirche gegen eine nationalsozialistische Invasion im Klerus.«[100] Davon war nun freilich weder vorher je die Rede gewesen, noch spielte dieser Gesichtspunkt später irgendeine Rolle; aber für den Moment mochte er Pacelli tatsächlich helfen, seine letzten Bedenken gegen die Zustimmung zu diesem Artikel zu überwinden.[101]

Am Freitag, den 30. Juni, begannen die Schlußverhandlungen. Schon zwei Tage später, am Sonntagnachmittag, stand der endgültige Text fest. Wenn es gelang, so schnell zu einer Einigung zu kommen, obwohl sich die Nachrichten über die Verfolgung und Unterdrückung der Kirche in Deutschland geradezu überstürzten, so hatte daran Gröber wesentlichen Anteil. Der Freiburger Erzbischof, seit Mitte Mai unbeirrt auf Konkordatskurs, stellte in einem Schreiben an Pacelli vom 1. Juli selbst die naheliegende Frage, ob ausgerechnet jetzt der

Zeitpunkt für ein Konkordat gekommen sei. In Deutschland jedoch, so versicherte er, sei man »sowohl im Episkopat als in der Geistlichkeit wie bei den führenden katholischen Laien darüber einig, daß das Konkordat je bälder desto lieber abgeschlossen werden müßte«. Der Vertrag sei gut und würde »wenigstens vorübergehend die Verhältnisse ordnen«. Bedenken wegen des Zentrums seien »in der gegenwärtigen Lage unzutreffend«. »Ich glaube«, so erläuterte er – im Widerspruch zur Entscheidung von Fulda – die Meinung der deutschen Kirche, »daß sogar ein scharfes Verbot der politischen Tätigkeit der Geistlichen leicht hingenommen wird, wenn es gelingt, unsere Organisationen zu retten und wenn auch die protestantischen Geistlichen wie die katholischen getroffen werden. Hunderte von Leuten, die vor der Schutzhaft stehen und damit samt ihren Familien in große Not geraten, wären dem Hl. Stuhl überaus dankbar, wenn dieses Schicksal von ihnen abgewendet werden könnte.« Selbstverständlich müsse sich die deutsche Regierung verpflichten, »daß nun endlich der deutsche Kulturkampf abgeblasen wird«.[102]

Auch für Pius XI., der am Sonntag mit Pacelli den Vertragstext durchsprach, wurde dies nun zur Bedingung seiner Zustimmung. »Garantien«, so notierte sich Pacelli am Ende der Vormittagsaudienz zur Haltung des Papstes, »daß die Gewalttat wieder gutgemacht wird. Hier ist der Hl. Vater unnachgiebig. Hier verhandelt, dort mißhandelt ihr. Erklärung Hitlers. Ich werde nur unter Vorbehalt der Wiedergutmachung paraphieren.«[103] Unter dieser Bedingung gab am Nachmittag des 2. Juli schließlich auch Pius XI. seine Zustimmung zu dem vereinbarten Text.

Für Papen war diese Erklärung Hitlers keine Frage, nachdem ihn dieser noch am Samstag telefonisch ermächtigt hatte, dem Kardinalstaatssekretär alle gewünschten Versicherungen »für eine durchgreifende und volle Befriedigung zwischen dem katholischen Volksteil und der Reichsregierung« zu geben.[104] So konnte der Vizekanzler ebenfalls schon am Sonntag Hitler den Text des Konkordats zugehen lassen samt einem Begleitbrief, der seinen Stolz über das Ausmaß des Erreichten nur allzu deutlich erkennen ließ. Mehrfach kehrte in den kurzen Erläuterungen zu den einzelnen Artikeln die Wendung wieder: »Ihren Wünschen entsprechend« (Art. 14); »die Formel . . ., welche Ihrem Wunsch . . . entspricht« (Art. 27). Zu Art. 29 bemerkte der Vizekanzler, hier habe er »ein für die deutsche Politik ganz außerordentlich wichtiges Zugeständnis für das Minderheitenrecht erreicht«. Schließlich erläuterte er die Umstellung der Schlußartikel, »damit der frühe Artikel 31 als wichtigster Artikel das Konkordat abschließt«. Dieser neue Artikel – jetzt 32 – aber bringe die Lösung, »die Sie, Herr Kanzler, gewünscht haben, indem der Heilige Stuhl Bestimmungen erläßt, welche für alle Mitglieder und Ordensleute die Mitgliedschaft und die Tätigkeit in politischen Parteien ausschließt«.[105] Hitler erhielt diesen Brief am Nachmittag des 3. Juli in München. Papens Hoffnung freilich, er würde daraufhin noch am gleichen Abend zur Paraphierung ermächtigt, erfüllte sich nicht. Vielmehr trat plötzlich eine für alle Beteiligten überraschende Verzögerung ein.[106]

In diesen Tagen ging es in Deutschland nun auch formell mit dem Zentrum zu Ende. Wichtigster Mann dabei war der badische Abgeordnete Albert Hackelsberger, ein Freund von Gröber und Kaas und wie diese entschlossen auf Anschlußkurs. Am 28. Juni, dem gleichen Tag, an dem Papen in Rom eintraf, trat der geschäftige Hackelsberger mit dem Reichsinnenminister in Verhandlungen darüber ein, wie der »nicht mehr zu vermeidende Angleichungsprozeß« am »reibungslosesten« vor sich gehen könne, da mit »schematischer Gleichschaltung« wohl Mitläufer, aber keine »freudigen Mitarbeiter« gewonnen werden könnten.[107] Dies war die Umschreibung für den Versuch Hakkelsbergers, möglichst für alle Abgeordneten des Zentrums ein Hospitantenverhältnis bei der NSDAP zu erreichen. Die Verhandlungen über diese Frage zogen sich in die Länge, zumal auch noch die Bayerische Volkspartei eine Abstimmung mit der Zentrumsführung suchte. Am 5. Juli endlich war es soweit. »Die politische Umwälzung«, gab die Reichsleitung der Partei bekannt, »hat das deutsche Staatsleben auf eine völlig neue Grundlage gestellt, die für eine bis vor kurzem mögliche parteipolitische Betätigung keinen Raum mehr läßt. Die Deutsche Zentrumspartei löst sich daher im Einvernehmen mit dem Herrn Reichskanzler Hitler mit sofortiger Wirkung auf.« Es war unverkennbar Hackelsbergers Handschrift, wenn die Erklärung fortfuhr: »Mit dieser Auflösung gibt sie ihren Anhängern die Möglichkeit, ihre Kräfte und Erfahrungen der unter Führung des Herrn Reichskanzlers stehenden nationalen Front zur positiven Mitarbeit im Sinne der Festigung unserer nationalen, sozialen, wirtschaftlichen und kulturellen Verhältnisse und zur Mitwirkung am Neuaufbau einer rechtsstaatlichen Ordnung rückhaltlos zur Verfügung zu stellen.«[108]

Damit hatte Hitler eines seiner ältesten und wichtigsten innenpolitischen Ziele erreicht. Denn es war nicht nur irgendeine politische Partei, die damit verschwand, sondern es war die Bastion des gefürchteten politischen Katholizismus, die nun endgültig gefallen war. Möglicherweise hatte Hitler die politische und weltanschauliche Kraft dieses Gegners von Anfang an überschätzt.

Das milderte jedoch nicht seinen Triumph und den Eindruck, den sein Sieg machte. Der totale Staat war nun in greifbare Nähe gerückt.

Während die deutsche Presse diesen Sieg ausgiebig feierte, zeigte man sich in Rom bemerkenswert schweigsam. Nach einem Bericht von Robert Leiber äußerte Pacelli auf die Nachricht von der Auflösung: »Schade, daß es in diesem Augenblick gekommen ist.«[109] Aber dieses Bedauern konnte sich ehrlicherweise nur auf den Zeitpunkt des Endes beziehen. Denn die Verhandlungen um das Reichskonkordat wurden von Anfang an – vermutlich schon seit dem 23. März – um den Preis des politischen Katholizismus geführt, und die Kurie durfte die letzte sein, die sich von der Auflösung des Zentrums überrascht zeigte. Tatsächlich hatte man die Partei in Rom auch längst definitiv abgeschrieben. Das zeigten Leibers Bemerkungen vom 29. Juni über das zu erwartende Ende der Partei[110] ebenso wie Kaas' leichtfertige Bemerkung in einem Telefongespräch mit Joos Anfang Juli: »Habt Ihr Euch noch nicht aufgelöst?«[111] Obwohl die Preisgabe der Partei also längst ausgemacht war, brachte Papen die Frage in einer Besprechung mit Pacelli, Gröber und Kaas am Abend des 3. Juli noch einmal offiziell zur Sprache und berichtete am gleichen Abend darüber nach Berlin, »daß Auflösung Zentrumspartei mit Abschluß Konkordat hier als feststehend betrachtet und gebilligt wird«.[112] Unter diesen Umständen wirkt das offizielle Dementi Pacellis vom April 1934 – so begreiflich es ist – einigermaßen fragwürdig. »Die Auflösung des Zentrums«, so behauptete damals der *Osservatore Romano*, »die noch vor der Unterzeichnung des Konkordats erfolgte, war nie Gegenstand von Verhandlungen zwischen dem Hl. Stuhl und der Reichsregierung. Der Hl. Stuhl hatte nicht das geringste mit ihr zu tun.«[113] Dies entspricht nach allem, was wir wissen, nicht der Wahrheit.

Am 2. Juli glaubten alle Beteiligten in Rom, die Paraphierung des Konkordats durch den Kardinalstaatssekretär und den Vizekanzler sei nur noch eine Frage von Stunden. Hitler jedoch hielt eine neue Überraschung bereit. Statt nämlich den im wesentlichen seinen Wünschen entsprechenden Text kurzerhand zu billigen, beschloß er zur Bestürzung Papens und zum Ärger Pacellis, nun auch noch das Reichsinnenministerium mit dem Vertrag zu befassen. Am Nachmittag des 4. Juli rief er den zuständigen Abteilungsleiter, Ministerialdirektor Dr. Buttmann, zu sich und übergab ihm den Konkordatstext mit dem Auftrag, dazu sofort eine Stellungsnahme des Innenministeriums zu erarbeiten.[114] Bis tief in die Nacht saßen daraufhin Buttmann und sein Mitarbeiter Conrad über den einzelnen Bestimmungen. Am 5. Juli trug Buttmann die Ergebnisse dieser Arbeit Hitler vor, der dazu außerdem den Innenminister, den

Außenminister und den Finanzminister gebeten hatte.[115] Nachdem der Reichskanzler die Änderungsvorschläge gebilligt hatte, flog Buttmann noch am gleichen Tag in Hitlers Sondermaschine nach München und am nächsten Tag weiter nach Rom, um dort die neuen Forderungen des Reiches vorzutragen und zu vertreten.

Hitlers Schritt kam zwar überraschend, war aber keineswegs unverständlich. Nachdem die grundsätzliche Entscheidung gefallen war, lag es nahe, die Einzelheiten des Vertrages, der bisher ganz im katholischen Milieu ausgehandelt worden war, von dritter, unabhängiger Seite noch einmal überprüfen zu lassen. Dazu waren Frick und Buttmann, denen Hitler unbedingt vertrauen konnte, vorzüglich geeignet. Außerdem gab es tatsächlich noch zwei Sachprobleme zu klären, nämlich den sogenannten Vereinsschutz und die von der Kurie kategorisch verlangte Erklärung Hitlers. Und endlich war im Blick auf die evangelische Seite ein Aufschub dringend erwünscht. Denn hier zeichnete sich ja erst am 4. Juli durch die Erklärungen von Müller und Frick ein Weg zur Lösung des Kirchenkonflikts ab, der Hitler auch nach der katholischen Seite die Bahn frei gab. Dies alles zusammen erklärte die Mission Buttmanns. An ein Scheitern der Verhandlungen in letzter Stunde dachten trotz der Verzögerung weder Hitler noch Pacelli. So trat denn Buttmann auch keineswegs als der befürchtete nationalsozialistische Scharfmacher auf, sondern erwies sich sehr schnell als ein ersthafter und gutwilliger Verhandlungspartner, mit dem – wie Gröber kurz darauf Faulhaber und Bertram berichtete – »eine Aussprache ohne besondere Hemmungen« möglich war. Tatsächlich ließ sich Buttmann in einer ersten Vorbesprechung von den deutschen Unterhändlern überzeugen, »daß einige Änderungen, wie er [sie] im Auftrage des Ministeriums verlangte, vom Hl. Stuhl nicht angenommen werden könnten«.[116]

Gleichwohl zeigte sich am 7. Juli zu Beginn der Verhandlungen mit Pacelli eine spürbare Verschlechterung des Klimas. Der Kardinalstaatssekretär sprach von einem »Geist des Mißtrauens«, der hinter den Änderungsvorschlägen stecke, und ließ durchblicken, daß unter diesen Umständen ein Konkordatsabschluß kaum in Frage käme. Buttmann erwiderte geschickt, daß es besser sei, jetzt alles gründlich zu prüfen, als später bei der Durchführung in Schwierigkeiten zu geraten. Zugleich machte er zum Mißvergnügen Pacellis deutlich, daß er sich gerade auch als Vertreter der protestantischen Interessen verstand. Das italienische Konkordat nämlich, so erklärte er, könne für Deutschland nicht in allem maßgebend sein, »weil in Italien nur eine Konfession bestehe, während die Reichsregierung stets danach fragen müsse, was die überwiegende protestantische Mehrheit des deutschen Volkes zu den einzelnen Bestimmungen zu sagen habe«.[117]

Unmittelbar darauf trat man nach Buttmanns Vorschlag in die Sachverhandlungen ein. Dabei stellte sich heraus, daß nach der Entscheidung in der Entpolitisierungsfrage nun Artikel 31, der den Schutz der katholischen Vereine regeln sollte, für beide Seiten in den Mittelpunkt des Interesses gerückt war. Dies war keineswegs erstaunlich. Denn für die katholische Kirche stellten die Verbände nach dem Ende des politischen Katholizismus den entscheidenden Rückhalt in der Öffentlichkeit dar, während umgekehrt die radikale Gleichschaltungspolitik der Partei die Existenz selbständiger konfessioneller Verbände grundsätzlich ausschloß und einen Teil auch bereits erfaßt hatte. So war man im Entwurf vom 2. Juli zu einem Kompromiß gekommen, der die Verbände in solche mit »rein religiösen, kulturellen und karitativen Zwecken« und in andere, die »beispielsweise auch sozialen oder berufsständischen Aufgaben dienen«, aufteilte. Die einen sollten voll geschützt sein, die anderen diesen Schutz »unbeschadet einer etwaigen Einordnung in staatliche Verbände« unter bestimmten Bedingungen genießen.[118] Buttmann, dem dies zu weit ging, hatte aus Berlin den Vorschlag mitgebracht, den Artikel nur auf die rein religiösen Vereine zu beschränken und die Bestimmungen über die anderen Vereine zu streichen. Damit drang er bei dem in diesem Punkt unnachgiebigen Pacelli jedoch nicht durch. So blieb die komplizierte und kaum praktikable Bestimmung stehen; ergänzt durch einen weiteren Abschnitt, der »die Feststellungen der Organisationen und Verbände, die unter die Bestimmungen dieses Artikels fallen«, »vereinbarlicher Abmachung« zwischen der Reichsregierung und dem Episkopat vorbehielt. Die Tatsache, daß die Kurie hier nicht auf eindeutigen Bestimmungen bestand, sondern sich auf zukünftige Abmachungen verließ, sollte sich schon bald als schwerer Fehler herausstellen.[119]

Nicht weniger umstritten als der Artikel 31 war die Frage der politischen Erklärung Hitlers, die Pius XI. persönlich zur Bedingung seiner Zustimmung gemacht hatte. Vermutlich war Buttmann auch in diesem Punkt nicht ohne Anweisungen aus Berlin abgereist. Jedenfalls entwarf er am Freitag »auf Ersuchen von Kaas« noch vor Beginn der Verhandlungen einen Text, der dann im Lauf des Tages abgeklärt und in einem langen abendlichen Telefongespräch von Hitler persönlich endgültig festgelegt wurde.[120]

Damit waren die wesentlichen Probleme gelöst. Der Paraphierung des Vertrags stand nichts mehr im Wege.

Buttmanns Bericht vom feierlichen Akt der Abzeichnung am Nachmittag des 8. Juli 1933 verrät noch im Rückblick etwas von der Ungewöhnlichkeit der Situation, die offenbar auch Pacelli stark empfand. »Es läutet gerade 6 Uhr. Zuerst nehmen nach einigen zeremoniellen Begrüßungen, bei denen ich mit Pizzardo italienisch spreche, Pacelli und Papen Platz und zeichnen mit Anfangsbuchstaben, Pacelli das Schlußprotokoll aus Versehen in einem Stück mit vollem Namen, Kaas bemerkt das und veranlaßt ihn, das Stück für sich zu behalten. Dann erörtert Pacelli neuerdings einige Tatarenmeldungen, namentlich aus der Pfalz (Königsbach!), wo ein Pfarrer nachts aus dem Pfarrhaus geholt, ›barfüßig und ohne Strümpfe‹ eine Viertelstunde weit zum Auto gebracht und geschlagen worden sei, bis er zusammengebrochen sei u. s. w. Ich ergreife das Wort: es werde sich wohl um einen politisch exponierten Pfarrer handeln, die Pfälzer seien sehr temperamentvolle Leute, übrigens sei der Gauleiter katholisch.«[121]

Am Montagmorgen berichtete die gesamte deutsche Presse in Schlagzeilen über den Abschluß des Vertrages. Zugleich veröffentlichte sie die am Freitag in Rom vereinbarte »Verfügung des Reichskanzlers zum Konkordatsabschluß«. Diese Verfügung war auf ihre Weise ein Meisterstück. Denn sie enthielt zwar die vom Vatikan geforderten Zugeständnisse, jedenfalls die beiden wichtigsten, und dies ohne Abstriche und Einschränkungen. Aber sie brachte sie durch einen einleitenden Satz in einen Zusammenhang, der aus diesen Zugeständnissen einen Erfolg der Politik der nationalen Erneuerung machte.[122] »Durch den Abschluß des Konkordates . . .«, so lautete die Verfügung, »erscheint mir genügende Gewähr dafür gegeben, daß sich die Reichsangehörigen des römisch-katholischen Bekenntnisses von jetzt ab rückhaltlos in den Dienst des neuen nationalsozialistischen Staates stellen werden.

Ich ordne daher an: 1. Die Auflösung solcher Organisationen, die durch den vorliegenden Vertrag anerkannt sind und deren Auflösung ohne Anweisung der Reichsregierung erfolgte, sind sofort rückgängig zu machen. 2. Alle Zwangsmaßnahmen gegen Geistliche und andere Führer dieser katholischen Organisationen sind aufzuheben. Eine Wiederholung solcher Maßnahmen ist für die Zukunft unzulässig und wird nach Maßgabe der bestehenden Gesetze bestraft.«[123]

Selten wurde so deutlich wie in dieser Verfügung, wie sehr auch Hitlers Kirchenpolitik Teil seiner allgemeinen Politik war. Die Auflösung der Parteien, der Zusammenbruch des politischen Katholizismus, der Abschluß des Konkordats und das Ende der Revolution: Das alles verband sich in diesen Tagen zu einer Einheit, die die Machtergreifung siegreich abschloß. Greifbar wurden diese Zusammenhänge noch einmal in den Schlußsätzen der Verfügung, die den Blick auf die evangelische Seite richteten. »Der zwischen dem Reich und der katholischen Kirche abgeschlossene Vertrag wird auch auf diesem Gebiet« – nämlich den Auseinandersetzungen zwischen Staat und Kirche – »der Herstellung des Friedens dienen, dessen Alle bedürfen. Ich habe die starke Hoffnung, daß die Regelung der das evangelische Glaubensbekenntnis bewegenden Fragen in kurzer Zeit diesen Akt der Befriedung glücklich vollenden wird.« Drei Tage später, am 11. Juli, wurde die neue Verfassung der Deutschen Evangelischen Kirche unterzeichnet.

Dies alles, ganz besonders aber das Konkordat, war Hitlers persönlicher Erfolg. Es gibt in der Geschichte des Dritten Reiches kaum einen Vertrag, dem er eine ähnlich intensive Aufmerksamkeit gewidmet hat wie diesem. Als Buttmann ihm am 10. Juli auf dem Obersalzberg ausführlich Bericht erstattete, ging er denn auch »auf alle Einzelheiten mit größtem Interesse ein und sprach«, wie Buttmann seiner Frau schrieb, »einige sehr zuversichtliche Worte, die für mich von psychologischem Interesse waren«.[124]

Auch am 14. Juli, als der Vertrag in jene große Kabinettsitzung kam, die alle diese Entwicklungen politisch abschloß, konnte und wollte er seinen Triumph nicht verbergen. »Der Reichskanzler«, so hielt das Protokoll fest, »lehnte eine Debatte über Einzelheiten des Reichskonkordats ab. Er vertrat die Auffassung, daß man hierbei nur den großen Erfolg sehen dürfe. Im Reichskonkordat wäre Deutschland eine Chance gegeben und eine Vertrauenssphäre geschaffen, die bei dem vordringlichen Kampf gegen das internationale Judentum besonders bedeutungsvoll wäre. Etwaige Mängel des Konkordats könnten später, bei besserer außenpolitischer Lage verbessert werden.« Drei Vorteile hob Hitler dann besonders hervor: 1. »daß der Vatikan überhaupt verhandelt habe . . .«; 2. daß er »zur Herstellung eines guten Verhältnisses zu diesem einen nationalen deutschen Staat bewogen werden konnte«, dies bedeute »zweifellos eine rückhaltlose Anerkennung des derzeitigen Regiments«; 3. »daß mit dem Konkordat sich die Kirche aus dem Vereins- und Parteileben herauszöge«, auch die Auflösung des Zentrums wäre nun erst »als endgültig zu bezeichnen«. Zum Schluß seiner Stellungnahme aber machte Hitler noch einmal deutlich, wie sehr dieser Vertrag tatsächlich vom ersten Tag seiner Kanzlerschaft an sein persönliches Ziel gewesen war: »Daß das von ihm, dem Reichskanzler, stets erstrebte Ziel einer Vereinbarung mit der Kurie so viel schneller erreicht wurde, als er noch am 30. Januar gedacht hätte, das wäre ein so unbeschreiblicher Erfolg, daß demgegenüber alle kritischen Bedenken zurücktreten müßten.«[125]

Nur wenige Tage später, am 20. Juli, wurde das Konkordat in Rom feierlich unterzeichnet.[126]

Unmittelbar nach der Unterzeichnung des Vertrages entlud sich die Spannung der zurückliegenden Wochen in einer Fülle von Dankadressen, Artikeln, Erklärungen und Stellungnahmen. Sie machten deutlich, wie schwierig und kontrovers die Beurteilung dieses außerordentlichen Ereignisses von Anfang an war. Gewiß hatte Hitler allen Grund, im Blick auf die großen Ziele seiner Politik den Abschluß des Konkordats als »unbeschreiblichen Erfolg« für seine Regierung zu feiern. Aber wer die Dinge unter römischem Aspekt sah, der konnte zu dem Schluß kommen, daß der Vertrag mindestens ebenso sehr einen unbeschreiblichen Erfolg für den Katholizismus bedeutete. Von den Zugeständnissen, die das Konkordat enthielt, hatte der Heilige Stuhl noch vor Jahresfrist nur träumen können. Und wenn man auf katholischer Seite dementsprechend das Konkordat als »etwas ganz Großes«, ja geradezu als »Meisterwerk« bezeichnete[127], so mußte dies in manchen NS-Kreisen eher tiefes Mißtrauen wecken.

In der Tat stieß der Vertrag mit Rom beim radikalen Flügel der Partei auf lebhafte Kritik. Sie wurde nach Lage der Dinge selbstverständlich kaum öffentlich laut. Immerhin hatte das preußische Kultusministerium mit Stuckart und Jäger in letzter Minute den Versuch gemacht, durch den Hinweis auf die »denkbar weitgehende Sonderstellung«, die der katholischen Kirche durch den Vertrag eingeräumt werde, die Verabschiedung im Kabinett zu verhindern. Er glaube, so schrieb der preußische Kultusminister ganz im Sinne der preußischen Tradition dazu, daß »das Reichskonkordat gegenüber dem preußischen Konkordat eine Schlechterstellung des Staates« bedeute und »die Rechte der Kurie« erheblich erweitert würden.[128] Charakteristisch für die Stimmung bei einem Teil der Lehrerschaft waren zweifellos auch die Vorgänge auf der Hauptversammlung des Bayerischen Lehrervereins in Nürnberg. »Wir dürfen nicht verhehlen«, so erklärte der Vorsitzende, »daß gerade uns Lehrer und Erzieher der Abschluß des Konkordats enttäuscht hat (stürmischer Beifall). Unsere Forderung war, daß der Staat der alleinige Schirmherr der Schule ist. Wir sind dem Ziel nicht näher gekommen ... Wir haben geschworen, Maßnahmen des Führers Hitler nicht zu bekritteln. Ich bin auch heute nicht unglücklich, weil ich felsenfest überzeugt bin, daß Hitler weiß, warum er das getan hat.«[129] Auch in Teilen des deutschen Protestantismus begegnete man dem Vertrag begreiflicherweise mit tiefem Unbehagen, wie es etwa Ludwig Müller andeutete, als er zum Abschluß der Verfassungsverhandlungen darauf hinwies, daß »der Kampf gegen die katholische Kirche« mit dem Konkordat keineswegs »absolut beendet« sei und der Führer die protestantischen Interessen gegen alle »katholischen Übergriffe« unbedingt sichern werde.[130]

Diese feindselige Stimmung in den radikal-antikatholischen Kreisen des Staates, der Partei und des deutschen Protestantismus konnte Rom und den deutschen Episkopat zweifellos nur darin bestärken, im Abschluß dieses Vertrages einen ganz außerordentlichen Glücksfall zu sehen. Gemessen, aber deutlich, verlieh Pacelli dieser Überzeugung Ausdruck, als er am 22. Juli dem Trierer Bischof Bornewasser schrieb, »daß hier in schwierigsten Umständen und in einer Zeit weitverbreiteter Ratlosigkeit und bedenklicher Entmutigung durch entschlossenes Ausnützen der Gesamtlage unter Gottes gütigem Gnadenbeistand etwas geschaffen wurde, was bei sinngemäßer und loyaler Durchführung sowohl der Kirche wie dem Staat zum Segen gereichen wird und von den unsterblichen Seelen unendlich viele Gefahren fernhalten kann, die wir alle gestern noch bangenden Herzens befürchtet haben«.[131] Auch Kardinal Bertrams Dankschreiben an Hitler verriet Zufriedenheit darüber, »daß die harmonische Zusammenarbeit von Kirche und Staat ... im Reichskonkordate einen feierlichen Ausdruck und feste, klare Grundlinien gefunden« habe. Zugleich freilich brachte Bertram »den dringenden Wunsch« des Episkopates vor, »daß auch in der Ausführung und Auswirkung« der Vereinbarung »ein herzliches und aufrichtiges Entgegenkommen herrschen möge«.[132] Geradezu enthusiastisch äußerte sich Kardinal Faulhaber. »Was die alten Parlamente und Parteien«, so schrieb er Hitler, »in 60 Jahren nicht fertigbrachten, hat Ihr staatsmännischer Weitblick in 6 Monaten weltgeschichtlich verwirklicht. Für Deutschlands Ansehen nach Westen und Osten und vor der ganzen Welt bedeutet dieser Handschlag mit dem Papsttum, der größten sittlichen Macht der Weltgeschichte, eine Großtat von unermeßlichem Segen.« Auch Faulhaber vergaß nicht, der Hoffnung Ausdruck zu geben, »daß die Artikel des Konkordates nicht auf dem Papiere stehen bleiben« und daß die nachgeordneten Stellen nicht allzuweit »hinter der staatsmännischen Größe des Führers« zurückbleiben möchten. Außerdem bat er, »die große Stunde mit einer großmütigen Amnestie« zu krönen.[133] Ganz im Sinne dieser glücklichen Äußerungen lag auch eine Anregung von Bischof Berning, aus Anlaß des Konkordatsabschlusses in allen katholischen Kirchen Deutschlands einen feierlichen Dankgottesdienst abzuhalten, »in dem Christus dem König öffentlich für diesen

Gnadenerweis gedankt wird«.[134] Davon wollte nun freilich Bertram nichts wissen. Die Lage bleibe ernst und »in das allgemeine Kling-Klang-Gloria einzustimmen« sei noch nicht die rechte Zeit, meinte der Breslauer Kardinal gegenüber Faulhaber.[135]

Die fast einhellige Begeisterung des offiziellen deutschen Katholizismus über das Konkordat, gemindert allenfalls durch die Sorgen über seine Durchführung, war so auffällig, daß Hitler es nun doch für richtig hielt, die Partei über die Bedeutung des Vertrages in seinem Sinne zu informieren. Dieser Absicht diente ein Artikel, der am 22. Juli in der *Nationalsozialistischen Parteikorrespondenz* erschien. Im Unterschied zum amtlichen Kommentar Buttmanns, der vor allem »die Herstellung des konfessionellen Friedens« betonte[136], vertrat die *Parteikorrespondenz* völlig den Standpunkt Hitlers. Es entsprach bis in den Wortlaut hinein Hitlers Ausführungen vor dem Kabinett, wenn der Artikel die Bedeutung des Reichskonkordats vor allem in folgenden Punkten sah: »Die Tatsache, daß der Vatikan mit dem neuen Deutschland einen Vertrag schließt, bedeutet die Anerkennung des nationalsozialistischen Staates durch die katholische Kirche. Durch diesen Vertrag wird vor der ganzen Welt klar und unzweideutig erwiesen, daß die Behauptung, der Nationalsozialismus sei religionsfeindlich, eine Lüge ist, die zum Zweck politischer Hetze erfunden wurde ... Die Kirche verbietet den Priestern durch das Konkordat jede parteipolitische Betätigung. Darüber hinaus weist die katholische Kirche ihre Priester an, für den neuen Staat, das jetzige Deutsche Reich, einzutreten ... Die Kirche gibt die bisherigen katholisch-politischen Vereine preis. Damit ist dem verhängisvollen Wirken des Zentrums ... ein für allemal der Boden entzogen und ein Ende gesetzt.« Und ebenso wie Hitler am 14. Juli im Kabinett wies nun auch der Artikel alle kleinlichen Bedenken zurück. »Es ist ein Ziel erreicht worden, das viele noch vor wenigen Monaten als unmöglich ansahen. Alles, was irgendwie von überängstlichen Gemütern an Bedenken gegen unwesentliche Einzelheiten des Vertragswerks vorgebracht werden könnte, fällt nicht ins Gewicht und verschwindet gegenüber dem ungeheuren Fortschritt, der durch das Konkordat im Hinblick auf die bisherigen Verhältnisse erzielt wurde.«[137]

Genau dies war nun freilich eine Deutung des Vertrages, die Pacelli unter keinen Umständen akzeptieren konnte. Daher antwortete der Kardinalstaatssekretär persönlich mit zwei Artikeln, die – allerdings ohne seinen Namen – am 26. Juli im *Osservatore Romano* erschienen. Es war im Grunde ein Streit darum, welche Seite denn nun mit Recht das Konkordat als Erfolg feiern durfte. So bestritt Pacelli nachdrücklich die Behauptung, der Abschluß des Konkordats bedeute eine Anerkennung des Nationalsozialismus. Der Heilige Stuhl verhandle »mit den Staaten als solchen«, wobei er »von jeder Erwägung oder jedem Werturteil anderer Natur« absehe. Auch bedeute das Verbot der Parteipolitik für den Klerus »keineswegs ein Sichfernhalten von der Anteilnahme am wirklichen, alle angehenden Wohl des Staatswesens und am Gedeihen des Vaterlandes«. Darum sollten die katholischen Organisationen »in der Entfaltung ihres Wirkens sogar staatlichen Schutz genießen«. Vor allem aber – und hier enthüllte sich das genuine römische Verständnis des Vertrags – sei darauf hinzuweisen, »daß der Codex iuris canonici die Grundlage und die wesentliche juristische Voraussetzung des Konkordates« bilde; das bedeute »nicht nur die offizielle Anerkennung der Gesetzgebung der Kirche, sondern auch die Übernahme vieler Bestimmungen dieser Gesetzgebung und den Schutz des gesamten kirchlichen Rechtsgutes«.[138] Damit war das Konkordat in die römische Kirchenpolitik eingeordnet und der Erfolg des Vertrages fast allein für die kirchliche Seite reklamiert. Er sollte keineswegs die kirchliche Anerkennung des Staates bedeuten, dafür aber umgekehrt die volle staatliche Anerkennung des neuen kirchlichen Rechtes.[139]

Diese Thesen stellten wiederum für die staatliche Seite eine entschiedene Herausforderung dar. Und so war es nun Buttmann, der – allerdings ebenfalls ohne Namensnennung – eine Antwort an den *Osservatore Romano* entwarf. Mit ungewöhnlicher Schärfe wies er darin Punkt für Punkt die Auffassungen Pacellis zurück. Von einer allgemeinen Anerkennung der kirchlichen Gesetzgebung durch den Staat könne keine Rede sein, »das gerade Gegenteil« sei richtig. »Die Entfernung der Geistlichen und Ordensleute aus politischen Parteien und die Ausschließung ihrer Tätigkeit für solche Parteien« dürfe »nicht allzu eng ausgelegt werden.« Der Sinn dieser Vorschrift sei es, »die Geistlichen ihrer seeelsorgerischen Aufgabe zurückzugeben«. Besonders verwundert schließlich zeigte sich der Artikel über die Verwahrung dagegen, daß der Abschluß des Konkordates eine Anerkennung des Nationalsozialismus bedeute. Der Vertrag sei zwar »mit dem Deutschen Reich als solchem« geschlossen worden. Dieses Reich aber werde vom Nationalsozialismus völlig beherrscht, »was auch privaten Artikelschreibern in Rom nicht unbekannt sein dürfte«. Der Vertragsabschluß bedeute also »die tatsächliche und rechtliche Anerkennung der nationalsozialistischen Regierung«.[140]

Mit dieser harten Erwiderung traf Buttmann – ohne es zu wissen – Pacelli persönlich. Die Folgen bekam schon wenige Tage später Botschraftsrat Klee, der in diesen Wochen den Botschafter vertrat, nachdrücklich zu spüren. »In erregtem Ton«, so berichtete Klee am 31. Juli nach Berlin, habe der Kardinalstaatssekretär ihm erklärt, die Erwiderung enthalte Auslegungen, »die der Vatikan nicht unwidersprochen lassen könne«.[141] So schien – die Tinte unter dem Vertrag war noch kaum trocken – ein ernsthafter Konflikt über Grundfragen seines Verständnisses und seiner Auslegung unmittelbar bevorzustehen. Und dies war um so bedenklicher, als der Vertrag zwar unterschrieben, aber noch nicht ratifiziert war. Erst mit dem Austausch der Urkunden jedoch erhielt er seine rechtliche Gültigkeit. Man mußte also mit der Möglichkeit rechnen, daß bei einer weiteren Steigerung der Polemik die Ratifizierung des Vertragswerkes verzögert, wenn nicht überhaupt verhindert wurde. Nun aber zeigte sich, wie sehr *beide* Vertragspartner am endgültigen Abschluß des Vertrages interessiert waren.

Schon im Gespräch mit Klee hatte Pacelli dem Botschaftsrat zu verstehen gegeben, daß er eventuell auf eine Erwiderung verzichten würde, wenn auch in Deutschland jede weitere Äußerung zum Konkordat unterbliebe. In Berlin griff man diese Anregung sofort auf. Sowohl das Auswärtige Amt wie das Innenministerium bemühten sich nach Kräften, den Konflikt beizulegen. Am 3. August bereits ließ Staatssekretär Bülow über Klee im Vatikan mitteilen, daß der deutschen Erwiderung »keine andere Bedeutung beizumessen sei, als den erwähnten Artikeln des Osservatore Romano«. Obwohl beide Erklärungen tatsächlich die authentische Interpretation des Vertrages für die jeweilige Seite darstellten, verzichtete man also darauf, diese Frage zu klären. Statt dessen erfuhr Pcelli, daß, »in der Voraussetzung, daß auch der Heilige Stuhl entsprechende Anweisungen an die ihm nahestehenden Presseorgane« erteile, »nunmehr gesamter Reichspresse jede weitere Erörterung über Konkordat verboten« worden sei.[142]

Auch ein weiteres Zugeständnis der Reichsregierung trug zur Beruhigung des Vatikans bei. Da das Konkordat in Rom unterzeichnet war, hätte der Austausch der Urkunden nach diplomatischer Gepflogenheit in Berlin stattfinden müssen. Für Pacelli jedoch bedeutete es offensichtlich eine Anerkennung der besonderen Stellung Roms im internationalen Verkehr, wenn beides, Unterzeichnung und Ratifizierung, in der Città del Vaticano, »auf dem Hoheitsgebiet des souveränen Papstes« stattfand.[143] So erklärte er dem deutschen Botschaftsrat, daß »ein Entgegenkommen der Reichsregierung in dieser Frage geeignet sei, ›die Wolken zu zerstreuen, die sich angesammelt hätten‹«.[144] Mit solchen subtilen Überlegungen hielt man sich in Berlin nicht lange auf. Am nächsten Tag bereits teilte das Auswärtige Amt der Vatikanbotschaft mit, daß die Reichsregierung gern bereit sei, die Ratifizierung in Rom stattfinden zu lassen.[145] Kurz darauf konnte Klee berichten, daß unter diesen Umständen der Zwischenfall wohl »endgültig erledigt« sei. Auf Wunsch des Kardinalstaatssekretärs solle der Austausch der Urkunden möglichst vor seinem Urlaubsantritt am 8. September erfolgen.[146] Damit war zum ersten Mal auch ein konkreter Termin genannt.

Während so auf höchster Ebene um das grundsätzliche Verständnis des Vertrages gestritten wurde, blieb auch in Deutschland die Lage unklar. Die Auseinandersetzungen zwischen Partei und Kirche hielten nach dem 20. Juli fast unvermindert an und trafen mit voller Härte vor allem die, die sich am wenigsten wehren konnten: die katholischen Verbände und Jugendgruppen im Süden und Westen des Reiches.

Daß es bei der Auslegung des Artikels 31 mit seinen unscharfen Formulierungen über den Schutz der katholischen Vereine und Verbände zu Schwierigkeiten kommen würde, war für beide Seiten leicht vorauszusehen gewesen. Buttmann und die Bischöfe Gröber und Berning hatten sich deshalb noch vor der Unterzeichnung des Konkordats am 17. Juli in Berlin auf »Auslegungsgrundsätze« geeinigt, die eine für die Kirche einigermaßen tragbare Handhabung des Artikels 31 zu gewährleisten schienen. Danach sollten die rein religiösen Verbände des Absatzes eins »ihr Eigenleben völlig in sich führen können«, während den gemischten Organisationen des Absatzes zwei bei einer etwaigen Einordnung immerhin ihr »katholischer Charakter und die Selbständigkeit in der Erfüllung ihrer satzungsmäßigen Aufgaben« garantiert wurde. Ferner wurde festgelegt, daß die Mitglieder der katholischen Organisationen »irgendeinen rechtlichen Nachteil in Schule und Staat aus ihrer Zugehörigkeit nicht erfahren« sollten.[147] Angesichts der bedrängten Lage vieler treuer Katholiken in Deutschland war dies zweifellos eine Vereinbarung von hoher Bedeutung. Um so unbegreiflicher war die Art, wie man in Rom damit umging. Unter den vielen Fehlern, die der Kurie im Verlauf der Konkordatsverhandlungen unterliefen, war die Nachlässigkeit in der Behandlung der Auslegungsgrundsätze zweifellos einer der bedenklichsten. Denn man unterließ es in der Hast der Schlußverhandlungen nicht nur, die Verbindlichkeit dieser Vereinbarung festzulegen, sondern verlor sie nach der Unterzeichnung offenbar sogar ganz aus den Augen. Niemand drängte in Rom darauf, daß die Vereinbarung, deren endgültiger Wortlaut ja nur dort bekannt war, zugleich mit dem Konkordatstext veröffentlicht wurde. So lag alles in der Hand Buttmanns, der die Auslegungsgrundsätze schließlich am 29. Juli an die Presse gab.

Wieder einmal erfuhren die deutschen Bischöfe erst durch die Tageszeitungen vom Inhalt einer Vereinbarung zwischen Rom und Berlin, die sie schließlich mehr als irgend jemand anders anging. Denn wie schwierig unter dem ständig wachsenden Druck der Partei die Lage der Verbände inzwischen geworden war, zeigte ein beschwörender Brief Bertrams an die Mitglieder der Fuldaer Bischofskonferenz, wegen der zahlreichen Auflösungen und Gleichschaltungen »wiederholt und rasch« darauf hinzuweisen, daß nach Artikel 31 und den Auslegunsgrundsätzen »die bestehenden katholischen Organisationen in ihrem Bestande zu erhalten sind, und daß die Pfarrer und Präsides der ausdrücklichen Genehmigung bedürfen, wenn sie einen Verein auflösen oder in Gleichschaltung einwilligen wollen«.[148]

Auch die Fertigstellung der Vereinsliste, die die Verbände nach Absatz eins und Absatz zwei im einzelnen feststellen sollte, verzögerte sich. Das lag weniger am Reichsinnenministerium, dem durchaus an einem schnellen Abschluß gelegen war, sondern vor allem an dem schwerfälligen und umständlichen Informationsapparat des Episkopats, der schon über die Tatsache ins Stocken geriet, daß Buttmann lediglich drei Exemplare der Liste zur Prüfung nach Breslau übersandt hatte.[149]

Ein eindrucksvolles Bild von der wirklichen Lage, in der sich der deutsche Katholizismus in diesen Wochen zwischen Unterzeichnung und Ratifizierung des Konkordats befand, zeichnete der Generalpräses des Katholischen Jungmännerverbandes, Ludwig Wolker, in einem ausführlichen Bericht, den er am 20. August dem deutschen Episkopat vorlegte. Zwar ging es in diesem Bericht nur um die Jugendorganisationen, aber grundsätzlich galten die gleichen Erfahrungen auch für alle anderen Zweige des katholischen Vereinslebens und für zahlreiche einzelne Katholiken in Deutschland, die allzu deutlich ihre kirchliche Bindung erkennen ließen. Eine Meldung aus vielen machte deutlich, daß dabei der wirtschaftliche Druck eine entscheidende Rolle spielte. »Bericht Köttingen, 11. August: Trotz des schön lautenden Konkordats wird in unserer Braunkohlengegend die katholische Jungmännerbewegung sehr geschädigt, da man auf den Werken Arbeitslose nur dann einstellt, wenn sie in der SA oder NSDAP sind. So wurde meinem arbeitslosen Präfekten, als er auf einer Grube um Arbeit nachsuchte, als erste Frage vorgelegt: Sind Sie in der SA oder NSDAP? Als Sohn einer kinderreichen Familie blieb ihm nichts anderes übrig, als sich in die SA anzumelden. Andere Leute, die in Arbeit stehen, werden auf verschiedenste Weise veranlaßt, fast gezwungen, der Hitlerbewegung beizutreten oder ihre Kinder [der] Hitlerjugend zuzuführen. Viele Führer, zumal Unterführer, sehen uns als Gegner an ...«[150]

Wolker selbst faßte die Lage folgendermaßen zusammen: »Die gesamte Präsesschaft war während der letzen Monate vor schwerste Aufgaben gestellt. Der große Teil hat mit größter Hingabe, Geduld und Klugheit gearbeitet. Ein Teil aber hat versagt, teils zermürbt von den endlosen und aufreibenden Schwierigkeiten in der Gemeinde, teils durch ›Gesinnungsumstellung‹ ... Die Jugend selbst hat sich im großen Ganzen außerordentlich gut und tapfer gehalten. Namentlich die Jugend der Gemeinschaftsgliederungen. Freilich einem sind die Jungen auf die Dauer nicht gewachsen: dem wirtschaftlichen Boykott, der bereits in großem Umfang sich gegen alle richtet, die nicht in NS-Formationen sind, und vielfach besonders gegen die, die das Christuszeichen tragen.«[151]

In dieser Situation trat am 29. August in Fulda der deutsche Episkopat zu seiner zweiten Plenarkonferenz dieses Jahres zusammen. Ursprünglich war sie von Bertram unmittelbar nach der Unterzeichnung des Konkordats angeregt worden, um die »an diesen Abschluß sich knüpfenden Fragen allgemeiner Art und die Ausführung im einzelnen« zu besprechen.[152] Die Entwicklung seither aber zwang nun zu einer weit grundsätzlicheren Entscheidung. Es war Pacelli selbst, der, offenbar zum ersten Mal unsicher geworden, den Bischöfen durch Vermittlung von Kaas und Gröber die Frage vorlegen ließ, »ob es ratsam sei, auf Beschleunigung der Ratifizierung des Konkordats hinzuwirken, oder ob vor der Ratifizierung zu dringen sei auf Beseitigung der ... Mißstände«.[153] In der Tat war dies jetzt sowohl für Rom wie für die deutschen Bischöfe der entscheidende Punkt.

Das umfangreiche Protokoll der dreitägigen Konferenz enthielt die ganze Fülle der Sorgen, die die Bischöfe bedrängten. Es ging zunächst um die Schulartikel des Konkordats, die ausführlich besprochen und erläutert wurden. Hier schien insgesamt das Positive zu überwiegen. Schlimm dagegen stand es mit dem Vereinswesen, das man zu Recht in großer Gefahr sah; schlimm vor allem auch mit der katholischen Presse, von der es hieß, wenn »die Verfolgung und Unterdrückung ... in dem Maße wie in den letzten Wochen ungehindert fortgesetzt« werde, es »bald keine katholische deutsche Presse mehr« geben werde. Sorgen machten die entlassenen katholischen Beamten und Angestellten. »Die Zahl derjenigen«, so hielt das Protokoll fest, »die darum als politisch unzuverlässig diffamiert worden sind, weil sie sich zum ›politischen Kaholizismus‹ bekannten, die ihre Stelle und jede Möglichkeit zum Wiederaufbau einer

Existenz verloren haben, ist sehr groß.« Schwere Bedenken schließlich löste das »Gesetz zur Verhütung erbkranken Nachwuchses«, das sogenannte Sterilisationsgesetz aus, das bereits in der Kabinettsitzung vom 14. Juli verabschiedet, aber bezeichnenderweise erst nach der Unterzeichung des Konkordats am 25. Juli veröffentlicht worden war. Dieses Gesetz, zweifellos eine wichtige Stufe in der nationalsozialistischen Rassengesetzgebung[154], verstieß mit seinen Bestimmungen über die Zwangssterilisierung von »Erbkranken« unmittelbar gegen die katholischen Lehren von der Unverfügbarkeit der Ehe wie von der grundsätzlichen Unverletzlichkeit des menschlichen Körpers, wie sie Pius XI. erst im Dezember 1930 in der Enzyklika »Casti connubii« ausdrücklich wiederholt hatte.[155]

Angesichts all dieser Schwierigkeiten war die Frage, ob man auf die Ratifizierung drängen und damit Rechtskraft und Schutz des Vertrags endgültig herstellen sollte, oder ob die ganze Lage eher zu einer Verzögerung riet, in der Tat schwer zu beantworten. Trotzdem fand sich unter den Bischöfen eine offenbar eindeutige Mehrheit für die baldige Ratifizierung. Die Gründe für diese Entscheidung, die Bertram unmittelbar nach dem Abschluß der Konferenz Pacelli darlegte, waren charakteristisch für die allgemeine Einschätzung der Lage. Die Furcht, den Vertrag ganz zu verlieren, war offensichtlich größer als die Hoffnung, durch Verhandlungen über die Ratifizierung weitere Zusicherungen zu erreichen. Der Breslauer Kardinal sprach von einer Stimmung gegen das Konkordat und von Gerüchten, »der Reichskanzler erstrebe ... nur einen außenpolitischen Prestige-Erfolg, ohne dessen innenpolitische Auswirkung voll und ganz zu wünschen«. Ferner zeigte sich Bertram beunruhigt über weite Kreise, die erklärten, »die Regierung sei in ihren Konzessionen zu weit gegangen; eine rückläufige Bewegung sei zu wünschen«. All das sprach dringend für einen unverzüglichen Austausch der Urkunden. Erst an dritter Stelle kam das Argument, mit dem vor allem das Innenministerium gerne operierte, daß nämlich erst mit der Ratifikation die Möglichkeit gegeben sei, die Konkordatsrechte tatsächlich durchzusetzen. Zugleich regte Bertram allerdings an, mit der Vollziehung der Ratifikation »die Abstellung der Gravamina« zu verlangen, die »zu ehrlicher Ausführung« des Vertragsabschlusses »unumgänglich zu fordern« sei. Eine höchst eindrucksvolle Liste dieser Gravamina schloß Bertram unmittelbar an.[156]

Damit war die Entscheidung gefallen. Sie bedeutete zugleich, daß durch den geplanten Urlaubsantritt Pacellis am 8. September für Vorbereitung und Abschluß der Ratifizierung nur noch wenige Tage Zeit blieben. Diese kurze

Frist aber schloß das Erreichen selbst bescheidener Zusicherungen von deutscher Seite praktisch aus.

Auch wenn man die ganze Schwierigkeit der Lage berücksichtigt, dazu in Rechnung stellt, daß der Kardinalstaatssekretär sich in einem Zustand tiefer Erschöpfung befand, wird man im Rückblick in der Behandlung dieser Frage ein offenkundiges Versagen der vielgerühmten vatikanischen Diplomatie sehen müssen. Denn Pacelli konnte und mußte wissen, daß der Reichsregierung mindestens ebensosehr an einer schnellen Ratifizierung gelegen war wie der Kirche, weil im September beim Völkerbund in Genf überaus bedeutsame Entscheidungen für Deutschland bevorstanden, für die die moralische Rükkendeckung des ratifizierten Konkordats dringend erwünscht erschien. Zumindest hätte Pacelli daher auf der eindeutigen Festlegung der bereits ausgehandelten Dinge bestehen müssen, nämlich der Fertigstellung und Veröffentlichung der Vereinsliste und der rechtlichen Klärung der Auslegungsgrundsätze. Mit dem Verzicht auf diese beiden Punkte war die letzte Chance vertan, das Reich wenigstens im Blick auf Artikel 31 noch zu bestimmten Garantien zu bewegen. Schon die nächsten Wochen sollten zeigen, wie verhängnisvoll sich diese Unterlassung auswirkte.

Statt dessen forderte Pacelli im Zusammenhang mit der Ratifizierung lediglich eine Erklärung, in der die wichtigsten Streitpunkte aufgeführt und die Bereitschaft der Reichsregierung ausgedrückt wurde, »über die angeführten Materien baldigst zu verhandeln, um zu einem dem Wortlaut und dem Geiste des Konkordats entsprechenden gegenseitigen Einvernehmen zu kommen«.[157] Zu dieser für die Öffentlichkeit bestimmten Erklärung trat ein vertraulich überreichtes Promemoria Pacellis, das in Ergänzung einer bereits vorgelegten »Kurzen Notiz« die Unterdrückung der katholischen Vereine und der katholischen Presse noch einmal ausdrücklich zum Gegenstand zukünftiger Verhandlungen machte.[158]

Nachdem dies geregelt war, fand am Sonntag, dem 10. September, nachmittags 17.30 Uhr, im Apostolischen Palast des Vatikans der feierliche Austausch der vom Papst und vom deutschen Reichspräsidenten unterzeichneten Urkunden statt. Damit besaß das Konkordat Rechtskraft.

Zur gleichen Zeit unternahm der Präsident des Deutschen Caritas-Verbandes, Prälat Benedikt Kreutz, einen letzten Versuch, durch eine beschwörende Denkschrift über die Lage der Verbände Rom vor einem übereilten Abschluß zu warnen. Aber noch ehe diese Denkschrift von Freiburg abging, erfuhr Kreutz von der Ratifizierung des Vertrages. Der Nachsatz, den er daraufhin handschriftlich dem bereits fertigen Schreiben hinzufügte, mochte auch die Empfindungen anderer führenden Katholiken in diesem Augenblick wiedergeben. »Eben sieht man in der Zeitung«, so schrieb er, »daß Ratifikation stattgefunden. – Schade, es war ... zu früh!!?«[159]

Nach der Ratifizierung erhob sich noch einmal die Frage des Dankgottesdienstes. Einen entsprechenden Brief richtete der Regensburger Bischof Buchberger am 13. September an den Münchner Kardinal in der Hoffnung, dies sei »vielleicht eine günstige Gelegenheit, um den Frieden anzubahnen auch zwischen den Organisationen«.[160] Faulhaber gab diese Anregung am nächsten Tag an die bayerischen Bischöfe weiter, nicht ohne seine eigenen kritischen Bedenken ausdrücklich hinzuzufügen.[161] Die Antworten der bayerischen Bischöfe, die er daraufhin erhielt, waren – mit Ausnahme Bambergs – von seltener Einmütigkeit. »Der Gedanke«, schrieb etwa der Passauer Bischof zurück, »für das Reichskonkordat einen Dankgottesdienst abzuhalten, widerstrebt so sehr all meinem Fühlen und Empfinden, daß ich die Anregung hierzu eher mit einem entschiedenen Protest als nur mit einem einfachen Non placet beantworten möchte.«[162]

Nicht überall freilich war die Lage so gespannt wie in Bayern, so daß man andernorts eher zu einem Te Deum geneigt sein mochte.[163] Den großen, feierlichen Dankgottesdienst für die ganze Kirche zu zelebrieren blieb allerdings dem päpstlichen Nuntius Orsenigo vorbehalten, der damit zum Abschluß der Ratifikation noch einmal weithin sichtbar demonstrierte, wie sehr das ganze Vertragswerk eine Angelegenheit Roms war.

Die Anregung zu diesem Dankgottesdienst war schon Anfang August von der Berliner Gauleitung an den Nuntius herangetragen worden, der sie offenbar wohlwollend zu prüfen versprochen hatte.[164] Eine Aufzeichnung des Gaupropagandaleiters vom 23. August ließ an der Absicht dieser Veranstaltung keinen Zweifel. Der größte Teil der früheren Zentrumskatholiken, so hieß es darin, bilde einen geschlossenen Block, der der Bewegung noch immer ablehnend gegenüberstehe. Auch ihre Führer, die Geistlichen, seien »immer noch feindlich gesinnt«. Da aber die Mehrzahl der Katholiken nationaler Gesinnung sei, werde »eine erlösende Tat von seiten der Kirche alle inneren Hemmungen bei diesen Katholiken beseitigen und sie zu überzeugten Anhängern unserer Bewegung machen«. Da diese Tat von der höheren Geistlichkeit nicht zu erwarten sei, habe man sich mit dem Nuntius in Verbindung gesetzt. Eine Kundgebung »von gewaltigstem Ausmaße, die die feierliche Anerkennung der nationalsozialistischen Bewegung durch den Stellvertreter des Heiligen Vaters« bedeute, werde »den deutschen Katholiken schlagartig zeigen, daß alle früheren Vorwürfe der Zentrumsgeistlichen ... zu Unrecht gemacht wurden. Millionen Volksgenossen werden, von inneren Hemmungen befreit, an diesem Tage Anhänger unserer Bewegung werden.«[165]

Dies waren gewiß Übertreibungen, die kaum von sonderlicher Sachkenntnis der katholischen Verhältnisse zeugten. Aber es war nun eben doch ein unübersehbares Zeichen, als am 17. September in der übefüllten St. Hedwigs-Kathedrale und auf dem weiten Vorplatz der Kirche der Dankgottesdienst für das Reichskonkordat gefeiert wurde. »Auf dem Bischofsthron«, so berichtet das Berliner *Katholische Kirchenblatt*, »sitzt der Vertreter des Heiligen Vaters, der Apostolische Nuntius Orsenigo, und verleiht dem Gottesdienst durch seine Pontifikalassistenz einen bedeutungsreichen Charakter. Um den Altar stehen die Fahnen des Reiches, der katholischen Studentenkorporationen, die Bundesbanner der katholischen Jugend und die Fahnen der Vereine von St. Hedwig ... Vor der Kathedrale formieren sich die Fahnen auf den Stufen von St. Hedwig und geben so dem Altar vor dem Portal einen breiten, würdigen Rahmen. In seiner allernächsten Nähe stehen die Abordnungen der Nationalsozialisten mit den NS-Fahnen. Klar und weittragend lassen die Lautsprecher das ›Kyrie‹ und das ›Gloria‹ des Hochamtes in der Kathedrale für die Tausende außerhalb des Gotteshauses ertönen. Nach dem Evangelium besteigt Domprediger P. Marianus Vetter die Kanzel, um den Sinn und die hohe Bedeutung der Stunde zu erklären: Vom Geiste des Konkordats.«[166]

Über diesen Geist ist seither viel gestritten worden. Der Vertrag zwischen der Kurie und dem Deutschen Reich überstand als einziger unter Hitlers großen außenpolitischen Verträgen den Zusammenbruch und stellt in der Bundesrepublik noch immer geltendes – wenn auch in entscheidenden Punkten nicht mehr durchsetzbares – Recht dar. Kirchenpolitisch war dieser Vertrag für eine Kirche, die den Willen zur konkordatsrechtlichen Sicherung hatte, gewiß kaum zu vermeiden. Moralisch jedoch wird der Vertrag wohl umstritten bleiben.

Im Sommer 1933 führte der bayerische Edelmann Erwein von Aretin, schon seit März in Schutzhaft, im berüchtigten Münchner Gefängnis Stadelheim ein Gespräch mit einem jungen Nürnberger Kommunisten, das diese moralische Problematik blitzartig erhellte. »Wo sind denn Ihre Bischöfe?«, so fragte der junge Kommunist den überzeugten Katholiken Aretin. »Früher, wenn ein Theaterstück gegeben wurde, das ihnen nicht paßte, da waren sie immer da. Aber jetzt, wo Tausende ermordet werden, geht keiner auf die Kanzel und schnauft auch nur ein Wort ... Sie werden sehen, daß die Bischöfe nur die eine Sehnsucht haben, ein Konkordat zu machen, damit sie gesichert sind und wir können allesamt verrecken!« »Das war ja nicht aufregend freundlich«, so kommentierte Aretin diese Äußerungen und fuhr fort: »und am Tage nach dem Konkordat kam ich mir doch ein bißchen dumm vor, als mein Nürnberger mich von weitem angrinste.«[167]

Dies war gewiß nur ein Aspekt dieses vielschichtigen Vertragswerkes. Aber er war doch bedeutsam genug, um im Konkordat jedenfalls kein »Werk des Widerstandes gegen den NS« zu sehen, der durch diesen Vertrag mit dem Staat hätte bekämpft werden sollen.[168]

Näher liegt das Urteil, das der Jesuit Friedrich Muckermann noch während des Krieges als Emigrant in seinen Erinnerungen formulierte. »Die Katholiken Deutschlands und der ganzen Welt«, so schrieb Muckermann im Blick auf das Konkordat, »waren sozusagen moralisch genötigt, an einen Kompromiß mit dem Nationalsozialismus wenigstens für die Zukunft zu glauben. In ihren Augen mußte der Eindruck entstehen, es befinde sich die noch wilde junge Bewegung letzten Endes doch auf einem Wege der Läuterung ... Wer jetzt noch gegen den Nationalsozialismus wie gegen den Todfeind der Kirche kämpfte, der geriet in den Verdacht, ein Pessimist zu sein, gegen die höchste kirchliche Autorität aufzutreten, er wurde als Fanatiker verschrien, und vor allem, er konnte sich gegen diesen Verdacht nur schwer wehren. Immer nämlich hielt man ihm entgegen, es bestehe doch ein Friedenszustand zwischen Kirche und Nationalsozialismus, ja es gebe sogar ein Freundschaftsverhältnis. Man gab diesen Männern sogar die Schuld, daß sie das Konkordat sabotierten, daß sie zur Verschärfung der Gegensätze beitrügen, und so wurden die eigentlichen Kämpfer für die Kirche in eine Situation gebracht, in der sie sowohl den Angriffen von innen wie von außen gleichmäßig ausgesetzt waren.«[169]

9. KAPITEL

THEOLOGIE IM SOMMER 1933

Frühjahr und Sommer 1933 standen für beide Kirchen ganz im Zeichen der Kirchenpolitik. Die Schnelligkeit, Tiefe und Gewalt der Umwälzungen, die Deutschland ergriffen hatten, schienen für grundsätzliche theologische Erwägungen weder Raum noch Zeit zu lassen. Alles schien allein darauf anzukommen, sich in diesem reißenden Strom wengistens einigermaßen zu behaupten und sich Positionen zu sichern, die den Bestand der Kirchen auch im Dritten Reich gewährleisteten. Was man dabei um des Auftrags willen festhalten mußte oder aufgeben durfte, was man schließlich gewinnen oder verlieren würde, das theologisch zu prüfen und abzuwägen, mußte man offenbar einer späteren Zeit überlassen.

Diese Haltung stieß in der katholischen Kirche auf keine wesentlichen Schwierigkeiten, denn die hierarchische Ordnung dieser Kirche, die auch das theologische Lehramt strikt an die Kirchenleitung bindet, schloß einen grundsätzlichen Konflikt zwischen kirchenpolitischen und theologischen Entscheidungen aus. Zwar blieb die katholische Universitätstheologie 1933 keineswegs stumm, sondern entwickelte – ähnlich wie die protestantische – eine eigene theologische Deutung der Ereignisse. Die Konkordatspolitik des Heiligen Stuhls jedoch war weder 1933 noch später Gegenstand theologischer Anfragen, von der Entwicklung einer kirchlich-theologischen Gegenposition ganz zu schweigen. Erst lange nach dem Krieg – zu Anfang der 60er Jahre – begann auch im deutschen Katholizismus die theologische Diskussion um die Bedeutung der kirchenpolitischen Entscheidungen des Jahres 1933.

Ganz anders dagegen sah die Lage im deutschen Protestantismus aus. Hier existierte eine traditionell unabhängige und selbstbewußte Universitätstheologie, deren beträchtliches kirchenpolitisches Potential sich im »Streit um die Kirche« gerade wieder erwiesen hatte.[1] Das kirchliche Gewicht dieser Universitätstheologie war zweifellos erheblich, auch wenn ihr Einfluß im einzelnen häufig schwer zu bestimmen war. Schon diese andere Stellung der Theologie mußte der theologischen Diskussion im deutschen Protestantismus eine weit größere Bedeutung verleihen als im Katholizismus.

Zunächst freilich schien die Entwicklung auch hier für theologische Argumente immer weniger Raum zu lassen. Die Deutschen Christen, die ganz auf die kirchenpolitische Aktion gesetzt hatten, schienen recht zu behalten: Die wesentlichen Entscheidungen waren offenbar bereits gefallen, noch ehe die theologische Diskussion darüber in Gang gekommen war. Überraschenderweise jedoch erwies sich das als ein Irrtum. Mit wachsender Ratlosigkeit nämlich mußten die Deutschen Christen beobachten, daß entgegen ihren bestimmten Erwartungen der Gang der Ereignisse seit dem Sommer 1933 immer stärker durch die Diskussion um theologische Positionen bestimmt wurde. Am Ende schließlich entschieden tatsächlich nicht Politik und Kirchenpolitik, sondern Theologie und Glaube über die Zukunft der evangelischen Kirche im Dritten Reich. Das war das eigentlich überraschende, erstaunliche und bewegende Ergebnis der kirchlichen Entwicklung des Jahres 1933 auf evangelischer Seite.

Am Anfang der heftigsten theologischen Auseinandersetzung, die das 20. Jahrhundert bisher in Deutschland erlebte, stand der Verzicht auf alle Theologie. Daß die Glaubensbewegung von Anfang an und bewußt auf eine theologische Begründung ihres Auftretens und ihrer Ziele verzichtete, zeigten schon die Hossenfelderschen Richtlinien vom 6. Juni 1932. Wenn diese Richtlinien »weder ein Glaubensbekenntnis sein oder ersetzen, noch an den Bekenntnisgrundlagen der evangelischen Kirche rütteln«, sondern »ein Lebensbekenntnis« sein wollten, so verrieten diese Formulierungen deutlich das Bemühen, sich unter keinen Umständen auf theologische Auseinandersetzungen einzulassen.[2] Dies war im übrigen für Hossenfelder nicht nur eine Frage der Politik, sondern auch der Überzeugung. Er war sicher, daß sich der Triumph der nationalsozialistischen Bewegung über die politische Argumentation auch in der Kirche als Triumph der Glaubensbewegung über die Theologie wiederholen werde. So erklärte er Ende April gegenüber zwei Lübecker Pastoren, die sich in Berlin über die Ziele der Deutschen Christen informieren wollten, die Glaubensbewegung habe »keine besondere Theologie und Dogmatik«. Und wörtlich fuhr er fort: »Theologie ist Unsinn; sie steht zwischen Volk und Kirche.« Dem entsprachen auch seine organisatorischen Anweisungen für Lübeck wie überhaupt sein Vertrauen auf die Kraft der reinen Aktion: »Holen Sie sich in den Gemeinden einen SA-Mann, der noch kein Pöstchen hat, möglichst einen mit einer weißen Weste; von Theologie braucht er keine Ahnung zu haben; und lassen Sie den die Sache machen.« Einigermaßen überrascht hielten die Lübecker Pastoren fest, daß Hossenfelder den Wert dieses »kirchlichen Landsknechtstypus« lebhaft betonte.[3]

Unter diesen Voraussetzungen war es nur konsequent, daß die Reichsleitung ihre ganze Kraft und Aufmerksamkeit tatsächlich fast allein den Fragen der Organisation und der Propaganda zuwandte. Und je größere Erfolge sie damit zunächst erzielte, um so mehr sah sie sich begreiflicherweise in dieser Haltung bestärkt. Der »Reichssachbearbeiter für Theologie und Hochschule«, der ohnehin schwache Soldiner Dompfarrer Friedrich Wieneke, den man zunächst noch in den Vordergrund geschoben hatte, verlor zusehends an Einfluß.[4] Eine von Hossenfelder ins Leben gerufene »Schriftenreihe der ›Deutschen Christen‹« kam schon im Juli 1933 mit Heft 6 an ihr Ende – vermutlich auch deshalb, weil sich niemand um theologische Beiträge bemühte. Und das Sonntagsblatt *Evangelium im Dritten Reich* schließlich, als einziges überregionales Kommunikationsorgan für die Glaubensbewegung von erheblicher Bedeutung, war in seinem theologischen Niveau von einer Dürftigkeit, die auf die Dauer auch bescheidenen Ansprüchen nicht verborgen bleiben konnte. Was hier an seichten Ansprachen, sentimentalen Andachten und primitiver politischer und kirchenpolitischer Agitation geboten wurde, verriet deutlich, wie gering die Herausgeber jede Art von theologischer Reflexion einschätzten.

Im Grunde war das, was Hossenfelder vertrat, ein reiner Aktionismus. Die Gewähr der Gemeinschaft lag für ihn entscheidend in der Tatsache des gemeinsamen Kampfes unter dem gleichen Zeichen: dem Hakenkreuz. »Kampf«, so begann die einzige programmatische Schrift, die er je verfaßte, »Kampf ist der Vater des Lebens. Das ist das Gottesgesetz, das unsere Zeit an der Stirn trägt.«[5] In diesem Kampf aber waren kirchliche und theologische Unterschiede einer vergangenen Zeit nach Hossenfelders Meinung ganz unwichtig geworden. Sie spielten keine Rolle mehr und gehörten zu jener alten, bürgerlichen, akademischen Welt, die die Kämpfer für das Dritte Reich längst hinter sich gelassen hatten. Eine unmittelbare Folge dieser Haltung bestand darin, daß die Deutschen Christen bis Ende April noch kaum irgendeine nennenswerte theologische Unterstützung erfahren hatten. Und vermutlich wäre der entscheidende Brückenschlag zwichen der Glaubensbewegung und der deutschen Theologie auch noch lange nicht erfolgt, wenn nun nicht Ludwig Müller auf den Plan getreten wäre.

Der Königsberger Wehrkreispfarrer war im Gegensatz zu Hossenfelder offenbar von Anfang an der Meinung, daß ein kirchenpolitischer Durchbruch für die deutschchristlichen Ziele in der Kirche ohne eine Unterstützung durch die Theologie nicht zu erreichen war. Dabei dürften Müllers Erfahrungen eine größere Rolle gespielt haben als seine Überzeugungen. Im Grunde waren theologische Fragestellungen seiner frommen Routine wohl ebenso fremd wie sie es dem Hossenfelderschen Aktionismus waren. Aber Müller kannte den deutschen Protestantismus besser und wußte, welches Gewicht die Universitätstheologie darin besaß. So erhielt der Besuch, den der frischgewählte »Vertrauensmann des Theologischen Fakultätentages«, der Tübinger Professor Karl Fezer, Ende April dem gleichfalls frischbestallten Vertrauensmann Hitlers, Ludwig Müller, machte, um ihm namens der theologischen Fakultäten seine Hilfe anzubieten, eine für den Fortgang der Ereignisse kaum zu überschätzende Bedeutung.[6] Denn mit diesem Besuch begann die Zusammenarbeit der beiden Männer, die dann sehr schnell zu jenem theologischen Arbeitskreis führte, der Auftrag und Richtung des Wehrkreispfarrers theologisch unterstützte.[7] Über diese unmittelbare Unterstützung hinaus aber lag die Bedeutung dieses Arbeitskreises vor allem darin, daß Müller mit ihm seine grundsätzliche Bereitschaft bekundete, auf die Theologie zu hören und sie für die Begründung und Leitung der Glaubensbewegung in Anspruch zu nehmen. Erst diese Bereitschaft schuf die Voraussetzung, daß sich die deutsche Universitätstheologie nun in breiter Front der Glaubensbewegung zuwenden konnte. Dabei sah man an Hossenfelder und der Reichsleitung gewissermaßen vorbei. Deren Aktionismus und die damit verbundene nachhaltige Ablehnung aller Theologie blieben unbehaglich und wurden nur entschuldigend mit in Kauf genommen.

Die stürmische Begegnung zwischen Glaubensbewegung und Universitätstheologie im Sommer 1933 gehört zu den wichtigsten Ereignissen der neueren deutschen Theologiegeschichte. Verlauf und Zusammenhänge dieser Begegnung sind freilich im einzelnen noch immer wenig geklärt. Die Tatsache, daß sich durch den völligen Zusammenbruch der deutschen Christen schon am Jahresende 1933 diese Begegnung als ein schrecklicher Irrtum erwies, veranlaßte viele der Betroffenen, ihre Entscheidungen möglichst schnell zu vergessen. Bezeichnend dafür ist der Umstand, daß die Schriften und Aufsätze aus dem Sommer 1933 in vielen Biographien und Schriftenverzeichnissen der Nachkriegszeit fehlen. Nur Emanuel Hirsch hatte damals das Risiko dieser Entscheidung richtig gesehen, als er zur »gegenwärtigen geistigen Lage« schrieb: »Indem der Mensch sich wagend zu einem bestimmten Augenblick verhält, Gehalt und Sinn dieses Augenblicks aus eignem Mut heraus aussprechend, setzt er sich der wirksamsten und treffendsten aller Widerlegungen aus, der durch das kommende Geschehen, und diese Widerlegung ertappte ihn nicht auf einem beliebigen Irrtum, sondern träfe ihn in seinem entscheidungshaften Wollen selbst, d. h. im Kern seiner geschichtlichen Menschlichkeit.«[8] In der Tat blieb der Sommer 1933 für eine ganze, im Kern getroffene Generation ein unausgesprochenes und unverarbeitetes Thema; schwierig, empfindlich und bitter, aber gleichwohl von tiefer und langanhaltender Nachwirkung.

Die entscheidende Voraussetzung für das Entstehen der deutschchristlichen Theologie im Sommer 1933 lag in der zunehmenden Überzeugungskraft Hitlers und der nationalsozialistischen Revolution, die in dieser Zeit in ganz Deutschland zu spüren war. Offensichtlich wuchs in den ersten Monaten des Dritten Reiches gerade auch an den Universitäten das Gefühl, nicht nur einen Regierungswechsel, sondern eine Schicksalswende zu erleben; in einer Umbruchszeit zu stehen, die so oder so über Deutschlands – und nicht nur Deutschlands! – Zukunft entscheiden würde. Die geistige Distanzierung von der als Un-Staat empfundenen Weimarer Republik hatte eine ungeheure und hochgespannte Erwartung ausgelöst; eine Erwartung, der Hitler mit dem religiösen Ton seiner Reden, mit dem Tag von Potsdam und den Feiern zum 1. Mai, mit dem Anspruch, der Meister des deutschen Schicksals zu sein, und mit der Entschlossenheit aller seiner Maßnahmen auf das genaueste entsprach. Und so wurde es auch in Theologie und Kirche weithin bald zu einer unumstößlichen Gewißheit, daß es jetzt die ganze Zukunft gelte, daß in dieser Zeit alles zu gewinnen oder zu verlieren sei, daß man sich nun – so viel im einzelnen bedenklich, schwierig oder ärgerlich sein mochte – mit ganzer Kraft für die neue Zeit einsetzen müsse. Die Gewißheit ergriff nicht alle, aber doch viele. Sie bestimmte als gemeinsame Voraussetzung das Bild des breiten Aufbruchs der deutschen Theologie im Sommer 1933.

Hanns Rückert, ein junger Tübinger Kirchenhistoriker aus der Schule Karl Holls, formulierte diese Voraussetzung in einem Vortrag vor Tübinger Studenten am 17. Mai 1933 auf besonders klare und eindrucksvolle Weise. Sein Thema »Das Wiedererwachen reformatorischer Frömmigkeit in der Gegenwart« war noch im vorangehenden Semester formuliert worden und hatte zweifellos die sogenannte Lutherrenaissance im Blick gehabt. Nun hatten die Ereignisse dieses Thema »aus der Sphäre akademischer Erörterungen, stiller theologischer Selbstbesinnung und treuer pfarramtlicher Kleinarbeit herausgehoben« und zu einer »kirchlichen und völkischen Lebensfrage ersten Ranges« werden lassen. »Die Kirche ist«, so bestimmte Rückert jetzt die neue große Aufgabe der Theologie, »- nicht von einer Partei außerhalb oder innerhalb ihrer selbst, sondern von der Geschichte - vor die Frage gestellt, ob sie die innere Kraft besitzt, um eine große Wende des deutschen Schicksals von Gott her zu deuten und gestaltend an ihr Anteil zu nehmen. Überhört sie diese Frage oder bringt sie diese Kraft trotz besten Willens nicht auf, so ist sie ipso facto zur Sekte geworden und zur geschichtlichen Ohnmacht verurteilt. Denn an wessen Ohr jetzt der Mobilmachungsbefehl nicht dringt, oder wer jetzt als nicht k.-v. zu Hause bleiben muß, der hat wohl für absehbare Zeit das innere Recht verwirkt, in der deutschen Geschichte eine Rolle zu spielen.«[9]

»Eine große Wende des deutschen Schicksals von Gott her zu deuten und gestaltend an ihr Anteil zu nehmen«: Das war die genaue Beschreibung der Aufgabe, vor die sich die deutsche Theologie im Sommer 1933 gestellt sah. Gewiß gab es sehr verschiedene theologische Wege und Möglichkeiten, diese Aufgabe zu lösen. Aber die Tatsache dieser Aufgabe selbst, der Charakter der Zeit als eines schlechthin unabweisbaren Rufes, war zunächst weithin unbestritten. Die jungen Schüler Karl Holls, Emanuel Hirsch und - neben Hanns Rückert - die Kirchenhistoriker Heinrich Bornkamm, Hermann Wolfgang Beyer und Erich Vogelsang, nahmen diesen Ruf mit besonderer Leidenschaft auf. Aber auch für Theologen der jungreformatorischen Seite, Walter Künneth etwa und Helmuth Schreiner, stand diese Aufgabe außer Zweifel. Als sie an Pfingsten 1933 das Vorwort zu ihrem großen theologischen Sammelwerk *Die Nation vor Gott* schrieben, da gingen sie »von der grundlegenden Überzeugung aus, daß das große Werk der nationalen Erneuerung nur dann segensreich durchgeführt werden kann, wenn es in Verbindung steht mit den ewigen Kräften, über die Volk und Staat von sich aus nicht verfügen ... So steht die deutsche Nation in ihrer Schicksalswende vor Gott.« Darum lautete die Aufgabe auch hier mit einem Satz: »Es geht um das theologische Wort der Kirche zu den inneren Fragen der nationalen Wiedergeburt.«[10] Wie drängend diese Aufgabe landauf, landab empfunden wurde, das zeigten die Titel der Schriften, die nun in großer Zahl erschienen; etwa Paul Althaus *Die deutsche Stunde der Kirche*, Friedrich Gogarten *Einheit von Evangelium und Volkstum?* Adolf Schlatter *Die neue deutsche Art in der Kirche*; Ethelbert Stauffer *Unser Glaube und unsere Geschichte*; Karl Heim *Deutsche Staatsreligion oder Evangelische Volkskirche*. Sie alle empfanden den politischen Umbruch als eine Herausforderung, der sich die Theologie unter keinen Umständen entziehen durfte: »Immer in den Zeiten«, schrieb Karl Heim, »in denen Großes geschieht, in denen der Sturm die Meerestiefen aufwühlt, fragen die Menschen aus ihrer inneren Leere und Ungeborgenheit heraus wieder nach Gott. So war es in den Freiheitskriegen, so war es auch im August 1914, und so ist es heute wieder aufs Neue. Es ist eine offene Tür da, in die wir hineingehen müssen... Es sind Möglichkeiten vorhanden, die vorher nicht da waren, und die vielleicht auch später nicht wiederkehren werden.«[11]

Die Aufgabe, »eine große Wende des deutschen Schicksals von Gott her zu deuten und gestaltend an ihr Anteil zu nehmen«, war im Sommer 1933 in der deutschen Theologie fast durchweg anerkannt. Damit aber war bereits eine weitreichende theologische Vorentscheidung gefallen. War nämlich diese Aufgabe tatsächlich so gestellt und anerkannt, so waren damit zugleich bestimmte theologische Themen gestellt und anerkannt, Themen, die bisher in dieser Form nur die politische Theologie ernsthaft beschäftigt hatten, nämlich »Gott und Volk, Geschichte und Heilsgeschichte, geschichtliche Gotteserfahrung und biblische Offenbarung«.[12] Denn die »große Wende des deutschen Schicksals«, um deren Deutung und Gestaltung es ging, war ja nicht irgendeine, sondern eine ganz bestimmte Wende: eine Wende zum Neubau der Nation und des Reiches aus den Kräften der völkischen Weltanschauung. Und wenn die Theologie hier verantwortlich deuten und mitgestalten wollte, so konnte sie dies sinnvoll also nur durch eine Hinwendung zu eben dieser völkischen Weltanschauung tun. Auch wo das theologische Urteil schießlich zu kritischen Vorbehalten kam, mußte zunächst doch die völkische Bewegung aufgenommen, geprüft und in ihrer Bedeutung ernstgenommen sein, ehe man ihre Probleme und Grenzen aufzeigen konnte. Mit diesen neuen Themen aber fiel der politischen Theologie fast selbstverständlich die Führungsrolle zu. In der Tat wurden nun Hirsch und Stapel zu den wichtigsten Vertretern jener Richtung, die die nationalsozialistische Revolution theologisch zu deuten unternahm.[13]

Wenn Emanuel Hirsch schon auf dem Fakultätentag Ende April als einer der ersten deutschen Universitätstheologen seinen bevorstehenden Eintritt in die Glaubensbewegung bekanntgab[14], so war das kaum überraschend bei einem Mann, für den seit 1920 »Deutschlands Schicksal« das entscheidende Thema seiner theologischen Ethik geworden war.[15] Schon dieses Buch war ja aus der Überzeugung entstanden, daß es die Aufgabe des Theologen sei, dem Volk seine geistig-politische Sendung im Namen Gottes zu deuten. So hatte er dieses Volk aufgerufen, sich zu einem starken Staat zu bekennen und durch ihn seine sittliche Aufgabe in der Welt zu vermitteln. Dies war nach Hirschs

Überzeugung kein beliebiger, kein willkürlich gewählter Weg, sondern es war der im Gewissen erkannte geschichtliche Wille Gottes. Unter diesen Voraussetzungen mußte das Jahr 1933 den Charakter der göttlichen Erfüllung erhalten: »Wie ich im September 1920 Deutschlands Schicksal an den Tag gab«, so schrieb Hirsch deshalb jetzt, »hätte ich nicht davon zu träumen gewagt, ein deutsches Erwachen, dem ich geistig die Grundlagen bauen helfen wollte, so stürmisch zu erleben . . .«[16] Was dieses Jahr für den Theologen Hirsch bedeutete, legte er am Jahresende in einer Schrift dar, die zweifellos die geschlossenste und eindrucksvollste Darstellung der deutschchristlichen Theologie enthielt: *Die gegenwärtige geistige Lage im Spiegel philosophischer und theologischer Besinnung. Akademische Vorlesungen zum Verständnis des deutschen Jahres 1933.*[17] Herzstück dieser Schrift bildete das Kapitel: »Die deutsche Wende«.[18] »Alle geistigen Deutschen«, so begann dieses Kapitel, »denen von den eignen Lebenswurzeln in dem Schicksal ihres Volkes her das Geschehen des deutschen Jahres 1933 aufgeschlossen ist, verstehen sich ungewollt und überraschend in dem Einen, daß wir eben den Grat zwischen zwei Zeitaltern überschreiten.« Nicht weniger als »eine neue große Möglichkeit des geschichtlichen Lebens in Deutschland« sah der Göttinger Theologe entstehen und von Deutschland her »hineinstrahlen in die Volkstümer und Kulturgestaltungen, die noch vor der Zeitenscheide stehen«.[19] Mit zwei Begriffen versuchte Hirsch, diese neue »Möglichkeit des geschichtlichen Lebens« zu charakterisieren: Horos und Nomos. Horos bezeichnete die göttlich-natürliche Grenze, die die neue Zeit begriffen hatte und festhielt: Blut und Rasse. Nur die unbedingte Beachtung dieser Grenze sicherte nach Hirschs Überzeugung einem Volk die Zukunft; denn diese Grenze sei »das Ursprüngliche selbst, dem Vernunft und Freiheit nur Diener sind«.[20] Der Nomos aber meinte die an dieser Grenze orientierte »Ordnung, Lebens- und Denkverfassung« des Volkes[21]; die »Artgemäßheit aller Ordnungen und Gestaltungen«; die zugleich gottgemäß war und für die darum auch gerade die deutsche Theologie und Kirche in besonderem Maße Verantwortung trugen. Dieser ganze Entwurf, so wenig er mit der Wirklichkeit zu tun hatte, besaß doch eine eigentümliche Geschlossenheit und Kraft. Sie kam aus der Konsequenz, mit der hier die Gegenposition zu den Grundlagen der modernen Welt bezogen wurde: die deutsche Revolution schien die französische wie die russische Revolution überwunden zu haben.

Die entscheidende theologische Frage in diesem Zusammenhang lag natürlich in der theologischen Begründung dieses Entwurfs, den Hirsch selbst

»christliche Geschichtsphilosophie« nannte. Hirschs Antwort darauf war eindeutig. Es gab nach seiner Überzeugung nicht nur eine Erkenntnis des Willens Gottes in seinem Wort Jesus Christus, sondern es gab auch eine Erkenntnis des Willens Gottes in der Geschichte. Das war die Einsicht, die das junge Luthertum, dem Hirsch sich zurechnete, in Kriegs- und Nachkriegszeiten neu gewonnen hatte: »daß die rechte Entscheidung in den Fragen des allgemeinen Lebens zuletzt immer allein im Wagnis des den Spuren des Herrn der Geschichte nachblickenden Glaubens gefunden werden könne. Aus einem Lauschen in das menschlich-geschichtliche Leben und seine Bindungen entwikkelte es somit seinen Begriff der Schöpfungsordnung, aus daher mitbestimmtem Lauschen in die ihm gegenwärtig gegebene Stunde von Volk und Staat ... seinen Zielwillen für einen lebensbewahrenden geschichtsmäßigen Aufbau deutscher Volklichkeit und Staatlichkeit.« In diesem »nachblickenden Glauben«, diesem »Lauschen«, dem vor allem die Bedeutung des Volkstums aufging, wurde »der Offenbarungs- und Gnadenbegriff aus bloßer christologischer Verengtheit befreit: Gottes Geschichte kennt vorlaufende Offenbarung und vorlaufende Gnade«.[22] Solche vorlaufende Offenbarung und vorlaufende Gnade aber sah Hirsch in den Ereignissen des Jahres 1933 am Werke: vorlaufende Offenbarung von Horos und Nomos des Volkstums; vorlaufende Gnade des Neubeginns. Damit war der Ort von Theologie und Kirche festgelegt: Es war ihre ihnen von Gott übertragene Aufgabe, jenes vorlaufende Handeln Gottes dem deutschen Volk zu deuten und zugleich in unbedingter Solidarität mit dem Volk mitzugestalten.

So schloß die Schrift folgerichtig mit dem Satz: »Die junge deutsche evangelische Theologie und die gegenwärtige Stunde in Volk und Staat, sie gehören zusammen.« Es war die unerschütterliche Überzeugung des Göttinger Theologen: »Sind wir in Theologie und Kirche zu klein für diese Stunde, können wir uns nicht unter Preisgabe alles aus der Vergangenheit stammenden Vorurteils und allen Bedürfnisses nach Sicherung und Bürgschaft an das brausende Neue, an unser eigenes Volk in seiner lebendigen Bewegung, wagen, dann sind wir verworfen. Es gibt keinen Mittelweg, es gibt nur das Entweder/Oder.«[23]

Mit diesem theologischen Entwurf war Hirschs Stellung in der Kirchenpolitik festgelegt. Sie mußte ganz und vorbehaltlos bei der Glaubensbewegung sein. Gerade das radikale Entweder/Oder machte deutlich, daß es für diese Theologie mit einer bloßen Zustimmung zur politischen Wende, wie sie ja auch die Kirchenleitungen, wie sie ja auch Bodelschwingh äußerten, nicht getan war. Hier war tatsächlich radikale politische Theologie, die nichts mehr für die Kirche behalten wollte, weil nur die ungeschützte Hingabe, nur das ganze Wagnis der Größe der Aufgabe entsprach.

Seit Anfang Mai bis zum Jahresende war Hirsch neben Fezer der wichtigste theologische Berater Ludwig Müllers. Mit ihm und für ihn kämpfte er um eine Reichskirche, die in ihrer Ordnung und in ihrer Verkündigung der nationalsozialistischen Revolution entsprechen sollte. Diese Entsprechung war für Hirsch keine Gleichschaltung in dem Sinne, daß die Kirche einfach mit Volk und Staat politisch in Übereinstimmung gebracht werden sollte, sondern sie war die Voraussetzung für das Verständnis und die Glaubwürdigkeit ihrer Verkündigung im Dritten Reich. »Wenn wir unsere evangelische Kirche in innerer Gleichartigkeit zum nationalsozialistischen Staat aufbauen, also vor allem den Führungsgedanken in ihr durchsetzen und die Menschen, die in ihr führen sollen, richtig auslesen und ausbilden, dann kann unsere evangelische Kirche wahrhaft eine deutsche Volkskirche werden, d. h. eine Kirche, die vom Volk geliebt wird als seine eigene Kirche und die ihrerseits das Volk mit ihrem Wort zu bewegen vermag.«[24]

Politische Theologie, das zeigte sich auch bei Hirsch und seinen Freunden, führte notwendig zu einer politischen Hermeneutik für die Verkündigung des Evangeliums. »Will die evangelische Kirche«, so wiederholte Hirsch darum wieder und wieder, »in wirklicher innerer Verbundenheit mit dem deutschen Volke, wie es jetzt wird, das Evangelium verkündigen, so hat sie sich in den Schicksalsring der nationalsozialistischen Bewegung als ihren natürlichen Boden hineinzustellen. Tut sie das nicht, so wird sie etwas Fremdes und andres, und die natürliche Voraussetzung für das Reden und Hören des Evangeliums in der Verkündigung geht ihr verloren.«[25]

Neben Hirsch hatte in den zwanziger Jahren vor allem Wilhelm Stapel die moderne politische Theologie der Zeit geprägt. Zwar selbst nicht Universitätstheologe, hatte er doch zweifellos nachhaltig auf die Universitätstheologie eingewirkt. Auch für Stapel stand am Anfang die Überzeugung, daß das deutsche Volk – wie er 1922 formulierte – »nicht eine Idee von Menschen, sondern eine Idee Gottes« sei.[26] Seit dieser Zeit hatte er in immer neuen Anläufen versucht, die Bedeutung dieser Einsicht für eine moderne lutherische Theologie zu entfalten. Das Ergebnis lag schließlich 1932 in dem Buch *Der christliche Staatsmann. Eine Theologie des Nationalismus* vor, das eine lange und lebhafte theologische Diskussion auslöste.[27]

In der Tat war Stapels entscheidende These nicht ohne Geist und Konsequenz ausgedacht, und wo die Argumentation schwächer wurde, half ein bewegliches Pathos mühelos nach. Wenn das Volk eine Idee Gottes war, so lautete diese These, so mußte es auch seine eigene, von Gott ihm eingepflanzte Ordnung besitzen: »ein Gesetz des Lebens, das, entsprechend seiner Natur, seine innere und äußere Form, seinen Kult, sein Ethos, seine Verfassung und sein Recht bestimmt«: der *Nomos*.[28] Es gab also keine allgemeine, allein der Menschheit verpflichtete Ethik, wie die Stapel so verhaßte Aufklärung behauptete, sondern es gab nur ein völkisches Gesetz, eben den Volksnomos. Die theologische Pointe dieser These aber lag in der scheinbar kühnen Verselbständigung des deutschen Volksnomos, die Stapel durch eine Parallelisierung mit dem jüdischen Volksnomos vollzog. So wie Israel seinen Volksnomos in den Zehn Geboten hatte, die also nur für Israel gültiges Gesetz bedeuteten, so sollte auch das deutsche Volk seinen Nomos – den Nomos Germanikos – in der Stimme des in ihm als sittlich empfundenen Guten besitzen, das im Begriff des Reiches seine Erfüllung finden sollte.[29] Stapel scheute sich nicht, diese Parallelisierung ganz konkret zu beschreiben: »Wenn Israel von Jahwe abfiel, strafte Gott Israel, wie im Alten Testament zu lesen ist. Wenn wir vom Reich abfallen, straft uns Gott, wie die deutsche Geschichte zeigt. Das ist das *Deutsche Testament*. Und dieses Buches Frage lautet: Wie können wir Christen sein, ohne vom Reich abzufallen? Ist Christus gekommen, auch unser Gesetz zu erfüllen? (Matth. 5,17)«[30] Jede Führung also, die das deutsche Volk wirklich zum Reich brachte, durfte sich damit als unmittelbare Vollstreckerin des göttlichen Willens wissen. Jede Führung, die so handelte – der wirklich nationale Staat also – besaß zugleich die volle und uneingeschränkte Verfügung über die Sittlicheit; der nationale Staat war ihr Herr, nicht ihr Diener. Die christliche Kirche aber hatte diese staatliche Verfügungsgewalt über das Sittliche vorbehaltlos anzuerkennen. Jede Einmischung war ihr strikt verboten. Denn die Predigt von Kreuz und Auferstehung, an der Stapel unter allen Umständen rein und lauter festgehalten wissen wollte, betraf allein das Himmelreich: die Vergebung der Sünden, die Gnade, das zukünftige Leben.

Die Verselbständigung des Volksnomos, wie Stapel sie versuchte, mußte zwangsläufig zur Radikalisierung der Zwei-Reiche-Lehre führen bis zu einem Punkt, wo Staat und Kirche sich schlechterdings nichts mehr zu sagen hatten: Alles, was der Staat um Gottes Willen zu tun hatte, wußte er besser als die Kirche aus dem Volksnomos heraus, die Kirche konnte das nur immer bestätigen; was aber die Kirche zu verkündigen hatte, das konnte der Staat nicht wissen.

Zweifellos war der Ansatz Stapels mit dem von Emanuel Hirsch eng verwandt. Beide sahen in Volk und Volkstum ein Stück Schöpfungswirklichkeit Gottes, die sich in der Schicksalswende des Jahres 1933 offenbarte. Gleichwohl war deutlich, daß Stapel in der Bestimmung des Verhältnisses von Staat und Kirche im Dritten Reich zu anderen Konsequenzen kommen mußte als Hirsch. Tatsächlich fehlte bei Stapel fast ganz die Vorstellung von dem drängenden Aufeinander-Angewiesensein von Staat und Kirche, Theologie und Revolution. Mehr als die *Zuordnung*, für die Hirsch so leidenschaftlich kämpfte, schien ihm die richtige *Abgrenzung* das Problem der Stunde zu sein. Als er im Sommer 1933 – bezeichnenderweise jeweils auf Einladung der theologischen Fachschaften – in überfüllten Hörsälen in Tübingen, Bonn und Königsberg seine Gedanken über »Die Kirche Christi und der Staat Hitlers« vortrug, beschäftigte ihn denn auch vor allem dieses Problem. Entsprechend seiner Lehre vom Volksnomos löste er sie rigoros zugunsten des totalen Staates: »Zum totalen Staate gehört alles, was das Recht und alles, was die Sittlichkeit betrifft. Zur Kirche gehört alles, was das Himmelreich betrifft.«[31] Dies bedeutete im einzelnen: 1. »Ordnung und Recht der Kirche untersteht dem Staate. Was der Kirche zugestanden werden muß, ist, daß sich ihre Glieder in Jesu Christi Namen ungestört versammeln können, daß ihnen das Evangelium recht gepredigt und die Sakramente richtig dargeboten werden. Wie das geschieht, in welcher Ordnung und unter welchem Recht, ist bereits irdische Angelegenheit.« 2. »Die Sittlichkeit, welche die Kirche lehrt, kann keine andere sein als die, welche in den Herzen *des* Volkes erwächst, dem die Kirche das Evangelium bringt, denn die Sittlichkeit gehört zum ›Nomos‹ des Volkes.« Die Frage, was unter diesen Umständen der Kirche noch verbliebe, beantwortete Stapel mit dem Hinweis auf den dritten Artikel des Glaubensbekenntnisses: Zugeordnet bleibt ihr der heilige Geist, die heilige allgemeine Kirche, die Gemeinschaft der Heiligen.[32] Am Ende lief dies alles auf eine monströse Staatskirche hinaus, und Stapel bestätigte das später im Streit mit der Bekennenden Kirche auch ausdrücklich: »Der Staat kann also nicht nur, er ›darf mit ihr [der Kirche] machen, was er will und sie darf nicht mucken? Gewiß kann er das. Er kann Bischöfe ernennen, wenn oder soviel er Lust hat. Er kann die Gemeinden abgrenzen, wie er will. Er kann die Landeskirchen aufheben und eine Reichskirche organisieren, wie es ihm paßt ... kurz er kann die rabiateste Landeskirchenherrlichkeit betätigen.« Denn die Kirche, so fuhr Stapel fort, stehe nach lutherischem Verständnis unter dem Recht und der Macht des Staates. Das einzige, was unantastbar sei, sei »die Quelle des Glaubens: das Evangelium und die Sakramente«.[33]

Von diesem Ansatz aus war die Glaubensbewegung, insofern sie doch auch religiöse Erneuerungsbewegung sein wollte, sicherlich zu unterstützen; und in der Tat scheint Stapel sich ihr auch nicht angeschlossen zu haben. Um so eindeutiger freilich mußte der Vertrauensmann des Führers, Ludwig Müller, Stapel bei seinen Neuordnungsversuchen an seiner Seite sehen. In der Tat verstand der Herausgeber des *Deutschen Volkstums* den Streit um die Unabhängigkeit der Kirche nur als eine »violette Kirchenverwirrung«[34], die der Staat schnell beenden mußte. Hochverdächtig erschienen ihm die »sorgenvollen Melanchthoniden« der Kirchendiplomatie; die Umstände der Designierung Bodelschwinghs; der »Reichsbischofsgottesdienst im Berliner Arbeiterquartier«, der die Kirche zu einer »konzessionierten Sammelstelle für Staatsfeindschaft« werden lasse.[35] Sollte man es wirklich zulassen, so fragte er, »daß sich im Mißtrauen gegen den neuen Staat eine Front Judentum–Katholizismus–Protestantismus bildete?«[36] Um der Kirche willen war daher »der zornige Donnerschlag aus dem preußischen Kultusministerium, der dem Gezerr und Gezappel ein Ende machte . . ., im ganzen Kirchenstreit die allerreellste christliche Liebestat«.[37]

Stapels Lehre vom Volksnomos gehörte 1933 zu den am meisten diskutierten theologischen Entwürfen. Fast alle Theologen, die sich der Glaubensbewegung zuwandten, waren Stapel in der einen oder anderen Weise verpflichtet. Und diese Lehre war in der Tat so konsequent gedacht und erschien im Zusammenhang der Ereignisse so überzeugend, daß keineswegs jedermann ohne weiteres deutlich zu machen war, wo denn nun ihr entscheidender Irrtum eigentlich lag. Daß dieser Irrtum auch in einer grandiosen Fehleinschätzung des Dritten Reiches bestand, liegt im Rückblick auf der Hand. Aber eben das war ja 1933 noch kein Argument. Wer damals Stapels Ansatz bestreiten wollte, konnte das nur theologisch tun.[38] Und auch darum begannen sehr bald die Auseinandersetzungen.

Wenn Hirsch und Stapel dergestalt Stellung bezogen, so blieben sie damit auf der Linie, die sie bereits in den zwanziger Jahren entwickelt und vertreten hatten. Der Zusammenhang zwischen theologischer und kirchlich-politischer Entscheidung lag hier klar zu Tage. Aber gerade der Sommer 1933 zeigte nun auch, daß dieser Zusammenhang offenbar doch weniger zwangsläufig war als er schien. Zur allgemeinen Überraschung nämlich tauschten in dieser Zeit zwei der angesehensten deutschen Systematiker gewissermaßen ihre Plätze. Paul Althaus, den man mit Bestimmtheit bei den Deutschen Christen vermutete, befand sich dort keineswegs. Friedrich Gogarten dagegen, den man mit der gleichen Bestimmtheit dort nicht vermutete, stellte sich im Sommer zu ihnen.

Gogartens Schritt erregte in der theologischen Welt außerordentliches Aufsehen. Heinrich Vogel, der wie viele andere Gogartens theologische Arbeit »Jahr und Tag mit leidenschaftlicher Anteilnahme« begleitet hatte, sprach von »rätselndem Erstaunen, ja ... Erschütterung«.[39] In der Tat schien von jenem kritischen Ansatz, der den jungen Stelzendorfer Pfarrer seit 1920 mit Karl Barth in einer Kampfgemeinschaft vereint hatte, keine Linie zu führen zu der Position, die Gogarten nun vertrat. In Wahrheit jedoch war Gogarten schon länger eigene Wege gegangen, die ihn in die Nähe der politischen Theologie gebracht hatten. Viel stärker als Barth am Problem Glaube und Geschichte interessiert, hatte er von der gemeinsamen radikalen Kulturkritik aus nach den Wurzeln des deutschen Elends gesucht und gemeint, sie in der totalen Ordnungs- und Bindungslosigkeit des individualistischen Zeitalters gefunden zu haben. So eröffnete er 1930 seine Streitschrift *Wider die Ächtung der Autorität* mit der Erklärung: »Solange es uns nicht gelingt, die moralische Ächtung der Autorität und der ihr zugeordneten Gewalt zu überwinden, kann es keine Gesundung unseres gesamten geistigen und politischen Lebens geben.«[40] Zwei Jahre später, inzwischen Ordinarius in Breslau geworden, forderte er in seiner Politischen Ethik den autoritären Staat, da nur unter dem Zwang der staatlichen Forderung die Menschen zu jenen Ordnungen zurückfinden könnten, in denen die Wahrheit von Gesetz und Evangelium offenbar werde. Es war daher nur folgerichtig, wenn Gogarten im Sommer 1933 den neuen Staat freudig begrüßte. »Der deutsche Mensch der Gegenwart«, so erklärte er Ende Mai, »dessen tiefste Not es war, daß er, wie ich das in meiner ›Politischen Ethik‹ ausgedrückt habe, niemandem mehr, keinem Gott und keinem Menschen, gehörte, er weiß wieder, daß er seinem Volk gehört und durch und in seinem Volk dem Staat, in dem der Wille des Volkes zur souveränen Macht geworden ist.«[41] Was er bisher nur als unbestimmte Behauptung vorgetragen hatte, nämlich die zentrale Bedeutung der politischen Ethik für die Predigt von Gesetz und Evangelium, das übertrug er nun mit Hilfe Stapelscher Kategorien auf den neuen Staat. »Die Herrschaft Jesu Christi«, so formulierte er im Sommer diesen entscheidenden Punkt, »trifft den Menschen in seiner irdischen Wirklichkeit. Denn sie trifft ihn da, wo er unter dem Gesetz steht, und zwar da, wo er von Natur, oder, wie ich lieber sagen möchte, wo er in seiner irdischen Geschichte unter dem Gesetz steht. Unter *dem* Gesetz, soll das heißen, das aus seiner Geschichte heraus seine Existenz regiert. Und das ist das Gesetz, der

Nomos des *Volkes*, und, wie man außerdem ausdrücklich sagen muß, das Gesetz *seines* Volkes.«[42]

Von da aus aber war es nur noch ein Schritt zur Rechtfertigung der deutschchristlichen Wahlparole »Einheit von Evangelium und Volkstum«, wie sie Gogarten zur Bestürzung vieler seiner Freunde Ende Juli in einer weitverbreiteten Kampfschrift vollzog. Der Breslauer Professor bekannte sich darin ebenfalls zu der Aufgabe, zu der sich in diesem Sommer nahezu die gesamte deutsche Theologie bekannte, nämlich »mit allem Ernst« darüber nachzudenken, »in welcher Weise uns Gottes Führung durch die politischen Ereignisse Anlaß gibt, seinem Wort neues Gehör zu schenken«.[43] Diese Aufgabe führte Gogarten zunächst zu einer denkbar umfassenden Bejahung des neuen Staates. Um des verfallenen Volkes willen müsse sein Gesetz »sehr hart, sehr uniform« sein. Denn wenn ein Volk, so lautete seine verwegene These, »das so außer Form geraten ist wie das unsere, wieder in Form gebracht werden soll, dann muß es zunächst in Uniform gebracht werden. Über Verarmung des Lebens mag sich da beklagen, wer nicht begreift, daß es jetzt nur gilt, die nackte Existenz zu retten.«[44] Dieser Kampf aber könne auch die Verkündigung der Kirche nicht unberührt lassen. Denn sie sei mit diesem Kampf dort verbunden, wo sie begreife, daß die deutschchristliche Wahlparole »von nichts anderem redet als von der Einheit von Gesetz und Evangelium. Denn das Gesetz ist uns in unserem Volkstum gegeben. Hier kann ich Stapel nur schlechtweg zustimmen.«[45] Dieses Gesetz und die Geltendmachung seines Herrschaftsanspruches gehörten ganz in den Bereich des Staates. Aufgabe und Auftrag der Kirche jedoch sei es – hier war Gogarten offensichtlich skeptischer als Hirsch und Stapel –, daß »das Volkstum in seinem Charakter als sittliches Gesetz« rein erhalten bleibe. »Und auch Rasse und Blut, die gewiß von Volkstum nicht zu trennen sind, sind von hier aus zu verstehen. Ihre Reinerhaltung kann nicht naturalistisch ... geschehen, sondern allein sittlich, von der Sitte her ...« Eben hier aber setze »die Aufgabe der Kirche« ein.[46]

Die Konsequenz dieser Position mußte im Sommer 1933 geradewegs zu den Deutschen Christen führen. Nachdem Gogarten noch im Mai den Aufruf der Jungreformatoren unterschrieben hatte, ließ er daher mit einer Gruppe von jüngeren schlesischen Pfarren am 4. August wissen, man wolle nicht mehr in »falschen Fronten« weiterkämpfen. »Ein Kreis von Theologen und Kirchenjuristen, der sich unter Führung von Professor Gogarten – Breslau seit Wochen ernstlich um die theologischen Gegenwartsfragen müht, hat sich darum entschlossen, unter Abgabe der anliegenden Erklärung als Gruppe in die Glaubensbewegung ›Deutsche Christen‹ einzutreten.« Diese Erklärung war ganz im Sinne der Gogartenschen Theologie gehalten und begründete das Aufnahmegesuch mit der Feststellung, daß der nationalsozialistische Staat mit seiner neuen Ordnung »eine notwendige Voraussetzung« dafür geschaffen habe, »daß die uneingeschränkte Verkündigung des für unsere Sünde gekreuzigten und erhöhten Herrn auf fruchtbaren Boden fallen kann«.[47] Im Herbst, als Gogarten gegenüber Georg Merz diesen Schritt noch einmal erklärte, klang es bereits wesentlich zurückhaltender. »Man muß Staat und Volk, die, ich will mich vorsichtig ausdrücken, mit Gesetz zu tun haben und Gesetz in irgendeiner Weise handhaben und repräsentieren, ernstgenommen haben, um sich im Namen des Evangeliums gegen sie wenden zu dürfen, wenn sie ihre Grenzen überschreiten.«[48] Dies hat Gogarten freilich wohl nie getan. Aber das Jahr war noch nicht zu Ende, als er seinen Austritt aus der Glaubensbewegung bekanntgab – nicht ohne sich von den Deutschen Christen Schlesiens nachsagen lassen zu müssen, er könne gar nicht austreten, weil er nie ordentliches Mitglied gewesen sei.[49] Dies war eine ironische Pointe jener mißverstandenen Bewegung, die Theologie insgesamt für erklärten Unsinn hielt.

Überraschend wie Gogartens Beitritt zur Glaubensbewegung blieb den Zeitgenossen Althaus' Zurückhaltung. Der Erlanger Systematiker war in den zwanziger Jahren einer der wichtigsten Vertreter der politischen Theologie in Deutschland gewesen, für die er mit seiner Lehre von der »Ur-Offenbarung«, der Selbstbezeugung Gottes auch in den geschichtlichen Ordnungen von Volk und Staat, einen wesentlichen, theologischen Beitrag geliefert hatte.[50] Vorsichtiger als sein Freund Hirsch freilich blieb Althaus' politische Theologie immer eine Ja-Aber-Theologie: die Selbstbezeugung Gottes in der Schöpfungsordnung des Volkes stand unter dem Aber seiner völligen Offenbarung in Jesus Christus. Und daran hielt Althaus nun auch in der »deutschen Stunde der Kirche« fest. So konnte er zwar ein großes Stück weit mitgehen mit denjenigen, die im Umbruch der Zeit unmittelbar die Stimme Gottes vernahmen. »Wenn die geschichtliche Ordnung des Volkstums oder des Staates«, so schrieb er unter dem Eindruck der Ereignisse, »Gewalt über unser Herz gewinnt . . ., dann erfahren wir im Ernste und unmittelbar, was ein Kriegsfreiwilliger von 1914 für die vielen aussprach: ›Uns ruft Gott.‹ Und wenn die Bestimmung unseres Volkes zum wahrhaften und würdigen Leben in Zeiten des Wahns und des Vergessens durch eines Führers Fordern den vielen neu zum Gesetz wird, dann haben sie in Wahrheit mehr als eines Menschen Stimme gehört.«[51] Aber, so meinte er zugleich auch, »die Substanz des geschichtlichen Erlebens muß in das Licht des biblischen Gotteszeugnisses gerückt werden. Sonst verfällt sie heidnischer Deutung. Volkstum, Staat, Führertum werden absolutiert und damit dämonisiert. Davor zu behüten ist die erste große Aufgabe der Verkündigung.«[52]

Kirchlich-politisch führte diese Haltung genau zu jenem mittleren Kurs, den die bayerische Landeskirche – gewiß nicht unbeeindruckt von den Argumenten aus Erlangen – einschlug. Tatsächlich dürfte Althaus' Position in dieser Zeit weithin der landeskirchlichen Normaltheologie entsprochen haben, die sich weit für die Glaubensbewegung öffnete, ohne das letzte Aber – kirchenpolitisch die Forderung der kirchlichen Selbständigkeit – ganz aufzugeben.

Politische Theologie ist an keine Konfession gebunden. Wo die kirchliche Ethik zur Schlüsselfrage theologischen Verstehens und kirchlichen Handelns wird, da bestimmt das politische Thema die Theologie und nicht die Theologie das politische Thema. Der Sommer 1933 liefert für diesen Tatbestand einen überraschend eindrucksvollen, bisher zu wenig beachteten Beweis. Denn in diesem Sommer kam es auch zwischen der *katholischen* Universitätstheologie und der nationalsozialistischen Revolution zu einer Begegnung, die kaum weniger stürmisch verlief als auf evangelischer Seite. Dies war in mancher Hinsicht überraschend. Der Katholizismus hatte bisher keine vergleichbare politische Theologie entwickelt[53], vielmehr stand die völkische Ideologie des Nationalsozialismus bis zum März 1933 unter dem ausdrücklichen Verbot der Kirche, an das sich auch die Universitätstheologie zu halten hatte und hielt. Auch kirchenpolitisch bestand keine Nötigung zur Entscheidung. Die Konkordatspolitik der Kurie war theologisch unangefochten; einen Streit wie in der evangelischen Kirche gab es nicht. So war es allein die geistige Gewalt und Überzeugungskraft der deutschen Stunde, die nun auch die katholische Theologie ergriff. Sie öffnete sich mehr und mehr der Überzeugung, daß es – wie der junge Münsteraner Systematiker Michael Schmaus formulierte – nicht nur »eine selbstverständliche Forderung der Zeit« sei, »sich rückhaltlos in den neuen Staat einzuordnen, sondern auch« – und hier begann der Schritt zur politischen Theologie – »die geistigen Grundlagen der nationalsozialistischen Weltanschauung zu würdigen«.[54]

Zu den ersten, die Stellung bezogen, gehörte der Braunsberger Theologe Karl Eschweiler. Aus der gleichen Generation wir Hirsch, Gogarten und Althaus stammend, hatte Eschweiler seit 1928 den systematischen Lehrstuhl an der angesehenen ermländischen Akademie inne und zählte ohne Zweifel zu den geistvollsten Vertretern seines Faches. Sein 1926 erschienenes Buch *Die zwei Wege der neueren Theologie*, eine glänzende Verteidigung der Neuscholastik, die er als den »Weg der dogmatischen Selbstbesinnung« von einer rationalistischen Theologie »der apologetischen Auseinandersetzung« abgrenzte, gehörte zu Recht zu den meistdiskutierten theologischen Werken der Zeit.[55] Gerade der neuscholastische Thomismus aber, der die zeitgemäße Erneuerung der Lehre des großen Aquinanten vertrat, erwies sich nun in seiner deutschen Spielart als überraschend offen für die politische Theologie der Zeit. Im ersten Juniheft des *Deutschen Volkstums*, neben Gogartens aufsehenerregendem Beitrag über »Die Selbständigkeit der Kirche« stand ein Aufsatz von Karl Eschweiler, »Die Kirche im neuen Reich«, der diesen neuthomistischen Zugang zum Nationalsozialismus zum ersten Mal klar entwickelte. Der Aufsatz begann mit einer Analyse der kirchenpolitischen Situation, die der Braunsberger Theologe durch die Garantien der Regierungserklärung vom 23. März auf der einen Seite und die bischöfliche Antwort vom 28. März auf der anderen Seite als entspannt ansah. Einen wesentlichen Beitrag zu dieser Entspannung lieferte nach Eschweilers Überzeugung die Distanzierung des Episkopats vom Zentrum, die er seit Anfang April zu beobachten glaubte. Erst nach dieser Klärung kam Eschweiler auf den entscheidenden Punkt: die völkische Weltanschauung. »Steht ... der völkische Gedanke«, so formulierte er die Frage, »der die nationalsozialistische Weltanschauung beherrscht, tatsächlich in unlösbarem Widerspruch zur katholischen Wahrheit? Oder ist der politisch bis zur bischöflichen Verurteilung gesteigerte Gegensatz nicht ein Mißverständnis, das zwar sowohl in der geistigen Verfassung des deutschen Katholizismus wie in der literarischen Aufmachung des völkischen Freiheitskampfes sehr real begründet war, aber darum doch ein auflösbares Mißverständnis bleibt?« Was Eschweiler zur Auflösung dieses Mißverständnisses beitrug, war nicht weniger als der Nachweis, daß der Artikel 24 des Parteiprogrammes – »Wir fordern die Freiheit aller religiösen Bekenntnisse im Staat, soweit sie nicht ... gegen das Sittlichkeits- und Moralgefühl der germanischen Rasse verstoßen« – in Wahrheit eine philosophische Grundlehre des Thomas wiederhole. Der Aquinate nämlich habe gelehrt, daß die gotterkennende Seele, die anima intellectiva, lebendig sei in der una et unica forma corporis, der »Einheit und Einzigkeit der Wesensform«: »Nicht obwohl, sondern gerade weil die geistige Seele als substantialer Persongrund unmittelbar dem Schöpferwillen entspringt, bildet sie mit ihrem erbmäßig bestimmten animal eine Einheit, die inniger ist als die zwischen Blut und Knochen dieses Lebewesens.« Nach Eschweilers Überzeugung ging es hier um mehr als bloß eine Schulmeinung.

»Wo nämlich die Meinung herrscht, das sogenannte Biologische sei für das menschliche Denken, Wollen und Handeln etwas Beiläufiges und Nebensächliches, da ist zugleich jede echte Philosophie, wahre Sittlichkeit und jedes gute Recht unmöglich geworden.«[56] Aber nicht nur in der philosophischen Anthropologie des Aquinaten fand Eschweiler die Rechtfertigung des völkischen Ansatzes; auch das große Schema von Natur und Übernatur erwies sich dafür als aufnahmefähig. Eschweiler definierte den Begriff »Sittlichkeits- und Moralgefühl der germanischen Rasse« theologisch als »actus primus vel naturalis, in quo Creator nos conservat et parentes nostros«. Damit aber konnte er fortfahren: »Es ist eine katholische Selbstverständlichkeit, daß die Gnade des göttlichen Glaubens in den Deutschgeborenen ihre eigentümlichen gottgeschaffenen Naturanlagen nicht zerstört, sondern voraussetzt, ja die heiligste Verpflichtung enthält, sie gegen die bösen Neigungen – es gibt auch artliche Folgen der Erbsünde – zu behaupten und zu entfalten.« Es war schlechterdings der gleiche Schluß, zu dem auch Hirsch und Stapel und Althaus und viele, viele andere auf evangelischer Seite gekommen waren, wenn Eschweiler erklärte: »Wer den Schöpferwillen Gottes mißachtet, verschließt sich eben dadurch seinem Gnadenwillen; und das Gnadengeheimnis der Kindschaft Gottes setzt die natürliche Volksgemeinschaft nicht als zufälliges und gleichgültiges Praeambulum voraus, sondern ist seine Erhebung und Erfüllung.« Eben daraum aber – und auch hierin glichen sich die evangelische und die katholische Denkfigur – bedurften Nationalsozialismus und Kirche einander. Niemand etwa, so meinte Eschweiler, werde den Nationalsozialismus vor der Gefahr bewahren, dem heroischen Unglauben eines Friedrich Nietzsche zu verfallen, »wenn er nicht in der Kirche Christi seine Zucht und Ordnung« finde.[57]

Eschweilers Aufsatz enthielt das Interpretationsschema, das nun vielfach von der katholischen Universitätstheologie – fast durchweg ebenfalls neuthomistisch orientiert – aufgenommen und wiederholt wurde. Noch sehr viel weiter in diese Richtung ging Ende Juli ein Mann, der zu den bekanntesten deutschen Theologen überhaupt gehörte, der Tübinger Systematiker Karl Adam. Der 57jährige war Mitte der zwanziger Jahre mit seinem Buch *Das Wesen des Katholizismus* berühmt geworden. Alsbald in alle großen Weltsprachen übersetzt, stand dieses Buch für jenen deutschen Reformkatholizismus, der hier zu Wort kam, ein Katholizismus, der sich gerade auch im Vergleich mit dem Protestantismus ganz auf der Höhe der Zeit fühlte, »als das volle starke Ja zum ganzen Menschen, zum Menschen der Fülle in all seinen Lebensbeziehungen«.[58] Diese Entschlossenheit zur Modernität der Kirche, verbunden mit der traditionellen Ablehnung »westlicher« Gedanken führte Adam 1933 dazu, den Katholizismus nun auch auf die nationale Revolution hin auszulegen. Sein Aufsatz »Deutsches Volkstum und katholisches Christentum«, erschienen im Spätsommer in der ältesten wissenschaftlichen Zeitschrift des deutschen Katholizismus, der *Theologischen Quartalschrift*, verriet nicht nur den allgemeinen Enthusiasmus über die Wende der deutschen Dinge, sondern auch das Bemühen, das katholische Denken gegenüber dem protestantischen in eine noch größere Nähe zu Volk und Volkstum zu rücken.

Wie stark der Tübinger Theologe die geschichtliche Kraft der nationalen Revolution empfand, zeigte seine messianisch klingende Deutung Hitlers, des Mannes, der zunächst unerkannt »aus dem Süden, aus dem katholischen Süden« gekommen war. »Aber es kam die Stunde, da wir ihn sahen und erkannten«, schrieb Adam. »Und nunmehr steht er vor uns als der, den die Stimmen unserer Dichter und Weisen gerufen, als der Befreier des deutschen Genius, der die Binden von unseren Augen nahm und uns durch alle politischen, wirtschaftlichen, gesellschaftlichen, konfessionellen Hüllen hindurch wieder das eine wesenhaft sehen und lieben ließ: unsere bluthafte Einheit, unser deutsches Selbst, den homo Germanus.«[59]

Die Frage und Aufgabe, die Adam von diesem geschichtlichen Augenblick gestellt sah, lautete: »Welche realen fruchtbaren Zusammenhänge bestehen zwischen Christentum und Volkstum? Und welche Forderungen erwachsen hieraus für uns Katholiken ...?«[60] Die Antwort war in zweifacher Hinsicht geplant, nämlich was das deutsche Volkstum dem katholischen Christentum und umgekehrt, was das katholische Christentum dem deutschen Volkstum zu geben hätte.

Schon der erste Satz der Ausführung zum 1. Teil wies auf das thomistische Schema: »Die Angewiesenheit des katholischen Christentums auf das lebendige nationale Volkstum ist eine unmittelbare Folgerung aus jenem Hauptsatz, mit dem die katholische Kirche und ihre Theologie das Verhältnis der Übernatur zur Natur beschreibt: ›Die Gnade setzt die Natur voraus‹ (gratia supponit naturam).« Weil dies die Grundlage des katholischen Christentums sei, werde schon hier deutlich, »wie ungleich umfassender und inniger das katholische Christentum sein Verhältnis zum Volkstum versteht und nimmt denn das evangelische«. Nach evangelischem Verständnis gebe es für die Gnade schlechterdings keinen Anknüpfungspunkt in der gefallenen Natur: Die neue Gerechtigkeit sei und bleibe Fremdgerechtigkeit (iustitia Christi extra nos);

zwischen der Natur und ihrer Entfaltung im Volkstum klaffe daher »eine tiefe, unüberwindliche Kluft«. So liege für die protestantische Betrachtungsweise »ein Hauch müder Resignation über den Kräften des Volkstums, über seinem ›Blut‹. Das Licht des Evangeliums strahlt zwar über ihm, aber nicht in ihm.« Ganz anders dagegen sehe der katholische Christ die Dinge. Nach dem zweiten Hauptsatz der katholischen Theologie: »Die Gnade zerstört nicht die Natur, sondern ergänzt und vollendet sie (gratia non destruit, sed complet et perficit naturam)« bedingten »Natur und Übernatur, Blut und Geist« einander. Das Grundlegende und der Träger der neuen Synthese aber sei »nicht der neue Geist, sondern das alte Blut, die nature humana«. »An dem Blut, im Blut, durch das Blut« werde der Geist wirksam.[61]

Hier konsequent weiterdenkend kam Adam schließlich auch zu einer entschiedenen Bejahung der nationalsozialistischen Rassenpolitik. Die »Reinheit und Frische« des deutschen Blutes zu wahren und durch Gesetze zu sichern, »sei eine Forderung der deutschen Selbstbehauptung«, die aus jener geordneten Selbstliebe entspringe, »die für die christliche Moral die natürliche Voraussetzung unserer Nächstenliebe ist«. Da die jüdische Gesetzgebung, die die Reinheit der Rasse zu sichern hatte, durch die alttestamentliche Gottesoffenbarung legitimiert sei, könne man behaupten: »Die deutsche Forderung der Blutreinheit liegt in der Linie der alttestamentlichen Gottesoffenbarung..« Freilich werde das christliche Gewissen »bei der Durchführung der staatlichen Verordnungen auf Gerechtigkeit und Liebe« dringen und es ablehnen, »mit der national-politischen Abwehr des Judentums eine moralische Verfemung der jüdischen Eigenart zu verbinden«.[62]

So charakteristisch dieser Beitrag für die politische Mode des Jahres 1933 war, so charakteristisch war auch die Tatsache, daß die am Schluß angekündigte Fortsetzung nie erschien. Mit dem Ende des Jahres gingen in beiden Kirchen durchwegs auch die Illusionen zu Ende, die zu so verwegenen theologischen Entwürfen geführt hatten. Karl Adam geriet schon im Januar 1934 wegen einer öffentlichen Kritik an der Deutschen Glaubensbewegung Hauers unter den heftigen Beschuß der Partei, und nur des Eingreifen Papens verhinderte schlimmeres.[63]

Während Eschweiler und Adam die Begegnung zwischen Katholizismus und Nationalsozialismus vor allem systematisch begründeten, ging Michael Schmaus eher praktisch vor. Der damals 36jähre, bekannt geworden durch Arbeiten über Augustin und Thomas, war im Frühjahr 1933 auf den Lehrstuhl für systematische Theologie in Münster berufen worden und hatte im Juli auf

Bitten der katholisch-theologischen Fachschaft einen vielbeachteten Vortrag über »Begegnungen zwischen katholischem Christentum und nationalsozialistischer Weltanschauung« gehalten. Im August erschien dieser Vortrag als erstes Heft einer neugegründeten Schriftenreihe *Reich und Kirche*, die – »getragen von der Überzeugung, daß zwischen der natürlichen völkischen Wiedergeburt unserer Tage und dem übernatürlichen Leben der Kirche kein grundsätzlicher Widerspruch besteht« –, »dem Aufbau des Dritten Reiches aus den geeinten Kräften des nationalsozialistischen Staates und des katholischen Christentums dienen« sollte.[64]

Schmaus stellte zunächst das Wesen der nationalsozialistischen Bewegung dar, die er als »den schärfsten und wichtigsten Protest gegen die Geistigkeit des 19. und 20. Jahrhunderts« begriff. Sie setze »an die Stelle des mechanistischen Weltbildes die organische Weltanschauung, an die Stelle der liberalistischen und individualistischen Lebenserhaltung die Bindung an das Gegebene, an die Erde, an die Gemeinschaft«. Ihre tragenden Ideen seien »Gemeinschaft, Volk, Bindung, Autorität«.[65] Von hier aus war es nun ein leichtes, die Anknüpfungspunkte für die Begegnungen zwischen Nationalsozialismus und Katholizismus zu finden: der Antiliberalismus; das Ja zur naturgewachsenen Gemeinschaft, zum Volk und zum Volkstum; die starke Betonung der Autorität; schließlich der gemeinsame Erlebnischarakter von politischer Bewegung und Glauben, all das verband nach Schmaus' Überzeugung die Kirche eng mit dem neuen Staat. Ähnlich wie auf protestantischer Seite und mit ausdrücklichem Hinweis auf Stapel floß auch bei Schmaus ein Stück völkisch-nationaler Geschichtsphilosophie mit ein: »Da im Hintergrund aller Geschichte der göttliche Wille steht«, so erklärte er, »können wir aus der Geschichte ohne Furcht uns zu täuschen ablesen, daß Gott dem deutschen Volke eine der größten Aufgaben zudachte.«[66] Das theologische Erkenntnis- und Deutungsschema dieser »Begegnungen« war bei dem Münsteraner Systematiker wie in der ganzen katholischen Theologie das Schema von Natur und Übernatur. Die »Besitzgemeinschaft« von nationalsozialistischer Ideologie und katholischem Christentum, zu der Schmaus fand, war am Ende nur ein Zeugnis dafür, »daß die Übernatur die Natur anerkennt und voraussetzt, daß die Übernatur die Natur vollendet, daß der Gott der Schöpfung und der Gott der Erlösung ein Gott ist«.[67]

Um »die Erkenntnis grundlegender Verwandtschaften zwischen Nationalsozialismus und Katholizismus« ging es schließlich auch dem Braunsberger Kirchenhistoriker Joseph Lortz. Das Werk, das Lortz berühmt machte, die

Geschichte der Kirche in ideengeschichtlicher Betrachtung, war 1932 gerade erschienen – 1965 erreichte es die dreiundzwanzigste Auflage.[68] Jetzt, im Sommer 1933, verwies Lortz ausdrücklich auf diese Arbeit als die »rechtfertigende Unterlage« und »weitere Deutung« seiner Position.[69] Es gab gewiß nach Herkunft, Charakter und Theologie kaum verschiedenere Männer als den Braunsberger Reformationstheoretiker Lortz und den Tübinger Reformationshistoriker Hanns Rückert. Der eine war Preuße, streng bis zur Schroffheit, und bis an sein Lebensende überzeugt von der unverändert fortdauernden Wahrheit der Sache Luthers gegen den Katholizismus. Der andere war Luxemburger, von lebhaftem, beweglichem Wesen, und versuchte als einer der ersten, Luthers Sache auch in der katholischen Kirche ein relatives Recht zu verschaffen. Um so bemerkenswerter war es, daß Lortz im Sommer 1933 die große Aufgabe der Zeit vor den Königsberger Studenten auf die gleiche Weise beschrieb, wie Hanns Rückert dies zur selben Zeit vor den Tübinger Studenten tat. Für Hanns Rückert war die Kirche durch die nationale Revolution vor die Frage gestellt, »ob sie die innere Kraft besitzt, um eine große Wende des deutschen Schicksals von Gott her zu deuten und gestaltend an ihr Anteil zu nehmen«.[70]

Und für Lortz galt es ebenfalls, zu »einer von innen kommenden Zustimmung« zu finden. »Der Nationalsozialismus«, so lautete seine entscheidende Begründung, »ist heute nicht nur rechtmäßiger Inhaber der staatlichen Gewalt in Deutschland, er ist, kaum ein paar knappe Monate nach der Übernahme der Macht, der deutsche Staat selbst; dieser Staat steht in einem wahrhaft entscheidenden Kampf um die Rettung des Volksganzen in jedem Bezug; er hat durch die erwähnten Erklärungen und durch das Konkordat mit der Kurie seinen Frieden mit der Kirche gemacht; er strebt in einer in Deutschland bisher ungeahnten Wucht zur Verwirklichung der inneren Einheit aller Volksgenossen: in denkbar eindringlicher Weise ist damit von verschiedensten Gebieten her dem deutschen Katholizismus die Aufgabe einer von innen kommenden Zustimmung zum Nationalsozialismus gestellt. Diese Aufgabe wird für die Kirche in Deutschland entscheidend sein. Nicht minder für den Nationalsozialismus.«[71]

Die Sätze, mit denen Lortz seine Schrift schloß, enthielten die gemeinsame Überzeugung der politischen Theorie, die *vor* aller konfessionell verschiedenen Entfaltung stand. Rückert und Hirsch, Stapel und Gogarten, Eschweiler, Adam und Schmaus und viele, viele andere hätten genauso oder doch ähnlich formulieren können: »Entweder reißt diese Bewegung hindurch zur Rettung, oder wir landen im Chaos. Niemand mehr leugnet diese unerbittliche Konsequenz. Das Chaos aber wäre die Vernichtung der Nation und der Ruin der deutschen Kirche. Das schließt die Diskussion.«[72]

Die politische Theologie gehörte zweifellos zu den erstaunlichsten Entwicklungen des Jahres 1933. Denn im Unterschied zu den Deutschen Christen ging es hier offensichtlich nicht um Macht, sondern um Erkenntnis. Nicht die kirchenpolitische Herrschaft stand in Frage, sondern die theologische Wahrheit. Tatsächlich lag die Eigentümlichkeit der politischen Theologie nicht in der bloßen – wenn auch besonders betonten – Zustimmung zum Nationalsozialismus. Die Zahl derjenigen, die den Nationalsozialismus bejahten, reichte in beiden Kirchen weit über den Kreis der politischen Theologie hinaus. Die Eigentümlichkeit lag vielmehr darin, daß die politische Revolution hier zu einem *theologischen* Erkenntnisprinzip wurde, zum Ausgangspunkt eines theologischen Denkens, das sich von daher neu verstehen zu müssen meinte. Nur so erklärt sich die überraschende Parallelität der Entwicklung in beiden Kirchen. Denn war die nationale Revolution als theologisches Erkenntnisprinzip einem theologischen System erst einmal vorgeordnet, war also die Notwendigkeit anerkannt, daß hier ein von der Theologie schlechthin theologisch zu verstehendes und zu deutendes Ereignis vorlag, so rückte die theologische Systematik der Deutung gleichsam an zweite Stelle. Ob man die nationale Revolution dann im Rahmen einer christlichen Geschichtsphilosophie interpretierte wie Emanuel Hirsch, ob man sie im Verhältnis von Gesetz und Evangelium wiederfand wie Gogarten, oder ob man das thomistische Schema von Natur und Gnade bemühte wie Eschweiler und Adam: Das Ergebnis war in allen Fällen das gleiche, nämlich daß Nationalsozialismus und Christentum, Drittes Reich und Kirche sich gegenseitig bedingten, erklärten, aufschlössen und zu verantworten hatten. Die Solidarität mit der nationalsozialistischen Bewegung nicht aus politischen, sondern aus theologischen Gründen: Das war die Forderung der politischen Theologie im Sommer 1933. Und dies war also offensichtlich nur vordergründig ein politisches, in Wahrheit jedoch ein theologisches Problem.

Die Argumentation in dieser Frage erwies sich nun freilich als außerordentlich schwierig. Denn man konnte der politischen Theologie ja nicht einfach eine andere politische Theologie entgegensetzen, in der die Stelle des Nationalsozialismus etwa durch die westliche Demokratie oder den Marxismus eingenommen wurde. Eine Argumentation auf dieser Ebene, wie sie die religiösen Sozialisten in den zwanziger Jahren versucht hatten, hätte die politische Theologie gerade nicht getroffen. Hier hätte lediglich Ideologie gegen Ideologie gestanden, etwa ein theologisch interpretierter Nationalsozialismus gegen einen theologisch interpretierten Marxismus. Damit war wenig anzufangen, zumal diese ideologische Auseinandersetzung im Sommer 1933 ja zunächst einmal entschieden schien. Die Möglichkeit, gegen die politische Theologie zu argumentieren, indem man ihr eine andere politische Theologie entgegensetzte, war weder grundsätzlich noch praktisch sinnvoll. Aber auch die andere Möglichkeit, der politischen Theorie zu begegnen, indem man der Kirche als Kirche überhaupt das Recht zum politischen Urteil bestritt, war kaum überzeugend. Vielmehr hatte die politische Theologie zweifellos recht, wenn sie behauptete, daß die Theologie und Kirche – ob sie nun politisch urteilten oder nicht – doch immer auch politisch seien; und daß eine Verkündigung, die die politische Wirklichkeit grundsätzlich nicht träfe, schlechterdings nicht Verkündigung des Wort Gottes sei.

Konnte man gegen die politische Theologie also weder grundsätzlich politisch noch grundsätzlich unpolitisch argumentieren, so blieb nur die *theologische* Argumentation, nämlich die Frage, ob das politische Urteil der politischen Theologie als ein wesentlich theologisch begründetes einer theologischen Überprüfung standhielt. Es ging also nicht um die Frage, ob die politische Entscheidung der deutschen Theologie für den Nationalsozialismus richtig war, und auch nicht um die Frage, ob die Theologie denn überhaupt politisch urteilen könne, sondern ganz allein darum, ob dieses politische Urteil auf eine theologisch richtige Weise zustande gekommen war. Der Mann, der diese Frage zum Schlüssel der ganzen kirchlichen Auseinandersetzungen machte, war Karl Barth.

Seit seiner Trennung von den Religiösen Sozialisten hatte Karl Barths ganze Leidenschaft dem Kampf um die Freiheit der Theologie von allen fremden – auch den fremden politischen – Bindungen gegolten. Wie wenig er in diesem Zusammenhang bereit war, sich auch in extremen Situationen auf die Argumentation der politischen Theologie einzulassen, hatte 1931 seine Stellungnahme zum Fall Dehn gezeigt. Als er schließlich nach längerem Zögern in diesen Streitfall eingriff, da gab er gerade nicht eine politische Solidaritätserklärung für Dehn ab, sondern erhob die Forderung, die ganze Frage endlich dort zu verhandeln, wohin sie gehörte, nämlich in der Theologie. Und als er dann gegenüber Hirsch seine Position noch einmal erläuterte, da tat er dies mit einer Reihe von ungemein bezeichnenden Wendungen, die den Grund dieser Forderung deutlich machten. »Wie konnte ich Sie«, so erwiderte er damals dem politischen Theologen Hirsch, »an ein Oberhalb und Jenseits der politischen Erregung erinnern wollen – ... Vielleicht ein ›Gott‹, vielleicht ein ›Evangelium‹, vielleicht eine ›Kirche‹, die eine schlechterdings selbständige und überlegene Leidenschaft für sich in Anspruch nehmen könnten? ... Vielleicht eine Theologie, die auch im Angesicht der Politik gerade nicht Politik würde, sondern Theologie bliebe?«[73]

Als Barth im nächsten Jahr das Vorwort zum neuen ersten Band seiner *Dogmatik* schrieb, nahm er das Thema vom Primat der Theologie ausdrücklich wieder auf. Unter den Gründen, die »das Unternehmen einer Dogmatik der evangelischen Kirche in der heutigen Zeit« rechtfertigten, nannte er betont auch seine Überzeugung, »daß es zu den Klärungen besonders auf dem weiten Feld der Politik, die heute nötig sind und zu denen die Theologie heute ein Wort sagen möchte (wie sie denn auch in der Tat ein Wort dazu zu sagen haben sollte!) nicht kommen kann, ohne daß es zuvor zu denjenigen umfassenden Klärungen in der Theologie und über die Theologie selbst gekommen ist, um die es hier gehen soll.« Es ging hier also weder um eine politische Theologie noch um eine unpolitische Theologie, sondern um eine Theologie, die »zuvor« – nämlich bevor sie politische Urteile fällte – sich über sich selbst klar geworden war. Im Gegensatz zur politischen Theologie, die sich nach seiner Überzeugung ihren Standort von den politischen Ereignissen geben ließ, war Barth entschlossen, den politischen Ereignissen ihren Standort in der Theologie zu geben. »Die sog. Ethik«, so erklärte er darum, »verstehe ich als die Lehre von Gottes Gebot und halte es nicht für richtig, sie anders denn als einen integrierenden Bestandteil der Dogmatik zu behandeln oder eine Dogmatik vorzutragen, die jene nicht in sich schlösse.« Damit war jede Verselbständigung der politischen Ethik gegenüber der Dogmatik, wie sie für alle Entwürfe der politischen Theologie so charakteristisch war, ausgeschlossen. Auch wo die ethischen Begriffe im einzelnen zu behandeln waren, deutete er im folgenden an. Danach sollte »der Begriff des Gebotes Gottes im allgemeinen« nicht im Rahmen der Lehre von der Schöpfung – Gottes Gebot also in der Geschichte oder in der Natur – zur Sprache kommen, sondern am Schluß der Lehre von Gott. »Über das Gebot Gottes unter dem Gesichtspunkt der *Ordnung* wird am Schluß der Lehre von der Schöpfung, unter dem Gesichtspunkt des *Gesetzes* am Schluß der Lehre von der Versöhnung, unter dem Gesichtspunkt der *Verheißung* am Schluß der Lehre von der Erlösung gehandelt werden.«[74]

Karl Barth selbst empfand den Punkt, den er mit diesem neuen ersten Band seiner Dogmatik erreicht hatte, als Endpunkt und Anfangspunkt zugleich. Er empfand ihn als Endpunkt einer Entwicklung, in der er Schritt für Schritt alle philosophischen, politischen und gesellschaftlichen Bedingungen als Bedingungen theologischen Erkennens aus der Theologie ausgeschieden hatte. Diese Entwicklung reichte nach seiner Überzeugung lange zurück. Mehr als zweihundert Jahre hatte sie die protestantische Theologie bestimmt. Dies machte die Radikalität verständlich, mit der Barth nun argumentierte. Er nannte die Linie Schleiermacher-Ritschl-Herrmann und erklärte, »in jeder denkbaren Fortsetzung dieser Linie nur das klare Verderben der protestantischen Theologie und Kirche erblicken« zu können. Entweder die Theologie gründe sich allein auf das Wort Gottes, oder sie müsse den katholischen Weg gehen. Nach Barths Überzeugung gab es jetzt »zwischen dem nur auf römisch-katholischem Boden legitimen Spiel mit der analogia entis, zwischen der Größe und dem Elend einer angeblichen Gotteserkenntnis im Sinne des Vatikanums und einer aus ihrer eigenen Quelle sich nährenden, auf ihren eigenen Füßen stehenden, von jenem säkularen Elend endlich befreiten protestantischen Theologie keine dritte Möglichkeit mehr«. Dadurch, daß dies nun klar war, bedeutete der erreichte Punkt aber zugleich auch einen Anfangspunkt. Denn von hier aus konnte eine Theologie, die nichts als Theologie sein und bleiben wollte, neu begründet und entfaltet werden.[75]

Der erste Vortrag Barths, der im Dritten Reich entstand, und den er am 10. und 12. März 1933 in Kopenhagen und Aarhus hielt, wiederholte und bestätigte die hier erreichte Position. Er hieß: »Das erste Gebot als theologisches Axiom«. Es gibt unter der Fülle sehr viel berühmterer Aufsätze Barths keinen, der seine späteren theologischen und politischen Entscheidungen kürzer, klarer und eindrücklicher begründete als dieser.

Ausgangspunkt war das einfach und jedermann bekannte erste Gebot: »Ich bin der Herr, dein Gott! Du sollst keine anderen Götter neben mir haben!« Barth erklärte im Anschluß an Luthers Kleinen Katechismus die anderen Götter als dasjenige, »worauf ein Mensch sein Vertrauen setzt, dem er Glauben schenkt, von dem er erwartet, daß er ihm gebe, was er liebt, und ihn bewahre vor dem, was er fürchtet«. Das Gebot räume ausdrücklich ein, daß es solche Götter wirklich gebe, wie es denn auch voraussetze, »daß es Völker gibt, die sie als Götter *haben*, die diesen Göttern ihr *Herz* schenken«.

Die Frage, die Barth daran anschloß, war die nach der Bedeutung des ersten Gebotes für die Theologie. Dieses Gebot, so meinte er, enthielte eine dreifache Verantwortlichkeit. Wenn die Theologie es für nötig hielte, Begriffspaare wie »Offenbarung *und* Schöpfung, Offenbarung *und* Uroffenbarung, Neues Testament *und* menschliche Existenz, das Gebot *und* die Ordnungen« zu bilden, dann werde sich ihre Verantwortlichkeit zunächst darin zeigen, »daß sie in merklich erhöhtem Ernst und Interesse von der Offenbarung, und nur beiläufig und um der Offenbarung willen von jener anderen Instanz reden wird«. Und wenn es die Theologie weiter in der Tat nicht unterlassen könne, »indem sie von der Offenbarung redet, auch vom Menschen, von Vernunft und Erfahrung, von Geschichte und geschöpflicher Existenz und dann gewiß auch von Volkstum, Sitte und Staat zu reden, dann« – und hierauf lag nun wiederum das ganze Gewicht der Argumentation – »wird sich diese Verantwortlichkeit darin zeigen, daß sie jene anderen Instanzen nach Maßgabe der Offenbarung und nicht etwa die Offenbarung nach Maßgabe jener anderen Instanzen interpretieren wird. Sie wird nicht mit einem auf der Erde aufgestellten Scheinwerfer den Himmel abzuleuchten suchen, sondern sie wird versuchen, die Erde im Lichte des Himmels zu sehen und zu verstehen.« Endlich werde die Theologie bei allen diesen Beziehungen ihre Verantwortlichkeit darin zeigen, daß es »unter allen Umständen keine Möglichkeit der Vermischung oder Vertauschung, keine Möglichkeit der Identifizierung der beiden Begriffe geben wird«.[77]

Wenn aber die damit gestellte Frage nach den »anderen Göttern« für die protestantische Theologie nicht bestimmt zu verneinen sei, wenn also anderes in ihr mitregiere, so sei sie in Wahrheit katholisch. Denn dies sei eben das Wesen der katholischen Kirche, die analogia entis: »Sie weiß *auch um Christus, auch* um den Glauben. Aber sie ist groß in der Kunst, ihr Herz zwischen Gott und den Göttern zu teilen. Sie weiß neben Christus noch um eine heilsnotwendige zweite Instanz, sie weiß um ein jenem ›Oben‹ in seinem Dasein und Sosein analoges, in seiner immanenten Struktur zu ihm hingeordnetes ›Unten‹: um den Menschen mit seiner Fähigkeit, auf Grund der Gnade mit der Gabe zur Ehre Gottes und zu seinem eigenen Heil zusammenzuarbeiten.« Führten so viele Straßen nach Rom zurück, so sei um so mehr daran festzuhalten, daß die evangelische Theologie heute »aller und jeder natürlichen Theologie den Abschied geben und es wagen sollte, in jener Frage, in jener Isolierung, allein an dem Gott zu hängen, der sich in Jesus Christus offenbart hat.«[78]

Der unbedingte Primat der Theologie vor der Politik, den Barth forderte – einer Theologie, »die auch im Angesicht der Politik gerade nicht Politik würde, sonder Theologie bliebe« –, war also nicht nur eine formale Entscheidung, sondern sie entsprach dem Inhalt der Theologie, dem ersten Gebot als theologischem Axiom, das andere Götter neben Gott schlechterdings verbot.

Dies bedeutete konkret, daß sich Theologie und Kirche – soweit es um grundsätzliche Entscheidungen ging – nicht dem Faschismus verschreiben durften, aber auch nicht dem Antifaschismus; nicht dem Kommunismus, aber auch nicht dem Antikommunismus.

Karl Barth ist dieser Linie sein Leben lang treu geblieben. Wenn er nach 1945 viele Leute dadurch ärgerte und verwirrte, daß er sich nicht in die antikommunistische Linie der westlichen Politik einordnen wollte, so war dies doch nur die gleiche Entscheidung, die ihn 1933 davon abhielt, einen kirchlichen Antifaschismus aufzubauen.

So war durch die theologische Position zugleich die politische und die kirchliche Position Barths im Dritten Reich vorgezeichnet. Es war eine Position, die das eigene politische Urteil durchaus erlaubte, ja forderte, die aber von diesem politischen Urteil die Zukunft von Theologie und Kirche schlechterdings nicht abhängig zu machen bereit war.

Was das politische Urteil betraf, so war und blieb Karl Barth auch im Dritten Reich bis zu ihrem Verbot Mitglied der SPD. Wie er diese Mitgliedschaft verstand, machte er Anfang April gegenüber Paul Tillich deutlich. »Die Zugehörigkeit zur S.P.D.«, so ließ er Tillich wissen, »bedeutet für mich nicht das Bekenntnis zur Idee und Weltanschauung des Sozialismus. Ich kann mich nach meiner Auffassung von der Exklusivität des christlichen Glaubensbekenntnisses zu keiner Idee noch Weltanschauung in einem ernsthaften Sinne ›bekennen‹.« So sei ihm auch der Marxismus gleich nah und gleich fern wie etwa der heute herrschende Nationalismus. Wenn er trotzdem Mitglied der SPD sein und bleiben wolle, so bedeute dies schlechterdings eine praktisch-politische Entscheidung. »Vor die verschiedenen Möglichkeiten gestellt, die der Mensch in dieser Hinsicht hat, halte ich es rebus hic et nunc sic stantibus für wichtig, die Partei 1. der Arbeiterklasse, 2. der Demokratie, 3. des Nicht-Militarismus und 4. einer bewußten aber verständigen Bejahung des deutschen Volkes und Staates zu ergreifen.« An dieser politischen Entscheidung aber werde er festhalten, solange dies möglich sei.[79] In der Tat teilte er dies genauso dem preußischen Kultusminister Rust mit und fragte zugleich an, ob er unter diesen Umständen im Sommersemester weiter lehren dürfe. Zur allgemeinen Überraschung erhob Rust keine Einwände.[80]

Die praktisch-politsche Entscheidung also war und blieb klar. Über die Gesinnung hatte der Staat keine Macht; und es durfte ihm auch keine eingeräumt werden. Aber so, wie Karl Barth theologisch angesetzt hatte, war und blieb ebenso klar, daß diese praktisch-politische Entscheidung nicht ohne weiters das letzte Wort auch über Amt und Auftrag des Theologen haben konnte. Über dieses Amt und diesen Auftrag entschied allein das Wort Gottes. Und solange der Staat dies zuließ, nämlich die freie theologische Lehre und die freie kirchliche Verkündigung, gab es keinen Grund, um einer praktischen Entscheidung willen dies aufs Spiel zu setzen.

So wehrte der Bonner Ordinarius sich im Laufe des Aprils nach links wie nach rechts gegen den Versuch, bestimmte politische Entscheidungen von ihm zu verlangen. Nach links erklärte er seinem Fakultätskollegen und Freund Karl Ludwig Schmidt, der als sozialdemokratischer Stadtverordneter von der Entlassung bedroht war und eine Solidaritätserklärung erwartete, »rein politisch« gedacht könnte und müßte das wohl geschehen. »Wir denken aber beide nicht rein politisch. Wir haben auch und wir haben sogar vor Allem ein kirchliches Amt zu versehen und zu halten.« Was Barth hier ganz konkret abwog, erläuterte er noch einmal im folgenden: »Wenn mir der reformierte Bund und die Elberfelder Gemeinde einen Extrakurier in die Schweiz nachschickt, um mir zu sagen, daß man mich bittet, alles zu tun, was die kirchlichen Bemühungen, mich zu halten, unterstützen könne, so kann ich ihm wohl antworten, daß dazu die Preisgabe meines Parteibuches unter keinen Umständen gehören könne. Ich kann (die Sache spielte sich vor 14 Tagen hier ab) aber unmöglich sagen, daß mir Ihr Mandat wichtiger sein werde als die Fortsetzung der eigenen Arbeit, um die ich da so dringlich aufs Neue gebeten wurde.«[81]

Nach rechts versicherte er am gleichen Tag dem langjährigen jungen Freund und Weggefährten Georg Merz, der für die weitere Mitarbeit in der »christlichen Kirche in Deutschland« die Bedingung stellte, Barth müsse sich »zum deutschen Schicksal« bekennen und dürfe den Dingen nicht gegenüberstehen: Eben dies werde unter keinen Umständen geschehen. Denn die kirchliche Neuordnung in diesem Zeichen sei schon im Ansatz verfehlt. »Lieber Georg«, so schrieb Barth, »ich habe nicht dazu dem religiösen Sozialismus widerstanden (schon zu einer Zeit, da Du noch ›religiöse Ansätze‹ im Sozialismus wahrzunehmen meintest), um mich nun zu dem Bekenntnis bereit zu finden, daß es deutsches Schicksal sei, Christus und Caesar nach der anderen Seite zu kombinieren, weil der heilige Strom der Geschichte für den Augenblick so läuft, und daß ich um der Kirche willen den ›Dingen‹ (z. B. zu dem was den deutschen Juden jetzt widerfährt) nicht ›gegenüber‹ stehen dürfe.« Vielmehr stehe er dem allermeisten, was in Deutschland geschehe, gar sehr »gegenüber«, »und wenn es nach wie vor nicht meine Aufgabe ist, diese Ansicht politisch geltend zu machen, so verbitte ich es mir nach wie vor energisch, daß ich mich um der ›christlichen Kirche in Deutschland‹ willen in irgendeinem Sinn mit diesen ›Dingen‹ solidarisieren sollte.« Und dann folgte in einem Satz die präzise Formulierung des Standpunktes, den Karl Barth von nun an bis zu seiner Entlassung im Sommer 1935 einnahm: Ich werde »mich – nicht dem neuen politischen System – wohl aber dem System einer besonderen sachlichen Bindung der Kirche an dieses System direkt und indirekt bestimmt widersetzen.«[82]

Diese Position war gewiß nicht unproblematisch. Die Mitteilung Barths im gleichen Brief, er habe seinen Ariernachweis nach Bonn abgehen lassen, verriet, wo diese Problematik lag. Sie lag keineswegs dort, wo sie heute vielfach gesucht wird, nämlich in der Weigerung, »politischen Widerstand« zu leisten. Vielmehr bleibt, was Karl Barth gegen jede politische Theologie einwandte, theologisch gültig ebenso wie seine Behauptung von den »zuvor« notwendigen theologischen Klärungen, ehe die Kirche nicht nur die *Predigt* von der Versöhnung, sondern auch die *Tat* der Versöhnung, die sich in einer mithelfenden und mitleidenden Solidarität mit den Opfern dieser und jeder Zeit äußert. Vielleicht war die Tatsache, daß Barth diese Möglichkeit nicht gesehen und nicht erwogen hat, die einzige wirkliche Schwäche seiner Position.

Andererseits war es nach Lage der Dinge zweifellos so, daß im Sommer 1933 gegenüber einer sich immer lauter und immer selbstsicherer gebärdenden politischen Theologie tatsächlich nur ein Ansatz eine Chance hatte, der den Kirchenstreit ganz auf seine theologische Problematik stellte. Das außerordentliche Echo, das Barths erster Beitrag zum Kirchenstreit fand, spricht dafür, daß er hier den Punkt gefunden hatte, wie die evangelische Kirche nun auch und gerade im Dritten Reich weiterhin Kirche bleiben und als Kirche predigen und lehren konnte.

Die Schrift, die die kirchliche Lage tiefgreifend veränderte, trug den Titel *Theologische Existenz heute!* und erschien Anfang Juli. Um ihre Entstehung hat sich inzwischen bereits eine kleine Legende gerankt. Barth nämlich, so erzählt Helmut Gollwitzer unter Berufung auf Barths damaligen Hausgenossen Hellmut Traub, habe zunächst »ein ganz politisches, unerhört scharfes Manifest« geschrieben. Von Traub und seiner engen Vertrauten Charlotte v. Kirschbaum darauf hingewiesen, daß man dies unmöglich veröffentlichen könne, habe Barth das Manuskript »grollend« weggelegt und sich bald darauf erneut ans Schreiben gemacht. Das Resultat sei eben jene *Theologische Existenz heute!* gewesen. Darüber seien die beiden Hörer begeistert und außerdem befriedigt gewesen, »weil sich dies nun auch veröffentlichen ließ«. Barth aber, so lautet der schöne Schluß, »warf ihnen in hellem Zorn die Blätter vor die Füße und lief aus dem Zimmer mit den Worten: ›Da habt ihr eure gleichgeschaltete theologische Existenz!‹«[83]

Der Versuch, die scheinbar so schwer erträgliche politische Gelassenheit des Theologen Karl Barth nachträglich zu erklären und zu entschuldigen, ist verständlich, verkennt aber den Grund dieser Gelassenheit, eben den theologischen Ansatz. Es wäre nach seiner Entwicklung und nach allem, was Karl Barth 1933 vorher und nachher zum Verhältnis von Theologie und Politik äußerte, nicht nur überraschend, sondern schlechthin unerklärlich, wenn er sich im Juni zu einem »ganz politischen, unerhört scharfen Manifest« entschlossen hätte.

In der Tat war die wirkliche Vorgeschichte weit weniger dramatisch. Charlotte von Kirschbaum berichtete sie am 15. Juni in einem Brief an Karl Barths Mutter in der Schweiz. Danach hatten am 13. Juni einige Freunde Barths – die Kollegen Wilhelm Vischer, Fritz Lieb und ein junger Pfarrer aus Bochum – versucht, den berühmten Bonner Theologen endlich zu einer offenen Stellungnahme für Bodelschwingh zu gewinnen. Es war die Zeit, in der der Kampf um Bodelschwingh seinem Höhepunkt zustrebte, und die Besucher waren der Ansicht, »daß jeder kirchlich denkende Mensch sich jetzt hinter diesen Namen stellen müsse«. In einem langen Gespräch erklärte ihnen Barth jedoch, »was an dieser Haltung ihn erschrecke und wie stark in diesem Denken die ›Kirche in Kirchenpolitik‹ aufgelöst sei«. Auf das Drängen der drei beeindruckten Besucher hin, »daß gerade *das jetzt einmal laut und offen gesagt* werden müsse«, entschloß sich Barth dazu, dieses Wort zu schreiben. Daß dieses Wort gerade kein politisches und nicht einmal ein kirchenpolitisches Wort sein konnte, lag auf der Hand. In der Tat hieß es im Brief weiter: »Es wird im wesentlichen bestehen in einem Appell an die Theologen unter den Zeitgenossen, jetzt ihre *theologische* Existenz nicht preiszugeben.« Und wenn Charlotte von Kirchbaum fortfuhr: »Daß dieser Appell natürlich gleichzeitig eine scharfe Abgrenzung bedeuten muß gegenüber allen ›Gleichgeschalteten‹, kann nicht anders sein und daß er damit vielleicht eine sehr erregte Debatte eröffnet, wohl auch nicht.« Trotzdem sei es gut, daß er endlich Stellung beziehe, Stellung freilich, so versicherte die Schreiberin noch einmal der besorgten Mutter, »nur als Theologe. Von allen politischen Äußerungen wird er sich frei halten.«[84]

Genau dies besagten nun auch die berühmten ersten Sätze der *Theologischen Existenz*. Das Entscheidende, so erklärte Barth hier, »was ich heute zu den kirchlichen Sorgen und Problemen zu sagen versuche, kann ich darum nicht zum Gegenstand einer besonderen Mitteilung machen, weil es sehr unaktuell und ungreifbar einfach darin besteht, daß ich mich bemühe, hier in Bonn mit meinen Studenten in Vorlesungen und Übungen nach wie vor und als wäre nichts geschehen – vielleicht in leise erhöhtem Ton, aber ohne direkte Bezugnahmen – Theologie und nur Theologie zu treiben. Etwa wie der Horengesang der Benediktiner im nahen Maria Laach auch im Dritten Reich zweifellos ohne Unterbruch und Ablenkung ordnungsgemäß weitergegangen ist. Ich halte dafür, das sei auch eine Stellungnahme, jedenfalls eine kirchenpolitische und indirekt sogar eine politische Stellungnahme.«

Was er den Theologen in Deutschland jetzt zurief, war nichts anders als das, was er all die Jahre hindurch auch gesagt hatte: »Das, was jetzt unter keinen Umständen geschehen darf, ist dies, daß wir im Eifer für irgend etwas, was wir für eine gute Sache halten, unsere theologische Existenz verlieren. Unsere theologische Existenz ist unsere Existenz in der Kirche, und zwar als berufener Prediger und Lehrer der Kirche.« »Politik und Kirchenpolitik« hießen die anderen Götter, die die theologische Existenz gegenwärtig bedrohten. Angesichts dieser Bedrohung gelte es, »daß wir jetzt Mann für Mann in der Kirche, wie sie uns geboren hat durch das Wort Gottes und in dem unvergleichlichen Raum unserer Berufung *bleiben* oder in die Kirche und in diesen Raum unserer Berufung *zurückkehren müssen*: unter allen Umständen, unter Hintanstellung aller anderen Rücksichten und Anliegen, um jeden Preis«.[85]

Seine Konkretion bekam dieser leidenschaftliche Appell durch drei Beispiele, an denen Barth die Lage erläuterte. So warf er der ganzen *Kirchenreform* dieses Sommers vor, nicht aus dem Gehorsam gegen Gottes Wort, sondern aus einem menschlichen, rein politischen Urteil entstanden zu sein. So behauptete er, bei der Einführung eines *Reichsbischofsamtes* habe es sich »eindeutig um die Nachahmung einer bestimmten ›staatlichen Form‹ gehandelt«. Dies sei nichts anders als ein neues Dogma, aber ein Dogma »ohne Autorität nicht nur, sondern auch ohne den Schatten eines theologischen Beweises«. Und so erklärte er schließlich »ausdrücklich und nachdrücklich, aber doch nur beiläufig« – weil es sich im Grunde von selbst verstehe – zur Lehre der *Deutschen Christen*: »Ich sage unbedingt und vorbehaltslos nein zum Geist und zum Buchstaben dieser Lehre.« Gewiß sei »ihr Auftreten und ihre Ausbreitung besorgniserregend«, aber nicht aus theologischen Gründen – ihre Lehre sei doch nur eine »kleine Sammlung von Prachtstücken aus dem großen theologischen Mülleimer des jetzt so viel gescholtenen 18. und

19. Jahrhunderts« –, sondern weil sie gezeigt hätten, »daß man einer ›Glaubensbewegung‹ auch einfach durch die Mittel der Gewalt im Stil der politschen Massenversammlung und des politischen Propaganda-Marsches Gestalt und Nachdruck geben kann«.[86]

War dies schon deutlich genug, so fand die Schrift doch erst jetzt zur letzten Schärfe, der sie ihre entscheidende Wirkung verdankte.

Viel schlimmer nämlich als die Deutschen Christen sei die Art, »wie sich die evangelische Kirche bis jetzt mit ihnen auseinandergesetzt hat«. Tatsächlich seien doch »Pfarrer und Gemeindemitglieder und Kirchenführer, Theologieprofessoren und Theologiestudenten, Gebildete und Ungebildete, Alte und Junge, Liberale, Positive und Pietisten, Lutheraner und Reformierte in Scharen« dieser Sache erlegen, einer Sache, »die den Stempel der Verkehrtheit so deutlich auf der Stirn trägt, daß in einer gesunden Kirche schon ein Konfirmand hätte merken müssen, daß er da weder mit dem lutherischen noch mit dem Heidelberger Katechismus in der Hand nur eine Stunde dabei sein und unter irgendeinem Vorwand mittun könne«. »Wo war die schlichte aber entscheidende Frage nach der christlichen Wahrheit, als dies alles möglich wurde? Oder darf diese Frage etwa gar nicht mehr gestellt werden in der heutigen evangelischen Kirche? Ist sie etwa völlig untergegangen in einem einzigen Jubel oder Stöhnen von Aufbruch, Wirklichkeit, Leben, Geschichtsmächtigkeit . . .?«

Die Frage nach der christlichen Wahrheit aber traf nicht nur die Kirche allgemein, sie traf in besonderem Maße die Träger des Widerstandes gegen die Deutschen Christen: die Jungreformatorische Bewegung. Karl Barth sah sie auf dem gleichen Wege wie ihre Gegner; unterschieden von ihnen nicht durch die Theologie, sondern nur durch »die Vorstellung von der formalen Selbständigkeit der Kirche gegenüber dem Staat und den politischen Einflüssen«. »Von der fatalen Theorie des 19. Jahrhunderts kamen jedenfalls diese beiden Gegner von gestern gleich sehr her.« Und: »Zu Baumeistern einer ernsthaften Erneuerung der Kirchen dürften beide gleich wenig berufen sein.« Diese Kritik an der Jungreformatorischen Bewegung war, wenn man die Vorgänge in Preußen im Auge hat, in dieser allgemeinen Weise zweifellos nicht gerechtfertigt. Und doch trug gerade diese kompromißlose Einseitigkeit entscheidend zur Klärung der kirchlichen Lage bei. Denn erst durch diese Kritik stieß die Jungreformatorische Bewegung im Zusammenhang mit den kirchenpolitischen Ereignissen auf die Bedeutung des Bekenntnisses, das dann zum Schlüsselbegriff der Bekennenden Kirche werden sollte.

Nicht kirchenpolitische »Bewegungen« seien daher jetzt notwendig, so hieß es folgerichtig weiter, sondern das Vertrauen auf die Hilfe Gottes und das Festhalten am Bekenntnis. Nicht ein kirchenpolitisches Widerstandszentrum gelte es zu bilden, sondern ein *geistliches*, »das einem kirchenpolitischen erst Sinn und Substanz geben würde«.[87]

War dieses Drängen ein »selbstsüchtiges Anliegen«? Wurde die »theologische Existenz« hier zum Selbstzweck? Ganz zum Schluß, in wenigen fast prophetischen Sätzen, ließ Karl Barth erkennen, was dies alles politisch bedeutete: »Wo ist das alles hingekommen, was noch vor einem Jahr und vorher hundert Jahre lang Freiheit, Recht und Geist hieß? Nun, das sind zeitliche und irdische Güter. Alles Fleisch ist wie Gras ... Kein Zweifel: schon manches Volk in alter und neuer Zeit hat diese Güter entbehren müssen und dann auch entbehren können, wenn das kühne Unternehmen des ›totalen Staates‹ es von ihm verlangte. ›Aber das Wort unseres Gottes bleibt ewiglich.‹ Und darum ist es jeden Tag – denn jeder Tag eilt zur Ewigkeit – wahr und unentbehrlich. Darin kann die Kirche, kann die Theologie auch im totalen Staat keinen Winterschlaf antreten, kein Moratorium und auch keine Gleichschaltung sich gefallen lassen. Sie ist die naturgemäße Grenze jedes, auch des totalen Staates. Denn das Volk lebt auch im totalen Staat vom Worte Gottes, dessen Inhalt ist: ›Vergebung der Sünden, Auferstehung des Fleisches und ein ewiges Leben‹. Diesem Wort haben Kirche und Theologie zu dienen für das Volk. Darum sind sie die Grenze des Staates.«

Darum aber war Wachsamkeit notwendig. »In der ihm aufgetragenen *besondereren* Sorge«, so schloß die Schrift, »muß der Theologe *wach* bleiben, ein einsamer Vogel auf dem Dach, auf der Erde also, aber unter dem offenen, weit und unbedingt offenen Himmel. Wenn doch der deutsche evangelische Theologe wach bleiben oder, wenn er geschlafen haben sollte, heute, heute wieder wach werden wollte.«[88]

Das Manuskript der *Theologischen Existenz heute!* schloß Barth am 25. Juni 1933 ab; einen Tag also nach der Einsetzung des Staatskommissars in der preußischen Kirche. Vom 1. Juli an war die Schrift auf dem Markt; schon vierzehn Tage später waren vier Auflagen mit zusammen 12000 Exemplaren gedruckt. Die achte Auflage im Oktober erschien zugleich als erstes Heft einer neuen, von Barth und Thurneysen gemeinsam neu begründeten Schriftenreihe, die nun als ganze den inzwischen berühmt gewordenen Titel trug: *Theologische Existenz heute.* Insgesamt erreichte die Schrift bis zu ihrer Beschlagnahme im Juli 1934 eine Auflage von 37000 Stück.[89] Aber diese Zahlen sagen wenig über die tatsächliche Wirkung, die die *Theologische Existenz* im Sommer 1933 und noch lange danach ausübte.

»Als wir das lasen«, schrieb Hans Asmussen zu Barths 50. Geburtstag 1936, »kam eine große Ernüchterung über uns, und mit der Ernüchterung kam die Zuversicht, daß uns unsere Sache auch hindurchtragen würde.«[90] Und ähnlich klingt es aus vielen anderen Berichten. In einem Pfarrhaus auf dem Lande las der junge Pfarrer das Wort des Lehrers der *Kirchlichen Dogmatik*. Er las es laut, »und unter seiner Lebendigkeit und Klarheit begann die drückende Welt sich zu zerteilen«.[91] In Tübingen fiel es zur gleichen Zeit einem jungen Studenten wie Schuppen von den Augen: »Hier war klare Erkenntnis in ewigen und zeitlichen Dingen! Hier zeigte uns endlich ein theologischer Lehrer die Marschrichtung an, die dem Evangelium gemäß war!«[92] Aber nicht nur für zustimmende junge Pfarrer und Studenten galt dies. Aus Dresden etwa erinnerte sich der sächsische Lutheraner Hugo Hahn an die Begeisterung, mit der die *Theologische Existenz* aufgenommen wurde. Zwar wäre er wohl auch ohne Karl Barth »nicht wesentlich anders geführt worden«. Dennoch verdankte der ganze Dresdner Kreis dem Bonner Theologen viel »an Klärung und Stärkung«.[93] Und aus Marburg schrieb der berühmte Kollege Rudolf Bultmann schon am 13. Juli, er stehe mit allen Konsequenzen zu der Schrift, »auch wenn ich Ihr Urteil über die Jungreformatoren bedaure«.[94]

Die nachhaltige Wirkung der Schrift zeigte sich auch bei den Gegnern. Hirsch, tief getroffen, veröffentlichte schon Mitte Juli eine Kritik: *Das kirchliche Wollen der Deutschen Christen. Zur Beurteilung des Angriffs von Karl Barth*, in dem er ihm vorwarf, mit seiner starren Geschichtslosigkeit aus dem Evangelium ein neues Gesetz zu machen. Er könne sich nicht denken, so lautete eine dann vielfach aufgenommene Wendung von Hirsch, daß Barth gegenüber Kirche und Volk so blind wäre, »wenn er von der Wurzel bis zum Wipfel Deutscher wäre wie wir, wenn er das Schicksal unseres Volkes in Krieg und Niederlage und Selbstentfremdung und nationalsozialistischer Erhebung wie wir mit Zittern und mit Freude als sein eigenes Schicksal erlebt hätte«.[95] Friedrich Gogarten erwiderte erregt: »Ich meinerseits bin allerdings der Meinung, daß wir unsere ›theologische Existenz‹ verlieren, ... wenn wir nicht mit allem Ernst darüber nachdenken, in welcher Weise uns Gottes Führung durch die politischen Ereignisse Anlaß gibt, seinem Wort neues Gehör zu schenken.«[96] Und noch Jahre später warf er dem einstigen Kampfgefährten vor, »die Kirche in einer entscheidenen Stunde heillos verwirrt zu haben.[97] Am 19. und 20. August schrieb Franz Tügel, der führende deutschchristliche Theologe in

Hamburg, *Unmögliche Existenz! Ein Wort wider Karl Barth.* Nicht ganz zu unrecht stellte er darin fest, daß ein »Zu-Ende-denken« der Barthschen Position »den geraden Weg ins Konzentrationslager bedeuten« würde. »Mit der Neutralität dessen, der heute im deutschen Land Theologie treiben kann, ›als wäre nichts geschehen‹, verbindet uns auch kein noch so zarter Faden des Verstehens ... *Nicht die Theologie trennt uns, sondern die Politik.*«[98] Und auch die katholische Theologie begann sich nun abzugrenzen. Joseph Lortz etwa nahm in die dritte Auflage seiner Schrift den Hinweis auf, daß die Geschichte der Kirche beweise, »daß die Natur nicht etwa nur äußerer Angriffspunkt für die Gnade darstellt, über dem diese als ›das ganz Andere‹ schwebte; sie erhärtet vielmehr die Tatsache, daß im Reiche des Gottes der Ordnung ein *inneres* Aufeinanderbezogensein von Natur und Gnade zum Wesen der Wirklichkeit gehört«.[99] Aber von dieser Seite hatte Barth nichts anderes erwartet.

Mit dem Erscheinen der *Theologischen Existenz heute!* begann der Barthsche Ansatz sich im evangelischen Kirchenstreit auch kirchenpolitisch auszuwirken. Nach ungefähr einem Jahr – auf der Bekenntnissynode von Barmen im Mai 1934 – hatte er sich durchgesetzt. Und der Zusammenbruch 1945 brachte Wahrheit und Unwahrheit in den theologischen Entscheidungen des Sommers 1933 vollends an den Tag. Diese Entwicklung führte dazu, daß der Barthsche Ansatz lange Zeit weniger problematisch erschien als er war.

Die entscheidende Schwäche dieses Ansatzes lag darin, daß die Konzentration der Kirche auf die theologische Existenz die unmittelbare Einsicht in die Bedeutung der Judenfrage verschloß. Dies war kein zufälliges Übersehen, sondern eine bewußte Konsequenz. Als Barth in einer Predigt im Dezember 1933 die Judenfrage behandelte, da erklärte er ausdrücklich, dies geschehe nur in Folge des vorgeschriebenen Textes: »Als Thema würde weder die Judenfrage noch eine andere der uns heute bewegenden Fragen auf die Kanzel gehören.«[100] Und nichts anderes antwortete er auf einen Brief, der ihn Anfang Januar 1934 erreichte und das Elend der Juden und das Elend einer dazu schweigenden Kirche beschwor: »Wer mir heute sagt, daß er die evangelische Kirche *anders* haben möchte, dem stimme ich zu, aber nur unter der Bedingung, daß er einsieht; sie muß höchst grundsätzlich eine *andere* werden.«[101] Daß hier eine entscheidende Schwäche seiner Position lag, hat Barth selbst erst später gesehen.[102]

Auch die inhaltliche Konzentration der ganzen Auseinandersetzungen auf die Frage der natürlichen Theologie war nicht unproblematisch. Sie verstellte den Blick dafür, daß die theologische Landschaft in Deutschland auch im Sommer 1933 doch erheblich vielfältiger war, als die Formel »Schrift oder 1933« erkennen ließ.[103] Der Weg von der natürlichen Theologie zu den Deutschen Christen war keineswegs so gradlinig und eindeutig, wie Barth behauptete. Dies galt sowohl für den Protestantismus, wo auch aus ganz anderen theologischen Gründen Widerstand geleistet wurde, wie erst recht – bei aller erstaunlichen Übereinstimmung in der politischen Theologie – für die katholische Kirche. So war es auch kein Zufall, sondern eine Folge der radikalen Einseitigkeit des Barthschen Ansatzes, daß die Bekennende Kirche noch im Kriege in eine schwere theologische Krise geriet, aus der sich zwei ihrer bedeutendsten Theologen Dietrich Bonhoeffer und Rudolf Bultmann, mit neuen Ansätzen je auf ihre Weise zu befreien versuchten.

Ein weiteres Problem lag in der Schwierigkeit, den Barthschen Ansatz mit irgendeiner Form von kirchlicher Organisation zu vermitteln. Barth selbst übertrug sein tiefes Mißtrauen gegen die Jungreformatorische Bewegung wie gegen alle kirchlichen Bewegungen überhaupt zunächst auch auf den Pfarrernotbund, und es gelang erst nach längerer Zeit und mit erheblicher Mühe, hier eine innere Verbindung herzustellen.[104]

Und schließlich hatte das alles auch eine menschliche Seite. Die Unduldsamkeit, mit der Barth seine Position vertrat, und die Schroffheit, mit der er sich von allen trennte, die diese Position nicht auch vertreten wollten, schuf tiefe Gräben, die in vielen Fällen – so etwa im Fall Gogarten – nie wieder überbrückt werden konnten.[105] Noch problematischer waren in dieser Hinsicht manche seiner Schüler, die in der Bekennenden Kirche ein Stück Selbstgerechtigkeit verbreiteten, das für andere oft schwer erträglich war.

Trotz all dieser Einwände und Schwächen jedoch erwies sich Barths theologischer Ansatz gerade in der kritischen Situation des Jahres 1933 als einer der ganz großen theologischen Entwürfe der christlichen Theologie überhaupt. Hier wurde ein Stück christlicher Wahrheit wieder sichtbar, ein Stück christlichen Glaubens, christlichen Trostes und christlicher Zuversicht, das viele längst verloren glaubten. Darum wurde diese eine Stimme mitten in dem ungeheuren Stimmengewirr des kirchenpolitischen Getümmels gehört. Darum bestimmte sie je länger je mehr das Thema der Auseinandersetzungen. Und darum setzte sie sich schließlich in der Kirche durch. Und wenn auch diese Theologie gewiß nur Stückwerk war und blieb (1. Kor. 13,9), so war und blieb sie doch ein großes und besonderes Stückwerk.

10. KAPITEL

DIE GRÜNDUNG DER REICHSKIRCHE (JULI–SEPTEMBER)

Auf katholischer Seite waren die großen Entscheidungen mit der Verabschiedung des Reichskonkordats im Kabinett am 14. Juli und mit der Unterzeichnung in Rom am 20. Juli gefallen. Auch die wechselvolle Geschichte bis zur Ratifikation am 10. September änderte daran nichts mehr.

Auf evangelischer Seite dagegen bedeutete der Kabinettsbeschluß vom 14. Juli über die neue evangelische Kirchenverfassung den Umbau der ganzen Kirche. Hier waren zunächst die Kirchenwahlen durchzuführen, die Hitler am 30. Juni festgelegt hatte[1], dann waren auf Grund der Wahlergebnisse die Gremien – Gemeindevertretungen und Synoden – neu zu bilden, und schließlich mußte die Nationalsynode zusammentreten, um mit der Wahl eines Reichsbischofs den Neubau der Kirche zu krönen und abzuschließen. Die acht Wochen bis zu dieser Wahl am 27. September zeigten, wie stark die politischen Einflüsse waren, unter denen die evangelische Kirche jetzt stand. Sie zeigten aber auch, wie brüchig der Grund war, auf dem die Reichskirche errichtet wurde.

Wie so viele wichtige Entscheidungen dieses Jahres standen auch die evangelischen Kirchenwahlen im Zeichen eines ungeheuren Tempos, das Einwände, Bedenken und Vorbehalte einfach wegriß. Wahrscheinlich war das Gefühl für die Bedeutung der Zeit überhaupt eine der hervorragendsten politischen Eigenschaften Hitlers. Tatsächlich bewährte sie sich auch in diesem Fall.

Die meisten landeskirchlichen Vertreter waren nach den anstrengenden Verhandlungen über die Kirchenverfassungen erst im Laufe des 12. Juli von Berlin nach Hause zurückgekehrt, zweifellos mit dem Gefühl, jetzt zunächst einmal eine längere Ruhepause verdient zu haben. Aber schon am nächsten Tag erhielten sie wieder ein Telegramm des Reichsinnenministers, das sie schon für den 14. Juli vormittags 10 Uhr erneut nach Berlin rief.[2] Hier legte der zuständige Staatssekretär Pfundtner der völlig überraschten Versammlung den Entwurf eines Reichsgesetzes vor, das am gleichen Tage vom Reichskabinett verabschiedet werden sollte. Es enthielt nicht nur die erwartete rechtliche Anerkennung der Kirchenverfassung vom 11. Juli, sondern auch eine Bestimmung, daß die ebenfalls erwarteten Neuwahlen für alle unmittelbar zu wählenden kirchlichen Organe in der ganzen evangelischen Kirche schon am 23. Juli durchzuführen seien. Dieser Termin war eine abenteuerliche Zumutung. Der ursprüngliche Entwurf des Innenministeriums hatte noch eine Frist von gut vier Wochen – bis zum 20. August – vorgesehen. Auf persönliche Anordnung Hitlers jedoch war diese Frist nun auf neun Tage verkürzt worden. Da dieser Zeitraum selbstverständlich gegen alle landeskirchlichen Wahlvorschriften verstieß, enthielt das Gesetz zugleich die Ermächtigung, daß die Landeskirchen gegebenenfalls »von den Vorschriften der Kirchengesetze und Kirchenverfassungen über den äußeren Gang des Wahlverfahrens« abweichen könnten.[3]

Eine ordnungsgemäße Durchführung der Wahl war in dieser Kürze unmöglich. Fast alle kirchlichen Wahlordnungen verlangten beispielsweise als Voraussetzung für die Stimmabgabe die persönliche Eintragung der Wähler in die Wahllisten ihrer Gemeinden; ein Verfahren, das bei Großstadtgemeinden von 15–20 000 Wahlberechtigten normalerweise Wochen in Anspruch nahm. Ein Vertreter des Ministeriums empfahl deshalb, die alten Listen zu benutzen, Ergänzungen einfach anzuhängen und im übrigen »nicht allzu formal« vorzugehen. Alle Proteste gegen diesen rigorosen Eingriff in die Entscheidungsfreiheit der Kirche, wie sie vor allem von Bayern, Württemberg und Baden vorgebracht wurden, blieben wirkungslos. Sie besaßen freilich auch nicht allzuviel Überzeugungskraft. Denn in Preußen war die Lage noch immer schwierig. Und nachdem sich die Landeskirchen bereits soweit auf die staatliche Vermittlung eingelassen hatten, war nicht einzusehen, warum sie nicht auch diesen letzten Schritt zur staatlichen Befriedung der Kirche akzeptieren sollten. Außerdem verwies Pfundtner mit Nachdruck auf die bevorstehende Unterzeichnung des Reichskonkordats, das um der vollen Gleichberechtigung der evangelischen Kirche willen einen unverzüglichen Abschluß auch auf evangelischer Seite fordere. Schließlich wurde den kirchlichen Vertretern noch versichert, daß das Reich die reibungslose und unparteiische Durchführung der Wahl garantieren werde.[4]

Der ungewöhnliche Umstand, daß Hitler das Gesetz vor der Verabschiedung im Kabinett den Bevollmächtigten der Landeskirchen vorlegen ließ, wirft die Frage auf, ob durch eine Weigerung einzelner Landeskirchen etwa eine Verlängerung der Frist zu erreichen gewesen wäre. Dies läßt sich natürlich nicht mehr entscheiden, aber die Vermutung liegt nahe, daß Hitler wegen dieser Frage seine Pläne kaum hätte scheitern lassen. Und auch nur 14 Tage mehr für die Wahlvorbereitungen hätten möglicherweise genügt, um das Bild der Wahl gründlich zu verändern. Aber nach allem, was die zurückliegenden Wochen gebracht hatten, war offensichtlich niemand mehr bereit, das Risiko einer Weigerung gegenüber dem Staat zu tragen.

Noch am gleichen 14. Juli ergingen zwei zentrale Anweisungen, die die Bedingungen der Kirchenwahl für Staat und Partei festlegten. Aus Berlin schrieb der Reichsinnenminister an alle Landesregierungen und bat »ergebenst, alle dafür in Betracht kommenden Stellen ... anzuweisen, den kirchlichen Behörden durch Auskunftserteilung usw. die Durchführung der Wahlen zu erleichtern«. Und am folgenden Tag ließ er wissen, daß er Staatssekretär Pfundtner zum »Bevollmächtigten für die Überwachung der unparteiischen Durchführung« der Kirchenwahlen bestellt habe.[5]

Ebenfalls noch am 14. Juli aber schrieb aus München die Reichspropagandaleitung der Partei streng vertraulich an alle Gauleiter und ersuchte sie, »den ›Deutschen Christen‹ jede Unterstüzung angedeihen zu lassen«. Die Wahl müsse »aus Prestigegründen« von den Deutschen Christen unbedingt gewonnen werden. Man solle alle Propagandamittel aufbieten; Presse und Rundfunk würden auch vom Propagandaministerium eingesetzt. Das Schreiben schloß mit dem »Wunsch des Führers, den ›Deutschen Christen‹ einen vollen Erfolg zu verschaffen«.[6] War bisher das Verhältnis der Glaubensbewegung zur Partei noch immer etwas im Umgewissen gewesen, so herrschte nun offensichtlich Klarheit. Ihr Abschneiden in den einzelnen Gauen war für jeden Gauleiter zu einer Ehrensache geworden.

Es gibt kaum ein Beispiel, das die Hitlersche Doppelstrategie deutlicher erkennen läßt als diese beiden Anweisungen. Der Scheinkonflikt zwischen Staat und Partei, der hier entstand, war ebenso typisch wie verwirrend. Denn die Vorstellung der Rechtsstaatlichkeit blieb dabei erhalten und konnte bis zu einem gewissen Grade sogar auf die Probe gestellt werden; sie hinderte jedoch keineswegs die ungesetzliche Durchführung der politischen Ziele.

Unter diesen Bedingungen also begannen noch am Abend des 14. Juli im ganzen evangelischen Deutschland die fieberhaften Vorbereitungen für die Kirchenwahl. Während die Kirchenleitungen überall die Wahlordnungen umarbeiteten und anpaßten, versuchten die kirchlichen Gruppen, ihre Anhänger im Land zu mobilisieren. Dabei stand von Anfang an fest, daß überhaupt nur zwei Wahlmöglichkeiten gegeben waren: entweder die Glaubensbewegung »Deutsche Christen« oder die kirchliche Opposition.

Der Anstoß für die Zusammenfassung der kirchlichen Opposition ging von Berlin aus. Hier hatte sich unmittelbar nach Bekanntwerden des Wahltermins die Führung der Jungreformatorischen Bewegung auf einen gemeinsamen Wahlvorschlag geeinigt und ihm den Namen »Evangelische Kirche!« gegeben. Zugleich wurde für diesen Wahlvorschlag eine Reichsleitung gebildet, die im wesentlichen in den Händen von Dietrich Bonhoeffer, Eitel-Friedrich v. Rabenau und Gerhard Jacobi lag. In einem kirchlichen Erwerbslosenheim in der Mirbachstraße wurde eine Geschäftsstelle eingerichtet; und noch in der Nacht zum 15. Juli entwarfen Niemöller, Künneth und Lilje einen Aufruf an die Gemeinden und Richtlinien zur Wahl, während Bonhoeffer und Jacobi ein Rundschreiben an die Pfarrer verfaßten. Alle Aufrufe dieser Tage blieben durchweg auf der jungreformatorischen Linie, die die Forderung einer freien Kirche mit unbedingter Staatsloyalität verband. »Wir rufen«, so hieß es etwa im Wort an die Gemeindemitglieder, »alle Freunde einer staatsfreien, allein auf Gottes Wort gegründeten Kirche zur Beteiligung an der Wahl auf. Die Not der Stunde zwingt alle, die ihre Kirche lieb haben, zum Zusammenschluß.« »Wir stehen dankbar und entschlossen«, so fuhr der Aufruf dann fort, »hinter Hindenburg und Hitler als den Führern unseres Staates, die auch jetzt durch ihr Eingreifen der Kirche den Weg in die Freiheit gebahnt haben.« Beides, die freie Kirche und die staatliche Loyalität, waren im Schlußsatz noch einmal zusammengefaßt: »Wer eine Kirche will, die ohne Menschenfurcht Gottes Wort verkündigt und in hingebender Treue unserem Volke dient, der wähle unsere Liste: ›Evangelische Kirche!‹ Kirche muß Kirche bleiben!«[7] Zweifellos bestanden auch bei der kirchlichen Opposition erhebliche Unterschiede in der Beurteilung der Situation und ihrer Erfordernisse. So war etwa Bonhoeffer im Blick auf Hitler weit skeptischer als es Niemöller, Künneth und Lilje waren; und dies kam auch in manchen Aufrufen zum Ausdruck.[8] Aber generell vertrat noch die ganze Gruppe das gemeinsame jungreformatorische Programm.

Wie rasch die kirchliche Opposition gearbeitet hatte, ging aus der Tatsache hervor, daß das Wahlmaterial dieser Gruppe bereits am Abend des 15. Juli an alle preußischen Geistlichen und außerpreußischen Kirchenleitungen unterwegs war.[9]

Der Gegenschlag der Deutschen Christen erfolgte prompt. Da sie bei weitem nicht so schnell angetreten waren und auch noch immer nicht über einen wirklichen Rückhalt bei den Pfarrern verfügten, erwirkte Hossenfelder –

wahrscheinlich auf Veranlassung von August Jäger – am Montag, den 17. Juli, eine einstweilige Verfügung gegen den Namen »Evangelische Kirche!«, da dieser Name die Deutschen Christen diffamiere.[10] Zugleich setzte Jäger durch einen Beamten seines Ministeriums die Geheime Staatspolizei in Marsch, die am Abend in der Geschäftstelle der oppositionellen Reichsleitung in der Mirbachstraße das gesamte Wahlmaterial beschlagnahmte – insgesamt rund 320 000 Exemplare der verschiedensten Druckschriften und Flugblätter. Am nächsten Tag meldeten sich daraufhin Jacobi und Bonhoeffer persönlich beim Chef der Gestapo, Rudolf Diels. Aufgrund ihrer Beschwerde, daß hier eine erhebliche Beeinträchtigung der zugesagten Wahlfreiheit vorliege, erreichten sie die teilweise Freigabe des Materials unter der Bedingung, daß der Listenname »Evangelische Kirche!« in »Evangelium und Kirche« umgeändert werde. Noch am Abend teilten Bonhoeffer und Jacobi dies in einem Rundschreiben mit. Offenbar ermutigt durch ihren Erfolg bei Diels baten sie zugleich, alle Beeinträchtigungen der Freiheit der Wahl oder der Wahlvorbereitungen sofort bei ihnen anzuzeigen.[11] Trotz dieses Teilerfolges hatte die Oppostion kostbare Zeit verloren.

Wahrscheinlich wären die Deutschen Christen jedoch trotz allem nicht Herr der Lage geworden, wenn sich nun nicht im ganzen Reich die Folgen des Schreibens an die Gauleiter vom 14. Juli ausgewirkt hätten. Dieses Schreiben war am Montag, den 17., in den Gauleitungen eingegangen. Bis zu diesem Zeitpunkt hatte die Führung der Glaubensbewegung selbst noch nicht sehr viel mehr zustande gebracht als jene einstweilige Verfügung und einen Aufruf, der wenig Neues enthielt, auch wenn er forderte: »Baut die neue Kirche Christi im neuen Staat Adolf Hitlers. Baut sie im neuen Geist, im Grunde des alten Evangeliums! Schließt die Reihen!«[12] Vom 18. Juli an aber warf sich nun der gesamte Parteiapparat mit voller Wucht in den Wahlkampf. Tags zuvor bereits hatte Goebbels in einer zentralen Anweisung die Presse wissen lassen, daß das Urteil der Regierung über einzelne Zeitungen von ihrer »Beteiligung an dem Werbekampf für die Deutschen Christen« abhängig gemacht werde.[13] So rollte seit dem 18. auch die Propagandawelle. Wichtiger freilich als diese öffentliche Unterstützung war das unmittelbare organisatorische Eingreifen der Partei. Landauf landab erhielten Kreisleiter und Ortsgruppenleiter an diesem Tag den strikten Befehl, die sofortige »Eintragung aller Evgl. Volksgenossen in die Wahllisten« zu veranlassen.[14] Der Ehrgeiz, den Wunsch des Führers zu erfüllen, brachte die einzelnen Gaue auf die überraschendsten Ideen. In Lübeck etwa verteilte die Parteiorganisation selbst die Wahlkarteikarten an ihre Miglieder, sammelte sie wieder ein und warnte, es erfolge »eine genaue Kontrolle über die Eintragung sowie über die ausgeübte Wahl«. Außerdem wurde bei Androhung des Parteiauschlusses jede Kandidatur auf einer anderen als der deutschchristlichen Liste verboten. Hauptpastor Jannasch, der hier am gleichen Tag im Gemeindeblatt lebhaft für die Liste »Evanglische Kirche« warb, wurden vom – deutschchristlichen – Kirchenausschuß kurzerhand alle »Amtsverrichtungen« untersagt.[15] In Hamburg gelang es, statt der Einzeleintragungen in die Wählerlisten die Abgabe geschlossener Listen unter der Verantwortung eines Vertrauensmannes zu erreichen, die zweckmäßigerweise gleich von der Gauleitung hergestellt wurden.[16] Auch in Franken sollten die Vorschlagslisten für die Wahl »von den örtlichen Führern der Partei« ausgearbeitet werden.[17] Wo alldies noch nicht genügte, traten offene Pressionen hinzu, Beschlagnahmungen, Versammlungsverbote, kurz alles, was der Parteiapparat an bewährten Mitteln zur Steuerung der öffentlichen Meinung zur Verfügung hatte. Und der Eifer der kleinen und mittleren Parteifunktionäre war in der Wahl dieser Mittel keineswegs kleinlich. Wo immer sich Widerstand gegen die Deutschen Christen regte, verbreitete die Partei ein Klima der Furcht und des Terrors.[18]

Unter diesen Umständen konnte von der feierlich zugesagten »unparteiischen Durchführung« der Wahl keine Rede sein. So stapelten sich alsbald die Klagen und Beschwerden im Reichsinnenministerium. Ein Telegramm der preußischen Kirchenleitung vom 19. Juli an Staatssekretär Pfundtner machte die Lage schlagartig deutlich. »Aufstellung anderer Listen als solcher der Deutschen Christen von amtlichen Stellen der Rheinprovinz als staatsfeindlicher Akt bezeichnet. Bei Kandidatur auf Liste Evangelium und Kirche vielerorts Ausstoßung aus NSDAP angedroht. Zahlreiche Gewaltakte. Freie Willensbekundung dadurch gefährdet ... Ersuchen um entsprechende Mitteilung an die für Reichsgesetz vom 14. Juli verantwortlichen Stellen.«[19] Pfundtner nahm die Proteste durchaus ernst. Schon am 17. hatte er beim preußischen Kultusminister wegen Jägers eigenmächtiger Beschlagnahmeaktion »schärfsten Einspruch« erhoben.[20] Am 20. erneuerte er öffentlich die Gewährleistung der Reichsregierung für »die freie und unparteiische Durchführung der Wahl«. »Versuche«, so erklärte er ausdrücklich, »die freie Wahl durch Zwangsmittel zu beeinflussen, stehen nicht im Einklang mit dem Willen der Reichsregierung.«[21] Zugleich wandte er sich an den Staatssekretär in der Reichskanzlei mit der Bitte, »der Erwägung des Herrn Reichskanzlers anheimzustellen«, ob dieser nicht eine ähnliche Erklärung abgeben wolle. Daran dachte Hitler nun freilich nicht im entferntesten. Vielmehr ließ er Pfundtner umgehend belehren, die Zusicherung der freien Wahl bedeute, »daß die Reichs- und Landesbehörden dafür besorgt sein müssen, jede gewaltsame Störung der Vorbereitung der Wahl und des Wahlaktes zu verhindern«. Keineswegs jedoch liege darin ein Versprechen, »daß der NSDAP und ihren Gliederungen eine Auflage gemacht wird, sich jeder Wahlagitation zu enthalten. Zu einer dahingehenden Anweisung an die Parteien der NSDAP«, so erfuhr Pfundtner, sei »der Herr Reichskanzler nicht in der Lage.«[22] Dagegen war schwer zu argumentieren; und so blieb Pfundtner denn auch in der Folgezeit still.

Hitler jedoch begab sich am 21. Juli nach Bayreuth, wo am Nachmittag mit den »Meistersingern« die Festspiele 1933 eröffnet wurden. Und vom Festspielhügel aus griff er nun auch persönlich in den kirchlichen Wahlkampf ein.

Dieser ungewöhnliche Schritt ging auf eine Absprache mit Ludwig Müller zurück, an die der Wehrkreispfarrer den Reichskanzler kurz vor den Wahlen noch einmal erinnerte. Müllers Schreiben in diesem Zusammenhang war ein Zeichen für die vollständige Abhängigkeit der Deutschen Christen von Hitler und zugleich ein Hinweis auf die Bedeutung des konfessionellen Problems in der deutschen Kirchenpolitik. »Es ist gut«, schrieb Ludwig Müller in diesen Tagen an seinen Führer, »daß der Termin für die von Ihnen gewünschten Kirchenwahlen so kurz ist, sonst würde der Kampf die häßlichsten Formen annehmen. Die Reaktion in ihrer letzten Wut braucht alle, aber auch alle Mittel bis hin zur übelsten Verleumdung, um uns von der Führung der neuen Reichskirche wegzudrängen. Ich brauche dringend Ihre Hilfe, weil sonst das von uns geschmiedete Machtinstrument in die Hände der Gegner fällt; und man muß sich darüber klar sein, daß dieser sogenannte ›Kirchenkampf‹ im letzten Grund nichts anderes ist als Kampf gegen Sie und gegen den Nationalsozialismus. Zwei Hilfen brauchen wir: 1. Sie hatten versprochen, am Sonnabend, also am letzten Tag vor der Wahl im Rundfunk zu sprechen. Ich muß Sie herzlich bitten, daß Sie dieses Versprechen halten, denn das Volk muß wissen, daß Sie zu uns stehen, wie wir zu Ihnen. 2. Brauche ich vor den ›Kirchenfürsten‹ eine erneute Bestätigung Ihres Vertrauens, weil die Reaktion die Nachricht verbreitet, Sie seien von uns und von mir persönlich abgerückt und hätten mir Ihre Bevollmächtigung entzogen.«

Die folgenden Sätze hatte Ludwig Müller in seinem Konzept durchgestrichen, wohl weil sie ihm wie eine Kritik an Hitler erschienen. »Es geht in dieser Woche um viel mehr, als es den Anschein hat; denn ich habe mich mit meinem Namen und der ganzen Glaubensbewegung ›Deutsche Christen‹ dafür eingesetzt, daß die Lüge, Sie wollten Deutschland katholisch machen, eben nur eine Lüge ist. Jetzt nach diesem Konkordat, wo die katholische Kirche erreicht hat, was sie seit 700 Jahren erstrebte, nämlich völlige Freiheit vom Staat und völlige Selbständigkeit in der Kirche, ist es doppelt nötig, daß Sie sich zum Nationalsozialismus in unserer Glaubensbewegung bekennen.« »Darum«, so hieß es dann im ungeänderten Text weiter, »nochmals die Bitte, lassen Sie uns jetzt im letzten Augenblick nicht allein, sondern stehen Sie zu uns mit der ganzen Wucht Ihrer Person und der von Ihnen geführten Bewegung.«[23]

Die Morgenzeitungen vom 22. brachten die Notiz, daß der Führer am Abend von 23.30 Uhr bis 23.45 Uhr über alle deutschen Sender zur Kirchenwahl sprechen werde. Tatsächlich meldete sich Hitler nach dem Ende des »Parsifal« – der unter der Stabführung von Richard Strauß einen Höhepunkt der Festspiele 1933 darstellte – mit einer Rede, in der er noch einmal seine ganze kirchenpolitische Konzeption darlegte. Sie stellt den wichtigsten und zugleich bündigsten Beweis für die Grundlinien und die Einheitlichkeit dieser Konzeption dar.

Staat und Kirche, so erklärte Hitler in dieser Rede, seien aufeinander angewiesen. Die Kirchen bedürften des »staatlichen Schutzes«; umgekehrt müsse dafür aber auch der Staat von den Kirchen jene Unterstützung verlangen, »deren er zu seinem Bestande« bedürfe. Darum könne es keine Gleichgültigkeit geben, weder des Staates gegenüber den Kirchen, noch der Kirchen »gegenüber den völkisch-politischen Ereignissen und Wandlungen«. Dies gelte namentlich für den Kampf gegen den Bolschewismus. Die römische Kirche habe in den Lateranverträgen zum ersten Mal Stellung zum Faschismus bezogen; »das nunmehr unterzeichnete deutsche Konkordat« sei »der zweite ebenso klare Schritt auf diesem Gebiete«. Als Nationalsozialist, so fuhr Hitler fort, habe er »den sehnlichsten Wunsch, eine nicht minder klare Regelung auch mit der evangelischen Kirche treffen zu können«. Dies setze allerdings voraus, daß anstelle der Vielzahl der evangelischen Kirchen »eine einige Reichskirche« trete. Dieses große Ziel gesehen und begriffen zu haben, werde auch vor der Geschichte immer das Verdienst der Deutschen Christen bleiben. Es war ganz Hitlers verwickelt-pathetischer Redestil, wenn er schließlich erklärte: »Im Interesse des Wiederaufstiegs der deutschen Nation, den ich untrennbar mit der nationalsozialistischen Bewegung als verbunden ansehe, wünsche ich daher verständlicherweise, daß die neuen Kirchenwahlen in ihrem Ergebnis unsere neue Volks- und Staatspolitik unterstützen werden. Denn indem der Staat die innere Freiheit des religiösen Lebens zu garantieren bereit ist, hat er das

Recht, zu hoffen, daß in den Bekenntnissen diejenigen Kräfte gehört werden möchten, die entschlossen und gewillt sind, auch ihrerseits für die Freiheit der Nation sich einzusetzen ... Diese Kräfte sehe ich in jenem Teil des evangelischen Kirchenvolkes in erster Linie versammelt, die als ›Deutsche Christen‹ bewußt auf den Boden des nationalsozialistischen Staates getreten sind.«[24]

Der Eindruck dieser Rede war ungeheuer. Die ohnehin kleine kirchliche Opposition, die in gutem Glauben mit dem Argument gearbeitet hatte, Hitler selbst sei keineswegs auf die Deutschen Christen festgelegt[25], sah sich buchstäblich über Nacht ins Lager seiner Gegner gedrängt. Es war zweifellos das Zeichen einer weitverbreiteten Stimmung, wenn daraufhin am frühen Sonntagmorgen in Braunschweig »unter dem Eindruck der Rede des Kanzlers aus Loyalität gegen Adolf Hitler« die Liste »Evangelium und Kirche« offiziell zurückgezogen wurde.[26]

Mit dem massiven Einsatz der Partei und Hitlers öffentlichem Eintreten für die Deutschen Christen waren die Wahlen entschieden. Was die Propaganda der Glaubensbewegung bisher nicht vermocht hatte, das taten nun Verwirrung, Furcht, Illusionen und Opportunismus, die in diesen Tagen die Herrschaft in der evangelischen Kirche übernahmen. Tausende von evangelischen Pfarrern traten – nicht wenige davon mit schlechtem Gewissen – zu den Deutschen Christen über oder wagten wenigstens nicht mehr, öffentlich gegen sie Stellung zu beziehen. So wurde die Wahl zu einem Triumph der Glaubensbewegung.

Wie gering die Bereitschaft zum Widerstand in diesen Julitagen war, ging schon aus der Tatsache hervor, daß in den meisten Gemeinden überhaupt keine echte Wahl mehr stattfand. Landauf landab wurde vielmehr von der Möglichkeit der Vereinbarung Gebrauch gemacht, die in allen landeskirchlichen Wahlordnungen vorgesehen war. Danach konnte auf eine Wahl verzichtet werden, wenn in einer Gemeinde nur ein Wahlvorschlag vorlag. So verlangten und erhielten die Deutschen Christen mit kräftiger Nachhilfe der Partei auf unzähligen sogenannten Einheitslisten eine Zwei-Drittel- oder sogar Drei-Viertel-Mehrheit. Ganze Landeskirchen ersparten sich auf diese Weise den offenen Wahlkampf und bildeten ihre Landessynoden auf dem Weg der Vereinbarung. Das galt etwa für Baden, Württemberg und die Pfalz; für Frankfurt und Hamburg, weithin auch für Hannover und Sachsen und ganz besonders für Schleswig-Holstein, wo in der Landessynode von 79 Sitzen schließlich nicht weniger als 75 auf die Deutschen Christen entfielen.[27]

Aber auch dort, wo die Gruppe »Evangelium und Kirche« eigene Wahlvorschläge aufgestellt hatte, sah es kaum besser aus. Auch in diesen Gemeinden erreichten die Deutschen Christen – nicht zuletzt durch die Mobilisierung bisheriger Nicht-Wähler – fast durchweg erhebliche Mehrheiten.

Von entscheidender Bedeutung wurde die Wahl vor allem in der größten evangelischen Landeskirche, *der Altpreußischen Union.* Hier waren nach der Wahlordnung nur die Gemeindevertretungen zu wählen, die dann ihrerseits über die Zusammensetzung der höheren Gremien, der Provinzialsynoden und der Generalsynode, entschieden. In der preußischen Kirche war die Opposition am stärksten; hier kam es auch zu den heftigsten Auseinandersetzungen. Aber auch hier wurden vielfach selbst in großen, bewußt kirchlichen Gemeinden Einheitslisten gebildet. In Berlin kam es immerhin in etwa 80 von rund 130 Gemeinden zu einer Wahl. Stoßartig, so berichtete die *Kreuzzeitung* am nächsten Tag, setzte »unmittelbar nach Schluß der Gottesdienste der Andrang der Wähler ein, vielfach konnten die Wahlleiter kaum ihre Arbeit bewältigen. Selbst die meist sehr kleinen Gemeinden der City, von denen man normalerweise einen sehr ruhigen Verlauf der Wahlen erwarten durfte, waren zeitweise von Wählern stark überlaufen.«[28] Das Ergebnis war ein überwältigender Sieg der Deutschen Christen. Sie gewannen an diesem Tag in Berlin die Mehrheit in sämtlichen Gemeinden mit einer einzigen Ausnahme, die in der Folge sehr bald zu einem Zentrum des kirchlichen Widerstandes werden sollte: in Dahlem siegte mit den Pfarrern Martin Niemöller, Fritz Müller und Eberhard Röhricht knapp die Liste »Evangelium und Kirche«.[29]

Auch eine andere Gemeinde, die später eine hervorragende Rolle im Kirchenkampf spielen sollte, behauptete sich an diesem Tag: die reformierte Gemeinde von Barmen-Gemarke. Während in den meisten Gemeinden des Rheinlands – wie etwa auch im benachbarten Elberfeld – ebenfalls Einheitslisten mit starken deutschchristlichen Mehrheiten aufgestellt wurden, vertraten die sechs Pfarrer von Barmen-Gemarke gemeinsam den Wahlvorschlag »Evangelium und Kirche« mit dem Erfolg, daß die Deutschen Christen nur mit 5 von 21 Sitzen ins Presbyterium einrückten. Über Barmen hinaus waren es vor allem die Pfarrer Karl Immer und Paul Humburg, die die Gemarker Kirche später zu einem Mittelpunkt der Bekennenden Kirche und zur Heimat ihrer ersten Reichsbekenntnissynode werden ließen.[30]

Seinen eigenen Wahlkampf führte in diesen Tagen Karl Barth in Bonn. Was er in der *Theologischen Existenz heute!* so entschieden vorgetragen hatte, das vertrat er nun auch in den Kirchenwahlen. Auf einer Kundgebung am Vorabend der Wahl wandte er sich gegen die Deutschen Christen wie gegen die

Jungreformatoren. Um der Freiheit des Evangeliums willen könne man keine dieser beiden Listen wählen. Denn »die Evangelisch-Kirchlichen sagen heimlich, gedämpft und zurückhaltend, was die Deutschen Christen offen laut und ungebrochen sagen. Das ist alles. Unfrei und zwar im selben Punkte, kraft des fatalen ›und‹, mit dem ein Gott neben den anderen gestellt wird, ist das Evangelium auch hier.« Beide verträten eine Botschaft, in der die Freiheit des Evangeliums und damit das Evangelium selbst aufgehoben werde.[31] »Für die Freiheit des Evangeliums!« hieß darum auch die Liste, die Barth selbst anführte, und auf der er mit zehn Prozent der Stimmen ins Presbyterium gewählt wurde.[32]

Aber solche Dinge erschienen im Blick auf das Gesamtergebnis der Wahl als geringfügige Beiläufigkeiten. Denn die in den nächsten Tagen eingehenden Meldungen bestätigten, daß sich in Preußen die erdrückende Mehrheit aller Gemeindevertretungen in sämtlichen preußischen Kirchenprovinzen, vom Rheinland bis nach Ostpreußen und von Schlesien bis nach Pommern, fest in der Hand der Deutschen Christen befand; und daß demnach auch die Provinzialsynoden und die Generalsynode von der Glaubensbewegung bestimmt sein würden. Daß die westfälische Provinzialsynode als einzige dann doch eine Ausnahme machte, war eine Überraschung, mit der niemand gerechnet hatte.[33]

So endeten die evangelischen Kirchenwahlen im ganzen Reich mit einem vollständigen Triumph der Deutschen Christen. In jubelnden Telegrammen meldete Hossenfelder am nächsten Tag Hindenburg, Hitler, Müller und Jäger »den entscheidenden Wahlsieg« der Glaubensbewegung.[34] Zur gleichen Zeit baten Dibelius und acht opponierende Mitglieder des preußischen Oberkirchenrats »in loyaler Würdigung der veränderten Lage« um ihre Beurlaubung.[35] Der endgültigen Gleichschaltung der Kirche mit dem Dritten Reich schien nichts mehr im Wege zu stehen.

Auch wenn man alle Umstände dieser Wahl in Rechnung stellt, bleibt der 23. Juli 1933 für die evangelische Kirche ein bestürzendes Datum. Er machte offenbar, wie leicht die Kirche durch eine politische Theologie zu verführen war, wenn diese sich mit der politischen Macht und der politischen Mode verband. Denn bei aller Unklarheit im einzelnen bedeutete die Widerstandslosigkeit der Kirche in diesem Augenblick eben doch auch eine Anerkennung des Weges, den die Deutschen Christen bisher gegangen waren.

Auf der anderen Seite wird man freilich auch nicht übersehen dürfen, daß dieser politisch geborgte Sieg weit weniger eindeutig war, als die Wahlergebnisse vermuten ließen. Noch war überhaupt nicht zu übersehen, was sich in diesen Wochen in der Glaubensbewegung gesammelt hatte. Ihre Flügel reichten jedenfalls vom gemäßigten Kirchenmann und Theologen bis zum radikalen deutschvölkischen Sektierer. Wie die Deutschen Christen mit dieser Spannung fertig werden wollten, war völlig offen. Und was in vielen Pfarrhäusern an Skepsis und Ratlosigkeit zurückgeblieben war, das verriet etwa der Brief eines Hamburger Pastors, der am 27. Juli einem jungen deutschchristlichen Freund schrieb: »Der Erfolg dieser Eroberung, die sich dem glänzenden Siege über die wehrlosen Juden und Freimaurer würdig anreiht, wird darin bestehen, daß viele unserer innerlichsten Kirchenleute wegbleiben und die Sieger nicht kommen.«[36]

Die Überzeugung, daß mit dem Wahlsieg der Deutschen Christen die Entscheidung gefallen war, beherrschte nach dem 23. Juli nicht nur die Glaubensbewegung selbst, sondern den ganzen deutschen Protestantismus. Sie bestimmte auch den öffentlich sichtbaren Teil der kirchenpolitischen Entwicklung in den nächsten Wochen. Diese Entwicklung schien direkt und rasch auf die deutschchristliche Reichskirche und die Wahl Ludwig Müllers zum ersten Reichsbischof zuzulaufen. Aber während die Deutschen Christen noch ahnungslos ihren Sieg genossen und zugleich zielstrebig an den Ausbau ihrer Macht gingen, vollzogen sich im Hintergrund Veränderungen, die schon nach wenigen Monaten Sieg und Macht der Glaubensbewegung nachhaltig in Frage stellen sollten. Die wichtigste dieser Veränderungen betraf die Haltung Hitlers und der Partei.

Die erstaunliche Wahlrede vom 22. Juli hatte bewiesen, daß Hitler tatsächlich an einem Sieg der Deutschen Christen gelegen war. So verständlich daher der massive Einsatz der Partei für die Glaubensbewegung war, so wenig konnte Hitler doch wünschen, daß aus dieser Verbindung eine Dauereinrichtung wurde. Im Gegenteil: Er hatte sich mit diesem Einsatz von seiner eigenen kirchenpolitischen Grundentscheidung – nämlich die Bewegung aus allen kirchlichen Auseinandersetzungen unbedingt herauszuhalten – so weit entfernt, daß eine Korrektur jetzt dringend notwendig erschien. Schließlich waren die Gauleiter als kirchliche Wahlhelfer auf die Dauer kaum vorstellbar. Und noch ein weiterer Grund legte eine solche Korrektur nahe. Im Schlußprotokoll zum Reichskonkordat nämlich war zu Artikel 32 ausdrücklich das Einverständnis festgehalten worden, »daß vom Reich bezüglich der nichtkatholischen Konfessionen gleiche Regelungen betreffend parteipolitische Betätigung veranlaßt werden«.[37] Das aber konnte nur heißen, daß sich die Partei in absehbarer Zeit auch von ihren evangelischen Geistlichen trennen mußte, die jetzt noch bis hinauf zu Hossenfelder mehr oder weniger offizielle Parteifunktionen innehatten. Der Entschluß zu dieser Korrektur wurde Hitler durch den Sieg der Deutschen Christen zweifellos erleichtert. In Zukunft, so dachte er vermutlich, würde es genügen, von Zeit zu Zeit dem Reichsbischof die entsprechenden Anweisungen zu geben, um die Kirche in die jeweils gewünschte Richtung lenken zu können. Alles andere aber interessierte ihn nicht mehr.

So war es keineswegs überraschend, wenn Hitler bereits am 5. August, kaum vierzehn Tage nach den Kirchenwahlen, neue Leitlinien für die Partei ausgab. An diesem Tag hatte er die Reichsleiter und Gauleiter auf dem Obersalzberg versammelt, um sie in einer großen Rede über die innenpolitische Lage und seine nächsten Ziele zu informieren. Der offizielle Bericht über diese »richtungweisende Rede« enthielt zwar keinerlei Hinweise, daß Hitler in seinen dreistündigen Ausführungen auch die Kirchenfrage behandelt hatte. Aber es besteht kaum ein Zweifel, daß er an diesem Tage den Gauleitern erklärte, daß das kirchenpolitische Ziel erreicht sei und daß die Partei von nun an wieder zu ihrem alten Kurs der kirchenpolitischen Neutralität zurückzukehren hätte.[38]

Dabei dachte Hitler nicht an einen radikalen Umschwung. Es wäre auch unsinnig gewesen, eine Stellung, die er mit beträchtlichem Aufwand eben erobert hatte, unmittelbar darauf wieder preiszugeben. Vielmehr konnte es sich nur um einen Prozeß der allmählichen Ablösung handeln, der der Partei ihre Beweglichkeit zurückgab, ohne die deutschchristliche Position zu erschüttern. In der Tat zog sich dieser Prozeß über viele Monate hin, wobei ganz verschiedene Interessenlagen sichtbar wurden.

Es war kein Zufall, daß das erste öffentliche, weithin beachtete Signal für die Veränderung des kirchenpolitischen Kurses der Partei von Alfred Rosenberg kam. Der Verfasser des *Mythus*, der sich selbst in der Rolle des völkisch-religiösen Denkers sah, konnte nur mit tiefem Unbehagen den Einsatz der Bewegung für eine deutschchristliche evangelische Kirche beobachtet haben. Nun aber sah er seine Zeit näherrücken. In einem Leitartikel im *Völkischen Beobachter* vom 16. August kündigte er unter der Überschrift »Politik und Kirche« die bevorstehenden Veränderungen an. Es dürften weithin Hitlers Ausführungen vom 5. August gewesen sein, wenn es darin hieß: »... ebenso wie durch das Konkordat das Hinübergreifen kirchlicher Interessen auf das politische Gebiet unterbunden worden ist, ebenso wird sich auch die politische Bewegung aus dem Kampf der konfessionellen Fragen herausziehen. Wenn es auch begreiflich ist, daß der nationalsozialistischen Bewegung im allgemeinen jene Gruppen sympathischer erscheinen, deren Führer sich in der Vergangenheit offen und ehrlich zum Kampf für das neue Deutschland bekannten, so sind wir doch in das Stadium getreten, wo der Nationalsozialismus sich nicht zur politischen Stütze der einen oder anderene kirchlichen Gruppierung hergeben kann. Diese Haltung entspricht genau unserm § 24, wonach die NSDAP sich nicht irgendwie konfessionell binden könne.« Daß Rosenberg mit dieser Neutralitätserklärung auch persönlich große Hoffnungen verband, zeigten die Bemerkungen, daß nun die Bekenntnisse »aus innerer und ureigenster Kraft ... um die Seele des Deutschen« ringen müßten, und daß das »Lebensgefühl der Zukunft auch hier noch Neugestaltungen herbeiführen« könne.[39] Wer den *Mythus* gelesen hatte, wußte, welche »Neugestaltungen« Rosenberg dabei vor Augen standen.

Die Neutralitätserklärung Hitlers sollte die Unabhängigkeit der Partei wiederherstellen, nicht aber ein Fallenlassen der Deutschen Christen bedeuten. Dies zeigte sich daran, daß Hitler weiterhin unbedingt an Ludwig Müller festhielt. Es zeigte sich aber auch daran, daß die entsprechenden Anweisungen der Partei nur zögernd kamen und sehr zurückhaltend formuliert waren. So erklärte Martin Bormann, seit Anfang Juli Stabsleiter des Stellvertreters des Führers, in einem Rundschreiben an die Gauleiter erst am 6. Oktober, Parteigenossen, die bei den Kirchenwahlen gegen die Empfehlung der Partei nicht deutschchristlich gewählt hätten, sollten nicht benachteiligt werden. »Das beabsichtigte Ziel der Kirchenwahlen«, schrieb Bormann, »ist erreicht! Es liegt nicht im Sinne des Führers, daß weiterhin zu den Wahlangelegenheiten Stellung genommen wird ...«[40] Wenige Tage später, am 13. Oktober, stellte Heß durch eine Erklärung die Neutralität der Partei in Kirchenfragen auch öffentlich fest.[41] Und Anfang 1934 erinnerte er die Gauleiter vertraulich noch einmal daran, daß die Unterstützung der Deutschen Christen durch die Partei zu Ende sei. Politische Leiter, die noch »Amt und Namen eines ›Fachberaters für evangelische Kirchenfragen‹ oder dergl.« führten, hätten sofort ihre Arbeit einzustellen. Dabei bezog sich Heß ausdrücklich auf die Ausführungen, »die der Führer am 5. 8. 33 auf der Gauleitertagung auf dem Obersalzberg zu dem Thema ›Partei und Kirche‹« gemacht habe. Dementsprechend habe der Führer »auch jegliche Einflußnahme auf die Entwicklung der Verhältnisse in der evangelischen Kirche verboten«.[42]

Auch wenn die Partei nur sehr zögernd und vorsichtig von den Deutschen Christen abrückte, waren die Folgen unübersehbar. Schon Mitte September urteilte Martin Niemöller, er halte die kirchenpolitischen Möglichkeiten zwar für erschöpft, die Gesamtsituation dagegen halte er »für wesentlich günstiger, seitdem die offizielle Parteipresse von den DC abgerückt ist und eher Propaganda für Hauer und Genossen macht«.[43]

Mit dem Hinweise auf »Hauer und Genossen« war ein weiteres Problem bezeichnet, das aus der Neutralitätserklärung entstand, und das in den nächsten Jahren in wachsendem Maße die beiden Kirchen beunruhigte. Dieses Problem hing mit den weltanschaulichen Wurzeln der Bewegung zusammen. Hitlers Partei war keineswegs von Anfang an kirchlich neutral gewesen, sondern sie war auf dem Boden der völkischen Ideologie mit all ihren besonderen religiösen Vorstellungen und Ansprüchen entstanden. Zwar wurde entscheidend für ihren Sieg, daß es Hitler mit der Trennung von Ludendorff und Dinter gelungen war, diese völkisch-religiösen Ansprüche zurückzudrängen und die Parteiorganisation ganz auf die politische Eroberung der Macht zu konzentrieren.[44] Aber damit war die Frage selbst keineswegs erledigt. Ein Teil des alten Kerns der Bewegung stand einer deutschvölkischen Gläubigkeit nach wie vor weit näher als einem völkischen Katholizismus oder einer deutschchristlichen Reichskirche. Die offizielle Kirchenpolitik mit ihrer betonten Hinwendung zu den beiden großen christlichen Konfessionen hatte in diesen Kreisen seit langem erheblichen Ärger erweckt.

Das wichtigste Sprachrohr dieser Richtung war die Zeitschrift *Reichswart* des Grafen Ernst zu Reventlow. Reventlow war ein typischer Vertreter der völkisch-religiösen Richtung innerhalb der Partei und insofern von einer gewissen Prominenz, als er seit 1927 zur Reichtagsfraktion der NSDAP gehörte. Der *Reichswart* nun, der schon seit März angesichts der Bemühungen Hitlers um die Kirchen immer wieder »auf die volkzerreißende Wirkung einer politisch und gar vom Staat betriebenen Religionspropaganda« hingewiesen hatte[45], veröffentlichte im Juni einen aufsehenerregenden Artikel mit der Übeschrift: »Gleichberechtigung für deutsche Nichtchristen!« Darin war von den Millionen Deutschen die Rede, die sich längst von den christlichen Kirchen und dem Christentum überhaupt abgewandt hätten, die aber gleichwohl den Wunsch zu religiöser Gemeinschaftsbildung besäßen. Alle diese verschiedenen Gemeinschaften seien sich darin einig, »daß sie die Kirchen ablehnen und in freier Gemeinschaft ihr religiöses Leben führen, weiter fördern und entwikkeln wollen. In ihnen lebt mindestens soviel Religion wie in den christlichen Kirchen Deutschlands. Es erscheint uns der Augenblick gekommen«, so forderte Reventlow daher, »ja höchste Zeit, daß diesen Gemeinschaften anerkannte Gleichberechtigung mit den christlichen Kirchen im Staat zuteil werde.« Es muß, so lautete der Schluß, »zu einer vollberechtigten Glaubensgemeinschaft, mag sie noch so weit gefaßt sein, kommen, neben den christlichen Kirchen, neben dem Christentum! Das ist eine Forderung des deutschen Lebens und der deutschen Volksgenossenschaft, die heute schon brennend ist.«[46]

Solange Hitler seine aktive Kirchenpolitik betrieb, war an die Verwirklichung dieser Forderung freilich kaum zu denken. Aber sobald durch Rosenbergs Artikel deutlich wurde, daß die Partei sich von den Deutschen Christen zu distanzieren begann, fanden sich die Anhänger eines Deutschen Glaubens in der Partei lebhaft ermutigt. Im Mittelpunkt aller Bestrebungen zur Gründung einer »Deutschen Glaubensbewegung« stand der Tübinger Professor Jakob Wilhelm Hauer.[47]

Der damals 52jährige Hauer stammte aus dem Württembergischen, war nach einer evangelisch-theologischen Ausbildung 1906 von der Basler Mission nach Indien geschickt worden und von dort mit tiefen Eindrücken von der indischen Relgion zurückgekehrt. Seither hatte er sich neben seinem Pfarramt religionswissenschaftlichen Studien gewidmet, hatte sich 1921 in Tübingen habilitiert und war hier 1927 Professor für Indologie und Religionswissenschaft geworden. In vielerlei völkisch-religiösen Vorstellungen zu Hause sah auch Hauer, wie so viele andere, im Sommer 1933 seine Zeit gekommen. Von seinem Tübinger Haus – nach dem mythischen Wohnsitz des Gottes Baldur »Breidablick« genannt – entfaltete er eine lebhafte Tätigkeit im ganzen Reich. Ein erster Erfolg dieser Tätigkeit stellte sich ein, als sich am 29. und 30. Juli 1933, nur eine Woche nach den Kirchenwahlen, eine Reihe bisher hoffnungslos zerstrittener deutschgläubiger Bünde und Vereine zur »Arbeitsgemeinschaft der Deutschen Glaubensbewegung« zusammenschlossen. Dazu gehörten ausgeprägt völkische Gruppen, wie die Germanische Glaubensgemeinschaft, der Rig-Kreis und andere; aber überraschenderweise auch der große Bund freireligiöser Gemeinden, der aus freidenkerisch-marxistischer Tradition kam. Zum Vorsitzenden dieser Arbeitsgemeinschaft bestellt, die er dann zusammen mit Reventlow leitete, trug Hauer Ende August in einer Denkschrift an Hitler, Frick und Jäger die Bitte um öffentlichrechtliche Anerkennung der Deutschen Glaubensbewegung vor. Es sei »kein Zufall, sondern wesensnotwendig, daß viele der bedeutendsten geistigen Führer im Dritten Reich entweder ausgesprochen oder doch in ihrer Grundhaltung« zu ihr gehörten; vor allem sei es die nationalsozialistische Jugend, die zu Tausenden nur »auf das erlösende Wort des Führers« warte, um sich endlich vorbehaltlos der Glaubensbewegung anschließen zu können. Auch die deutschen Arbeiter, so versicherte Hauer, wollten »in ihrer Mehrheit nicht das Christentum, sondern einen deutschen Glauben«. Die Denkschrift verriet deutlich, daß Hauers Absichten auf die Bildung einer neuen, dritten Konfession zielten. Denn nach seiner Überzeugung würde sich das deutsche Volk dann »in die drei großen religiösen Bereiche« gliedern: »Katholische Kirche, Evangelische Kirche ... und Deutsche Glaubensgemeinschaft.« Alle drei aber sollten in einer »Religiösen Arbeitsgemeinschaft Deutscher Nation« zusammenarbeiten.[48]

Ein Jahr später, im Herbst 1934 – inzwischen war aus der losen Arbeitsgemeinschaft die straff organisierte Deutsche Glaubensbewegung geworden – entwarf Hauer selbst die »Grundzüge eines Deutschen Glaubens«, die unter dem Titel *Deutsche Gottschau* erschienen. Die Grundidee war die gleiche wie die der gesamten völkischen Bewegung: der weltgeschichtliche »Kampf zwischen der vorderasiatisch-semitischen und der indogermanischen Glaubenswelt«. Dieser Kampf sollte sich in einer dreifachen Form abspielen: »biologisch-rassisch, politisch-wirtschaftlich, weltanschaulich-religiös«.[49] Schon die Kapitelüberschriften machten Hauers Programm deutlich: »Rasse und Volk als Grundwerte Deutschen Glaubens«, »Germanisch-deutsche Weltschau«, »Der germanisch-deutsche Lebensglaube«, »Germanisch-deutsche Gottschau«. Das Verhältnis zum Christentum sollte das einer überlegenen Toleranz sein: Zwar werde es wohl immer eine Gemeinde Jesu im deutschen Volk geben«, »aber die normative, d. h. die maßgebliche religiöse Gewalt« könne in Zukunft nur der »Deutsche Glaube« sein, da die »Epoche des Christentums zu Ende« gehe.[50]

Hauers *Deutsche Gottschau* sollte nach seinen eigenen Worten »für das Volk« bestimmt sein, nicht »für Theologen und Religonsphilosophen«.[51] Aber die Art, wie hier aus Edda, Bhagavadgita und den Upanishaden, aus Neuplatonismus und Mystik, aus Goethe, Schiller, Hölderlin, Hegel, Kant, Wagner, Nietzsche, Kolbenheyer, Rosenberg und vielen anderen wahllos ein »Glaube aus deutschem Urgrund« konstruiert wurde, verriet, daß sich hier doch nur die deutsche Bildungsreligion des 19. Jahrhunderts neu und nordisch-völkisch artikulierte. Und die politische Mode war es denn auch vor allem, die dem Schein-Tiefsinn der *Deutschen Gottschau* in den ersten Jahren des Dritten Reiches so viele Anhänger zuführte, daß die Kirchen in der Deutschen Glaubensbewegung tatsächlich einen ihrer gefährlichsten Gegner zu sehen meinten. Eine wirkliche Konkurrenz aber stellte Hauers Unternehmen nur für die Deutschen Christen dar. Schon der gemeinsame Begriff der »Glaubensbewegung« zeigte, daß sie sich gegen diesen Gegner nur schwer zu verteidigen vermochten.

Hitlers Neutralitätserklärung vom 5. August und in ihrer Folge das spürbare Anwachsen der deutschgläubigen Strömungen wirkten sich erst allmählich in der Kirchenpolitk aus. Aber sie waren entscheidend beteiligt an dem großen Klimaumschwung im Verhältnis von Partei und Kirche und in der Kirche selbst, der im Spätsommer einsetzte und der wesentlich dazu beitrug, daß dem großen Unternehmen der Gründung einer evangelischen Reichskirche ein so schnelles und klägliches Ende beschieden war.

Am Abend des 23. Juli und in den folgenden Tagen war davon freilich noch nichts zu spüren. Die Zeit nach dem triumphalen Wahlsieg der Deutschen Christen stand vielmehr ganz im Zeichen der Überzeugung, daß damit die Entscheidung gefallen sei. Dies warf vor allem für die kirchliche Opposition die schwierige Frage auf, wie sie sich auf die neue Lage einstellen sollte.

Entscheidend wurden hier wiederum die Entwicklungen in Preußen. Noch am Wahltag selbst war die Leitung der kirchlichen Opposition zusammengekommen, um das weitere Vorgehen der Jungreformatorischen Bewegung zu besprechen. Der Entschluß, der schon bei dieser ersten Besprechung fiel,[52] wurde für die Zukunft der ganzen Kirche von außerordentlicher Bedeutung. Er lautete, in der Formulierung einer auf Ende Juli datierten Erklärung, »daß die Jungreformatorische Bewegung mit den am 23. Juli 1933 vollzogenen Kirchenwahlen ihre kirchenpolitische Betätigung als beendet ansieht und auf die innerkirchliche Arbeit in Theologie und Gemeinde hinfort ihre Kräfte wenden will«. Zur Begründung verwies die Leitung der Jungreformatoren auf die Ereignisse der letzten Wochen, die die Bewegung in eine staatspolitisch unmögliche Frontbildung gedrängt hätten. Dadurch würden einzelne dem Verdacht ausgesetzt, es »an staatspolitischer Zuverlässigkeit fehlen zu lassen«. Diese Verantwortung aber könne die Leitung nicht übernehmen. Damit blieb kein anderer Weg, als sich, wie es weiter hieß, »aus dieser verfehlten Frontbildung zurückzuziehen, um dadurch die Herausarbeitung der eigentlichen und wesentlichen inneren *kirchlichen* Linie wieder zu ermöglichen«.[53]

Dieser Entschluß blieb nicht unbestritten. Als sich am 27. Juli die Mitglieder der Reichsleitung des Wahlvorschlags »Evangelium und Kirche« trafen, übte namentlich Jacobi lebhafte Kritik an dem angekündigten Rückzug aus der Kirchenpolitik. »Das ist so«, meinte er, »wie wenn Pilatus seine Hände in Unschuld wäscht. Politik kommt von Politik, und die Arbeit an der Gestaltung der Kirche können wir nicht aufgeben ...« Auch andere unterstützten diese Äußerungen und wandten sich nachdrücklich gegen den »Defaitismus am grünen Holz«, der angesichts der Rede Hitlers vom 22. Juli zwar verständlich, im Blick auf die bevorstehenden Synoden jedoch verhängnisvoll sei.[54]

In der Tat konnte man den Rückzug aus der Kirchenpolitik als Kapitulation verstehen. Aber so war er keineswegs gemeint. Unter dem Eindruck der Kritik verdeutlichte Martin Niemöller daher die Absicht der neuen Richtung und faßte sie in 16 Thesen zusammen.

Nach einer Analyse der Situation enthielt die 11. These den Kern des neuen Ansatzes. »Es muß jetzt darum gehen«, so lautete diese These, »daß neue, klare Fronten geschaffen werden und daß Vorsorge getroffen wird, daß in der Kirche, die nun maßgebend von den Deutschen Christen gestaltet wird, Gemeinde Jesu Christi werde, die auch bereit ist zu bekennen, wenn wirklich ein Bekenntnis von ihr gefordert wird.« Dies aber sei keine »kirchenpolitische«, sondern vielmehr eine »gemeindlich-praktische« und eine »kirchlich-theologische« Aufgabe. Die gemeindlich-praktische Aufgabe bestehe darin, »die gläubigen Glieder der Gemeinde zu sammeln und mit allem Ernst ihnen die Verkündigung zu bringen«. Die kirchlich-theologische Aufgabe aber sei gewissermaßen nach außen gewandt: Es gelte, die Deutschen Christen »vor die Bekenntnisfrage zu stellen«. »Ist theologisch«, so fragte Niemöller jetzt mit aller Schärfe, »ein grundsätzlicher Unterschied zwischen der reformatorischen Lehre und dem, was die Deutschen Christen verkündigen? Wir fürchten: Ja! – sie sagen: Nein! – Diese Unklarheit muß bereinigt werden durch ein zeitgemäßes Bekenntnis.«[55]

Damit war das entscheidende Stichwort gefallen: »zeitgemäßes Bekenntnis«. Diese Stichwort war nicht neu. Es hatte die kirchliche Entwicklung begleitet vom Altonaer Bekenntnis über die Versuche Zoellners und Müllers, für die neue Reichskirche eine gemeinsame Bekenntnisaussage zu finden, bis zu den vielen bekenntnisartigen Erklärungen, die im Streit um Bodelschwingh landauf landab entstanden waren. Aber jetzt hatte das Stichwort noch einmal eine neue Dimension bekommen. In einem Augenblick, in dem Macht und Gewalt in der Kirche so offensichtlich triumphierten; in dem zugleich die theologische Verwirrung ein fast unvorstellbares Ausmaß erreicht hatte; in dem Opportunismus und Illusionen regierten und fast niemand mehr zu sagen wußte, wo denn nun Kirche Jesu Christi sei und wo nicht: In diesem Augenblick wurde die Forderung nach einem zeitgemäßen Bekenntnis zu einer letzten Möglichkeit, zu einem äußersten Versuch, die Wahrheit, Gewißheit und Zuversicht des Evangeliums wiederzufinden.

Was Niemöller hier forderte, war sachlich nichts anderes als der beschwörende Ruf Karl Barths, doch unter keinen Umständen die »theologische Existenz« zu verlieren, sondern zunächst ein »geistliches Widerstandszentrum« aufzubauen, »das einem kirchenpolitischen erst Sinn und Substanz geben würde«.[56] Genau darum ging es nun; in Berlin freilich entschlossener, schneller und praktischer, als Barth sich das vorgestellt hatte. Niemöllers rasche, befehlsgewohnte Art blieb dem Schweizer Theologen lange fremd. Obwohl man deshalb in Bonn die Berliner Bemühungen zunächst mit tiefem Mißtrauen betrachtete, war doch gleichsam vorgezeichnet, daß sich die beiden Ansätze und auch die beiden Männer schließlich treffen und verbinden mußten. Auch Karl Barth hatte aus seiner Schrift keineswegs die Konsequenz gezogen, sich aller Kirchenpolitik zu enthalten, sondern war im Gegenteil im Wahlkampf mit einer eigenen Wahlversammlung und einer eigenen Liste kräftig aufgetreten. Ähnlich verdeutlichte nun Niemöller den mißverständlichen »Rückzug aus der Kirchenpolitik« dahin, daß dies nicht das freiwillige Aufgeben kirchenpolitischer Positionen bedeute, sondern daß die Jungreformatorische Bewegung »auf Grund freier Vereinbarung mit in die verschiedenen Synoden hineingehen« werde, um die Gruppe, die nun die Macht in der Kirche habe, bei ihrer Verantwortung für die Kirche zu behaften. »In diesem Sinne«, so schlossen die Thesen, und dieser Satz sollte vier Wochen später eine ungeahnte Bedeutung bekommen, »legen wir Wert darauf, wo es möglich und nötig ist, auch unsere Stimme zu erheben«.[57]

Das gleiche Heft der *Jungen Kirche*, in dem diese Thesen veröffentlicht wurden, brachte einen Abdruck des Artikels von Rosenberg im *Völkischen Beobachter* mit dem Hinweis, diese Ausführungen ließen »bedeutsame Vorgänge innerhalb der NSDAP ahnen«.[58] Und schon im nächsten Heft wurde das Problem der Deutschen Glaubensbewegung angeschnitten, als Frage der hinter den Deutschen Christen nachdrängenden heidnisch-germanischen Kräfte, die »nur von einer reinen Lehre und einem klaren Bekenntnis aus überwunden werden« könnten.[59] Beides, den beginnenden Rückzug der Partei wie das Vordringen Hauers und Reventlows verlor die kirchliche Opposition von nun an nicht mehr aus den Augen: das eine als Hoffnung, das andere als Anstoß für das »zeitgemäße Bekenntnis«.

So sehr in den nächsten Wochen viele einzelne Fragen innerhalb der kirchlichen Opposition weiterhin umstritten blieben, so einig war man sich darin, daß die von Niemöller formulierten beiden Aufgaben, die kirchlich-theologische und die gemeindlich-praktische Arbeit, jetzt tatsächlich das Gebot der Stunde seien. Beides wurde noch im August angegangen.

Die *gemeindlich-praktische* Arbeit begann mit der Sammlung von Pfarrern und Gemeindegliedern, die trotz der neuen Verhältnisse weiterhin zur kichlichen Opposition hielten. Es war ein bescheidener Anfang, der zunächst ganz von der Initiative einzelner Pfarrer abhing. Da eine Organisation vermieden werden sollte, nahm Bodelschwingh die Rolle eines persönlichen und geistlichen Mittelpunktes ein und behielt sie auf seine bescheidene und zurückhaltende Art bis zum Herbst, als härtere Entscheidungen erforderlich wurden. In Groß-Berlin waren es die Pfarrer Gerhard Jacobi und Eitel-Friedrich v. Rabenau, die etwa hundert Amtsbrüder um sich geschart hatten und zu wöchentlichen Treffen einluden.[60] In der Niederlausitz begannen drei Pfarrer, unter ihnen Eugen Weschke und Günter Jacob, eine Pfarrbruderschaft zu gründen[61]; im Rheinland waren Joachim Beckmann und andere schon am 19. Juli mit einem ähnlichen Gedanken vorausgegangen[62]; ihnen folgte am 4. August in Westfalen Karl Lücking mit der Anregung, bekenntnistreue Pfarrer und Gemeindeglieder sollten sich »in Gottesdiensten, Gemeindeabenden und Konferenzen« zusammenfinden.[63] Und in der Kurmark schrieb der junge Pfarrer von Sachsenhausen, Kurt Scharf, der spätere Bischof und Ratsvorsitzende der Evangelischen Kirche in Deutschland, am 4. August an die Amtsbrüder, die seither zu Dibelius gehalten hatten: »Wir wissen ..., daß viele evangelische Christen in Amt und Gemeinde die neuere Entwicklung in unserer Kirche mit Sorge ansehen und sich dafür verantwortlich fühlen, daß ihr die christliche Substanz in Wortverkündigung und Leben überhaupt erhalten bleibt. – Es geht uns jetzt darum, diese verantwortungsbewußten Christen in Amt und Gemeinde zu erreichen.« Und ganz im Sinne der grundsätzlichen Entscheidung der Jungreformatorischen Bewegung fuhr er fort: »Ich wäre Ihnen dankbar, wenn Sie mir persönlich mitteilen würden, ob wir auf Ihre Mitarbeit auch weiterhin rechnen dürfen, ob Sie z. B. mit den Gemeindegliedern, die treu zur Kirche und zum Evangelium halten, kleine Arbeitsgruppen zur grundsätzlichen Erörterung der Hauptfragen reformatorischen Christentums, d. h. vor allem der Bekenntnisfragen, ins Leben rufen können.«[64] Von den rund 650 Pfarrern der Kurmark waren es etwa 50, die mittaten. Das war nicht viel. Und es war zunächst auch noch nicht unmittelbar zu sehen, wo das alles hinführen sollte. Man hielt sich nur gegenseitig fest, um vom übermächtigen Strom der neuen Zeit nicht auch hinweggerissen zu werden. Erst vier Wochen später, nach der preußischen Generalsynode, wurde deutlich, worum es tatsächlich ging.

Aber nicht nur die gemeindlich-praktische Arbeit begann im August, sondern auch die *kirchlich-theologische.* Da die kirchliche Opposition die ganzen Auseinandersetzungen auf das Bekenntnis zugespitzt hatte, konnte sie diese Frage nicht einfach sich selbst überlassen. Daher lud Bodelschwingh auf Anregung aus Berlin Anfang August »einen kleinen Kreis jüngerer Theologen« nach Bethel ein, um in der Zurückgezogenheit der Bodelschwinghschen Anstalten gemeinsam ein »zeitgemäßes Bekenntnis« auszuarbeiten.[65] Die wichtigsten Teilnehmer an dieser Arbeit, die von Mitte bis Ende August dauerte, waren Dietrich Bonhoeffer und Hermann Sasse, der bisherige Herausgeber des *Kirchlichen Jahrbuchs,* der inzwischen Professor für Kirchengeschichte in Erlangen geworden war. Außerdem arbeiteten von den Betheler Dozenten Georg Merz und Wilhelm Vischer intensiv mit. Als eine Art Redakteur fungierte Pfarrer Stratenwerth, der zusammen mit Niemöller im Juni Bodelschwinghs engsten Beraterstab gebildet hatte. Das Ergebnis dieser Arbeit war das sogenannte *Betheler Bekenntnis.*[66]

Das Betheler Bekenntnis hatte eine merkwürdige Geschichte. Die ursprüngliche Fassung, die in jenen Augusttagen in einer »beglückenden Zusammenarbeit« aller Beteiligten entstand,[67] wurde nie veröffentlicht. Diese Fassung wurde erst 1959 bekannt, als Eberhard Bethge sie – völlig zu Recht – in die Gesammelten Schriften Dietrich Bonhoeffers aufnahm. Was Anfang 1934 unter dem Titel »Das Bekenntnis der Väter und die bekennende Gemeinde« unter der Verantwortung Martin Niemöllers erschien, war eine umgearbeitete und in entscheidenden Punkten abgemilderte und angepaßte Fassung, die auch deshalb ohne erkennbare Wirkung blieb, weil die Verhältnisse in der evangelischen Kirche sich inzwischen vollkommen verändert hatten. Während die Verfasser im August noch davon ausgingen, daß es nötig sein werde, »die Deutschen Christen zu stellen auf das, was sie wollen«[68], und daß man daher mit ihnen in ein – in seinen Aussichten freilich ganz verschieden beurteiltes – theologisches Gespräch eintreten müsse, war Anfang Januar 1934 die Zeit über diese Absichten längst hinweggegangen.[69]

Gleichwohl bleibt das Betheler Bekenntnis in seiner Erstfassung – gerade auch im Blick auf den großen deutschchristlichen Aufbruch der deutschen Theologie in dieser Zeit – ein glänzendes, scharfes und eindrückliches Zeugnis für das, was theologische Arbeit im Sommer 1933 nun doch auch zu leisten vermochte. In der Form zwar schwerfällig, befrachtet mit zahlreichen Belegen aus der Bibel, aus Luther und vor allem aus den Bekenntnisschriften, war dieses Bekenntnis doch an manchen Stellen theologisch und politisch klarer und genauer als die berühmte Barmer Erklärung vom Mai 1934.

In sechs klassischen dogmatischen Kapiteln entfaltete das Bekenntnis die Lehre der lutherischen Kirche.[70] Das erste Kapitel trug die Überschrift: »Von der Heiligen Schrift« und begann: »Die Heilige Schrift Alten und Neuen Testaments ist allein Quelle und Maßstab der Kirche. Sie bezeugt, gültig in ihrer Einheit, daß der unter Pontius Pilatus gekreuzigte Jesus von Nazareth der Christus sei, d. h. der verheißene Messias Israels, der König der Kirche, der Sohn des lebendigen Gottes.« Wem dieser Satz bloß traditionell klang, der erfuhr in seiner Auslegung, was er bedeutete. Denn es ging ja um die Scheidung von Lehre und Irrlehre. Und die Irrlehren, die dieser Satz nach der Meinung der Autoren traf, waren nun allerdings keineswegs traditionell, sondern höchst modern und höchst virulent. Verworfen wurde damit grundsätzlich »die Irrlehre, in welcher Gestalt sie auch auftreten möge, daß Christus sich auch ohne die Schrift und außerhalb derselben bezeuge und daß der Heilige Geist auch ohne das ›äußerliche Wort‹ der auf die Schrift gegründeten Predigt und ohne das Sakrament gegeben werde«. Die »Einmaligkeit und Geschichtlichkeit der Offenbarung Gottes«, die damit ausgesprochen wurde, traf die völkische Geschichtstheologie mit ihrem Gedanken von der Erwählung des deutschen Volkes ebenso wie Stapels Volksnomos; und sie traf alle, die auf die eine oder andere Weise das Alte Testament zu relativieren, umzudeuten oder auszuscheiden versuchten. Das zweite Kapitel wandte sich gegen den völkisch-nationalen Mißbrauch Luthers und der Reformation; das dritte enthielt mit der Lehre von der Dreieinigkeit die theologische Grundlegung für die Abwehr jeder Art von verselbständigter Schöpfungslehre. Dies wurde sogleich konkret im 4. Kapitel »Von Schöpfung und Sünde«. Es war Barths theologischer Ansatz und zugleich eine der zentralen Aussagen, die Lehre und Irrlehre in diesem Augenblick schieden, wenn es darin hieß: »Allein aus dem Gehorsam gegen das Wort Gottes aus der Schrift erkennen wir den Schöpfer, nicht aus irgendeiner Deutung des Geschehens in der Welt.« »Wir verwerfen«, hieß es darum weiter, »die Irrlehre, daß Gott aus einer bestimmten ›geschichtlichen Stunde‹ unmittelbar zu uns rede... die Irrlehre, daß des Volkes Stimme Gottes Stimme sei... Des Volkes Stimme schreit ›Hosianna‹ und ›kreuzige!‹«

Zu besonders eindrücklichen Formulierungen kamen die Verfasser schließlich im 6. Kapitel, das »Vom Heiligen Geist und der Kirche« handelte. War alles Bisherige innerkirchlich und innertheologisch geredet, obwohl die Weltanschauung des Dritten Reiches immer im Blick blieb, so ging es nun in den drei Abschnitten »Kirche und Volk«, »Kirche und Staat« und »Die Kirche und die Juden« um Aussagen, deren politische Relevanz unmittelbar deutlich war. Hier fanden denn auch im Lauf der Bearbeitung die tiefsten Eingriffe und Veränderungen statt. Zum Verhältnis von Kirche und Volk war in den ersten Kapiteln das Entscheidende bereits gesagt worden. So konnte sich dieser Abschnitt auf eine nüchterne Darlegung der Volksgemäßheit der Kirche und ihrer Grenzen »in dem Inhalt der Verkündigung« beschränken. Aber ein unverkennbar eigener Ton war es, wenn der Abschnitt von der unlösbaren Solidarität sprach, die die Christen mit beiden, Volk und Kirche, verbinde. »Sie tragen mit an der Schuld des Volkes. Sie sind zugleich Glieder des Gottesvolkes, dessen Bürgerschaft im Himmel ist.« Wahrscheinlich überläse man heute die Botschaft dieser Sätze, wenn nicht die überarbeitete Fassung eine deutliche Korrektur für nötig gehalten hätte: »Sie haben Teil an Ruhm und Schuld ihres Volkes und an Verheißung und Schuld ihrer Kirche.«[71] Der Satz war so noch immer richtig. Aber er hatte – und dies war für die Umarbeitung charakteristisch – sein Salz verloren. Ähnlich übernahm der veröffentlichte Text alle wesentlichen Unterscheidungen und Bestimmungen im Verhältnis von Kirche und Staat, die die erste Fassung entwickelt hatte. Es war ein ungemein spannungsreiches Verhältnis, das hier gezeichnet wurde, ein Verhältnis, in dem der Kirche die Aufgabe zugewiesen wurde, die weltliche Obrigkeit »durch die rechte Verkündigung ... in die Schranken ihrer eigenen Ordnung« zu weisen, damit sie nicht »ein Werkzeug des Teufels« werde, »der zuletzt nur die Unordnung sucht, um darin alles Leben zu zerstören«. Unmöglich war im Sommer 1933 der besondere Ton zu überhören, der in dem Satz lag: »Mit diesem Dienst bewahrt die Kirche den Menschen unter der Obrigkeit vor dem Betrug des Teufels, der ihn eine schrankenlose Obrigkeit als Lebensspender und Heiland anbeten lassen will.« Auch hier brachte die korrigierte Fassung die Aussage um ihre entscheidende Schärfe, wenn sie nur von einer »mit der Kirche verschmolzenen Obrigkeit« sprach, die der Teufel »als Lebensspender und Heiland« anbeten lassen wolle.[72] Entschieden endlich war die Sprache der Betheler Verfasser auch im Abschnitt »Die Kirche und die Juden«. Dieser Abschnitt folgte ganz der Bonhoefferschen Argumentation, wenn er in dem Versuch, die Deutsche Evangelische Kirche »in eine Reichskirche arischer Rasse« umzuwandeln ein Unternehmen sah, das die Kirche ihrer Verheißung beraube. »Denn damit wüde ein Rassengesetz vor dem Eingang zur Kirche aufgerichtet und wäre eine solche Kirche selbst zur judenchristlich gesetzlichen Gemeinde geworden.« Nirgenwo sonst ist 1933 in den vielen Beiträgen zu dieser Frage die Forderung der unaufgebbaren Gemeinschaft aller Christen so klar und kompromißlos ausgesprochen worden wie hier: »Die aus der Heidenwelt stammenden Christen müssen eher sich selbst der Verfolgung aussetzen als die durch Wort und Sakrament gestiftete kirchliche Bruderschaft mit dem Judenchristen freiwillig oder gezwungen auch nur in einer einzigen Beziehung preiszugeben.«[73] Diese ganze Argumentation schrumpfte in der Endfassung auf einen Satz zusammen. »Ebensowenig« – nämlich wie die Kirche von der Pflicht zur Judenmission – »können sich die Heidenchristen von den Christen aus dem Volke Israel trennen.«[74]

Die Schrift endete mit einem Kapitel »Vom Ende aller Dinge«. Und auch dieses Kapitel machte noch einmal deutlich, wie aktuell die Lehre der Kirche sein konnte, wenn man sie ernst nahm.

Das Betheler Bekenntnis war von Anfang an nicht als eine theologische Privatarbeit gedacht, sondern als Entwurf eines zeitgemäßen Bekenntnisses der Kirche. Eine Synode freilich, die dieses Bekenntnis hätte aufnehmen und bekräftigen können, gab es noch nicht. Auf dem Wege von der kirchlichen Opposition zur Bekennenden Kirche waren damals gerade die ersten Schritte getan, und noch ahnte niemand, wo sie hinführen würden. So ließ Bodelschwingh, um die Basis zu verbreitern, den Entwurf Ende August »einem erweiterten Kreis von etwa 20 Brüdern zugehen mit der herzlichen Bitte um Prüfung und Mitarbeit«.[75] Der Termin der Rückgabe – 15. September – verriet, daß man daran dachte, auf der für Ende September geplanten ersten Nationalsynode damit als »wirkliche Bekenntnisfront aufzutreten«.[76] Unter den Adressaten befanden sich neben den Theologen der Jungreformatorischen Bewegung auch eine Reihe von Theologieprofessoren, denen Bodelschwingh vertraute, so Karl Barth, Karl Heim und Adolf Schlatter. Das Echo jedoch kam offenbar nur zögernd und war insgesamt enttäuschend. Schlatter etwa lehnte den Entwurf glatt ab und erklärte, wenn schon von einer Verwerfung gesprochen werden solle, so müsse sie sich gegen die »Bonner Irrlehre« – nämlich Karl Barth – richten.[77] Barth antwortete erst am 11. Oktober mit der berechtigten Rückfrage, ob denn ein lutherisches Bekenntnis heute genüge, oder ob es nicht vielmehr notwendig sei, »den Entwurf nun gemeinsam so durchzuarbeiten, daß er ... als evangelisches Bekenntnis vor die Öffentlichkeit treten könnte?«[78] In der Tat war dies, nämlich das gemeinsame Bekenntnis von Lutheranern, Reformierten und Unierten, ein entscheidender Punkt, den die Barmer Erklärung dem Betheler Bekenntnis voraus haben sollte. Die zögernden

Antworten verzögerten auch die abschließende Arbeit. Als der neue Entwurf schließlich vorlag, war er so verändert, daß sich Bonhoeffer – inzwischen Pfarrer an der deutschen Gemeinde in London – »mit Entschiedenheit« gegen eine Veröffentlichung aussprach.[79] Auch andere Mitverfasser hatten inzwischen Bedenken angemeldet. Da aber Niemöller drängte, weil er im November »täglich und stündlich« um den längst angekündigten Text angegangen wurde, willigte Bodelschwingh schließlich ein, daß die letzte Fassung unter dem Namen Martin Niemöllers veröffentlicht wurde.[80] Aber da waren die Weichen schon in eine andere Richtung gestellt.

Während sich all dies im Hintergrund vollzog, übernahmen im Vordergrund die Deutschen Christen lautstark und unübersehbar die Herrschaft in der Deutschen Evangelischen Kirche. Ihr Wahlsieg im ganzen Reich war so vollkommen und der Eindruck ihrer Macht so allgemein, daß sie dabei nicht in einer einzigen Landeskirche auf ernsthaften Widerstand stießen. Mit wenigen Ausnahmen – wie etwa im preußischen Oberkirchenrat – trat in den Kirchenleitungen niemand zurück, niemand verweigerte die Mitarbeit. Vielmehr war man überall, in München wie in Stuttgart, in Hannover wie in Hamburg, Braunschweig oder Dresden, bereit und bemüht, sich mit den neuen Herren in der Kirche zu arrangieren. Selbst in Berlin, wo man noch am ehesten wußte, mit wem man es zu tun hatte, kam es zwischen den Deutschen Christen und der Gruppe »Evangelium und Kirche« zu Absprachen und Vereinbarungen.[81] Der endgültigen Unterwerfung der evangelischen Kirche unter den Willen der Deutschen Christen und ihrer Gleichschaltung mit dem Dritten Reich schien nichts mehr im Wege zu stehen. Und so machte sich nun die Glaubensbewegung schnell und zielbewußt ans Werk.

Der entscheidende Mann dabei war der ehemalige preußische Staatskommissar August Jäger. Noch weit mehr als man damals vermutete und als seither bekannt wurde, stellte er die treibende Kraft der ganzen Entwicklung dar. Seine Pläne waren ebenso umfassend wie eindeutig: Er wollte die ganze Macht in der ganzen neuen Reichskirche.

Wenn die Dinge allerdings von Anfang an nicht ganz so liefen, wie Jäger sich das gedacht hatte, so war dies die Folge einer Entscheidung, die noch vor den Wahlen gefallen war, und die die ganze Spannung innerhalb der Glaubensbewegung sehr schnell deutlich werden ließ.

Eingedenk der Verwirrung, die die ungeklärte Vollmacht Bodelschwinghs mit sich gebracht hatte, hatten die Väter der neuen Kirchenverfassung ihr eine Einführungsverordnung mitgegeben, die auch die Leitungsbefugnisse in der

Übergangszeit eindeutig regeln sollte. Diese Übergangsverordnung bestimmte in Artikel 5: »Bis zur Wahl des Reichsbischofs werden dessen Befugnisse durch eine Persönlichkeit wahrgenommen, die von den Bevollmächtigten der deutschen evangelischen Kirchen bestimmt wird.« Auf die gleiche Weise sollten auch die vier Vertreter für das Geistliche Ministerium bestimmt werden.[82] Damit war das – als Rechtsorgan der Kirche gar nicht existierende – Gremium der Bevollmächtigten der Landeskirchen zu einer letzten Aktion aufgerufen, um die einigermaßen unklaren Rechtsverhältnisse in der Deutschen Evangelischen Kirche endlich wieder in klare Bahnen zu lenken.

Schon sehr bald freilich zeigte sich, daß die Ausführung dieser Bestimmungen auf außerordentliche Schwierigkeiten stieß. Einfach Ludwig Müller zu benennen, wie die Deutschen Christen zweifellos erwarteten, hätte nach einer Vorwegnahme der Entscheidung der Nationalsynode ausgesehen, in die gerade die Vertreter eines unabhängigen Kurses der Kirche unter keinen Umständen einwilligen wollten. Müller zu übergehen dagegen erschien als ein Affront gegen den Kanzler und die Deutschen Christen, dem die Mehrheit ebensowenig zustimmen mochte. So befanden sich die 36 Vertreter der Landeskirchen, als sie am 20. Juli – drei Tage vor den Wahlen – erneut in Berlin zusammenkamen, in tiefer Ratlosigkeit.[83] Nachdem man zunächst erregt über die zahlreichen Eingriffe in die Wahlfreiheit gesprochen und eine entschiedene Beschwerde bei Pfundtner vorgebracht hatte, schälte sich in langen und mühsamen Verhandlungen allmählich ein Kompromiß in der Leitungsfrage heraus. Er bestand darin, daß ein fünfköpfiges Gremium gebildet wurde, für das die Deutschen Christen drei, die Kirchenvertreter zwei Namen benannten. Die Deutschen Christen schlugen dafür Ludwig Müller und seine beiden theologischen Berater Fezer und den Hallenser Professor Friedrich Karl Schumann vor – dieselben nebenbei, die zusammen mit dem inzwischen zu Ludwig Müller übergewechselten Kirchenrechtler Johannes Heckel auf deutschchristlicher Seite auch die Verhandlungen geführt hatten. Die Kirchenvertreter dagegen einigten sich auf den Hamburger Bischof Schöffel und den reformierten Kirchenpräsidenten Koopmann. Um jeden Hinweis auf den zukünftigen Reichsbischof zu vermeiden, wurde ausdrücklich kein Vorsitzender bestimmt; vielmehr sollte der Vorsitz im Ausschuß unter den Mitgliedern von Sitzung zu Sitzung »nach der Reihenfolge des Alphabets wechseln«. Da dieses Vorgehen rechtlich zweifellos nicht dem Artikel 5 der Einführungsverordnung entsprach, wurde dieser Artikel »bis zum Zusammentritt der Deutschen Evangelischen Nationalsynode« kurzerhand ausgesetzt.[84]

Schließlich beschlossen die kirchlichen Bevollmächtigten noch nahezu einmütig, eine Delegation zum Führer nach München zu entsenden, die ihm endlich persönlich die Sorgen und Schwierigkeiten der evangelischen Kirche vortragen sollte.

So bekam die Kirche noch vor den Wahlen erneut eine – rechtlich freilich abermals problematische – provisorische Kirchenleitung: nach dem Kaplerschen Drei-Männer-Kollegium, der Bodelschwinghschen Reichsbischofszeit, dem Nachfolge-Gremium des Drei-Männer-Kollegiums und der kommissarischen Leitung durch Ludwig Müller die fünfte in einem Zeitraum von drei Monaten. Als das neue Gremium am Abend im Kreise der kirchlichen Bevollmächtigten begrüßt wurde, war es einmal mehr Ludwig Müller, der eine der vielen großen Stunden dieses Jahres mit einem frommen Wort zu krönen wußte: »Als ich eben die Bibel aufschlug«, so versicherte er, »war das Erste, was ich las, das Wort: ›Euch gebiete ich, daß Ihr Liebe untereinander habt.‹ Wenn wir in so schwerer Zeit vor eine so schwere Aufgabe gestellt werden, dann übernehmen wir sie im vertrauenden Blick zu dem Herrn der Kirche und mit dem Gelöbnis, in selbstloser Hingabe alle Kraft daran zu setzen, daß die Kirche unseres Herrn gebaut werde ...«[85]

Das neue Gremium, das sich offiziell »Einstweilige Leitung der Deutschen Evangelischen Kirche« nannte[86], spielte in der Kirchenpolitik der nächsten Zeit bis zum Zusammentritt der Nationalsynode am 27. September eine wichtige, vor der Öffentlichkeit freilich weithin verborgene Rolle. Es war in seiner Zusammensetzung mehrheitlich gemäßigt deutschchristlich und schien so eine gewisse Gewähr dafür zu bieten, daß die radikale Richtung gebremst würde. Daß hier ein Problem lag, hatten Fezer und Schumann schon angedeutet, als sie die kirchlichen Bevollmächtigten darauf hinwiesen, ihr Vorschlag »habe mindestens ebenso symbolische Bedeutung gegenüber dem radikalen Flügel der Deutschen Christen« und sei in dieser Hinsicht »keine Kleinigkeit«.[87]

Dies ließ freilich kaum ahnen, was sich im Lager der radikalen Deutschen Christen in diesen Tagen wirklich abspielte. August Jäger, der hier die Zügel in der Hand hielt, war geradezu rasend vor Zorn. In einer vertraulichen, wohl für die Reichsleitung bestimmten Stellungnahme zu den ganzen Vorgängen ließ er diesem Zorn freien Lauf. Von den fünf Mitgliedern, so erklärte er, sei lediglich Ludwig Müller »als Deutscher Christ anzusprechen«; bei Schöffel, Fezer und Schumann stehe »die Deutsche Christeneigenschaft und vor allen Dingen nicht fest, ob sie gegebenenfalls in der Disziplin der Bewegung stehen«, Koopmann sei sogar ein »erklärter Gegner«. Diese Regelung sei »ungesetzlich«, »ein reaktionärer Akt« und verstoße gegen den Sinn der Verfassung, die »auf dem Führerprinzip« aufgebaut sei. Es spotte »jeden Begreifens, daß man drei Tage vor der Wahl den Gegner an die Macht gelassen« habe. Dies alles fordere »zu schärfstem Kampf heraus«. Es müsse »unter allen Umständen erreicht werden, daß die nach dem Einführungsgesetz erforderliche Regelung sofort nach den Wahlen getroffen« werde. Folgendes Telegramm sei umgehend an Müller, Hitler und Frick abzusenden: »Reaktionäre, vom Kirchenvolk nicht gestützte, vielmehr bekämpfte, kirchliche Amtsführer treiben Sabotage der Kirchenverfassung, indem sie gesetzeswidriges Organ neu schaffen, um sich persönlich an der Macht zu halten. Das gesamte Kirchenvolk ist in heller Empörung. Wir bitten um sofortige Maßnahmen ...«[88]

Die Zeit der unmittelbaren Eingriffe der Partei oder des Staates in den Kirchenstreit, an die Jäger hier offensichtlich dachte, war nun allerdings vorbei. Hitlers Rede vom 5. und Rosenbergs Artikel vom 16. August kündigten eine völlig neue Situation an. Diese Situation schloß lokale Gewaltakte und einzelne Übergriffe selbstverständlich nicht aus. Aber eine generelle Mobilisierung des Parteiapparates oder der Politischen Polizei für die Ziele der Deutschen Christen fand seit den Kirchenwahlen nicht mehr statt. Daher blieb Jäger in den kommenden Auseinandersetzungen weithin auf seine eigenen Machtmittel angewiesen. Und diese waren nicht gering. Er war als Ministerialdirektor und Leiter der Kirchenabteilung im Preußischen Kultusministerium der ranghöchste Staatsbeamte für alle Kirchenangelegenheiten in Preußen; er besaß den vollen Rückhalt seines Ministers Rust, und er verfügte unumschränkt über die Reichsleitung der Deutschen Christen, die völlig – nicht zuletzt finanziell – von ihm abhing.[89]

Der Wahlsieg vom 23. Juli konnte Jägers bösartige und rücksichtslose Entschlossenheit nur steigern. Aber es war nun doch bezeichnend, daß er die verhaßte Einstweilige Leitung nicht mehr kurzerhand absetzen konnte, sondern über die Reichsleitung eine Verabredung mit Ludwig Müller versuchen mußte, sich sofort nach der Wahl »die Vollmacht des provisorischen Bischofsgremiums« – gemeint war die Einstweilige Leitung – »übertragen zu lassen und dasselbe aufzulösen«. So jedenfalls stand es in einem Telegramm Hossenfelders, das am 18. Juli im *Völkischen Beobachter* veröffentlicht wurde.[90]

Damit aber kam nun Ludwig Müller in eine außerordentlich peinliche Situation. Denn natürlich wollten auf der ersten Sitzung der Einstweiligen Leitung am 1. August seine Kollegen von ihm wissen, was es denn mit der beabsichtigten Auflösung ihres Gremiums auf sich habe. Müller gelang es offenbar überzeugend, sich herauszureden. Nachdem er versichert hatte, er habe nichts derartiges verabredet, fügte er bedeutungsvoll hinzu, allerdings habe ihm der Führer eben erst in Bayreuth erklärt, die Führung in dem Gremium müsse auf die Deutschen Christen übergehen. Diesem Wunsch mochte sich die Einstweilige Leitung nicht versagen und faßte daher als erstes den Beschluß: »Um dem Ausfall der Kirchenwahlen vom 23. Juli Rechnung zu tragen wird der ständige Vorsitz im Fünf-Männer-Ausschuß dem Schirmherrn der Glaubensbewegung ›Deutsche Christen‹, Wehrkreispfarrer Müller übertragen.«[91]

Die erste Aufgabe, mit der sich das neue Gremium zu beschäftigen hatte, war die Neuordnung der preußischen Kirchenleitung, die durch das Staatskommissariat in völlige Verwirrung geraten war.[92] Gerade in Preußen aber konnte auch August Jäger seinen ganzen Einfluß geltend machen. Als Vertreter der preußischen Kirche gegenüber der Einstweiligen Leitung fungierte der einzige, der von der alten Spitze noch übriggeblieben war, der Präses der preußischen Generalsynode und Vorsitzende des Kirchensenats D. Winckler, ein bekannter ehemaliger Abgeordneter der Deutschnationalen Volkspartei in Preußen und seit langem mit der preußischen Kirche verbunden.[93] Von dem politisch entmachteten Mann war wenig Widerstand zu erwarten. Jäger veranlaßte, daß der preußische Kultusminister Rust Winckler empfing und ihn über die Absichten der preußischen Regierung unterrichtete.[94] Schon am 3. August trug Winckler diese Absichten der Einstweiligen Leitung vor. Ob das Gremium die Vorschläge angesichts des Wahlausgangs für unumgänglich hielt, ob es ihre Tragweite nicht ahnte oder einfach die Konfrontation scheute, muß offenbleiben. Jedenfalls stimmte es zu, und so fand offiziell auf Vorschlag der Einstweiligen Leitung der Deutschen Evangelischen Kirche am 4. August die kalte Machtergreifung der Deutschen Christen in der preußischen Kirche statt. Der Vorschlag der Einstweiligen Leitung lautete: »Der Kirchensenat möge Wehrkreispfarrer Müller zum Präsidenten des Evangelischen Oberkirchenrats wählen, er möge ferner durch Notverordnung mit 2/3-Mehrheit den Kollegialcharakter des E.O.K. aufheben und dadurch dem neuen Präsidenten besondere Vollmachten dahingehend erteilen, daß er an Mehrheitsbeschlüsse seines Kollegiums nicht gebunden sei, ferner diesem Präsidenten die Amtsbezeichnung ›Landesbischof‹ verleihen, schließlich, der Kirchensenat möge, um rasches Handeln zu ermöglichen, seine Befugnisse auf seinen derzeitigen Vorsitzenden, Präses D. Winckler übertragen.«[95]

Genau dies beschloß daraufhin der Kirchensenat auf seiner 53. Tagung am 4. August. Die Entscheidung fiel einstimmig. Auch die alten Vorsitzenden der Provinzialkirchenräte und die Generalsuperintendenten stimmten für diesen Vorschlag. Wer nicht zustimmen mochte, Dibelius etwa oder der alte Vits, war nicht mehr erschienen.[96] Die Widerstandskraft der alten preußischen Kirche war endgültig erloschen.

Drei Wochen nach dem Rückzug der Staatskommissare hatte die preußische Kirche damit zum zweiten Male, nun aber auf scheinbar legale Weise, ein deutschchristliches Kirchenregiment. Ludwig Müller hatte mit dem Amt und dem Titel eines preußischen Landesbischofs endlich den »Wehrkreispfarrer« hinter sich gelassen und eine offizielle kirchliche Schlüsselposition erreicht. Und auch August Jäger durfte zufrieden sein. Denn für den ehrgeizigen Ministerialdirektor war das Ganze der erste gelungene Schritt in einem weiterreichenden Plan. Nach diesem Plan sollte schon bald für Ludwig Müller ein eigenes preußisches Bischofsamt geschaffen werden. Die dadurch freiwerdende Stelle des Präsidenten aber - Kaplers altes Amt - hatte Jäger für sich selbst vorgesehen.[97] Damit aber wäre ihm zugleich die Macht in der Reichskirche zugefallen; denn die Ämter des ersten Juristen der preußischen Kirche und des ersten Juristen der Reichskirche waren nach Artikel 4,7 der neuen Reichskirchenverfassung in Personalunion miteinander verbunden. Mit dem schwachen, willenlosen Müller an seiner Seite, und einem Reichskirchenkabinett, das sich nach der Verfassung fast beliebig manipulieren ließ, wäre Jäger damit tatsächlich der Herr über die Deutsche Evangelische Kirche geworden.

Dieser Plan scheiterte an einem Widerstand, den niemand - und am allerwenigsten Jäger selbst - nach dem 23. Juli in der evangelischen Kirche noch vermutet hatte. Denn so schnell die Einstweilige Leitung in der preußischen Frage nachgegeben hatte, so entschlossen zeigte sie sich nun überraschenderweise in der Verteidigung der ihr von der Reichskirchenverfassung zugewiesenen Kompetenzen.

Die Frage, über der es zum Konflikt kam, war die territoriale Neuordnung des deutschen Protestantismus. Der Zusammenschluß der vielen kleinen Landeskirchen zu wenigen großen Kirchen war ja von Anfang an ein Hauptmotiv der Kirchenreform gewesen.[98] Diese Frage fiel jetzt ohne Zweifel in die Kompetenz der neuen Reichskirche. Und so hatte sich die Einstweilige Leitung von Anfang an auch mit diesem Thema befaßt. Schon in der dritten Sitzung des Gremiums hatte Koopmann einen Bericht über den Stand der Zusammenschlüsse gegeben und wenig später bereits erste konkrete Empfehlungen dazu vorgelegt.[99] Um so überraschter war das Gremium, als ihm Professor Fezer am 22. August eine Meldung vorlas, in der von einer Sitzung berichtet wurde, »die unter dem Vorsitz des Ministerialdirektors Jäger im Preußischen Kultusministerium stattgefunden habe, und zwar unter dem Vorsitz von Herrn Jäger als dem ›hierzu Bevollmächtigten der Deutschen Evangelischen Kirche‹ und zu dem Zwecke der Beratung über die Verfassung der künftigen großhessischen Kirche, einer Sitzung, an der auch« – und dies war die besondere Pointe der Meldung – »Herr Landesbischof Müller teilgenommen habe«.[100] Denn Ludwig Müler saß ja in diesem Augenblick mit am Tisch der Einstweiligen Leitung und hatte an allen ihren Beratungen über die kirchlichen Zusammenschlüsse teilgenommen, ohne auch nur ein Wort über seine Mitwirkung an Jägers Konkurrenzunternehmen verlauten zu lassen. Wenn jedoch der zukünftige Reichsbischof Bewunderung verdiente, dann für die Art, wie er sich selbst aus solchen Situationen herauszureden verstand. Er habe Herrn Jäger selbstverständlich nicht beauftragt, so versicherte er dem Gremium treuherzig, und erzählte mit aller Harmlosigkeit weiter: »Er habe Nachricht bekommen, er möge ins Kultusministerium kommen, da seien die Vertreter von Hessen, die sich zusammenschließen wollten. Er habe sich daraufhin ins Kultusministerium begeben und seiner Freude darüber Ausdruck gegeben, daß sich die Kirchen zusammenschließen wollten.« Und obwohl er über alle Vorgänge selbstverständlich unterrichtet war und alle Unterlagen in den Händen hatte, erklärte er sich eilfertig bereit, festzustellen, wer denn zu dieser Sitzung eingeladen habe, »unter welcher Firma« und »mit welcher Begründung«.[101]

Fast genau ein Jahr später, im September 1934, sollten Müllers enttäuschte ehemalige Freunde von der Theologischen Fakultät in Tübingen, an der Spitze Karl Fezer, eine umfangreiche Denkschrift über Ludwig Müllers Unzuverlässigkeit, Verlogenheit und Wortbrüchigkeit zusammenstellen. An der Spitze dieser vernichtenden Liste von Beispielen aber standen die Vorfälle in der Einstweiligen Leitung.[102]

In der Tat wußte Ludwig Müller zu dieser Zeit über Jägers Absichten bereits genau Bescheid. Jäger nämlich fühlte sich – gleichsam im Vorgriff auf die Zukunft – bereits seit Anfang August ganz als Herr der Kirche. Und so hatte er beschlossen, in seiner hessischen Heimatkirche schon jetzt Verhältnisse zu schaffen, die für die ganze zukünftige Reichskirche beispielhaft werden sollten. Deshalb betrieb er nicht nur den Zusammenschluß von Hessen-Darmstadt, Nassau, Frankfurt und Hessen-Kassel zu einer großhessischen Kirche – dies war ein alter und kaum revolutionärer Plan[103] –, sondern entwarf für die neue Landeskirche auch gleich eine Verfassung, die er als Muster für alle Landeskirchen verstand.[104] Jägers gesamte kirchliche Verfassungsvorstellungen beschränkten sich auf die beiden Begriffe Einheit und Führung. So hatte er schon die Reichskirchenverfassung gesehen[105], und so gestaltete er nun auch die neue Musterverfassung. Sie verzichtete auf jede Art von Bekenntnisformulierung, dafür war das Führerprinzip strikt durchgeführt: Der Reichsbischof ernannte den Landesbischof; dieser wiederum bestellte den dreiköpfigen Landeskirchenrat sowie die Pröpste, Dekane und Pfarrer; die Dekane ernannten auf Vorschlag des Pfarrers die Mitglieder der Kirchenvorstände, die aus dem Pfarrer, den sogenannten Führern der Pflichtenkreise und je zwei weiteren Beratern bestanden. Die Landessynode sowie die vorgesehenen Beratenden Kammern besaßen keinerlei ausschließliche, fest umschriebene Kompetenzen und hatten damit lediglich akklamatorische Funktion. Typisch war Jägers Mißtrauen gegen die Theologen, das sich in einer etwas unklaren Trennung von geistlicher und rechtlicher Führung der Kirche ausdrückte: Vorsitzender des Kirchenvorstandes sollte in der Regel nicht der Pfarrer, sondern einer der Führer der Pflichtenkreise sein; auch wurde den Verwaltungsbeamten eine gewisse Selbständigkeit eingeräumt.[106] Es war eine Verfassung, wie sie eben Jäger verstand: für seine Zwecke gewiß geeignet, aber ohne das mindeste Zeichen von Verständnis für das komplizierte und spannungsreiche Verhältnis von Bekenntnis und Ordnung, von Gemeinde, Pfarrer und Kirchenleitung, das für die meisten evangelischen Kirchen der europäischen Tradition so charakteristisch ist.

Zur Beratung dieser Verfassung hatte Jäger am 16. August einen kleinen Kreis von Vertrauten ins preußische Kultusministerium eingeladen. Erschienen waren für die vier Kirchen zwei reguläre Bevollmächtigte, nämlich Prälat Diehl von Darmstadt und Kirchenrat Trommershausen von Frankfurt. Es fehlten der Landesbischof von Nassau, Kortheuer, und der Präsident des Kasseler Landeskirchenamtes, Dr. Bähr, und das aus gutem Grund: Von beiden wußte Jäger, daß sie sich seinen Befehlen nicht fügen würden. Statt dessen hatte sich Jäger von Hossenfelder in seiner alten Heimat Wiesbaden zum »Führer der Fraktion der Deutschen Christen im Nassauischen Landeskirchentag« ernennen lassen[107] und übernahm nun in dieser Funktion persönlich die Vertretung von Nassau; für Kassel hatte er den 70jährigen Vorsitzenden des bisherigen Landeskirchentags, Metropolitan D. Dithmar, gewonnen. Nicht weniger aufschlußreich war die Zusammensetzung der übrigen Teilnehmer. Unter ihnen befanden sich neben Hossenfelder und Dr. Werner die Jäger unbedingt ergebenen schleswig-holsteinischen Konsistorialräte Dr. Kinder und Christiansen, sowie der Dresdner Konsistorialrat Dr. Klemich.[108] Dies wies darauf hin, daß Jäger seine Verfassung nicht nur für Groß-Hessen bestimmt hatte, sondern ihre Einführung auch in Sachsen und Nordwestdeutschland betrieb.

Nachdem die Verhandlungen am 16. August beendet waren, sandte Jäger noch am gleichen Tag den Verfassungsentwurf an Ludwig Müller und bat ihn zugleich, an der abschließenden Besprechung am nächsten Tag teilzunehmen.[109] Dies war jene Sitzung, über die Fezer die Einstweilige Leitung informierte. Tatsächlich erschien Müller auch und gab seiner Freude Ausdruck, daß hier ein Zusammenschluß von Kirchen beschlossen werden solle, »die ja zweifellos innerlich zusammengehören«. Es sei dringend notwendig, die 28 Landeskirchen »auf einen ganz kleinen Kreis zusammenzubringen. Daß Sie hierbei anfangen«, so schloß er wörtlich, »danke ich Ihnen besonders, Herr Ministerialdirektor, weil Sie sich wieder in den Dienst der Sache gestellt haben und so wünsche ich Ihnen Gottes Segen zu Ihrer Arbeit.«[110] Nach diesem Grußwort ging Müller, in Eile wie so häufig, wenn ernsthafte oder unangenehme Dinge verhandelt wurden. Für die Teilnehmer aber konnte nach diesen Worten nicht der geringste Zweifel daran bestehen, daß Jäger tatsächlich im Auftrag Müllers handelte.

In der Sitzung selbst wies Jäger alle Einwände und Bedenken brüsk zurück. »Die Gedanken der Führung und der Einheit« seien in der neuen Verfassung »folgerichtig durchgebildet«. »Große Diskussionen bei den Landeskirchentagen einzurichten« liege nicht in seiner Absicht. »Das Gesetz kommt eben zur Vorlage und wird angenommen ... Jeder Landeskirchentag besteht zu 2/3 aus Deutschen Christen. Und diese werden vorher informiert.« Befürchtungen einzelner Teilnehmer, daß sich die Fraktionen nicht geschlossen dahinterstellen könnten, wischte Jäger vom Tisch: »Das wäre Disziplinlosigkeit. Wer nicht gehorcht, wird hinausgeworfen.« Er selber werde der Reichsleitung Mitteilung machen, und die werde dann das Erforderliche veranlassen.[111] Im übrigen solle der Plan streng vertraulich behandelt werden, damit die Kirchenleitung keine Möglichkeit zu Gegenaktionen hätten. Als Termin für den gleichzeitigen Zusammentritt aller vier hessischen Landeskirchentage nannte Jäger den 12. September[112] – eine Frist, die dann auch tatsächlich eingehalten wurde.

Trotz der befohlenen Vertraulichkeit blieben diese Pläne den Kirchenleitungen in Wiesbaden und Darmstadt selbstverständlich nicht verborgen. Landesbischof Kortheuer und Präsident Bähr legten am 22. August bei Jäger

Beschwerde ein und baten zugleich die Einstweilige Leitung ausdrücklich um Hilfe und Schutz.[113] Das Gremium (allerdings ohne Müller, der wieder einmal unterwegs nach Berchtesgaden zum Führer war), antwortete zwei Tage später mit dem Beschluß: »daß Beratungen und Verhandlungen über Zusammenlegung von Kirchen weiterhin nur im Benehmen mit der Leitung der Deutschen Ev. Kirche geführt werden dürfen.«[114] Jäger jedoch tat, als gäbe es überhaupt keine Einstweilige Leitung. Vielmehr schrieb er unmittelbar darauf offiziell an die Landeskirchenregierungen in Wiesbaden und bat, »den Landeskirchentag auf Dienstag, den 12. 9. 1933 einberufen zu wollen«. Die Einberufung diente, so behauptete er, »der Verwirklichung der Absichten der Deutschen Evangelischen Kirche auf Ausgestaltung und Vereinheitlichung der Reichskirche«. Zu seiner Legitimation berief er sich ausdrücklich auf einen Auftrag Ludwig Müllers »als Führer der Reichskirche« (damit war wohl dessen ständiger Vorsitz in der Einstweiligen Leitung gemeint), auf seine – Jägers – Eigenschaft als Mitglied der Reichsleitung der Deutschen Christen und auf seine Eigenschaft als Abgeordneter des nassauischen Landeskirchentags. Sollte die Kirchenleitung seiner Bitte wider Erwarten nicht entsprechen, so würde »bedauerlicherweise von vornherein eine Atmosphäre des Kampfzustandes geschaffen sein«. Zugleich wies Jäger darauf hin, daß am gleichen Tag auch die »kleineren Landeskirchen der Nordmark« ihre Landeskirchentage einberufen würden.[115]

In der Tat hatte Jäger fast gleichzeitig auch in Nordwestdeutschland eine Bewegung in Gang gebracht, die auf den Zusammenschluß der Landeskirchen von Hannover, Oldenburg, Bremen, Hamburg, Schleswig-Holstein, Lübeck, Eutin, Braunschweig und der beiden Mecklenburg zu einer großen niedersächsischen Kirche zielte. Ein entsprechender Beschluß war am 24. August in Hamburg auf einer Führerbesprechung des Organisationskreises I der Deutschen Christen gefaßt worden.[116]

So schien die Situation für Ludwig Müller einigermaßen schwierig, als die Einstweilige Leitung am 30. August wieder vollzählig zusammentrat. Aber Müller wußte auf gewohnte Weise dem Gremium zunächst durch einen Bericht über seinen Besuch bei Hitler zu imponieren. Dabei bestätigte er unter anderem den Kurswechsel der Partei, freilich offenbar ohne daß ihm oder einem der anderen Mitglieder die Tragweite dieser Nachricht klar geworden wäre. Es werde nämlich, so berichtete Müller, »zur Beruhigung und Festigung der allgemein-kirchlichen Lage ... ein Parteibefehl« ergehen, »der jeden Eingriff von parteiamtlichen Dienststellen in kirchliche Angelegenheiten« untersage. Ferner wußte er zu berichten, daß der Besuch von Marahrens, Meiser und Tilemann am 24. Juli in Bayreuth »von höchst unerwünschter Wirkung« gewesen sei. Daraufhin baten ihn seine Kollegen erschreckt, doch auf dem bevorstehenden Reichsparteitag »den objektiv falschen Eindruck, den der Führer über die Lage in der Kirche durch jene drei Männer erhalten hat, zu berichtigen« und womöglich zu erreichen, daß Hitler in seiner kulturpolitischen Rede über die Evangelische Kirche »etwas Positives und Aufmunterndes« sage.

Nachdem Ludwig Müller so erneut seine Bedeutung und Unentbehrlichkeit demonstriert hatte, fiel es ihm nicht schwer, auf die drängenden Fragen nach Jägers Plänen in Hessen und Niedersachsen zu versichern, diese seien »rein privater Natur« und gingen auch nicht von der Reichsleitung der Deutschen Christen aus. Und auf weiteres Drängen versprach er sogar großspurig, »diese privaten Bemühungen abzudrehen«.[117] Schon zwei Tage später freilich – Müller fehlte wieder – wurde dem Gremium klar, daß von einem »Abdrehen« keine Rede sein konnte. »Das Nebeneinander«, so vermerkte das Protokoll bemerkenswert deutlich, »der Arbeiten [von] Ministerialdirektor Jäger einerseits und der ›Einstweiligen Leitung‹ andererseits wird peinlich offenbar.« Zum dritten Mal beschloß man daraufhin, von Ludwig Müller endlich »die Frage der Bevollmächtigung von Dr. Jäger klären zu lassen«.[118] Ehe diese Klärung jedoch erfolgen konnte, hatte ein Ereignis von unerwartet weitreichender Bedeutung die allgemeine Lage noch einmal erheblich verschärft.

August Jäger nämlich hatte die Dinge nicht nur in Hessen und Niedersachsen vorangetrieben, sondern er hatte auch auf die Entwicklung in der *preußischen Kirche* weiterhin entscheidenden Einfluß genommen. Hier ging es nach der Eroberung der Berliner Spitzenposition am 4. August zunächst um die Neubildung der obersten Synoden in den acht Provinzen der riesigen Kirche und dann um die endgültige deutschchristliche Umgestaltung durch das höchste Gremium, die Generalsynode. Dabei verfolgte Jäger auch das persönliche Ziel, noch im September Präsident des Oberkirchenrats und damit Nachfolger Kaplers zu werden.

Die neugewählten preußischen Provinzialsynoden traten sämtlich zwischen dem 22. und 24. August zusammen. Aufgrund der Wahlergebnisse vom 23. Juli verfügten die Deutschen Christen überall über Zwei-Drittel-Mehrheiten; zum Teil lag der deutschchristliche Anteil sogar noch höher. Lediglich in der *Westfälischen Synode* blieben die Deutschen Christen wegen des besonderen Wahlrechts gegenüber der Fraktion Evangelium und Kirche mit 80 zu 60 Sitzen in der Minderheit. Hier nahm deshalb die Synodaltagung auch einen ganz anderen Verlauf als in den anderen Provinzen. Einstimmig wurde hier der bisherige Präses Karl Koch wiedergewählt – fast auf den Tag neun Monate später sollte er als Präses die erste Reichsbekenntnissynode der Deutschen Evangelischen Kirche in Barmen eröffnen. Einmütig wurden auch die Vertreter in den Provinzialkirchenrat und die Generalsynode entsandt; einstimmig schließlich ein deutschchristlicher Antrag angenommen, der sich für die weitere Selbständigkeit der westfälischen Provinzialsynode und die Erhaltung ihrer presbyterial-synodalen Ordnung aussprach.[119]

Während die westfälische Synode mit ihren ausführlichen Verhandlungen drei Tage in Anspruch nahm und so auch äußerlich im gewohnten Rahmen blieb, erledigten die anderen deutschchristlich beherrschten Provinzialsynoden ihre Aufgaben in wenigen Stunden. Dabei wurde auf Anweisung aus Berlin durchweg auf Sachverhandlungen verzichtet. Die deutschchristlichen Mehrheiten wählten lediglich neue deutschchristliche Vorsitzende, bestimmten die Vertreter für die Provinzialkirchenräte und die Generalsynode und übertrugen abschließend alle Rechte der Synode auf die Provinzialkirchenräte, die damit die Führung in den Provinzialkirchen übernahmen. Nach Lied und Segen schlossen diese Synoden mit einem Sieg-Heil auf den Führer, mit dem Deutschlandlied und dem Horst-Wessel-Lied.

So einheitlich also Verlauf und Ergebnisse dieser sogenannten braunen Synoden aufs Ganze gesehen waren, so verschieden war doch ihr Bild im einzelnen. Während es in *Sachsen* zu lärmenden Szenen kam, die sogar zu einer Beschwerde bei der Einstweiligen Leitung führten[120], blieb man im *Rheinland* gemäßigt und traditionell kirchlich, auch wenn die Deutschen Christen hier von ihrer Mehrheit ebenfalls rücksichtslos Gebrauch machten[121]. In *Ostpreußen* dagegen wurde der Verlauf dieser Synodaltagung bestimmend für den besonderen kirchlichen Weg dieser Provinz, der sie nur schwer zur Bekennenden Kirche finden ließ. Hier, in Ludwig Müllers Heimat, ereignete sich der einmalige Fall, daß der Gauleiter der Partei und Oberpräsident der Provinz, Erich Koch, selbst zum Präses der Provinzialsynode gewählt wurde. Die Rede, die der Gauleiter nach seiner Wahl hielt, war bezeichnend für die Vielschichtigkeit der kirchlichen Vorgänge in dieser Zeit. Denn es entsprang zweifellos der Überzeugung des alten CVJM-Mannes, wenn Koch erklärte: »Vieles ist anders geworden in äußerlichen Dingen. Aber in unserer Kirche bleibt das Wort Christi nach der Lehre Luthers … Wir Ostpreußen wollen richtunggebende Arbeit leisten zum Segen unserer Kirche, die geleistet werden kann und muß. Gerechtigkeit, Wahrheit und Liebe sollen uns dabei leiten, nicht bloß auf karitativer Ebene, sondern auch in tatenfrohen Kämpfen für unser evangelisches

Glaubensbekenntnis.«[122] Tatsächlich blieb Koch der einzige hohe nationalsozialistische Funktionär, der auch nach dem Zusammenbruch der Deutschen Christen Ende 1933 an seinen kirchlichen Ämtern festhielt. Selbst ein so kritischer, entschieden reformatorischer Theologe wie der Königsberger Systematiker Hans Joachim Iwand – zwei Jahre später Leiter des Predigerseminars der Bekennenden Kirche in Ostpreußen – schrieb damals an seinen Greifswalder Lehrer, Rudolf Hermann, der Gauleiter spreche »mit tiefstem Verständnis von unserer Kirche«; er gehe »immer auf die zentralen Dinge des Christentums ein« und sei darin »so unmittelbar empfindend, daß uns dieses hier immer wie ein Wunder vorkommt«.[123]

Den Ton freilich gab unter den Provinzialsynoden eine andere an: die *Brandenburgische*. Sie war nach dem 23. Juli durch eine Vereinbarung zwischen Hossenfelder und Jacobi im Verhältnis von 75 Prozent zu 25 Prozent für die Deutschen Christen gebildet worden.[124] Die besondere Bedeutung dieser Synode ergab sich schon aus der Tatsache, daß hier auf beiden Seiten die führenden Männer vertreten waren. So gehörte zur deutschchristlichen Fraktion fast die gesamte Prominenz der Reichsleitung: Neben Jäger selbst, der als berufenes Mitglied teilnahm, saßen Hossenfelder, Peter, Kessel, Freitag, Nobiling, Tausch, Eckert, Wieneke, Grell, Werner, Bierschwale und viele andere. Fraktionsführer war ein damals noch weithin unbekannter vierzigjähriger Studienassessor namens Dr. Reinhold Krause, der Gauobmann der Glaubensbewegung in Groß-Berlin. Drei Monate später sollte der gleiche Krause durch eine einzige Rede im Berliner Sportpalast über Nacht zu einer fragwürdigen Berühmtheit gelangen und zugleich das Schicksal der Deutschen Christen in Preußen und im Reich besiegeln. Sprecher für »Evangelium und Kirche« war Gerhard Jacobi. Zu dieser kleinen Gruppe gehörten unter anderen Niemöller, v. Rabenau, Görnandt, Diestel, Harder und der Kirchenhistoriker Hans Lietzmann, der von der Berliner Fakultät entsandt war.

Wie die Mehrheit mit der Minderheit umzugehen geachte, zeigte bereits die Rede des neugewählten Präses, des neumärkischen Superintendenten Johannes Grell. »Unsere wunderbare nationalsozialistische Revolution«, so erklärte er (und man begriff dabei, warum die Ostpreußen ihren Gauleiter priesen), »hervorgerufen durch den blutopferbereiten Einsatz Hunderttausender Braunhemden und vor allem durch den gottgesandten Führer und Retter unseres Volkes und Vaterlandes, für dessen Sendung auch unsere evangelische Kirche Gott dem Herrn nicht genug danken kann und immer wieder danken muß – unsere wunderbare nationalsozialistische Revolution mußte auch die Kirche, die Volkskirche in Bewegung setzen.« Nun gelte es, in dieser großen Zeitenwende auch die Kirche ganz neu zu bauen. »Revolutionszeiten«, so fuhr Grell fort, »sind harte Zeiten, brutale Zeiten. Sie werden getragen von harten Fäusten, sie vertragen keine Hände mit Glacéhandschuhen. Wer sich nicht lösen kann von Vergangenem . . ., der ist nicht geschickt zum Neubau unserer evangelischen Kirche in unserem geliebten Volke.« »Heil Dir, mein Brandenburger Land!«, so schloß Grell seine Rede. »Heil Dir, du märkische Provinzialkirche!« »Stürmische Heilrufe«, notierte daraufhin das Protokoll, »Bravo! und Händeklatschen. – Zuruf aus der Gruppe der Deutschen Christen: Unserem neuen Präsidenten, Herrn Superintendenten Grell, ein dreifaches Sieg-Heil! – Die Synode stimmt lebhaft in die Rufe ein.«[125]

Schon die ersten Wahlen in der Synode machten deutlich, daß die Mehrheit entschlossen war, diesem Ton zu folgen. Wichtiger freilich war die Verabschiedung einer Reihe von Sachanträgen. Die Tatsache, daß diese Sachanträge allesamt an die Generalsynode gerichtet waren, verriet, daß hier der zukünftige Kurs der ganzen preußischen Kirche bestimmt werden sollte. So forderte ein Antrag ein Kirchengesetz, das die Pensionsgrenze für höhere Geistliche – »falls dies aus dienstlichen Gründen zweckmäßig erscheint« – auf 60 Jahre festlegen sollte; nach einem anderen Antrag sollten, ebenfalls durch Kirchengesetz, »sämtliche kirchliche Behörden, Verwaltungsorgane und die von der Kirche unterstützten Verbände und Anstalten der letzten Kirchenwahl entsprechend gleichgeschaltet« werden.[126] Während diese Forderungen sich noch im Rahmen des Erwarteten hielten, wurde ein anderer Antrag zu einem Signal, dessen Wirkungen in diesem Augenblick weder der Antragsteller und seine frenetisch applaudierende Fraktion noch die kirchliche Opposition ahnten.

Der Antragsteller war der deutschchristliche Fraktionsführer Dr. Krause selbst. Krause, der von der Deutschkirche herkam, war fanatischer Antisemit, und entsprechend lautete der von ihm eingebrachte Antrag, die Generalsynode möge durch Kirchengesetz bestimmen, »daß für Pfarrer, Kirchenbeamte, Kirchengemeindebeamte und für sämtliche kirchlichen Angestellten hinsichtlich der Weiterbeschäftigung und Neueinstellung die gleichen Grundsätze wie für die Reichs-, Staats- und Kommunalbeamten gelten entsprechend dem Gesetz zum Schutz des Berufsbeamtentums.« Dies bedeutete nichts anderes als die Einführung des staatlichen Arierparagraphen als Anstellungsvoraussetzung für ein kirchliches Amt. Theologie und Kirche, die sich so lange und mit scheinbar so guten und verständlichen Gründen an der Judenfrage vorbeigedrückt hatten, waren nun unausweichlich zu einer Entscheidung herausgefordert. Nicht die Reichsbischofsfrage, nicht die Kirchenwahlen und nicht die Gewalttätigkeiten der Deutschen Christen haben für das Bewußtsein der kirchlichen Opposition auch nur entfernt die Bedeutung erlangt wie dieser Arierparagraph. Er wurde *der* Punkt, wo sich am deutlichsten zeigen ließ, was die kirchlichen Geister tatsächlich schied.

Unmittelbar nachdem Reinhold Krause seinen Antrag eingebracht hatte, gab Gerhard Jacobi im Namen der Gruppe Evangelium und Kirche die folgende Erklärung ab: »Eine Übertragung der Grundsätze der staatlichen Gesetze über das Berufsbeamtentum auf die Träger kirchlicher Ämter widerspricht dem Wesen der Kirche. Wir lehnen daher den Antrag ab.« Das Protokoll vermerkte dazu: »Lebhafte Rufe: Hört! Hört! und Lachen rechts.« Danach wurde der Antrag in einer von den Deutschen Christen geforderten namentlichen Abstimmung mit 133 gegen 48 Stimmen angenommen.[127]

Wochen später erhielt unter anderen Behörden auch die Universität Berlin ein Schreiben der Gauleitung der NSDAP mit der Mitteilung, der »dort beschäftigte« Prof. Dr. Lietzmann habe auf der Brandenburgischen Provinzialsynode gegen den Antrag Krause gestimmt. »Es ergibt sich hieraus, daß entweder der Betreffende nicht erkennt, um was es eigentlich geht oder daß er bewußt gegen die Regierungsmaßnahmen arbeitet. Im einen Fall ist er unfähig, einen derartigen Posten zu bekleiden, im anderen Fall wird er immer gegen die Regierung sein. In beiden Fällen ist er untragbar ... Ich bitte, das Nötige zu veranlassen.«[128]

Charakteristisch für den Geist der Brandenburgischen Synode waren aber nicht nur ihre Ereignisse, sondern ebenso auch die Art, wie sie zustande kamen. Im Bericht eines schwedischen Journalisten für *Svenska Morgenbladet* wurden die Methoden beklemmend deutlich, mit denen revolutionäre oder pseudorevolutionäre Mehrheiten die Opposition mundtot zu machen pflegten. »Für schwedische Verhältnisse wäre es wohl ein unvorstellbarer Gedanke, daß an 200 schwedische Geistliche in braunen Uniformen, Reitstiefeln, Leib- und Achselriemen, mit Hakenkreuzen, Rangabzeichen und Ehrenzeichen aller Art sich in der Ersten Kammer des Landes versammelten. Allerdings befinden sich im Saal außerdem noch etwa 100 Männer im korrekten bürgerlichen Anzug, mit friedfertigen Gesichtern und zum Teil ergraut. Unter diesen tritt ein Mann mittleren Alters hervor und bittet in schüchternen Worten um Berücksichtigung der Zivilkleidung tragenden Minderheit. Die Majorität beginnt darauf zu protestieren, teilweise mit Hohngelächter! Als er die christliche

Nächstenliebe der Anwesenden in Anspruch nimmt, erhält er zur Antwort, man wolle sich nicht um Geschmacksfragen streiten, worauf er sich still an seinen Platz zurückbegibt.« Nachdem der Berichterstatter weiter Umstände und Absichten der Synode geschildert hatte, ging er auf den Antrag Krause und Jacobis Erklärung ein und fuhr fort: »Die Erklärung wurde mit Lachsalven quittiert, worauf man zur Abstimmung schritt. Aus den Reihen der Braunhemden wurde der Antrag auf namentliche Abstimmung laut, und nun wurde jede ablehnende Stimme mit Aha-Rufen, ironischem Bravo und Gelächter zur Kenntnis genommen. Man mußte die Männer aufrichtig bewundern, die ihr ganzes Ansehen und vielleicht ihre Existenz auf das Spiel setzten, um ihrer ehrlichen Überzeugung zu folgen. Das Ganze konnte man nur als religiöse Barbarei bezeichnen.«[129]

Mit dem Verlauf der Brandenburgischen Provinzialsynode standen die Zeichen auch für die bevorstehende Generalsynode auf Sturm.

Das oberste kirchliche Gremium der altpreußischen Union war für den 5. September einberufen worden; unmittelbar nach dem Abschluß des ersten Reichsparteitags im Dritten Reich, der in Albert Speers gigantischen Kulissen zweifellos einen neuen propagandistischen Höhepunkt des Jahres bedeutete.[130] Obwohl ein schnell verbreitetes Foto Hitler mit Ludwig Müller und dem katholischen Abt Alban Schachleiter auf dem Nürnberger Marktplatz zeigte, bedeutete der Parteitag für die Deutschen Christen zweifellos eine Enttäuschung. Denn im Gegensatz zur Hoffnung der Einstweiligen Leitung, der Führer würde in seiner kulturpolitischen Rede »etwas Positives und Aufmunterndes« zur evangelischen Kirche sagen, schwieg Hitler sich über die Kirchenfrage vollkommen aus. Das war um so auffälliger, als er die Nürnberger Tage zu einer Klärung gerade der geistigen und weltanschaulichen Grundlagen seiner Politik benutzte. Daß in diesem Zusammenhang von Christentum und Kirche überhaupt nicht mehr die Rede war, deutete darauf hin, daß er die Kirchenfrage tatsächlich für erledigt hielt. Statt dessen betonte Hitler zum ersten Mal seit der Machtübernahme auch öffentlich wieder mit allem Nachdruck die Bedeutung der Rassenfrage. »Weltanschauungen«, so versicherte er den Zehntausenden, »... sehen in der Erreichung der politischen Macht nur die Voraussetzung für den Beginn der Erfüllung ihrer eigentlichen Mission.« Diese »eigentliche Mission« aber bestand in der Durchsetzung des Rassenprinzips. »Der Nationalsozialismus bekennt sich«, so erklärte Hitler, »... zu einer heroischen Lehre der Wertung des Blutes, der Rasse und der Persönlichkeit sowie der ewigen Auslesegesetze und tritt somit bewußt in unüberbrückbare

Gegensätze zur Weltanschauung der pazifistisch-internationalen Demokratie und ihrer Auswirkungen.«[131]

Dies alles konnte für die Deutschen Christen nur bedeuten, ihre Anstrengungen zur völligen Gleichschaltung der Kirche – gerade auch durch die Einführung des Arierparagraphen – zu verdoppeln. Die geeignete Plattform dafür aber war die Tagung der preußischen Generalsynode, ein Ereignis, das – schon weil es in Berlin stattfand und die bei weitem größte deutsche Kirche betraf – im Inland wie im Ausland mit außerordentlicher Aufmerksamkeit rechnen durfte.

Zur Vorbereitung der Sitzung versammelte sich Ende August noch einmal der preußische Kirchenstaat, inzwischen durch die neuen Vorsitzenden der Provinzialsynoden ebenfalls ein deutschchristliches Gremium. Wie weit die Hoffnungen und Vorstellungen der Deutschen Christen reichten, zeigten die Zuwahlen zur Generalsynode, die der Kirchensenat verfassungsgemäß vornahm. Vermutlich hielt nur Hitlers katholische Konfession das Gremium davon ab, den Reichskanzler persönlich zum Mitglied der preußischen Generalsynode zu ernennen. Statt dessen wählte man den Reichsinnenminister Frick, den preußischen Ministerpräsidenten Göring und den preußischen Kultusminister Rust in das höchste Gremium der preußischen Kirche und bestimmte die jeweiligen Staatssekretäre zu Stellvertretern. Ob auf diese Zuwahlen überhaupt eine Antwort erfolgte, ist unbekannt. Aber sie machten jedenfalls die groteske Fehleinschätzung der Lage deutlich, die bei den Deutschen Christen hinsichtlich ihrer Bedeutung und ihrer Möglichkeiten herrschte.[132]

Innerkirchlich freilich waren sie tatsächlich unbestritten Herr der Lage und ließen daran auch keinen Zweifel aufkommen.

Als sich am Vormittag des 4. September die Gruppe Evangelium und Kirche zu einer ersten Vorbesprechung traf, ging man allgemein noch davon aus, die kirchliche Opposition werde dem Stimmenverhältnis von etwa Zweidrittel zu Eindrittel entsprechend berücksichtigt werden, und man könne und müsse dann bei den strittigen Gesetzesvorlagen in Ausschußberatungen nach einem Kompromiß suchen.[133] Im gleichzeitig stattfindenden Ältestenrat jedoch vertrat Jäger die Auffassung, daß die Wahlen zu den verschiedenen Gremien nach dem Mehrheitswahlrecht zu erfolgen hätten. Für Nationalsynode und Kirchensenat gestand man Evangelium und Kirche nur jeweils drei Abgeordnete zu. Das Präsidium der Synode, den Rechtsausschuß, das Spruchkollegium für Lehrangelegenheiten und den Ausschuß für die Versetzung von Geistlichen beanspruchten die Deutschen Christen ganz für sich. Über die zu erwartenden Anträge wurde nur sehr unbestimmt Auskunft gegeben.

Aufgrund dieser Mitteilungen aus dem Ältestenrat stand die kirchliche Opposition am Abend vor der Frage, ob sie sich überhaupt an der Synode beteiligen sollte. Nachdem zunächst der westfälische Präses Karl Koch zum Sprecher der Gruppe gewählt worden war, stellte Martin Niemöller den Antrag, auf eine Teinahme zu verzichten, um auch nicht den Anschein einer Mitverantwortung für die zu erwartenden Beschlüsse zu erwecken. Aber die etwa 70köpfige Gruppe war in sich so wenig einheitlich, und die tatsächlichen Absichten der Deutschen Christen erschienen vielen als so unvorstellbar, daß Niemöllers Vorschlag keine Mehrheit fand. Man einigte sich schließlich darauf, eine Erklärung vorzubereiten, die der Sprecher der Gruppe auf der Synode vortragen sollte, wenn es die Lage erforderlich machen würde.

Die Tagung selbst begann am Dienstagvormittag mit einem Gottesdienst. Schon hier waren Mehrheit und Minderheit auch äußerlich unterschieden. Während die Generalsuperintendenten und die Pfarrer der Gruppe Evangelium und Kirche im Talar erschienen, trugen die Deutschen Christen durchweg Uniform – ein brauner Block aus SA und Amtswaltern, der das Kirchenschiff fast völlig füllte.[134] »Das Bild der Synode«, so jubelte das *Evangelium im Dritten Reich*, »ist eindeutig geistig durch die Glaubensbewegung und äußerlich durch das braune Ehrenkleid der Hitlerbewegung bestimmt.«[135] In der Tat lief die Synode am Nachmittag ab, wie die kleinen Hitlers das von ihrem großen Vorbild gelernt zu haben meinten. Zwar vollzog sich die Ablösung des alten Präsidiums mit den fast flehentlichen Bitten Wincklers, die Selbständigkeit der Gemeinden zu achten und die Pfarrer zu schonen, noch in den traditionellen Formen. Aber sobald der neue Präses Dr. Werner, derselbe, der seit Ende Juni den preußischen Oberkirchenrat kommissarisch verwaltet hatte, mit seinen beiden Stellvertretern Hossenfelder und Jäger den Vorsitz übernommen hatte, ging es »Schlag auf Schlag und Zug auf Zug«.[137] Mehr als zwanzig Anträge wurden in zwei Stunden buchstäblich durchgepeitscht. Einwände und Erwiderungen der Opposition, die ohnedies uneinheitlich und glücklos operierte, wurden entweder nicht zugelassen oder durch Lärm und Zurufe gestört. Unter diesen Anträgen befanden sich zwei, die den Auftrag und die Ordnung der preußischen Kirche von Grund auf veränderten. Es war das »Kirchengesetz betreffend die Rechtsverhältnisse der Geistlichen und Kirchenbeamten« und das »Kirchengesetz über die Errichtung des Landesbischofsamtes und von Bistümern«.[138] Das erste dieser beiden Gesetze enthielt den sogenannten Arierparagraphen, der damit zum ersten Mal in der Kirche formuliert vorlag: »Wer nichtarischer Abstammung oder mit einer Person nichtarischer Abstammung verheiratet ist, darf nicht als Geistlicher oder Beamter der allgemeinen kirchlichen Verwaltung berufen werden. Geistliche und Beamte arischer Abstammung, die mit einer Person nichtarischer Abstammung die Ehe eingehen, sind zu entlassen. Wer als Person nichtarischer Abstammung zu gelten hat, bestimmt sich nach den Vorschriften der Reichsgesetze . . .« Und wie das entsprechende staatliche Gesetz legte auch das neue Kirchengesetz fest, daß alle betroffenen Geistlichen und Beamten rückwirkend in den Ruhestand zu versetzen seien. Ferner enthielt das Gesetz eine Generalklausel, die das Pfarramt grundsätzlich an das rückhaltlose Eintreten für den nationalen Staat band.

Das andere dieser beiden Gesetze ordnete die preußische Kirche neu. In seiner lakonischen Kürze spiegelte es ganz den Geist der neuen Zeit: »§ 1 Der Landesbischof vertritt unbeschadet der Befugnisse des Kirchensenats die Evangelische Kirche der altpreußischen Union. § 2 Landesbischof Müller wird in das Amt des Landesbischofs berufen.« Mit dem Paragraphen 3 erfüllte sich Jäger seinen persönlichen Wunsch: »Die Stelle des Präsidenten des Evangelischen Oberkirchenrats wird mit einer Persönlichkeit besetzt, welche die Befähigung zum Richteramt oder höheren Verwaltungsdienst aufweist.« Die Paragraphen 4 und 5 schließlich enthielten Jägers Belohnung für die radikale Reichsleitung und insbesondere für Hossenfelder: »Das Amt der Generalsuperintendenten wird aufgehoben. Es werden folgende Bistümer errichtet: Brandenburg, Cammin, Berlin, Danzig, Königsberg, Breslau, Köln-Aachen, Münster, Magdeburg-Halberstadt, Merseburg-Naumburg. An der Spitze des Bistums steht der Bischof. Der Bischof von Brandenburg ist der ständige Vertreter des Landesbischofs. Er ist gleichzeitig geistlicher Vizepräsident des Oberkirchenrats.« In der Begründung dieses Gesetzes versicherte Pfarrer Peter »in aller Bescheidenheit aber doch mit freudiger Betonung«, daß der eigentliche Schöpfer des Gedankens der Bistümer der Reichsleiter Pfarrer Hossenfelder selbst gewesen sei.[139] Tatsächlich jedoch dürfte auch in diesem Fall die entscheidenden Dinge Jäger diktiert haben.[140]

Nachdem die wichtigsten Anträge eingebracht worden waren, sollte nach einer kurzen Pause die Abstimmung stattfinden. Dies war der Augenblick, in dem der Sprecher der Opposition, Karl Koch, das Wort zur Geschäftsordnung erbat und den am Vormittag vorbereiteten Text verlas. Zunächst unter dem Schweigen, dann unter wachsender Unruhe bei den Deutschen Christen erklärte er, daß seine Gruppe trotz allem noch auf eine brüderliche Zusammenarbeit gehofft habe. Diese Hoffnung aber sei heute durch die Handhabung der Wahlen ebenso wie durch die Behandlung der Gesetzentwürfe zur Neuordnung der preußischen Kirche und zur Einführung des staatlichen Beamtenrechts enttäuscht worden. Denn dies alles geschehe »ohne die dringend erforderliche kirchlich-theologische Besinnung und ohne klärende und vorbereitende Aussprache«. Die nächsten entscheidenden Sätze Kochs waren im wachsenden Lärm schon kaum mehr verständlich: »Wir stellen, aufs tiefste erschüttert, fest, daß in einer Stunde ernstester Entscheidung in der höchsten Synode unserer Landeskirche nicht die von uns zuversichtlich erwartete, dem Geist der Kirche allein entsprechende Zusammenarbeit, sondern der rücksichtslose Gebrauch der Macht über Gestalt und Wesen der Kirche entscheiden soll. Dieses Verfahren«, so fuhr Koch, zu den Deutschen Christen gewandt, fort, »zu dem Sie auf Grund Ihrer Mehrheit Möglichkeit und Macht haben, trägt die Methoden der Welt in den Raum der Kirche und ist mit der christlichen Verpflichtung zu brüderlicher Zusammenarbeit unvereinbar.«[141] Hier mußte der Sprecher der Opposition endgültig abbrechen. In einem wüsten Tumult, unter fortwährenden Rufen wie Pfui! Frechheit! Aufhören! Schluß! Klappe halten! Raus! verließ die ganze Gruppe geschlossen die Synode. Es war, wie einer der Beteiligten notierte, »ein elementarer Vorgang«, der alle ohne Verabredung handeln ließ.[142]

Der erzwungene Auszug der kirchlichen Opposition aus der Generalsynode war ein Ereignis von außerordentlicher Tragweite. Er bedeutete nicht weniger als die Spaltung der preußischen Kirche und bildete den unmittelbaren Ausgangspunkt jener Entwicklung, an deren Ende die Bekennende Kirche in Preußen stand.

Zunächst freilich wertete die zurückgebliebene Mehrheit diesen Auszug offensichtlich als triumphalen Sieg. Wie viele auch unter den Deutschen Christen angesichts dieser Szene eher Unbehagen empfanden, ist unbekannt. Ganz wenige werden es nicht gewesen sein. Aber in einer Situation wie dieser, wo sich in Gruppen Prozesse plötzlichen, rauschhaften Machtbewußtseins vollziehen, steht das einzelne Gewissen auf verlorenem Posten. Jedenfalls erhob sich kein erkennbarer Widerspruch, als die Sprecher der Mehrheit nun ihr Werk vollendeten. So rief Pfarrer Eckert, nachdem das Gesetz über die Neuordnung der preußischen Kirche einstimmig angenommen worden war, die Synode dazu auf, den Schöpfer des Bischofsgesetzes, Pfarrer Hossenfelder, zum ersten Bischof von Brandenburg (und damit zugleich zum geistlichen Vizepräsidenten des Oberkirchenrats) zu berufen. Außerdem erklärte er, daß die Deutschen Christen nun alle Plätze für die Nationalsynode in Anspruch nehmen würden, weil, wie die zynische Begründung lautete, »die Gruppe Evangelium und Kirche selber das Feld ohne jeden Grund geräumt und somit gezeigt hat, daß sie an dem Aufbau der Kirche durch die Nationalsynode keinen Anteil nehmen will«.[143]

Ludwig Müller, der preußische Landesbischof, schloß die Synode. Seine Ansprache machte einmal mehr deutlich, wo er nun stand. Er wolle die Gelegenheit benutzen, so erklärte er, »um noch einmal über die Grenzen unseres Landes hinaus allen denen, die es hören sollen und hören müssen, zu sagen, daß wir mit unserer Kirche hier in Deutschland frei sind«. Wer immer darüber im Ausland die Unwahrheit verbreite, dem werde er zeigen, »wo er hingehört«. »Ich komme soeben von Nürnberg«, fuhr Ludwig Müller fort. »Wer die Nürnberger Tage miterlebt hat, kann sich dem gewaltigen Eindruck nicht entziehen, wie er da auf jeden ausgeübt wurde, der das alles miterlebte. Ich kann es wohl verstehen, daß, wenn bei uns im kirchlichen Leben das Wort ›Rasse‹ ausgesprochen wird, viele da sind, die dieses große, gewaltige Problem nicht übersehen und nicht verstehen. Ich muß aber sagen, daß ich selbst jetzt doppelt stark mit fühle und mit begreife, was den Führer bewogen hat, gerade dieses Problem mit so starker Hand anzufassen.« Die Kirche aber sei aufgerufen, dem aufgerüttelten Volk »nun die starke seelische Untermauerung zu geben, die allein aus der Ewigkeit kommen und die niemand dem Volke so innerlich nahebringen kann, wie eben diese Kirche«. Schließlich sprach er auch von der Notwendigkeit einer Versöhnung mit den Abseitsstehenden und bat die Synode – diese Synode! –: »Sehen Sie bei allem Ihrem Arbeiten und allem Ihrem Wollen immer wieder über das Vergängliche hinaus auf das Unvergängliche und Ewige. Wir alle müssen uns die besten Kräfte holen aus dem Stillesein vor unserem Gott und Vater, und wer aus diesem Stillesein ... sich immer wieder neue Kraft und neue Freudigkeit holt, der wird an seiner Stelle stehen, um mit hellen Augen, mit frohem Herzen, mit harten Händen und mit letztem eisernen Wollen die Wahrheit Gottes, wie der Heiland sie gebracht hat, diesem unserem lieben deutschen Vaterlande zu bringen ... Das schenke uns Gott!«[144]

Eine Unterredung, die noch am gleichen Abend zwischen Vertretern der Opposition und Ludwig Müller stattfand, blieb so leer, hohl und phrasenhaft wie diese Worte. »Sichtlich unangenehm berührt« durch den Verlauf der Synode sprach Ludwig Müller »von aufgeregter Atmosphäre und von der Notwendigkeit, zusammenzukommen und miteinander zu arbeiten. Von unserer

Seite«, so notierte ein Teilnehmer, »wurde dasselbe Wollen betont, aber auch die Überzeugung, daß mit den bisher angewandten Methoden ein Zusammenkommen unmöglich sei und daß auf diesem Wege unsere Kirche nicht gebaut, sondern zerstört werde.«[145] Und genau so war es auch.

Den scheinlegalen Abschluß der ganzen Neuordnung vollzog am folgenden Abend der Kirchensenat unter seinem neuen Präsidium, das aus Dr. Werner, Hossenfelder und Jäger bestand. In diesem kleineren Kreis wurde auch deutlich, wer tatsächlich das Heft in der Hand hielt. Ausnahmslos auf Antrag von Jäger und durchweg mit allen gegen vier Stimmen beschloß das Gremium in genau einer Stunde, alle Anträge der Generalsynode zu billigen; Hossenfelder zum Bischof von Brandenburg zu berufen; auf Grund des neuen Beamtengesetzes neun Oberkirchenräte in den Ruhestand oder in ein Pfarramt zu versetzen und acht Deutsche Christen neu hereinzuholen; sechs Generalsuperintendenten ebenfalls in den Ruhestand zu versetzen und auf der nächsten Sitzung neun Bischöfe und sieben Pröpste zu ernennen; Dr. Werner als weltlichen Vizepräsidenten und – dies auf Antrag von Pfarrer Lörzer – Jäger als Präsidenten des Oberkirchenrats in Aussicht zu nehmen. Ferner wurde die Gleichschaltung der Inneren Mission beschlossen, und schließlich ließ Jäger die Befugnisse des Kirchensenats auf einen kleinen Ausschuß übertragen, dem er selbst angehörte.[146] Das Ziel des ehrgeizigen und skrupellosen Mannes, die Herrschaft über die preußische und die deutsche Kirche, schien in greifbare Nähe gerückt.

Schon am 9. September teilte Ludwig Müller dem preußischen Kultusminister offiziell mit, Jäger solle neuer Präsident werden, und bat förmlich um die Bestätigung, »daß Bedenken politischer Art gegen den Genannten nicht bestehen«. Keine 14 Tage später jedoch folgte diesem Schreiben ein weiteres mit dem überraschenden Satz: »Inzwischen eingetretene Umstände veranlassen mich zu der Bitte, meinem Schreiben vom 9. d. Mts. einstweilen keine weitere Folge zu geben.«[147] Dazwischen lag August Jägers erste große Niederlage. Daß es dazu kam, war das Verdienst einiger mutiger Männer in der nassauischen Kirche, an der Spitze der Landesbischof August Kortheuer.

Als Jäger am 7. September, unmittelbar nach dem Abschluß der Neuordnung in Preußen, seinem Minister schriftlich Bericht erstattete, sah er ein Hemmnis »für die Entwicklung in unserem Sinne« nur noch in der Einstweiligen Leitung. Jedoch sei die Mehrheit für Ludwig Müller auch in der Nationalsynode gesichert. Im übrigen sei alles auf bestem Wege; »das Prinzip der Einheit und der Führung« habe sich nicht nur in Preußen durchgesetzt, sondern gelte auch für die Verfassungsarbeiten in Großhessen-Nassau, in Niedersachsen und in der sächsischen Landeskirche, die ebenfalls gewillt sei, die geplante Musterverfassung »wörtlich zu übernehmen«.[148] Damit aber hatte Jäger die Widerstände innerhalb und außerhalb der Kirche offensichtlich unterschätzt. Denn nun trat wieder die Reichskirche auf den Plan.

Die weitreichenden Beschlüsse der preußischen Generalsynode zum Umbau der preußischen Kirche verstießen selbstverständlich gegen die von der Einstweiligen Leitung der Reichskirche erlassene und von Ludwig Müller mitvertretene Anordnung, wonach die Landeskirchen von Änderungen ihrer Verfassungen einstweilen Abstand nehmen oder sie doch zumindest vorher vorlegen sollten. Von der preußischen Kirche aus aber war nichts dergleichen geschehen. Deshalb zog es Ludwig Müller vor, der Sitzung der Einstweiligen Leitung am 6. September vorsichtshalber fernzubleiben. Die empörten Mitglieder jedoch, die sich nach den Vorgängen um Hessen und Niedersachsen nun auch in Preußen düpiert fühlten, zitierten ihren Vorsitzenden mittels eines Stadttelegramms in die Sitzung.[149] Als Ludwig Müller am Nachmittag tatsächlich erschien, wurde ihm eine Erklärung vorgetragen, die im Blick auf die preußische Entwicklung in der Frage gipfelte, ob die Einstweilige Leitung der Kirche unter diesen Umständen überhaupt noch weitermachen könne. Müller räumte daraufhin verlegen ein, daß »formell eine Verfassungsänderung« vorliege, und daß »formell auch gegen jene Anordnung« gehandelt worden sei; »ihm selbst sei jedoch der Gedanke nicht gekommen, daß der *Sinn* jener Anordnung hier verletzt worden sei«. Von dem Bischofsgesetz habe er übrigens »erst ganz kurz vor der Sitzung Kenntnis erhalten«.[150] Damit war das Gremium diesmal allerdings nicht mehr zufrieden. Vielmehr wurde offiziell festgestellt, daß die Lage allein durch eine offene Erklärung Müllers bereinigt werden könne und daß diese Erklärung am folgenden Tag erwartet werde.[151]

Mit dieser Situation jedoch war Ludwig Müller endgültig überfordert. Und so geriet das Drama jetzt zeitweilig zur Groteske. Da der preußische Landesbischof sich weder August Jägers Politik zu widersetzen wagte, noch auf den kirchlichen Rückhalt der Einstweiligen Leitung verzichten wollte, erfuhren seine erwartungsvollen Kollegen am nächsten Morgen, ihr Vorsitzender sei krank. Und als das Gremium am darauffolgenden Tag darauf bestand, mit Müller wenigstens telefonisch Verbindung aufzunehmen, erklärte sein Vertrauter, Admiral Meusel, der Herr Landesbischof sei »auswärts in einem Sanatorium ..., die Adresse wisse er nicht«. Das hinderte Müller jedoch keineswegs, schon 24 Stunden später feierlich im Kreise der Einstweiligen Leitung den schwedischen Erzbischof Eidem zu empfangen.[152]

Auch andere Leute zogen sich nun aus der Schußlinie zurück. Johannes Heckel etwa, den die Einstweilige Leitung als Schöpfer der Reichskirchenverfassung fast flehentlich um Hilfe anging, erklärte, er wolle »nicht das Korn sein, das zwischen beiden Mühlsteinen zermahlen« werde, und ließ sich auch durch eindringliche Vorhaltungen Schöffels und Fezers nicht umstimmen.[153] So standen die vier verbliebenen Mitglieder der Einstweiligen Leitung allein, als sie nun noch einmal sämtliche Landeskirchen anwiesen, auf den bevorstehenden Synoden keine Verfassungsänderungen vorzunehmen, und zugleich gegen die Berufung Hossenfelders durch den preußischen Kirchensenat Protest einlegten.[154]

Solche Proteste konnten August Jäger freilich nicht beeindrucken. Er war entschlossen, seine Pläne jetzt auf Biegen oder Brechen durchzusetzen. Dabei war sein Zeitplan so knapp bemessen, daß für Verhandlungen keinerlei Spielraum mehr blieb, selbst wenn er sie gewollt hätte. Am Dienstag, den 5. September, hatte die preußische Generalsynode getagt, am 6. der Kirchensenat. Am 7. hatte Jäger die deutschchristlichen Vertreter der zukünftigen Groß-Niedersächsischen Kirche nach Berlin bestellt und sie schriftlich auf den neuen Entwurf verpflichtet.[155] Damit blieben ihm bis zum Zusammentritt der vier hessischen Synoden am 12. September noch genau vier Tage Zeit, um hier alles in seinem Sinne zu regeln. Schon am 8. waren Jäger und Hossenfelder daher nach Kassel unterwegs, wo sie den Hauptwiderstand gegen die Zusammenlegung vermuteten. Und hier erlitt Jäger die erste Niederlage. Er scheiterte allerdings nicht an der Kirche, sondern an den lokalen Behörden des Staates und der Partei, die in der geplanten Großhessischen Kirche einen ersten Schritt zur Aufhebung der Selbständigkeit des Gaues Hessen-Kassel vermuteten und sich daher den Jägerschen Plänen mit aller Entschiedenheit widersetzten.[156] Damit blieben für den Zusammenschluß nur noch drei Kirchen übrig: Darmstadt, Frankfurt und Nassau.

Am 9. zurück in Berlin machte Jäger sich am 10. erneut auf die Reise, um in seiner Heimat Wiesbaden die Dinge persönlich in die Hand zu nehmen. Aber Nassau war nicht Berlin. Während dort der Widerstand keinen Anknüpfungspunkt mehr gehabt hatte, weil keine anerkannte Kirchenleitung mehr existierte, besaß die Nassauische Kirche in ihrem Landesbischof Kortheuer einen Mann, dessen Ansehen ungebrochen war, und dem noch Ende August fast zwei Drittel aller Nassauischen Pfarrer auf einer Pfarrversammlung das Vertrauen ausgesprochen hatten.[157]

So stellte sich auf einer Fraktionssitzung der Deutschen Christen in Wiesbaden am Vormittag des 11. zu Jägers Überraschung heraus, daß sich die Versammlung keineswegs widerspruchslos seinen Befehlen beugen wollte. Ausgerechnet ein Kirchengauleiter der Deutschen Christen, der junge Pfarrer Georg Gründler, kritisierte nicht nur den Verfassungsentwurf, sondern setzte sich nachdrücklich auch gegen Jägers Methoden zur Wehr. Er sei nicht nur für die Glaubensbewegung verantwortlich, so erklärte Gründler, sondern sei auch »als Vertreter der Gemeinde« in den Landeskirchentag gewählt. Zwar lege er großen Wert auf Einmütigkeit, aber auch darauf, »daß das Gewissen des einzelnen durch irgendwelche Anordnungen nicht beeinträchtigt« werde. Er glaube, daß er damit nicht nur für sich allein rede, und er könne auch nicht garantieren, daß am nächsten Tag auf der Synode niemand das Wort ergreife. Dies mußte für Jäger ein Alarmsignal sein, zumal Gründler trotz Drohungen und Beschimpfungen fest blieb. Der kirchliche Raum, so wiederholte der junge Pfarrer, sei »ein anderer als der politische Raum. Die Führerfrage in der Kirche ist die des Herrn Christus. Darum kann ich nicht sagen: Die Dinge sind klar.« Wie empfindlich Jäger hier war, zeigte sein Schlußwort, in dem er erklärte, er würde es »persönlich als eine Schande empfinden, wenn in der Heimat des Kirchenkommissars der Landeskirchentag ein Bild mangelnder Geschlossenheit böte. Was Sie hier sehen, ist der Geist Dr. Kortheuers, der muß auf dem schnellsten Wege verschwinden.«[158]

Der ganze Verlauf des Vormittags zeigte Jäger deutlich, daß er der deutschchristlichen Mehrheit im Landeskirchentag keineswegs sicher sein konnte, jedenfalls nicht, solange Kortheuer im Amt war. Daraufhin beschloß er, sich des verhaßten Mannes noch am gleichen Tag zu entledigen. Am Nachmittag des 11. September kam es im Amtszimmer des ahnungslosen Landesbischofs zu einer beispiellosen Szene. Gegen 16 Uhr erschienen dort Jäger und Dr. Fink, ein höherer Parteiführer, beide in braunen Uniformen. Jäger behauptete zunächst, Kortheuer habe Lügen über die großhessischen Kirchenpläne verbreitet. Als der Angegriffene dies zurückwies, fragte Jäger, ob Kortheuer in seine – Jägers – Ehescheidungsakten Einsicht genommen habe. Als Kortheuer dies zugab und erklärte, er habe es auf eine offizielle Anfrage von Dibelius hin getan[159], verlor Jäger die Fassung. »Was«, schrie er, »Dibelius, dieses Schwein, dieses Schwein, dieses Schwein! Ich werde ihn noch fassen. Und Sie, Herr Landesbischof, danken Sie Gott noch heute abend auf den Knien, daß ich Sie nicht sofort in ein Konzentrationslager sperren lasse, was Sie verdient hätten und wozu ich die Macht hätte. Wenn ich Gnade übe, so tue ich das nur in Gedanken an meinen Vater, der Ihr Mitarbeiter war. Ich verlange aber von Ihnen im

Namen von 56 Abgeordneten der Landessynode, daß Sie morgen früh um 9 Uhr Ihren Rücktritt vom Amt einreichen.« Auf eine Rückfrage Kortheuers, ob Jäger ihm das alles wegen dieser persönlichen Dinge antun wolle, antwortete Jäger, er, Kortheuer, sei gegen die Großhessische Kirche, habe sein Ansehen in Berlin herabgesetzt und sei deshalb untragbar.[160]

Kortheuer, zunächst entschlossen, nicht nachzugeben, schrieb, um einen Eklat zu vermeiden, noch am Abend sein Rücktrittsgesuch.

Am nächsten Tag fanden in Wiesbaden, Frankfurt und Darmstadt die Landeskirchentage statt. Die Einschüchterungen hatten ihre Wirkung getan. Gegen nur noch drei Stimmen wurde in Wiesbaden unter Jägers Vorsitz die sofortige Verabschiedung Kortheuers beschlossen und gegen acht Stimmen das neue Beamtengesetz der preußischen Kirche mit dem Arierparagraphen nun auch für die nassauische Kirche angenommen. Alle anderen Anträge, vor allem also der Zusammenschluß und die neue Musterverfassung, wurden einstimmig verabschiedet; einstimmig auch wurden die Befugnisse sämtlicher kirchlicher Gremien auf den jungen Pfarrer Dr. Ernst-Ludwig Dietrich übertragen, der damit zur beherrschenden Figur der hessischen Kirche wurde. In knapp zwei Stunden war nach inzwischen schon bewährtem preußischen Muster die gesamte Tagesordnung erledigt.[161] Damit hatte Jäger Zeit, auch noch an der Frankfurter Synode persönlich teilzunehmen. Diese Sitzung begann am späten Nachmittag und entsprach in ihrem Verlauf völlig der in Wiesbaden. Auch hier war es nur noch eine kleine Gruppe von neun Abgeordneten, die Widerspruch erhob. Zum Bevollmächtigten wurde Pfarrer Georg Probst bestellt, der die Glaubensbewegung in Frankfurt ins Leben gerufen hatte.[162] In Darmstadt allerdings, wo Jäger nicht auch noch gleichzeitig sein konnte, kam es prompt zu Schwierigkeiten. Hier folgte Prälat Diehl, der leitende Geistliche, der Anweisung der Einstweiligen Leitung und zog – obwohl er den Entwurf am 16. August in Berlin mitunterschrieben hatte – den Antrag zur Errichtung der Großhessischen Kirche zurück. Statt dessen wurde ein Verfassungsausschuß gebildet und ermächtigt, eine neue Verfassung nach den Richtlinien der Reichskirche zu erarbeiten. Ein Zusatz sprach die Erwartung aus, daß die hessische Kirche »als die Größte an der Führung der neuen Kirche ihrer Bedeutung entsprechend beteiligt« werde – eine Festlegung, die schon bald zu heftigen Auseinandersetzungen zwischen den drei Kirchen führen sollte. Die Verzögerung in Darmstadt dauerte freilich nur zwei Tage. Vermutlich unter dem massiven Druck Jägers gelang es Diehl schon am 15., Verfassungsausschuß und Kirchenleitung doch noch zur Annahme des ursprünglichen Entwurfs zu bewegen. Damit schien Jäger sich auch hier durchgesetzt zu haben.[163]

Die Gründung der hessischen Kirche am 12. September 1933 war zweifellos in fast jeder denkbaren kirchenrechtlichen Hinsicht rechtswidrig und ungültig. Und doch galt nun auch für diese Gründung die normative Kraft historischer Fakten. Die drei gewaltsam zusammengeschlossenen Kirchen blieben auch nach 1945 nach einer Übergangszeit zusammen und bilden heute die Evangelische Kirche in Hessen und Nassau.[164] Kassel dagegen behielt auch weiterhin seine Selbständigkeit und wurde nach dem Anschluß Waldecks im Juli 1934 zur heutigen Evangelischen Landeskirche Kurhessen-Waldeck.

In Preußen hatte die Zerstörung der deutschen Landeskirchen begonnen, in Hessen setzte sie sich unmittelbar fort. Und auch in den anderen Landeskirchen begann nun das große Abräumen. In diesen ersten Septemberwochen des Jahres 1933 erfuhr das evangelische Deutschland jene rigorose Umgestaltung, die dann für den Kirchenkampf der kommenden Jahre bestimmend werden sollte.

Die zweitgrößte Landeskirche, das lutherische *Sachsen*, war schon am 11. August mit der Wahl Friedrich Cochs zum Landesbischof vorausgegangen. Hier hatte die braune Synode nur zu bestätigen gehabt, was nach dem Tode von Ludwig Ihmels durch die kommissarische Einsetzung von Coch faktisch bereits geschehen war. Auch bei dieser Syode am 11. August fehlte übrigens August Jäger nicht. Nun, am 16. September, übernahm die neue Kirchenleitung mit einer »Verordnung zur Herbeiführung eines kirchlichen und nationalsozialistischen Berufsbeamtentums« das preußische Beamtengesetz mit dem Arierparagraphen.[165] Die von Jäger erhoffte Zustimmung Sachsens zu seiner Musterverfassung jedoch verweigerte Coch, gekränkt, daß man ihn nicht genug gehört hatte.[166] In *Braunschweig* mußte am 12. September der alte Landesbischof Bernewitz gehen, obwohl er längst die Parolen der Deutschen Christen mitvertreten hatte. Es kennzeichnete den Zug der Zeit, daß ein dreißigjähriger Pfarrer, Wilhelm Beye, zu seinen Nachfolger gewählt und mit einem dreifachen Sieg-Heil der Synode begrüßt wurde, die danach ebenfalls noch schnell das neue Beamtengesetz verabschiedete. Die Freude über den »jüngsten Bischof der Welt« war allerdings nur kurz – schon im Februar 1934 trat er nach einem undurchsichtigen Gerichtsverfahren wegen Unterschlagung und Betrugs von allen Ämtern zurück.[167] Auch in *Schleswig-Holstein* half es den Bischöfen Mordhorst und Völkel nichts, daß sie den Deutschen

Christen in ihren Kirchen mit weitgeöffneten Armen entgegengekommen waren. Am 12. September hob die Braune Synode in Rendsburg unter dem Vorsitz des neuen Präsidenten Aselmann ihre Ämter auf und schickte sie in den Ruhestand. Beamtengesetz und Ermächtigungsgesetz folgten auch hier. Befriedigt telegraphierte Aselmann am nächsten Tag in alle Richtungen: »auf grund des vorbereiteten Verfassungsentwurfs beschloß landessynode schleswig-holstein einstimmig der bildung der kirche niedersachsen zuzustimmen.«[168] In *Mecklenburg* bekam Landesbischof Rendtorff schon unmittelbar nach der Kirchenwahl die bitteren Früchte seines verworrenen Kurses und seiner politischen Leichtgläubigkeit zu schmecken. Ungeachtet seines öffentlichen Bekenntnisses zur Partei und seines nachdrücklichen Eintretens für die deutschchristliche Richtung Ludwig Müllers geriet er im August in einen heftigen Streit mit der mecklenburgischen Regierung und dem Gauleiter und Reichsstatthalter Fritz Hildebrand, in den sich auch die Einstweilige Leitung intensiv einschaltete. Vom Amt beurlaubt und nach langem Hin und Her wieder zurückgekehrt, wurde er am 13. September von der Landessynode endgültig entmachtet. Zwar blieb er noch formell im Amt, seine Kompetenzen jedoch übertrug die Synode auf den jungen, noch nicht dreiunddreißigjährigen Pfarrer Walter Schultz, der fortan als »Landeskirchenführer« die mecklenburgische Kirche leitete. Rendtorff, noch immer voller Hoffnung, daß dies alles nur ein Irrtum sei, versuchte bis zum Jahresende, die angeblichen Mißverständnisse aufzukären, und bekannte sich noch im November nach wie vor »als ein Vorkämpfer für das Zusammengehen zwischen Kirche und Nationalsozialismus«. Erst im Januar 1934 resignierte er, legte sein Amt als Bischof nieder und wandte sich im Lauf dieses Jahres dann als Pastor in Stettin der kirchlichen Opposition zu. Nationale Gutgläubigkeit, politische Blindheit und vor allem jener verheerende volksmissionarische Enthusiasmus, der in diesen Jahren so viel Unheil anrichtete, waren in der Figur des mecklenburgischen Landesbischofs bis zu seiner Wendung auf geradezu beispielhafte Weise vereinigt.[169]

In der braunen Flut, die in diesen Septembertagen die evangelischen Landeskirchen überflutete und die alten Kirchenleitungen wegriß, gab es im Blick auf die Zukunft nur drei bemerkenswerte Ausnahmen. In *Hannover* gelang es Landesbischof Marahrens, seine Entmachtung zu verhindern und sich, wenn auch nur knapp und mühsam, auf dem Landeskirchentag am 28. August in seinem Amt zu behaupten. Die kirchenleitenden Gremien freilich – Landeskirchenamt und Kirchensenat – wurden deutschchristlich umgebildet, eine Situation, die Marahrens durch weitgehendes Entgegenkommen zu bewältigen versuchte, und die viel zum problematischen Kurs der Hannoverschen Kirche in den kommenden Jahren beitrug.[170] In *Württemberg* hielt sich überraschend unangefochten Landesbischof Wurm. Gestützt auf eine stabile Gruppe gemäßigter Deutscher Christen, die sich an Fezer orientierte, und mit der Wurm weithin konform ging, glückte es sogar, den Landeskirchentag am 12. September dazu zu bewegen, das Ermächtigungsgesetz für den Landesbischof vom Mai 1933 zu bestätigen. Damit war deutlich, daß die Stellung Wurms in seiner Landeskirche unerschüttert war; ein Faktum, an dem auch in den nächsten Jahren in Württemberg niemand vorbeikam. Das Beamtengesetz mit dem Arierparagraphen, von der radikalen Gruppe im Landeskirchentag beantragt, wurde an die Ausschüsse überwiesen und kam danach nicht mehr zur Sprache.[171] Und schließlich blieb auch in *Bayern* Landesbischof Meiser an der Spitze der Landeskirche, ebenfalls rechtlich abgesichert durch eine unbefristete Verlängerung seiner Ermächtigung, die die Landessynode auf ihrer Sitzung vom 12. bis 14. September aussprach.[172] Die besondere Entwicklung in Hannover, Württemberg und Bayern, die für das weitere Geschehen entscheidende Bedeutung bekommen sollte, hatte im wesentlichen die gleichen Gründe. Alle drei Kirchen verfügten an ihrer Spitze über markante Persönlichkeiten und besaßen eine Pfarrerschaft eher konservativen Zuschnitts, die allzu radikalen Entscheidungen durchweg abgeneigt war. In ihren ländlichen, auch bekenntnismäßig relativ geschlossenen Kirchengebieten hatte die Organisation der Berliner Reichsleitung nur wenig Fuß fassen können. Statt dessen vertraten in Württemberg und Bayern (Hannover folgte hier erst im September) die Bischöfe selbst entschlossen die Ziele der gemäßigt deutschchristlichen Reformbewegung und schufen damit zunächst eine gemeinsame Basis, auf der sich die verschiedenen Richtungen treffen konnten. Auf diese Weise vermieden sie zwar tatsächlich die Spaltung und Zerstörung ihrer Landeskirchen, waren aber andererseits genötigt, Ludwig Müllers Kandidatur und später seine Amtsführung immer wieder zu unterstützen – auch gegen jene kirchliche Opposition in Preußen, die in ihrer Kirche nichts mehr zu verlieren hatte und zu einem immer entschiedeneren Widerstand fand.

In diesen Wochen waren zwar die Begriffe noch fremd und die Konsequenzen niemandem bewußt, aber faktisch existierten seit den Synoden vom 12. September im deutschen Protestantismus nebeneinander *zerstörte* und *intakte* Landeskirchen. Als zerstört galten später alle, die eine deutschchristliche Kirchenleitung besaßen wie Preußen, Hessen, Braunschweig, Schleswig-Holstein oder Mecklenburg. Intakt dagegen blieben im wesentlichen nur drei:

Hannover, Württemberg und Bayern. Die verschiedenen Ausgangspositionen, die damit für die künftigen Auseinandersetzungen geschaffen wurden, konnten in der Bekennenden Kirche niemals ganz ausgeglichen werden. Trotz vieler Schwierigkeiten im einzelnen schien sich bis Mitte September aufs Große gesehen die Entwicklung ganz den Deutschen Christen zu fügen. Nur noch ein Schritt trennte sie vom krönenden Abschluß: dem Zusammentritt der Nationalsynode und der Wahl des ersten Reichsbischofs. Zugleich machten sich jedoch in dieser Zeit Widerstände bemerkbar, die weit tiefer reichten und weit nachhaltiger wirkten, als die Oberfläche ahnen ließ.

Zunächst stelle sich unmittelbar nach dem 12. September heraus, daß August Jäger in Hessen den Bogen offensichtlich überspannt hatte. Schon am Tag nach jener Szene im Wiesbadener Landeskirchenamt war Kortheuer von der Einstweiligen Leitung gebeten worden, sofort nach Berlin zu kommen und persönlich Bericht zu erstatten. Und im Unterschied zu vielen, die in dieser Zeit die Vorteile des Schweigens gelernt hatten, folgte der empörte Landesbischof der Bitte und trug am darauffolgenden Tag dem Gremium eine ausführliche und ungeschminkte Darstellung der hessischen Vorgänge vor. In dieser Lage aber konnten oder wollten weder Ludwig Müller noch der alsbald informierte Hossenfelder den Ministerialdirektor weiterhin halten. Möglicherweise sogar erleichtert, auf diese Weise ihrem unerbittlichen Treiber zu entrinnen, stimmten beide der Überzeugung der Einstweiligen Leitung zu, daß Jäger unmöglich als juristischer Minister für die Deutsche Evangelische Kirche in Frage kommen könne und auch aus der Reichsleitung der Deutschen Christen ausscheiden müsse. Am gleichen Tag erklärte Ludwig Müller noch einmal, »Jäger sei durch die Geschichte mit Kortheuer erledigt« und auch die Jägersche Kirchenverfassung werde zurückgestellt werden.[173]

Erleichtert versicherte man Kortheuer, die ganze Kirche werde es ihm noch einmal danken, daß er das Opfer gewesen sei, das es ermöglicht habe, »den bösen Geist« – gemeint war Jäger – »von der Kirche fernzuhalten«.[174] Und ausnahmsweise hielt Müller sogar Wort. Am 21. September schrieb er dem preußischen Kultusminister, die in Aussicht genommene Berufung Jägers zum Präsidenten des preußischen Oberkirchenrats sei hinfällig: »Inzwischen eingetretene Umstände veranlassen mich zu der Bitte, meinem Schreiben vom 9. d. Mts. einstweilen keine Folge zu geben.«[175]

Damit schien Jägers kirchliche Karriere beendet. Die folgenden Monate zeigten allerdings, daß die Deutschen Christen zur Durchsetzung ihrer Ziele weder auf Jägers Machtposition noch auf seine Brutalität verzichten konnten.

Und so fand ihn der April 1934 neben Ludwig Müller doch noch im höchsten Rechtsamt der Reichskirche, bis seine Kirchenpolitik im Herbst dieses Jahres dann endgültig Schiffbruch erlitt. Im September 1933 jedoch bedeutete Jägers erzwungener Rückzug zunächst eine entscheidende Schwächung der deutschchristlichen Front, die den Widerstand der kirchlichen Opposition namentlich in Preußen zweifellos erleichterte.

Der Zusammenschluß und die Neuorganisation dieser Opposition aber war auf der anderen Seite das wichtigste Ereignis dieser dramatischen Septemberwochen, ein Ereignis, das das Staatsverhältnis des deutschen Protestantismus schließlich tiefer verändern sollte als irgendein anderer Vorgang seit der Reformation.

Nach ihrem Rückzug aus der Kirchenpolitik hatte sich die kirchliche Opposition in Preußen den ganzen August hindurch mit ihren beiden neuen Aufgaben beschäftigt, der kirchlich-theologischen Klärung und der gemeindlich-praktischen Sammlung. In Bethel war der erste Entwurf jenes Bekenntnisses entstanden, das zu Bonhoeffers Enttäuschung dann niemand so recht vertreten wollte. Und an verschiedenen Orten, in Berlin, in der Kurmark und in der Neumark, im Rheinland und in Westfalen hatte die Sammlung der Pfarrer begonnen, die bereit waren, für Schrift und Bekenntnis in der Kirche einzutreten. Alle diese Aktivitäten waren auf einen längeren Zeitraum hin angelegt; man rechnete mit einer langfristigen und mühsamen Arbeit, bis die Fronten wirklich geklärt sein würden. Als frühesten Termin eines öffentlichen Hervortretens sah man den ersten Zusammentritt der Nationalsynode Ende September an, ohne schon zu wissen, ob und was man dort reden sollte. Diese Situation aber wurde durch die preußische Generalsynode jäh verändert. Die rüden Szenen, der Auszug und die schließlich verabschiedeten Gesetze wirkten auf die kirchliche Opposition wie ein Schock. War man bisher davon ausgegangen, daß man die Deutschen Christen durch ein Bekenntnis herausfordern müsse, so sah man sich jetzt selbst herausgefordert. Im Mittelpunkt aller Überlegungen aber stand der Arierparagraph. Er vor allem bewirkte, daß nun in weniger als einer Woche die erste große oppositionelle Organisation entstand: der *Pfarrernotbund*.

Als sich am 6. September, dem Tag nach der Generalsynode, die kirchliche Opposition im Berliner Hospiz St. Michael zur Besprechung der Lage versammelte, herrschte tiefe Niedergeschlagenheit und Ratlosigkeit. Am entschiedensten traten dabei Dietrich Bonhoeffer und sein Freund Franz Hildebrandt auf, die die Versammlung für eine radikale Entscheidung zu gewinnen suchten.

Mit der unvergleichlichen Klarheit, die Bonhoeffer – fast als einzigem – in dieser ganzen Frage seit Anfang April zu eigen war, hatte er vor oder neben der Arbeit am Betheler Bekenntnis schon im August eine Denkschrift zum Arierparagraphen in der Kirche entworfen. Noch ungewiß, was in dieser Hinsicht zu erwarten stand, unterschied diese Denkschrift zwischen einer radikalen Form des Arierparagraphen, dem Ausschluß aller Nichtarier aus der deutschen Reichskirche, und einem gemäßigteren Vorgehen, das zunächst nur Kirchenbeamte und Pfarrer betreffen würde. Im Zusammenhang mit der radikalen Form nahm Bonhoeffer seine wichtigste theologische These vom April auf, wonach eine Kirche, die heute die Judenchristen ausschließe, »selbst zur judenchristlichen Kirche geworden und damit vom Evangelium zum Gesetz abgefallen« sei. In der Entfaltung dieser These griff die kleine Schrift die deutschchristlichen Argumente der Zeit auf und wies sie kompromißlos zurück. »Die D.C. sagen:«, so hieß es etwa, »die Kirche darf die Ordnungen Gottes nicht auflösen oder mißachten. Solche Ordnung aber ist die Rasse, darum muß die Kirche rassisch bestimmt sein. Wir antworten: Die gegebene Ordnung der Rasse wird ebensowenig verkannt wie die der Geschlechter, der Stände etc . . . In der Kirche bleibt Jude, Jude, Heide, Heide, Mann Mann, Kapitalist Kapitalist etc . . . Aber der Ruf Gottes beruft und sammelt alle zu einem Volk, zum Volk Gottes, zur Kirche, zu der sie alle in gleicher Weise und miteinander gehören.« Und weiter: »Die D.C. sagen: Wir haben nicht die tausend Juden-Christen, sondern die Millionen gottentfremdeter Volksgenossen im Auge. Um ihretwillen müssen gegebenenfalls die anderen geopfert werden. Wir antworten: Auch wir haben sie im Auge, aber in der Kirche wird kein einziger geopfert, und es kann sein, daß die Kirche, um der tausend gläubigen Juden-Christen willen, die sie nicht opfern darf, Millionen nicht gewinnt. Aber was wäre auch ein Gewinn von Millionen, wenn er auf Kosten der Wahrheit und der Liebe gegen einen einzigen erkauft werden müßte?« Die Konsequenz war klar und eindeutig formuliert: Der Arierparagraph ist »eine Irrlehre von der Kirche und zerstört ihre Substanz. Darum gibt es einer Kirche gegenüber, die den Arierparagraphen in dieser radikalen Form durchführt, nur noch einen Dienst der Wahrheit, nämlich den Austritt.« Zum zweiten, nun eingetretenen Fall hieß es, die Forderung der Deutschen Christen nach Entlassung der judenchristlichen Pfarrer aus dem Amt zerstöre das Wesen dieses Amtes, indem sie »Glieder der Gemeinde zu Brüder minderen Rechtes, Christen zweiter Klasse« mache. »Die anderen, die von dieser Forderung unbetroffen, also privilegiert bleiben, werden sich selbst lieber den Brüdern minderen Rechts zur Seite stellen wollen als in der

Kirche von ihren Privilegien Gebrauch machen. Sie werden daher ihren einzigen Dienst, den sie ihrer Kirche in Wahrheit noch tun können, darin sehen müssen, daß sie das Pfarramt, das zu einem Privileg geworden ist, niederlegen.«[176]

Und für eben diese Konsequenzen, nämlich die Niederlegung des Amtes und eventuell den Kirchenaustritt, traten Bonhoeffer und Hildebrandt bei der Besprechung im Kreis der kirchlichen Opposition nun ein.[177] Die Mehrheit jedoch schloß sich dieser radikalen Forderung nicht an. Als ihr Sprecher vertrat der Berliner Missionsdirektor Siegfried Knak die Meinung, die Gründung einer eigenen judenchristlichen Kirche in Deutschland sei für die Zukunft zumindest nicht auszuschließen und der Widerstand der Opposition habe sich vor allem gegen die rückwirkende Kraft des neuen Kirchengesetzes zu richten. Angesichts dieser extremen Gegensätze war an eine Einigung nicht zu denken. Man beschloß daher, zunächst abzuwarten und im Blick auf die Nationalsynode ein »Wort oppositioneller Pfarrer« in Aussicht zu nehmen. Einen Entwurf sollten Bonhoeffer und Niemöller ausarbeiten.[178]

Im Verlauf dieser Sitzung lag eine Entscheidung, deren Tragweite für die zukünftige Entwicklung der Kirchenfrage – wie so oft in dieser Zeit – noch niemand übersehen konnte. Denn faktisch entschied sich an diesem Tag, daß die kirchliche Opposition nicht aus der Kirche ausschied und eine Freikirche gründete wie Bonhoeffer forderte, sondern in der Kirche den Anspruch behauptete und festhielt, die wahre evangelische Kirche in Deutschland zu sein. Und dies war, soweit sich das historisch sagen läßt, die richtige Entscheidung, auch wenn ihre theologische Begründung zweifelhaft war. Denn es kann kaum einem Zweifel unterliegen, daß das Befolgen des Bonhoefferschen Rates in diesem Augenblick das Ende des kirchlichen Widerstandes bedeutet hätte. Allzu leicht wäre der kleine Kreis der Ausgetretenen zu isolieren und mundtot zu machen gewesen. Die Chance des Widerstandes lag *in* der Kirche, und sie wurde um so größer, je mehr Menschen für diesen Widerstand in der Kirche gewonnen werden konnten.

Schon am Abend des 6. September machten sich Bonhoeffer und Niemöller an die Arbeit. In der lakonischen Sprache seines Amtskalenders hielt der Dahlemer Pfarrer fest: »20.00 Uhr Bonhoeffer und viele Studenten, Röhricht, Hildebrandt ... 2¼ zu Bett.«[179] Das Ergebnis war eine kurze Erklärung, die in drei Abschnitten den Arierparagraphen als Verletzung des Bekenntnisses bezeichnete, die uneingeschränkte Fortgeltung der Ordination für alle betroffenen Geistlichen feststellte und die Aufhebung des Gesetzes forderte, »das die

Evangelische Kirche der altpreußischen Union von der christlichen Kirche trennt«.[180]

Persönlicher und geistlicher Mittelpunkt der kirchlichen Opposition war in diesen Tagen noch immer Friedrich v. Bodelschwingh. So ging die Erklärung umgehend nach Bethel ab mit der Bitte, sie von möglichst vielen Pfarrern unterschreiben zu lassen und sie dann gegenüber der preußischen Kirchenleitung zur Geltung zu bringen. Bodelschwingh jedoch zögerte. Die Konsequenzen der Erklärung erschienen ihm offensichtlich zu radikal. Als er sich daher bald darauf in einem Brief an Ludwig Müller wandte, machte er sich ausdrücklich nur den zweiten Punkt zu eigen, der sich gegen das Ausscheiden der bereits im Amt befindlichen Geistlichen richtete. Im übrigen beschwor er den preußischen Landesbischof, die Deutschen Christen von ihren Gewaltmethoden abzubringen, die »nichts als Unwahrheit und Unsegen« erzeugen könnten.[181] Dies war nun gewiß nicht die Reaktion, die die entschiedene Gruppe der Opponenten erwartet hatte. Und so fiel auch damit schon eine Vorentscheidung von erheblicher Bedeutung.

In Berlin wußte man von Bodelschwinghs Zögern zunächst noch nichts. Hier konzentrierte sich alle Aufmerksamkeit auf den 11. September, wo – wie an jedem Montag – bei Jacobi die Zusammenarbeit der opponierenden Pfarrer stattfand. Am Mittag dieses Tages erschienen bei Niemöller zwei junge Amtsbrüder aus der Lausitz, Eugen Weschke und Günter Jacob. Sie brachten von zu Hause, wo sie als Landpfarrer dem politischen Druck noch sehr viel stärker ausgesetzt waren als in der Stadt, den Plan mit, über die bereits bestehenden bruderschaftlichen Gruppierungen hinaus einen Zusammenschluß aller bekenntnistreuen Pfarrer in der ganzen Deutschen Evangelischen Kirche unter der Führung Bodelschwinghs ins Leben zu rufen. Es war ein Gedanke, der nach allem, was inzwischen in der deutschen Kirche geschehen war, gleichsam in der Luft lag. Niemöller stimmte zu. Schon am Nachmittag erläuterte Eugen Weschke den bei Jacobi versammelten Pfarrern den Plan, während Günter Jacob eine inzwischen von ihm verfaßte entsprechende Verpflichtungserklärung vorlegte. Nach kurzer Diskussion wurden Plan und Erklärung gutgeheißen. Es war die Gründungsstunde des berühmten Pfarrernotbundes.

Die Verpflichtungserklärung, die an diesem Tag von den ersten 60 Pfarrern unterschrieben wurde, bestand aus fünf Sätzen. Sie lauteten: »1. Ich verpflichte mich, mein Amt als Diener des Wortes auszurichten allein in der Bindung an die Hl. Schrift und an die Bekenntnisse der Reformation als die rechte Auslegung der Hl. Schrift. 2. Ich verpflichte mich, gegen alle Verletzung solchen Bekenntnisstandes mit rückhaltlosem Einsatz zu protestieren. 3. Ich vertraue der brüderlichen Leitung und dem stellvertretenden Dienst von f. v. Bodelschwingh in der Wachsamkeit über solchen Bekenntnisstand. 4. Ich weiß mich nach bestem Vermögen mitverantwortlich für die, die um solchen Bekenntnisstandes willen verfolgt werden. 5. In solcher Verpflichtung bezeuge ich, daß eine Verletzung des Bekenntnisstandes mit der Anwendung des Arierparagraphen im Raum der Kirche Christi geschaffen ist.«[182]

Wenn die ganze Aktion aber noch auf der Nationalsynode zur Wirkung kommen und dort möglicherweise einen Beschluß über den Arierparagraphen verhindern sollte, so war nun buchstäblich keine Stunde mehr zu verlieren. Denn der Zusammentritt dieser höchsten Synode war für den 19. September vorgesehen, so daß für die Vorbereitungen gerade noch eine Woche Zeit blieb. Noch in der Nacht begann deshalb der Versand der Verpflichtungserklärung an die Vertrauensleute der Jungreformatorischen Bewegung. »Wir haben uns«, so schrieb Martin Niemöller dazu, »durch die Not vieler vereinsamter Amtsbrüder bewogen, in einem größeren Kreis von Freunden zu der beigefügten Erklärung verpflichtet und wollen nun im ganzen deutschen Vaterland zunächst Pfarrer suchen, die diesem Bund ebenfalls beitreten. Wir brauchen den festen Zusammenschluß um der vielen Einsamen, um unserer Kirche und um aller derer willen, die durch die bekenntnisverletzende Beschlußfassung der preußischen Generalsynode bedroht sind. Wir hoffen nach unseren Erfahrungen, daß ein ganz erheblicher Teil der evangelischen Pfarrerschaft diesem Notbund beitritt.« Falls im Lauf der Woche über tausend Unterschriften zusammenkämen, schrieb Niemöller weiter, könnte der Wortlaut der Verpflichtung und die Zahl der Unterschriften unter Umständen auf der Nationalsynode verwendet werden. *»Eile ist dringend geboten.«*[183]

Die kurze Zeit, die dem neuen Bund bis zur Nationalsynode zur Verfügung stand, bedingte, daß auch Bodelschwingh erst jetzt von der ihm in Berlin zugedachten Rolle unterrichtet werden konnte. »Bitte verzeihen Sie uns«, bat Weschke am 12. September, »daß wir von uns aus Ihren Namen in die Verpflichtung brachten. Es war keine Zeit mehr, Sie zu benachrichtigen. Der Punkt 3 soll Sie nach außen hin aktionsfähig machen, daß Sie, ohne erst jeden einzelnen fragen zu müssen, selbständig im Namen von all den Pfarrern sprechen und handeln können, die unterschrieben haben. Bitte, versagen Sie sich der Sache und uns in dieser Stunde der Entscheidung, die für viele ein letztes Aufraffen ist, nicht.«[184] Bodelschwingh jedoch zögerte. Die Schnelligkeit der Berliner überraschte ihn; zudem hatte er Zweifel, ob – so entschieden auch er den Arierparagraphen ablehnte – die radikale Formulierung der Verpflichtung tatsächlich der richtige Weg sei. So lud er Niemöller und Weschke ein, die ganze Frage am 15. September in Bethel zu besprechen. Nach einer längeren Diskussion ließ sich Bodelschwingh schließlich überzeugen, machte aber zur Bedingung, daß sich auch Marahrens an der Leitung des neuen Bundes beteiligte. Der Hannoversche Landesbischof jedoch, der sich gerade in diesen Tagen nur durch weitgehende Konzessionen an die Deutschen Christen mühsam an der Spitze seiner Landeskirche hielt, sah sich außerstande, hier mitzutun. Nach diesen entmutigenden Erfahrungen hätte es nahe gelegen, den ganzen Plan aufzugeben. Dies aber widersprach Niemöllers Natur aufs entschiedenste. Deshalb entschloß er sich auf der Rückfahrt von Hannover nach Berlin, die Führung des Bundes selbst zu übernehmen.[185] Nachdem Bodelschwingh noch einmal ausdrücklich darum gebeten hatte, ihn nicht auf die besondere Leitung »nur einer Gruppe« zu verpflichten[186], wurde der dritte Punkte der Notbunderklärung gestrichen. Am 21. 9. ging sie dann in ihrer endgültigen Form mit einem ausführlichen Brief Niemöllers wiederum an alle erreichbaren Adressen der Jungreformatorischen Bewegung. »Zur Zeit beträgt die Zahl derer«, so teilte der Dahlemer Pfarrer nun bereits mit, »die unterschrieben haben, rund 1300, wobei Westfalen, das eine eigene Bruderschaft schon hatte, nicht mitgezählt ist . . . Wir müssen darauf hinaus, daß es in jeder Landeskirche und jeder Provinz einen solchen Bund gibt, daß diese Bünde füreinander eintreten (sonst wird eine Landschaft nach der anderen ›gesäubert‹) und daß sich die Glieder dieses Bündnisses für den Aufbau der christlichen Gemeinde in ihrem Wirkungskreis mit der Tat einsetzen (Laiensammlung).« Am Schluß dieses Schreibens aber fand Niemöller zu jenem Ton, der für den aus christlicher Verantwortung kommenden Widerstand in Deutschland charakteristisch werden sollte. Dieser Widerstand wurde in seinem entscheidenden Kern nicht mehr durch die Hoffnung auf eine Wendung der Dinge oder gar auf den Sieg der Opposition begründet, sondern durch die Notwendigkeit, zu tun, was das Gewissen gebot. »Ich bin mir bewußt«, so schloß Niemöller, »daß dieser Zusammenschluß nicht etwa die Kirche retten und die Welt bewegen kann; aber ich bin mir ebenso bewußt, daß wir es dem Herrn der Kirche und den Brüdern schuldig sind, das zu tun, was heute in unseren Kräften steht, und daß ein vorsichtiges Zurückhalten und Zuschauen heute schon ein Versagen bedeutet, weil den Bedrängten das Zeugnis unserer brüderlichen Verbundenheit fehlt. So laßt uns handeln!«[187]

Mit der Leitung des Pfarrernotbundes hatte Martin Niemöller seine Aufgabe und das deutschchristliche Kirchenregiment seinen entschiedensten Gegner gefunden. Das System der gegenseitigen Solidarität, das bald ausgebaut wurde, erwies sich als außerordentlich haltbar; und die strikte Beschränkung auf Kirche und Bekenntnis und damit verbunden die bewußte Öffentlichkeit seines Auftretens machte den Bund auch politisch kaum angreifbar.[188] So wurde die Organisation des Pfarrernotbundes zum Kern der Bekennenden Kirche und blieb dies bis zum Zusammenbruch des Dritten Reiches.

Der Arierparagraph, den die preußische Generalsynode beschlossen hatte, bewegte nicht nur die Berlin-Brandenburgische Kirche. Parallel zur Gründung des Pfarrernotbundes beschloß am gleichen Tag auch die Rheinische Bruderschaft in Essen den festen Zusammenschluß unter der Führung eines Konvents. Bei Anwendung und Durchführung des neuen Gesetzes sollte »geistlicher Widerstand (gewaltloser Widerstand des Wortes und der Liebe)« geleistet werden, »durch gemeinsames protestierendes öffentliches Bekennen (Kanzel)«, »durch öffentliches Eintreten für die Betroffenen«, schließlich, wie in Berlin, »durch brüderliche Hilfe bei Notständen der Betroffenen«. »Erleiden der Gewalt und Vergewaltigungen«, so lautete zusammengefaßt der Grundsatz der Rheinischen Bruderschaft, »aber Aufrichtung des bekennenden Protests gegen unevangelisches und ungeistliches Kirchenregiment«.[189]

Ein Zeichen der tiefen Unruhe, die die ganze Kirche erfaßt hatte, war es auch, daß ebenfalls an diesem 11. September sogar die mehrheitlich deutschchristliche Synode von Kurhessen – jener vierten hessischen Kirche, die sich gerade dem Zugriff Jägers entzogen hatte – den Beschluß faßte, die theologischen Fakultäten von Marburg und Erlangen »um eine feierliche und verantwortliche Belehrung der deutschen evangelischen Christenheit« darüber zu bitten, »ob das von der Generalsynode der Kirche der Altpreußischen Union in diesen Tagen beschlossene und für die ganze Deutsche Evangelische Kirche in Aussicht genommene Gesetz über die Anstellungsbedingungen für Geistliche ... – den Arierparagraphen enthaltend – der Lehre der Heiligen Schrift, dem Evangelium von Jesus Christus und der Lehre der Apostel, ... den ökumenischen Bekenntnissen und der Lehre der Reformation ... sowie der Präambel der Verfassung der Deutschen Evangelischen Kirche gemäß ist oder widerspricht«. Die Antwort aus Marburg, unterzeichnet vom Dekan, dem Kirchenhistoriker Hans Freiherr v. Soden, war klar und eindeutig. »Die Fakultät hält die beiden angeführten grundsätzlichen Bestimmungen der §§ 1 und 3 bzw. 11 für unvereinbar mit dem Wesen der christlichen Kirche, wie es durch die allein maßgebende Autorität der Heiligen Schrift und das Evangelium von

Jesus Christus bestimmt und durch die Bekenntnisse der Reformation bezeugt ist.« Die ausführliche Begründung enthielt Punkt für Punkt die deutschchristlichen Thesen und ihre biblisch-theologische Widerlegung. Weit weniger eindeutig dagegen war die Antwort aus Erlangen, die im Auftrag der Fakultät die beiden Systematiker Paul Althaus und Werner Elert entworfen hatten. Hier wurde erklärt, daß die »völkische Mannigfaltigkeit der äußeren Kirchenordnung eine notwendige Folge der sowohl schicksalhaften, wie ethisch zu bejahenden völkischen Gliederung überhaupt« darstelle, und daß ihr daher auch »bei der Zulassung zu den Ämtern der Kirche« Rechnung zu tragen sei. Für die neue Aufgabe der Kirche, »Volkskirche der Deutschen zu sein«, würde »in der jetzigen Lage die Besetzung ihrer Ämter mit Judenstämmigen im allgemeinen eine schwere Belastung und Hemmung bedeuten«. Die Kirche müsse daher »die Zurückhaltung ihrer Judenchristen von den Ämtern fordern«. Wenn die beiden Erlanger Theologen am Schluß die Möglichkeit von Ausnahmen forderten, und diese Ausnahmen besonders auf bereits im Amt befindliche Geistliche angewandt wissen wollten, so machten sie sich damit vorsichtig den Standpunkt jener Mittelgruppe zu eigen, die den Arierparagraphen grundsätzlich für akzeptabel hielt, eine rückwirkende Geltung jedoch ablehnte.[190]

Im Gegensatz zu diesem Gutachten wiederum erklärten zur gleichen Zeit 21 Neutestamentler, »daß nach dem Neuen Testament die christliche Kirche eine Kirche aus ›Juden und Heiden‹« sei, »die sich sichtbar in einer Gemeinde zusammenfinden«; daß für die Zugehörigkeit zu dieser Gemeinde »allein der Glaube und die Taufe« maßgebend und daß auch »zu kirchlichen Amtsträgern Juden und Heiden in grundsätzlich gleicher Weise geeignet« seien.[191] Damit begann eine theologische Kontroverse, die sich bis weit in das Jahr 1934 hinzog.

Aber nicht nur in der deutschen Kirche wuchs die Unruhe. Noch bedeutsamer für die bevorstehenden Entscheidungen wurde die Tatsache, daß sich nun auch das protestantische Ausland intensiv mit der Frage des Arierparagraphen zu beschäftigen begann. Neben Einzelinitiativen aus Skandinavien waren es vor allem zwei ökumenische Gremien, die das Problem ausführlich zur Sprache brachten. Zunächst kam vom 9.–12. September im jugoslawischen Novi Sad der Exekutivausschuß des Ökumenischen Rates für praktisches Christentum – der sogenannten Stockholm-Bewegung – zu seiner jährlichen Sitzung zusammen. Dies war in zweifacher Hinsicht von besonderer Bedeutung für die deutsche Situation. Zum einen war diese Bewegung von Anfang an vor allem an politischen und gesellschaftlichen Fragen interessiert, so daß das Problem des Antisemitismus hier eine hohe Dringlichkeit besaß. Zum anderen war in diesem ökumenischen Gremium die deutsche Kirche als solche offiziell vertreten. Wie ernst die Lage war, zeigte ein Brief des französischen Mitglieds Wilfred Monod, der für die reformierten Kirchen Frankreichs sprach: »Si nous ne résistons pas«, schrieb er an führende Persönlichkeiten des Rates, »aujourd'hui, inflexiblement, miséricordieusement, à la poussée, du racisme hitléren, qui prétend s'introduire dans le Conseil oecuménique, notre mouvement aura perdu sa raison d'être . . .«[192] Gerade deswegen aber hatte die Einstweilige Leitung beschlossen, die deutsche Kirche so stark wie möglich – nämlich durch Ludwig Müller, Fezer und Schöffel – in Novi Sad vertreten zu lassen. Die wachsende Belastung, der sich das Gremium seit Ende August ausgesetzt sah, zerschlug diesen Plan. Angesichts der Haltung August Jägers schien es nicht geraten, Deutschland in diesem Augenblick zu verlassen. So wurden nach Novi Sad die Oberkonsistorialräte Heckel und Schreiber abgeordnet. Als Begleiter fuhr noch Oberkonistorialrat Wahl mit, der im Kirchenbundesamt die Judenfrage bearbeitet hatte. Leiter der Delegation war der 39jährige Theodor Heckel, ein jüngerer Bruder des Bonner Kirchenrechtlers, der zunächst zur Jungreformatorischen Bewegung gehört, dann aber wie sein Bruder schnell den Anschluß an die deutschchristliche Linie Ludwig Müllers gefunden hatte.[193]

In Novi Sad trat Heckel zum ersten Mal in jener Rolle auf, die er dann als Bischof und Leiter des Kirchlichen Außenamtes seit 1934 bis weit in den Krieg hinein spielen sollte. Er mußte die deutsche Position dem protestantischen Ausland so entschieden vermitteln, daß er auch unter den weit schärferen Bedingungen der späteren Zeit den Reichs- und Parteibehörden noch nützlich schien; im Ausland aber mußte er sich gerade so kritisch geben, daß er dort wenigstens noch eine gewisse Glaubwürdigkeit behielt.[194] Heckels Auftritt in Novi Sad war ein erster Beweis seiner harmonisierenden Geschicklichkeit. Denn seine Position war wahrhaftig nicht leicht. Sein ihm von Fezer erteilter Auftrag lautete: »einerseits einen Bruch zu vermeiden, andererseits eine Resolution zu verhindern, die eine sachliche Stellungnahme zu den angeschnittenen Problemen enthielt.« Dem standen jedoch die Informationen verschiedener Mitglieder des Ausschusses durch die kirchliche Opposition in Deutschland entgegen, die in einem Telegramm Bonhoeffers vom Abend der Generalsynode gleichsam zusammengefaßt waren: »General Assembly finished, all Generalsuperintendents dismissed, only teutonic Christians admitted to National Synod, Aryan paragraph now in action, please work out memorandum against this and inform press at once, seperation at hand, further information in Sofia.«[195] So sah sich Heckel zahlreichen unangenehmen Fragen des englischen Bischofs George Bell, des Franzosen Monod, des dänischen Bischofs Valdemar Ammundsen und anderer ausgesetzt. Er antwortete weitschweifig und schließlich gereizt, daß man »aus Einzelheiten heute nicht ein endgültiges Bild über das, was bleiben und das, was Episode sein werde, gewinnen« könne; und daß der Exekutivausschuß außerdem überhaupt kein Recht habe, »ein Urteil über die deutsche Entwicklung zu fällen«. Als der Ausschuß gleichwohl auf einem deutlichen Brief an die deutsche Kirche bestand, drohte Heckel mit dem Bruch und schlug endlich als Kompromiß den Auftrag des Ausschusses an seinen Vorsitzenden vor, der Einstweiligen Leitung in eigener Verantwortung zu schreiben, ohne daß über den Inhalt beschlossen werden sollte. Nicht zu verhindern jedoch war trotz Heckels Protest eine Erklärung über die »Ergebnisse der Aussprache«, in der die Sorgen der europäischen und amerikanischen Kirchen über die Judenverfolgung und die Unterdrückung der Meinungsfreiheit in Deutschland zum Ausdruck kamen.[196] Deutlich jedenfalls war am Ende dieser Sitzung, daß die Ökumene die Einführung des Arierparagraphen in der ganzen deutschen Kirche nicht schweigend hinnehmen würde, und daß eine Forcierung dieser Angelegenheit für die außenpolitische Lage Deutschlands höchst unerwünschte Rückwirkungen haben könnte.

Etwas anders dagegen lagen die Dinge im Exekutivausschuß des Weltbundes für Freundschaftsarbeit der Kirchen, auf dessen Sitzung in Sofia Mitte September Bonhoeffer in seinem Telegramm angespielt hatte. Hier gab es keine Mitgliedskirchen, die offizielle Vertretungen entsandten, sondern nur von den einzelnen nationalen Gruppen benannte Delegierte. Eine Gleichschaltung des deutschen Zweiges aber war noch nicht erfolgt, und so fuhren in die bulgarische Hauptstadt nur der alte Missionswissenschaftler Julius Richter und Dietrich Bonhoeffer, der als Jugendsekretär zum Arbeitsausschuß des Weltbundes gehörte und als Redner für die 1934 geplante Jugendkonferenz vorgesehen war. Die Resolution, die der Ausschuß zum Tagesordnungspunkt »Racial Minorities« verabschiedete, verriet denn auch deutlich Bonhoeffers Handschrift. »Wir protestieren«, so hieß es darin, »gegen den Beschluß der preußischen Generalsynode und anderer Synoden, die den Arierparagraphen des Staates auf die Kirche übertragen ...« Wir halten das »für eine Verleugnung der deutlichen Lehre und des Geistes des Evangeliums von Jesus Christus«.[197] Aus einem Bericht, den Bonhoeffer und Richter noch während der Verhandlungen der deutschen Vertretung in Sofia erstatteten, entnahm die Gesandtschaft den Eindruck, daß sich die beiden deutschen Vertreter zwar bemüht hätten, in der strittigen Frage »eine den deutschen Interessen Rechnung tragende Haltung einzunehmen«, daß sie es aber für ausgeschlossen hielten, »auf dem Kongreß die Auffassung durchzusetzen, daß die Anwendung des Arierparagraphen *auf die Kirche* vom christlichen Standpunkt aus nicht zu mißbilligen sei . . .«[198]

Noch weit nachhaltiger als diese Kongresse und Resolutionen aber wirkte ein persönlicher Besuch des schwedischen Erzbischofs Erling Eidem in Berlin. Eidems hohes Ansehen, seine unbestrittene Liebe zu Deutschland und die besondere Verbindung, die zwischen dem skandinavischen und dem deutschen Luthertum bestand, gaben diesem Besuch ein außerordentliches Gewicht. Durch den Pfarrer der schwedischen Gemeinde in Berlin, Birger Forell, über die kirchliche Entwicklung genau informiert, traf Eidem am 9. September mit der Einstweiligen Leitung zusammen und beschwor sie, eine Verabschiedung des Arierparagraphen auf der Nationalsynode unter allen Umständen zu verhindern. Gedrängt von den Vertretern der kirchlichen Opposition, mit denen er kurz darauf bei Forell sprach, wiederholte er diese Bitte nach seiner Rückkehr noch einmal in einem Brief an Ludwig Müller. Die »definitive Annahme des Arierparagraphen und der exklusiv nationalistischen Beamtengesetze« würden, schrieb der schwedische Erzbischof, »die Gemeinschaft mit den übrigen evangelischen Kirchen aufs allerhöchste bedrohen – oder gar unmöglich machen – und eine Isolierung der Deutschen Evangelischen Kirche bedeuten.«[199] Müller und die Einstweilige Leitung waren offensichtlich beeindruckt. Als Professor Lietzmann am 20. September dem Gremium das Gutachten der 21 Neutestamentler zur Rassenfrage überreichte, erfuhr er dort auch von dem Schreiben aus Uppsala. Von Lietzmann alarmiert, aber schaltete sich nun die Kulturabteilung des Auswärtigen Amtes ein. In einem Gespräch mit Fezer erfuhr der Gesandte Stieve, daß bei Annahme des Arierparagraphen »die Lossagung der schwedischen evangelischen Kirche« von der deutschen Kirche zu erwarten sei, daß die Einstweilige Leitung »unter dem Druck einer radikalen Gruppe« stehe und daß man daher für ein entsprechendes Schreiben des Auswärtigen Amtes dankbar sei. Daß es dabei für Fezer nicht um die theologische Frage ging, sondern daß er lediglich einen kirchenpolitischen Schachzug im Auge hatte, zeigte seine völlig aus der Luft gegriffene Behauptung, Eidem habe in seinem Brief angedeutet, »daß eine Entfernung der jüdischen Geistlichen aus der deutsch-evangelischen Kirche auf dem Verwaltungswege keinen derartigen Schritt zur Folge haben würde«. In der Tat entschloß sich Staatssekretär v. Bülow noch am gleichen Tag zu einem – streng vertraulichen! – Schreiben an die Einstweilige Leitung, in dem er seine Sorge zum Ausdruck brachte, daß mit einer Beschlußfassung über den Arierparagraphen auf der Nationalsynode »die Verhetzung gegen Deutschland wegen der Judenfrage« noch weiter zunehmen werde, was um so bedenklicher sei, als »Deutschland auf der soeben beginnenden Herbsttagung des Völkerbundes sich wahrscheinlich ohnehin gehässigen Angriffen wegen der Judenfrage ausgesetzt sieht«. »Ich halte es daher für meine Pflicht«, schrieb der Staatssekretär, »... auf die oben angeführte Gefahr hinzuweisen und ergebenst in Erwägung zu stellen, ob nicht eine Durchführung des Arierparagraphen auf dem Verwaltungswege anstelle einer offizellen Annahme des Gesetzes möglich wäre.«[200] Damit war das Thema für die Nationalsynode erledigt.

Für das Auswärtige Amt aber blieb die Kirchenfrage von nun an auf der Tagesordnung. Schon kurz darauf, am 30. September, berichtete die deutsche Delegation beim Völkerbund in Genf telegraphisch von einem Besuch von Vertretern evangelischer Weltorganisationen und erbat »umgehend eingehende Weisung, ob Arierparagraph, der größten Stein des Anstoßes bildet, in Nationalsynode zum Beschluß erhoben ist«. Und wiederum zwei Tage später ging ein Bericht der deutschen Botschaft in London über die Auswirkungen von Novi Sad nach Berlin ab, wonach den Beschlüssen jedenfalls für England »erhebliche praktische Bedeutung beizumessen« sei, »da sie wohl als die bewußte Einreihung der protestantisch-kirchlichen Kreise Englands in den Kreis derjenigen Organisationen aufzufassen ist, die sich aktiv mit dem deutschen Judenproblem und der organisierten Fürsorge für die jüdischen Emigranten befassen«.[201] Von diesem Zeitpunkt an verfolgte das Auswärtige Amt mit wachsender Sorge die kirchliche Entwicklung in Deutschland, bis im Oktober 1934 – wesentlich auf Drängen der Londoner Botschaft und des Reichsaußenministers – Ludwig Müller endgültig gestürzt werden sollte.[202]

So kam der 27. September, der Tag der Nationalsynode, heran. Seit dem triumphalen Wahlsieg der Glaubensbewegung waren gerade acht Wochen vergangen. Und obwohl es den Deutschen Christen in dieser Zeit gelungen war, die wichtigsten Positionen im deutschen Protestantismus zu besetzen und sich den Schein der Unwiderstehlichkeit zu geben, war die Entwicklung insgesamt für sie doch eher problematisch verlaufen. Mit dem Rückzug der Partei begann ihre politische Basis zu zerbröckeln, und zugleich war ihnen mit Hauers Deutscher Glaubensbewegung ein ernsthafter Konkurrent entstanden. Die preußische Generalsynode hatte mit einem Eklat geendet, und der Arierparagraph hatte Widerstände hervorgerufen, die allmählich immer spürbarer wurden: in der Bildung des Pfarrernotbundes, in den Protesten des Auslandes und nun sogar im Einspruch des Auswärtigen Amtes. Und auch Jägers rücksichtslose Kirchenpolitik hatte nicht nur Erfolge gebracht, sondern auch jenen Skandal, der seine Nominierung für die Reichskirchenleitung unmöglich machte und damit auch die radikale Reichsleitung der Deutschen Christen schwer belastete.

Wenn trotz einer kaum abreißenden Kette von Schwierigkeiten und Skandalen die Nationalsynode zu einem Bild der Einigkeit wurde, so lag die Verantwortung dafür vor allem bei den lutherischen Bischöfen. Seit Meiser, Wurm, Schöffel und die anderen Lutheraner in jener denkwürdigen Nachtsitzung vom 23./24. Juli in Eisenach beschlossen hatten, Bodelschwingh, die preußische Unionskirche und den alten Kirchenbund fallen zu lassen und statt dessen mit Ludwig Müller die nationale und lutherische Führung der neuen Reichskirche zu sichern, hatten sie an dieser Linie grundsätzlich festgehalten.[203] Sie hatte Meiser und Wurm die Leitung in ihrer Landeskirche gerettet und Marahrens, der erst nach den Kirchenwahlen dazustieß, wenigstens vor dem Mißtrauensvotum seiner Synode bewahrt. Bedrängt von der schwierigen Lage in ihren Landeskirchen und zugleich noch immer unverändert von der nationalen Sendung der lutherischen Kirche im Dritten Reich überzeugt, blieben die Lutheraner auch auf der Nationalsynode Gefangene dieser kirchenpolitischen Linie.

Die lutherischen Kirchenführer kamen am 22. September in Halle zur Vorbereitung der Synode zusammen. Dabei gab Schöffel, der als Mitglied der Einstweiligen Leitung über die besten Informationen verfügte, einen eingehenden Bericht über die Ereignisse der zurückliegenden Wochen. Er schilderte die Besorgnisse des Auslandes wegen des Arierparagraphen, ging ausführlich auf den »Fall Jäger« ein, den er als den »bösen Geist« bezeichnete, nannte neben anderen landeskirchlichen Gleichschaltungen auch das Vorgehen der Deutschen Christen in Schleswig-Holstein beim Namen, das »an Schurkerei« grenze, wiederholte kommentarlos Müllers Behauptung, Jäger habe alles gemacht und er, Müller, sei ganz unschuldig.

Obwohl damit ein großer Teil der Wahrheit auf dem Tische lag, war keiner der Bischöfe imstande, sie zu sehen. Von der kirchlichen Opposition und ihren theologischen Gründen war nicht die Rede. Für diese Versammlung waren alles nur Probleme der Kirchenpolitik. Der Arierparagraph war nur eine Frage des Auslandes; und die Jägerschen Aktionen waren nur bedenklich, weil sie den »lutherischen Bekenntnisstand« gefährdeten. Nicht die bevorstehende Absetzung jüdischer Geistlicher und nicht die rücksichtslose Unterdrückung der kirchlichen Opposition in Preußen und den anderen deutschchristlich beherrschten Landeskirchen beunruhigte die Lutheraner, sondern allein der Gedanke, daß Jägers Politik grundsätzlich auf Unionskirchen hinauslaufen könnte, in denen der reine lutherische Bekenntnisstand unterginge. Um der notorisch bekenntnislosen Bremischen Kirche willen, so berichtete etwa Johannes Heckel, solle das Wort »lutherisch« aus der Verfassung der »evangelisch-lutherischen« Kirche Niedersachsens gestrichen werden; und der reformierte Präsident Koopmann, der als Gast teilnahm, teilte zur allgemeinen Entrüstung mit, sogar die reformierte Kirche in Aurich sei aufgefordert worden, sich der niedersächsischen Kirche anzuschließen![204] Als gefährlichstes Zeichen dieser Entwicklung aber erschien den lutherischen Bischöfen die inzwischen bekanntgewordene Absicht Ludwig Müllers, auch nach seiner Wahl zum (lutherischen) Reichsbischof sein Amt als Landesbischof der (unierten) preußischen Kirche beizubehalten. Daher wurde Meiser beauftragt, Ludwig Müller persönlich den dringenden Wunsch der Konferenz vorzutragen, auf diese Ämterverbindung zu verzichten. Der preußische Landesbischof und zukünftige Reichsbischof aber dachte nicht daran, die preußische Machtposition aus der Hand zu geben. Auf seine gewohnte Weise erbat er sich daher Bedenkzeit und versprach für den nächsten Tag eine Nachricht, die niemals eintraf. Als sich daher am 26. September, dem Vortag der Synode, die lutherischen Bischöfe in Wittenberg erneut zu einer Besprechung trafen, fanden sie die Situation um nichts gebessert. Im Gegenteil, sie erfuhren, daß Ludwig Müller auch Hossenfelder ins Geistliche Ministerium berufen hatte und dieser ebenfalls sein Amt als geistlicher Vizepräsident des preußischen Oberkirchenrats behalten wollte, so daß sich nun sogar eine dreifache Verbindung zwischen der Reichskirche und der unierten preußischen Kirche ergab. Zehn Kirchenführer, darunter vor allem Meiser, Marahrens, Wurm und Schöffel, gaben daraufhin einen Protest gegen diese »Gefährdung des durch die Verfassung der DEK gewährleisteten Bekenntnisstandes« zu Protokoll.[205] Da Ludwig Müller wieder einmal nicht greifbar war, um den Protest entgegenzunehmen, und eine öffentliche Auseinandersetzung auf der Nationalsynode vermieden werden sollte, schickte Meiser noch am Vormittag des 27. diese Erklärung in Müllers Wittenberger Standquartier, den »Goldenen Adler«, zusammen mit einem ausführlichen Schreiben, in dem er noch einmal »allerentschiedensten Widerspruch« dagegen erhob, daß die »konfessionspolitische Lage innerhalb der neuen Kirche derart zu Ungunsten des Luthertums verschoben« werde, und auch gewisse Bedenken gegen die Person Hossenfelders anmeldete.[206] Auch Müllers Kollegen von der Einstweiligen Leitung schlossen sich in einem gemeinsamen Schreiben diesen Bedenken an und erklärten, sich »in keiner Weise an der Verantwortung dafür« beteiligen zu können[207] – was Schöffel nicht hinderte, noch am gleichen Tag als Lutheraner in die neue Reichskirchenleitung einzutreten.

Ludwig Müller aber, unterstützt von den neuen, deutschchristlichen Bischöfen und das Ziel greifbar vor Augen, fertigte nun die lutherischen Kirchenführer glatt ab. Es erscheine ihm mit der Verfassung nicht verträglich, so schrieb er umgehend zurück, »die Wahl des Reichsbischofs durch Abmachungen mit den zum Vorschlag berufenen Kirchenführern zu erkaufen. Es würde das dem klar in der Verfassung ausgesprochenen Führerprinzip widersprechen und die bekannten kirchengeschichtlichen Gefahren sogenannter Wahlkapitulationen heraufbeschwören«. Er dränge sich nicht nach einem solchen Doppelamt, so versicherte er heuchlerisch, und freue sich auf den Augenblick, wo er sich »allein der Gesamtkirche« widmen könne; die Wahl dieses Zeitpunktes aber möge man bitte seiner »verantwortlichen Entscheidung« überlassen. Am Ende des Briefes aber fügte er handschriftlich wieder eine jener frommen Bemerkungen an, mit denen er sich und andere so gerne und erfolgreich betrog: »Die ganze Angelegenheit«, schrieb er, »ist zu allerletzt eine Sache des Vertrauens! Ich bitte Sie und die anderen lutherischen Bischofsbrüder: haben Sie doch das Vertrauen zu mir, daß ich mein Amt führen werde im starken Bewußtsein meiner Verantwortung vor Gott. – Wir beten doch gemeinsam zu demselben Vater im Himmel – Er wird die weiteren Wege zeigen – und wir müssen sie gemeinsam gehen voller Vertrauen und in brüderlicher Liebe. – Joh. 13,34,35.«[208] Wer die Stelle nachschlug, fand dort das Liebesgebot Jesu für seine Jünger.

Nicht weniger schwierig als bei den lutherischen Bischöfen gestalteten sich die Vorbereitungen zur Nationalsynode offenbar auch auf der anderen Seite, bei den Deutschen Christen. Hier tagten ebenfalls am Vortag Reichsleitung und »Großer Führerrat«, um sich endgültig über die Besetzung der Reichskirchenregierung klar zu werden.[209] Die Nominierung Ludwig Müllers zum Reichsbischof war selbstverständlich unbestritten, und schon am 26. hielt er auch ein Telegramm der Reichskanzlei in der Hand mit der Versicherung, daß im Fall seiner Wahl »Bedenken seitens des Herrn Reichskanzlers nicht erhoben« würden.[210] Problematisch dagegen war die Besetzung des sogenannten Geistlichen Ministeriums, also der Reichskirchenleitung, die nach Art. 7,2 aus drei Theologen und einem rechtskundigen Mitglied bestehen sollte. Für die drei theologischen Stellen hatten die Lutheraner Schöffel, die Unierten (nämlich Ludwig Müller selbst) Hossenfelder und die Reformierten den 31jährigen Studiendirektor Otto Weber aus Elberfeld vorgeschlagen. Umstritten war hier anscheinend Schöffel, den man wohl gerne durch einen jungen, radikal deutschchristlichen Lutheraner ersetzt hätte. Noch härter jedoch war der Kampf um die juristische Stelle, die Jäger ja zunächst für sich selbst vorgesehen hatte. Offenbar hatte der Ministerialdirektor trotz des hessischen Skandals noch in Berlin den Versuch gemacht, Hossenfelder unter Druck zu setzen, damit dieser ihn doch noch für das höchste juristische Amt der Reichskirche nominiere. Aber Hossenfelder blieb fest und zog sich damit den unversöhnlichen Haß Jägers zu. Statt dessen wurde nun der junge Rechtsanwalt Dr. Werner für den Posten benannt, der sich seit der 1. Reichstagung unauffällig und geschickt in der Führung der Glaubensbewegung und dann auch der preußischen Kirche gehalten hatte, und der dank dieser Eigenschaften auch als einziger alle kirchlichen Umbrüche bis zum Ende des Krieges überstand.[211] Am Vormittag des 27. September übermittelte Ludwig Müller die endgültige Liste seines ersten Geistlichen Ministeriums der Reichskanzlei mit dem Bemerken, Hossenfelder, Weber und Werner seien Parteigenossen und Schöffel »innerlich Nationalsozialist«; er verbürge sich für die vorgeschlagenen Herren. Die Reichskanzlei telegraphierte daraufhin umgehend Hitlers Einverständnis.[212]

So stand der Demonstration der Einigkeit nichts mehr im Wege.

»Und dann bricht der Tag an, der 27. September 1933! Wieder lacht eine festliche Sonne vom wolkenlosen Himmel. Und festlich und feierlich läuten die Glocken. Ganz Wittenberg ist auf den Beinen. Kurz nach 11 Uhr setzt sich der riesige Zug zur Stadtkirche in Bewegung: Die Fahnen der SA-Stürme von Wittenberg, die Fahnen der evangelischen Jugendorganisationen, der Handwerksinnungen, der Vereine. In feierlichem Ornat die theologischen Fakultäten, im Talar die Geistlichen der Lutherstadt, die Synodalen, im Braunhemd die Lutheraner, die Bischöfe der deutschen Landeskirchen mit den goldenen Brustkreuzen ihrer Würde und – der Mann, den alle Augen ehrfürchtig, fragend und hoffnungsvoll suchen: der kommende Reichsbischof Ludwig Müller!«[213]

Wer sich am äußeren Bilde hielt, dem mochte das Ganze tatsächlich als festlicher Höhepunkt erscheinen. Aber wer sich nicht blenden ließ, dem konnte der Potemkinsche Charakter dieser Veranstaltung nicht verborgen bleiben. Obwohl Hossenfelder noch am Vorabend in einem »wuchtigen Rechenschaftsbericht« die nationalsozialistische Partei und die Glaubensbewegung Deutsche Christen, den Kampf um *ein* Volk und den Kampf um *eine* Kirche nebeneinandergestellt hatte[214], zeigten Partei und Staat an der Reichskirche kaum noch Interesse. Daß Hitler abgesagt hatte, war verständlich.[215] Daß jedoch keiner der eingeladenen Minister erschien, kein Staatssekretär, kein offizieller Vertreter der Partei, war ein kritisches Zeichen. Lediglich ein Ministerialrat als Vertreter Papens und die zuständigen Beamten des Innenministeriums, unter ihnen Dr. Buttmann und Dr. Conrad, waren in der Liste der Ehrengäste aufgeführt.[216] Und auch der festliche Zug aus Fahnen, Uniformen und Talaren, der sich zur Schloßkirche bewegte, blieb nicht ungestört. Am Straßenrand standen unter den Zuschauern Niemöller, Jacobi, Bonhoeffer, Hildebrandt und andere, die in der Frühe aus Berlin herübergefahren waren, und drückten den überraschten Teilnehmern eine Eingabe von 2000 Pfarrern an die Nationalsynode in die Hände. Diese Eingabe fanden die Synodalen dann später auch auf ihren Tischen; und bald hing sie in der ganzen Stadt an Bäumen, Telegrafenmasten und Häuserwänden. Sie stellte den ersten öffentlichen Protest des Pfarrernotbundes dar und sprach aus, was in Wittenberg selbst niemand sagen wollte: »Die Nationalsynode darf nicht durch ihr feierliches Gepräge den Anschein einer geeinten Kirche erwecken, solange die Gemeinde von tiefsten Gegensätzen zerrissen sind.« Und dann folgte eine Aufzählung der wichtigsten Punkte, gegen die man sich wandte: gegen den Druck der Gewalt, unter der das kirchliche Leben stehe, gegen die Schrift- und Bekenntniswidrigkeit des Arierparagraphen und gegen die Gefährdung des kirchlichen Amtes. Die Eingabe widerholte dann sinngemäß die Verpflichtung des Pfarrernotbundes und schloß: »Wir werden also nicht aufhören, all das zu bekämpfen, was die Kirche in ihrem Wesen zerstört. Wir werden nicht aufhören, gegen jede Verletzung des Bekenntnisses laut und weithin vernehmlich Einspruch zu erheben. Wir werden nicht aufhören, in treuem Gehorsam gegen unser Ordinationsgelübde unbeirrt am Aufbau der Deutschen Evanglischen Kirche zu arbeiten.«[217] Diese Eingabe vermochte am äußeren Verlauf der Nationalsynode nichts zu ändern. Aber sie wurde von Bedeutung, weil sie dem Inland wie dem Ausland zeigte, daß das Bild der Einigkeit trog, daß von einem unangefochtenen Sieg der Deutschen Christen nicht die Rede sein konnte, und daß es eine Opposition gab, die wußte, was sie wollte und die bereit war, dafür einzustehen.[218]

Die Predigt beim Festgottesdienst hielt Landesbischof Wurm. Die Bemerkung einer Beobachterin: »Er hatte den schönen Text vom hochzeitlichen Kleid, machte aber weiter gar keinen Gebrauch davon«, traf durchaus die Sache. So wendete sich die Aufmerksamkeit der Gemeinde offenbar mehr dem »Theologensturm« zu, den der sächsiche Landesbischof Coch aus Theologiestudenten aufgestellt hatte. In feldgrauer Uniform, mit einem lila Kreuz und den SS-Runen auf dem Arm, auf dem Rücken das schwere Feldgepäck, stand dieser Theologensturm während des ganzen Gottesdienstes im Chor und demonstrierte auf seine Weise die neue Zeit in der Kirche.[219]

Nach einer kurzen Sitzung am Vormittag mit dem Rechenschaftsbericht der Einstweiligen Leitung vertagte sich die Synode zum eigentlichen Wahlakt auf den Nachmittag. »Um fünf Minuten vor 6 Uhr«, so beschrieb der offizielle Bericht die Vorgänge, »sind die Gäste, die Presse und die sechzig Mitglieder der Nationalsynode auf ihren Plätzen in der Stadtkirche versammelt. Die Lichter der großen Krone flammen auf, Orgelklänge fluten durch den Raum. Professor Fezer tritt im Auftrag der Einstweiligen Leitung der Deutschen Evangelischen Kirche ans Pult und teilt mit, daß Landesbischof Ludwig Müller von allen Führern der Landeskirchen einstimmig zum Reichsbischof vorgeschlagen worden sei. In diesem Augenblick erhebt sich lautlos die ganze Versammlung von ihren Plätzen. ›Ich bitte die Synode um Kundgabe ihres Willens‹ klingt die Stimme Professor Fezers durch den Raum. Ein einstimmiges ›Ja‹ ist die Antwort . . . Dann folgt die Gegenprobe. Wer dagegen ist, soll die Hand erheben. Nichts rührt sich. *Ludwig Müller ist einstimmig von der Ersten Deutschen Evangelischen Nationalsynode zum Reichsbischof gewählt worden! . . . Das protestantische Deutschland hat seinen Führer.*[220]

Ludwig Müller war am Ziel.

Unmittelbar darauf berief der neue Reichsbischof die Mitglieder seines Geistlichen Ministeriums und gab seine erste, mit Spannung erwartete Grundsatzerklärung ab.

Sie war im Ton verbindlich, enthielt in der Sache jedoch unverändert das Bekenntnis zur Sendung der Kirche im Dritten Reich, eine vorsichtige aber eindeutige Bejahung des Arierparagraphen und eine vorbehaltlose Vertrauenskundgebung für den neuen Staat. Die Erklärung schloß mit drei beschwörenden Sätzen, die später viel zitiert wurden, und mit denen Ludwig Müller wohl hoffen mochte, alle Widerstände zum Schweigen zu bringen: »Das Alte geht zu Ende«, rief er aus, »das Neue kommt herauf. Der kirchenpolitische Kampf ist vorbei. Der Kampf um die Seele des Volkes beginnt.«[221]

Bei dem Satz »Der kirchenpolitische Kampf ist vorbei«, so berichtete Jacobi später, sei Bonhoeffer auf der Empore »in ein kurzes lautes Lachen ausgebrochen . . .«[222]

In der Tat zeigte sich sehr schnell, daß der Kampf keineswegs zur Ende war.

11. KAPITEL

DER KATHOLIZISMUS NACH DEM KONKORDAT (SEPTEMBER 1933 – JANUAR 1934)

Im Herbst 1933 schien die Kirchenfrage im Dritten Reich politisch abgeschlossen. Am 10. September war in Rom das Reichskonkordat ratifiziert worden und hatte damit reichsrechtliche Gültigkeit erlangt. Kaum drei Wochen später war in Wittenberg die evangelische Nationalsynode zusammengetreten und hatte mit der Wahl des ersten Reichsbischofs die Neuordnung der evangelischen Kirche vollendet. Hitlers Wille hatte offensichtlich triumphiert. Denn es war unzweifelhaft sein Wille gewesen, dem der Katholizismus das Konkordat verdankte, ebenso wie der Protestantismus die Reichskirche; und nur sein Wille hatte es auch ermöglicht, daß dies gegen alle Erfahrungen in wenigen Monaten – von März bis September – ins Werk gesetzt werden konnte.

Die politische Parallelität verdeckte allerdings die Tatsache, daß mit Reichskonkordat und Reichskirche zwei vollkommen verschiedene Ausgangspunkte geschaffen worden waren.

Für die hierarchische Bischofskirche des deutschen Katholizismus stand das Konkordat keinen Augenblick im Zweifel. Mochte es vorher im Episkopat Stimmen gegeben haben, die Zeitpunkt und Umstände dieses Vertrags durchaus kritisch sahen, so verstummte nach seinem Abschluß jede Kritik. Vielmehr wuchs das Vertrauen in die Entscheidung des Heiligen Stuhls im gleichen Maße, in dem sich herausstellte, wie bedroht die Existenz des gläubigen Katholizismus im Dritten Reich blieb. Selbstverständlich herrschte unter den deutschen Bischöfen keineswegs in allen Fragen Übereinstimmung. Im Gegenteil, Klagen über Uneinigkeit waren gerade im Herbst und Winter 1933 an der Tagesordnung. Aber diese Uneinigkeit bezog sich immer nur auf Fragen der Beurteilung der Lage und des taktischen Vorgehens. Niemals wurde die Führung des Vatikans auch nur im geringsten in Frage gestellt, ebensowenig wie die Grundsätze des Vertrages. Der Freiburger Erzbischof Gröber hatte in dieser Hinsicht vollkommen recht, wenn er am Jahresende dem Kardinalstaatssekretär in einem langen persönlichen Schreiben unter anderem versicherte, »die Uneinigkeit unter den deutschen Bischöfen, die von verschiedenen Seiten schon beklagt« werde, sei seiner Ansicht nach »keine innere, sondern eine rein äußere und zufällige«, bedingt durch die verschiedenen Verhältnisse in den Diözesen und den unterschiedlichen Stand der Information.[1] In der Tat: Wenn es für den deutschen Katholizismus in dieser Zeit einen Trost gab, dann den, daß die Kirche in ihren Grundprinzipien einig, unangefochten und sicher dastand.

Ganz anders war die Lage auf evangelischer Seite. Die neue Reichskirchenverfassung, unter politischem Druck überstürzt verabschiedet, hatte keines jener Probleme gelöst, die der Einheit des deutschen Protestantismus seit alters entgegenstanden. Weder war das Verhältnis der Landeskirchen zur Reichskirche geklärt, noch das Verhältnis der Konfessionen untereinander. Offengebliebenen war auch das rechtliche Verhältnis zum Staat, das in einem Kirchenvertrag erst noch festgelegt werden sollte. In all diesen Fragen, die das Grundverständnis der Kirche betrafen, gab es innerhalb des deutschen Protestantismus tiefgreifende Meinungsunterschiede, die in den Verfassungsverhandlungen keineswegs ausgeräumt, sondern lediglich vertagt worden waren. Das Amt des Reichsbischofs aber, die einzig wirklich neue Einrichtung, die die Kirchenverfassung getroffen hatte und auf die sich daher viele Hoffnungen richteten, besaß in der Pastoren- und Theologenkirche des deutschen Protestantismus weder eine Tradition noch eine ernsthafte theologische Begründung. Der Reichsbischof blieb deshalb, trotz der starken kirchenrechtlichen Stellung, die ihm die neue Verfassung einräumte, abhängig vom Einverständnis und der Zustimmung der kirchlichen Öffentlichkeit. Ein selbstverständlicher Gehorsam, wie er für die katholische Hierarchie in entschiedenden Fragen galt, war in der evangelischen Kirche undenkbar. Im Unterschied zum abschließenden Charakter des Reichskonkordats bedeutete deshalb die Gründung der neuen Reichskirche viel weniger einen Abschluß als einen Beginn. Denn diese Gründung setzte eine Entwicklung in Gang, die den deutschen Protestantismus zu einem ganz neuen Kirchenverständnis, in der Folge auch zu einem neuen Staatsverständnis führen sollte. Während auf katholischer Seite ein zermürbender Kleinkrieg um die Auslegungsgrundsätze des Konkordats einsetzte, begann auf evangelischer Seite ein theologischer und kirchenpolitischer Streit um das Grundverständnis von Kirche überhaupt, der die evangelische Kirche in der Tiefe ergriff und veränderte. Und so beneidenswert vielen Protestanten die Geschlossenheit und Festigkeit der katholischen Kirche erschien, so konnte der schweizerische Kirchenratspräsident Alphons Koechlin doch Ende des Jahres auch umgekehrt von »römisch-katholischen Persönlichkeiten« berichten, »die die Meinung ausdrückten, daß die evangelischen Kirchen mit Stimmen wie der von Karl Barth und anderen und mit ihrem Kampf für die Unabhängigkeit des kirchlichen Lebens sehr viel besser daständen als die römisch-katholische Kirche, die trotz des Konkordats die Möglichkeit offener und freier Äußerung ihrer Überzeugung im Blick auf das Leben der Nation verloren hat«.[2]

Der Abschluß der rechtlich-politischen Entwicklung durch die Ratifizierung des Reichskonkordats hieß selbstverständlich nicht, daß nun alle Fragen zwischen dem nationalsozialistischen Staat und der katholischen Kirche geregelt gewesen wären – im Gegenteil. Vom ersten Tag an zeigte sich vielmehr, daß eine ganze Reihe von Partei- und Staatsbehörden sich an das Konkordat kaum gebunden fühlten und ihren alten Kampf gegen die verhaßte katholische Kirche ungehemmt fortsetzten. Was die Lage für die Kirche dabei so schwierig machte, war die Tatsache, daß dies offensichtlich ohne einheitlichen Plan geschah. Dies schuf in verschiedenen Teilen Deutschlands so verschiedene Verhältnisse, daß ein geschlossenes Vorgehen dadurch außerordentlich erschwert wurde.

Der wichtigste Streitpunkt war von Anfang an der Artikel 31, der den staatlichen Schutz der katholischen Organisationen und Verbände sichern sollte.[3] Hier überschnitten sich staatliche und kirchliche Interessen tatsächlich am weitesten. Während dem Staat selbstverständlich daran gelegen war, die Gleichschaltung auf alle Organisationen und Verbände auszudehnen, schien es für die Kirche fast eine Lebensfrage, sich nach dem Ende des Zentrums wenigstens diesen Rückhalt in der Öffentlichkeit zu sichern. Der Artikel 31 hatte zwei Kategorien von Verbänden geschaffen, nämlich im ersten Absatz rein religiöse, die voll geschützt sein sollten, und im zweiten Absatz zusätzlich sozial oder berufsständisch orientierte, für die »unbeschadet einer etwaigen Einordnung in staatliche Verbände« ein relativer Schutz vorgesehen war. Schien ein Aushandeln dieser Kategorien angesichts der verschiedenen Interessenlage schon schwierig genug, so erwies es sich nun als schlechthin verhängnisvoll, daß man sich in Rom auf eine spätere Abmachung zwischen der Reichsregierung und dem deutschen Episkopat in dieser Frage eingelassen und nicht einmal vor der Ratifizierung auf einer Vorlage der Listen bestanden hatte. Denn solange diese Abmachung nicht existierte, konnte die staatliche Seite behaupten, die Verbände seien ungeschützt; und so lag nichts näher, als die Verhandlungen über die Abmachung solange hinauszuzögern, bis die wichtigsten Verbände sich unter dem massiven Druck von selbst aufgelöst und gleichgeschaltet hatten und dem Artikel 31 damit der Inhalt verlorengegangen war.

Während das Reichsinnenministerium im Rahmen seiner Möglichkeiten bemüht blieb, die Konkordatsbestimmungen rasch und loyal zu erfüllen, und Buttmann schon am 18. September in Rom anfragte, ob der Kardinalstaatssekretär zu Verhandlungen über den Vollzug des Reichskonkordats bereit sei, schufen eine Reihe von Landesregierungen handfeste antikatholische Tatsachen.[4] Am radikalsten gebärdete sich dabei Bayern.[5] Und so konzentrierte sich ein Gutteil der Aufmerksamkeit von Staat und Kirche zunächst auf die bayerischen Verhältnisse.

Ministerrat und Reichsstatthalter in München standen unter dem Einfluß des Gauleiters und Innenministers Adolf Wagner und der Politischen Polizei, die sich unter Himmlers und Heydrichs Führung zu einem Instrument der Unterdrückung des Katholizismus zu entwickeln begann. Nachdem sich unmittelbar nach der Ratifizierung des Konkordats zunächst auch in Bayern eine gewisse Entspannung bemerkbar gemacht hatte, holte die Politische Polizei am 19. September zu einem großen Schlag aus. In einem Runderlaß wurden unter Hinweis auf die noch fehlenden Abmachungen zu Artikel 31 die Versammlungsverbote vom 13. und 20. Juni nicht nur ausdrücklich bestätigt, sondern sogar noch verschärft. Schlechthin »jedwede Betätigung katholischer Organisationen« blieb danach weiterhin verboten; zugelassen werden konnten »lediglich die unbedingt notwendigen Proben von Kirchenchören, sowie im mäßigsten Umfange die Vorstandssitzungen von Vizenziusvereinen zur Erledigung von Unterstützungsgesuchen«.[6]

Dies war ein so offensichtlicher und eklatanter Verstoß gegen den Geist des Konkordats, daß nun allenthalben – sobald der Runderlaß bekannt geworden war – eine heftige Reaktion einsetzte. Am 25. September informierte der Passauer Generalvikar Riemer den Berliner Nuntius Orsenigo, den Vizekanzler und die beiden Vertreter des Episkopats für die staatlichen Verhandlungen, die Bischöfe Gröber und Berning, über die bayerischen Verhältnisse und bat um geeignete Schritte, »um auf dem Wege über die Reichsregierung endlich auch in Bayern eine gerechte, d. h. konkordatsmäßige Behandlung der katholischen Organisation zu erreichen«.[7] Kurz darauf wurde Berning, der besonders für die Behandlung der Vereinsliste zuständig war, auch persönlich durch einen bayerischen Verbandsvorsitzenden über die Zustände in Bayern ins Bild gesetzt. Dabei stellte sich heraus, wie verschieden die Lage in Deutschland tatsächlich war. Berning nämlich fiel offensichtlich aus allen Wolken und erklärte, der Erlaß sei ihm »unbegreiflich«, »in ganz Preußen« gäbe es in dieser Hinsicht »keinerlei Klage«. Außerdem überraschte er den bayerischen Abgesandten mit der Mitteilung, wenn er das alles gewußt hätte, so hätte er die Verhandlungen selbstverständlich beschleunigt; die Vereinsliste sei schon vor drei Wochen fertiggestellt worden und liefe zur Zeit bei den einzelnen Landesregierungen um.[8] Immerhin schrieb Berning nun sofort an Buttmann und erhielt von dort postwendend die erhoffte Bestätigung, daß dieser sich bereits mit dem Reichsstatthalter in München in Verbindung gesetzt habe, »um darauf hinzuweisen, daß solche Anordnungen im Widerspruch zum Reichskonkordat« stünden. Das Reichsministerium des Innern werde dafür Sorge tragen, daß nach der endgültigen Aufstellung der geschützten Vereine »die Bestimmungen des Konkordats diesen gegenüber stengstens beachtet« würden.[9]

Damit war der Beschwerdeweg jedoch noch keineswegs erschöpft. Nun erbat und erhielt der Münchner Kardinal, den die ganzen Vorgänge tief getroffen hatten, auch die Unterstützung des Münchner Nuntius Vasallo di Torregrossa, der am 4. Oktober persönlich eine Beschwerdenote in der Bayerischen Staatskanzlei übergab. Die Verordnung vom 19. September sei »gleichbedeutend mit einer Vernichtung des ganzen katholischen Vereinslebens«, so hieß es darin, und stehe »in absolutem Widerspruch mit dem Reichskonkordat«. Wenn die Bayerische Regierung die Verordnung nicht unverzüglich öffentlich aufhebe, werde der Heilige Stuhl bei der Reichsregierung »nachdrücklich Protest« erheben. Angefügt war eine Denkschrift des Münchner Generalvikars Buchwieser, die im einzelnen auf das Versammlungsverbot, die Benachteiligung von Mitgliedern katholischer Organisationen, das Uniformverbot, die Beschlagnahme von Eigentum katholischer Verbände und andere Beschwerden einging und insgesamt ein bedrückendes Bild von der Lage der katholischen Vereine zeichnete.[10]

Während es in Bayern um die unmittelbare Verletzung von Konkordatsrecht ging, betraf die Liste der Gravamina, die der Breslauer Kardinal bei seinem Ad-limina-Besuch am 4. Oktober dem Papst übergab, mehr die allgemeinen Schwierigkeiten, denen sich die katholische Kirche »auch nach Abschluß des Reichskonkordats« im Dritten Reich gegenübersah. Unter den zwölf Punkten führte Bertram zunächst »Grundirrtümer in weitesten Kreisen des Nationalsozialismus« an und nannte an erster Stelle den »Totalitätsanspruch des nationalistisch und völkisch charakterisierten Staates« mit allen Folgen, die dies für Staat, Familie und öffentliches Leben habe. Als zweiter Punkt folgte die Vereinsfrage, als dritter Punkt die Einschränkungen der katholischen Presse, die Bertram »schlimmer als die Bedrückung der Presse im preußischen Kulturkampfe« einstufte. Weiter klagte der Kardinal über die Entlassung katholischer Beamter, die Gefährdung der Sonntagsheiligung und Schwierigkeiten für katholische Theologiestudenten. Er verwarf die Anwendung des Arierparagraphen auf katholische Lehrer und wehrte sich gegen die gesamte Übernahme der karitativen Arbeit durch den Staat. »Die Zurückdrängung der Kirche auf die Sakristei«, so lautete eine Art Schlußfolgerung, »würde damit perfekt sein.« Schließlich sah er den ersten ernsten Konfliktfall im »Gesetz zur Verhütung erbkranken Nachwuchses« entstehen, dem sogenannten Sterilisationsgesetz, das sich mit der Enzyklika Casti connubi in unmittelbarem Widerspruch befinde.[11]

Die Denkschrift des Breslauer Kardinals ergab insgesamt ein bemerkenswert realistisches Bild der Lage. Und man wußte in Rom, daß die Mehrheit der deutschen Bischöfe diese Sicht der Dinge teilte. Gleichwohl tat man sich schwer, zu einem eindeutigen Urteil zu kommen. Denn dem stets bedenklichen Bertram und seinen Anhängern widersprach mit Nachdruck eine Minderheit, deren Wortführer der Freiburger Erzbischof Gröber war. Gröber verfügte über hervorragende Beziehungen zur Kurie. Persönliche Freundschaften verbanden ihn mit Kaas, der noch immer als vielgewandter Vermittler fungierte, und mit Robert Leiber, dem engsten Mitarbeiter Pacellis. Und auch beim Kardinalssekretär selbst war seine Meinung nicht ohne Einfluß.[12] Wo Bertram nur Schwierigkeiten sah, Bedenken vortrug und zur Zurückhaltung mahnte, da vertrat Gröber die entgegengesetzte Meinung, daß Offenheit und eine vertrauensvolle Mitarbeit im Dritten Reich für die Zukunft von Staat und Kirche gleichermaßen entscheidend sei. Und er ließ an dieser Überzeugung auch öffentlich keinen Zweifel. Am 10. Oktober etwa, um die gleiche Zeit also, als Bertram in Rom seine Denkschrift übergab, dankte der Freiburger Metropolit auf einer katholischen Großveranstaltung in Karlsruhe ausdrücklich auch den »Männern der Regierung« für ihr Erscheinen. »Ich verrate kein Geheimnis«, so fuhr Gröber dann fort, »wenn ich erkläre, daß sich im Verlauf der letzten Monate der Verkehr der Kirchenregierung in Freiburg mit der Regierung in Karlsruhe in freundschaftlichster Form vollzogen hat. Ich glaube auch, weder vor ihnen noch vor dem deutschen Volke ein Geheimnis zu verraten, wenn ich sage, daß ich mich restlos hinter die neue Regierung und das neue Reich stelle.«[13]

Diese Äußerungen entsprachen nicht nur Gröbers Überzeugung, sondern er verband damit auch die Hoffnung, durch diese Offenheit zu einem guten Einvernehmen mit dem Staat und zu einer Verbesserung der allgemeinen kirchlichen Situation zu kommen. Und dies schien keineswegs aus der Luft gegriffen. Am gleichen 9. Oktober nämlich teilte der badische Innenminister seinem Kollegen vom Kultursressort mit, er beabsichtige, die Polizeibehörde des Landes anzuweisen, in Zukunft keinerlei illegale Ausschreitungen gegen katholische Geistliche mehr zu dulden. Es liege »im Interesse einer Befriedung zwischen der nationalen Bewegung und der katholischen Geistlichkeit . . ., wenn unter die Vergangenheit ein Strich gemacht und Geistlichen, die vor Abschluß des Konkordats feindselig gegenüber der nationalen Bewegung sich verhalten haben, Gelegenheit gegeben« werde, jetzt »nach Abschluß des Konkordats sich loyal zu verhalten«. Der Kultusminister hielt dies in seiner Antwort sogar »nicht nur für erwünscht, sondern für dringend erforderlich«. Es müsse in Zukunft mit allem Nachdruck dafür gesorgt werden, »daß die vielfach beliebte Methode gewaltsamen Vorgehens gegen Geistliche« unterbleibe, da dies »in krassem Gegensatz zu den Bestimmungen des Reichskonkordats« stehe und hierdurch »außenpolitische Schwierigkeiten« entstehen könnten.[14] Daraufhin trat in Baden tatsächlich eine weitere, merkliche Beruhigung ein. Was das Bild für die Kurie so verwirrend machte, war also auch die Tatsache, daß der Freiburger Erzbischof mit seiner Sicht der Dinge durchaus auf greifbare Erfolge verweisen konnte, und die Frage, ob man die Entwicklung in Deutschland nicht durch Offenheit eher zum Besseren wenden würde als durch mißtrauischen Widerstand, keineswegs entschieden schien.

Dieser Offenheit sollte auch eine andere Aktion dienen, die in die gleiche Zeit fiel, und die kaum geeignet war, das verwirrende Bild klarer zu machen. Denn nicht nur Gröber sah die Dinge so, auch Papen, der Vizekanzler, verfolgte mit Sorge die Verschärfung der Spannungen. Schon im Frühjahr, Anfang April, hatte er den Versuch gemacht, durch eine eigene Organisation, den Bund katholischer Deutscher mit dem klingenden Titel »Kreuz und Adler«, seiner Politik Rückhalt zu geben.[15] Jetzt, unter den veränderten Umständen, bot sich die Gründung einer neuen Organisation an, die sich deutlicher an die Partei anlehnen und offener die Ziele des neuen Staates vertreten konnte. Offenbar unter dem Eindruck der wachsenden Schwierigkeiten, die ihm gerade jetzt besonders ungelegen kamen, willigte Hitler in den Plan ein. So kam es am 3. Oktober zur Gründung der »Arbeitsgemeinschaft katholischer Deutscher«, kurz AKD genannt. Diese Arbeitsgemeinschft erschien in vieler Hinsicht wie eine Art katholisches Gegenstück zur Glaubensbewegung »Deutsche

Christen«. Es verriet jedenfalls das Vorbild der Deutschen Christen, wenn der Gründungsaufruf aus der Parteikanzlei kam und vom Stellvertreter des Führers, Rudolf Heß, unterzeichnet war. Und auch die Aufgaben glichen – ins katholische Milieu übertragen – denen der evangelischen Bewegung. Es ging darum, wie es im Gründungsaufruf hieß: »1. In dem katholischen Volksteil das Nationalbewußtsein zu stärken, eine ehrliche rückhaltlose Mitarbeit am Nationalsozialismus zu vertiefen und zu vermehren, die Reihen der aktiven Kämpfer zu vergrößern« und »2. Im besonderen für ein klares Verhältnis zwischen Kirche, Staat und NSDAP bis in die letzten Instanzen zu sorgen, Mißverständnisse von vornherein aus dem Wege zu räumen und alle Störungsversuche im Keime zu verhindern«. Belehrt durch die Schwierigkeiten, die sich aus der Agitation der Deutschen Christen ergeben hatten, machte das Braune Haus jedoch zugleich deutlich, daß die Partei keine Konkurrenz duldete: Die Arbeitsgemeinschaft, so hieß es, sei »keine Massenorganisation«, sie verzichte »auf Massenwerbung« und nehme »korporativen Beitritt nicht entgegen«. Die Leitung bestehe ausschließlich aus »erprobten Kämpfern«. Genannt wurden der bayerische Staatssekretär Hans Dauser, der ehemalige Major Hermann v. Detten, der auch später noch in der Kirchenpolitik des Dritten Reiches eine Rolle spielen sollte, und der Kölner Regierungspräsident Rudolf zur Bonsen. Unter diesen Umständen konnte es sich die Parteiführung erlauben, ihre Gliederungen anzuweisen, »die Arbeitsgemeinschaft in ihrer Tätigkeit bei allen sich bietenden Gelegenheiten zu unterstützen«.[16] Damit war ein ähnlich unbestimmtes Verhältnis zur Partei geschaffen wie bei den Deutschen Christen. Und wie diese Bewegung versuchte nun auch die Arbeitsgemeinschaft, eine parteiähnliche Organisation aufzubauen, indem Papen etwa als »oberster Reichsleiter« »Gaubeauftrage« für die Gaue der NSDAP ernannte.[17] Damit waren die Ähnlichkeiten freilich erschöpft. Die Führung durch Papen, die Einschränkung der Agitationsbasis und nicht zuletzt die Situation der katholischen Kirche schlossen von vornherein die Möglichkeit aus, daß die Arbeitsgemeinschaft eine ähnlich revolutionäre Rolle auf katholischer Seite übernahm, wie sie die Deutschen Christen im Sommer auf evangelischer Seite gespielt hatten.

Das Echo auf die Gründung der Arbeitsgemeinschaft im deutschen Katholizismus war naturgemäß geteilt. Ob wirklich, wie es in der *Germania* vom 20. Oktober hieß, schon in den ersten Tagen eine »Überfülle von Anmeldungen« eingingen, ist nicht zu überprüfen.[18] Ausgeschlossen erscheint es gerade angesichts der Haltung mancher Universitätstheologen nicht. Es war gewiß kein Zufall, daß Papens programmatische Rede vor der Arbeitsgemeinschaft in Köln in der gleichen Schriftenreihe »Reich und Kirche« erschien, in der auch die Beiträge von Michael Schmaus und Joseph Lortz veröffentlicht worden waren[19], und daß der katholische Vizekanzler ausdrücklich auf die »Reihe namhafter Theologen« verwies, die neuerdings »die Begegnung zwischen katholischem Christentum und nationalsozialistischer Weltanschauung« zu vertiefen sich bemüht hätten.[20]

Deutlich verschieden waren die Reaktionen im Episkopat. Kardinal Bertram, den Papen am 3. Oktober von der neuen Vereinigung unterrichtet und gleich »um die volle und rückhaltlose Unterstützung und Mitarbeit des hochwürdigsten Episkopats und Klerus« gebeten hatte, antwortete ausgesprochen reserviert. Sein Brief bestand aus lauter Bemängelungen und Vorhaltungen und machte deutlich, daß der Breslauer Kardinal die neue Gründung für völlig überflüssig hielt.[21] Ganz anders reagierte Gröber. Als der Reichsgeschäftsführer der Arbeitsgemeinschaft, Roderich Graf Thun, den Freiburger Erzbischof für die erste Nummer des Mitteilungsblattes um »einige aufmunternde und auffordernde Worte« bat, folgte dieser umgehend der Bitte und bestätigte der AKD, daß er ihre Gründung »aufrichtig« begrüße und ihr »weiteste Verbreitung« wünsche.[22] Dies wiederum verärgerte den Paderborner Erzbischof Klein derartig, daß er sich bei Bertram bitter über Gröbers Empfehlung beklagte, »die in weiten katholischen Kreisen mißbilligt« werde.[23]

Trotz aller Bemühungen Gröbers und Papens freilich drohte es angesichts der immer unerfreulicheren Meldungen aus Deutschland Mitte Oktober in Rom zu einem Eklat zu kommen. Am 11. Oktober teilte Leiber dem Freiburger Erzbischof eilig mit, die preußischen Bischöfe, die in diesen Wochen in Rom gewesen seien, beurteilten fast alle die Lage »äußerst pessimistisch« und der Papst werde wohl, nicht zuletzt aufgrund der Denkschrift Bertrams, »im nächsten Konsistorium das Verhältnis der katholischen Kirche zum Nationalsozialismus als Weltanschauung zur Sprache bringen«.[24] Auch die deutsche Botschaft beim Heiligen Stuhl zeigte sich alarmiert. Am 12. Oktober ging ein ausführlicher Bericht des Botschafters zur »Auffassung des Episkopats über die Gesamtlage der Kirche in Deutschland nach Abschluß des Reichskonkordats« an das Auswärtige Amt ab. Dieser Bericht, den Bergen – sei es aus Eile oder aus Bequemlichkeit – wieder einmal fast wörtlich von Kaas übernommen hatte, stellte bei den Bischöfen gegenüber den voraufgegangenen Monaten einen unverkennbaren »gefühlsmäßigen Rückschlag« fest und enthielt eine vollständige Sammlung der Gravamina, die offensichtlich unmittelbar aus

Bertrams Denkschrift stammte. Noch schien der Botschafter zwar eine Andeutung von Kaas, daß der Vatikan, wenn nicht bald etwas geschehe, »unter dem Druck der aus Deutschland hierher gelangenden amtlichen Meldungen der Nuntiatur und des Episkopats, sowie anderen Informationen, mit unerwünschten Erklärungen« herauskommen könnte, nicht ganz ernst zu nehmen; denn sie wurde kurzerhand gestrichen.[25] Aber schon kurz darauf mußte er vom Kardinalstaatssekretär persönlich hören, daß der Papst die Anweisung erteilt habe, »gegen die trotz allen feierlichen deutschen Zusagen ständig zunehmenden Konkordatsverletzungen und Bedrängung der Katholiken scharfen Protest einzulegen«, und daß er plane, »in einer Ansprache ... gegen die beanstandeten Vorgänge in Deutschland öffentlich Stellung zu nehmen«.[26]

Auch unter normalen Umständen hätte diese Nachricht in Berlin zweifellos Besorgnis ausgelöst. Am Nachmittag des 14. Oktober aber, als das Telegramm der Vatikanbotschaft im Auswärtigen Amt eintraf, wirkte es wie ein Alarmsignal. Denn am gleichen Nachmittag wurde in Berlin eine außenpolitische Entscheidung bekanntgegeben, deren Tragweite noch ganz unabsehbar war: Deutschlands Austritt aus dem Völkerbund. Mit dieser Entscheidung war Hitler ein Wagnis eingegangen, das es dringend geraten erscheinen ließ, jetzt alle anderen innen- und außenpolitischen Störungsfelder nach Möglichkeit auszuschalten. Damit aber war auch in der Konkordatsfrage für alle Beteiligten, die Kurie, den Episkopat, die Reichsregierung und die Länderregierungen, eine neue Situation entstanden. In ihr wurden fast exemplarisch die Möglichkeiten wie die Grenzen der Konkordatskirche deutlich.

Hitlers Entscheidung hatte eine lange Vorgeschichte. In den ersten sieben Monaten seiner Regierung hatte sich der Reichskanzler außenpolitich ganz zurückgehalten. Außer dem Reichskonkordat, das aber bezeichnenderweise zunächst vor allem unter innenpolitischen Aspekten konzipiert schien, waren keine wesentlichen Initiativen von ihm ausgegangen. Auch die berühmte Friedensrede vor dem Reichstag am 17. Mai, die ihm die Zustimmung aller Fraktionen eintrug, schien noch keine neue Konzeption zu enthalten. Und doch hatte er schon in dieser Rede den Hebel angesetzt, mit dem er im Herbst die europäische Sicherheitspolitik aus den Angeln heben, den außenpolitischen Spielraum Deutschlands schlagartig erweitern und zugleich seine innenpolitische Stellung fast unangreifbar machen sollte: die Frage der internationalen Gleichberechtigung Deutschlands.

Die innen- und außenpolitische Stärke dieser Position lag in der Tatsache, daß Deutschland hier unzweifelhaft das moralische Recht auf seiner Seite hatte. Den Kern des Problems stellten die Rüstungsbeschränkungen dar, die dem Deutschen Reich durch den Versailler Vetrag auferlegt worden waren, und die das Land tatsächlich nahezu wehrlos machten. Diese Rüstungsbeschränkungen mußten um so mehr als bloße Diskriminierung Deutschlands erscheinen, je weniger die anderen Mächte sich bereit und fähig zeigten, auch ihrerseits zu Abrüstungsvereinbarungen zu gelangen. Es war die Wahrheit, wenn Hitler am 17. Mai in diesem Zusammenhang die Forderung »nach einer tatsächlich zum Ausdruck kommenden Gleichberechtigung einer Forderung der Moral, des Rechts und der Vernunft« nannte, und er hatte recht, wenn er hinzufügte, daß »die Disqualifizierung eines großen Volkes geschichtlich nicht ewig« aufrechterhalten werden könne.[27] Und dies blieb wahr und richtig, auch wenn Hitler die Argumentation zu Zwecken mißbrauchte, die mit Wahrheit und Recht nichts mehr zu tun hatten. Schon im Mai deutete Hitler auch seine Konzeption an, wenn er erklärte, die deutsche Regierung und das deutsche Volk würden sich »unter keinen Umständen zu irgendeiner Unterschrift nötigen lassen, die eine Verewigung des Disqualifizierung Deutschlands bedeuten würde«. Wenn man dies aber etwa auf dem Wege der Majorisierung in der Abrüstungskonferenz versuchen wolle, so werde Deutschland seine Mitarbeit einstellen und aus dem Völkerbund ausscheiden.[28]

Die Tatsache, daß Hitler dies offensichtlich schon im Sommer ins Auge gefaßt hatte, macht begreiflich, warum die Reichsregierung so nachdrücklich auf die Ratifizierung des Konkordats drängte. Denn im Herbst mußte sie in der großen, ungleich wichtigeren Frage der zukünftigen Stellung Deutschlands zu einer ersten Entscheidung kommen. Am 12. September, zwei Tage nach dem Austausch der Urkunden in Rom, erstattete der Außenminister dem Reichskabinett einen ersten Bericht über die am 22. beginnende neue Sitzung des Völkerbundes in Genf. Die Lage war unerfreulich. Die Stimmung in Genf sei schlecht, so berichtete der Minister, mit Angriffen gegen Deutschland wegen der Judenfrage sei zu rechnen. Der Völkerbund erbringe gegenwärtig fast nichts. Trotzdem riet Neurath dazu, das Feld jetzt nicht kampflos zu räumen. Erst bei »völligem Zusammenbruch der Abrüstungskonferenz« sei die Zeit gekommen, den Völkerbund zu verlassen.[29]

Obwohl in Genf sehr schnell deutlich wurde, daß sich in der Abrüstungsfrage die harte Linie gegen Deutschland erneut durchsetzen würde und eine weitere Verlängerung der deutschen Diskriminierung zu erwarten stand,[30] wog Hitler noch Ende des Monats alle Möglichkeiten sorgfältig ab. Am 30. notierte sich der Außenminister als Meinung des Reichskanzlers, »daß es auf alle

Fälle wünschenswert sei, eine Abrüstungskonvention zustande zu bringen, selbst wenn dabei nicht alle unsere Wünsche erfüllt würden«.[31] Den Umschwung brachte möglicherweise eine Meldung aus London, die genau die Lage schuf, die Hitler im Mai vorausgesehen und für deren Fall er entsprechende Konsequenzen angedroht hatte. Die deutsche Botschaft berichtete nämlich, daß die britische Regierung glaube, einen neuen Konventionsentwurf gegen Deutschland am Verhandlungstisch »durchdrücken« zu können, weil »Deutschland heute außenpolitisch so schwach sei wie noch nie, da es nicht nur entwaffnet, sondern auch isoliert sei«.[32]

Jetzt warf Hitler das Steuer herum. Und wie immer ging nun alles sehr schnell. Am Abend des 11. Oktober erfuhr die deutsche Delegation in Genf, daß möglicherweise ein deutscher Rückzug in der Abrüstungskonferenz bevorstehe.[33] Zwei Tage später unterrichtete Hitler das Kabinett. Es entsprach seiner unverwechselbaren politischen Art mit ihrer eigentümlichen Mischung aus Zögern und Entschlossenheit, wenn er dabei feststellte: »Bei einer solchen Lage muß man sich, vom Ablauf der Ereignisse gezwungen, zum Handeln entschließen. Der Verhandlungsweg ist nunmehr ausgeschlossen.«[34] Dieser Satz besaß die gleiche Endgültigkeit wie jener, der – auch sachlich eine Folge der Entscheidung vom 11. Oktober 1933 – fast genau sechs Jahre später fiel: »Seit 5.45 Uhr wird jetzt zurückgeschossen!«[35]

Daß es Hitler bei dieser Entscheidung nicht nur um ein diplomatisches Manöver ging, sondern daß er damit die gesamte politische Lage verändern wollte, machte er kurz darauf dem Danziger Senatspräsidenten Hermann Rauschning deutlich. Was er hier äußerte, traf zweifellos den Kern der ganzen Aktion. »Ich habe das tun müssen«, stieß Hitler hervor. »Eine große, allgemein verständliche befreiende Handlung war notwendig. Ich mußte das deutsche Volk aus diesem ganzen zähen Netz von Abhängigkeiten, Phrasen und falschen Ideen herausreißen und uns die Handlungsfreiheit wiedergewinnen. Mir geht es hier nicht um Tagespolitik. Mögen die Schwierigkeiten für den Augenblick größer geworden sein. Das wird aufgewogen durch das Vertrauen, das ich damit im deutschen Volk gewinne.«[36]

Um dieses Vertrauen nach außen wie nach innen augenfällig zu machen, griff Hitler zu einem überraschenden Mittel. Er unterwarf seine Entscheidung zum Austritt aus dem Völkerbund einer Volksabstimmung und verband das Ganze zugleich mit Neuwahlen zum Reichstag. Dies alles erfuhr die deutsche Öffentlichkeit am 14. Oktober. Und von diesem Augenblick an stand das gesamte öffentliche Leben in Deutschland bis zum 12. November, dem Tag der

Wahlen, im Zeichen der Abstimmung. Obwohl am Ergebnis der Volksabstimmung kein Zweifel sein konnte, und zur Wahl nur noch die Einheitsliste der Partei stand, begann ein Propagandafeldzug, den der britische Botschafter in Berlin in einem Bericht vom 15. November zu Recht als »beispiellos« bezeichnete.[37] Hitler selbst eröffnete ihn mit einer Rede über alle deutschen Sender am Abend des 14. Oktober. Er beschwor darin den Frieden, die Ehre und die Gleichberechtigung als die Grundlagen jeder dauerhaften Völkerordnung. »Möge es dieser gewaltigen Friedens- und Ehrkundgebung unseres Volkes gelingen«, so schloß er, »dem inneren Verhältnis der europäischen Staaten untereinander jene Voraussetzung zu geben, die zur Beendigung nicht nur eines jahrhundertelangen Haders und Streites, sondern auch zum Neuaufbau einer besseren Gemeinschaft erforderlich sind: der Erkenntnis einer höheren gemeinsamen Pflicht aus gemeinsamen, gleichen Rechten!«[38] Vom 22. Oktober an trat er dann nahezu Tag für Tag in Großveranstaltungen im ganzen Reich auf. Er sprach in Berlin, Hannover, Köln und Stuttgart, in Weimar, Breslau, Kiel und München. Den Abschluß bildete eine Wahlrede vor den Arbeitern der Siemenswerke in Berlin. Momente, »die unvergeßlich waren«, nannte der britische Botschafter Hitlers Auftreten in der riesigen Dynamo-Halle des Werkes, wo er von einer Montage-Trommel aus um die Stimmen der Arbeiter in ganz Deutschland warb.[39] Zugleich mit Hitler warf sich die gesamte Partei in den Wahlkampf und verwandelte Deutschland bis zum 12. November in ein Meer von Fahnen, Parolen, Versammlungen und Kundgebungen.

Der Austritt aus dem Völkerbund war in Deutschland zweifellos außerordentlich populär. Allzulange hatte man sich als Prügelknabe der Welt gefühlt. Nun ging tatsächlich eine Art Aufatmen durch das deutsche Volk. Wie sehr dies auch für beide Kirchen galt, zeigten zwei Telegramme, die am 15. Oktober an Hitler abgingen, und deren inhaltliche Übereinstimmung die Gemeinsamkeit der Überzeugungen in diesem Punkt bei katholischen und evangelischen Christen verriet. Für die Katholische Aktion im Bistum Berlin telegraphierten Kapitularvikar Paul Steinmann und der Vorsitzende Erich Klausener: »In den Schicksalsstunden der Nation treten die Katholiken des Bistums Berlin in unerschütterlicher Liebe zum Volk und Vaterland geschlossen hinter den Führer und Kanzler in seinem Kampf für die Gleichberechtigung und die Ehre der Nation und die Wiederherstellung eines gerechten Friedens unter den Völkern.«[40] Und ähnlich telegraphierten am gleichen Tag für den im Aufbau befindlichen Pfarrernotbund fünf Berliner Pfarrer, unter ihnen die drei Dahlemer Martin Niemöller, Fritz Müller und Eberhard Röhricht: »In dieser für Volk und Vaterland entscheidenden Stunde grüßen wir unseren Führer. Wir danken für die mannhafte Tat und das klare Wort, die Deutschlands Ehre wahren. Im Namen von mehr als 2500 evangelischen Pfarrern, die der Glaubensbewegung Deutsche Christen nicht angehören, geloben wir treue Gefolgschaft und fürbittendes Gedenken.«[41] Beide Telegramme standen gewiß nicht für alle Christen in Deutschland, aber wohl doch für eine große Mehrheit, katholisch wie evangelisch.

Tatsächlich beeinflußte die Entscheidung vom 14. Oktober auch die kirchliche Lage tief und nachhaltig. Während – wie noch zu zeigen sein wird – auf evangelischer Seite der Reichsbischof mit der nationalen Einheitsparole das schon schwankende Gebäude der Reichskirche zu stützen versuchte, schien Hitlers Entscheidung für die katholische Kirchenpolitik zunächst neue und günstige Aussichten zu eröffnen. Denn die Notwendigkeit, in diesem Augenblick das ganze Volk hinter sich zu bringen, mußte Hitler und die Partei für die Klagen und Beschwerden des Episkopats aufgeschlossener machen. So jedenfalls erschien es offenbar dem Freiburger Erzbischof, als er am Abend des 14. Oktober Robert Leiber auf dessen Alarmmeldungen aus Rom vom 11. erwiderte. »Ich wollte schon diesen Vormittag antworten«, schrieb Gröber, »es war aber gut, daß ich es nicht tat. Eine ganz neue Situation, die wesentlich auch das beeinflussen wird, was Sie mir geschrieben haben. Vielleicht ist nun das zu erlangen, was vor der Ratifikation nicht erreicht werden konnte . . .«[42]

In der Tat war nun in Rom eindeutig Pacelli am Zuge. Der Kardinalstaatssekretär ließ sich die angedrohte öffentliche Erklärung des Papstes und die ebenfalls angedrohte Protestnote jetzt nur noch durch die Zusage abhandeln, daß der Vertreter der Reichsregierung, Ministerialdirektor Buttmann, unverzüglich nach Rom kommen und über den ganzen Umfang der Gravamina verhandeln werde. Nach einer ergebnislosen Besprechung am 16. ging der deutsche Botschafter am 17. auf Pacellis Bedingungen ein und erbat von Berlin »baldigste Herreise« des deutschen Unterhändlers.[43] Schon am 18. erhielt daraufhin Buttmann von Hitler die Anweisung, »noch im Laufe dieser Woche« – das hieß am nächsten oder übernächsten Tag – nach Rom zu reisen.[44] Tatsächlich machte sich Buttmann am 20. Oktober auf den Weg und kam nach einer kurzen Unterbrechung in München am 22. in Rom an.[45]

Hier hatte Pacelli inzwischen ein deutliches Promemoria vorbereitet. Es war die erste offizielle Beschwerde des Vatikans, die die Reichsregierung erhielt, und sie war im Stil wie in der Art ihrer Argumentation typisch für eine lange Reihe ähnlicher Schriftstücke, die von nun an mit fast monotoner Regelmäßigkeit zwischen dem Heiligen Stuhl und der Reichsregierung ausgetauscht werden sollten. Der Heilige Stuhl warnte darin zunächst die deutsche Regierung, in der »vielfach offenbar planmäßigen Minderung des bei der Vertragsunterzeichnung vorliegenden und vertraglich geschützten Besitzstandes des katholischen Volksteils in Deutschland« fortzufahren, und zählte dann in neun Punkten die bekannten Beschwerden auf: »Die mit allen möglichen Mitteln betriebene Niederhaltung und Erdrückung katholischer Vereine und Organisationen«, »die planmäßige Lahmlegung, die wirtschaftliche Vernichtung, sowie auch die meinungsmäßige Knechtung der katholischen Presse«, »die entschädigungslose Entlassung zahlloser katholischer Beamter, Angestellter und Gewerkschaftssekretäre«, ferner die Mißachtung der Sonntagsheiligung, die Inanspruchnahme katholischer Theologiestudenten, die Beschlagnahme kirchlichen Vermögens, die »versuchte Anwendung des sogenannten ... Arierparagraphen auf Angehörige des geistlichen Standes«, die Gefährdung der katholischen Bekenntnisschule, die zwangsweisen weltanschaulichen Schulungskurse und endlich das Sterilisierungsgesetz. »Wenn nicht«, so schloß das Schreiben in typisch kurialem Stil, »in kurzer Frist die überzeugende Sprache der Tatsachen die katholische Welt darüber aufzuklären im Stande sein sollte, daß den berechtigten Forderungen der katholischen Kirche Genüge geschehen ist, wird der Heilige Stuhl nicht umhin können, in der ihm geeignet erscheinenden Weise bekannt zu geben, was er im Interesse des Friedens, der Gerechtigkeit und Freiheit getan hat, und klarzustellen, daß die trotz all seiner Bemühungen noch nicht beseitigten Verstöße gegen die Gerechtigkeit und gegen die Freiheit der Kirche und ihrer Bekenner in Deutschland nicht hoffen können, durch ein beschönigendes Schweigen der obersten kirchlichen Stelle der verdienten Beurteilung entzogen zu werden.«[46]

Buttmann, dem das Schriftstück sogleich nach seiner Ankunft ausgehändigt wurde, wußte also, was ihn erwartete, als er am 23. Oktober zur ersten Verhandlungsrunde mit dem Kardinalstaatssekretär zusammentraf. Die Lage des deutschen Unterhändlers war heikel. Persönlich durchaus loyal und bemüht, die kirchlichen Rechte im Rahmen des Konkordats zu sichern, verurteilte er viele Dinge nicht weniger als die katholische Seite, ohne doch die Möglichkeit zu haben, seine Meinung durchzusetzen. Eine der ersten Fragen Pacellis zielte deshalb auch auf den Widerspruch zwischen dem behaupteten guten Willen Hitlers und den Taten seiner Unterführer. Buttmann antwortete nicht ungeschickt, daß zwei Drittel der Deutschen evangelisch seien und vom Konkordat nichts wissen wollten und auch längst nicht alle Katholiken damit einverstanden seien, so daß der Reichskanzler bei der Durchführung des Konkordats mit »ungeheuren Widerständen« rechnen müsse.[47] Das war im Blick auf manche Strömungen in der Partei zweifellos sogar die Wahrheit, wobei freilich unausgesprochen blieb, daß auch Hitler selbst am Konkordat nur ein politisches Interesse hatte. Dann kam Kaas, der inzwischen von Pacelli hinzugezogen worden war, auf den verhandlungstaktisch jetzt wichtigsten Punkt zu sprechen: die Abstimmung vom 12. November. Sie müsse doch, wie Kaas meinte, zu einer »gemäßigten Haltung gegenüber dem katholischen Volksteil« nötigen. Aber Buttmann blieb hier wie auch in allen anderen Fragen so im Allgemeinen, daß die Besprechung schließlich ohne konkretes Ergebnis zu Ende ging.

Zu Ende ging mit diesem Tage auch die merkwürdige Rolle des Prälaten Kaas. Sein Angebot, für Buttmann eine Stellungnahme auszuarbeiten, wurde von diesem nachdrücklich abgelehnt. Zugleich bat der deutsche Unterhändler, den ehemaligen Zentrumsvorsitzenden nicht mehr zu den offiziellen Verhandlungen hinzuzuziehen. Tatsächlich verschwand sein Name vom Jahresende an aus den Protokollen.[48] Selbstverständlich behielt Kaas noch eine Fülle von Verbindungen. Aber allein die Schnelligkeit, mit der sich die Dinge in Deutschland änderten, sorgte dafür, daß man ihn hier allmählich aus den Augen verlor. Später übernahm er im Auftrag Pacellis, der ihm auch als Papst die Treue hielt, die Ausgrabungen im Petersdom und wurde dabei zum Entdecker des umstrittenen Petrusgrabes. Er starb in Rom 1952.

Bei der zweiten Besprechung am 25. Oktober, an der als Vertreter des deutschen Episkopats wieder der Freiburger Erzbischof teilnahm, kam es zu heftigen Auseinandersetzungen über die Auslegungsgrundsätze zu Artikel 31. Namentlich als Buttmann andeutete, daß die katholischen Jugendverbände, wie alle anderen Jugendverbände auch, durch ein Gesetz in die Hitlerjugend eingegliedert werden könnten, erklärte der Kardinalstaatssekretär dies für einen »offenen Bruch des Konkordats durch die Reichsregierung, der für die Kurie unerträglich sei«.[49]

Erst die dritte Verhandlungsrunde am 27. Oktober brachte dann einen deutlichen Fortschritt. Buttmann bestätigte die Gültigkeit der Auslegungsgrundsätze vom 20. Juli und sicherte außerdem zu, konkrete Übergriffe, die man dem Innenministerium möglichst schnell anzeigen solle, noch vor dem 12. November zu überprüfen. Dafür versprach Gröber, beim deutschen Episkopat eine Stellungnahme zur Volksabstimmung anzuregen. Während der Kardinalstaatssekretär die Ergebnisse der Diskussion über die Auslegungsgrundsätze am 28. Oktober schriftlich festhielt, unterrichtete Gröber noch am Abend des 27. durch Eilbriefe die Vorsitzenden der beiden deutschen Bischofskonferenzen, Bertram und Faulhaber, von den getroffenen Vereinbarungen. Die Einsendung der Beschwerden, so schrieb er, solle »in den allernächsten Tagen« erfolgen, weil es auch davon abhängen werde, »welche Stellung der deutsche Episkopat dem 12. November gegenüber« einnehme. Die Regierung werde eine Kundgebung der Bischöfe »als einen nationalen Akt ersten Ranges« betrachten. Man solle selbstverständlich Sorgen und Bedenken dabei nicht verschweigen; aber eine Kundgebung werde sich nach seiner Meinung »nicht umgehen lassen«. Die ganze Schwierigkeit, in die der deutsche Episkopat damit geriet, wurde in dem Satz deutlich, es werde sich also darum handeln müssen, »die Würde mit der Vaterlandsliebe zu vereinigen und den Schmerz über Dinge, die in der letzten Zeit noch vorgekommen sind, mit dem Vertrauen auf eine baldige Abstellung zu verbinden«.[51]

Vielleicht wäre es angesichts der allgemeinen Lage tatsächlich möglich gewesen, auf dieser Linie von der Reichsregierung bestimmte Zusagen zu erhalten. Dies hätte allerdings ein gemeinsames Handeln des deutschen Episkopats vorausgesetzt. Von solcher Gemeinsamkeit aber konnte keine Rede sein. Gröber selbst hatte zur Verwirrung beigetragen, weil er in der Eile vergessen hatte, die Empfänger seines Schreibens davon zu unterrichten, daß er gleichzeitig an beide geschrieben hatte. So gab am 30. Oktober Bertram die Nachrichten aus Rom an den deutschen Episkopat weiter, und tags darauf tat Faulhaber noch einmal das gleiche. Die alten Spannungen zwischen den beiden deutschen Bischofskonferenzen, die Kürze der Zeit, die ganz verschiedene Lage in den einzelnen Diözesen und nicht zuletzt der Druck, unter dem alle standen, das alles wirkte zusammen, um ein gemeinsames Vorgehen schon im Ansatz zu vereiteln. So kam es statt der geplanten Zug-um-Zug-Aktion zu einer Reihe sehr verschiedener bischöflicher Erklärungen, die zweifellos nicht zur Stärkung der kirchlichen Front beitrugen. Kaas hatte recht, wenn er vier Wochen später aus Rom berichtete, »der unterschiedliche Aufmarsch des Episkopats gelegentlich der Wahlen« habe »hier und nicht nur hier einen lamentablen Eindruck gemacht. Vatikan, Regierung bzw. NSDAP und katholisches Volk sind gleichermaßen, wenn auch aus verschiedenen Gründen, darüber unzufrieden.[52]

In der Tat konnten die deutschen Katholiken nur mit Verwirrung die verschiedenen Meinungen ihrer Bischöfe zum 12. November zur Kenntnis nehmen. Am weitesten ging dabei der Freiburger Erzbischof. Obwohl er und

Berning Anfang November in Berlin nichts oder doch fast nichts erreicht hatten – ein kleines Zugeständnis der Reichsregierung in den Ausführungsbestimmungen zum Sterilisierungsgesetz war kaum der Rede wert[53] –, erließ er am 8. November eine Kundgebung, die die Katholiken zur vorbehaltlosen Unterstützung der Regierung aufrief. »Gleichberechtigung, Frieden und Arbeit« seien »drei Ziele, die sowohl der nationalen Ehre als dem christlichen Sittengesetz und dem Völkerrecht« entsprächen. »Es erscheint uns deswegen als vaterländische Pflicht, dem deutschen Vaterland und Volk wie bisher so auch in der gegenwärtigen Schicksalsstunde die Liebe und Treue zu wahren und am 12. November die Einmütigkeit mit den übrigen Volksgenossen zu beweisen.« Es entsprach vollkommen Gröbers Überzeugung, daß man Vertrauen und Offenheit zeigen müsse, wenn die Kundgebung schloß: »Dabei vertrauen wir auf des Herrn Reichskanzlers Wort, daß nun endgültig unter die für so viele treue Staatsbürger schmerzliche Vergangenheit ein Strich gezogen ist und uns Katholiken das Friedenswerk des Konkordats unter Ausschluß von Abstrichen, Umdeutungen und Übergriffen gesichert bleibt.«[54] Rottenburg, Berlin, Paderborn und Osnabrück übernahmen diesen Aufruf.[55]

Zurückhaltender war Bertrams Vorschlag. Etwas verdrossen hatte der Breslauer Kardinal die Bischöfe wissen lassen, er persönlich sähe es lieber, »von solcher Kundgebung zum 12. November, die in rein politischer Absicht sich bewegt, absehen zu dürfen, um nicht Präzedenzfall für alle im neuen Reiche wohl noch entstehenden und wohl noch diffizileren Situationen zu schaffen«, er werde sich aber dem Urteil der Majorität fügen. Sein Kundgebungsentwurf unterschied zwischen der Reichstagswahl und der Volksabstimmung. Erstere wurde – wie es dann im endgültigen Text hieß – als »die rein politische Seite dieser Abstimmung ... dem gewissenhaften freien Ermessen der Wahlberechtigten« überlassen; für letztere dagegen erinnerte der Kardinal an die Verpflichtung, »die Autorität der Regierung nach bestem Wissen und Gewissen zu schützen und die zu allen Zeiten auch vom Episkopat geförderten Bestrebungen zu unterstützen, die auf Deutschlands Gleichberechtigung in der Völkerfamilie, auf Förderung der Arbeit im Vaterlande und auf Schutz des Friedens gerichtet sind«. Verglichen mit der Denkschrift, die Bertram gerade vier Wochen zuvor in Rom überreicht hatte, klang es freilich überraschend milde, wenn der Kardinal jetzt nur noch mit einem Satz »auf jene Grundlagen des inneren Friedens« einging, »die in Schutz der Religion, in Freiheit voller Entfaltung aller Zweige des kirchlichen Lebens, in Erziehung aller zu christlicher Sittlichkeit und in gleich wohlwollender Behandlung aller treu vaterländisch gesinnten Untertanen bestehen«.[56] Nur wer genau wußte, was vorging, konnte hinter diesen allgemeinen Hinweisen die Gravamina des Kardinals entdecken.

Am schwierigsten freilich war die Lage in Bayern. Zwar schien den vereinten Bemühungen von Buttmann und Papen, die Mitte Oktober von dem rührigen Münchner Domkapitular Johannes Neuhäusler eigens über die bayerischen Verhältnisse ins Bild gesetzt worden waren, insofern ein erster Erfolg beschieden, als der bayerische Ministerrat am 25. Oktober erklären ließ, die bayerische Staatsregierung »sei bereit, ihrerseits alles zu tun, um das Konkordat sinngemäß auch in Bayern durchzuführen«. Was »›sinngemäßer‹ Konkordatsvollzug« auf bayerisch freilich hieß, das erfuhr die Kirche in den nächsten Tagen, als wiederum dem katholischen Gesellenverein eine Versammlung im eigenen Haus und ebenso dem Verein katholischer Handelsgehilfinnen die fällige Jahreshauptversammlung kurzerhand verboten wurden.[57] Der Passauer Generalvikar Riemer hatte völlig recht, als er dem Sekretär Papens Anfang November erklärte, das Konkordat werde in Bayern nach einem Beschluß des Ministerrates »bekanntlich ›sinngemäß‹ durchgeführt, d. h. mißachtet, so oft es beliebt«.[58] Tatsächlich gelang es erst durch weiteren Druck aus Berlin, am 2. November von Heydrich eine Aufhebung des Versammlungsverbotes vom 19. September zu erreichen. Aber selbst diese Verfügung, die bezeichnenderweise nicht veröffentlicht werden sollte, und deren Wortlaut das Münchner Ordinariat erst Tage später erfuhr, war so abgefaßt, daß ihr erzwungener Charakter deutlich wurde und für die Zukunft das Schlimmste befürchten ließ.[59]

Unter diesen Umständen war es schon eine Unverfrorenheit ersten Ranges, von den bayerischen Bischöfen gleichwohl einen einmütigen Aufruf zum 12. November zu verlangen. Genau das aber erwartete offenbar vor allem der bayerische Kultusminister Schemm. Am 28. Oktober erschienen zwei Kreisleiter mit diesem Ersuchen im Passauer Ordinariat; am 2. November erhielt der Bischof von Speyer Besuch von Abgesandten der Gauleitung, die auf einem Gottesdienst und Festgeläute bestanden; und am gleichen Tag sah sich auch der Bamberger Erzbischof Hauck mit dieser Frage konfrontiert. Hier freilich erlebten die Vertreter des Staates eine Überraschung. Denn als sich kurz darauf die beiden Staatsminister Esser und Schemm sogar persönlich um den Erzbischof bemühten, kam es zu einer »dramatischen und temperamentvollen« Aussprache, von der Hauck nach München berichtete, die Herren Minister könnten jedenfalls nicht sagen, »daß ich ihnen nicht die volle Wahrheit gesagt oder etwas zu zart oder undeutlich gehandelt habe«. Die Wahlreden der beiden Herren, so vermerkte Hauck nicht ohne Befriedigung, seien danach »ziemlich matt und zahm« ausgefallen.[60]

Wenn der Münchner Kardinal dies alles erwog: die allgemeine Überzeugung im Episkopat, daß eine Kundgebung unerläßlich sei; die Stimmung im Volk, die zweifellos stark für Hitlers Entscheidung war; die Ansinnen von Partei und Staat und die wahren Zustände in Bayern, die hier weder den Breslauer noch erst recht den Freiburger Entwurf möglich erscheinen ließen, so wies alles auf den Weg, den Faulhaber dann nach Abstimmung mit den anderen bayerischen Bischöfen tatsächlich beschritt, nämlich in einer eigenen Kundgebung das Ja der Katholiken zur Volksabstimmung ebenso deutlich zu machen wie das Nein zur Fortdauer der kirchlichen Unterdrückung. Die dritte bischöfliche Kundgebung zum 12. November, die bayerische, zerfiel demnach in drei deutlich verschiedene Abschnitte. Der erste Abschnitt enthielt das vorbehaltlose Eintreten der Katholiken »für den Völkerfrieden, für die Ehre und Gleichberechtigung des deutschen Volkes«. Der zweite Abschnitt erklärte in scharfer und deutlicher Form, was in dieser Zustimmung nicht enthalten sei, nämlich die staatlichen Maßnahmen gegen die Vereine und die Entheiligung des Sonntags. Die Reichstagswahl dagegen, von der im dritten Abschnitt die Rede war, wurde ähnlich wie im Breslauer Text »mit Rücksicht auf Artikel 32 des Reichskonkordats dem freien Ermessen und Gewissen der Wahlberechtigten überlassen«.[61]

Im Unterschied zum farblosen Text Bertrams war hier trotz der Bekenntnisse zum Führer die Kritik schlechterdings nicht zu überhören. Das fand offensichtlich auch die bayerische Regierung. So kam es schon am 9. November, einen Tag nach dem Bekanntwerden des Textes, zu einem allgemeinen Veröffentlichungsverbot, das nach turbulenten Szenen in München noch am Tag vor dem Wahlsonntag ausdrücklich wiederholt wurde. Der Aufruf, so hieß es in der Weisung des bayerischen Ministerpräsidenten an die Polizeibehörden vom 11. November, »ist wegen seiner unzulässigen Kritik an Regierungsmaßnahmen für die Verbreitung in der Presse nach Benehmen mit dem Herrn Reichskanzler und dem Herrn Reichspropagandaminister verboten worden. Ich ersuche, sofort mit den Ordinariaten ins Benehmen zu treten, daß eine etwa vorgesehene Verlesung unter allen Umständen unterbleibt...«[62]

Vielleicht wäre ein solches Verbot von den Bischöfen noch hingenommen worden, wenn ihr Schweigen wenigstens klare Fronten geschaffen hätte. Statt dessen jedoch geschah etwas ganz anderes. Als nämlich der Münchner Kardinal am Abend des 11. November sein Radio einschaltete, hörte er, daß in den Nachrichten als »Kundgebung des bayerischen Episkopats« wörtlich lediglich der erste Abschnitt des Aufrufs verlesen wurde. Kein Hörer erfuhr, daß dies keineswegs alles war, was der bayerische Episkopat zur Wahl zu sagen hatte.

Nun war zwar am Nachmittag in München von dieser Möglichkeit gesprochen worden, aber von einer Zustimmung Faulhabers zu diesem Verfahren, wie sie später behauptet wurde, konnte keine Rede sein.[63] Das Ganze stellte eine Täuschung und Mißachtung der Bischöfe dar, die auch für bayerische Verhältnisse ungewöhnlich war. Die lebhaften Auseinandersetzungen, die sich an diese Ereignisse anschlossen, standen allerdings schon im Zeichen der Tatsache, daß Hitler am 12. November einen triumphalen Wahlsieg erreicht hatte.

Der 12. November stellte zweifellos eine weitere, entscheidende Zäsur in der inneren und äußeren Entwicklung des Dritten Reiches dar. Nach dem amtlichen Endergebnis hatten sich bei der *Volksabstimmung* 95,1 Prozent aller Wähler zur Politik der Reichsregierung bekannt und nur 4,9 Prozent dagegen ausgesprochen. Etwas ungünstiger für die Partei lagen die Ergebnisse bei der *Reichstagswahl.* Hier hatten 92,2 Prozent für die Einheitsliste der NSDAP und 7,8 Prozent dagegen gestimmt.[64] Nun waren diese Wahlen gewiß kaum noch als frei zu bezeichnen. Dies betraf weniger den Bruch des Wahlgeheimnisses oder die direkte Wahlfälschung, obwohl beides auch vorkam.[65] Viel entscheidender war der Propagandasturm, der seit dem 14. Oktober über Deutschland hinweggefegt war, und der ein Zwangsklima geschaffen hatte, dem sich nur noch wenige zu entziehen vermochten. Auch die Furcht, es könnte eine Nein-Stimme vielleicht doch festgestellt werden und unabsehbare Folgen nach sich ziehen, spielte bei der Stimmabgabe sicher eine große Rolle. Dazu kam, daß eine Stimmenthaltung durch Fernbleiben von der Wahl nahezu unmöglich gemacht wurde, da eine perfekte Wahlorganisation auch noch den letzten Wähler erfaßte und zur Urne nötigte.[66] Aber auch wenn man dies alles in Rechnung stellte, blieb Hitler zweifellos noch immer eine riesige Mehrheit von Stimmen, die sich freiwillig und aus Überzeugung zu ihm und seiner Politik bekannt hatten. Der Erdrutsch, der sich seit dem 5. März in Deutschland vollzogen hatte, war nun auch in Zahlen sichtbar geworden.

Die Wahlergebnisse zeigten darüber hinaus aber auch, wie weit es Hitler gelungen war, eines seiner wichtigsten innenpolitischen Ziele vom Frühjahr zu verwirklichen, nämlich die Zerschlagung des politischen Katholizismus. Jener Block von nahezu 5½ Millionen katholisch gebundener Wählerstimmen, der sich noch in den Märzwahlen – acht Monate waren seitdem erst vergangen! – als so erstaunlich widerstandsfähig gezeigt hatte, war weitgehend überwunden.[67] Das Wahlverhalten in katholischen und protestantischen Gebieten hatte sich nahezu angeglichen, zum Teil sogar umgekehrt. Unter den vier Gauen mit dem niedrigsten Stimmenanteil für die Einheitsliste – Hamburg 78,1 Prozent; Berlin 78,6 Prozent; Schleswig-Holstein 84,1 Prozent; Köln-Aachen 84,4 Prozent – befand sich nur einer mit ausgeprägt katholischer Bevölkerung; und traditionell katholische Gebiete wie Koblenz-Trier (90,2 Prozent), München-Oberbayern (90,9 Prozent) und Schlesien (89,9 Prozent) lagen sogar über traditionell evangelischen Gebieten wie Hessen-Nassau (88,7 Prozent), Thüringen (88,8 Prozent) und Südhannover-Braunschweig (89,7 Prozent). Gewiß lassen sich angesichts der Umstände dieser Wahl aus den Ergebnissen im einzelnen kaum Schlüsse ziehen. Im ganzen aber war die Tendenz zur Einebnung der konfessionell bedingten Unterschiede im Wahlverhalten unverkennbar.[68]

Die Folgen des 12. November waren tiefgreifend und vielfältig. Mit diesem Tag war das Vertrauen der Deutschen in Hitler weiter gewachsen. Seine innenpolitische Stellung war jetzt nahezu unangreifbar. Er selbst wußte das, und wer nach dem 12. November mit ihm verhandelte, wußte das auch. Das mußte naturgemäß die Situation verändern; auch in Rom, wo man noch vorsichtiger wurde; und auch im deutschen Episkopat, der sich für eine Opposition nur noch einen geringen Rückhalt im katholischen Kirchenvolk ausrechnen konnte.

Als Buttmann Mitte Dezember erneut in Rom verhandelte, machte er aus dieser veränderten Situation keinen Hehl. Das Wahlergebnis vom 12. November, so erklärte er Pacelli gleich zu Beginn der ersten Unterredung, habe »die Autorität der Bischöfe gewiß nicht gestärkt, denn das Wahlergebnis, auch in den überwiegend katholischen Gegenden übertraf selbst unsere kühnsten Erwartungen. Deutschland ist heute«, so fuhr Buttmann fort, »vollkommen nationalsozialistisch ... Daß da Erzbischof Bertram und die bayerischen Bischöfe mit ihren Vorbehalten nicht besonders glücklich wirken, brauche ich Eurer Eminenz nicht zu versichern.«[69]

Es war also kein Zufall, sondern hing eng mit der ganzen Situation zusammen, wenn Papen noch am Wahltag Gröber einen langen Brief schrieb und darin jenes Problem zur Sprache brachte, das neben den bayerischen Zuständen das Verhältnis von Staat und Kirche am meisten belastete: die Zukunft der katholischen Jugendorganisationen. Papens Vorschlag war einfach. Die katholischen Jugendorganisationen sollten aufgelöst und in die entsprechenden Parteiorganisationen überführt werden. Dafür sollte die Partei Garantien für die Erfüllung der kirchlichen Aufgaben der katholischen Mitglieder geben. Nur durch einen solchen »freiwilligen Akt des Vetrauens« gegenüber dem Führer seien überhaupt noch für die katholische Jugend die notwendigen und wünschenswerten »Maßnahmen zum Schutze und zur Förderung der religiösen Belange durchzusetzen«.[70] Dieses Schreiben sollte für die Zukunft des Katholizismus im Dritten Reich eine außerordentliche Bedeutung bekommen. Denn es löste in Rom durch eine Rückfrage Gröbers die grundsätzliche Entscheidung aus, »daß über die ganze Angelegenheit vom Episkopat keine Verhandlungen gepflegt werden dürfen, da es sich um eine Konkordatssache handle, die lediglich den Heiligen Stuhl und die deutsche Regierung« angehe.[71] Damit war die Einheit des Episkopats gerettet, die in dieser Frage ernsthaft gefährdet erschien.[72] Der Preis war freilich eine noch engere Bindung der deutschen Bischöfe an die politische Linie der Kurie. Sachlich bedeutete diese Entscheidung, daß Rom trotz der veränderten Situation in Deutschland in diesem Punkt den Papen-Gröberschen Kurs nicht billigte, sondern die Konkordatspositionen zu verteidigen gedachte. Dies betraf vor allem den Artikel 31 und hier insbesondere die Selbständigkeit der katholischen Jugendorgansationen.

Aus dieser Entscheidung ergaben sich die ganz verschiedenen Wege, die die evangelische und die katholische Jugend am Jahresende gingen.

Die Frage nach der Zukunft der organisierten kirchlichen Jugend im Dritten Reich stellte sich schon seit dem Frühjahr 1933 mit wachsender Dringlichkeit. Beide Kirchen besaßen am Ende der Weimarer Republik eine blühende Jugendarbeit. Zu den katholischen Jugendvereinen zählten um diese Zeit rund 1,5 Millionen Mitglieder; zu den evangelischen rund 700 000; mit den freien Gemeindegruppen kam man aber auch hier auf eine Zahl von rund 1,5 Millionen.[73] Die Organisationsdichte lag auf der katholischen Seite freilich entschieden höher; rund ein Drittel aller katholischen Jugendlichen zwischen 14 und 21 Jahren gehörten zu einer katholischen Jugendorganisation, während es auf evangelischer Seite nur rund 10 Prozent waren.[74] Immerhin stellten beide Kirchen damit im »Reichsausschuß der Deutschen Jugendverbände« fast die Hälfte aller in Vereinen und Gruppen organisierten Jugendlichen überhaupt.

Einen Schwerpunkt unter den vielen verschiedenen Jugendverbänden der beiden Kirchen bildeten die jeweiligen Jungmännervereine, um die nach Lage der Dinge denn auch vor allem der Kampf ging. Der Katholische Jungmännerbund, vergleichsweise straff organisiert und einheitlich geführt, war mit 365 000 Mitgliedern der größte männliche Jugendverband Deutschlands.[75] An der Spitze stand 1933 der 46jährige Generalpräses Monsignore Ludwig Wolker, ein geborener Jugendführer von beachtlichem Temperament. Das Gegenstück auf evangelischer Seite, der »Reichsverband der Evangelischen Jungmännerbünde Deutschlands«, war mit seinen rund 265 000 Mitgliedern kleiner und verfügte nur über eine lockere Organisation. Reichswart war der mit Wolker fast gleichaltrige Pfarrer Erich Stange, ein Enthusiast mit einer etwas ziellosen Gläubigkeit, die er im Herbst 1933 unglücklicherweise ausgerechnet auf Ludwig Müller richtete.

Diesen großen und gut geführten kirchlichen Jugendwerken stand Anfang 1933 eine Hitlerjugend gegenüber, die mit nur etwas mehr als 100 000 Mitgliedern schon zahlenmäßig kaum konkurrieren zu können schien.[76] Aber wie auf allen anderen Gebieten vollzog sich auch hier im Lauf des Jahres jener gewaltige Umschichtungsprozeß, der nicht nur eine äußere und gewaltsame Gleichschaltung, sondern – wie der 12. November bewies – auch eine innere Veränderung und Neuorientierung bedeutete. Er ließ am Ende des Jahres nur noch eine einzige selbständige Jugendorganisation bestehen: die katholische Jugend. Alles andere war zerschlagen, aufgelöst oder freiwillig der Hitlerjugend zugeströmt.

Entscheidenden Anteil an dieser Entwicklung hatte der Reichsjugendführer der NSDAP, Baldur von Schirach. Schirach war 24 Jahre alt, als Hitler ihn 1931 zum Führer der Hitlerjugend ernannte. Im Unterschied zum engstirnigen Zuschnitt vieler Parteiführer kam er aus einem künstlerisch geprägten, weltoffenen Elternhaus. Er hatte keine Spur von jenem Rabaukentum an sich, das in der Kampfzeit für Hitler die Lokale räumte. Fahrt und Lager, Kampf und Spiel, Abenteuer und Gemeinschaft, alles, was er später mit so gewaltigem Eifer für die HJ organisieren sollte, lag ihm persönlich ganz fern. Charakteristisch für ihn war viel eher eine Mischung aus Sentimentalität und Enthusiasmus, wie sie in seinen zahlreichen Gedichten zum Ausdruck kam. Eines der ersten dieser Gedichte, entstanden 1925 unter dem Eindruck der persönlichen Begegnung des 17jährigen mit Hitler, gehörte später zu den berühmtesten. Millionen junger Deutscher lasen und kannten es:

»Ihr seid viel Tausend hinter mir,
und ihr seid ich, und ich bin ihr.
Ich habe keinen Gedanken gelebt,
der nicht in euren Herzen gebebt.

Und forme ich Worte, so weiß ich keins,
das nicht mit eurem Wollen eins,
denn ich bin ihr, und ihr seid ich,
und wir alle glauben, Deutschland, an dich.«[77]

Der Glaube an Deutschland, personalisiert im Glauben an den Führer, war und blieb Schirachs Bekenntnis. Zu diesem Bekenntnis wollte er auch die HJ führen. Und vermutlich lag ein großer Teil seines Erfolges gerade in seiner jugendlichen Sentimentalität, mit der er das Erlebnis des Führers der Generation von Rilkes Kornett vermittelte.

1933 ging es freilich nicht nur um Gedichte, sondern auch um handfeste Aktionen. Und der 26jährige Reichsführer und sein 25jähriger Stellvertreter Carl Nabersberg verloren dabei keine Zeit. Am 3. April ließ Schirach von Nabersberg kurzerhand das Büro des »Reichsausschusses der deutschen Jugendverbände« besetzen und verschaffte sich damit einen hervorragenden organisatorischen Ausgangspunkt.[78] Nicht weniger wichtig war die mächtige Bewegung, die nach den Märzwahlen vor allem in der bündischen Jugend einsetzte und zahlreiche einzelne Gruppen und Bünde unmittelbar zur Hitlerjugend führte. Schon Mitte Juni waren mit Ausnahme der kirchlichen Jugendorganisationen große Teile der bündischen und der berufsständischen Jugendverbände und der Sportjugend entweder eingegliedert oder so geschwächt, daß hier kein erheblicher Widerstand mehr zu erwarten war. Am 17. Juni belohnte Hitler die Anstrengungen Schirachs und ernannte ihn zum »Jugendführer des Deutschen Reiches«. Nach der Verfügung stand er damit »an der Spitze aller Verbände der männlichen und weiblichen Jugend«. »Gründungen von Jugendorganisationen« bedurften von nun an seiner Genehmigung.[79]

Kaum ernannt, löste Schirach durch eine Anordnung vom 23. Juni den Großdeutschen Bund auf, der die bündische Jugend neben der HJ zusammenfaßte, und erklärte außerdem die Auflösung des Reichsausschusses, dessen Aufgaben jetzt der Jugendführer übernehmen sollte.[80] So deutlich damit die Richtung der Entwicklung angezeigt schien, so wenig mußte das doch schon die zwangsweise Gleichschaltung aller Jugendverbände bedeuten. Denn als Jugendführer unterstand Schirach jetzt dem Reichsinnenministerium, und der Innenminister bestand in diesem Punkt hartnäckig auf seinen Kompetenzen. In einem Erlaß vom 8. Juli wurde daher die Verfügung Hitlers vom 17. Juni offiziell bestätigt und der Jugendführer zugleich an bestimmte Richtlinien gebunden. Diese Richtlinien bestätigten zwar unter anderem die Auflösung des Reichsausschusses, verfügten aber zugleich die Gründung eines Führerrates, in dem alle wichtigen Zweige der Jugendorganisationen vertreten sein sollten. Ferner hieß es in dem Erlaß ausdrücklich, der Jugendführer könne zwar die Hilfe staatlicher Organe in Anspruch nehmen; zu »irgendwelchen Zwangseingriffen« jedoch sei er »nicht befugt«.[81] Dies bedeutete, daß die HJ nur diejenigen Jugendorganisationen übernehmen konnte, die der allgemeinen Entwicklung mehr oder weniger freiwillig nachgaben. Für alle anderen Verbände aber, und das waren sehr bald nur noch die kirchlichen, mußte die HJ einen anderen Weg suchen. Dies war das Kennzeichen der Situation im Sommer und Herbst 1933.

Die ganze Entwicklung wurde vor allem auf katholischer Seite von Anfang an mit großer Aufmerksamkeit und begreiflicher Sorge verfolgt. Während die evangelischen Jugendverbände noch zu keiner einheitlichen Stellungnahme fanden, weil hier im Zeichen der nationalen Begeisterung eine allgemeine Unsicherheit über den weiteren Weg herrschte, beschlossen Generalpräsidium und Reichsvorstand des Katholischen Jungmännerverbandes schon Anfang Mai, die Organisation zu straffen und der Reichsleitung eine Art Generalvollmacht zu erteilen, »in Übereinstimmung mit den kirchlichen Behörden die notwendigen Entscheidungen von sich aus rechtzeitig und selbständig zu treffen«.[82] Ende Mai legte Wolker, der in diesen Wochen unermüdlich verhandelt hatte, dem deutschen Episkopat auf seiner Plenarkonferenz in Fulda einen umfangreichen Bericht über die Lage des Katholischen Jungmännerverbandes vor. Charakteristisch für diese Lage waren auf der einen Seite feierliche Zusagen, daß die Selbständigkeit der kirchlichen Jugendverbände nicht angetastet werden sollte, auf der anderen Seite ständige Übergriffe, die die kirchlich gebundenen Jungen und Mädchen schweren Belastungen aussetzten. Tatsächlich hatte seit März an vielen Orten in Deutschland ein offener Kleinkrieg zwischen kirchlicher Jugend und Hitlerjugend eingesetzt, in dem sich politischweltanschauliche Gegensätze, örtliche Rivalitäten und jugendliche Freude am Raufen oft schwer unterscheidbar vermischten. Der Kleinkrieg ging um Jugendheime und Zelte, Fahnen und Wimpel, Halstücher und Schulterriemen. Gerade in gut katholischen Gebieten blieb die Hitlerjugend dabei keineswegs immer Sieger. Die Situation verschärfte sich dadurch, daß die Partei über die Schulen, über Arbeitsplätze und Lehrstellen einen stärkeren Druck auszuüben begann, der wiederum auf kirchlicher Seite einen Gegendruck erzeugte, so daß sich später da und dort um entschlossene Führer Widerstandszellen bilden konnten, die um so fester zusammenhielten, je mehr der Druck von außen zunahm.

Wolkers Denkschrift vom Mai schilderte realistisch den ganzen Umfang der Schwierigkeiten und stellte zusammenfassend die Frage, ob man unter diesen Umständen die Verbände in der jetzigen Form auflösen und eine neue Form der Jugendgemeinschaft aufbauen sollte. Der Generalpräses selbst verneinte diese Frage mit aller Entschiedenheit. »Gewaltlösung« sei »geistig und wirtschaftlich« unmöglich. So blieb nur die zweite Lösung: »Auch unter den veränderten Umständen die kirchlich anerkannten Verbände aufrechtzuerhalten und die Grundlagen für die Durchführung ihrer Aufgaben zu sichern.« Und dafür erbat Wolker die Hilfe und Unterstützung des Episkopats.[83]

Der Episkopat folgte dieser Bitte in vollem Umfang. Die zum Punkt »Forderungen der Jugendverbände« festgehaltenen Beschlüsse der Plenarkonferenz verrieten die Entschlossenheit der Bischöfe, die Unabhängigkeit der kirchlichen Jugend zu verteidigen. Den Blick auf das Konkordat gerichtet, über das sie gerade informiert worden waren, forderten die Bischöfe namens der Kirche »volles Gemeinschaftsrecht für die kirchliche Jugendorganisation und das Erziehungsrecht im Sinne körperlicher, geistiger und beruflicher Ertüchtigung ihrer Mitglieder«. Untragbar für die katholische Jugend »wäre ein Zustand der Rechtsunsicherheit und der Benachteiligung ... in der Schule und im Arbeitsleben«; untragbar wäre es für sie auch, »als deutsche Jugend minderen Rechts und zweiter Klasse angesehen und behandelt zu werden ...« »Weil aber die kirchliche Jugendorganisation für die Gemeinschaft der Kirche von lebenswichtiger Bedeutung ist, darum hält die Kirche unverrückbar an ihrem Gemeinschaftsrecht und Erziehungsrecht für katholische Jugend fest und sieht in der kirchlichen Jugendorganisation ein Herzstück ihrer Gemeinschaft.«[84]

Dies waren eindeutige Worte. Und mit der Unterzeichnung des Konkordats am 20. Juli schien diese Position auch vertraglich gesichert. Damit war Schirach in einer schwierigen Lage. Dem direkten Zugriff der Hitlerjugend waren die katholischen Jugendverbände nun entzogen, und ob bei ihrer festen Verankerung in der Kirche die Zermürbungstaktik in absehbarer Zeit Erfolg haben würde, war überhaupt nicht abzusehen. So schlug der Reichsjugendführer einen anderen Weg ein. Am 20. Juli – am gleichen Tag, an dem die Auslegungsgrundsätze zum Artikel 31 veröffentlicht wurden – erließ er ein Verbot der Doppelmitgliedschaft in Hitlerjugend und kirchlichen Jugendverbänden mit der Begründung, daß sich »die konfessionellen Organisationen nicht auf ihren eigentlichen kirchlichen Aufgabenkreis« beschränkten.[85] Die Absicht dieses Verbotes war klar. Die kirchlichen Organisationen sollten in den kirchlichen Raum zurückgedrängt werden, während allein die Hitlerjugend die ganze Gemeinschaft des deutschen Volkes vertrat. Verbunden mit den vielen materiellen Vorteilen, die die Mitgliedschaft in der HJ inzwischen bot, und die sich hauptsächlich in Schule und Beruf auswirkten, erwies sich das Verbot tatsächlich als eine höchst wirksame Waffe. Wolker, der am 20. August dem Episkopat einen weiteren Bericht über die Lage erstattete, mußte nun auf einen erheblichen Mitgliederrückgang hinweisen. Die Jugend, so schrieb er, habe sich »im großen Ganzen außerordentlich gut und tapfer gehalten ... Freilich einem sind die Jungen auf die Dauer nicht gewachsen: dem wirtschaftlichen Boykott, der bereits in großem Umfange sich gegen alle richtet, die nicht in NS-Formationen sind, und vielfach besonders gegen die, die das Christuszeichen tragen.« Und eine Anlage schilderte, wie der Schirach-Erlaß funktionierte: »Einerseits sind viele Mitglieder beruflich gezwungen, in nationalsozialistische Organisationen einzutreten. – Andererseits ist es den Angehörigen von nationalsozialistischen Jugendorganisationen und der SA jetzt verboten, gleichzeitig Mitglieder in konfessionellen Verbänden zu sein. – Also werden sie bei uns herausgedrängt!«[86] Der Bericht, der mit seinen 21 Anlagen schon fast einem Hilfeschrei der zerbrechenden und untergehenden Verbände glich, konnte nach Lage der Dinge auf der zweiten Plenarsitzung des Episkopats Ende August wiederum nichts anderes auslösen als einen erneuten Hinweis auf die Bedeutung und Notwendigkeit des Konkordats. Im Zusammenhang mit der bedrängten Lage der katholischen Verbände hielt das Protokoll fest, es bestehe »Einigkeit darüber, daß das Reichskonkordat wegen Artikel 31 vollständig aufrechterhalten werden muß, daß also eine Auflösung der Organisationen durch den Episkopat nicht in Frage kommen kann«.[87]

Genau hier aber, im Sturm dieser ersten Monate, zeigte sich nun auch schon die problematische Seite des Konkordats. Denn es sollte zwar den Staat binden und band ihn auch in gewisser Weise, aber noch weit mehr band es doch die Kirche. Solange das Konkordat bestand, und solange sich die Kirche darauf berief und berufen mußte, eben weil es noch bestand, war sie als Kirche widerstandsunfähig, und das war für Hitler wohl auch je länger je mehr der Sinn des Vertrages. Gerade Wolker, der als Generalpräses die Wirklichkeit des Dritten Reiches besser kannte als viele andere, machte diese Wechselfunktion des Konkordats deutlich. In einem Wort an die katholische Jungmannschaft, das im September in der *Wacht* erschien, sprach er davon, daß das Konkordat die katholische Jugend nicht nur gleichberechtigt, sondern auch

»gleich verpflichtet neben die anderen Gemeinschaften deutscher Jugend im deutschen Staate« stelle. »Auch gleich verpflichtet!« so fuhr er fort. »Jawohl, liebe Freunde, darüber müssen wir uns klar sein, daß der Abschluß des Konkordats auch Pflichten auflegt. Indem die Kirche den neuen Staat anerkennt und durch einen feierlichen Vertrag sich mit ihm verbunden hat zum gemeinsamen Wirken im Volke der Deutschen, hat sie auch uns als Jugend der Kirche verpflichtet für den neuen Staat. Und nicht nur in dem Sinn, daß wir als Katholiken selbstverständlich um des Gewissens willen dem Staate geben, was des Staates ist . . ., sondern in dem weiteren Sinne« – und das Folgende war in der *Wacht* ausdrücklich hervorgehoben – *»daß wir den deutschen Staat nationalsozialistischer Prägung, seine Idee, seine Führung, seine Formen anerkennen und ihm uns mit ganzer Bereitschaft und Treue zur Verfügung stellen«.*[88] Gewiß wurde die Wechselwirkung zwischen Konkordatsabschluß und Staatstreue nicht überall in der katholischen Kirche so enthusiastisch formuliert. Aber auch wo man in dieser Hinsicht weit kritischer dachte, erzwang das Konkordat eine – wenn auch manchmal nur zähneknirschende – Loyalität.

Wolker gehörte im Herbst 1933 wie unzählige andere zweifellos zu den Bewunderern Hitlers. Auch wenn ihn die Unterdrückung der katholischen Jugend hart traf, so erschien doch das Bild dieses Herbstes politisch so vielfältig und reich, daß er von dieser einen Frage sein Urteil nicht bestimmen lassen wollte. So hatte er schon in jenem Aufsatz im September gemeint, der Reichsregierung sei es gelungen, »in kurzer Zeit und in einem unerhörten Krafterweis grundlegende Probleme des neuen Staates der Lösung näherzuführen«, was nichts anderes bedeute »als Erfüllung eines göttlichen Willens«. Darum könnten und dürften »Unrecht und Unehre«, die noch immer auf der katholischen Jugend lägen, sie nicht hindern, »das Ganze zu sehen und dem Ganzen zu dienen«.[89] Dieser Überzeugung entsprach es auch, daß Wolker ungeachtet aller fortdauernder Schwierigkeiten am 17. Oktober zum Austritt aus dem Völkerbund erklärte: »Die wahlfähige katholische deutsche Jungmannschaft wird . . . am 12. November restlos ihre Pflicht tun.«[90] Damit waren für den Generalpräses alle Voraussetzungen erfüllt, um ihn die politische Veränderung, die der 12. November bedeutete, stark empfinden zu lassen. Einen Moment war auch er nicht mehr sicher, ob es richtig und möglich sei, gegen den Willen der Staatsführung an der Selbständigkeit der katholischen Jugendorganisationen festzuhalten und für sie zu kämpfen. Die Isolation, in die die katholische Jugend damit geriet, erschien gerade angesichts der überzeugenden Erfolge Hitlers auf die Dauer kaum zu verantworten.

Dies genau war der Zeitpunkt, zu dem der Freiburger Erzbischof Papens Brief mit dem Vorschlag erhielt, gegen die Garantie kirchlichen Einflusses die katholischen Jugendorganisationen aufzulösen und in die entsprechenden Parteigliederungen zu überführen. Und damit befanden sich die Organisationen zweifellos in höchster Gefahr. Denn nicht nur Papen und Gröber hielten das für den richtigen oder doch für einen möglichen Weg. Auch viele Verbandsführer waren inzwischen unsicher geworden. Dies zeigte sich auf einer vom Freiburger Erzbischof eiligst einberufenen Sitzung, auf der mit den wichtigsten Verbandsvorsitzenden die ganze Frage besprochen werden sollte. Zu Beginn dieser Sitzung trug Gröber zunächst die Argumente für und gegen eine Auflösung vor. Die Argumentation *für* die Auflösung lief im wesentlichen darauf hinaus, daß die Verbände ohnehin verloren seien, und bei einer freiwilligen Auflösung wenigstens noch eine »pastorale Betreuung der Hitlerjugend« erreicht werden könne, die »vom seelsorgerlichen Standpunkt aus ein ungeheurer Gewinn« sei. Auch sein Seelsorgeklerus stimme dem zu. Schließlich würde mit der Auflösung »ein gefährlicher Konfliktstoff aus der Welt geschafft«. *Gegen* eine Auflösung sprach nach Gröbers Meinung die »tatsächlich noch vorhandene erfreuliche Lebenskraft dieser Organisationen« und der Verdacht, daß die Sache von Berlin aus nicht ehrlich gemeint sein könnte. »Unser Selbstmord«, so formulierte Gröber drastisch, »enthebt den Gegner von der unangenehmen Aufgabe, uns totzuschlagen.« Und den Kulturkampf, wenn Berlin ihn wolle, werde man »auch durch Nachgiebigkeit in diesem Punkt nicht verhindern«.[91] Die anschließende Diskussion kreiste immer wieder um die gleichen Probleme. Das Ganze war – soviel war allen Beteiligten deutlich – eine Machtfrage. Offen dagegen blieb, was Hitler eigentlich wollte; ob man sich auf die Einigkeit des Episkopats verlassen könne; ob das katholische Volk noch hinter den Verbänden stehe, und ob man – wie Wolker formulierte – damit rechnen dürfe, »anstelle der katholischen Verbände den Gesamteinfluß in den nationalsozialistischen Organisationen, in gewissem Sinne also anstelle des Teiles das Ganze« zu gewinnen. In der allgemeinen Ratlosigkeit stimmte man schließlich Gröbers Vorschlag zu, sich zunächst vor allem über Hitlers Absichten Klarheit zu verschaffen. Wolle Hitler die Auflösung der Verbände, so müsse man in Verhandlungen über Garantien für die katholische Arbeit in der Hitlerjugend eintreten; wolle Hitler die Auflösung nicht, so solle alles beim alten bleiben. Außerdem müsse Rom unverzüglich informiert und angefragt werden, »ob Verhandlungen mit Berlin gestattet sind oder nicht«.[92]

Das Ergebnis dieser Sitzung bedeutete schon fast die Kapitulation. Denn wenn man die Zukunft der Verbände allein von Hitlers Absichten abhängig machte, so kam das im Grunde ihrer Preisgabe gleich. Alles hing nun von der Entscheidung Roms ab. Und diese erfolgte umgehend und eindeutig.

Gröber hatte noch am Tag der Sitzung eine Abschrift von Papens Brief und einen Bericht über den Verlauf der Diskussion mit Eilboten an Kaas abgesandt.[93] Pacelli, unverzüglich unterrichtet, zögerte keinen Augenblick. Er ließ durch Kaas telefonisch nach Freiburg mitteilen, »es handele sich hier um eine Causa maior, die nur zwischen Rom und Berlin verhandelt werden könnte«.[94] Und kurz darauf – am 24. November – schrieb Gröber dann einen Brief an Bertram, in dem er dem Vorsitzenden der Fuldaer Bischofskonferenz diese Entscheidung mitteilte und zugleich versicherte, damit sei die ganze Angelegenheit für ihn erledigt. »Nachdem Rom ... gesprochen hat, steht die Sache nicht mehr bei uns. Ich persönlich bin sehr froh«, so fügte er noch hinzu, »daß ich damit jeglicher Verantwortung enthoben bin.«[95]

Es war allerhöchste Zeit für diese Klarstellung. Denn eine Spaltung des deutschen Episkopats in dieser Frage hatte in unmittelbarer Nähe gelegen. Noch am 22. November hatte Bertram mit allen Anzeichen der Verärgerung den deutschen Bischöfen mitgeteilt, er habe gehört, daß vier Bischöfe entschlossen seien, die katholischen Jugendverbände fallenzulassen. Ob dies nicht Verrat an der Jugend, Preisgabe des Konkordats »und ein désaveu an den Heiligen Vater«[96] sei? Aus den erbetenen Antworten ging hervor, daß Faulhaber tatsächlich unter dem Druck der bayerischen Verhältnisse bereits einen Einordnungsvorschlag ausgearbeitet hatte.[97] Eine Zurücknahme der Jugendverbände auf das rein religiöse Gebiet schlug der Erzbischof von Bamberg vor[98], während sein Amtskollege aus Paderborn dagegen unter Berufung auf das Reichskonkordat in ungwöhnlich scharfer Form verlauten ließ, er halte sich für verpflichtet, »für den Fortbestand der katholischen Jugendverbände ohne Ausnahme mit aller Kraft einzutreten«.[99] Allen Äußerungen gemeinsam aber war die tiefe Sorge um die Einigkeit des Episkopats.

Mit der Entscheidung Roms war diese Diskussion zunächst beendet. Dafür aber lag nun erneut die ganze Verantwortung bei der Kurie.

In der Tat bestand für Pacelli inzwischen eine Fülle von Gründen, die die Wiederaufnahme der im Oktober unterbrochenen Verhandlungen mit Buttmann dringend erforderlich erscheinen ließen. In Berlin jedoch zeigte man nach dem 12. November keinerlei besondere Eile mehr. Nachdem eine entsprechende Anfrage des deutschen Botschafters vom 23. November ohne Echo geblieben war, gab ihm Pacelli am 3. Dezember deutlich zu verstehen, daß die

Geduld der Kurie allmählich erschöpft sei. Nun gingen die Dinge schneller. Schon drei Tage später teilte das Auswärtige Amt dem Botschafter mit, daß Buttmann nächste Woche in Rom eintreffen werde.[100] Pacellis Wunsch freilich, Buttmann möge mit einer Bevollmächtigung für den Abschluß einer endgültigen Vereinbarung ausgestattet werden, ging nicht in Erfüllung. Vielmehr wurde der deutsche Botschafter schon vorab vertraulich vom Außenminister unterrichtet, mit abschließenden Vereinbarungen sei nicht zu rechnen; es sei zunächst noch »klärende Aussprache über einige wichtige Punkte unter Berücksichtigung Gesamtlage erforderlich«. Zugleich deutete Neurath an, daß Buttmann eine Überraschung mitbringen werde: nämlich die Nachricht, daß die Reichsregierung beabsichtige, im Blick auf die bevorstehende Verfassungsreform »schon in naher Zukunft in Verhandlungen über ein neues Reichskonkordat unter Beseitigung Länderkonkordate einzutreten«.[101]

Damit waren die von der deutschen Kirche so sehnlich erwarteten Verhandlungen in eine unverbindliche »klärende Aussprache« verwandelt und zugleich um ein Thema bereichert worden, das auf kurialer Seite nur Überraschung und Verwirrung auslösen konnte. Das Ganze erwies sich als ein ungewöhnlich geschickter diplomatischer Schachzug. Denn es gelang Buttmann auf diese Weise tatsächlich, die befürchtete öffentliche Erklärung des Papstes gegen das Dritte Reich abermals abzuwenden, ohne dafür irgendein nennenswertes Zugeständnis einräumen zu müssen.

Der deutsche Unterhändler begann die Verhandlungen am 18. Dezember mit einer Erklärung über den freundschaftlichen Charakter seines Besuches. Es liege der Reichsregierung daran, die Befürchtungen der Kurie zu zerstreuen. Die konkreten Fragen der Auslegung und des Vollzugs würden freilich nach Meinung des Führers »am besten im Zusammenhang mit den ohnehin in nächster Zeit bevorstehenden Verhandlungen über ein neues Reichskonkordat« beantwortet werden. Pacelli erwiderte erwartungsgemäß, der Heilige Vater sei »über die Lage in Deutschland sehr beunruhigt«. Er habe ihm noch heute morgen erklärt, er müsse in seiner Weihnachtsansprache »unbedingt auf Deutschland zu sprechen kommen«. Wenn er – Pacelli – »nur irgend etwas Erfreuliches vorlegen könnte«, so glaube er, »daß die Stimmung des Papstes dadurch verbessert würde«. Damit waren die Verhandlungspositionen abgesteckt. Pacelli brachte daraufhin eine Reihe von Beschwerden zur Sprache, an der Spitze die Zustände in Bayern und die Schwierigkeiten um den Artikel 31. Buttmann antwortete nicht ungeschickt, diese Schwierigkeiten lägen zum Teil an den katholischen Verbandsführern, die noch immer die gleichen seien, die die Bewegung lange Jahre bekämpft hätten. Dies erzeuge Unruhe und Mißtrauen. Es sei im Interesse der Kirche sicher besser, wenn eine »Erneuerung der Führung« und eine »Vereinheitlichung des katholischen Vereinslebens« durchgeführt würde. Während der Kardinalstaatssekretär in diesen Punkten offensichtlich keine konkreten Zusagen erwartete, machte er bei anderen deutlich, daß der Papst hier eine Entscheidung verlange. Es handelte sich vor allem um die Berliner Bischofswahl, die Anwendung des Arierparagraphen auf katholische Lehrer, die Befreiung katholischer Theologiestudenten vom SA-Dienst und die Weitergeltung bestimmter Verpflichtungen aus den Länderkonkordaten. Buttmann versprach, sich telefonisch in Berlin zu erkundigen und dem Kardinalstaatssekretär am nächsten Vormittag Antwort zukommen zu lassen. Tatsächlich traf Hitler noch am gleichen Tag die entsprechenden Entscheidungen. So konnte Buttmann am 19., wie versprochen, eine kurze Note überreichen, in der mit Ausnahme des Arierparagraphen – darüber schwieg sich das Dokument aus – alle unmittelbaren Wünsche der Kurie erfüllt wurden.[102] Im Blick auf die Lage der Kirche in Deutschland war damit gewiß nichts Wesentliches gewonnen. Und doch mußte es erneut so scheinen, als könne man mit der Reichsregierung durchaus verhandeln und als ließe sich mit Geschick und Hartnäkkigkeit vieles erreichen.

Nachhaltig bestärkt in dieser Überzeugung wurde Pacelli gleichzeitig wiederum von all denjenigen, die im Frühjahr und Sommer den Abschluß des Konkordats betrieben hatten – allen voran Kaas. Ein langer Brief des Prälaten an seinen Freund Gröber kurz vor Weihnachten gab einen guten Einblick in diese Seite der römischen Szene. Auch wenn dieser Brief möglicherweise mehr für die Augen des staatlichen Zensors als für die des Freundes bestimmt war, gab er die Lage wohl zutreffend wieder. Selbst Robert Leiber, so berichtete Kaas »streng vertraulich« nach Freiburg, dränge jetzt »zu starken Aktionen des Vatikans«. Seine eigene Situation aber sei so unglücklich wie nur möglich. »Damals wurde von allen Seiten erklärt«, schrieb er im Blick auf die Konkordatsverhandlungen, »der Heilige Stuhl solle sich die Mühe eines Vertragsabschlusses doch gar nicht machen, da er es mit berufsmäßigen Vertragsbrechern zu tun habe. Heute haben die Leute, die damals – Gott sei Dank, ohne Erfolg – so argumentierten, scheinbar gute Tage und weisen hämisch auf die Schwierigkeiten und Verschleppungen hin, die der Konkordatsausführung erwachen sind und erwachsen. Ich leide unter dieser Situation, wie Dir ohne weiteres klar sein wird, ungeheuer.«[103] Um so wichtiger sei der Besuch ihres gemeinsamen Freundes Albert Hackelsberger gewesen, der »seine Sache ausgezeichnet gemacht« habe.

In der Tat galt der ehemalige Zentrumsabgeordnete – gewiß nicht zuletzt auf Empfehlungen von Gröber und Kaas hin – bei Pacelli offenbar als besonders vertrauenswürdiger Informant über die politische Lage. Was Hackelsberger sich jedoch über »die Machtverhältnisse in Deutschland« notiert hatte, zeigte nur, wie schnell die Entwicklung über die alten Politiker hinweggegangen war und wie wenig gerade Hackelsberger von der neuen politischen Wirklichkeit in Deutschland begriffen hatte. Die Zentralregierung, so versicherte er nämlich dem Kardinalstaatsekretär, könne sich noch nicht in allem durchsetzen und laviere herum, um die Reichsreform unter Dach zu bekommen, die ihr erst die Vollzugsgewalt geben könne, die sie brauche. »Wenn vor Abschluß dieses Prozesses«, so lautete Hackelsbergers Schlußfolgerung, »vor allem jetzt, eine den Kanzler und die Protestanten und kirchenfeindlichen Kreise irritierende Stellungsnahme Roms erfolgt, wird die Wirkung die sein, daß die Widerstandskraft der Zentralregierung gegen diese negativen Kräfte in gefährlicher Weise geschwächt wird. Die Kirchenfeinde werden sich freuen und alles daran setzen um den Kanzler, der trotz mancher beklagenswerten Schwäche nicht ohne guten, einem Kulturkampf abgeneigten Willen ist, in ihr Lager zu zerren.« Hitler, so krönte er seine Ausführungen mit einem Vergleich, sei Kerenski, und »mehr wie ein Lenin« lauere hinter den Kulissen. Tiefer und verhängisvoller konnte man die Lage in Deutschland kaum mißverstehen. Und nicht weniger verheerend war auch das Mißverständnis der Entwicklung im deutschen Protestantismus, von dessen Auseinandersetzungen sich Hackelsberger »für den deutschen Katholizismus Zukunftsmöglichkeiten von unter Umständen wertvoller Art« erhoffte. Ein hartes Wort Roms »würde starker Voraussicht nach die in heilsamem Kampf befindlichen Geister einigen im Kampf gegen den ›römischen Erbfeind‹...«[104]

Die Entscheidung Roms, alle Konkordatsverhandlungen grundsätzlich selbst in der Hand zu behalten, zeigte hier ihre Kehrseite. Denn Pacelli wurde damit abhängig von Informanten, deren Auswahl mehr durch Gunst und Zufall bestimmt wurde als durch Kenntnis und Verantwortung. Und es lag für den Schöpfer des Konkordats nahe und war nur menschlich, daß er jenen Stimmen mehr Gehör schenkte, die auf Ausgleich und weitere Verhandlungen drängten als jenen, die ein deutliches Wort des Papstes forderten.

So blieb der Erfolg der verschiedenen diplomatischen Bemühungen von dieser Seite nicht aus. In seiner mit Spannung erwarteten Weihnachtsansprache vor den Kardinälen schwieg Pius XI. über die deutschen Zustände. Lediglich ein Hinweis auf das Sterilisierungsgesetz verriet die Unzufriedenheit des Heiligen Stuhls.

Die Tatsache, daß der Papst am Jahresende dem deutschen Botschafter sehr deutlich zu verstehen gab, daß ihn die Nachrichten aus Deutschland mit Schmerz und Sorge erfüllten, war für das öffentliche Wort kein Ersatz.[105] Und auch ein ungewöhnlich offener Hirtenbrief der österreichischen Bischöfe vom 21. Dezember konnte das Schweigen nicht ausgleichen – im Gegenteil. Denn wenn es darin hieß, das Urteil über die Beachtung und Durchführung des Reichskonkordats stehe zwar dem Heiligen Stuhle zu, aber »alle Welt« wisse, »welch gespannte Verhältnisse zwischen Staat und Kirche im Deutschen Reich« herrschten und »zu welchen ernsten Besorgnissen« sie berechtigten,[106] so mußte dies erst recht die Frage nach dem Schweigen des Papstes auslösen. Und überdies gaben solche Äußerungen der deutschen Seite die Möglichkeit, sich über eine »unerhörte Einmischung österreichischen Episkopats in innerdeutsche Verhältnisse und deutsche bzw. deutsch-vatikanische Angelegenheiten« zu beschweren.[107]

Was ein scharfes und deutliches Wort des Papstes zur nationalsozialistischen Weltanschauung und zu den Rechtsbrüchen der Regierung Hitler am Jahresende 1933 für die deutschen Katholiken bedeutet hätte, kann man nur ahnen. Gewiß hätte es die faktischen Verhältnisse kaum verändert. Aber ebenso gewiß wäre es für zahlreiche treue Katholiken im Klerus und unter den Laien eine Stärkung gewesen und ein Ansporn, sich wenigstens innerlich dem Sog der Gleichschaltung auch weiterhin zu entziehen.

Sicher ist, daß das Schweigen des Papstes von der deutschen Botschaft als Sieg gefeiert wurde. Auch wenn Bergen seine Verdienste etwas allzustark herausstrich, war offenkundig, daß ihn die Abwehr des »vatikanischen Offensivplanes (scharfe Protestnote des Kardinalstaatssekretärs und darauf folgende öffentliche Kundgebung des Papstes)« mit großer Genugtuung erfüllte. Jetzt könne man, so berichtete er dem Außenminister in einem persönlichen Schreiben, »mit einigen Wochen relativ gehaltener Ruhe rechnen«, und er empfehle, »nunmehr aus der Defensive herauszutreten und eine längere Abwehrnote an den Kardinalstaatssekretär zu veranlassen«.[108] Schon am 12. Januar hielt der Botschafter daraufhin den Text eines Memorandums in der Hand, das weithin seinem Vorschlag entsprach. Mit geschliffenen Formulierungen wies die Reichsregierung hier alle Beschwerden des Vatikans zurück. Der Schlußabschnitt war zweifellos ein Meisterstück politisch-diplomatischer

Formulierungskunst und zugleich ein Beispiel, wodurch man auf deutscher Seite beim Vatikan Eindruck zu machen hoffte. »Der in der Geschichte einzig dastehende disziplinierte Verlauf der nationalen Revolution in Deutschland«, so lautete dieser Schlußabschnitt, »läßt das Ausland nur zu leicht ihre große Tiefe und Breite übersehen. Die Ziele des Nationalsozialismus sind weit gesteckt; seine gewaltigen Aufgaben von säkularer Bedeutung für Deutschland und den allgemeinen Frieden lassen sich nur in zähem Ringen und längerem Zeitablauf verwirklichen. Daß bei diesem ungeheuren Neubau gerade im ersten Stadium Steine von den Gerüsten gefallen sind und Vorübergehende verletzt haben, war unvermeidlich. Die Geschädigten sind zu beklagen; es wird versucht, ihre Wunden zu heilen. Aber der Blick muß sich über diese bedauerlichen Einzelfälle hinaus auf die Zukunft richten. Das gleiche gilt nach der Absicht der Reichsregierung für das Konkordat und dessen Ausführung, der sie stets vollste Aufmerksamkeit und Beachtung schenken wird.«[109]

Gewiß ließ sich Pacelli den Blick für die deutsche Wirklichkeit dadurch nicht vernebeln. Aber die Neigung, diese Wirklichkeit tatsächlich in einem größeren Zusammenhang zu sehen und ihr diplomatisch zu begegnen – eine Neigung, die in der Zentrale der Weltkirche besonders nahe liegen mußte – wurde durch solche Noten zweifellos gestärkt.[110]

Ein Briefwechsel am Jahresende zwischen Gröber und Pacelli machte noch einmal einige wesentliche Aspekte der deutsch-römischen Beziehungen in dieser Zeit deutlich. Am Ende eines längeren Berichtes über die Lage stellte Gröber »die entscheidende Frage«, welche Methode die richtige sei, »die der Distanz und des vorsichtigen Abwartens oder die der Annäherung und positiven Mitarbeit, soweit es überhaupt die katholischen Grundsätze erlauben«. Gröber ließ keinen Zweifel daran, daß er für den zweiten Weg eintrat und gab zugleich der Hoffnung Ausdruck, »daß wir die Paßhöhe der Schwierigkeiten überschritten haben, und daß der vom Erdbeben zitternde Berg langsam wieder sich beruhigt«.[111] In seiner Antwort ließ Pacelli erkennen, daß er in der »entscheidenden Frage« Gröbers Überzeugung teilte. Der Nuntius in Berlin habe den Auftrag erhalten, so schrieb der Kardinalstaatssekretär, »eine endgültige Lösung wegen der konkordatsgeschützten Vereinigungen in die Wege zu leiten und bezüglich der Neuaufstellung der sog. Listen eine Form zu finden, welche den Wünschen der Regierung ohne Schädigung des kirchlichen Sachinteresses« entgegenkomme. Im Blick auf die Auseinandersetzungen im deutschen Episkopat erklärte der Leiter der vatikanischen Politik, es könne in solchen Zeiten nicht ausbleiben, »daß bezüglich der jeweils anzuwendenden Methoden gelegentlich auch Meinungsnuancen bei solchen Persönlichkeiten auftreten, deren Treue zur Kirche und Ergebenheit gegen des Heiligen Stuhls oberste Autorität außer allem denkbaren Zweifel ist«. Eben darum aber müsse der Heilige Stuhl jetzt »mit besonderem Nachdruck die Einheitlichkeit des Handelns wahren«.[112] Damit war noch einmal festgestellt, woran schon das ganze Jahr 1933 hindurch kein Zweifel möglich war: Pacelli hielt die deutsche Frage insgesamt für eine Causa maior, über die allein in Rom entschieden werden konnte.

Bei soviel Optimismus, Diplomatie und höheren Gesichtspunkten war es gut, daß doch an einer Stelle im katholischen Deutschland auch der grundsätzliche Widerspruch öffentlich laut wurde, der zwischen dem christlichen Glauben und der nationalsozialistischen Weltanschauung bestand. In fünf Predigten, vom 1. Advent bis Silvester, nahm Kardinal Faulhaber in der größten Kirche Münchens, St. Michael, Stellung zum Verhältnis von Judentum, Christentum und Germanentum. Der Münchner Kardinal war für diese Aufgabe zweifellos besser gerüstet als andere. Er hatte Entstehung und Aufstieg der Bewegung an Ort und Stelle unmittelbar beobachten können und war sich über ihren völkisch-religiösen Kern durchaus im klaren. Trotz Hitlers kirchenpolitischer Grundentscheidung, die diesen Kern für viele immer mehr verdeckte, hatte Faulhaber noch Ende 1930 den Nationalsozialismus eindeutig als eine »Häresie« bezeichnet, die »mit der christlichen Weltanschauung nicht in Einklang zu bringen« sei.[113] Nun, drei Jahre später und in einer völlig veränderten Situation, wiederholte der Kardinal dieses Urteil in der Gestalt einer Verteidigung des Alten Testaments. Gerade im Blick auf die Vorgänge im Berliner Sportpalast, die in diesen Tagen den deutschen Protestantismus erschütterten,[114] war er sich bewußt, daß es dabei nicht nur um eine christkatholische Position, sondern um das Christentum überhaupt ging. Angesichts der gespannten konfessionellen Lage in Deutschland war es ganz ungewöhnlich, daß ein deutscher Kardinal über den Zaun der Konfessionen hinwegsah und erklärte: *»Wir reichen den getrennten Brüdern die Hand,* um gemeinsam mit ihnen die Hl. Bücher des alten Testamentes zu verteidigen ...« Mochte, wie Faulhaber in der vierten Predigt sagte, ein Sturm durch Deutschland brausen, »der die Hl. Schriften, weil sie Judenbücher seien, vom deutschen Boden wegfegen« sollte, so sei er überzeugt, daß dieser Sturm »eher bei allen Bekenntnissen ein heiliges Feuer neuer Begeisterung für die Hl. Bücher entzünden« werde. »Unsere getrennten Brüder«, so fuhr er fort, »knien nicht mit uns an der

Kommunionbank. *Gläubiges Betrachten im hl. Evangelium aber ist geistige Kommunion mit unserem Herrn und Heiland.*«[115]

Gewiß waren nicht alle Argumente, die Faulhaber für die religiösen, die sittlichen und die sozialen Werte des Alten Testamentes anführte, von gleichem Gewicht. Aber worauf das Ganze hinauslief, nämlich mit der Verteidigung des Alten Testaments zugleich die Grundlehre des Nationalsozialismus, die Rassenlehre, zu verurteilen, das war doch – trotz Faulhabers Unterscheidung zwischen dem vorchristlichen und nachchristlichen Judentum – von Anfang an deutlich genug. So machte der Kardinal schon in der ersten Predigt klar, daß das Alte Testament vom Neuen Testament her zu deuten sei. Damit aber seien Blut und Rasse für den Christen nicht mehr entscheidend. Denn es sei offenkundig, daß Christus die »Blutsbeziehungen« ablehne und »Glaubensbeziehungen« fordere. Die Frage laute also nicht: »Wurde Christus als Jude oder als Arier geboren?« Die Frage laute vielmehr: »Sind wir durch Taufe und Glauben in Christus eingegliedert? ›In Christus Jesus hat weder das Judesein an sich einen Wert, noch das Nichtjudesein, sondern nur die neue Schöpfung‹ (Gal. 6.15). Das Alte Testament war auf Blutsbeziehungen, das Neue Testament ist auf Glaubensbeziehungen aufgebaut. Schwerer« – und hier griff der Kardinal Artur Dinters bekannten antisemitischen Titel auf – »als ›die Sünde wider das Blut‹ ist die Sünde wider den Glauben.«[116]

In der letzten Predigt am Silvesterabend, die sich speziell mit der Frage »Christentum und Germanentum« befaßte, wiederholte der Kardinal diesen Gedanken noch einmal und spitzte ihn zu einer einprägsamen Formulierung zu. »In der Fülle der Zeiten . . .«, so sagte er, »wurde das Rassendogma« – nämlich das Rassendogma des Alten Testaments – »durch das Glaubensdogma abgelöst. An der Krippe von Bethlehem haben sich Juden und Heiden, Hirten aus dem Judenland und Weise aus dem Morgenland eingefunden. Im Reiche dieses Kindes gibt es nach dem Wort seines Herolds ›keinen Unterschied zwischen Juden und Hellenen, ein und derselbe ist Herr für alle‹ (Röm. 10,12).« Und für keinen unter den Tausenden, die dicht gedrängt diesen Predigten folgten, konnte irgendein Zweifel sein, was der Kardinal meinte, wenn er in diesem Zusammenhang schließlich sagte: »Wir dürfen aber niemals vergessen: *Wir sind nicht mit deutschem Blut erlöst.* Wir sind mit dem kostbaren Blut unseres gekreuzigten Herrn erlöst. (1. Petr. 1.19).«[117]

Das Echo auf diese Predigten war ganz außerordentlich groß. Neben St. Michael füllten sich Sonntag für Sonntag auch die beiden nächstliegenden Kirchen, Studienkirche und Bürgersaal, die durch Lautsprecher angeschlossen waren. Die gedruckten Einzelpredigten fanden reißenden Absatz – Anfang Februar waren bereits 150 000 Exemplare verbreitet – ebenso wie das Büchlein, das »durch ungezählte Nachfragen von nah und fern« notwendig wurde.[118] Einen lebendigen Eindruck von der Wirkung der Faulhaberschen Adventspredigten vermittelte auch ein geheimer Lagebericht des Chefs des Sicherheitsamtes des Reichsführers SS vom Mai/Juni 1934, der einen beträchtlichen Teil seiner Vorwürfe gegen die katholische Kirche aus diesen Predigten bezog. Der Kardinal werde, so behauptete der Bericht sogar, »allgemein als der geistige Führer des katholischen Widerstandes gegen den nationalsozialistischen Staat angesehen, besonders in der Auslandspresse ... Seine gelegentlichen Mahnungen an den Klerus, ›mit dem Staat zusammenzuarbeiten‹« fielen »nicht ins Gewicht gegenüber der aufhetzenden Wirkung seiner Adventspredigten über das Judentum und besonders seiner Silvesterpredigt über Germanentum«.[119]

Mit dieser Behauptung freilich hatte Himmlers Sicherheitsamt unrecht. Der Kardinal wollte sich »keineswegs auf einen grundsätzlichen oppositionellen Kurs festlegen lassen«. Er dachte es sich vielmehr als Geste der Vermittlung, wenn er das Honorar für die gedruckten Predigten in Höhe von RM 700.– dem Winterhilfswerk zur Verfügung stellte.[120]

So bot, trotz aller Unterschiede im Episkopat, der deutsche Katholizismus am Jahresende ein Bild der Geschlossenheit. Es war eine Geschlossenheit, die sich im wesentlichen an der Politik des Heiligen Stuhls orientierte, durch Verhandlungen mit Hitler doch noch zu einem Ausgleich der Interessen zu kommen.

Diese Politik war ein Irrtum.

Aber sie war nicht allein ein Irrtum des Heiligen Stuhls.

Sie war der Irrtum Europas.

12. KAPITEL

DIE REICHSKIRCHE ZWISCHEN ILLUSION UND WIRKLICHKEIT (OKTOBER–NOVEMBER)

Die Ämter des preußischen Landesbischofs und des deutschen Reichsbischofs machten Ludwig Müller zur wichtigsten kirchenpolitischen Figur des deutschen Protestantismus. Seine erstaunliche Karriere sagte freilich mehr über Hitlers Autorität als über seine eigene. Denn alles, was Ludwig Müller geworden war, verdankte er allein seinen persönlichen Beziehungen zu Hitler. Und die Tatsache, daß sich in Wittenberg trotz aller Erfahrungen mit dem schwachen und unzuverlässigen Mann niemand mehr seiner Kandidatur zu widersetzen wagte, zeigte eben auch, in welchem Maße Deutschland zwischen April und September 1933 auch innerlich zu einem Führerstaat geworden war.

Zugleich jedoch war Ludwig Müllers Wahl der Ausdruck einer Überzeugung, die in diesen Tagen große Teile des deutschen Protestantismus bis weit in die Kreise der Jungreformatoren hinein teilten. Es war die Überzeugung, daß Hitler selbst und mit ihm Staat und Partei des Dritten Reiches die Arbeit einer deutschchristlichen evangelischen Kirche wirklich wünschten und wollten. Hossenfelder hatte diese Überzeugung auf der ersten Reichstagung im April auf die knappe Formel gebracht: »Der Staat Adolf Hitlers ruft nach der Kirche. Die Kirche hat den Ruf zu hören.«[1] Den ganzen Sommer hindurch hatte sich diese Überzeugung genährt von Hitlers Bekenntnissen zum Christentum, von seinen Bemühungen um eine Einigung der evangelischen Kirche, vom Eintreten der Partei für die Deutschen Christen und dem Kirchgang ihrer Formationen, vom Kampf gegen Schmutz und Schund und von vielem anderen. Und das alles schien ja nur der Anfang eines mächtigen deutschen und christlichen Neubeginns zu sein.

Die wenigen Monate bis zum Jahresende 1933 jedoch sollten zeigen, daß diese Überzeugung nichts als eine grandiose Illusion war. Als sie im Spätherbst Stück für Stück zerbrach, zerfiel darum auch die Glaubensbewegung und mit ihr zugleich der Traum von der neuen deutschen Kirche. Die Reichskirche scheiterte nicht am Widerstand der Bekennenden Kirche. Sie scheiterte am illusionären Charakter ihrer Konzeption.[2]

Ende September freilich war von all dem noch keine Rede. Im Gegenteil: Viele Zeichen schienen auf eine große Zukunft der Kirche im Dritten Reich hinzudeuten. Am meisten Eindruck machte in diesem Zusammenhang das Ansteigen der Kircheneintritte. In der zweiten Jahreshälfte begann sich die Wendung der Partei zur Kirche auch zahlenmäßig sichtbar auszuwirken. Die Kirchenaustrittsbewegung, ein Alptraum der Kirchenleitungen seit 1919, schlug jäh um in eine Kircheneintrittsbewegung. In Thüringen etwa wuchs die Zahl der Kircheneintritte von rund 6300 im ersten Halbjahr auf 11 700 im zweiten Halbjahr. Das waren zusammen 18 000 Menschen, die sich der evangelischen Kirche zuwandten – fast neunmal mehr als im Jahr zuvor. Entsprechend ging die Zahl der Austritte, die 1932 noch 5300 betragen hatte, auf 1800 zurück. In Sachsen drängten in diesem einen Jahr fast 10 000 Menschen in die Kirche zurück; die Zahl der Kirchenaustritte fiel von 28 000 auf 8000. Und selbst im kirchlichen Bayern, das keine vergleichbare Austrittsbewegung gekannt hatte, verdoppelte sich doch die Zahl der Eintritte.[3] Viel zitiert und kolportiert wurden auch die erstaunlichen Nachrichten von Massentaufen und Massentrauungen, die namentlich aus Berliner Großstadtgemeinden kamen. Am 26. August etwa meldete die Gemeinde Pankow die Trauung von 147 Paaren in der Alten Kirche und in der Hoffnungskirche; am 10. September waren es in Wittenau 32, am 17. in Johannisthal 34 Ehepaare, die gemeinsam die kirchliche Trauung nachholten. Am 23. September wurden in der Passionskirche in dem nicht gerade als besonders kirchlich bekannten Neu-Kölln 117 Kinder der 83. Volksschule gemeinsam getauft. Dabei geschah, was in der republikanischen Zeit tatsächlich kaum denkbar gewesen wäre: An der großen Tauffeier nahmen neben den Eltern und Paten auch die Rektoren und Schulräte teil. Und immer wieder hieß es wie im Bericht über den Erntedankgottesdienst in Friedenau, daß seit 15 Jahren der Andrang nicht so stark gewesen sei wie zu dieser Feier: Die Kirche »war weit vor Beginn derart überfüllt, daß mehr als 400 Besucher nicht mehr hineingelassen werden konnten«.[4]

Es ist schwer zu sagen, was in den Menschen und in den Gemeinden damals wirklich vorging. »Ganz unbezweifelbar«, so meinte Walter Birnbaum aus der Arbeit der Volksmission, »bezeugten allein schon die Berichte meiner Mitarbeiter aus allen Gegenden Deutschlands: es hat in der Öffentlichkeit ein starker, echter Zug zur Kirche hin eingesetzt – und diese alten Volksmissionskämpfer waren kritische Männer und wußten Weizen und Spreu, echtes Leben und oberflächlichen Schein sehr wohl zu unterscheiden.«[5] Aber es gab eben auch ganz andere Erfahrungen. So schrieb zur gleichen Zeit, am 1. September, der Hamburger Pastor Windfuhr seinem jungen deutschchristlichen Freund Dietrich, er könne sich ja vorstellen, wie die Dinge in Hamburg lägen. »Von einer ›Glaubensbewegung Deutsche Christen‹ ist hier natürlich nicht von ferne die Rede. Mein junger Kollege Fischer quält sich redlich ab, mit einem halben Dutzend zu diesem Zweck mühsam gesammelter Mannen wenigstens die Fiktion einigermaßen aufrecht zu erhalten.« Und tief resigniert fügte Windfuhr hinzu: »Im und am Nationalsozialismus hat das evangelische Kirchentum Pleite gemacht; daran helfen die verschiedenen Morphiumspritzen in Gestalt von Lutherfeiern etc., die eine neue Lebensblüte vortäuschen sollen, nicht das Geringste. In dem Augenblick, als die SA durch das Turmportal einzog, um die Kirche zu ›erobern‹, floh Gott hinten aus der Sakristeitür. Nun hat er sich in die Synagoge zurückgezogen als in die einzige gottesdienstliche Stätte, wo das Hakenkreuz nicht regiert.«[6]

Im September stand dies beides in der evangelischen Kirche noch nebeneinander: Hoffnung und Skepsis, Begeisterung und Resignation, Illusion und Wirklichkeit. Die Mehrheit aber hielt sich zweifellos an die Illusion: an das bunte Leben, an die Fackeln, Fahnen, Feiern und Aufmärsche und nicht zuletzt an die kirchliche Statistik.

Auch der Reichsbischof durfte sich, als er am 28. September von Wittenberg nach Berlin zurückkehrte, im Vertrauen auf seinen politischen Rückhalt und umrauscht vom Jubel der Massen auf der Höhe der Zeit glauben. Der Staatssekretär in der Reichskanzlei übergab ihm persönlich ein Telegramm mit den herzlichen Glückwünschen Hitlers. Und der preußische Kultusminister versicherte dem Neugewählten »in treuer Verbundenheit«: »Sie wissen, daß ich die Schwere Ihrer Aufgabe kenne. Ich werde Ihnen von meiner Stelle aus helfen, so viel ich kann.«[7]

Am Abend dieses Tages veranstaltete die evangelische Jugend Berlins zusammen mit den Deutschen Christen, den Freikirchen und der Heilsarmee eine Großkundgebung für den neuen Reichsbischof. Es war eine Art Gegenstück zur katholischen Konkordatsfeier in St. Hedwig, mit der die Woche begonnen hatte. 22000 Menschen, darunter etwa 16000 junge Männer und Mädchen, zogen »unter klingendem Spiel und wehenden Sturmfahnen und Wimpeln« an Ludwig Müller vorbei. Und es gab genau die illusionären Hoffnungen jener Tage wieder, wenn der Reichsführer der evangelischen Jugend, Erich Stange, in seiner Ansprache dem Reichsbischof dafür dankte, »daß Sie uns die fast unvorstellbare Aufgabe gezeigt haben, Deutschlands junge Generation für das Evangelium der Reformation zurückzugewinnen. Wohlan denn, Herr Reichsbischof«, so rief Stange aus, »die evangelische junge Mannschaft steht zum Einsatz bereit. Schon rüsten wir hin und her durch das Werk allenthalben auf eine große jugendmissionarische Woche im November ... Sie aber, unser Reichsbischof, der aus den treuen Händen unseres Gottes diesen Auftrag empfing, tragen wir mit der Fürbitte der jungen Herzen unserer Kirche und legen sie tief, tief hinein in unseren Gruß Sieg Heil!« Darauf folgte, wie es in dem Bericht hieß, die in atemloser Stille von den gewaltigen Massen angehörte Rede des Reichsbischofs.[8] Auch hier war das Ende der Illusionen nicht fern. Ein Vierteljahr später war Stange abgesetzt und das evangelische Jugendwerk von Ludwig Müller an die Hitlerjugend ausgeliefert.

Unmittelbar darauf begann das Geistliche Ministerium der Deutschen Evangelischen Kirche mit seiner Arbeit. Schon der erste Beschluß dieses Gremiums war für das Verständnis, das die Kirchenleitung der Reichskirche von sich selbst und von ihrer Aufgabe hatte, überaus charakteristisch. Angesichts der Frage, welchen Namen die kirchliche Gesamtbehörde in Zukunft führen sollte, kam das Gremium überein, dem Geistlichen Ministerium die Beziehung »Reichskirchenkabinett« und der ganzen Behörde die Bezeichnung »Reichskirchenregierung« zu geben. Die Mitglieder hießen dementsprechend »Kirchenminister« – ein Titel, den sich Ludwig Müller später persönlich vom Reichsinnenminister genehmigen ließ.[9] Die Wahl dieser Bezeichnung hätte nicht anspruchsvoller ausfallen können. Die Parallelen zwischen Reichskabinett und Reichskirchenkabinett, Reichsregierung und Reichskirchenregierung, Reichsminister und Kirchenminister sollten offensichtlich auch nach außen hin zum Ausdruck bringen, daß Reich und Kirche in ein neues, ebenbürtiges, wechselseitig anerkanntes Verhältnis getreten waren, und daß sich auch die Vertreter der Reichskirchenleitung als hohe Amtsträger des Reiches betrachteten.

Sehr schnell schälten sich auch die vier Aufgaben heraus, die die Reichskirche vordringlich in Angriff zu nehmen hatte. Das wichtigste war ohne Zweifel die Beendigung der innerkirchlichen Auseinandersetzungen. Dann mußte zur Vereinheitlichung der Kirche die Reform der landeskirchlichen Verfassungen vorangetrieben und außerdem die Finanzierungsfrage der Reichskirche gelöst werden. Und schließlich sollte die große, einheitlich gesteuerte Volksmission beginnen, die »Durchmissionierung« der Deutschen, die für Ludwig Müller und die ganze Glaubensbewegung das eigentliche Ziel des deutschchristlichen Aufbruchs darstellte.

Wenn Ludwig Müller zunächst vor allem die innerkirchlichen Auseinandersetzungen beizulegen versuchte, so hatte das seine guten Gründe. Denn in Hitlers Augen lag der ganze Sinn der zurückliegenden Entwicklung allein im Ziel einer geeinten, befriedeten und staatstreuen evangelischen Kirche, die seine Herrschaft stabilisieren und zugleich ein Gegengewicht gegen den politisch unsicheren Katholizismus bilden sollte. Unruhe, Streit und Auseinandersetzungen in der Kirche waren gewiß das letzte, was der Reichskanzler wünschte und brauchen konnte, und Ludwig Müller wußte das sehr genau.

So fiel eine entsprechende Anregung, die Anfang Oktober aus dem Reichsinnenministerium kam, auf fruchtbaren Boden. Der Staatssekretär dieses Ministeriums, Pfundtner, hatte schon Ende Juli ein Schreiben des Führers der Vereinigten Vaterländischen Verbände Deutschlands, des damals bekannten Generals Graf Rüdiger von der Goltz, erhalten, in dem der Kirchenstreit lebhaft beklagt wurde, weil er »unser Volk, das gerade jetzt nach außen zusammenstehen sollte, gespalten und untereinander erbittert verfeindet« habe. »Für den Frieden in unserer evangelischen Kirche«, so fuhr von der Goltz fort, »erbitte ich dringend, daß den Pfarrern, die aus innerer religiöser Überzeugung sich bisher der Glaubensbewegung Deutsche Christen nicht anschließen konnten – und zwar ganz wesentlich wegen ihres Mißbrauchs durch unchristliche Elemente – daß diese Geistlichen keinen Nachteil in ihrer amtlichen Tätigkeit erfahren.« Gerade diese Geistlichen, die aus Überzeugung keine Opportunisten geworden seien, gehörten zu den wertvollsten Pfarrern und stünden durchweg dem neuen Staat »freundlich und mitarbeitend gegenüber«. Dieses Schreiben übermittelte Pfundtner jetzt dem Reichsbischof zu seinem Amtsantritt und fügte hinzu, daß »ein Wort aus diesem Munde« gewiß erste Beachtung verdiene.[10] Ludwig Müller reagierte prompt. Schon am folgenden Tag – es war der 11. Oktober – erließ er eine »Kundgebung für den gesamten Pfarrstand«, die die Anregung aus dem Reichsinnenministerium wörtlich aufnahm. »Unsinnige Gerüchte«, so hieß es in dieser schnell bekannt gewordenen Erklärung, »wollen wissen, daß demnächst eine Welle von Absetzungen und Versetzungen über die deutsche Pfarrerschaft hereinbrechen werde. Insbesondere wird erzählt, es seien alle diejenigen Pfarrer gefährdet, die nicht der Glaubensbewegung Deutsche Christen zugehören. Ich erkläre dazu folgendes: Diese Gerüchte stellen eine außergewöhnlich böswillige Irreführung der öffentlichen Meinung dar ... Ich werde niemals zulassen, daß irgend jemand einen Nachteil erleidet, nur weil er nicht ›Deutscher Christ‹ ist ... Ich wiederhole, was ich in Wittenberg gesagt habe: ›Der kirchenpolitische

Kampf ist zu Ende, der Kampf um die Seele des Volkes beginnt.‹ So rufe ich alle Pfarrer auf: Stellt Euch vertrauensvoll in *diesen* Kampf hinein!«[11] Als die erhoffte Wirkung dieser Kundgebung ausblieb, schrieb Pfundtner vierzehn Tage später aus Anlaß einer ähnlichen Eingabe erneut an den Reichsbischof. Jetzt wurde der Staatssekretär noch deutlicher. Im Blick auf die Verschärfung der Gegensätze in der Kirche sprach er von »schweren Gefahren«, die durchaus »für das gesamte Erneuerungswerk der Regierung erwachsen könnten«. Der Reichsbischof sollte deshalb seinen ganzen Einfluß geltend machen, »daß eine friedliche Zusammenarbeit aller kirchlichen Kreise gewährleistet« sei. In seiner Antwort wies der Reichsbischof wiederum auf seine Wittenberger Rede sowie auf die Kundgebung vom 11. Oktober hin. Ferner habe er »den Kirchenminister Weber beauftragt, durch Verhandlungen mit Führern der bisher streitenden Gruppen die vorhandenen Gegensätze nach Möglichkeit aus der Sphäre der Machtpolitik in diejenige des theologischen Ringens zu überführen«. In absehbarer Zeit werde er »in einem Rundschreiben an sämtliche Pfarrer die bisher ergriffenen Maßnahmen verstärken. Nach den bisherigen Erfahrungen« sei »im allgemeinen eine erfreuliche Beruhigung im Kirchenvolk eingetreten«. Er sei »weiter bemüht, diese Entwicklung kräftigst zu fördern«.[12] Am 6. November jedoch, als dieser Brief abging, zeichnete sich bereits eine Entwicklung ab, die alles andere als eine Beruhigung erwarten ließ.

Ludwig Müllers Friedenskundgebung nämlich hatte an einer Stelle ein Echo ausgelöst, wo es der Reichsbischof zweifellos zuletzt beabsichtigt hatte: in der Reichsleitung der NSDAP.

Seit Hitler am 5. August auf dem Obersalzberg vor den Reichsleitern und Gauleitern zu seiner kirchenpolitischen Grundentscheidung zurückgekehrt war und den Rückzug der Bewegung »aus dem Kampf der konfessionellen Fragen« angeordnet hatte, war von dieser Entscheidung noch nicht allzuviel an die Öffentlichkeit gedrungen. Lediglich Alfred Rosenbergs Leitartikel vom 16. August hatte hier und da aufhorchen lassen. Im übrigen jedoch schienen Staat und Partei nach wie vor ganz hinter den Deutschen Christen zu stehen. In Deutschland begann sich offensichtlich immer mehr die Meinung durchzusetzen, ein guter Nationalsozialist müsse notwendig auch ein guter Christ sein. Jedenfalls sah sich der Reichsinnenminister sogar veranlaßt, Ende September bei den Obersten Reichsbehörden »auf besonderen Wunsch des Herrn Reichskanzlers« die Bitte auszusprechen, »sich jeder Maßnahme der nachgeordneten Beamtenschaft gegenüber zu enthalten, die von ihr als amtliche Beeinflussung zum Wiedereintritt in die Kirche empfunden und gedeutet werden könnte«.[13]

Noch weit mehr Unbehagen als im Staat aber mußte diese scheinbare Hinwendung zu den Kirchen natürlicherweise in der Partei auslösen. Ihr völkischer Kern war ohnedies nur zögernd und widerwillig auf Hitlers Kirchenpolitik eingeschwenkt und wartete nur auf den Augenblick, wo die Bewegung wieder einen Trennungsstrich zu den Kirchen ziehen konnte. Dieser Augenblick aber schien mit dem Abschluß der reichskirchlichen Entwicklung gekommen. Von lokalen Parteigrößen – so beispielsweise ausgerechnet im fast hundertprozentig deutschchristlichen Schleswig-Holstein – wurde bereits mit deutlicher Verärgerung die Meinung kritisiert, »als wenn nun für alle Ewigkeit die Glaubensbewegung Deutsche Christen mit allen nur möglichen Mitteln von der NSDAP zu unterstützen sei«. Die Partei habe vielmehr die Glaubensbewegung nur deshalb unterstützt, »um die reaktionärsten Kreise der Kirche, die unserer Bewegung nicht das geringste Verständnis entgegenbrachten, zu stürzen«. Damit sei aber keineswegs gesagt, »daß wir als Nationalsozialisten alles gutheißen, was nunmehr in der Kirche, bzw. in den kirchlichen Organisationen geschieht«.[14]

Eine ähnliche Distanzierung fand sich auch in einem Schreiben der Reichsleitung der NSDAP, das die Absetzbewegung der Partei von den Deutschen Christen in ganz Deutschland einleitete. »Dem Stellvertreter des Führers«, so teilte Stabsleiter Bormann den Reichsleitern und Gauleitern darin mit, »gehen durch das Reichsministerium des Innern noch laufend Klagen darüber zu, daß Nationalsozialisten, die anläßlich der Kirchenwahlen nicht die vom Stellvertreter des Führers empfohlene Liste ›Deutsche Christen‹ wählten, aus Partei und Frauenschaft ausgeschlossen würden, bzw. sonstige Nachteile durch ihre Stellungnahme hätten. Das beabsichtigte Ziel der Kirchenwahlen ist erreicht! Es liegt nicht im Sinne des Führers, daß weiterhin zu den Wahlangelegenheiten Stellung genommen wird. Ausschlüsse und dergl. sollen deswegen nicht erfolgen.«[15]

Dies waren zunächst nur interne Anweisungen, die die Deutschen Christen noch nicht zu erschüttern brauchten. Das Unglück geschah erst, als nun der vom Reichsinnenministerium gedrängte Ludwig Müller mit seiner Friedenskundgebung weitergehenden Wünschen von Basis und Leitung der Partei offensichtlich direkt entgegenkam. Denn wenn schon der Reichsbischof die kirchenpolitische Neutralität der Reichskirche verkündete, dann lag es nahe, daß auch die Reichsleitung der NSDAP die kirchenpolitische Neutralität der

Partei feststellte. Und so erschien zum Entsetzen der Deutschen Christen und zur frohlockenden Genugtuung der Deutschen Glaubensbewegung am 17. Oktober in der gesamten Presse eine Verfügung des Stellvertreters des Führers, die genau dies aussprach. »Im Anschluß an die Erklärung des Reichsbischofs Müller«, so lautete sie kurz und bündig, »wonach keinem Pfarrer dadurch Schaden erwächst, daß er nicht der Glaubensbewegung ›Deutsche Christen‹ angehört, verfüge ich: Kein Nationalsozialist darf irgendwo benachteiligt werden, weil er sich nicht zu einer bestimmten Glaubensrichtung oder Konfession oder weil er sich zu überhaupt keiner Konfession bekennt. Der Glaube ist eines jeden eigenste Angelegenheit, die er nur vor seinem Gewissen zu verantworten hat. Gewissenszwang darf nicht ausgeübt werden.«[16]

Die Deutschen Christen begriffen sofort, daß mit dieser Verfügung nicht weniger als ihre Existenz auf dem Spiele stand. Denn diese Existenz gründete auf der Überzeugung, daß die deutschchristliche Bewegung den Artikel 24 des Parteiprogramms – das Bekenntnis der Partei zum »positiven Christentum« – im Sinne Hitlers und der Partei erfüllte. Genau diese Überzeugung aber hob die neue Verfügung auf. Sie löste, wie Friedrich Wieneke später in seinen Erinnerungen zu Recht feststellte, »gleichsam die gesamte Weltanschauung der Partei von Kirche und Christentum« und stellte damit für die Deutschen Christen tatsächlich so etwas wie eine »Schicksalswende« dar.[17] Die deutschchristliche Hoffnung auf das positive Christentum des Dritten Reiches erwies sich als das, was sie immer gewesen war: eine Illusion.

Wenn die Deutschen Christen wissen wollten, was die Verfügung für sie bedeutete, so mußten sie nur die jubelnden Kommentare ihrer deutschgläubigen Gegner im *Reichswart* lesen. »Die Gewissensfreiheit ist da!«, überschrieb Reventlow seine erste Stellungnahme zur Verfügung von Heß und erklärte: »Es ist also nun zu Ende mit dem Drangsalieren der Nichtchristen. Es werden aufhören: die Kirchengänge auf Kommando und unter Androhung von Geld und anderen Strafen... die Herrn Pastoren dürfen keine lauten Gebete mehr kommandieren, sie und ihre Mitarbeiter müssen sich auch die besondere Freude versagen, den Nichtchristen ›das Evangelium in die Fresse zu schlagen‹ und zu versuchen, sie ›mit den Fäusten der SA zur Seligkeit zu zwingen‹... Es wird sich bald ergeben, wieviel missionarische Werbekraft dann noch übrigbleibt.«[18] Unentwegt wiederholte von nun an der *Reichswart* die neue Verfügung und bat alle Leser, »alles denkbar Mögliche« zu ihrer Verbreitung zu tun. »Politik und Religion und was dazu gehört, reinlich zu scheiden und abzugrenzen« sei Hitlers Standpunkt von den Anfängen bis zum heutigen Tage gewesen, und wer sich dafür einsetze, der setze sich zugleich für Hitler und die Partei ein.[19]

In einem verzweifelten Leitartikel im *Evangelium im Dritten Reich* versuchte Propst Fritz Lörzer, Hossenfelders Stellvertreter, diese Folgerung abzuwenden. »Deutsche Gewissensfreiheit!« lautete der Titel, und die Betonung sollte offensichtlich auf dem Wort »deutsch« liegen. Die Heß-Verfügung, so hieß es darin, spreche nur aus, »was für jeden evangelischen Christen, für jeden Protestanten eine Selbstverständlichkeit« sei. »Nicht als die Knechte, sondern als die Freien müssen wir zu Gott kommen. Erzwungener ›Glaube‹ ist ein Widerspruch in sich.« Auch die Deutschen Christen bejahten natürlich die »selbstverständliche Forderung der Gewissensfreiheit aus vollem Herzen«. Aber – und damit wiederholte Lörzer die Grundüberzeugung der ganzen Glaubensbewegung – diese Gewissensfreiheit ändere nichts an der Tatsache, daß das Christentum die »Norm ... für das Dritte Reich Adolf Hitlers« sei. »Es ist für uns eine Selbstverständlichkeit, eine Tatsache, über die wir uns nie gewundert haben«, so versicherte er, »daß der Nationalsozialismus und das Christentum zusammengehören.« »Mit tausend unlöslichen Fäden, innerlich, an der Wurzel«, sei die Partei mit dem Christentum verküpft. »In diese Bewegung Adolf Hitlers gehört nicht der durch und durch marxistische, im Kern liberalistische Satz: ›Religion ist Privatsache‹. Es ist nicht daran zu zweifeln« – und damit meinte Lörzer natürlich die Deutschgläubigen –, »daß die vielen Grüppchen und Kreise mystischer Schwärmer oder national getarnter Freidenker versuchen werden, den selbstverständlichen, klaren Erlaß Rudolf Heß' in diesem liberalistischen Sinne umzudeuten ... Wehe, wenn wir die Gefahr nicht rechtzeitig erkennen.« Und dann folgte noch einmal in einem Satz das Credo der Deutschen Christen: »Adolf Hitler hat nicht das Christentum neben tausend andere Weltanschauungen gestellt, alle gleich wert oder gleich unwert, sondern er hat die Partei auf dem Boden des positiven Christentums gegründet, wie er selbst, das wissen alle, die ihn kennen, ein gläubiger und betender Christ ist.«[20]

Diese beschwörenden Sätze vermochten selbstverständlich den Eindruck nicht aus der Welt zu schaffen, daß die Partei im Begriff stand, sich von den Deutschen Christen zu lösen und sich zugleich weit für die neue völkische Religion zu öffnen.

Befürchtungen in dieser Hinsicht hatten die Deutschen Christen bewegt, seit Hauer und Reventlow Ende Juli die deutschgläubigen Bünde und Vereine zur Deutschen Glaubensbewegung zusammengeschlossen hatten, und inzwischen war vieles geschehen, was diese Befürchtungen nur bestätigen konnte. Daß die völkischen Ideen in der Partei und namentlich in der Hitlerjugend auf fruchtbaren Boden fielen, bewiesen etwa Meldungen im Jugendpressedienst *Wille und Werk*, der unter der Überschrift »Die junge Generation in der ›Deutschen Glaubensbewegung‹« schrieb, der deutschgläubige Gedanke dringe machtvoll um sich und die »einsatzbereiten Kräfte der jungen Generation« würden bereits in Arbeitskreisen gesammelt, um der tiefsten religiösen Sehnsucht des deutschen Volkes zum Durchbruch zu verhelfen.[21] In diesem Zusammenhang erregte es außerordentliches Aufsehen, daß Baldur v. Schirach, der junge Reichsjugendführer, am 5. Oktober auf einer Gebietsführertagung in Frankfurt an der Oder von einer zukünftigen deutschen Nationalkirche sprach und unter stürmischem Beifall erklärte: »Ich gehöre keiner Konfession an, ich bin weder evangelisch noch katholisch, ich glaube nur an Deutschland.«[22] Auch unter den Studenten fanden die völkischen Ideen immer stärkeren Anklang. Der Schulungsleiter des Nationalsozialistischen Deutschen Studentenbundes, Dr. v. Leers, war ebenso Mitglied im Führerrat der Deutschen Glaubensbewegung wie der Leipziger Philosoph Ernst Bergmann, der in einem vielbeachteten Vortrag am 12. Oktober in der Berliner Universität Christentum und nordisch-germanischen Glauben scharf gegeneinanderstellte und geradezu die Unvereinbarkeit von Nationalsozialismus und Christentum behauptete.[23]

Nahm man das alles zusammen, so mußte die Heß-Verfügung vom 13. Oktober wie ein erster Schritt zur parteiamtlichen Bestätigung der Deutschen Glaubensbewegung wirken, der den völkischen Kräften in der Partei endlich freie Bahn verschaffte. Genauso verstand es auch Hauer selbst. Er hatte schon in seiner Denkschrift an Hitler, Frick und Jäger vom 24. August im Namen der Deutschgläubigen ausdrücklich »die öffentlich-rechtliche Anerkennung unserer deutschen Glaubensgerechtsame, das ist die freie Ausübung dieses Deutschen Glaubens und die selbständige Glaubensunterweisung und Erziehung unserer Kinder in germanisch-deutschem Vorbilde« gefordert.[24] Nun erklärte er in Stuttgart, das erste Ziel der Deutschen Glaubensbewegung, die Durchsetzung »der Glaubens- und Gewissensfreiheit auf religiösem Gebiet sei rasch erreicht worden in dem bekannten Erlaß von Heß. Zweites Ziel sei der Kampf um Anerkennung und um das Recht, sich neben der Kirche zu organisieren. Drittes Ziel sei, der Bewegung ihren Teil an der religiösen Erziehung und Führung der deutschen Jugend zu erkämpfen.«[25]

Mit dieser Entwicklung sahen sich die Deutschen Christen plötzlich vor der

Gefahr, daß die Partei sich gleichsam an ihnen vorbei für die völkische Religion der Deutschgläubigen entscheiden könnte. Und dies mußte nun auch innerhalb der Glaubensbewegung zu heftiger Kritik führen. Der Kompromiß von Wittenberg begann abzubröckeln. Es war insbesondere die radikal-völkische Gruppe der ehemaligen Deutschkirchler, die die Frage stellte, was denn an der scheinbar überraschenden Schwenkung der Partei die Schuld trüge. Diese Gruppe, die mit dem Gauobmann Dr. Krause und dem rührigen Kirchenkreisleiter von Berlin-Land II, Johannes Schmiedchen, den Berliner Gau der Deutschen Christen fest in der Hand hielt, war mit dem Vermittlungskurs von Ludwig Müller ohnehin unzufrieden. Und so fiel die Antwort auf die Frage nach dem Verhalten der Partei nicht schwer. Es war die Friedenskundgebung des Reichsbischofs, auf die Heß ja auch ausdrücklich Bezug genommen hatte, die an der ganzen Fehlentwicklung die Schuld trüge. Denn mit dieser Friedenskundgebung habe der Reichsbischof der kirchlichen Opposition die Hand gereicht und damit gegenüber der Partei deutlich gemacht, daß auch er nur die alte Kirche zu restaurieren gedachte, statt durch eine radikale völkische Revolution die neue deutsche Volkskirche zu bauen. Schon am 15. Oktober hatte das neugeschaffene Sonntagsblatt dieser Gruppe, *Unsere Volkskirche*, vor der Gefahr gewarnt, daß an die Stelle der bisher vorhandenen »Pastorenkirche« eine »Prälatenkirche« treten könne, »bei der hohe Kirchenfürsten selbstherrlich entscheiden auf Grund einer Autorität, die ihnen im Zeitalter des Führerprinzips von selbst zufällt«. Die Zusammenhänge wurden deutlich, wenn es weiter hieß: »Wir müssen uns darüber klar sein, daß eine neue Enttäuschung des Kirchenvolkes den Boden bereitet für den neuen ›Germanenkult‹, den gewisse Kreise propagieren.«

Daß die Kritik der Gruppe darüber hinaus die ganze feierliche Amtlichkeit der Reichskirche treffen sollte, zeigte die nächste Ausgabe des Blattes, die einen massiven Angriff auf die Kirchenleitung brachte. »Im Kirchenvolk«, meinte der Verfasser, »wird es beileibe nicht verstanden, daß die Millionen, welche z. B. der Preußische Staat an die Kirche zahlt, restlos für die Kirchenverwaltung draufgehen ... Das Kirchenvolk hat auch kein großes Verständnis dafür, daß in den Konsistorien usw. sich ein Verwaltungsapparat konstituiert, der mit ›Christentum‹ wenig, mit Bürokratie aber viel zu tun hat ... Das Kirchenvolk versteht auch nicht, weshalb z. B. gewissen hohen Geistlichen 40 000 RM jährlich (und darüber!) an Einkünften gewährt werden! Monatlich 500 RM für Wohnungsgeld wirken geradezu als Hohn in einer Zeit, wo Erwerbslose im ganzen Jahr kaum soviel an Unterstützung beziehen ...«[26] Die Unruhe und

Unzufriedenheit der Berliner Gruppe kam schließlich in zwei offiziellen Beschlüssen zum Ausdruck, in denen Ludwig Müller der Vorwurf gemacht wurde, mit seiner Friedenskundgebung die Partei herausgefordert und den Gegnern der Deutschen Christen Vorschub geleistet zu haben.

Am 28. Oktober schlug Ludwig Müller zurück. Er könne nur davor warnen, so schrieb er an den Gau Groß-Berlin der Glaubensbewegung, »Erlasse der höchsten Parteistelle in unbefugter Weise auszudeuten. Rudolf Heß hat meinen Erlaß aufs freudigste gebilligt und die Gelegenheit benützt, auch für die Partei keine bestimmte kirchliche Stellung als die einzig mögliche zu bezeichnen. Ein Bruch des Punktes 24 des Parteiprogramms lag ihm dabei ebenso fern wie der Gedanke einer Förderung unserer religiösen Gegner.« Sein Erlaß, so fuhr der Reichsbischof fort, entspreche direkt seiner Wittenberger Rede. »Sein Ziel ist durchaus nicht, in der Kirche alles beim alten lassen zu wollen, und etwa auf die Absetzung sachlich ungeeigneter Pfarrer zu verzichten. Er hat den Zweck, unberechtigte Gewaltmaßnahmen gegen unsere kirchlichen Gegner zu verhindern ... Der kommende volksmissionarische Kampf wird unseren Gegnern zeigen, wie wir arbeiten.« Am Schluß des Briefes machte Ludwig Müller den Versuch, einen zu allem entschlossenen Eindruck zu erwecken. »Den Gedanken, es werde durch meinen Erlaß unseren Gegnern Vorschub geleistet, lehne ich entschieden ab. Auch Kompromisse werden nicht gemacht. Ich bestehe aber auf meinem Willen, den kirchenpolitischen Kampf beendet zu sehen, und weise darauf hin, daß dies auch der Wille des Führers ist.«[27]

Dieser halbe Schritt nach der radikalen Seite aber, zu der die revolutionäre Kritik den Reichsbischof zwang, mußte zwangsläufig die Schwierigkeiten vergrößern, zu denen es auf der anderen Seite, bei der gemäßigten Richtung, längst gekommen war. Dies wurde vor allem in Württemberg deutlich. Hier war es der kleinen radikalen Führungsgruppe der Deutschen Christen mit dem jungen Pfarrer Wilhelm Rehm an der Spitze nicht gelungen, sich gegen den Landesbischof durchzusetzen. Die heftigen Spannungen innerhalb der württembergischen Glaubensbewegung hatten im September zu einer Spaltung geführt, die am 14. Oktober mit dem offiziellen Austritt von mehr als zweihundert Pfarrern endete.[28] Was danach noch bei der deutschchristlichen Landesleitung verblieb, verlor sehr bald jedes Ansehen und jeden Einfluß. Worum es dabei ging, hatte Wurm Anfang Oktober dem Reichsbischof vorgetragen: »Wird der kirchlichen Nebenregierung, die durch gewisse Exponenten der Glaubensbewegung ausgeübt wird, nun ein Ende bereitet? Oder soll es so fortgehen, daß man an keine Arbeit kommt, weil beständig Vorstöße von dieser Seite abzuwehren sind?« Zu Recht konnte Wurm darauf hinweisen, wie sehr er sich bemüht habe, der Glaubensbewegung in Württemberg alle Förderung angedeihen zu lassen »und die Bedenken der besten Kreise der Pfarrerschaft zu überwinden mit dem Erfolg, daß mehr als 300 Pfarrer ihr beigetreten sind. Nun aber ist eine Spaltung eingetreten, die mit dem Widerwillen des größeren Teils gegen die Übertragung der Methoden des politischen Kampfes in das kirchliche Leben zusammenhängt ... Wenn Sie, Herr Reichsbischof, in dieser Hinsicht ein klärendes Wort sprechen könnten, so wären Ihnen viele Diener der Kirche unendlich dankbar.« Zugleich bat Wurm den Reichsbischof dringend um eine vertrauliche, persönliche Aussprache.[29] Am 13. Oktober schrieb der württembergische Bischof in der gleichen Sache einen weiteren Brief nach Berlin, den er sechs Tage später auch dem bayerischen Landesbischof Meiser zur Kenntnis gab mit dem Bemerken, er – Wurm – habe Grund zu der Annahme, »daß die Leitung der Deutschen Evang. Kirche eine Aktion gegen die bayerische und württembergische Landeskirche« erwäge.[30] Der Süden begann also offensichtlich, gegen die radikalen Führungsansprüche Berlins mobil zu machen. Ein sehr persönlich gehaltenes Schreiben Wurms an den Tübinger Professor Fezer, der im Oktober noch immer an der Seite Ludwig Müllers stand, machte dies besonders deutlich. »Man weiß in ganz Württemberg«, schrieb der Landesbischof, »es geht um Rehm oder Wurm, um den Triumph brutaler politischer Methoden oder um die Durchsetzung der echten kirchlichen und nationalen Linie; Neutralität ist nicht mehr möglich.« Zugleich aber zeigte der Brief auch die Bereitschaft und Fähigkeit des 65jährigen, der bisher eine der wichtigsten Stützen Ludwig Müllers gewesen war, seine Fehler offen einzugestehen. In der Absicht, Fezer zu veranlassen, aus dem Zwielicht korrumpierender Kompromisse herauszutreten, erklärte er offen: »Ich scheue mich gar nicht davor zu bekennen, daß ich bei den Vereinbarungen, die zur Herstellung der Einheitsliste und der freiwilligen Einräumung der Mehrheit an die Glaubensbewegung Deutsche Christen im Landeskirchentag geführt haben, eine ganz andere Haltung der Gruppe vorausgesetzt habe, als sie nachher sich herausstellte; ich finde nicht, daß dadurch meine Autorität Schaden leidet. Niemand ist verpflichtet, unfehlbar zu sein, aber jedermann, rein aus der Sache zu handeln ...«[31] Nicht zuletzt um dieser seltenen Bereitschaft und Fähigkeit willen, begangene Fehler einzusehen und offen auszusprechen, wurde der württembergische Landesbischof später zur unbestritten ersten Autorität in der evangelischen Kirche in Deutschland.

Fezer dagegen fand den Weg zu einem Eingeständnis seiner Fehler nicht. Immerhin aber zeigte er sich durch die Argumente Wurms und wohl auch durch seine Erfahrungen in Berlin so beeindruckt, daß er Anfang November von Ludwig Müller und den Deutschen Christen vorsichtig abzurücken begann. Nach langem Zögern teilte er dem Reichsbischof am 6. November mit, daß er sich entschlossen habe, einen Ruf nach Berlin (der schon im Sommer an ihn ergangen war) nicht anzunehmen und damit auch »aus dem Kreis Ihrer Berliner Mitarbeiter« auszuscheiden.[32] Vierzehn Tage später war die ganze Tübinger Professorengruppe bereits aus der Glaubensbewegung ausgeschlossen.

Schon im Oktober also bildeten sich die Ansätze einer »Südschiene«, die schon bald in der Reichskirche eine wesentliche Rolle spielen sollte. Als Pfarrer Heidenreich, Hossenfelders Mitarbeiter, Anfang November in Stuttgart mit den Führern der Sezession verhandelte, war dies das erste, was er vorbrachte: »Das Vorgehen der Württemberger (außerdem das Wort vom ›Nordwind‹, die Konspiration mit Bayern) seien anti-Hossenfelder, anti-preußisch, Versuch der Neubildung einer Mainlinie! Es sei doch auffallend und von Berlin aus (auch für die politische Beurteilung) sehr bedenklich, daß gerade Bayern, Württemberg und neuerdings auch Baden eine Unterstellung der Landesleitung unter den Landesbischof verlangen! Das könne von der Reichskirche nicht zugestanden werden. Denn der notwendige revolutionäre Kampf gegen veraltete kirchliche Institutionen könne nicht von Behörden selbst geführt werden!«[33]

Aber nicht nur im Süden wuchsen die Schwierigkeiten, auch ein Kirchengebiet, das die Deutschen Christen fest in der Hand hatten, nämlich die neue großhessische Kirche, erwies sich als ein nahezu unlösbares Problem. Obwohl Hossenfelder als Kirchenminister und Reichsleiter Anfang Oktober persönlich versucht hatte, unter den deutschristlichen Bevollmächtigten von Darmstadt, Wiesbaden und Frankfurt eine Einigung über das weitere Vorgehen zu erreichen, war es ihm nicht gelungen, den Konkurrenzstreit unter den drei ehemaligen Landeskirchen zu schlichten.[34] Dies war für den Reichsbischof um so peinlicher, als August Jäger dieses offensichtliche Versagen zum Anlaß nahm, der Reichskirchenregierung die heftigsten Vorwürfe zu machen. Im Blick auf die skandalösen Vorgänge in Hessen, die Jäger vor allem dem maßlosen Ehrgeiz des Frankfurter Pfarrers Georg Probst zuschrieb, erklärte er, es sei nicht zu verstehen, »wie man auf solche Weise mit dem Vertrauen spielt, das zwischen Staat und Kirche bestehen sollte«.[35] Und kurz darauf forderte er den Reichsbischof sogar mit einem offiziellen Schnellbrief des preußischen Kultusministeriums auf, nunmehr endlich »für Abstellung aller Zweideutigkeiten«

zu sorgen und kraft seiner Stellung als Führer durch ein Machtwort eine klare Lage zu schaffen.[36] Der Brief enthielt eine unverhüllte Drohung, die Dinge in Hessen wieder selbst in die Hand zu nehmen; ein Schritt, der – nach allem, was geschehen war – Reichsbischof und Reichskirchenregierung in unabsehbare Schwierigkeiten stürzen mußte.

Es war also schon Ende Oktober deutlich, daß die Reichskirche auf schwankendem Grund stand. Und dies galt selbst dann, wenn man von der kirchlichen Opposition absah, die sich in der gleichen Zeit organisatorisch und vor allem theologisch weiter zu festigen begann.

Bei diesem Stand der Dinge entschlossen sich Müller und Hossenfelder, die Flucht nach vorne anzutreten. Denn weder der eine noch der andere, weder das Reichskirchenkabinett noch die Reichsleitung der Deutschen Christen waren willens und fähig, die Schwierigkeiten im einzelnen aufzuarbeiten. Auf einer Sitzung der Reichsleitung, die Hossenfelder am Abend des 27. Oktober nach Berlin einberufen hatte, gab er deshalb die neue Devise aus. »Die Stoßkraft der Bewegung«, so erklärte er den Versammelten, »darf nicht erlahmen. Sie muß weiter wachsen. Sie muß auf den ersten Ruf des Reichsbischofs hin zur Stelle sein, um die schwersten Aufgaben zu lösen. Und diese Aufgaben lassen sich kurz zusammenfassen in dem einen Wort: Volksmission!« Dieser Begriff war das neue Zauberwort, an das sich Müller und die ganze Bewegung nun immer mehr zu klammern begannen. Der Reichsbischof, der als Schirmherr der Glaubensbewegung an der Sitzung teilnahm, griff das Stichwort denn auch sofort auf. Nachdem er die Versammlung zunächst noch einmal über den Partei-Erlaß vom 13. Oktober aufgeklärt hatte, unterstrich er, wie es im Bericht hieß, »eindringlich die Notwendigkeit eines Großangriffs auf die gesamte Pfarrerschaft, um sie zu aufrichtiger, eindeutiger Mitarbeit am Werk des Neubaus der Kirche zu gewinnen«.[37]

Die ganze Sitzung war sichtlich darauf angelegt, den Deutschen Christen das Gesetz des Handelns, das ihnen überall zu entgleiten drohte, zurückzugewinnen. Und in diesem Zusammenhang hielt es der Reichsbischof offenbar für notwendig, auch in jener Frage wieder deutlicher zu werden, die er in den vergangenen Wochen aus vielerlei Gründen zurückgestellt hatte: der Judenfrage.

Ludwig Müller war zweifellos spätestens seit dem Nürnberger Reichsparteitag ein überzeugter Anhänger der nationalsozialistischen Rassenideologie.[38] Nur die Rücksicht auf das Ausland hatte ihn davon abgehalten, den Arierparagraphen schon in seiner Wittenberger Programmrede auch für die Reichskirche zu fordern. Um namentlich die angelsächsischen Kirchen zu beruhigen, hatte der Reichsbischof Mitte Oktober sogar Fezer und Hossenfelder nach England geschickt mit der direkten Weisung, »dort allen offiziellen Stellen«, mit denen sie in Berührung kämen, »insbesondere den englischen Bischöfen, aber ebenso auch der Deutschen Botschaft und in etwaigen kirchlichen Versammlungen als amtliche Stellung der Reichskirchenregierung zu erklären: Man denke nicht daran, den Arierparagraphen in der Deutschen Evangelischen Kirche durchzuführen«.[39] Die Reise, die die beiden prominenten Vertreter der deutschen Reichskirche nach London, Oxford und Cambridge führte, wurde vor allem auch durch diese Erklärung sowie durch die lebhafte Anteilnahme Frank Buchmanns und der Oxford-Gruppenbewegung ein großer Erfolg.[40]

Wie dagegen die jämmerliche Wirklichkeit in der Kirche des preußischen Landesbischofs Ludwig Müller aussah, zeigte ein Gesuch, das ihm am gleichen Tag auf den Tisch kam, als seine Beauftragten in England ihre beruhigenden Versicherungen abgaben. Der Absender war ein verzweifelter Vater, der seinen Sohn, einen Theologiestudenten im 3. Semester, hatte aufklären müssen, daß er von mütterlicher Seite nicht rein arischer Abstammung sei und daher sein Studium aufgeben müsse. »Ich erlaube mir nun«, so hieß es in dem Schreiben, »dieses Gesuch auf Anraten des Herrn Dekans der Theologischen Fakultät der Universität Halle, Dr. Schomerus, Euer Hochwürden zu unterbreiten mit der inständigen Bitte, meinen Sohn in seinem Studium belassen und ihm den Beruf eines Geistlichen nicht versagen zu wollen. Ich bitte aufrichtigst darum, ihn in die deutsche Gemeinschaft wieder einzureihen, daß er als Arier gilt und seinem Vaterlande in dem ihm lieb gewordenen Studium und späteren Berufe dienen kann. Indem ich auf die Güte Eurer Hochwürden baue, lege ich das Schicksal meines einzigen Sohnes in gläubigem Vertrauen in Ihre Hand.« Lduwig Müller ließ den Brief durch einen seiner theologischen Berater, den Jenenser Professor Hans-Michael Müller beantworten. »Der Herr Reichsbischof«, so lautete diese Antwort, »kann auch in Ihrem Falle, für Ihren Sohn, die neu eingeführte Norm des Staates nicht außer Kraft setzen. Es handelt sich ja doch wesentlich nicht um eine kirchenrechtliche Maßnahme, über deren Anwendung der Herr Reichsbischof frei verfügen könnte, sondern die Kirche hat sich zu den Grundlagen und Ordnungen des völkischen Staates bekannt. Es ist unmöglich, in Fällen der Neuausbildung und der Neuanstellung von dieser Regel abzuweichen.«[41]

Und genau dies meinte der Reichsbischof nun auch offen vor der Reichsleitung wiederholen zu müssen. Er betonte eindringlich, so berichtete das *Evangelium im Dritten Reich*, »wie wichtig es sei, in der *Durchführung des*

Arierprinzips unerbittlich zu sein. Hier dürfe keine Rücksicht auf etwaige Mißverständnisse genommen werden, die dadurch im Ausland entstehen könnten. Wer die deutsche Not der letzten 15 Jahre nicht kennt, hat kein Recht, sich über unsere heutigen Maßnahmen ein Urteil zu bilden. Die Härte im einzelnen Fall müsse man auf sein Gewissen nehmen, wo es gälte, für die Zukunft aufzubauen.«[42]

Die Hoffnung, mit dieser Erklärung die Partei bis weit in die völkischen Kreise hinein wieder hinter die Deutschen Christen zu bringen, erwies sich freilich als Fehlschlag. Dafür lösten die Sätze des Reichsbischofs bei der kirchlichen Opposition eine Reaktion aus, die den Bestand der ohnehin brüchigen Reichskirche nun auch von dieser Seite direkt gefährdete. Denn so uneinheitlich die kirchliche Opposition im Oktober noch war, in der Frage des Arierparagraphen herrschte Klarheit. Das in Breslau erscheinende Wochenblatt *Evangelischer Ruf* hatte die ganze Frage noch kurz zuvor in einem unvergeßlichen Bilde deutlich gemacht.

»›Vision‹

Gottesdienst. Das Eingangslied ist verklungen. Der Pfarrer steht am Altar und beginnt:
›Nichtarier werden gebeten, die Kirche zu verlassen.‹
Niemand rührt sich.
›Nichtarier werden gebeten, die Kirche sofort zu verlassen.‹
Wieder bleibt alles still.
›Nichtarier werden gebeten, die Kirche sofort zu verlassen.‹
Da steigt Christus vom Kreuze des Altars herab und verläßt die Kirche.«

Als der Schriftleiter des Blattes wegen dieses Beitrags in ein Konzentrationslager kommen sollte, protestierte Martin Niemöller beim Reichsinnenminister im Namen des ganzen Pfarrernotbundes. Der Brief ging zur gleichen Zeit ab, als Ludwig Müller erneut die unerbittliche Durchführung des Arierparagraphen forderte. Es war deshalb nur konsequent, daß der Bruderrat des Pfarrernotbundes am 9. November beschloß, bis zur Klärung der Äußerungen des Reichsbischofs alle Gespräche mit der Reichskirchenregierung und den Deutschen Christen abzubrechen.[43]

Die *kirchliche Opposition* besaß in diesen Oktobertagen des Jahres 1933 zwei deutlich unterschiedene Schwerpunkte. Der eine lag im Rheinland, der andere in Berlin.

Daß sich die kirchliche Opposition gerade im Rheinland konzentrierte, war kein Zufall. Die rheinische Kirche war, wie alle anderen preußischen Provinzialkirchen auch, durch das Bischofsgesetz der preußischen Generalsynode zu einem Bistum umgebildet worden. Dieses Gesetz war zwar überall lebhaft umstritten; im Rheinland jedoch traf es den Nerv der Kirche. Denn hier gab es große, bewußt reformierte Gemeinden, die eher eine Verfolgung auf sich nehmen wollten, als von ihrer presbyterial-synodalen Ordnung auch nur das geringste nachzugeben und einem Bischof zu gehorchen. Am 10. Oktober aber trat als erster rheinischer Bischof der 28jährige Pfarrer Dr. Heinrich Oberheid sein Amt in Koblenz an.

Oberheid, der bald auch in Berlin eine wichtige Rolle spielen sollte, war unter den deutschchristlichen Führern zweifellos eine besondere Figur. Als Volkswirt zunächst erfolgreich in einem rheinischen Industriebetrieb tätig, hatte er spät mit dem Theologiestudium begonnen und war im Frühjahr 1933 auf seine erste Pfarrstelle berufen worden. Der Gummersbacher Landrat Dr. Krummacher, deutschristlicher Gauführer im Westen, war auf den lebhaften und begabten jungen Pfarrer aufmerksam geworden, und so kam es, daß Oberheids geistliche Karriere gewissermaßen vom zweiten Examen direkt auf einen der größten und schwierigsten Bischofsstühle der preußischen Kirche führte.

Der neue Bischof wußte sehr wohl, welche Schwierigkeiten ihn erwarteten. Und so war das Grußwort, mit dem er sein Amt antrat, abgewogener als vieles, was in diesen Tagen erschien. Es begann mit einem Dank für die neue Ordnung, die Gott in Deutschland habe werden lassen und bestimmte den Auftrag der Kirche in der neuen politischen Wirklichkeit als den »zu allen Zeiten ... einen und gleichen unveränderlichen« Auftrag, nämlich das Evangelium von Jesus Christus zu verkündigen, dem Gekreuzigten und Auferstandenen, der in die Welt gekommen ist, die Sünder selig zu machen. »Diesen Auftrag muß sie ausführen. In dieser Botschaft darf sie sich von keiner Macht dieser Welt beschränken lassen.« Veränderlich, der Zeit unterworfen dagegen seien die Ordnungen, in denen die Kirche ihren Auftrag ausrichte. Darüber sei in der Vergangenheit gestritten worden; nun aber sei der Kampf zu Ende. »Gemeinsam mit Euch allen«, so rief Oberheid den rheinischen Gemeinden zu, »ist mir als erstem rheinischen Bischof die Aufgabe gestellt, darauf zu dringen und zu halten, daß das neuerrichtete Bischofsamt seinem Geiste, seinem Inhalt und seiner Form nach ein rechtes evangelisches Bischofsamt werde.«[44]

Zugleich versuchte Oberheid, eine theologische Diskussion über die Grundlagen der Deutschen Christen in Gang zu bringen. Auf einer kleinen Konferenz von zehn Geistlichen und Laien, die er am 13. Oktober nach Rengsdorf eingeladen hatte, wurden sieben Thesen erarbeitet, die als »Rengsdorfer Thesen« an alle evangelischen Pfarrhäuser des Rheinlandes versandt wurden. Sie enthielten einmal mehr den Ansatz jener politischen Theologie, die in »allgemeines Christentum«, ein »Christentum an sich« verwarf und vielmehr von der Verwurzelung des Christentums im deutschen Volkstum ausging. Dementsprechend behaupteten die Thesen, »eine vorbehaltlose Stellung zum Evangelium einerseits und eine ebenso vorbehaltlose Stellung zum deutschen Volkstum andererseits« könne keinen Gegensatz in sich bergen.

Die Thesen lösten den erwarteten lebhaften Widerspruch aus. Neben Karl Barth war es vor allem der junge Düsseldorfer Pfarrer Joachim Beckmann, der das deutschchristliche Verständnis von Evangelium und Volkstum bestritt: »Das Evangelium ist Gottes Wort, Staat und Volkstum nicht. Darum gibt der Christ allein dem Worte Gottes die Ehre einer vorbehaltlosen Stellung.«

Joachim Beckmanns Schrift *Artgemäßes Christentum oder schriftgemäßer Christusglaube?* ordnete die politische Theologie der Deutschen Christen zu Recht der Schwarmgeisterei zu und setzte damit neben Karl Barth deutlich einen neuen, kritischen Akzent. Es traf genau den Geist und das Empfinden der Zeit, wenn Beckmann meinte, bei allen Auseinandersetzungen mit der Glaubensbewegung stoße man immer wieder auf dieses gleiche: »die Ergriffenheit durch die nationale Revolution, das Erlebnis des Nationalsozialismus, das Erfaßtsein von der Dynamik dieses Rhythmus: das ist der Ursprung für die theologischen Lehrbildungen, für die kirchenpolitischen Forderungen und die hemmungslosen Kampfmethoden der Deutschen Christen. Und gerade *das Hinübergreifen des nationalen Erlebnisses in den Raum der Herrschaft Christi macht die Bewegung Deutscher Christen zur religiösen Schwärmerei* ... Wo das geschieht, ist der ergriffene, begeisterte, fanatisch von der Wahrheit seines Erlebnisses überzeugte Mensch der Gestalter und damit der Herr des Glaubens und der Kirche, der nach Belieben über die Zehn Gebote hinweggeht: Joh. 10.1 ff. Da reden wir seit der Reformation von Schwarmgeisterei und müssen auch heute dabei bleiben.«[45]

Ihre eigentümliche Prägung freilich bekam die kirchliche Opposition im Rheinland weniger durch diese Diskussion als vielmehr durch eine Gruppe, die in diesen Tagen zum ersten Mal an die Öffentlichkit trat: den Coetus reformierter Prediger Deutschlands. Es war vor allem ein Gedanke des Barmer Pastors Karl Immer, im Zusammenhang mit der Entstehung der Rheinischen

Pfarrbrüdergemeinschaft einen eigenen Zusammenschluß der bekenntnistreuen reformierten Prediger zu begründen. Als Ausgangspunkt nannte das erste Schreiben vom 21. September »die Not der Kirche, insonderheit der Zustand der Pastorenschaft, deren theologische Ahnungslosigkeit und charakterliche Brüchigkeit uns tief beschämt«. Ganz im Zeichen des ernsten und strengen, reformierten Pietismus, wie er besonders für das Wuppertal charakteristisch war, bestimmte dieses Rundschreiben als Ziel, »diejenigen Diener am Wort, die dem Zeitgeist nicht erlegen sind, zu sammeln um Wort und Sakrament zu gegenseitiger Erziehung (censura morum, consolatio fratrum mutua) und zur Förderung im Amt durch Gebet, tägliche Vertiefung in Gottes Wort, ernste theologische Arbeit und monatliche Gemeinschaft der Brüder (Pflicht)«. Das alte reformierte Selbstbewußtsein klang noch an in dem Satz: »Wir wollen uns rüsten für die Ausrichtung des Auftrages, den die reformierte Kirche von Alters her hatte, Bollwerk gegen Rom zu sein.«[46] Im Unterschied zum offeneren Pfarrernotbund, in dem auch liberale Theologen eine Heimat finden konnten, war und blieb der reformierte Coetus von Anfang an einer strengen biblischen Haltung verpflichtet. Die reformierte Grundlage dieses Kreises aber wirkte sich in eine Richtung aus, die für die Entstehung der Bekennenden Kirche von entscheidender Bedeutung wurde. Gemäß dem reformierten Bekenntnis nämlich konnten für den Coetus die kirchlichen Entscheidungen allein in den Gemeinden und in aus Gemeinden aufgebauten Synoden fallen. Wenn es um die Jahreswende 1933/34 gelang, die Kirchenfrage aus dem Bereich kirchenpolitischer Gruppen herauszuholen und sie zu einer Angelegenheit der Gemeinden zu machen, so trug daran der Coetus im Rheinland entscheidenden Anteil. Schon im Rundschreiben vom September hieß es: »Wir sind der Überzeugung, daß kirchenpolitisches Handeln nur möglich ist von Seiten der lebendigen Gemeinde, nicht durch einzelne, auch nicht durch Gruppen. Wir fordern deshalb von denen, die sich zu einem Bund zusammenschließen: ›Heraus aus allen kirchenpolitischen Fronten, Gruppen und Bewegungen!‹ … Unser Kampf geht um die Gemeinde, damit sie als Leib des Christus in den Gehorsam ihres erhöhten Hauptes zurückgebracht werde. Unser Kampf geht um den Stand der Diener am Wort, für den wir uns verantwortlich wissen zu treuer Fürbitte, zu Mahnung und Tröstung, zu jedem Dienst brüderlicher Liebe.«[47]

Die erste Handreichung, die eine Woche später versandt wurde, enthielt den biblisch begründeten Widerspruch gegen die beiden wichtigsten Gesetze der Generalsynode, gegen das Bischofsgesetz und gegen den Arierparagraphen.

Weil diese Gesetze, so hieß es am Schluß, »wider den klaren Wortlaut der Heiligen Schrift verstoßen, dürfen sie von einer an Gottes Wort gebundenen Gemeinde nicht anerkannt werden«. Zugleich enthielt die Handreichung die Verpflichtung für alle Prediger, ihre Gemeinden zu unterrichten und sie zu entsprechenden Stellungnahmen aufzufordern.[48]

Eine der ersten Gemeinden, die dieser Aufforderung folgte, war die große reformierte Gemeinde von Barmen-Gemarke. Unmittelbar nach dem Amtsantritt Oberheids verabschiedete das Presbyterium eine Erklärung, die keinen Zweifel daran ließ, wo diese Gemeinde stand. »Von der Heiligen Schrift her«, so hieß es darin, »habe ein solches den andern kirchlichen Ämtern übergeordnetes sogenanntes Bischofsamt weder Auftrag noch Verheißung, und es kann einer Gemeinde der nach Gottes Wort reformierten Kirche auf keine rechtliche Weise aufgezwungen werden, weil es ihrem Bekenntnis widerspricht. Insbesondere«, so fuhr die Erklärung fort, »erheben wir schärfsten Einspruch gegen die Errichtung des Bistums Köln-Aachen ... Wir betonen mit ganzem Ernst, daß jede Beeinträchtigung der presbyterial-synodalen Rechte und Ordnungen unserer Gemeinde, zumal des Rechtes der freien Wahl der Ältesten und Prediger, ausgeschlossen sein muß.«[49]

Kurz darauf, am 13. Oktober, fand in Elberfeld die erste Versammlung der reformierten Prediger statt. Rund 40 Pastoren waren erschienen. Nun nannte sich die neue Gemeinschaft zum ersten Mal Coetus: Nach dem Coetus der Prediger Ostfrieslands, den Johannes à Lasco vierhundert Jahre zuvor in Emden gegründet hatte, um die Kirchenzucht im Kreise der Prediger der jungen reformierten Kirche Ostfrieslands zu üben. An dieser ersten Versammlung nahm auch Karl Barth teil. Und von da an bildete der Coetus für den Bonner Theologen die engste Gemeinschaft innerhalb der kirchlichen Opposition, jene Gruppe, in der er sich am besten verstanden wußte. Es war unverkennbar Karl Barths Mißtrauen gegen die Berliner Geschäftigkeit und ihre schnellen Erfolge, wenn der Coetus es ablehnte, im Pfarrernotbund aufzugehen. »Es ist uns verdächtig«, so hieß es im Bericht dazu, »wenn gleich 2000 bis 3000 Pfarrer sich zu einem Bund zusammentun, ›des Volkes ist zuviel‹.«[50] Es war ebenso unverkennbar aber auch Barths Entschlossenheit, wenn der Coetus sich entschied, das Begrüßungswort des neuen Bischofs in den Gemeinden nicht zu verlesen und alle Brüder bat, ebenso zu verfahren. »Das Wort Gottes«, so ermahnte Barth die Versammelten zum Schluß, »schafft es selber. Das Wort sorgt für uns, nicht wir haben für das Wort zu sorgen. Wenn wir das wissen, dann können wir in dieser Hoffnung bei allen Entscheidungen aber auch fest und unbeweglich unseren Mann stehen. Unsere Kirche braucht jetzt keine Helden, sondern ganz einfach *Männer*, die Gottes Wort hören und danach handeln; die es den Vätern nicht nachreden, sondern die es wie diese auch wirklich wahrmachen: Hier stehe ich, ich kann nicht anders.«[51]

Und wiederum nur wenige Wochen später hatte der Coetus auch sein eigenes Organ, ein biblisches Wochenblatt mit dem programmatischen Titel *Unter dem Wort*. Im Geleitwort hieß es, die Herausgeber stünden unter der Verpflichtung »den Gemeinden, in die wir als Älsteste und Diener am Wort berufen sind und die dem Evangelium gehorsam sein möchten, durch ein freies, wöchentlich erscheinendes Blatt aus der göttlichen Schrift Alten und Neuen Testaments Handreichung zu tun. Wir wollen dadurch helfen, in den Tagen der Versuchung fest zu stehen. Wir wollen aller Vernebelung nach Kräften wehren. Wir wollen zur Buße unter das Gericht Gottes rufen. Und Botschafter wollen wir sein von der freien Gnade: Lasset euch versöhnen mit Gott!«[52] *Unter dem Wort* wurde bald zur Devise der kirchlichen Opposition im Rheinland. Sie bezeichnete ihre besondere biblische Eigenart, die später gewiß nicht frei war von Zügen der Enge und Gesetzlichkeit. In dieser Zeit aber, unter der Leitung Karl Barths, führte sie zu einer Klarheit und Entschlossenheit, die sonst im deutschen Protestantismus kaum erreicht wurde.

Anders und in deutlicher Spannung zum Rheinland verlief die Entwicklung in Berlin. Hier hatte Ludwig Müller den Kirchenminister Otto Weber beauftragt, mit der kirchlichen Opposition in theologische Verhandlungen über einen möglichen gemeinsamen Weg einzutreten. Der Kreis, den Otto Weber dazu einlud, war bunt genug. Für die kirchliche Opposition bat er Jacobi, Künneth, Lilje, Merz und Niemöller, für die Deutschen Christen nahmen neben ihm selbst Leffler, Hans-Michael Müller, Schirmacher und Wieneke teil.[53] So merkwürdig diese Gespräche im Rückblick anmuten – ganz aussichtslos erschienen sie damals nicht. Denn der klarste und entschiedenste Theologe des Berliner Kreises, Dietrich Bonhoeffer, hatte schon im September resigniert und sich entschlossen, seine Berliner Position zu räumen und ein deutsches Gemeindepfarramt in London zu übernehmen. Anders als Barth, der nicht nur älter und beruflich unabhängiger war, sondern auch im Coetus seinen Rückhalt für seinen Kurs zu finden begann, stand der erst 27jährige Bonhoeffer mit seinen Überzeugungen in Berlin nahezu allein. Es war begreiflich, daß er dieser Lage auf die Dauer nicht gewachsen zu sein glaubte. »Ich fühlte«, so begründete er Ende Oktober Barth gegenüber seinen Entschluß, »daß ich mich unbegreiflicherweise gegen alle meine Freunde in einer radikalen Opposition befände, ich geriet mit meinen Ansichten über die Sache immer mehr in die Isolierung, obwohl ich persönlich in nächster Beziehung mit diesen Menschen stand und blieb – und das alles machte mir angst, machte mich unsicher, ich fürchtete, daß ich mich aus Rechthaberei verrennen würde – und dabei sah ich gar keinen Grund dafür, daß ich jetzt gerade diese Dinge richtiger und besser sehen sollte, als so manche ganz tüchtige und gute Pfarrer, zu denen ich einfach aufsehe – und so dachte ich, es wäre wohl Zeit, für eine Weile in die Wüste zu gehen und einfach Pfarrarbeit zu tun ...«[54] Karl Barth wußte, was er tat, als er diese Entscheidung vier Wochen später höchst temperamentvoll kritisierte. »Was heißt ›Abseitsgehen‹, ›Stille des Pfarramtes‹ usw. in einem Augenblick, wo Sie in Deutschland einfach gefordert sind? Sie, der Sie so genau wissen wie ich, daß die Berliner Opposition und die kirchliche Opposition in Deutschland überhaupt innerlich auf so schwachen Füßen steht! Daß jeder ehrliche Mann alle Hände voll damit zu tun haben müßte, sie scharf und klar und fest zu machen! Daß jetzt vielleicht alles kaputt geht und nicht an der wahrlich nicht allzugroßen Macht und List der D.C., wohl aber an der Sturheit und Dämlichkeit, an der heillosen Ungrundsätzlichkeit gerade der Anti-D.C.! ... Nein, ich kann und werde Ihnen auf alle Begründungen oder Entschuldigungen, die Sie mir vielleicht noch vortragen könnten immer nur antworten: Und die deutsche Kirche? Und die deutschen Kirchen? – bis Sie wieder in Berlin sind, um treu und brav Ihr dort verlassenes Maschinengewehr zu bedienen ...«[55]

In der Tat schien mit Bonhoeffers Weggang der Weg zu einem theologischen Kompromiß in Berlin nicht mehr grundsätzlich versperrt. Dies machte ein Artikel deutlich, den Künneth am 19. Oktober in der *Jungen Kirche* veröffentlichte, und in dem er unter der Überschrift »Echte Fronten« erklärte, das Gebot der Stunde sei »die Bereitschaft zur legalen Mitarbeit gerade in dieser Reichskirche, gerade in diesem national erwachten Volk, gerade in dem Staat Hitlers«. Diese Mitarbeit sei notwendig um der Erhaltung der Volkskirche wie um der Not des Volkes willen, das politisch »einer belagerten Festung« gliche. Künneth sah die kommende »echte Front« im Erwachen »der völkisch-germanischen Religiosität« entstehen, an der sich doch bald die Geister scheiden würden.[56] Dieser Artikel lag ersichtlich ganz auf der Linie Ludwig Müllers, und solange daher vom Arierparagraphen nicht die Rede war – und den ganzen Oktober hindurch war in der Öffentlichkeit von ihm nicht die Rede – schien ein Kompromiß zwischen der Reichskirche und der kirchlichen Opposition in Berlin keineswegs völlig ausgeschlossen.

Während dieser Vorgänge und Überlegungen vollzog sich gleichzeitig der organisatorische Ausbau des Pfarrernotbundes. Am 20. Oktober fand in Niemöllers Dahlemer Pfarrhaus die erste gemeinsame Sitzung der Vertrauensleute aus der ganzen Deutschen Evangelischen Kirche statt, die praktisch die Konstituierung des Bundes darstellte. Die 37 Teilnehmer an dieser Sitzung kamen aus 18 verschiedenen Landeskirchen und preußischen Provinzialkirchen.

Ihre Berichte machten deutlich, wie unterschiedlich die Lage in den einzelnen Kirchengebieten war. Vor allem das Verhältnis zu den bereits bestehenden landeskirchlichen Oppositionsgruppen, wie etwa der schlesischen Arbeitsgemeinschaft »Evangelium und Kirche«, der westfälischen Bruderschaft, den landeskirchlichen Sammlungen in Hannover und Württemberg, war und blieb noch ungeklärt. Entsprechend schwankten die Zahlen, die als Mitglieder oder mögliche Mitglieder genannt wurden, zwischen 700 und 3000. Dagegen wurde der Anteil der deutschchristlichen Pfarrer in den einzelnen Gebieten durchweg auf etwa ein Viertel geschätzt, freilich mit großen Unterschieden: aus Schleswig-Holstein etwa berichtete Pastor Johannsen, von den 450 Pfarrern der Landeskirche seien 300 bei den Deutschen Christen; in Hessen-Kassel dagegen rechnete Karl Bernhard Ritter umgekehrt 60–70 Prozent der Pfarrerschaft zum Notbund, darunter die ganze Marburger Fakultät.[57]

Die wichtistge Entscheidung, die die Versammlung im Lauf der Beratungen traf, war die Bildung eines eigenen Leitungsorgans, des sogenannten Bruderrates, in den acht Pfarrer berufen wurden. Fast alle, die diesem ersten Bruderrat angehörten, wurden später führende Männer in der Bekennenden Kirche. Das galt für Martin Niemöller selbst, bei dem die unbestrittene Führung lag, ebenso wie für Hugo Hahn aus Dresden, Gerhard Jacobi aus Berlin, Eberhard Klügel aus Hannover, Karl Lücking aus Dortmund und Ludolf Müller aus Heiligenstadt i. Eichsfeld.[58] Schwierigkeiten ergaben sich bei der Diskussion über das Wesen des neuen Bundes. Während einige den Notbund als Pfarrbruderschaft verstanden wissen wollten, widersprachen andere mit dem Argument, daß dazu die Grundlagen fehlten und der Notbund wirklich nur ein Bund für um des Bekenntnisses willen in Not geratene Pfarrer sein könnte. Tatsächlich ist diese Frage auch später nie ganz geklärt worden. Der Pfarrernotbund war nie eine geistliche Bruderschaft etwa im Sinne der Sydower oder der Michaelsbruderschaft; aber er war doch immer weit mehr als eine bloße Pfarrhilfskasse. Schon die einzelnen Entscheidungen vom 20. Oktober zeigten, daß man gerade auch die gemeinsame theologische Besinnung für wesentlich hielt. So sollte vom 1. Advent an allen Mitgliedern eine gemeinsame Bibellesetafel zugehen, und ausdrücklich wurde im ersten Rundschreiben auch auf die Richtlinien der rheinischen Pfarrbruderschaft verwiesen, die für die Schaffung der einzelnen Kreise »als Anhalt« dienen sollte. Der Schwerpunkt der Beratungen wie des Rundschreibens lag freilich bei einer Reihe von konkreten Mitteilungen. So sollten Fragebogen der Kirchenbehörde zur Feststellung der arischen Abstammung von den Mitgliedern nicht beantwortet werden; die Frage der Mitarbeit in der Kirchenleitung blieb offen, sollte aber vorher mit dem Bruderrat besprochen werden; die theologischen Beratungen mit der Reichskirchenregierung – eben jene von Otto Weber begonnene Gesprächsrunde – würden fortgesetzt, es bestehe allerdings kein Anlaß, so fügte Niemöller hinzu, ihrem weiteren Verlauf »mit besonderem Optimismus entgegenzusehen«.[59]

Schon diese erste Sitzung zeigte aber auch, wie sehr das Verständnis der Aufgaben und der Bedeutung des Pfarrernotbundes von der jeweiligen landeskirchlichen Situation abhing. Während etwa der Bericht von Hugo Hahn, der in Sachsen unter dem Kirchenregiment von Friedrich Coch stand, die Freude über den Anschluß an eine größere Gruppe deutlich erkennen ließ, blieb der Vertreter der Kirchlich-theologischen Arbeitskreise in Württemberg, der junge Pfarrer Karl Vöhringer, vergleichsweise kühl und distanziert. Ein bayerischer Vertreter war erst gar nicht erschienen. Und auch Vöhringer berichtete nach seiner Rückkehr, ein Anschluß an den Pfarrernotbund komme für die Württemberger zunächst sicher nicht in Frage, auch wenn man sich mit seinem Kampf solidarisch wisse und dies auch durch einen finanziellen Beitrag deutlich machen wolle.[60]

Das Bild, das die kirchliche Opposition im Spätherbst 1933 bot, war also alles andere als einheitlich. Zwar gab es mittlerweile in allen Landeskirchen größere oder kleinere Gruppen, die sich zum Widerstand zusammengeschlossen hatten. Mut, Entschlossenheit und Überzeugungstreue waren im Wachsen. Aber weder war dieser Widerstand einheitlich organisiert noch bestand Übereinstimmung darin, wogegen er sich denn eigentlich richten sollte. Um so wichtiger war es, daß nun auch in Berlin ein theologischer Klärungsprozeß begann, der die verschiedenen Ansätze, wie sie etwa im reformierten Coetus und im Zusammenschluß des Notbundes vorlagen, näher zusammenführte. Anlaß war das Reformationsfest, zu dessen Feier die kirchliche Opposition Karl Barth nach Berlin eingeladen hatte. In anderthalb Tagen, vom Nachmittag des 30. bis zum Abend des 31. Oktober, erreichte es der Bonner Theologe, daß der Berliner Kreis stärker als je zuvor die Notwendigkeit theologischer Enscheidungen und Scheidungen begriff.

Das Thema des Vortrags, den Karl Barth am Abend des 30. Oktober in der Berliner Sing-Akademie hielt, lautete: »Reformation als Entscheidung«. Obwohl die Veranstaltung aus Furcht vor einem Verbot öffentlich kaum bekanntgemacht worden war, war der große Saal überfüllt. Barth charakterisierte das Wesen der Reformation als die Entscheidung zur Herrschaft Gottes, eine Entscheidung, in der sich der Mensch unwiderruflich gebunden habe und binde, »ohne jeden Ausblick auf ein künftiges Anderskönnen, ohne jede offen bleibende Möglichkeit eines künftigen Überholens dieser Entscheidung«.[61] Reformatorische Lehre sei nur, was – damals wie heute – von dieser unbedingten Entscheidung herkomme und sie wiederhole, wie es etwa in den reformatorischen Lehrstücken von der Heiligen Schrift, der Erbsünde, der Rechtfertigung und der Prädestination ausgedrückt sei. Oft genug freilich sei gerade diese reformatorische Entscheidung, so fuhr Barth fort, und die von ihr herkommende Lehre in der evangelischen Kirche selbst fremd und unerhört gewesen: »Man wählt den Glauben, aus Gründen, mit Ernst und Überzeugung, aber man wählt ihn als eine seiner eigenen Möglichkeiten. Man bekennt sich zu ihm, aber man will doch die vielen anderen Möglichkeiten neben dem Glauben auch nicht übersehen, die man ja in derselben Freiheit auch wählen könnte.«[62] Die Möglichkeiten, die zur Wahl standen, wechselten: Einst war es die Moral, dann die Vernunft, die Humanität, die Kultur, und nun Volkstum und Staat. In all diesen Vermittlungen jedoch, so wiederholte Barth seine Grundthese, liege ein und dieselbe Untreue gegen die reformatorische Entscheidung vor – in der jetzt in der evangelischen Kirche herrschenden Bewegung aber habe diese Untreue ihre »letzte vitalste vollendete Gestalt« erreicht. Und in diesem Zusammenhang erschien nun eindeutig, was diejenigen, die dieser Bewegung nicht verfallen waren, zu tun hatten. »Was haben sie zu tun? Sie haben, gestärkt durch das, was uns die Reformation gerade heute zu sagen hat, *Widerstand* zu leisten. Im Namen der wahren gegen die in Gestalt dieser Bewegung herrschende falsche evangelische Kirche. Und darin wird dieser Widerstand bestehen, daß Sie sich im Unterschied zu der herrschenden Bewegung wieder rücksichtslos und fröhlich, wie es vor vierhundert Jahren geschehen ist, hinter die gefallene Entscheidung stellen.«[63] Dieses eine Wort »Widerstand« aber sprang spontan auf die Zuhörer über und fand ein ungeheures Echo. Barth mußte seinen Vortrag minutenlang unterbrechen.[64] Als er dann weitersprach, brachte er die ganze Situation in ein denkwürdiges Bild, das für die ganze kirchliche Opposition schon bald symbolische Kraft gewann. »Als die alten Schweizer«, so rief Barth aus, »bei Sempach zum Kampf gegen die gepanzerte Phalanx Leopolds von Österreich antraten, da soll einer von ihnen gerufen haben: ›Schlagt auf ihre Speere, denn sie sind hohl!‹ Sie *sind* hohl!«[65]

Fast noch wichtiger als der Vortrag waren die drei großen Diskussionen, die Karl Barth in diesen Tagen mit den 150 Pfarrern führte, die in und um Berlin den Notbund trugen. In diesen Diskussionen versuchte er, den Versammelten die konkrete Bedeutung jener reformatorischen Entscheidung für ihr Handeln in der Gegenwart deutlich zu machen. Dabei ging es um vier Fragen, die Barth als »Kontrollfragen« verstand, ob hier nur ein Widerstand von Fall zu Fall, und also ein eher zufälliger und unsicherer Widerstand geleistet wurde, oder aber ein Widerstand der aus einem »geistlichen Widerstandszentrum« kam.[66] Die erste Frage – von Jacobi gestellt – betraf den Arierparagraphen. Hier herrschte weitgehend Übereinstimmung, daß gegen seine Durchführung kompromißloser Widerstand geboten sei. In der zweiten Frage, die Barth daran anschloß, ging es um die Grenzen der Loyalität gegenüber dem Staat. Es könnte ja, so meinte Barth, auf Grund desselben kirchlichen Beamtengesetzes eine Unterschrift verlangt werden, die den Pfarrer verpflichte, sich vorbehaltlos und unbedingt zum nationalsozialistischen Staate zu bekennen. M. E. würde, so fuhr Barth fort, »dann grundsätzlich dieselbe Frage gestellt sein wie in der Sache des Arierparagraphen. Und ich möchte ... wissen, ob wir darüber einig sind? Ob wir damit dasselbe meinen, nämlich die Selbständigkeit der Kirche und die Freiheit des Evangeliums?« Daß es hier um die konkreten politischen Konsequenzen des geistlichen Widerstandes ging, machte Barth in einer späteren Phase der Diskussion deutlich. Immer sei und bliebe das einzig Entscheidende, daß die Kirche »gegnüber dem ganzen Geschehen frei sein will in ihrem Wort«. Diese Freiheit aber bedeute konkret, »gewiß auch einmal das zu sagen, was Goebbels sagt, aber vielleicht auch einmal etwas ganz anderes. Das konkrete könnte dann ein sehr gefährlich Konkretes werden. Es wird dann z. B. sehr konkret gefragt werden: Was ist geschehen in diesem Sommer in Deutschland? Ist das mit Recht oder mit Unrecht geschehen? Diese Art Machtergreifung? Diese Beseitigung aller anderen Parteien? Diese Beschlagnahme von Vermögen? Was ist denn geschehen in den Konzentrationslagern? Was ist geschehen an den Juden? Kann Deutschland, kann die deutsche Kirche, diese Fülle von Selbstmorden verantworten? Ist die Kirche nicht mitschuldig daran, weil sie geschwiegen hat? Ich stelle nur *Fragen*«, erklärte Barth, aber es war deutlich, daß dies alles andere als bloße Fragen waren. Wahrscheinlich gab es im Spätherbst 1933 in Deutschland keine zweite Versammlung von ähnlicher

Größe und Offenheit, in der noch so frei gesprochen wurde. Diese Freiheit aber sollte keine andere Freiheit sein als die Freiheit des Evangeliums. »Wer das Wort Gottes zu verkündigen hat, der muß zu solchen Vorgängen sagen, was das Wort Gottes sagt. Mir liegt«, so wiederholte Barth noch einmal ausdrücklich, »wahrhaftig nicht an einem politischen Widerstand, aber mir liegt an der Freiheit des Evangeliums.«

Neben diesen gefährlichen Konkretionen schienen die beiden anderen »Kontrollfragen« von eher untergeordneter Bedeutung. Sie betrafen beide das Verhältnis zum Kirchenregiment Ludwig Müllers. Nach Barths Überzeugung jedoch lag hier der entscheidende Punkt, weil eben hier über jenes gemeinsame Verständnis von Evangelium und Kirche entschieden wurde, das die politischen Fragen überhaupt erst ermöglichte. Sollten, so lautete die dritte Frage, Erlasse und Kundgebungen der Reichskirchenregierung oder der preußischen Kirchenleitung in der Gemeinde verlesen werden oder nicht? Und sollte man, dies war die entscheidende vierte Frage, mit dem neuen Kirchenregiment in irgendeiner Weise zusammenarbeiten? Diese Frage war vom reformierten Coetus bereits negativ entschieden worden, und Barth wiederholte nun diese Entscheidung mit allem Nachdruck. Und tatsächlich hing an dieser Entscheidung nicht mehr und nicht weniger als der ganze zukünftige Weg der evangelischen Kirche in Deutschland. Im Kreis dieser 150 Pfarrer entwickelte Barth jetzt jenen Gedanken, der im Rheinland gewissermaßen schon vorgedacht worden war, und der dann tatsächlich die Zukunft bestimmen sollte. »Wenn wir der heutigen Kirchenregierung so gegenüberstehen«, so begründete er die radikale Absage an jede Zusammenarbeit, »daß wir sie ansehen müssen als eine häretische und unrechtmäßige Kirchenleitung, dann werden wir uns ihr zwar fügen müssen, wie Paulus sich Nero fügte (er ist nicht römischer Staatsrat geworden bekanntlich). Wenn dem so ist, dann sehe ich keine andere Möglichkeit als diejenige, daß die, die auf dem Boden des Bekentnisses stehen wollen gegenüber der Häresie, zusammentreten zu einer freien Synode. Daß nicht mehr gesprochen wird von ›Bruderschaft‹ und ›Kreis‹, sondern daß Sie wissen, Sie sind hier als die legitimen Vertreter der wahren deutschen Kirche. Und wenn Sie fragen: Wo ist das Kirchenregiment, dann muß die Antwort lauten: Hier in unserer Mitte.«

Dies war der entscheidende theologische Schritt, der die kirchlichen Dinge in Deutschland nach der Jahreswende tatsächlich von Grund auf veränderte. Wo dies begriffen wurde, standen plötzlich nicht mehr Kirchenparteien gegeneinander, die über Kompromisse verhandeln konnten, sondern da stand die wahre gegen die falsche Kirche. Damit war freilich eine so neue, so überraschende, fast schwindelerregende Perspektive eröffnet, daß es noch kräftiger Anstöße bedurfte, bis sie sich durchzusetzen begann.

Ende Oktober war die Zeit für eine so grundsätzliche Entscheidung bei weitem noch nicht reif. Als der junge Heinrich Vogel in seiner Begeisterung nun gleich die Entscheidung sehen wollte und die Versammlung spontan zur Zustimmung zu einem von ihm entworfenen Bekenntnis aufrief[67], wehrte Barth erschrocken ab. »Das geht nicht«, erklärte er, »ich habe vorhin auch keine Abstimmung verlangt. Und Sie sollten das auch nicht. Es geht um eine geistliche Sache. Sie treten den Brüdern zu nahe, wenn Sie verlangen, daß sie Ja oder Nein dazu sagen. So wichtig und richtig Ihr Bekenntnis war – ich könnte die Hand dazu erheben – aber wollen wir nicht jetzt jede bloße Geste unterlassen? Es kann velleicht einmal notwendig dazu kommen. Aber ich möchte um der Ehrfurcht vor Gott willen keine bloße Geste machen.« Heinrich Vogel verstand und zog seinen Antrag zurück. Günther Dehn, der Barth in diesen Tagen vielleicht am besten verstand, bekräftigte später noch einmal beides, die Notwendigkeit des Bekenntnisses und die Notwendigkeit, auf seine Stunde zu warten. »Ich habe das Gefühl«, sagte er im Rückblick auf die Diskussion, »daß wir immer wieder den Versuch machen, aus der uns gegebenen Situation herauszufallen. Es ist begreiflich, daß Menschen immer wieder versuchen herauszufallen aus dem Gehorsam gegen Gott. Erst wenn wir wissen ›Rede, Herr, dein Knecht hört‹, dann ist die Stunde des Bekenntnisses.«

Aber auch wenn dies noch nicht die Stunde des Bekenntnisses war, so war doch der Weg dorthin nun gewiesen. Es war der Weg, der die kirchliche Opposition in Preußen zu den Bekenntnissynoden der Evangelischen Kirche der altpreußischen Union führte, die zu den bewegendsten Zeugnissen des geistlichen Widerstandes im Dritten Reich wurden.[68] Jacobi, der die Versammlung schloß, hatte recht, als er meinte: »Gestern hat einer unter uns gesagt: es könnten diese beiden Tage eine kirchengeschichtliche Wende sein. Das ist zuviel gesagt, aber wir spüren nun, es ist zu einer Wende gekommen . . .«

Noch freilich war dieser Weg kaum begonnen. Und wie schwer er zu finden war in der verwirrenden Fülle politischer und kirchenpolitischer Schlagzeilen dieser Tage, das machte eine Nachricht deutlich, die unmittelbar in die Versammlung der 150 hineinplatzte. Es ging wieder einmal um Hitler. Charles Macfarland, ein bekannter amerikanischer Kirchenvertreter, der seit langem mit Deutschland verbunden war, hatte aus eigener Initiative seit Anfang Oktober Deutschland bereist, um sich selbst ein Bild von den Verhältnissen, vor allem auch von der im Ausland lebhaft umstrittenen kirchlichen Entwicklung zu machen. Zum Abschluß dieser Reise war es ihm gelungen, für den Mittag eben dieses 31. Oktober einen Empfang bei Hitler zu erwirken, bei dem er seine Erfahrungen vortragen und seine Dienste als Vermittler anbieten wollte. Am frühen Morgen dieses Tages traf Macfarland zunächst noch mit Barth zusammen, der ihm drei Punkte einzuschärfen versuchte: 1. Man solle im Ausland die deutsche kirchliche Opposition nicht dadurch kompromittieren, daß man sie »als politischen Widerstand« deute und lobe; 2. man solle es vermeiden, der Opposition dadurch in den Rücken zu fallen, daß man Ludwig Müller anerkenne; 3. man solle zum Ausdruck bringen, daß die deutsche Opposition im Unterschied zur Reichskirchenregierung »die Sache der allgemeinen christlichen Kirche« vertrete.[69] Was Barth in diesem späteren Bericht über sein Gespräch verschwieg, das hatte er am Nachmittag den 150 Pfarrern zu deren ungemeiner Erheiterung anvertraut. Er habe Macfarland außerdem gesagt, so erzählte Barth, er möge Hitler bestellen: »daß er die deutsche Kirche in die Hand von Ludwig Müller gelegt habe, das sei etwa das gleiche, wie wenn er die Reichswehr dem Hauptmann von Köpenick anvertraut hätte!«[70] Dies auszurichten unterließ Macfarland begreiflicherweise. Aber Barth hatte darüber hinaus zu Recht das Gefühl, daß der Amerikaner ihn überhaupt nicht verstanden hatte und zu Hitler mit der Vorstellung gegangen sei, es gebe in Deutschland zwei etwa gleich große kirchliche Gruppen, die beide jeweils ihr Recht hätten und zwischen denen man daher eine Vermittlung versuchen müsse.[71] In der Tat schilderte Macfarland bei seinem Empfang Hitler die Lage genau so. Und die Frage war deshalb naheliegend, ob nicht Hitler selbst »als Persönlichkeit gemeinsamen Vertrauens führende Männer aus beiden Lagern empfangen wolle, um auf diesem Wege eine Einigung durch seine Autorität herbeizuführen«. Die Sensation schien perfekt, als Hitler erklärte, daß er dazu bereit sei, wenn er »von einem der interessierten Teile« darum gebeten werde.[72]

Kurz darauf wurde Jacobi mitten aus der Versammlung der 150 heraus ans Telefon gerufen und kehrte mit der Nachricht zurück, »Hitler habe ihm durch Macfarland sagen lassen, er sei bereit, ihn, Jacobi, zu empfangen«. Es war charakteristisch für den Druck, unter dem alle Beteiligten standen, daß daraufhin spontan ein großer Jubel ausbrach. Hier schien sich endlich ein Ausweg aufzutun. Und erneuter großer Jubel erhob sich, als Jacobi weiter erklärte: »Ich will Barth mitnehmen.« »Einen Augenblick«, so schilderte das Protokoll den Stimmungsumschwung, »kreisen alle Äußerungen um dieses bevorstehende

Ereignis, Vorschläge werden gemacht, *was* Hitler zu sagen sein wird und die Stimmung wird durch diesen Zwischenfall optimistischer.«[73] Schon bald freilich zeigte sich, daß zum Optimismus wenig Anlaß war. Die Art, wie Macfarland die Nachricht weitergegeben hatte, war vermutlich ein Mißverständnis. Tatsächlich fand das große Gipfelgespräch mit Hitler erst Ende Januar 1934 in ganz anderer Besetzung statt und endete mit einem völligen Fiasko der kirchlichen Opposition.

Wichtiger für den Augenblick aber waren die Reaktionen im Kreis der Berliner selbst. Sie machten deutlich, wie wenig von einer wirklich gefallenen Entscheidung schon die Rede sein konnte und wie schwierig Karl Barths Lage auch unter seinen Freunden war. Ausgerechnet der Bruderrat des Notbundes nämlich fand es unerträglich, daß gerade Barth die kirchliche Opposition bei Hitler vertreten sollte. Der kurze Bericht, den Jacobi am 11. November nach Bonn sandte, ließ daran keinen Zweifel. »Donnerstag«, so berichtete Jacobi, »tagte der Brüderrat des Pfarrer-Notbundes ... Hier warf Niemöller die Frage auf, wer als Vertreter der kirchlichen Opposition an der Audienz teilnehmen solle. Außer mir stellten sich alle auf den folgenden Standpunkt: Sie wären Schweizer, außerdem Mitglied der ehemaligen SPD – als würde H., wenn er hinterher davon erfährt, sich hintergangen fühlen und die ganze kirchliche Opposition käme in das Licht einer politischen Opposition ... Ich habe dagegen gesprochen, wie ich konnte, habe dauernd auf den kirchlichen Gesichtspunkt hingewiesen, immer wieder erklärt: auf all das kommt es gar nicht an, sondern ausschließlich darauf kommt es an, daß H. das Wesen der evangelischen Kirche versteht. Schießlich verfiel man noch auf die Idee, es müßte ein ausgesprochener Anhänger H.'s dabei sein und man kam auf Niemöller/Westfalen. Eine trostlose Situation.«[74]

Die beiden Tage in Berlin mit ihren intensiven Diskussionen hatten also offensichtlich wirklich nur einen Anfang gebracht. Noch liefen die Linie Barths, der auf einen entschlossenen theologischen Bekenntniskurs drängte, und die Linie Niemöllers und des Bruderrats, die eine kirchenpolitische Ausschaltung der radikalen Deutschen Christen und einen nationalen Kompromiß anstrebten, weithin unausgeglichen nebeneinander her. Karl Barth ließ Jacobi über seine Meinung zu diesem Kurs nicht im Zweifel. Er nannte es »eine elende opportunistische Kirchenpolitik, die dieser ›Brüderrat‹ offenbar immer und immer noch meint treiben zu dürfen« und rechnete die ganze Sache in das »Kapitel der Sichtung, die der ganzen Opposition noch zuteil werden muß, bevor man daran denken kann, sie ernstlich als Kirche im Kampf gegen den Abfall in Anspruch nehmen zu können.« »Ich habe nichts dagegen«, fügte er hinzu, »wenn Sie dem ›Brüderrat‹ diese meine Meinung von ihm gelegentlich zu wissen geben wollen.« Trotzdem war Barth auch im Blick auf die Berliner Tage nicht ohne Zuversicht. »Die Nervosität«, so schloß er seinen Brief, »in der sich die D. C. befinden, ist schon auf der ganzen Linie nicht mehr zu verkennen. Wir alle können unsere Pfeife wesentlich ruhiger rauchen als Ludwig das Kind und seine Leute.«[75]

In der Tat konnte Ludwig Müller nach diesen ganzen Vorgängen Anfang November nur mit großer Beunruhigung auf den Zustand der Reichskirche blicken. Aber wenigstens wurden in diesenTagen die Pläne fertig, mit denen die Reichskirchenregierung die großen Aufgaben der Deutschen Evangelischen Kirche zu lösen hoffte: die Richtlinien zur Vereinheitlichung der landeskirchlichen Verfassung, der Haushaltsplan und ein Sofortprogramm zur Volksmission. Diese Pläne insgesamt kennzeichen wie kaum etwas anderes die weiträumigen Vorstellungen, mit denen die Reichskirche begann. Sie kennzeichnen freilich in ihrem schnellen Ende zugleich auch den illusionären Charakter, der diesen Vorstellungen von Anbeginn anhaftete.

Mit der Vereinheitlichung der landeskirchlichen Verfassungen sollte eines der großen Ziele der Reichskirche rechtlich verwirklicht werden, nämlich die einheitliche Zusammenfassung und Leitung der kirchlichen Arbeit im ganzen Reich. Die Reichskirchenverfassung hatte deshalb im Artikel 2,4 ausdrücklich festgehalten, daß die Deutsche Evangelische Kirche »den Landeskirchen für ihre Verfassung, soweit diese nicht bekenntnismäßig gebunden ist, einheitliche Richtlinien« geben konnte. Denn nur auf diesem Wege war das Problem des Verhältnisses von Reichskirche und Landeskirchen zu lösen, das nach wie vor eine der Hauptschwierigkeiten der neuen Kirche darstellte. Aus diesem Grunde hatte sich schon die Einstweilige Leitung im August und September intensiv mit dieser Frage befaßt und noch auf ihrer letzten Sitzung in Wittenberg – unmittelbar vor dem Zusammentritt der Nationalsynode – entsprechende Richtlinien verabschiedet, die am 26. September an die obersten Behörden der Landeskirchen abgegangen waren. Aus dieser Hast sprach zweifellos die Sorge der Einstweiligen Leitung vor einer Übernahme jener Verfassungsrichtlinien, die Jäger für die Großhessische und Niedersächsische Kirche vorgelegt hatte.[76] In der Tat betonten die Richtlinien der Einstweiligen Leitung im Unterschied zu den Jägerschen auffällig die Selbständigkeit der Landeskirchen. Dies kam vor allem in bestimmten kollegialen und synodalen Elementen zum Ausdruck. So sollte der Landesbischof nicht – wie nach Jägers

Vorstellungen – durch den Reichsbischof berufen, sondern auf Vorschlag eines kleineren Kollegiums von der Landessynode gewählt werden. Ferner sollte die Landessynode wenigstens ein Vetorecht bei der landeskirchlichen Gesetzgebung erhalten, und schließlich galt eine Bestimmung eindeutig den Herrschaftsmethoden der Deutschen Christen. »In einer christlichen Synode«, so hieß es, »darf das Gewissen ihrer Mitglieder nicht durch parlamentarischen Fraktionszwang gebunden werden.«[77] Schon auf seiner zweiten Sitzung am 6. Oktober beschloß das Reichskirchenkabinett, diese Vorarbeit aufzunehmen und »mit größter Beschleunigung nunmehr eine Rahmenverfassung für die Landeskirchen« fertigzustellen. Den Auftrag dazu erhielten Kirchenminister Weber und Professor Heckel. Jedoch war es offensichtlich Heckel allein, der am 19. Oktober einen neuen Entwurf vorlegte und ihn auf Grund der Beratungen im Reichskirchenkabinett dann noch einmal umarbeitete. Auf Wunsch des Gremiums sollten für die reformierten Kirchen besondere Richtlinien erlassen werden, was die nahezu völlige rechtliche Ausschaltung des synodalen Elements ermöglichte. Dementsprechend wurde nun das Ernennungsrecht des Reichsbischofs für die Landesbischöfe formuliert und damit ein entscheidendes Merkmal des Führerprinzips übernommen. Nach einer weiteren Beratung am 24. Oktober beschloß das Gremium, die Richtlinien vor ihrer endgültigen Verabschiedung den Vertretern der Landeskirchen vorzulegen. Überraschenderweise erhoben die Kirchenführer, die sich am 3. November in Berlin trafen, keine grundsätzlichen Einwände[78], denn am 7. November wurden die Richtlinien samt einem Einführungsgesetz vom Reichskirchenkabinett einstimmig verabschiedet.[79]

Die »Verfassungsrichtlinien für die deutschen evangelischen Landeskirchen mit Ausnahme der reformierten Kirchen«[80] hätten, wären sie je in Kraft getreten, die weitgehende Angleichung der Reichskirche an die Strukturprinzipien des Dritten Reiches bedeutet. Für alle Landeskirchen war einheitlich der gleiche Aufbau vorgesehen, nämlich: Landeskirche, Bistum, Propstei, Kreis, Gemeinde. Die alte kirchenrechtliche Streitfrage »Kirchenprinzip« oder »Gemeindeprinzip« war rigoros im Sinne von Überordnung und Unterordnung entschieden.[81] Dies zeigte die Empfehlung, das neue Strukturprinzip »durch eine Aussage über das Verhältnis des obersten und untersten Verbandes (Landeskirche und Gemeinde) klarzustellen. Die herkömmliche Formulierung des sog. Gemeindeprinzips (›Die Kirche baut sich auf der Gemeinde auf‹) ist zu vermeiden.« Angesichts dieser, im Zusammenhang mit den allgemeinen Tendenzen der Zeit unmißverständlichen Aussagen bedeutete es wenig, wenn hinzugefügt wurde, an die Stelle des Gemeindeprinzips solle »eine neue Erklärung über den eigenen Beruf der Gemeinde« treten; zumal von den Gemeinden dann nur noch am Ende der Richtlinien und wesentlich nur unter dem Gesichtspunkt ihrer Leitung die Rede war. Überordnung und Unterordnung bestimmte auch das Verhältnis der kirchlichen Ämter zueinander. »An der Spitze der Landeskirche«, so hieß es eindeutig, »steht der Landesbischof.« »Der Landesbischof führt die Landeskirche.« Seine Befugnisse waren demgemäß fast unbegrenzt. Wie er selbst nur vom Reichsbischof berufen und abberufen werden konnte, ernannte er seinerseits die Mitglieder der Kirchenregierung, ferner die Bischöfe und die Pröpste. Er stand an der Spitze der Verwaltung; berief die Mitglieder der Synode, davon ein Drittel nach freiem Ermessen; saß der Synode vor und bestimmte Ort und Zeit ihrer Tagungen. Die Bischöfe hatten – unbeschadet ihrer »Unterordnung unter den Landesbischof« – für ihren Amtsbereich dieselben Befugnisse; und eben dies galt auch für die anderen Ämter. Sämtliche synodalen Gremien, von der Landessynode bis zum Kirchenvorstand der Einzelgemeinde, erhielten lediglich noch beratende Funktionen: Im Zweifel konnte das Amt sich immer durchsetzen. Das Ganze erschien auf den ersten Blick fast wie eine Rückkehr zu katholischen Verfassungsprinzipien. Aber da zu diesem Verständnis im Protestantismus alle theologischen und kirchenrechtlichen Voraussetzungen fehlten, war deutlich, daß es sich tatsächlich um eine Führerordnung handelte, die Reich und Kirche nach den gleichen Grundprinzipien strukturieren sollte. Noch ehe diese Richtlinien jedoch versandt werden konnten, befand sich die Reichskirche bereits im Zustand der Auflösung.

Nicht weniger aufschlußreich für die großen Hoffnungen, mit denen die Reichskirche begann, war der Entwurf des Haushaltsplans für ihr erstes Haushaltsjahr 1934 und seine kurze und ruhmlose Geschichte. Den Auftrag zu diesem Haushaltsentwurf hatte die Kirchenregierung bereits auf ihrer ersten Sitzung erteilt. Anfang November lag er im Reichsinnenministerium und in der Reichskanzlei vor. Beigefügt war eine Denkschrift, die die neuen Haushaltsansätze erläuterte. Die Aufgaben der Reichskirche, so hieß es darin, seien gegenüber dem Kirchenbund »viel umfangreicher, selbständiger und verantwortungsvoller«. Die neue Kirche solle »auf allen Gebieten der kirchlichen Arbeit die Führung ergreifen und durch klare Zielsetzung und Richtungweisung die landeskirchliche Arbeit bis in ihre letzten Organe und Mitarbeiter bestimmen. Zu diesem Zwecke« – so kam die Denkschrift dann schnell zum Kern – »ist es erforderlich, daß die in der Verfassung der Kirche vom 11. Juli 1933 vorgesehenen *Organe der reichskirchlichen Zentralverwaltung voll ausgebaut und mit der nötigen Zahl von fähigen, tatkräftigen Persönlichkeiten besetzt* werden. Dazu ist es überdies erforderlich, daß diese Organe finanziell in den Stand gesetzt werden, *alle Maßnahmen in die Wege zu leiten, um die der neuen Kirche gestellte Aufgabe* einer Verlebendigung und Verinnerlichung der geeinten deutschen evangelischen Christenheit *restlos zu erfüllen.*«[82] In nüchternen Zahlen ausgedrückt, bedeutete dies eine Erhöhung des Etats des Kirchenbundes um rund 700 Prozent. Für die kirchliche Zentralverwaltung, die bisher rund 300 000 Reichsmark beansprucht hatte, setzte der Haushaltsentwurf für 1934 rund 1,7 Millionen ein. Allein der Reichsbischof war durch Beschluß der Reichskirchenregierung in die Gehaltsgruppe B 2 – das entsprach den Reichsministern – eingestuft worden und sollte neben einer beträchtlichen Aufwandsentschädigung einen Dispositionsfonds von 100 000 Reichsmark für seinen persönlichen Stab erhalten. Dazu kam der Ausbau der Behörde, die durch 45 neue Beamtenstellen mehr als verdreifacht werden sollte. Der Haushaltsentwurf verriet auch, wo die Reichskirche den Schwerpunkt ihrer Arbeit sah, nämlich in einer »Volksmissionsarbeit großen Stils«, vor allem auch »in SA., SS., Stahlhelm, HJ., BDM.; Schaffung von Volkshochschulen und sonstigen Einrichtungen zur weltanschaulichen Schulung weitester Kreise des evangelischen Volksteils, zumal in der SA., auch in der Männer- und Frauenschaft, zumal der Jugend«.[83] Für diese Aufgaben, die Hossenfelder übernommen hatte, warf der Haushaltsentwurf deshalb den größten neuen Einzeltitel aus, nämlich über eine Million Reichsmark.[84] Dies war in einer Zeit, in der die Wochenlöhne der Arbeiter im Schnitt kaum 30 Reichsmark erreichten, eine fast monströse Summe. Insgesamt ging der Entwurf davon aus, daß die neue Reichskirche einen Finanzbedarf von 5,8 Millionen – gegenüber bisher 830 000 – Reichsmark haben werde.

Die entscheidende Frage war nun natürlich, wo dieses Geld herkommen sollte. Der Kirchenbund war bisher durch Umlagen der Landeskirchen finanziert worden, und der Entwurf des Haushaltsplanes setzte deshalb den Mehrbedarf kurzerhand ebenfalls unter die landeskirchlichen Umlagebeträge ein. Zugleich jedoch ließ die Denkschrift keinen Zweifel daran, daß bei der aufs äußerste angespannten Finanzlage der Landeskirchen eine tatsächliche Erhöhung der Umlagen nicht in Frage kam. Die Reichskirchenregierung sah daher nur einen Ausweg, nämlich den, »daß das Reich der neuen, unter seinem Schutz gebildeten Deutschen Evangelischen Kirche die Aufnahme ihres Wirkens um des auch vom Reich erstrebten Zieles ihrer Mitarbeit für Volk und Vaterland willen dadurch ermöglicht, daß es ihr ... *durch eine Abbürdung der finanziellen Mehrlasten (jährlich 4750000 Reichsmark) auf Mittel des Reiches zu Hilfe kommt.* Ohne die Gewährleistung einer solchen Reichsdotation ... ist eine fruchtbringende reichskirchliche Arbeit, deren schleuniger Einsatz auch vom Reich aus gesehen das Gebot der Stunde sein dürfte, nicht möglich.«[85]

Das Reich aber war offensichtlich über »das Gebot der Stunde« entschieden anderer Meinung. Der zuständige Referent im Reichsinnenministerium, Ministerialrat Conrad, erklärte schon bei den ersten Besprechungen, man könne den vorgelegten Entwurf »überhaupt nicht als Diskussionsgrundlage betrachten«.[86] Und in der Reichskanzlei wurde Anfang Dezember 1933 auf dem Entwurf als persönliche Auffassung des Reichsinnenministers vermerkt, daß das Reich »keinesfalls im Jahre 1934 mehr Zuschüsse leisten werde als im Jahre 1933, sondern eher noch weniger. Durch die Zusammenfassung der Kirchenverwaltung müßten nach Auffassung des Herrn Reichsministers Dr. Frick Ersparnisse, nicht Mehrkosten entstehen.«[87] Danach verschwand der Entwurf ohne weiteren Kommentar in den Akten.

So war von den hochfliegenden finanziellen Erwartungen nichts mehr übriggeblieben, als das Reichskirchenkabinett – in seiner zweiten, rechtlich bereits umstrittenen Zusammensetzung – am 12. Dezember 1933 einen Nothaushaltsplan für das erste Vierteljahr 1934 beschloß.[88] Statt der erhofften 5,8 Millionen war jetzt für das ganze Jahr nur noch ein Betrag von 1,5 Millionen eingesetzt – und auch dieser Ansatz sollte sich noch als weitaus zu hoch erweisen. Denn ein weiteres Jahr später, im Nothaushalt 1935, betrugen die angesetzten Einnahmen nur noch 728000 Reichsmark – über 100000 Reichsmark weniger, als der alte Kirchenbund 1932 zur Verfügung gehabt hatte![89] Aber schon im Haushalt vom Dezember 1933 war der gesamte personelle Ausbau gestrichen; und gestrichen waren auch alle Ansätze für die Volksmission und die innerkirchliche Arbeit. Geblieben waren – in verschiedenen Titeln sorgfältig versteckt – vor allem die hohen Aufwendungen für den Reichsbischof. Damit war *die* Reichskirche, die sich die Deutschen Christen erhofft hatten, auch finanziell schon am Ende, noch ehe sie mit ihrer Arbeit begonnen hatte.

Anfang November 1933 freilich, als Schlag auf Schlag die großen Pläne der Reichskirche auf den Tisch kamen, war von dem bevorstehenden Desaster noch nichts zu spüren. Im Gegenteil, nun legte auch Hossenfelder endlich jenes große Programm vor, das seit der Wittenberger Rede des Reichsbischofs immer und immer wieder beschworen worden war: das Programm zur Volksmission aller evangelischen Deutschen. Hier schlug zweifellos das Herz der Deutschen Christen; hier sahen sie ihre Aufgabe, ihre Hoffnung und ihre Zukunft. Vor ihren Augen stand ein umfassender nationaler Erziehungsauftrag der Kirche, so wie Ludwig Müller dies in Wittenberg ausgeführt hatte: »Ein neues Reich ist im Werden, der neue Mensch im neuen Reich will auch werden. Da darf die Kirche nicht warten, bis die Menschen zu ihr kommen, sondern die Kirche muß die Menschen suchen, und zwar die Menschen, wo sie heute nun einmal da sind, den SA.- und SS.-Mann, den Mann des Arbeitsdienstes, den Mann am Pflug, am Schraubstock, in der Studierstube, die heranwachsende Jugend, und ganz besonders die deutsche Frau und Mutter, daß sie in die Seele des heranwachsenden Geschlechts pflanze: lebendigen Glauben, ehrfürchtiges Gottvertrauen und fröhlich starkes Verantwortungsbewußtsein.«[90]

Angesichts des nahenden 10. November, Luthers 450. Geburtstag, aber verbanden sich die Pläne zur großen Volksmission in diesen Wochen immer stärker mit der Gestalt Luthers. Der Reformator sollte gleichsam der geistige Schirmherr der neuen Reichskirche werden. Seit dem Frühsommer 1933 war bereits ein eigens gegründeter deutschchristlicher Reichsarbeitsausschuß »deutscher Luthertag 1933« am Werk, um den 10. November zu einem Triumph des völkischen Luther werden zu lassen.[91] Das am meisten zitierte Lutherwort in dieser Zeit stammte aus einem Brief von 1521 und bezog sich ursprünglich auf die Verdeutschung von Bibeltexten: »Germanis meis natus sum, quibus et serviam.«[92] Jetzt erschien diese Bemerkung in der Form »Meinen lieben Deutschen bin ich geboren; ihnen will ich dienen«, wiederholt bis zur Unerträglichkeit, als Beweis für Luthers völkische Sendung an die deutsche Nation, und landauf, landab hieß es, wie auf der Jubiläumsfeier in Göttingen: »Lassen wir uns von dem Propheten der Deutschen weisen, den Ruf, der an uns ergeht zu hören und der entscheidenden Stunde zu gehorchen. Denn sie beide gehören untrennbar zusammen: *Luther und Deutschland*!«[93]

Der Erlanger Kirchenhistoriker Hans Preuß steigerte dies noch durch den Nachweis »grundsätzlicher Parallelen« und »merkwürdiger Übereinstimmungen« zwischen Luther und Hitler. Beiden sei, wie Preuß nachwies, »der Schrei nach einem großen Mann der Rettung« vorausgegangen; beide seien aus dem »Bauernstand« gekommen und »nach ihrer Herkunft als Tschechen verdächtigt worden«; sie hätten »das ganze Elend ihrer Zeit« durchgemacht und seien erst in den dreißiger Jahren ihres Lebens aufgetreten »als zunächst ganz unbekannte Leute ohne Macht«. Schließlich mündete die ganze Darstellung nach vielen weiteren Beispielen in eine »leuchtende Schlußparallele«: »Luther und Hitler fühlten sich vor ihrem Volke *tief mit Gott verbunden.*«[94]

Angesichts solcher verwegenen Deutungen lag es nahe, den Aufruf zur großen Volksmission mit dem Lutherjubiläum zu verknüpfen und damit deutlich zu machen, daß die Deutschen Christen nicht mehr und nicht weniger beabsichtigten als die Vollendung der Reformation im Dritten Reich der Deutschen. Schon auf einer der ersten von den unzähligen Lutherfeiern dieses Jahres, Ende August in Luthers Geburtsort Eisleben, erklärte daher Ludwig Müller, mit der Reichskirche ginge ein Traum in Erfüllung, »der deutsche fromme Herzen beseelt hat seit den Tagen des großen Reformators«. Denn Luther hätte »schon immer gehofft und dazu getrieben, eine große, deutsche romfreie Kirche zu bauen«. Und Alfred Bierschwale, damals noch in der Reichsleitung der Glaubensbewegung, konkretisierte diese Erklärung durch die Versicherung, der Reichsarbeitsausschuß des Deutschen Luthertages werde dafür Sorge tragen, »daß vom Jahre 1934 ab der 31. Oktober in Deutschland zum Staatsfeiertag erklärt und als Protestantentag gefeiert« werde.[95]

Diese Nachrichten beunruhigten den Nuntius in Berlin derart, daß er am 7. September dem Reichsaußenminister persönlich seine tiefe Besorgnis über diese Absichten zum Ausdruck brachte. Es handele sich schließlich, so ließ er Neurath wissen, »um die Feier eines Aktes (die Anheftung der Thesen an der Kirche in Wittenberg), der eine ausgesprochen feindliche Tendenz gegen die Katholische Kirche gehabt habe. Er, der Nuntius«, so hieß es in dem Gesprächsvermerk weiter, »fürchte sogar für die Ratifikation des Konkordats, falls diese Feier in großem Rahmen und mit staatlicher Beteiligung stattfinde.« Neurath – hier ganz der überzeugte Protestant – erwiderte darauf, »daß auch von katholischer Seite Feiern in Deutschland abgehalten würden, die keineswegs immer von einem friedlichen Geist gegenüber der protestantischen Kirche erfüllt seien«, und ließ die ganze Angelegenheit auf sich beruhen.[96]

Die Episode, so charakteristisch sie für das tiefe wechselseitige Mißtrauen der Konfessionen in Deutschland war, blieb offensichtlich ohne Einfluß auf das staatliche Verhalten. Die Lutherfeiern genossen weiterhin die wohlwollende staatliche Aufmerksamkeit und Anteilnahme, und es entsprach ganz den hochgespannten Erwartungen der Reichskirche, als der Reichsinnenminister am 3. Oktober die Obersten Reichsbehörden wissen ließ, er beabsichtige, für den Deutschen Luthertag am 10. November eine allgemeine Dienstbefreiung vorzuschlagen.[97]

Aber noch ehe diese Absicht in die Tat umgesetzt werden konnte, kam am 14. Oktober die Nachricht von Deutschlands Austritt aus dem Völkerbund und die Ankündigung, daß am 12. November die Volksabstimmung und Neuwahlen stattfinden sollten. Von diesem Augenblick an war der gesamte Staats- und Parteiapparat nur noch auf ein Ziel ausgerichtet: die Propaganda für den 12. November. Der Freitag vor dem Wahltag aber, eben der so lange vorbereitete »deutsche Luthertag«, wurde zu einem Höhepunkt dieses Propagandafeldzuges bestimmt. Es war jener Tag, an dem Hitler dann seine berühmt gewordene Rede in den Siemens-Werken halten sollte.[98]

Selbst der Reichskirchenregierung war klar, daß gegen diese Konkurrenz die Lutherfeiern keine Chance hatten. Und es war nur ein weiteres Zeichen für die völlige Fehleinschätzung der Lage, daß man daraufhin beschloß, beim Reichskanzler »auf die Freihaltung des 10. November von politischen Veranstaltungen hinzuwirken«.[99] In der Tat telegraphierte der Reichsbischof am 20. Oktober an Hitler: »deutsche evangelische kirche mit vierzig millionen protestanten bitten dringend freitag den 10. november möglichst von politischen kundgebungen freizuhalten da bereits ... weitgehende vorbereitungen zur feier des 450. geburtstags des deutschen reformators martin luther getroffen sind ...«[100] Von solchem Entgegenkommen konnte nun freilich keine Rede sein; und so blieb Ludwig Müller nichts anderes übrig, als den Luthertag auf den 19. November zu verlegen, wo er dann tatsächlich – allerdings ohne die erhoffte große öffentliche Aufmerksamkeit – gefeiert wurde.

Damit war der Plan gescheitert, den 10. November zu einem grandiosen protestantischen Nationalfeiertag zu machen und gleichzeitig im Namen Luthers mit der Mobilmachung des evangelischen Kirchenvolkes zu beginnen. Statt dessen erschien an diesem Tag das längst angekündigte Programm der deutschristlichen Kirchenregierung: ein *Aufruf*, *Richtlinien* und ein *Sofortprogramm* zur Volksmission, die die Richtung in die Zukunft weisen sollten. Es war die erste und letzte programmatische Äußerung der Reichskirche, und sie verriet einmal mehr, wie weit sich ihre verantwortlichen Männer auch kirchlich in einem illusionären Raum bewegten. »Zum erstenmal«, so hieß es im *Aufruf* der Reichskirchenregierung, »feiert so *eine* deutsche Kirche *ein großes Lutherfest*. Aus dem Gedenktag, der nur rückwärts blickt, wird das Weihefest für ein neues Haus der deutschen Kirche Martin Luthers. Dieser Tag soll zugleich der Anfang eines gemeinsamen Werkes sein. Groß steht uns vor die Aufgabe, die die gegenwärtige deutsche Schicksalsstunde unserer Kirche stellt. Es gilt den entscheidenden Kampf um die Seele des deutschen Volkes. Die

Stunde der Volksmission ist da.« Das Ziel aber lautete: »Das Gesicht des neuen Deutschland soll das eines christlichen Volkes sein!«[101]

Wie das vor sich gehen sollte, das sollten offensichtlich die *Richtlinien* erläutern. Sie waren betont kirchlich gehalten und bestimmten als die Aufgaben der Volksmisison, »allen Ständen und Altersklassen des Volkes die starke und frohe Botschaft von Jesus Christus zu verkünden«. »Vom Zentrum des Evangeliums aus« sollte sich dieser Aufgabenkreis »in einem dreifachen Ring« erweitern: »1. Menschen zu Christus rufen und in die Gemeinde einfügen. 2. Lebendige Gemeinden aufbauen und sie zum Dienst bereit halten. 3. Das Wachstum evang. Volksfrömmigkeit mit allen Mitteln anstreben.« Die Volksmission sollte dabei »besonders den Weg zu den Kämpfern des Dritten Reiches, zu den Wehrverbänden und zu der nationalsozialistischen Jugend« suchen. Dann wurden in acht Punkten inhaltliche und organisatorische Anweisungen gegeben, in denen sich traditionelle volksmissionarische Erfahrungen mit neuen Forderungen mischten. Generell aber galt für die ganze Arbeit: »Alle volksmissionarisch arbeitenden Kräfte müssen ebenso klar im Evangelium gegründet wie überzeugte Glieder des Dritten Reiches sein.« Das *Sofortprogramm* schließlich, das wohl vor allem Hossenfelders Idee war,[102] verordnete für die ganze Reichskirche in jedem Monat einen einheitlichen Gottesdienst, der insbesondere für die christlichen Hausväter bestimmt sei und sie an »das priesterliche Amt des Hausvaters und seine Verantwortung für Weib und Kind, Volk und Kirche« erinnern sollte. Aber auch mit diesem Sofortprogramm hatte Hossenfelder kein Glück. Die Württembergische Landeskirche beschwerte sich offiziell über diesen »Eingriff in den Kultus der Landeskirchen«.[103] Und schon bald bemächtigte sich auch der Spott des neuen Programms und nannte es im Blick auf das staatlich verordnete Eintopfessen »Eintopfgericht der Seele«.[104]

Trotz dieser großen Pläne und trotz des selbstbewußten Auftretens der Reichskirchenregierung war Anfang November nicht zu verkennen, daß der Bestand der Reichskirche – kaum sechs Wochen nach ihrer Gründung – bereits schwer erschüttert war. Die Parteiführung hatte sich von den Deutschen Christen öffentlich distanziert und ihnen damit die Legitimation entzogen, weiterhin als die Vollstrecker des christlichen Willens der Partei auftreten zu können. Damit war zugleich der Anspruch der dritten Konfession, der Deutschen Glaubensbewegung Hauers und Reventlows, bestätigt, sich im Dritten Reich als gleichberechtigte Religion zu verstehen. Ihr Vormarsch, gerade innerhalb der Partei, war unübersehbar. Dies wiederum hatte zur Folge, daß sich auf dem radikalen Flügel der Deutschen Christen, also vor allem in Groß-Berlin und in Thüringen, wachsende Unruhe bemerkbar machte. Namentlich der Berliner Gau stand auf dem Sprung, um in einem neuen Anlauf die Reichskirche revolutionär zu verändern. Auf der anderen Seite waren durch die erneute Herausstellung des Arierparagraphen die Verbindungen zur kirchlichen Opposition abgebrochen, und es war nur eine Frage der Zeit, wann es hier zu Auseinandersetzungen kommen würde. Einen Vorgeschmack in dieser Hinsicht gab eine Aktion Hossenfelders, der aufgrund eines Rundschreibens des Pfarrernotbundes und eines Artikels in der *Jungen Kirche* am 11. November die Amtsenthebung der Pfarrer Martin Niemöller, Kurt Scharf und Eitel-Friedrich von Rabenau durchsetzte. Direkter Anlaß war der Protest gegen den Arierparagraphen, das Ziel jedoch war die Ausschaltung der vermuteten kirchlichen Opposition gegen das volksmissionarische Programm der Reichskirche. Noch am Abend des 11. freilich veranlaßte die Reichskanzlei die Aufhebung der Verfügung; nach dem Wahltag wurde sie vom Präsidenten des Oberkirchenrates, Dr. Werner, erneut in Kraft gesetzt.[105] Und schließlich befanden sich auch die süddeutschen Landeskirchen Württemberg und Bayern, bisher Ludwig Müllers verläßlichste kirchliche Stützen, entschieden auf Oppositionskurs gegen eine Reichskirche, die weithin von Hossenfelder beherrscht schien.

Wenn die Reichskirche in den ersten Wochen gleichwohl noch zusammenhielt, so verdankte sie dies mehr nationalen als kirchlichen Gründen. Denn Hitlers Entscheidung für den Austritt aus dem Völkerbund und die Wahlen am 12. November fanden auch in der evangelischen Kirche ein Echo, das alle kirchlichen Gruppen im Bekenntnis zur Ehre und Freiheit der Nation zusammenschloß. Und dort, wo die Deutschen Christen inzwischen am Ruder waren, zeigte sich im Zusammenhang mit diesem Tag noch einmal und mehr als je zuvor, wieweit sich der deutsche Protestantismus inzwischen einem schrankenlosen theologischen Enthusiasmus geöffnet hatte. Denn was in vielen kirchlichen Erklärungen nun ausgesprochen wurde, das war nicht einfach bloße Begeisterung für Hitler und seine Entscheidung. Es war vielmehr – und hier lag zweifellos ein wesentlicher Unterschied zu den katholischen Erklärungen – eine direkte christliche Deutung der Ereignisse, ein Stück politischer Theologie. »An diesem 12. November«, schrieb das *Evangelium im Dritten Reich*, »ist das deutsche Volk und sein Schicksal von Gott auf die Waage gelegt. Jeder deutsche Mensch weiß um die Verantwortung. Es ist die Stunde einer neuen Geburt, da der Christusgeist am Einzelnen wie am ganzen Volke schafft als der neue, läuternde Gotteswille. Ob wir es begreifen oder nicht begreifen,

Gott ist es, der unser Ja will, der uns aus Zweifel und Sorgen zu neuem Glauben, aus Untergang zu neuem Werden ruft.«[106] Von hier war es nur noch ein Schritt zur Kanzelerklärung der Thüringer Kirche zum 21. und 22. Sonntag nach Trinitatis (5. und 12. November) – unterschrieben vom Landesbischof Reichardt, der seit 1921 im Amt war –, in der es hieß: »Soll die Welt nicht zugrunde gehen an Lug und Trug, so muß sich ein Volk als Bannerträger der Botschaft Christi erheben, im Glauben an Gott und sein lichtes Reich. Im politischen Bekenntnis des deutschen Volkes zu seinem ihm von Gott gesandten Führer soll sich triumphierend der Glaube an die Siegkraft des Heilands der Völker erheben.«[107] In Mecklenburg aber, wo der junge Landeskirchenführer Schultz inzwischen den Landesbischof Rendtorff verdrängt hatte, machte man aus der Entscheidung für Hitler sogar einen förmlichen Bekenntnisakt. Dort sollte nach einer entsprechenden Kundgebung die stehende Gemeinde befragt werden: »›Ihr Glieder der Gemeinde . . ., ist dies euer entschlossener Wille, so sprecht dazu laut euer Ja!‹ Nach dem Ja der Gemeinde«, so fuhr die liturgische Anweisung fort, »setzt ohne Ankündigung und Zwischenspiel die Orgel ein zum Gesang des ersten Verses des Luther-Liedes.«[108]

Der 12. November brachte noch einmal einen Höhepunkt der protestantischen Illusionen. Und der triumphale Wahlsieg Hitlers schien sie erneut und ausdrücklich zu bestätigen.

In Wahrheit jedoch hatte ihr Ende längst begonnen.

13. KAPITEL

DER ZUSAMMENBRUCH DER DEUTSCHEN CHRISTEN UND DIE ANFÄNGE DER BEKENNENDEN KIRCHE (NOVEMBER 1933–JANUAR 1934)

Das Problem jeder geglückten Revolution ist der Übergang von der revolutionären Phase zur Kontinuität der neuen Herrschaft. Die Deutschen Christen hatten zwischen April und September 1933 in der evangelischen Kirche zweifellos eine wirkliche Revolution durchgesetzt. An der Spitze der Reichskirche stand ihr Mann; sie selbst hielten die Kirchenleitung der größten Landeskirche, der preußischen, fest in der Hand. Deutsch-christlich beherrscht waren inzwischen auch Sachsen, Thüringen, Schleswig-Holstein, Mecklenburg, Braunschweig, Hessen und eine Reihe kleinerer Kirchen. Überall hatten hier junge, vor einem Jahr noch völlig unbekannte Männer die Kirchenführung übernommen; überall waren die revolutionären Ordnungen in Kraft getreten. Als Rocher de bronze standen allein noch die Landeskirchen von Bayern, Württemberg und Hannover unter ihren alten Kirchenleitungen. Angesichts dieses fast vollständigen Sieges der Revolution in der Kirche hing nun alles davon ab, ob den Deutschen Christen die Sicherung ihrer Herrschaft gelingen würde. Dies war das Ziel aller ihrer Aktionen und Programme, die im Oktober entworfen wurden. Es war ein illusionäres Ziel; aber möglicherweise hätte sich diese Illusion – wie so viele andere Illusionen im Dritten Reich – noch längere Zeit erhalten lassen, wenn die Deutschen Christen den Übergang zur Kontinuität tatsächlich geschafft hätten. Eben dieser Übergang aber scheiterte nun. Er scheiterte nicht am Widerstand der kirchlichen Opposition – die tat im Oktober nicht viel mehr, als sich zu sammeln und abzuwarten. Der Übergang scheiterte vielmehr am typischen Konflikt der Revolutionen, nämlich an dem Widerspruch zwischen dem Wunsch nach dem Ende der revolutionären Phase, den die neuen Machthaber vertraten, und der Unzufriedenheit mit dem Erreichten, die den radikalen Flügel weitertrieb. Es war im Prinzip der gleiche Konflikt, den Hitler ein halbes Jahr später mit der Liquidierung der SA-Führung zu seinen Gunsten entschied. Die Deutschen Christen jedoch zerbrachen an diesem Konflikt. Und in diesem Zerbrechen offenbarte sich zugleich erbarmungslos der illusionäre Charakter ihres ganzen Entwurfs.

Der radikale Flügel innerhalb der Glaubensbewegung, der die Dinge in der Kirche weiter vorantreiben wollte, hatte seinen wichtigsten Stützpunkt im Gau Groß-Berlin. Seit Anfang Oktober liefen hier bereits die Vorbereitungen für eine große Generalmitgliederversammlung im Sportpalast, auf der die Führung des Gaues, allen voran der Gauobmann Dr. Krause selbst, die neuen revolutionären Ziele verkünden wollte. Zunächst für den 21., dann für den 26. Oktober geplant, mußte jedoch auch diese Veranstaltung der Propaganda für den 12. November weichen. Die deutschchristliche Gauleitung wählte daraufhin als endgültigen Termin den 13. November.[1] Und in der Tat erwies sich dieser Tag für das geplante Vorhaben wie geschaffen. Denn noch vor den offiziellen Lutherfeiern am 19. November konnten die Berliner Deutschen Christen hier ihren völkischen Luther feiern. Und der Wahlsieg Hitlers, der in diesen Kreisen wie ein Triumph der eigenen Sache empfunden wurde, mußte den radikalen Enthusiasmus der Versammlung mächtig steigern.

Worum es ging, hatte *Unsere Volkskirche*, das Blatt der Berliner Richtung, in ihrer Ausgabe vom 12. November noch einmal deutlich gemacht. Unter der Überschrift »Ist das der Sinn des Lutherjahres?« berichtete es von einer tiefen Beunruhigung, die durch das evangelische Kirchenvolk gehe. Die neue Kirchenverfassung (das bezog sich auf die Verfassungsrichtlinien, die das Reichskirchenkabinett kurz zuvor, am 9. November, gerade verabschiedet hatte) wolle das Laienelement ausschalten und nur noch das Führerprinzip gelten lassen. Damit aber werde nur das alte und reaktionäre System der Kirche konserviert. »Man versprach uns«, so schrieb der unbekannte »Nikodemus«, hinter dem sich vermutlich der Kreisleiter Schmiedchen verbarg, »die wahre deutsche Volkskirche; bisher haben wir nur Bischöfe, Pröpste und Dekane bekommen – das Kirchenvolk aber hat man bereits ausgeschaltet und wird man künftig (wenn es so weiter geht!) noch mehr ausschalten.« Die Berliner Gauführung freilich war offensichtlich entschlossen, es so eben nicht weitergehen zu lassen. »Wir hatten gehofft, daß Geistliche aus unseren Reihen wüßten, was uns frommt, wie einst der Augustinerpater sich des hungernden und frierenden Volkes erbarmte. Wenn aber die, so berufen wären, nicht wollen vorangehen, so werden einige Nicht-Theologen vorangehen müssen. Unser Herr und Heiland nahm ja auch Fischerknechte, als ihm die Theologen die Gefolgschaft verweigerten ...«[2] Über dem Proteststurm, der kurz darauf diese ganze

Gruppe hinwegfegte, ist völlig übersehen worden, daß sie in diesem Punkt tatsächlich etwas Richtiges sah. Die Reichskirche stand mit den neuen Verfassungsrichtlinien im Begriff, die alte Amts- und Behördenkirche des landesherrlichen Kirchenregiments noch zu überbieten – wenigstens was die Entmündigung von Kirchenvolk und Gemeinden betraf.

Die Nicht-Theologen also sollten nun, nach dem Versagen der Theologen, vorangehen. Und genau dies war das Pathos der Sportpalastversammlung vom 13. November. Die deutschchristlichen Gemeindegruppen, die aus ganz Berlin geschlossen mit ihren Fahnen angerückt waren, füllten den Riesensaal mit seinen 20000 Plätzen bis auf den letzten Platz. Am Vorstandstisch saßen neben dem Gauführer Dr. Krause unter anderem die Bischöfe Hossenfelder und Peter, Propst Lörzer und nahezu der gesamte preußische Oberkirchenrat mit seinem Präsidenten Dr. Werner an der Spitze. Nach der Eröffnung durch den Kreisleiter Schmiedchen sprach zunächst Hossenfelder. Der Reichsleiter der Glaubensbewegung, inzwischen als Bischof, Kirchenminister und Vizepräsident selbst ein typischer Vertreter der von den Radikalen attackierten neuen Kirchenführung, hatte die Stimmung in Berlin durchaus begriffen. Deshalb rief er nicht nur zur Volksmission auf, sondern versuchte zugleich, den unverändert kämpferischen Geist der Reichsleitung glaubhaft zu machen. Dabei ging es vor allem um den Arierparagraphen. Obwohl Hossenfelder genau vier Wochen zuvor in England noch feierlich erklärt hatte, die Reichskirche denke nicht daran, den umstrittenen Paragraphen einzuführen, versicherte er jetzt, er habe sich persönlich gegen den Vorschlag des schwedischen Erzbischofs Eidem gewandt, im Interesse der Zusammenarbeit der Kirchen den Arierparagraphen fallen zu lassen. Vielmehr habe er erst vor drei Tagen den preußischen Oberkirchenrat angewiesen, den Beschluß der Generalsynode rücksichtlos durchzuführen.[3] Dies war eine offene Kampfansage an die kirchliche Opposition. Trotzdem war der radikale Flügel damit bei weitem nicht zufriedengestellt. Und so nahm das Unheil für die Deutschen Christen nun seinen Lauf.

Während die Versammlung nach dieser Ansprache – begleitet von SA-Kapellen – das unvermeidliche Lutherlied sang, verließ Hossenfelder den Sportpalast, um am nächsten Tag auf der Vertreterversammlung der deutschen Pfarrervereine in Nürnberg aufzutreten. Als Hauptredner sprach nun der Berliner Gauobmann Dr. Krause. Unterbrochen von wachsendem, schließlich immer wieder fast frenetischem Beifall entfaltete er das Programm der zweiten Revolution in der evangelischen Kirche.

Krause begann mit dem gewaltigen Erleben des 12. November. »Ein Volk, ein Führer«, so sagte er, dies sei nun Wahrheit geworden. »Ein Gott und eine Kirche«, dies stünde noch vor den Deutschen. Es gehe jetzt um das kostbarste Vermächtnis, das Luther hinterlassen habe: »die Vollendung der deutschen Reformation im Dritten Reich«. »Das werdende Volk«, so erklärte Krause, wolle eine neue Kirche formen, »und so rufen wir in diesen Tagen den Feuergeist des Dr. Martinus, daß er uns helfe, sein Werk zu vollenden, zu schaffen: nicht eine lutherische, nicht eine reformierte, nicht eine uniierte, nicht eine synodale oder konsistoriale, nicht eine Bischofs- oder Generalsuperintendenten-Kirche, sondern diese eine gewaltige neue, alles Umfassende: die deutsche Volkskirche«. Diese Kirche könne niemals neben dem Staat wachsen, sondern nur in ihm, und für sie gälten »restlos die gleichen Lebensgesetze«, nämlich: »heldische Frömmigkeit» und »artgemäßes Christentum«.

Danach ging der Berliner Gauobmann zu einer scharfen Kritik an der Reichskirche über. Noch seien die neuen Verfassungsrichtlinien nicht veröffentlicht, aber er wolle im Namen der Berliner Bewegung ganz deutlich erklären: »Wir können keine Pastorenkirche gebrauchen. (Sehr starker Beifall).« Daß es Krause dabei nicht um die Rechte der Gemeinde ging, sondern daß er den Anspruch der revolutionären Basis vertrat, zeigte sein Hinweis, daß man sich unter keinen Umständen »Menschen als Führer aufzwingen« lassen werde, die man innerlich ablehne, weil man »weder zu ihrem Nationalsozialismus noch zu ihrem deutschen Glauben das rechte Zutrauen« haben könne. In diesem Zusammenhang griff Krause auch den Friedenserlaß des Reichsbischofs an. Er habe bei den Deutschen Christen »eine maßlose Unsicherheit« und bei den Gegnern »einen Triumph« hervorgerufen, »einen Triumph, meine Volksgenossen«, so fuhr Krause fort, »der darin zum Ausdruck kommt, daß diese Leute nun wieder Oberwasser haben (Sehr richtig!), und daß sie glauben, wenn man ihnen Frieden anbietet, dann könnten sie mit Kampf antworten.« Die »Führer der Deutschen Christen in den hohen Kirchenämtern« müßten sich entscheiden, auf welche Seite sie gehörten: auf die Seite der alten autoritären Pastorenkirche mit ihren bekenntnismäßigen Bindungen oder auf die Seite der neuen deutschen Volkskirche.

Und dann kam Krause zur inhaltlichen Beschreibung dieser neuen Volkskirche, die zum eigentlichen Skandal der Versammlung wurde. Denn es stellte sich heraus, daß Reinhold Krause – Führer der Deutschen Christen in Berlin, Mitglied der brandenburgischen Provinzialsynode, der preußischen Generalsynode, des preußischen Kirchensenats und stellvertretendes Mitglied der Nationalsynode[4] – nichts anderes vertrat als Alfred Rosenbergs völkische Religion. Ein neues Heitmatgefühl, so rief er der Versammlung zu, müsse in der Kirche entstehen, und der erste Schritt dazu sei »die Befreiung von allem Undeutschen im Gottesdienst und im Bekenntnismäßigen, Befreiung vom Alten Testament mit seiner jüdischen Lohnmoral, von diesen Viehhändler- und Zuhältergeschichten«. »Wenn wir Nationalsozialisten uns schämen«, so fuhr er unter anhaltendem Beifall der 20 000 fort, »eine Krawatte vom Juden zu kaufen, dann müßten wir uns erst recht schämen, irgend etwas, das zu unserer Seele spricht, das innerste Religiöse vom Juden anzunehmen.« Und, einmal im Zuge, forderte Krause die preußische Landeskirche auf, auch das Neue Testament von allen »offenbar entstellten und abergläubischen Berichten« zu reinigen und grundsätzlich »auf die ganze Sündenbock- und Minderwertigkeitstheologie des Rabbiners Paulus« zu verzichten. Die »ganze Entwicklungsreihe der dialektischen Theologie von Paulus bis Barth« habe »aus unserem Gottvater eine Denksportaufgabe gemacht«. Sie habe Gott und Mensch zu trennen versucht; aber die reine Jesuslehre kenne eine solche Trennung nicht. Diese reine Jesuslehre müsse wieder zur Grundlage der Kirche werden. »Wenn wir aus den Evangelien das herausnehmen«, so faßte Krause schließlich seine Überzeugung zusammen, »was zu unseren deutschen Herzen spricht, dann tritt das Wesentliche der Jesuslehre klar und leuchtend zutage, das sich – und darauf dürfen wir stolz sein – restlos deckt mit den Forderungen des Nationalsozialismus.« Deshalb solle man sich auch hüten vor einer »übertriebenen Herausstellung des Gekreuzigten«, denn nicht knechtische, sondern stolze Menschen brauche das Dritte Reich. Die Reichskirche werde sich entscheiden müssen, wie sie dazu stehe. Denn die völkische Kirche sei die Kirche der Zukunft. Und wir werden es erleben, so schloß Krause schließlich emphatisch, »wie eng sich dann die Verwandtschaft des nordischen Geistes mit dem heldischen Jesusgeist zeigt. Es wird dann offenbar werden, daß die Vollendung der Reformation Martin Luthers der endgültige Sieg des nordischen Geistes über orientalischen Materialismus bedeutet. Heil! (Lang anhaltender Beifall.)«[5]

Dies alles war grundsätzlich weder neu noch überraschend. Es gehörte in den breiten Strom völkischer Religiosität, der im 19. Jahrhundert mit Fichte, Richard Wagner und Paul de Lagarde begonnen hatte, den die Deutschkirche in den 20er Jahren fortgesetzt und aus dem auch Alfred Rosenberg seinen Mythus geschöpft hatte.[6] Neu und überraschend dagegen war trotz aller Erfahrungen mit den Deutschen Christen, daß diese völkische Religion jetzt mitten in der evangelischen Kirche auftrat mit dem Anspruch, die zukünftige Grundlage eben dieser Kirche und die Vollendung der Reformation zu sein. Um diesen Anspruch zu bekräftigen, wurde im Anschluß an Krauses Rede eine Resolution verabschiedet, die in sechs Punkten seine wesentlichen Forderungen wiederholte.[7] Nur *eine* Hand, so wurde später berichtet, hätte sich unter den 20 000 bei der Abstimmung zum Widerspruch erhoben.

Die ersten Berichte über diese Versammlung erschienen am 14. November in den Berliner Morgenblättern. Noch am gleichen Vormittag schlug die Führung des Pfarrernotbundes Alarm. Barth und Bodelschwingh wurden telefonisch zu einer Besprechung nach Berlin gerufen. Und schon am Nachmittag meldeten sich Jacobi und die Brüder Martin und Wilhelm Niemöller beim Reichsbischof, um ihm den Ernst der Lage klar zu machen. Ludwig Müller, bis zu diesem Augenblick offenbar noch kaum über die Vorgänge informiert, versuchte verzweifelt, Zeit zu gewinnen. Aber die drei Pfarrer ließen ihm keine Wahl. Ihr Ultimatum, das sie bis 20 Uhr befristeten, enthielt drei Forderungen: »1. Der Reichsbischof möge die Schirmherrschaft über die Glaubensbewegung Deutsche Christen niederlegen. 2. Bischof Hossenfelder und die kirchlichen Führer, die am Montag im Sportpalast anwesend waren, mögen von ihren kirchenregimentlichen Ämtern sofort suspendiert werden. 3. Die Pfarrer, Kirchenältesten, Gemeindeverordneten und Kirchenbeamten mögen erneut auf ihr Amtsgelübde verpflichtet werden.« Wenn der Reichsbischof diese Forderungen nicht erfülle, komme es morgen zu einer Kirchenspaltung.[8]

Derart in die Enge getrieben gab Ludwig Müller am Abend teilweise nach. Wie immer taktisch lavierend beschloß er, Krause zu opfern, um Hossenfelder zu retten. Möglicherweise war ihm diese Trennung, wie er schon am Nachmittag hatte durchblicken lassen, auch tatsächlich erwünscht, weil sie die Reichskirche von einem höchst unangenehmen Kritiker befreite, und weil Leute wie Krause für die Glaubensbewegung zuweifellos eine Belastung darstellten. So wurden Krause und der Kirchenälteste Fritz Arendsee, der jene Resolution eingebracht hatte, durch einen Erlaß des preußischen Oberkirchenrats vom 14. November von allen Ämtern, die sie in kirchlichen Organen bekleideten, vorläufig enthoben.[9] Zugleich veröffentlichte der Reichsbischof eine Erklärung, in der er mit starken Worten von Krause abrückte. Er spreche »als der für die Wahrung des Bekenntnisses vor Gott verantwortliche Führer der Kirche« (»geistliche Führer« hatte ursprünglich im Konzept gestanden, aber das Wort »geistlich« hatte Ludwig Müller eigenhändig gestrichen), und er wende sich deshalb »gegen die Angriffe auf die Substanz unserer evangelischen Kirche«. Krauses Anschauungen und Forderungen seien nichts anderes als »ein unerträglicher Angriff auf das Bekenntnis der Kirche«. Solchen Geist lehne »die Leitung und Führung der Deutschen Evangelischen Kirche mit aller Schärfe ab . . .« Und um wenigstens an einem Punkt – dort nämlich, wo es ihn nichts kostete – die Forderungen des Pfarrernotbundes aufzunehmen, ersuchte er die Landeskirchen, ihre Geistlichen und Gemeindeverordneten »in scharfer und klarer Form an ihr Ordinations- und Amtsgelöbnis zu erinnern«.[10]

An diesem Abend, an dem Ludwig Müller Krause entließ und von der Sportpalastkundgebung abrückte, kam es in Jacobis Pfarrhaus zu einer heftigen Auseinandersetzung zwischen Barth und Niemöller über das weitere Vorgehen der kirchlichen Opposition. Niemöller war entschlossen, die Sportpalastkundgebung zu benutzen, um die Deutschen Christen zu spalten und Reichsbischof und Reichskirche endlich auf eine kirchliche Linie festzulegen. Deshalb bestand er auf Verhandlungen mit Ludwig Müller, der sich im Sinne jener drei Forderungen von den Deutschen Christen trennen und die personellen Konsequenzen aus der Verantwortung für die Sportpalastkundgebungen ziehen sollte. Dabei ging es vor allem um Hossenfelder. Er galt als der wichtigste Vertreter der Deutschen Christen in der Kirchenleitung, und sein Rücktritt wurde demnach als Voraussetzung für einen neuen Kurs der Reichskirche angesehen. Tatsächlich wurde der Kampf um die Kirche bis zum Jahresende weithin als Kampf um Hossenfelders Kopf geführt.

Für Barth dagegen bedeutete dies alles nur eine Fortsetzung des gleichen taktischen Kurses, den er schon im Sommer an den Jungreformatoren kritisiert hatte. Er sah in all dem wieder nur den kirchenpolitischen Kompromiß, nicht aber jene grundsätzliche Erneuerung aus dem Glauben, die nach seiner Überzeugung der Kirche helfen konnte. Deshalb forderte er, die Verhandlungen mit Ludwig Müller abzubrechen und sich vielmehr unmittelbar an Hitler zu wenden mit der Bitte, der Kirche die Freiheit zurückzugeben und ihr eine neue Entscheidung ohne den Zwang der Partei zu ermöglichen. Dahinter stand Barths unerschütterliches Zutrauen, daß die Kraft des Wortes Gottes sich auch gegenüber Hitler als mächtig erweisen konnte; ein Zutrauen, das sich nicht zuletzt darin zeigte, daß Barth persönlich die *Theologische Existenz heute!* an Hitler geschickt hatte und auch die weiteren Hefte dem Reichskanzler zugehen ließ.[11]

Da es jetzt ums Ganze gehe, so erklärte Barth deshalb an jenem Abend im Kreis der kirchlichen Opposition, könne man doch nicht bloß den »Kopf von Hossenfelder« verlangen. »Sondern *die* Frage ist zu stellen: *Geht es noch weiter mit der evangelischen Kirche oder geht es nicht weiter?* Wir sind der Meinung: es geht so *nicht* weiter. Und wenn wir da sind, dann müssen wir diese Überzeugung denjenigen gegenüber aussprechen, die für diese Entwicklung verantwortlich sind, die den D. Chr. zur Regierung verholfen haben: dem Staat ... Wir fordern, daß die Kirche noch einmal in die Freiheit gesetzt werde, in der sie vor dem 24. Juni war. Die Kirchenwahlen müssen revidiert werden. Ist das nicht vom Staat zu verlangen, daß er der Kirche ihre Freiheit so weit wiedergäbe, daß sie aus ihren eigenen Kräften die Krankheit bekämpfen kann, von der sie jetzt befallen ist?«[12]

Obwohl eine Mehrheit unter den Anwesenden, darunter Jacobi, Dehn und Schulz-Sydow, eher der Meinung Barths zuneigte, setzte sich schließlich doch Niemöller durch. »Niemöller«, so vermerkte das (freilich nicht unparteiische Protokoll) am Ende, »hält nach wir vor an dem Gang zu Müller und nur zu Müller fest. Er will sichtlich nicht, daß Barth zu Hindenburg und Hitler geht. Schließlich wurde beschlossen, daß Barth diesen seinen Gang als Einzelaktion (Bodelschwingh wird als für den Gang zu Hitler nicht geeignet empfunden, wohl aber zu Hindenburg) unternimmt und das Unternehmen des ›Bruderrates‹ davon unberührt bleibt.«[13]

Sehr wahrscheinlich war die Entscheidung Niemöllers, im Rahmen der bestehenden Verhältnisse den Kampf mit den Deutschen Christen aufzunehmen, richtig. Ob Barth auch nur einen Versuch gemacht hat, zu Hitler vorzudringen, ist unbekannt. Aber der Besuch Bodelschwinghs bei Hindenburg, der am übernächsten Tag stattfand, zeigte die Vergeblichkeit, auf diesem Weg irgend etwas zu erreichen. Da war – fast eine Karikatur preußischer Kasinogespräche – mehr von der Schlacht bei Friedland im Jahre 1807 die Rede, wo ein Hindenburg und ein Bodelschwingh zusammen gekämpft hätten, als von irgendeiner ernsthaften Absicht oder Möglichkeit des Reichspräsidenten, der evangelischen Kirche in ihrer akuten Notsituation zu helfen.[14]

Das Ergebnis jener nächtlichen Auseinandersetzung war auf seiten Barths ein tiefer, langanhaltender Unmut. Unverhohlen berichtete er wenige Tage später dem Osnabrücker Pfarrer Karwehl von einem »ganzen Ameisenhaufen aufgeregter Pfarrer«, den er in Berlin gefunden habe, »alle bereits« – wie er sarkastisch bemerkte – »unter der Diktatur des U-Bootkommandanten Niemöller, der den Sportpalastskandal zu einem ›Tannenberg‹ der D. C. zu gestalten in vollem Zuge war und sich im Namen der ›Gemeinde‹ jegliche theologische Bedenklichkeiten verbat.« »Wenn es früher oder später zu einer Katastrophe der NSDAP D. C. kommt«, fuhr Barth fort, und diese Bemerkung zeigte, wie tief er sich noch von den Berlinern geschieden wußte, »... und wenn dann der sog. ›Bruderrat‹ des Pfarrernotbundes unsere künftige Bischofskonferenz werden sollte – lieber Herr Pfarrer, dann werden wir nicht wesentlich besser dran sein als jetzt unter dem Regiment der D. C. oder einst unter dem der Dibeliusse.«[15] Und am Ende jener dramatischen Woche wiederholte der Bonner Theologe seine Kritik auch öffentlich im Vorwort zum vierten Heft der *Theologischen Existenz*. In erschreckender Weise habe er »in jenen Berliner Tagen alles, aber auch alles«, was er im Sommer gegen die damaligen »Jungreformatorischen« auf dem Herzen hatte, bestätigt gefunden. Wieder einmal denke die kirchliche Opposition nur kirchenpolitisch, nicht aber grundsätzlich theologisch, und so bestünde gerade auf Grund der Sportpalastereignisse die heillose Gefahr, »daß jene vermeintlich Besseren unter den Deutschen Christen und alle diejenigen Kreise der Opposition, die bisher wohl gekämpft, aber nicht recht, d. h. nicht grundsätzlich gekämpft haben, sich unter der Führung der Kirchenregierungen in irgendeiner schlimmen Mitte zusammenfinden.« Nicht die Kirchenpolitik helfe weiter und nicht der Kompromiß. Mit »der Saulsrüstung eines immer wieder allzu geschichtsphilosophischen, politischen, taktischen und vermeintlich (nur vermeintlich!) praktischen Denkens« sei die Opposition den Deutschen Christen keinesfalls gewachsen.

»Was sollen wir tun?« so fragte Barth am Ende und schloß auf seine typische Weise: »Eines und nur Eines:

›Ein jeder sein Gesichte
In ganzer Wendung richte
Steif nach Jerusalem!‹

In aller Schwachheit und Torheit und Verkehrtheit, an der es kein Einziger von uns wird fehlen lassen, aber ›steif‹ und in ›ganzer Wendung‹! Wo das geschieht, ist alles geschehen. Wo das nicht geschieht, ist nichts geschehen.«[16]

Dies alles entsprang nicht augenblicklichem Ärger, auch wenn persönliche Empfindlichkeiten mitspielen mochten. Es war vielmehr genau die Linie, die Barth seit dem Sommer eingehalten hatte und an der er auch und gerade unter dem Eindruck der Sportpalastkundgebung unbedingt festhielt. Noch im Dezember versicherte er deshalb einem besorgten Pfarrer, der sich gegen seine öffentliche Kritik am Pfarrernotbund gewandt hatte: »Alle Mühe und Sorge, die uns dieses Jahr gekostet hat, wird umsonst gewesen sein, wenn der künftige Reichsbischof dann doch nur – nun sagen wir z. B. Niemöller heißen sollte ... Es ist meine große Sorge, die ich nicht unterdrücken kann, daß jetzt wohl gekämpft, aber nicht recht gekämpft wird.«[17]

Unterdessen handelte der Notbund in Berlin im Sinne Niemöllers. Am Vormittag des 15. November verabschiedeten die Vertrauensleute eine Erklärung an den Reichsbischof und eine Kanzelabkündigung, die am kommenden Sonntag oder am darauf folgenden Bußtag von allen Notbundpfarrern verlesen werde sollte. Diese Erklärung, die am Nachmittag dem Kirchenminister Weber übergeben wurde, enthielt die bekannten Bedingungen der Trennung von der Glaubensbewegung und Suspendierung aller an der Sportpalastkundgebung beteiligten führenden Kirchenbeamten und Geistlichen, vermehrt um Forderungen nach voller Freiheit der Verkündigung, »auch die völlige und wirksame Freigabe von Rundfunk und Presse an uns im innerkirchlichen Kampf« und »Garantien für die Sicherheit des zu Bibel und Bekenntnis stehenden Notbundes«.[18]

Noch wichtiger war die Kanzelabkündigung, die am 19. und 22. November in Tausenden von Gemeinden verlesen wurde. Zum ersten Mal seit dem Sommer wurden damit alle Pfarrer und Gemeinden wieder unmittelbar an den kirchlichen Auseinandersetzungen beteiligt. »Wir Prediger des Evangeliums«, so hieß es darin, »wollen nicht den Vorwurf des Propheten auf uns ziehen, stumme Hunde zu sein, sondern sind es unseren Gemeinden und unserem Volke schuldig, dieser Verfälschung der Wahrheit entgegenzutreten. Wir bekennen uns darum nachdrücklich zur Heiligen Schrift Alten und Neuen Testaments als einziger Regel und Richtschnur unseres Glaubens und Lebens, und zu den Bekenntnissen der Väter, als ihrer reformatorischen Auslegung. Die darauf sich gründende Gemeinde hat allein die Verheißung ihres Herren, daß die Pforten der Hölle sie nicht überwältigen werden, auch wenn sie vor der Welt die kleine Herde bleibt.« Die Abkündigung schloß mit den Worten Jesu aus Matth. 10,32f. »Wer nun mich bekennt vor den Menschen, den will ich auch bekennen vor meinem himmlischen Vater. Wer mich aber verleugnet vor den Menschen, den will ich auch verleugnen vor meinem himmlischen Vater.«[19]

Der Ernst dieser Abkündigung blieb in den Gemeinden nicht ohne Widerhall. Anders als bei den gewöhnlichen Abkündigungen, die aus vielerei Anlässen in den Gottesdiensten verlesen wurden, war deutlich, daß es hier um eine persönliche Entscheidung des Pfarrers ging, und daß damit zugleich auch die Gemeinde zu einer Entscheidung aufgerufen war. Der Eindruck dieser Erklärung, so berichtete Hugo Hahn aus der Dresdener Frauenkirche, »war ungeheuer. Eine tiefe Bewegung ging durch die Gemeinde, die Deutschen Christen allerdings, die anwesend waren . . ., waren natürlich entrüstet über meinen Angriff. Wenige Tage darauf wurde ich in der Sitzung der Kirchengemeindevertretung wegen meiner Bußtagspredigt gestellt. Es kam zu einem scharfen Zusammenstoß...«[20] In der Tat kam es nun nicht nur zu Zusammenstößen, sondern auch zu ersten Maßregelungen. Im Rundschreiben vom 23. November teilte Martin Niemöller die ersten Suspendierungen aus Pommern, Berlin und Mecklenburg mit und bat um die öffentliche Fürbitte für die Betroffenen im Gottesdienst.[21] Aber die Unruhe in der evangelischen Kirche war nicht mehr zu beschwichtigen. Durch eine überraschend ausführliche Berichterstattung in der Tagespresse genau informiert, begann sich die Protestbewegung von Berlin aus binnen weniger Tage im ganzen Reich auszubreiten.

Gegen diese Bewegung stand Krause auf verlorenem Posten. Auch die Tatsache, daß der *Völkische Beobachter* ihm am 15. November zu Hilfe kam und die im Sportpalast verabschiedete Resolution im vollen Wortlaut abdruckte, vermochte daran nichts zu ändern. Nachdem der preußische Oberkirchenrat den Berliner Gauobmann am 14. November von allen kirchlichen Ämtern suspendiert hatte, entband ihn Hossenfelder am nächsten Tag auch von allen Funktionen in der Glaubensbewegung. Es sprach für die Ahnungslosigkeit des Reichsleiters der Deutschen Christen, daß er zu seinem Nachfolger ausgerechnet jenen Pfarrer Tausch bestimmte, der nach Krauses Rede die Fahnenweihe vorgenommen hatte.[22] Auch die anderen Teilnehmer an der Sportpalastkundgebung beeilten sich jetzt, von ihrem ehemaligen Berliner Führer abzurücken. In einer Erklärung behaupteten die deutschchristlichen Bischöfe und Oberkirchenräte, sie hätten schon am Abend unmittelbar nach Krauses Rede »an Ort und Stelle... schärfsten Protest eingelegt«. Der Streit um die Wahrheit dieser Behauptung, die von Krause und seinen Freunden heftig bestritten wurde, zog sich noch lange hin. Aber der Augenschein der Versammlung, in der offenbar viele Teilnehmer den Vorstandstisch begeistet Beifall klatschend gesehen hatten, sprach so deutlich gegen einen Protest, daß auf die feierlichen Versicherungen von Peter, Lörzer, Werner und den anderen Teilnehmern kaum jemand etwas gab.[23]

Am überraschtesten über diese plötzliche Reaktion seiner Freunde war zweifellos Krause selbst. Es klang durchaus glaubhaft, wenn er unmittelbar nach seiner Suspendierung dem Reichsbischof versicherte, er habe doch »von Anfang an« in der Glaubensbewegung im Sinne seiner Ausführungen gearbeitet, und er sei der Meinung gewesen, daß er »mit Herrn Bischof Hossenfelder darin vollständig übereinstimme«. Er sei, so schrieb er, »nicht für eine Abschaffung des Bekenntnisses, sondern für seine Weitung eingetreten, damit alle Volksgenossen in einer Volkskirche vereinigt werden können«. »Ich bin und bleibe Christ«, schloß Krause, »und stehe zu meinem Heiland und zu seiner unverfälschten frohen Botschaft. Wenn die Kirche mich trotzdem nicht für tragbar hält, muß ich aus dieser Kirche ausscheiden, werde dann aber um der Volksgenossen willen, die mir ihr Vertrauen geschenkt haben, weiter kämpfen um eine Kirche, die Raum hat für alle deutschen Gottsucher.«[24] In der Tat teilte Krause nur wenige Tage später in einem Rundschreiben an die deutschchristliche Führung seinen Austritt aus der Glaubensbewegung ›Deutsche Christen‹ mit[25] und gründete kurz darauf zusammen mit Johannes Schmiedchen die »Glaubensbewegung Deutsche Volkskirche«. Das Unternehmen hatte wenig Erfolg, und so trat Krause schließlich 1935 der »Deutschen Glaubensbewegung« bei, die sich in dieser Zeit immer mehr zu einer radikalen antireligiösen Kampfbewegung entwickelte.[26] Irgendeine Bedeutung für die Kirche hat Krause nicht wieder erlangt.

Noch ein anderes prominentes Glied der evangelischen Kirche aber zog schon am 15. November die Konsequenzen aus Ludwig Müllers Distanzierung von Krause. Alfred Rosenberg erklärte seinen Austritt aus der Kirche. Da der Reichsbischof es für richtig gehalten habe, so teilte er der »Kanzlei des Reichsbistums« mit, das Wort »Irrlehre« gegenüber Anschauungen zu gebrauchen, die »zum größten Teil heute schon im Volke« mit dem Bewußtsein vertreten würden, »die Fortentwicklung in der deutschen Reformation darzustellen«, gebe es keine Hoffnung auf eine fortschrittliche Veränderung der Kirche mehr. Ob Rosenbergs Vermutung zutraf, daß dem Reichsbischof sein Austritt »durchaus erwünscht« sei,[27] darf man bei Ludwig Müllers Abhängigkeit von der Partei freilich bezweifeln. Aber hier war nun offensichtlich nichts mehr zu retten.

Inzwischen versuchte die Reichskirchenregierung verzweifelt, der wachsenden Unruhe im Land Herr zu werden. Am Vormittag des 16. November tagte das Reichskirchenkabinett und beschloß einstimmig, den umstrittenen Arierparagraphen fallen zu lassen und zugleich durch einen reichsbischöflichen Erlaß die Verpflichtung der Kirche auf Bibel und Bekenntnis zu betonen. Während in den Wochen zuvor bis zur Sportpalastkundgebung Ludwig Müller und die Deutschen Christen immer wieder die rücksichtslose Anwendung des Arierparagraphen gefordert hatten, wurde jetzt durch reichskirchliches Gesetz »die Durchführung der in den Deutschen Evangelischen Landeskirchen über den gleichen Gegenstand ergangenen Gesetze« kurzerhand ausgesetzt.[28] Und nicht weniger überraschend klang die plötzliche Entschlossenheit zu Bibel und Bekenntnis, die der Erlaß des Reichsbischofs vom 16. November aussprach. Bald spöttisch als »Morphium-Erlaß« bezeichnet,[29] gab er doch wenigstens in einem Satz Ludwig Müllers taktisches Konzept zu erkennen. Alle Vereine und Verbände nämlich, so hieß es darin, hätten sich in Zukunft nur dem Dienst an der Gemeinde und Kirche zu widmen. »Kein Verband darf sich kirchenregimentliche Befugnisse anmaßen.«[30] Was Müller damit meinte, ließ er am Mittag durch den lutherischen Kirchenminister Schöffel den Führern des Pfarrernotbundes mitteilen. Der Reichsbischof werde sofort die Glaubensbewegung ›Deutsche Christen‹ auflösen, wenn auch der Pfarrernotbund zur Auflösung bereit sei. Dieser Plan, mit dem der Reichsbischof scheinbar auf einen Schlag alle Schwierigkeiten losgeworden wäre, scheiterte jedoch an der Weigerung des Notbundes, eine Gleichberechtigung beider Gruppen in der Kirche anzuerkennen.[31] Als Niemöller am Abend auf den bekannten Forderungen bestand, brach der Reichsbischof die Verhandlungen mit der Bemerkung ab: »Sie werden Ihre Verantwortung tragen müssen wie ich die meine.«[32]

Ob dieser Plan ernst gemeint war, und vor allem, ob er sich hätte durchführen lassen, ist schwer zu sagen. Aber allein die Tatsache, daß Ludwig Müller seine Bereitschaft erklärte, unter bestimmten Bedingungen auch die Deutschen Christen fallen zu lassen, mußte Hossenfelder zeigen, daß es jetzt tatsächlich um seinen Kopf ging. Und so inszenierte er noch einmal – zum letzten Mal – eine großangelegte Propagandakampagne für sich. Am 16. November erging von Berlin aus eine Anweisung an alle Gauobleute der Glaubensbewegung, »im folgenden Sinn« nach Berlin zu telegraphieren: »Treu hinter Hossenfelder und Reichskirchenregierung. Bekenntnis darf nicht angetastet werden. Lehnen Berliner Sportpalastkundgebung ab.«[33] Triumphierend berichtete daraufhin das *Evangelium im Dritten Reich* unter der Überschrift »Einheitsfront für Hossenfelder« »von Hunderten von Zustimmungserklärungen ... aus dem ganzen Reich«, die »das unerschütterliche Vertrauen und Gefolgschaftstreue des überwiegenden, von der Bewegung vertretenen Kirchenvolkes zum Ausdruck gebracht« hätten.[34] Und Hossenfelder selbst sprach von »Reaktionären und Zersetzungsaposteln« – wobei er wohl den Notbund und die ›Krause-Gruppe‹ meinte –, die »in dieser herrlichsten Zeit deutscher Kirchengeschichte« »die marschierende Front der Glaubensbewegung« zu zerreißen versuchten.[35] In der Tat hing für Hossenfelder nun alles davon ab, ob es gelang, die Glaubensbewegung trotz des Berliner Debakels zusammenzuhalten und den schwankenden Ludwig Müller erneut auf deutschchristlichen Kurs einzuschwören. Dabei galt es zunächst, den Berliner Gau zu retten. Am

Abend des 17. November kam es vor rund 1200 Amtsverwaltern aus Groß-Berlin zu einer dramatischen Auseinandersetzung zwischen Wieneke und Peter einerseits und Krause andererseits, die mit einem Sieg der Vertreter der Reichsleitung endete. Die große Mehrheit der Versammelten stellte sich offensichtlich hinter die Reichsleitung, nur eine Minderheit verließ schließlich mit Krause den Saal, um in einer Parallelversammlung die Fortführung des Kampfes im Krauseschen Sinn zu beschließen.[36]

Eine Entscheidung freilich konnte dieser Sieg in Berlin noch nicht bedeuten. Sie mußte auf der großen Führertagung fallen, die Hossenfelder für den 23. und 24. November nach Weimar einberufen hatte. Das Ziel dieser Führertagung war klar. Hossenfelder und die Reichsleitung brauchten eine möglichst geschlossene Erklärung für ihren bisherigen Kurs und für Hossenfelder persönlich. Und in der Tat gelang es dem Reichsleiter, in der abschließenden Sitzung des Reichsführerrates zwei Entschließungen durchzusetzen, die diesem Ziel voll und ganz entsprachen. »Die Glaubensbewegung ›Deutsche Christen‹«, so hieß es in der ersten Entschließung, »steht als eine von alten Kämpfern der NSDAP gegründete Bewegung auf dem Boden des Parteiprogramms.« Sie steht »als eine von Christen begründete Bewegung auf dem Boden des reinen Evangeliums«. Sie »baut sich auf dem Führerprinzip auf und stellt sich geschlossen hinter den Reichsleiter Bischof Hossenfelder«. Die zweite Entschließung wandte sich mit Nachdruck gegen die kirchliche Reaktion und versicherte die unerschüttliche Treue zu Hossenfelder »und unserem Schirmherrn, Reichsbischof Müller«.[37]

Wenn man der enthusiastischen Berichterstattung im *Evangelium im Dritten Reich* Glauben zu schenken bereit war, so hatte sich in diesen Tagen in Weimar nicht weniger als ein neues Pfingstwunder vollzogen. Es »muß und darf um der lauteren Wahrheit willen einmal ausgesprochen werden:« so hieß es in dem Bericht, »der lebendige Glaube, das schmerzhafte, heroische Ringen: ›Herr, ich lasse Dich nicht, Du segnest mich denn!‹ – ist bei der Glaubensbewegung Deutsche Christen.« Und »mit tiefstem Ernst« meinte der Berichterstatter das Wort wagen zu dürfen, »das gerade alte, aus der Innerlichkeit lebende Geistliche, die an den Beratungen teilnahmen, impulsiv prägten: ›Man spürt pfingstliches Rauschen!‹«[38] Tatsächlich jedoch sah »die lautere Wahrheit« ganz anders aus. Die Entschließungen, die den »Zersetzungsgerüchten« ein Ende machen sollten, waren nur noch von einer kirchenpolitisch an Berlin orientierten Mittelgruppe verabschiedet worden. Die beiden Flügel, der gemäßigte, kirchlich bestimmte, und der radikale, völkisch-nationalkirchlich ausgerichtete, hatten sich im Verlauf der Weimarer Tage abgespalten.

Für den gemäßigten Flügel stand in Weimar die dreiköpfige bayerische Delegation unter Führung des Nürnberger Pfarrers Hans Greifenstein. Die Deutschen Christen in Bayern hatten sich, wie die große Mehrheit der Glaubensbewegung in Württemberg auch, schon im Sommer in deutlicher Distanzierung zur Berliner Reichsleitung der Führung ihres Landesbischofs unterstellt.[39] Entsprechend diesem Beschluß traten die bayerischen Vertreter in Weimar mit einem klaren Programm auf. Dieses Programm sah eine entschiedene Verurteilung der Sportpalastereignisse vor und hielt sich im übrigen weitgehend an Ludwig Müllers Erklärungen vom 15. und 16. November. Außerdem forderten die Bayern die Neubildung von Reichsleitung und Reichsführerrat der Glaubensbewegung. Zu ihrem Schrecken jedoch mußten die Süddeutschen feststellen, daß maßgebliche Vertreter der Glaubensbewegung in Norddeutschland den »Morphium-Erlaß« des Reichsbischofs entschieden ablehnten. Diese Gruppe versuchte vielmehr, den lutherischen Kirchenminister Schöffel zum Rücktritt zu bewegen, um damit den Reichsbischof und die Reichskirchenregierung völlig in die Hand zu bekommen. Unter diesen Umständen war an eine unbedingte Unterstellung der bayerischen Landesleitung unter die Reichsleitung, wie Hossenfelder sie forderte, nicht zu denken. Trotz nachhaltigen politischen Drucks erklärte daher die bayerische Gruppe am Vormittag des 25. November ihren Austritt aus der Glaubensbewegung und reiste aus Weimar ab.[40]

Nicht weniger folgenreich sollte auch der Bruch mit dem völkisch-nationalkirchlichen Flügel werden. Es war schon eine Ungeschicklichkeit Hossenfelders gewesen, die Führertagung ausgerechnet in Weimar abzuhalten, weil die Thüringer Deutschen Christen unter Führung der beiden Pfarrer Leffler und Leutheuser von Anfang an eine eigene völkische Richtung eingeschlagen hatten[41], die sie auch nach ihrer formalen Eingliederung in die Reichsbewegung beibehielten. Hossenfelder wußte das auch sehr genau, denn erst Anfang November hatte Leutheuser die Thüringer Ansichten zum Inhalt der Volksmission in Berlin vorgetragen und dabei erklärt, Adolf Hitler sei »der Mund eines Heilands, der im Deutschen Volk Fleisch und Blut werden will und geworden ist«. Im Grunde noch radikaler als Krause vollzog sich für die Thüringer in der Partei selbst »die Gestaltung einer neuen Kirche«. Im Nationalsozialismus, so behauptete Leutheuser, »ist bereits der neue Christusleib«. Ein Zurückgehen in die alte evangelische Kirche komme nicht in Frage, denn

»Hitler hat uns Christus gebracht und nicht wir bringen Christus zu Hitler«.[42]

Mit diesem radikalen religiösen Enthusiasmus fühlten sich die Thüringer der Kirchenpolitik der Berliner Reichsleitung weit überlegen. Ein großer Festabend in der Weimarhalle, zu dem die Thüringer Landesgruppe am 23. November eingeladen hatte, brachte dies deutlich zum Ausdruck. Lesungen, neue Lieder der SA des Wieratales und Ansprachen von Leffler und Leutheuser prägten diesen Abend. Hossenfelder, der als letzter sprach, versuchte offenbar eine vorsichtige Distanzierung, um allerding im Anschluß Leffler zu versichern: »Das war ja prächtig, das müßte der Führer einmal wissen und erleben.«[43] Um so überraschter waren die beiden Thüringer, als sich Hossenfelder am anderen Vormittag im Führerrat entschieden von ihrer Richtung abgrenzte. Der offene Brief, den Leffler daraufhin an Hossenfelder richtete, wurde zu einer vernichtenden Kritik der ganzen Glaubensbewegung. »Wir haben uns getäuscht«, hieß es darin, »und sind aufs tiefste erschüttert von dem geistig-kirchlichen Niveau, das sich während der Tagung bei den verschiedenen Zusammenkünften zeigte ... Aber, sehr verehrter Herr Bischof, die traurigste Erfahrung, die wir machen mußten, war die, daß Ihre GDC gar keinen Glauben hat, dem man Leben, Kraft, Liebe abspüren könnte ... Die Welt stellt heute die Frage: Was ist uns Christus? Und darauf hatten Sie bisher nur eine Antwort: eine rein kirchenpolitische! Sie haben alte Kirchenfürsten gestürzt! Gewiß, das mußte sein! Und Sie und Ihre Berliner Freunde haben dafür Bistümer und Bischofsstühle eingenommen. Aber mehr haben Sie wahrlich nicht zuwege gebracht. Die gute Idee des Deutschen Christentums haben Sie zu einer kirchenpolitischen Angelegenheit umgebogen und haben dabei dem letzten Fünklein Glauben den Rest gegeben; darum nannten Sie auch Ihre Bewegung ›Glaubensbewegung‹«. »Wer wie Sie, Herr Bischof«, so schrieb Leffler, »auf dem kirchlichen Gebiet die politischen Machtmaßstäbe anwendet, der kann unmöglich aus dem Geist Christi die Kirche aufbauen, der kann nicht sammeln, der fördert in besten Fällen den Ruin der Kirche.«[44] Kurz darauf trat die »Landesgemeinde Thüringen« aus der Glaubensbewegung aus und machte sich als »Kirchenbewegung Deutsche Christen (Nationalkirchliche Bewegung) selbständig. Sie begann bald mit der Werbung auch außerhalb Thüringens und wurde später die einzige deutschchristliche Gruppierung, die bis zum Krieg eine ständig wachsende Bedeutung bekam.[45]

Beim Abschluß der Weimarer Tagung war freilich von dieser Entwicklung noch nichts bekannt. Vielmehr glaubte Hossenfelder, nach dem Auszug der

Bayern und mit der Verabschiedung der beiden Erklärungen einen vollständigen Sieg errungen zu haben. Um diesen Sieg auszunutzen, beschloß man, mit fünfzig Mann noch am gleichen Tag in einem Sonderwagen nach Berlin zu fahren und den Reichsbischof erneut auf Hossenfelder und die Berliner Reichsleitung einzuschwören.[46] Als die Gruppe spät abends im Gebäude des Oberkirchenrats eintraf, standen hier die Dinge gerade auf Messers Schneide.

Inzwischen nämlich hatte sich in der evangelischen Kirche auf Grund der Sportpalastereignisse eine neue Front gebildet, die von nun an für die Zukunft bestimmend werden sollte: die Verbindung zwischen dem Pfarrernotbund und den süddeutschen Landeskirchen. Martin Niemöller hatte am 14. November nicht nur die kirchliche Opposition in Preußen mobilisiert, sondern auch die Bischöfe Meiser und Wurm telefonisch über die Vorgänge unterrichtet.[47] Dabei ging es ihm offensichtlich darum, die beiden Bischöfe als Bundesgenossen für den Kampf des Pfarrernotbundes um die Absetzung Hossenfelders zu gewinnen. Dies war genau jenes taktische Konzept, das Barth unter allen Umständen ablehnte. Und in der Tat sollte sich sehr bald herausstellen, daß die Bundesgenossenschaft der süddeutschen Kirchen keineswegs unproblematisch war. Andererseits mußte eine realistische Einschätzung der kirchlichen Lage – und Niemöller war in diesem Punkt Realist – fast zwangsläufig zu der Überzeugung führen, daß nur durch eine Zusammenfassung aller nichtdeutschchristlichen Kräfte die Ausschaltung Hossenfelders und eine Rettung der Kirche möglich sei. Diese beiden Positionen, die theologisch radikale und kompromißlose auf der einen und die bis weit in die kirchliche Mitte hinein vermittelnde auf der anderen Seite, blieben auch unter den wechselnden Bedingungen der kommenden Jahre für die Bekennende Kirche charakteristisch. Zu einer wirklichen Lösung dieser Frage ist es nie gekommen.

Zunächst jedoch schien sich in jenen Novembertagen Niemöllers Konzeption voll zu bewähren. Unter dem Eindruck der Sportpalastkundgebungen vergaßen selbst die bayerischen Lutheraner ihr Mißtrauen gegen die Rebellen in der preußischen Unionskirche. Es traf sich günstig, daß an jenem 14. November zufällig der lutherische Kirchenminister Schöffel in München war, um auf einer großen Lutherfeier zu sprechen. So konnte Meiser schon am gleichen Abend im Anschluß an diesen Vortrag öffentlich »alle treu lutherisch Gesinnten innerhalb unserer Reichskirche zu einem flammenden Prostest« aufrufen. »Und ich darf auch der Erwartung Ausdruck geben«, so fuhr er im Blick auf Schöffel fort, »daß unsere Reichskirchenregierung, voran unser lutherischer Kirchenminister, diese Angriffe in klarer Stellungnahme zurückweise, und das um so mehr, als ja die Reichskirchenregierung die berufene Hüterin der Kirchenverfassung ist und diese Kirchenverfassung die reformatorischen Bekenntnisse als die unantastbare Grundlage der Deutschen Evangelischen Kirche bezeichnet.«[48] Meiser nahm die Dinge so ernst, daß er am 16. November persönlich nach Berlin fuhr, um den Reichsbischof zu einem entschlossenen Handeln aufzufordern. Nachdem er von den Brüdern Niemöller ausführlich über die Verhandlungen mit Ludwig Müller informiert worden war, verständigte er sich mit den Landesbischöfen Wurm in Stuttgart und Marahrens in Hannover und übernahm zugleich in deren Namen die wichtigsten Forderungen des Notbundes. Wir erklären nochmals, so schrieb Meiser daraufhin am 17. dem Reichsbischof, »daß für uns als evangelisch-lutherische Landesbischöfe jede Persönlichkeit in der Reichskirchenleitung untragbar ist, die die Verletzung des Bekenntnisstandes der Kirche in einer öffentlichen Versammlung, ohne sofort Widerspruch zu erheben, zugelassen hat ... Wir ... müssen dringend fordern, daß die in Betracht kommenden kirchenregimentlichen Persönlichkeiten veranlaßt werden, sich sofort jeder amtlichen Tätigkeit ... zu enthalten.«[49] Namen waren in diesem Schreiben nicht genannt, aber selbstverständlich war jedermann klar, daß es vor allem um Hossenfelder ging.

Kräftigen Nachdruck verliehren diesem Schreiben eine Fülle von Protestveranstaltungen, die in diesen Tagen vor allem im Süden und Westen Deutschlands stattfanden. In Augsburg etwa kam es am 22. November zu einer überfüllten Kundgebung, ebenso in Pforzheim, Dortmund und anderwärts. Diese Kundgebungen endeten durchweg mit Entschließungen, die den Rücktritt der an der Sportpalastkundgebung beteiligten Kirchenführer verlangten.[50] Zahlreiche Proteste kamen gerade auch aus deutschchristlichen Kreisen, die im Sommer guten Glaubens der Bewegung beigetreten waren, und die sich nun in einer Gesellschaft fanden, an die sie nicht von ferne gedacht hatten. So forderte beispielsweise der Untergau Wuppertal vom Reichsbischof kategorisch den Rücktritt all derjenigen, die »durch ihr beharrliches Schweigen versagt« hätten, und erwartete darüber hinaus, »daß sämtliche Mitglieder der Reichsleitung der G.D.C. auf Bibel und Bekenntnis vereidigt werden«.[51]

Auch in Württemberg begann man, Hossenfelder zunehmend als eine unerträgliche Belastung zu empfinden. Dies galt besonders für die Theologische Fakultät in Tübingen, die unter Fezers Einfluß nahezu geschlossen für die Glaubensbewegung eingetreten war und damit wesentlich zu ihrer kirchlichen Glaubwürdigkeit beigetragen hatte. So entschlossen sich jetzt die Professoren Fezer und Weiser, nach Berlin zu fahren, um Hossenfelder – mit dem Fezer noch im Oktober gemeinsam in England aufgetreten war – in einem persönlichen Gespräch zum Rücktritt zu bewegen. Hossenfelder jedoch dachte nicht daran, dieser Aufforderung nachzukommen. Statt dessen griff er nach dem ergebnislosen Gespräch zum Telefon und teilte dem deutschchristlichen Landesleiter in Württemberg, dem jungen Pfarrer Rehm, mit, die beiden Professoren seien aus der Glaubensbewegung ausgeschlossen. Da Fezer bisher der prominenteste Vertreter der Deutschen Christen in Württemberg gewesen war, schlug diese Nachricht im Lande wie eine Bombe ein. Die Empörung wurde verstärkt durch ein undurchsichtiger Hin und Her, das die kaum an den Neckar zurückgekehrten Professoren veranlaßte, am Abend des 23. November erneut – und diesmal sogar zu dritt – nach Berlin zu fahren. Trotz aller Erfahrungen mit dem Reichsbischof und der Reichsleitung jedoch hatten die Tübinger noch immer nicht begriffen und wollten es auch später nicht begreifen, daß sie sich mit ihrem Eintreten für die Glaubensbewegung auf ein durch und durch politisch illusionäres, theologisch fragwürdiges und – zumindest was Müller und Hossenfelder betraf – persönlich verlogenes Unternehmen eingelassen hatten. Und so entsprang es zweifellos mehr einem Gefühl der Kränkung und Enttäuschung als einer Änderung ihrer Überzeugung, wenn die drei Professoren nach weiteren vergeblichen Gesprächen in Berlin am 25. November ihrerseits ihren Austritt aus der Glaubensbewegung bekanntgaben. Fezer jedenfalls war sich offensichtlich nicht der geringsten Schuld bewußt, als er im Dezember öffentlich versicherte: »Wir nämlich« – das die Tübinger hieß – »haben klaren Kurs gehalten. Wir stehen nach wie vor zur Sache einer echt evangelischen Glaubensbewegung Deutsche Christen.«[52]

An dem gleichen 24. November, an dem Hossenfelder in Weimar seinen Sieg feierte und die drei Tübinger Professoren in Berlin verhandelten, trafen sich in Stuttgart zum ersten Mal jene Männer, die von nun an in Deutschland die sogenannte *Bekenntnisfront* bilden sollten. Dieser Begriff bedeutete jetzt und in Zukunft – im Unterschied zur *Bekennenden Kirche*, die sich als Kirche verstand – die gemeinsame kirchenpolitische Front aller nicht zu den Deutschen Christen gehöhrenden Kirchenführer, Landeskirchen und Gemeinden. An diesem Tag trafen sich Martin Niemöller und Gerhard Stratenwerth für den Pfarrernotbund, die Landesbischöfe Meiser, Wurm und Marahres, und der Westfälische Präses Karl Koch als Vertreter der einzigen preußischen Provinzialkirche, die von den Deutschen Christen nicht erobert worden war. Die Versammelten kamen einmütig zu dem Beschluß, den Reichsbischof zur Entlassung Hossenfelders aufzufordern und der für den 3. Dezember vorgesehenen feierlichen Einführung Ludwig Müllers fernzubleiben. Beides wurde unverzüglich dem lutherischen Kirchenminister Schöffel mitgeteilt, der diesen Beschluß dem Reichsbischof übermitteln sollte.[53]

Angesichts dieser ultimativen Erklärung mußte es am Abend des 24. November im Kirchenkabinett zu einer Entscheidung Ludwig Müllers zwischen Hossenfelder und Schöffel und damit zugleich zu einer Entscheidung über den künftigen Kurs der Reichskirche kommen. Aber noch ehe die Kabinettssitzung begann, erschienen im Gebäude des Oberkirchenrats jene fünfzig Mann, die am Mittag nach dem Abschluß der Führertagung von Weimar aufgebrochen waren. Im Bewußtsein ihres vermeintlichen Sieges bedrängten sie den Reichsbischof, sich erneut zur Linie der Reichsleitung zu bekennen, Schöffel und Weber aus der Reichskirchenregierung zu entlassen und den Arierparagraphen auch für die Reichskirche rücksichtlos durchzusetzen. Nach heftigen Auseinandersetzungen gab Ludwig Müller schließlich nach. Und schon bald wurde der Ausspruch des Reichsbischofs in Umlauf gesetzt: »Hossenfelder und ich sind unzertrennlich.«[54]

Zwar vermied es Ludwig Müller, Schöffel direkt zu entlassen. Aber als die nächtliche Kabinettssitzung schließlich zu Ende war, fühlten sich die Deutschen Christen offensichtlich als Sieger. Mächtig brauste, wie das *Evangelium im Dritten Reich* berichtete, das Horst-Wessel-Lied durch das stille Haus »und dann der alte Kampfgesang der Protestanten: ›Ein feste Burg ist unser Gott!‹«[55] Ein einsamer Pfarrer, der noch auf Schöffel wartete, berichtete wenig später seinen württembergischen Freunden von diesem Augenblick. »Mir hat der Vers ›Mit unserer Macht ist nichts getan‹«, so schrieb er, »noch nie so frivol in den Ohren geklungen wie in dieser Nacht.«[56]

Am nächsten Morgen telegraphierte der Hamburger Vertreter der Deutschen Christen das Ergebnis triumphierend an die Alster: »Nach bewegter Nachtsitzung Ausverkauf Weihnachtsmänner zugesagt. Ausklang Tagung bedeutet große Wende ...«[57]

In der Tat eröffnete der Reichsbischof jetzt Schöffel, er könne Hossenfelder nicht entlassen und werde zusätzlich einen weiteren lutherischen Kirchenminister berufen, nämlich den sächsischen Landesbischof Coch. Dies war für Schöffel das Signal, den Reichsbischof seinerseits um seine Entlassung zu bitten. Zwar hatte auch der Hamburger Bischof nicht mehr begriffen als die Tübinger Professoren.[58] Aber daß er nun gehen mußte, war ihm klar geworden.

Schon in der Morgenpresse des 26. wurden Schöffels Rücktritt und die Krise der Reichskirchenregierung gemeldet.[59]

Ludwig Müllers Festhalten an Hossenfelder erwies sich jedoch schnell als entscheidender Fehler. Der Ausgang der Auseinandersetzungen bedeutete tatsächlich eine »große Wende« - aber anders, als die Deutschen Christen gedacht hatten. Denn am 26. November - es war der Totensonntag - und in den folgenden Tagen gingen nun eine Fülle von Erklärungen aus ganz Deutschland ein, in denen sich prominente Einzelmitglieder, Gemeinden und ganze Gaue von der Berliner Führung lossagten. Bayern war bereits vorangegangen; die Thüringer - wenn auch aus entgegengesetzten Gründen - folgten. Aus dem Rheinland und aus Westfalen kam eine Flut von Protesten; unter ihnen ein Brief des Justitiars der Rheinischen Stahlwerke Essen und Presbyters der Evangelischen Gemeinde Essen-Altstadt, Dr. Dr. Gustav W. Heinemann, der am 29. November schrieb, 17 Pfarrer des Kirchenkreises Essen hätten heute ihren Austritt aus der Glaubensbewegung erklärt; »von etwa 54 Pfarrern des hiesigen Kirchenkreises verbleiben damit nur noch etwa 5 bei den ›Deutschen Christen‹.«[60] In Württemberg beschlossen rund 800 Pfarrer aus zwei verschiedenen Gruppen, sich dem Notbund anzuschließen. Der Gau Pommern stellte sich gegen Hossenfelder; das gleiche galt für Groß-Hessen, dessen deutschchristliche Führung am 27. telegraphierte: Die GDC in Groß-Hessen »löst ... sich von der Reichsleitung und fordert sofortigen Rücktritt des Reichsleiters ...«[61] Gogarten und sein Kreis, dessen Beitritt zur Glaubensbewegung im Sommer so viel Aufsehen erregt hate, distanzierte sich in einer theologisch bemerkenswert deutlichen Erklärung von den Berliner Irrlehren; in Halle protestierten die Professoren Friedrich Karl Schumann und Kohlmeyer; in Gießen ihre Kollegen Bornkamm und Haenchen.[62]

In all den fluchtartigen Lossagungen blieb nur Emanuel Hirsch bei der einmal getroffenen Entscheidung. »Ich glaube«, schrieb er am 27. November dem Reichsbischof, »Ihren für mich maßgeblichen Weg und Willen so zu verstehen, daß ich *bei den Deutschen Christen* bleibe und den Weg von Fezer und Schumann nicht mitgehe. Ich trage auch gerne die Gefahr, verketzert zu werden. Mein Gefühl ist einfach: *Ich verlasse eine Fahne nicht in dem Augenblick, wo scharf geschossen wird.*«[63]

Die Protestbewegung erreichte ihren Höhepunkt mit einem neuen Ultimatum der Bekenntnisfront, das am Mittag des 29. November von Meiser dem Reichsbischof überreicht wurde. Darin wurde jetzt nicht mehr nur der Rücktritt Hossenfelders gefordert, sondern die Neubildung des ganzen Geistlichen

Ministeriums, die Wiederherstellung geordneter kirchlicher Verhältnisse in den Landeskirchen und die restlose Beseitigung der bisher von der Glaubensbewegung ausgeübten »kirchlichen Nebenregierung«. Die Erklärung war von den nicht oder nicht mehr zu den Deutschen Christen zählenden lutherischen Landesbischöfen ausgearbeitet und von Martin Niemöller für den Notbund und von Karl Koch für die westfälische Kirchenprovinz mit unterzeichnet worden.[64]

Die Liste der Unterschriften zeigte freilich, daß Barth nicht ganz unrecht hatte, wenn er meinte, mit dieser Front werde die Kirche schwerlich bestehen können. Denn neben Meiser, Wurm und Marahrens hatten etwa auch der Thüringer Landesbischof Reichardt unterzeichnet, dessen Landeskirche zum Teil längst jenseits von Krause stand; der badische Landesbischof Kühlewein, der in Karlsruhe schiedlich-friedlich mit den Deutschen Christen zusammenarbeitete; und der Hamburger Bischof Schöffel, der unverändert von der Sendung der Glaubensbewegung im Dritten Reich überzeugt war. Immerhin aber wurde durch diesen gemeinsamen Schritt klar, daß jetzt endlich etwas geschehen mußte.

Was jedoch nun geschah, hing wieder einmal entscheidend vom Verhalten des Staates ab.

Während die Krise um die Reichskirche sich zuspitzte, hatten beide Seiten – die Berliner Reichsleitung und die kirchliche Opposition – den Versuch gemacht, auf staatliche Stellen in ihrem Sinne einzuwirken. Ludwig Müller hatte schon sein Festhalten an Hossenfelder damit begründet, daß »die höchsten Parteiinstanzen« ihn deckten und seine Entlassung »als Konfliktsfall« betrachteten.[65] Und nun erwog die Reichsleitung offensichtlich, ob man nicht wie im Sommer durch einen neuen Staatskommissar und den Einsatz der Geheimen Staatspolizei die Ruhe in der Kirche gewaltsam wiederherstellen konnte. Entsprechende Schritte leitete Propst Lörzer in Preußen ein und forderte gleichzeitig in einem Rundschreiben alle Gauobleute auf, in sämtlichen Gauen »an die Geheime Staatspolizei die Bitte zu richten«, den Pfarrernotbund aufzulösen.[66] Aber das Rundschreiben blieb in der schon zerfallenen Bewegung ohne Echo.

Weit wirkungsvoller dagegen war die Position, die sich inzwischen Meiser und Wurm im Reichsinnenministerium aufbauten. Hier besaß die Bekenntnisfront mit Ministerialdirektor Buttmann und Ministerialrat Conrad zwei Freunde, deren Hilfe die süddeutschen Bischöfe jetzt mehr und mehr in Anspruch nahmen. Schon unmittelbar nach der Sportpalastkundgebung hatte

Meiser – vermutlich durch die Vermittlung von Pfarrer Klein – mit Conrad und Buttmann die kirchenpolitische Lage erörtert.[67] Am 25. November schilderte dann Wurm in einem ausführlichen Schreiben dem Reichsinnenminister die Lage und warnte – bei nachdrücklicher Betonung unbedingter politischer Loyalität – vor einer staatlichen Unterdrückung der kirchlichen Opposition, die »die verheerendsten Folgen« für den inneren Frieden wie für die auswärtige Lage haben müßte.[68] Auch dieser Brief dürfte im Innenministerium seine Wirkung nicht verfehlt haben.

Inzwischen war auch das Propagandaministerium aktiv geworden. Die Berichterstattung über die Auseinandersetzungen hatte inzwischen weit über den Kreis der unmittelbar Beteiligten eine lebhafte Unruhe ausgelöst, die vor allem von der Auslandspresse aufgegriffen wurde. Die offenkundige Auflehnung gegen die von Hitler persönlich unterstützte Glaubensbewgung schien auf eine Schwäche in der nationalsozialistischen Einheitsfront des 12. November hinzuweisen. So ordnete das Propagandaministerium am 27. November eine erhebliche Einschränkung der Berichterstattung »über den Pastorenstreit innerhalb und außerhalb der Deutschen Christen« an. Es habe keinen Zweck, »gegenüber dem Auslande den Eindruck zu erwecken, als ob das deutsche Volk völlig aufgewühlt in religiösen Konflikten sei«. Schon am folgenden Tag wurde diese Anweisung durch ein offizielles Verbot verschärft, »wonach keine Zeile mehr über den Streit innerhalb der Deutschen Christen veröffentlicht werden« dürfe. »Ein Verstoß gegen diese Richtlinien würde ein sofortiges Verbot der betreffenden Zeitung nach sich ziehen.« Bemerkenswert und die Niederlage der Deutschen Christen bereits ankündigend, war der ausdrückliche Hinweis, daß dieses Verbot auch für die offiziellen Verlautbarungen der Kirchenregierung und des Reichsbischofs gelte.[69]

Auch von dieser Seite drängte also alles auf eine Entscheidung, die nach Lage der Dinge nur Hitler persönlich treffen konnte. Nun aber zeigte sich, daß die Bekenntnisfront im Unterschied zum Sommer diesmal die bessere Position besaß. Ludwig Müllers Pläne sahen vor, Glaubensbewegung und Pfarrernotbund mit staatlicher Hilfe aufzulösen und dafür die Zustimmung Hitlers einzuholen. Im Reichsinnenministerium jedoch hatte man begriffen, daß dies nach Lage der Dinge auf ein einseitiges Verbot der kirchlichen Opposition hinauslaufen mußte. Und tatsächlich gelang es dem Reichsinnenminister, Hitler noch vor dem entscheidenden Gespräch mit dem Reichsbischof davon zu überzeugen, daß der Staat gegenüber den kirchlichen Auseinandersetzungen »strikte Neutralität« bewahren müsse.

Als daher der Reichsbischof am Nachmittag des 29. – in der Tasche das Ultimatum der Bekenntnisfront – mit Hitler zusammentraf, erfuhr er offensichtlich nur, daß der Staat in keiner Hinsicht in den Kirchenstreit eingreifen werde, und daß er mit seinen Schwierigkeiten selber fertig werden müsse.[70] Am folgenden Tag bekräftigte ein Schnellbrief des Reichsministers des Innern an die Landesregierungen diese Entscheidung. »Innerhalb der Deutschen Evangelischen Kirche«, so lautete der entscheidende erste Abschnitt, »sind zur Zeit Auseinandersetzungen im Gange, die auf eine Klärung der kirchlichen Gesamtlage hinzielen. Der Herr Reichskanzler hat die ausdrückliche Entscheidung getroffen, daß, da es sich um eine rein kirchliche Angelegenheit handelt, von außen her in diesen Meinungsstreit nicht eingegriffen werden soll. Insbesondere soll jedes polizeiliche Eingreifen wie Schutzhaft, Postbeschlagnahme u. ä. unterbleiben.« Aus gegebenem Anlaß«, so schloß das Schreiben und hatte dabei offensichtlich entsprechende Pläne der Deutschen Christen im Blick, »weise ich darauf hin, daß auch kirchliche Stellen nicht befugt sind, ein Einschreiten staatlicher Organe im kirchlichen Meinungskampf herbeizuführen.«[71]

Im Blick auf die Entwicklung seit dem Frühjahr 1933 war dies eine Entscheidung von kaum abzuschätzender Bedeutung. Nach der Partei rückte damit auch der Staat offen von einer Politik ab, die durch mittelbare oder unmittelbare Eingriffe die evangelische Kirche in eine bestimmte Richtung lenken zu können geglaubt hatte. Darin aber lag, auch wenn das Hitler in diesem Augenblick kaum bewußt gewesen sein dürfte, das Eingeständnis einer politischen Schwäche. Die evangelische Kirche erwies sich als zu kompliziert, zu widerspruchsvoll, oder – in Hitlers Augen – wohl einfach als zu chaotisch, um sie ähnlich zentral zu erfassen und einzugliedern wie andere Groß-Organisationen, etwa die Gewerkschaften oder die Reichswehr. Es war charakteristisch für die ganze Situation, daß Anfang Dezember der Chef der preußischen Geheimen Staatspolizei im Reichsinnenministerium anrief und erklärte, »die Lage nicht mehr überblicken zu können«.[72] Und es war nicht minder charakteristisch, wenn zur gleichen Zeit Hitler spontan gegenüber Buttmann erklärte, »er verachte das ›Theologengezänk‹, wenn die evangelische Kirche auseinanderplatze, werde das eine Blamage für das Christentum werden«.[73] Dies zeigte freilich zugleich, daß Hitler hier ein Verzicht auf radikale Lösungen leichter fiel, weil er von dieser Seite kaum einen ernsthaften Widerstand erwartete. Gleichwohl entstand doch durch diese Entscheidung in der weltanschaulichen Totalität des Dritten Reiches eine Art Freiraum; ein Ort, an dem es möglich war, Dinge auszusprechen, die sonst im Dritten Reich an keiner anderen Stelle mehr öffentlich ausgesprochen werden konnten.

Nicht weniger folgenreich aber war diese Entscheidung auch für die evangelische Kirche. Sie bedeutete nicht weniger, als daß die Konzeption der Deutschen Christen gescheitert war. Ihr Anspruch, in Übereinstimmung mit dem neuen Staat die entscheidenden Träger einer neuen Kirche zu sein – ein Anspruch, den Hitler in seiner Rede am Vorabend der Kirchenwahlen noch ausdrücklich bestätigt hatte –, war von diesem Staat selbst zurückgewiesen worden. Dies aber hieß für die kirchliche Opposition, daß ihr das Stigma der Illegalität genommen war. Wenn in den kommenden Monaten aus der Bekenntnisfront eine Bekennende Kirche werden konnte, die trotz aller Schikanen und Behinderungen in aller Öffentlichkeit als die wahre evangelische Kirche auftrat – ein in der Geschichte des Dritten Reiches beispielloser Vorgang –, so war dies auch eine Folge dieser grundsätzlichen Veränderung.

So bedeutete die Entscheidung vom 29. November, so wenig dies den Beteiligten im einzelnen bewußt sein mochte, tatsächlich einen Wendepunkt. Und auch wenn dieser Wendepunkt im Rückblick historisch und politisch durchaus einsichtig zu machen ist, so ist er doch zugleich ein Lehrstück für die Führung der Kirche: confusione hominum, Dei providentia.

Die Folgen von Hitlers Weigerung, den Plänen des Reichsbischofs staatliche Unterstützung zu gewähren, zeigten sich bereits am Abend dieses ereignisreichen Tages. Denn ohne diese Unterstützung hatte Ludwig Müller dem Ultimatum der Bekenntnisfront nichts mehr entgegenzusetzen. Daher nötigte er in der gleichen Nacht die verbliebenen Mitglieder des Geistlichen Ministeriums – Hossenelder, Weber und Werner – zum gemeinsamen Rücktritt.[74] Das erste Reichskirchenkabinett war nach kaum achtwöchiger Tätigkeit am Ende. Und am Ende war damit auch bereits – wie sich in der Folgezeit herausstellen sollte – die Konzeption der Reichskirche, jedenfalls in verfassungsrechtlicher Hinsicht. Denn trotz aller Bemühungen gelang es nicht mehr, ein zweites voll funktionsfähiges Geistliches Ministerium zu bilden. Von nun an bestand die Leitung der Reichskirche nur noch aus Aushilfen und fragwürdigen Ausnahmeregelungen, die die evangelische Kirche auch rechtlich in kaum noch überschaubare Schwierigkeiten stürzten.

Zunächst freilich nahmen die sämtlich in Berlin gebliebenen Vertreter der Bekenntnisfront die Nachricht vom Rücktritt des Geistlichen Ministeriums mit unverhohlener Erleichterung auf. Der Weg zu einer grundlegenden Neuordnung der kirchlichen Verhältnisse schien frei. Aber sie hatten sich wieder einmal in Ludwig Müller getäuscht. Der Reichsbischof nämlich – und dies leitete eine neue Phase der Entwicklung ein – hatte sich in dieser schwierigen Situation neue Freunde gesucht. Während der Krise war der junge rheinische Bischof Oberheid überraschend zum engsten Berater Ludwig Müllers aufgerückt. Und hinter Oberheid stand jener Mann, der schon im Sommer die treibende Kraft der Gleichschaltung gewesen war: August Jäger. Nach seiner Niederlage auf der Nationalsynode sah der preußische Ministerialdirektor jetzt offensichtlich eine neue Chance, seinem leidenschaftlich angestrebten Ziel, die Führung der Evangelischen Kirche zu übernehmen, näher zu kommen. So war es wohl Jägers Plan, wenn der Reichsbischof sich plötzlich entschlossen zeigte, auch ohne staatliche Unterstützung seine eigenen Kandidaten für das Geistliche Ministerium gegen die Wünsche der Bekenntnisfront durchzusetzen. Das Ganze ergab in der Sicht Jägers durchaus einen Sinn. Denn wenn die theologischen Stellen mit wenig profilierten Vertretern neu besetzt waren, und Werner als sogenanntes rechtskundiges Mitglied seine Stelle als einziger kommissarisch behielt, so brauchte nur zu gegebener Zeit dieser gestürzt zu werden, um Jäger an das Ziel seiner Wünsche zu bringen.[75] Es war der gleiche Plan, der dann im Frühjahr 1934 unter anderen Umständen tatsächlich ins Werk gesetzt wurde. Aber im Augenblick hatte Jäger seine Möglichkeiten noch überschätzt, und dies brachte Ludwig Müller in den nächsten Wochen zunächst in weitere Bedrängnis.

Am 30. November hatte die Bekenntnisfront dem Reichsbischof ultimativ drei Namen für das neue Geistliche Ministerium vorgeschlagen: Oberkirchenrat Schaal, Stuttgart, für die lutherische Stelle und zugleich als Vertrauensmann der süddeutschen Kirchen; Präses Koch für die Unierten und zugleich als Vertreter des Pfarrernotbundes; schließlich den reformierten Pfarrer Udo Smidt, der zugleich für die kirchlichen Verbände stehen sollte.[76] Besprechungen am nächsten Tag, dem 1. Dezember, an denen nun verfassungsmäßig alle, also auch die neuen deutschchristlichen Kirchenführer teilnahmen, ergaben jedoch erwartungsgemäß keine einhellige Meinung zu diesem Vorschlag. Diese Uneinigkeit machte sich Ludwig Müller zunutze. Nach langem Hin und Her rief er am Nachmittag des 2. Dezember sämtliche Kirchenführer zu sich und erklärte ihnen – vermutlich auf den Rat von Oberheid und Johannes Heckel hin, die beide bei dieser Szene anwesend waren –, »daß ein Reichsbischof ultimative Forderungen irgendwelcher Gruppen nicht annehmen kann und darf«. »Ich fühle mich«, so versicherte er wieder einmal in seiner alten Tonart, »vor meinem an die Schrift gebundenen Gewissen verpflichtet, nunmehr die aus sorgsamen Beratungen und Überlegungen gewonnene und im Gebet errungene Entscheidung zu treffen. Ich habe mich dabei streng an die Verfassung gehalten, wie ich es in Wittenberg gelobt habe.«[77] Dann forderte er die Anwesenden auf, ihre Vorschläge für die Besetzung des Geistlichen Ministeriums zu machen. Nachdem eine Reihe von Namen genannt und damit die Bedingungen der Reichskirchenverfassung formal erfüllt waren, gab Ludwig Müller der überraschten Versammlung bekannt, »daß er Rektor D. Lauerer, Neuendettelsau, als Vertreter der Lutheraner, Professor Dr. Beyer als Vertreter der Unierten und Kirchenminister Weber als Vertreter der Reformierten in das Geistliche Ministerium berufe; die Stelle des Kirchenkanzlers bleibe einstweilen offen«.[78]

So stark sich Ludwig Müller in diesem Augenblick gab, so wenig war er es. Denn es stellte sich sehr schnell heraus, daß der Neuendettelsauer Rektor Hans Lauerer gar nicht bereit war, das ihm angetragene Amt zu übernehmen. Statt dessen beauftragte der Reichsbischof trotz Meisers Widerspruch den bayerischen Pfarrer Friedrich Klein mit der Vertretung der lutherischen Stelle.[79] Und auch die Rückkehr Otto Webers als reformierter Kirchenminister war rechtlich zumindest problematisch. So hatte Wurm recht, als er am 9. Dezember bemerkte, »daß ein solches Kabinett sich nicht auf die starke Grundlage des Vertrauens der Gesamtkirche stützen« könne, das »Rumpfkabinett«, das vorhanden sei, erinnere »in fataler Weise an die Koalitionskabinette unseligen Angedenkens«.[80]

Gleichwohl nahm das neue Reichskirchenkabinett sogleich seine Arbeit auf. Und die erste und wichtigste Folge des neuen Kurses zeigte sich bald. Mit der beherrschenden Stellung der Glaubensbewegung Deutsche Christen in der Reichskirche ging es nun schnell zu Ende. Für Ludwig Müller gab es nur ein Ziel: die Sicherung seiner eigenen Stellung. Diese Sicherung aber sah er allein darin, daß die enge Verbindung zu Partei und Staat gehalten oder wiederhergestellt wurde. Sobald er daher begriffen hatte, daß Hossenfelder und die Glaubensbewegung ihm dabei nichts mehr nützen würden, waren alle Treueschwüre vergessen. Jetzt setzte Ludwig Müller auf Jäger und Oberheid, von denen er sich jenen politischen Einfluß versprach, den die Glaubensbewegung offensichtlich verspielt hatte. Zugleich aber war es notwendig, die Bekenntnisfront wenigstens soweit zu beruhigen, daß sie vom großen öffentlichen Protest Abstand nahm. Dies waren die beiden Ziele, die Ludwig Müller im Dezember verfolgte.

Schon auf der ersten Sitzung des neuen Kirchenkabinetts am 4. Dezember wurde in diesem Sinne ein entscheidender Beschluß gefaßt. Ein »Kirchengesetz über die kirchenpolitische Unabhängigkeit der Reichskirchenregierung« untersagte den Mitgliedern des Geistlichen Ministeriums und den Beamten der Kirchenregierung »die Zugehörigkeit zu kirchenpolitischen Parteien, Gruppen und Bewegungen«.[81] Der einzige Sinn dieses Gesetzes lag darin, Reichsbischof und Reichskirchenregierung die Distanzierung von der unbequem gewordenen Glaubensbewegung zu ermöglichen. Zwei Tage später erließ Ludwig Müller daher eine Kundgebung an die Deutschen Christen, in der er die Niederlegung seiner Schirmherrschaft bekanntgab. Das große Ziel, so schrieb er, »daß diese Kirche nicht Staat im Staate werden, sondern daß sie sich lebendig einordne in das Dritte Reich«, dieses große Ziel könne »nur bei klarer und einheitlicher Führung erreicht werden. Deshalb mußte ich die Kirchenleitung frei machen von Bindungen an alle kämpfenden Gruppen. In Verfolgung des dazu notwendigen Gesetzes ... mußte ich als erster diesem Gesetz gehorchen und die Schirmherrschaft niederlegen. Dieser Entschluß ist mir schwer gefallen. Er hat mir weh getan. Ich habe lange darum gerungen. Aber ich weiß: Ihr als Nationalsozialisten folgt der Führung auch dort, wo Gehorsam Not macht!«[82]

Hossenfelder versuchte noch, diesen Schlag durch eine Verfügung zu parieren, in der er erklärte, die Deutschen Christen seien »eine Glaubensbewegung und keine politische Partei«. Er ziehe die Bewegung »ab heute aus dem kirchenpolitischen Kampf zurück«; die bestehenden Fraktionen der Deutschen Christen in den kirchlichen Körperschaften sollten allerdings erhalten bleiben. In einem persönlichen Schreiben bat er gleichzeitig Ludwig Müller darum, anzuerkennen, daß die Glaubensbewegung damit »nicht mehr unter das Kirchengesetz vom 4. Dezember 1933« falle.[83] Aber in der Reichskirchenleitung nahm von diesem Schreiben schon niemand mehr Kenntnis.[84]

Statt dessen verhandelte Ludwig Müller in diesen Tagen ohne Kenntnis seines alten Kampfgefährten bereits über dessen Stelle als geistlicher Vizepräsident des preußischen Oberkirchenrats. Es war offenbar als besonders geschickter Schachzug gegenüber der kirchlichen Opposition in Preußen gedacht, wenn er diese Stelle einem Mann anbot, der auch im Pfarrernotbund großes Ansehen genoß: dem westfälischen Präses Karl Koch. Koch schrieb am 7. Dezember zurück, er sei bereit, das Amt zu übernehmen, wenn das Kirchenministerium den Wünschen der Bekenntnisfront entsprechend gebildet und er selbst mit den Vollmachten ausgestattet werde, die nötig seien, »damit die in der Altpreußischen Kirche vorhandenen inneren Schwierigkeiten überwunden werden können«.[85] Dies war für Ludwig Müller selbstverständlich unannehmbar. Aber die Verhandlungen zögerten sich bis zum Jahresende hinaus und verhinderten damit ein unmittelbares Vorgehen des Notbundes. Denn solange noch Hoffnung auf eine Einigung bestand, wollte man diese Ansätze keinesfalls zerstören.

Inzwischen rückten auch bis vor kurzen noch treuergebene Gaue von Hossenfelder ab. Auf einer gemeinsamen Sitzung am 11. Dezember löste sich der ganze Norden und Westen des Reiches – Hamburg, Schleswig-Holstein, Mecklenburg, Lübeck, Braunschweig und das Rheinland – von der Berliner Führung. Die Begründung zeigte, daß man dem Reichsleiter der Glaubensbewegung nur eines vorwarf, nämlich politisches Versagen. »Die Reichsleitung in Berlin«, so hielt das Protokoll der Sitzung fest, »hatte am Ende keinerlei Fühlung mehr mit der politischen Führung, was für uns Nationalsozialisten unerträglich ist.« Zugleich ließ die Besprechung auch schon die neue Linie Müllers erkennen. Die theologischen Belange der Reichskirche würden in Zukunft durch drei »Bekenntnis-Minister« vertreten; die Verwaltung jedoch werde »der Struktur des 3. Reiches entsprechen«. Es werde dafür ein Kanzler berufen, der als bewährter Nationalsozialist »der Garant für die unbedingte Durchführung« der deutschchristlichen Grundsätze sei.[86] Gemeint war August Jäger.

Es war unter diesen Umständen kaum mehr als ein Zeichen der Hilflosigkeit, wenn das *Evangelium im Dritten Reich* am 17. Dezember eine Erklärung Hossenfelders brachte, in der er darauf hinwies, »daß die Bewegung einheitlich von mir geleitet wird und jeder gegen die Reichsleitung Handelnde sich selbst aus der Glaubensbewegung ausschließt«.[87] Denn nun drängte Ludwig Müller darauf, seinen politisch und kirchlich gleichermaßen erledigten Mitstreiter endlich loszuwerden, um freie Hand für seine neuen Pläne zu gewinnen. In einem langen Gespräch am 20. Dezember nötigte er ihn, auf seine sämtlichen Kirchenämter – Bischof von Brandenburg, stellvertretender Landesbischof und geistlicher Vizepräsident des Oberkirchenrats – zu verzichten und gleichzeitig auch die Reichsleitung der Deutschen Christen niederzulegen.[88] Nach Hossenfelders Einwilligung ließ Müller ihn bitten, der Einfachheit halber doch gleich selbst ein persönliches Entlassungsschreiben zu entwerfen, wie es Hossenfelder, von ihm, Müller, erwarte. Dafür griff Hossenfelder nun noch einmal zu seinem alten deutschchristlichen Pathos. »Lieber Bruder Hossenfelder«, so ließ er den Reichsbischof in seinem Entwurf an sich schreiben, »Du hast um der kirchenpolitischen Lage willen Deine Ämter in der Evangelischen Kirche mir zur Verfügung gestellt. Du hast damit der Kirche ein Opfer gebracht, das ich als Reichsbischof und Nationalsozialist nicht hoch genug werten kann. Du hast Dich damit über die niedrigen Anwürfe, die man gegen Dich erhob, hinweggesetzt und Deinen Gegnern gezeigt, daß es einem Nationalsozialisten und einem Deutschen Christen weder um die eigene Person noch um einen Posten, sondern allein um die Sache geht.« »Wenn Du jetzt«, so schloß das Schreiben, »auf Deinen eigenen Wunsch in die Stille gehst, nach der Du Dich sehnst und auf andere Schultern die Last Deiner Aufgabe legst, so sei gewiß, daß einst die Stunde schlagen wird, wo man Dich braucht und ruft. Sei versichert, daß wir beide, die wir Kameraden im Kampfe geworden sind, weiterhin in treuer Kameradschaft zusammenstehen.«[89] Hossenfelders Hoffnung, daß der Reichsbischof dieses Schreiben übernehmen würde, erfüllte sich freilich nicht. Am 21. Dezember gab er den Rücktritt von allen seinen Ämtern bekannt. Ludwig Müller hielt es nicht mehr für nötig, dazu in der Öffentlichkeit überhaupt noch Stellung zu nehmen.

So verschwand am Jahresende eine der umstrittensten Figuren der Deutschen Evangelischen Kirche überraschend schnell und endgültig von der kirchenpolitischen Bühne. Und mit dem Abgang ihres ersten Reichsleiters war auch die große Zeit der Glaubensbewegung Deutsche Christen zu Ende. Mit der Jahreswende 1933/34 begann ein neuer Abschnitt in der Geschichte der Deutschen Christen, ein Abschnitt, der mit dem Schwung, der Gewalt, der Leidenschaft und den Erfolgen des ersten Jahres nichts mehr gemein hatte.

Nichts machte die Tiefe dieses Umschwungs deutlicher als die Tatsache, daß Hossenfelders Nachfolger noch vor Jahresende alles änderte: die Organisation, die Richtlinien und selbst den Namen. Der Mann, dem Hossenfelder in seinem letzten offiziellen Schreiben das Amt des Reichsleiters übertrug[90], war der Vizepräsident des Schleswig-Holsteinischen Landeskirchenamtes, Dr. Christian Kinder. Der damals 37jährige Jurist gehörte zu den deutschen Christen der ersten Stunde[91] in Schleswig-Holstein und hatte am schnellen und vollständigen Sieg der Glaubensbewegung im Land zwischen Elbe und Eider wesentlichen Anteil gehabt. Dies und der Eindruck, daß Kinder eine unbestimmte deutschchristliche Mitte vertrat und als Nicht-Theologe den Angriffen der kirchlichen Opposition möglicherweise weniger ausgesetzt sein würde, dürfte Hossenfelders Wahl vor allem bestimmt haben. Aber der schwache und unkritische Mann hatte nie auch nur die geringste Chance, die Deutschen Christen als Bewegung erneut ins große kirchenpolitische Spiel zu bringen. Als er 1965 seine Erinnerungen herausgab, da äußerte er ein Erstaunen, das ihn wohl auch im Amt des Reichsleiters nie verlassen hat. »Nicht habe ich begreifen können«, so schrieb er im Zusammenhang mit jenem Amt, »daß damals wie auch heute noch immer wieder die irrige Behauptung aufgestellt wird, daß die Deutschen Christen Nationalsozialismus und Christentum miteinander verbinden wollten. Es mag sein, daß unter meinem Vorgänger dieses Schlagwort gebraucht wurde; seit der Übernahme der Führung durch mich aber konnte keiner mehr berechtigt sein, dies Bestreben den Deutschen Christen zu unterstellen.«[92]

Schon am 21. Dezember 1933 gab der neue Reichsleiter in einer Erklärung »An die evangelischen Volksgenossen!« die grundlegenden Umstellungen bekannt. In der veränderten Aufgabe des Aufbaues der Reichskirche sei »die Form nur des Kampfes nicht mehr zu gebrauchen, zumal in einer Kirche, in der sich die Gebiete der äußeren Gestaltung und des Glaubens klar unterscheiden«. Die Glaubensbewegung müsse deshalb »jetzt zu ihrem Ausgangspunkt zurückkehren und in den Neubau des deutschen Volkes endgültig eingefügt werden. Wenn es eine Zeitlang schien«, so fuhr Kinder etwas rätselhaft fort, »als lebe innerhalb der Kirche eine parallele Bewegung zu dem Nationalsozialismus im Staate, so war dies durch die Entwicklung des Nationalsozialismus selbst bedingt, der aufs schwerste zu kämpfen hatte und erst Schritt für Schritt Boden erobern konnte. Der Sieg des Nationalsozialismus im Staate bedeutet darum nun aber die Notwendigkeit, die Erscheinung des Parallelen aufzuheben und die Entwicklung der Bewegung Deutsche Christen ins Große und Allgemeine überzuleiten.«[93]

Um dieses Ziel zu erreichen, bestimmte Kinder, daß in Zukunft neue Leitsätze zu gelten hätten. Dabei handelte es sich um die »28 Thesen der sächsischen Volkskirche zum inneren Aufbau der deutschen Evangelischen Kirche«, die die deutschchristlichen Theologen des sächsischen Landeskirchenamtes, vor allem Oberkirchenrat Walter Grundmann, nach der Sportpalastkundgebung entworfen und am 10. Dezember von der sächsischen Landessynode hatten verabschieden lassen. Diese 28 Thesen waren der Versuch, unter Aufnahme von bekenntnisgemäßen Formulierungen die entscheidenden Punkte einer deutschchristlichen Kirche – die Anerkennung des Totalitätsanspruchs des nationalsozialistischen Staates und das Bekenntnis zu Blut und Rasse – zu bestätigen und festzuhalten. Sie wandten sich daher gleichermaßen gegen die »Dogmenstarrheit« der kirchlichen Opposition wie gegen eine Religion aus dem »Rasseerlebnis« und machten damit deutlich, wo die Deutschen Christen nun ihre neue Position suchen mußten.[94] Da diese Grundsätze »einen neuen Namen« verlangten, ordnete Kinder zum Schluß seiner Erklärung an: »Wir tragen als Nationalsozialisten der evangelischen Kirche den Namen ›Deutsche Christen‹.«

Ein neuer Mann also; eine Entwicklung »ins Große und Allgemeine«; neue, zwitterhafte Richtlinien und der Wegfall des Begriffs der »Glaubensbewegung«; das war am Jahresende das neue Programm der Deutschen Christen. »In Ihrer Person, hochverehrter Herr Reichsbischof«, so meldete Kinder am 29. Dezember Ludwig Müller, »ist das Vertrauen des Führers zu unserem Bemühen und ist die Einheit der Deutschen Evangelischen Kirche verkörpert. Darum wird die breite Front unserer Volks- und Glaubensgenossen, die sich als Nationalsozialisten ›Deutsche Christen‹ nennen werden, hinter Ihnen stehen. Als Reichsleiter erbitte ich hierzu Ihre Bestätigung.«[95] So tief jedoch war der kirchenpolitische Absturz der zersplitterten und geschlagenen Partei, daß Ludwig Müller sich fast drei Wochen Zeit ließ, ehe er am 16. Januar dem neuen Reichsleiter seine »herzlichen Segenswünsche für die hier angebahnte Entwicklung« aussprach.[96]

Während so die Glaubensbewegung zerfiel und Hossenfelder stürzte, versuchte der Reichsbischof, mit seinem neuen Reichskirchenkabinett die Entwicklung wieder in die Hand zu bekommen. Unbekümmert um das Ultimatum der Bekenntnisfront, unbekümmert auch um die rechtlichen Einsprüche gegen ihre Zusammensetzung, beschloß die neue Kirchenregierung Anfang Dezember drei große Kirchengesetze von weitreichender Wirkung. Darunter war ein »Kirchengesetz betreffend Beilegung kirchenpolitischer Streitfälle«, das nach dem Vorbild der Partei die Einrichtung von besonderen »Schlichtungsausschüssen« vorsah, und ein »Kirchengesetz über den Zusammenschluß kleiner Landeskirchen«, das der Reichskirche weitgehende Vollmachten zur kirchlichen Neuordnung in Deutschland geben sollte. Am umstrittensten jedoch war das »Vorläufige Kirchengesetz betreffend die Rechtsverhältnisse der Geistlichen und Beamten der Landeskirchen«, das tief in die Rechte der Landeskirchen eingriff. Es sollte einheitlich die Versetzung von Geistlichen »im Interesse des Dienstes« regeln, wenn »eine gedeihliche Wirksamkeit« in der Gemeinde ausgeschlossen erscheine. Auch wenn man die Entscheidung darüber einem ordentlichen Kirchengericht anvertrauen wollte, war doch deutlich, daß es hier vor allem um ein politisches Disziplinierungsmittel ging. Umstritten war im Geistlichen Ministerium zunächst die Frage, ob man den Arierparagraphen in der Form wieder in das Gesetz aufnehmen sollte, daß Geistliche, »die mit einer Person nichtarischer Abstammung die Ehe eingehen«, zu entlassen seien. Im Blick auf die gespannte Lage gerade in diesem Punkt entschloß man sich jedoch zu einer Eventualfassung, die die gleiche Absicht hinter der allgemeinen Formulierung verbarg: »Zur Eingehung der Ehe bedürfen die Geistlichen ... der Genehmigung.«[97]

Angesichts der offenkundigen Mißachtung der Bekenntnisfront entschloß sich Meiser, die opponierenden Kirchenführer für den 18. Dezember erneut zu einer Besprechung nach Berlin einzuladen.[98] Auf der abendlichen Sitzung, an der auch die Vertreter des Pfarrernotbundes teilnahmen, wurde nach einer Vorlage von Wurm eine Bekräftigung des Ultimatums vom 29. November beschlossen und am Mittag des 19. dem Reichsbischof von Wurm und Meiser persönlich überreicht. In den Kernsätzen dieser Erklärung wurde die Neubildung des Geistlichen Ministeriums im Sinne der Bekenntnisfront noch im Lauf der gleichen Woche gefordert und angedroht, im Fall einer Weigerung die Reichskirchenregierung nicht mehr mit der »landeskirchlichen Autorität« zu decken.[99]

Während diese Eingabe Amt und Person des Reichsbischofs noch nicht unmittelbar in Frage stellte, ging der Pfarrernotbund mit einer eigenen Erklärung am folgenden Tag schon einen Schritt weiter. »Das Vertrauen der Pfarrer und Gemeinden gegenüber dem Herrn Reichsbischof«, so hieß es in der vom Bruderrat beschlossenen Erklärung, »ist einem Mißtrauen gewichen, dem entgegenzuwirken wir weder bereit noch imstande sind, es sei denn, daß eine Lösung der Kabinettskrise, die bis Sonnabend, den 23. 12. 1933 erfolgt sein müßte, wahrhaft kirchlichem Handeln innerhalb der Kirche endlich den Weg freimacht.«[100]

Der Versuch, Ludwig Müller auf diese Weise zum Nachgeben zu bewegen, schlug jedoch auf der ganzen Linie fehl. Nur das zweite Geistliche Ministerium zerbrach jetzt unter dem wachsenden Druck. Am 22. Dezember erklärte der reformierte Kirchenminister Otto Weber seinen Rücktritt, während der ohnehin nur kommissarisch amtierende Jurist Dr. Werner noch vor Weihnachten von Ludwig Müller entlassen wurde, um die Stelle für August Jäger freizumachen. Pfarrer Klein, der die lutherische Stelle vertrat, blieb nach wie vor ohne Anerkennung der Landeskirchen und beendete am 31. 12. seine Tätigkeit. So bestand zu Beginn des neuen Jahres die ganze Reichskirchenregierung nur noch aus dem Reichsbischof und dem unierten Kirchenminister Professor Hermann Wolfgang Beyer, bis auch dieser Anfang Januar sein Amt zur Verfügung stellte.[101]

Der Reichsbischof jedoch blieb von all dem scheinbar unberührt. Denn an dem gleichen 19. Dezember, an dem die Bischöfe ihre Erklärung überreichten, glaubte Ludwig Müller sich gerade wieder die volle Unterstützung Hitlers gesichert zu haben. Es war ein Schritt, den Wurm in seinen Erinnerungen »einen wahren Schurkenstreich«[102] nannte; die Auslieferung des Evangelischen Jugendwerkes an die Hitlerjugend.

Die Zukunft der kirchlichen Jugend im Dritten Reich war auch auf evangelischer Seite seit dem Frühjahr 1933 eine heftig umstrittene Frage. Ihre rund 700 000 Mitglieder waren vor allem in drei großen, weitgehend selbständigen Bünden zusammengefaßt, dem Reichsverband der Evangelischen Jungmännerbünde, dem Reichsverband der Evangelischen Weiblichen Jugend und dem Bund Deutscher Bibelkreise – allgemein kurz BK genannt –, der vor allem an den Oberschulen wirkte. Und wie auf katholischer Seite,[103] so beobachtete man auch hier mit Sorge die wachsenden Machtansprüche der Hitlerjugend, die mit der Ernennung Schirachs zum Jugendführer des Deutschen Reiches am 17. Juni 1933 auch nach außen hin ihren sichtbaren Ausdruck fanden. Nachdem Ende Juni nahezu alle nichtchristlichen Jugendorganisationen – die bündischen, die berufsständischen und die sportlichen Verbände – in die Hitlerjugend eingegliedert waren, blieben als große selbständige Gruppen nur noch die beiden kirchlichen Jugendwerke übrig. Auf ihre Eroberung und Eingliederung richteten sich daher jetzt vor allem die Anstrengungen der Reichsjugendführung. Die Reaktionen auf diese Entwicklung im evangelischen Lager glichen grundsätzlich denen auf katholischer Seite. Obwohl die evangelische Jugend das neue Reich und seinen Führer durchweg mit einer fast grenzenlosen Begeisterung begrüßte, bestand doch weithin Übereinstimmung darin, daß die besondere Aufgabe der kirchlichen Jugendarbeit die Erhaltung ihrer organisatorischen Selbständigkeit unbedingt notwendig mache.[104] Diese Überzeugung wurde durch die überraschende Tatsache verstärkt, daß die Mitgliederzahl der Evangelischen Jugend im Frühjahr und Sommer 1933 von Monat zu Monat anstieg – Ausdruck des christlich-deutschen Enthusiasmus der Zeit wohl ebenso wie Suche nach einer eigenen, staatlich noch nicht erfaßten Form des Zusammenlebens.[105] Ungeachtet aller Schwierigkeiten, trotz Uniformverbot, Schikanen und vielfältigen Übergriffen,[106] stand auch die evangelische Jugend im Sommer im wesentlichen noch unerschüttert: voll Hoffnung auf einen großen volksmissionarischen Auftrag im Dritten Reich; bereit zu weitgehender Zusammenarbeit mit der Hitlerjugend bis hin zum korporativen Beitritt; nicht bereit jedoch zur Selbstaufgabe und Gleichschaltung, die das Ende der kirchenlichen Jugendarbeit bedeutet hätte.

Auch organisatorisch zog man aus der Entwicklung ähnliche Konseqenzen wie die katholischen Jugendverbände. So wie der katholische Jungmännerverband schon Anfang Mai beschlossen hatte, die Organisation zu straffen und der Reichsleitung eine Generalvollmacht zu erteilen, setzte sich auch in den evangelischen Jugendorganisationen eine Tendenz zum Zusammenschluß und zu einheitlicher Führung durch. Dabei spielte das jetzt überall als Organisationsform anerkannte Führerprinzip eine ebenso große Rolle wie der Wunsch und die Hoffnung, durch die Zusammenfassung aller Kräfte die Selbständigkeit der Jugendverbände erhalten und sichern zu können. Nachdem eine Reihe von Zusammenschlüssen unter den kleineren Bünden vorausgegangen war, kam es Ende Juli zum großen Zusammenschluß nahezu aller evangelischen Jugendverbände im Evangelischen Jugendwerk Deutschlands.[107] Zum Reichsführer mit nahezu unumschränkten Vollmachten wurde der bisherige Reichswart der Jungmännerbünde, D. Erich Stange berufen. Obwohl dieser pathetische Enthusiast bei den Skeptikern – Udo Smidt etwa, der den BK leitete, oder Leopold Cordier, der an der Spitze der Christdeutschen Jugend stand – als allzu konzessionsbereit bekannt war,[108] wurde damit, wie auf katholischer Seite durch die entsprechende Stellung von Generalpräses Wolker, die zentrale Bedeutung gerade der Jungmännerverbände anerkannt.

Mit der Gründung des Evangelischen Jugendwerkes und der Einführung des Führerprinzips glaubte die große Mehrheit der Verbände und ihrer Leiter, eine Gewähr für die Erhaltung einer selbständigen kirchlichen Jugendarbeit geschaffen zu haben. Aber was als Rettung gedacht war, wurde zum Verhängnis. Denn das Führerprinzip erforderte die Übertragung der letzten Verantwortung und Befehlsgewalt an den höchsten Führer. Dieser höchste Führer aber hieß Ludwig Müller.

Schon bei der Gründung des Jugendwerkes wurde im Sinne des Führerprinzips dem Bevollmächtigten Hitlers und zukünftigen Reichsbischof die Schirmherrschaft über die evangelische Jugend übertragen.[109] Und Ludwig Müller zögerte nicht, seine neue Verantwortung durch einen eigenen Aufruf zu bekräftigen. »Ich erwarte«, so ließ er die evangelische Jugend wissen, »daß das Werk mit seinen mehr als 700 000 Mitgliedern sich geschlossen zum Einsatz für die großen volksmissionarischen Aufgaben bereitstellt, wie es seine Führerschaft mir bereits gelobt hat. Jeder, der hier aus der Reihe bricht oder eigenmächtige Wege geht, erschwert die Durchführung der ungeheuren Aufgabe, die uns die Verkündigung des Evangeliums im Dritten Reich stellt.«[110] Eine Antwort auf diesen Aufruf stellte jene Großkundgebung dar, mit der die evangelische Jugend Berlins am 29. September den frisch gewählten Reichsbischof grüßte und bei der der Reichsführer Stange dem Reichsbischof versicherte, die evangelische junge Mannschaft im Reich stehe zum Einsatz bereit, »wie wir es Ihnen versprochen haben«.[111]

Zugleich machte sich nun auch die neue Reichskirchenregierung an die Arbeit, um das schwierige Problem des Verhältnisses von Hitlerjugend und Evangelischem Jugendwerk grundsätzlich zu lösen. Auf einer Sitzung der wichtigsten Jugendführer und Landesjugendpfarrer, zu der Hossenfelder am 13. Oktober nach Berlin eingeladen hatte, brachten alle Seiten nahezu übereinstimmend zum Ausdruck, daß die evangelische Jugend zwar geschlossen und unbedingt zum Nationalsozialismus stehe, daß aber eine Auflösung und Übernahme durch die Hitlerjugend nicht in Frage komme. Nach der überwiegenden Vorstellung der meisten Teilnehmer sollte das Evangelische Jugendwerk vielmehr in eine enge Arbeitsgemeinschaft mit der Hitlerjugend eintreten. Dabei sollte der Hitlerjugend die politische und wehrsportliche Ausbildung der kirchlichen Jugend überlassen werden; während der kirchlichen Jugend dafür umgekehrt breite Missionsmöglichkeiten in den Reihen der Hitlerjugend eingeräumt werden sollten. Unsere Aufgabe an der H. J., so erklärte Stange bei dieser Sitzung, »kann nicht gelöst werden durch Auflösung der Jugendverbände. Dieser Gedanke hat etwas Bestechendes. Es ist so, wie wenn man das Salz in die gesamte Jugend hineinwirft, aber wo bleibt dann die nächste Hand Salz. Was dann? Wir sind der volksmissionarische Stoßtrupp der Kirche. Der Trupp mit dem kämpferischen Geiste. Deshalb brauchen wir die in sich selbst wieder wachsenden, in sich selbst sich gestaltenden Jugendverbände.«[112]

Die entscheidende Frage war nun natürlich, wie die Reichsjugendführung sich zu dieser Forderung stellen würde. Darüber berichtete Stange auf der nächsten Sitzung, er habe Schirach »einen weitgehenden Vorschlag über An- oder Eingliederung der Kirchlichen Jugend gemacht, der aber abgelehnt wurde unter der Begründung: die H. J. verlange absolute Eingliederung; denn ›wir bekommen Euch doch‹.« Auch die katholische Kirche werde mit der Zeit »unter Druck« hineinkommen.[113] In dieser schwierigen Situation, die dadurch verschärft wurde, daß die Mitglieder der deutschchristlichen Reichsleitung jetzt immer deutlicher zu einer Kapitulation rieten, richtete sich die Hoffnung der evangelischen Jugendführer noch stärker als bisher auf den Reichsbischof. Nur direkte Verhandlungen zwischen Ludwig Müller und Hitler über die Selbständigkeit der evangelischen Jugend, so hieß es, könnten die Verhältnisse noch klären. Ludwig Müller aber, der hier offensichtlich eine

Chance sah, seinen Einfluß zu erweitern, forderte daraufhin von den Jugendführern eine Erklärung, daß sich die kirchliche Jugend »uneingeschränkt« dem Reichsbischof unterstelle.[114]

Inzwischen hatte sich die Lage der kirchlichen Jugend weiter nachhaltig verschlechtert. Aus allen Teilen des Reiches kamen Meldungen über Zusammenstöße, Angriffe und Behinderungen. Am schlimmsten wirkte sich, wie für die katholische Jugend auch, die Bedingung der HJ-Mitgliedschaft für die Vermittlung von Lehr- und Arbeitsstellen aus. So befahl Anfang November ein Erlaß für Baden: »Bei der Besetzung von Lehr- und Arbeitsstellen werden in jeder Beziehung Mitglieder der H. J. bevorzugt.« Die HJ übernehme in Zukunft »die gesamte Besetzung der Lehr- und Arbeitsstellen für unsere Jugend.« Der badische Landesbischof, der dies am 8. November nach Berlin berichtete, meinte dazu, neben »der politischen Ächtung der nicht-nationalsozialistischen Jugend« sei »diese wirtschaftliche Maßnahme die schwerste Belastungsprobe für die kirchliche Jugend«.[115]

Der wachsende Druck auf der einen, die ungeheure Sogwirkung der Volksabstimmung vom 12. November auf der anderen Seite bewirkten, daß es in den beiden konfessionellen Jugendwerken fast gleichzeitig zu einer Krise kam. Am 12. November schrieb Papen jenen Brief an Gröber, der zur Besprechung der katholischen Jugendführer am 15. November in Freiburg und kurz darauf zum unmittelbaren Eingreifen des Heiligen Stuhls führte.[116]

Nur zwei Tage später, am 17. November, trafen sich die evangelischen Jugendführer in Berlin. Die Verwirrung und Unsicherheit, die die Freiburger Sitzung bestimmte, wurde hier womöglich noch übertroffen. Im Rückblick erscheinen die Entscheidungen, die die Jugendführer an diesem Tag trafen, als krasser Widerspruch. Für die Beteiligten jedoch bedeuteten sie offensichtlich den rettenden Ausweg und machten damit einmal mehr die für Spätere kaum begreifliche Verworrenheit der Situation deutlich. An jenem 17. November lag der Sportpalastskandal gerade vier Tage zurück, und die Erregung in der Kirche wuchs noch von Tag zu Tag. Gleichwohl legte der Reichsbischof den Jugendführern den Entwurf eines Vertrages vor, der im Kern die volle und uneingeschränkte zwangsweise Eingliederung der evangelischen Jugend in die Hitlerjugend vorsah. Obwohl Ludwig Müller die Situation in gewohnter Weise vernebelte und behauptete, es käme jetzt nur auf eines an, nämlich »daß wir den Heiland ins Volk tragen«, sprach die Mehrheit der Jugendführer ihre nachhaltigen Bedenken gegen diesen Vertrag aus und erklärte die »zwangsmäßige Eingliederung« für untragbar. Statt jedoch aus diesem Widerspruch die Konsequenzen zu ziehen und von Ludwig Müller abzurücken, tat man das genaue Gegenteil: Man übergab dem Reichsbischof feierlich »die Befehlsgewalt über die Kirchliche Jugend« – offensichtlich in der Annahme, daß nur unter Ludwig Müllers Führung die Selbständigkeit der evangelischen Jugend zu retten sei.[117]

Am 4. Dezember kamen die evangelischen Jugendführer erneut in Berlin zusammen, um zu Ludwig Müllers Vertragsentwurf Stellung zu nehmen. Der Beschluß des Kreises war so klar wie möglich. »Wir sind ... zu der endgültigen Entscheidung gekommen«, so schrieben die Jugendführer am gleichen Tag dem Reichsbischof, »daß der Vertrag uns nicht tragbar erscheint und die dem Ev. Jugendwerk in der Kirche zufallende Aufgabe praktisch unmöglich machen würde.« Zugleich wurde Arnold Dannenmann, der Reichswart des Jungvolkes, bevollmächtigt, dem Reichsbischof seine persönliche Stellungnahme »im Sinne einer Ablehnung aller weiteren Verhandlungen darzulegen«.[118]

Der Reichsbischof konnte also über die eindeutige Ablehnung des Vertrages durch das Jugendwerk nicht im Zweifel sein. Aber je schwächer seine kirchenpolitische Stellung wurde, um so weniger war er bereit, darauf Rücksicht zu nehmen. Die Möglichkeit, seine unbedingte Ergebenheit gegenüber der Partei zu beweisen und die Hoffnung, damit seine Stellung bei Hitler wieder zu stärken, überwog bei weitem alle kirchliche Kritik. Und so kam es nun zu einem dramatischen Schlußakt.

Am 9. Dezember gaben Reichsbischof und Reichsjugendführer bekannt, die Verhandlungen über die Eingliederung stünden unmittelbar vor dem Abschluß.[119] Als auf diese Meldung hin zahlreiche Proteste eingingen, setzte Ludwig Müller drei Tage später Reichsführer Stange kurzerhand ab und löste den Führerrat auf.[120] Zugleich jedoch versicherte Kirchenminister Beyer namens der Reichskirchenregierung, vor endgültigen Entscheidungen werde der Führerrat »unter allen Umständen rechtzeitig gehört werden«.[121] Die evangelischen Jugendführer, die sich auf diese Zusage verließen, sahen sich jedoch erneut getäuscht. Zwar wurde der Führerrat am Samstag, den 16. Dezember, wieder nach Berlin beordert, wo es zu langen vergeblichen Verhandlungen mit Oberheid kam. Am Sonntag verfaßte Stange daraufhin eine Erklärung, die die Ablehnung des Vertrages noch einmal ausführlich begründete und zugleich den Gegenvorschlag des Jugendwerkes enthielt.[122] Am Montag kam ein unmittelbares Gespräch mit dem Reichsbischof zustande, der zwar meinte, er werde den Vertrag wohl unterschreiben, zugleich jedoch zusagte, nichts zu unternehmen, »ehe er die Führung des Jugendwerkes noch einmal gehört habe«.[123]

An diesem Tag – es war der 18. Dezember – wurde die ganze Frage endlich auch im Kreise der in Berlin versammelten nicht-deutschchristlichen Kirchenführer verhandelt. Nun erschienen beide Probleme – die Neubildung des Geistlichen Ministeriums und die Erhaltung des Evangelischen Jugendwerkes – als die entscheidenden Forderungen, die Meiser und Wurm am nächsten Tag dem Reichsbischof ultimativ vortragen sollten. In der Tat baten die beiden Bischöfe am 19. Dezember Ludwig Müller bei der Überreichung ihres Ultimatums zugleich, »den Jugendvertrag ja nicht abzuschließen, ohne den Kirchenführern noch einmal Gelegenheit zur Äußerung gegeben zu haben«. Der Reichsbischof sagte dies – wie sowohl Meiser wie Wurm später erklärten – »auf das allerbestimmteste« zu.[124] Bei diesem Stand der Dinge erschien ein überraschender Abschluß des Vertrages durch Ludwig Müller völlig ausgeschlossen. Und doch geschah genau dies.

Wenn Schirachs Erinnerungen zutreffen, so fand die Auslieferung der Evangelischen Jugend an die Hitlerjugend am Abend eben dieses Tages bei einem Essen im Hotel »Esplanade« statt – musikalisch untermalt von Barnabás von Géczy, einem bekannten Geiger, den der Reichsbischof »besonders schätzte«. »Reichsbischof Müller erklärte mir«, so erinnerte sich Schirach, »daß die evangelische Jugend ihm die volle Verfügungsgewalt übertragen habe, und er wolle nun alle evangelischen Jungen und Mädchen unter 18 Jahren in die HJ überführen. Über die Einzelheiten wurden wir schnell einig. Er ging sofort auf meinen Vorschlag ein, den Vertrag in meinem Büro in der Reichsjugendführung vor der Wochenschau zu erläutern. Das geschah am 19. Dezember 1933.«[125] Die Unterzeichnung des Vertrages am folgenden Tag war daraufhin nur noch eine Formalität.

War dies schon empörend und schmählich genug, so trieb der Reichsbischof doch erst am späten Abend die Dinge vollends auf die Spitze. Die Jugendführer nämlich hatten zur gleichen Zeit über den Stand der Dinge beraten und waren übereingekommen, bei dem erwarteten neuen Gespräch durch eine schriftliche Erklärung »die am 17. November d. J. unter bestimmten Voraussetzungen dem Herrn Reichsbischof unmittelbar und persönlich übertragene Befehlsgewalt zurückzuziehen«.[126] In der Tat empfing Ludwig Müller – scheinbar um seine Zusage einzulösen – am Abend gegen 21 Uhr noch einmal die Vertreter des Führerrats. Nahezu zwei Stunden verhandelten Reichsbischof und Jugendführer dabei über den Vertrag, ohne daß Ludwig Müller auch nur mit einem einzigen Wort zu erkennen gab, daß das Abkommen längst beschlossen war. Die Jugendführer überreichten schließlich dem Reichsbischof die vorbereitete Erklärung, die die Entziehung der Befehlsgewalt enthielt, und verfaßten noch in der Nacht ein Schreiben an das ganze Jugendwerk, das zur Abwehr »gegen die Verletzung seiner Verfassung und gegen die Zerstörung seines Bestandes« aufrief.[127] Am 21. Dezember jedoch lasen sie die Nachricht vom Abschluß des Vertrages in der Morgenpresse.

Der Vertrag über die Eingliederung der evangelischen Jugend in die Hitlerjugend bedeutete faktisch die uneingeschränkte und zwangsweise Auslieferung der kirchlichen Jugend an die HJ. Die ersten Sätze ließen keinen Zweifel daran, daß genau dies auch beabsichtigt war. »Das Evangelische Jugendwerk«, so lauteten sie, »erkennt die einheitliche staatspolitische Erziehung der deutschen Jugend durch den nationalsozialistischen Staat und die HJ als Träger der Staatsidee an. Die Jugendlichen des Evangelischen Jugendwerkes unter 18 Jahren werden in die HJ und ihre Untergliederungen eingegliedert. Wer nicht Mitglied der HJ ist, kann fürderhin innerhalb dieser Altersstufen nicht Mitglied des Evangelischen Jugendwerkes sein.«[128] Alle weiteren Bestimmungen, nach denen unter anderem zwei Nachmittage in der Woche und zwei Sonntage im Monat für das Evangelische Jugendwerk freibleiben sollten, fielen demgegenüber kaum ins Gewicht. Der Vertrag bedeutete das Ende der blühenden kirchlichen Jugendverbände. Was nun kam, war ein mühsames Suchen nach neuen Wegen evangelischer Jugendarbeit.[129]

Der Schritt des Reichsbischofs löste fast augenblicklich eine Flut von Protesten aus. Sie richteten sich zu Recht nicht gegen Staat und Partei, sondern ausschließlich gegen den Reichsbischof und die Kirchenregierung. Man begriff durchaus, daß hier ohne Not eine rein politische Entscheidung gefällt worden war. Typisch für dieses Bewußtsein war ein Protesttelegramm aus Hagen, das am 21. 12. in Berlin einging. »Westrundfunk meldet: Preisgabe Evangelischen Jugendwerkes durch Reichsbischof. Abgesehen von mangelnder Vertretungsbefugnis kam Dolchstoß gerade von da unerwartet. Kirche stirbt von Bischofshand. In Scham und Trauer über solche Kirche Christi. Gerstein, Diplom-Ingenieur Gemeindekirchenrat Hagen.«[130] Es war derselbe Kurt Gerstein, der später in der SS Karriere machte, um die Untaten des Regimes zu sabotieren oder doch wenigstens persönlich bezeugen zu können. Von ihm stammt einer der wenigen unmittelbaren Berichte über die Vorgänge bei der Vernichtung der Juden in Belzec und Treblinka 1942.[131]

Ludwig Müller freilich kümmerten diese Proteste wenig. Für ihn war allein jenes Telegramm entscheidend, das am 20. Dezember an Hitler abging. »Ich habe soeben«, meldete der Reichsbischof, »durch Vereinbarung mit dem von Ihnen bevollmächtigten Jugendführer die Eingliederung des Evangelischen Jugendwerkes in die Hitler-Jugend vollzogen.... Gott segne diese Stunde für unser Volk und unsere Kirche ...«[132]

Nun kam alles darauf an, ob Hitler dem Reichsbischof die erwartete öffentliche Bestätigung geben würde, von der er sich die entscheidende Stärkung seiner Position versprach. Wie sehr Ludwig Müller sich an Hitler klammerte, zeigte das Gespräch, das er am folgenden Tag – es war der 21. Dezember – mit Bodelschwingh führte. Müller versicherte dabei, daß eine andere Lösung in der Frage des Jugendwerkes unmöglich gewesen sei, weil der Führer es so gewollt habe. Erst gestern habe ihm Hitler erklärt, »der Abschluß des Vertrages sei für ihn das größte Weihnachtsgeschenk«. Gerade dieses Wort machte schnell die Runde. Im übrigen, fuhr Müller fort, fühle er sich ganz vereinsamt. Nur das Vertrauen des Führers halte ihn. »Würde ihm dieser sein Vertrauen entziehen«, so notierte sich Bodelschwingh Müllers Äußerungen, »würde er jeden Tag gehen. Sonst müsse er bleiben.«[133]

Aber dies alles, Hitlers angeblicher Wunsch, die Sache mit dem Weihnachtsgeschenk und die Zusicherung des Vertrauens waren nur Lügen. In Wirklichkeit war Hitler am Jahresende über die Zustände in der evangelischen Kirche aufs höchste erregt und weigerte sich, mit irgendeinem Vertreter dieser Kirche auch nur in Verbindung zu treten.[134]

Ein handschriftlicher Briefentwurf Ludwig Müllers an Hitler vom Jahresende enthüllt das ganze illusionäre Doppelspiel des Reichsbischofs in diesen Tagen. Müller berichtete darin von der Verschärfung der Situation und »neuen ultimativen Forderungen« der »mir gegnerischen Bischöfe«, die ihn dazu zwängen, »jetzt mit aller Energie durchzugreifen. Den Anlaß zu dieser verschärften Opposition«, schrieb Ludwig Müller, »hat mein Abkommen mit dem Reichsjugendführer gegeben. B. v. Schirach hat mir gesagt, daß Sie sich über dieses Abkommen herzlich gefreut hätten. Ich hatte ihn gebeten, daß Sie mir auf mein Telegramm über den Abschluß des Abkommens in einem kurzen Telegramm Ihr Einverständnis und Ihre Freude aussprechen würden. Leider ist das nicht geschehen, und meine Gegner haben daraus den Schluß gezogen, daß Sie gar nicht einmal mit diesem großen und bedeutenden Werk ... einverstanden seien. Ich muß deshalb um Ihretwillen und um meinetwillen herzlich bitten, daß Sie die Güte haben mir ein solches Telegramm umgehend zu schicken.«[135] Aber obgleich Hitler am Jahresende freigiebig Anerkennungsschreiben an seine Getreuen verteilte, blieb jede Anerkennung für Ludwig Müller aus. Er hatte allen Grund, um sein Amt zu fürchten.

Für die kirchliche Opposition erschien mit der Auslieferung des Jugendwerkes Ludwig Müllers Maß voll. Durchweg setzte sich jetzt die Meinung durch, daß es mit einem Wechsel des Kabinetts nicht mehr getan sei, sondern daß der Reichsbischof selbst jetzt gehen müsse. Die Frage war nur, wie man ihm einen leidlich ehrenvollen Abgang verschaffen konnte. Am 22. Dezember waren Meiser, Wurm und Bodelschwingh bei ihm, um ihm zu raten, ein neues Kabinett mit dem Neuendettelsauer Rektor D. Lauerer zu bilden, seine Stellvertretung zu regeln und in einen unbefristeten Urlaub zu gehen. Aber Ludwig Müller lehnte ab.[136]

Am 30. Dezember kam daraufhin die Bekenntnisfront – nunmehr noch verstärkt durch die evangelischen Jugendführer – in Würzburg zusammen und verabschiedete ein gemeinsames Schreiben, das ein erneutes Ultimatum enthielt. Bis zum 2. 1. 1934 sollte ein Geistliches Ministerium aus D. Lauerer, Oberkirchenrat Zentgraf – Mainz, Pastor Udo Smidt – Barmen und Reichsgerichtsrat Flor gebildet, die Stellvertretung des Reichsbischofs geregelt und Präses Koch zum geistlichen Vizepräsidenten in Preußen berufen werden.[137]

Wieder lehnte Ludwig Müller ab. In einem Schreiben an Meiser vom 2. Januar erklärte er, um der Würde und der Autorität seines Amtes willen ein »Gruppenultimatum« nicht annehmen zu können und im übrigen »auch rechtlich ganz außerstande« zu sein, die Forderungen zu erfüllen.[138] Daraufhin traf sich am 4. Januar erneut die Bekenntnisfront, diesmal in Halle/S. Und hier wurde vollends deutlich, daß das ganze Hin und Her um den Reichsbischof, all die Ultimaten, Erwiderungen, Gerüchte und Winkelzüge die Kirchenpolitik zum Possenspiel verkommen ließ.

Das stichwortartige Protokoll dieser Sitzung läßt noch im Rückblick die groteske Situation erkennen.

10 Uhr: Meiser teilt Ludwig Müllers Brief vom 2. Januar mit.

11 Uhr: Pfarrer Klein ruft aus Berlin an, der Reichsbischof wolle »Zentgraf und Flor prüfen«. Bis zum 8. Januar werde er sich entscheiden. Die Versammlung beschließt, sich auf keine Kompromisse einzulassen und bleibt beim Ultimatum. Ludwig Müller lehnt ab. Aus Berlin kommen zuverlässige Nachrichten, der Reichsbischof plane eine »Diktatur« mit Artikel 6.1 der Reichskirchenverfassung. Die Versammlung ist ratlos.

16.30: Uhr Neuer Anruf aus Berlin. Angeblich geplantes Kirchenkabinett: Beyer, Klein, Oberheid, Jäger. Ausnahmegesetze gegen Notbund.

19 Uhr: Weitere Nachrichten aus Berlin. Der Reichsbischof in eine Klinik gebracht. Die Versammlung fragt: »Läßt es die Sache zu, daß wir uns noch mal vertrösten lassen?«

21 Uhr: Reichsbischof hat Rücktritt angeboten zum 1. 2. Coch soll Kommissar werden. »Mitteilung aus München. Gespräch mit dem Führer. Über eine Stunde. Gesamteindruck niederschmetternd. Kirche: Führer in höchster Erregung, weder Bischof noch Reibi empfangen. – Wir sollen tun, was wir wollten! – Aber die evangelische Kirche steht noch tiefer als die katholische. – ... *Lauter* Ton!«

So ging es mit Nachrichten und Gerüchten fort, bis Ludwig Müller kurz vor Mitternacht die Versammlung telegraphisch vor »ungesetzlichen und verfassungswidrigen« Entscheidungen warnte. Erst daraufhin einigte man sich auf ein Schreiben, das die Forderungen vom 30. Dezember wiederholte und die Teilnahme an weiteren Verhandlungen ablehnte.[139]

Auf die offenkundige Unentschlossenheit und Ratlosigkeit dieser Versammlung antwortete der Reichsbischof noch am gleichen Tag mit einer »Verordnung betreffend die Wiederherstellung geordneter Zustände in der Deutschen Evangelischen Kirche«. In »verantwortlicher Ausübung des mir verfassungsmäßig zustehenden Führeramtes auf Grund des Artikels 6 Abs. 1 der Verfassung« verbot der Reichsbischof mit dieser Verordnung alle kirchenpolitischen Auseinandersetzungen und Kundgebungen, und bedrohte alle kirchlichen Amtsträger mit »sofortiger vorläufiger Enthebung vom Amt« und der unverzüglichen Einleitung förmlicher Disziplinarverfahren, »die das Kirchenregiment oder dessen Maßnahmen öffentlich oder durch Verbreitung von Schriften, insbesondere durch Flugblätter oder Rundschreiben, angreifen.«[140] Diese Verordnung sollte dem Reichsbischof endlich die ersehnte Ruhe bringen.

Die kirchenpolitische Bilanz an diesem 4. Januar 1934 sah für alle Seiten nahezu gleich trostlos aus. Der Reichsbischof konnte sich nur noch durch einen »Maulkorberlaß« halten und hatte Rückhalt und Ansehen in der Kirche fast völlig eingebüßt. Aber auch die kirchliche Opposition erschien keineswegs in glänzendem Licht. Denn es fehlte ihr offensichtlich jede Möglichkeit, die Dinge zu ändern. Sie war gefangen in den Bestimmungen einer Verfassung, der sie weithin selbst zugestimmt hatte; in einem Führerprinzip, das den Reichsbischof rechtlich unangreifbar machte; und in ihren eigenen Überzeugungen, die Nation und Kirche, nationalen Aufbruch und kirchliche Erneuerung noch immer nicht zu trennen vermochten. Und so war denn am 4. Januar nicht dies der Weg, der in die Zukunft wies, sondern ein Ereignis, das vom Zentrum der Kirchenpolitik aus gesehen ganz abseits lag: die erste »Freie Synode« der reformierten Gemeinden, die am selben Tag in Barmen zusammentrat.

Die Einberufung einer Freien Synode lag ganz auf der strengen kirchlichen Linie, die sich – nicht zuletzt unter dem Einfluß Karl Barths – im Herbst 1933 im Westen durchgesetzt hatte. Die Anregung kam vom Coetus reformierter Prediger Deutschlands; die Entscheidung fiel in einem größeren Kreis von reformierten Predigern und Ältesten, die am 22. Dezember in Barmen zusammengekommen waren. Das Einladungsschreiben richtete sich an »reformierte Prediger und Älteste aus allen reformierten und unierten Gemeinden Deutschlands« und machte zugleich die Bedingungen für die Zulassung bekannt, die ganz der reformierten Tradition entsprachen: »Als Synodale zugelassen werden nur diejenigen, welche sich als Prediger oder Älteste ... ihrer Gemeinde ausweisen können und in feierlichem Synodalgelübde erklären, daß sie frei von jeder gemeindefremden Bindung in Fragen des Glaubens sich rückhaltlos zum Worte Gottes Alten und Neuen Testaments als der einzigen Offenbarungsquelle unseres Glaubens bekennen.« Zugleich ließ die Tagesordnung erkennen, daß es um mehr als bloß um eine Beratung und Besprechung der Lage gehen sollte. Denn für den 4. Januar vormittags 10 Uhr war ein Vortrag von Karl Barth vorgesehen, der die Synode ganz auf die theologische Grundfrage hin ausrichtete: »Bekenntnis einer freien Kirchensynode«.[141]

Es waren 320 Pastoren und Älteste aus 167 Gemeinden, die sich am Abend des 3. Januar in Barmen zum ersten Vortrag über »Die reformierten Kirchen und Gemeinden im Sturm des Jahres 1933« versammelten. Sie hörten eine kritische und selbstkritische Darstellung der Entwicklung, die in die Frage mündete, wie es zu einem derart starken Einbruch der Irrlehre in die Gemeinden kommen konnte.

Am nächsten Vormittag trug dann Karl Barth das »Bekenntnis einer freien Kirchensynode« vor. Er nannte es »Erklärung über das rechte Verständnis der reformatorischen Bekenntnisse in der Gegenwart«, weil, wie er sagte, das Bekennen »nur ein Akt der Kirche und nicht eines einzelnen Professors« sei und weil seine Erklärung daher nur eine Frage an die Synode bedeuten könne, »die Sie als die Vertreter der Gemeinden aufnehmen und beantworten müssen im Namen der Kirche«.[142]

Dieses erste Barmer Bekenntnis war der unmittelbare Vorläufer der berühmten Barmer Erklärung, zu der sich dann im Mai 1934 die ganze Bekennende Kirche zusammenfand. Es war umständlicher, weitläufiger und darum weniger wirkungsvoll, aber es enthielt bereits, zum Teil bis in den Wortlaut hinein, alle entscheidenden theologischen Aussagen ihrer großen Nachfolgerin. Dies begann schon bei der Form. Zum ersten Mal seit der Reformationszeit beließ es ein Bekenntnis nicht bei der positiven Aussage, sondern erklärte deutlich und ausdrücklich, welche Irrlehre damit zugleich abgelehnt und verworfen wurde. »Angesichts der kirchlichen Ereignisse des Jahres 1933«, so lautete der erste Artikel, »gebietet uns das Wort Gottes, Buße zu tun und umzukehren. Denn in diesen Ereignissen ist ein die evangelische Kirche seit Jahrhunderten verwüstender Irrtum reif und sichtbar geworden. Er besteht in der Meinung, daß neben Gottes Offenbarung, Gottes Gnade und Gottes Ehre auch eine berechtigte Eigenmächtigkeit des Menschen über die Botschaft und die Gestalt der Kirche, d. h. über den zeitlichen Weg zum ewigen Heil, zu bestimmen habe. Damit ist abgelehnt die Ansicht:«, so hieß es weiter, »die kirchliche Entwicklung seit der Reformation sei eine normale gewesen und es handle sich in der heutigen Not unserer Kirche nur um eine vorübergehende Störung, nach deren Beseitigung jene Entwicklung gradlinig weitergehen dürfe.«[143] Jeweils unterbrochen durch kurze Erläuterungen und Diskussionen legte Karl Barth der Synode dann insgesamt 17 Thesen vor, die sich in fünf Themengruppen mit der »Kirche in der Gegenwart«, der »Kirche unter der Heiligen Schrift«, der »Kirche in der Welt«, der »Botschaft der Kirche«, und der »Gestalt der Kirche« beschäftigten. Die entscheidende Aussage, die dann im großen Barmer Bekenntnis an die Spitze rückte, fand sich hier im Abschnitt II,1: »Die Kirche hat ihren Ursprung und ihr Dasein ausschließlich aus der Offenbarung, aus der Vollmacht, aus dem Trost und aus der Leitung des Wortes Gottes, da der ewige Vater durch Jesus Christus, seinen ewigen Sohn, in der Kraft des ewigen Geistes, als die Zeit erfüllt war, ein für allemal gesprochen hat. Damit ist abgelehnt die Ansicht: Die Kirche könne und müsse sich außer auf die Offenbarung des dreieinigen Gottes auch noch auf eine dem Menschen trotz des Sündenfalls zugängliche Gottesoffenbarung in Natur und Geschichte begründen und beziehen.«

In zweierlei Hinsicht wies die Entfaltung dieses zentralen Satzes auf besondere Weise in die Zukunft. Dies betraf zum einen das Verhältnis der reformatorischen Bekenntnisse zueinander. »Wer ist da gemeint«, fragte Barth, »wenn wir von der Kirche sprechen, die Buße zu tun und umzukehren hat?« Und er antwortete: »›Wir‹ sind aufgerufen: Das darf nicht nur heißen: wir Reformierte, oder im Osten: wir Lutheraner, oder im Rheinland: wir Unierte ... Gerade, wenn wir in dieser Verantwortung stehen, nicht im ›leeren Raum‹, sondern im Raum des Jahres 1933/34, dann werden wir unvermeidlich erinnert: Evangelische Kirche – damit sagen wir unter allen Umständen noch mehr als reformierte Kirche; wir sagen damit: Kirche Jesu Christi!« Und dies hieß klar und unzweideutig: »Wir haben es erlebt: es gibt mancherlei Reformierte und mancherlei Lutheraner; die wahre Scheidung geht quer hindurch. Unsere vielberufenen reformierten Belange sind den Erfordernissen des gemeinsamen evangelischen Bekenntnisses unter-, nicht überzuordnen.«[144] Gerade unter den Reformierten blieb dieser Satz nicht unbestritten. Aber er wurde zu einer entscheidenden Voraussetzung für die Bekennende Kirche.

In die Zukunft – freilich in eine noch kaum erahnte Zukunft – wiesen schließlich in einem besonderen Sinne auch die beiden letzten Thesen. Die vorletzte stellte die Einheit der Kirche Jesu Christ »in den verschiedenen Zeiten, Rassen, Völkern, Staaten und Kulturen« fest und lehnte ausdrücklich den Arierparagraphen ab. Und die letzte schließlich versuchte, Recht und Grenzen des Staates zu bestimmen, und nahm damit jenes Thema auf, das dann immer mehr zum entscheidenden Thema der kommenden Jahre werden sollte. Denn die Behauptung der »grundsätzlich freien Kirche in dem in der Bindung an seinen Auftrag grundsätzlich ebenso freien Staat«: das bedeutete die ausdrückliche Ablehnung jedes Totalitarismus, der Ansicht also, »als sei der Staat die höchste oder gar einzige (›totale‹) Form sichtbar-zeitlich gestalter geschichtlicher Wirklichkeit, der sich darum auch die Kirche mit ihrer Botschaft und Gestalt ›gleichzuschalten‹, unter- oder gar einzuordnen habe.«

Die Synode schloß mit einem feierlichen Beschluß: »Die zu einer freien reformierten Synode versammelten 320 reformierten Ältesten und Prediger aus 167 evangelischen Gemeinden Deutschlands bekunden, daß die von ihnen gehörte, durch Herrn Professor D. Barth verfaßte ›Erklärung über das rechte Verständnis der reformatorischen Bekenntnisse in der Deutschen Evangelischen Kirche der Gegenwart‹ die Wahrheit der Heiligen Schrift bezeugt und nehmen sie dankbar auf ihre Verantwortung.«

Was mit dem Betheler Bekenntnis noch nicht geglückt war, nämlich die verantwortliche Übernahme durch die Kirche, das geschah mit dem Beschluß für diese Erklärung. Es war nur ein Anfang, aber ein Anfang auf einem Weg, den die Kirche weitergehen konnte. Als Barth daher Ende Januar die Thesen in der *Theologischen Existenz* veröffentlichte, da zeigte er sich – trotz des desolaten Zustandes der Kirchenpolitik – zum ersten Mal zuversichtlich. Und die Sätze, die er in diesem Zusammenhang formulierte, wurden in der Tat zum Zeichen der Kirche – weit über ihre Zeit und ihren Anlaß hinaus.

»Daß, wie es immer um die Bekenner stehen möge«, so schrieb er, »das Bekenntnis auf dem Plan war und ist, das kann man im Glauben gerade heute unmöglich leugnen. Und dann mag man wohl mit grimmigem, dann darf man aber auf keinen Fall mit einem sauren, versorgten Geischt im vielberufenen ›Raum der Kirche‹ herumstehen. Überall da, wo man sie *glaubt*: credo unam sanctam catholicam et apostolicam ecclesiam, da *ist* die Kirche und da hat man Grund, fröhlich zu sein.«[145]

Anmerkungen

1. TEIL

ANMERKUNGEN ZU KAPITEL 1

1 Kirchenbuch für evang.-prot. Gemeinden, hg. von der Evang. Konferenz in Baden, Leipzig 1915, S. 50.

2 Kirchenbuch für die Evang. Kirche des Großherzogtums Hessen, 1. Band, Darmstadt 1904, S. 51. Diese Gebete waren Bestandteil der allgemeinen Fürbittegebete nach der Predigt. Man konnte, wie die Agenden zeigen, auch Gebete ohne besondere Fürbitte für die Landesherren wählen; aber sie dürften die Ausnahme gewesen sein.

3 G. Mehnert, Evangelische Kirche und Politik 1917–1919. Die politischen Strömungen im deutschen Protestantismus von der Julikrise 1917 bis zum Herbst 1919, Düsseldorf 1959, S. 114f. Kirchliches Jahrbuch für die evangelischen Landeskirchen Deutschlands, 1919, S. 351.

4 C. Cordes, Hannoversche Pfarrer und Politik 1918–1929, in: Hann. Pfarrerblatt 74, 1967, S. 80f.

5 Faulhaber an den bayerischen Episkopat, 15. 11. 1918. Henle an Faulhaber, 17. 11. 1918. L. Volk (Hg.), Akten Kardinal Michael v. Faulhabers 1917–1945, Bd. I. Mainz 1975, S. 40–44.

6 Beispiele für die katholische Seite u. a. bei H. Müller, Der deutsche Katholizismus 1918/19, in: Geschichte in Wissenschaft ud Unterricht 17, 1966, S. 532f.

7 Verhandlungen des Deutschen Evang. Kirchentags 1919. Hg. vom Deutschen Evang. Kirchenausschuß, Berlin o. J. [1920], S. 57f. Begrüßungsansprache von Präsident D. Moeller, Berlin.

8 G. Mehnert, Evang. Kirche und Politik, S. 99f. Mehnert ist zuzustimmen, wenn er meint, »die in den ersten Wochen ausgesprochenen Dankadressen an die Landesfürsten und den Kaiser« könnten nicht als »ausgesprochen politische Kundgebungen« bewertet werden. Dies änderte sich freilich mit der politischen Frontenbildung gegen die Republik (vgl. ebda., S. 113, Anm. 69). Eine etwas einseitige

Darstellung dieser Bindungen gibt K.-W. Dahm, Pfarrer und Politik, Soziale Position und politische Mentalität des deutschen evangelischen Pfarrerstandes zwischen 1918 und 1933, Köln und Opladen 1965, S. 168f. Eher abwägend dagegen C. Motschmann, Evangelische Kirche und Preußischer Staat in den Anfängen der Weimarer Republik, Lübeck und Hamburg 1969, S. 18ff.

9 G. Mehnert, Evang. Kiche und Politik, S. 129–139; R. Morsey, Die deutsche Zentrumspartei 1917–1923, Düsseldorf 1966, S. 94–109 und S. 290f.

10 W. Göbell (Hg.), Kirche, Recht und Theologie in vier Jahrzehnten. Der Briefwechsel der Brüder Theodor und Julius Kaftan, 2. Teil, München 1967, S. 674. Brief v. 17. Nov. 1918.

11 Kirchliches Jahrbuch für die evang. Landeskirchen Deutschlands 46, 1919, S. 137–141; P. Troschke, Evang. Kirchenstatistik Deutschlands, Kirchliche Statistik I, Berlin 1930, S. 94f. Die finanzielle Abhängigkeit der preußischen Kirche betont besonders J. Jacke, Kirche zwischen Monarchie und Republik. Der preußische Protestantismus nach dem Zusammenbruch von 1918, Hamburg 1976, S. 25–28 und S. 88–94.

12 K.-W. Dahm, Pfarrer und Politik, S. 140. Zur Situation der einzelnen Landeskirchen vgl. Kirchl. Jahrbuch 48, 1921, S. 334–338.

13 B. Doehring (Hg.), Ein feste Burg – Predigten und Reden aus eherner Zeit, Bd. I. Berlin o. J. [1914] S. 14f. (Hervorhebung im Original). Zur deutschen Kriegstheologie und Kriegspredigt im 1. Weltkrieg sind nach dem 2. Weltkrieg eine ganze Reihe von Beiträgen erschienen. Sie sind verarbeitet in einer neueren Darstellung, die den erfreulichen Versuch macht, über die naheliegende Kritik dieser Position hinaus zu einem abgewogenen Urteil zu kommen: W. Huber, Kirche und Öffentlichkeit, Stuttgart 1973, S. 135–219.

14 Vgl. unten S. 25 und S. Miller, Burgfrieden und Klassenkampf. Die deutsche Sozialdemokratie im ersten Weltkrieg, Düsseldorf 1974, S. 68–74.

15 Th. Mann, Betrachtungen eines Unpolitischen, Stockholmer Gesamtausgabe, Frankfurt 1956, S. 39f.

16 Jahrbuch des Evangelischen Bundes für 1918 – Vertraulich – Nur für unsere Mitglieder, Berlin 1919, S. 3.

17 Kirchliches Jahrbuch 46, 1919, S. 312.

18 Ebda., S. 313f. Text der Kundgebung auch in der sehr instruktiven Quellensammlung von M. Greschat, Der deutsche Protestantismus im Revolutionsjahr 1918–19, Witten 1974, S. 26f.

19 Zitiert nach G. Mehnert, Evang. Kirche und Politik, S. 97, Anm. 13. Ähnliche Äußerungen ebda., S. 103ff. und bei C. Motschmann, Evang. Kirche und preuß. Staat, S. 19ff.

20 Ein bezeichnendes Licht auf die allgemeine Unsicherheit wirft beispielsweise die Tatsache, daß bei der Beratung der Volksbeauftragten über den Tagungsort der Nationalversammlung das Sicherheitsproblem den Ausschlag für Weimar gab. Quellen zur Geschichte des Parlamentarismus und der polit. Parteien, 1. Reihe, Bd. 6/II. Die Regierung der Volksbeauftragten, 2. Teil, Düsseldorf 1969, S. 223–233.

21 G. Köhler, Die Auswirkungen der Novemberrevolution von 1918 auf die altpreußi-

sche Evangelische Landeskirche, Diss. theol. Kirchliche Hochschule Berlin 1967, S. 43. Kritisch zum Vorgang J. Jacke, Kirche zwischen Monarchie und Republik, S. 60–62. Der volle Text der Erklärung wird zitiert von A. Hoffmann, Sitzungsberichte der verfassunggebenden preußischen Landesversammlung 1919/21, 6. Dd., Sp. 719 f. Hoffmann verbindet das Zitat mit der höhnischen Bemerkung, »mit einer solchen Mehrheit« hätten sich »die Herren mit der Trennung von Staat und Kirche befreundet ...« Vgl. auch die Erklärung der evangelischen Pfarrer von Frankfurt/Main, in: Christliche Welt Nr. 50/51 v. 12. 12. 1918, Sp. 485.

22 C. Motschmann, Evang. Kirche und preuß. Staat, S. 24 ff.

23 Wilhelm Philipp in: Die Reformation. Deutsche Evangelische Kirchenzeitung für die Gemeinde 17, 1918, 24. 11. 1918. Text auch bei M. Greschat, Deutscher Protestantismus, S. 37. Die »Positive Union« war die herrschende preußische Kirchenpartei, die in Kirche und Staat mit den konservativen Kräften eng verbunden war. Zur Funktion von Rö. 13 in diesem Zusammenhang vgl. auch G. Mehnert, Evangelische Kirche und Politik, S. 97 ff.

24 F. Thimme und E. Rolffs, Revolution und Kirche, Berlin 1919, S. 372. Das Zitat von Karl Muth, Herausgeber der Zeitschrift »Hochland« findet sich in einem Aufsatz »Die neuen ›Barbaren‹ und das Christentum«, in: Hochland, März 1919, S. 588. Dazu s. unten S. 27.

25 Zu den Reformbestrebungen vgl. die Texte bei M. Greschat, Der deutsche Protestantismus, Kap. IV: Kirchliche Erneuerungsbestrebungen, S. 143–184.

26 Dazu ausführlich J. Jacke, Kirche zwischen Monarchie und Republik, S. 158–170.

27 C. Motschmann, Evang. Kirche und preuß. Staat, S. 94.

28 Christliche Welt, Nr. 52 v. 26. 12. 1919, Sp. 499.

29 Christliche Welt, Nr. 48/49 v. 28. 11. 1918, Sp. 466. Zu Martin Rade und der Christl. Welt vgl. auch Fr. W. Kantzenbach, Kirchlich-theologischer Liberalismus und Kirchenkampf. Erwägungen zu einer Forschungsaufgabe, in: Zeitschrift für Kirchengeschichte, 87, 1976, S. 302 ff.

30 Christliche Welt, Nr. 52, 1919, Sp. 499.

31 G. Köhler, Auswirkungen der Novemberrevolution, S. 70 ff.

32 Volkskirchenräte, Volkskirchenbund, Volkskirchendienst, in: Thimme u. Rolffs, Revolution und Kirche, S. 208.

33 C. Bauer, Carl Muths und des Hochland. Weg aus dem Kaiserreich in die Weimarer Republik, in: Hochland 59, 1966, S. 234 f.

34 R. Morsey, Die deutschen Katholiken und der Nationalstaat zwischen Kulturkampf und erstem Weltkrieg, in: Historisches Jahrbuch der Görresgesellschaft 90, 1970, S. 62.

35 Ebda., S. 60 f.

36 H. Lutz, Demokratie im Zwielicht. Der Weg der deutschen Katholiken aus dem Kaiserreich in die Republik, München 1963, S. 46.

37 Vgl. dazu etwa S. Merkle, Konfessionelle Vorurteile im alten Deutschland, in: Süddeutsche Monatshefte, Dezember 1914, S. 390–406.

38 Das Wort fiel zuerst in der Rede, die Wilhelm II. am Abend des 31. Juli vom Balkon des Berliner Schlosses aus hielt. Es wurde in der Thronrede zur Eröffnung des

Reichstags am 4. August wiederholt. Vgl. dazu auch R. Morsey, Deutsche Zentrumspartei, S. 53 f.

39 Zitiert nach L. Hüttl, Die Stellungnahme der katholischen Kirche und Publizistik zur Revolution in Bayern 1918/19, in: Zeitschrift für bayerische Landesgeschichte 34, 1971, S. 653 f. Zur Biographie Faulhabers vgl. das ausgezeichnete »Lebensbild« von L. Volk, in ders., Faulhaber-Akten I. S. XXXV–LXXXI.

40 K. Hammer, Deutsche Kriegstheologie 1870–1918, München 1971, S. 79. Die Angleichung des katholischen Glaubensgutes an das Nationale ist nach der Überzeugung des Verfassers der Grund, »warum wir es überhaupt wagen, evangelische und katholische Kriegstheologie im selben Buch zu vereinen ...« ebda.

41 H. Lutz, Demokratie im Zwielicht, S. 44 f.; R. Morsey, Deutsche Zentrumspartei, S. 55 f.

42 H. Lutz, Demokratie im Zwielicht, S. 43 f.; C. Bauer, Carl Muths Weg, S. 237.

43 Text des Hirtenschreibens v. 1. 11. 1917 u. a. M. Meinertz und H. Sacher, Deutschland und der Katholizismus. Gedanken zur Neugestaltung des deutschen Geistes- und Gesellschaftslebens, Bd. I, Freiburg 1918, S. 429–446. Dieses im Auftrag des »Arbeitsausschusses zur Verteidigung deutscher und katholischer Interessen im Weltkrieg« herausgegebene ungemein instruktive zweibändige Sammelwerk gehörte in die umfangreiche, weithin von Matthias Erzberger gesteuerte katholische Kriegspropaganda. Vgl. K. Epstein, Matthias Erzberger und das Dilemma der deutschen Demokratie, Berlin-Frankfurt 1962, S. 122. Zur konservativen Haltung des Episkopats im Blick auf die Wahlrechtsfrage vgl. etwa auch R. Patemann, Der deutsche Episkopat und das preußische Wahlrechtsproblem 1917/18, in: Vierteljahrshefte für Zeitgeschichte 13, 1965, S. 345–371.

44 Zitiert bei R. Morsey, Die deutschen Katholiken, S. 63.

45 J. Schmidlin, Papstgeschichte der neuesten Zeit, Bd. 3, München 1936, S. 278. Die politischen Hintergründe dieser Sammlung waren freilich eher fragwürdig. Es handelte sich um nichts weniger als den Versuch der von Erzberger geleiteten deutschen Kriegspropaganda, massiv auf die Haltung des Heiligen Stuhls Einfluß zu nehmen. Daß Benedikt XV. dafür nicht empfänglich war, zeigte die Tatsache, daß er Erzberger mit seinem Kardinalshut, seinem Ring und anderen kostbaren Geschenken bedachte. Zum ganzen Vorgang siehe K. Epstein, Matthias Erzberger, S. 123 ff. und v. a. Karl Bachems Memorandum über Erzbergers Beziehungen zum Vatikan 1914–1915 ebda., S. 460 f.

46 Zum Pontifikat Benedikts XV. vgl. G. Schwaiger, Geschichte der Päpste im 20. Jahrhundert, München 1968 (dtv), S. 77–95. Nach K. O. v. Aretin, Papsttum und moderne Welt, München 1970, S. 173, führte Benedikt XV. das Papsttum »auf einen neuen Gipfel der Weltgeltung«.

47 J. Schmidlin, Papstgeschichte Bd. 3, S. 281 f. Ähnlich hatte der Zentrumsabgeordnete Spahn in der Reichstagssitzung vom 28. 2. 1919 die Notwendigkeit einer Vertretung des Reichs beim Vatikan begründet. F. v. Lama, Papst und Kurie in ihrer Politik nach dem Weltkrieg. Dargestellt unter besonderer Berücksichtigung des Verhältnisses zwischen dem Vatikan und Deutschland, Illertissen 1925, S. 83.

48 Ein eindrucksvolles Zeugnis für Pacellis Stellung im deutschen Katholizismus ist

die Laudatio seines Mitarbeiters Ludwig Kaas aus dem Jahre 1929, in: L. Kaas (Hg.), Eugenio Pacelli. Erster Apostolischer Nuntius beim Deutschen Reich. Gesammelte Reden, Berlin 1939, S. 17–24.

49 O. Köhler in: Handbuch der Kirchengeschichte, hg. v. H. Jedin, Bd. VI, 2, Freiburg, Basel, Wien 1973, S. 243 f.

50 Denzinger-Schönmetzer, Enchiridion Symbolorum Definitionum et Declarationum de rebus fidei et morum[32] 1963, Nr. 3165.

51 Diese Zusammenhänge betont v. a. K. O. v. Aretin, Papsttum, S. 174, 180 u. ö.

52 Dies war der Titel der Festschrift, die Freunde und Mitarbeiter Karl Muth zum 60. Geburtstag widmeten. R. van Dülmen, Katholischer Konservatismus oder die »soziologische« Neuorientierung. Das »Hochland« in der Weimarer Zeit; in: Zeitschrift für bayerische Landesgeschichte 36, 1973, S. 256.

53 R. van Dülmen, ebda., S. 265.

54 Zitiert nach R. van Dülmen, ebda., S. 267. Zu Schelers Bedeutung in dieser Zeit vgl. auch H. Lutz, Demokratie im Zwielicht, S. 22–42 und – zur Nachwirkung – W. Spael, Das katholische Deutschland im 20. Jahrhundert, Würzburg 1964, S. 260 ff.

55 Erzberger an Faulhaber, 27. 12. 1917. L. Volk, Faulhaber Akten, S. 24–26.

56 Dazu ausführlich R. Morsey, Deutsche Zentrumspartei, S. 83 ff.

57 Ebda., S. 85 f.

58 Ebda., S. 91 ff.

59 Ebda., S. 94–109.

60 Zur politischen Entwicklung in dieser Zeit vgl. G. Schulz, Zwischen Demokratie und Diktatur, Berlin 1963; und E. Kolb, Die Arbeiterräte in der deutschen Innenpolitik 1918–1919, Düsseldorf 1962. Eine thematisch gegliederte Bibliographie dieses Zeitraums findet sich bei E. Kolb (Hg.), Vom Kaiserreich zur Republik, Gütersloh 1972, S. 405–425.

61 G. Köhler, Auswirkungen der Novemberrevolution, S. 34.

62 F. Thimme, Das Verhältnis der revolutionären Gewalten zur Religion und den Kirchen, in: Thimme und Rolffs, Revolution und Kirche, S. 24.

63 Zu A. Hoffmann vgl. u. a. F. Thimme, ebda., S. 25–35, 38–43; R. Morsey, Deutsche Zentrumspartei, S. 111–117; J. Jacke, Kirche zwischen Monarchie und Republik, S. 44–47; M. Greschat, Der deutsche Protestantismus, S. 88 f.

64 Haenisch hat später ausdrücklich geltend gemacht, nur die Drohung mit den Arbeiter- und Soldatenräten habe ihn in wesentlichen Punkten zum Nachgeben gezwungen, um schlimmeres zu verhüten. Sitzungsberichte der verfassunggebenden preußischen Landesversammlung (vgl. Anm. 21) Sp. 7251 und – Hoffmanns Erwiderung – Sp. 7259. Hoffmann dagegen warf Haenisch vor: »Herr Haenisch hat von Anfang an die Revolution vernichten wollen.« Ebda., Sp. 7186. Zum Ablauf der Ereignisse vgl. die auf Merseburger Archivmaterial basierende Darstellung von J. R. C. Wright, »Above Parties«. The Political Attitude of the German Protestant Church Leadership 1918–1933, Oxford 1974, S. 1 ff. Jetzt auch in stark erweiterter und überarbeiteter deutscher Fassung: J. R. C. Wright, »Über den Parteien«. Die politische Haltung der evangelischen Kirchenführer 1918–1933, Göttingen 1977. Zitate und Hinweise im folgenden nach dieser Ausgabe.

65 Zitiert nach C. Motschmann, Evang. Kirche und preuß. Staat, S. 28 f.
66 Christlische Welt Nr. 48/49 v. 28. 11. 1918, Sp. 466. Zur Wirkung dieser Meldung auf katholischer Seite vgl. R. Morsey, Zentrumspartei, S. 111 f.
67 Zur Geschichte dieses Gesetzes bis zu seiner Revision am 30. 11. 1920 vgl. G. Köhler, Auswirkungen der Novemberrevolution, S. 172–181; zur Kirchenaustrittsbewegung nach dem Kriege ebda., S. 181–197.
68 So in der Einleitung des Erlasses. Text des umfangreichen Dokuments: Preußisches Pfarrarchiv. Zeitschrift für die Rechtsprechung und Verwaltung auf dem Gebiet der Landeskirche, 1918, S. 290 ff. Vgl. G. Köhler, Auswirkungen der Novemberrevolution, S. 126 ff.
69 F. Thimme in: Thimme und Rolffs, Revolution und Kirche, S. 29. Eine gute Übersicht über die verschiedenen Maßnahmen und einen Eindruck von der kirchlichen Empörung vermittel O. Zimmermann S. J., Revolutionäre Trennung von Kirche und Staat, in: Stimmen der Zeit, 96, 1919, S. 345–359.
70 »Kulturkampfsturm gegen die Vergewaltigung der Kirche« überschrieb die Allgemeine Evang.-Lutherische Kirchenzeitung (52, 1919, v. 10. 1. 1919, Sp. 36 f.) einen Bericht über die Protestwelle. Text bei M. Greschat, Der deutsche Protestantismus, S. 101–103. Vgl. auch die Berichte ebda., S. 128 ff.
71 Zitiert nach G. Mehnert, Evang. Kirche und Politik, S. 108.
72 Text: Archiv für katholisches Kirchenrecht 79, 1919, S. 124–128.
73 G. Mehnert, Evang. Kirche und Politik, S. 165.
74 Ebda.
75 R. Morsey, Deutsche Zentrumspartei, S. 135 f.
76 Dazu ausführlich G. Mehnert, Evang. Kirche und Politik, S. 173–179.
77 H. Müller, Der deutsche Katholiszismus, S. 528–531.
78 Dazu siehe unten S. 188 ff.
79 Vgl. z. B. den Aufsatz von F. Thimme, Das Verhältnis der revolutionären Gewalten zur Religion und den Kirchen, in: Thimme und Rolffs, Revolution und Kirche, v. a. S. 44–50.
80 G. Mehnert, Evang. Kirche und Politik, S. 179.
81 Zitiert nach G. Köhler, Auswirkungen der Novemberrevolution, S. 137.
82 Ebda., S. 138. Die Zahlen wurden von H.-D. Dymke im Archiv des EOK überprüft. H.-D. Dymke, Die Auseinandersetzungen um Schule und Religionsunterricht in den ersten Monaten nach der Novemberrevolution 1918, Wissenschaftliche Zulassungsarbeit Tübingen 1970 (unveröffentlicht).
83 A. Milatz, Wähler und Wahlen in der Weimarer Republik, Bonn[2] 1968. Die Gesamtzahl der abgegebenen Stimmen betrug rd. 30,4 Millionen (S. 34); das konfessionelle Verhältnis evangelisch : katholisch betrug zwei Drittel zu ein Drittel (S. 70).
84 K.-W. Dahm, Pfarrer und Politik, S. 134–137.
85 Leipzig und Erlangen 1919, S. 5.
86 Zu W. v. Pechmann siehe unten S. 329 f., 382 f., 434 f.
87 Zur neuen Kirchenverfassung, in: Neue Kirchliche Zeitschrift 31, 1920, S. 19.
88 H. A. Krose S. J. (Hg.), Kirchliches Handbuch für das katholische Deutschland, 9. Dd., 1919–1920, Freiburg 1920, S. 109. Zum sogenannten Verfassungsstreit im

deutschen Katholizismus und seinen Folgen vgl. ausführlich R. Morsey, Deutsche Zentrumspartei, S. 236–242.

89 Kirchliches Handbuch, ebda, S. 110.

ANMERKUNGEN ZU KAPITEL 2

1 Eine klare und trotz der Kürze detailreiche Darstellung dieser Entwicklung findet sich G. J. Ebers, Staat und Kirche im neuen Deutschland, München 1930, insbes. S. 26ff. und S. 108ff.

2 Ebda., S. 29, Anm. 1, und S. 46.

3 Ebda., S. 44ff.

4 K. Scholder, 100 Jahre Württembergische Landessynode, in: Verhandlungen der 7. Württ. Landessynode, Stuttgart 1969, S. 849–856.

5 Zum bis 1918 geltenden Verfassungsrecht der deutschen Landeskirchen im einzelnen siehe E. Friedberg, Lehrbuch des kath. und evang. Kirchenrechts, Leipzig[6] 1909, S. 248ff. Die letzte General-Synodal-Ordnung in den größeren Ländern erhielten die östlichen preußischen Provinzen 1876. Vgl. Dazu J. Heintze, Die Grundlagen der heutigen preußischen Kirchenverfassung in ihren Vorstadien seit der Generalsynode von 1846, Greifswald 1931, S. 55f.

6 Artikel »Synode«, in: Realenzyklopädie für protestantische Theologie und Kirche, 2. Aufl., Bd. 19, 1907, S. 277.

7 Vgl. dazu die umfassende Darstellung dieser Vorgänge bei G. Besier, Die preußische Kirchenpolitik 1866–1872, Diss. ev. theol. Tübingen, 1976, S. 317–398.

8 Dazu R. Smend, Zur neueren Bedeutungsgeschichte der evang. Synode, in: Zeitschrift für evang. Kirchenrecht 10, 1963/64, S. 248–264, insbes. S 252ff.

9 Kichliches Jahrbuch 1920, S. 313.

10 Verhandlungen der verfassunggebenden Deutschen Nationalversammlung, Bd. 336 (Bericht des Verfassungsausschusses), S. 188.

11 Zum Gang der Verhandlungen vgl. die Darstellung von C. Israel, Geschichte des Reichskirchenrechts, Berlin 1922, v. a. S. 20ff. (Die Entstehung des Kompromisses) und S. 52ff. (Zweite und dritte Lesung im Plenum).

12 Zum Folgenden vgl. auch G. Anschütz, Die Verfassung des Deutschen Reiches. Ein Kommentar für Wissenschaft und Praxis, Berlin[14] 1933, S. 629ff.

13 R. Morsey, Deutsche Zentrumspartei, S. 217f.

14 Zur Begündung der Notwendigkeit einer reichsrechtlichen Regelung mit den Eingriffen der Länder in kirchlische Rechte vgl. die Äußerungen der Abgg. Düringer und Delbrück von der DNVP und des Abg. Heinze von der DVP bei der ersten Lesung im Verfassungsausschuß. Verhandlungen, Bd. 326, S. 474, 388, 398 u. ö.

15 Zur Problematik dieser Bestimmung für die Weimarer Zeit vgl. aber G. Anschütz, Reichsverfassung, S. 629ff., insbes. S. 636ff.

16 Zur Rechtsproblematik des Körperschaftsbegriffs vgl. jetzt A. v. Campenhausen,

Staatskirchenrecht. Ein Leitfaden durch die Rechtsbeziehungen zwischen Staat und den Religionsgemeinschaften, München 1973, S. 93–99.
17 Ebda., S. 95.
18 G. J. Ebers, Staat und Kirche, S. 132.
19 Die durchweg negative Beurteilung der Weimarer Regelung bei J. Jacke, Kirche zwischen Monarchie und Republik, S. 119–149, mißt das Ergebnis an einer Trennungsideologie, die den Bedingungen der Zeit nicht gerecht wird.
20 R. Morsey, Deutsche Zentrumspartei, S. 220, Anm. 13.
21 Kirchliches Jahrbuch 1920, S. 340f.
22 Thimme und Rolffs, Revolution und Kirche, S. 208, siehe auch oben S. 23.
23 W. Beyschlag in: Realencyklopädie für prot. Theologie und Kirche, Bd. 3, 1897, S. 549.
24 E. Schubert, Die deutsch-evangelischen Einheitsbestrebungen vom Beginn des 19. Jahrhunderts bis zur Gegenwart, Berlin 1919, S. 33 (Volksschriften zum Aufbau, Heft 6, Verlag des Evang. Bundes).
25 Siehe oben S. 22.
26 Vgl. G. Mehnert, Evang. Kirche und Politik, S. 214–218.
27 Niederschrift der Verhandlungen der Vorkonferenz zur Vorbereitung eines allg. deutschen evang. Kirchentages. Cassel-Wilhelmshöhe, den 27. und 28. Februar 1919, Berlin 1919, S. 53.
28 Verhandlungen des 1. Deutschen Evang. Kirchentages 1919, hg. v. Deutschen Evang. Kirchenausschuß, Berlin o. J. [1920], S. 26ff. Die Zählung der Kirchentage ist verwirrend, weil man nach der offiziellen Gründung des Kirchenbundes neu begann, so daß der Betheler Kirchentag von 1924 ebenfalls als »1. Deutscher Evang. Kirchentag« zitiert wird.
29 Ebda., S. 293ff.
30 Ebda., S. 215.
31 Ebda., S. 223 und 237.
32 Verhandlungen des 2. Deutschen Evang. Kirchentages 1921. Stuttgart 11.–15. 9. 1921, Berlin o. J. [1922], S. 30ff.
33 Ebda., S. 202 (Hervorhebeung im Original).
34 Diese Bestimmung wurde ausdrücklich mit der Vorbeugung gegen jeden unerwünschten Druck »auf die Selbständigkeit der Einzelkirchen« begründet. Ebda., S. 40. Näheres zur Rechtskonstruktion des Kirchenbundes vgl. bei M. Berner, Die rechtliche Natur des Deutschen Evangelischen Kirchenbundes, Berlin 1939.
35 Zur Arbeit des DEKB im einzelnen vgl. die beiden Geschäftsberichte. Der Deutsche Evang. Kirchenbund in den Jahren 1924–27 und 1927–30, hg. vom Kirchenbundesamt, Berlin 1927 und 1930.
36 Das wichtigste Beispiel war Preußen, wo die verfassunggebende Landesversammlung im März 1919 die Rechte des Königs auf drei Staatsminister evangelischen Glaubens – Minister in evangelicis oder auch »Die Heiligen Drei Könige« genannt – übertrug. Die Initiative dazu ging von den evang. Theologen in der Fraktion der DDP in der preuß. Landesversammlung aus (R. Otto, M. Rade und E. Troeltsch), die auf diese Weise vor allem das Urwahlsystem durchzusetzen versuchten. (Vgl. dazu

Martin Rade, Demokratisierung der Kirche, Christl. Welt v. 14.8. 1919, Sp. 522–526). Der unkluge Schritt hat der demokratischen Sache innerhalb und außerhalb der Kirche sehr geschadet und mit dazu beigetragen, daß die DDP in der Weimarer Republik so rasch an Boden verlor. Zum ganzen Vorgang vgl. C. Motschmann, Evang. Kirche und preuß. Staat, S. 55ff. und v. a. J. Jacke, Kirche zwischen Monarchie und Republik, S. 171ff.

37 Kirchliches Jahrbuch 1925, S. 517. Die Verfassungen sind gesammelt bei F. Giese und J. Hosemann, Die Verfassungen der Deutschen Evang. Landeskirchen, Bd. 1 u. 2, Berlin 1927; und: Das Wahlrecht der Deutschen Evang. Landeskirchen, Bd. 1 und 2, Berlin 1929. Einen guten Überblick gibt P. Schoen, Das neue Verfassungsrecht der evangelischen Landeskirchen in Preußen, Berlin 1929.

38 So auch J. Jacke, Kirche zwischen Monarchie und Republik, S. 298–303, mit freilich noch kritischeren Schlußfolgerungen.

39 Neben den laufenden Angaben im Kirchl. Jahrbuch findet sich eine zusammenfassende Statistik über die evang. Kirchen in der Weimarer Zeit bei P. Troschke, Evang. Kirchenstatistik Deutschlands, Kirchliche Statistik I, Berlin 1930. Ein Überblick über die Landeskirchen dort S. 9ff.

40 Kirchliches Jahrbuch 1920, S. 43.

41 Vgl. Hesses zwölf Thesen »Warum sind wir gegen den Bischofstitel?« in der Reformierten Kirchenzeitung 1926, S. 3ff.

42 Zur Auseinandersetzung um den Bischofstitel in Preußen vgl. im einzelnen H. Vorländer, Aufbruch und Krise. Ein Beitrag zur Geschichte der deutschen Reformierten vor dem Kirchenkampf, Neukirchen 1974, S. 51ff.

43 Das Jahrhundert der Kirche, Berlin^{5} 1928, S. 76f. Dazu: Nachspiel. Eine Aussprache mit Freunden und Kritikern des Jahrhunderts der Kirche, Berlin 1928. Hesse setzte sich sehr polemisch (»Jahrhundert des Bischofs«) mit dem Buch auseinander; vgl. seine Beiträge in der Reformierten Kirchenzeitung 1927, S. 62ff., 122ff.

44 Nachspiel, S. 33.

45 Ebda., S. 29.

46 Das Jahrhundert der Kirche, S. 227. Vgl. auch Nachspiel, S. 15–26.

47 Das Jahrhundert der Kirche, S. 228f.

48 Kirchliches Jahrbuch 1929, S. 380f.

49 Handbuch der Evangelischen Presse, hg. v. A. Hinderer, Leipzig ^{2}1929, S. XIX und XXIV.

50 P. Troschke, Evang. Kirchenstatistik Deutschlands, Kirchl. Statistik II, Berlin 1931, S. 56.

51 Zehn Jahre Deutsche Geschichte, 1919–1928, Berlin 1928, S. 423.

52 Kirchliches Jahrbuch 1929, S. 315f.

53 H. Priebe, Kirchliches Handbuch unter bes. Berücksichtigung der Evang. Kirche der altpreuß. Union, Berlin^{3} 1928, S. 54, S. 57 (mit fast wörtlichem Anklang an Dibelius).

54 H. G. Haack, Die evang. Kirche Deutschlands in der Gegenwart, Berlin 1929, S. 14f., S. 34, S. 35f. u. ö.

55 Die evangelische Kirche der Neuzeit in Deutschland und in den benachbarten

Gebieten deutscher Sprache, hg. v. M. Schian, Schuber, Schoell, Buntzel, Matthes u. a.

56 W. Wolff in: Zehn Jahre Deutsche Geschichte, S. 423 f.

ANMERKUNGEN ZU KAPITEL 3

1 Siehe oben S. 51 f.

2 W. Hermann, Ethik, Tübingen[5] 1913, S. 12.

3 Ebda., S. 59.

4 Ebda., S. 139 f.

5 Ebda., S. 180 ff.

6 Ebda., S. 177.

7 So zählte die Kriminalstatistik für das Jahr 1911 nur insges. 667 541 anhängige Verbrechen und Vergehen. Setzt man die Zahl der Verurteilten in Korrelation zur Größe der strafmündigen Bevölkerung, so ergibt sich für das Jahr 1911, daß von je 100 000 Personen 1182 verurteilt wurden. Zwischen 1890 und 1914 blieb dieses Verhältnis nahezu konstant. In den zwanziger Jahren nahm die Kriminalitätsquote dann aber deutlich zu. So weist die Statistik für das Jahr 1924 inges. 917 960 Verbrechen und Vergehen auf. Das heißt, daß von je 100 000 Personen 1494 rechtskräftig verurteilt wurden (Statistik des Deutschen Reichs, N. F. Bde. 257 und 335, Berlin 1913/1925).

8 Vgl. K. Hammer, Deutsche Kriegstheologie, S. 136 ff.

9 Kirchliches Jahrbuch 1919, S. 308.

10 H. v. Schubert, Unsere religiös-kirchliche Lage in ihrem geschichtlichen Zusammenhange. Eine Vorlesung während Weltkrieg und Revolution, Tübingen 1920, S. 14.

11 So das Grußwort von Gottfried Traub an den Dresdner Kirchentag. Verhandlungen des Deutschen Evangelischen Kirchentages 1919, S. 63. Traub gehörte politisch zum äußersten rechten Flügel. Seine Formulierung ist typisch für die nationalprotestantische Richtung innerhalb der evangelischen Kirche.

12 Ebda., S. 148 f.

13 Ebda., S. 152.

14 G. Merz, Die Begegnung Karl Barths mit der deutschen Theologie, in: Kerygma und Dogma 2, 1956, S. 157.

15 Nach dem Bericht von G. Dehn, der ebenfalls in Tambach teilnahm. Die alte Zeit, die vorigen Jahre. Lebenserinnerungen, München 1962, S. 217.

16 Karl Barth – Eduard Thurneysen, Briefwechsel, Bd. 1, 1913–1921, Zürich 1973, S. 334, Anm. 1.

17 Ebda., S. 343.

18 G. Dehn, Die alte Zeit, S. 219.

19 Briefwechsel Barth-Thurneysen, Bd. 1, S. 336 f.

20 Zuerst erschienen im Patmos-Verlag, Würzburg 1920; dann in Karl Barth, Das Wort

Gottes und die Theologie, Ges. Vorträge, München 1924, S. 33–69; jetzt auch in J. Moltmann (Hg.) Anfänge der dialekt. Theologie, Teil 1, München 1962, S. 3–36 (^{2}1966). Danach wird im folgenden zitiert. Über den »Tambacher Vortrag und seine Folgen« vgl. jetzt auch die ausführliche Biographie von E. Busch, Karl Barths Lebenslauf. Nach seinen Briefen und autobiographischen Texten, München 1975, S. 122 ff.

21 Anfänge der dialekt. Theologie, Teil 1, S. 4 (Hervorheb. im Orig.).

22 Ebda., S. 6.

23 Ebda., S. 9 f.

24 Ebda., S. 15 f.

25 Ebda., S. 17.

26 Ebda., S. 32 f.

27 Ebda., S. 28.

28 München 1920. Wieder abgedruckt in: K. Barth, Das Wort Gottes und die Theologie. Ges. Vorträge, München 1924, S. 70–98 und in: J. Moltmann (Hg.), Anfänge der dialekt. Theologie, Teil 1, S. 49–76. Dort die folgenden Zitate.

29 Anfänge der dialekt. Theologie, Teil 1, S. 55 f.

30 Ebda., S. 56 f.

31 K. Barth, Der Römerbrief, Zürich,^{9} 1954, S. V.

32 Anfänge der dialekt. Theologie, Teil 1, S. 59.

33 Ebda., S. 61.

34 K. Barth, Letzte Zeugnisse, Zürich 1969, S. 21.

35 Karl Barth – Rudolf Bultmann, Briefwechsel 1922–1966, Zürich 1971, S. 305; vgl. auch E. Busch, Barths Lebenslauf, S. 56 ff.

36 Ebda., S. 306 f. Zur Kritik am politischen Sozialismus vgl. auch K. Barth, Kirchl. Dogmatik, Bd. II, 1, München 1934, S. 714 f. Kritisch gegenüber Barths Selbstdarstellung W. Härle, Der Aufruf der 93 Intellektuellen und Karl Barths Bruch mit der liberalen Theologie, in: Zeitschrift für Theologie und Kirche 72, 1975, S. 206–224.

37 Briefwechsel Barth – Bultmann, S. 307.

38 Zu den biographischen und bibliographischen Angaben vgl. die bereits genannte autobiographische Skizze von 1927, den ebenfalls bereits mehrfach zitierten Briefwechsel zwischen Barth und Thurneysen 1913–1921; ferner Karl Barths Vorwort zum veränderten Nachdruck der ersten Auflage des Römerbriefs von 1919, Zürich 1963, und die Vorworte zur 2. bis 5. Auflage; außerdem E. Buch, Barths Lebenslauf.

39 Ein extremes Produkt diese Mißverständnisses ist das krause Buch von F.-W. Marquardt, Theologie und Sozialismus. Das Beispiel Karl Barths, München und Mainz 1972. Nach seiner Lektüre wird man »die Allgewalt des Gesellschaftlich-Politischen« weniger »im Denken Barths« (S. 313) als in den Überzeugungen des Verfassers finden.

40 Vgl. die Darstellung der beiden Entwicklungsgänge bei W. Kopp, Die gegenwärtige Geisteslage und die dialektische Theologie, Tübingen 1930, S. 34 ff.

41 Christl. Welt, 1920, Sp. 374–378. Wieder abgedruckt bei J. Moltmann (Hg.) Anfänge der dialekt. Theologie, Teil 2, München 1963, S. 95–101.

42 Anfänge der dialekt. Theologie, Teil 2, S. 95.

43 So der Herausgeber J. Moltmann, in: Anfänge der dialekt. Theologie, Teil 2, S. 94. Vgl. dazu auch K. Scholder, Neuere deutsche Geschichte und prot. Theologie, in: Evang. Theologie 23, 1963, S. 510–536, insbes. S. 517 ff.
44 Anfänge der dialekt. Theologie, Teil 2, S. 96 f.
45 Ebda., S. 97 f.
46 Ebda., S. 101 f.
47 So nach Gogartens eigener Darstellung bei P. Lange, Konkrete Theologie? Karl Barth und Friedr. Gogarten »Zwischen den Zeiten« 1922–1933, Zürich 1972, S. 387, Anm. 5.
48 Briefwechsel Barth – Thurneysen, Bd. 1, S. 399.
49 Tiefgreifende Meinungsverschiedenheiten zwischen den beiden Männern waren allerdings auch vor 1933 schon aufgetreten und stellten oft sogar eine weitere Zusammenarbeit in Frage. In einem Brief an Ihlenfeld vom 4. 6. 55 schreibt Barth rückblickend, »daß ich Gogarten wegen seiner in den zwanziger Jahren geführten Rede über die ›Autorität‹ und dgl. schon damals für einen intellektuellen Urheber des Nationalsozialismus gehalten habe ...« (zit. nach E. Busch, Barths Lebenslauf, S. 236; vgl. ebda., S. 206 ff., 242 ff.).
50 Anfänge der dialekt. Theologie, Teil 2, S. 113.
51 Ebda., S. 114 f.
52 Ebda., S. 119.
53 Ebda., S. 116.
54 Ebda., S. 121.
55 Briefwechsel Barth – Thurneysen, Bd. 1, S. 432.
56 Ebda., S. 435.
57 E. Brunner, Die Mystik und das Wort. Der Gegensatz zwischen moderner Religionsauffassung und christlichem Glauben, dargestellt an der Theologie Schleiermachers, München 1924 ([2]1928).
58 Briefwechsel Barth – Thurneysen, Bd. 2, S. 100. Vgl. auch die »Frontberichte«, S. 16, »Schauplatz beträchtlicher Schlachten« (das Jahr 1922) S. 32, »Pause zwischen zwei Gefechten« S. 102, »Generalstabschef in München« (Georg Merz) S. 112, »Durchbruchsschlacht« (Emden) S. 114, »die Eroberung Norderneys« S. 187, »ein wahres Kreuzfeuer« (Leipzig) usf. usf.
59 Ebda., S. 111 und 114.
60 Ebda., S. 285.
61 Ebda., S. 341.
62 Ebda., S. 479.
63 P. Schempp, Randglossen zum Barthianismus, in: Zwischen den Zeiten, 6, 1928, S. 529–539. Zitiert nach Anfänge der dialekt. Theologie, Teil 2, S. 305 f.
64 Ebda., S. 305.
65 Vgl. dazu P. Lange, Konkrete Theologie? S. 158–165 und oben Anm. 57.
66 Ich bleibe trotz vieler mittlerweile vorgetragener Einwände bei der These von der politischen Problematik der dialekt. Theologie in der Weimarer Zeit, die ich zum ersten Mal in meinem Aufsatz »Neuere Geschichte und prot. Theologie«, S. 510 ff., ausführlich entwickelt habe.

67 A. v. Zahn - Harnack, Adolf v. Harnack, Berlin[2] 1951, S. 414 f.
68 J. Rathje, Die Welt des freien Protestantismus, Stuttgart 1952, S. 377.
69 Ebda., S. 363.
70 Th. Heuss, Erinnerungen 1905-1933, Tübingen[5] 1964, S. 177.
71 Briefwechsel Barth - Thurneysen, Bd. 1. S. 362. Brief Thurneysen v. 23. 12. 1919.
72 Ebda., Bd. 2, S. 68. Brief Thurneysen v. 24. 4. 1922.
73 Anfänge der dialekt.Theologie, Teil 1, S. 197. Die Beiträge Tillichs und Barths zu dieser Auseinandersetzung ebda., S. 165 ff. Vgl. zur Frage auch P. Lange, Konkrete Theologie? S. 161, und die Darstellung der theologischen Kritik Barths am religiösen Sozialismus bei R. Breipohl, Religiöser Sozialismus und bürgerl. Geschichtsbewußtsein zur Zeit der Weimarer Republik, Zürich 1971, S. 237-257.
74 Anfänge der dialekt. Theologie, Teil 1, S. 5.

ANMERKUNGEN ZU KAPITEL 4

1 Eine gute Einführung bietet noch immer U. Stutz, Der Geist des Codex iuris canonici, Stuttgart 1918.
2 So auch Stutz mit einer vielzitierten Wendung: »Neues bringt der Kodex im Grunde genommen nur wenig«. Ebda., S. 57.
3 Ebda., S. 50 f.
4 Der Papst hat »die höchste und vollständigste Jurisdiktionsgewalt in der gesamten Kirche und zwar sowohl in Angelegenheiten des Glaubens und der Sitten, wie in jenen, die die Disziplin und das Kirchenregiment in der ganzen Welt betreffen.«
5 Ernennung von Bischöfen Can. 329 § 2; Pfarrhaus Can. 465 § 1; Meßopfer Can 802; Bücherverbot Can. 1395 §1; Gerichtsbarkeit, Strafrecht Lib. IV und V.
6 Zur neueren katholischen Kritik am CJC vgl. etwa den Neuansatz von J. Neumann, Das Kirchenrecht - Chance und Versuchung, Graz, Wien, Köln 1972. Dort auch weitere Literatur. Daß die Kritik nicht auf Deutschland beschränkt ist, zeigt P. Shannon, Der Codex Juris Canonici 1918-1967, in: Concilium 3, 1967, S. 625-629. In den ganzen Zusammenhang gehört auch die Diskussion über die Möglichkeit einer Lex fundamentalis ecclesiae. Vgl. J. Neumann, Zum Entwurf einer Lex fundamentalis ecclesiae, in: M. Seckler, Otto H. Pesch, Johannes Brosseder, Wolfhart Pannenberg (Hg.), Begegnung. Beiträge zu einer Hermeneutik des theologischen Gespräches, Graz, Wien, Köln 1971.
7 Vgl. etwa CJC Can. 1063 § 3. Das Eherecht insgesamt (CJC Lib. III, Tit. VII, Can. 1012 ff.) ist erstmals nicht mehr als selbständiges Recht, sondern im Rahmen der Sakramente als Sakramentsrecht« (U. Stutz, Geist des CJC, S. 38 und 89) behandelt.
8 Vgl. etwa die kurze biographische Einleitung von Ludwig Kaas in: Eugenio Pacelli, Erster Apostolischer Nuntius beim Deutschen Reich, Gesammelte Reden, Berlin 1930, S. 7-24, die in dem Ausspruch eines konvertierten evangelischen Theologen über Pacelli gipfelt: »›Angelus, non Nuntius‹ . . .«. (Ebda., S. 24).

9 Ritter an Hertling, 8. 2. 1914. Zitiert nach G. Franz-Willing, Die Bayerische Vatikangesandtschaft 1803–1934, München 1965, S. 135.
10 Schreiben Ritters v. 7. 2. 1914. Ebda., S. 146, Anm. 7.
11 K. Epstein, Matthias Erzberger, S. 170, 210, 239 u. ö.
12 So der britische Botschafter Lord d'Abernon. L. Volk, Das Reichskonkordat vom 20. Juli 1933. Von den Ansätzen in der Weimarer Republik bis zur Ratifizierung am 10. September 1933, Mainz 1972, S. 252.
13 K. Epstein, Matthias Erzberger, S. 210.
14 Gasparri an Pacelli, 24. 8. 1917. Pacelli an Michaelis, 30. 8. 1917, in: F. v. Lama, Papst und Kurie in ihrer Politik nach dem Weltkrieg. Dargestellt unter besonderer Berücksichtigung des Verhältnisses zwischen dem Vatikan und Deutschland, Illertissen 1925, S. 35 f.
15 Die Schuldfrage am Scheitern der päpstlichen Friedensaktion ist noch immer lebhaft umstritten. Vgl. dazu K. Epstein, Matthias Erzberger, S. 244 f., Anm. 14.
16 Text des bayerischen Konkordats von 1817 jetzt in der hervorragenden Quellensammlung von E. R. und W. Huber, Staat und Kirche im 19. Jahrhundert. Dokumente zur Geschichte des deutschen Staatskirchenrechts, Bd. I, Berlin 1973, S. 170–177.
17 Anweisung für den preuß. Geschäftsträger in Rom vom 22. 8. 1802. Ebda., S. 48 und S. 46.
18 Ebda., S. 169.
19 So auch A. Hollerbach, Verträge zwischen Staat und Kirche in der Bundesrepublik Deutschland, Frankfurt 1965, S. 9.
20 Text von De salute animarum und Quod de fidelium bei E. R. und W. Huber, Staat und Kirche, Bd. I, S. 204–223.
21 Ebda., S. 22–26.
22 E. R. und W. Huber, Staat und Kirche, Bd. II, Berlin 1976, S. 536–543 und S. 823–827.
23 Ebda., S. 540.
24 Ritter an den bayerischen Ministerpräsidenten Hertling am 24. 5. 1917 und am 22. 2. 1918. G. Franz-Willing, Bayerische Vatikangesandtschaft, S. 146 Anm. 12 und S. 148 Anm. 28.
25 E. Deuerlein, Das Reichskonkordat. Beiträge zu Vorgeschichte, Abschluß und Vollzug des Konkordates zwischen dem Heiligen Stuhl und dem Deutschen Reich vom 20. Juli 1956, S. 4 f.
26 Zum ganzen Vorgang vgl. auch G. Franz-Willing, Bayerische Vatikangesandtschaft, S. 138 ff.
27 F. v. Lama, Papst und Kurie, S. 78.
28 Ebda., S. 84 f.
29 Zitiert nach H. Trippen, Das Domkapitel und die Erzbischofswahlen in Köln 1821–1929, Köln und Wien, S. 490.
30 Text: Archiv für katholisches Kirchenrecht 99, 1919, S. 141 f. Zur Kontroverse um die Auslegung der Schulartikel vgl. G. Grünthal, Reichsschulgesetz und Zentrumspartei in der Weimarer Republik, Düsseldorf 1968, v. a. S. 80 ff.
31 G. Franz-Willing, Bayerische Vatikangesandtschaft, S. 165 f.; G. Anschütz, Reichsverfassung, S. 419–421.

32 Graf Hertling an Frühwirth, 12. 3. 1917. Ebda., S. 139.
33 Bericht Ritters, 22. 7. 1921. Ebda., S. 185.
34 Protokoll der Konferenz des bayerischen Episkopats, 3.–4. 9. 1919. L. Volk, Faulhaber-Akten I, S. 90.
35 E. Deuerlein, Reichskonkordat, S. 42.
36 N. Trippen, Domkapitel, S. 484 f.
37 Ebda., S. 500.
38 L. Volk, Reichskondordat, S. 6, Anm. 23.
39 N. Trippen, Domkapitel, S. 504.
40 Ebda., S. 506 f. und 516 f.
41 F. v. Lama, Papst und Kurie, S. 83.
42 Akten der Reichskanzlei. Weimarer Republik. Das Kabinett Scheidemann, 13. Februar bis 20. Juni 1919, Boppard 1971, S. 127 und S. 128, Anm. 10.
43 K. Epstein, Matthias Erzberger, S. 239, Anm. 6. u. ö. Pacellis Zustimmung bei R. Morsey, Zur Vorgeschichte des Reichskonkordats aus den Jahren 1920 und 1921, in: Zeitschrift der Savigny-Stiftung für Rechtsgeschichte 75, Kanonist. Abt. 54, 1958, S. 240, Anm. 14 a. Zu Erzberger und Bergen vgl. auch G. Schreiber, Zwischen Demokratie und Diktatur. Persönliche Erinnerungen an die Politik und Kultur des Reiches (1919–1944), Münster 1949, S. 89 f. Ebda. in Anm. 6 auch die ungemein kritischen Bemerkungen Bülows zu Erzberger und Bergen.
44 E. Deuerlein, Reichskonkordat S. 8 f.
45 Bericht Preger, 31. 12. 1919, in: G. Franz-Willing, Bayerische Vatikangesandtschaft, S. 164.
46 Ebda., S. 167.
47 Ebda. Franz-Willing zitiert diese Erklärung nur unter dem Gesichtspunkt der Erhaltung der Münchner Nuntiatur. Wie wichtig diese Angelegenheit für die Kurie war, zeigen auch die Äußerungen Benedikts XV. und Gasparris gegenüber dem bayerischen und dem preußischen Gesandten zu Anfang 1920. Ebda., S. 168.
48 Ebda., S. 168.
49 K. Epstein, Matthias Erzberger, S. 411.
50 E. Deuerlein, Reichskonkordat, S. 12.
51 Zu diesen Zusammenhängen vgl. unten S. 357.
52 Texte: E. Deuerlein, Reichskonkordat, S. 12 f.
53 So eine Formulierung Bergens v. 18. 1. 1922, in: L. Volk, Reichskonkordat, S. 20.
54 Text: G. Franz-Willing, Bayerische Vatikangesandtschaft, S. 215–217.
55 R. Morsey, Vorgeschichte des Reichskonkordats, S. 248.
56 Bericht v. 20. 10. 1922, in: G. Franz-Willing, Bayerische Vatikangesandtschaft, S. 193.
57 R. Morsey, Vorgeschichte des Reichskonkordats, S. 249.
58 L. Volk, Reichskonkordat, S. 17–19.
59 Pacelli an Bertram, 30. 8. 1920, in: L. Volk, Reichskonkordat, S. 7.
60 Bericht v. 6. 11. 1921, in: G. Franz-Willing, Bayerische Vatikangesandtschaft, S. 186.
61 R. Morsey, Vorgeschichte des Reichskonkordats, S. 248.
62 Text: G. Franz-Willing, Bayerische Vatikangesandtschaft, S. 184. Reichsaußenmini-

ster war der parteilose Walter Simons, ein Jurist, der zugleich führend im Evang.-Sozialen Kongreß tätig war.

63 Zu den Versuchen der Reichsregierung, sich von der Zusage Simons zu distanzieren, vgl. für 1921 E. Deuerlein, Reichskonkordat, S. 27f.; für 1928 im Rahmen der Diskussionen um das Reichsschulgesetz G. Franz-Willing, Bayerische Vatikangesandtschaft, S. 213f.

64 F. v. Lama, Papst und Kurie, S. 199f.

65 D. Golombek, Die politische Vorgeschichte des Preußenkonkordats (1929), Mainz 1970, S. 13f. Die preußischen Bedenken ausführlich auch bei G. Schreiber, Persönliche Erinnerungen, S. 77–83.

66 E. Deuerlein, Reichskonkordat, S. 18. Der Text der Koch-Weser-Richtlinien, der auf Delbrück zurückgeht, und Delbrücks Vorarbeiten bei A. Kupper, Staatliche Akten über die Reichskonkordatsverhandlungen 1933, Mainz 1969, S. 435–441. Die sogenannte Pacelli-Punktation I v. 1. 5. 1920, die in der Tendenz den Vorschlägen für das bayerische Konkordat ähnlich ist, bei L. Volk, Kirchliche Akten über die Reichskonkordatsverhandlungen 1933, Mainz 1969, S. 277–281.

67 L. Volk, Reichskonkordat, S. 8.

68 Schreiben des preuß. Kultusministeriums v. 16. und 20. 6. 1921, in: D. Golombek, Preußenkonkordat, S. 17.

69 Ebda.

70 L. Volk, Reichskonkordat, S. 38.

71 D. Golombek, Preußenkonkordat, S. 7.

72 Aktenvermerk über die Verhandlungen in Berlin am 11. November 1921 betreffend Reichs- und Landeskonkordat, in: E. Deuerlein, Reichskonkordat, S. 24.

73 Zu Joseph Wirth vgl. R. Morsey, Zentrumspartei, S. 386f.; S. 433ff. u. ö.

74 E. Deuerlein, Reichskonkordat, S. 26f.

75 L. Volk, Reichskonkordat, S. 11, Anm. 64.

76 Text der sogenannten Pacelli-Punktation II v. 15. 11. 1921 bei A. Kupper, Akten, S. 441–447. Zur Beurteilung vgl. Bergens Schreiben vom 19. 1. 1922, ebda., S. 448, Anm. 1, wo es heißt, Pacellis Vorschläge gingen »reichlich weit«, sie verteilten »die Rechte auf die Seite des Heiligen Stuhls, die Pflichten auf die Seite des Staates«.

77 L. Volk, Reichskonkordat, S. 13.

78 Aktenvermerk von Staatssekretär Becker. Text: R. Morsey, Vorgeschichte des Reichskonkordats, S. 262–266.

79 Schreiben des preußischen Kultusministers v. 6. 1. 22, in: L. Volk, Reichskonkordat, S. 18f.

80 Pacelli an Bertram, 9. 1. 1922, ebda., S. 19.

81 Schreiben Bertrams v. 5. 1. 22, Ebda., S. 19f.

82 Text des sogenannten Entwurfs Delbrück I bei A. Kupper, Staatliche Akten, S. 458–464. Die Aufzeichnung Delbrücks ebda., S. 458f., Anm. 1. Am 22. 6. 1922 berichtete Ritter nach München, der Entwurf sichere der Kirche »so gut wie alles« zu, was sie haben wolle. G. Franz-Willing, Bayerische Vatikangesandtschaft, S. 191.

83 Aufzeichnung Delbrücks, in: A. Kupper, Staatliche Akten, S. 458.

84 L. Volk, Reichskonkordat, S. 22f. Wenn der sonst so abgewogen urteilende Volk in

diesem Zusammenhang von einer »Simplifizierung des Sachverhaltes« und von einer »nach Umfang und Schärfe, maßlosen Kritik« Bergens spricht und den Botschafter der »Unsachlichkeit, Einseitigkeit und Voreingenommenheit« beschuldigt, so ist das nach Lage der Dinge nicht ganz zu verstehen. Denn nach Delbrücks Aufzeichnung ging es bei seinem Rombesuch ja tatsächlich darum, den Widerstand Preußens durch eine »theoretische Einigung mit der Kurie« zu überwinden. Und so, wie der Nuntius Preußen gerade behandelt hatte, war der Verdacht auf ein Zusammenspiel mit dem Reich naheliegend.

85 L. Volk, Reichskonkordat, S. 24.

86 Gegen Volk, ebda., S. 30 f.

87 Bericht Ritter, 8. 9. 1922, in: G. Franz-Willing, Bayerische Vatikangesandtschaft, S. 192.

88 Bericht Ritter, 9. 1. 1925. Ebda., S. 202.

89 E. Deuerlein, Reichskonkordat, S. 50 f.

90 Bericht Ritter, 16. 1. 1925, in: G. Franz-Willing, Bayerische Vatikangesandtschaft, S. 203.

91 Text des bayerischen Kokordats v. 29. 3. 1924 mit Mantelgesetz und Regierungserklärung bei W. Weber, Die deutschen Konkordate und Kirchenverträge der Gegenwart, Göttingen 1962, S. 38–66.

92 G. Franz-Willing, Bayerische Gesandtschaft, S. 207.

93 Text des Entwurfs unter dem Datum des 24. 11. 1924 bei A. Kupper, Staatl. Akten, S. 473–478.

94 D. Golombek, Preußenkonkordat, S. 48.

95 Zu den preußischen Befürchtungen vgl. ebda., S. 51, Anm. 8.

96 Ebda., S. 49–56.

97 Ebda., S. 92.

98 O. Braun, Von Weimar zu Hitler, Hamburg[3] 1949, S. 278.

99 Text des preußischen Konkordats v. 14. 6. 1929 mit Regierungsbegründung bei W. Weber, Die deutschen Konkordate, S. 67–86.

100 So auch D. Golombek, Preußenkonkordat, S. 113 ff.

101 Note Pacellis v. 5. 8. 1929. Antwort Brauns v. 6. 8. 1929. Text bei W. Weber, Die deutschen Konkordate, S. 86–88.

102 Text. E. R. und W. Huber, Staat und Kirche I, S. 246–257; 268–279.

103 E. Föhr, Geschichte des badischen Konkordats, Freiburg 1958, S. 14; Staatskirchenverträge von 1932, in: Zeitschrift der Savigny-Stiftung für Rechtsgeschichte 92, Kanonist. Abteilung 61, 1975; S. 324 ff.

104 E. Föhr, Geschichte des bad. Konkordats, S. 14 f.

105 E. Deuerlein, Reichskonkordat, S. 85.

106 Abschiedsrede und ein Abschiedsartikel aus der Germania v. 18. 12. 1929 bei L. Kaas, Pacelli, S. 187 ff. und 191 ff.

107 U. Stutz, Konkordat und Codex. Sitzungsbericht der preußischen Akademie der Wissenschaften, Philos.-Histor. Klasse XXXII, 1930, S. 694 und 707.

ANMERKUNGEN ZU KAPITEL 5

1 Vgl. etwa Brockhaus Enzyklopädie, Bd. 19, Wiesbaden 1974, S. 690, wo der Begriff »völkisch« mit sieben Zeilen aufgenommen ist.

2 C. C. Bry, Verkappte Religionen, Gotha und Stuttgart 1924, S. 15. Die leider nahezu unbekannt gebliebene Arbeit stellt in essayistischer Form eine der klügsten Analysen der wachsenden Ideologisierung in den zwanziger Jahren dar. Dies gilt ganz besonders für Brys Kritik des Antisemitismus, S. 98–106.

3 Eine unentbehrliche Grundlage für jede zukünftige Darstellung der völkischen Bewegung stellt die Arbeit von A. Mohler dar: Die konservative Revolution in Deutschland 1918–1932. Ein Handbuch, 2. Aufl. Darmstadt 1972. Sie enthält alle wichtigen Namen der völkischen Bewegung und die dazu gehörigen Biographien und Bibliographien. Zum Fehlen einer Gesamtdarstellung siehe ebda., S. 213. Einen kurzen Überblick über die Entstehung im 19. Jhdt. bietet E. Nolte, Der Faschismus in seiner Epoche, München 1963, S. 345–355. Die beste gegenwärtige Darstellung der Zusammenhänge bei: E. Goldhagen, Weltanschauung und Endlösung. Zum Antisemitismus der nationalsozialistischen Führungsschicht, in: Vierteljahreshefte für Zeitgeschichte 24, 1976, S. 379–405.

4 Vgl. dazu M. Broszat, Die völkische Ideologie und der Nationalsozialismus, in: Deutsche Rundschau 84, 1958, S. 56.

5 Ebda., S. 79f. Zu Gerstenhauer vgl. auch A. Mohler, Konservative Revolution, S. 344f.

6 Vgl. dazu G. Altner, Weltanschauliche Hintergründe der Rassenlehre des Dritten Reiches, Theol. Studien H. 92, Zürich 1968, und G. Zmarzlik, Der Sozialdarwinismus in Deutschland als geschichtliches Problem (1962), in; ders., Wieviel Zukunft hat unsere Vergangenheit? München 1970, S. 56–85.

7 Die totale Verstörung schildert eindrucksvoll E. Reichmann, Flucht in den Haß. Die Ursachen der deutschen Judenkatastrophe, Frankfurt o. J. (1956), S. 205–211.

8 P. W. Massing, Vorgeschichte des politischen Antisemitismus, Frankfurt 1959, S. 222f. Ähnlich H. G. Zmarzlik, Der Antisemitismus im Kaiserreich von 1871 (1962), in: ders., Wieviel Zukunft hat unsere Vergangenheit? S. 32–50, insbes. S. 41. Neuerdings trotz sozialgeschichtlicher Beurteilung der Judenfrage sachlich übereinstimmend auch R. Rürup, Emanzipation und Antisemitismus, Göttingen 1975, S. 109: »Die antisemitischen Gruppen wurden zu sektenähnlichen Gebilden.« – Zur Bedeutung des Weltkriegs für die Ausbildung des völkischen Antisemitismus vgl. U. Lohalm, Völkischer Radikalismus. Die Geschichte des Deutschvölkischen Schutz- und Trutz-Bundes 1919–1923, Hamburg 1970, S. 46ff. und S. 71–76. Ähnlich A. Kruck, Geschichte des Alldeutschen Verbandes, Wiesbaden 1954, S. 130ff.

9 Eine Zusammenstelllung des wichtigsten Materials zur Beurteilung des jüdischen Volkes, 28. Aufl. (48.–67. Tausend) Hamburg 1919. Th. Fritsch, geboren 1852, war von Beruf Mühlen-Ingenieur und schon im Kaiserreich jahrzehntelang ein unentwegter völkisch-antisemitischer Propagandist gewesen. Zu Fritsch und dem

»Reichshammerbund« vgl. U. Lohalm, Völkischer Radikalismus, S. 58–66, und A. Mohler, Konservative Revolution, S. 356.

10 Dinter, von dem im folgenden noch häufiger die Rede sein wird, war von Haus aus Naturwissenschaftler. Sein »Zeitroman« war *der* völkische Bestseller. Er erschien in 1. Auflage im Verlag Matthis und Thost, Leipzig und Hartenstein i. Sa. 1918, die 16. Auflage (das 200. Tausend!) erschien ebda. 1921. Es folgten 1921 »Die Sünde wider den Geist« und 1922 »Die Sünde wider die Liebe«, gleichfalls mit hohen Auflagen (vgl. U. Lohalm, Völkischer Radikalismus, S. 126. u. A. Mohler, Konservative Revolution, S. 378 f.) »Die Sünde wider Blut und Rasse« findet sich als Formulierung in Hitlers »Mein Kampf«, München[17] 1943, S. 272. Diese Trilogie mit dem gemeinsamen Titel »Die Sünden der Zeit« stand Joh. 13,17 als Motto voran: »So ihr solches wisset, selig seid ihr, so ihrs tut«. Dinters Bücher gehören zum Widerwärtigsten, was überhaupt zu diesem Thema geschrieben wurde. Siehe unter S. 139 ff.

11 Dietrich Eckart, geb. 1868, ein Münchner Journalist und Bühnenschriftsteller, war der wichtigste geistige Mentor Hitlers. Zu Eckart und seiner Rolle vgl. G. Franz-Willing, Die Hitlerbewegung, Bd. 1: Der Ursprung 1919–1922, Hamburg 1962, S. 127; Ernst Nolte, Der Faschismus in seiner Epoche, S. 398 und 402–409, und v. a. M. Plewnia, Auf dem Weg zu Hitler. Der »völkische« Publizist Dietrich Eckart, Bremen 1970.

12 Th. Fritsch, Handbuch zur Judenfrage, S. 641. Ähnlich ebda., S. 16.

13 Die Sünde wider das Blut,[6] 1919, S. 243 und 245.

14 Auf gut Deutsch. Wochenschrift für Ordnung und Recht, hg. v. Dietrich Eckart, 2, 1929, Heft 30/34, S. 350. Zitiert nach M. Plewnia, S. 47.

15 Vgl. die Zusammenfassung der Eckartschen Gedanken bei M. Plewnia, S. 56 f.

16 Ebda., S. 55 f.

17 Hauptquelle für diese Verschwörungstheorie waren die sogenannten Protokolle der Weisen von Zion, eine antisemtische Fälschung aus dem späten 19. Jahrhundert. Vgl. die – Theodor Fritsch u. Dietrich Eckart gewidmete – Ausgabe von U. Fleischhauer, Die echten Protokolle der Weisen von Zion. Sachverständigengutachten, erstattet im Auftrag des Richteramtes V in Bern, Erfurt 1935. Zur Verschwörungstheorie vgl. auch E. Goldhagen, Weltanschauung, S. 381 ff.

18 Fritsch, Handbuch, S. 547. Fritsch knüpft hier an die sogenannte Lehninsche Weissagung an, eine Fälschung aus dem 18. Jahrhundert. Vgl. RGG[3], 4, Sp. 266 f.

19 Zu Judas Weg zur Weltherrschaft vgl. M. Plewnia, S. 48 f.; Fritsch, Handbuch, S. 497 ff., 516 ff. u. ö.; Dinter, Die Sünde wider das Blut, S. 295 ff. u. ö.

20 Auf gut Deutsch, 1, 1919, Heft 44/45, S. 521. Zitiert nach M. Plewnia, Auf dem Weg zu Hitler, S. 86.

21 Ebda., S. 88.

22 A. Dinter, Die Sünde wider das Blut, S. 297.

23 Th. Fritsch, Handbuch zur Judenfrage, S. 641.

24 Ebda., S. 29. Ähnlich S. 646.

25 Die Sünde wider die Liebe. 1922, S. 79. Dinter kommt der späteren nationalsozialistischen Gesetzgebung zweifellos am nächsten. Seine 5 Forderungen lauteten: 1. Aufhebung der Gleichberechtigung der jüdischen Religion, 2. »Kein Jude darf in

Deutschland Lehrer, Beamter und Richter sein.« 3. »Das deutsche Blut muß gegen jüdische Schändung und Bastardisierung geschützt werden. Ehen zwischen Deutschen und Juden sind gesetzlich zu verbieten.« 4. Kein Jude darf in Deutschland Grundbesitz erwerben. 5. Die jüdische Einwanderung wird verboten. Ebda., S. 81 bis 84. Auch Eckart ist gegen eine Lösung der Judenfrage »mit dem Schwert«. Vgl. M. Plewnia, S. 56.

26 Dietrich Eckart, Auf gut Deutsch, 19/20, 1919, S. 297. M. Plewnia, S. 53.

27 Wenn man will, kann man diesen Sachverhalt auch als »Ausdruck des Theoriedefizits der in die Krise geratenen bürgerlichen Gesellschaft« bezeichnen. R. Rürup, Emanzipation und Antisemitismus, S. 91.

28 Aus den unveröffentlichten Aufzeichnungen von Claß zitiert bei A. Kruck, Geschichte des Alldeutschen Verbandes, S. 135. Zu Claß vgl. auch U. Lohalm, Völkischer Radikalismus, S. 32–40.

29 E. Ludendorff, Vom Feldherrn zum Weltrevolutionär und Wegbereiter Deutscher Volksschöpfung. Meine Lebenserinnerungen 1919–1925. Ludendorff-Verlag München 1940, S. 12 f. Vgl. auch W. Breucker, Die Tragik Ludendorffs, Stollhamm (Oldb.) 1953, S. 567 f.

30 Mein Kampf, Leipzig [11]1933, S. 224 f.

31 Vgl. dazu das bei W. Jochmann, Nationalsozialismus und Revolution. Ursprung und Geschichte der NSDAP in Hamburg, Frankfurt 1922, S. 5–9, abgedruckte Flugblatt des Deutschvölkischen Bundes.

32 Zu dem hier angeschnittenen Problem des Verhältnisses von Ideologie und Wirklichkeit vgl. K. Scholder, Ideologie und Politik, in: Aus Politik und Zeitgeschichte. Beilage zur Wochenzeitung »Das Parlament« 1962, S. 377–382.

33 R. H. Phelps, »Before Hitler Came«: Thule Society and Germanen Orden, in: The Journal of Modern History 53, 1963, S. 249.

34 U. Lohalm, Völkischer Radikalismus, S. 39.

35 A. Kruck, Geschichte des Alldeutschen Verbandes, S. 131; U. Lohalm, Völkischer Radikalismus, S. 53 f.

36 Die »Bamberger Erklärung« ist abgedruckt bei W. Jochmann, Nationalsozialismus und Revolution, S. 10–24. Vgl. insbes. S. 17 und 21.

37 Alle Zahlen nach U. Lohalm, Völkischer Radikalismus, S. 88–90.

38 Ebda., S. 90 f.

39 Es handelt sich um die sogenannte Judendenkschrift vom 16. 9. 1919 (zuerst veröffentlicht bei E. Deuerlein, Hitlers Eintritt in die Politik und die Reichswehr, in: Vierteljahreshefte für Zeitgeschichte 7, 1959, S. 203–205; jetzt auch bei W. Maser, Hitlers Briefe und Notizen. Sein Weltbild in handschriftl. Dokumenten, Düsseldorf und Wien 1973, S. 223–226) und die erste im vollständigen Wortlaut überlieferte Rede vom 13. 8. 1920 (abgedruckt bei R. H. Phelps, Hitlers »grundlegende« Rede über den Antisemitismus, in: Vierteljahrshefte für Zeitgeschichte 16, 1968, S. 390–420); ferner um die Versammlungsberichte der Reichswehr und der Polizei aus den Jahren 1919 und 1920. (Die Reichswehrberichte bei Deuerlein, Hitlers Eintritt in die Politik, S. 177–227; die Polizeiberichte bei R. H. Phelps, Hitler als Parteiredner im Jahre 1920, in: Vierteljahrshefte für Zeitgeschichte 11, 1963, S. 274–330).

40 Die besondere Beziehung zwischen Richard Wagner und Hitler hat vor allem Joachim C. Fest in seiner Hitlerbiographie überzeugend herausgearbeitet. Hitler. Eine Biographie, Frankfurt, Berlin, Wien, [2]1973, S. 522 ff. u. ö.
41 So hat etwa W. Daim, Der Mann, der Hitler Ideen gab, München 1958, in seiner im übrigen interessanten und wichtigen Arbeit den Einfluß des völkischen Sektierers Lanz v. Liebenfels auf Hitler sicher überschätzt. Zutreffend R. H. Phelps: »In den meisten Fällen lassen sich eher Parallelen zu sicheren Quellen für Hitlers Argumente finden.« Vierteljahrsheft für Zeitgeschichte 16, 1968, S. 396.
42 E. Deuerlein, Hitlers Eintritt in die Politik, S. 203–205 (siehe oben Anm. 39).
43 R. H. Phelps, Hitlers »grundlegende« Rede (Anm. 39), S. 406.
44 Ebda., S. 415.
45 Ebda., S. 417.
46 Schlußsatz von Hitlers politischem Testament vom 29. 4. 1945. W. Maser, Hitlers Briefe und Notizen, S. 375.
47 So die Schlußfolgerung von H. J. Gordon jr., Hitlerputsch 1923. Machtkampf in Bayern 1923–1924, Frankfurt 1971, S. 522 f.
48 E. Jäckel, Hitlers Weltanschauung. Entwurf einer Herrschaft, Tübingen 1969, S. 141.
49 Ebda., S. 157 u. passim.
50 Deutsche Schriften, Göttingen[5] 1920, S. 67. Vgl. zum Ganzen auch K. Scholder, Paulus und die Aufklärung, in: G. C. Berkouwer und H. A. Obermann, De dertiende apostel en het elfde gebod. Paulus in de loop der eeuwen, Kampen 1971, S. 124–134; und jetzt v. a. F. Regner, Paulus und Jesus im 19. Jahrhundert. Beiträge zur Geschichte des Themas »Paulus und Jesus« in der neutestamentlichen Theologie von der Aufklärung bis zur Religionsgeschichtlichen Schule, Diss. ev. theol. Tübingen 1975, insbes. S. 154–184.
51 P. de Lagarde, Deutsche Schriften, S. 62.
52 H. S. Reimarus, Apologie oder Schutzschrift für die vernünftigen Verehrer Gottes, hg. v. G. Alexander, o. O. u. J. [Insel Verlag 1972], S. 332.
53 Die Grundzüge des gegenwärtigen Zeitalters. Sämtliche Werke, hg. v. J. H. Fichte, Bd. VII, Leipzig o. J., S. 190.
54 F. Regner, Paulus und Jesus, S. 163.
55 Vgl. dazu H. W. Schütte, Lagarde und Fichte. Die verborgenen spekulativen Voraussetzungen des Christentumsverständnisses Paul de Lagardes, Güterloh, 1965.
56 P. de Lagarde, S. 73. Für das Verständnis Lagardes als Vorläufer der völkischen Bewegung vgl. etwa F. Krog, Lagarde und der deutsche Staat, München 1930, insbes. über Lagardes Antisemitismus, S. 78–90.
57 Zitiert nach der 3. Auflage, Berlin 1906, S. 189.
58 Ebda., S. 296.
59 W. Daim, S. 55 (Anm. 41). Daim bezeichnet Lanz' Religion in Analogie zum »Schundroman« als »Schundreligion«, ebda., S. 239. Zu Lanz vgl. die umfangreiche Bibliographie bei A. Mohler, Konservative Revolution, S. 350–354.
60 Th. Fritsch, Der falsche Gott. Beweismaterial gegen Jahwe, Leipzig [4]1916, S. 227 f.
61 1. Aufl. 1899, 10. Aufl. (Volksausgabe) München 1912. Alle Auflagen enthalten die Seitenzahlen der 1. Auflage. Die Ausführungen über die rassische Zugehörigkeit Jesu da-

nach auf S. 210–220. Chamberlain beschränkt sich freilich auf das negative Urteil, »daß Christus kein Jude war« (S. 219). Welcher Rasse er angehörte, läßt er offen.

62 Fritsch, Der falsche Gott, S. 228–231. Eine ausführliche Darstellung der Erneuerung des Christentums, wie Fritsch sie sich vorstellte, erschien im Hammer-Verlag (Th. Fritsch) Leipzig unter dem Titel: Vom neuen Glauben. Bekenntnis der Deutschen Erneuerungs-Gemeinde (o. J.)

63 Zitiert nach M. Plewnia, Auf dem Weg zu Hitler, S. 45.

64 Ebda., S. 46, S. 53 u. ö.

65 Die Sünde wider die Liebe, 1922, Nachwort S. 328.

66 Ebda., S. 330 (Hervorhebung im Original).

67 Eine Darstellung dieser Gruppen und ihrer Ziele gibt A. Steiger, Der neudeutsche Heide im Kampf gegen Christen und Juden, Verlag der Germania, Berlin 1924. Zum Bund für Deutsche Kirche s. u. S. 173.

68 G. Franz-Willing, Die Hitlerbewegung, S. 62–75, und W. Maser, Die Frühgeschichte der NSDAP. Hitlers Weg bis 1924, Frankfurt und Bonn 1965, S. 141 ff.

69 Mein Kampf, S. 401–406.

70 Ebda. S. 405 f.

71 G. Franz-Willing, Die Hitlerbewegung, S. 71 f.

72 R. H. Phelps, Hitler als Parteiredner (Anm. 39) S. 209 u. 294.

73 W. Maser, Frühgeschichte, S. 211.

74 G. Franz-Willing, Die Hitlerbewegung, S. 78 f.; W. Maser, Frühgeschichte, S. 206 f.

75 A. Rosenberg, Das Parteiprogramm. Wesen, Grundsätze und Ziele der NSDAP. München (1922)^{27} 1943, S. 15 ff. und S. 57 f. Die Formulierung »Gemeinnutz vor Eigennutz« geht auf das Programm der »Deutschen Sozialistischen Partei« zurück, wie es in einem Aufruf des »Germanenordens« im Winter 1918/19 vorgestellt wurde. Vgl. dazu R. v. Sebottendorff, Bevor Hitler kam, München 1933, S. 175.

76 A. Rosenberg, Das Parteiprogramm, S. 14.

77 Ebda., S. 58.

78 W. Maser, Hitlers Briefe und Notizen, S. 292–297 (Faksimile und Umschrift). Maser datiert die Skizze »kurz nach dem Juden-›Gutachten‹«. Ebda., S. 386, Anm. 146. Im übrigen handelt es sich nicht, wie Maser annimmt, um den Entwurf für eine »Monumentale Menschheitsgeschichte«. Dieses Stichwort gehört vielmehr eindeutig zum Begriff »Bibel«. Das Ganze ist tatsächlich der systematische Entwurf einer völkischen Weltanschauung.

79 Th. Fritsch, Handbuch zur Judenfrage, S. 33 f.

80 R. v. Sebottendorff, Bevor Hitler kam, S. 44 f.

81 Mein Kampf, S. 372.

82 Rede des Pg. Adolf Hitler in der Versammlung vom 12. April 1922 im Bürgerbräukeller in München. Sonderabdruck aus der Nr. 32 (1922) des VB. BA Koblenz NS 26/59. (Hervorhebungen im Original). Auch bei E. Klöß, Reden des Führers, München 1967, S. 42 f.

83 Niederschrift über ein Führer-Gespräch, Führerhauptquartier 30. 11. 1944. BA Koblenz NS 6/133.

84 Mein Kampf, S. 70 (Hervorhebung im Original).

ANMERKUNGEN ZU KAPITEL 6

1 E. Jäckel, Hitlers Weltanschauung. S. 42 f.
2 Mein Kampf, S. 336 f.
3 Ebda., S. 395.
4 Ebda., S. 398.
5 U. Lohalm, Völkischer Radikalismus, S. 255–272.
6 Vgl. die verlegene Darstellung bei Sebottendorff, Bevor Hitler kam, S. 167. Dazu R. H. Phelps »Before Hitler came«, S. 259.
7 Mein Kampf, S. 396–400. Vgl. auch die Bemerkung zur »völkischen Zersplitterung«, ebda., S. 574 f.
8 Ebda., S. 127.
9 Ebda., S. 379. Daß Hitler die verschiedenen Ausganspositionen von Katholizismus und Protestantismus in dieser Frage richtig einschätzte, zeigen seine Bemerkungen über Möglichkeiten und Grenzen der Zusammenarbeit mit dem Protestantismus, ebda., S. 122 f.
10 Ebda., S. 631.
11 Ebda., S. 429. Die Parallelen zur marxistischen Theorie sind nicht zufällig. Hitler selbst hat sie ausgesprochen, ebda., S. 422 f.
12 Ebda., S. 398 f.
13 E. Nolte, Eine frühe Quelle zu Hitlers Antisemitismus, in: Historische Zeitschrift 192, 1961, S. 584–606. Das Zitat dort S. 606. Ähnlich in: Ders., Der Faschismus in seiner Epoche, S. 404.
14 Saul Esh, Eine neue literarische Quelle Hitlers?, in: Geschichte in Wissenschaft und Unterricht 15, 1964, S. 487–493, und v. a. M. Plewnia, Auf dem Weg zu Hitler, S. 94–112.
15 D. Eckart, Der Bolschewismus von Moses bis Lenin, S. 50.
16 Das Geistchristentum. Monatsschrift zur Vollendung der Reformation durch Wiederherstellung der reinen Heilandslehre, hg. v. A. Dinter 1, 1928, S. 71–73. Im übrigen behauptet Dinter, Eckart habe die Belege im wesentlichen bei ihm abgeschrieben.
17 D. Eckart, Der Bolschewismus von Moses bis Lenin, S. 18.
18 Ebda., S. 29.
19 Ebda., S. 33; vgl. auch S. 35.
20 Ebda., S. 31.
21 Ebda., S. 36.
22 Ebda., S. 30 und 32.
23 M. Plewnia, Auf dem Weg zu Hitler, S. 9. Dort auch weitere Belege für Hitlers enges Verhältnis zu Eckart.
24 Neuere Arbeiten über Ludendorff fehlen. Die Dissertation von G. Borst, Die Ludendorff-Bewegung 1919–1961. Eine Analyse monologer Kommunikationsreformen in der sozialen Zeitkommunikation, München 1969, ist nur als Materialsammlung von Belang. Zu Ludendorffs Bedeutung neben Hitler vgl. die Zitate ebda.,

S. 113–123. Eine umfassende Bibliographie der Ludendorff-Bewegung bei A. Mohler, Konservative Revolution, S. 388–396.

25 W. Breucker, Die Tragik Ludendorffs, S. 97.

26 So W. Breucker, ebda., S. 108. Anders dagegen H. Buchheim, Die organisatorische Entwicklung der Ludendorff-Bewegung und ihr Verhältnis zum Nationalsozialismus, in: Gutachten des Instituts für Zeitgeschichte (1), München 1958, S. 363, wo die Bekanntschaft Hitlers mit M. v. Kemnitz auf das Jahr 1922 datiert wird.

27 Die Rede findet sich in: E. Ludendorff, Vom Feldherrn zum Weltrevolutionär, S. 269–314. Zum Ultramontanismus vgl. v. a. S. 270–287.

28 F. v. Lama, Papst und Kurie, S. 626 f.

29 W. Breucker, Die Tragik Ludendorffs, S. 107.

30 F. v. Lama, Papst und Kurie, S. 624–629.

31 E. Ludendorff, Vom Feldherrn zum Weltrevolutionär, S. 350 f.

32 Ebda., S. 352.

33 Ebda., S. 376.

34 A. Bullock, Hitler. Eine Studie über Tyrannei. Vollständig überarbeitete Neuausgabe, Düsseldorf 1964, S. 107; ebenso J. C. Fest, Hitler, S. 316.

35 Zitiert nach der Dokumentation »Aus dem Kampf der Bewegung«, in: Verbot religiöser Streitigkeiten in den in der gleichen Nummer des Völkischen Beobachters erschienenen »Grundsätzlichen Richtlinien für die Neuaufstellung der NSDAP« bei A. Tyrell, Führer befiehl … Selbstzeugnisse aus der »Kampfzeit« der NSDAP, Düsseldorf 1969, S. 107.

36 Ludendorff kandidierte am 29. 3. 1925 als Kandidat der NSDAP und erhielt nur 1,6 Prozent der Stimmen. H. Buchheim, Ludendorff-Bewegung, S. 366.

37 Von den zahlreichen zeitgenössischen Darstellungen dieser Entwicklung nenne ich: K. Witte, Der Tannenbergbund, in: W. Künneth/H. Schreiner, Die Nation vor Gott, Berlin[3] 1934, S. 416–463.

38 A. Tyrell, Führer befiehl …, S. 165 f.

39 H. Buchheim, Ludendorff-Bewegung, S. 359–363.

40 Zitiert nach E. Klöss (Hg.), Reden des Führers. Politik und Propaganda Adolf Hitlers 1922–1945, München 1967, S. 26.

41 Eine »Lebensbeschreibung« aus der Feder eines Anhängers findet sich in: Das Geistchristentum 1, 1928, S. 238–242.

42 Zur Großdeutschen Vollksgemeinschaft vgl. A. Tyrell, Führer befiehl …, S. 81–83.

43 So im Schreiben Dinters vom 20. Januar 1925 an Esser und Streicher. DC Berlin, OPG-Akte Dinter.

44 Bericht des Völkischen Beobachters v. 26. 5. 1926. Zitiert nach A. Tyrell, Führer befiehl …, S. 134. Vgl. auch ebda., S. 180: Bericht vom Reichsparteitag 1927.

45 Der Brief ist abgedruckt in: Das Geistchristentum 1, 1928, S. 353–356.

46 Vgl. A. Dinter, 197 Thesen zur Vollendung der Reformation. Die Wiederherstellung der reinen Heilandslehre, Leipzig 1926.

47 A. Dinter, Politik, Religion und Rasse, in: Das Geistchristentum 1, 1928, S. 4.

48 Ebda., S. 9.

49 Schreiben vom 28. 6. 1928. DC Berlin OPG-Akte Dinter.

50 Original mit Paraphen der Reichsleitung, BA Koblenz, Sammlung Schumacher, 260 (wiedergegeben b. R. Kühnl, Die nationalsozialistische Linke 1925–1930, Meisenheim 1966, S. 340 f.).
51 Nach der OPG-Akte zitiert bei A. Trell, Führer befiehl …, S. 202. Sauckel war seit 1. Febr. 1927 Organisationsleiter. Ebda., S. 164.
52 Ebda., S. 202 f. Die Darstellung der Vorgänge bei P. Hüttenberger, Die Gauleiter, Studien zum Wandel des Machtgefühls in der NSDAP, Stuttgart 1969, S. 44–46, sieht die Dinge v. a. organisationsgeschichtlich und bekommt deshalb die entscheidenden Motive und ihre Bedeutung nicht in den Blick.
53 Das Geistchristentum 1, 1928, S. 11–35: Satzung und Versammlung.
54 Das Schreiben ist offenbar verlorengegangen. Es findet sich jedoch im Aktenverzeichnis der OPG-Akte Dr. Dinter unter der Nr. 21 verzeichnet. Das Aktenverzeichnis umfaßt 145 Nummern, beginnend mit dem 8. 12. 27 und endend mit dem 27. 11. 37. Es ist offenbar im Juli 1939 gefertigt worden und beweist, daß 1927/28 fast die gesamte Parteiprominenz mit dem Fall Dinter befaßt war.
55 A. Tyrell, Führer befiehl …, S. 196 f.
56 Ebda., S. 197.
57 Ebda., S. 203.
58 Das Geistchristentum 1, 1928. S. 357.
59 Schreiben vom 12. 6. 1928. DC Berlin, OPG-Akte Dinter. Durchschlag ohne Kopf und Unterschrift. Der Absender geht aus dem Aktenverzeichnis hervor.
60 DC Berlin, OPG-Akte Dinter.
61 Siehe Anm. 58.
62 Das Geistchristentum 1, 1928, S. 354 und S. 356. Gekürzter Abdruck bei A. Tyrell, Führer befiehl …, S. 203.
63 A. Tyrell, Führer befiehl …, S. 208 ff. Vgl. auch S. 206 f. Der Wortlaut des Antrags in: Das Geistchristentum 1, 1928, S. 283 f.
64 Das Geistchristentum 1, 1928, S. 274.
65 Das Schreiben Strassers bei A. Tyrell, Führer befiehl …, S. 210 f.; die Erklärung in DC Berlin, OPG-Akte Dinter, und in: Das Geistchristentum 1, 1928, S. 377 f.
66 Das Aktenverzeichnis (s. o. Anm. 54) weist mindestens 18 Rückläufe auf, darunter die Namen von Kube, Goebbels, Buttmann, Kerrl und Göring.
67 Text der Ausschlußverfügung in: Das Geistchristentum 1, 1928, S. 379 f. Eine Aussprache zwischen Hitler und Dinter, die überraschenderweise noch *nach* dem Abschluß am 30. Oktober 1928 in Koburg stattfand, verlief ergebnislos. Vgl. ebda., S. 386 und zum Inhalt des Gesprächs ebda., 2, 1929, S. 183 und 275.
68 DC Berlin OPG-Akte Dinter. Schreiben der Reichsleitung, Personalkartei, an die Parteiamtl. Prüfungskommission zum Schutz des NS-Schrifttums vom 27. Juli 1937. Dinter starb am 21. 5. 1948 in Offenburg/Baden. (A. Mohler, Konservative Revolution, S. 378).
69 Das Geistchristentum 2, 1929, S. 414. In sieben Fortsetzungen dieses Jahrgangs mit dem Titel »Hitler und Rom« wird dieser Vorwurf ständig wiederholt.
70 Nach der wortgetreuen Niederschrift eines Anhängers. BA Koblenz, NS 26/55, S. 17 f.

ANMERKUNGEN ZU KAPITEL 7

1 Siehe oben S. 60f.
2 Zu dieser Vorgeschichte vgl. K. Scholder, Neuere deutsche Geschichte, S. 525–530, und v. a. W. Tilgner, Volksnomostheologie und Schöpfungsglaube. Ein Beitrag zur Geschichte des Kirchenkampfes, Göttingen 1966, insbes. S. 36–87.
3 Die für die politische Theologie der Genannten wichtigen Schriften finden sich bei A. Mohler, Die konservative Revolution, S. 424–427. Über Stapel siehe ebda., S. 410f.
4 In: P. Althaus, Die deutsche Stunde der Kirche, Göttingen (1933) ^{3}1934, S. 56.
5 Ebda., S. 55 und 57.
6 Ebda., S. 58 und 60.
7 P. Althaus, Das Erlebnis der Kirche, Leipzig (1919)^{2} 1924, S. 7.
8 Ebda., S. 14.
9 Ebda., S. 21.
10 Im folgenden wird nach der 3. Aufl. 1925 zitiert. Vgl. auch die Analyse dieser Schrift bei G. Schneider-Flume, Die politische Theologie Emanuel Hirschs 1918–1933 (Europ. Hochschulschriften, Reihe XII, Bd. 5) Bern und Frankfurt 1971.
11 Dazu vgl. oben S. 17f. und S. 115ff.
12 E. Hirsch, Deutschlands Schicksal, S. 143.
13 Ebda.
14 Ebda., S. 152.
15 Ebda., S. 153.
16 E. Hirsch an E. Geismar 31.12.1922. Nachlaß Geismar, Kopenhagen. Durch frdl. Vermittlung von J. H. Schj1/4rring.
17 P. Althaus, Die deutsche Stunde der Kirche, S. 26f.
18 K. Sontheimer, Antidemokratisches Denken in der Weimarer Republik, München 1962, S. 308.
19 Ebda., S. 34f. und Anm. 26; S. 310ff.
20 H. Keßler, Wilhelm Stapel als politischer Publizist. Ein Beitrag zur Geschichte des konservativen Nationalismus zwischen den beiden Weltkriegen, Nürnberg 1967, S. 23f.
21 W. Stapel, Volk und Volkstum, in: Die neue Front, hg. v. Moeller van den Bruck, H. v. Gleichen, M. H. Boehm, Berlin 1922, S. 81f.
22 Ebda., S. 89.
23 H. Keßler, W. Stapel, S. 51–53.
24 Ebda., S. 81f.
25 Ebda., S. 92.
26 Ebda., S. 101f.
27 Deutschlands Schicksal, S. 159.
28 K. Holl, Was verstand Luther unter Religion? (Rede, gehalten bei der Reformationsfeier der Universität Berlin am 31. Oktober 1917), in: Ges. Aufsätze zur Kirchengeschichte I, Luther, Tübingen^{7} 1948, S. 35. Einer der besten Beiträge zum Problem

ist E. Wolfs Aufsatz »Vom Problem des Gewissens in reformatorischer Sicht« (1942), in: Ders. Peregrinatio. Studien zur reformatorischen Theologie und zum Kirchenproblem, München [2]1962, S. 81–112.
29 E. Hirsch, Deutschlands Schicksal, S. 157.
30 Ebda., S. 161 f.
31 Ebda., S. 165.
32 K.-W. Dahm, Pfarrer und Politik, S. 185.
33 Siehe unten S. 165 ff.
34 »Der Hitler-Prozeß hat die Gemüter gewaltig erregt«, schrieb W. Stählin im Aprilheft des Evang. Monatsblattes »Christentum und Wirklichkeit«. Der Beitrag ist eine der frühesten Äußerungen zu Hitler in der kirchlichen Öffentlichkeit. Christentum und Wirklichkeit 2, 1924, S. 88 f.
35 Kirchl. Jahrbuch 1925, S. 373–376. Zum Evang. Bund siehe auch S. 7, 177, 291 f.
36 Reden und Vorträge, gehalten bei der 28. Generalversammlung des Evang. Bundes in München, Verlag des Evang. Bundes, Berlin 1924. Hier fehlt der im folgenden behandelte Vortrag.
37 Hoefler, 1878 als Lehrerssohn geboren, war im Weltkrieg Feldgeistlicher der 5. Bayer. Reservedivision und seit 1920 Studienprofessor am Städt. Mädchengymnasium in Nürnberg. LKA Nürnberg, Personalakte Hoefler.
38 Verlag der Buchhandlung des Vereins für Innere Mission, Nürnberg o. J. [1924], S. 5 LKA Nürnberg.
39 Ebda., S. 9 f.
40 Mein Kampf, S. 395 und 398, und oben S. 136.
41 Kirchl. Jahrbuch 1925, S. 375.
42 Nr. 244 v. 4. 9. 1924. Dazu auch F. v. Lama, Papst und Kurie, S. 628 f.
43 Vorstandsblatt des Evang. Bundes, hg. v. Präsidium (als vertrauliche Handschrift für die Vorstände der Vereine gedruckt), Nr. 4, Okt. 1924, S. 22 f.
44 Lic. theol. E. Moering, Selbstbesinnung des Protestantismus, Vossische Zeitung vom 2. 12. 1931. Fahrenhorsts Antwort mit Kommentar in der (kath.) Märkischen Volkszeitung v. 6. 2. 1932.
45 Vgl. W. Stählin, Via Vitae. Lebenserinnerungen, Kassel 1968, hier insbes. S. 176–191.
46 Buchverlag des Bundes Deutscher Jugendvereine, Sollstedt o. J. (1924).
47 Ebda., S. 29.
48 Ebda., S. 22.
49 Ebda., S. 34.
50 Ebda., S. 47.
51 Ebda., S. 55.
52 Vgl. seinen Aufsatz »Der Hitler-Prozeß«, in: Christentum und Wirklichkeit, 2, 1924, S. 88 f.
53 Kirchl. Jahrbuch 1925, S. 557.
54 Kirchl. Jahrbuch 1926, S. 588. Vgl. dazu auch J. Rathje, Die Welt des freien Protestantismus, S. 351.
55 K. Themel, Der religiöse Gehalt der völkischen Bewegung und ihre Stellung zur

Kirche. Vortrag am Reformationstag 1925 auf der Kirchlichen Woche des Freien Protestantismus in Hamburg. Prot. Studien H.3, Berlin 1926, S. 80. Auf S. 6f. findet sich eine Zusammenstellung der Literatur, die zeigt, wie bescheiden das Interesse der Kirche für diese Frage damals noch war.

56 Schreiben vom 19. 9. 1927. Nachlaß Althaus, Fasz. Barth.

57 Siehe oben S. 149ff.

58 Verhandlungen des zweiten Deutschen Evang. Kirchentages 1927, Königsberg i. Pr. 17.–21. Juni 1927, Berlin Steglitz o. J. (1928), S. 205. Der Vortrag ist auch abgedruckt in: P. Althaus, Evangelium und Leben. Ges. Vorträge, Gütersloh 1927, S. 113–143.

59 Verhandlungen des zweiten Deutschen Evang. Kirchentages 1927, S. 205.

60 Ebda., S. 207ff. und S. 213ff.

61 Ebda., S. 209.

62 Ebda., S. 215.

63 Ebda.

64 Ebda., S. 224.

65 Ebda., S. 216.

66 Ebda., S. 216 und S. 220.

67 Text ebda., S. 338–340.

68 Protokolle und Erklärung in AEKD Berlin A2/489.

69 Zu Pechmanns Haltung siehe oben S. 36 und unten S. 382f.

70 Deutsches Pfarrerblatt Nr. 29 v. 22. 7. 1930. Zitiert nach I. Arndt, Die Judenfrage im Licht der evangelischen Sonntagsblätter von 1918 bis 1933, Diss. phil. Tübingen 1960 (ms), S. 62–66.

71 Leopold Klotz Verlag, Gotha, 1926, S. 19–30.

72 Ebda., S. 20.

73 Ebda., S. 31–36.

74 Ebda., S. 31 und S. 36.

75 O. O. u. J. (Selbstverlag Stuttgart 1928), wiederabgedruckt in: R. R. Geis/H.-J. Kraus (Hg.), Versuche des Verstehens. Dokumente jüdisch-christlicher Begegnung aus den Jahren 1918–1933, München 1966. S. 256–302. Vgl. auch E. Lamparter. Das Judentum in seiner kultur- und religionsgeschichtlichen Erscheinung, Leopold Klotz Verlag, Gotha 1928.

76 E. Lamparter, Evang. Kirche und Judentum, S. 55f.

77 Vgl. dazu P. E. Lapide, The last three popes and the jews, London 1967, S. 86–116.

78 E. Lamparter, Evang. Kirche und Judentum, S. 60.

79 Ebda., S. 1.

80 Eine Biographie zur Deutschkirche und zu ihren wichtigsten Vertretern (Andersen, Niedlich, E. und P. v. Wolzogen u. a.) bei A. Mohler, Konservative Revolution, S. 222 bis 224 und S. 371–375.

81 Zu Andersen vgl. H. Buchheim, Glaubenskrise im Dritten Reich, Stuttgart 1953, S. 45f.

82 Eine Laientheologie auf geschichtlicher Grundlage, Schleswig 1907. Zum folgenden vgl. C. Nicolaisen, Die Auseinandersetzungen um das Alte Testament im Kirchenkampf 1933–1945. Diss. ev. theol. Hamburg 1967, S. 29f.

83 Der gesamte Vorgang findet sich in: Kirchliches Gesetz- und Verordnungsblatt für den Amtsbezirk des Kgl. evang.-luth. Konsistoriums in Kiel, Nr. 13 v. 8. 8. 1913, S. 127–134.

84 Leipzig 1917. Die einzelnen Thesenreihen sind mit den jeweiligen Verfassernamen gekennzeichnet; eine Bibliographie der vier Verfasser findet sich am Schluß der Schrift.

85 Nach H. Buchheim, Glaubenskrise im Dritten Reich, S. 46.

86 K. Hutten, Christus oder Deutschglaube? Stuttgart 1935. S. 11. Eine ausführliche Darstellung der deutschkirchlichen Lehre auch bei G. Gloege, Die Deutschkirche, in: W. Künneth u. H. Schreiner, Die Nation vor Gott, Berlin 1934, S. 393–415.

87 Kirchl. Jahrbuch 1924, S. 467.

88 Niederschrift über die Sitzung des Deutschen Evang. Kirchenbundesrates vom 8./9. 6. 1931 in Eisenach, Berlin 1931, S. 32 und S. 42.

89 Ebda., S. 22ff.

90 K. Witte, Deutschtum und Christentum, in: Das religiöse Deutschland der Gegenwart, 1. Bd., Berlin 1928, S. 133.

91 Ebda., S. 133f.

92 Hirsch hatte, wie aus einem Brief an Paul Althaus vom 25. 4. 1932 hervorgeht, bei den Reichspräsidentenwahlen im Frühjahr 1932 für Hitler gestimmt und dies, wie er schrieb, »auch in der Zeitung öffentlich erklärt«. Zugleich meinte er jedoch im Blick auf Hugenbergs Anti-Brüning-Politik: »Wir, die wir bei Hugenberg geblieben sind, wir wären ihm alle weggelaufen, ohne Besinnen, und würden heute alle Nazis sein, wenn er eine andere Politik gemacht hätte.« Nachlaß Althaus, Fasz. Hirsch.

93 H. Keßler, Wilhelm Stapel, S. 201f. und 266ff. (eigene Darstellung Stapels).

94 Auf einen Vortrag vor Erlanger Studenten im Juli 1933 über »Unwertes Leben im Lichte des christlichen Glaubens« hin erhielt er am 4. 8. 1933 eine scharfe Verwarnung des bayerischen Innenministeriums. Nachlaß Althaus, Fasz. Kirchenkampf.

ANMERKUNGEN ZU KAPITEL 8

1 Der ganze Vorgang – Schreiben des Präsidenten v. 14. 2. 1928 und Antworten der Landeskirchen – in AEKD Berlin, A 2/493.

2 Berlin (Furche Verlag) ^{1}1929, ^{17}1931(!), zahlreiche Übersetzungen. Hier zitiert nach der 8. Auflage o. J. [1930].

3 Ebda., S. 135; vgl. auch S. 111f., 125 u. ö.

4 Ebda., S. 138, S. 154 u. ö.

5 Ebda., S. 150.

6 Ebda., S. 147.

7 Vgl. dazu: Das Tagebuch im Spiegel der Presse. Pressestimmen zum »Tagebuch eines Großstadtpfarrers«, gesammelt u. hg. vom Furche Verlag, Berlin 1930. Kritische Thesen zur Kirche wurden z. B. auch auf der »Jungevangelischen Tagung« in Marburg 1929 verabschiedet. Kirchliches Jahrbuch 1930, S. 442ff.

8 H. Ehrenberg (Hrsg.), Credo Ecclesiam, Festgabe W. Zoellner zum 70. Geburtstag, Gütersloh 1930.
9 L. Thimme, Im Kampf um die Kirche. Versuch einer Lösung der Spannungen zwischen Kirche, Theologie und Gemeinschaft, Gotha 1930.
10 Siehe oben S. 72f.
11 K. Barth - E. Thurneysen, Briefwechsel, Bd. 2, 1921-1930, Zürich 1974, S. 293.
12 Ebda., S. 252. Rundbrief v. 18. 5. 1924.
13 Ebda., S. 696, Brief vom 12. 1. 1930.
14 K. Barth, Quousque tandem . . .?, in: Zwischen den Zeiten 8, 1930, S. 1-6. Wiederabgedruckt bei K. Kupisch, Der Götze wackelt, Berlin [2]1964, S. 27-32.
15 Siehe oben S. 58f.
16 K. Kupisch, Der Götze wackelt, S. 30f.
17 Ebda., S. 31. Barth hatte schon im Dezember 1928 gegenüber Thurneysen das Werk »ein nichtswürdiges Buch« genannt. Briefwechsel Barth - Thurneysen, Bd. 2, S. 639.
18 Verhandlungen der 9. Generalsynode der Evang. Kirche der altpreuß. Union, 1. Teil, Berlin 1930, S. 34f. Auch andere Redner in der Debatte fanden Barths Kritik offenbar eher lächerlich; vgl. S. 36, 48 u. ö.; eine andere Meinung dagegen S. 58f.
19 K. Barth, Die christliche Dogmatik im Entwurf, 1. Bd., Die Lehre vom Worte Gottes, München 1927, S. 25. Barth hat die »Christliche Dogmatik« nicht forgesetzt, sondern 1932 mit Band I/1 der kirchlichen Dogmatik noch einmal neu begonnen.
20 K. Barth, Christliche Dogmatik, S. 66.
21 K. Barth, Die Not der evangelischen Kirche, in: Zwischen den Zeiten 9, 1931, S. 89-122. Auch in: K. Kupisch, Der Götze wackelt, S. 33-62.
22 K. Kupisch, Der Götze wackelt, S. 53-55.
23 Rundbrief v. 22. 1. 1931, Karl Barth-Archiv, Basel.
24 O. Dibelius, Die Verantwortung der Kirche, Berlin o. J. [1931] S. 33.
25 Nachwort zu »Die Not der evang. Kirche«, in: K. Kupisch, Der Götze wackelt, S. 62 (Hervorhebung im Original).
26 Die deutschen Pfarrvereine, in den 90er Jahren in verschiedenen Landeskirchen gegründet und bald auch zu einer Reichsorganisation zusammengeschlossen, waren die Standesorganisation der deutschen evang. Pfarrer. Das Deutsche Pfarrerblatt war »Pflichtorgan aller Pfarrvereinsmitglieder«, besaß - 1929 - die beachtliche Auflage von 18500 Exemplaren und galt als »einziges Organ, das den Pfarrerstand in seiner Gesamtheit erreicht«. (A. Hinderer, Handbuch der Evang. Presse, Leipzig 1929. S. 127). Es scheint jedoch in Süddeutschland wenig gelesen worden zu sein. Die Bibliotheksexemplare sind trotz der hohen Auflage eine ausgesprochene Seltenheit.
27 Deutsches Pfarrerblatt 1930, S. 113, 180, 257, 278, 291, 323, 369ff., 407, 469, 771 u. ö. Vgl. K. W. Dahm, Pfarrer und Politik, Köln u. Opladen 1965, S. 73f.
28 Kirchliches Jahrbuch 1930, S. IXf. und S. 444ff.
29 M. Schian, Ecclesiam habemus. Ein Beitrag zur Auseinandersetzung zwischen Karl Barth und Otto Dibelius, Berlin 1931.
30 Kirchliches Jahrbuch 1930, S. 445f.

31 Kirchliches Jahrbuch 1931, S. 24ff.
32 Die Kirchliche Dogmatik I, 1 (1932) Zürich ^{8}1964, S. VIII.

ANMERKUNGEN ZU KAPITEL 9

1 Zum Youngbegehren vgl. H. Heiber, Die Republik von Weimar, München ^{5}1971, S. 203f., und G. Schulz, Aufstieg des Nationalsozialismus. Krise und Revolution in Deutschland, Frankfurt/M.-Berlin-Wien 1975, S. 462–465.
2 Schreiben vom 25. 4. 1932. Nachlaß Althaus, Fasz. Hirsch.
3 Vgl. A. Milatz, Wähler und Wahlen, S. 124f.
4 Zur politischen Seite der Thüringer Regierungsbildung vgl. F. Dickmann, Die Regierungsbildung in Thüringen als Modell der Machtergreifung. Ein Brief Hitlers aus dem Jahre 1930, in: Vierteljahreshefte für Zeitgeschichte 14, 1966, S. 454–464. Zur Religionspolitik Fricks siehe unten S. 273.
5 Die Ergebnisse der Landtagswahlen im einzelnen bei A. Tyrell, Führer befiehl . . ., S. 383f. Zum Ganzen vgl. G. Schulz, Aufstieg des Nationalsozialismus, S. 479–483.
6 Eine Aufstellung der Wahlergebnisse bei G. Schulz, Aufstieg des Nationalsozialismus, S. 845f. Zur Eroberung der Universitäten durch die nationalsozialistischen Studenten vgl. die instruktive Studie von A. Faust, Der nationalsozialistische Studentenbund, 2 Bde. Düsseldorf 1973, insbes. Bd. 1, S. 88–105, und Bd. 2, S. 7–42.
7 A. Milatz, Wähler und Wahlen, S. 133.
8 Zur Wahlentwicklung zwischen 1924 und 1933 vgl. Abbildung 8 in der Studie von A. Milatz, Wähler und Wahlen, S. 134.
9 H. Christ, Der politische Protestantismus in der Weimarer Republik. Eine Studie über die politische Meinungsbildung durch die evang. Kirchen im Spiegel der Literatur und der Presse. Diss. phil. Bonn 1967, bringt S. 30–52 eine Wahluntersuchung, führt aber das protestantische Wahlverhalten lediglich auf einen »Antirepublikanismus« zurück (ebda., S. 51, 53, 170 u. ö.).
10 H. Mulert, Konfession und politische Parteistellung in Deuschland, in: Zeitschrift für Politik 21, 1932, S. 339.
11 Die Wahlergebnisse im einzelnen nach A. Milatz, Wähler und Wahlen, S. 70ff.
12 H. Mulert, Konfession und politische Parteistellung, S. 338ff. Zum gleichen Ergebnis für die ersten Jahre der Republik kommt J. Schauff, Das Wahlverhalten der deutschen Katholiken im Kaiserreich und in der Weimarer Republik. Untersuchungen aus dem Jahre 1928, hg. und eingeleitet von R. Morsey, Mainz 1975, S. 132: »Den größten Anteil an den evangelischen Stimmen hat [1924] die Sozialdemokratie mit 31,5 Prozent.«
13 A. Grabowsky, Nach den Wahlen. Betrachtungen aus Amerika, in: Zeitschrift für Politik 20, 1931, S. 441–443.
14 Th. Geiger, Die Mittelschichten und die Sozialdemokratie, in: Die Arbeit. Zeitschrift für Gewerkschaftspolitik und Wirtschaftskunde 8, 1931, S. 620ff. Gegen die These vom »Neuproletariat« F. Tönnies, ebda., S. 782f.

15 Ebda., S. 626.
16 G. Schmidtchen, Protestanten und Katholiken. Soziologische Analyse konfessioneller Kultur, Bern und München 1973, S. 225.
17 Christliche Welt, 44, Nr. 23 v. 1. 12. 1930, Sp. 1162. Für den Herausgeber der Allg. Evang.-Luth. Kirchenzeitung W. Laible, war Rades Reaktion freilich nur ein »ästhetischer Schauer und Entsetzen«. Laible selbst sah im Zustrom der Jugend eine »im Kern erfreuliche Erscheinung«. Ebda., 64, 1931, Sp. 160f.
18 Die Furche 17, 1931, S. 226. Auch die katholische Kirche beobachtete bei ihrer Jugend ähnliches. Vgl. E. Matthias und R. Morsey (Hg.), Das Ende der Parteien 1933, Düsseldorf 1960, S. 297, Anm. 40, wo aus der Oktobernummer 1930 des »Jungen Zentrums« zitiert wird: »Die Jungwähler gingen in hellen Scharen zu den Nationalsozialisten und Kommunisten.«
19 LKA Berlin-Brandenburg, G III 94 a I. Eine Reihe ähnlicher Berichte ebda.
20 M. H. Kater, Zur Soziographie der frühen NSDAP, in: Vierteljahreshefte für Zeitgeschichte 19, 1971, S. 157.
21 G. Schulz, Aufstieg des Nationalsozialismus, S. 556. Vgl. auch die Statistik der Berliner SA bei A. Tyrell, Führer befiehl . . ., S. 274. Danach waren von 1800 Berliner SA-Männern 1931 nur 10 Prozent über 30 Jahre alt!
22 W. Dirks, Katholizismus und Nationalsozialismus, in: Die Arbeit 8, 1931. S. 201f.
23 E. Deuerlein, Der deutsche Katholizismus 1933 [1961] Osnabrück 1963, S. 51.
24 Der seinerzeit vielfach zitierte und kommentierte Briefwechsel jetzt bei H. Müller, Katholische Kirche und Nationalsozialismus, Dokumente 1930–1935, München 1963, S. 13–15, und bei B. Stasiewski, Akten deutscher Bischöfe über die Lage der Kirche 1933–1945, I, 1933–1934, Mainz 1968, S. 787ff.
25 H. Müller, Katholische Kirche und Nationalsozialismus, S. 15.
26 L. Volk, Der bayerische Episkopat und der Nationalsozialismus 1930–1934, Mainz ²1966, S. 31.
27 Im Brief eines Berliner Arztes an den Bischof von Berlin, den der Völkische Beobachter im Herbst 1931 veröffentlichte, wurde genau dieses Problem artikuliert. H. Müller, Katholische Kirche und Nationalsozialismus, S. 37f.
28 L. Volk, Der bayerische Episkopat, S. 24.
29 Ebda., S. 26.
30 H. Müller, Katholische Kirche und Nationalsozialismus, S. 15–19.
31 Ebda., S. 21–23.
32 Tatsächlich ist »in ganz Bayern nicht einem einzigen Verstorbenen wegen Zugehörigkeit zur NSDAP das Trauergeleit versagt worden«. L. Volk, Der bayerische Episkopat, S. 35.
33 Er findet sich in der Wiedergabe der Erklärungen bei H. Müller, Katholische Kirche und Nationalsozialismus auf den Seiten 25 (Köln), 33 (Paderborn) und 36 (Freiburg).
34 L. Volk, Der bayerische Episkopat, S. 29.
35 H. Müller, Katholische Kirche und Nationalsozialismus, S. 6.
36 K. Troßmann, Hitler und Rom, Nürnberg 1931, S. 196.
37 A. Wild, Hitler und das Christentum, Augsburg 1931, S. 54 und 46.

38 J. Nötges S. J., Nationalsozialismus und Katholizismus, Köln 1931. Der Nationalsozialismus und die deutschen Katholiken, hg. v. der Zentralstelle des Volksvereins für das katholische Deutschland, M.-Gladbach 1931. Weitere Titel (allerdings unvollständig) bei H. Müller, Katholische Kirche und Nationalsozialismus, S. 413.

39 Prophetien wider das Dritte Reich. Aus den Schriften des Dr. Fritz Gerlich und des Paters Ingbert Naab Ges. v. J. Steiner, München 1946, S. 202.

40 Vgl. dazu unten S. 230 f.

41 Zu Schachleiter vgl. L. Volk, Der bayerische Episkopat, S. 53–55. Interessant ist die konfessionelle Begründung seiner Aktivität, nämlich »den Katholiken einen Zugang zum Nationalsozialismus offenzuhalten, damit die ›deutsche Freiheitsbewegung‹ nicht ausschließlich protestantisch würde.« Ebda., S. 54. Vgl. auch L. Volk, Kirchliche Akten über die Reichskonkordatsverhandlungen 1933, Mainz 1969, S. 36, Anm. 2.

42 Zu Haeuser vgl. L. Volk, Der bayerische Episkopat, S. 27 f. Das Zitat stammt aus einem Artikel Haeusers »An meine Kritiker« im Völkischen Beobachter vom 20. 1. 1931.

43 W. M. Senn, Halt! Katholizismus und Nationalsozialismus. Meine zweite Rede an den deutschen Katholizismus und – nach Rom (Franz Eher Verl.) München o. J. [1932], S. 93. Vgl. auch: Katholizismus und Nationalsozialismus. Eine Rede an den deutschen Katholizismus, Karlsruhe [2]1931. Beide Broschüren richteten sich vor allem gegen das Zentrum und vertraten eine radikale völkisch-katholisch-nationalsozialistische Linie.

44 H. E. Friedrich, Nationalsozialismus, in: Christliche Welt 45, 1931, Sp. 406–410, 471–474, 553–559, 617–620. Das Zitat Sp. 619. Eine charakteristische Unterschätzung Hitlers findet sich Sp. 407 und 554. Danach verfügt Hitler zwar »über manche Führereigenschaften«, »aber nicht über die eine, die ihn zu dem wirklichen Führer machen könnte: aus letzter Einsamkeit geborene Entschlußkraft«.

45 Siehe oben, Kap. 8. Anm. 26.

46 Deutsches Pfarrerblatt 34, 1930, S. 709–711. Wieneke wurde 1933 theologischer Referent in der Reichsleitung der Deutschen Christen, siehe unten S. 287 f., 295 f., 306.

47 Deutsches Pfarrerblatt 34, 1930, S. 788–789.

48 Ebda., Sp. 789.

49 Deutsches Pfarrerblatt 35, 1931, Nr. 2 v. 13. 1. 1931.

50 Deutsches Pfarrerblatt 34, 1930. S. 710.

51 Bericht der Allgem. Evang.-Luth. Kirchenzeitung 64, 1931, Sp. 118 f. Putz' Thema lautete: »Die Entwicklung des Nationalsozialismus – eine Frage an Theologie und Kirchenvolk«.

52 W. Stapel, Sechs Kapitel über Christentum und Nationalsozialismus, Hamburg [5]1931, S. 26.

53 Ebda., S. 29.

54 Ebda., S. 13.

55 A. Hinderer, Handbuch der evang. Presse, S. 95.

56 Allg. Evang.-Luth. Kirchenzeitung 64, 1931, Sp. 253–257. Vgl. Auch Laibles erste Stellungnahme, ebda. Sp. 160 f.

57 Verhandlungen des Bayerischen Landtags, IV. Tagung 1930/31, 5. Band, 115. Sitzung vom 29. 4. 1931, S. 690–692. Buttmanns grundsätzliche Rede wurde unter der Überschrift »Das ›positive Christentum‹ der N.S.D.A.P.« im Völkischen Beobachter v. 1. 5. 1931 abgedruckt. Vgl. dazu W. Laible in: Allg. Evang.-Luth. Kirchenzeitung 64, 1931, Sp. 474. Zu Buttmann siehe auch unten S. 276ff.

58 Ebda., Sp. 403.

59 Aurel v. Jüchen, Der Faschismus, eine Gefahr für das Christentum, in: Zeitschrift für Religion und Sozialismus, 1930, S. 299–311. Die Erklärung ebda., S. 311. Dazu R. Breipohl, Religiöser Sozialismus und bürgerliches Geschichtsbewußtsein zur Zeit der Weimarer Republik, Zürich 1971, S. 24 Anm. 47.

60 Reich Gottes, Marxismus, Nationalsozialismus, hg. von Georg Wünsch, Tübingen 1931. Vgl. dazu die ausführliche kritische Rezension von E. Bizer in: Die Christliche Welt 46, 1931, Sp. 420–426. Ein »Bericht über den theologischen Kurs der religiösen Sozialisten vom 7.–10. April in Caub am Rhein« erschien in der Zeitschrift für Religion und Sozialismus, 1930, S. 251f.

61 Zum Fall »Eckert«, der seinerzeit großes Aufsehen erregte und die religiösen Sozialisten erheblich belastete, siehe unten S. 247f.

62 G. Wünsch, Evangelische Ethik des Politischen, Tübingen 1936, S. 652ff.

63 Neue Blätter für den Sozialismus, hg. v. E. Heimann, F. Klatt, A. Rathmann, P. Tillich 2, 1931, S. 176f.

64 G. Opitz, der Christlich-soziale Volksdienst. Versuch einer protestantischen Partei in der Weimarer Republik, Düsseldorf, 1969. S. 181f. Opitz' pauschale Festlegung des Christlich-sozialen Volksdienstes auf die Gemeinschaftsbewegung ist zu korrigieren. Vgl. H. Lehmann, Pietismus und weltliche Ordnung in Württemberg, Stuttgart-Berlin-Köln-Mainz 1969, S. 312–318. Zur Abgrenzung von der NSDAP siehe ebda., S. 320f.

65 Strathmann war erst 1930 von den Deutschnationalen zum Volksdienst gestoßen und seit Januar 1931 Reichtstagsabgeordneter dieser Partei. Vgl. G. Opitz, Der Christlich-soziale Volksdienst, S. 178 Anm. 67 und S. 215. Zur politischen Haltung des Christlich-sozialen Volksdienstes vgl. ebda., S. 256f.

66 Christentum und Volkstum. Schriften in zwangloser Folge im Auftrag des Christlichen Volksdienstes hg. v. Prof. D. Strathmann, Erlangen, Volksdienst-Verlag Nürnberg o. J. [1931] 2. erg. Auflage 1932.

67 Ebda., S. 10ff.

68 Ebda., S. 18ff.

69 Ebda., S. 35.

70 G. Opitz, Der Christlich-soziale Volksdienst, S. 292–294. Zur Kapitulation des Christlich-sozialen Volksdienstes ebda., S. 298ff.

71 So der – allerdings parteiische – Bericht in der Allg. Evang.-Luth. Kirchenzeitung, 64, 1931, Sp. 441–443.

72 Die Vorträge von Künneth, Wilm und Schemm erschienen im Verlag des Landesvereins für Innere Mission der ev.-luth. Kirche in Sachsen, Dresden 1931. Eine außerordentliche kritische Besprechung widmete ihnen Martin Rade in der Christlichen Welt, 45, 1931, Sp. 620.

73 Allg. Evang.-Luth. Kirchenzeitung 64, 1931. Sp. 443.

74 Die Stellungnahme v. 23. 4. 1931 erschien in der gesamten mecklenburgischen Tagespresse, in der Niederdeutschen Kirchenzeitung 1, 1931, S. 176 ff., in der Allgem. Evang.-Luth. Kirchenzeitung, 64, 1931, Sp. 424–426 u. ö.

75 Heft 35 der Volksschriften des Evangelischen Bundes, Berlin 1931. Hier zitiert nach der 4. erw. Aufl. (12.–15. Tsd.!) Berlin 1932, S. 68. Zur Haltung des Bundes in dieser Zeit siehe auch F. v. d. Heydt, Gute Wehr. Werden, Wirken und Wollen des Evangelischen Bundes, Berlin 1936, S. 152 f.

76 »Die Grundlagen des Nationalsozialismus und ihr Verhältnis zum Evangelium. Gutachten erstattet an den Evangelischen Oberkirchenrat in Berlin von Lic. Dr. Helmuth Schreiner, Berlin-Spandau, Johannesstift.« Vgl. dazu F. W. Kantzenbach, »Zeitwende«. Zum Weg einer Kulturzeitschrift und ihrer Münchner Redaktion im Dritten Reich, in: Zeitschrift für bayerische Landesgeschichte 37, 1974, S. 577 f.

77 Aktennotiz v. 18. 6. 1931. AEKU Berlin, EO Gen. VI 27 I. (Durch freundl. Vermittlung von R. Bunz). Der Vortrag wurde auch vom Kirchenausschuß versandt; so z. B. auf eine Anfrage des deutschen Propstes von Porto Alegre in Brasilien nach einer »Stellungnahme der höchsten Behörden der evangelischen Kirche Deutschlands« zum Nationalsozialismus. Eine solche Stellungnahme liege nicht vor, hieß es in der Antwort aus Berlin, aber die beleidigende Schrift – eben Schreiners Vortrag – werde bestimmt das Interesse des Propstes finden. Schr. v. 11. 4. und 16. 10. 31, AEKD Berlin, A2/491.

78 H. Schreiner, Der Nationalsozialismus vor der Gottesfrage, (1.–10. Tsd.) Berlin-Spandau 1931, S. 43.

79 Ebda., S. 51.

80 Ebda., S. 30 f.

81 Ebda., S. 51.

82 E. Klügel, Die lutherische Landeskriche Hannovers und ihr Bischof 1933–1945, Berlin u. Hamburg 1965, S. 12 f.

83 R. Karwehl, Was ich als lutherischer Prediger von Karl Barth gelernt habe, in: Antwort, Karl Barth zum 70. Geburtstag, Zürich 1956, S. 897–905.

84 Politisches Messiastum, in: Zwischen den Zeiten 9, 1931, S. 519–543. Hier zitiert nach W. Fürst (Hg.) »Dialektische Theologie« in Scheidung und Bewährung 1933 bis 1936, München 1966, S. 26–28. Vgl. auch S. 32–33.

85 Ebda., S. 28.

86 Ebda., S. 40 f.

87 Kirchl. Jahrbuch 1931, S. 65.

88 Kirchl. Jahrbuch 1932, S. 65–67.

89 Bd. I, II, Leopold Klotz Verlag, Gotha. (März und August) 1932. Dazu L. Siegele-Wenschkewitz, Nationalsozialismus und Kirchen, S. 27–35.

90 Die Unterscheidung zwischen Nationalsozialismus und Patriotismus ist der jüngeren Generation schon damals geläufig gewesen. Vgl. etwa H.-D. Wendland, Sozialismus und Nationalismus. Fragen zur politischen Ethik der Gegenwart, in: Neue kirchliche Zeitschrift 42, 1931, S. 425 f.

91 Preußische Zeitung Nr. 155 v. 4./5. Juli 1931. Zitiert nach: Zeitschrift für Religion und Sozialismus, 1931. S. 381 f.
92 Siehe oben S. 195 f.
93 G. Schäfer, Die evangelische Landeskirche in Württemberg und der Nationalsozialismus, Bd. I, Um das politische Engagement der Kirche 1932–1933, Stuttgart 1971, S. 34 f.
94 Die Texte im einzelnen in: Kirchl. Jahrbuch 1932, S. 126–168.

ANMERKUNGEN ZU KAPITEL 10

1 R. Morsey, Die deutsche Zentrumspartei, in: E. Matthias und R. Morsey (Hg.), Das Ende der Parteien 1933, Düsseldorf 1960, S. 285–289. Die Problematik dieser Entscheidung ist schon damals bemerkt worden. Vgl. ebda., S. 287, Anm. 31, und H. Brüning, Memoiren 1918–1934, S. 135. Ferner jetzt auch die kritische Wertung bei L. Volk, Reichskonkordat, S. 41.
2 Zitiert nach L. Volk, Reichskonkordat, S. 41.
3 J. Schmidlin, Papstgeschichte der neuesten Zeit, Bd. 4, Pius XI. (1922–1939), München 1939, S. 175–179.
4 Bericht Ritters v. 2. 6. 1928. G. Franz-Willing, Bayerische Vatikangesandtschaft, S. 229.
5 Siehe unten S. 221 ff.
6 Klein an Pacelli, 1. 10. 1928. Zitiert nach L. Volk, Reichskonkordat, S. 45.
7 Ebda.
8 Telegramm Bergens v. 31. 12. 1929. Arch. 3AA Bonn, Botschaft Rom-Vatikan, Bd. 193. Vgl. auch L. Volk, Reichskonkordat, S. 45 f. Auch die Kosten dieses Aufenthalts übernahm das Auswärtige Amt.
9 Ritter an Held, 9. 3. 1930. Text: A. Kupper, Zur Geschichte des Reichskonkordats, in: Stimmen der Zeit 171, 1962/63, S. 31 f.
10 Ebda., S. 27.
11 Bergen an AA, 2. 6. 1930. Arch. AA Bonn, Botschaft Rom-Vatikan, Bd. 193.
12 E. Föhr, Badisches Konkordat, S. 16 f.
13 Ebda., S. 17 f., S. 21 f. u. ö.
14 Zur Regierung Brüning vgl. jetzt G. Schulz, Aufstieg des Nationalsozialismus, S. 537–547 und 599–604.
15 Der Begriff stammte aus der katholischen »Allgemeinen Rundschau«. L. Volk, Der bayerische Episkopat und der Nationalsozialismus 1930–1934, Mainz [2]1966, S. 41.
16 Bericht Ritter v. 8. 11. 1930. G. Franz-Willing, Bayerische Vatikangesandtschaft, S. 230 f.
17 Osservatore Romano Nr. 238 v. 11. 10. 1930. Zitiert nach F. Sandmann, Die Haltung des Vatikans zum Nationalsozialismus im Spiegel des »Osservatore Romano« von 1929 bis zum Kriegsausbruch. Diss. phil. Mainz 1965, S. 99.
18 J. Nötges, Nationalsozialismus und Katholizismus, S. 27. Gegen E. Deuerlein, Der

deutsche Katholizismus, S. 51, der in dieser Erklärung eine Bekräftigung der ersten sieht.

19 Bericht Ritter v. 2. 3. 1931. G. Franz-Willing, Bayerische Vatikangesandtschaft, S. 231 und S. 250, Anm. 17.

20 Bericht Ritter v. 11. 5. 1931. E. Deuerlein, Katholizismus, S. 53 f.

21 Bericht Bergen v. 20. 3. 1931. Wortlaut im Promemoria Pacellis v. 23. 4. 1931. A. Kupper, Geschichte des Reichskonkordats, S. 33.

22 Ebda., S. 27.

23 R. Morsey, Ende der Zentrumspartei, S. 301.

24 Vgl. H. Irmler, Bankenkrise und Vollbeschäftigungspolitik (1931–1936), in: Währung und Wirtschaft in Deutschland, hg. v. d. Deutschen Bundesbank, Frankfurt 1976, S. 283–308; v. a. S. 291 f.

25 Die Authentizität von Brünings Erinnerungen in diesem Punkt ist freilich nicht unumstritten. Im Blick auf andere Unzuverlässikgeiten und Schwächen der »Memoiren« und gestützt auf nachweisbare Fehler im einzelnen hält vor allem R. Morsey den politischen Kern des Gesprächs für »wenig wahrscheinlich (wenn auch nicht völlig ausgeschlossen)«. (Zur Entstehung, Authentizität und Kritik von Brünings »Memoiren 1918–1934«, Rhein-Westfäl. Akademie der Wissenschaften, Vorträge G 202, Opladen 1975, S. 45–49). Tatsächlich paßt jedoch das Gespräch genau in die uns bekannten Überlegungen und Ziele Pacellis hinein. Mag der überlastete und gereizte Brüning manches überscharf gezeichnet haben; an der richtigen Wiedergabe der Intentionen Pacellis kann m. E. kein Zweifel bestehen. So auch – trotz gewisser Einschränkungen – L. Volk, Reichskonkordat, S. 48 f.

26 Brüning an Bertram, 22. 7. 30. Zitiert in einem Schreiben von Reichswehrminister Schleicher an Klein v. 13. 7. 32. A. Kupper, Geschichte des Reichskonkordats, S. 34.

27 Ärger im Vatikan wegen der Gleichstellung von Konkordat und Kirchenvertrag hatte es schon aus Anlaß des bayerischen Konkordats gegeben. Bericht Ritter v. 10. 11. 1924. G. Franz-Willing, Bayerische Vatikangesandtschaft, S. 202.

28 H. Brüning, Memoiren 1918–1934, Stuttgart 1970, S. 358–360.

29 Zu Pacellis Entschlossenheit vgl. L. Volk, Reichskonkordat, S. 49.

30 Zitiert nach R. Morsey, Ende der Zentrumspartei, S. 302.

31 Bericht Ritter v. 20. 12. 1931. Ebda., S. 302, Anm. 23.

32 G. Franz-Willing, Bayerische Vatikangesandtschaft, S. 231.

33 R. Morsey (Hg.), Die Protokolle der Reichstagsfraktion und des Fraktionsvorstandes der deutschen Zentrumspartei 1926–1933, Mainz 1969, S. 553.

34 Vgl. oben S. 110, 217 f., und A. Hollerbach, Streiflichter, S. 333.

35 E. Föhr, Badisches Konkordat, S. 24–26.

36 Zu Eugen Baumgartner, dem einzigen Kultusminister in der Weimarer Zeit, der aus den Reihen des Zentrums kam, vgl. jetzt A. Hollerbach, Streiflichter, S. 328 ff.

37 Pacelli an Baumgartner, 8. 1. 32. E. Föhr, Badisches Konkordat, S. 25 f.

38 E. Föhr, ebda., S. 26 f.

39 Ebda., S. 39 f.

40 Ebda., S. 50 f.

41 Text mit Begründung: W. Weber, Konkordate und Kirchenverträge, S. 100–128.

42 A. Hollerbach, Streiflichter, S. 324 f.
43 G. Schulz, Aufstieg des Nationalsozialismus, S. 688.
44 R. Morsey, Protokolle, S. 572.
45 L. Kaas, Der Konkordatstyp des faschistischen Italien, in: Zeitschrift für ausländisches öffentliches Recht und Völkerrecht, Bd. III, 1, 1933, S. 488–522. Zu diesem Aufsatz siehe ausführlich unten S. 240 f.
46 B. Stasiewski, Akten deutscher Bischöfe über die Lage der Kirche 1933–1945, Bd. I 1933–1934, Mainz 1968, S. 843 f.
47 L. Volk, Der bayerische Episkopat und der Nationalsozialismus 1930–1934, Mainz [2]1966, S. 46.
48 Freising, 7. 9. 1932. L. Volk, Faulhaber-Akten I, S. 632.
49 Bericht Ritter v. 2. 8. 1932. G. Franz-Willing, Bayerische Vatikangesandtschaft, S. 231 f.
50 Aufzeichnung Meißners v. 13. 8. 32. Zitiert nach Th. Vogelsang, Reichswehr, Staat und NSDAP, Stuttgart 1962, S. 479 f.
51 Dieses Dilemma der katholischen Partei hat – mit einem Rückgriff auf die katholische Staatslehre – vor allem D. Junker herausgestellt. Die Deutsche Zentrumspartei und Hitler 1932/33, Stuttgart 1969, v. a. S. 86 ff.
52 R. Morsey, Protokolle, S. 583 f. Hervorhebung im Original.
53 Gerlich-Naab, Prophetien wider das Dritte Reich, S. 517. Als Motto auch bei D. Junker, Zentrumspartei, S. 8. Über die Ernsthaftigkeit der Bemühungen des Zentrums siehe ebda., S. 100–105.
54 Ebda., S. 109.
55 Papen an Bergen, 6. 6. 1932. Arch. AA Bonn, Botschaft Rom-Vatikan, Bd. 1042.
56 Schleicher an Klein, 13. 8. 32. A. Kupper, Geschichte des Reichskonkordats, S. 35–37.
57 Entschließung der Fuldaer Bischofskonferenz v. 17.–19. 8. 32. Ebda., S. 28.
58 Promemoria v. 25. 10. 1932. Ebda., S. 37. Zur genannten Erklärung vgl. oben S. 97.
59 Pacelli an Papen, 29. 10. 1932. Ebda., S. 39 f.
60 Papen an Pacelli, 17. 11. 1932. Zit. nach L. Volk, Reichskonkordat, S. 54.
61 A. Kupper, Geschichte des Reichskonkordats, S. 42–44. Vgl. dazu auch L. Volk, Reichskonkordat, S. 55 f.
62 A. Kupper, Geschichte des Reichskonkordats, S. 30 f. II Vat. 129 (geheim) war das Aktenzeichen von Menshausens erster Aufzeichnung v. 5. April 1933 über die neuen Möglichkeiten eines Reichskonkordats. Text bei A. Kupper, Staatliche Akten über die Reichskonkordatsverhandlungen 1933, Mainz 1969, S. 3–5.
63 Zu Mussolini als Marxist vgl. E. Nolte, Faschismus, S. 200–219.
64 Zur Entwicklung des Faschismus siehe ebda., S. 261–287.
65 J. Schmidlin, Papstgeschichte 4, S. 104 f. und – v. a. zu den politischen Zusammenhängen – K. Neundörfer, Die Kirchenpolitik des italienischen Faschismus, in: Hochland 23 II, 1926, S. 369–371.
66 Eine informationsreiche Darstellung der Katholischen Aktion und ihrer weltweiten Propagierung bei J. Schmidlin, Papstgeschichte 4, S. 67–79.
67 K. Neundörfer, Kirchenpolitik, (Anm. 65).

68 E. Pacelli, Gesammelte Reden, S. 137–140. Nach E. Schmidlin, Papstgeschichte 4, S. 73, blieb »die Katholische Aktion auf deutscher Erde zunächst toter Buchstabe auf dem Papier«.

69 Die Lateran-Verträge zwischen dem Heiligen Stuhl und Italien vom 11. Februar 1929. Autorisierte Ausgabe mit einer Einleitung des Päpstlichen Nuntius Eugenio Pacelli in Berlin, Freiburg 1929, S. 9. Vgl. auch Art. 26, ebda., S. 31. Nach dieser Ausgabe wird auch im folgenden zitiert.

70 Die Bedeutung dieser Bestimmung wird durch die Tatsache unterstrichen, daß in den dreißiger Jahren außer Italien lediglich noch Bolivien, Kolumbien, S. Salvador und Nicaragua ähnliche Regelungen besaßen. L. Kaas, Konkordatstyp, S. 501, Anmerk. 13.

71 Ebda., S. 516.

72 Ebda., S. 507.

73 Ebda., S. 517.

74 Die Lateran-Verträge, S. 5f.

75 R. Leiber, Die Lösung der römischen Frage durch die Lateranverträge, in: Stimmen der Zeit 59, 1929. S. 161–181, v. a. S. 173f. und S. 179. Ähnlich auch Lulvès, Der Lateranvertrag zwischen dem Heiligen Stuhl und Italien, in: Preußische Jahrbücher 216, 1929. S. 61–76.

76 H. Liermann, Staat und Kirche in den Lateranverträgen, in: Archiv des öffentlichen Rechts 57 (NF 18), 1930, S. 399 und 410.

77 So für viele etwa John S. Conway. Die nationalsozialistische Kirchenpolitik 1933 bis 1945. Ihre Ziele, Widersprüche und Fehlschläge, München 1969, S. 26.

78 Zur Rolle Italiens in der Bündnispolitik Hitlers vgl. E. Jäckel, Hitlers Weltanschauung. Entwurf einer Herrschaft, Tübingen 1969, S. 33ff.

79 Völkischer Beobachter Nr. 45 v. 22. 2. 1929. Bayernausgabe. Die Titelzeilen des Artikels auf S. 1 lauten: »Der römische Friede und der Nationalsozialismus – Adolf Hitler über den Friedensschluß zwischen dem Faschismus und dem Vatikan – Die Anerkennung des faschistischen Staatsgedankens durch den Papst – Liberalismus und Nationalismus – Die Rechtfertigung der nationalsozialistischen Außenpolitik.« Der Artikel ist in der gesamten Konkordatsliteratur bisher merkwürdigerweise unbeachtet geblieben. Auf seine Bedeutung hat zum ersten Mal meine Mitarbeiterin L. Siegele-Wenschkewitz, Nationalsozialismus und Kirchen, Religionspolitik von Partei und Staat bis 1935, Düsseldorf 1974, S. 70–108, hingewiesen.

80 J. Stark, Nationalsozialismus und katholische Kirche, München [3]1931, S. 31 und S. 20. Dieser Abschnitt auch bei L. Volk, Reichskonkordat, S. 60, Anm. 4.

81 W. Köhler, Konkordatswehen in Baden, Völkischer Beobachter, Münchener Ausgabe, Nr. 327 v. 22. 11. 1932. Hervorhebungen im Original.

82 L. Kaas, Der Konkordatstyp des faschistischen Italien, S. 494 und 497f. Dieser für die Vorgeschichte des Reichskonkordats wie für die Politik und Kirchenpolitik von Kaas 1933 entscheidend wichtige Aufsatz ist bisher, soweit ich sehen kann, in der gesamten Konkordatsliteratur unerwähnt geblieben. Weder bei Deuerlein, noch bei Morsey, Kupper, Volk oder Repgen findet sich irgendein Hinweis darauf. Die Erklärung liegt möglicherweise darin, daß das Bemühen, die Kontinuität zwischen den

Konkordatsverhandlungen der Weimarer Zeit und dem Reichskonkordat vom 20. Juli 1933 nachzuweisen, das vor allem die erste große Monographie von Ernst Deuerlein (1956) bestimmte, den Blick für die unmittelbare politische Bedeutung der Lateranverträge verstellte. Dagegen vgl. L. Siegele-Wenschkewitz, Nationalsozialismus und Kirchen, S. 105 f.

83 L. Kaas, Konkordatstyp, S. 510 f.

84 Ebda., S. 517.

ANMERKUNGEN ZU KAPITEL 11

1 Vgl. A. Boyens, Kirchenkampf und Ökumene 1933–39. Darstellung und Dokumentation, München 1969, S. 17 f.

2 Kirchliches Jahrbuch 1931, S. 478.

3 Hierzu erschien 1931 eine eigene Dokumentation: W. Zoellner, Die Ökumenische Arbeit des Deutschen Evangelischen Kirchenausschusses und die Kriegsschuldfrage, Berlin 1931. Darin wurde ausführlich auch auf die Stuttgarter Erkärung zur Kriegsschuldfrage der deutschen Vereinigung des WFK vom 24. 9. 1924 eingegangen, die für eine internationale Prüfung dieser Frage und gegen ihre diktatorische Lösung eintrat. Ebda., S. 20–22. Vgl. auch die deutliche Rede von F. Siegmund-Schultze auf der 7. Jahrestagung in Kassel im August 1929, ebda., S. 45 f.

4 Zitiert nach: Theol. Blätter 10, 1931, Sp. 177 f.

5 Karl Barth schrieb am 4. 6. 1931 an Georg Merz: »Ist Dir die Erklärung Hirsch-Althaus auch schon vor Augen gekommen? Was ist doch der Althaus ein Spr. 1,10 nicht bedenkendes Schaf. Hirsch war über Pfingsten bei ihm auf Besuch und hat ihm offenbar . . . diesen Unsinn in die Feder diktiert.« Karl Barth-Archiv, Basel. Eine kritische Stimme und ein kurzer Überblick über die Reaktionen auf die gemeinsame Erklärung von Hirsch und Althaus in: Theol. Blätter 10, 1931, S. 230–234.

6 Allgem. Evang.-Luth. Kirchenzeitung 64, 1931, Sp. 708–717.

7 Ebda., 65, 1932, Sp. 62–65.

8 Christl. Welt 45, 1931, Sp. 606 f.

9 Allgem. Evang.-Luth. Kirchenzeitung 64, 1931, Sp. 709.

10 F.-M. Balzer, Klassengegensätze in der Kirche. Erwin Eckert und der Bund der Religiösen Sozialisten, Köln 1973, S. 93 f. Die interessante Arbeit, die im wesentlichen aus der Sicht Eckerts geschrieben ist, bestätigt im übrigen gegen ihren Willen das Recht der badischen Kirchenleitung, gegen Eckert vorzugehen. Der Mannheimer Pfarrer absolvierte im Herbst 1930 41, im ersten Halbjahr 1931 ca. 100 politische Versammlungen (ebda. S. 90). Er war seit langem tatsächlich sehr viel mehr politischer Agitator als Pfarrer und Theologe.

11 H. Schafft, Der Fall Eckert, in: Neuwerk 12, 1930/31, S. 356–358.

12 Zu Schafft vgl. den eindrucksvollen Sammelband: Hermann Schafft. Ein Lebenswerk, hg. v. W. Kindt, Kassel 1960, der die Bedeutung Schaffts deutlich macht. Über seine Beziehungen zum religiösen Sozialismus und insbesondere zu Paul Tillich

vgl. ebda., S. 90–96. Zum Neuwerk-Kreis siehe auch G. Dehn, Die alte Zeit, die vorigen Jahre, S. 230–246.

13 G. Wünsch, Zum Fall Eckert, in: Zeitschrift für Religion und Sozialismus, 1931, S. 249–251.

14 G. Dehn, Kirche und Politik. Bemerkungen zu den Angriffen auf Hermann Schafft, in: Neuwerk 13, 1931/32, S. 117–120. Vgl. auch Barths entsprechende Äußerungen in der »Christlichen Dogmatik«, oben S. 182.

15 Zum »Fall Dehn« gibt es eine umfangreiche Literatur. Ich nenne neben der Dokumentation von Dehn selbst: Kirche und Völkerversöhnung. Dokumente zum Halleschen Universitätskonflikt, Berlin o. J. [1931], und seinen Erinnerungen: Die alte Zeit, die vorigen Jahre, München 1962, insbes. S. 247–285, die Beiträge von E. Bizer, Der »Fall Dehn«, in: Festschrift für Günther Dehn, hg. v. W. Schneemelcher, Neukirchen 1957, S. 239–261; W. Prokoph, Die politische Seite des »Falles Dehn«, in: Wissenschaftl. Zeitschrift der Univ. Halle, XVI, 1967, Heft 2/3, S. 249–271, und A. Faust, Der nationalsozialistische Studentenbund, Düsseldorf 1973, Band 2, S. 62–73.

16 G. Dehn, Kirche und Völkerversöhnung, S. 15–21 f.

17 Ebda., S. 27–34.

18 Vgl. A. Faust, Der nationalsozialistische Studentenbund, Bd. 2, S. 9 ff.

19 H. Mulert, Baumgarten und die Nationalsozialisten, Neumünster 1930, S. 4–15 (Abdruck der Urteilsbegründung).

20 G. Dehn, Die alte Zeit, die vorigen Jahre, S. 260.

21 Traub, vor dem Ersten Weltkriegs seinerseits durch einen »Fall« bekanntgeworden und 1911 im sog. Apostolikumsstreit seines Pfarramts enthoben, wurde wegen nationaler Verdienste im Kriege rehabilitiert und vertrat in den »Eisernen Blättern« einen radikal nationalistischen Kurs. Er hat gegen Ende des Zweiten Weltkriegs Dehn in einem Brief um Verzeihung für sein damaliges Vorgehen gebeten und sie auch erhalten. G. Dehn, Die alte Zeit, die vorigen Jahre, S. 260.

22 Zum »Fall Gumbel« vgl. A. Faust, Der nationalsozialistische Studentenbund, Bd. 2, S. 57–62.

23 Beide Voten in: Kirche und Völkerversöhnung, S. 40–43.

24 Ebda., S. 46.

25 G. Dehn, Die alte Zeit, die vorigen Jahre, S. 272. Vgl. auch den Augenzeugenbericht in: Kirche und Völkerversöhnung, S. 68 f.

26 Zahlreiche ähnliche Beispiele bei A. Faust, Der nationalsozialistische Studentenbund, Bd. 2, S. 51–81.

27 Kirche und Völkerversöhnung, S. 81.

28 Ebda., S. 89 f.

29 Vgl. insbesondere dazu E. Bizer, Der »Fall Dehn«, S. 256–259.

30 DAZ 71, 1932, 31. 1. 1932.

31 Barth an Knak, 13. 3. 1931. Karl Barth-Archiv, Basel.

32 Barth an Dehn, 20. 10. 1931, ebda.

33 Barth an Dehn, 9. 2. 1932, ebda.

34 »Warum führt man den Kampf nicht auf der ganzen Linie? Der Fall Dehn und die

›didaktische Theologie‹«, in: Frankfurter Zeitung Nr. 122 v. 15. 2. 1932. Auch in Neuwerk 13, 1931/32, S. 366–372.
35 Deutsches Volkstum 14, 1932, S. 266 ff.
36 Antwort an Emanuel Hirsch v. 17. 4. 1932. Ebda., S. 390–394.
37 W. Prokoph, Die politische Seite des »Falles Dehn«, S. 271, Anm. 128.
38 G. Schulz, Aufstieg des Nationalsozialismus, S. 472 ff., 672 ff., 723.
39 Entschließung der Landessynode v. Hessen-Kassel vom 15. 4. 1931, in: Kirchliches Jb. 1931, S. 145. Vgl. dazu auch Wright, »Über den Parteien«, S. 166–169.
40 AEKD Berlin, A2/478. Vgl. auch K. Scholder, Die Kapitulation der evang. Kirche vor dem nationalsozialistischen Staat, in: Zeitschrift für Kirchengeschichte 81, 1970, S. 183 ff.
41 AEKD Berlin, A 2/479.
42 Die Predigt in diesem Gottesdienst hielt Pastor Hans Asmussen, der später einer der maßgebenden Mitverfasser des Altonaer Bekenntnisses wurde (dazu s. unten S. 267 ff). Predigttext war das fünfte Gebot: »Du sollst nicht töten!« H. Asmussen, Erinnerung an das Altonaer Bekenntnis, in: Evang.-Luth. Kirchenzeitung 12, 1958, S. 54.
43 Nach dem Bericht in der Deutschen Allgem. Zeitung, 71, 1932, Nr. 331–332 v. 19. Juli 1932. Vgl. auch J. C. Fest, Hitler, S. 471.
44 Die gedruckte Liturgie »Notgottesdienst der Propstei Altona am 21. Juli 1932« und die Botschaft in AEKD Berlin A 2/479.
45 Vgl. dazu H. Asmussen, Zur jüngeren Kirchengeschichte. Anmerkungen und Folgerungen, Stuttgart 1961, S. 30: »Es mußte m. a. W. ein Bekenntnis abgelegt werden. Es ist unmaßgeblich, an welcher Stelle Deutschlands diese Erkenntis aufbrach. Jedoch glaube ich, daß wir es in Altona gewesen sind, welche diese Erkenntnis gewannen.«
46 P. Kluke, Der Fall Potempa, Vierteljahreshefte für Zeitgeschichte 5, 1957, S. 279–297.
47 M. Domarus, Hitler. Reden und Proklamationen 1932–1945. Kommentiert von einem deutschen Zeitgenossen, Bd. I 1, München 1965, S. 130. Zu den politischen Motiven des Telegramms vgl. J. C. Fest, Hitler, S. 475 f.
48 Völkischer Beobachter Nr. 239 v. 26. 8. 1932.
49 G. Schäfer, Die Evang. Landeskirche in Württemberg und der Nationalsozialismus. Eine Dokumentation zum Kirchenkampf, Bd. 1. Um das politische Engagement der Kirche 1932–33. Stuttgart 1971, S. 155 f.
50 Ebda., S. 157 f. Vgl. auch S. 168.
51 Ebda., S. 171 f.
52 Ebda., S. 156 f.
53 Ebda., S. 161–163.
54 Allg. Evang.-Luth. Kirchenzeitung 65, 1932, Sp. 832–834.
55 Christl. Welt 46, 1932, Sp. 816 (H. Mulert).
56 A. Tyrell, Führer befiehl . . ., S. 383.
57 Nachrichten für Stadt und Land, Nr. 251 v. 14. 9. 1932. Presseausschnitte und alle folgenden Quellen in: St A Oldenburg A II – 24 Nr. 24.
58 Aktenvermerk gez. A[hlhorn] v. 14. 9. 32.

59 Nachrichten für Stadt und Land, Nr. 253 v. 16. 9. 1932.
60 Oldenburger Nachrichten v. 21. 9. 1932.
61 Nachrichten für Stadt und Land v. 15. 9. 32.
62 Bremer Nachrichten Nr. 263 v. 21. 9. 1932.
63 Nach dem Bericht im Delmenhorster Kreisblatt Nr. 219 v. 17. 9. 32. Ähnlich der Bericht im nat.soz. Freiheitskämpfer v. 20. 9. 32.
64 Bremer Nachrichten Nr. 263 v. 21. 9. 1932.
65 Wortlaut der Klage in StA Oldenburg A II Varia.
66 Bericht darüber in der die Frankfurter Zeitung auf der ersten Seite am 26. 9. 1932.
67 Das Evangelische Deutschland 9, 1932, S. 408. Text auch bei K. D. Schmidt (hg.), Die Bekenntnisse und grundsätzlichen Äußerungen zur Kirchenfrage des Jahres 1933, Göttingen 1934, S. 18 f.
68 Das Evang. Deutschland 10, 1933, S. 10–12.
69 Oldenburg. Volkszeitung v. 19. 9. 1932.
70 H. Beyer, Das Altonaer Bekenntnis vom 11. Januar 1933, in: Ostdeutsche Wissenschaft, Bd. V 1958, München 1959, S. 530.
71 J. Bielfeldt, Der Kirchenkampf in Schleswig-Holstein, Göttingen 1964, S. 22, Anm. 6, und H. Beyer, Das Altonaer Bekenntnis, S. 524. Zu Steltzer vgl. Ger van Roon, Neuordnung im Widerstand, München 1967, S. 132–140.
72 H. Asmussen, Erinnerung an das Altonaer Bekenntnis, in: Evang.-Luth. Kirchenzeitung 12, 1958, S. 54.
73 Das Altonaer Bekenntnis ist häufig abgedruckt worden. Es wird hier zitiert nach K. D. Schmidt, Die Bekenntnisse und grundsätzlichen Äußerungen, S. 18–25. Allgemein zugänglich jetzt auch in J. Beckmann, Kirchliches Jahrbuch 1933–1945, Gütersloh ^{2}1976, S. 17–22. Zum Verständnis vgl. M. Pertiet, Das Ringen um Auftrag und Wesen der Kirche in der nationalsozialistischen Zeit, Göttingen 1968, S. 63–66 und H.-J. Reese, Bekenntnis und Bekennen, Göttingen 1974, S. 141–148.
74 H. Asmussen, Politik und Christentum, Hamburg 1933, S. 118.
75 Ebda., S. 163.
76 Ebda., S. 170.
77 Ebda., S. 172 f.
78 H. Asmussen, Erinnerungen, S. 55.
79 Eine kurze zusammenfassende Darstellung der wichtigsten Stimmen bei G. Christiansen, Der Ruf und sein Echo, in: Niederdeutsche Kirchenzeitung 3, 1933, S. 52–54. Ergänzend dazu H. Beyer, Das Altonaer Bekenntnis, S. 528, Anm. 28.
80 Alle Zitate nach G. Christiansen, Der Ruf und sein Echo.
81 Zur Reaktion der kirchlichen Presse vgl. H. Beyer, Das Altonaer Bekenntnis, S. 528, Anm. 28.
82 Beilage zu Nr. 3 der Niederdeutschen Kirchenzeitung 3, 1933.
83 Niederdeutsche Kirchenzeitung 3, 1933, S. 91.
84 Ebda., S. 105 f.
85 Vgl. H. J. Reese, Bekenntnis und Bekennen, S. 147.
86 So E. Wolf, Barmen. Kirche zwischen Versuchung und Gnade, München 1957, S. 65.
87 E. Bethge, Dietrich Bonhoeffer, München 1967, S. 189.

ANMERKUNGEN ZU KAPTEL 12

1 Siehe oben Kapitel 10, S. 237 ff.
2 Siehe oben Kap. 9, S. 187 f.
3 Siehe oben Kap. 5, S. 113.
4 Siehe oben Kap. 7, S. 173.
5 Christl. Welt 44, 1930, Sp. 350 f.
6 Der Wortlaut der fünf Gebete in: Christl. Welt 44, 1930, Sp. 500 f. Vgl. auch die Berichterstattung, ebda., Sp. 403, 550 f., 609, 709, 758 und 851.
7 Hier zitiert nach der 23.–24. Aufl. München 1934. Das Buch erreichte bis 1944 eine Auflage von 1,1 Millionen. Zu Rosenberg vgl. die treffende Studie von J. C. Fest, Das Gesicht des Dritten Reiches, München 1963, S. 225–240. Zum »Mythus« vgl. ebda., S. 230 ff.
8 A. Rosenberg, Der Mythus des 20. Jahrhunderts, S. 8 und S. 114. Zur Mystik vgl. ebda., S. 221–259.
9 Ebda., S. 2 f.
10 Zitiert nach K. Meier, Die Religionspoltik der NSDAP in der Zeit der Weimarer Republik, in: Zur Geschichte des Kirchenkampfes, Ges. Aufsätze II, Göttingen 1971, S. 21, und G. Feder, Das Programm der NSDAP und seine weltanschaulichen Grundlagen, 41.–50. Aufl., 201.–250. Tsd., München 1931, S. 62.
11 G. Feder, Das Programm der NSDAP . . ., S. 17.
12 Vertrauliches Gesprächsprotokoll vom 7. 3. 31 (5 S.) AEKD Berlin A 2/490. Siehe auch J. R. C. Wright, »Über den Parteien«, S. 131 f.
13 Siehe oben Kap. 6, S. 139.
14 Die im Landtagsprotokoll 6 Seiten umfassende Rede wurde im Völkischen Beobachter etwas gekürzt, blieb aber in allen wesentlichen Aussagen unverändert. Im folgenden wird zitiert nach den Verhandlungen des Bayerischen Landtags IV. Tagung 1930/31, V. Band, 115. Sitzung v. 29. 4. 31, S. 690–696.
15 Vgl. dazu oben Kap. 9, S. 196 f.
16 Hans Schemm spricht. Seine Reden und sein Werk, bearb. v. G. Kahl-Furtmann, Bayreuth 1936, S. 124.
17 Am 22. 12. 1932 berichtete beispielsweise der Völkische Beobachter über eine »Erhebende Weihnachtsfeier der Breslauer Nationalsozialisten«: »In tiefster Ergriffenheit lauschten die Tausende seinen [Schemms] Ausführungen, die ein gläubiges Bekenntnis zu dem deutschen und christlichen Weihnachtsgedanken waren.« Zum kirchlichen Echo vgl. oben Kap. 9, S. 205.
18 Denkschrift: Der Nationalsozialistische Lehrerbund, seine Gründung, sein Wirken und Wachsen, seine Bedeutung und die ersten schulpolitischen Maßnahmen nach der Machtergreifung. (Gedruckt, 28 S. ohne Datum, vermutlich Mai 1933.) DC Berlin.
19 Genaue Zahlen sind nicht bekannt. In der Größenordnung ist jedoch nach den verschiedenen Schätzungen aus der Zeit kaum ein Irrtum möglich. Vgl. J. R. C. Wright, »Über den Parteien«, S. 140, Anm. 75.

20 Nach einem Schreiben des Leiters der Abt. Rasse und Kultur in der Reichsleitung, H. Konopath, an den Reichsgeschäftsführer des NS-Lehrerbundes, Max Kolb, vom 10. 3. 1932. DC Berlin, OPG Akte Konopath. Ein ähnlich lautendes Schreiben vom 7. 6. 32 bei Wright, »Über den Parteien«, S. 147, Anm. 88 a.

21 Christl. Welt 45, 1931, S. 522.

22 AEKD Berlin, A2/491.

23 Nach Angaben der Denkschrift (S. 8, vgl. Anm. 19) sprach Schemm seit 1930 auf kirchlichen Veranstaltungen in Dresden, Leipzig, Bremen, Hamburg, Berlin und Stuttgart. Als Themen werden genannt: Christentum und Nationalsozialismus, Rasse und Religion, Konfessions- oder Gemeinschaftsschule, Rassenmaterialismus, Mythos des 20. Jahrhunderts, Germanische Weltanschauung, Christentum, Protestantismus, Katholizismus und Zentrum.

24 Hierzu und zum Folgenden vgl. die Darstellung von K. Meier, Die Deutschen Christen. Das Bild einer Bewegung im Kirchenkampf des Dritten Reiches, Halle 1964, S. 4 ff. (Lizenzausabe für die Bundesrepublik, Göttingen 1964).

25 Ebda., S. 6.

26 S. Leffler, Christus im Dritten Reich der Deutschen. Wesen, Weg und Ziel der Kirchenbewegung »Deutsche Christen«, Weimar o. J. [1935] S. 29.

27 Ebda., S. 27.

28 Ebda., S. 59.

29 Ebda., S. 33.

30 Christl. Welt 45, 1931, Sp. 438, und Das Evang. Deutschland, 8, 1931, S. 133. Eine genaue Statistik dieser Wahl bei P. Troschke, Evangelische Kirchenstatistik Deutschlands, Kirchliche Statistik III, Berlin 1932, S. 14/15. Danach entfielen auf die kirchliche Einheitsliste 76,5 Prozent, auf den Christlich-nationalen Bekennerbund 23,4 Prozent. Lehr erreichte in seinem eigenen Kirchenkreis 32 Prozent, während er in Wiesbaden Stadt und Land unter 14 Prozent lag.

31 E. Eckert, Was wollen die religiösen Sozialisten? Schriften der religiösen Sozialisten Nr. 1, Mannheim 1927, S. 12 u. ö. Die Schrift liest sich auch sonst wie eine Vorlage für die Deutschen Christen. Sie wird bestimmt von der gleichen Verachtung gegenüber der »Dogmatik« zugunsten des »Lebens«, wie sie für den deutschchristlichen Enthusiasmus so charakteristisch ist: »Den bestehenden Kirchen sind tote Formen und Formeln vergangener Frömmigkeit wichtiger als die Offenbarungen und Zeugnisse lebendiger Gegenwartsfrömmigkeit, wichtiger als das Verlangen des Proletariats nach Lebenserfüllung und Lebensinhalt.« Ebda., S. 3.

32 K. Dürr, Notizen über die kirchlichen Verhältnisse Badens in den Jahren 1933 bis 1937. Ms., 1969. LKA Karlsruhe.

33 Allg. Evangelisch-Lutherische Kirchenzeitung 65, 1932, Sp. 1051.

34 Vgl. H. Heiber, Aus den Akten des Gauleiters Kube, in: Vierteljahrshefte für Zeitgeschichte 4, 1956, S. 67 f.

35 Schreiben v. W. Kube an den Evangelischen Pressedienst vom 16. 1. 1932. BA Koblenz NS 26/1240.

36 Sitzungsberichte des preußischen Landtags, 3. Wahlperiode, 92. Sitzung, 6. Bd., Berlin 1929, Sp. 7610, 7614, 7616.

37 Ebda., 244. Sitzung 15. Bd., Berlin 1931, Sp. 21393f.
38 Schreiben des Präsidenten des EOK, Kapler, an den preußischen Kultusminister Becker v. 31. 3. 1926. Zitiert nach E. v. Rittberg, Der preußische Kirchenvertrag von 1931. Seine Entstehung und seine Bedeutung für das Verhältnis von Staat und Kirche in der Weimarer Republik (Diss. phil. Bonn 1959) Bonn 1960, S. 95.
39 Der Evangelische Bund sammelte in dieser Zeit – bei 300000 Mitgliedern – drei Millionen Unterschriften gegen ein Konkordat! D. Golombek, Preußenkonkordat, S. 39, Anm. 1.
40 Vgl. E. v. Rittberg, Der preußische Kirchenvertrag von 1931, S. 95f.
41 Ebda., S. 206.
42 Siehe oben Kap. 2 und J. R. C. Wright, »Über den Parteien«, S. 62–65.
43 Sitzungsberichte des preußischen Landtags (vgl. Anm. 36) Sp. 21393.
44 Kube an Strasser, 7. 1. 1931. Zitiert nach J. R. C. Wright, »Über den Parteien«, S. 148.
45 So F. Wieneke, Die Glaubensbewegung »Deutsche Christen« (Schriftenreihe der »Deutschen Christen« Nr. 2), Solding, [5]1933, S. 9f. Wieneke, der der wichtigste Gewährsmann für die Geschichte der »Christlich-deutschen Bewegung« ist, ordnet sie in seinen Darstellungen in die Vorgeschichte der Deutschen Christen ein. Ihm folgen K. Buchheim, Glaubenskrise im Dritten Reich, S. 60f.; H. Baier, Die Christen Bayerns im Rahmen des bayer. Kirchenkampfes, Nürnberg 1968, S. 8f. Daß dies nur sehr bedingt richtig ist, wird im folgenden zu zeigen sein.
46 Kleist-Schmenzin wurde am 9. 4. 1945 als Mitwisser des 20. Juli hingerichtet. Vgl. A. Leber (Hg.), Das Gewissen steht auf. 54 Lebensbilder aus dem deutschen Widerstand 1933–1945, Berlin und Frankfurt 1954, S. 149f. Hier auch Auszüge aus einem Flugblatt Kleists von 1932.
47 Siehe oben S. 199f.
48 F. Wieneke, Kirche und Partei. Erlebte Kirchengeschichte 1920–1945 (Ms.) Institut für Zeitgeschichte München, MA/15, S. 22f.
49 Deutsches Pfarrerblatt 34, 1930, S. 790 v. 16. 12. 1930.
50 G. Schulz, Aufstieg des Nationalsozialismus, S. 662f.
51 Schreiben des Bundes für Deutsche Kirche an die Reichsleitung der NSDAP v. 23. 10. 31. H. Baier, Die Deutschen Christen, S. 355.
52 Kube an Strasser, 14. 10. 1931. J. R. C. Wright, »Über den Parteien«, S. 149.
53 Schreiben v. 23. 10. 1931. Siehe oben Anm. 51.
54 F. Wieneke, Kirche und Partei, S. 25f. Zur Kennzeichnung »Harzburger Front auf kirchlichem Boden« vgl. H. Mulert, Volkskirche und Parteipolitik (April 1932), in: Christliche Welt 46, 1932, Sp. 374.
55 Abgedruckt im Kirchlichen Jahrbuch 1932, S. 75f. Sasse datiert die Leitsätze allerdings fälschlich auf den Sommer 1932. Sie wurden jedoch schon am 10. 12. 1931 dem württembergischen Kirchenpräsidenten Wurm mitgeteilt. Vgl. G. Schäfer, Dokumentation 1, S. 80–83.
56 Kirchliches Jahrbuch 1932, S. 75. Vgl. dazu auch H. Rendtorff, Das Wort Gottes über das Volk (Schriftenreihe der Christlich-deutschen Bewegung Heft 1) Verlag Deutscher Osten, Küstrin 1931.

57 G. Schäfer, Dokumentation 1, S. 78. Vgl. auch S. 84. Zur Distanzierung von der NSDAP im Norden ebda., S. 88f.
58 Schreiben Lohss an Wurm v. 8. 11. 32 G. Schäfer, Dokumentation 1, S. 99–102.
59 Schreiben Kube an Strasser, v. 27. 10. 1931. Zitiert nach J. R. C. Wright, »Über den Parteien«, S. 149.
60 Die Kundgebung des EOK in: Das Evangelische Deutschland 8, 1931, S. 408.
61 Schreiben des evangelischen Pressedienstes an Kube v. 14. 1. 32. Antwort Kubes v. 16. 1. 32, BA Koblenz, NS 26/1240.
62 Zitiert nach Wright, »Über den Parteien«, S. 150.
63 Schreiben Strasser an Kube v. 17. 12. 31. BA Koblenz, NS 26/1240.
64 Völkischer Beobachter v. 10./11. 1. 1932, Zweites Beiblatt. Auszug auch bei Buchheim, Glaubenskrise, S. 73f.
65 Von dieser Funktion berichtet F. Wieneke in einer Denkschrift v. Juni 1942 »Zehn Jahre Deutsche Christen« (MS.) BA Koblenz R 43 II/165 a. Vgl. auch J. R. C. Wright, »Über den Parteien«, S. 148.
66 Das Rundschreiben wurde dann »durch einen großen Teil der deutschen Tagespresse verbreitet« (Materialdienst, hg. v. d. Landesgeschäftsstelle des Evangelischen Volksbundes für Württemberg 4, 1932, Nr. 6 v. 29. 3. 32, Sp. 44) und ist jetzt abgedruckt bei H. Baier, Die Deutschen Christen, S. 357–359.
67 LKA Berlin-Brandenburg, Ho 107, Bd. I, Personalakte Hossenfelder.
68 W. Ulmenried, Hossenfelder. Die Reihe der Deutschen Führer. Heft 6, Berlin 1933, S. 6.
69 F. Wieneke, Kirche und Partei, S. 34.
70 F. Wieneke, Denkschrift (s. Anm. 65). Wieneke nennt als »zum ersten Aufmarsch« gehörend u. a.: Nobiling, Dr. Thom, D. Freitag, Kessel, Peter-Berlin, Karl Eckert, Ludwig Sylvester, Weitz-Mark Brandenburg, Zarnikow, Jenetzky-Schlesien, Kirste-Sydow i. P., Adler-Westfalen, Meyer-Aurich, Wagner-Homberg a. Ndrh.
71 F. Wieneke, ebda. In seinen Aufzeichnungen über »Kirche und Partei« datiert Wieneke diese Versammlung fälschlich auf den 6. Juni. Der gleiche Fehler unterläuft K. Meier, Die deutschen Christen, S. 12, und H. Baier, Die deutschen Christen, S. 12f.
72 Diese Abteilung gehörte nicht in Strassers Ressort, sondern war dem Reichsorganisationsleiter II, Konstantin Hierl, unterstellt. Vgl. A. Tyrell, Führer befiehl . . ., S. 361 und 363 (Nr. 14 e).
73 DC Berlin, OPG-Akte Konopath, Beschluß Uschla R. L. v. 30. 6. 32.
74 F. Wieneke, Kirche und Partei, S. 35f.
75 Ob der Vorschlag von Hitler stammt, ist unsicher. Vielleicht ist er auch von den Thüringern übernommen worden. Im übrigen ist die erst am 11. 2. erfolgte endgültige Benennung der Beweis, daß das schlesische Sonderrundschreiben, obwohl erst später bekannt geworden, tatsächlich *vor* dieser Versammlung entstanden ist.
76 Anlage zum Schreiben des Konsistoriums an den EOK v. 7. 3. 1932, AEKU Berlin, EO Gen. III, 51 I, Beiheft. Der Donnerstag war der 11. 2. 1932.
77 F. Wieneke, Kirche und Partei, S. 35f.
78 Kube an Konopath, BA Koblenz, NS 26/1240.
79 LKA Hamburg, Bestand Deutsche Christen Nr. 204/1.

80 Verordnungsblatt der Reichsleitung Folge 24 v. 31. 5. 1932. HStA Wiesbaden 483/1650.
81 Uschla R. L. Beschluß v. 30. 6. 1932. DC Berlin, OPG-Akte Konopath.
82 Schriftliche Mitteilung von Hossenfelder an den Verf. vom Juli 1970. F. Wieneke, Kirche und Partei, S. 36, berichtet von heftigen Auseinandersetzungen über die »Richtlinien« zwischen ihm und Hossenfelder auf der einen und Konopath auf der anderen Seite. Die Festsetzung der »Richtlinien« durch Hossenfelder am 27. Mai bei W. Ulmenried, Hossenfelder, S. 8.
83 Über die Zusammenhänge mit der Berliner Missionsgesellschaft vgl. H. Beyer, Volk, Staat und Kirche in der Übergangs- und Krisenzeit 1932–1934, in: Ecclesia und Res Publica, K. D. Schmidt z. 65. Geburtstag, Göttingen 1961, S. 149.
84 Die hunderttausendfach verbreiteten, unzählige Male nachgedruckten »Richtlinien« werden hier zitiert nach der Fassung im »Evangelium im Dritten Reich«, 1, 1932, Heft 2. Manche späteren Fassungen weichen geringfügig ab.
85 E. Bunke, Die Kirche und das Dritte Reich, in: Die Reformation v. 4. 9. 1932.
86 Es handelt sich um F. Wieneke, Die Glaubensbewegung »Deutsche Christen«. Schriftenreihe der DC Nr. 2, Soldin ^{5}1933, S. 16–31, und die fortlaufenden Kommentare der einzelnen Punkte durch verschiedene Verfasser im 1. Jgg. des »Evangelium im Dritten Reich« (Okt.–Dez. 1932).
87 F. Wieneke, ebda., S. 16.
88 Hier stand offenbar das Programm der badischen Nationalsozialisten Pate, wo es im Punkt 4 hieß: »Im Ringen um körperliche und seelische Wiedergeburt der Nation hat unsere Kirche nicht abseits zu stehen. Ihr Platz ist in diesem Kampf an der Front...« Schreiben des Dt. Evang. Kirchenausschusses an den EOK v. 30. 8. 32. AEKU Berlin, EO Gen. III, 51 I, Beiheft.
89 Verhandlungen des Zweiten Deutschen Kirchentags, S. 215. Siehe auch oben S. 164 ff.
90 J. Hossenfelder, Eine Stellungnahme. Potsdam, den 7. 8. 1945. LKA Berlin-Brandenburg.
91 Der ganze Vorgang in: AEKU Berlin, EO Gen. III, 51 I, Beiheft. Sammlung z. Verfügung v. 2. 3. 1932 betr. Richtlinien d. NSDAP Gau Schlesien zu Kirchenfragen.
92 Ebda., Anlage zum vertraulichen Schreiben des EOK an die Generalsuperintendenten v. 25. 5. 1932, S. 9. Vgl. auch J. R. C. Wright, »Über den Parteien«, S. 157 ff.
93 Ein Exemplar in LKA Berlin-Brandenburg J IX 66. Abschrift auch in AEKU Berlin (Anm. 91).
94 AEKU Berlin (Anm. 91).
95 Ebda., Aktenvermerk v. 9. 9. 1932.
96 LKA Hamburg, Bestand Deutsche Christen, Nr. 204/1. Ohne Datum. Dieser Bestand enthält die einzige bekannte vollständige Sammlung der Rundschreiben aus den Anfängen der DC. – Art. 19 Abs. 2 der preußischen Kirchenverfassung enthielt das Amtsgelübde der Ältesten und Gemeindeverordneten. Es bestand in der Zustimmung zu folgender Frage: »Gelobet Ihr vor Gott und dieser Gemeinde, das Euch befohlene Amt sorgfältig und treu, dem Worte Gottes, den Ordnungen der Kirche und der Gemeinde gemäß zu verwalten und gewissenhaft darauf zu achten, daß alles or-

dentlich und ehrlich in der Gemeinde zugehe?« F. Giese u. J. Hosemann, Die Verfassungen der Deutschen Evangelischen Landeskirchen, Bd. 2, Berlin 1927, S. 7f.

97 LKA Hamburg, Rundschreiben 7 v. 21. 6. 1932.

98 Ebda., Rundschreiben 8 v. 31. 7. 1932.

99 Es handelte sich pro Kandidat um RM 1.–. Davon sollten 50 Pfennig nach Berlin gehen. Rundschreiben 8 und 9 ebda.

100 Zur Selbständigkeit von Koch und der besonderen Rolle Ostpreußens vgl. P. Hüttenberger, Die Gauleiter, S. 52f. und 72f., und J. R. C. Wright, »Über den Parteien«, S. 149 und 153.

101 AEKU Berlin, EO Gen. III, 51 I.

102 Vgl. J. R. C. Wright, »Über den Parteien«, S. 152f., und unten S. 441f.

103 Siehe oben S. 303.

104 Rundschreiben Nr. 11, LKA Hamburg (Anm. 96).

105 Rundschreiben Nr. 8, ebda.

106 Der Reichsbote Nr. 173 v. 2. 8. 1933, Beilage »Die Führer der ›Deutschen Christen‹«.

107 J. Hossenfelder, Unser Kampf. Schriftenreihe der Deutschen Christen Nr. 5, Berlin 1933, S. 25.

108 Zu Themel siehe oben S. 164.

109 Zu Peter vgl. A. Dannenmann, Die Geschichte der Glaubensbewegung »Deutsche Christen«, Dresden 1933, S. 25–33.

110 Ebda., S. 26f.

111 Schreiben Hossenfelders an den Verf. v. Juli 1970.

112 J. Hossenfelder, Unser Kampf, S. 8.

113 Kirchl. Jahrbuch 1932, S. 71f.

114 Hakenkreuz über dem Kreuz!? Vorwärts Nr. 421 v. 7. 9. 32. Vgl. auch E. v. Harnack, Kreuz und Hakenkreuz, ebda., Nr. 482 v. 16. 9. 32, und: Nazi-Rummel in der Kirche, ebda., Nr. 435 v. 15. 9. 32.

115 Abschrift in: AEKU Berlin, EO Gen. III 51 I.

116 Von den Deutschen Christen. Vossische Zeitung Nr. 511 v. 30. 10. 1932.

117 Eine allgemeine kirchliche Wahlstatistik für den Kirchenbund wurde vom Kirchenausschuß erst mit Schreiben vom 20. 3. 1933 angeregt. AEKU Berlin EO Gen. III, 51 II. Zur Schwierigkeit der Beurteilung des Wahlausgangs vgl. auch J. R. C. Wright, »Über den Parteien«, S. 161f.

118 Bericht im »Reichsboten« vom 16. 10. 1932; Schrb. des Evang. Preßverbandes für Deutschland an Geh. Oberkons. Rat Karnatz v. 1. 11. 32; Bericht über DC Versammlung in Wilmersdorf v. 29. 9. 1932 u. ö. AEKU Berlin, EO Gen. III, 51 II.

119 O. Dibelius in: Der Tag v. 20. 11. 1932. Die Ergebnisse aller Berliner Gemeinden liegen vor in: Evangelium im Dritten Reich 1, Nr. 7 v. 27. 11. 1932. Beilage für Groß-Berlin.

120 J. R. C. Wright, »Über den Parteien« S. 161.

121 Evangelium im Dritten Reich 1, Nr. 7, v. 27. 11. 32.

122 Nr. 47 v. 20. 11.1932.

123 Schreiben des Kirchenstat. Amtes an Oberkons.Rat Fischer v. 23. 2. 1933, 1933, AEKU Berlin, EO Gen. III, 51 II.

2. TEIL

ANMERKUNGEN ZU KAPITEL 1

1 G. Rühle, Das Dritte Reich. Dokumentarische Darstellung des Aufbaus der Nation. Das erste Jahr 1933, Berlin [2]1934, S. 26.
2 B. Stasiewski (Hg.), Akten Deutscher Bischöfe über die Lage der Kirche 1933–1945, Bd. I, Mainz 1968, S. 31.
3 W. Niemöller, Die Evangelische Kirche im Dritten Reich. Handbuch des Kirchenkampfes, Bielefeld 1956, S. 76.
4 Verfasserin des Tagebuchs war Luise Solnitz. Text bei W. Jochmann (Hg.), Nationalsozialismus und Revolution. Ursprung und Geschichte der NSDAP 1922–1933, Frankfurt 1963, S. 422 f.
5 F. Tügel, Mein Weg 1888–1946. Erinnerungen eines Hamburger Bischofs, Hamburg 1972, S. 229.
6 L. Solnitz zum 30. 1. in: W. Jochmann, Nationalsozialismus und Revolution, S. 421.
7 G. Schäfer, Dokumentation 1, S. 234. Genau im gleichen Sinne auch der Kommentar in der Allg. Evang.-Luth. Kirchenzeitung 66, 1933, S. 114 v. 3. 2. 1933.
8 R. Morsey, Die Zentrumspartei, in: E. Matthias u. R. Morsey, Das Ende der Parteien 1933, Düsseldorf 1960, S. 346. Ähnlich F. Maaßen in der kathol. Kirchenzeitung »Junge Front« vom 5. 2. 1933: »Denn tatsächlich ist Hitler heute der Gefangene Hugenbergs, der dieses neue Kabinett dirigiert ...« K. Gotto, Die Wochenzeitung Junge Front/Michael, Mainz 1970, S. 26. Weitere Beispiele K. Repgen, Hitlers Machtergreifung und der deutsche Katholizismus. Versuch einer Bilanz (1967), in: D. Albrecht (Hg.), Katholische Kirche im Dritten Reich. Eine Aufsatzsammlung zum Verhältnis von Papsttum, Episkopat und deutschen Katholiken zum Nationalsozialismus 1933–1945, Mainz 1976, S. 4 f.; sowie bei D. Junker, Zentrumspartei, S. 163 f.
9 E. Matthias, Die Sozialdemokratische Partei Deutschlands, in: E. Matthias u. R. Morsey, Ende der Parteien, S. 163 f.
10 O. K. Flechtheim, Die KPD in der Weimarer Republik [1948], Frankfurt 1969, S. 269 ff. S. Bahne, Die Kommunist. Partei Deutschlands, in: E. Matthias u. R. Morsey, Ende der Parteien, S. 657 ff.
11 S. Bahne, ebda., S. 696 f.
12 Ebda., S. 658.
13 Karl Barth an Anna-Katharina Barth, 1. 2. 1933. Karl Barth-Archiv, Basel.
14 Brief v. 17. 3. 1933 an Rev. John Mc Connachie. Ebda.
15 Die Bedeutung von »Illusionismus und Opportunismus« bei der Rechten, »Täuschung und Selbsttäuschung« bei der Linken betont auch K. D. Bracher, Die deutsche Diktatur, Entstehung, Struktur, Folgen des Nationalsozialismus, Köln [4]1972, S. 214 ff. und 217 f.
16 M. Domarus, Hitler. Reden und Proklamationen 1932–1945, I, München 1965, S. 191–194.

17 G. Kretschmar (Hg.), Dokumente zur Kirchenpolitik des Dritten Reiches, Bd. I, Das Jahr 1933, bearbeitet von C. Nicolaisen, München 1971, S. 4–6.

18 Das Evangelische Deutschland 10, 1933, S. 54; Briefe nach Ostdeutschland, Nr. 53 v. 15. 3. 1933, S. 6; Protokoll der 49. Tagung des Kirchensenats am 23./24. 2. 1933, S. 3f. (AEKU Berlin).

19 Kretschmar/Nicolaisen, Dokumente I, S. 2–4.

20 Vgl. ebda., S. 6–8.

21 M. Domarus, Hitler I, S. 208.

22 Ebda., S. 211. Vgl. auch Kretschmar/Nicolaisen, Dokumente I, S. 8–10.

23 G. Schäfer, Dokumentation 1, S. 263, Anm. 6.

24 Völkischer Beobachter, 16. 3. 1933, Berliner Ausgabe.

25 Christl. Welt, 47, 1933, Sp. 239. Die Versammlung der Kasseler Pfarrer gab dazu eine bemerkenswert distanzierte Erklärung ab. Ebda.

26 BA Koblenz, R 43 II/150. Vorgang mit irrtümlicher Signatur und nicht ganz korrekter Wiedergabe auch bei Kretschmar/Nicolaisen, Dokumente I, S. 11–13.

27 Vizekanzler Papen wiederholte am 1. 3. 1933 in einer Unterredung mit Kardinal Faulhaber die Schilderung der kommunistischen Umsturzpläne, wie sie Göring in der Kabinettsitzung am Vortag vorgetragen hatte. L. Volk, Faulhaber-Akten I, S. 652.

28 K. D. Bracher, W. Sauer, G. Schulz, Die nationalsozialistische Machtergreifung. Studien zur Errichtung des totalitären Herrschaftssystems in Deutschland 1933/34, Köln u. Opladen [2]1962, S. 87.

29 Eine fortlaufende Information über die Zustände in Rußland und die antichristliche Propaganda in Deutschland lieferte z. B. der Materialdienst, hg. v. Evang. Volksbund für Württemberg, für den dies seit seiner Gründung im Jahre 1929 zu den wichtigsten Themen überhaupt gehörte. Entsprechend berichtete der Materialdienst auch 1933 ausführlich über die kommunistischen Aufruhr- und Umsturzpläne (Ebda., 5, 1933, Nr. 6 v. 5. 4. 33, Sp. 42–46) Die typische Schlußbemerkung lautete: »Daß wir vor einem ungeahnten Abgrund standen, ist durch die Entwicklung der letzten Monate jedem deutlich geworden, der nicht willentlich seine Augen verschließen will.«

30 Bracher, Sauer, Schulz, Machtergreifung, S. 91.

31 Das »Niederländische Dankgebet« war der Lieblingschoral Wilhelms II. und wurde v. a. während des Krieges bei unzähligen feierlichen Anlässen gespielt.

32 W. Laible in: Allg. Evang.-Luth. Kirchenzeitung, 66, 1933, Sp. 260.

33 M. Koschorke (Hg.), Geschichte der Bekennenden Kirche in Ostpreußen 1933–1945, 1976, S. 36f. Der Bericht von Lenkitsch ist im Ablauf der Kundgebung nicht ganz korrekt. Vgl. dagegen H. Linck, Der Kirchenkampf in Ostpreußen 1933–1945, München 1968, S. 27f.

34 Bracher, Sauer, Schulz, Machtergreifung, S. 147.

35 Nach Kretschmar/Nicolaisen, Dokumente I, S. 21, Anm. 2, soll dabei auch der Reichspräsident eine Rolle gespielt haben.

36 Aktenvermerk vom 3. 3. 1933 in AEKU Berlin, Gen. I, 63, Bd. 1.

37 So teilte Hitler am Nachmittag des 7. März dem Reichskabinett den Ablauf der Er-

eignisse mit (Vgl. die Niederschrift der Ministerbesprechung, BA Koblenz R 43 I/1460). Die offizielle Mitteilung erfolgte mit Schreiben von Reichsinnenminister Frick an den Präsidenten des EOK am 8. 3. 1933. Kretschmar/Nicolaisen, Dokumente I, S. 21 f.

38 Aktenvermerk des Kirchenbundesamtes v. 16. 3. 1933. AEKD Berlin C 3/207.

39 Der Tag von Potsdam. Gedenkausgabe »Die Woche«. Ohne Datum [6. 4. 1933]. Zum Ablauf des Tages und seinem Eindruck vgl. auch Bracher, Sauer, Schulz, Machtergreifung, S. 149–152. Auch in anderen Städten fanden an diesem Tag Festgottesdienste statt. Vgl. etwa den Bericht über den überfüllten Dankgottesdienst in der Stuttgarter Stiftskirche bei G. Schäfer, Dokumentation 1, S. 276 f.

40 Verhandl. d. Reichstags, VIII. Wahlperiode 1933, Bd. 457, Berlin 1934, S. 28 f. u. 31 f. Die nicht unwesentlich abweichende Fassung, die am 24. 3. 1933 im Völkischen Beobachter veröffentlicht wurde, bei M. Domarus, Hitler I, S. 229–237. Hier fehlte v. a. der Satz über Schule und Erziehung.

41 Unter diesem Aspekt ist es sehr unwahrscheinlich, daß die exzessiven Äußerungen Hitlers, er werde sich nicht abhalten lassen, »mit Stumpf und Stiel, mit allen seinen Wurzeln und Fasern das Christentum in Deutschland auszurotten«, die Hermann Rauschning aus dem Frühjahr 1933 überliefert, tatsächlich damals schon so gefallen sind (H. Rauschning, »Gespräche mit Hitler« [Zürich 1940] Wien 1973, S. 50). Tatsächlich stellen Rauschnings Gespräche, so hellsichtig sie in vielen Punkten sind, für den chronologisch arbeitenden Historiker keine authentische Quelle dar. Der ehemalige Senatspräsident – übrigens Mitglied der preußischen Generalsynode – hat nach eigenem Bekunden »ein Gesamtbild Hitlers aus Notizen, aus dem Gedächtnis und sogar aus Mitteilungen anderer über Hitler ... zusammengewoben«. (Vgl. Th. Schieder, H. Rauschnings »Gespräche mit Hitler« als Geschichtsquelle, Rhein.-Westf. Akademie der Wissenschaften, Vorträge G 178, Opladen 1972, S. 25). Dazu sind selbstverständlich die Ereignisse und Erfahrungen bis zur Niederschrift der Gespräche an der Jahreswende 1939/40 mit in die Darstellung eingeflossen, ohne daß man dies im einzelnen noch unterscheiden könnte. Teile der Äußerungen Hitlers aus dem Abschnitt »Der Antichrist«, die nach Rauschnings Bericht in einem Gespräch am Abend des 6. April 1933 gefallen sein sollen (Rauschning, S. 49; Schieder, S. 63), passen erst in die Zeit nach 1937, als Hitlers kirchenpolitischer Mißerfolg und seine Niederlage offenkundig waren. Dafür spricht auch, daß Rauschning mit der Überlieferung solcher Äußerungen aus dieser Zeit völlig allein steht, und sie mit Hitlers tatsächlichen kirchenpolitischen Aktivitäten kaum in Übereinstimmung zu bringen sind. Vgl. dazu auch K. Scholder, Die evangelische Kirche in der Sicht der nationalsozialistischen Führung bis zum Kriegsausbruch, in: Vierteljahrshefte für Zeitgeschichte 16, 1968, S. 16 f. Abwägend J. R. C. Wright, »Über den Parteien«, S. 183 f.

42 S. oben 1. Teil, Kap. 11, S. 267 f.

43 Christl. Welt 47, 1933, Sp. 239.

44 K. Dienst (Hg.), Dokumentation zum Kirchenkampf in Hessen und Nassau, Bd. 1. Jahrbuch der Hess. Kirchengeschichtl. Vereinigung 25, Darmstadt 1974, S. 370.

45 Vgl. dazu oben 1. Teil, Kap. 2.

46 Protokoll der Sitzung des Kirchenausschusses am 2./3. März 1944 in Berlin, AEKD Berlin, A2/28, S. 22 f. Text auch bei G. Schäfer, Dokumentation 1, S. 248–250. Die Vorgeschichte und die verschiedenen Entwürfe ebda., S. 233 ff.

47 G. Schäfer, ebda., S. 250.

48 Protokoll der Sitzung, (Anm. 46), S. 25–29.

49 Text der Entschließung mit den Änderungen bei G. Schäfer, Dokumentation 1, S. 251 f.

50 Ebda. Zur Diskussion im Ausschuß vgl. das Schreiben Pechmanns an den ehemaligen Stuttgarter Konsistorialpräsidenten Zeller v. 12. 4. 33. F. W. Kantzenbach (Hg.), Widerstand und Solidarität der Christen in Deutschland 1933–1945. Eine Dokumentation zum Kirchenkampf aus den Papieren des D. Wilhelm Freiherrn v. Pechmann, Nürnberg 1971, S. 38.

51 Das Evang. Deutschland 10, 1933, S. 83.

52 W. Niemöller, Die Evang. Kirche, S. 70.

53 F. W. Kantzenbach, Widerstand u. Solidarität, S. 72.

54 Christl. Welt 47, 1933, Sp. 322. Dort auch weitere Namen.

55 Anweisung der Wahlpropaganda-Leitung f. d. Reich und das Land Preußen an alle Gaupropaganda-Leiter v. 25. 2. 1933. NStA Hannover Des. 310 I B Nr. 3. Zur kläglichen Rolle der »Katholischen Vereinigung für nationale Politik« vgl. B. Stasiewski, Akten I, S. 403, Anm. 1, und A. Kupper, Staatl. Akten über die Reichskonkordatsverhandlungen 1933, Mainz 1969, S. 73, Anm. 4 u. 5.

56 G. Schäfer, Dokumentation 1, S. 261 f.

57 Ebda., S. 263 f. Zu den Märzwahlen vgl. auch K. H. Götte, Die Propaganda der Glaubensbewegung »Deutsche Christen« und ihre Beurteilung in der deutschen Tagespresse. Ein Beitrag zur Publizistik im Dritten Reich. Diss. phil. Münster 1957, S. 230–233.

58 Pfarrer W. Rehm im NS-Kurier v. 11. 3. 1933. G. Schäfer, Dokumentation 1, S. 359.

59 Das Schreiben ist m. W. bisher unbekannt geblieben mit Ausnahme der kurzen Zitate bei J. Gauger, Chronik der Kirchenwirren (Gotthard-Briefe 138–145) 1. Teil 1932–1934, Elberfeld 1934, S. 68. Ein Original befindet sich im Karl-Barth-Archiv, Basel.

61 Ebda.

62 Zur Predigt Dryanders s. o. S. 17. Die Predigt von Dibelius findet sich im vollen Wortlaut in: Das Evang. Deutschland 19, 1933, S. 101 f. Dibelius' eigene Erinnerung an diesen Tag mit einem Hinweis auf allgemeine feindselige Kritik bei den Nationalsozialisten und einem Lob Görings für die Predigt in O. Dibelius, Ein Christ ist immer im Dienst, Stuttgart 1961, S. 171–173.

63 J. Gauger, Chronik 1, S. 68.

64 Ebda. Der volle Text in AEKU Berlin, Gen. II, 42, Bd. 1 pag. 186 f.

65 AEKU, ebda., pag. 60 f. Zum ganzen Vorgang s. unten Kap. 4, S. 413 f.

66 K. Dienst, Dokumentation 1, S. 203.

67 H. Baier, Die Deutschen Christen Bayerns, S. 42.

68 Beide Aufrufe in: Das Evang. Deutschland 10, 1933, S. 105.

69 Ebda., S. 117.

70 Ebda., S. 127.
71 Protokoll der Sitzung in AEKU Berlin, Gen. III, 17, Bd. III, pag. 225–236.
72 Der ganze Vorgang ebda., Gen. II, 42, Bd. I, pag. 47–53.
73 Ebda., S. 140. Text auch bei W. Niemöller (oben Anm. 3).

ANMERKUNGEN ZU KAPITEL 2

1 R. Morsey, Hitlers Verhandlungen mit der Zentrumsführung am 30. Januar 1933, in: Vierteljahreshefte für Zeitgeschichte 9, 1961, S. 186 f. Vgl. dazu auch R. Morsey, Protokolle, S. 612 ff. und D. Junker, Zentrumspartei, S. 156 ff.
2 D. Junker, ebda., S. 165–170.
3 R. Morsey, Ende der Zentrumspartei, S. 348.
4 B. Stasiewski, Akten I, S. 3–6.
5 J. Maaßen, »Schreie, Wahrheit!« K. Gotto, Die Wochenzeitung Junge Front/Michael, Mainz 1970, S. 32. Aufgrund dieses Artikels wurde die Zeitung vom 24. 2. bis zum 17. 3. durch den Oberpräsidenten der Rheinprovinz verboten. Ebda., S. 32 f. Vgl. auch die Beiträge bei H. Müller, Kath. Kirche S. 62 f. (Westdeutsche Arbeiterzeitung) und 66 ff. (Jugend-Präses).
6 H. Brüning, Memoiren, S. 651 f.
7 L. Volk, Bayerischer Episkopat, S. 51.
8 Text. J. Neuhäusler, Kreuz und Hakenkreuz II, München 1946, S. 120–122.
9 B. Stasiewski, Akten I, S. 1 f. Die ebda. S. 1 Anm. 1 angedeutete Möglichkeit, der Hirtenbrief könnte ebenfalls schon vor dem 30. 1. entstanden sein, hat viel für sich.
10 Text des Hirtenbriefs v. 12. Juli 1932 bei H. Müller, Kath. Kirche, S. 41. Text v. 20. Februar 1933 bei B. Stasiewski, Akten I, S. 6 f. gegen Morsey, der die Kundgebung für eine »gewichtige moralische Hilfestellung für das Zentrum« hält (Ende der Zentrumspartei, S. 350).
11 J. Pieper, Noch wußte es niemand. Autobiographische Aufzeichnungen 1904–1945, München 1976, S. 105.
12 R. Morsey, Ende der Zentrumspartei, S. 354.
13 Niederschrift über die Ministerbesprechung am 7. März 1933. BA Koblenz R 43 I/1460.
14 So etwa J. Becker in seiner wenig glücklichen Polemik gegen K. O. v. Aretin. (Das Ende der Zentrumspartei und die Problematik des politischen Katholizismus in Deutschland, in: Welt als Geschichte 23, 1963, S. 149–172; ergänzt auch in: G. Jasper (Hg.), Von Weimar zu Hitler, Köln und Berlin 1968, S. 344–376. Vgl. aber dazu K. O. v. Aretin, Prälat Kaas, Franz v. Papen und das Reichskonkordat von 1933, in: Vierteljahreshefte für Zeitgeschichte 14, 1966, S. 252–279). Dann mit dem entschiedensten Nachdruck K. Repgen (Das Ende der Zentrumspartei und die Entstehung des Reichskonkordats, in: Militärseelsorge 11, 1969, S. 83–122, jetzt auch in: K. Repgen, Historische Klopfsignale für die Gegenwart, Münster 1974, S. 97–127), der sicher ist, daß die Geschichte der Entstehung des Reichskonkordats nicht vor dem

2. April beginnt (Militärseelsorge, S. 89). Daß die Frage des Konkordats im März noch nicht aktuell gewesen sei, meinen auch W. Bußmann, Der Deutsche Katholizismus im Jahre 1933, in: Festschrift f. Hermann Heimpel I, Göttingen 1971, S. 180–204, v. a. S. 186–188; und jetzt vor allem L. Volk, Das Reichskonkordat, S. 60 f., S. 77 und passim.

15 Darauf macht v. a. K. Repgen, S. 90 f. aufmerksam. Das Argument verliert freilich an Gewicht durch entscheidende Lücken im Quellenbestand. So zu Recht L. Siegele-Wenschkewitz, Nationalsozialismus und Kirchen, S. 118 f.

16 J. Lulvès, Der Lateran-Vertrag, S. 76.

17 Arch. AA Bonn, Ref. D, Pol. 7, Deutschland, Bd. 5, betr. Ministerien.

18 L. Volk, Reichskonkordat, S. 64, Anm. 24.

19 Aufzeichnung Faulhabers, v. 10. 3. 1933. L. Volk, Faulhaber-Akten I, S. 660.

20 L. Volk, Reichskonkordat, S. 65, Anm. 25.

21 L. Volk, Faulhaber-Akten I, S. 715. So dann auch im Protokoll der Konferenz vom 20. April bei B. Stasiewski, Akten I, S. 68. Die Versuche Volks, die prononcierte Darstellung Faulhabers dessen Suche nach einer »Orientierungshilfe« zuzuschreiben, und den Hinweis selbst als einen folgenlosen Vorgang zu charakterisieren, ist nur dann einigermaßen stichhaltig, wenn man (wie Volk das tut) Hitlers Interesse an der ganzen Frage völlig aus dem Spiel läßt. Vgl. L. Volk, Päpstliche Laudatio auf Hitler? in: Stimmen der Zeit, 173, 1963/64, S. 221–229, und erneut in Reichskonkordat, S. 65.

22 Text bei L. Volk, Zur Kundgebung des deutschen Episkopats vom 28. März 1933, in: Stimmen der Zeit, 173, 1963/64, S. 431–456, Hier S. 433, Anm. 7.

23 Text bei L. Volk, Reichskonkordat, S. 221–223.

24 So nach dem Schreiben Gröbers an Pacelli vom 18. 3. 1933. B. Stasiewski, Akten I, S. 10.

25 L. Volk, Reichskonkordat, S. 71.

26 W. Dirks, Katholizismus und Nationalsozialismus, S. 206 f.

27 Schreiben vom 19. 3. 1933, B. Stasiewski, Akten I, S. 11 f.

28 H. Brüning, Memoiren, S. 652–655.

29 R. Morsey, Ende der Zentrumspartei, S. 382.

30 L. Volk, Reichskonkordat, S. 67.

31 J. Becker, Ende der Zentrumspartei, in: G. Jasper (Hg.), Von Weimar zu Hitler, S. 348.

32 K. D. Bracher, Nationalsozialistische Machtergreifung und Reichskonkordat. Ein Gutachten zur Frage des geschichtlichen Zusammenhangs und der politischen Verknüpfung von Reichskonkordat und nationalsozialistischer Revolution, in: F. Giese und F. A. v. d. Heydte (Hg.), Der Konkordatsprozeß, München o. J. (1957–1959) S. 947–1021, v. a. S. 976–990.

33 H. Brüning, Memoiren, S. 656.

34 A. Kupper, Staatliche Akten, S. 237.

35 Papen an Bergen 7. 4. 1934. Zitiert bei G. Lewy, Die katholische Kirche und das Dritte Reich, Berlin 1965, S. 79. Ähnlich auch in seiner Ansprache vor katholischen Akademikern in Maria Laach am 22. 8. 1933. (Der katholische Gedanke 6, 1933, S. 331–336). Diesen Äußerungen ist wegen ihrer größeren zeitlichen Nähe der Vor-

zug zu geben vor Papens Aussagen vor der Spruchkammer 1946, wo er den Termin April 1933 nannte. Zitiert bei E. Deuerlein, Reichskonkordat, S. 110.

36 Praschma an Papen, Schloß Repten, Post Tranowitz (Polnisch Oberschlesien), 25. 3. 33. Aus dem Brief geht hervor, daß Praschma seit zwei Tagen in Polen bei der Gemischten Kommission zu tun hatte und daher »über die allerletzten Ereignisse keine direkten Nachrichten« besaß. Seine Informationen müssen also älter gewesen sein. BA Koblenz R 53/76. Damit entfällt Volks Annahme, Papen habe seine Romreise erst nach der Bischofserklärung vom 28. März planen können (Reichskonkordat, S. 93).

37 L. Volk, Reichskonkordat, S. 60 f., bes. Anm. 5.

38 Amtliche Niederschrift vom 18. 3. 1933. Text: Der Prozeß gegen die Hauptkriegsverbrecher vor dem Internationalen Militärgerichtshof Nürnberg (IMT) Bd. 31, Nürnberg 1948, S. 402–409, hier S. 404.

39 Ebda., S. 406.

40 Vom Kaiserhof zur Reichskanzlei, Berlin 1934, S. 284.

41 Zitiert nach L. Volk, Reichskonkordat, S. 80 f., Anm. 114. Dort auch eine ähnliche Stimme vom April 1933.

42 F. G. v. Tschirschky, Erinnerungen eines Hochverräters, Stuttgart 1972, S. 99 f.

43 Verfasser dieser Aufzeichnung v. 22. 4. 1933 war Karl Bachem. Text bei R. Morsey, Ende der Zentrumspartei, S. 434 f. Zur Authentizität der Szene ebda. S. 357, Anm. 32. Nach dem Zeitpunkt des Gesprächs kann es sich bei den erwähnten Verhandlungen nicht um die offiziellen Gespräche Hitlers mit dem Zentrum gehandelt haben, die erst am 20. März begannen.

44 Kapler an Hindenburg, z. Z. Eisenach, 23. 3. 33. AEKD Berlin B 3/240.

45 Siehe unten S. 403 f.

46 Meißner an Kapler, 25. 3. 1933. Eingangsstempel Kirchenbundesamt 27. 3. 33. Zu den Akten am 5. 7. 1933. AEKD Berlin 3/240.

47 AEKD Berlin C 3/207. Text auch bei G. Schäfer, Dokumentation 2, S. 32–37; hier S. 34.

48 Sitzungsprotokoll v. 11. 4. 1933. AEKU Berlin Gen. III, 17, Bd. II pag. 226. Zum Termin der Besprechung s. unten S. 405 f.

49 Handschriftl. Sitzungsnotizen v. 25. 4. 1933 von W. v. Pechmann. LKA Nürnberg 101/XXIII, Nr. 34, Pechmanns Notizen über Kaplers Bericht zu diesem Punkt lauten: »1. IV. *Frick*... bei Frick schließl[ich] Parität R[eichs] K[on]kordat Bespr[echung] zw[ischen] RRgg [Reichsregierung] u[nd] kath[olischen] Vtr. [Vertretern] üb[er] R[eichskonkordat] Lage kath[olische] Ki[rche] unter[stützt] Erm[ächtigungs]ges[etz]. Kap[ler] telephonisch unterr[ichtet] ... K[apler] hdschr. [handschriftlich] an R[eichs] Präs[identen] Ki[rchenbund u[nd] R[eichskon]kordat? Schr[eiben] weitergel[eitet] an Frick. Bespr[echungen] üb[er] R[eichs]-Konkordat hielten an [.] v. Papen (Reichskonkordat) scheint zkgetr. [zurückgetreten] zu sein k[ann] sehr schnell wieder auftauchen ...«

50 A. Kupper, Staatl. Akten, S. 496.

51 So L. Volk, Reichskonkordat, S. 87. Die Behauptungen von J. Becker, Kaas' Reise habe einer schon im Januar 1933 vom Auswärtigen Amt geplanten Klärung einer

deutsch-belgischen Streitfrage gegolten, wird durch den Wortlaut des Schreibens widerlegt und verrät auch wenig Vorstellungsvermögen für die Lage. J. Becker, Ende der Zentrumspartei, S. 346. Vgl. dagegen L. Volk, S. 86f.

52 Anders K. Repgen, Ende der Zentrumspartei, S. 92f.

53 Schreiben vom 11. 11. 1958 an R. Morsey. L. Volk, Reichskonkordat, S. 84, Anm. 132.

54 R. Leiber, Pius XII., in: Stimmen der Zeit 163, 1958/59. S. 95. Jetzt auch in D. Albrecht, Katholische Kirche, S. 103–127.

55 So nach der Mitteilung eines ehemaligen Abgeordneten bei R. Morsey, Ende der Zentrumspartei, S. 364.

56 Die nachwirkende Bedeutung des Kulturkampfes für die Haltung des Katholizismus in dieser Zeit hat zu Recht W. Bußmann, Der Deutsche Katholizismus, S. 181ff. hervorgehoben.

57 Die Sitzungsprotokolle des 29. März bei R. Morsey, Protokolle, S. 630–632. Die Vormittagssitzung der Fraktion begann um 11.15 Uhr und wurde ohne Entscheidung bis nach der Abgabe der Regierungserklärung vertagt. Die Plenarsitzung in der Krolloper wurde um 14.05 Uhr eröffnet. Die Nachmittagssitzung mit der entscheidenden Abstimmung dauerte von 15.12 Uhr bis 18 Uhr. Zum Ablauf im einzelnen vgl. R. Morsey, Ende der Zentrumspartei, S. 361–366. Zur Haltung der Bayerischen Volkspartei, die einen entschiedenen Anpassungskurs steuerte, vgl. jetzt K. Schönhoven, Zwischen Anpassung und Ausschaltung. Die Bayerische Volkspartei in der Endphase der Weimarer Republik 1932/33, in: Historische Zeitschrift 224, 1977, v. a. S. 372f.

58 R. Morsey, Ende der Zentrumspartei, S. 364.

59 Texte ebda., S. 429–431.

60 L. Volk, Reichskonkordat, S. 84.

61 Text: Archiv für kath. Kirchenrecht 100, 1920, S. 128. Vgl. dazu auch G. Schreiber, Deutsche Kirchenpolitik nach dem ersten Weltkrieg, in: Historisches Jahrbuch der Görresgesellschaft 70, 1951, S. 309f., und L. Siegele-Wenschkewitz, Nationalsozialismus und Kirchen, S. 100f. Der Vermutung Morseys (Zentrumspartei, S. 363, Anm. 59), daß der Passus aus einem Memorandum Bergens in die Regierungserklärung gekommen sei, widerspricht die Tatsache, daß in diesem Memorandum nur von einem »Aufrechterhalten«, nicht aber von dem entscheidenden »Ausgestalten« die Rede war.

62 B. Schneider (Hg.), Die Briefe Pius' XII. an die deutschen Bischöfe 1939–1944, Mainz 1966, S. 308.

63 A. Kupper, Staatl. Akten. S. 496.

64 Am 2. April kündigte Orsenigo Pacelli den Besuch Papens für die Karwoche an. L. Volk, Kirchliche Akten. S. 7–9. Aber schon vorher, am 30. März, war in der gerade in kirchlichen Dingen vorzüglich informierten »Täglichen Rundschau« davon die Rede, daß für ein Konkordat »die Wege bereits beschritten sein sollen«. L. Volk, Reichskonkordat, S. 80, Anm. 113.

65 Vgl. L. Volk, Der bayerische Episkopat, S. 53–55.

66 Text: Kretschmar/Nicolaisen, Dokumente I, S. 22f.

67 Brief vom 24. 3. 1933 L. Volk, Reichskonkordat, S. 72.
68 Gröber an Kardinal Bertram, 22. 3. 33. B. Stasiewski, Akten I, S. 14.
69 Faulhaber an den bayer. Episkopat, 24. 3. 33. Ebda., S. 17.
70 L. Volk, Reichskonkordat, S. 73.
71 Germania v. 24. 3. und Kölnische Volkszeitung vom 29. 3. R. Morsey, Ende der Zentrumspartei, S. 364, Anm. 60.
72 Nr. 36/1933. Zitiert nach Das Evang. Deutschland 10, 1933, S. 110f. (Nr. 14 v. 2. 4. 1933).
73 B. Stasiewski, Akten I, S. 15f.
74 Ebda., S. 29.
75 L. Volk, Reichskonkordat, S. 76f.
76 L. Volk, Zur Kundgebung des deutschen Episkopats vom 28. März 1933, in: Stimmen der Zeit, 173, 1963/64, S. 431–456, hier S. 441. Dagegen L. Volk, Reichskonkordat, S. 77.
77 L. Volk, Kundgebung, S. 443.
78 Text bei B. Stasiewski, Akten I, S. 30–32.
79 Ebda., S. 31, Anm. 1.
80 Ebda., S. 44.
81 L. Volk, Faulhaber-Akten I, S. 710.
82 Ebda, S. 714f.
83 L. Volk, Kundgebung, S. 454. Text der Pastoralen Anweisung »Betr. Kritik an der Haltung des Episkopats« v. 30. Mai 1933 bei B. Stasiewski, Akten I, S. 214.
84 L. Volk, Faulhaber-Akten I, S. 714. Ähnlich gegenüber Bischof Gföllner am 3. 4. 1933. B. Stasiewski, Akten I, S. 48f. Anders L. Volk, Der bayerische Episkopat, S. 73.
85 So R. Leiber SJ, Reichskonkordat und Ende der Zentrumspartei, in: Stimmen der Zeit 167, 1960/61, S. 217.
86 Allgemeine Evang.-Luth. Kirchenzeitung 66, 1933, Sp. 325f.

ANMERKUNGEN ZU KAPITEL 3

1 W. Sauer (in: Bracher, Sauer, Schulz, Die nat. soz. Machtergreifung, S. 871) rechnet bis zum Herbst 1933 mit 500–600 Toten und rund 100000 kürzere oder längere Zeit Inhaftierten. Allein in Preußen lag die Zahl der in den Monaten März/April von der Polizei in Schutzhaft genommenen Personen »mindestens bei 25000«, ohne die »wilden« Verhaftungen der SA. M. Broszat, Nationalsozialistische Konzentrationslager 1933–1945, in: Anatomie des SS-Staates, Bd. II, Olten und Freiburg 1965, S. 20.
2 T. Vogelsang, Zu den Anfängen der Verfolgung im Dritten Reich (Februar–April 1933), in: Gutachten des Instituts für Zeitgeschichte II, Stuttgart 1966, S. 11f.
3 T. Vogelsang, ebda., S. 12.
4 R. Diels, Lucifer ante portas … es spricht der erste Chef der Gestapo …, Stuttgart 1950, S. 217ff. Dieses Buch ist noch immer die einzige ausführliche Darstellung

über die internen Vorgänge in dieser Zeit. Sie scheint trotz ihrer klar erkennbaren apologetischen Tendenzen die großen Linien im wesentlichen zutreffend wiederzugeben. Neue Untersuchungen zu diesem Thema sind jedoch dringend notwendig.

5 Einen Eindruck dieser grauenhaften Szenerie vermittelt etwa die Darstellung von Diels (ebda., S. 251–267 u. ö.); das in der Emigration entstandene »Braunbuch über Reichstagsbrand und Hitlerterror« (Juli 1933) Faksimile Nachdruck Frankfurt 1973; die Aussage des ehemaligen amerikanischen Konsuls in Berlin, Raymond H. Geist, für den Nürnberger Prozeß (IMT, Bd. XXVIII, insbes. S. 241–247) und v. a. die Schilderung von F. Boll, Eine Nacht im Gestapokeller (30. 3. 1933), in: G. Schoenberner (Hg.), Wir haben es gesehen, Augenzeugenberichte über Terror und Judenverfolgung im Dritten Reich, Hamburg 1962, S. 23–34.

6 W. Sauer, S. 873. Frick, Himmler u. a. kündigten im März die Einrichtung solcher Lager öffentlich an (W. Sauer, ebda.); Zeitungen und sogar Illustrierte berichteten darüber.

7 W. Maser, Hitlers Briefe und Notizen, Düsseldorf u. Wien 1973, S. 225. Vgl. auch oben S. 121.

8 Die Aktion fand am 11. März statt. Zitiert nach: Das Schwarzbuch. Tatsachen und Dokumente. Die Lage der Juden in Deutschland 1933, hg. v. Comité des Délégations Juives, Paris 1934, S. 94. Dieses Schwarzbuch ist gerade durch seine zurückhaltende Darstellung besonders eindrücklich. Einen Augenzeugenbericht, der den Schrecken dieses Tages aus der Sicht eines Betroffenen schildert, verfaßte L. Foerder, SA-Terror in Breslau, in: G. Schoenberner, Wir haben es gesehen, S. 18–22.

9 Dazu L. Foerder, S. 21: »Wäre dieses Vorgehen an all den vielen Gerichten befolgt worden, in denen sich in den folgenden Wochen gleiche unwürdige Szenen abspielten, wer weiß, welchen Verlauf dann die ›nationale Erhebung‹ genommen hätte ...«.

10 Zitiert nach: Schwarzbuch, S. 96.

11 Ebda., S. 101.

12 Ebda., S. 105.

13 Ebda., S. 104ff.

14 J. Klepper, Unter dem Schatten Deiner Flügel. Aus den Tagebüchern der Jahre 1932–1942, Stuttgart 1956, S. 41–46.

15 S. oben S. 64, 79.

16 Neue Wege. Blätter für religiöse Arbeit 1933, S. 174f. Zitiert nach M. U. Kaiser, Deutscher Kirchenkampf und Schweizer Öffentlichkeit in den Jahren 1933 und 1934, Zürich 1972, S. 210f.

17 S. oben Anm. 6.

18 Anfang Januar 1934 legte Diels Hitler eine Denkschrift über die Untaten der SA vor. R. Diels, Lucifer ante portas, S. 384.

19 Zu H. v. Dohnanyi vgl. E. Bethge, Dietrich Bonhoeffer, München 1967, S. 313, 323, 328 u. ö.

20 F. G. v. Tschirschky, Erinnerungen, S. 103.

21 Schreiben von E. Rotten an F. Siegmund-Schultze v. 13. 3. 1933. ÖA Soest, H II 1,1.

Zu F. Siegmund-Schultze vgl. H. Maas in: Ökumenische Profile, Bd. I, 1961, S. 253–262.
22 A. Boyens, Kirchenkampf und Ökumene, Bd. 1, S. 45.
23 Das Thomas'sche Theorem lautet: »Wenn die Menschen Situationen als real definieren, sind sie in ihren Konsequenzen real.« R. K. Merton, Die Eigendynamik gesellschaftlicher Voraussagen, in: E. Topitsch (Hg.), Logik der Sozialwissenschaften, Köln u. Berlin [7]1971, S. 144 ff.
24 S. oben S. 114 ff.
25 Das Schwarzbuch, S. 22.
26 Vgl. dazu für die evangelische Kirche die ausführliche Darstellung oben Teil 1, Kap. 7. Für die katholische Kirche siehe R. Lill, Die deutschen Katholiken und die Juden in der Zeit von 1850 bis zur Machtübernahme Hitlers, in: K. H. Rengstorf und S. v. Kortzfleisch, Kirche und Synagoge. Handbuch zur Geschichte von Christen und Juden, Bd. II, Stuttgart 1970, v. a. S. 394–412.
27 Vgl. etwa A. Hitler, Mein Kampf, S. 529, 538–551, 567 u. ö.
28 »Staatsgewalt und Glaubensfreiheit«, Tägl. Rundschau Nr. 62 v. 14. 3. 1933.
29 L. Volk, Faulhaber-Akten I, S. 714.
30 Zu dieser ökumenischen Organisation vgl. oben S. 245.
31 Der französische Text bei A. Boyens, Kirchenkampf und Ökumene, Bd. 1, S. 291–295, dt. Übersetzung ebda., S. 440–444.
32 Vgl. dazu H. A. Jacobsen, Nationalsozialistische Außenpolitik 1933–1938, Frankfurt u. Berlin 1968. S. 392 f.
33 Vossische Zeitung Nr. 147 v. 28. 3. 1933.
34 A. Boyens, Kirchenkampf und Ökumene, Bd. 1, S. 38. Die Übersetzung ebda., S. 418.
35 Frankfurter Zeitung v. 23. 3. 1933. »Die Judenfrage – das Interesse Amerikas«.
36 A. Boyens, Kirchenkampf und Ökumene, Bd. 1, S. 290 und 440.
37 Ebda., S. 41
38 AEKD Berlin, C I 22 Bd. I = D 1/29.
39 Telegramm v. 24. 3. 33. Ebda.
40 Handschriftl. Entwurf Richters v. 25. 3. Aktenvermerk Schreibers v. 27. 3. Ebda.
41 »Sonntagsspiegel«, in: Der Tag Nr. 73 v. 26. 3.1933.
42 Handschriftl. Entwurf Kaplers mit Absendervermerk v. 27. 3. AEKD Berlin, C I 22 Bd. I = D 1/29. Text auch bei A. Boyens, Kirchenkampf und Ökumene, Bd. 1, S. 39.
43 A. Boyens, ebda.
44 Text: Das Evangelische Deutschland 10, 1933, S. 126.
45 Konzept v. 28. 3.; Absendevermerk v. 29. 3. AEKD Berlin, C I 22 Bd. I = D 1/29
46 Das Evang. Deutschland 10, 1933, S. 126.
47 So etwa durch John Mott, den Präsidenten des Weltmissionsrates. Ebda.
48 »Beruhigung in New York«, in: Voss. Zeitung Nr. 148 v. 28. 3. 1933.
49 BA Koblenz R 43 II/472.
50 J. Goebbels, Vom Kaiserhof zur Reichskanzlei. Eine historische Darstellung in Tagebuchblättern (Vom 1. Januar 1932 bis zum 1. Mai 1933) [1943] München 1943, S. 288. Der Boykott geht danach eindeutig auf Hitlers Befehl zurück. Für H.-A. Ja-

cobsens Ansicht (Nat. soz. Außenpolitik, S. 393), daß Goebbels die Initiative ergriffen habe, gibt es keinen Beleg.

51 Nach Goebbels' Darstellung ebda., S. 288, will er den Aufruf selbst verfaßt haben. Aber Stil und Anlage des ganzen weisen deutlich auf Hitler, auch wenn dieser nicht selbst unterschrieb, sondern lediglich die »Parteileitung« unterzeichnete. Text bei M. Domarus, Hitler I, S. 248–251.

52 S. oben S. 141. Zur weiteren Zusammensetzung dieses Zentralkomitees vgl. K. D. Bracher in: Bracher/Sauer/Schulz, S. 278, Anm. 86.

53 Z. B. im NS-Kurier Stuttgart v. 1. 4. 1933. Text bei P. Sauer, Dokumente über die Verfolgung der jüdischen Bürger in Baden-Württemberg durch das nat. soz. Regime 1933–1945, I, Stuttgart 1966, S. 5f.

54 Ebda., S. 8. Faksimile der Titelseite des »Führer« v. 1. 4. 1933 mit der Überschrift »All-Juda will den Kampf!« und dem Text des Aufrufs ebda., S. II. Die Schlagworte stammen zum großen Teil aus Anweisungen des Zentralkomitees. Vgl. Schwarzbuch, S. 30.

55 J. Goebbels, Revolution der Deutschen. 14 Jahre Nationalsozialismus. Goebbelsreden mit einleitenden Zeitbildern hg. v. H. Schlecht, Oldenburg 1933, S. 155–161. Die Rede wurde am 31. 3. abends vor Amtswaltern in den Berliner Tennishallen gehalten und über alle deutschen Rundfunksender verbreitet. J. Goebbels, Vom Kaiserhof zur Reichskanzlei, S. 290.

56 Einen guten Überblick über den Verlauf des Boykotts und seine Folgen aufgrund von Pressezitaten aus ganz Deutschland bietet das Schwarzbuch, S. 292–314. Presseberichte aus Stuttgart und anderen württ. Städten bei P. Sauer, Dokumente I, S. 9–13. Beispiele aus Köln in: Widerstand und Verfolgung in Köln 1933–1945, hg. v. Historischen Archiv d. Stadt Köln, Köln 1974, S. 150–152. Eine Darstellung für das Rheinland in: Monumenta Judaica. 2000 Jahre Geschichte und Kultur der Juden am Rhein, hg. v. K. Schilling, Köln ^{2}1964, S. 609–612.

57 Schwarzbuch, S. 312f.

58 So der Bericht des britischen Botschafters in Berlin, bei K. D. Bracher in: Bracher/Sauer/Schulz, S. 279, Anm. 92.

59 Schwarzbuch, S. 303.

60 E. Bethge, Bonhoeffer, S. 31.

61 Schwarzbuch, S. 303.

62 Vgl. Pechmanns kurzes »theologisch-politisches Glaubensbekenntnis« bei F. W. Kantzenbach, Widerstand und Solidarität der Christen in Deutschland 1933–1945. Eine Dokumentation zum Kirchenkampf aus den Papieren des D. W. Freiherrn v. Pechmann, S. 108f.

63 Vermerk v. H[osemann] v. 30. 3. 1933 und Abschrift des Telegrammes in AEKD Berlin C 3/207. Hosemanns Bemerkung zur Haltung des Reichskanzlers bezog sich auf die Presseverlautbarung über die Kabinettsitzung v. 29. März. M. Domarus, Hitler I, S. 251. Welche »maßgebende Seite« in Berlin die Kirchen zu beeinflussen versuchte, war nicht festzustellen.

64 F.W. Kantzenbach, Widerstand und Solidarität, S. VII.

65 Ebda., S. 37. Vgl. auch S. 39 (Schreiben an Dr. Pehrsson v. 15. 4.); S. 42 (Schreiben an

Dr. Pehrsson v. 10. 5.); S. 47 (Schreiben an Oberkonsistorialrat Hosemann v. 7. 6.) u. ö.

66 Vermerk v. H[osemann] v. 31. 3. 33. AEKD Berlin C 3/207.

67 Schreiben v. 4. 4. 1933. Ebda.

68 Schreiben v. 18. 4. 1933 (Abschrift) Ebda.

69 Menn an Stoltenhoff, 1. 4. 1933. G. V. Norden, Kirche in der Krise, S. 59 f. Vgl. auch die Antwort Stoltenhoffs ebda., S. 60, die Erwiderung Menns v. 8. 4. ebda, S. 177, Anm. 89, und das Schreiben Menns an Dibelius v. 18. 4. ebda., S. 61 f.

70 Schreiben an Dibelius v. 18. 4. ebda., S. 61. Vgl. auch Menns Schreiben an Pfarrer Harney v. 11. 4., ebda., S. 179.

71 Rundschreiben des Kölner Superintendenten Georg Klingenburg an die Kölner Pfarrer v. 5. 4. 33. Widerstand und Verfolgung in Köln, S. 152 Nr. 151. Eine eigene Studie über diese Frage, die alles noch verfügbare Material sammelt und verwertet, wäre dringend notwendig.

72 R. Diels, Lucifer ante portas, S. 251.

73 Ein ausführlicher Bericht über die Botschaften von Nuelsen und Dibelius erschien im Reichsanzeiger Nr. 8 v. 6. 9. 1933. Engl. Text bei J. S. Conway, The Nazi Persecution of the Churches 1933–1945, London 1968, S. 342–344. Hier zitiert nach einer Abschrift des Wortlauts im ÖA Soest, E II e 8.

74 AEKD Berlin, C 3/207.

75 Verhandlungsprotokoll in AEKU Berlin, Gen. III 17, Bd. 3.

76 B. Stasiewski, Akten I, S. 42 f. Anm. 3.

77 Ebda., und L. Volk, Der bayerische Episkopat, S. 77.

78 L. Volk, Faulhaber-Akten I, S. 701. Einzelne katholische Zeitungen scheinen jedoch ähnliche Aufsätze abgedruckt zu haben, so die Rhein-Mainische Volkszeitung Nr. 80 v. 4. 4. 1933 einen Artikel von Pfarrer Eckert. Text bei H. Müller, Katholische Kirche und Nationalsozialismus, S. 87–89.

79 Ebda., Schreiben v. 8. 4. 1933, S. 705. Vgl. auch die ebenso offene wie entschiedene Antwort Wurms v. 8. 4., wonach er für das Bekenntnis »einer so fundamentalen katholischen Wahrheit« auch »Schutzhaft« zu riskieren bereit sei. Ebda., S. 706 f.

80 So in einem Schreiben an Pacelli v. 10. 4. 1933. L. Volk, Der bayerische Episkopat, S. 78. Ähnlich im Schreiben an den bayerischen Episkopat v. 31. 3. 1933. L. Volk, Faulhaber-Akten I, S. 684.

81 P. Franziskus Stratmann OP an Faulhaber am 10. 4. 1933. L. Volk, Faulhaber-Akten I, S. 711.

82 Ebda.

83 RGBl I, 1933, S. 175. Voller Text auch bei B. Blau, Das Ausnahmerecht für die Juden in Deutschland 1933–1945, Düsseldorf [3]1965, S. 13–18. Die Ausnahmebestimmungen für Frontkämpfer gingen auf einen Wunsch Hindenburgs zurück. U. D. Adam, Judenpolitik im Dritten Reich, Düsseldorf 1972, S. 62 f.

84 H. Seel, Die Erneuerung des Berufsbeamtentums, in: Das Recht der nationalen Revolution, H. 4, Berlin 1933, S. 4. Zur Rolle Seels vgl. U. D. Adam, Judenpolitik, S. 62, Anm. 191.

85 W. Niemöller (Hg.), Texte zur Geschichte des Pfarrernotbundes, Berlin 1958, S. 26.

86 R. Morsey, Ende der Zentrumspartei, S. 372–377.
87 B. Stasiewski, Akten I, S. 49f.
88 Ebda., S. 51.
89 Ebda., S. 59 und S. 60.
90 Buchbergers Entwurf v. 11. 4. 1933 ebda., S. 54–58; Beratung am 20. 4. ebda., S. 68f., die endgültige Fassung v. 5. 5. ebda., S. 126–132. Dazu auch L. Volk, Der bayerische Episkopat, S. 82–84.
91 R. Morsey, Ende der Zentrumspartei, S. 376, Anm. 50.
92 Pechmann an Kapler, 12. 4, 1933. F. W. Kantzenbach, Widerstand und Solidarität, S. 37.
93 Schreiben an Kapler v. 18. 3. 1933. AEKD Berlin C 3/207.
94 Schreiben v. Bischof Kumpfmüller an Kardinal Faulhaber v. 24. 4. und Antwort Faulhabers v. 26. 4. L. Volk, Faulhaber-Akten I, S. 716f.
95 Zu den ausländischen Anfragen im April siehe A. Boyens, Kirchenkampf und Ökumene, Bd. 1, S. 43f.
96 Protokoll der Sitzung vom 11. 4. 33 in AEKU Berlin, Gen. III 18, Bd. 3, S. 8.
97 Die gleiche Aufzeichnung lag dem Deutschen evangelischen Kirchenausschuß bei seiner Sitzung am 25./26. 4. in Berlin vor. Danach wird hier zitiert (AEKD Berlin A 2/28). In erweiterter Form veröffentlichte Künneth die Aufzeichnung unter dem Titel »Das Judenproblem und die Kirche« im Sommer 1933 in dem Sammelwerk: W. Künneth/H. Schreiner, Die Nation vor Gott, Berlin [1933] ^{3}1934, S. 115–137.
98 In: Der Tag, Nr. 73 v. 26. 3. 1933.
99 Text: Dietrich Bonhoeffer, Ges. Schriften, Bd. 2, München 1959, S. 44–53. Zur Vorgeschichte vgl. E. Bethge, Bonhoeffer, S. 322ff. Bethges Kritik an »manchen recht konservativen Tönen« des Aufsatzes (ebda., S. 323) übersieht freilich gerade jene Spannung, die seine Aktualität bis heute ausmacht.
100 So ist – im Gegensatz zum gedruckten Text S. 48 – laut Auskunft von E. Bethge nach dem Originalmanuskript zu lesen.
101 Nach dem Protokoll der Sitzung in AEKD Berlin A 2/28. Als Unterlagen standen die Künnethsche Aufzeichnung sowie ein badischer Entwurf zur Verfügung, der weit mehr über das den Deutschen angetane Unrecht als über die kirchliche Gemeinschaft mit den verfolgten Christen jüdischer Abstammung enthielt. Vgl. dazu auch J R. C. Wright, »Über den Parteien«, S. 193f.
102 B. Stasiewski, Akten I, S. 87 (Rottenburger Protokoll); S. 104 (Freiburger Protokoll); S. 117ff. (Passauer Protokoll).
103 Ebda., S. 91.
104 Ebda., S. 122.
105 Text der Aufzeichnung bei H. Müller, Katholische Kirche, S. 120–122. Vgl. auch B. Stasiewski, Akten I, S. 100–103.
106 H. Müller Katholische Kirche, S. 121.
107 F. W. Kantzenbach, Widerstand und Solidarität, S. 90.

ANMERKUNGEN ZU KAPITEL 4

1 Zu den Reichskirchenbestrebungen 1866 und 1870/71 vgl. G. Besier, Die preußische Kirchenpolitik 1866–1872, Diss. ev. theol. Tübingen 1976, S. 219 u. ö.
2 Kirchliches Jahrbuch 1932, S. 171.
3 Vgl. oben Teil 1, Kap. 12, S. 299.
4 Grundlegend dazu bis zum Jahre 1930 G. Schulz, Zwischen Demokratie und Diktatur. Verfassungspolitik und Reichsreform in der Weimarer Republik, Bd. 1, Die Periode der Konsolidierung und der Revision des Bismarckschen Reichsaufbaus 1919–1930, Berlin 1963. Für die besondere Problematik des nordwestdeutschen Raumes in diesem Zusammenhang vgl. W. Kothe, Die Gedanken zur Neugliederung des Reiches 1918–1945 in ihrer Bedeutung für Nordwestdeutschland, in: Westfälische Forschungen VI, Münster und Köln 1953.
5 E. Klügel, Hannoversche Landeskirche, S. 20f.
6 P. Fleisch, Das Werden der Vereinigten Evangelisch-Lutherischen Kirche Deutschlands und ihrer Verfassung, in: Zeitschrift für evangelisches Kirchenrecht 1, 1951, S. 22f.
7 Kirchliches Jahrbuch 1932, S. 127.
8 Ebda., S. 132.
9 Verhandlungen des Deutschen Evangelischen Kirchenausschusses am 24./25. 11. 1932 in Berlin. Anlage 2: Bericht des Rechtsausschusses, S. 9. AEKD Berlin A2/28. Vgl. auch J. R. C. Wright, »Über den Parteien«, S. 178.
10 Diesen Zusammenhang betont nachdrücklich auch Kaplers Stellvertreter, der Präsident der sächsischen Kirchenbehörde Friedrich Seetzen. Lebenserinnerungen, 1939, S. 16. (Ungedrucktes Ms. EAKiZ München.)
11 Siehe oben Kap. 2, S. 354f.
12 Kapler an Hindenburg, z. Z. Eisenach, 23. 3. 1933. AEKD Berlin B3/240. Kapler wandte sich in Fragen des besonderen protestantischen Interesses gelegentlich an den Reichspräsidenten; so noch im November 1932, als er für die Ernennung eines evangelischen Reichsinnenministers eintrat. Wright, »Über den Parteien«, S. 180.
13 Meißner an Kapler, 25. 3. 1933. Eingangsvermerk v. 27. 3. 1933, ebda.
14 Vertraul. Rundschreiben Kaplers an die Obersten Kirchenbehörden vom 1. 4. 1933. AEKD Berlin C3/207. Text auch bei G. Schäfer, Dokumentation 2, S. 32–37.
15 Gutachten v. G. A. Walz. Eingegangen am 10. 2. 1933. AEKD Berlin A 2/484. Zitiert nach H. Baier, Um Reichsbischof und Verfassung der Deutschen Ev. Kirche 1933, S. 71f. (Ungedrucktes Ms. LKA Nürnberg).
16 Siehe Anm. 14.
17 Text der Thesen v. 29. 3. 1933 in: Zeitschrift für evang. Kirchenrecht 1, 1951, S. 404f.
18 P. Fleisch, Erlebte Kirchengeschichte. Erfahrungen in und mit der Hannoverschen Landeskirche, Hannover 1952, S. 155.
19 Bracher/Sauer/Schulz, Machtergreifung, S. 464f.
20 Das Datum dieses Gesprächs ist durch Kaplers eigene Aussage vor dem Kirchen-

ausschuß am 26. 4. 1933 gesichert. Protokoll der Verhandlungen des Deutschen Evangelischen Kirchenausschusses am 25./26. April in Berlin, AEKD Berlin A2/28, S. 14: »So bei meiner Unterredung mit Reichsminister Frick, die am 1. April, am Tage des Judenboykotts, stattfand.« Dies widerlegt die Auffassung nahezu der gesamten bisherigen Forschung, die Reichskirchenpläne seien erst durch die Deutschen Christen in Gang gebracht worden.

21 AEKU Berlin, Gen. III 17, Bd. 3, pag. 225.

22 Vertrauliche Niederschrift über eine Besprechung mit Vertretern der obersten Kirchenbehörden über die für den KB aus der politischen Lage entstandene Umwälzung, am Freitag, den 7. April 1933, vorm. 10 Uhr im KBA Berlin. AEKD Berlin A2/48. Vgl. auch das darauf bezugnehmende Schreiben des Kirchenbundesamtes an den Teilnehmerkreis vom 12. 4. 1933 bei G. Schäfer, Dokumentation 2, S. 38.

23 Marahrens an Prof. D. Joh. Meyer, 14. 4. 1933. LKA Hannover, Akte Reichskirche 1933.

24 Zur Entstehung und Entwicklung der Deutschen Christen bis zu den Kirchenwahlen im November 1932 vgl. Teil 1, Kap. 12, S. 273ff.

25 LKA Hamburg, Bestand Deutsche Christen. Zum Folgenden vgl. auch H. Wilhelmi, Die Hamburger Kirche in der nationalsozialistischen Zeit 1933–1945, Göttingen 1968, S. 23f. und 63–66.

26 LKA Hamburg, ebda., Nr. 206.

27 Ebda. Es war ein typisches und beabsichtigtes Mißverständnis der Stellung Hossenfelders, daß Aselmann dieses Schreiben an »Herrn Reichsorganisationsleiter Pfarrer Hossenfelder« richtete und damit zum Ausdruck brachte, daß er ihn an der Spitze der Parteihierarchie vermutete. Auch Tügel (s. unten Anm. 30) hielt seine Beauftragung für einen »Parteibefehl«. H. Wilhelmi, Hamburger Kirche, S. 66.

28 Aselmann an Hossenfelder, 8. 12. 32. Ebda.

29 Rössing an Aselmann, 16. 12. 32. Ebda. Akte Nr. 51.

30 Gauleitung Hamburg an Aselmann, 6. 1. 1933. Ebda., Akte Nr. 212 Aselmann an Hossenfelder, 13. 1. 33. Ebda. Akte Nr. 206. Zu Tügel vgl. F. Tügel, Mein Weg 1888–1946 Erinnerungen eines Hamburger Bischofs, Hamburg 1972.

31 Rundschreiben Nr. 15 v. 30. 1. 1933. Ebda., Akte Nr. 204/1.

32 Ebda., Akte Nr. 51. Chr. Kinder, Neue Beiträge zur Geschichte der evangelischen Kirche in Schleswig-Holstein und im Reich 1924–1945, Flensburg 1966, S. 38 und 40f., behauptet, er und Christiansen seien erst nach den Kirchenwahlen im Juli Mitglieder der DC geworden. Dies ist nach den Hamburger Akten unzutreffend.

33 Tügel an den Hamburger Kirchenrat, 22. 3. 1933. F. Tügel, Mein Weg, S. 424f.

34 Rachner an Aselmann, 19. 12. LKA Hamburg, Akte Nr. 206.

35 Meyer an Aselmann, 25. 3. 1933. Ebda., Akte Nr. 52.

36 AEKD Berlin C2/1.

37 Junge Kirche 1, 1933, S. 288, und AEKD Berlin A 4/248.

38 Ein typisches Programm vom Juni findet sich bei J. Gauger, Chronik I, S. 85.

39 Evangelium im Dritten Reich 2, Nr. 6 v. 5. 2. 1933. Versammlungsanzeigen für Groß-Berlin.

40 Evangelium im Dritten Reich 2, 1933, S. 54. Siehe auch oben S. 319f.
41 Der Angriff Nr. 69 v. 22. 3. 1933.
42 Eckert MdL an Kommissar z. b. V. Daluege. BA Koblenz, Sammlung Schumacher.
43 Dr. Krummacher an Dr. Ley, 6. 2. 33 DC Berlin OPG Akte Hossenfelder.
44 Hossenfelder an Dr. Ley, 10. 2. 33. Ebda.
45 Rundschreiben Nr. 14 v. 30. 1. 33. LKA Hamburg, Bestand Deutsche Christen, Akte Nr. 204/1. Geplantes Programm in: Evangelium im Dritten Reich, 2, 1933, Nr. 6 v. 5. 2. 1933, S. 48.
46 Verordnung vom 8. 2. 1933. Ebda., Nr. 7 v. 12. 2. 1933, S. 56.
47 J. Gauger, Chronik I, S. 69. Diese Zahlen auch in den wichtigen Erinnerungen des damaligen nassauischen Landesbischofs August Kortheuer, Das Ende der Evangelischen Landeskirche in Nassau, Wiesbaden 1943, Manuskript in AEKHN Darmstadt 0201, S. 76.
48 S. oben Teil 1, Kap. 12, S. 298ff.
49 Evangelium im Dritten Reich 2, 1933, Nr. 5 v. 29. 1. 1933.
50 S. oben Teil 2, Kap. 1, S. 332ff.
51 Märkischer Adler Nr. 14 v. 2. 4. 1933. Ausschnitt in AEKU Berlin, Gen. II, 42, Bd. 1, pag. 60f.
52 Abschrift in AEKU Berlin, ebda., pag. 16. Text auch bei Kretschmar/Nicolaisen, Dokumente I, S. 29f.
53 Schreiben Kaplers als Präsident des EOK v. 31. 3. AEKHN Darmstadt 1/92. Schreiben Kaplers als Präsident des Kirchenausschusses v. 3. 4. 33 AEKD Berlin C2/1.
54 Bericht der Telegraphen-Union. AEKU Berlin, (Anm,. 51), pag 119f.
55 Bericht der »Täglichen Rundschau« v. 5. 4. 1933. Zum Teil auch bei J. Gauger, Chronik I, S. 71.
56 Bericht der Telegraphen-Union, AEKU Berlin, (Anm. 51), pag. 120.
57 Ebda., pag. 123.
58 J. Gauger, Chronik I, S. 73.
59 Artikel VII der Augsburger Konfession. Die Bekenntnisschriften der evangelisch-lutherischen Kirche, Göttingen ^{6}1967, S. 61.
60 Entwurf und Text in AEKU Berlin, (Anm. 51), pag. 30–35.
61 BA Koblenz, R 43 II/161. Vgl. auch Kretschmar/Nicolaisen, Dokumente I, S. 39, Anm. 9.
62 Schreiben Kaplers an Veit, Seetzen, Burghart, Marahrens und Wurm v. 12. 4. 1933. AEKD Berlin C3/207.
63 Zur Entwicklung und Bedeutung der Bekenntnisfrage im deutschen Protestantismus vgl. oben Teil 1, Kap. 2.
64 Dies trug Zoellner in einer Denkschrift vom 23. 4. 1933 dem preußischen Oberkirchenrat vor, in der er seinen Aufruf ausführlich begründete und verteidigte. AEKU Berlin, Gen. II, 42, Bd. 1, pag. 207ff. In weiter entwickelter Form als Sturkturgrundsätze der Reichskirche in Zoellners »Forderungen für heute« vom Juni 1933, in: W. Zoellner, Die Kirche der Geschichte und die Kirche des Glaubens. Beiträge zum Neubau der Kirche, Berlin 1933, S. 191, Thesen 8–10.
65 Zoellner an Kapler, 15. 4. 1933. AEKD Berlin C2/1.

66 W. Zoellner, Kirche der Geschichte, S. 43.

67 Text des Aufrufs bei K. D. Schmidt, Bekenntnisse 1933, S. 140f.

68 F. W. Kantzenbach, Generalsuperintendent D. Zoellner und der Herausgeber der Allgemeinen Evangelisch-lutherischen Kirchenzeitung, in: Jahrbuch des Vereins für Westfälische Kirchengeschichte 64, 1971, S. 143.

69 »Ich hatte mich dazu entschlossen, nicht um dem Kirchenregiment irgendwelche Schwierigkeiten zu machen, sondern um das Kirchenregiment in die Lage zu versetzen, mich zu verleugnen, wenn die ganze Affaire anders verlaufen sollte, als ich hoffe; im andern Fall aber aufzunehmen, was etwa an Erfolg sich ergeben wird.« Zoellner an Kapler am 15. 4. 1933. AEKD Berlin, C2/1.

70 G. Koch, Erwägungen zum Bau der Reichskirche. Handschriftlicher Vermerk: »geschrieben April 1933«. Nachlaß Paul Althaus, Fasz. Kirchenkampf. Vgl. dazu auch H.-J. Reese, Bekenntnis und Bekennen. Vom 19. Jahrhundert zum Kirchenkampf der nationalsozialistischen Zeit, Göttingen 1974, S. 164ff., der freilich diese radikalen Stimmen in ihrer Bedeutung »nicht überschätzen« möchte.

71 W. Zoellner, Denkschrift (Anm. 64), pag. 209.

72 Ebda., pag. 211.

73 Zur Entstehung und Bedeutung des Altonaer Bekenntnisses vgl. Teil 1, Kap. 11, S. 267ff.

74 Die Reichskirche, in: Niederdeutsche Kirchenzeitung 3, 1933 v. 15. 4. 1933, S. 139–142. Ähnlich auch in der selbständigen Schrift von H. Asmussen, Reichskirche, Hamburg 1933, S. 13ff.

75 Asmussen an Kapler, 23. 4. 33. AEKD Berlin, C2/1.

76 W. Zoellner, Denkschrift (Anm. 64) pag. 212.

77 W. Zoellner, Die Kirche der Geschichte, S. 191, These 11.

78 Zoellner an Kapler, 15. 4. 1933. AEKD Berlin C2/1.

79 Reformierte Kirchenzeitung 82, 1933, Nr. 17 v. 23. 4. 1933, S. 125.

80 Ebda.

81 Reformierte Kirchenzeitung 83, 1933, Nr. 18 v. 30. 4. 1933, S. 132f.

82 K. Dienst, Dokumentation Bd. 1, S. 37.

83 Protokoll über die Verhandlungen der 50. Sitzung des Kirchensenats am 21. April 1933. AEKU Berlin.

84 Sonderausgabe des Kirchl. Amtsblattes der Kirchenprovinz Brandenburg v. 25. 4. 1933. Text auch bei W. Niemöller, Die Evangelische Kirche, S. 78f.

85 Vgl. dazu das Schreiben Strassers an den Hamburger Gauleiter Lohse v. 24. XXI. 31, in: A. Tyrell, Führer befiehl ..., S. 340. Zu Darrés Ideen vgl. v. a. R. Walther Darré, Das Bauerntum als Lebensquell der Nordischen Rasse, München 1929 ([4]1934).

86 Zur Vorgeschichte vgl. Bohms eigene Darstellung aus dem Jahre 1956 bei K. D. Schmidt, eine folgenreiche Episode. Der Staatskommissar für die Kirche in Mecklenburg, in: Evangelische Theologie 22, 1962, S. 379–392.

87 Vgl. R. Walther Darré, Neuadel aus Blut und Boden, München 1930, S. 27ff.

88 So W. Bohm bei K. D. Schmidt, Episode, S. 387.

89 J. Gauger, Chronik I, S. 70.

90 Promemoria des Präsidenten des mecklenburgischen Oberkirchenrats D. Dr. Lemcke v. 22. April mit handschriftlichen Anschreiben von Landesbischof Rendtorff an Kapler v. 24. 4. »als Material für die Besprechung mit dem Herrn Reichskanzler«. AEKD Berlin A 4/1. Rendtorffs Referat vor dem Kirchenausschuß am 25. 4. folgt wörtlich dieser Aufzeichnung des Präsidenten, ergänzt sie aber um die Ereignisse vom 24. 4. Protokoll der Sitzung ebda., A2/28. Die Darstellung folgt im wesentlichen diesen Quellen.
91 BA Koblenz R 43 II/161. Kreschmar/Nicolaisen, Dokumente I, S. 37f.
92 Ebda., S. 41 (Rücktrittserklärung Bohms vom 27. 4. 33), und S. 38, Anm. 5 (Granzow).
93 K. D. Schmidt, Episode, S. 388f.
94 So Rendtorffs Referat vor dem Kirchenausschuß. Vgl. Anm. 90.
95 Text: Kretschmar/Nicolaisen, Dokumente I, S. 40.
96 AEKU Berlin, Gen III 17, Bd. 3, pag 226.
97 J. Gauger, Chronik I, S. 70.
98 Siehe Anm. 90.
99 Vgl. E. Klügel, Hannoversche Landeskirche, S. 30f.; und H. A. Hesse, Elberfeld, in: G. Harder und W. Niemöller, Die Stunde der Versuchung, Gemeinden im Kirchenkampf 1933–1945, München 1964, S. 303.
100 J. Gauger, Chronik I, S. 74.
101 J. Kübel, Erinnerungen. Mensch und Christ, Theologe, Pfarrer und Kirchenmann. Zum 100. Todestag hg. von der Tochter Dr. Martha Frommer, Villingen-Schwenningen. Privatdruck 1973, S. 89f. Die Herausgeberin bestätigte freundlicherweise, daß als Unterlage für die schon 1947 abgeschlossene Darstellung schriftliche Notizen dienten, die Kübel während der Sitzungen zu machen und meist schon auf der Rückreise auszuarbeiten pflegte. Nur so erklärt sich die teilweise wörtliche Übereinstimmung mit den handschriftlichen Sitzungsnotizen Pechmanns (LKA Nürnberg, 101/XXIII Nr. 34). – Die Forschung hat vom Inhalt dieses wichtigen Gesprächs bisher keine Kenntnis genommen und ist aufgrund anderer Berichte zu teilweise erheblichen Fehlurteilen gekommen. So H. Buchheim, Glaubenskrise, S. 94f:, Kretschmar/Nicolaisen, Dokumente I, S. 39, Anm. 9; und noch J. R. C. Wright, »Above Parties«, S. 122f. Erst in der überarbeiteten deutschen Fassung von Wright, »Über den Parteien«, S. 203f., sind die Quellen ausgewertet.
102 Vgl. dazu oben Kap. 2, S. 358ff.
103 Diese entscheidende Erklärung Hitlers ist in beiden Quellen eindeutig bezeugt. Sie entspricht auch dem Aktenvermerk des bei dem Gespräch anwesenden Lammers. BA Koblenz R43/II 161. Text auch bei Kretschmar/Nicolaisen, Dokumente I, S. 39. Die an Beobachtungen des Thüringer Landesoberpfarrers Reichardt anknüpfenden Spekulationen entfallen damit (ebda, Anm. 9).
104 Zur Bedeutung dieses Gesprächs vgl. auch unten Kap. 5, S. 437ff.
105 Protokoll der Sitzung v. 25. 4. (vgl. Anm. 90) S. 8.
106 Ebda., S. 9.
107 Ebda., S. 10.
108 Ebda., Anlage 1. Text der Resolution auch bei G. Schäfer, Dokumentation 2, S. 40f.

109 Vgl. dazu oben S. 397f.
110 Protokoll der außerordentlichen Sitzung des Deutschen Evangelischen Kirchenbundesrates am 27. 4. 1933 in Berlin. AEKD Berlin, A 3/92.
111 Vollständiger Text bei G. Schäfer, Dokumentation 2, S. 42.

ANMERKUNGEN ZU KAPITEL 5

1 Vgl. oben Teil 1 Kap. 6
2 B. Stasiewski, Akten I, S. 118.
3 Zum Inhalt des Gesprächs mit Kapler vgl. Kübel und Pechmann (oben Kap. 4, Anm. 101). Der ausführlichste Bericht über das Gespräch mit Berning findet sich im Konferenzprotokoll des Rottenburger Vertreters bei B. Stasiewski, Akten I, S. 100–103. Eine andere, im wesentlichen gleichlautende Aktennotiz aus dem Archiv des Auswärtigen Amtes ist wiedergegeben bei A. Kupper, Staatl. Akten, S. 28–30. Text dieser Notiz auch bei Kretschmar/Nicolaisen, Dokumente I, S. 45–47.
4 B. Stasiewski, Akten I, S. 100.
5 J. Kübel, Erinnerungen, S. 90; Stasiewski, Akten I, S. 102.
6 Kaas hatte den Entwurf am 20. April von Rom aus an Papen gesandt. A. Kupper, Staatliche Akten, S. 18f. und S. 30ff. Schon am Abend des 19. 4. jedoch konnte Papen persönlich den Reichskanzler in München »zumindest summarisch über das Resultat seiner Romreise informieren.« L. Volk, Reichskonkordat, S. 105.
7 B. Stasiewski, Akten I, S. 101.
8 So nach den Aufzeichnungen Pechmanns v. 25. 4. 1933. LKA Nürnberg 101/XXIII Nr. 34.
9 BA Koblenz R 43 II/161. Text auch bei Kretschmar/Nicolaisen, Dokumente I, S. 39.
10 E. Fraenkel, Der Doppelstaat [New York, 1940/41], Frankfurt und Köln 1974.
11 Zur Lage im Reichsinnenministerium vgl. die Erinnerungen des ehemaligen Oberregierungsrates im RMdI, W. Conrad, Der Kampf um die Kanzeln, Berlin 1957, S. 13f. u. ö.; ferner L. Siegle-Wenschkewitz, Nationalsozialismus und Kirchen, S. 171ff.
12 J. Gauger, Chronik I, S. 74; danach ist der Text bei Kretschmar/Nicolaisen, Dokumente I, S. 43 in »Kirchen« zu korrigieren.
13 J. Kübel, Erinnerungen, S. 90.
14 LKA Hannover, Nachlaß Marahrens Bd. 4/II. Handschriftl. Notizen von Marahrens über die Verhandlungen v. 4. 5. 1933, 11 Uhr.
15 Im Frühjahr und Sommer 1933 wurde Müller v. a. als der gläubige und treue Kämpfer für Hitlers Idee gefeiert. Vgl. etwa W. Ulmenried, Ludwig Müller (Die Reihe der Deutschen Führer, H. 7), Berlin 1933, und den typischen Gedenkartikel zum 50. Geburtstag in: Evangelium im Dritten Reich 2, 1933, Nr. 26 v. 25. 6. 1933, S. 236–238. Im Rückblick kommen fast alle Zeitgenossen über Ludwig Müller zu einem mehr oder weniger vernichtenden Urteil. Vgl. etwa W. Conrad, Kampf um die Kanzeln, S. 23f.; O. Dibelius, Ein Christ ist immer im Dienst, S. 175f.; Th. Wurm

(der ihn mit zum Reichsbischof wählte), Erinnerungen, S. 90f.; auch F. Tügel (der ihm als Deutscher Christ lange die Stange hielt), Mein Weg, S. 249f. Etwas günstiger lautet das Urteil Bodelschwinghs bei W. Brandt, Bodelschwingh, S. 116; noch immer fast enthusiastisch äußert sich ein ehemaliger Mitarbeiter, W. Birnbaum, Zeuge meiner Zeit, S. 196ff. – Müllers Todesursache im Juli 1945 in Berlin ist umstritten. Während er nach den Unterlagen der Kirchenkanzler Selbstmord begangen haben soll, wurde dies von seiner Familie bestritten. Auch Pfarrer i. R. Dr. G. Luntowski, der Müller noch im Sommer 1945 häufiger in Berlin traf, hält einen Selbstmord für »völlig ausgeschlossen«, da er überhaupt nicht zu Müllers »kindlicher Gläubigkeit und unbedingtem Gottvertrauen« gepaßt hätte. (Schreiben Luntowski an K. Themel v. 22. 3. 71, AKZG Tübingen).

16 Von diesem ersten Gespräch ist immer wieder die Rede; so in einem Interview Müllers mit dem Reichsboten v. 12. 5. 33; in einer Darstellung der gleichen Zeitung v. 5. 8. 1933 (»Die Führer der ›Deutschen Christen‹«); in F. Wienekes Erinnerungen, Kirche u. Partei, S. 13 und in zahlreichen Reden Müllers, so etwa am 28. 2. 1934 im Sportpalast, Vgl. Der Reichsbischof. Die Deutschen Christen. Die Reden des Reichsbischofs und des Reichsleiters der Deutschen Christen, Dr. Kinder... am 28. 2. 1934, Berlin 1934, S. 7. Zum Zeitpunkt der ersten Begegnung vgl. auch J. R. C. Wright, »Über den Parteien«, S. 152f.

17 Müllers Eintreten für die Partei und seine Vermittlertätigkeit sind durch die Aussagen zweier Stabsoffiziere aus jener Zeit, des Oberleutnants v. Mellenthin und des Majors v. Salmuth, zuverlässig bezeugt (IfZG München, ZS 105 und ZS 133). Von Müllers Vermittlung ist in einem Brief Hitlers an Reichenau v. 4. 12. 1932 die Rede. Th. Vogelsang, Hitlers Brief an Reichenau v. 4. Dezember 1932, in: Vierteljahrshefte für Zeitgeschichte 7, 1959, S. 429–437. Vgl. auch Th. Vogelsang, Reichswehr, Staat und NSDP, München 1962, S. 310 und 375.

18 Vgl. oben Teil 1, S. 305.

19 So Kaplers Bericht vor den Generalsuperintendenten vom 11. April AEKU Berlin, Gen. III 17, Bd. 3, pag. 227. Der Termin in den Aufzeichnungen Pechmanns v. 25. 4. LKA Nürnberg, 101/XXIII, Nr. 34. Zoellners Anwesenheit ist ebenfalls bei Pechmann festgehalten.

20 S. dazu unten S. 447f. und Anm. 36.

21 Tatsache und Termin des Gesprächs gehen aus einem Interview mit Müller hervor, das der »Reichsbote« am 12. 5. 33 veröffentlichte. Von einer Berufung Müllers sprach die Tägliche Rundschau schon am 21. 4. Kretschmar/Nicolaisen, Dokumente 1, S. 42f. Anm. 1.

22 Dazu W. Conrad, Kampf um die Kanzeln, S. 24.

23 J. Gauger, Chronik I, S. 75f.

24 Niederdeutsche Kirchenzeitung 3, 1933, S. 162.

25 Das Evang. Deutschland 10, 1933, v. 30. 4. 1933, S. 157.

26 Die Termine und Teilnehmer der Verhandlungen vom 24. 4. bis zum 28. 6., dem Tag der Besetzung des Kirchenbundesamtes, sind in einem von Hosemann angelegten Diarium vollständig verzeichnet. Es handelt sich um insgesamt 51 Sitzungen und Besprechungen. AEKD Berlin, A 4/2.

27 LKA Hannover, Nachlaß Marahrens Bd. 4/II. Notizen der Verhandlungen v. 4. 5. 1933 11 und 17 1/2 Uhr.
28 Text: G. Schäfer, Dokumentation 2, S. 44f.
29 Dieser Abschnitt in: Das Evang. Deutschland 10, 1933 v. 14. 5. 33, S. 177.
30 Wehrkreispfarrer Müller über Reichskirche und »Deutsche Christen«. Der Reichsbote v. 12. 5. 33. Vgl. auch Adolf Hitler und die evangelische Kirche. Eine Unterredung mit Wehrkreispfarrer Müller. Kreuzzeitung Nr. 128 v. 11. 5. 1933. Text auch in: Niederdeutsche Kirchenzeitung 3, 1933, S. 183f.
31 Text in Niederdeutsche Kirchenzeitung 3, 1933, S. 178f. und H. Linck, Kirchenkampf in Ostpreußen, S. 37.
32 H. Asmussen, Neues Bekenntnis? Ein Beitrag zum Neubau der Kirche, Berlin 1933, S. 21.
33 Der Reichsbote v. 12. 5. 33 (Anm. 30).
34 LKA Berlin-Brandenburg J XI 66 und Bericht Kaplers v. 25. 4. 33. Notizen Pechmann, LKA Nürnberg 101/XXIII, Nr. 34.
35 AEKU, Gen. II, 42, Bd. 1 pag. 175–181, J. Gauger, Chronik I, S. 75.
36 Rundschreiben Nr. 16 v. 15. 4. 1933. LKA Hamburg, Bestand Deutsche Christen Nr. 201/1.
37 Vgl. dazu auch Hossenfelders Schreiben an die Oberste Leitung der PO in der gleichen Angelegenheit vom 14. 8. [richtig: 9.] 1933. H. Baier, Die Deutschen Christen, S. 370f.
38 Kretschmar/Nicolaisen, Dokumente I, S. 41f.
39 Ebda., S. 42, Anm. 1.
40 Telegramm v. 29. 4. und Schreiben zusammen mit anderen ähnlichen Äußerungen in AEKD Berlin, A 4/2.
41 Durchschlag des Schreibens und Presseberichte in LKA Oldenburg, Präs. d. Bek. Synode, Presse-Ausschnitte DC.
42 J. Gauger, Chronik I, S. 75.
43 Evangelium im Dritten Reich 2, 1933, v. 14. 5. 1933, S. 175. Zur Entstehung und Bewertung dieses Programms und den anschließenden Auseinandersetzungen vgl. F. Wieneke, Kirche und Partei, S. 46f.
44 So F. Wieneke, ebda.
45 J. Hossenfelder, Eine Stellungnahme. Potsdam 7. 7. 1945, LKA Berlin-Brandenburg.
46 J. Gauger, Chronik I, S. 77. Text der Mitteilung der Reichsleitung auch in LKA Darmstadt, 1/92.
47 Kirchliches Jahrbuch 1933 (nur 1. Teil: Kirchliche Statistik erschienen) S. 98. Danach studierten im SS 1932 in Tübingen 893 evangelische Theologen; in Berlin 840. Die nächstgrößeren Fakultäten waren Breslau mit 595, Marburg und Leipzig mit rund 480. Die kleinste Fakultät war Kiel mit 138 Studenten.
48 Die Einladung findet sich als handschriftlicher Nachtrag des Vorsitzenden vom 10. 4. auf einem Rundschreiben vom 5. 4., mit dem ursprünglich der Fakultätentag für Oktober nach Erlangen einberufen werden sollte. UA Tübingen 162/XIII 3a.
49 Niederschrift der Verhandlungen, ebda.
50 Dies geht aus einem handschriftlichen Aktenvermerk Kaplers über Fezers Besuch vom 28. 4. 1933 hervor. AEKD Berlin A4/2.

51 Zur politischen Theologie und zum Königsberger Kirchentag vgl. oben Teil 1, Kap. 7.
52 J. Gauger, Chronik I, S. 79.
53 So L. Müller schon am 11. 5. in seinem Interview mit der Kreuzzeitung, s. Anm. 30.
54 Tägliche Rundschau Nr. 111 v. 16. 5. 1933.
55 Bericht Fezers v. 7. 6. 1933 bei einer vom evang. Volksbund veranstalteten Versammlung in Stuttgart. Text in: G. Schäfer, Dokumentation 2, S. 118f.
56 Evangelium im Dritten Reich, 2, 1933, Nr. 21 v. 21. 5. 33, S. 187f.
57 S. oben Teil 1, Kap. 8.
58 Zu Künneth siehe oben S. 205f. Zu Lilje s. K. Kupisch, Studenten entdecken die Bibel. Die Geschichte der Deutschen Christlichen Studenten-Vereinigung (CSV), Hamburg 1964, S. 136ff.
59 So z. B. E. Wolf, Barmen, S. 44. Anders dagegen M. Pertiet, Das Ringen um Wesen und Auftrag, S. 81ff.
60 Auf diese Gemeinsamkeiten hat nachdrücklich einer der Mitunterzeichner des Aufrufs hingewiesen und es geradezu als »ein Stück jener beklagenswerten Legendenbildung« bezeichnet, »wenn man behaupten wollte, daß die ›jungreformatorische Bewegung‹ von Anfang an im Gegensatz zu den Deutschen Christen gestanden hätte«. W. Stählin, Via Vitae, S. 274.
61 Text J. Gauger, Chronik I, S. 77.; W. Niemöller, Die Evang. Kirche, S. 82f. und K. D. Schmidt, Bekenntnisse 1933, S. 145f.
62 Dies ist im Blick auf die Judenvernichtung, den »Holocaust«, auch die Überzeugung einer Gruppe amerikanischer Theologen, die sich mit der »Endlösung« und ihrer Bedeutung für die christliche Theologie und Kirche befaßt. Ein Überblick dazu jetzt bei A. und R. Eckardt, Christentum und Judentum: Die theologische und moralische Problematik der Vernichtung des europäischen Judentums, in: Evangelische Theologie 36, 1976, S. 402–426.
63 E. Heuss-Knapp, Bürgerin zweier Welten. Ein Leben in Briefen und Aufzeichnungen, Tübingen 1961, S. 228
64 Die Angaben in der Allgemeinen Evangelisch-Lutherischen Kirchenzeitung, 60, 1933, Sp. 476, bei W. Niemöller, Die Evang. Kirche, S. 82 und P. Neumann, die Jungreformatorische Bewegung, Göttingen 1971, S. 22, Anm. 1, schwanken. Die umfangreichste – möglicherweise spätere – Liste mit 26 Namen bei P. Neumann.
65 W. Jeep an Marahrens, 16. 5. LKA Hannover Nachlaß Marahrens, Bd. 4/I.
66 Zu. M. Niemöller vgl. seine Autobiographie: Vom U-Boot zur Kanzel, Berlin 1934 (85.–87. Tsd. 1940!) und jetzt die sorgfältige Darstellung von Jürgen Schmidt, Martin Niemöller im Kirchenkampf, Hamburg 1971.
67 Diese endgültige Fassung der Richtlinien bei K. D. Schmidt, Bekenntnisse 1933, S. 143f.
68 G. Schäfer, Dokumentation 2, S. 120.
69 LKA Hannover, Nachlaß Marahrens Bd. 4/II. Protokoll vom 17. 5. 1933 nachm. 5 Uhr.
70 Text bei K. D. Schmidt, Bekenntnisse 1933, S. 153f.
71 Wortlaut LKA Hannover, Nachlaß Marahrens Bd. 4/II. modus procedendi v. 19. 5. 1933. Vgl. auch J. Gauger, Chronik I, S. 78.

72 E. Klügel, Lutherische Landeskirche Hannovers, S. 40, Anm. 59.

73 Zu F. v. Bodelschwingh vgl. W. Brandt, Friedrich v. Bodelschwingh, 1877–1946. Nachfolger und Gestalter, Bethel 1967. Zu 1933 insbes. S. 113 ff.

74 HA Bethel, Akte Reichsbischof, Schrb. v. 16. 5. 1933. Zitiert nach H. Baier, Um Reichsbischof und Verfassung, S. 213 f.

75 H. Linck, Kirchenkampf in Ostpreußen, S. 38, meint, daß der Text des Telegramms von Vogelsang manipuliert worden sei.

76 W. Künneth, Denkschrift der Jungreformatorischen Bewegung zur Reichsbischofsfrage (veröffentlicht Ende Mai 1933). Junge Kirche 1, 1933, S. 3.

77 Text der Thesen bei K. D. Schmidt, Bekenntnisse 1933, S. 146–148. Zur Entstehung vgl. Schmidt, Niemöller, S. 58–60.

78 Bodelschwingh an Marahrens, 23. 5. 1933. LKA Hannover Nachlaß Marahrens, Bd. 4/I. Zit. nach H. Baier, Um Reichsbischof und Verfassung, S. 215 f.

79 Die Szene mit dem Bierglas bei J. Kübel, Erinnerungen, S. 101 f. Über die turbulenten Ereignisse dieser Tage gibt es eine Fülle von Berichten, u. a.: Ausführlicher vertraulicher Aktenvermerk Kaplers v. 25. 5. 1933 in AEKD Berlin, A 4/24; Niederschrift von Oberkirchenrat Meinzolt über die Besprechungen in der Zeit vom 23.–25. 5. 1933 in LKA Nürnberg Meiser 96; Erinnerungen von Pastor Hesse an die entscheidenden Vorgänge, die zur Bestimmung v. Bodelschwinghs zum Reichsbischof führten, Ende Mai 1933, in LKA Hannover, Nachlaß Marahrens Bd. 4/II; Bericht des Kirchenbundesamtes v. 2. 6. 1933, abgedruckt bei G. Schäfer, Dokumentation 1, S. 94–98; Darstellung von Prof. D. Emanuel Hirsch, Göttingen, in: allgemeine Evang.-Lutherische Kirchenzeitung 66, 1933, Sp. 511 f.; F. v. Bodelschwingh, Dreißig Tage an einer Wegwende deutscher Kirchengeschichte. Aus dem Stenogramm übertragenes Ms. v. 29. 10. 1935 in HA Bethel E 17, (z. T. abgedruckt bei W. Brandt, Bodelschwingh, S. 119 ff.) Meinzolt und Hesse hier zitiert nach H. Baier, Um Reichsbischof und Verfassung, S. 217 ff.

80 Jakubski an Krawielitzki, 24. 5. 1933. Zitiert nach E. G. Rüppel, Die Gemeinschaftsbewegung im Dritten Reich. Ein Beitrag zur Geschichte des Kirchenkampfes, Göttingen 1969, S. 75 Anm. 39. Zu Jakubskis zweifelhafter Rolle und dem Umfall der Gemeinschaftsbewegung vgl. ebda., S. 64 ff. und v. a. S. 101 ff.

81 Niederschrift Meinzolt. Siehe Anm. 79.

82 Aktenvermerk Kaplers, siehe Anm. 79, und G. Schäfer, Dokumentation 2, S. 121 f.

83 Th. Wurm, Erinnerungen, S. 86.

84 F. v. Bodeslchwingh, Dreißig Tage, siehe Anm. 79.

85 F. v. Bodelschwingh, Drießig Tage, siehe Anm. 79. Vgl. auch J. Schmidt, Niemöller, S. 63 f.

86 Nach dem Bericht von Schöffel bei H. Wilhelmi, Die Hamburger Kirche, S. 70 f.

87 Notizen über die Zusammenkunft der Vertreter der Landeskirchen am 26. und 27. Mai 1933 im Kirchenbundesamt (29 Seiten fol.) AEKD Berlin A 4/24. Verhandlungsniederschrift über die Beratungen AEKD berlin A 3/93. Im folgenden wird nach den ausführlicheren »Notizen« zitiert. Vgl. auch J. Kübel, Erinnerungen, S. 92 f. Das Ergebnis der lutherischen Vorbesprechung nach den Worten Meisers in den Notizen, S. 10.

88 Ebda. Die Abstimmungsergebnisse sind in einem Schreiben des Kirchenbundesamtes v. 6. 6. 1933 an die Obersten Kirchenbehörden festgehalten. Arch. AA Bonn Kult A 1,2.

89 F. v. Bodelschwingh, Dreißig Tage, s. oben Anm. 79.

90 Beglaubigte Abschrift des Antrags und darauf bezügliches Schreiben Schöffels an das Kirchenbundesamt vom 14. 6. 1933 in AEKD Berlin A 4/24. Schöffel hat in seiner eigenen Darstellung vom Februar 1946 den alles entscheidenden Vorbehalt des Antrags verschwiegen und behauptet, *er* sei es gewesen, der den Weg »zur einmütigen Wahl v. Bodelschwinghs« gezeigt habe. Dies entspricht nicht der Wahrheit. H. Wilhelmi, Die Hamburger Kirche, S. 69 und 72.

91 Zitiert nach F. v. Bodelschwingh, Dreißig Tage. Etwas veränderter Text in: Das Evangelische Deutschland 10, 1933, S. 203; Allgemeine Evangelisch-Lutherische Kirchenzeitung 66, 1933, Sp. 520 u. ö.

ANMERKUNGEN ZU KAPITEL 6

1 Zur Bedeutung des 1. Mai und des 17. Mai vgl. Bracher/Sauer/Schulz, Machtergreifung, S. 181 ff. und S. 197 f. Zur Stimmung am 1. Mai treffend J. C. Fest, Hitler, S. 577 ff.

2 Text der Erklärung in: Evangelium im Dritten Reich 2, 1933, S. 206.

3 Rundschreiben Nr. 17 v. 26. 5. 1933 gez. Pfarrer Lörzer, stellv. Reichsleiter. LKA Hamburg Bestand Deutsche Christen 204/1.

4 Völkischer Beobachter v. 28./29. 5. 1933. Auch in: E. Hirsch, Das kirchliche Wollen der Deutschen Christen, Berlin 1933, S. 23–25.

5 Oberbarnimer Kreisblatt und Freienwalder Zeitung Nr. 123 v. 29. 5. 1933. Beilage: »Das neue Erwachen des Deutschen Kirchenlebens« (LKA Berlin-Brandenburg J IX 66).

6 So etwa: Die Christliche Welt 47, 1933, Sp. 570.

7 F. v. Bodelschwingh, Dreißig Tage, S. 20. Bodelschwingh gibt als Datum für diese Versammlung dem 30. Mai oder 1. Juni an. Ähnlich P. Fleisch, Erlebte Kirchengeschichte, S. 165.

8 Anordnung Nr. 28/33. Unterschrift: Der Stabsleiter der PO.: Dr. R. Ley. Verteiler: Amtsleiter, *Gauleiter*, Pfarrer Hossenfelder, Wehrkreispfarrer Müller. Hervorhebung im Original NStA Hannover Des. 310 I B Nr. 3; HStA München, Abt. II, Geh. Staatsarchiv, Reichsstatthalter 632/5, Evang. Kirche. Nach einer späteren Vorlage auch bei Kretschmar/Nicolaisen, Dokumente I, S. 56.

9 Dieses Rundschreiben Nr. 4 v. 1. 6. 1933 war trotz seiner Vertraulichkeit schon damals allgemein bekannt. Es wurde am 9. Juni vom Ev. Presseverband Ostpreußen mitgeteilt (LKA Berlin-Brandenburg J II 81), fand sich in der »Täglichen Rundschau« Nr. 137 v. 15. 6. 1933; in der Jungen Kirche 1, 1933, Nr. 1 v. 21. 6. 1933, S. 7 ff.; bei J. Gauger, Chronik I, S. 83–85; Text auch bei H. Buchheim, Glaubenskrise, S. 103 f. u. ö. Hervorhebungen im Original.

10 R. Schwebcke an Aselmann, 27. 5. (muß heißen 6.) 33. LKA Hamburg Bestand Deutsche Christen Nr. 52. Text des Aufrufs mit den Unterschriften von Senatoren, Parteiängen, Pfarrern und zahlreichen Lehrern: K. F. Reimers, Lübeck im Kirchenkampf, S. 40–42.

11 H. Baier, Die Deutschen Christen Bayerns, S. 48.

12 Evangelium im Dritten Reich 2, 1933, Nr. 24 v. 11. 6. 1933, S. 214–219.

13 K.-H. Götte, Die Propaganda der Glaubensbewegung, S. 19f.

14 Ebda., S. 62.

15 J. Gauger, Chronik I, S. 83. Zu Weicherts Entschluß vgl. auch P. Fleisch, Erlebte Kirchengeschichte S. 167f.

16 Rachner an Aselmann, 31. 5. 33 LKA Hamburg, Bestand Deutsche Christen Nr. 206. Zu Kloppenburg s. o. S. 449.

17 Volk, Staat und Kirche im neuen Reich. Vortrag des Herrn Pastor Kloppenburg, Rüstringen, auf der Kreissynode in Sillenstede. LKA Oldenburg, Präs. d. Bek. Syn. Presseausschnitte DC.

18 Schaade an Aselmann, 6. 6. 33; Antwort Aselmann an Schaade v. 9. 6.; Schwebcke an Aselmann, 14. 6. LKA Hamburg Nr. 52.

19 Pfarrer Niemann an Gauleiter Meyer, 2. 6. Zitiert nach Bernd Hey, Die Kirchenprovinz Westfalen 1933–1945, Bielefeld 1974, S. 37; und W. Niemöller, Bekennende Kirche in Westfalen, Bielefeld 1952, S. 44.

20 Beyer an Fezer, Hirsch und Schumann, 22. 6. 33. AEKD Berlin A 4/245.

21 J. Gauger, Chronik I, S. 72 und oben S. 471f.

22 N. Beste, Der Kirchenkampf in Mecklenburg 1933–1945. Geschichte, Dokumente, Erinnerungen, Göttingen 1975, S. 35ff. Texte der beiden Erklärungen bei K. D. Schmidt, Bekenntnisse 1933, S. 157f.

23 Text bei N. Beste, Kirchenkampf in Mecklenburg, S. 40f.

24 H. Linck, Kirchenkampf in Ostpreußen, S. 40–42.

25 E. Klügel, Die Lutherische Landeskirche Hannovers, S. 49f. Text des Flugblatts ebda., Bd. 2 Dokumente, S. 20f.

26 G. Schäfer, Dokumentation 2, S. 209.

27 Ebda., S. 170ff.

28 Junge Kirche 1, 1933, Nr. 2 v. 30. 6., S. 24.

29 J. Glenthoj (Hg.), Dokumente zur Bonhoeffer-Forschung 1928–1945, München 1969, S. 82 und S. 93f.

30 Diskussionsbericht ebda., S. 95f. Ein Bericht findet sich auch in der Jungen Kirche 1, 1933, S. 22. Vgl. auch E. Bethge, Bonhoeffer, S. 338–341.

31 Schlagzeile im NS-Kurier, Stuttgart, v. 21. 6. 1933. G. Schäfer, Dokumentation 2, S. 173.

32 G. Prater (Hg.) Kämpfer wider Willen, Erinnerungen des Landesbischofs von Sachsen D. Hugo Hahn aus dem Kirchenkampf 1933–1945, Metzingen 1969, S. 19f.

33 F. v. Bodelschwingh, Dreißig Tage, S. 17ff.

34 Nach dem Amtsantritt des Reichsbischofs. Die »Deutschen Christen« weiter in Opposition. Voss. Zeitung v. 29. 5. 1933. Wright berichtet von ungefähr 600 Grußbotschaften. »Über den Parteien«, S. 222, Anm. 153.

35 Text bei K. Dienst, Dokumentation 1, S. 45.
36 J. Gauger, Chronik I, S. 85.
37 Germania Nr. 154 v. 7. 6. 1933.
38 Meiser an Schöffel, 6. 6. 33. LKA Nürnberg, Meiser 77. Zitiert nach H. Baier, Um Reichsbischof, S. 266.
39 Vermerk v. 29. 6. G. Schäfer, Dokumentation 2, S. 144.
40 Ebda., S. 138.
41 Text: Anlage 3 zur Niederschrift der Verhandlungen des Deutschen Evangelischen Kirchenausschusses am 23./24. Juni 1933 in Eisenach. AEKD Berlin A 2/28.
42 Anlage 4, ebda.
43 Der ganze Vorgang bei W. Brandt, Bodelschwingh, S. 131 f.
44 Niederschrift vom 23./24. Juni, Anlage 5.
45 Anlage 5, ebda.
46 Anlage 7, ebda.
47 W. Brandt, Bodelschwingh, S. 134.
48 Zur Lage im Reichsinnenministerium vgl. oben Kap. 5, Anm. 11 und J. R. C. Wright, »Über den Parteien«, S. 225 f.
49 W. Brandt, Bodelschwingh, S. 134.
50 Vertraulicher Vermerk Hosemanns v. 13. 6. 1933. AEKD Berlin, A 4/24.
51 J. Gauger, Chronik I, S. 82.
52 Marahrens an Hitler, 17. 6. 1933. Abschrift für Ludwig Müller AEKD Berlin A 4/245.
53 Bodelschwingh an Hindenburg, 17. 6. 1933. Antwortschreiben Hindenburgs vom 21. 6. 1933 HA Bethel. Zitiert nach H. Baier, Um Reichsbischof und Verfassung, S. 287 ff. Hindenburgs Antwort auch bei Kretschmar/Nicolaisen, Dokumente I, S. 59 f.
54 Erlaß v. 27. 4. 1933. M. Domarus, Hitler I, S. 257.
55 Bodelschwingh an Heß, 19. 6. 1933. HA Bethel. Zitiert nach H. Baier, Um Reichsbischof und Verfassung, S. 290.
56 Marahrens an Althaus, 19. 6. 1933. Nachlaß Althaus, Fasz. Reichsbischofswahl.
57 Althaus an Meiser, 19. 6. 1933. LKA Nürnberg, Meiser 114. Zitiert nach H. Baier, Um Reichsbischof und Verfassung. S. 281. Siehe auch H. Baier, Die Deutschen Christen Bayerns, S. 48.
58 H. Baier, Die Deutschen Christen, S. 49.
59 J. Schmidt, Niemöller, S. 83. f.
60 Hesse an Bodelschwingh, 21. 6. 1933. W. Brandt, Bodelschwingh, S. 133.
61 AEKU Berlin, Protokolle der 51. und 52. Sitzung des Kirchensenats am 8./9. 6. und 21. 6. 1933.
62 Zu den Beweggründen des Präsidenten im einzelnen vgl. die Darstellung des damaligen Geh. und Oberkonsistorialrates B. Karnatz, Der Rücktritt von D. Dr. Hermann Kapler von seinem Amt als Präsident des Evangelischen Oberkirchenrats in Berlin, in: O. Söhngen, Die erste Phase des Kirchenkampfes (24. Juni bis einschließlich 2. Juli 1933), Privatdruck 1972, S. 125–132. [Die Arbeit liegt in den Universitätsbibliotheken vor]. Der Beitrag von Karnatz stellt eine Erwiderung auf meinen

Aufsatz: Die Kapitulation der evangelischen Kirche vor dem nationalsozialistischen Staat, in der Zeitschrift für Kirchengeschichte 81, 1970, S. 182–206, dar. Ich habe im einzelnen viele Korrekturen dankbar übernommen; im ganzen vermag ich mein Urteil nicht zu ändern. Ein abwägendes Urteil bei J. R. C. Wright »Über den Parteien«, S. 219 f.

63 Schreiben des EOK an den Reichskanzler v. 24. 6. 1933. BA Koblenz R 43 II/161. Zu Niemöllers und Bodelschwings Mitwirkung bei dieser Entscheidung vgl. J. Schmidt, Niemöller, S. 81 f.

64 Schreiben des EOK, siehe Anm. 63.

65 Die Vorgänge auf dieser entscheidenden Sitzung sind bisher noch nirgends im einzelnen geschildert worden. Bei G. van Norden, Kirche in der Krise, ist sie nicht einmal erwähnt. Auch J. R. C. Wright, »Über den Parteien«, S. 226 f., gibt nur einen kurzen Überblick. Die folgende Darstellung stützt sich – soweit nicht anders angegeben ist – auf folgende Quellen: Niederschrift der Verhandlungen des Deutschen Evangelischen Kirchenausschusses am 23./24. Juni 1933 in Eisenach [44 S. fol.] AEKD Berlin A 2/28 (Niederschrift I); Verhandlungsniederschrift über die gemeinsame Sitzung des Deutschen Evangelischen Kirchenbundesrates und des Deutschen Evangelischen Kirchenausschusses am 24. Juni 1933 vormittags 11 Uhr in Eisenach [3 S. fol.] ebda. A 3/93 (Niederschrift II); Verhandlungsniederschrift über die Sitzung des Deutschen Evangelischen Kirchenbundesrates am 24. Juni 1933 in Eisenach [12 S. fol.] ebda. (Niederschrift III); ferner Handschriftl. Aufzeichnungen des Herrn Landesbischofs D. Hans Meiser aus der Zeit des Kirchenkampfes. Maschinenschriftl. Übertragung aus dem Stenogramm, LKA Nürnberg (Aufzeichnungen Meiser). Einzelne Auszüge daraus bei H. Baier, Das Verhalten der lutherischen Bischöfe gegenüber dem nationalsozialistischen Staat 1933/34, in: Tutzinger Texte, Sonderband I, Kirche und Nationalsozialismus, hg. v. P. Rieger und J. Strauß, München 1969, S. 94–98. Eine kurze, wie immer zuverlässige Darstellung der Ereignisse findet sich bei J. Kübel, Erinnerungen, S. 95–98.

66 Aufzeichnungen Meiser, S. 1–12.

67 Kretschmar/Nicolaisen, Dokumente I, S. 68.

68 Zur politischen und privaten Biographie Jägers vgl. J. Gauger, Chronik I, S. 85 und 170. Ein ausführlicher Personalbogen befindet sich im DC Berlin; ein kleiner Nachlaß mit verschiedenen Denkschriften, Gutachten und persönlichen Briefen im Archivum Panstwowe Poznan Sign. August Jäger. Die Nachrichten über Jägers Ende in AEKU Berlin, Gen. I, 66 I. Über Jägers kirchenpolitische Tätigkeit im Warthegau (vgl. P. Gürtler, Nationalsozialismus und evangelische Kirchen im Warthegau, Göttingen 1958) wird später aufgrund umfangreichen Aktenmaterials in Posen und Warschau zu berichten sein.

69 So vermutete u. a. auch Jägers Schützling, der spätere deutschchristliche Landesbischof von Hessen, Ernst Ludwig Dietrich, in einem Schreiben an den Verf. v. 29. 12. 1971. Die Scheidungsaffäre sollte später noch ungeahnte Folgen für die nassauische Kirche haben. Siehe unten S. 675.

70 Jäger an Kortheuer, 8. 5. 1933. AEKHN 1/92. Auszüge auch bei K. Dienst, Dokumente 1, S. 211 f.

71 Über die Vorgänge im einzelnen sind wir nicht unterrichtet. Auch die Akten des preußischen Kultusministeriums im Zentralen Staatsarchiv Merseburg, zu denen Wright Zugang hatte, scheinen keine näheren Auskünfte zu enthalten. Vgl. J. R. C. Wright, »Über den Parteien«, S. 231 ff.
72 Niederschrift I, S. 5.
73 Aufzeichnungen Meiser, S. 13.
74 Niederschrift I, S. 20; Aufz. Meiser, S. 17. Vgl. auch J. Kübel, Erinnerungen, S. 98.
75 J. Schmidt, Niemöller, S. 86.
76 Niederschrift I, S. 27.
77 Ebda., S. 28–30.
78 Kretschmar/Nicolaisen, Dokumente I, S. 69.
79 Nach dem Bericht von Marahrens, Niederschrift I, S. 33 f. Aufzeichnungen Meiser S. 30 f. Abweichend die Erinnerungen von Seetzen. (EvAKiZ München, S. 20 f.)
80 Aufzeichnungen Meiser, S. 24.
81 Ebda. Die entscheidende Notiz auch bei H. Baier, Lutherische Bischöfe, S. 98.
82 Hirsch an Althaus, 23. 6. 33, »nach 2 Uhr« nachts. Nachlaß Althaus, Fasz. Hirsch.
83 O. Söhngen, Die erste Phase, S. 5.
84 Aufzeichnungen Meiser, S. 25–30. Ein ausführlicher, sehr genauer Bericht über den Stand der Dinge auch bei G. Schäfer, Dokumentation 2, S. 100–106. Die dortigen Datierungen 24. 5. und 27. 5. sind in 24. 6 und 2. 6. zu korrigieren.
85 Kretschmar/Nicolaisen, Dokumente I, S. 69.
86 J. Kübel, Erinnerungen, S. 97.
87 J. Gauger, Chronik I, S. 84.
88 Niederschrift I, S. 39–42.
89 Niederschrift III, S. 11.
90 Texte: O. Söhngen, Die erste Phase, S. 19 f.
91 J. Kübel, Erinnerungen, S. 98.
92 E. Klügel, Die lutherische Landeskirche Hannovers, S. 54.
93 J. Kübel, Erinnerungen, S. 103.

ANMERKUNGEN ZU KAPITEL 7

1 Hierzu und zum folgenden vgl. O. Söhngen, Die erste Phase (hier S. 9, 14 u. ö.); die Dokumentation bei J. Gauger, Chronik I, S. 85–92; und die leider ganz unvollständige Dokumentation bei Kretschmar/Nicolaisen, Dokumente I, S. 67–99.
2 Text: Kretschmar/Nicolaisen, ebda, S. 70. Zu Schian vgl. G. Ehrenfort, Die schlesische Kirche im Kirchenkampf 1921–1945, Göttingen 1968, S. 34 f.
3 J. Gauger, Chronik I, S. 87.
4 Schreiben Jägers an die Landeskirche Nassau v. 26. 6. 1933. Schriftliche Bestätigung eines Telegramms v. 25. 6. AEKHN Darmstdt 1/93. Text ohne Datum auch bei O. Söhngen, Die erste Phase, S. 29 f.
5 H. Baier und J. R. C. Wright, Ein neues Dokument zum Staatseingriff in Preußen (1933), in: Zeitschrift für Kirchengeschichte 86, 1975, S. 220–241, hier S. 240.

6 Bericht des Vorstandes des Evang. Preßverbandes an den Reichsminister des Innern v. 25. 6. 1933. Nachlaß Buttmann. Dazu O. Söhngen, Die erste Phase, S. 22. f.
7 Kölnische Volkszeitung Nr. 124 v. 24. 6. 1933.
8 O. Söhngen, Die erste Phase, S. 23. ff. und J. Schmidt, Niemöller, S. 89 f. Text auch: Junge Kirche 1, 1933, S. 16 f.
9 Vgl. dazu K.-H. Götte, Propaganda der Glaubensbewegung, S. 81–91.
10 Erlaß v. 26. 6. 1933. Kirchl. Gesetz- und Verordnungsblatt Nr. 9 v. 27. 6. 1933. Zitiert nach O. Söhngen, Die erste Phase, S. 27 f.
11 Baier/Wright, Ein neues Dokument, S. 225
12 J. Gauger, Chronik I, S. 87.
13 Baier/Wright, Ein neues Dokument, S. 225–238.
14 Ebda., S. 238–241.
15 P. Neumann, Jungreformatorische Bewegung, S. 98; J. Schmidt, Niemöller, S. 91; ferner Ders., Studien zur Vorgeschichte des Pfarrernotbundes, in: Zeitschrift für Kirchengeschichte 79, 1968, S. 47 f.
16 Text: Junge Kirche 1, 1933, S. 17.
17 Text: O. Söhngen, Die erste Phase, S. 38–42.
18 Text: Kretschmar/Nicolaisen, Dokumente I, S. 74.
19 Text des Schreibens v. 27. 6. 1933 ebda., S. 75.
20 Text ebda., S. 71–74.
21 Kirchl. Gesetz- und Verordnungsblatt 10 v. 28. 6. 1933. Zitiert nach O. Söhngen, Die erste Phase, S. 44 f.
22 Aufzeichnungen Meiser, S. 34.
23 S. oben Kap. 6, S. 505.
24 Aufzeichnungen Meiser, S. 36–40.
25 Bericht Wurms v. 30. 6. 1933. G. Schäfer, Dokumentation 2, S. 260. Der Bericht wurde am 10. 7. den württembergischen Dekanatämtern »Zur Kenntnisnahme und vertraulichen Information der Pfarrer« mitgeteilt. Ebda., S. 256 Anm. 1. Dazu auch Th. Wurm, Erinnerungen S. 87.
26 O. Söhngen, Die erste Phase, S. 51 f., Junge Kirche 1, 1933, S. 48.
27 Text: Kretschmar/Nicolaisen, Dokumente I, S. 76 f.
28 F. Seetzen, Lebenserinnerungen, EAKiZ München, S. 22 f., und O. Söhngen, Die erste Phase, S. 80 ff.
29 Text: Kretschmar/Nicolaisen, Dokumente I, S. 76. Meusel starb bereits im November 1933.
30 J. Gauger, Chronik I, S. 90.
31 O. Söhngen, Die erste Phase, S. 80 f.
32 Bodelschwingh an Werner, 29. 6. 1933. AEKD Berlin A 4/245.
33 Nach einem Flugblatt der kirchlichen Widerstandsfront in AEKU Berlin, Gen. II, 42, Bd. 1, pag. 296.
34 Abschriften des Aufrufs vom 29. 6. 1933 in AEKD Berlin, A 4/245 und AEKU Berlin, Gen. I, 66 Bd. 1. Anrede: »Sehr verehrter Herr Amtsbruder!« Ohne Unterschrift.
35 Vgl. dazu oben S. 164 ff.
36 Aufforderung zum Beitritt in: Junge Kirche 1, 1933, Nr. 2 v. 30. 6. 1933, S. 21. Text des Aufrufes in AEKD Berlin, A 4/103.

37 AEKD Berlin, A 4/245. Zu Wilhelm Niemöllers Engagement für die Bewegung im Frühjahr 1933 vgl. ausführlich F. Baumgärtel, Wider die Kirchenkampflegenden, S. 24–30. Baumgärtels Polemik in diesem Zusammenhang gegen ein allzu einfach gezeichnetes Bild der Bekennenden Kirche hat ihr Recht, wenn sie dazu hilft, die Dinge so vielschichtig zu sehen, wie sie wirklich waren.

38 Text nach dem Bericht des Reichsboten v. 1. 7. 1933 bei Kretschmar/Nicolaisen, Dokumente I, S. 77–82. Vgl. auch K.-H. Götte, Propaganda der Glaubensbewegung, S. 82–84.

39 M. U. Kaiser, deutscher Kirchenkampf und Schweizer Öffentlichkeit, S. 40 ff.

40 Eine kürzere und eine längere Überlieferung des Gesprächs bei J. Glenthoj, Unterredung im Vestibül. Das Gespräch zwischen Pfarrer Backhaus und Hitler am 28. 6. 1933, in: Kirche in der Zeit 17, 1962, S. 389–394. Die längere Fassung auch bei Kretschmar/Nicolaisen, Dokumente I, S. 94–98.

41 Bracher/Sauer/Schulz, Machtergreifung, S. 212 f.

42 Schreiben vom 30. 6. 1933. Text u. a. bei Kretschmar/Nicolaisen, Dokumente I, S. 83, Junge Kirche 1, 1933, S. 68 f.

43 Ein Bericht über diese Besprechung bei W. Conrad, Der Kampf um die Kanzeln, S. 16 f. Ein kurzer Hinweis auch bei O. Söhngen, Die erste Phase, S. 87. Das Datum ergibt sich aus den amtlichen Erklärungen Fricks vom gleichen Tage. Danach ist Fezers Bericht bei G. Schäfer, Dokumentation 2, S. 937 zu korrigieren.

44 The Church in Germany, Herr Hitler's aims. The Times, Friday July 7 1933, page 15.

45 O. Söhngen, Die erste Phase, S. 93. Vgl. dazu auch die Aktenvermerke der Reichskanzlei vom 30. 6. bei Kretschmar/Nicolaisen, Dokumente I, S. 83 Anm. 38.

46 Kretschmar/Nicolaisen, ebda., S. 83 f.

47 O. Söhngen, Die erste Phase, S. 81.

48 Meldung vom 30. 6. Ebda., S. 87.

49 F. Seetze, Lebenserinnerungen, EAKiZ München, S. 21.

50 Text des Schreibens der Bevollmächtigten des Deutschen Evangelischen Kirchenbundes an den Reichsminister des Innern vom 30. 6. 1933. O. Söhngen, Die erste Phase, S. 84 f.

51 Text bei Kretschmar/Nicolaisen, Dokumente I, S. 84 f. Die Wiedergabe läßt nicht erkennen, daß die wichtige Zeitangabe von zwei bis drei Wochen in der Originalverfügung (AEKU Berlin Gen. I, 66 Bd. 1 pag. 127 f.) unterstrichen ist.

52 O. Söhngen, Die erste Phase, S. 103 f. Text auch in Junge Kirche 1, 1933, S. 70 f.

53 Text des Gaubefehls vom 30. 6. 1933 bei O. Söhngen, Die erste Phase, S. 88 f., und auszugsweise in Junge Kirche 1, 1933, S. 71 f.

54 LKA Nürnberg, Meinzolt 2. Zitiert nach H. Baier, Um Reichsbischof und Verfassung, S. 365.

55 Nach dem Bericht der Täglichen Rundschau vom 4. 7. bei O. Söhngen, Die erste Phase, S. 111 ff., und J. Gauger, Chronik I, S. 91.

56 O. Söhngen, S. 109, und Evangelium im Dritten Reich 2, 1933, S. 262. Dazu auch unten Kap. 12.

57 Text der Liturgie und der Ansprachen in K. Kampffmeyer (Hg.), Dein Wort ist Deiner Kirche Schutz. Predigten von der Kirche, Göttingen 1934, S. 159–174.

58 J. Glenthøj, Dokumente, S. 99 ff.
59 Die Eindrücke der Generalsuperintendenten bei O. Söhngen, Die erste Phase, S. 114–123; zu Westfalen ebda. S. 108 und S. 119 ff.; außerdem J. Gauger, Chronik I. S. 91, und Junge Kirche 1, S. 33 f. u. ö.
60 Text der Verfügung des sächsischen Innenministers vom 30. 6. 1933 bei Kretschmar/Nicolaisen, Dokumente I. S. 98 f. Zum Vorgang Hahn, Kämpfer wider Willen, S. 22 ff. und eine ausführliche Denkschrift zur kirchlichen Lage in Sachsen, die Hugo Hahn am 13. Juli 1933 an eine »hohe Deutsche Reichsregierung« richtete. BA Koblenz R 53/203.
61 J. Gauger, Chronik I. S. 90.
62 F. K. Reimers, Lübeck im Kirchenkampf, S. 46–52.
63 Text der Erklärung vom 3. Juli in: Junge Kirche 1, 1933, S. 70.
64 Text der Erklärung vom 4. Juli bei G. Schäfer, Dokumentation 2, S. 270. Unterschriften: Wurm, Meiser, Reichardt, Schöffel, Rendtorff.
65 O. Söhngen, Die erste Phase, S. 85 f. F. Seetzen, Erinnerungen, S. 34 f. H. Kater, Die Deutsche Evangelische Kirche in den Jahren 1933 und 1934. Eine rechts- und verfassungsgeschichtliche Untersuchung zu Gründung und Zerfall einer Kirche im nationalsozialistischen Staat, Göttingen 1970, S. 87.
66 E. Klügel, Die Lutherische Landeskirche Hannovers, S. 61. Anscheinend haben Seetzen und Hesse aber nur an der Schlußsitzung teilgenommen: H. Kater, Die Deutsche Evangelische Kirche, S. 88.
67 J. Schmidt, Niemöller, S. 101.
68 Text der Erklärung vom 6. Juli und Unterschriften: D. Bonhoeffer, Ges. Schriften 6, München 1974, S. 269–272.
69 M. Domarus, Hitler, I. S. 286 f.; Bracher/Sauer/Schulz, Machtergreifung, S. 216.
70 Rundschreiben v. 10. Juli 1933, BA Koblenz R 43 II/1263. Text aber auch im Völkischen Beobachter v. 12. Juli.
71 Junge Kirche 1, 1933, S. 49.
72 Das Evang. Deutschland 10, 1933, S. 259.
73 J. Gauger, Chronik I. S. 90.
74 Abschrift als Anlage zur Verhandlungsniederschrift vom 11. Juli 1933 in AEKD Berlin, A 3/93.
75 Text des Loccumer Manifests: K. D. Schmidt, Bekenntnisse 1933, S. 153 f. Vgl. zur ganzen Entwicklung auch oben die Kap. 4 und 5.
76 Vgl. dazu H. Kater, Die Deutsche Evangelische Kirche, S. 104–107.
77 Text des Verfassungsentwurfs vom 1. 6. ebda., S. 195–198. Die – hier nicht ausgewerteten – Wortprotokolle des Verfassungsausschusses befinden sich im BA Koblenz, R 79/27.
78 J. Schmidt, Niemöller, S. 78 f. Text: H. Kater, S. 201 (unvollständig!) und S. 105; Meisers Einwände ebda. S. 94.
79 Verhandlungsniederschrift vom 24. Juni 1933, vormittags 11 Uhr. AEKD Berlin, A 3/93 (vgl. oben Kap. 6, Anm. 65); Aufzeichnungen Meiser S. 25–30; LKA Nürnberg. Ausführlicher Bericht über die Sitzung und ihre Ergebnisse für den Württ. Oberkirchenrat bei G. Schäfer, Dokumentation 2, S. 100–106 (Das Datum ist in 24. 6. zu korrigieren!).

80 H. Kater, Die Deutsche Evangelische Kirche, S. 87.
81 Ebda., S. 101.
82 Ebda., S. 104–110.
83 Niederschrift über die Sitzung der Vertreter der Landeskirchen am 11. Juli 1933 vormittags 10 Uhr im Kirchenbundesamt. AEKD Berlin A 3/93 S. 2–4.
84 Ebda., S. 7, 9, 11.
85 E. Klügel, Die Lutherische Landeskirche Hannovers, S. 61; Aufzeichnungen Meiser, S. 43; W. Conrad, Der Kampf um die Kanzeln, S. 20 f.
86 Niederschrift (Anm. 83) S. 18.
87 H. Liermann, Das evang. Bischofsamt in Deutschland seit 1933; in: Zeitschrift für evang. Kirchenrecht 3, 1953/54, S. 4.
88 Texte: Kretschmar/Nicolaisen, Dokumente I, S. 87 f.
89 BA Koblenz R 43 I/1464.
90 Pfundtner an Lammers, 14. Juli 1933. Abschrift in Arch. AA Bonn, Kult A 1,2. S. dazu unten S. 626 f.
91 Bracher/Sauer/Schulz, Machtergreifung, S. VII und 214 ff.
92 Text bei A. Kupper, Staatliche Akten, S. 234–238. Zum Reichskonkordat siehe unten S. 574.
93 BA Koblenz, R 43 I/1464.
94 Kretschmar/Nicolaisen, Dokumente I, S. 89.
95 Vgl. dazu den – leider unvollständig abgedruckten – Bericht über eine Besprechung beim preuß. Ministerpräsidenten Göring am 15. Juli, ebda., S. 89 f., und Fricks Schreiben an Rust vom gleichen Tag, ebda., S. 93. Außerdem J. Gauger, Chronik I, S. 91.
96 G. Schäfer, Dokumentation 2, S. 274 f.
97 Junge Kirche 1, 1933, S. 50. Der Beitrag stammt vom verantwortlichen Herausgeber F. Söhlmann. Hervorhebungen im Original.

ANMERKUNGEN ZU KAPITEL 8

1 Vgl. etwa Mein Kampf, S. 123: »Der Protestantismus vertritt von sich aus die Belange des Deutschtums besser, soweit dies in seiner Geburt und späteren Tradition überhaupt schon begründet liegt . . .«
2 F. Muckermann, Im Kampf zwischen zwei Epochen. Lebenserinnerungen, Mainz 1973, S. 583.
3 Denkschrift Bergens v. 16. 3. 1933. Kretschmar/Nicolaisen, Dokumente I, S. 20.
4 L. Kaas, Konkordatstyp, S. 492.
5 E. Deuerlein, Reichskonkordat, S. 110; K. Repgen, Zentrumspartei, in: Militärseelsorge 12, 1970, S. 89 f. (Klopfsignale S. 102 f.); L. Volk, Reichskonkordat, S. 84–89, 93 u. ö.; R. Morsey, Protokolle, S. XVIII Anm. 1.
6 Siehe oben S. 353 f.
7 Siehe oben S. 357 f.

8 Diese Annahme ist wahrscheinlicher als Volks Hinweis auf Pacellis Gespräch mit dem bayerischen Erbprinzen Albrecht am 28. März, das keinerlei wirklich neue politische Informationen enthielt. L. Volk, Reichskonkordat, S. 87 f.
9 Siehe oben S. 360 f.
10 A. Kupper, Staatliche Akten, S. 12; L. Volk, Reichskonkordat S. 87.
11 Zu diesem Termin ist daran zu erinnern, daß Kapler am 1. 4. beim Reichsinnenminister unwidersprochen die Konkordatsfrage aufwarf und auf die Konsequenzen für die evangelische Seite hinwies. Siehe oben S. 354 f. und S. 406 f. Zur Problematik des Ganzen vgl. A. Kupper, Staatliche Akten, S. 12 Anm. 2.
12 L. Volk, Kirchliche Akten, S. 7 ff.
13 A. Kupper, Staatliche Akten, S. 9–11.
14 So etwa K. Repgen, Zentrumspartei, in: Klopfsignale, S. 103 f. und 107.
15 A. Kupper, Staatliche Akten, S. 11 Anm. 10.
16 Ebda., S. 9 Anm. 9.
17 S. oben S. 441.
18 So der Bericht von Kaas an Bergen v. 19. 11. 1935. A. Kupper, Staatliche Akten, S. 496.
19 K. Repgen, Zentrumspartei (Klopfsignale, S. 110); W. Bußmann, Der deutsche Katholizismus, S. 197; L. Volk, Reichskonkordat S. 97 ff.
20 So L. Volk, Reichskonkordat, S. 86.
21 Vgl. etwa das Schreiben von Kaas an Papen vom 23. 5. 1933. A. Kupper, Staatliche Akten, S. 63; L. Volk, Kirchliche Akten, S. XXII f.
22 Tagebuchartige Aufzeichnungen Kaas' für die Zeit vom 7.–18. April 1933. A. Kupper, Staatliche Akten, hier S. 12–14. Interessant ist, daß der Versuch von Kaas, seine Vermittlungsdienste noch einmal anzubieten, im Oktober 1933 bei Buttmann scheiterte. L. Volk, Reichskonkordat, S. 204 f.
23 Völkischer Beobachter (Nordd. Ausgabe) Nr. 101 v. 11. 4. 1933. (Hervorhebungen im Original).
24 A. Kupper, Staatliche Akten, S. 15. Zu diesem Konkordatsentwurf siehe oben S. 106.
25 Text der handschriftlichen Notizen Pacellis bei L. Volk, Reichskonkordat. S. 224 bis 226.
26 Die Darstellung des Verhandlungsablaufs folgt den Notizen von Kaas bei A. Kupper, Staatliche Akten, S. 14–16. Kaas' Schreiben an Papen v. 20. 4. ebda., S. 18 f. Der Text des am 20. 4. übersandten Entwurfs (der sogenannt Entwurf Kaas I) ist nicht bekannt; eine Rekonstruktion bei L. Volk, Kirchliche Akten, S. 20–22.
27 D. Golombek, Preußenkonkordat S. 52, 90; Erika Weinzierl-Fischer, Die österreichischen Konkordate von 1855 und 1933, München 1960, S. 160, 201, 221.
28 Völkischer Beobachter Nr. 45 v. 22. 2. 1929. S. oben S. 238 f.
29 A. Kupper, Staatliche Akten, S. 67 f.
30 R. Morsey, Zentrumspartei, S. 379. Kaplers Geburtstagsschreiben trug demgegenüber sehr viel stärker offiziellen Charakter, so sehr auch der evangelische Präsident die Mitarbeit der Kirche betonte. J. R. C. Wright, »Über den Parteien«, S. 190 f.
31 A. Kupper, Staatliche Akten, S. 30–32.

32 D. Golombek, Preußenkonkordat, S. 12f. und 22f.; L. Volk, Reichskonkordat, S. 13.
33 A. Kupper, Staatliche Akten, S. 59, S. 72 u. ö.
34 Text des Artikels im ersten Entwurf bei L. Volk, Reichskonkordat, S. 127 Anm. 14.
35 Ebda., S. 127.
36 LKA Hannover, Nachlaß Marahrens Bd. 4/II. Handschriftl. Aufzeichnung vom 4. Mai. Hervorhebungen im Original. Vgl. auch oben S. 440.
37 Kaas an Papen, 11. 5. 1933. A. Kupper, Staatliche Akten, S. 40f.; der sogenannte Entwurf Kaas II. ebda.; S. 41–55. Der neue Artikel 31 ebda, S. 54.
38 Kaas an Papen, 13. 5. 1933, ebda., S. 56.
39 Papen an Kaas, 17. 5. 1933, ebda., S. 58f.
40 Eggersdorfer an Riemer, 12. 4. 1933, L. Volk, Kirchliche Akten, S. 12ff.
41 E. Weinzierl-Fischer, Die österreichischen Konkordate, S. 186ff. u. ö.
42 Zitiert nach R. Morsey, Zentrumspartei, S. 375 Anm. 48.
43 Text ebda., S. 433f.
44 So L. Volk, Reichskonkordat, S. 209.
45 Siehe oben Anm. 22. Welche Rolle eine mögliche Sorge des Prälaten in den Konkurs der Görreshaus-AG in Köln hineingezogen zu werden, bei seinem Entschluß gespielt hat, nicht mehr nach Deutschland zurückzukehren, muß offenbleiben. Bei L. Volk, Reichskonkordat, S. 202f. wird ein Einfluß bejaht; bei A. Kupper, Reichskonkordat, Stimmen der Zeit 163, 1958/59, S. 288 Anm. 37, wird er verneint.
46 R. Morsey, Zentrumspartei, S. 82f.
47 H. Brüning, Memoiren, S. 666.
48 Ebda.
49 So charakteristisch etwa L. Volk, Reichskonkordat, S. 209: »Wie in eben diesen Wochen Ludwig Kaas, flexibel in der Form und kompromißlos in der Sache, nicht weniger hingebungsvoll auf seine Weise für den Fortbestand des Zentrums focht, sah keiner von denen, die ihn des Verrats beschuldigten. Selbst Rede und Antwort stehen konnte er nicht, und wo der von Kaas entschärfte Entpolitisierungsartikel für den Autor hätte zeugen können, da bezog Heinrich Brüning, blind für die diffizile Rettungstaktik seines Vorgängers, den Standpunkt schroffer Ablehnung.« Vgl. auch S. 181ff. u. ö. Tatsächlich focht Kaas hier jedoch weniger für den »Fortbestand des Zentrums« als vielmehr für eine kanonistisch korrekte Formulierung seines Verbotes. Es sollte nach kanonischem Recht ein kirchliches und kein staatliches Verbot sein.
50 L. Volk, Kirchliche Akten, S. 12f.
51 Ebda., S. 14.
52 Ebda., S. 16. Eine indirekte Information Faulhabers vom 1. Mai ebda., S. 282f.
53 Ebda., S. 19.
54 Ebda., S. 25f.,
55 Ebda., S. 50.
56 Siehe dazu auch oben S. 398 und 438f.
57 B. Stasiewski, Akten I, S. 88ff. Vgl. auch die Berichte S. 106f. und S. 116.
58 Ebda., S. 89, 197, 117.
59 L. Volk, Faulhaber-Akten I, S. 715.

60 B. Stasiewski, Akten I, S. 106.
61 A. Kupper, Staatliche Akten, S. 56f.
62 Bergen an Neurath, 26. 5. 1933, ebda.; S. 70f.
63 Berning hielt sich vom 17.-25. Mai in Rom auf; Gröber vom 11.-23 Mai. L. Volk, Kirchliche Akten, S. 28ff. und S. 31 Anm. 4. Zu Gröber außerdem dessen Bericht von 1947, ebda., S. 316f.
64 B. Stasiewski, Akten I, S. 100-103.
65 L. Volk, Kirchliche Akten, S. 29 und S. 33.
66 L. Volk, Bayerischer Episkopat, S. 112.
67 L. Volk, Kirchliche Akten, S. 51-53.
68 Zur besonderen Rolle Gröbers und seiner Erfahrungen in Baden vgl. K. Scholder, Baden im Kirchenkampf des Dritten Reiches. Aspekte und Fragen, in: Oberrheinische Studien Bd. II, hg. v. A. Schäfer, Karlsruhe 1973. S. 225-230.
69 Protokoll der 1. Plenarkonferenz des deutschen Episkopates, Fulda, 30. Mai bis 1. Juni 1933. B. Stasiewski, Akten I, S. 196-210. Anlagen 1-7 ebda., S. 210-228.
70 Aufzeichnungen Sebastians, ebda., S. 230-237.
71 Ebda., S. 232.
72 Preysing an die Fuldaer Bischofskonferenz, ebda., S. 238.
73 Zur Verlesung: B. Stasiewski, Akten I, S. 235, und L. Volk, Kirchliche Akten, S. 62. Zum Vortrag: Darstellung Gröbers ebda., S. 316.
74 Faulhaber am 10. 6. 1933 zu Papen. L. Volk, Kirchliche Akten S. 62.
75 Darstellung Gröbers, ebda., S. 317.
76 Hirtenbrief des deutschen Episkopats, B. Stasiewski, Akten I, S. 239-248. Zu den Vorlagen vgl. ebda., S. 239 Anm. 1.
77 L. Volk, Kirchliche Akten. S. 59.
78 Ebda.
79 Bemerkungen zum Entwurf in Sachen Reichskonkordat. Breslau 22. 6. 1933. Ebda., S. 72.
80 Aufzeichnung Faulhabers über eine Unterredung mit Papen, 10. 6. 1933, ebda., S. 62.
81 Zu den Folgen dieser Bemerkung vgl. ebda., S. 78 und S. 86, und A. Kupper, Staatliche Akten, S. 90.
82 L. Volk, Bayerischer Episkopat, S. 92-101.
83 Zur besonderen politischen Konstellation in Bayern vgl. u. a. P. Diehl-Thiele, Partei und Staat im Dritten Reich. Untersuchungen zum Verhältnis von NSDAP und innerer Staatsverwaltung 1933-1945, München 1969, S. 75-91.
84 Faulhabers Schreiben vom 5. 6. 1933 an Wagner und Himmler bei L. Volk, Faulhaber-Akten, S. 732f.
85 L. Volk, Bayerischer Episkopat, S. 94.
86 Darstellung Faulhabers in einem Schreiben an den bayerischen Episkopat v. 13. 6. 1933, L. Volk, Faulhaber-Akten I, S. 737f.
87 K. Scharnagl an Faulhaber, 12. 6. 1933, ebda., S. 735.
88 Vgl. die beiden Schreiben Faulhabers v. 12. 6. 1933 bei B. Stasiewski, Akten I, S. 249f. und S. 250ff.

89 S. oben Anm. 86
90 L. Volk, Faulhaber-Akten I, S. 743 Anm. 3. Vgl. auch L. Volk, Bayerischer Episkopat, S. 106.
91 Gröber an Pacelli, 28. 12. 1933. B. Stasiewski, Akten I, S. 493.
92 R. Morsey, Zentrumspartei, S. 395 Anm. 69. Max Miller, Eugen Bolz, Stuttgart 1951, S. 458 f.
93 R. Morsey, Zentrumspartei, S. 395 f.
94 K. Schwend, Die Bayerische Volkspartei, in: E. Matthias und R. Morsey, Das Ende der Parteien, S. 504 ff.
95 Bayerischer Kurier v. 27. 6. 1933, Text ebda., S. 514 f.
96 R. Morsey, Zentrumspartei, S. 399; K. Schwend, Bayerische Volkspartei, S. 507; H. Brüning, Memoiren S. 673.
97 A. Kupper, Staatliche Akten, S. 118 f.
98 L. Volks, Reichskonkordat, S. 138 f.
99 L. Volk, Kirchliche Akten, S. 82–85.
100 Ebda., S. 86–89.
101 Anders K. Repgen, Zentrumspartei.
102 L. Volk, Kirchliche Akten, S. 92 f. Vgl. auch Gröbers Schreiben an Pacelli vom 3. Juli, ebda., S. 107.
103 L. Volk, Reichskonkordat, S. 231.
104 A. Kupper, Staatliche Akten, S. 131.
105 Ebda., S. 128–131.
106 Ebda., S. 133 und Anm. 1.
107 Nach der Kölnischen Volkszeitung v. 30. 6. 1933 zitiert bei R. Morsey, Zentrumspartei, S. 397.
108 Text ebda., S. 439 f.
109 R. Leiber, Reichskonkordat und Ende der Zentrumspartei, in: Stimmen der Zeit, 167, 1960/61, S. 220.
110 S. oben Anm. 100.
111 Zum Streit um diese Bemerkung vgl. R. Morsey, Zentrumspartei, S. 398, und Volks psychologische Erklärungsversuche, Reichskonkordat, S. 209 f.
112 A. Kupper, Staatliche Akten, S. 134.
113 R. Leiber, Reichskonkordat, S. 220.
114 Aufzeichnung Buttmanns. A. Kupper, Staatliche Akten, S. 139.
115 Tagebucheinträge Buttmanns, ebda., S. 139 Anm. 1, und S. 149 Anm. 1. Vgl. auch den Aktenvermerk Buttmanns, ebda., S. 176.
116 Schreiben Gröbers v. 11. Juli 1933. L. Volk, Kirchliche Akten, S. 140. Vgl. dazu auch Buttmanns Notizen vom 6. Juli. A. Kupper, Staatliche Akten, S. 164.
117 Aufzeichnung Buttmanns, 8.–9. Juli 1933. A. Kupper, Staatliche Akten, S. 166 f.
118 Ebda., S. 159 f.
119 Zur Entwicklung und Bedeutung des Art. 31 vgl. insbesondere L. Volk, Reichskonkordat, S. 151–168, und unten Kap. 11.
120 A. Kupper, Staatliche Akten, S. 166. Zum zeitlichen Ablauf vgl. ebda., S. 257 Anm. 1.
121 Ebda., S. 175.

122 So zu Recht K. D. Bracher, Nationalsozialistische Machtergreifung und Reichskonkordat. Ein Gutachten zur Frage des geschichtlichen Zusammenhangs und der politischen Verknüpfung von Reichskonkordat und nationalsozialistischer Revolution, in: Der Konkordatsprozeß, München, 1958, S. 1006.
123 A. Kupper, Staatliche Akten, S. 219 f.
124 Ebda., S. 223.
125 Ebda., S. 234–237.
126 Zu den Verhandlungen zwischen dem 8. und dem 20. Juli siehe L. Volk, Reichskonkordat, S. 151–168.
127 Ivo Zeiger SJ, Das Reichskonkordat, in: Stimmen der Zeit 126, 1933/34, S. 1 u. 7.
128 Der preußische Kultusminister erhielt erst am Nachmittag d. 13. Juli (!) eine Abschrift des Vertragstextes. Rust an Hitler, 14. 7. 33. A. Kupper, Staatl. Akten, S. 238 f. Schreiben und Stellungnahme Stuckarts vom gleichen Tag ebda., S. 239–243.
129 B. Stasiewski, Akten I. S. 347 f.
130 Vgl. oben S. 537 f.
131 Pacelli an Bornewasser, 22. 7. 1933. L. Volk, Kirchl. Akten, S. 180 f.
132 Bertram an Hihtler, 22. 7. 1933. A. Kupper, Staatl. Akten S. 290 f.
133 Faulhaber an Hitler, 24. 7. 1933. Ebda., S. 293 f.
134 Berning an Bertram, 24. 7. 1933. Ebda., S. 293 f.
135 Bertram an Faulhaber, 10. 8. 1933. Ebda., S. 219 f.
136 Amtl. Kommentar zum Reichskonkordat v. 22. 8. 1933, A. Kupper, Staatl. Akten, S. 283–286.
137 Die Bedeutung des Konkordats. Artikel der Nationalsozialistischen Parteikorrespondenz v. 22. 7. 1933. Ebda., S. 287–290.
138 Randbemerkungen zum Konkordat zwischen dem Heiligen Stuhl und dem Deutschen Reich. 26. 7. 1933. Nochmals zum Konkordat zwischen dem Heiligen Stuhl und Deutschland 27. 7. 1933. Ebda., S. 298–303. Zur Verfasserschaft Pacellis vgl. ebda., S. 297 Anm. 3.
139 Zur zentralen Bedeutung des kanonischen Rechts in diesem Zusammenhang vgl. etwa auch R. Jestaedt, Das Reichskonkordat vom 20. Juli 1933 in der nationalsozialistischen Staats- und Verwaltungspraxis unter besonderer Berücksichtigung des Artikels 1, in: Archiv für kath. Kirchenrecht 124, 1949/50, S. 343 f.
140 Erwiderung Buttmanns v. 28. 7. 1933. A. Kupper, Staatliche Akten, S. 304–307.
141 Klee an Auswärtiges Amt, 31. 7. 1933. Ebda., S. 314 f.
142 Bülow an Vatikanbotschaft, 3. 8. 1933. Ebda., S. 319.
143 So betonte Ivo Zeiger SJ in: Stimmen der Zeit 126, 1933/34, S. 1.
144 Klee an Auswärtiges Amt, 7. 8. 1933. A. Kupper, Staatl. Akten, S. 327–329.
145 Bülow an Vatikanbotschaft, 8. 8. 1933. Ebda., S. 330 f.
146 Klee an Auswärtiges Amt, 11. 8. 1933. Ebda., S. 335 f.
147 Text: A. Kupper, Staatl. Akten, S. 280 f.; L. Volk, Kirchl. Akten, S. 294 f. D. Albrecht, Notenwechsel I, S. 174. Zu den Verhandlungen um die Auslegungsgrundsätze vgl. ausführlich L. Volk, Reichskonkordat, S. 158–163, 166 f. und 187–192.
148 Rundschreiben Bertrams v. 1. 8. L. Volk, Kirchliche Akten, S. 207 f. Text auch bei B. Stasiewski Akten I, S. 273 f.

149 Bertram an Buttmann, 15.8. 1933. L. Volk, Kirchliche Akten, S. 209f.
150 Aus den Anlagen zu Wolkers Bericht bei B. Stasiewski, Akten I, S. 301.
151 Bericht Wolkers v. 20. 8. 1933. Ebda., S. 283. Zur ganzen Entwicklung in der Jugendfrage siehe unten Kap. 11.
152 Bertram an den Episkopat v. 23. 7. 1933. L. Volk, Kirchliche Akten, S. 185.
153 Bertram am Pacelli, 2. 9. 1933. Ebda., S. 237f.
154 Zur Bedeutung des Gesetzes zur Verhütung erbkranken Nachwuchses vgl. etwa G. Rühle, Das Dritte Reich, Bd. I, S. 268f.
155 Protokoll der 2. Plenarkonferenz bei B. Stasiewski, Akten I, S. 319–365. Die Schulfragen ebda., S. 322ff., Vereinswesen S. 328; Presse S. 332f.; Beamte S. 331; Sterilisierungsgesetz S. 336.
156 Bertram an Pacelli, 2. 9. 1933. L. Volk, Kirchliche Akten, S. 237–242. Staatl. Akten, S. 410.
157 Pressemitteilung des Auswärtigen Amts v. 11. 10. 1933. A. Kupper, Staatliche Akten, S. 410.
158 Die »Kurze Notiz« v. 5. 9. 1933 ebda., S. 357–360; das Promemoria v. 9. 9. ebda., S. 378–380.
159 Kreutz an Noppel, 12. 9. 1933. L. Volk, Kirchliche Akten, S. 252.
160 Buchberger an Faulhaber, 13. 9. 1933. L. Volk, Faulhaber-Akten, S. 746.
161 Faulhaber an bayerischen Episkopat, 14. 9. 1933. B. Stasiewski, Akten I, S. 394–396.
162 Ow-Felldorf an Faulhaber, 18. 9. 1933. L. Volk, Faulhaber-Akten I, S. 769f. Vgl. auch die anderen Briefe ebda., S. 766–768.
163 So offenbar etwa in der Erzdiözese Köln. Vgl. auch A. Kupper, Staatl. Akten, S. 347 Anm. 1.
164 Nach einer Aufzeichnung Menshausens über ein Gespräch mit Orsenigo v. 4. 8. Ebda., S. 321.
165 Aufzeichnung v. 23. 8. 1933. Ebda., S. 346f.
166 Der Bericht bei H. Müller, Katholische Kirche, S. 202–206.
167 E. v. Aretin, Krone und Ketten. Erinnerungen eines bayerischen Edelmannes, München 1955, S. 233.
168 So E. Iserloh, Vom Abschluß des Reichskonkordats bis zur Ratifikation, in: Trierer Theologische Zeitschrift 72, 1963, S. 42f.
169 F. Muckermann, Lebenserinnerungen, S. 584.

ANMERKUNGEN ZU KAPITEL 9

1 S. oben Teil 1, Kap. 8.
2 Vgl. oben S. 298ff.
3 K. F. Reimers, Lübeck im Kirchenkampf, S. 33ff.
4 Zu Wieneke siehe oben S. 287; 305 u. ö.
5 J. Hossenfelder, Unser Kampf (Schriftenreihe der ›Deutschen Christen‹ H. 5) Berlin 1933, S. 8.

6 Zu Fezer siehe oben S. 452.
7 Siehe oben S. 453 ff.
8 E. Hirsch, Die gegenwärtige geistige Lage im Spiegel philosophischer und theologischer Besinnung. Akademische Vorlesungen zum Verständnis des deutschen Jahres 1933, Göttingen [am 30. Januar] 1934, S 3.
9 H. Rückert. Das Wiedererwachen reformatorischer Frömmigkeit in der Gegenwart (Öffentliche Vorträge der Universität Tübingen, Sommersemester 1933. Deutsche Gegenwart und ihre geschichtlichen Wurzeln), Stuttgart 1933, S. 1.
10 W. Künneth und H. Schreiner, Die Nation vor Gott. Zur Botschaft der Kirche im Dritten Reich, Berlin ([1]1933) [3]1934, S. 5 f.
11 K. Heim, Deutsche Staatsreligion oder Evangelische Volkskirche (Stimmen aus der deutschen christlichen Studentenbewegung 85), Berlin 1933, S. 3.
12 Paul Althaus, Die deutsche Stunde der Kirche, Göttingen (1. Oktober 1933) [3]1934, S. 3.
13 Die wichtigste zusammenfassende Darstellung der deutschchristlichen Theologie stammt von W. Tilgner, Volksnomostheologie und Schöpfungsglaube. Ein Beitrag zur Geschichte des Kirchenkampfes, Göttingen 1966.
14 Niederschrift der Verhandlungen des a. o. Fakultätentages in Berlin am 27. 4. 1933. UA Tübingen, 162/XIII 3 a.
15 S. oben S. 151 ff.
16 E. Hirsch, Die gegenwärtige Lage, S. 4.
17 Vgl. dazu auch Karl Barths Urteil: »... ein nach allen Seiten wohlüberlegtes und endlich auch einmal ein lesbar und interessant geschriebenes Buch, in welchem sicher bis auf Weiteres das Beste am Besten gesagt ist, was sich für die Sache der D. C. allenfalls sagen läßt.« Offenbarung, Kirche, Theologie (Theol. Existenz heute H. 9) 1934, S. 4 f.
18 Vgl. dazu G. Schneider-Flume, Die politische Theologie Emanuel Hirschs 1918–1933, S. 135 ff.
19 Die gegenwärtige geistige Lage, S. 26.
20 Ebda., S. 33.
21 Ebda., S. 5.
22 Ebda., S. 116 f.
23 Ebda., S. 132 f.
24 Die wirkliche Lage unserer Kirche (Monatsschrift für Pastoraltheologie Mai/Juni 1933. S. 182–185), in: Das kirchliche Wollen der Deutschen Christen, Berlin 1933, S. 22.
25 Freiheit der Kirche, Reinheit des Evangeliums (30. Juni 1933); in: Das kirchliche Wollen, S. 28.
26 S. oben S. 155.
27 Vgl. dazu H. Keßler, Wilhelm Stapel, S. 168 Anm. 3.
28 Der christliche Staatsmann. Eine Theologie des Nationalismus, Hamburg 1932, S. 174.
29 Ebda., S. 174–185.
30 Ebda.

31 Die Kirche Christi und der Staat Hitlers, Hamburg 1933, S. 65. Die Schrift erlebte vier Auflagen mit einer Gesamtauflagenhöhe von 12000 Exemplaren. H. Keßler, Wilhelm Stapel, S. 306.
32 Die Kirche Christi, S. 65–70.
33 W. Stapel, Volkskirche oder Sekte? Hamburg 1934, S. 57. 34W. Stapel, Die violette Kirchenverwirrung und ihre Lösung, in: Deutsches Volkstum (2. Juliheft) 1933, S. 610ff.
35 Die Kirche Christi, S. 77f.
36 Deutsches Volkstum 1933, S. 612.
37 Die Kirche Christi, S. 79.
38 Eine der frühesten und besten kritischen Analysen findet sich schon in Bonhoeffers Vorlesung vom WS 1932/33. Ges. Schriften, Bd. 5, 1972, S. 331–334.
39 H. Vogel, Wider die Gleichschaltung von Gottesgesetz und Staatsgesetz, in: Junge Kirche 1, 1933, S. 333.
40 F. Gogarten, Wider die Ächtung der Autorität, Jena 1930. S. 5.
41 F. Gogarten, Die Selbständigkeit der Kirche, in: Deutsches Volkstum (1. Juniheft) 1933, S. 445.
42 Ebda., S. 448.
43 F. Gogarten, Einheit von Evangelium und Volkstum? Hamburg 1933, S. 7.
44 Ebda., S. 17.
45 Ebda., S. 17f.
46 Ebda., S. 22.
47 E. Hornig, Der Kirchenkampf in Schlesien, Göttingen 1976, S. 79f.
48 Mitgeteilt von G. Merz in: Zwischen den Zeiten 11, 1933, S. 552.
49 Die Vorgänge über Ein- und Austritt Gogartens sind im einzelnen nicht restlos geklärt. Sicher ist, daß Gogarten sich als Mitglied der Glaubensbewegung betrachtete (Zwischen den Zeiten 11, 1933, S. 552), auch wenn er möglicherweise nie eine Mitgliedskarte besaß. Vgl. E. Hornig, Kirchenkampf in Schlesien, S. 79 Anm. 2, und S. 85f.; Junge Kirche 1, 1933, S. 357f.; K.-W. Thyssen, Begegnung und Verantwortung. Der Weg der Theologie Friedrich Gogartens von den Anfängen bis zum Zweiten Weltkrieg, Tübingen 1970, S. 220–226.
50 P. Althaus, Grundriß der Dogmatik I, Erlangen 1929, S. 10–14.
51 P. Althaus, Die deutsche Stunde, S. 12.
52 Ebda., S. 13.
53 Die von Klaus Breuning, Die Vision des Reiches, zu Recht betonte katholische Reichsideologie wurde doch nur vereinzelt als ein Theologoumenon begriffen und war gerade nicht völkisch orientiert.
54 M. Schmaus, Begegnungen zwischen katholischem Christentum und nationalsozialistischer Weltanschauung, (Reich und Kirche, Heft 1) Münster 1933, S. 3.
55 K. Eschweiler, Die zwei Wege der neueren Theologie, Georg Hermes – Matth. Jos. Scheeben. Eine kritische Untersuchung des Problems der theologischen Erkenntnis, Augsburg 1926, S. 25.
56 K. Eschweiler, Die Kirche im neuen Reich, in: Deutsches Volkstum, 1933, S. 454–456. Zur theologischen Vorgeschichte dieses Aufsatzes vgl. K. Eschweiler,

Politische Theologie, in: Religiöse Besinnung. Vierteljahresschrift im Dienste christlicher Vertiefung und ökumenischer Verständigung 4, 1931/32, S. 72–88.

57 Die Kirche im neuen Reich, S. 456 f.

58 K. Adam, Das Wesen des Christentums, Düsseldorf [6]1931, S. 20. Noch 1949 erschien das Buch in 12. Aufl. Vgl. R. Aubert, K. Adam, in: Tendenzen der Theologie, S. 156–162.

59 K. Adam, Deutsches Volkstum und katholisches Christentum, in: Theologische Quartalschrift 114, 1933, S. 41 f.

60 Ebda., S. 44.

61 Ebda., S. 48–53.

62 Ebda., S. 60–63.

63 Der ganze, umfangreiche Vorgang, der sich bis in den Juni 1934 hinzog, findet sich in Papens Akten in BA Koblenz R 53.

64 So der Verlagstext auf der Rückseite von Heft 1 und 2.

65 M. Schmaus, Begegnungen zwischen katholischem Christentum und nationalsozialistischer Weltanschauung (Reich und Kirche 1), Münster 1933, S. 12. f. und S. 22.

66 Ebda., S. 30.

67 Ebda., S. 45 f.

68 J. Lortz, Geschichte der Kirche in ideengeschichtlicher Betrachtung. Eine Sinndeutung der christlichen Vergangenheit in Grundzügen, Münster [1]1932, [3]1933, 22/23 1965!

69 J. Lortz, Katholischer Zugang zum Nationalsozialismus (Reich und Kirche 2) Münster [2]1934, S. 9 und S. 2.

70 S. oben S. 592.

71 J. Lortz, Katholischer Zugang, S. 7.

72 Ebda., S. 26.

73 S. oben S. 256 f.

74 Karl Barth, Die kirchliche Dogmatik I 1, S. XI f.

75 Ebda., S. VIII f.

76 K. Barth, Das erste Gebot als theologisches Axiom, in: Zwischen den Zeiten 11, 1933, S. 297–314, hier S. 304–306. Auch in K. Barth, Theol. Fragen und Antworten, Ges. Vorträge, Zürich 1957, hier S. 134 f.

77 Zwischen den Zeiten, S. 308–312; Theol. Fragen und Antworten, S. 138–141.

78 Ebda., S. 312–314; Theol. Fragen, S. 141–143.

79 Brief an Paul Tillich v. 2. 4. 1933. Text: Evang. Kommentare 10, 1977, S. 111 f.

80 E. Busch, Lebenslauf, S. 237 f. So klar und eindeutig Barth in diesem Zusammenhang jedes »Bekenntnis zur Idee und Weltanschauung des Sozialismus« verneint, so schwer scheint das begreiflich zu sein. Für F. W. Marquardt etwa ist der entscheidende Satz im Brief an Rust – »nun doch sozialistische Praxis in Gestalt eines Bekenntnisses!« (Theologie und Sozialismus, S. 49). Überhaupt ist die Literatur, die Barth zum Kronzeugen einer linken Theologie machen möchte, voll von merkwürdigen Behauptungen und Mißverständnissen. So erklärt etwa U. Dannemann (Der Zusammenhang von Theologie und Politik im Denken Karl Barths, Diss. ev. theol. Bochum 1975, S. 197 f.) mit Nachdruck: »Dem Theologen Karl

Barth ist es nicht gleichgültig, ob der Sozialismus der SPD oder der Faschismus der NSDAP in Staat und Gesellschaft dominiert.« Als ob diese Gleichgültigkeit irgend jemand ernsthaft behauptet hätte! Wesentlich ist doch vielmehr die schlechthin fundamentale Unterscheidung zwischen Faschismus und Kommunismus als neuen »Religionen« und der »im ganzen so maßvollen Sache, die wir als Sozialdemokratie kannten und noch kennen...« (Fragen an das Christentum, 1931, in: Theol. Fragen und Antworten, S. 94). Als eine Studentin Barth im Sommer 1933 fragte, ob man Christ und Theologe und Nationalsozialist zugleich sein könne, begründete Barth seine Zweifel in dieser Hinsicht ebenfalls mit dem »religiösen« Charakter des Nationalsozialismus. »Ich habe ihn«, so fuhr er fort, »in dieser Hinsicht immer mit dem Kommunismus zusammen gesehen, zu dem ich mich aus demselben Grunde niemals hätte bekennen können. Die Dichtigkeit des Weltanschaulich-Religiösen, wie es zweifellos auch in der S.P.D. spukte, läßt sich mit der Dichtigkeit des Entsprechenden bei Nat. soz. und Kommunisten nicht entfernt vergleichen. Ich folgere daraus nicht, daß man Nat. soz. und ›Christentum‹ unmöglich vereinigen könne. Ich muß aber allerdings gestehen, daß ich für meine Person es nicht könnte: weil ich nicht wüßte, wie ich gleichzeitig die nat. soz. Ideologie ehrlich und gründlich ernst nehmen und mich dann vor dem ersten Gebot verantworten sollte.« (Brief an Frl. Dallmann v. 1. 9. 1933, Durchschlag im Karl-Barth-Archiv Basel).

81 Brief an Karl Ludwig Schmidt, Bergli-Oberrieden (Kt. Zürich), 21. 4. 1933.

82 Brief an Georg Merz, 21. 4. 1933, ebda.

83 H. Gollwitzer, Reich Gottes und Sozialismus bei Karl Barth, Theol. Existenz heute, NF, 169, München 1972, S. 59. Mit weiteren Erinnerungen ausgeschmückt hat Werner Koch die willkommene Legende übernommen. (W. Koch, Wechselwirkungen zwischen Kirchenkampf und Theologie beobachtet an Karl Barth, in: Freispruch und Freiheit, Theol. Aufsätze für W. Kreck zum 65. Geburtstag, hg. von H.-G. Geyer, München 1973, S. 276f.) Auch E. Busch meint, es habe »eine schärfere und politischer formulierte Urfassung« gegeben, obwohl der zum Beleg zitierte Brief an Thurneysen vom 27. 6. 1933 diesen Schluß nicht deckt. (E. Busch, Karl Barth Lebenslauf, S. 239.) Tatsächlich scheint Barth ursprünglich nur eine schärfere theologische Kritik an der Jungreformatorischen Bewegung geübt zu haben als in der endgültigen Fassung. Daß von einer »politischen« Schrift nicht die Rede sein konnte, beweist auch der ursprünglich vorgesehene Titel, der auf dem Manuskript noch deutlich erkennbar ist: »Von der Kirchenpolitik zur Kirche!«

84 Ch. v. Kirschbaum an Frau Anna Katharina Barth, 15. 6. 1933. Durchschlag im Karl-Barth-Archiv, Basel.

85 K. Barth, Theologische Existenz heute! Beiheft Nr. 2 von »Zwischen den Zeiten«, München 1933, S. 3–7.

86 Ebda., S. 7–26.

87 Ebda., S. 26–38.

88 Ebda., S. 38–40.

89 Karl Barth an Pfarrer Steinbach, 17. 7. 1933. Durchschlag im Karl-Barth-Archiv, Basel. W. Niemöller, Karl Barths Mitwirkung im deutschen Kirchenkampf [1954], in:

Ders., Wort und Tat im Kirchenkampf, Beiträge zur neuesten Kirchengeschichte, München 1969, S. 297 Anm. 13.

90 H. Asmussen, Begegnungen, Wuppertal-Barmen o. J. [1936], S. 7. Die Schrift war als Beitrag zur Festschrift zu Karl Barths 50. Geburtstag gedacht, wurde aber aus politischen Gründen ausgeschieden und als Sonderdruck veröffentlicht.

91 G. Schwenzel, Wirkung der »Theologischen Existenz heute« in einem Pfarrhaus auf dem Lande, in: Antwort. Karl Barth zum 70. Geburtstag, Zürich 1956, S. 909.

92 J. Hamel. Begegnungen mit Karl Barth, in: Stimme der Gemeinde 18, 1966, Sp. 290.

93 G. Prater, Kämpfer wider Willen, S. 32 f.

94 Briefwechsel Barth – Bultmann, S. 137.

95 E. Hirsch, Das kirchliche Wollen der Deutschen Christen, S. 7 (15. u. 16. Juli 1933).

96 F. Gogarten, Einheit von Evangelium und Volkstum?, S. 7.

97 F. Gogarten, Gericht oder Skepsis. Eine Streitschrift gegen Karl Barth, Jena ^{2}1937, S. 151.

98 F. Tügel, Unmögliche Existenz!, Hamburg 1933, S. 17 (Hervorhebungen im Original).

99 J. Lortz, Kathol. Zugang zum Nationalsozialismus, Münster ^{3}1934, S. 24 f.

100 Karl Barth, Die Kirche Jesu Christi (Theol. Existenz heute 5), München 1933, S. 3.

101 Dr. Elisabeth Schmitz an Karl Barth, 1. 1. 1934. Abschrift im Karl-Barth-Archiv, Basel. Antwort Barths v. 18. 1. 1934 Durchschlag ebda. (Hervorhebungen im Original).

102 Vgl. den Brief an E. Bethge v. 22. 5. 1967, in: Karl Barth, Briefe 1961–1968, Zürich 1975, S. 403.

103 So richtig P. Lange, Konkrete Theologie, S. 266 f.

104 J. Schmidt, Martin Niemöller, S. 96 u. ö. und unten Kap. 13.

105 Vgl. die Berichte bei P. Lange, Konkrete Theologie, S. 274–276.

ANMERKUNGEN ZU KAPITEL 10

1 Zu Hitlers Entscheidung in diesem Punkt siehe oben S. 523 f.

2 Telegramm Fricks an Meiser v. 13. 7. 1933. LKA Nürnberg, Meiser 114. Zitiert nach Baier, Um Reichsbischof und Kirchenverfassung, S. 417.

3 Undatierter (1.) Entwurf des Gesetzes über die Verfassung der Deutschen Evangelischen Kirche, Nachlaß Buttmann. Hitlers Anordnung bei Conrad, Der Kampf um die Kanzeln, S. 22 (2.) Entwurf des Reichsinnenministeriums v. 13. Juli 1933 in: BA Koblenz, R 43 I/464. Dieser (2.) Entwurf lag der Versammlung am 14. Juli vormittags vor. Eine Reihe von kleineren Verbesserungsvorschlägen aus diesem Kreis wurde noch aufgenommen und bis zum Nachmittag in einen neuen (3.) Entwurf eingearbeitet. Dieser (3.) Entwurf wurde dann am späten Abend vom Reichskabinett verabschiedet. Vgl. Schrb. Pfundtner an den Staatssekretär in der Reichskanzlei v. 14. Juli 1933. Abschrift in Arch. AA Bonn, Kult A 1,2. Text des Gesetzes in: Gesetzblatt der Deutschen Evangelischen Kirche, 1933, S. 9; auch – allerdings fehlerhaft – in Kretschmar/Nicolaisen, Dokumente I, S. 107–109.

4 Protokoll der Sitzung in: BA Koblenz, R 79/28, und in Aufzeichnungen Meiser, LKA Nürnberg S. 43–47. Vgl. auch den Bericht Wurms v. 24. 7. bei G. Schäfer, Dokumentation 2, S. 280 f.

5 Der Reichsminister des Innern an alle Landesregierungen, 14. und 15. Juli 1933. Bad Gen A Karlsruhe, 233/27784.

6 Eilt! Streng vertraulich! München, 14. Juli 1933, gez. Fischer, stellv. Reichspropaganda-Leiter. NstA Hannover des I B Nr. 3. Dieser zentrale Beleg fehlt bei Kretschmar/Nicolaisen. Zum Teil wurde das Schreiben von den Gauleitern fast wörtlich an die Kreisleiter weitergegeben, so etwa in Westfalen (B. Hey, Die Kirchenprovinz Westfalen, S. 41). Hossenfelder wußte von diesem Befehl bezeichnenderweise nichts, wie sein eigenes Schreiben an die Gauleiter vom 17. 7. verrät. (F. Zipfel, Kirchenkampf, S. 267).

7 Aufruf und Richtlinien in: Junge Kirche 1, 1933, S. 43 f. Die ebda., S. 44–46, mit dem Datum 14. Juli abgedruckte Kundgebung ist offenbar vor dem Bekanntwerden des Wahltermins entstanden. Überhaupt erfordern die sich überstürzenden Ereignisse eine sehr viel genauere Überprüfung des zeitlichen und sachlichen Ablaufs der Dinge, als sie in allen bisherigen Darstellungen vorliegt. Klarheit schaffen hier weder E. Bethge, Bonhoeffer, S. 345–349, noch P. Neumann, Die Jungreformatorische Bewegung, S. 120–129, oder J. Schmidt, Niemöller, S. 102–106.

8 Vgl. dazu P. Neumann, Die Jungreformatorische Bewegung, S. 126 f.

9 Schreiben der Reichsleitung des Wahlvorschlags »Evangelische Kirche!« an den Oberkirchenrat in Oldenburg v. 15. Juli mit Materialbeilagen. LKA Oldenburg, OKR A I – 24 I. In München wurden Schreiben und Material mit dem Vermerk »in Bayern nicht einschlägig« zu den Akten gelegt. H. Baier, Die Deutschen Christen, S. 56.

10 Abdruck der Einstweiligen Verfügung im Völkischen Beobachter Nr. 203 v. 22. 8.: »Listen-Name ›Evangelische Kirche‹ nicht erlaubt«.

11 Zu diesen Vorgängen vgl. E. Bethge, Bonhoeffer S. 347 f.; Bonhoeffer Ges. Schriften 2, S. 58 f.; J. Glenth1/4j, Dokumente, S. 102 f.; Junge Kirche 1, 1933, S. 60.

12 Evangelium im Dritten Reich 2, 1933, S. 276.

13 Kretschmar/Nicolaisen, Dokumente I, S. 113.

14 »Die Kreisleiter«, so hieß es in einem dieser typischen Befehle, »sind dafür verantwortlich, daß diese Anordnung auf dem schnellsten Wege an alle OG/ & Stützpunktleiter bekanntgegeben wird. Der Gauleiter macht die Kreisleiter persönlich dafür haftbar, daß der Befehl durchgegeben wird.« Gau Hessen-Nassau. Eilt. streng vertraulich. Schriftliche Bestätigung eines Telefongesprächs vom 18. 7. 1933. HStA Wiesbaden, 483/2718.

15 F. Reimers, Lübeck im Kirchenkampf, S. 58–62. Text auch bei Kretschmar/Nicolaisen, Dokumente I, S. 115.

16 P. Langmann an die Vertrauensmänner der Glaubensbewegung, 17. 8. 1933. LKA Hamburg Deutsche Christen 2.

17 Kretschmar/Nicolaisen, Dokumente I, S. 115.

18 Unter den zahlreichen Beispielen besonders anschaulich und typisch etwa W. Harnischs Bericht von der Berliner Samariter-Gemeinde in: G. Harder u. W. Niemöller

(Hg.), Die Stunde der Versuchung, S. 97ff. Eine Fülle von Belegen findet sich in AEKU Berlin, Gen. III 51, Bd. 3.

19 E.-V. Benn, Die Einstweilige Leitung der Deutschen Evangelischen Kirche (Juli–September 1933), in: Zeitschrift für evang. Kirchenrecht 1, 1951, S. 368 Anm. 13.

20 Schreiben Pfundtner v. 17. 7. 1933 bei J. Glenth1/4j, Dokumente, S. 102f. Auch bei Kretschmar/Nicolaisen, Dokumente I, S. 114f.

21 Kretschmar/Nicolaisen, Dokumente I, S. 118.

22 Ebda., S. 116 und 119.

23 Handschriftl. Konzept v. Ludwig Müller, ohne Datum. Ob der Brief abging, ist nicht festzustellen. AEKD Berlin 14/246.

24 Text: Kretschmar/Nicolaisen, Dokumente I, S. 119–121.

25 Vgl. etwa Junge Kirche 1, 1933, S. 61f.

26 O. Palmer, Material zur Geschichte des Kirchenkampfes in der Braunschweigischen Landeskirche. Ungedrucktes Manuskript LKA Braunschweig, S. 15.

27 Typische Beispiele für solche Vereinbarungen etwa in Württemberg bei G. Schäfer, Dokumentation 2, S. 201ff., in Hannover bei E. Klügel, S. 65f.; in Schleswig-Holstein bei J. Bielfeldt, S. 38f.

28 Kreuzzeitung Nr. 189 v. 24. 4. 1933.

29 J. Schmidt, Niemöller, S. 107.

30 Zu Elberfeld siehe H. Vorlänger, Kirchenkampf in Elberfeld, S. 58–63; zu Barmen-Gemarke R. Steiner in Harder/Niemöller, Stunde der Versuchung, S. 286–302.

31 Für die Freiheit des Evangeliums. Theologische Existenz heute, Heft 3, S. 13. Vgl. auch das Flugblatt zu den Wahlen in W. Fürst (Hg.), Dialektische Theologie, S. 5.

32 E. Busch, Karl Barths Lebenslauf, S. 241.

33 Über den deutschchristlichen Sieg in Westfalen und die Gründe, die zu einer Verschiebung der Kräfteverhältnisse in der Provinzialsynode führten, vgl. jetzt die sorgfältige Untersuchung von B. Hey, Kirchenprovinz Westfalen, S. 41–49.

34 Evangelium im Dritten Reich 2, 1933, S. 286.

35 J. Gauger, Chronik I, S. 95.

36 P. D. Walter Windfuhr an lic. Dr. Ernst Dietrich, 27. 7. 1933. AEKHN Darmstadt, 44/126.

37 L. Volk, Reichskonkordat, S. 244.

38 Zur grundsätzlichen Bedeutung dieser Rede für die Kirchenpolitik vgl. L. Siegele-Wenschkewitz, Nationalsozialismus und Kirchen, S. 127–131.

39 Völkischer Beobachter Nr. 218, 16. 8. 1933. Kretschmar/Nicolaisen, Dokumente I, S. 124.

40 Ebda., S. 143.

41 Ebda., S. 145. Dazu ausführlich unten Kap. 12.

42 Rundschreiben an alle Reichsleiter und Gauleiter vom 12. 1. 1934, Ebda., S. 37f.

43 M. Niemöller an Hauptpastor Jannasch – Lübeck, 13. 9. 1933. W. Niemöller, Der Pfarrernotbund. Geschichte einer kämpfenden Bruderschaft, Hamburg, 1973, S. 16.

44 Vgl. dazu oben Teil 1, Kap. 5 und 6.

45 Artikel »Staat und Religion«, in: Reichswart 14, 1933, v. 19. 3.

46 »Gleichberechtigung für deutsche Nichtchristen!« in: Reichswart 14, 1933, v. 11. 6.

47 Zu Hauer und zur Deutschen Glaubensbewegung vgl. K. Hutten, Die Deutsche Glaubensbewegung, in: Künneth/Schreiner, Die Nation vor Gott, [3]1934, S. 506–553; und v. a. die – allerdings wohl doch zu positive – Darstellung und Würdigung bei H. Buchheim, Glaubenskirche, S. 157–204.
48 Denkschrift vom 24. August 1933, BadGenA Karlsruhe, 235/12851.
49 W. Hauer, Deutsche Gottschau. Grundzüge eines Deutschen Glaubens, Stuttgart 1934, S. 4.
50 Ebda., S. 246.
51 Ebda., Vorwort.
52 J. Schmidt, Studien zur Vorgeschichte des Pfarrernotbundes, Zeitschrift für Kirchengeschichte 79, 1968, S. 54.
53 Junge Kirche 1, 1933, S. 80f.
54 P. Neumann, Jungreformatorische Bewegung, S. 136f., J. Schmidt, Niemöller, S. 110.
55 Martin Niemöller, Die Jungreformatorische Bewegung und die Kirchenpolitik, 16 Thesen, in: Junge Kirche 1,1933, S. 99–101.
56 K. Barth, Theol. Existenz heute, S. 36.
57 Junge Kirche 1, 1933, S. 101.
58 Ebda., S. 106.
59 Will Praetorius, Kampf um Wahrheit und Glauben. Sollen wir Deutsche Christen werden? Ebda., S. 107–109. Vgl. auch den Artikel »Deutsche Glaubensgemeinschaft«, mit einer ausführlichen Darstellung des Eisenacher Zusammenschlusses und Hauers Absichten ebda., S. 113–117.
60 Jacobi an H. Ehrenberg, 12. 8. 1933, J. Glenthøj, Dokumente, S. 105. K. Scharf an etwa 50 kurmärkische Pfarrer, 11. 8. 1933 in: K. Scharf, Für ein politisches Gewissen der Kirche. Aus Reden und Schriften 1932–1972, Stuttgart 1972, S. 29f.
61 K. Kupisch, Zur Genesis des Pfarrernotbundes, in: Theologische Literaturzeitung 91, 1966, Sp. 725f.
62 J. Schmidt, Studien, S. 60.
63 J. Schmidt, Niemöller, S. 114.
64 K. Scharf, Politisches Gewissen, S. 28.
65 Rundbrief Bodelschwinghs vom 11. 8. 1933. Glenthøj, Dokumente, S. 105.
66 Die Arbeit begann am 15. 8., am 26. 8. war die Redaktion der Erstform abgeschlossen. J. Glenthøj, Dokumente, S. 105. Zur Entstehung und Geschichte des Betheler Bekenntnisses vgl. die »Vorbemerkung« von E. Bethge in: D. Bonhoeffer, Gesammelte Schriften 2, S. 80–89, und Ders. Bonhoeffer, S. 352–356. Zur Interpretation vgl. M. Pertiet, Das Ringen um Wesen und Auftrag. S. 97–102, und H.-J. Reese, Bekenntnis und Bekennen, S. 200–206. Ferner Dorothea Friedrich, Das Betheler Bekenntnis. Wissenschaftliche Zulassungsarbeit, Tübingen 1973 (unveröffentlicht).
67 Dazu vgl. D. Bonhoeffer, Ges. Schriften 2, S. 82.
68 So Bonhoeffer am 20. 8. an seine Großmutter, ebda., S. 78f.
69 M. Niemöller, Das Bekenntnis der Väter und die bekennende Gemeinde. Zur Besinnung dargeboten von einem Kreise von evangelischen Theologen und in ihrem Na-

men hg. von M. Niemöller, München 1934. Hier zitiert nach dem Abdruck bei K. D. Schmidt, Bekenntnisse 1933, S. 105–131.

70 D. Bonhoeffer, Ges. Schriften 2, S. 91–119.

71 Ebda., D. 112f. K. D. Schmidt, Bekenntnisse, S. 125.

72 D. Bonhoeffer, ebda., S. 114; K. D. Schmidt, ebda., S. 127.

73 D. Bonhoeffer, ebda., S. 117. Vgl. auch oben S. 395ff.

74 K. D. Schmidt, Bekenntnisse 1933, S. 128.

75 Schreiben Bodelschwinghs vom 26. 8. 1933. D. Bonhoeffer Ges. Schriften 2, S. 90f.

76 Stratenwerth an M. Niemöller, 30. 8. 1933, ebda., S. 84.

77 Die Unterlagen scheinen verloren, so daß sich die Vorgänge bisher nur aus den Erinnerungen der Beteiligten rekonstruieren ließen. Vgl. ebda., S. 87 und S. 85.

78 K. Barth, Grundsätzliche Vorbemerkung zum Betheler Bekenntnis, 11. 10. 1933. J. Glenthøj, Dokumente, S. 106f.

79 Merz an Niemöller, 5. 12. 1933, D. Bonhoeffer, Ges. Schriften 2, S. 86.

80 Ebda., S. 85f., und J. Schmidt, Niemöller, S. 87.

81 Zur Vereinbarung zwischen Jacobi und Pfarrer Heidenreich als Vertreter Hossenfelders vgl. J. Schmidt, Niemöller, S. 116; P. Neumann, Jungreformatorische Bewegung, S. 143f., und die entsprechende Meldung im Völkischen Beobachter Nr. 216 v. 4. 8.: »Einheitsliste für die Provinzialsynodalwahlen« mit den Unterschriften von Hossenfelder, Eckert, Schulz und Jacobi.

82 Gesetzblatt der DEK, 1933, S. 7.

83 Von dieser Sitzung existieren zwei ausführliche Protokolle: 1. Verhandlungsniederschrift über die Sitzung der Bevollmächtigten der deutschen evangelischen Kirchen am 20. Juli 1933, vormittags 10½ Uhr im Dienstgebäude der Deutschen Evang. Kirchenkanzlei [29 S.] AEKD Berlin, A 3/93; 2. Aufzeichnungen Meiser LKA Nürnberg, S. 48–56.

84 Der Beschluß bei E.-V. Benn, Die Einstweilige Leitung, Zeitschrift für evang. Kirchenrecht 1, 1951, S. 364f.

85 Verhandlungsniederschrift (Anm. 83), S. 28f.

86 Verhandlungsniederschriften aus den Sitzungen der Einstweiligen Leitung der Deutschen Evang. Kirche, AEKD Berlin, Bestand Handakten Benn, 1. Sitzung am 1. 8. 1933 S. 2 Punkt 3.

87 Verhandlungsniederschrift (Anm. 83), S. 22f.; Aufzeichnungen Meiser, S. 55f.

88 E.-V. Benn, Die Einstweilige Leitung, S. 376f. Das ungezeichnete Schriftstück vom 20. Juli 1933 aus den Handakten Müllers (ebda., S. 366 Anm. 6) stammt nach Inhalt und Diktion mit Sicherheit von Jäger. Telegramme entsprechenden Inhalts werden allerdings wohl kaum abgegangen sein.

89 Am 25. Juli wurde Jäger auch offiziell in die Reichsleitung der DC berufen mit dem Auftrag, das Referat »Staat und Kirche« zu übernehmen. J. Gauger, Chronik I, S. 96.

90 Nr. 209. Auch bei J. Gauger, Chronik I, S. 96.

91 Verhandlungsniederschriften (Anm. 86), 1. Sitzung v. 1. 8., S. 1 Punkt 1. Müllers Besuch bei Hitler fand am 28. Juli statt. Zu Hitlers angeblichem Wunsch vgl. Schöffels Äußerung auf der 4. Sitzung am 8. 8., ebda., S. 7, Punkt 1; und E.-V. Benn, Die Einstweilige Leitung S. 366 Anm. 9. (Äußerung Koopmann).

92 Aufgrund staatlichen Drucks (Besprechung beim preußischen Ministerpräsidenten Göring am 15. Juli 1933, Kretschmar/Nicolaisen, Dokumente I, S. 89f.) waren im preußischen Oberkirchenrat neben den zurückgekehrten Mitgliedern des EOK einige »Kommissare« – v. a. Hossenfelder und Dr. Werner – im Amt geblieben. Nach der Kirchenwahl hatte eine Reihe von Mitgliedern ihre Beurlaubung beantragt. Damit war die Kirchenbehörde tatsächlich nahezu arbeitsunfähig.

93 G. Mehnert, Evangelische Kirche, S. 145.

94 Verhandlungsniederschriften (Anm. 86), 2. Sitzung v. 2. 8. 1933, S. 2, Punkt 1.

95 Ebda., 3. Sitzung v. 3. 8. 1933, S. 6, Punkt 8.

96 Protokoll der 53. Tagung des Kirchensenats am 4. 8. 1933. AEKU Berlin.

97 Am 16. 8. schrieb Dibelius im Auftrag der preußischen Generalsuperintendenten an den hessischen Landesbischof Kortheuer und bat um persönliche Auskunft über Jäger, weil dieser als Präsident des EOK »auserlesen« sei. K. Dienst, Dokumentation 1, S. 239.

98 S. oben Kap. 4.

99 Verhandlungsniederschriften (Anm. 86), 3. Sitzung v. 3. 8. 1933, S. 5f. Punkt 7 und 5. Sitzung v. 9. 8. 1944, S. 9f., Punkt 5.

100 Meldung der Telegraphen-Union v. 18. 8. 1933. Vorgelesen in der 13. Sitzung v. 22. 8. 1933, S. 22f., Punkt 3.

101 Ebda., S. 23.

102 Betr. Reichsbischof Ludwig Müller, zusammengestellt von Mitgliedern der Ev.-theol. Fakultät, Tübingen 1934 [29 S.] UA Tübingen aus: 162/XIV, 6.

103 Verhandlungen über diesen Zusammenschluß waren schon seit 1926 im Gange: W. Lueken, Kampf, Behauptung und Gestalt und Evangelischen Landeskirche Nassau-Hessen, Göttingen 1963.

104 Verhandlungsniederschriften (Anm. 86), S. 42.

105 In einer Stellungnahme Jägers vom 19. Juli zur Reichskirchenverfassung hieß es: »1. Sie ist unitarisch . . .«; »Der 2. Hauptgedanke ist der der Führung.« Arch. Panstw. Poznan, Nachlaß August Jäger 6.

106 Der Originalentwurf der Verfassung für Großhessen v. 17. 8. 1933 in AEKHN Darmstadt, 44/125. Ein wortgleicher Entwurf für Niedersachsen bei Kretschmar/Nicolaisen, Dokumente I, S. 201.

107 K. Dienst, Dokumentation 1, S. 239.

108 Die Teilnehmer im Protokollanhang des Originalentwurfs (Anm. 106), Bl. 10f.

109 E.-V. Benn, Einstweilige Leitung, S. 370 Anm. 20.

110 Protokoll der Sitzung im preuß. Kultusministerium am 17. 8. 1933, S. 1–3. AEKHN Darmstadt, 44/125.

111 Ebda., S. 3 und S. 16–18.

112 Ebda., S. 30.

113 K. Dienst, Dokumentation 1, S. 242f.

114 Verhandlungsniederschriften (Anm. 86), 15. Sitzung v. 15. 8. 1933, S. 32f., Punkt 7.

115 Jäger an die Landeskirchenregierung in Wiesbaden, 25. 8. 1933. Kretschmar/Nicolaisen, Dokumente I, S. 126f.

116 Sitzungsbericht der Führer-Besprechung . . . am 24. 8. 1933. LKA Hamburg, Bestand Deutsche Christen Nr. 216.

117 Verhandlungsniederschriften (Anm. 86), 16. Sitzung am 30. 8. 1933, S. 34 ff., Punkt 2, und S. 36 f., Punkt 3.
118 Ebda., 18. Sitzung v. 1. 9. 1933, S. 42.
119 B. Hey, Kirchenprovinz Westfalen, S. 50 f.; W. Niemöller, Bekennende Kirche in Westfalen, S. 64–66.
120 Verhandlungsniederschriften (Anm. 86), 18. Sitzung am 1. 8. 1933, S. 47, Punkt 10.
121 Verhandlungen der ordentlichen zweiunddreißigsten Rheinischen Provinzialsynode in ihrer Tagung am 23. und 24. August zu Koblenz. J. Beckmann, Rheinische Synoden im Kirchenkampf, Neukirchen 1975, S. 11–33.
122 Verhandlungen der Tagung der Provinzialsynode für Ostpreußen am 23. August 1933, Königsberg i. Pr. 1933, S. 2.
123 H. J. Iwand, Briefe an Rudolf Hermann, Nachgel. Werke 6, München 1964, S. 251 (Brief v. 9. 9. 1933). Siehe auch den Brief vom 21. 12. 1933, ebda., S. 258 f. Der Sonderweg Ostpreußens begann schon mit der Entwicklung eigener deutsch-christlicher Richtlinien im Sommer 1933 (s. oben S. 304 f.) Zu Erich Kochs zwiespältiger Rolle vgl. M. Koschorke (Hg.), Geschichte der Bekennenden Kirche in Ostpreußen 1933–1945, Göttingen 1976, S. 33–35; 43; 122–129; 410 und 505–513. Ähnlich auch H. Linck, Der Kirchenkampf in Ostpreußen, S. 32, 42–44, 49 u. ö. Zu Iwands ostpreußischer Tätigkeit vgl. M. Koschorke, Geschichte der Bekennenden Kirche in Ostpreußen, S. 65–75.
124 S. oben Anm. 81.
125 Verhandlungen der 21. ordentlichen Brandenburgischen Provinzialsynode im Jahre 1933, [Berlin] 1933, S. 22–25. Ein Bericht über den Verlauf der Synode u. a. auch in der Allgem. Evang.-Lutherischen Kirchenzeitung 66, 1933, Sp. 845.
126 Verhandlungen, S. 41 ff. und S. 47 ff.
127 Ebda., S. 43–46.
128 Hans Lietzmann gehörte zu den bekanntesten Kirchenhistorikern seiner Zeit. Abschrift eines gleichlautenden Schreibens an das Oberverwaltungsgericht Charlottenburg liegt für den Oberverwaltungsgerichtsrat v. Dryander vor. Gauleitung Groß-Berlin, 2. 10. 1933. AEKD Berlin C 4/17. Abdruck einer Abschrift ohne Namen auch in Junge Kirche 1, 1933, S. 251 f. Unterzeichnet war das Schreiben vom stellvertretenden Adjutanten des Gauleiters, Rechtsanwalt Wilhelm Woy, der Mitglied der Synode war. Der ganze Vorgang wurde am 29. 5. 1934 vom Sekretariat des Reichsbischofs »als überholt« zu den Akten geschrieben.
129 Zitiert nach H. Schmid, Apokalyptisches Wetterleuchten. Ein Beitrag der Evangelischen Kirche zum Kampf im »Dritten Reich«, München 1947, S. 39–41. Zu Jacobis Wortmeldung vgl. die Verhandlungen (Anm. 125) S. 32 f.
130 A. Speer, Erinnerungen, S. 41 f. auch S. 67 f. und S. 71–75.
131 Die drei Hauptreden Hitlers in: Nürnberg 1933. Eine Sammlung der wichtigsten Reden auf dem Parteitag der NSDAP v. 30. 8. – 3. 9. 1933, Berlin 1933, S. 11–41. Die Zitate ebda., S. 19 f. Im übrigen stand der ganze Parteitag unübersehbar im Zeichen der Rassenfrage.
132 54. Tagung des Kirchensenats am 28. 8. 1933 in Berlin. AEKU Berlin.
133 Die Verhandlungen sind – offenbar wegen der sich überstürzenden Ereignisse –

nicht mehr gedruckt worden. Ein druckfertiges Manuskript »Verhandlungen der zehnten Generalsynode der Evangelischen Kirche der altpreußischen Union in ihrer ordentlichen Tagung am 5. und 6. September 1933« befindet sich in AEKU Berlin (danach wird im folgenden in der Regel zitiert); ein weiteres – unvollständiges – Exemplar ist im Besitz der EvAGKiZ München. – Von jungreformatorischer Seite (Evangelium und Kirche) liegen zu Vorgeschichte und Verlauf drei Berichte aus der westfälischen Kirche vor. Sie stammen von Studiendirektor Dr. Georg Müller »Vorgänge um die letzte Generalsynode der altpreußischen Union« v. 8. 9. 1933; von dem Dortmunder Pfarrer Karl Lücking, zugleich Mitglied des Ältestenrates der Synode, »Bericht über den Verlauf der 10. Generalsynode am 5. Sept. 1933 in Berlin« (beide Berichte in AEKHN Darmstadt, Vorl-Nr. 62/1040); ferner der Bericht des Vertreters der Theol. Fakultät der Universität Münster, W. Stählin, in Via Vitae, S. 276–279. Ein kurzer deutsch-christlicher Bericht in: Evangelium im Dritten Reich 2, 1933, S. 364; eine umfassende Darstellung in: Evang. Lutherische Kirchenzeitung 66, 1933, Sp. 859–862; vgl. ferner auch: Junge Kirche 1, 1933, S. 192 ff.

134 W. Stählin, ebda.

135 Evangelium im Dritten Reich, ebda.

136 Verhandlungen, S. 1–11.

137 Allgemeine Evang.-Lutherische Kirchenzeitung, ebda.

138 Texte: J. Beckmann, Kirchl. Jahrbuch 1933–1944, Gütersloh [2]1976, S. 33 f.

139 Verhandlungen, S. 52.

140 So auch Hossenfelder in seiner »Stellungnahme« vom 7. Juli 1945, wo er Jägers Urheberschaft ausdrücklich allerdings nur für das Beamtengesetz und das Ermächtigungsgesetz nennt. LKA Berlin-Brandenburg, Akte Hossenfelder.

141 Zitiert nach dem Originalentwurf der Erklärung. AEKHN Darmstadt, Vorl.-Nr. 62/1040.

142 So Georg Müller, ebda.

143 Verhandlungen, S. 77 und S. 85 f.

144 Verhandlungen (Münchner Ms.) S. 39–41.

145 So der Bericht von Karl Lücking (Anm. 133). Vgl. auch die Berichte von G. Müller und W. Stählin, ebda.

146 55. Sitzung des Kirchensenats am 6. 9. 1933. AEKU Berlin.

147 Entwürfe der Schreiben vom 9. und 21. 9. mit Aktenvermerken in AEKU Berlin, Präs. I, 2 IX.

148 Denkschrift vom 7. 9. 1933. Arch. Panst. Poznan, Nachlaß August Jäger Nr. 6.

149 Verhandlungsniederschriften (Anm. 86), 19. Sitzung am 6. 9. 1933, S. 48.

150 Ebda., S. 51 f.

151 Ebda., S. 53.

152 Ebda., 20. Sitzung am 7. 9. 1933, S. 55; 21. Sitzung am 8. 9. S. 66 f. und S. 74 f. Zum Empfang Eidems am 9. 9. vgl. E. Murtorinne, Erzbischof Eidem zum deutschen Kirchenkampf 1933–1934, Helsinki 1968, S. 26 ff.

153 Verhandlungsniederschriften, 20. Sitzung am 7. 9. 1933, Punkt 5, S. 63 und 21. Sitzung am 8. 9., Punkt 1, S. 65.

154 Ebda., 20. Sitzung am 7. 9. 1933, Punkt 2, S. 55 ff., und Punkt 3, S. 57 ff.

155 Ein kurzes Protokoll dieser Sitzung bei Kretschmar/Nicolaisen, Dokumente I, S. 128.

156 Verhandlungsniederschriften (Anm. 86), 21. Sitzung am 8. 9. 1933, Punkt 8, S. 72–74. Die Einstweilige Leitung informierte sich über die Vorgänge am gleichen Tage durch ausführliche Telefongespräche mit Kassel. Vgl. auch K. Dienst, Dokumentation 1, S. 108, 241, 250 und v. a. S. 254. Einen Bericht vom Widerstand des kurhessischen Gauleiters gegen Jägers Pläne auch bei Kortheuer, Das Ende der Evangelischen Landeskirche in Nassau, in AEKHN 0201, S. 89.

157 Die Nassauische Landeskirche besaß (1928) 293 Pfarrstellen. (Troschke, Evang. Kirchenstatistik, Heft 6/7, 1931, S. 42). An der Pfarrerversammlung in Limburg am 23. 8. nahmen 177 Pfarrer teil. Dienst, Dokumentation 1, S. 243.

158 Protokoll der Sitzung vom 11. 9. 1933 von einem unbekannten Teilnehmer: K. Dienst, Dokumentation 1, S. 249–253.

159 Zu dieser Anfrage siehe oben Anm. 97.

160 So der Wortlaut nach dem Bericht Kortheuers vor der Einstweiligen Leitung am 13. 9. Verhandlungsniederschriften (Anm. 86), 23. Sitzung, Punkt 4, S. 84–87. Im wesentlichen gleichlautend der Bericht bei K. Dienst, Dokumentation 1, S. 255 f.

161 K. Dienst, Dokumentation 1, S. 257–269.

162 Ebda., S. 392–398.

163 Ebda., S. 84–110.

164 Zur Rechtsproblematik dieser Vorgänge siehe W. Lueken, Nassau-Hessen, insbesondere S. 118–184.

165 Zur Entwicklung in Sachsen vgl. J. Fischer, Sächsische Landeskirche, S. 19–22. Zur Braunen Synode vom 11. August Junge Kirche 1, 1933, S. 189 f. Ferner: Christenkreuz und Hakenkreuz, Monatsblatt für deutsche Christen 1, 1933, Heft 3, September 1933, S. 1 f.

166 Coch an die Einstweilige Leitung, 14. 9. 1933. Zitiert nach E.-V. Benn, Einstweilige Leitung, S. 371 Anm. 23.

167 Beye wurde zwar freigesprochen, war aber offensichtlich unmöglich geworden. J. Gauger, Chronik I, S. 134 und 154, und ausführlicher O. Palmer, Braunschweigische Landeskirche, ungedrucktes Ms., LKA Braunschweig, S. 18–23 und S. 50–54.

168 Zum Verlauf der Synode J. Bielfeldt, Schleswig-Holstein, S. 40–46. Das Telegramm in LKA Oldenburg OKR A I – 24 I, und Verhandlungsniederschriften (Anm. 86), S. 92. Zur niedersächsischen Großkirche vgl. auch K. R. Reimers, Lübeck, S. 72–75.

169 Zu Rendtorff vgl. N. Beste, Mecklenburg, S. 50–56; Dokumente ebda., S. 263–281; ferner die Verhandlungsniederschriften (Anm. 86), passim.

170 E. Klügel, Hannover, S. 67–78. Marahrens ging dabei so weit, »aus voller persönlicher Bejahung der nationalsozialistischen Bewegung das Anliegen der ›Deutschen Christen‹ auf Grund der letzten Richtlinien weithin als mein eigenes« zu erklären. Schreiben vom 26. 8. 1933. E. Klügel, Dokumente, S. 26 f.

171 Zur Ermächtigung des Landesbischofs im Mai 1933, G. Schäfer, Dokumentation 1, S. 485–498. Zum Verlauf der Synode, G. Schäfer, Dokumentation 2, S. 346–381.

172 H. Baier, Die Deutschen Christen Bayerns, S. 62–66.

173 Verhandlungsniederschriften (Anm. 86), 22. Sitzung vom 22. 9. 1933, Punkt 2, Seite

78 (Einladung nach Berlin); 23. Sitzung vom 13. 9. 1933, Punkt 4, S. 84–87 (Bericht), und Punkt 9, S. 88f. (Besprechung); 24. Sitzung vom 14. 9. 1933 Punkt 2, S. 91–93 (Konsequenzen), und Punkt 7, S. 97f. (Müllers Bestätigung).

174 K. Dienst, Dokumentation 1, S. 256.

175 Reinkonzept mit Absendevermerk »noch heute!« vom 21. 9. 1933 in AEKU Berlin, Präs. I, 2 IX.

176 D. Boenhoeffer, Der Arierparagraph in der Kirche, Gesammelte Schriften 2, S. 62–69. Vgl. dazu auch E. Bethge, Bonhoeffer, S. 357–360 und J. Glenthøj, Dokumente, S. 86.

177 Bonhoeffers anfängliche Entschlossenheit zum Austritt aus der Kirche bezeugt auch Gerhard Jacobi vom Abend der Generalsynode. W. D. Zimmermann (Hg.), Begegnungen mit Dietrich Bonhoeffer, München 1964, S. 63 Vgl. ferner Bonhoeffers Briefe an Sasse und Karl Barth v. 9. 9. 1933. Ges. Schriften 2, S. 71 und S. 126f.

178 Zum Verlauf dieser Sitzung vgl. den Bericht von Georg Müller v. 8. 9. 1933 (Anm. 133); die Äußerungen Knaks vom 13. 9. bei J. Glenthøj, Dokumente, S. 86f. und W. Stählin, Via Vitae, S. 279. Die Darstellungen bei E. Bethge, Bonhoeffer, S. 361f. und J. Schmidt, Niemöller, S. 119f. sind entsprechend zu korrigieren.

179 J. Glenthøj, Dokumente, S. 87.

180 Text: D. Bonhoeffer, Ges. Schriften 2, S. 70f.

181 Bodelschwingh an Ludwig Müller, 11. 9. 1933. AEKD Berlin, A 4/238.

182 W. Niemöller, Texte zur Geschichte des Pfarrernotbundes, Berlin 1958, S. 26f. Spätere Fassung ohne den Punkt 3 bei K. D. Schmidt, Bekenntnisse 1933, S. 77f.; Kirchliches Jahrbuch 1933–1944, ^{2}1976, S. 35 und an vielen anderen Stellen. Die Rolle Weschkes und Jacobs hat zum ersten Mal K. Kupisch, Zur Genesis des Pfarrernotbundes, Theologische Literaturzeitung 91, 1966, Sp. 722–730 dargestellt. Im übrigen vgl. W. Niemöller, Pfarrernotbund, S. 15–18; J. Schmidt, Niemöller, S. 121–124 und v. a. Ders., Studien zur Vorgeschichte des Pfarrernotbundes, Zeitschrift für Kirchengeschichte 79, 1968, S. 64–67.

183 Zitiert nach W. Niemöller, ebda., S. 16. Vgl. dazu auch den Rundbrief von Kurt Scharf v. 14. 9. in K. Scharf, Politisches Gewissen, S. 30f.

184 W. Niemöller, ebda., S. 18.

185 J. Schmidt, Niemöller, S. 125f.

186 W. Niemöller, Pfarrernotbund, ebda., S. 17.

187 W. Niemöller, Texte, S. 22f.

188 Vgl. dazu Kurt Scharf, Der Pfarrernotbund, in: Bekennende Kirche, Martin Niemöller zum 60. Geburtstag, München 1952, S. 136–141.

189 Ergebnisse der Beratungen in Essen am 11. 9. 1933. W. Niemöller, Texte, S. 20–22.

190 Texte der Anfrage und beider Gutachten u. a. in K. D. Schmidt, Bekenntnisse 1933, S. 178–186.

191 Neues Testament und Rassenfrage. Gutachten v. 23. 9. 1933. Ebda., S. 189–191.

192 Schreiben Monods vom 13. 8. 1933. Zitiert nach A. Boyens, Kirchenkampf und Ökumene 1933–1939, S. 60.

193 Verhandlungsniederschriften (Anm. 86), Beschlüsse der Einstweiligen Leitung vom 17. 8. (S. 17) und vom 30. 8. (S. 37).

194 Zur Rolle Heckels vgl. jetzt E. Gerstenmaier, Das Kirchliche Außenamt im Reiche Hitlers, in: Kirche im Spannungsfeld der Politik, Festschrift D. Hermann Kunst zum 70. Geburtstag, Göttingen 1977, S. 307–318.

195 A. Boyens, Kirchenkampf und Ökumene 1933–1939, S. 62–64. Vgl. auch Bonhoeffer, Gesammelte Schriften 2, S. 70. Das Telegramm ging am 5. abends in Genf ein. (Boyens, ebda., Anm. 163). Zum Ganzen vgl. auch E. Bethge, Bonhoeffer, S. 365, 372; v. a. Heckels Brief vom 6. 11. 1933; ebda., S. 371 f.

196 Englischer Text bei A. Boyens, ebda., S. 311 f.; Übersetzung S. 446.

197 Text bei A. Boyens, ebda., S. 312.

198 Vollständiger Text des Schreibens der Deutschen Gesandtschaft in Sofia an das Auswärtige Amt Berlin vom 26. 9. 1933 bei J. Glenthøj, Dokumente, S. 341. Zur Tagung in Sofia vgl. E. Bethge, Bonhoeffer, S. 367–371; A. Boyens, Kirchenkampf und Ökumene, S. 66–69; differenzierter J. Glenthøj, Dokumente, S. 47–52.

199 Erzbischof Eidem an die Einstweilige Leitung und Landesbischof Müller. Uppsala, den 15. 9. 1933. Text bei E. Murtorinne, Erzbischof Eidem zum deutschen Kirchenkampf, 1933–1934, Helsinki 1968, S. 88 f. A. Boyens, ebda., S. 312 f.

200 Aufzeichnung Stieves vom 22. 9. und Schreiben des AA vom gleichen Tag bei Kretschmar/Nicolaisen, Dokumente I, S. 130–132. Zum Ablauf von Eidems Besuch E. Murtorinne, Eidem, S. 26–32.

201 Genf dtsche. Deleg. Telegramm vom 30. 9. 1933, gez. Roediger. Schreiben der deutschen Botschaft in London v. 2. 10. 1933, gez. Bismarck. Arch. AA Bonn, Kult. A 2,2.

202 K. Scholder, Die evangelische Kirche in der Sicht der nationalsozialistischen Führung bis zum Kriegsausbruch, in: Vierteljahrshefte für Zeitgeschichte 16, 1968, S. 23–25.

203 Zu dieser Sitzung siehe oben S. 504 f.

204 Aufzeichnungen Meiser, LKA Nürnberg, S. 57–61. Baier/Henn, Chronologie, S. 38.

205 LKA Nürnberg, Meiser 115, Denkschrift: Was haben wir Lutheraner jetzt zu tun? Zitiert nach H. Baier, Reichsbischof, S. 449. Text auch bei J. Gauger, Chronik I, S. 104.

206 Meiser an Müller, 27. 9. 1933, in H. Baier, Reichsbischof, S. 453.

207 Schreiben vom 27. 9. 1933. AEKD Berlin A 4/18.

208 H. Baier, Reichsbischof, S. 444 f.

209 Zusammenhängende Berichte oder Protokolle über diese Sitzungen sind bisher nicht bekannt geworden. Die folgende Darstellung stützt sich auf einzelne Unterlagen und Hinweise. Zum »Großen Führerrat« vgl. J. Gauger, Chronik I, S. 99; ferner Evangelium im Dritten Reich, 2, 1933, S. 468.

210 BA Koblenz, R 43 II/161; Kretschmar/Nicolaisen, Dokumente I, S. 135.

211 Zu den Auseinandersetzungen zwischen Hossenfelder und Jäger vgl. F. Wieneke, Kirche und Partei, S. 20 f.; J. Hossenfelder, Eine Stellungnahme (1945) LKA Berlin-Brandenburg; F. Tügel, Erinnerungen, S. 248.

212 BA Koblenz, R 43 II/161. Telegramme v. 27. 9. 1933.

213 Evangelium im Dritten Reich 2, 1933, S. 409. Eine ähnliche Darstellung aus deutschchristlicher Feder (Pfarrer Schairer, Synodaler aus Württemberg) bei G. Schäfer, Dokumentation 2, S. 393–397; ferner F. Tügel, Erinnerungen, S. 246–249. Kritisch W.

Conrad, Kampf um die Kanzeln, S. 29–31 und v. a. ein ausführlicher Bericht von Gertrud Staewen an Karl Barth v. 27. 9. im Karl Barth-Archiv, Basel. Mitglieder, Teilnehmer und Verhandlungen im offiziellen Druckheft: Verhandlungen der Ersten Deutschen Evangelischen Nationalsynode am 27. September 1933 in der Lutherstadt Wittenberg, hg. v. d. Deutschen Evangelischen Kirchenkanzlei, Berlin 1934.

214 Evangelium im Dritten Reich, ebda., S. 409.

215 Hitlers Absage v. 23. 9. bei J. Glenthøj, Dokumente, S. 90.

216 Liste der Ehrengäste, Verhandlungen S. 19.

217 Text u. a. bei J. Beckmann, Kirchliches Jahrbuch, S. 35 f. und S. 495. Zur Entstehung vgl. J. Schmidt, Niemöller, S. 127 ff.

218 Vgl. die Berichte aus Wittenberg an Eidem und Berggrav. J. Glenthøj, Dokumente, S. 110 f.

219 So der Bericht von Gertrud Staewen. Der sächsische Theologensturm macht solchen Eindruck, daß er auch in den meisten anderen Darstellungen ausdrücklich erwähnt wurde. Am ausführlichsten war der Bericht im (sächsischen) Christenkreuz und Hakenkreuz, Heft 4, Oktober 1933, S. 18 f.: Dort – an der Wittenberger Elbbrücke – »steht mit der Fahne des Dritten Reiches unser sächsischer Theologensturm, der die Nacht hindurch von Augustusburg kam. Stramm und frisch sehen die Jungens aus in ihren grauen Uniformen und Schaftstiefeln, mit ihren feldmarschmäßig gepackten Tornistern, Brotbeuteln und Feldflaschen ... Einige kurze Kommandos des prächtigen Führers unseres Theologensturmes ertönen, und mit klingendem Spiel ziehen die zukünftigen Pfarrer des Dritten Reiches in Wittenberg ein. Vor dem Wittenberger Hof steht unser Landesbischof, dem der Theologensturm einen tadellosen Parademarsch vorführt ...«

220 Evangelium im Dritten Reich, 2, 1933, S. 410 (Hervorhebungen im Original).

221 Vollständiger Text in: Verhandlungen, S. 39–45; Gesetzblatt der Deutschen Evangelischen Kirche 1933, S. 11 ff.

222 J. Glenthøj, Dokumente, S. 50.

ANMERKUNGEN ZU KAPITEL 11

1 Gröber an Pacelli, 28. 12. 1933. B. Stasiewski, Akten I, S. 494.

2 Alphons Koechlin an George Bell, 11. 12. 1933, George Bell-Alphons Koechlin, Briefwechsel 1933–1954, Zürich 1969, S. 83.

3 Dazu siehe oben S. 572 f.

4 E. Deuerlein, Reichskonkordat, S. 135 und W. Conrad, Kampf um die Kanzeln, S. 72 ff. Die Verhandlungen kamen zunächst nicht zustande, weil Pacelli einen längeren Urlaub antrat. Telegramm der deutschen Botschaft beim Hl. Stuhl an das AA vom 20. 9. 1933. Akten zur deutschen auswärtigen Politik, Serie C, Bd. 1, 2, Göttingen 1971, S. 911 Anm. 3.

5 Zur besonderen Situation in Bayern vgl. v. a. L. Volk. Der Bayerische Episkopat, S. 123–130 und S. 137 ff. und oben S. 562 f.

6 Text: Kretschmar/Nicolaisen, Dokumente I, S. 129 f.
7 Schreiben v. 25. 9. 1933, B. Stasiewski, Akten I, S. 400 f.
8 Neuhäusler an Faulhaber, 28. 9. 1933. L. Volk, Faulhaber-Akten I. S. 770 ff.
9 Aus einem Schreiben Buttmanns an Berning v. 28. 9. Ebda., S. 773 Anm. 3.
10 D. Albrecht, Notenwechsel I, S. 1–8.
11 Text bei L. Volk, Kirchliche Akten, S. 263–269. Vgl. dazu auch Bertrams Rundschreiben an den deutschen Episkopat vom 23. 10. 1933. B. Stasiewski, Akten I, S. 416.
12 Vgl. dazu etwa das Schreiben von Kaas an Gröber v. 12. 12. 1933. B. Stasiewski, Akten I, S. 482–484.
13 Zitiert nach der Germania v. 11. 10. 1933 bei H. Müller, Katholische Kirche, S. 207.
14 Schreiben des Innenministers v. 9. 10. 1933; Antwort des Kultusministeriums vom 24. 10. 1933, BadGenA Karlsruhe 235/12754. Zu diesen ganzen Vorgängen vgl. auch K. Scholder, Baden im Kirchenkampf des Dritten Reiches, v. a. S. 225–230.
15 Zu »Kreuz und Adler« vgl. K. Breuning, Vision des Reiches, S. 225–235.
16 Text: Kretschmar/Nicolaisen, Dokumente I, S. 137 f.
17 Mitteilungsblatt der Arbeitsgemeinschaft v. 15. 12. 1933 Text: K. Breuning, Vision des Reiches, S. 342.
18 Zitiert nach K. Breuning, ebda., S. 237.
19 S. oben S. 609.
20 F. v. Papen, Der. 12. November 1933 und die deutschen Katholiken. Rede gehalten vor der Arbeitsgemeinschaft katholischer Deutscher in der Messehalle zu Köln am 9. November 1933. Reich und Kirche 3, Münster 1934, S. 6.
21 Papen an Bertram, 3. 10. 1933. Antwort Bertrams aus Rom vom 7. 10. 1933, B. Stasiewski, Akten I, S. 403 Anm. 1, und S. 403–405. Vgl. dazu auch die Bemerkungen Leibers an Gröber über diesen Brief v. 11. 10. 1933. L. Volk, Kirchliche Akten, S. 272.
22 Thun an Gröber, 17. 11. 1933. Antwort Gröbers vom 19. 11. 1933. B. Stasiewski, Akten I, S. 461 Anm. 1, und S. 461 f.
23 Klein an Bertram. Ebda., S. 869–871.
24 Leiber an Gröber, 11. 10. 1933. L. Volk, Kirchliche Akten, S. 270–272.
25 Bergens Originalbericht bei A. Kupper, Staatliche Akten, S. 426–429; Kaas' Entwurf bei L. Volk, Kirchliche Akten, S. 300–304.
26 Telegramm Bergens an das Auswärtige Amt v. 14. 10. 1933. Randvermerk: Hat dem Herrn Reichsminister vorgelegen. Akten zur deutschen auswärtigen Politik, Serie C, Bd. 1, 2, S. 910 f.
27 M. Domarus, Hitler I, S. 274. Zu Hitlers Entscheidung vgl. v. a. auch J. C. Fest, Hitler, S. 600–605.
28 M. Domarus, ebda., S. 277 f.
29 Ministerbesprechung am 12. 9. 1933. Akten zur deutschen auswärtigen Politik, Serie C, Bd. 1, 2, S. 785 f.
30 Vgl. dazu etwa die Aufzeichnung Neuraths über ein Gespräch mit dem britischen Außenminister Simon v. 24. 9. 1933, ebda., S. 824–826; ferner H.-A. Jacobsen, Nationalsozialistische Außenpolitik, S. 397 f.
31 Akten zur deutschen auswärtigen Politik, Serie C, Bd. 1, 2, S. 868.

32 Telegramm der Botschaft aus London v. 4. 10. 1933. Ebda., S. 870f.
33 Telegramm Neuraths vom 11. 10. 1933. Ebda., S. 890f.
34 Ministerbesprechung am 13. 10. 1933. Ebda., S. 907.
35 Reichstagsrede Hitlers vom 1. Sept. 1939. M. Domarus, Hitler II, S. 1315.
36 H. Rauschning, Gespräche, S. 102f.
37 Bericht des britischen Botschafters in Berlin, Sir Eric Phipps, an Außenminister Simon v. 15. 11. 1933 über die Wahlen vom 12. November. Ursachen und Folgen, Bd. X, S. 57.
38 M. Domarus, Hitler I, S. 314.
39 M. Domarus, ebda., S. 330. Auszüge aus der Rede in: Ursachen und Folgen X, S. 53–56. Der Bericht des britischen Botschafters ebda. S. 59.
40 H. Müller, Katholische Kirche, S. 212. Andere Aufrufe von katholischer Seite bei E.-W. Böckenförde, Der deutsche Katholizismus im Jahre 1933. Eine kritische Betrachtung (1961), in: Ders., Kirchlicher Auftrag und politische Entscheidung, Freiburg 1973, S. 72.
41 Junge Kirche 1, 1933, S. 252. F. Baumgärtel hat nach dem Krieg als erster mit Nachdruck auf dieses Telegramm hingewiesen und damit eine Kritik an einer allzu einfachen Darstellung der Anfänge des Kirchenkampfes verbunden. (Wider die Kirchenkampflegenden, Neuendettelsau [2]1959, S. 4–13. Eine Erwiderung W. Niemöllers ebda., S. 17–21.) Sowohl Martin Niemöller wie Wilhelm Harnisch, der Verfasser des Telegramms, haben im Rückblick die Situation vollkommen zutreffend wiedergegeben, wenn sie – so Niemöller – von einer »spontanen Äußerung«, einer »Teilnahme am allgemeinen Schrei« sprachen (J. Schmidt, Niemöller, S. 472 Anm. 296) oder – so Harnisch – erklärten, »ich stand damals auf dem Standpunkt, den ich noch heute vertrete, daß der damalige Völkerbund nichts weiter als eine Organisation war mit dem Zweck, Deutschland niederzuhalten.« (Junge Kirche 18, 1975, S. 222).
42 Gröber an Leiber, 14. 10. 1933. L. Volk, Kirchliche Akten, S. 273.
43 Vgl. die Telegramme Bergens an das Auswärtige Amt v. 16. und 17. 10. Akten zur deutschen auswärtigen Politik, Serie C, Bd. 2, 1, S. 3f. und S. 8f.
44 Telegramm Neuraths an Bergen v. 18. 10. 1933. Ebda., S. 9 Anm. 6.
45 E. Deuerlein, Reichskonkordat, S. 137.
46 D. Albert, Notenwechsel I. S. 10–14. Akten zur deutschen auswärtigen Politik (Anm. 43), S. 24–28.
47 W. Conrad, Kampf um die Kanzeln, S. 76.
48 Ebda., S. 78. Vgl. auch die Erinnerungen Gröbers bei L. Volk, Kirchliche Akten, S. 326 und L. Volk, Reichskonkordat, S. 204f. v. a. Anm. 18 und 19.
49 W. Conrad, Kampf um die Kanzeln, S. 81.
50 D. Albrecht, Notenwechsel I, S. 14–17.
51 Gröber an Bertram und Faulhaber, 27. 10. 1933. B. Stasiewski, Akten I, S. 420–422.
52 Kaas an Gröber, 12. 12. 1933. B. Stasiewski, Akten I, 482–484.
53 Gröber und Berning an Bertram, 3. 11. 1933. Ebda., S. 433–436.
54 Entwurf v. 3. 11. 1933. Ebda., S. 436. Endgültige Fassung, wie sie in Osnabrück verbreitet wurde, bei H. Müller, Katholische Kirche, S. 220.

55 G. Lewy, Katholische Kirche, S. 200; W. J. Doetsch, Württembergs Katholiken, S. 147.

56 Erster Entwurf im Schreiben Bertrams an den Episkopat v. 30. 10. 1933, B. Stasiewski, Akten I, S. 423f. Endgültige Fassung ebda., S. 437 Anm. 3. Auch H. Müller, Katholische Kirche, S. 216–218.

57 So Faulhaber im Schreiben an den bayerischen Episkopat v. 31. 10. 1933. B. Stasiewski Akten I, S. 427. »›Sinngemäßer‹ Konkordatsvollzug« lautet eine Kapitelüberschrift bei L. Volk, Bayerischer Episkopat, S. 121.

58 L. Volk, Bayerischer Episkopat, S. 147.

59 Text: Kretschmar/Nicolaisen, Dokumente I, S. 169f. Zur Verzögerungstaktik Heydrichs vgl. B. Stasiewski, Akten I, S. 438 und v. a. L. Volk, Faulhaber-Akten I, S. 795–798.

60 Riemer an Faulhaber, 28. 10. 33. L. Volk, Faulhaber-Akten I, S. 776; Sebastian an Faulhaber, 2. 11. 1933, ebda., S. 787; Hauck an Faulhaber, 2. und 4. 11. 1933, ebda., S. 783 und 791.

61 Text u. a.: B. Stasiewski, Akten I, S. 440f. und L. Volk, Faulhaber-Akten I, S. 806f. Hier auch die Vorentwürfe. Erster Entwurf Stasiewski, Akten I, S. 426f.; zweiter – zweifellos deutlichster und klarster – Entwurf L. Volk, Faulhaber-Akten I, S. 789; dritter Entwurf ebda., S. 800.

62 Erlaß des bayerischen Ministerpräsidenten v. 9. 11., B. Stasiewski, Akten I, S. 441 Anm. 4; und v. 11. 11. 1933, L. Volk, Faulhaber-Akten I, S. 809, Anm. 3.

63 Dazu L. Volk, Episkopat S. 57f. und v. a. die Aufzeichnung Faulhabers über seine Unterredungen mit Vassalo v. 11. 11. 1933 bei L. Volk, Faulhaber-Akten I, S. 807–809.

64 Ursachen und Folgen X, S. 56.

65 Vgl. dazu Bracher, Sauer, Schulz, Machtergreifung, S. 335–358.

66 Vgl. dazu v. a. den sehr anschaulichen Bericht des britischen Botschafters in Berlin v. 15. 11. 1933. Ursachen und Folgen X, S. 56–60.

67 S. oben S. 343f.

68 Zu den Wahlergebnissen im einzelnen vgl. Bracher, Sauer, Schulz, Machtergreifung, S. 358–368.

69 Aufz. Buttmanns. Akten zur deutschen auswärtigen Politik, Serie C, Bd. 2,1 S. 234f.

70 Papen an Gröber, 12. 11. 1933. B. Stasiewski, Akten I, S. 442–446.

71 Gröber an Bertram, ebda., S. 865.

72 L. Volk, Die Fuldaer Bischofskonferenz von Hitlers Machtergreifung bis zur Enzyklika »Mit brennender Sorge« (1969), in: D. Albrecht, Katholische Kirche, S. 44f.

73 Zahlenangaben zur katholischen Jugend in einem Schreiben des bayerischen Episkopats an Hitler und Schemm v. 24. 4. 1933. B. Stasiewski, Akten I, S. 81ff. Vgl. auch B. Schellenberger, Katholische Jugend und Drittes Reich. Eine Geschichte des Katholischen Jungmännerverbandes 1933–1939 unter besonderer Berücksichtigung des Rheinlandes, Mainz 1975, S. 191f. Zur evangelischen Jugend siehe H. Riedel, Kampf um die Jugend. Evangelische Jugendarbeit 1933–1945, München 1976, S. 13f. Die statistischen Angaben können bei den schnell wechselnden Verhältnissen in Jugendverbänden nur Schätzungen sein, die die Größenverhältnisse verdeutlichen.

74 B. Schellenberger, Katholische Jugend, S. 6.
75 Ebda., S. 15.
76 H. W. Koch, Geschichte der Hitlerjugend. Ihre Ursprünge und ihre Entwicklung 1922–1945, Percha 1975, S. 154.
77 B. v. Schirach, Ich glaubte an Hitler, Hamburg 1967, S. 22 f.
78 Ebda., S. 177 f.
79 Text: Ursachen und Folgen IX, S. 517 f.
80 Text ebda., S. 518.
81 Text ebda., S. 518 f.
82 B. Schellenberger, Katholische Jugend, S. 95. Text: B. Stasiewski, Akten I, 193 f.
83 Text der Denkschrift Wolkers ebda., S. 180–192, das Zitat S. 186.
84 Protokoll der Plenarkonferenz, ebda., S. 206 f.
85 Text u. a. Kretschmar/Nicolaisen, Dokumente I, S. 122 f.
86 Bericht Wolker v. 20. 8. 1933. B. Stasiewski, Akten I, S. 282 f. und S. 287.
87 Protokoll der Plenarkonferenz, ebda., S. 328.
88 H. Müller, Katholische Kirche, S. 191 f. Vgl. dazu einschränkend B. Schellenberger, Katholische Jugend, S. 107.
89 H. Müller, ebda., S. 192 f.
90 Rundschreiben an die Präsides und Präfekten v. 17. 10. 1933. B. Stasiewski, Akten I, S. 419 Anm. 1.
91 Gröber an Kaas, 15. 11. 1933. Ebda., S. 452–455.
92 Protokoll der Sitzung vom 15. 11. 1933. Ebda., S. 467–473.
93 S. oben Anm. 91.
94 Bericht Bornewasser an Bertram v. 24. 11. 1933. Ebda., S. 463 f. Nach Can. 220 des Codex Juris Canonici fallen die sogenannten Causae maiores allein in die Zuständigkeit des Heiligen Stuhls.
95 Gröber an Bertram, 24. 11. 1933. Ebda., S. 865. S. auch oben S. 719 f.
96 Bertram an den deutschen Episkopat, 22. 11. 1933. Ebda., S. 462 f.
97 Faulhaber an Bertram und Berning, 25. 11. 1933 und Anlage. Ebda., S. 866–868.
98 Hauck an Bertram, 27. 11. 1933. Ebda., S. 476–478.
99 Klein an Bertram, 28. 11. 1933. Ebda., S. 869–871.
100 Akten zur deutschen auswärtigen Politik, Serie C, Bd. 2, 1, S. 99.
101 Ebda., S. 205 f.
102 Aufzeichnung Buttmanns v. 18. 12. 1933, ebda., S. 233–238; Stellungnahme Hitlers zu den Anfragen Buttmanns v. 18. 12., ebda., S. 239; Note Buttmanns v. 19. 12., ebda., S. 240; Aufzeichnung Buttmanns v. 19. 12., ebda., S. 241–243.
103 Kaas an Gröber, 21. 12. 1933. B. Stasiewski, Akten I, S. 484–488.
104 Memorandum Hackelsbergers, ebda., S. 489 f.
105 Bericht Bergens v. 27. 12. 1933. Akten zur deutschen auswärtigen Politik, Serie C, Bd. 2,1 S. 270.
106 Text des österreichischen Hirtenbriefes in: Archiv für katholisches Kirchenrecht 114, 1934, S. 247–256.
107 Aufzeichnung Bergens über ein Gespräch mit Pacelli v. 27. 12. 1933. Akten zur deutschen auswärtigen Politik, Serie C, Bd. 2,1, S. 270 f.

108 Bergen an Neurath, 28. 12. 1933. Ebda., S. 277.
109 Memorandum der Reichsregierung; an Pacelli übermittelt am 15. 1. 1934. Alle Quellenstücke auch bei D. Albrecht, Notenwechsel I, S. 37–44.
110 Zur kritischen Reaktion Pacellis vgl. den Bericht Bergens v. 20. 1. 1934 bei D. Albrecht. Ebda., S. 44 f. Anm. 6.
111 Gröber an Pacelli, 28. 12. 1933. B. Stasiewski, Akten I, S. 491–495.
112 Pacelli an Gröber, 4. 1. 1934. Ebda., S. 507 f.
113 Bericht über die Diözesan-Synode für die Erzdiözese München und Freising v. 19. 11. 1930. L. Volk, Faulhaber-Akten I, S. 513.
114 S. unten S. 781 ff.
115 Kardinal Faulhaber, Judentum, Christentum, Germanentum. Adventspredigten, gehalten in St. Michael zu München 1933, München o. J. [1934], S. 20 u. 97 (Hervorhebungen jeweils im Original).
116 Ebda., S. 23 f. Zu Artur Dinters Titel siehe oben S. 114 ff.
117 Ebda., S. 118. Volks Urteil, daß der Kardinal »an das heiße Eisen des Antisemitismus nicht zu rühren wagte« (Bayerischer Episkopat, S. 172). übersieht die damals geläufigen Anspielungen auf Dinter.
118 Faulhaber, Judentum, S. 3. L. Volk, Bayerischer Episkopat, S. 171 Anm. 46.
119 H. Boberach, Berichte des SD und der Gestapo über Kirchen und Kirchenvolk in Deutschland 1934–1944, Mainz 1971, S. 21. Vgl. auch ebda., S. 6, 7, 41, 45. Das Sicherheitsamt unter Heydrich saß damals noch in München. Ebda., S. XXXIV.
120 L. Volk, Bayerischer Episkopat, S. 172.

ANMERKUNGEN ZU KAPITEL 12

1 S. oben S. 416.
2 G. Kretschmar, Die Auseinandersetzung der Bekennenden Kirche mit den deutschen Christen, in: Tutzinger Texte, hg. von P. Rieger und J. Strauß, Sonderband I, Kirche und Nationalsozialismus, München 1969, S. 131 f.
3 W. Birnbaum, Zeuge meiner Zeit, S. 132 f. Birnbaum, selbst engagierter Deutscher Christ, sieht in diesen Zahlen noch immer einen Beweis für die großen volksmissionarischen Möglichkeiten der Kirche in dieser Zeit.
4 Alle Berichte in: Unsere Volkskirche. Sonntägliches Nachrichtenblatt aus den Berliner Kirchengemeinden, 1933, Nr. 1 v. 8. 10. 1933. Ein ähnlicher Bericht über die Sammeltaufe von 140 Kindern in der Osterkirche im Berliner Wedding in: Das Evang. Deutschland 10, 1933, S. 487 f.
5 W. Birnbaum, Zeuge meiner Zeit, S. 131.
6 Windfuhr an Dietrich. 1. 9. 1933. AEKHN Darmstadt, 44/126.
7 Kretschmar/Nicolaisen, Dokumente I, S. 136.
8 J. Gauger, Chronik I, S. 124.
9 Sitzungsprotokoll der ersten Sitzung des Reichskirchenkabinetts am 3. Okt. 1933. AEKD Berlin A4/37. Müller an die Kirchenminister, 20. 10. 33. Ebda.

10 V. d. Goltz an Pfundtner, 27. 7. 1933 (Abschrift). Pfundtner an Ludwig Müller, 10. 10. 1933. AEKD Berlin, A4/103.
11 Kundgebung des Reichsbischofs für den gesamten Pfarrstand vom 11. 10. 1933. Gesetzblatt der Deutschen Evangelischen Kirche 1933, S 16.
12 Pfundtner an Ludwig Müller, 22. 10. 1933. Antwort Müllers (Reinkonzept) 6. 11. 33. AEKD Berlin, A4/238.
13 Vertraulicher Runderlaß des Reichsministers des Inneren v. 26. 9. 1933. Kretschmar/Nicolaisen, Dokumente I, S. 134 f.
14 Rundschreiben des Gaupropagandaleiters der Gauleitung Schleswig-Holstein v. 6. 10. 1933. Ebda., S. 144 f.
15 Rundschreiben der Reichsltg. an alle Reichsleiter u. Gauleiter v. 6. 10. 33. Ebda., S. 143.
16 Verfügung der Reichsleitung der NSDAP v. 13. 10. 1933. Ebda., S. 145.
17 F. Wieneke, Kirche und Partei, S. 87 f.
18 Reichswart 14, 1933, Nr. 42 v. 22. 10. 33.
19 Ebda., Nr. 44 v. 5. 11.; Nr. 47 v. 26. 11. u. ö.
20 Evangelium im Dritten Reich 2, 1933, S. 442 f.
21 Zitiert nach Junge Kirche 1, 1933, S. 282.
22 Ebda., S. 248.
23 Nach dem Bericht der Christlichen Welt, 47, 1933, Sp. 1008. Vgl. auch Das Evang. Deutschland 10, 1933, S. 379.
24 Denkschrift v. 24. 8. 1933. Bad Gen A Karlsruhe 235/12851. Vgl. auch oben S. 603.
25 Das Evang. Deutschland 10, 1933, S. 449 f.
26 Zitiert nach Junge Kirche 1, 1933, S. 305 f.
27 Der Reichsbischof an die Glaubensbewegung Deutsche Christen, Gau Groß-Berlin, 28. 10. 1933. Abschrift an die Obersten Kirchenbehörden vom 3. 11. 1933. LKA Oldenburg OKR A1–24 II. Vgl. auch Junge Kirche 1, 1933, S. 308.
28 Der ganze Vorgang ist ausführlich dokumentiert bei G. Schäfer, Dokumentation 2, S. 479–709. Die Austrittserklärung v. 14. 10. 1933 dort S. 589 f.
29 Entwurf vom 2. 10. 1933. G. Schäfer, Dokumentation 2, S. 636–638. Der Entwurf ist sehr wahrscheinlich abgegangen, wie der Hinweis auf die angeregte Aussprache vom 20. 10. – ebda., S. 642 – zeigt.
30 Wurm an Ludwig Müller, 13. 10. 33, ebda., S. 638–641; Wurm an Meiser, 19. 10. 1933, ebda., S. 655 f.
31 Wurm an Fezer, 20. 10. 1933, Ebda., S. 641–643.
32 Fezer an Müller, 6. 11. 1933. AEKD Berlin A4/38.
33 Pressel an Wurm, 2. 11. 1933. G. Schäfer, Dokumentation 2, S. 672.
34 Bericht Hossenfelders auf der 2. Sitzung des Reichskirchenkabinetts v. 6. Oktober 1933. Sitzungsprotokoll AEKD Berlin A 4/37.
35 Jäger an Müller, 28. 10. 1933. AEKD A 4/179.
36 Schnellbrief Jägers an Reichsbischof Müller, 10. 11. 33. AEKD A 4/179.
37 Evangelium im Dritten Reich 2, 1933, S. 467 f.
38 S. oben S. 665 f. und 671.
39 Denkschrift der Ev.-theol. Fakultät Tübingen. UA Tübingen, aus 162/XIV,6.

40 Vgl. dazu die Nachweise bei J. H. Schjørring, Moralische Aufrüstung und westeuropäische Politik bis 1954, in: Zeitschrift für Kirchengeschichte 87, 1976, S. 71 Anm. 12 und v. a. auch Hossenfelders eigenen Bericht in: Eine Stellungnahme v. 7. 7. 1945, LKA Berlin-Brandenburg.

41 Korvetten-Kapitän a. D. W. Schmidt-Henrici an den Reichsbischof, 15. 10. 1933. Antwort von Hans-Michael Müller, Jena, 3. 11. 1933. AEKD Berlin C 4/17.

42 Evangelium im Dritten Reich 2, 1933, S. 468. Die Erklärung hinderte Ludwig Müller nicht, zwei Wochen später dem Auswärtigen Amt zu versichern, daß die Einführung des Arierparagraphen in die Deutsche Evangelische Kirche nicht beabsichtigt sei. Schreiben an das Auswärtige Amt vom 9. 11. 1933. Akten zur deutschen auswärtigen Politik, Serie C, Bd. 2,1, S. 96–98.

43 Der Beitrag aus dem »Evangelischen Ruf« in Niemöllers Protestschreiben an den Reichsinnenminister v. 25. 10. 1933. LKA Berlin-Brandenburg J II 67 I [Abschrift]. Der Beschluß v. 9. 11. 33 im Protokoll Lücking, Notbund, Bruderrat, 9. 11. 33 Berlin, LKA Bielefeld, Best. 5, 1, Nr. 837 Fasc. 1.

44 Der Bischof des evangelischen Bistums Köln-Aachen, z. Zt. Koblenz, den 10. Oktober 1933. »Den rheinischen Gemeinden zum Gruß!« Gedrucktes Flugblatt. AEKD A 4/179.

45 J. Beckmann, Artgemäßes Christentum oder schriftgemäßer Christusglaube? Eine Auseinandersetzung mit der Lehre der Glaubensbewegung Deutsche Christen, Essen 1933, S. 5 und S. 20 (Hervorhebungen im Original). Die Regensdorfer Thesen und die Gegenthesen von Karl Barth, Walter Bach und Joachim Beckmann in: K. D. Schmidt, Bekenntnisse 1933, S. 91–96. Eine Darstellung der Diskussion unter besonderer Berücksichtigung von Beckmann bei G. van Norden, Kirche in der Krise. S. 102–108.

46 K. Immer, Die Briefe des Coetus reformierter Prediger 1933–1937, hg. v. J. Beckmann, Neukirchen 1976, S. 3. Zu den Anfängen des reformierten Coetus vgl. auch W. Niesel, Kirche unter dem Wort. Die Entstehung und Entwicklung der Bekennenden Kirche der altpreußischen Union, in: Freispruch und Freiheit, Theol. Aufsätze für Walter Kreck, München 1973, insbes. 357–362.

47 K. Immer, Coetus, S. 3.

48 Erste Handreichung v. 28. 9. 1933, ebda., S. 5–9.

49 Reformierte Kirchenzeitung 83, 1933, S. 322.

50 K. Immer, Coetus, S. 10 f. Das Zitat ist eine Anspielung auf Ri 7.2.

51 Ebda., S. 13.

52 Unter dem Wort 1, 1933, S. 1. Zitiert nach H. Vorländer, Kirchenkampf in Elberfeld, S. 85.

53 Einladungsschreiben Webers v. 10. 10. 1933. AEKD Berlin C 2/2. Vgl. dazu auch J. Schmidt, Niemöller, S. 139.

54 Bonhoeffer an Barth, London, den 24. 10. 1933. Ges. Schriften 2, S. 130–134.

55 Barth an Bonhoeffer, 20. 11. 1933. Ebda., S. 134–137.

56 W. Künneth, Echte Fronten. Junge Kirche 1, 1933, S. 239–242. Niemöllers Bitte an Franz Hildebrandt, Bonhoeffers Freund, auf den Artikel zu antworten, wurde von diesem »aus prinzipiellen Gründen« (»Ich kann seit langem mit der ganzen Jungen

Kirche und dem ganzen Pfarrerbund nicht mit genau so wenig oder noch weniger wie Barth es von sich sagt.«) abgelehnt. Hildebrandt an Niemöller, 24. 10. 1933. Bonhoeffer, Ges. Schriften 6, S. 277 f.

57 Niederschrift über die Besprechung der Vertrauensmänner des Pfarrernotbundes in Berlin-Dahlem bei Pfarrer Niemöller am 20. 1. 33. AEKU Berlin, KKA 698, Bl. 106 ff.

58 Rundschreiben Nr. 1 u. 2. 11. 1933 Text: W. Niemöller, Pfarrernotbund, S. 166–169.

59 Ebda.

60 G. Prater, Hugo Hahn, S. 35 f.; G. Schäfer, Dokumentation 2, S. 725–727.

61 K. Barth, Reformation als Entscheidung, Theologische Existenz heute, H. 3, 1933, S. 12.

62 Ebda., S. 19.

63 Ebda., S. 23.

64 So nach Barths eigener Erinnerung, zitiert bei M. U. Kaiser, Kirchenkampf und Schweizer Öffentlichkeit, S. 77.

65 Reformation als Entscheidung, S. 24.

66 Das Folgende stützt sich v. a. auf das von Barths Mitarbeiterin, Charlotte v. Kirschbaum, angefertigte »Protokoll der Versammlung im Hause von Pfr. Jacobi (etwa 150 Pfr.) Dienstag, den 31. Oktober 1933 nachm.« [11 S.] LKA Bielefeld 5, 1 Nr. 312, Fasc. 2. Nach einem Brief von Erika Küppers v. 11. 11. 33 (Karl-Barth-Archiv, Basel) fand unmittelbar nach Barths Ankunft am Nachmittag des 30. eine erste Aussprache mit etwa 150 Pfarrern statt. Am Vormittag des 31. folgte eine zweite Aussprache in einem kleineren Kreis (etwa 20; darunter Dehn, Künneth, Knak, Niemöller und Hildebrandt), von dieser Aussprache existiert ein fragmentarisches Protokoll in LKA Bielefeld, 5, 1, Nr. 312 c [2 S.]. Die dritte, ausführliche protokollierte Aussprache am Nachmittag des 31. Oktober begann gegen 14 Uhr und dauerte bis 20 Uhr. Am Abend fand dann noch ein »Offener Abend« mit Berliner Gemeindegliedern statt (Brief Küppers). Zum Ganzen vgl. auch die Darstellung von W. Niemöller, Vor fünfundzwanzig Jahren (1933) [1958], in: W. Niemöller, Wort und Tat im Kirchenkampf, München 1969, S. 69–74.

67 Es handelte sich um die »Acht Artikel evangelischer Lehre«, abgedruckt bei K. D. Schmidt, Bekenntnisse 1933, S. 80–89.

68 Texte: W. Niesel (Hg.), Um Verkündigung und Ordnung der Kirche. Die Bekenntnissynoden der Evangelischen Kirche der altpreußischen Union 1934–1943, Bielefeld 1949.

69 Barth an das Kirchliche Außenamt, 13. 3. 1934. A. Boyens, Kirchenkampf und Ökumene, Bd. 1, S. 322 f.

70 Protokoll v. 31. Okt. (Anm. 66), S. 6.

71 Schreiben Barth (Anm. 69).

72 Aufzeichnung des Oberregierungsrats Thomsen (Reichskanzlei) vom 31. Okt. 1933. Text: Akten zur deutschen auswärtigen Politik Serie C, Bd. 2,1, S. 57–59 und Kretschmar/Nicolaisen, Dokumente I, S. 166–169.

73 Protokoll v. 31. Okt. (Anm. 66), S. 6.

74 Jacobi an Barth, 11. 11. 1933. Original im Karl-Barth-Archiv, Basel. Wilhelm Niem-

öller, um den es sich hier handelte, scheint von den Vorgängen nichts gewußt zu haben. Vgl. seinen Aufsatz »Vor fünfundzwanzig Jahren (1933)« (Anm. 66), S. 74. Die Notizen Lückings über die Sitzung des Bruderrats vom 9. 11. 33 (LKA Bielefeld, 5, 1, Nr. 837 Fasc. 1) bringen über die Entscheidung bemerkenswerterweise nichts.

75 Barth an Jacobi, 13. 11. 1933. Durchschlag im Karl-Barth-Archiv Basel. Der Begriff »Sichtung« stammt aus dem Sprachschatz der Herrenhuter Brüdergemeinde.

76 S. oben S. 656 ff.

77 Verfassungsrichtlinien der Einstweiligen Leitung der Deutschen Evangelischen Kirche v. 26. 9. 1933. LKA Oldenburg OKR A I – 24 II.

78 Ein Protokoll dieser Sitzung ist bisher nicht bekannt. Das Evangelische Deutschland (10, 1933, S. 413) berichtete über »die Beratungen der Führer der deutschen Landeskirchen«, der von Professor Heckel ausgearbeitete Entwurf der Richtlinien hätte »in seinen Hauptlinien das Einverständnis der Kirchenführer« gefunden.

79 Protokolle der Sitzungen des Reichskirchenkabinetts v. 6. 10.; 19. 10.; 24. 10. und 9. 11. AEKD Berlin A 4/37.

80 Der – bisher unveröffentlichte – Text der Verfassungsrichtlinien ebda. Anlagen zur 8. Sitzung des Reichskirchenkabinetts am 9. 11. 1933.

81 Zu dieser Streitfrage vgl. etwa H. Frost, Strukturprobleme evangelischer Kirchenverfassung. Rechtsvergleichende Untersuchungen zum Verfassungsrecht der deutschen evangelischen Landeskirchen, Göttingen 1972, S. 33 ff.

82 Denkschrift der Reichskirchenregierung zur Finanzlage der Deutschen Evangelischen Kirche v. 11. 11. 1933. BA Koblenz, R 43 II/161. Hervorhebungen im Original.

83 Ebda.

84 Referentenentwurf eines Haushaltsplanes der Deutschen Evangelischen Kirche für 1934. Ebda.

85 Denkschrift (Anm. 82).

86 W. Conrad, Kampf um die Kanzeln, S. 57 f.

87 Vermerk W[ienstein] 6. 12. 1933 (s. Anm. 82).

88 Kirchengesetz über die vorläufige Sicherung des Haushalts der Deutschen Evangelischen Kirche v. 12. 12. 1933. Nothaushaltsplan für die Zeit v. 1. 1. bis 31. 3. 1934. Gesetzblatt der Deutschen Evang. Kirche 1933, S. 39–41.

89 Nothaushaltsplan für das erste Vierteljahr 1935 v. 7. 1. 1935. Rundschreiben Dr. Werner. Betr.: Haushaltsführung der Deutschen Evangelischen Kirche ab 1. 1. 1935. AEKD Berlin C I/177.

90 Gesetzblatt der Deutschen Evang. Kirche 1933, S. 12.

91 Reichsgeschäftsstelle Deutscher Luthertag 1933 an Hitler, 15. 8. 1933. BA Koblenz R 43 II/168.

92 Luther an Nikolaus Gerbel, 1. November 1521. Weimarer Ausgabe, Briefe Bd. 2, Nr. 435, S. 397.

93 H. Dörries, Luther und Deutschland. Sammlung gemeinverständlicher Vorträge 169, Tübingen 1934, S. 19.

94 H. Preuß, Luther und Hitler. Allgemeine Evang.-Lutherische Kichenzeitung 66, 1933, Sp. 970–973 und 994–999. Auch als Broschüre im Freimund-Verlag, Neuendettelsau 1933. Hervorhebungen im Original.

95 Eisleben, 20. August. Zeitungsbericht unbekannter Herkunft in BA Koblenz, R 43 II/168.
96 Vermerk Neuraths v. 7. 9. 1933. Stempel »Der Herr Reichskanzler hat Kenntnis« und Paraphe L[ammers] v. 12. 9. BA Koblenz, R 43 II/168.
97 Der Reichsminister des Innern an die Obersten Reichsbehörden, 3. 10. 1933. Kretschmar/Nicolaisen, Dokumente I, S. 140f.
98 Zu dieser Rede siehe oben S. 711.
99 Protokoll der 5. Sitzung des Reichskirchenkabinetts am 19. 10. 1933. AEKD Berlin, A 4/37.
100 Telegramm des Reichsbischofs v. 20. 10. 33. Kretschmar/Nicolaisen, Dokumente I, S. 142. Die offizielle Erklärung des Reichsbischofs zur Verlegung auf den 19. 11. u. a. in: Das Evang. Deutschland 10, 1933, S. 394.
101 Texte in: Gesetzblatt der Deutschen Evang. Kirche 1933. Die Urheberschaft ist nicht klar. W. Birnbaum behauptet in seinen Erinnerungen, er habe Richtlinien und Entwurf erarbeitet und Hossenfelder habe beides »fast unverändert« angenommen. (Zeuge meiner Zeit, S. 151). Andererseits erklärt auch Wieneke, er habe »maßgebend« an jenen Richtlinien mitgearbeitet. (Kirche und Partei, S. 94). Und schließlich geht aus einem Protokoll über eine Sitzung zur Bildung einer volksmissionarischen Kammer am 3. November 1933 hervor, daß eine Kommission mit der Abfassung des Programms beauftragt wurde (AEKD Berlin, A 4/41).
102 So W. Birnbaum, Zeuge meiner Zeit, S. 153.
103 Schreiben des Württ. Evang. Oberkirchenrats an den Reichsbischof v. 24. 11. 1933. G. Schäfer. Dokumentation 2, S. 790 Anm. 92 a.
104 W. Conrad, Kampf um die Kanzel, S. 61.
105 Über die internen Vorgänge informiert ein Vermerk von Vizepräsident Fürle v. 11. 11. 1933 in LKA Berlin-Brandenburg J II 67 I. Es handelte sich um ein Rundschreiben v. Kurt Scharf v. 1. 11. 33, in dem Scharf erklärte, daß Fragebogen über arische Abstammung nicht ausgefüllt würden (AEKD Berlin A 4/107), und einen Artikel von Rabenau gegen Künneth, »Unsere Verantwortung« in: Junge Kirche 1, 1933, S. 267f. Vgl. ferner J. Gauger, Chronik I, S. 109 und J. Schmidt, Niemöller, S. 145f.
106 Evangelium im Dritten Reich 2, 1933, S. 474 (Nr. 46 v. 12. 11. 1933). Vgl. ebda. auch den Artikel Hossenfelders »Der 12. November« und die Stellungnahmen der deutschchristlichen Bischöfe.
107 Zitiert nach Junge Kirche 1, 1933, S. 323f. Vgl. dazu aber den Protest evangelischer Gemeindeglieder aus Jena; ebda., S. 325–327.
108 Ebda., S. 324f.

ANMERKUNGEN ZU KAPITEL 13

1 Der ursprüngliche Termin in: Unsere Volkskirche 1, 1933, Nr. 1, S. 10. Verlegung vom 26. Oktober auf den 13. November: Krause an das Evang. Konsistorium der Mark Brandenburg, 30. 10. 1933. LKA Berlin-Brandenburg, J IX 66.

2 Ist das der Sinn des Lutherjahres? in: Unsere Volkskirche 1, 1933, Nr. 6 vom 12. 11. 1933, S. 81 f.

3 Nach den Berichten der Deutschen Allgemeinen Zeitung und der Vossischen Zeitung vom 14. 11. 1933; abgedruckt in: Junge Kirche 1, 1933, S. 309–311. Vgl. ferner Christliche Welt 47, 1933, Sp. 1086, und K. Meier, Kirchenkampf I, S. 132 f. Der Wortlaut von Hossenfelders Rede scheint nicht überliefert.

4 J. Gauger, Chronik I, S. 109.

5 Rede des Gauobmannes der Glaubensbewegung »Deutsche Christen« in Groß-Berlin Dr. Krause gehalten im Sportpalast am 13. November 1933 (nach doppeltem stenographischen Bericht), hg. v. Dr. Reinhold Krause. Flugschrift o. O. u. J. [Verlag Unsere Volkskirche 1933].

6 Zur Geschichte der völkischen Religion siehe oben S. 122 ff. Zu den Parallelen zwischen Krause und Rosenberg vgl. Der Mythus des 20. Jahrhunderts, etwa S. 74 f. (Paulus gegen Jesus); S. 129 (Verjudung durch das Alte Testament); S. 603 (Abschaffung des Alten Testaments); S. 606 (Minderwertigkeitstheologie des Paulus); S. 607 (schlichte Frohbotschaft vom Himmelreich); S. 604 (heldischer Jesus) usf.

7 Der Text der Resolution erschien am 15. November im Völkischen Beobachter. Abgedruckt u. a. auch bei J. Gauger, Chronik I, S. 111, und Junge Kirche 1, 1933, S. 312.

8 Protokoll der Unterredung zwischen Ludwig Müller, Otto Weber, Martin Niemöller, Wilhelm Niemöller und Gerhard Jacobi am 14. 11. 1933, 16–17.15 Uhr, in: W. Niemöller, Pfarrernotbund, S. 162–166. Die Zusammenfassung der drei Forderungen nach dem Rundschreiben des Pfarrernotbundes vom 16. 11. 1933; ebda., S. 174.

9 Erlaß des Evangelischen Oberkirchenrats vom 14. 11. 1933. LKA Berlin-Brandenburg J IX 66.

10 Berlin-Charlottenburg, den 14. 11. 1933. Von Ludwig Müller eigenhändig korrigierter Entwurf. AEKD Berlin A 4/245. Text u. a. auch bei J. Gauger, Chronik I, S. 110.

11 Barth an Hitler, 1. 7. 1933 (Heft 1); 28. 11. 1933 (H. 2 und 3). Karl-Barth-Archiv Basel.

12 Protokoll des Gespräches am Dienstag, dem 15. [richtig: 14.] Nov. 1933 abends im Hause von Pfr. Jacobi (Verf.: Charlotte v. Kirschbaum) LKA Bielefeld 5, 1, Nr. 343.

13 Ebda.

14 Aufzeichnung Bodelschwinghs über seinen Empfang beim Reichspräsidenten am 16. 11. 1933. Kretschmar/Nicolaisen, Dokumente I, S. 172–175.

15 Barth an Karwehl, 17. 11. 1933. Karl-Barth-Archiv, Basel.

16 Karl Barth, Lutherfeier. Theologische Existenz heute, Heft 4, München 1933. Vorwort v. 19. 11. 1933, S. 3–7. Die Verse stammen aus dem Lied »Kommt, Kinder, laßt uns gehen« des rheinischen reformierten Mystikers Gerhard Tersteegen. (Evang. Kirchengesangbuch 272).

17 Barth an Lic. Leonhard Jacob, 15. 12. 1933. Karl-Barth-Archiv Basel.

18 Text der Erklärung vom 15. November: W. Niemöller, Pfarrernotbund, S. 40 f. Zum Ablauf der Ereignisse vgl. M. Niemöllers ausführliches Rundschreiben v. 16. 11. 1933, ebda., S. 172–177. Die spätere Fassung des Flugblattes in Junge Kirche 1, 1933, S. 353.

19 Text der Abkündigung: J. Gauger, Chronik I, S. 111/113 und W. Niemöller, Pfarrernotbund, S. 176 f. Zu den »Stummen Hunden« vgl. Jes. 56,10.

20 G. Prater, Kämpfer wider Willen, S. 38 f.
21 Rundschreiben Nr. 3 v. 23. 11. 1933. W. Niemöller, Pfarrernotbund, S. 177–179.
22 J. Gauger, Chronik I, S. 111.
23 Zu diesem Streit vgl. u. a. J. Gauger, ebda., S. 111/113; Junge Kirche 1, 1933, S. 354 u. 361 f.; Evangelium im Dritten Reich 2, 1933, S. 512 f.; W. Niemöller, Pfarrernotbund, S. 178 f.
24 Krause an den Reichsbischof, 15. 11. 1933. AEKD Berlin, A 4/249.
25 Rundschreiben vom 18. 11. 1933. Junge Kirche 1, 1933, S. 362 f.
26 Richtsätze der Glaubensbewegung Deutsche Volkskirche, LKA Hamburg, Deutsche Christen Nr. 1. Vgl. auch J. Gauger, Chronik I, S. 115 und H. Buchenheim, Glaubenskrise, S. 132 f.
27 Kirchenaustrittserklärung Rosenbergs v. 15. 11. 1933. Kretschmar/Nicolaisen, Dokumente I, S. 171 f.
28 Gesetz betreffend die Rechtsverhältnisse der Geistlichen und Beamten der Landeskirchen v. 16. 11. 1913. Gesetzblatt der Deutschen Evangelischen Kirche 1933, S. 33.
29 H. Wilhelmi, Hamburger Kirche, S. 104.
30 Text u. a. in Gesetzblatt der Deutschen Evangelischen Kirche 1933, S. 34.
31 Rundschreiben vom 23. 11. 1933. W. Niemöller, Pfarrernotbund, S. 178.
32 J. Schmidt, Niemöller, S. 151.
33 Rachner an alle Gauobleute, 16. 11. 1933. LKA Hamburg, Deutsche Christen Nr. 206.
34 Evangelium im Dritten Reich 2, 1933, S. 504 f.
35 J. Hossenfelder, »Deutsche Christen«, ebda., S. 499 f.
36 F. Wieneke, Partei und Kirche, S. 82, spricht von einem »winzigen Häuflein«; Krause von »Hunderten« (Junge Kirche 1, 1933, S. 362 f). Die weitere Entwicklung zeigt jedoch, daß sich die Bewegung in Groß-Berlin tatsächlich stabilisiert hatte. (K. Meier, Die Deutschen Christen, S. 81 f.).
37 Evangelium im Dritten Reich 2, 1933, S. 511.
38 Das Feuer brennt! Die Tagung der Glaubensbewegung »Deutsche Christen« in Weimar. Ebda., S. 511 f.
39 Vgl. dazu H. Baier, Die Deutschen Christen, S. 62–64.
40 Ein anschaulicher Bericht über die Vorgänge aus bayerischer Sicht, vermutlich aus der Feder von Greifenstein, ebda., S. 75–77.
41 Zur Entwicklung der Thüringer Deutschen Christen siehe oben S. 279 ff.
42 Niederschrift über die vorbereitende Sitzung zur Bildung einer Volksmissionarischen Kammer am 3. November 1933. AEKD Berlin A 4/41. Der Beitrag Leutheusers auch bei E. G. Rüppel, Die Gemeinschaftsbewegung im Dritten Reich. Ein Beitrag zur Geschichte des Kirchenkampfes, Göttingen 1969, S. 246.
43 K. Meier, Die Deutschen Christen, S. 45 f.; J. Gauger, Chronik I, S. 117.
44 Text: Junge Kirche 1, 1933, S. 369 f.; H. Buchheim, Glaubenskrise, S. 140–142.
45 Zur Gründung und Ausbreitung der Kirchenbewegung Deutsche Christen vgl. K. Meier, Die Deutschen Christen, S. 75 ff.
46 Evangelium im Dritten Reich 2, 1933, S. 515.

47 J. Schmidt, Niemöller, S. 155.
48 H. Baier, die Deutschen Christen, S. 73 f.
49 Meiser, zugleich im Namen von Marahrens und Wurm, an Ludwig Müller, 17. 11. 1933, AEKD Berlin A 4/38.
50 Ein Bericht über die Augsburger Kundgebung mit wörtlicher Wiedergabe der Reden in: Allgemeine Evang.-Luth. Kirchenzeitung 66, 1933, Sp. 1121–1126. Weitere Berichte ebda., Sp. 1132 ff. und J. Gauger, Chronik I, S. 113 f.
51 Untergau Wuppertal an Ludwig Müller, 23. 11. 1933. H. Vorländer, Kirchenkampf in Elberfeld, S. 93.
52 Die ganzen Vorgänge sind ausführlich dokumentiert bei G. Schäfer, Dokumentation 2, S. 850–860. Professor Kittel folgte dem Schritt seiner drei Kollegen am gleichen Tage (Kittel an Hossenfelder und Müller, 25. 11. 1933. AEKD Berlin A 4/249). Zur schwankenden Haltung Fezers vgl. den kritischen Bericht von Pfarrer Schuler bei G. Schäfer, ebda., S. 882. Vgl. dagegen jedoch den Bericht Wurms, ebda., S. 929 f und Fezers eigenen Bericht ebda., S. 936–941. Fezers Zitat ebda., S. 940 f.
53 J. Schmidt, Niemöller, S. 55; G. Schäfer, Dokumentation 2, S. 900 und 930.
54 J. Gauger, Chronik I, S. 116; F. Wieneke, Kirche und Partei, S. 93.
55 Evangelium im Dritten Reich 2, 1933, S. 515 f.
56 Schuler an Dipper, 8. 12. 1933. G. Schäfer, Dokumentation 2, S. 883. Dort auch weitere Einzelheiten der Vorgänge.
57 v. Holt an Aselmann, 25. 11. 1933. LKA Hamburg, Deutsche Christen 206. Dazu H. Wilhelmi, Hamburger Kirche, S. 108.
58 In einem Schreiben vom 28. 11. beklagte er sich beim Reichsbischof über die Verdächtigung, er habe »Trägern der Reaktion« Deckung geboten und bat ihn dringend um den Schutz seiner »Ehre und Existenz«. »Sie wissen«, so hieß es in dem Schreiben wörtlich, »daß ich Sie vom ersten Augenblick an unterstützt habe und Ihnen treu gewesen bin, gerade weil Sie der Bevollmächtigte Adolf Hitlers gewesen sind.« (AEKD Berlin A 4/245). In einer Denkschrift vom gleichen Tag vertrat Schöffel unverändert die deutschchristlichen Ziele (H. Wilhelmi, Hamburger Kirche, S. 105 ff.). Er spielte auch weiterhin eine unklare Rolle, bis er im März 1934 vom radikalen politischen Flügel der Hamburger Deutschen Christen gestürzt wurde.
59 So z. B. Deutsche Allgemeine Zeitung 72, 1933, Nr. 524 v. 26. 11. 1933. Vgl. auch Junge Kirche 1, 1933, S. 360.
60 Heinemann an Hitler, 29. 11. 1933. Abschrift an den Reichsbischof. AEKD Berlin A 4/249.
61 G. Schäfer, Dokumentation 2, S. 860–867; K. Dienst, Dokumentation 1, S. 137; J. Gauger, Chronik I, S. 113; Junge Kirche 1, 1933, S. 358–360.
62 Junge Kirche 1, 1933, S. 357 f. Bornkamm und Haenchen an Müller, 26. 11. 1933. AEKD Berlin A 4/249.
63 Hirsch an Ludwig Müller, 27. 11. 1933. AEKD Berlin, A 4/249.
64 Text: J. Gauger, Chronik I, S. 116. Original mit Unterschriften AEKD Berlin A 4/245. Zum Ablauf der Ereignisse vgl. Wurms Bericht bei G. Schäfer, Dokumentation 2, S. 941 f.
65 So Wurm an Frick, 25. 11. 1933. Ebda., S. 900.

66 Rundschreiben Nr. 39 v. 27. 11. 1933. LKA Hamburg, Deutsche Christen 204/1. Vgl. auch J. Schmidt, Niemöller, S. 474 Anm. 342 und G. Schäfer, Dokumentation 2, S. 884.
67 H. Baier, Chronologie, S. 45.
68 Wurm an Frick (Anm. 65), S. 901.
69 Anweisungen Nr. 79 v. 27. 11. und Nr. 81 v. 28. 11. 1933. Kretschmar/Nicolaisen, Dokumente I, S. 177f. Vgl. dazu auch W. Conrad, Kampf um die Kanzeln, S. 59: »Anruf vom Propagandaministerium, das Ausland verwerte bereits die Auflösung der ›Deutschen Christen‹ als Symptom für inneren Zerfall der NSDAP«. Entsprechende Schweizer Stimmen bei M. U. Kaiser, Deutscher Kirchenkampf und Schweizer Öffentlichkeit, S. 79–83.
70 So der Ablauf der Ereignisse bei W. Conrad, Kampf um die Kanzeln, S. 58–60.
71 Schnellbrief des Reichsministers des Innern an die Landesregierungen. Abdruck an die Reichsstatthalter, 30. 11. 1933. BadGenA Karlsruhe 233/27784. Der Text erschien am 2. 12. 1933 im Völkischen Beobachter und wurde in der kirchlichen Presse vielfach nachgedruckt. Ein etwas fehlerhafter Abdruck auch bei Kretschmar/Nicolaisen, Dokumente I, S. 181.
72 W. Conrad, Kampf um die Kanzeln, S. 61.
73 Ebda.
74 J. Gauger, Chronik I, S. 116; G. Schäfer, Dokumentation 2, S. 943; »Amtliche Erklärung« des Reichsbischofs. Undatierter und unveröffentlichter Entwurf. AEKD Berlin A 4/245.
75 Zu Jäger und Oberheid siehe F. Wieneke, Kirche und Partei, S. 97ff. Obwohl es keinen unmittelbaren Beweis für Jägers Pläne in diesen Tagen gibt, weist vieles darauf hin, daß er tatsächlich der entscheidende Mann im Hintergrund war. Vgl. etwa W. Conrad, Kampf um die Kanzeln, S. 61f.; die Erklärung der Landeskirchenführer v. 30. 11. (G. Schäfer, Dokumentation 2, S. 942) und Wurms Bemerkung v. 9. 12. (ebda., S. 944); ferner Hossenfelders Stellungsnahme v. 7. Juli 1945 (LKA Berlin-Brandenburg).
76 Vgl. die Erklärung der Landeskirchenführer im Bericht Wurms v. 9. 12. 1933. G. Schäfer, Dokumentation 2, S. 942ff.
77 Ebda., S. 943. J. Gauger, Chronik I, S. 118.
78 Bericht Wurm v. 9. 12. G. Schäfer, Dokumentation 2, S. 944.
79 H. Baier, Die Deutschen Christen, S. 80. Die Ablehnung Lauerers durfte nicht veröffentlicht werden. Presseanweisung vom 5. 12. 1933. Kretschmar/Nicolaisen, Dokumente I, S. 178.
80 G. Schäfer, Dokumentation 2, S. 945.
81 Sitzung des Reichskirchenkabinetts am 4. 12. 1933. AEKD Berlin, A 4/37. Gesetzblatt der Deutschen Evangelischen Kirche 1933, S. 35.
82 Text: Junge Kirche 1, 1933, S. 399f.
83 Die »neue Linie« wurde am 6. 12. auf einer Sitzung der Berliner Gruppe festgelegt. Evangelium im Dritten Reich 2, 1933, S. 541. Text der Verfügung als Beilage zu Nr. 50 ebda. und – im Auszug – bei J. Gauger, Chronik I, S. 119.
84 Hossenfelder an Ludwig Müller, 11. 12. 1933. Das Schreiben trägt den Eingangs-

stempel 9. Jan. 1934 (!) und den Vermerk: »Am 8. 1. 1934 auf dem Platz des Hr. Pfr. Hoff aufgefunden«. AEKD Berlin A 4/219.
85 Koch an Ludwig Müller, 7. 12. und 11. 12. 1933. AEKD Berlin A 4/245.
86 Vertrauliche Niderschrift über die Besprechung am 11. 12. 1933 in Hamburg. LKA Hamburg, Deutsche Christen Nr. 216 und 205.
87 Evangelium im Dritten Reich 2, 1933, S. 541. J. Gauger, Chronik I, S. 119.
88 Nach dem Bericht Müllers gegenüber Bodelschwingh am 21. Dezember sei es »ein harter Kampf« gewesen. »Bis zuletzt besonderer Widerstand der Frau«. Aufzeichnung Bodelschwinghs v. 27. 12. 1933. Archiv Bethel aus Akte 2/39-51.
89 Hossenfelder an Müller, 21. 12. 1933. AEKD Berlin, A 4/245.
90 Hossenfelder an die Glaubensbewegung Deutsche Christen, 21. 12. 1933 Text: J. Gauger, Chronik I, S. 119/121.
91 S. oben S. 410.
92 Ch. Kinder, Neue Beiträge, S. 53.
93 Text: Evangelium im Dritten Reich 2, 1933, S. 561–563.
94 Text der 28 Thesen u. a. bei J. Gauger, Chronik I, S. 121/123; K. D. Schmidt, Bekenntnisse 1933, S. 98–102. Zur Entstehung, Geschichte und zu den Auseinandersetzungen um die Thesen siehe J. Fischer, Sächsische Landeskirche, S. 24–26 u. S. 109, v. a. Anm. 92.
95 Kinder an Müller, 29. 12. 1933. AEKD Berlin A 4/249.
96 J. Gauger, Chronik I, S. 121.
97 Sitzungen des Reichskirchenkabinetts vom 5., 7. und 8. 12. 1933. AEKD Berlin A 4/37. Texte: Gesetzblatt der Deutschen Evangelischen Kirche 1933, S. 35–37.
98 Text und Einladungsliste bei G. Schäfer, Dokumente 2, S. 954.
99 Vorlage und endgültige Fassung der Eingabe v. 19. 12. 1933, ebda., S. 954–957.
100 Ebda., S. 957 f. und W. Niemöller, Pfarrernotbund, S. 46.
101 J. Gauger, Chronik I, S. 118; H. Baier, Die Deutschen Christen, S. 80.
102 Th. Wurm, Erinnerungen, S. 91. Vgl. auch W. Conrad, Kampf um die Kanzeln, S. 62 (zum 22. 12.).
103 Zur Entwicklung dieser Frage auf katholischer Seite vgl. oben S. 720 ff.
104 M. Priepke, Die evangelische Jugend im Dritten Reich 1933–1936, Hannover und Frankfurt 1960, S. 44–53.
105 Ebda., S. 52. Der wachsende Zulauf muß wohl auch im Zusammenhang mit der wachsenden Zahl von Wiedereintritten in die Kirche gesehen werden.
106 Vgl. dazu D. v. Lersner, Die evangelischen Jugendverbände Württembergs und die Hitler-Jugend 1933/1934, Göttingen 1958, S. 22–31.
107 H. Riedel, Kampf um die Jugend. S. 50–56.
108 M. Priepke, Evangelische Jugend, S. 52, 55, 59 f.
109 Allgemeine Evangelisch-Lutherische Kirchenzeitung 66, 1933, Sp. 666.
110 Junge Kirche 1, 1933, S. 133.
111 S. oben S. 729 f.
112 Niederschrift über die Vorbesprechung beim geistlichen Ministerium Bischof Hossenfelder über die Bildung einer Jugendkammer der Evang. Reichskirche, 13. 10. 1933. AEKD Berlin A 4/42.

113 Niederschrift über die 2. vorbereitende Sitzung zur Einrichtung einer Reichsjugendkammer am 23. und 24. 10. 1933. Ebda.
114 Niederschrift über die dritte vorbereitende Sitzung ... am 27. 10. 1933. Ebda.
115 Der badische Landesbischof (i. V. Bender) an die Reichskirchenregierung, 8. 11. 1933. Anlage: Abschrift eines Erlasses über die Einrichtung eines Sozialamtes der Hitlerjugend aus: Die Volksjugend, Nov. 1933. AEKD Berlin, A 4/56.
116 S. oben S. 719 f. und 727 f.
117 Protokoll über die Sitzung der Führer des Ev. Jugendwerkes in Anwesenheit des Herrn Reichsbischofs am 17. November 1933. AEKD Berlin A 4/42. Zur Beurteilung der Vorgänge vgl. v. a. das Rundschreiben des Wortführers der Opposition gegen den Vertrag, Udo Smidt, vom 1. 12. Danach hätten die Verhandlungen der letzten Wochen gezeigt, »wie entscheidend ein tatkräftiger Einsatz der obersten Kirchenführung für unser evangelisches Jugendwerk« sei und daß man die Zuversicht habe, daß die Kirchenregierung »entschlossen unsere Gründe sich aneignet«. M. Priepke, Evangelische Jugend, S. 182.
118 Niederschrift über die Sitzung im Führerrat und Ring der Ämter im Evang. Jugendwerk Deutschlands am 4. 12. 1933. Text: M. Priepke, Evangelische Jugend, S. 182 f.
119 M. Priepke, Evangelische Jugend, S. 183.
120 Ebda., S. 196.
121 Ebda., S. 71.
122 Text auszugsweise ebda., S. 184–186.
123 Betr.: Reichsbischof Müller. UA Tübingen aus 162 / XIV, 6, S. 10.
124 Ebda.
125 B. v. Schirach, Ich glaubte an Hitler, S. 193.
126 Stange an den Reichsbischof, 19. 12. 1933. M. Priepke, Evang. Jugend S. 189 f. J. Gauger, Chronik I, S. 125.
127 Betr.: Reichsbischof Müller (Anm. 123) und Schreiben der Führerschaft v. 19. 12. 1933 bei M. Priepke, Evangelische Jugend, S. 190–191.
128 Text u. a. bei Kretschmar/Nicolaisen, Dokumente I, S. 183 f. Ein Faksimile des Originalvertrags mit dem Datum 20. 12. bei H. Riedel, Kampf um die Jugend, S. 315. Zur Kritik des Vertrages vgl. ebda., S. 67 f.
129 Vgl. dazu das Schreiben des Führerrates v. 3. 2. 1934. M. Priepke, Evangelische Jugend, S. 205–207.
130 Ebda., S. 194. Weitere Proteste ebda., S. 193 f.; H. Riedel, Kampf um die Jugend, S. 68–71; und in AEKD Berlin A 4/58.
131 S. Friedländer, Kurt Gerstein oder die Zweispältigkeit des Guten, Gütersloh 1968. Vgl. auch Gersteins Rede zur Auflösung der BK am 8. 2. 1934, ebda., S. 37 f.
132 Text: H. Riedel, Kampf um die Jugend, S. 66 f.
133 Aufzeichnung Bodelschwinghs v. 27. 12. 1933. Archiv Bethel 2/39–51. Ähnlich auch bei W. Conrad, Kampf um die Kanzeln, S. 62.
134 So die Mitteilungen über ein Gespräch mit Hitler auf der Kirchenführerkonferenz am 4. 1. in Halle/S. AEKHN Darmstadt Best. 6/1023 H A I/II Pfarrernotbund 1933/34.
135 Handschriftlicher Entwurf Ludwig Müllers. Ohne Datum. AEKD Berlin A 4/246.

136 So nach Niemöllers Bericht vor dem Bruderrat des Notbundes am 3. 1. 1934. AEKHN Darmstadt, Best. 6/1023 HA I/II Pfarrernotbund 1933/34.
137 Text: ebda.
138 Entwurf in AEKD Berlin A 4/38.
139 Handschriftl. Protokollnotizen 4. 1. Halle a./S. 10 Uhr. AEKHN Darmstadt (Anm. 134). J. Schmidt, Niemöller, S. 162 f. Über den Gesprächspartner Hitlers ist nichts vermerkt.
140 Gesetzblatt der Deutschen Evang. Kirche 1934, S. 1.
141 K. Immer, Briefe des Coetus, S. 20–22. Zum Ablauf der Synode vgl. auch den Bericht von Heinrich Graffmann, in: Reformierte Kirchenzeitung 84, 1934, S. 13 f.
142 J. Beckmann, Rheinische Bekenntnissynoden, S. 34.
143 Text der Erklärung u. a. auch in: Junge Kirche 2, 1934, S. 118–122; K. D. Schmidt, Bekenntnisse 1934, S. 22–25; Kirchliches Jahrbuch 1933–1944^{2}, S. 48–51.
144 J. Beckmann, Rheinische Bekenntnissynoden, S. 36 f. Vgl. dazu auch H.-J. Reese, Bekenntnis und Bekennen, S. 246–249.
145 Karl Barth, Gottes Wille und unsere Wünsche. Theologische Existenz heute, H. 7, München 1934, S. 5.

QUELLEN- UND LITERATURVERZEICHNIS

A. UNGEDRUCKTE QUELLEN

1. Akten aus staatlichen Archiven in der Bundesrepublik Deutschland

Bundesarchiv Koblenz (BA Koblenz)
Document Center, Berlin (DC Berlin)
Politisches Archiv des Auswärtigen Amtes, Bonn (Arch AA Bonn)
Generallandesarchiv Karlsruhe (BadGenA Karlsruhe)
Bayerisches Hauptstaatsarchiv Abt. II, Geheimes Staatsarchiv, München (GStA München)
Geheimes Staatsarchiv Preußischer Kulturbesitz, Berlin (GStA Berlin)
Hessisches Hauptstaatsarchiv Wiesbaden (HStA Wiesbaden)
Niedersächsisches Hauptstaatsarchiv in Hannover (HStA Hannover)
Niedersächsisches Staatsarchiv in Oldenburg (StA Oldenburg)
Staatliches Archivlager in Göttingen

2. Akten aus staatlichen Archiven im Ausland

Archivum Glownej Komisji Badania Zbrodni Hitlerowskich w Polsce, Warschau (Arch. Glow. Kom. Warschau)
Archivum Państwowe Miasta Poznania Wojewodztwa Poznanskiego, Posen (Arch. Panst. Poznań Posen)

3. Akten aus kirchlichen Archiven

Archiv der Evangelischen Kirche in Deutschland, Berlin (AEKD Berlin)
Archiv der Evangelischen Kirche der Union, Berlin (AEKU Berlin)
Landeskirchliches Archiv der Evang.-Lutherischen Kirche in Bayern, Nürnberg (LKA Nürnberg)
Archiv des Evangelischen Konsistoriums Berlin-Brandenburg, Berlin (LKA Berlin-Brandenburg)
Landeskirchliches Archiv der Braunschweigischen Evang.-Lutherischen Landeskirche, Braunschweig (LKA Braunschweig)
Archiv der Evang.-luth. Kirche im Hamburgischen Staate, Hamburg (LKA Hamburg)
Landeskirchliches Archiv der Evang.-Lutherischen Landeskirche Hannovers, Hannover (LKA Hannover)
Archiv der Evangelischen Kirche in Hessen und Nassau, Darmstadt (AEKHN Darmstadt)
Landeskirchenarchiv der Evang.-Lutherischen Kirche in Oldenburg, Oldenburg LKA Oldenburg)
Landeskirchenarchiv der Evangelischen Kirche von Westfalen, Bielefeld (LKA Bielefeld)

4. Akten aus sonstigen Archiven, Sammlungen und Nachlässen

Universitätsarchiv Tübingen (UA Tübingen)
Hauptarchiv der v. Bodelschwinghschen Anstalten, Bethel (HA Bethel)
Institut für Zeitgeschichte München (IfZ München)
Archiv der Evangelischen Arbeitsgemeinschaft für kirchliche Zeitgeschichte, München (EvAKiZ München)
Arbeitsstelle für die Geschichte des Kirchenkampfes, Tübingen
Karl-Barth-Archiv, Basel
Nachlaß Rudolf Buttmann, Stockdorf
Nachlaß Paul Althaus, Traunstein

5. Größere unveröffentlichte Manuskripte

Baier, Helmut, Um Reichsbischof und Verfassung der Deutschen Evangelischen Kirche 1933 (LKA Nürnberg)
Bodelschwingh, Friedrich v., Dreißig Tage an einer Wegwende deutscher Kirchengeschichte (Hauptarchiv Bethel)
Kortheuer, August, Das Ende der Evangelischen Landeskirche in Nassau (LKA Darmstadt)
Palmer, Otto, Material zur Geschichte des Kirchenkampfes in der Braunschweigischen Landeskirche (LKA Braunschweig)
Wieneke, Friedrich, Kirche und Partei. Erlebte Kirchengeschichte 1929 bis 1945 (Institut für Zeitgeschichte, München)

B. GEDRUCKTE QUELLEN UND LITERATUR

Adam, K., Das Wesen des Katholizismus, Düsseldorf ^{6}1931
Adam, K., Deutsches Volkstum und katholisches Christentum, in: Theologische Quartalschrift 114, 1933, S. 40–63
Adam, U. D., Judenpolitik im Dritten Reich, Düsseldorf 1972
Akten der Reichskanzlei. Weimarer Republik. Das Kabinett Scheidemann, 13. Februar bis 20. Juni 1919, Boppard 1971
Akten zur deutschen auswärtigen Politik 1918–1945, Serie C: 1933–1937, Göttingen 1971 ff.
Albrecht, D., Der Notenwechsel zwischen dem Heiligen Stuhl und der deutschen Reichsregierung. Bd. 1: Von der Ratifizierung des Reichskonkordats bis zur Enzyklika »Mit brennender Sorge«; Bd. 2: 1937–1945, Mainz 1965/69
Albrecht D. (Hg.), Katholische Kirche im Dritten Reich. Eine Aufsatzsammlung, Mainz 1976
Althaus, P., Das Erlebnis der Kirche, Leipzig (1919) ^{2}1924
Althaus, P., Evangelium und Leben. Gesammelte Vorträge, Gütersloh 1927
Althaus, P., Grundriß der Dogmatik I, Erlangen 1929

Althaus, P., Die deutsche Stunde der Kirche, Göttingen (1933) ^{3}1934
Altner, G., Weltanschauliche Hintergründe der Rassenlehre des Dritten Reiches. Zum Problem einer umfassenden Anthropologie, Zürich 1968
Andersen, F., Anticlericus. Eine Laientheologie auf geschichtlicher Grundlage, Schleswig 1907
Andersen, F./Bartels, A./Kather, E./Wolzogen, H. v., Deutschchristentum auf reinevangelischer Grundlage. 95 Leitsätze zum Reformationsfest 1917, Leipzig 1917
Anschütz, G., Die Verfassung des Deutschen Reiches vom 11. August 1919. Ein Kommentar für Wissenschaft und Praxis, Berlin ^{14}1933
Aretin, E. v., Krone und Ketten. Erinnerungen eines bayerischen Edelmannes, Hg. v. K. Buchheim und K. O. v. Aretin, München 1955
Aretin., K. O. v., Das Ende der Zentrumspartei und der Abschluß des Reichskonkordats am 20. Juli 1933, in: Frankfurter Hefte 17, 1962, S. 237–243
Aretin, K. O. v., Prälat Kaas, Franz v. Papen und das Reichskonkordat von 1933, in: Vierteljahrshefte für Zeitgeschichte 14, 1966, S. 252–279
Aretin, K. O. v. Papsttum und moderne Welt, München 1970
Arndt, I., Die Judenfrage im Licht der evangelischen Sonntagsblätter von 1918–1933, Diss. phil. Tübingen 1960 (ms.)
Asmussen, H., Politik und Christentum, Hamburg 1933
Asmussen, H., Neues Bekenntnis? Ein Beitrag zum Neubau der Kirche, Berlin 1933
Asmussen, H., Reichskirche? Hamburg 1933
Asmussen, H., Begegnungen, Wuppertal-Barmen o. J. [1936]
Asmussen, H., Zur jüngsten Kirchengeschichte. Anmerkungen und Folgerungen, Stuttgart 1961
Aubert, R., Karl Adam, in: Tendenzen der Theologie im 20. Jahrhundert, Stuttgart/Berlin 1966, S. 156–162

Bahne, S., Die Kommunistische Partei Deutschlands, in: E. Matthias/R. Morsey (Hg.), Das Ende der Parteien, Düsseldorf 1960, S. 655–739
Baier, H., Die Deutschen Christen Bayerns im Rahmen des bayerischen Kirchenkampfes, Nürnberg 1968
Baier, H., Das Verhalten der lutherischen Bischöfe gegenüber dem nationalsozialistischen Staat 1933/34, in: Tutzinger Texte, Sonderband 1, Kirche und Nationalsozialismus, hg. v. P. Rieger und J. Strauß, München 1969, S. 87–116
Baier, H., und E. Henn, Chronologie d. bayerischen Kirchenkampfes 1933–1945, Nürnberg 1969
Baier, H., und J. R. C. Wright, Ein neues Dokument zum Staatseingriff in Preußen (1933), in: Zeitschrift für Kirchengeschichte 86, 1975, S. 220–241
Balzer, F.-M., Klassengegensätze in der Kirche. Erwin Eckert und der Bund der Religiösen Sozialisten Deutschlands, Köln 1973
Barth, K., Der Christ in der Gesellschaft (1919), in: Ders., Das Wort Gottes und die Theologie. Gesammelte Vorträge, München 1927, S. 33–69. Wiederabgedruckt

bei J. Moltmann (Hg.), Anfänge der dialektischen Theologie, Teil 1, München 1966, S. 3-37
Barth, K., Biblische Fragen, Einsichten und Ausblicke (1920), in: Ders., Das Wort Gottes und die Theologie, S. 70-98
Barth, K., Der Römerbrief ([1]1919; [2]1921), Zürich [9]1954
Barth, K., Das Wort Gottes als Aufgabe der Theologie (1922), in: Ders., Das Wort Gottes und die Theologie, S. 156-178. Wiederabgedruckt bei J. Moltmann (Hg.), Anfänge der dialektischen Theologie, Teil 1, München 1966, S. 197-218
Barth, K., Die christliche Dogmatik im Entwurf, 1. Bd., Die Lehre vom Worte Gottes, München 1927
Barth, K., Quousque tandem ...?, in: Zwischen den Zeiten 8, 1930, S. 1-6. Wiederabgedruckt bei K. Kupisch (Hg.), Der Götze wackelt, Berlin [2]1964, S. 27-32
Barth, K., Die Not der evangelischen Kirche, in: Zwischen den Zeiten 9, 1931, S. 89-122. Wiederabgedruckt in: K. Kupisch (Hg.) Der Götze wackelt, Berlin [2]1964, S. 33-62
Barth, K., Die Kirchliche Dogmatik I, 1, (1932) Zürich [8]1964
Barth, K., Das erste Gebot als theologisches Axiom, in: Zwischen den Zeiten 11, 1933, S. 297-314. Wiederabgedruckt in: Ders., Theologische Fragen und Antworten. Gesammelte Vorträge, Bd. 3, Zürich 1957, S. 127-143
Barth, K., Theologische Existenz heute!, München 1933
Barth, K., Reformation als Entscheidung, Theologische Existenz heute, Heft 3, München 1933
Barth, K., Lutherfeier 1933, Theologische Existenz heute, Heft 4, München 1933
Barth, K., Die Kirche Jesu Christi, Theologische Existenz heute, Heft 5, München 1933
Barth, K., Offenbarung, Kirche, Theologie, Theologische Existenz heute, Heft 9, München 1934, Wiederabgedruckt in: Ders., theologische Fragen und Antworten. Gesammelte Vorträge, Bd. 3., S. 158-184
Barth, K., Letzte Zeugnisse, Zürich 1969
Barth K./E. Thurneysen, Suchet Gott, so werdet ihr leben!, München 1928
Barth Karl - Eduard Thurneysen, Briefwechsel, Bd. 1, 1913-1921, Zürich 1973; Bd. 2, 1921-1930, Zürich 1974
Barth Karl - Rudolf Bultmann. Briefwechsel 1922-1966, Zürich 1971
Bauer, C., Carl Muths und des Hochland Weg aus dem Kaiserreich in die Weimarer Republik, in: Hochland 59, 1966/67, S. 234-247
Bauer, C., Das Reichskonkordat, in: Hochland 49, 1956/57, S. 169-176
Baumgärtel, F., Wider die Kirchenkampf-Legenden, Neuendettelsau [2]1959
Baumgarten, O., Kreuz und Hakenkreuz, Gotha 1926
Baumgarten, O., u. a., Geistige und sittliche Wirkungen des Krieges in Deutschland, 1927
Baumgarten, O., Meine Lebensgeschichte, Tübingen 1929
Becker, J., Brüning, Prälat Kaas und das Problem einer Regierungsbeteiligung der NSDAP 1930-1932, in: Historische Zeitschrift 196, 1963, S. 74-111

Becker, J., Das Ende der Zentrumspartei und die Problematik des politischen Katholizismus in Deutschland, in: Die Welt als Geschichte 23, 1936, S. 149–172
Beckmann, J., Artgemäßes Christentum oder schriftgemäßer Christusglaube? Eine Auseinanderstzung mit der Lehre der Glaubensbewegung Deutsche Christen, Essen 1933
Beckmann, J. (Hg.), Kirchliches Jahrbuch 1933–1945 ([1]1948), Gütersloh [2]1976
Beckmann, J. (Hg.), Rheinische Bekenntnissynoden im Kirchenkampf, Neukirchen 1975
Benn, E.-V., Die Einstweilige Leitung der Deutschen Evangelischen Kirche (Juli–September 1933), in: Zeitschrift für evangelisches Kirchenrecht 1, 1951, S. 365–382
Berner, M., Die rechtliche Natur des Deutschen Evangelischen Kirchenbundes, Berlin 1930
Beste, N., Der Kirchenkampf in Mecklenburg 1933–1945. Geschichte, Dokumente, Erinnerungen, Göttingen, 1975
Besier, G., Preußische Kirchenpolitik 1866–1872, Diss. ev. theol. Tübingen 1976 (ms.)
Bethge, E., Dietrich Bonhoeffer. Theologe, Christ, Zeitgenosse, München 1967
Beyer, H., Das Altonaer Bekenntnis vom 11. Januar 1933, in: Ostdeutsche Wissenschaft, Bd. V 1958, München 1959
Beyer, H., Volk, Staat und Kirche in der Übergangs- und Krisenzeit 1932–1934, in: Ecclesia und Res Publica, K. D. Schmidt z. 65. Geburtstag, Göttingen 1962, S. 142 bis 161
Bielfeldt, J., Der Kirchenkampf in Schleswig-Holstein, Göttingen 1964
Bierbaum, M., Nicht Lob, Nicht Furcht. Das Leben des Kardinals von Galen nach unveröffentlichten Briefen und Dokumenten, Regensburg [7]1974
Birnbaum, W., Zeuge meiner Zeit. Aussagen zu 1912–1972, Göttingen/Frankfurt/Zürich 1973
Bizer, E., Der »Fall Dehn«, in: Festschrift für Günter Dehn, hg. v. W. Schneemelcher, Neukirchen 1957, S. 239–261
Boberach, H. (Hg.), Berichte des SD und der Gestapo über Kirchen und Kirchenvolk in Deutschland 1934–1944, Mainz 1971
Böckenförde, E.-W., Das Ethos der modernen Demokratie und die Kirche, in: Hochland 50, 1957/58, S. 4–19
Böckenförde, E.-W., Der deutsche Katholizismus im Jahre 1933. Eine kritische Betrachtung (1961), in: Ders., Kirchlicher Auftrag und politische Entscheidung, Freiburg 1973, S. 30–65
Böckenförde, E.-W., Der deutsche Katholizismus im Jahre 1933. Stellungnahme zu einer Diskussion (1962), in: Ders., Kirchlicher Auftrag und politische Entscheidung, Freiburg 1973, S. 66–104.
Bollmus, R., Das Amt Rosenberg und seine Gegner, Stuttgart 1970
Bonhoeffer, D., Gesammelte Schriften Bd. 2: Kirchenkampf und Finkenwalde. Re-

solutionen, Aufsätze, Rundbriefe 1933–1945, München 1959; Bd. 6: Tagebücher, Briefe, Dokumente 1923–1945, München 1974

Borst, G., Die Ludendorff-Bewegung 1919–1961. Eine Analyse monologer Kommunikationsformen in der sozialen Zeitkommunikation, Diss. phil. München 1969

Boyens, A., Kirchenkampf und Ökumene 1933–1939. Darstellung und Dokumentation, München 1969

Bracher, K. D., Nationalsozialistische Machtergreifung und Reichskonkordat. Ein Gutachten zur Frage des geschichtlichen Zusammenhangs und der politischen Verknüpfung von Reichskonkordat und nationalsozialistischer Revolution, in: Der Konkordatsprozeß. In Zusammenarbeit mit H. Müller, hg. v. F. Giese und F. v. d. Heydte, München 1957/59, S. 947–1021

Bracher K. D./W. Sauer/G. Schulz, Die nationalsozialistische Machtergreifung. Studien zur Errichtung des totalitären Herrschaftssystems in Deutschland 1933/34, Köln u. Opladen ^{2}1962

Bracher, K. D., Die deutsche Diktatur. Entstehung, Struktur, Folgen des Nationalsozialismus, Köln ^{4}1972

Brandt, W., Friedrich v. Bodelschwingh 1877–1946. Nachfolger und Gestalter, Bethel 1967

Braun, O., Von Weimar zu Hitler, Hamburg ^{3}1949

Breipohl, R., Religiöser Sozialismus und bürgerliches Geschichtsbewußtsein zur Zeit der Weimarer Republik, Zürich 1971

Breucker, W., Die Tragik Ludendorffs. Eine kritische Studie auf Grund persönlicher Erinnerungen an den General und seine Zeit, Stollhamm (Oldb.) 1953

Breuning, K., Die Vision des Reiches. Deutscher Katholizismus zwischen Demokratie und Diktatur (1929–1934), München 1969

Broszat, M., Die völkische Ideologie und der Nationalsozialismus, in: Deutsche Rundschau 84, 1958, S. 53–68

Broszat, M./H.-A. Jacobsen/H. Krausnick, Anatomie des SS-Staates, Bd. II, Olten und Freiburg 1965

Brüning, H., Memoiren 1918–1934, Stuttgart 1970

Brunner, E., Die Mystik und das Wort. Der Gegensatz zwischen moderner Religionsauffassung und christlichem Glauben dargestellt an der Theologie Schleiermachers, München 1924

Bry, C. C., Verkappte Religionen, Gotha/Stuttgart 1924

Buchheim, H., Glaubenskrise im Dritten Reich. Drei Kapitel nationalsozialistischer Religionspolitik, Stuttgart 1953

Buchheim, H., Die organisatorische Entwicklung der Ludendorff-Bewegung und ihr Verhältnis zum Nationalsozialismus, in: Gutachten des Instituts für Zeitgeschichte (1), München 1958, S. 356–369

Bullock, A., Hitler. Eine Studie über Tyrannei. Vollständig überarbeitete Neuausgabe, Düsseldorf 1969

Bultmann, R., Die liberale Theologie und die jüngste theologische Bewegung, in: Ders., Glauben und Verstehen, Bd. 1, 1933, S. 1–25

Busch, E., Karl Barths Lebenslauf. Nach seinen Briefen und autobiographischen Texten, München 1975

Bussmann, W., Politische Ideologien zwischen Monarchie und Weimarer Republik. Ein Beitrag zur Ideengeschichte der Weimarer Republik, in: Historische Zeitschrift 190, 1960, S. 55–77

Bussmann, W., Der deutsche Katholizismus im Jahre 1933, in: Festschrift f. Hermann Heimpel, Bd. 1, Göttingen 1971, S. 180–204

Campenhausen, A. v., Staatskirchenrecht. Ein Leitfaden durch die Rechtsbeziehungen zwischen Staat und Religionsgemeinschaften, München 1973

Chamberlain, H. S., Die Grundlagen des neunzehnten Jahrhunderts (^{1}1899) München ^{10}1912

Christ, H., Der politische Protestantismus in der Weimarer Republik. Eine Studie über die politische Meinungsbildung durch die evangelischen Kirchen im Spiegel der Literatur und der Presse, Diss. phil. Bonn 1967

Codex Juris Canonici (1917) 1965

Conrad, W., Der Kampf um die Kanzeln. Erinnerungen und Dokumente aus der Hitlerzeit, Berlin 1957

Conway, J. S., Die nationalsozialistische Kirchenpolitik 1933–1945. Ihre Ziele, Widersprüche und Fehlschläge, München 1969

Cordes, E., Hannoversche Pfarrer und Politik 1918–1929, in: Hann. Pfarrerblatt 74, 1967, S. 78–99

Cordier, L., Das eigentliche Anliegen in der Kirchenfrage. Volkskirche als christliche Volksreligion oder als Kirche Jesu Christi, Schwerin 1934

Dahm, K.-W., Pfarrer und Politik. Soziale Position und politische Mentalität des deutschen evangelischen Pfarrerstandes zwischen 1918 und 1933, Köln und Opladen 1965

Daim, W., Der Mann, der Hitler die Ideen gab. Von den religiösen Verirrungen eines Sektierers zum Rassenwahn des Diktators, München 1958

Dannemann, U., Der Zusammenhang von Theologie und Politik im Denken Karl Barths, Diss. ev. theol. Bochum 1975

Dannenmann, A., Die Geschichte der Glaubensbewegung »Deutsche Christen«, Dresden 1933

Darreé, W., Neuadel aus Blut und Boden, München 1935

Dehn, G., Proletarische Jugend. Lebensgestaltung und Gedankenwelt der großstädtischen Proletarierjugend, Berlin 1930

Dehn, G., Kirche und Völkerversöhnung. Dokumente zum Halleschen Universitätskonflikt, Berlin o. J. [1931]

Dehn, G., Die alte Zeit, die vorigen Jahre. Lebenserinnerungen, München 1962

Denzinger, H./A. Schönmetzer, Enchiridion symbolorum definitionum et declarationum de rebus fidei et morum, Freiburg ^{32}1963

Deuerlein, E., Das Reichskonkordat. Beiträge zu Vorgeschichte, Abschluß und Vollzug des Konkordates zwischen dem Heiligen Stuhl und dem Deutschen Reich vom 20. Juli 1933, Düsseldorf 1956
Deuerlein, E., Hitlers Eintritt in die NSDAP und die Reichswehr, in: Vierteljahrshefte für Zeitgeschichte 7, 1959, S. 177–227
Deuerlein, E., Der deutsche Katholizismus 1933, Osnabrück 1963
Der Deutsche Evangelische Kirchenbund in den Jahren 1924–27, Geschäftsbericht des Deutschen Evangelischen Kirchenausschusses zum Kirchentag 1927, nebst einleitendem Vorwort und den einschlägigen Beschlüssen des Kirchentags, hg. vom Kirchenbundesamt, Berlin-Charlottenburg 1927
Dibelius, O., Das Jahrhundert der Kirche. Geschichte, Betrachtung, Umschau und Ziele, (^{1}1927) Berlin ^{5}1928
Dibelius, O., Nachspiel. Eine Aussprache mit Freunden und Kritikern des »Jahrhunderts der Kirche«, Berlin 1928
Dibelius, O., Die Verantwortung der Kirche. Eine Antwort an Karl Barth, Berlin o. J. [1931]
Dibelius, O., Ein Christ ist immer im Dienst. Erlebnisse und Erfahrungen in einer Zeitenwende, Stuttgart 1961
Diehl-Thiele, P., Partei und Staat im Dritten Reich. Untersuchungen zum Verhältnis von NSDAP und innerer Staatsverwaltung 1933–1945, München 1969
Diels, R., Lucifer ante portas. Es spricht der erste Chef der Gestapo, Stuttgart 1950
Dienst, K. (Hg.), Dokumentation zum Kirchenkampf in Hessen und Nassau, Bd. 1, (Jahrbuch der Hess. Kirchengeschichtl. Vereinigung 25), Darmstadt 1974
Diem, H., Ja oder nein. 50 Jahre Theologie in Kirche und Staat, Stuttgart/Berlin 1974
Dinter, A., Die Sünde wider das Blut. Ein Zeitroman, Leipzig und Hartenstein i. Sa. (^{1}1918) ^{16}1921
Dinter, A., Die Sünde wider den Geist, Leipzig und Hartenstein i. Sa. 1921
Dinter, A., Die Sünde wider die Liebe, Leipzig u. Hartenstein i. Sa. 1922
Dinter, A., 197 Thesen zur Vollendung der Reformation. Die Wiederherstellung der reinen Heilandslehre, Leipzig 1926
Dirks, W., Katholizismus und Nationalsozialismus, in: Die Arbeit 8, 1931, S. 201–209
Doehring, B. (Hg.), Eine feste Burg – Predigten und Reden aus eherner Zeit. Zum Besten der Nationalstiftung für die Hinterbliebenen der im Kriege Gefallenen, Bd. 1, Berlin o. J. [1914]
Dörries, H., Luther und Deutschland. Sammlung gemeinverständlicher Vorträge 169, Tübingen 1934
Doetsch, W. J., Württembergs Katholiken unterm Hakenkreuz 1930–1935, Stuttgart 1969
Domarus, M., Hitler. Reden und Proklamationen 1932–1945. Kommentiert von einem deutschen Zeitgenossen, Bd. 1: Triumph [1932–1938], Bd. 2: Untergang [1939–1945] München 1965

Dülmen, R. van, Katholischer Konservativismus oder die »soziologische« Neuorientierung. Das »Hochland« in der Weimarer Zeit, in: Zeitschrift für bayerische Landesgeschichte 36, 1973, S. 254–301

Ebers, G. J., Staat und Kirche im neuen Deutschland, München 1930
Ebers, G. J., Reichs- und preußisches Staatskirchenrecht. Sammlung der religions- und kirchenpolitischen Gesetze und Verordnungen des Deutschen Reiches und Preußens nebst den einschlägigen kirchlichen Vorschriften, München 1932
Eckadt, A. und R., Christentum und Judentum: Die theologische und moralische Problematik der Vernichtung des europäischen Judentums, in: Evangelische Theologie 36, 1976, S. 402–426
Eckart, D., Der Bolschewismus von Moses bis Lenin. Zwiegespräch zwischen Adolf Hitler und mir, München 1924
Eckert, E., Was wollen die religiösen Sozialisten? Schriften der religiösen Sozialisten Nr. 1, Mannheim 1927
Ehrenberg, H. (Hg.), Credo Ecclesiam. Festgabe für Wilhelm Zoellner zum siebzigsten Geburtstage, Gütersloh 1930
Ehrenforth, G., Die schlesische Kirche im Kirchenkampf 1932–1945, Göttingen 1968
Epstein, K., Matthias Erzberger und das Dilemma der deutschen Demokratie, Berlin/Frankfurt 1962
Eschweiler, K., Die zwei Wege der neueren Theologie, Georg Hermes – Matth. Jos. Scheeben. Eine kritische Untersuchung des Problems der theologischen Erkenntnis, Augsburg 1926
Eschweiler, K., Politische Theologie, in: Religiöse Besinnung. Vierteljahresschrift im Dienste christlicher Vertiefung und ökumenischer Verständigung 4, 1931/32 S. 72–88
Eschweiler, K., Die Kirche im neuen Reich, in: Deutsches Volkstum 1933, S. 454–456

Faulhaber, M. v., Judentum, Christentum, Germanentum. Adventspredigten, gehalten in St. Michael zu München 1933, München o. J. [1934]
Faust, A., Der Nationalsozialistische Deutsche Studentenbund. Studenten und Nationalsozialismus in der Weimarer Republik, 2 Bde., Düsseldorf 1973
Feder, G., Das Programm der NSDAP und seine weltanschaulichen Grundlagen, 41.–50. Aufl., 201.–250. Tsd., München 1931
Fest, J. C., Das Gesicht des Dritten Reiches. Profile einer totalitären Herrschaft, München 1963
Fest, J. C., Hitler. Eine Biographie, Frankfurt/Berlin/Wien, ^{2}1973
Fichte, J. G., Die Grundzüge des gegenwärtigen Zeitalters. Sämtliche Werke Bd. 7, hg. v. J. H. Fichte, Leipzig o. J.
Fischer, J., Die sächsische Landeskirche im Kirchenkampf 1933–1937, Göttingen 1972

Fischer, O., Der Parlamentarismus in den evangelischen Landeskirchen Deutschlands, Diss. jur. Erlangen 1931
Flechtheim, O. K., Die KPD in der Weimarer Republik, ([1]1948) Frankfurt 1969
Fleisch, P., Das Werden der Vereinigten Evangelisch-Lutherischen Kirche Deutschlands und ihrer Verfassung, in: Zeitschrift für evangelisches Kirchenrecht 1, 1951, S. 15–55
Fleisch, P., Erlebte Kirchengeschichte. Erfahrungen in und mit der hannoverschen Landeskirche, Hannover 1952
Fleischhauer, U. (Hg.), Die echten Protokolle der Weisen von Zion. Sachverständigengutachten, erstattet im Auftrage des Richteramtes V in Bern, Erfurt, 1935
Föhr, E., Geschichte des Badischen Konkordats, Freiburg 1958
Foerster, F. W., Erlebte Weltgeschichte 1869–1953. Memoiren, Nürnberg 1953
Fraenkel, E., Der Doppelstaat, ([1]New York 1940/41) Frankfurt und Köln 1974
Franz-Willing, G., Die Hitlerbewegung, Bd. 1: Der Ursprung 1919–1922, Bd. 2: Krisenjahr der Hitlerbewegung 1923, Hamburg 1962/75
Franz-Willing, G., Die Bayerische Vatikangesandtschaft 1803–1934, München 1965
Freyer, H., Revolution von rechts, Jena 1931
Friedberg, E, Lehrbuch des katholischen und evangelischen Kirchenrechts, Leipzig [6]1909
Fritsch, Th., Der falsche Gott, Leipzig [4]1916
Fritsch, Th. (Hg.), Handbuch der Judenfrage. Eine Zusammenfassung des wichtigsten Materials zur Beurteilung des jüdischen Volkes, Hamburg [28]1919
Fritsch, Th., Vom neuen Glauben. Bekenntnis der Deutschen Erneuerungsgemeinde, Leipzig (o. J.)
Fromm, E., Anatomie der menschlichen Destruktivität, Stuttgart 1974
Frost, H., Strukturprobleme evangelischer Kirchenverfassung. Rechtsvergleichende Untersuchungen zum Verfassungsrecht der deutschen evangelischen Landeskirchen, Göttingen 1972
Fürst, W. (Hg.), Dialektische Theologie in Scheidung und Bewährung 1933–1936. Aufsätze, Gutachten und Erklärungen, München 1966

Gaede, R., Kirche – Christen – Krieg und Frieden. Die Diskussion im deutschen Protestantismus während der Weimarer Zeit, Hamburg 1975
Gauger, J., Chronik der Kirchenwirren (Gotthard-Briefe 138–145) 1. Teil 1932–1934, Elberfeld 1934
Geiger, Th., Die Mittelschichten und die Sozialdemokratie, in: Die Arbeit 8, 1931, S. 620 ff.
Das Geistchristentum. Monatsschrift zur Vollendung der Reformation durch Wiederherstellung der reinen Heilandslehre, hg. v. A. Dinter, 1, 1928, 2, 1929
Gerstenmaier, E., Das Kirchliche Außenamt im Reiche Hitlers, in: Kirche im Spannungsfeld der Politik, Festschrift D. Hermann Kunst zum 70. Geburtstag, Göttingen 1977, S. 307–318

Gesetzblatt der Deutschen evangelischen Kirche, hg. v. d. Deutschen Evangelischen Kirchenkanzlei, Jgg. 1933 und 1934

Giese, F. und J. Hosemann (Hg.), Die Verfassungen der Deutschen evangelischen Landeskirchen. Unter Berücksichtigung der kirchlichen und staatlichen Ein- und Ausführungsgesetze, 2 Bde., Berlin 1927

Giese, F. und F. A. v. d. Heydte (Hg.), Der Konkordatsprozeß, München o. J. (1957–1959)

Glenthøj, J., Unterredung im Vestibül. Das Gespräch zwischen Pfarrer Backhaus und Hitler am 28. 6. 1933, in: Kirche in der Zeit 17, 1962, S. 389–394

Glenthøj, J., Dokumente zur Bonhoeffer-Forschung 1928–1945, München 1969

Gloege, G., Die Deutschkirche, in: W. Künneth u. H. Schreiner, Die Nation vor Gott, Berlin 1934, S. 393–415

Goebbels, J., Revolution der Deutschen. 14 Jahre Nationalsozialismus. Goebbelsreden mit einleitenden Zeitbildern, hg. v. H. Schlecht, Oldenburg 1933

Goebbels, J., Vom Kaiserhof zur Reichskanzlei. Eine historische Darstellung in Tagebuchblättern (Vom 1. Januar 1932 bis zum 1. Mai 1933), (1934) München 1943

Göbell, W. (Hg.), Kirche, Recht und Theologie in vier Jahrzehnten. Der Briefwechsel der Brüder Theodor und Julius Kaftan, 2. Teil, München 1967

Götte, K.-H. Die Propaganda der Glaubensbewegung »Deutsche Christen« und ihre Beurteilung in der deutschen Tagespresse. Ein Beitrag zur Publizistik im Dritten Reich, Diss. phil. Münster 1957

Gogarten, F., Zwischen den Zeiten, in: Christl. Welt, 1920, Sp. 374–378. Wiederabgedruckt bei J. Moltmann (Hg.), Anfänge der dialektischen Theologie, Teil 2, München 1963, S. 95–101

Gogarten, F., Die Krisis unserer Kultur, in: Christl. Welt, 1920, Sp. 770–777 und Sp. 786–791. Wiederabgedruckt bei J. Moltmann (Hg.), Anfänge, Teil 2, S. 101–122

Gogarten, F., Wider die Ächtung der Autorität, Jena 1930

Gogarten, F., Politische Ethik, Jena 1932

Gogarten, F., Die Selbständigkeit der Kirche, in: Deutsches Volkstum 1933

Gogarten, F., Einheit von Evangelium und Volkstum?, Hamburg 1933

Gogarten, F., Gericht oder Skepsis. Eine Streitschrift gegen Karl Barth, Jena ^{2}1937

Goldhagen, E., Weltanschauung und Endlösung. Zum Antisemitismus der nationalsozialistischen Führungsschicht, in: Vierteljahrshefte für Zeitgeschichte 24, 1976, S. 379–405

Gollwitzer, H., Reich Gottes und Sozialismus bei Karl Barth, Theol. Existenz heute NF 169, München 1972

Golombek, D., Die politische Vorgeschichte des Preußenkonkordats (1929), Mainz 1970

Gordon, H. J. jr., Hitlerputsch 1923. Machtkampf in Bayern 1923–24, Frankfurt 1971

Gotto, K., Die Wochenzeitung Junge Front/Michael. Eine Studie zum katholischen Selbstverständnis und zum Verhalten der jungen Kirche gegenüber dem Nationalsozialismus, Mainz 1970

Grabowski, A., Nach den Wahlen. Betrachtungen aus Amerika, in: Zeitschrift für Politik 20, 1931, S. 435–445

Greschat, M. (Hg.), Der deutsche Protestantismus im Revolutionsjahr 1918–19, Witten 1974

Grünthal, G., Reichsschulgesetz und Zentrumspartei in der Weimarer Republik, Düsseldorf 1968

Gürtler, P., Nationalsozialismus und evangelische Kirchen im Warthegau. Trennung von Staat und Kirche im nationalsozialistischen Weltanschauungsstaat, Göttingen 1958

Haack, H. G., Die evangelische Kirche Deutschlands in der Gegenwart, Berlin 1929

Härle, W., Der Aufruf der 93 Intellektuellen und Karl Barths Bruch mit der liberalen Theologie, in: Zeitschrift für Theologie und Kirche 72, 1975, S. 206–224

Hahn H., Kämpfer wider Willen. Erinnerungen des Landesbischofs von Sachsen D. Hugo Hahn aus dem Kirchenkampf 1935–45. Bearb. u. hg. v. G. Prater, Metzingen 1969

Hamel, J., Begegnungen mit Karl Barth, in: Stimme der Gemeinde 18, 1966, Sp. 286–292

Hammer, K., Deutsche Kriegstheologie 1870–1918, München 1971

Handbuch der Evangelischen Presse, hg. v. A. Hinderer, Leipzig ²1929

Handbuch der Kirchengeschichte, hg. v. H. Jedin, Bd VI, 2, Freiburg/Basel/Wien 1973

Harder, G. u. W. Niemöller (Hg.), Die Stunde der Versuchung. Gemeinden im Kirchenkampf 1933–1945. Selbstzeugnisse, München 1963

Hauer, W., Deutsche Gottschau. Grundzüge eines Deutschen Glaubens, Stuttgart 1934

Heer, F., Der Glaube des Adolf Hitler. Anatomie einer politischen Religiosität, München/Esslingen 1969

Heiber, H., Aus den Akten des Gauleiters Kube, in: Vierteljahrshefte für Zeitgeschichte 4, 1956, S. 67–92

Heiber, H., Die Republik von Weimar, München ⁵1971

Heim, K., Deutsche Staatsreligion oder Evangelische Volkskirche (Stimmen aus der deutschen christlichen Studentenbewegung 85), Berlin 1933

Heinonen, R. E., Die Bremer Deutschen Christen. Ein Beitrag zu Theologie und Kirchenpolitik der Deutschen Christen im Dritten Reich, Diss. ev. theol. Tübingen 1972 (ms.)

Hermelink, H., Kirche im Kampf. Dokumente des Widerstandes und des Aufbaus der Evangelischen Kirche in Deutschland von 1933–1945, Tübingen 1950

Herrmann, W., Ethik, Tübingen (1901), ⁵1913

Hesse, H. A., Elberfeld, in: G. Harder und W. Niemöller, Die Stunde der Versuchung. Gemeinden im Kirchenkampf 1933–1945. Selbstzeugnisse, München 1963, S. 302–318

Heuss, Th., Erinnerungen 1905–1933, Tübingen ^{5}1964

Heuss-Knapp, E., Bürgerin zweier Welten. Ein Leben in Briefen und Aufzeichnungen, Tübingen 1961

Hey, B., Die Kirchenprovinz Westfalen 1933–1945, Bielefeld 1974

Heydt, F. v. d., Gute Wehr. Werden, Wirken und Wollen des Evangelischen Bundes. Zu seinem 50jährigen Jubiläum, Berlin 1936

Hirsch, E., Deutschlands Schicksal. Staat, Volk und Menschheit im Lichte einer ethischen Geschichtsansicht (^{1}1921), Göttingen ^{3}1925

Hirsch, E., Staat und Kirche im 19. und 20. Jahrhundert, Göttingen 1929

Hirsch, E., Das kirchliche Wollen der Deutschen Christen, Berlin 1933

Hirsch, E., Die gegenwärtige geistige Lage im Spiegel philosophischer und theologischer Besinnung. Akademische Vorlesungen zum Verständnis des deutschen Jahres 1933, Göttingen 1934

Hirsch, E., Geschichte der neueren evangelischen Theologie im Zusammenhang mit den allgemeinen Bewegungen des europäischen Denkens, Gütersloh 1949/54

Hitler, A., Mein Kampf (1925/27) München ^{17}1943

Hitler, A., Zum Wiedererstehen unserer Bewegung (1925). Abgedruckt in der Dokumentation: »Aus dem Kampf der Bewegung«, in: Nationalsozialistische Monatshefte 9, 1938, S. 647–649

Hoefler, K., Protestantismus und Völkische Bewegung. Nürnberg o. J. (1924)

Holl, K., Was verstand Luther unter Religion? (Rede, gehalten bei der Reformationsfeier der Universität Berlin am 31. Oktober 1917), in: Gesammelte Aufsätze zur Kirchengeschichte, Bd. 1: Luther, Tübingen (1923) ^{7}1948, S. 1–110

Hollerbach, A., Verträge zwischen Staat und Kirche in der Bundesrepublik Deutschland, Frankfurt 1965

Hollerbach, A., Streiflichter zur Entstehungsgeschichte der Badischen Staatskirchenverträge von 1932, in: Zeitschrift der Savigny-Stiftung für Rechtsgeschichte 92, Kanonist. Abteilung 61, 1975, S. 324–347

Horn, W., Führerideologie und Parteiorganisation in der NSDAP (1919–1933), Düsseldorf 1972

Hornig, E., Die Bekennende Kirche in Schlesien 1933–1945. Geschichte und Dokumente, Göttingen 1977

Hornung, K., Der Jungdeutsche Orden, Düsseldorf 1958

Hossenfelder, J., Unser Kampf. (Schriftenreihe der Glaubensbewegung »Deutsche Christen« Nr. 5), Berlin 1933

Huber, E. R. und W., Staat und Kirche im 19. Jahrhundert und 20. Jahrhundert. Dokumente zur Geschichte des deutschen Staatskirchenrechts, 2 Bde., Berlin 1973/76

Huber, W., Kirche und Öffentlichkeit, Stuttgart 1973

Hüttenberger, P., Die Gauleiter. Studie zum Wandel des Machtgefüges in der NSDAP, Stuttgart 1969

Hüttl, L. Die Stellungnahme der katholischen Kirche und Publizistik zur Revolution in Bayern 1918/19, in: Zeitschrift für bayerische Landesgeschichte 34, 1971, S. 652–695

Hutten, K., Christus oder Deutschglaube? Ein Kampf um die deutsche Seele, Stuttgart 1935

Hutten, K., Die Deutsche Glaubensbewegung, in: W. Künneth/H.Schreiner, Die Nation vor Gott, Berlin [3]1934, S. 157–204

Immer, K. (Hg.), Die Lebensordnungen einer nach Gottes Wort erneuerten Kirche. Vorträge auf einer Rüstzeit von Pastoren und Ältesten, Barmen 1935

Immer, K., Die Briefe des Coetus reformierter Prediger 1933–1937, hg. v. J. Beckmann, Neukirchen 1976

Irmler, H., Bankenkrise und Vollbeschäftigungspolitik (1931–1936), in: Währung und Wirtschaft in Deutschland, hg. v. d. Deutschen Bundesbank, Frankfurt 1976, S. 283–308

Iserloh, E., Vom Abschluß des Reichkonkordats bis zur Ratifikation, in: Trierer Theologische Zeitschrift 72, 1963, S. 39–52

Israel, C., Geschichte des Reichskirchenrechts, Berlin 1922

Iwand, H. J., Briefe an Rudolf Hermann. Nachgelassene Werke 6, hg. v. H. Gollwitzer u. a., München 1964

Jacke, J., Kirche zwischen Monarchie und Republik. Der preußische Protestantismus nach dem Zusammenbruch von 1918, Hamburg 1976

Jacobi, G., Tagebuch eines Großstadtpfarrers. Briefe an einen Freund, Berlin (1929) [8]1930

Jacobsen, H.-A., Nationalsozialistische Außenpolitik 1933–1938, Frankfurt/M. u. Berlin 1968

Jäckel, E., Hitlers Weltanschauung. Entwurf einer Herrschaft, Tübingen 1969

Jasper G. (Hg.), Von Weimar zu Hitler 1930–1933, Köln/Berlin 1968

Jestaedt, R., Das Reichskonkordat vom 20. Juli 1933 in der nationalsozialistischen Staats- und Verwaltungspraxis unter besonderer Berücksichtigung des Artikels 1, in: Archiv für kath. Kirchenrecht 124, 1949/50, S. 335–430

Jochmann, W., Nationalsozialismus und Revolution. Ursprung und Geschichte der NSDAP in Hamburg 1922–1933. Dokumente, Franfurt/M. 1963

Jüchen, Aurel v., Der Faschismus, eine Gefahr für das Christentum, in: Zeitschrift für Religion und Sozialismus, 1930, S. 299–311

Junker, D., Die Deutsche Zentrumspartei und Hitler 1932/33. Ein Beitrag zur Problematik des politischen Katholizismus in Deutschland, Stuttgart 1969

Kaas, L. (Hg.), Eugenio Pacelli, Erster Apostolischer Nuntius beim Deutschen Reich. Gesammelte Reden, Berlin 1930

Kaas, L., Der Konkordatstyp des faschistischen Italien, in: Zeitschrift für ausländisches öffentliches Recht und Völkerrecht, Bd. III, 1, 1933, S. 488–522

Kaiser, M. U., Deutscher Kirchenkampf und Schweizer Öffentlichkeit in den Jahren 1933 und 1934, Zürich 1972
Kampffmeyer, K. (Hg.), Dein Wort ist Deiner Kirche Schutz. Predigten von der Kirche, Göttingen 1934
Kantzenbach, F. W. (Hg.), Widerstand und Solidarität der Christen in Deutschland 1933-1945. Eine Dokumentation zum Kirchenkampf aus den Papieren des D. Wilhelm Freiherrn v. Pechmann, Neustadt 1971
Kantzenbach, F. W., Generalsuperintendent D. Zoellner und der Herausgeber der Allgemeinen Evangelisch-lutherischen Kirchenzeitung. Ein Beitrag zur Kirchenkampfforschung, in: Jahrbuch des Vereins für Westfälische Kirchengeschichte 64, 1971, S. 134-168
Kantzenbach, F. W., »Zeitwende«. Zum Weg einer Kulturzeitschrift und ihrer Münchner Redaktion im Dritten Reich, in: Zeitschrift für bayerische Landesgeschichte 37, 1974, S. 569-594
Kantzenbach, F. W., Kirchlich-theologischer Liberalismus und Kirchenkampf. Erwägungen zu einer Forschungsaufgabe, in: Zeitschrift für Kirchengeschichte 87, 1976, S. 298-320
Kappes, H., Der theologische Kampf der religiösen Sozialisten gegen das nationalsozialistische Christentum, in: Reich Gottes, Marxismus, Nationalsozialismus, hg. von G. Wünsch, Tübingen 1931, S. 90-116
Karwehl, R., Politisches Messiastum, in: Zwischen den Zeiten 9, 1931, S. 519-543
Karwehl, R., Was ich als lutherischer Prediger von Karl Barth gelernt habe, in: Antwort. Karl Barth zum 70. Geburtstag, Zürich 1956, S. 897-905
Kater, H., Die Deutsche Evangelische Kirche in den Jahren 1933 und 1934. Eine rechts- und verfassungsgeschichtliche Untersuchung, Göttingen 1970
Kater, M. H., Zur Soziographie der frühen NSDAP, in: Vierteljahrshefte für Zeitgeschichte 19, 1971, S. 124-159
Kehrl, H., Krisenmanager im Dritten Reich, 6 Jahre Frieden - 6 Jahre Krieg. Erinnerungen, Düsseldorf 1973
Keßler, H., Wilhelm Stapel als politischer Publizist. Ein Beitrag zur Geschichte des konservativen Nationalismus zwischen den beiden Weltkriegen, Nürnberg 1967
Kinder, C., Neue Beiträge zur Geschichte der evangelischen Kirche in Schleswig-Holstein und im Reich 1924-1945, Flensburg 1966
Kirchliches Handbuch für das katholische Deutschland. Nebst Mitteilungen der amtlichen Zentralstelle für kirchliche Statistik, hg. v. H. A. Krose S. J. 9. Bd. (1919/20) - 16. Bd. (1928/29)
Kirchliches Jahrbuch für die evangelischen Landeskirchen Deutschlands. Hg. von Johannes Schneider (ab 1931 von Hermann Sasse), 46.-60. Jgg. Gütersloh 1919-1933
Klepper, J., Unter dem Schatten Deiner Flügel. Aus den Tagebüchern der Jahre 1932-1942, Stuttgart 1956
Klöss, E. (Hg.), Reden des Führers. Politik und Propaganda Adolf Hitlers 1922-1945, München 1967

Klotz, L. (Hg.), Die Kirche und das Dritte Reich. Fragen und Forderungen deutscher Theologen, 2 Bde., Gotha 1932
Klügel, E., Die lutherische Landeskirche Hannovers und ihr Bischof 1933–1945, 2 Bde., Berlin u. Hamburg 1964 u. 1965
Kluke, P., Der Fall Potempa, Vierteljahreshefte für Zeitgeschichte 5, 1957, S. 297–297
Koch, H. W., Geschichte der Hitlerjugend. Ihre Ursprünge und ihre Entwicklung 1922–1945, Percha 1975
Koch, W., Wechselwirkungen zwischen Kirchenkampf und Theologie, beobachtet an Karl Barth, in: Freispruch und Freiheit, Theol. Aufsätze für W. Kreck zum 65. Geburtstag, hg. v. H.-G. Geyer, München 1973, S. 272–293
Köhler, G., Die Auswirkungen der Novemberrevolution von 1918 auf die altpreußische Evangelische Landeskirche. Diss. theol. Kirchliche Hochschule Berlin 1967
Kolb, E., Die Arbeiterräte in der deutschen Innenpolitik 1918–1919, Düsseldorf 1962
Kolb, E. (Hg.), Vom Kaiserreich zur Weimarer Republik, Köln 1972
Kopp, W., Die gegenwärtige Geisteslage und die dialektische Theologie, Tübingen 1930
Koschorke, M. (Hg.), Geschichte der Bekennenden Kirche in Ostpreußen 1933–1945, Göttingen 1976
Kottje, R./B. Moeller (Hg.), Ökumenische Kirchengeschichte, Bd. 3, 1974
Krause, R. (Hg.), Rede des Gauobmanns der Glaubensbewegung »Deutsche Christen« in Groß-Berlin Dr. Krause gehalten im Sportpalast am 13. November 1933 (nach doppeltem stenographischem Bericht), Flugschrift o. O. u. J. Verlag Unsere Volkskirche
Kremers, H., Nationalsozialismus und Protestantismus. (Volksschriften des Evangelischen Bundes Heft 35) Berlin 1931
Kretschmar, G., Die Auseinandersetzung der Bekennenden Kirche mit den Deutschen Christen, in: Tutzinger Texte, hg. von P. Rieger und J. Strauß, Sonderband 1, Kirche und Nationalsozialismus, München 1969, S. 117–150
Kretschmar, G. (Hg.), Dokumente zur Kirchenpolitik des Dritten Reiches, Bd. 1, Das Jahr 1933, bearbeitet von C. Nicolaisen, München 1971
Krog, F., Lagarde und der deutsche Staat. Eine Übersicht über Lagardes Denken, München 1930
Kruck, A., Geschichte des Alldeutschen Verbandes 1890–1939, Wiesbaden 1954
Kübel, J., Erinnerungen. Mensch und Christ, Theologe, Pfarrer und Kirchenmann. Zum 100. Todestag hg. von der Tochter Dr. Martha Frommer, Villingen-Schwenningen (Privatdruck) 1973
Kühnl, R., Die nationalsozialistische Linke 1925–1930, Marburg 1965
Künneth, W./W. Wilm/H. Schemm, Was haben wir als evangelische Christen zum Rufe des Nationalsozialismus zu sagen?, Dresden 1931
Künneth, W./H. Schreiner, Die Nation vor Gott. Zur Botschaft der Kirche im Dritten Reich, Berlin (^{1}1933) ^{3}1934

Kupisch, K., Studenten entdecken die Bibel. Die Geschichte der Deutschen Christlichen Studenten-Vereinigung (DCSV), Hamburg 1964
Kupisch, K., Zur Genesis des Pfarrernotbundes, in: Theologische Literaturzeitung 91, 1966, Sp. 721–730
Kupper, A., Zur Geschichte des Reichskonkordats. Ein Beitrag zur Geschichte des Verhandlungsablaufs zwischen Ostern 1933 und der Ratifikation des Konkordats, in: Stimmen der Zeit 163, 1958/59, S. 278–302 und S. 354–375
Kupper, A., Zur Geschichte des Reichskonkordats, in: Stimmen der Zeit, 171, 1962/63, S. 25–50
Kupper, A., Staatliche Akten über die Reichskonkordatsverhandlungen 1933, Mainz 1969

Lagarde, P. de, Über das Verhältnis des deutschen Staates zu Theologie, Kirche und Religion. Ein Versuch, Nicht-Theologen zu orientieren (1873), in: Ders., Deutsche Schriften, München 1924, S. 45–90
Lama, F. v., Papst und Kurie in ihrer Politik nach dem Weltkrieg. Dargestellt unter besonderer Berücksichtigung des Verhältnisses zwischen dem Vatikan und Deutschland, Illertissen 1925
Lamparter, E., Evangelische Kirche und Judentum, o. O. u. J. [Selbstverlag Stuttgart 1928]. Wiederabgedruckt in: R. R. Geis/H.-J. Kraus (Hg.), Versuche des Verstehens. Dokumente jüdisch-christlicher Begegnung aus den Jahren 1918–1933, München 1966, S. 256–302
Lamparter, E., Das Judentum in seiner kultur- und religionsgeschichtlichen Erscheinung, Gotha 1928
Lange, K., Hitlers unbeachtete Maximen. »Mein Kampf« und die Öffentlichkeit, Stuttgart/Berlin/Köln/Mainz 1968
Lange, P., Konkrete Theologie? Karl Barth und Friedrich Gogarten »Zwischen den Zeiten« (1922–1933). Eine theologisch-systematische Untersuchung im Blick auf die Praxis theologischen Verhaltens, Zürich 1972
Die Lateran-Verträge zwischen dem Heiligen Stuhl und Italien vom 11. Februar 1929. Autorisierte Ausgabe mit einer Einleitung des Päpstlichen Nuntius Eugenio Pacelli in Berlin, Freiburg 1929
Leber, A. (Hg.), Das Gewissen steht auf. 64 Lebensbilder aus dem deutschen Widerstand 1933–1945, Berlin und Frankfurt 1954
Leffler, S., Christus im Dritten Reich der Deutschen. Wesen, Weg und Ziele der Kirchenbewegung »Deutsche Christen«, Weimar o. J. [1935]
Lehmann, H., Pietismus und weltliche Ordnung in Württemberg, Stuttgart/Berlin/Köln/Mainz 1969
Lehr, S., Antisemitismus – religiöse Motive im sozialen Vorurteil, München 1974
Leiber, R., Die Lösung der römischen Frage durch die Lateranverträge, in: Stimmen der Zeit 59, 1929, S. 161–181
Leiber, R., Pius XII. †, in: Stimmen der Zeit 163, 1958/59, S. 81–100

Leiber, R., Reichskonkordat und Ende der Zentrumspartei, in: Stimmen der Zeit 167, 1960/61, S. 213–223
Lersner, D. v., Die evangelischen Jugendverbände Württembergs und die Hitler-Jugend 1933/34, Göttingen 1958
Lewy, G., Die katholische Kirche und das Dritte Reich, München 1965
Liebe, W., Die Deutschnationale Volkspartei 1918–1924, Düsseldorf 1956
Liermann, H., Staat und Kirche in den Lateranverträgen, in: Archiv des öffentlichen Rechts 57 (NF 18), 1930, S. 379–410
Liermann, H., Das evang. Bischofsamt in Deutschland seit 1933, in: Zeitschrift für evangelisches Kirchenrecht 3, 1953/54, S. 1–29
Lill, R., Die deutschen Katholiken und die Juden in der Zeit von 1850 bis zur Machtübernahme Hitlers, in: K. H. Rengstorf und S. v. Kortzfleisch, Kirche und Synagoge. Handbuch zur Geschichte von Christen und Juden, Bd. 2, Stuttgart 1970
Linck, H., Der Kirchenkampf in Ostpreußen 1933–1945. Geschichte und Dokumentation, München 1968
Lohalm, U., Völkischer Radikalismus. Geschichte des Deutschvölkischen Schutz- und Trutzbundes 1919–23, Hamburg 1970
Lortz, J., Geschichte der Kirche in ideengeschichtlicher Betrachtung. – Eine geschichtliche Sinndeutung der christlichen Vergangenheit, Münster ^{3}1933
Lortz, J., Katholischer Zugang zum Nationalsozialismus (Reich und Kirche 2), Münster ^{2}1934
Ludendorff, E., Vom Feldherrn zum Weltrevolutionär und Wegbereiter Deutscher Volksschöpfung. Lebenserinnerungen von 1919 bis 1925, München 1941
Lueken, W., Kampf, Behauptung und Gestalt der Evangelischen Landeskirche Nassau-Hessen, Göttingen 1963
Lulvès, J., Der Lateran-Vertrag zwischen dem Heiligen Stuhl und Italien, in: Preußische Jahrbücher 216, 1929, S. 61–76
Lutz, H., Demokratie im Zwielicht. Der Weg der deutschen Katholiken aus dem Kaiserreich in die Republik 1914–1925, München 1963

Maas, H., Friedrich Siegmund-Schultze. Ein Bahnbrecher christlicher Solidarität, in: Ökumenische Profile. Brückenbauer der einen Kirche, hg. v. G. Gloede, Bd. 1, Stuttgart 1961, S. 253–263
Maron, G., Die römisch-katholische Kirche von 1870 bis 1970, Göttingen 1972
Mann, Th., Betrachtungen eines Unpolitischen, Stockholmer Gesamtausgabe, Frankfurt 1956
Marquardt, F.-W., Theologie und Sozialismus. Das Beispiel Karl Barths, München und Mainz 1972
Marsch, W.-D. »Gerechtigkeit im Tal des Todes«. Christl. Glaube und politische Vernunft im Denken Karl Barths, in: W. Dantine und K. Lüthi (Hg.), Theologie zwischen Gestern und Morgen, München 1968, S. 167–191
Maser, W., Die Frühgeschichte der NSDAP. Hitlers Weg bis 1924, Frankfurt u. Bonn 1965

Maser, W., Hitlers Briefe und Notizen. Sein Weltbild in handschriftlichen Dokumenten, Düsseldorf und Wien 1973
Massing, P. W., Vorgeschichte des politischen Antisemitismus, Frankfurt/M. 1959
Materialdienst, hg. von der Landesgeschäftsstelle des Evangelischen Volksbundes für Württemberg 4, 1932; 5, 1933
Matthias, E., Die Sozialdemokratische Partei Deuschlands, in: E. Matthias/R. Morsey (Hg.), Das Ende der Parteien 1933, Düsseldorf 1960, S. 101–278
Matthias E./R. Morsey (Hg.), Das Ende der Parteien 1933, Düsseldorf 1960
Mehnert, G., Evangelische Kirche und Politik 1917–1919. Die politischen Strömungen im deutschen Protestantismus von der Julikrise 1917 bis zum Herbst 1919, Düsseldorf 1959
Meier, K., Die Deutschen Christen. Das Bild einer Bewegung im Kirchenkampf des Dritten Reiches, Halle 1964 (Lizenzausgabe für die Bundesrepublik, Göttingen 1964)
Meier, K., Die Religionspolitik der NSDAP in der Zeit der Weimarer Republik, in: Zur Geschichte des Kirchenkampfes, Ges. Aufsätze 2, Göttingen 1971, S. 9–24
Meier, K., Der evangelische Kirchenkampf. Gesamtdarstellung in drei Bänden. Bd. 1: Der Kampf um die »Reichskirche«; Bd. 2: Gescheiterte Neuordnungsversuche im Zeichen staatlicher »Rechtshilfe«, Göttingen 1976
Meinertz, M. und H. Sacher, Deutschland und der Katholizismus. Gedanken zur Neugestaltung des deutschen Geistes- und Gesellschaftlebens, 2 Bde., Freiburg 1918
Merkle, S., Konfessionelle Vorurteile im alten Deutschland, in: Süddeutsche Monatshefte, Dezember 1914, S. 390–406
Merton, R. K., Die Eigendynamik gesellschaftlicher Voraussagen, in: E. Topitsch (Hg.), Logik der Sozialwissenschaften, Köln u. Berlin 1971, S. 144–161
Merz, G., Die Begegnung Karl Barths mit der deutschen Theologie, in: Kerygma und Dogmy 2, 1956, S. 157–175
Michel, O., Vorwärts zu Christus! Fort mit Paulus! Deutsche Religion!, Berlin [3]1906
Milatz, A., Wähler und Wahlen in der Weimarer Republik, Bonn [2]1968
Miller, S., Burgfrieden und Klassenkampf. Die deutsche Sozialdemokratie im Ersten Weltkrieg. Düsseldorf 1974
Mohler, A., Die konservative Revolution in Deutschland 1918–1932. Ein Handbuch, Darmstadt [2]1972
Moltmann, J. (Hg.), Anfänge der dialektischen Theologie, 2 Teile, München 1962/63
Morsey, R., Zur Vorgeschichte des Reichskonkordats aus den Jahren 1920 und 1921, in: Zeitschrift der Savigny-Stiftung für Rechtsgeschichte 75, Kanonist. Abt. 54, 1958, S. 237–267
Morsey, R., Die Deutsche Zentrumspartei, in: E. Matthias/R. Morsey (Hg.), Das Ende der Parteien 1933, Düsseldorf 1960, S. 281–453
Morsey, R., Hitlers Verhandlungen mit der Zentrumsführung am 30. Januar 1933, in: Vierteljahrshefte für Zeitgeschichte 9, 1961, S. 182–194

Morsey, R., Die Deutsche Zentrumspartei 1917–1923, Düsseldorf 1966
Morsey, R. (Hg.), Die Protokolle der Reichstagsfraktion und des Fraktionsvorstands der Deutschen Zentrumspartei 1926–1933, Mainz 1969
Morsey, R., Die deutschen Katholiken und der Nationalstaat zwischen Kulturkampf und dem Ersten Weltkrieg, in: Historisches Jahrbuch der Görresgesellschaft 90, 1970, S. 31–64
Mosse, W. E. (Hg.), Entscheidungsjahr 1932. Zur Judenfrage in der Endphase der Weimarer Republik, Tübingen 1965
Motschmann, C., Evangelische Kirche und preußischer Staat in den Anfängen der Weimarer Republik. Möglichkeiten und Grenzen ihrer Zusammenarbeit, Lübeck/Hamburg 1969
Muckermann, F., Im Kampf zwischen zwei Epochen. Lebenserinnerungen. Bearbeitet und eingeleitet von Nikolaus Junk, Mainz 1973
Müller, H., Katholische Kirche und Nationalsozialismus. Dokumente 1930–1935, München 1963
Müller, H., Der deutsche Katholizismus 1918/19, in: Geschichte in Wissenschaft und Unterricht 17, 1966, S. 521–536
Mulert, H., Konfession und politische Parteistellung in Deutschland, in: Zeitschrift für Politik 21, 1932, S. 334–345
Murtorinne, E., Erzbischof Eidem zum Deutschen Kirchenkampf 1933–1934, Helsinki 1968

Der Nationalsozialismus und die deutschen Katholiken, hg. v. der Zentralstelle des Volksvereins für das katholische Deutschland, M.-Gladbach 1931
Neuhäusler, J., Kreuz und Hakenkreuz. Der Kampf des Nationalsozialismus gegen die katholische Kirche und der kirchliche Widerstand, München [2]1946
Neumann, J., Zum Entwurf einer Lex Fundamentalis Ecclesiae. Gesetzestechnische Anmerkungen, in: M. Seckler u. a., Begegnung. Beiträge zu einer Hermeneutik des theologischen Gesprächs, Graz/Wien/Köln 1971, S. 369–387
Neumann, J., Das Kirchenrecht – Chance und Versuchung, Graz/Wien/Köln 1972
Neumann, P., Die Jungreformatorische Bewegung, Göttingen 1971
Neundörfer, K., Die Kirchenpolitik des italienischen Faschismus, in: Hochland 23 II, 1926, A. 369–371
Nicolaisen, C., Die Stellung der »Deutschen Christen« zum Alten Testament, in: Zur Geschichte des Kirchenkampfes II, S. 197–220
Niemöller, M., Das Bekenntnis der Väter und die bekennende Gemeinde. Zur Besinnung dargeboten von einem Kreise von evangelischen Theologen, München 1934
Niemöller, M., Vom U-Boot zur Kanzel, Berlin 1934
Niemöller, W., Bekennende Kirche in Westfalen, Bielefeld 1952
Niemöller, W., Karl Barths Mitwirkung im deutschen Kirchenkampf [1954], in: Ders., Wort und Tat im Kirchenkampf. Beiträge zur neuesten Kirchengeschichte, München, 1969, S. 289–310

Niemöller, W., Die Evangelische Kirche im Dritten Reich. Handbuch des Kirchenkampfes, Bielefeld 1956

Niemöller, W. (Hg.), Texte zur Geschichte des Pfarrernotbundes, Berlin 1958

Niemöller, W., Vor fünfundzwanzig Jahren (1933) [1958], in: Ders., Wort und Tat im Kirchenkampf, München 1969, S. 59–79

Niemöller, W., Der Pfarrernotbund. Geschichte einer kämpfenden Bruderschaft, Hamburg 1973

Niesel, W. (Hg.), Um Verkündigung und Ordnung der Kirche. Die Bekenntnissynoden der evangelischen Kirche der altpreußischen Union 1934–1943, Bielefeld 1949

Niesel, W., Kirche unter dem Wort. Die Entstehung und Entwicklung der Bekennenden Kirche der altpreußischen Union, in: Freispruch und Freiheit, Theol. Aufsätze für Walter Kreck, München 1973, S. 348–362

Nötges, J., Katholizismus und Kommunismus, Köln 1931

Nötges, J., Nationalsozialismus und Katholizismus, Köln 1931

Nolte, E., Der Faschismus in seiner Epoche. Die Action française. Der italienische Faschismus. Der Nationalsozialismus, München 1963

Nolte, E., Eine frühe Quelle zu Hitlers Antisemitismus, in: Historische Zeitschrift 192, 1961, S. 584–606

Norden, G. van, Kirche in der Krise. Die Stellung der evangelischen Kirche zum nationalsozialistischen Staat im Jahre 1933, Düsseldorf 1963

Opitz, G., Der christlich-soziale Volksdienst. Versuch einer protestantischen Partei in der Weimarer Republik, Düsseldorf 1969

Papen, F. v., Der 12. November 1933 und die deutschen Katholiken (Reich und Kirche 3), Münster 1934

Patemann, P., Der deutsche Episkopat und das preußische Wahlrechtsproblem 1917–18, in: Vierteljahrshefte für Zeitgeschichte 13, 1965, S. 345–371

Pertiet, M., Das Ringen um Wesen und Auftrag der Kirche in der nationalsozialistischen Zeit, Göttingen 1968

Phelps, R. H., »Before Hitler Came«: Thule Society and Germanen Orden, in: The Journal of Modern History 35, 1963

Phelps, R. H., Hitler als Parteiredner im jahre 1920, in: Vierteljahrshefte für Zeitgeschichte 11, 1963, S. 274–330

Phelps, R. H., Hitlers »grundlegende« Rede über den Antisemitismus, in: Vierteljahrshefte für Zeitgeschichte 16, 1968, S. 390–420

Piechowski, P., Proletarischer Glaube. Die religiöse Gedankenwelt der organisierten deutschen Arbeiterschaft nach sozialistischen und kommunistischen Selbstzeugnissen, Berlin 1928

Pieper, J., Noch wußte es niemand. Autobiographische Aufzeichnungen 1904–1945, München 1976

Plewnia, M., Auf dem Weg zu Hitler. Der »völkische« Publizist Dietrich Eckart, Bremen 1970
Plum G., Gesellschaftsstruktur und politisches Bewußtsein in einer katholischen Region 1928–1933. Untersuchung am Beispiel des Regierungsbezirks Aachen, Stuttgart 1972
Prater, G. (Hg.), Kämpfer wider Willen. Erinnerungen des Landesbischofs von Sachsen D. Hugo Hahn aus dem Kirchenkampf 1933–1945, Metzingen 1969
Preuß, H., Luther und Hitler, in: Allgemeine Evang.-Luth. Kirchenzeitung 66, 1933, Sp. 970–973, 994–999.
Priebe, H., Kirchliches Handbuch für die evangelische Gemeinde unter bes. Berücksichtigung der Evang. Kirche der altpreuß. Union. Zugleich ein Beitrag zur Kirchenkunde der Gegenwart, Berlin [3]1928
Priepke, M., Die evangelische Jugend im Dritten Reich 1933–1936, Hannover und Frankfurt 1960
Prokoph, W., Die politische Seite des »Falles Dehn«, in: Wissenschaftl. Zeitschrift der Univ. Halle, XVI, 1967, S. 249-271
Prophetien wider das Dritte Reich. Aus den Schriften des Dr. Fritz Gerlich und des Paters Ingbert Naab. Ges. v. Johs Steiner, München 1946

Rathje, J., Die Welt des freien Protestantismus. Ein Beitrag zur deutsch-evangelischen Geistesgeschichte. Dargestellt an Leben und Werk von Martin Rade, Stuttgart 1952
Reese, H.-J., Bekenntnis und Bekennen. Vom 19. Jahrhundert zum Kirchenkampf der nationalsozialistischen Zeit, Göttingen 1974
Regensburger, M. und K. Scholder, 30 Jahre Deutschland und die Kirche, München 1964
Regner, F., Paulus und Jesus im 19. Jahrhundert. Beiträge zur Geschichte des Themas »Paulus und Jesus« in der neutestamentlichen Theologie von der Aufklärung bis zur Religionsgeschichtlichen Schule, Diss. ev. theol. Tübingen 1975 (ms.)
Reichmann, E., Die Flucht in den Haß. Die Ursachen der deutschen Judenkatastrophe, Frankfurt o. J.
Reimers, K. F., Lübeck im Kirchenkampf des Dritten Reiches. Nationalsozialistisches Führerprinzip und evangelisch-lutherische Landeskirche von 1933–1945, Göttingen 1965
Rendtorff, H., Das Wort Gottes über das Volk (Schriftenreihe der Christlich-deutschen Bewegung Heft 1), Küstrin 1931
Repgen, K., Hitlers Machtergreifung und der deutsche Katholizismus. Versuch einer Bilanz (1963), Saarbrücken 1967
Repgen, K., Das Ende der Zentrumspartei und die Entstehung des Reichskonkordats, in: Militärseelsorge 2, 1970, S. 83–122
Repgen, K., Historische Klopfsignale für die Gegenwart, Münster 1974

Riedel, H., Kampf um die Jugend. Evangelische Jugendarbeit 1933–1945, München 1976
Rieker, K., Zur Neugestaltung der protestantischen Kirchenverfasung in Deutschland, Leipzig und Erlangen 1919
Riemer, S., Zur Soziologie des Nationalsozialismus, in: Die Arbeit 9, 1932, S. 101–118
Riesenberger, D., Die katholische Friedensbewegung in der Weimarer Republik, Düsseldorf 1976
Rittberg, E. v., Der preußische Kirchenvertrag von 1931. Seine Entstehung und seine Bedeutung für das Verhältnis von Staat und Kirche in der Weimarer Republik, Diss. phil. Bonn 1959, Bonn 1960
Roon, G. van, Neuordnung im Widerstand. Der Kreisauer Kreis innerhalb der deutschen Widerstandsbewegung, München 1967
Roon, G. van, Protestants Nederland en Duitsland 1933–1941, Utrecht/Antwerpen 1973
Rosenberg, A., Das Parteiprogramm. Wesen, Grundsätze und Ziele der NSDAP, München (1922) [27]1943
Rosenberg, A., Der Mythus des 20. Jahrhunderts, München (1930) [23.24]1934
Rückert, H., Das Wiedererwachen reformatorischer Frömmigkeit in der Gegenwart (Öffentliche Vorträge der Universität Tübingen Sommersemester 1933. Deutsche Gegenwart und ihre geschichtlichen Wurzeln) Stuttgart 1933
Rühle, G., Das Dritte Reich. Dokumentarische Darstellung des Aufbaus der Nation. Das erste Jahr 1933, Berlin [2]1934
Rüppel, E. G., Die Gemeinschaftsbewegung im Dritten Reich. Ein Beitrag zur Geschichte des Kirchenkampfes, Göttingen 1969
Rürup, R., Emanzipation und Antisemitismus, Göttingen 1975

Sandmann, F., Die Haltung des Vatikans zum Nationalsozialismus im Spiegel des »Osservatore Romano« von 1929 bis zum Kriegsausbruch, Diss. phil. Mainz 1965
Sauer, P., Dokumente über die Verfolgung der jüdischen Bürger in Baden-Württemberg durch das nationalsozialistische Regime 1933–1945, 1. Teil, Stuttgart 1966
Sebottendorff, R. v., Bevor Hitler kam. Urkundliches aus der Frühzeit der nationalsozialistischen Bewegung, München 1933
Seel, H., Die Erneuerung des Berufsbeamtentum, in: Das Recht der nationalen Revolution, H. 4, Berlin 1933
Senn, W. M., Halt! Katholizismus und Nationalsozialismus. Meine zweite Rede an den deutschen Katholizismus und – nach Rom, (Franz Eher Verl.) München o. J. [1932]
Shannon, P., Der Codex Juris Canonici 1918–1967, in: Concilium 3, 1967, S. 625–629
Siegele-Wenschkewitz, L., Nationalsozialismus und Kirchen. Religionspolitik von Partei und Staat bis 1935, Düsseldorf 1974

Söhngen, O., Die erste Phase des Kirchenkampfes (24. Juni bis einschließlich 2. Juli 1933), Privatdruck 1972

Sontheimer, K., Antidemokratisches Denken in der Weimarer Republik. Die politischen Ideen des deutschen Nationalsozialismus zwischen 1918 und 1933, München 1968

Spael, W., Das katholische Deutschland im 20. Jahrhundert. Seine Pionier- und Krisenzeiten 1890–1945, Würzburg 1964

Schäfer, G., Die Evangelische Landeskirche in Württemberg und der Nationalsozialismus. Eine Dokumentation zum Kirchenkampf, Bd. 1: Um das politische Engagement der Kirche 1932–33, Bd. 2: Um eine deutsche Reichskirche 1933, Bd. 3: Der Einbruch des Reichsbischofs in die württembergische Landeskirche 1934, Stuttgart 1972/74

Schafft, H., Ein Lebenswerk, hg. v. W. Kindt, Kassel 1960

Scharf, K., Der Pfarrernotbund, in: Bekennende Kirche. Martin Niemöller zum 60. Geburtstag, München 1952, S. 136–141

Scharf, K., Für ein politisches Gewissen der Kirche. Aus Reden und Schriften 1932–1972. Hrsg. von W. Erk, Stuttgart 1972

Schauff, J., Das Wahlverhalten der deutschen Katholiken im Kaiserreich und in der Weimarer Republik. Untersuchungen aus dem Jahre 1928, hg. und eingeleitet von R. Morsey, Mainz 1975

Schellenberger, B., Katholische Jugend und Drittes Reich. Eine Geschichte des Katholischen Jungmännerverbandes 1933–1939 unter besonderer Berücksichtigung der Rheinprovinz, Mainz 1974

Hans Schemm spricht. Seine Reden und sein Werk, bearb. v. G. Kahl-Furtmann, Bayreuth 1935

Schempp, P., Randglossen zum Barthianismus, in: Zwischen den Zeiten 6, 1928, S. 529–539

Schian, M., Ecclesiam habemus. Ein Beitrag zur Auseinandersetzung zwischen Karl Barth und Otto Dibelius, Berlin 1931

Schian, M., u. a. (Hg.), Die evangelische Kirche der Neuzeit in Deutschland und in den benachbarten Gebieten deutscher Sprache, besonders in der Schweiz und in Österreich, Wiesbaden 1930

Schieder, Th., H. Rauschnings »Gespräche mit Hitler« als Geschichtsquelle, Rhein.-Westf. Akademie der Wissenschaften, Vorträge G 178, Opladen 1972

Schirach, B. v., Ich glaubte an Hitler, Hamburg 1967

Schirmacher, H., Männer in der Kirche. Die evangelische Männerdienst-Bewegung, Berlin 1931

Schjørring, J. H., Moralische Aufrüstung und westeuropäische Politik bis 1945, in: Zeitschrift für Kirchengeschichte 87, 1976, S. 65–100

Schmaus, M., Begegnungen zwischen katholischem Christentum und nationalsozialistischer Weltanschauung (Reich und Kirche, Heft 1) Münster 1933

Schmid, H., Apokalytisches Wetterleuchten. Ein Beitrag der Evangelischen Kirche zum Kampf im »Dritten Reich«, München 1947

Schmidlin, J., Papstgeschichte der neuesten Zeit, Bd. 3: Pius X. und Benedikt XV. (1903–1922); Bd. 4; Pius XI. (1922–1939), München 1936/39
Schmidt, J., Studien zur Vorgeschichte des Pfarrernotbundes, in: Zeitschrift für Kirchengeschichte 79, 1968, S. 43–67
Schmidt J., Martin Niemöller im Kirchenkampf, Hamburg 1971
Schmidt K. D., (Hg.). Die Bekenntnisse und grundsätzlichen Äußerungen zur Kirchenfrage des Jahres 1933, Göttingen 1934
Schmidt, K. D., Eine folgenreiche Episode. Der Staatskommisar für die Kirche in Mecklenburg, in: Evangelische Theologie 22, 1962, S. 379–392
Schmidtchen, G., Protestanten und Katholiken. Soziologische Analyse konfessioneller Kultur, Bern/München 1973
Schneider, B. (Hg.)., Die Briefe Pius' XII. an die deutschen Bischöfe 1939–1944, Mainz 1966
Schneider-Flume, G., Die politische Theologie Emanuel Hirschs 1918–1933, Bern und Frankfurt 1971
Schoen, P., Das neue Verfassungsrecht der evangelischen Landeskirchen in Preußen, Berlin 1929
Schoenberner, G. (Hg.), Wir haben es gesehen. Augenzeugenberichte über Terror und Judenverfolgung im Dritten Reich, Hamburg 1962
Scholder, K., Ideologie und Politik, in: Aus Politik und Zeitgeschichte, Beilage zur Wochenzeitung »Das Parlament« 1962, S. 377–382
Scholder, K., Neuere deutsche Geschichte und protestantische Theologie, in: Evangelische Theologie 23, 1963, S. 510–536
Scholder, K., Die evangelische Kirche und das Jahr 1933, in: Geschichte in Wissenschaft und Unterricht, 1965, S. 700–714
Scholder, K., Die evangelische Kirche in der Sicht der nationalsozialistischen Führung bis zum Kriegsausbruch, in: Vierteljahreshefte für Zeitgeschichte 16, 1968, S.. 15–35
Scholder, K., 100 Jahre Württembergische Landessynode, in: Verhandlungen der 7. Württ. Landessynode, Stuttgart 1969, S. 849–856
Scholder, K., Die Kapitulation der evang. Kirche vor dem nationalsozialistischen Staat, in: Zeitschrift für Kirchengeschichte 81, 1970, S. 183–206
Scholder, K., Paulus und die Aufklärung, in: G. C. Berkouwer/J. A. Oberman (Hg.), De dertiende apostel en het elfde gebod. Paulus in de loop der euwen, Kampen 1971, S. 124–134
Scholder, K., Baden im Kirchenkampf des Dritten Reiches, Aspekte und Fragen, in: Oberrheinsiche Studien Bd. 2, hg. v. A. Schäfer, Karlsruhe 1973, S. 223–241
Schreiber, G., Zwischen Demokratie und Diktatur. Persönliche Erinnerungen an die Politik und Kultur des Reiches (1919–1944), Münster 1949
Schreiber, G., Deutsche Kirchenpolitik nach dem ersten Weltkrieg. Gestalten und Geschehnisse der Novemberrevolution 1918 und der Weimarer Zeit, in: Historisches Jahrbuch der Görresgesellschaft 71, 1951, S. 296–333

Schreiner, H., Der Nationalsozialismus vor der Gottesfrage. Illusionen oder Evangelium?, Berlin-Spandau 1931
Schubert, E., Die deutsch-evangelischen Einheitsbestrebungen vom Beginn des 19. Jahrhunderts bis zur Gegenwart, Berlin 1919
Schubert, H. v., Unsere religiös-kirchliche Lage in unserem geschichtlichen Zusammenhange, Tübingen 1920
Schütte, H. W., Lagarde und Fichte. Die verborgenen spekulativen Voraussetzungen des Christentumsverständnisses Paul des Lagardes, Gütersloh 1965
Schulz, G., Zwischen Demokratie und Diktatur. Verfassungspolitik und Reichsreform in der Weimarer Republik, Bd. 1: Die Periode der Konsolidierung und der Revision des Bismarckschen Reichsaufbaus 1919–1930, Berlin 1963
Schulz, G., Aufstieg des Nationalsozialismus. Krise und Revolution in Deutschland, Frankfurt/Berlin/Wien 1975
Schwaiger, G., Geschichte der Päpste. Von den Anfängen bis zur Gegenwart, München 1964
Schweitzer, C., Das religiöse Deutschland der Gegenwart, 2 Bde. , Berlin 1928/29
Schwengel, G., Wirkung der »Theologischen Existenz heute« in einem Pfarrhaus auf dem Lande, in: Antwort, Karl Barth zum 70. Geburtstag, Zürich 1956
Speer, A., Erinnerungen, Berlin 1969
Stählin, W., Die völkische Bewegung und unsere Verantwortung, Buchverlag des Bundes Deutscher Jugendvereine, Sollstedt o. J. [1924]
Stählin, W., Via Vitae. Lebenserinnerungen, Kassel 1968
Stapel, W., Volk und Volkstum, in: Die neue Front, hg. v. A. Moeller van den Bruck, H. v. Gleichen und H. Boehm, Berlin 1922
Stapel, W., Sechs Kapitel über Christentum und Nationalsozialismus, Hamburg [5]1931
Stapel, W., Der christliche Staatsmann. Eine Theologie des Nationalsozialismus, Hambug 1932
Stapel, W., Die Kirche Christi und der Staat Hitlers, Hamburg 1933
Stapel, W., Volkskirche oder Sekte?, Hamburg 1934
Stark, J., Nationalsozialismus und katholische Kirche – mit einer Antwort auf Kundgebungen deutscher Bischöfe, München ([1]1931)[3]1931
Stasiewski, B., Akten deutscher Bischöfe über die Lage der Kirche 1933–1945, I, 1933-1934, Mainz 1968
Statistik des Deutschen Reiches, N. F. Bde. 257 und 335, Berlin 1913/1925
Stegmann, J., Um Demokratie und Republik. Zur Diskussion im deutschen Katholizismus der Weimarer Zeit, in: Jahrb. d. Instituts f. Christl. Sozialwissenschaft 10, 1969, S. 101–127
Steiger, A., Der neudeutsche Heide im Kampf gegen Christen und Juden, Verlag der Germania, Berlin 1924
Stoll, G. E., Die evangelische Zeitschriftenpresse im Jahre 1933, Witten 1963
Strathmann, H., Nationalsozialistische Weltanschauung? Volksdienstverlag Nürnberg o. J. [1931] 2. erg. Auflage 1932

Stutz, U., Der Geist des Codex iuris canonici, Stuttgart 1918
Stutz, U., Konkordat und Codex. Sitzungsberichte der preußischen Akademie der Wissenschaften, Philos.-Histor. Klasse, Berlin 1930

Tagebuch eines Großstadtpfarrers (s. Jacobi, G.)
Das Tagebuch im Spiegel der Presse. Pressestimmen zum »Tagebuch eines Großstadtpfarrers«, gesammelt und hg. vom Furche Verlag, Berlin 1930
Thadden, R. v., Auf verlorenem Posten? Ein Laie erlebt den evangelischen Kirchenkampf in Hitlerdeutschland, Tübingen 1948
Themel, K., Der religiöse Gehalt der völkischen Bewegung und ihre Stellung zur Kirche, Berlin 1926
Thimme, F. und E., Rolffs (Hg.), Revolution und Kirche. Zur Neuordnung des Kirchenwesens im deutschen Volksstaat, Berlin 1919
Thimme, L. (Hg.), Im Kampf um die Kirche. Versuch einer Lösung der Spannungen zwischen Kirche, Theologie und Gemeinschaft, Gotha 1930
Thyssen, K.-W., Begegnung und Verantwortung. Der Weg der Theologie Friedrich Gogartens von den Anfängen bis zum Zweiten Weltkrieg, Tübingen 1970
Tilgner, W., Volksnomostheologie und Schöpfungsglaube. Ein Beitrag zur Geschichte des Kirchenkampfes, Göttingen 1966
Tillich, P., Gesammelte Werke, Bd. 2: Christentum und soziale Gestaltung. Frühe Schriften zum religiösen Sozialismus; Bd. 7: Der Prostestantismus als kritisches und gestaltendes Prinzip. Schriften zur Theologie I, Stuttgart 1958/66
Tischleder, P., Der katholische Klerus und der deutsche Gegenwartsstaat, Freiburg i. Br. 1928
Trippen, N., Das Domkapitel und die Erzbischofswahlen in Köln 1821–1929, Köln und Wien 1972
Troeltsch, E., Spektator-Briefe. Aufsätze über die deutsche Revolution und die Weltpolitik 1918/22, Tübingen 1924
Troschke, P., Evang. Kirchenstatistik Deutschlands, I-III, Berlin 1930/32
Troßmann, K., Hitler und Rom, Nürnberg 1931
Tschirschky, F. G. v., Erinnerungen eines Hochverräters, Stuttgart 1972
Tügel, F., Unmögliche Existenz! Ein Wort wider Karl Barth, Hamburg 1933
Tügel, F., Mein Weg 1888–1946. Erinnerungen eines Hamburger Bischofs. Hrsg. von C. Nicolaisen, Hamburg 1972
Tyrell, A., Führer befiehl … Selbstzeugnisse aus der »Kampfzeit« der NSDAP. Dokumentation und Analyse, Düsseldorf 1969

Ulmenried, W., Hossenfelder. (Die Reihe der Deutschen Führer, Heft 6), Berlin 1933

Verhandlungen der verfassungsgebenden Deutschen Nationalversammlung, Bde. 328; 329; 336, Berlin 1920
Verhandlungen des Bayerischen Landtags, IV. Tagung 1930/31, 5. Band.

Verhandlungen des (1.) Deutschen Evangelischen Kirchentages 1919. Hg. vom Deutschen Evangelischen Kirchenausschuß, Berlin o. J. [1920]

Verhandlungen des (2.) Deutschen Evangelischen Kirchentages 1921. Stuttgart 11.–15. 9. 1921, Berlin o. J. [1922]

Verhandlungen des zweiten Deutschen Evangelischen Kirchentages 1927, Königsberg i. Pr. 7.–21. Juni 1927, Berlin-Steglitz o. J. (1928)

Vogelsang, Th., Hitlers Brief an Reichenau v. 4. Dezember 1932, in: Vierteljahrshefte für Zeitgeschichte 7, 1959, 429–437

Vogelsang, Th., Reichswehr, Staat und NSDAP. Beiträge zur deutschen Geschichte 1930–1932, Stuttgart 1962

Vogelsang, Th., Zu den Anfängen der Verfolgung im Dritten Reich (Februar–April 1933), in: Gutachten des Instituts für Zeitgeschichte II, Stuttgart 1966

Volk, L., Päpstliche Laudatio auf Hitler?, in: Stimmen der Zeit 173, 1963/64, S. 221–229

Volk, L., Zur Kundgebung des deutsche Episkopats vom 28. März 1933, in: Stimmen der Zeit 173, 1963/64, S. 431–456

Volk, L., Der bayerische Episkopat und der Nationalsozialismus 1930–1934, Mainz ^{2}1966

Volk, L., Kardinal Faulhabers Stellung zur Weimarer Republik und zum NS-Staat, in: Stimmen der Zeit 177, 1966, S. 173–195

Volk, L., Die Fuldaer Bischofskonferenz von Hitlers Machtergreifung bis zur Enzyklika »Mit brennender Sorge«, in: Stimmen der Zeit 183, 1969, S. 10–31

Volk, L., Kirchliche Akten über die Reichskonkordatsverhandlungen 1933, Mainz 1969

Volk, L., Das Reichskonkordat vom 20. Juli 1933. Von den Ansätzen in der Weimarer Republik bis zur Ratifizierung am 10. September 1933, Mainz 1972

Volk, L. (Hg.), Akten Kardinal Michael v. Faulhabers 1917–1945, Band I, Mainz 1975

Vollmer, A., Die Neuwerkbewegung 1919–1935. Ein Beitrag zur Geschichte der Jugendbewegung, des religiösen Sozialismus und der Arbeiterbildung, Stuttgart 1973

Vorländer, H., Kirchenkampf in Elberfeld 1933–1945. Ein kritischer Beitrag zur Erforschung des Kirchenkampfes in Deutschland, Göttingen 1968

Vorländer, H., Aufbruch und Krise. Ein Beitrag zur Geschichte der deutschen Reformierten vor dem Kirchenkampf, Neukirchen 1974

Weber, W., Die deutschen Konkordate und Kirchenverträge der Gegenwart, Göttingen 1962

Weinzierl-Fischer, E., Die österreichischen Konkordate von 1855 und 1933, München 1960

Wendland, H.-W., Sozialismus und Nationalsozialismus. Fragen zur politischen Ethik der Gegenwart, in: Neue Kirchliche Zeitschrift 42, 1931

Wieneke, F., Die Glaubensbewegung »Deutsche Christen« (Schriftenreihe der »Deutschen Christen« Nr. 2), Soldin ^{5}1933

Wild, A., Hitler und das Christentum, Augsburg 1931

Wilhelmi, H., Die Hamburger Kirche in der nationalsozialistischen Zeit. 1933–1945, Göttingen 1968

Witte, K., Deutschtum und Christentum, in: Das religiöse Deutschland der Gegenwart, Bd. 1, Berlin 1928, S. 124–137

Witte, K., Der Tannenbergbund, in: W. Künneth/H. Schreiner, Die Nation vor Gott, Berlin [3]1934, S. 416–463

Wolf, E., Vom Problem des Gewissens in reformatorischer Sicht (1942), in: Ders., Peregrinatio. Studien zur reformatorischen Theologie und zum Kirchenproblem, München [2]1962, S. 81–112

Wolf, E., Barmen. Kirchen zwischen Versuchung und Gnade, München (1957) [2]1970

Wolf E., Die evangelischen Kirchen und der Staat im Dritten Reich, Zürich 1963

Wolff, W., Die Verfassung der Evangelischen Kirche der Altpreußischen Union, Berlin 1925

Wright, J. R. C. , »Above Parties«. The Political Attitudes of the German Protestant Church Leadership 1918–1933, Oxford 1974. In erweiterter und überarbeiteter Fassung: Ders., »Über den Parteien«. Die politische Haltung der evangelischen Kirchenführer 1918–1933, Göttingen 1977

Wünsch, G. (Hg.), Reich Gottes, Marxismus, Nationalsozialismus. Ein Bekenntnis religiöser Sozialisten, Tübingen 1931

Wünsch, G., Evangelische Ethik des Politischen, Tübingen 1936

Wurm, Th., Erinnerungen aus meinem Leben, Stuttgart 1953

Zahn-Harnack, A. v., Adolf v. Harnack, Berlin [2]1951

Zeiger, I., Das Reichskonkordat, in: Stimmen der Zeit 126, 1933/34, S. 1–7

Zimmermann, O., Revolutionäre Trennung von Kirche und Staat, in: Stimmen der Zeit 96, 1919, S. 345–359

Zimmermann, W. D. (Hg.), Begegnungen mit Dietrich Bonhoeffer. Ein Almanach, München 1964

Zipfel, F., Kirchenkampf in Deutschland. Religionsverfolgung und Selbsthehauptung der Kirchen in der nationalsozialistischen Zeit, Berlin 1965

Zmarzlik, H. G., Der Sozialdarwinismus in Deutschland als geschichtliches Problem (1962), in: Ders., Wieviel Zukunft hat unsere Vergangenheit?, München 1970, S. 56–85

Zmarzlik, H. G., Der Antisemitismus im Kaiserreich von 1871 (1962), in: Ders., Wieviel Zukunft hat unsere Vergangenheit? S. 32–50

Zoellner, W., Die Ökumenische Arbeit des Deutschen Evangelischen Kirchenausschusses und die Kriegsschuldfrage, Berlin 1931

Zoellner, W., Die Kirche der Geschichte und die Kirche des Glaubens. Beiträge zum Neubau der Kirche, Berlin 1933

Zscharnack, L., Trennung von Staat und Kiche (Volksschriften zum Aufbau Heft 1), Berlin 1919

PERSONENREGISTER

BILDNACHWEIS

ABBILDUNGEN NACH ORIGINALFOTOS

Karl-Barth-Archiv, Basel 24
Karl-Barth-Archiv, Basel/Peter Hemann, Basel 72
Bildarchiv Preußischer Kulturbesitz, Berlin 44
Bundesarchiv, Koblenz 1, 7, 11, 16, 17, 18, 21, 27, 28, 29, 30, 32, 33, 34, 42, 46, 47, 48, 67, 88, 89, 90, 92
Evangelische Kirche in Deutschland/ Archiv Berlin 14, 40, 51, 52, 53, 55, 84, 85
Evangelisch-Lutherischer Oberkirchenrat, Oldenburg 62
Heinrich Hoffmann, München 4, 5, 8
Landesbildstelle, Berlin 59, 94
Niedersächsisches Hauptstaatsarchiv, Hannover 9, 61
Gertrud Röhricht, Berlin 74
Süddeutscher Verlag/Bilderdienst, München 2, 6, 12, 13, 15, 35, 37, 39, 50, 56, 58, 60, 64, 66, 70, 71, 80, 81, 82, 83, 91, 93
Ullstein Bilderdienst, Berlin 3, 19, 20, 22, 26, 31, 36, 43, 57, 65, 68, 69

ABBILDUNGEN AUS ZEITSCHRIFTEN UND BÜCHERN

Bildbericht für das deutsche Christenvolk«, Beilage zu »Evangelium im Dritten Reich«, 2. Septemberwoche 1933, 77, 78
Busch, Eberhard, *Karl Barths Lebenslauf*, München [2]1976 (Christian Kaiser Verlag) 23
Busch, Eberhard, *Karl Barths Lebenslauf*, München [2]1976 (Christian Kaiser Verlag/ Peter Walter, Gelterkinder) 63
»Christenkreuz und Hakenkreuz«, November 1933 87
Dehn, Günther, *Die alte Zeit, die vorigen Jahre*, München 1962 (Christian Kaiser Verlag) 25
»Evangelium im Dritten Reich«, 6. November 1932, 38
Ebda., 5. Februar 1933, 41
Ebda., 5. November 1933, 86
Ebda., Bildbeilage letzte Augustwoche 1933, 79
Mochalski, Herbert (Hrsg.), *Der Mann in der Brandung*, Frankfurt/Main 1962 (Stimme Verlag) 75
Rühle, Gerd *Das Dritte Reich. Dokumentarische Darstellung des Aufbaus der Nation. Das erste Jahr 1933*, Berlin [2]1934, 45, 49
Schmidt, Jürgen, *Martin Niemöller im Kirchenkampf*, Hamburg 1971 (Leibniz Verlag) 76
»Völkischer Beobachter«, 22. Februar 1929, 10

Für die Kartenzeichnung auf den Seiten 898–899 wurden Vorlagen des Bayerischen Schulbuchverlags, München verwendet.

Als Otto Frank 1947 das Tagebuch seiner Tochter Anne verlegen ließ, konnte noch niemand ahnen, welche Bedeutung es schon bald erlangen würde. Postwendend wurde das Werk übersetzt, für die Bühne adaptiert, verfilmt und in ein Musical verwandelt. Anne Frank war zum Mythos geworden. Doch in wieweit wurde ihr Werk in den verschiedenen Adaptionen verfremdet? Welche Rolle spielte dabei Annes Vater Otto? Was geschieht mit den Millionen, die der Anne-Frank-Fonds in Basel mit dem Buchverkauf verdient?

David Barnouw ist Mitredakteur der wissenschaftlichen Ausgabe des Tagebuchs. In seinem Buch wirft er einen kritischen Blick auf die »Anne-Frank-Industrie«.

David Barnouw

Anne Frank –
Vom Mädchen zum Mythos

Econ | ULLSTEIN | List

Zum Thema »Drittes Reich«

Michael H. Kater
Die mißbrauchte Muse
Musiker im Dritten Reich
Musik und Politik
in Zeiten der braunen Tyrannei
576 Seiten · ISBN 3-203-79004-1

Michael H. Kater
Ärzte als Hitlers Helfer
Der große Verrat am medizinischen Ethos
600 Seiten · ISBN 3-203-79005-X

Michael E. Birdwell
Das andere Hollywood der dreißiger Jahre
Die Kampagne der Warner Bros. gegen die Nazis
Antifaschistische Filme im Amerika der dreißiger Jahre
360 Seiten · ISBN 3-203-75540-8

August Meyer
Hitlers Holdig
Die Reichswerke »Hermann Göring«
Großindustrie, Zwangsarbeiter und Wirtschaftselite
512 Seiten · ISBN 3-203-80035-7

Stefan Maiwald/ Gerd Mischler
Sexualität unter dem Hakenkreuz
Manipulation und Vernichtung der Intimsphäre im NS-Staat
288 Seiten · ISBN 3-203-80019-5

Ron Rosenbaum
Die Hitler-Debatte
Auf der Suche nach dem Ursprung des Bösen
Ein halbes Jahrhundert Diskussion über Hitler
672 Seiten · ISBN 3-203-81516-8

John Weitz
Hitlers Bankier
Hjalmar Schacht
Das schillernde Porträt des umstrittenen Finanzgenies
480 Seiten · ISBN 3-203-84003-0

Hermann Langbein
Menschen in Auschwitz
Dokumentation des Alltags im größten Vernichtungslager
808 Seiten · ISBN 3-203-51243-2

Neuer Wall 10 EUROPA VERLAG 20354 Hamburg